书 · 美好生活
Book & Life

书，当然要每日读。

Winston
Leonard
Spencer
Churchill

A Biography

Churchill

丘吉尔传

一位伟大政治家的
权力与**意志** **远见**和**睿智**

[英]罗伊·詹金斯 著 徐海帆 译

北京时代华文书局

图书在版编目（CIP）数据

丘吉尔传 ／（英）罗伊·詹金斯著；徐海幡译 . -- 北京 ：北京时代华文书局，2018.9（2025.5 重印）
书名原文：*Churchill: A Biography*
ISBN 978-7-5699-2523-4

Ⅰ．①丘… Ⅱ．①罗… ②徐… Ⅲ．①丘吉尔（Churchill, Winston Leonard Spencer 1874-1965）—
传记 Ⅳ．① K835.617=5

中国版本图书馆 CIP 数据核字 (2018) 第 171160 号

北京市版权局著作权合同登记号　图字：01-2021-3864

Churchill: A Biography
Copyright © The Estate of Roy Jenkins, 2001
Translation copyright © 2025 Beijing Time-Chinese Publishing House Co., Ltd.

丘吉尔传
QIUJIER ZHUAN

著　　者 | [英] 罗伊·詹金斯
译　　者 | 徐海幡

出 版 人 | 陈　涛
图书策划 | 陈丽杰
责任编辑 | 王立刚
装帧设计 | 程　慧　赵芝英
责任印制 | 刘　银

出版发行 | 北京时代华文书局 http://www.bjsdsj.com.cn
　　　　　北京市东城区安定门外大街 138 号皇城国际大厦 A 座 8 层
　　　　　邮编：100011　电话：010-64267955　64267677
印　　刷 | 北京盛通印刷股份有限公司　010-52249888
　　　　　（如发现印装质量问题，请与印刷厂联系调换）
开　　本 | 710mm×1000mm　1/16　印　张 | 58.5　字　数 | 1144 千字
版　　次 | 2019 年 1 月第 1 版　印　次 | 2025 年 5 月第 2 次印刷
书　　号 | ISBN 978-7-5699-2523-4
定　　价 | 188.00 元

前　言

2001 年 2 月末，当写完本书的最后一章时，我仅仅比 46 年前的丘吉尔年轻几日，那时他的第二个首相任期正接近尾声。在 50 至 100 个以丘吉尔为写作主题或者涉及丘吉尔的作者中，我至少可以宣称自己是唯一一位年逾八旬的老人。我想自己还有资格宣称，在所有为丘吉尔著书立传的人中我有着最丰富的议会及内阁从政经历。

从另一个角度而言，我却无法宣称自己对丘吉尔十分了解。在 1941 年一个令人难以忘怀（对我而言）的场合下，我父亲将我引见给了丘吉尔，当时老议会大厦已经被炸毁了，下议院在临时办公地，坐落在威斯敏斯特执事大院的英国国教总部大楼举行会议，大约就在那个时候我聆听了几场丘吉尔最著名的演说，有些是议会里发表的，还有一部分是广播讲话。在战争期间，以及战争阴影仍然笼罩的战后岁月里，他在我的生活里始终无处不在，对于我的同辈人来说同样如此。

1941 年的会面很短暂，7 年之后我成了一名年轻的下议院议员，接下来的 16 年里一直与他在下议院共事。我身处另一方阵营中，注视着他的一举一动，他是另一党的成员，随之成为自己第二届政府的首脑，最后我还目睹了他在议会里长达 9 年的沉寂期，自始至终、或多或少都怀有对他的敬仰。我清楚地意识到自己见证了一种独一无二，同时又遥不可及、高深莫测的现象。那种感觉就仿佛是从一家普通酒店的阳台上看着壮阔的山景，你和大山之间保持着安全的距离，大山有时被令人难忘的光芒照耀着，有时也会俯临下面的云层。这 16 年里我与他不曾有过重要谈话，我怀疑他甚至不知道我是谁，尽管在他生命最后一段时间里我成了"另一个俱乐部"①（他一直牢牢地执掌着该俱乐部的大权）的一员，然而我只是刚刚赶上参加他的讣告发布会。

尽管如此，与丘吉尔本人相交甚少的事实却从未令我感到困扰。虽然对冒险为丘吉尔作传一事我始终顾虑重重，但我相信传记写作并不需要亲身经历的参与，甚至亲身经历并不一定会为写作带来有益的帮助。亲身经历能给予人以启发，同样也能扭曲事实。我对艾德礼十分熟悉，与查尔斯·温特沃斯·戴克与阿斯奎斯则从未谋过面，然而我不认为戴克与阿斯奎斯的传记因为这一点不足而存在多少缺陷，正如我也不认为53年前我为艾德礼撰写的那部不成熟的传记会因为我对他十分熟悉而获得更高的质量。

相比于戴克与阿斯奎斯，更为明显的是我与格莱斯顿从未结识，也从未见过他本人。为这位维多利亚时期的政坛泰斗撰写传记之初我始终迟疑不定，但担心的不是自己从未见过他，而是唯恐他传奇的一生会令我无处下笔，尤其是考虑到他痴迷于神学和礼拜仪式等问题的辩论，我就愈加感到挫败。尽管如此，提笔之后我始终不曾后悔撰写格莱斯顿的传记。

写作《丘吉尔传》，我的顾虑甚至更为强烈。从数量上而言，现有的有关丘吉尔的作品是格莱斯顿的数倍之多。从阿斯奎斯到格莱斯顿，再到丘吉尔，这个进步的过程以几何级数（亦称等比级数）发展着。可以说《丘吉尔传》的工作量是《格莱斯顿传》的5倍。从另一方面而言，完成《格莱斯顿传》之后宏大的主题便一直吸引着我，而不是令我却步。为这样的重量级人物撰写传记——即使主人公本身十分有趣，（例如，都值得重新评价的威廉·哈考特或约翰·莫莱），所获得的喜悦，就如同出征喜马拉雅山之后缓步登上斯诺登山②一样。

有两位关键性的人物最终说服了我撰写《丘吉尔传》一书。一位是安德鲁·阿多尼斯，谈到这个问题时他的态度几乎与上述我打的这个比方一样。他说："在格莱斯顿之后还有一个方向，也只有这么一个方向不会让你的写作有虎头蛇尾的感觉，这就是丘吉尔。"另一位影响我的人就是玛丽·索姆斯（玛丽·丘吉尔），她对

---

① "另一个俱乐部"是英国一个政治社交团体，由丘吉尔和史密斯于1911年创建。当时自由党内政大臣丘吉尔与第一代伯肯黑德伯爵、保守党下议院议员、大律师弗雷德里克·埃德温·史密斯，没有得到声誉卓著的政治社交团体"俱乐部"（The Club）的邀请，原因是该社团的成员对两人颇有争议，于是两人创办了自己的俱乐部，命名为"另一个俱乐部"（The Other Club）。（本书中带圈字符编码的注释均为译者注）

② 斯诺登山，海拔1085米，威尔士第一高山，英国第二高山。

我的影响不下于阿多尼斯，甚至更具决定性。在我仍旧迟疑不决的时候，她与往常为我提供帮助一样慷慨地鼓励我，而且不到已经没有机会更改的时候她从不会要求阅读我的书稿。她曾热情洋溢地对我说："我非常希望再有一位自由党人研究我的父亲。"之前自由党人的著作，她指的是维奥莱特·博纳姆·卡特夫人于1965年出版的《我所了解的温斯顿·丘吉尔》。

我在1964年为维奥莱特夫人（父姓为阿斯奎斯）的父亲撰写的传记（《阿斯奎斯》）曾引起夫人的不满，我只希望这部《丘吉尔传》不会招致玛丽同样的反应。

正如面对"格莱斯顿"一样，在完成"丘吉尔"之后我始终未曾感到后悔。我发现他比格莱斯顿更值得我付出热情和努力。事实上，正如读者将在本书最后一段中读到的那样，在这部作品的写作过程中我对这两位政治家品格的比较改变了，他们都是独一无二的人中豪杰，但是丘吉尔在我心目中的位置比格莱斯顿略微领先。对这种说法持有疑义的人或许会说，这只证明了我是一个以自我为中心的人，永远认为手头的工作远比其他作品重要得多。我不会因为这样的评价就为自己满怀敬意埋头于这些作品而感到遗憾。我越发坚信所有的伟人都自有古怪诙谐的一面。格莱斯顿与丘吉尔绝对具有这种天性，戴高乐将军也不例外。正如私下里表现出的那样，在丘吉尔的身上有着三分之二政坛伟人与三分之一幽默角色的成分。

我无法宣称自己发现了丘吉尔更多的事实，涉及他的出版物和资料数量之庞大令这一点绝无可能。我也不是一个"揭露性"传记的坚定爱好者。丘吉尔在一生中是一个百无禁忌、无遮无拦的人，因此他的一举一动并不存在太多隐秘之事。几乎所有的事实都在由伦道夫·丘吉尔发起，但基本由马丁·吉尔伯特爵士执笔完成的八卷本鸿篇巨制——从1966年至1988年出版的丘吉尔官方传记中得到了呈现。每一位研究丘吉尔一生的门徒都依赖这套传记的帮助，或许还更多地求助于多达13卷的辅助性资料集《官方传记附录》和更名为《丘吉尔战争文稿》三卷本文献集，这两套书分别收录了截至1939年和1941年的文献资料。当这笔宝藏（目前依然如此）耗尽时，参阅者立即就会产生一种匮乏感。后继出现的作者都对马丁·吉尔伯特深怀感激。

对于安德鲁·阿多尼斯我也怀有同样的感激之情，上文中已经提过他对我的决定性建议。此外，他还利用自己广博的知识和挑剔的目光逐页审读了这部作品的打印稿。去年秋天的一段时间里，想到自己的病情可能不允许我继续完成这部作品的最后8章，我断定能够替自己完成这项工作的或许只有他。幸运的是，我的担忧毫无必要，但是我对他依然怀有深深的感激。书中的每一句话都应该出自我辛勤的劳动，都会被我写得几乎难以辨认，但是阿多尼斯却改变了这条规则。

书中三四个长达数百字、承上启下的段落都出自他的笔下，我只对其稍加修改而已。

另外我还对我的秘书迦玛·麦克弗森同样心存感激，在我的略微协助下，她将我几乎模糊不清的手稿变成了打印稿，同时还对我的行文流露出振奋人心的十足热情。还有一些人完全出于自愿，逐字逐句地阅读了麦克弗森完成的打印稿，对我提出了有益的批评和建议，他们是马克斯·黑斯廷斯，亚瑟·施莱辛格，已故的格林尼治的哈里斯男爵，以及分别读过书中部分章节的一些人；当然还有我的妻子。

此外，还有一些人应当被称为这部作品的专业助产士：我的文学代理人迈克尔·西森斯，他也参与发起了这个写作计划，并始终如一地给予我鼓励；小伊恩·查普曼负责将书稿变成了漂亮的出版书籍，后来这项工作转由麦克米伦出版公司的杰里米·特里瓦珊负责；彼得·詹姆士堪称是追求细节的编辑大师；罗比·洛一丝不苟地对尾注部分中地文献索引进行核实；还有纽约法勒、斯特劳斯和吉鲁（Farrar、Straus and Girousx，简称 FSG）出版社的伊丽莎白·西弗顿，她要求美国版《丘吉尔传》附加相关说明，这也让不少英国读者读起来更容易。

罗伊·詹金斯

东亨德里德

2001 年 4 月

议会术语汇编

丘吉尔是一位伟大的议会议员，在下议院任职将近 64 年（其间有两次短暂的间歇），自然会用到大量的议院术语。但对英国之外的读者而言这些术语显得有些晦涩难懂，实际上对不少英国读者来说也是如此。在提及他使用这些术语的情况时，如果剔除他或者我自己的语言风格，那么叙述都将变得毫无生气，令人沮丧。因此我决定试着用汇编的形式为美国读者阐明这些术语，希望能够解释清楚这些神秘的术语。当然这份术语汇编的使用范围并不仅限于美国读者。

Constituencies：选区。相对较小的地理区划，各选区通过简单多数投票制度选举出下议院议员。选区总数存在一定的变化，不过总体而言有 650 个，代表了 1900 年的 3000 多万和 2000 年刚过 6000 万的英国人。在 1885 年《第三次议会改革法案》出台之前，几乎所有选区都只有两位议员，无论是自治市（城镇和城市）还是宽泛意义上的农村地区都是如此。该法案出台后，大多数选区都只留有一个席位，但仍有少数例外选区保留了两个席位，其中就包括丘吉尔的两个选区：兰开夏郡的奥尔德姆，1900 至 1906 年；苏格兰的邓迪，1908 至 1922 年。按照惯例，在这些例外选区中，议员候选人会有一位"竞选伙伴"，这个角色基本上和候选人属于同一党派。在英国政治的历史上始终不存在"区域规则"，对议员候选人不存在居住地的要求。英国许多著名的政治家在政治生涯中先后代表过的选区数量之多令人眼花缭乱，后来这种情况不太容易出现了，但是也并非毫无可能。在代表各自选区进入议院之前，玛格丽特·撒切尔与托尼·布莱尔都与自己的选区没有任何关联。丘吉尔参加过的竞选也并不仅限于兰开夏郡与苏格兰，他还参加过伦敦郊区、东米德兰兹的莱斯特市，以及威斯敏斯特的修道院选区即议会大本营等选区的选举。

面对这样的情况，选区主席——承担这项工作的高级官员完全出于自愿，而且常常被授予爵士头衔——在确保外地出身的下议院议员与本地舆情有所沟通的过程中发挥了重要作用。此外，作为以地理为基础的选区划分体系中的一点装饰，历史上还有 12 所大学在议会中拥有席位，选民则是各所大学的毕业生。直到 1950 年大学席位才被废除。

选区定期由边界委员会进行核查，以确保在人口数量有所浮动的情况下各选区选民数量基本持平。选区的边界有可能被重新划定，选区也有可能被合并或分割，选区的名称因此也常常发生改变。

Division：这个术语具有两重含义，在本书中前一种出现得更为频繁。

（1）下议院（有时也指上议院）的表决。议员们鱼贯通过"赞成票"或"反对票"的分组投票厅，由上议院职员长官记录下他们的名字。尽管核对姓名的工作由上议院职员长官完成，但实际的计票工作则由下议院议员负责，赞成方与反对方各抽出两名议员负责计票工作，4 名议员均站在投票厅的出口处。任何要求进行投票表决的议员都必须提供两名"计票人"，这两名计票人不进行名义上的投票。因此，赞成方与反对方都始终应该增加两张票，这样才能准确地反映出下议院的投票结果，这种情况有可能令人感到有些费解。议院表决基本上遵循政党路线，因此通常被称为"托利厅""工党厅"或者"自民厅"。

（2）也指选区，相当于美国的国会选区（由州议会划分的选举众议员的选区）。在使用这层含义的时候，这个词本质上指的就是大行政区的中部、北部、西部、东部和南部 5 个选区。

Parliaments：议会。通过大选选出的下议院，一届任期为 5 年。下议院中总有一个占有多数席位的政党，有能力控制该党的政党领袖将受君主邀请组建政府，这就是首相"觐见"君主的时刻。每一届任期由多个以年为单位的议事期组成，议会休会时就是一年的议事期结束的时候。在任期内下议院随时可以被解散，全国举行新一届大选。（休会和解散议会都是君主的权力，不过在实际操作过程中这些决定都由首相做出。）两次议会会期之间称为休会期（recess），不过这个词也被用来指议会召开会议之外的时间。下议院议员逝世或退休的选区在下议院任期内，必须通过补缺选举选出新的议员。

The Address：君主致辞。每年下议院会议都以女王（或国王）的讲话为开始，即在位君主在上议院宣读开幕讲话，但是讲稿由政府为君主代笔。君主致辞是政府对这一年度的立法及其他施政计划的声明。接着首相做"效忠讲话"，对君主"自御座所做的亲切讲话"表示感谢。然后反对党或表示反对的个人就可以以"感谢女王（国王）陛下所做的亲切讲话，然而遗憾的是"某一项被纳入 / 未被纳入这样的开场白，记录下修正内容。如果政府没能成功回答对君主致辞的修正提议，该修正提议就会被视为对政府权威的核心挑战，可以要求政府解散或重新举行大选。

The Chamber：议院。 下议院议员们在下议院举行辩论，执政党就座于下议院议长席的右侧席位上，反对党就座于左侧。因此，议员改变党派被称为"跨过会议厅"。议院长桌两侧各有一个公文递送箱，这里成了供前座议员（执政党及反对党成员）发言的讲台，其他议员则在后排席位上发言。执政党的前排席位也被称为"内阁阁员席"。两侧席位中间都有一条过道。靠近议长席的是公务席，公职人员有可能在这里受到政府大臣们的咨询。投票厅——两个狭长的走廊——平行分列在议院外的两侧。上议院的布局与下议院类似，只是没有专职的议长，不设议长席，不太活跃的辩论由就座于相当于议长座席位置的大法官——或者其代表——主持。[①]

Procedure：议事程序。 提交给议会的每一项议案都要经过几道审议程序。[②] 首先在下议院对议案进行宣读，即宣布议案的长名称（此时议案本身或许尚未草拟完，但是其内容不得超出名称指明的范围）。二读阶段是议会对议案的价值进行辩论，如果在这个阶段议院投票否决了该议案，在同一次会期中不得再次提出该议案。通过二读阶段的辩论后，议案就进入了委员会审查阶段，全体议员或者一个常设委员会（艾德礼政府的改革）对议案进行逐条审查，受命组成该常设委员会的可多达50人，成员数量与各党派在下议院中的力量成正比。接下来就进入了全院报告阶段，议案及委员会通过的任何修正案都将接受进一步地深入审查。最后是三读阶段，议案通过后就被送交上议院，在上议院进行类似的宣读和审查程序。获得两院通过的议案在得到君主的同意后方可生效。

首相问答，近来这个环节充满了毫无实际效用的火药味，在这个简短的常设会议上，下议院议员可以对首相进行提问。

两院每一天的议事活动都要通过官方报告"议会议事录"逐字逐句地进行报告，英文中表示议会议事录的"Hansard"一词来源于最初负责印刷英国议会议事录的印刷商路加·汉萨德（Luke Hansard）。

Whips：党派督导。 作为内阁成员的下议院领袖是下议院的领导人，但是下议院的日常工作则由党派督导，即"党鞭"负责。多数党和少数党都设有一名首席党派督导和8至10名党派督导助理。党派督导在政府中的首要工作是促成法案的通

---

① 本书完成于2001年4月，当时上议院议长由政府内阁成员、大法官兼任，并由首相任命。自2006年7月开始，上议院议长经上议院议员选举产生，并由女王任命。

② 西方国家对议案的讨论一般实行"三读制"，是指任何议案都必须经议会三读审议后才能通过。"三读"议事程序是在英国形成的，后来被美国、德国、丹麦、新西兰等主要西方国家所仿效。

过。每个星期党派督导要向支持者下达指示，告知后者何时会出现重要表决，以及他们应该去哪一个投票厅。议员可以不服从这些指示，不过要想做到这一点往往需要议员具有不同寻常的勇气。

此外偶尔还会举行"自由"（无督导）投票，尤其是针对普通议员议案的表决，即后座议员而非首相提出的议案，只有在一定的时间内普通议员才能提出议案。

在丘吉尔政治生涯的大部分时间里，涉及提名选区候选人和筹集党派活动经费的问题时，党派督导办公室的职能甚至凌驾于议院之上，近年来这些职能已经被废止了。

传统上党派督导是一项普通职务，对政坛上的高层人物不具有吸引力。但是，后来爱德华·希思爵士与约翰·梅杰爵士都从党派督导办公室走上了首相的座位。

The Franchise: 选举权。1832 年的"大"议会改革法案出台之前，英国在选举人资格方面也有着规章制度，但是当时的选举权制度既随意又有诸多限制条件。即使改革法案出台后，选举资格仍旧受到很多条件的限制，当时仅有 65 万人有权投票，1867 年，《第二次议会改革法案》主要为市镇工人阶级家庭的户主赋予了选举权，从而将拥有选举权的人口增至将近 200 万。1885 年，这个数字增长到了大约 500 万，直到 1918 年女性获得选举权之后这个数字才有所改变。但一直到 1970 年，年满 18 岁的公民（上议院的贵族和精神失常者除外）都拥有选举权的普选制度才得到落实。

直到 1950 年，简单民主制度依然存在着更深层的限制，这就是"商业选票"。这一规定赋予那些除了住宅还拥有经营场所的人 2 次，甚至 3 次或 4 次投票权。在城市中心这种选举现象十分突出，例如丘吉尔于 1906—1908 年参选的曼彻斯特选区。

The Privy Council: 枢密院。在一定程度上可以说枢密院是中世纪以及现代社会初期君主咨询机构的遗留物，莎士比亚的历史剧作中对这一机构有着大量的描写。当今的枢密院有 600 多位成员，只有在君主登基时全体顾问官才会被同时召集。[1]只有极少几位（法定人数最少为 4 人）枢密院顾问官会经常与女王举行正式会议，批准通过由政府起草的枢密令（行政法令）。[2] 在 600 多位枢密院成员中有大约 150

---

① 根据英国广播公司 2003 年的资料显示，在君主宣布订婚（最后一次出现于 1839 年 11 月 23 日，维多利亚女王统治时期）、君主驾崩或退位时也会举行枢密院全体会议。1811 年 2 月 6 日，当威尔士亲王，即乔治四世根据议会法案宣誓就任摄政王的时候，枢密院顾问官也悉数到场。

② 君主在枢密院的建议下发出枢密令（Order-in-Council），一般撰写者为政府而非君主，它的作用主要是制定简单的政府规例和政府任命。此外还有一种枢密院令（Orders of Council），由枢密院的成员制订，而且不接受君主的干预，其职能在于为公众机构制定规章。

人来自下议院。[①] 得到正式任命时大臣便自动获得枢密院成员资格，并终身保留该职务。因此，丘吉尔在人生的后 57 年一直担任枢密院顾问官，我本人担任这一职务有 37 年。在给枢密院顾问官的信封上，收信人姓名后要缀有"阁下"的称呼，在议会辩论中则要缀有"先生阁下"或"女士阁下"。传统上，身兼枢密院顾问官的下议院议员在下议院拥有优先发言权，[②] 但是近年来这种惯例已经逐渐削弱了。除了大臣和前大臣，一些资深的后座议员也会被授予爵位。

枢密院大臣是一个所谓的挂名职位，具有内阁成员的身份，但是没有固定职责范围。其他重要的顾问官还有掌玺大臣与兰开斯特公爵郡大臣。

---

① 枢密院不存在法定人数，在 2012 年 1 月有大约 600 位成员，到了 2015 年 6 月这个数字增长到 650 多。

② 优先发言权是指，身兼枢密院顾问官的下议院议员和普通下议院议员同时要求发言时，下议院议长会首先让前者发言。

第一部 自负的年轻人：1874—1908

第二部 萤火虫的微光：金色晨曦，1908—1914

第三部　青铜色的正午：1914—1918

第四部　踯躅的午后阳光：1919—1939

第五部 国家救星，世界之光？ 1939—1945

第六部 夜色灰暗？ 1945—1965

第一部

自负的年轻人：
1874—1908

第一章　出身"寒微"

丘吉尔出身于贵族家庭，实际上祖上为公爵，长期以来始终有人认为他的出身在他的整个政治生涯中起到了至关重要的作用。这种观点不足为信。丘吉尔是一个多面手，性格怪僻、难以捉摸，由于这样的天性他不可能受到自己的出身状况的局限。他对政治生涯的热忱、对使命感的坚定信念远胜于任何阶级或部落的忠诚度。世上存在着一些身负重任、崇高可敬的政治家，像第一代哈利法克斯伯爵爱德华[①]与亚历克·道格拉斯－霍姆立即浮现在我的脑海，只是他们对生活的理解取决于他们大地主的身世背景所决定的立场。但是，丘吉尔绝对不在此列。第一个原因，除了于 1922 年购置的查特维尔一带方圆 300 英亩的土地，他的名下没有更多的土地。查特维尔位于距离伦敦只有 24 英里的肯特郡西部，实际上，就连这座宅邸的所有权丘吉尔也难以保证（后来他仅拥有使用权）。在此后 40 年里，靠着朋友们在经济上的支持他才勉强保住了这片土地。

第二个原因，无论是对于参与公共事业，还是保持家族兴旺富裕，马尔博罗的遗产都没有太大价值。马尔博罗家族拥有一位著名而传奇的缔造者，约翰·丘吉尔，在 18 世纪的最初 10 年里他在布伦海姆、拉米伊、奥德纳尔德和马尔普拉凯等战役中连连告捷，除了其他奖赏他还获得了一座豪华的庄园。在这位以骁勇善战著称的第一代马尔博罗公爵的启发和激励下，温斯顿·丘吉尔在他逝世 200 多年后，为他写下了四卷本赞歌式的传记（在书中对历史学家托马斯·巴宾顿·麦考莱的批评进行了驳斥），字里行间毫不掩饰对他的赞赏之情。然而，就连这位公爵也以奉行个人利益至上而出名。此外，正如"布伦海姆宫"这个名称所暗示的那样，马尔

[①]　原著写作 "Edward Halifax"，其他中文译本按照英文翻译习惯写成了"爱德华·哈利法克斯"，这种翻译方法是错误的。此处指的是第一代哈利法克斯伯爵爱德华·弗雷德里克·林德利·伍德。

博罗公爵的宅邸即使按照今天的标准也十分惹眼，著名建筑设计师约翰·范布勒爵士为他设计的这幢豪宅在不断扩大规模，其设计意图本身就在于引人注目。

接下来的几代爵位继承人对家族声望不仅几乎毫无作为，而且还在不断挥霍家产。1882 年，当第七代公爵继承爵位时，一贯对公爵们尊敬有加的格莱斯顿甚至宣称马尔博罗家族没有一个人看上去具有道德感或者能够坚持原则。第二代、第三代与第四代公爵当然都没有提高家族名望；第五代公爵是一位在园艺方面颇具天赋，但是对家族财富挥霍无度，最终不得不放弃自己一直雕琢园艺技艺的一处上好的附属地产（现今雷丁大学所在地，位于英格兰东南部）；① 第六代公爵在挥霍方面同上一代相差无几。第七代公爵就是伦道夫勋爵的父亲，也就是温斯顿·丘吉尔的祖父，在为家族争取荣誉、担任公职方面他比前几代公爵表现出色一些。他担任下议院议员 10 年，在德比伯爵与本杰明·迪斯雷利担任首相的 1867—1868 年出任过枢密院大臣，② 在后者的第二届首相任期内的后 4 年里还出任过爱尔兰总督。*

作为父亲，这位第七代公爵的履历更是戏剧化，也更加复杂。他抚育出了两代王朝，从而让"丘吉尔"这个姓氏响彻全英国人民的生命中，自第一代马尔博罗公爵于 1722 年逝世以后家族声望就再也没有达到过这样的高度。然而，伦道夫勋爵赢得的名声显然有些华而不实。用当代一位著名历史学家的话来说，伦道夫勋爵的哥哥属于"英国贵族阶层中最不光彩的一类，这些人败坏了最高爵位的名誉"。i 在较为短暂的一生中，大部分时间他都带着布兰福德侯爵头衔，这是马尔博罗公爵继承人的头衔，在此期间他被伊顿公学开除，两度身陷性丑闻，并且因为其中一起与威尔士亲王发生了激烈争执（在这场争端中，有错的或许并不只是某一方），为了填补开支上的漏洞，他曾变卖家族一大批藏画。他唯一的积极表现就是为布伦海姆宫安装了电灯和尚在雏形中的中央供暖系统。这笔开支是他的第二任妻子支付的，这个富有的美国女人源源不断地为丘吉尔家族提供着美元，并为这个家族开创了向西联姻的强大传统。他的儿子和弟弟（伦道夫·丘吉尔勋爵）都效仿了这一做法，前者是温斯顿·丘吉尔的堂哥，兄弟俩年龄相差不大，他先后迎娶了大西洋彼岸的

---

① "位于英格兰东南部"这句话原著没有，为了给读者一个直观的印象，译者做了解释性的补充翻译。

② 1868 年 2 月，德比伯爵因病去职，迪斯雷利接替了首相职位。

* 但是，他最不同寻常的功绩或许还是造成了《英国人名词典》中的一处败笔，该词典的完整版与简明版都错误地将其写为第六代，而非第七代马尔博罗公爵。（本书中星号注释，都是作者原文注释。）

两位女继承人；后者与一位女继承人结婚（即温斯顿·丘吉尔的母亲）。然而，伦道夫夫人的父亲所拥有的财富并不牢靠，而且他也不愿意拿出太多的钱供养丘吉尔一家人。

自第八代马尔博罗公爵以来还出现过3位公爵，相比第八代公爵，他们的表现或多或少还算出色，但是仍旧乏善可陈。温斯顿·丘吉尔的家庭背景在名义上属于最高阶层的贵族，但是地位略微低于卡文迪许、罗素、塞西尔和斯坦利家族。

1874年11月30日，温斯顿·丘吉尔在这个有些"寒微"的贵族家庭的中心——布伦海姆宫降临人世，不过，他被生在了一个非常凄凉的卧室里。他的出生基本上可以说是一场意外，因为他提前了两个月早早地来到了人世。他原本应该在次年的1月出生在伦敦梅菲尔区查尔斯街上的一幢时髦的小房子里，为了迎接他的到来，他的父亲特意租下了那幢房子。不过，在更大的程度上他的父亲或许还是为了以那里为大本营，尽情享受有些喧闹的都市生活，完婚仅7个半月的伦道夫勋爵夫妇都喜爱这样的生活。由于当时这幢房子尚未做好准备，所以在那一年的秋季勋爵夫妇就暂居在布伦海姆宫。正如勋爵在给远在巴黎的岳母的一封信中写到的那样，"星期二，在与其他枪手一起步行的时候，她（伦道夫夫人）跌倒了；星期六的夜晚，她轻率地乘坐小马车出行，颠簸之下又出现了腹痛。我们试图帮她止痛，可是不见效。"[ii]伦敦的产科医生和牛津的医生助理都没能及时赶到，从阵痛出现到婴儿降生用时超过24个小时，在牛津郡伍德斯托克镇的乡村医生的协助下孩子在星期一一大早降临人世了。在几乎无人照料的情况下，这对母子都平安无事，而且身体状况良好。大约10年后，帮助接生的这位当地医生在伦敦开始行医，没有人知道这个结果是否得益于他的那一次接生经历。与这位医生一样，丘吉尔母子后来也搬迁到了伦敦。

从各个方面来看，温斯顿·丘吉尔的到来都十分匆忙。或许伦道夫勋爵最为人们熟知的一句话（语言是他最坚实的外套）就是他对格莱斯顿的描述——"急于求成的老头子"，而他自己的做派至少也可以说是一个急于求成的年轻人的风格，他一直都没有多少耐心，这种态度或许也情有可原，虽然他比格莱斯顿年轻39岁，但先于后者3年离开了人世。在向珍妮·杰罗姆求婚的过程中，他的急躁就表现得更为突出了。1873年8月12日，他们二人在考斯赛艇会的船上舞会中初次见到彼此，3天后两个人就订婚了。

接着这个传奇故事进入了停滞期，这是这段婚姻唯一一次止步不前的时候。实际上，杰罗姆这个美国家族与马尔博罗家族门当户对。伦纳德·杰罗姆是纽约的金融家，在1905年为父亲撰写的传记中，温斯顿·丘吉尔称杰罗姆"创办了《纽约时报》，并担任该报的编辑"。[iii]这部为伦道夫勋爵所作的传记类似于圣徒传，但还是具有较高的可读性，不过对杰罗姆的这段描述则出于作者对家族的虔敬之心，而非来自事实。在从事商业活动的过程中，杰罗姆曾在很短的一段时期内成了《纽约时报》的股东之一，但他的强项并不是出版报纸，而是赛马，杰罗姆公园赛马场和康尼岛赛马俱乐部都是他创办的。在他的身上能见到约瑟夫·P. 肯尼迪（约翰·F. 肯尼迪的父亲）的一点影子。甚至还有资料显示，他用他当时最宠爱的情妇"瑞典夜莺"的名字给自己的次女取名为珍妮·林德（只是拼法有所不同）。小女儿有望嫁给一位英国公爵的儿子（即使男方并非爵位继承人），这个事实固然令他感到开心，但是，就像约翰·F. 肯尼迪在参加 1960 年的总统竞选时谈到父亲对自己的资助时开的玩笑一样，还不至于令他心甘情愿地"花钱买一场压倒性的胜利"。一开始，第七代马尔博罗公爵对这门婚姻表示反对，对儿子贸然出手、不加克制的恋情无动于衷，而且他相信"这位杰罗姆先生似乎嗜好赌博，我有理由认为他是一个庸俗之人"，他显然属于"投机商那一类人；他两度破产，有可能还会破产"。iv 经过一个秋天，面对儿子坚定的意志，公爵终于勉强否定了自己最主要的几条反对意见。他是第一位，但绝对不会是最后一位不得不同美国女继承人的父亲打交道的马尔博罗公爵，他还为家族确立了一个信条：为了这样一场高贵的联姻带来的荣耀，亲家至少应该慷慨地对这段婚姻提供资助。

然而，现实存在着两个难点。首先，伦纳德·杰罗姆的确如公爵对其所从事的风险性职业所描述的那样，他的投机事业已经开始走下坡路了，就在当年（1873），纽约证券交易所发生股灾，他的事业遭到重创；其次，他宣称自己支持新大陆对已婚妇女经济权利的观念（早于《1882 英国已婚妇女财产法案》为妇女赋予独立于丈夫的财产权利）。马尔博罗公爵以为无论最终能拿到多少财产，所有的财产都将完全在儿子的掌控中，杰罗姆则认为自己的财产应当赠予女儿。双方因此争执不下，直到 1874 年春天还在讨价还价。最终，双方还是达成了妥协，杰罗姆拿出了 5 万英镑（相当于今天的 250 万英镑）①，并且每年还将为女儿和女婿提供 2000 英镑的补贴，这两笔钱都将平均分配给伦道夫夫妇俩。马尔博罗公爵也将一直向儿子提供每年 1100 英镑的补贴。放在今天就相当于伦道夫夫妇每年有略微超过 15 万的收入，然而拿着这样一笔收入，夫妇俩却还是一直过着入不敷出、负债累累的生活。

双方的争端刚一解决，伦道夫就于 1874 年 4 月 15 日和珍妮完婚了。这场婚礼

---

① 本书出现的括号内英镑换算数值，皆为本书作者于写作时所换算，并非本书中文版出版时编辑所加，故与当前数值不符。

算不上豪华，举办地点不是伍德斯托克，也不是伦敦的某一座体面的教堂，或者相当于纽约第五大道的某个地方，而是英国驻巴黎大使馆。杰罗姆夫妇同不多的几位见证人参加了这场婚礼，马尔博罗夫妇都没有露面，只有布兰福德代表家族出席了婚礼。不过，这对新婚夫妇并没有受到家族的排斥。在布伦海姆，他们受到了欢迎，因为在1874年2月的大选中，伦道夫勋爵在伍德斯托克以微弱优势首次当选为下议院议员，5月间故乡小镇还为他们举办了一场公开欢迎会。在25岁这一年，伦道夫进入了议会，儿子温斯顿·丘吉尔也出生了。当时珍妮·丘吉尔年仅20岁。

珍妮·丘吉尔的青少年时代基本上是在巴黎度过的，相比纽约，杰罗姆夫人似乎更偏爱巴黎，在遇见伦道夫勋爵之前她就已经出落成了一个美人，吸引了相当多的爱慕者。她的确有着惊人的美貌，但是很多照片都清晰地显示出没过多久她的面容就变得冷酷傲慢了起来，而且越来越放纵任性了。至少可以说，作为妻子——实际上是作为母亲，她的表现同身为人父的第七代马尔博罗公爵的表现一样好坏参半。毫无疑问，她与伦道夫的结合始于相互爱慕。尽管夫妻俩都喜爱时髦的伦敦生活，但是在1876年里当丈夫同威尔士亲王发生争执（为了一位妇人，伦道夫勋爵是为自己的哥哥出头，而不是为自己），他们夫妇不得不在都柏林过了3年相当于流放的生活时，她也能够平心静气地安于现状，甚至显得心满意足。1880年初，在爱尔兰的首都她的第二个儿子杰克出生了。长期以来有很多迹象表明，这个孩子与温斯顿·丘吉尔同母异父，不过在一生中的各个时期兄弟俩都没有因此而疏远，新世纪（20世纪）之初在南非期间尤其如此。在第二次世界大战期间，当温斯顿·丘吉尔的政治生涯达到顶点的时候也是如此，当时他让丧偶的杰克住进了唐宁街10号。至于杰克的亲生父亲问题，最浪漫的人选是有着大贵族亲戚的奥地利外交官查尔斯·金斯基伯爵，他骄傲而优雅的容貌不禁会让人想起画家约翰·辛格·萨金特为里布列斯坦尔男爵创作的肖像画。[①] 在19世纪80年代初期至中期，伦道夫夫人一直痴迷于金斯基伯爵，不过，鉴于他们的幽会日期，他是不可能成为杰克父亲的，毕竟直到1881年他才来到伦敦。如果说杰克·丘吉尔的出身真的存在疑点，那么他的亲生父亲似乎更有可能是都柏林的约翰·斯特林奇·乔斯林上校，在1880年的年末他继承了侄子的爵位，成为第五代罗登伯爵。乔斯林上校比伦道夫夫人年长30岁，但是年龄并没有成为他们之间必然的障碍。

1882年，由于久治不愈的疾病，从春天到秋天，伦道夫勋爵一直无法参与过

---

① 约翰·辛格·萨金特于1902年创作的《里布列斯坦尔男爵》被认为是英国贵族的缩影。

多的政治工作，在此期间伦道夫夫人一直悉心地照顾着丈夫。最终，伦道夫于 1895 年的年初离开了人世，在逝世前最后 3 年左右的时间里，他的健康状况日渐下滑，在这段悲哀的时期里伦道夫夫人一直无微不至地照顾着丈夫。然而，在 19 世纪 80 年代的大部分时间里，这对夫妇实际上都十分疏远，即使当伦道夫勋爵的政治生命达到巅峰的那一段短暂的时间里也是如此。同维多利亚女王一样，伦道夫夫人对丈夫在 1886 年辞去财政大臣的事情毫不知情，后来通过《泰晤士报》她才得知了这个悲惨的消息。在那些年里，她遇到了许多追求者，其中有不少人都成了她的情人。除了上述提到的两位，她的情人还包括布勒特伊侯爵、第四代邓雷文伯爵、法国小说家保罗·布尔热和塞尔维亚的米兰国王。英国裔爱尔兰小说家乔治·莫尔声称她拥有过 200 位情人，暂且不论其他问题，这个整数本身就值得怀疑。伦道夫夫人本人则宣称自己曾坚定地拒绝了查尔斯·戴克爵士的追求，但是她的态度还是没能阻止一向比较宽容的伦道夫勋爵试图对查尔斯·戴克大打出手。

在丈夫逝世后，伦道夫夫人对伴侣的选择变得更加离奇，也更加公开了。1900 年，46 岁的她执意嫁给了比自己年轻 20 岁的苏格兰近卫团中尉乔治·康沃利斯 – 韦斯特。这场婚姻维持了 14 年，最终以离婚告终。康沃利斯 – 韦斯特显然是一个魅力非凡的男人，后来他又同英国舞台剧女演员帕特里克·坎贝尔夫人结了婚。3 年后，伦道夫夫人又嫁给了蒙塔古·波奇。在与伦道夫夫人结婚之前，波奇只是萨默塞特郡一个不起眼的乡绅，曾以殖民地事务部官员的身份在尼日利亚工作过，他甚至比康沃利斯 – 韦斯特更年轻。伦道夫夫人于 1921 年逝世，享年 67 岁，波奇一直活到了 1964 年。

相比妻子的角色，作为母亲的珍妮·丘吉尔表现得就合格吗？她的长子对他们早期母子关系发表过一段著名的评论，这段话听起来充满仰慕之情，同时又不乏伤感。在引述了未来的达贝隆子爵在爱尔兰期间初次见到伦道夫夫人后写下的一段溢美之词后（不过，在达贝隆子爵的描述中，最引人注目的一句话却是"她的神情更像是美洲猫，而不是女人"），温斯顿·丘吉尔评论道："对于孩提时代的我，母亲也给我留下了同样光彩夺目的印象。她如同晚星一般照亮了我。我深爱着她——只是远远地爱着她。"ⅴ 这段话出自他于 1930 年出版的《我的早年生活》（截至 1906 年的生活），在他的所有著作中这大概是最动人的一段描述，其中还不乏活泼而超然的讽刺。写下并发表这句话的时候，距离文中提到的孩提时代已经过去了将近 50 年，这一事实不仅没有削弱，反而增强了这句话的可信度。

母子俩在这一时期里往来的书信更能证明这一点。温斯顿·丘吉尔先是在一所预备学校①（即阿斯科特的圣乔治寄宿学校，根据丘吉尔和英国画家及评论家罗杰·弗莱在完全独立的情况下所讲述的亲身经历，即使按照当时的鞭刑标准来看，这所学校也可以说一直充斥着恐怖残暴的行径）就读了两年，在布莱顿一所相对而言十分温和的小学度过了接下来的 3 年半时间，之后将近 5 年，他一直就读于哈罗公学。上学期间，他一直期盼着母亲的探访，但是始终未能如愿，他还一直希望自己在将来能得到母亲更多的关注。此外，在一个个长长短短的假期里，他的家人一直避免与他见面，不会主动欢迎他回家。

母子在书信中对彼此的称呼也十分有趣。丘吉尔总是以"我亲爱的妈妈"开头，落款的形式则五花八门，在哈罗公学第二年里的典型落款是"再见，我的母亲，依然爱你，你的儿子温斯顿·斯宾塞·丘吉尔"。在给儿子的信中，伦道夫夫人会习惯性地以"最亲爱的温斯顿"开头，以"爱你的母亲珍妮·斯宾塞·丘吉尔"结尾。ⁱ 她给儿子的信不算少，但是都比较简短。

此外，在那段时期里至少还有另外两个人也与丘吉尔保持着书信往来，相比伦道夫夫人的信，她们的信多了几分对丘吉尔的关爱。第一个人就是威尔顿女伯爵，在 35 至 40 岁尚待字闺中的那几年里她频频致信给丘吉尔，这些信基本上都以"最亲爱的温斯顿"开头，落款更是意味深长，"爱你，永远疼爱你的义母，劳拉·威尔顿"。ⁱⁱ 另一位是丘吉尔的保姆埃弗勒斯特夫人，自丘吉尔出生大约一个月后她就受雇开始照看他（后来又负责照看他的弟弟杰克）。伊丽莎白·埃弗勒斯特来自英格兰东南部的梅德韦区，她对丘吉尔最持久的影响就是促使丘吉尔认为肯特是全英格兰最好的地方。② 在她逝世 27 年后，丘吉尔买下了查特维尔庄园，倘若尚在人世，她一定会对丘吉尔的这个决定表示赞同（比克莱门汀·丘吉尔更满意这个决定）。在来到丘吉尔家之前，她为坎伯兰郡的一位牧师照看过他年幼的女儿，20 年后丘吉尔找到了这个女孩，同女孩一起参加了埃弗勒斯特夫人的葬礼。

除了其他的优点之外，埃弗勒斯特夫人显然还具有很强的语言能力，她活灵活现地为丘吉尔描述出自己在北方牧师家里的生活，以至于丘吉尔对自己早年生活最深的记忆就包括从她那里听到的这些事情。没有证据显示埃弗勒斯特先生的存在，因此"夫人"这个称呼纯粹是出于对她的尊敬，在当时许多管家都会被冠以这样的尊称。不过埃弗勒斯特夫人有一个姊妹（嫁给了英格兰南部怀特岛的一名监狱

---

① 预备学校是英国为准备升入公学的学生所开设的私立小学。

② 梅德韦区包括了肯特郡北部地区，查特维尔就位于肯特郡韦斯特勒姆镇以南两英里的地方。

看守），她曾经带着温斯顿·丘吉尔去姊妹家住过一次，据说这是丘吉尔一生中唯一一次对下层人民生活的体验。埃弗勒斯特夫人几乎将所有的爱都倾注在了丘吉尔家的两个孩子身上，在温斯顿·丘吉尔的童年时代她成了他最坚强的情感后盾，在他的少年时代他们两个人也一直相依相赖。后来，在杰克到了十几岁的时候，伦道夫·丘吉尔夫妇就把埃弗勒斯特夫人打发走了。不过，至少温斯顿·丘吉尔一直与她保持着紧密的联系，数次去探望过辞世前身患重病的她。

埃弗勒斯特夫人给丘吉尔的信基本上都以（1891 年 1 月 21 日，当时他 16 岁）"我亲爱的温尼"开头，以"给你无数的爱和吻，爱你的老太婆"；[viii] 他给她的信（1890 年 7 月，发自哈罗公学）基本上以"我亲爱的老太婆"和"再见，亲爱的，愿你开心，爱你的温尼"[ix] 作为开头和结尾。另一个使用过"温尼"（或者"维尼"）这个称呼的是金斯基伯爵。1891 年 2 月 5 日，他从位于伦敦贝尔格雷夫广场的奥匈大使馆给丘吉尔发去了一封信，信的内容和称呼都不乏有趣的细节："我把手头收集到的邮票全都寄给你。以后你还想要更多的邮票吗？想要的话，尽管告诉我。你的老头子怎么样了？但愿没事了。明天我就去桑德林汉姆了，周一才回来。若是我有不错的赛马，我会让你骑的。现在我要去和妈妈吃午饭了，我得走了。乖一点，记得写信给我，如果没有其他事情可做的话……你永远的朋友，金斯基伯爵。"[x]

相比与母亲稀疏的交流，与父亲毫无交流的事实更令温斯顿·丘吉尔感到难过。在事业的高峰期，伦道夫勋爵过于沉迷政治；在低潮期，又因为政治（以及自己的健康状况）而十分消沉，因此他没有多少时间履行父亲的职责。极其具有讽刺意味的是，在他逝世一个多世纪后的今天来看，他一生中最著名的成就恰好就是身为某人父亲这个事实。伦道夫勋爵终其一生都在追求显赫的声名，他也的确成功了，这是他最擅长的事情，履行父亲的职责和家庭生活中的其他职责显然都不属于他的强项。在 20 世纪 30 年代末期，温斯顿·丘吉尔与自己算不上完美的儿子——家族里的另一位伦道夫共进过晚餐，当时后者有二十六七岁。据说在晚餐即将结束的时候，温斯顿·丘吉尔对自己和父亲之间的关系做了一番伤感的评价，他告诉儿子："今晚咱俩不停地聊了很久，比我父亲与我一辈子聊的都多。"[xi]

如果说伦道夫勋爵作为父亲表现得很蹩脚，按照 100 多年后的观点来看，在政坛上他的表现又能有多么出色呢？在我看来，也好不了多少。他生性傲慢，这表现在他有能力想出很多令人难忘的俏皮话，同时也有胆量毫无畏惧地把这些话说出来。这种能力绝对令人无法忽略，但是也不算极端。尤其是与迪斯雷利、约瑟夫·张伯伦和弗雷德里克·埃德温·史密斯（第一代伯肯黑德伯爵）在一起的时候，他能最大限度地发挥出这种天赋，但是这三位政治家都与他不属于一类人，他们都能将目光瞄准有价值的目标，对信仰能坚持如一。不过，除了傲慢，伦道夫·丘吉尔也不乏一些优点，他的发言因此能够引起外界的共鸣，他的名望也因此日渐增强。他拥有令人难忘的名声，怪异的面容，出色的演说才能，在地方和下议院的讲台上都发挥得同样出色。他还具有十分强烈的感召力，虽说这种魅力只在很少的时候会散发出来，而且其间还夹杂着令人反感、大多数时候都毫无意义的粗鲁。在19世纪的最后20年里，一直担任保守党领袖的索尔兹伯里曾为伦道夫勋爵的那些玩笑话取了一个难忘的绰号——政治"恶作剧"。不过，正是由于自以为是，甚至有些粗俗的个人魅力，伦道夫勋爵的行为举止才不只停留在政治"恶作剧"的水平上。然而，在他的这种个人魅力之下是否隐藏着其他品质？那些玩笑话是一个还不成熟的年轻人的无心之举，还是不假思索的结果？

　　与他有着悬殊年龄差异的同时代人对他有着非常负面的看法。当时依然执掌大局的自由党领袖格莱斯顿曾出人意料地对伦道夫勋爵的"谦恭"盛赞过一番，然而他还是认为"除了在抽象的层面上，他的内心毫无信念可言"（无论"抽象的层面"究竟指的是什么）。亚瑟·贝尔福曾经是伦道夫勋爵发起的"第四党"*的4位成员之一，不过他总是与其他3名成员保持着若即若离的关系，他曾说过伦道夫勋爵具有"海盗的习气和女家庭教师的勇气"。[xii]1884年，索尔兹伯里（尽管后来在自己领导的第二届政府里对伦道夫勋爵委以重任）认为伦道夫刚好与苏丹人马赫迪[①]相反，后者"装疯卖傻，实际上非常清醒"。[xiii]当时马赫迪即将杀死查尔斯·乔治·戈登将军，就这件事情而言，无论是哪一种解释，上述这句评价或许对后者也同样适用。

　　对于伦道夫·丘吉尔来说，他在政坛上的做派几乎都受到了机会主义的支配，而非一贯坚持的信念体系。托利党的民主理念是他的核心思想，但是他对这种思想的内涵毫无认识，他只知道自己可以利用这个口号有效地抬高自己的身价，并且折磨维护托利党的那些老党员。他先瞄准了斯塔福德·亨利·诺斯科特，接着又把目标转移到了索尔兹伯里身上。伦道夫勋爵是一位深入浅出并且极具说服力的演说家，不过外界始终不清楚在动员工人阶级听众的时候他究竟想要达到何种目的。正如《旁观者》周刊曾经刊登过的一条讣告所说的那样，伦道夫勋爵的政治活动具有一种"本能式的粗暴"的特征。他喜欢地方上时不时出现一场骚乱，也喜欢下议院处于混乱不堪的状态。不过，在煽动民众反对托利主义的事情上，他的努力几乎徒

---

　　* 伦道夫·丘吉尔勋爵于1880年在议院里组建的一个托利党小集团，"第四党"是该组织多少有些自嘲的名称。第四党仅有4名成员，将斗争矛头指向格莱斯顿的政府和保守党的领导阶层。

　　① 马赫迪·穆罕默德，19世纪末苏丹反英民族起义的领导者。

劳。相比而言，索尔兹伯里对"别墅保守主义"①的促进就理性得多，也成功得多，因为这一政治理念有着相互交织的多方利益的支撑。此外，索尔兹伯里出于敏锐的洞察力，与格莱斯顿为1885年大选磋商议定的一系列方案中，有着一个突出的特点，这就是单一席位城郊选区的设置。除了形势极为严峻的1906、1945和1997年这几年，在稳固保守党在全英格兰的席位方面，凭借着别墅保守主义和单一席位城郊选区这两项成就，索尔兹伯里远远超过了伦道夫·丘吉尔所做的努力。

在机会主义的作用下，伦道夫勋爵的职位出现过几次令人迷惑的改变。1883年的秋天，他就选举权扩大的问题在爱丁堡发表了一次讲话，言谈间夹杂的敌意令同台就座的亚瑟·贝尔福认为有必要在会议结束前就将他略微驳斥一番。几个月后，伦道夫勋爵又对"食古不化的庸才"进行了公开谴责，鼓吹将农村地区的选票全部并入城市选区。这些言论或许与他在激进的伯明翰争取席位的打算有关（在重新分配议席的过程中伍德斯托克选区就要消失了），不过更有可能是出于他从事政治活动时最本能的秘诀，一言以蔽之，"如果一开始没有成功，那你就重新洗牌，再试一次"。他在爱丁堡的讲话几乎可以说遭到了彻底的失败。

在有关爱尔兰的首要问题上，伦道夫·丘吉尔更是无法做到始终如一。在格莱斯顿二度组建政府的最初几年里，英国政府对爱尔兰的统治变得愈发困难了。查尔斯·斯图尔特·帕内尔是一位自相矛盾的新教地主（矛盾之处就在于当时的动荡局势主要是由于宗教和土地使用权问题造成的），他认为爱尔兰的民族主义党应该由一位有影响力的人领导，这位领导应该既擅长团结爱尔兰民众，又能破坏在伦敦的下议院的议事活动。自由党政府试图通过一项温和的土地改革和高压法（即通过立法的形式为特设的警察机构和法院赋予权力）控制局势，但是这两项措施都没有起到预期的效果。失败的政策促使格莱斯顿转变了思维，他在1885年的时候突然出现了180度的大转弯，接受了爱尔兰地方自治政策。令问题更加复杂的是，其他3个地区的主要人口是凯尔特人和天主教徒，但是阿尔斯特（全爱尔兰最富庶的地方）的居民则以具有苏格兰血统的长老会（属于新教教会或与其相关）信徒为主，他们更希望听命于伦敦，而非都柏林。在奥兰治的威廉国王即位之后，苏格兰长老会信徒有时又被称为"奥兰治人"。

在1885年的夏季和秋季，伦道夫勋爵一直是帕内尔在保守党内的主要盟友。

---

① 别墅保守主义，即别墅托利主义，是1885年《议席重新分配法案》的产物。该法案在城市周围创造了大量的城郊选区，由于城市一贯由自由党把持，因此城郊选区的出现使得保守党在之前不受欢迎的地区也得到了议会席位，再加上其他一些因素，保守党从而在接下来的一个世纪里一直宰着英国政坛。

这一联盟造成了格莱斯顿第二届政府的垮台，接着又为保守党争取到了英格兰境内的爱尔兰人的选票，尤其是在兰开夏郡。为了实现这个目标，伦道夫勋爵试图削弱在格莱斯顿之前出任爱尔兰总督的第五代斯宾塞伯爵[1]有关"法律与秩序"的决定，在很大程度上正是由于他的活动，斯宾塞与威廉·哈考特爵士（前内政大臣，不久后出任了财政大臣）在爱尔兰地方自治问题上始终举棋不定。无论是在政府里，还是在私下里，伦道夫勋爵始终都对《高压法》表示反对。但是，还没到1885年，英国在爱尔兰问题上就只剩下两种现实的选择：要么赋予爱尔兰地方自治权，要么让"不动摇的政府"延长寿命。亚瑟·贝尔福在早期曾被人戏称为"漂亮屁股"，[2]由于犹豫不定的态度，他又受到盟友伦道夫勋爵一定程度上的鄙视，然而实际上他一心想要解决爱尔兰问题，在1887至1892年期间以爱尔兰布政司的身份提出了一套严厉的解决方案。伦道夫勋爵在两种选择之间举棋不定，他一直容忍议会阻挠爱尔兰实现自治，因为他喜欢看到议会惹火上身，同时他又数次参加了同帕内尔的谈判，尽管谈判始终没能达成清晰的结果。私下里，他对阿尔斯特那群愚弄百姓的政客又表现得十分鄙夷。

因此，当伦道夫勋爵在1886年2月前往贝尔法斯特，煽动宗教和政治偏执情绪，并在随后的一封公开信中首次写下了他那句聪明但是毫不负责的口号——"阿尔斯特要战斗；阿尔斯特没有错"的时候，很多人都开始怀疑他的动机更多来自投机思想，而不是他的道德原则。如果对他当时给自己在都柏林的朋友、爱尔兰的上诉法院常任法官杰拉尔德·菲茨吉本的一封信中的措辞有所了解，那么外界对他的这种质疑就更是毫无减弱的可能了。他在这封信中写道："我在一段时间之前就已经断定，倘若元老（格莱斯顿的绰号）接受地方自治，那就只剩下奥兰治这一张牌了。上帝保佑，但愿这会成为一张王牌，而不是两张……"

早在几年之前，伦道夫·丘吉尔毫无原则、肆无忌惮的性格还有着更为极端的表现。1880年年初，他在议会会议中利用布拉德洛问题[3]借机发挥了一番。面对

---

① 约翰·波因茨·斯宾塞（1835—1910），英国自由党党员，也是格莱斯顿的密友，曾两度出任爱尔兰总督，由于醒目的红色长髯他被人称为"红伯爵"。

② 由于出众的相貌和举止，在剑桥大学读书的时候，亚瑟·贝尔福得到了"漂亮屁股"的绰号，此外他还有"血腥贝尔福""皮肤柔嫩的享乐主义者""克拉拉""贝尔福小姐"和"虎皮百合"等绰号。

③ 查尔斯·布拉德洛（1833—1891），英国政治激进主义者、无神论者及共和主义者，于1866年创建了英国全国世俗协会。1880年，他当选为自由党在北安普敦郡的下议院议员。按照传统，下议院议员都被认为具有基督教信仰（并支持君主制），为了证明自己的无神论思想，布拉德洛在就职时拒绝进行效忠宣誓，最终他受到临时监禁的处罚，并且因为在议院进行非法投票而受到罚款的处罚，同时他也因此在每一次补缺选举中获胜，获得在下议院的席位。

"布拉德洛事件"，下议院里大多数人都表现出绝对的维多利亚时代的伪善。信仰无神论，多少有些自视清高（但是的确令人钦佩）的查尔斯·布拉德洛当选为北安普敦郡的议员。大多数跨党派的下议院议员都愚蠢而顽固地拒不接受布拉德洛直接就职或者进行宣誓就职（出于促进教派联合的目的，布拉德洛本人愿意接受任何一种方案）。由于下议院对布拉德洛的排斥，北安普敦郡选区进行了数次补缺选举，布拉德洛在此之后又两度被送回到下议院。在布拉德洛于 11 年后（1891）逝世的时候，下议院又通过了一项表示同情的决议，将之前所做的决议统统废除，此举不仅没有淡化议会的愚蠢，反而进一步凸显了这个问题。

议会之所以出现这些滑稽的举动，伦道夫·丘吉尔勋爵应当负最主要的责任。他本人对宗教问题漠不关心，但是在布拉德洛问题上他看到了超越格莱斯顿的机会，后者是一名虔诚的英国国教徒，并且对其他信仰的宽容与日俱增。相比在职业生涯中一贯愤世嫉俗的态度，伦道夫勋爵对这件事情的处理显得十分高明——同时也十分好笑，这一点起到了一定的补偿效果。他想方设法将格莱斯顿这位信仰国教的元老描绘成（通过对布拉德洛的支持）已经皈依了无神论和共和主义信仰，并且接受了避孕的概念。他行事巧妙而放肆，听到他这番荒谬至极的描述时绝大多数议员都会哈哈大笑，开始对首相表示反对。更糟糕的是，在多数票回升到上百张的新政府组建的最初几年里，伦道夫勋爵严重地削弱了政府的威严。

伦道夫勋爵的身上也有着一些能够起到平衡作用的品质。无论如何，作为大臣他绝不像人们想象得那么拙劣。1885 年的下半年，在出任印度事务部大臣的几个月里他基本上赢得了部下的爱戴。他能够埋头苦干，有着敏锐的理解力，出人意料的是在同部下交往时他表现得彬彬有礼，这些都给部下留下了深刻的印象。当时女王极其不合时宜地打算将自己的第三个儿子康诺特公爵任命为孟买管辖区的军事指挥官，伦道夫勋爵抵制住了维多利亚女王的决定，从而确保弗雷德里克·罗伯茨将军被任命为印度最高指挥官，这件事情也同样有悖于女王的旨意。作为军人，罗伯茨将军总体而言比康诺特公爵更称职，但是性格决定了他总是会制定一些"冒进"的政策。正是在罗伯茨与印度总督达弗林侯爵①的敦促下，伦道夫勋爵完成了对上缅甸②的吞并，这是在他出任国务大臣短短几个月里发生的最关键的事件。这一成就

---

① 此处指的是第一代达弗林侯爵，弗雷德里克·坦普尔·汉密尔顿－坦普尔－布莱克伍德。

② 上缅甸是缅甸地理及历史上的一个分区，一般"上"指距沿海较远的中部北部广大内陆地区，包括马圭、曼德勒、实皆等省，以及钦、克耶、掸、克钦等邦。"上缅甸"与"下缅甸"之间其实并没有明确界线，两个地区在 1852 年之后先后归英国统治。

令达弗林的头衔上又增加了阿瓦城（在新吞并的地区占有举足轻重地位的古城），①
但是对伦道夫勋爵而言，这件事情只在他的政绩中又添上了矛盾的一笔。之前他一直坚决支持帝国的克制和节俭政策，在1882年英国对埃及的亚历山大港实施大轰炸的时候他是保守党里唯一一位反对格莱斯顿的重要党员。

在印度任职期间，伦道夫勋爵表现出的另一个显著特点就是将帝国对殖民地的管理工作与国内政治论战混为一谈。他在下议院就印度预算所做的报告就是一例，这份报告条理清晰、内容极其丰富，对达弗林的前任、第一代里彭侯爵乔治·鲁滨逊进行了一番不合适的激烈抨击，就在几个月前他还盛赞过这位前印度总督。这番攻击引起了议员们的不安以及对他的憎恶。不过，最糟糕的要数他在伯明翰（在与约翰·布赖特对这个中央选区的竞争中，他败下阵来）的一场讲话，在那场讲话中他指出，在伯明翰市庄严肃穆的新希腊式市政大厅里"三位孟加拉先生"就座于布赖特的讲台上，这种景象十分令人不快。由于这种拙劣的措辞，他毁掉了自己作为"受过教育的印度人的朋友"的好名声。

不过，这两件事情都满足了他自始至终怀有的首要需求，即引起外界的关注。在实现这个目标的过程中，他得到了报界的大力支持，后者清楚地意识到他的身上具有成为明星的潜力，哪怕只是一颗瞬间即逝的流星。在当年11月（1885），中央通信社将伦道夫勋爵归为"优等"政治家行列，身处这个行列的议员只有格莱斯顿、索尔兹伯里与约瑟夫·张伯伦。这就意味着他的公开讲话几乎能被报纸逐字逐句地全文转发出来，而威廉·卡文迪许、查尔斯·戴克、葛兰斐尔·莱韦森–高尔与约翰·斯宾塞都只能占据一栏的版面，通常威廉·哈考特、希克斯·比奇和其他重要的政治家都只拥有半栏的版面。由于他的这种魅力，索尔兹伯里在1886年7月二度组建政府的时候多少有些勉强地将二把手的位置交给他。"听说伦道夫·丘吉尔勋爵必须出任财政大臣和（下议院领袖），我不喜欢这样的局面"，维多利亚女王在当月25日的日记中简要地写下了自己对这一任命的态度。*xiv 这一年伦道夫勋爵37岁，他成为继1782年小威廉·皮特②之后最年轻的大臣。格莱斯顿首次出任

---

① 阿瓦（因瓦），缅甸古城，在14至19世纪里一直是缅甸王国的都城，在1839年3月的一系列大地震中被毁。

* 她还补充道："他太疯狂、古怪了，而且身体也不太好。"

② 小威廉·皮特（1759—1806），活跃于18世纪晚期至19世纪初期的英国政治家。1783年，年仅24岁的他成为英国历史上最年轻的首相，并于1804年二度出任首相。任职首相期间，他还一直兼任财政大臣一职。他的父亲老威廉·皮特也曾出任过英国首相。

财政大臣的时候已经 43 岁，不过第三代帕尔姆斯顿子爵亨利·约翰·坦普尔在 25 岁的年纪拒绝了这一职位。尽管如此，索尔兹伯里还是认为伦道夫勋爵的心理年龄比出生证明上显示的实际年龄要小。当年年底，伦道夫勋爵辞去了该职务，随即索尔兹伯里就在文章中坦诚地写道："他生性不羁，表现出毛头青年才有的冲动、多变的特质，以及学术术语所定义的'平庸'。"

但是，在领导下议院工作期间伦道夫勋爵一直兢兢业业，甚至可以说表现出了娴熟的政治技巧，从而为自己赢得了一定的赞誉。在 8 月初的时候他就完成了必要的工作，让议会进入休会期，在休会的几个月里他完成了 4 件大事。首先，他微服出游柏林、维也纳和巴黎。他使用的化名"斯宾塞先生"远远起不到隐藏他真实身份的效果，反而在他旅行期间引起了外界极大的关注。对于此次出游，他的主要目的似乎就是为长期受到他耻笑的斯塔福德·诺斯科特①制造麻烦，因为"斯宾塞先生"使用的身份正是任职外交大臣的伊兹利伯爵。接下来，伦道夫勋爵又在 10 月里发表了 3 场讲话，这 3 场讲话都受到了高度的关注。其中一场是在肯特郡郊区的达特福德发表的，另外两场在布拉福德，当时保守党协会全国联盟正在布拉福德召开会议。伦道夫勋爵喜欢将该联盟视作自己的私人部队，通过该联盟，他可以让索尔兹伯里意识到尽管他只是一名小小的上尉，但是他拥有独立的大权。相比讲话内容（模糊不清），在这些场合中他的讲话流露出的基调注定了他不会在财政大臣的位置上待得太久。在发表讲话的时候，他摆出一副独立指挥官的姿态，或许这样更便于他在确定方向之后立即指挥部下向相反的方向进军。

伦道夫勋爵在这个秋天里干的第三件事情就是与同僚口角，在这种事情上他表现得游刃有余、兴致盎然。他同海军部的乔治·弗朗西斯·汉密尔顿②和陆军部伟大的书报发行商威廉·亨利·史密斯③之间的争执有着合理的理由，他一心想要大幅度削减这两位大臣的开支预算。但是，他同至少 7 位大臣发生的争吵都莫名其妙，其中包括在政坛上对他最友好的希克斯·比奇。上一位在他之前出任财政大臣的保守党人正是比奇，后者宽厚地为他的上任铺平了道路。此外，似乎是为了表明

---

① 斯塔福德·诺斯科特（1818—1887），第一代伊兹利伯爵，于 1874—1880 年任职财政大臣，1885—1886 年任职外交大臣。

② 乔治·弗朗西斯·汉密尔顿（1845—1927），英国保守党政治家，活跃于 19 世纪晚期和 20 世纪初期，担任过海军大臣和印度事务部大臣等职务。

③ 威廉·亨利·史密斯（1825—1891），英国出版商及书报经销商，于 1868 年进入议会，将近 10 年后晋升为海军大臣。他曾两度出任陆军大臣，后来还担任过财政大臣和下议院领袖等职务。

自己不会放过任何一个人，伦道夫勋爵还在 11 月里写给首相的一封信中表示，自己总体上对首相本人及其领导的政府，以及下议院里智商不足、具有阶级偏见的全体保守党党员彻底失去了希望。

伦道夫勋爵做的第四件事听上去比较有建设性，但是根据其他 3 件事情不难判断出最后这件事情同样也是徒劳一场。在 11 月初的时候，他就完成了将在次年 4 月发表的完整的预算报告。这是一份令人不安的预算报告，可以说在这份报告中他几乎将花园里的每一株植物都连根拔起，仔细察看其根须，然后再将其移植到别处。然而，这份报告本身并无意对花园的形状进行改造，它只是纳入了几项吸引人的措施，其中包括将收入税从每镑 8 便士减少到 5 便士，并取消茶叶税。与此同时，他还在报告中提出了一项多少有些缺乏远见的方案（为了偿还政府债务而削减偿债基金），无伤大雅地提高了一些非递减间接税，并且对遗产税作了一些调整（总体上对长子以外的继承人有利），从而抵消了上述那些措施的积极意义。

当时，这份预算报告完美地体现出伦道夫勋爵呆板的自律精神，给财政部的大部分同僚都留下了深刻的印象，他们（例如印度事务部的同事们）都认为他为人谦和、善解人意、思维敏捷。然而，这份报告也体现出他不具有敏锐的政治触角。即使在大臣们无须应对宏观经济问题、英国的货币尚未遭到世界货币体系严重孤立的时代，提前近半年完成预算方案，然后将其束之高阁，直到最后一刻再让它以"完好无损"的面貌亮相于世人面前的想法也是不切实际的。不仅如此，伦道夫勋爵甚至还提前 4 个月将这份报告递交给内阁。通常，财政大臣有权向同僚提供一份空洞而紧迫的预算，或者根本不提供预算，伦道夫勋爵却主动放弃了这项特权。内阁对他的这份预算报告反应冷淡，从而进一步促使他疏远了自己的同僚。几天后，即 12 月 22 日，伦道夫勋爵突然递交了辞职报告。其实，他只是将辞职当作一种手段，而非最后的决定，但是到了这个阶段索尔兹伯里已经对他忍无可忍了。相比伦道夫勋爵，索尔兹伯里可以说是一位善于低调行事的战术家，而且他素来不反对害虫选择自杀。就这样，伦道夫勋爵出局了，一劳永逸地退出了政坛。

在剩余的 8 年里，伦道夫勋爵曾闪烁出一些光芒，但仅是行将熄灭的火山最后喷发出的一点火星而已。对于伦道夫勋爵生命的最终阶段，修辞技巧胜于首相资质的第五代罗斯伯里伯爵阿奇博尔德·普里姆罗斯（于 1894—1895 年出任首相）一语中的："在他漫长的葬礼上，最悲痛的哀悼者正是他本人。"伦道夫勋爵于 1895 年 1 月逝世，当时温斯顿·丘吉尔已经年满 20 岁，成熟得足以对自己的父亲有着充分的了解。然而，事实并非如此，后来他才渐渐地了解到自己的父亲是一个心事重重、脾气暴躁、令人沮丧的人，但是出于补偿的心理，无论是在对父亲有所了解之前还是之后，他始终都将父亲包裹在一层玫瑰色的光芒中。他在父亲逝世大约9年或者10年之后为其撰写的传记就充分体现出了他对父亲的偏袒，书中的大部分内容都缺乏说服力。尽管如此，在距离他动笔将近100年之后的今天，这部著作依然不乏创新之处和趣味性。在很大程度上正是由于这部传记的问世，伦道夫勋爵才能在身后获得一定的名望，即使他的名声已经反常地有了流传后世的能力。他的声望，至少可以说他的名气超过了他实际具有的品质。伦道夫勋爵是自小威廉·皮特之后唯一一位万众瞩目同时又英年早逝的政治家，这才是更符合实际的评价。然而，同样都只活了46年，小皮特身居首相之席长达19年之久，伦道夫勋爵就连低级军官的职务也仅仅维持了11个月。外界完全有理由说，在他的政治生涯中没有一位竞争对手能像他那样声势浩大，但又成绩平平。伦道夫勋爵留给长子最重要的遗产（极其微薄的财产）就是激发起他对获得外界关注的欲望，促使他坚定地认为自己也很有可能会英年早逝，因此必须尽早扬名立万。

这就是温斯顿·丘吉尔多少有些寒酸的出身。上文已经讲述了童年时期他在情感方面的收获和遭受的挫折，显然在这一阶段他没有受到宠爱，这也证实了约翰·格里格对他和劳合·乔治做过的一番比较。劳合·乔治出身于威尔士农村一户远远说不上富裕的人家，身为教师的父亲又英年早逝，儿子被交给在村里当鞋匠的舅舅照管。约翰·格里格宣称，尽管如此，在涉及孩子的事情上劳合·乔治仍旧比身处公爵家庭的温斯顿·丘吉尔更受到善待。[xv] 幸运的是，温斯顿·丘吉尔遇到了埃弗勒斯特夫人，但是在教育方面他或许就没有那么幸运了。上文中已经讲述了他就读的第一所学校的暴行。他就读的第二所学校的管理方法比较温和，但是在教育方面又不够严格。第三所学校就是哈罗公学，自始至终，有人坚持认为温斯顿·丘吉尔在学术能力上的不足，实际上远远不像人们通常描述的那么差。温斯顿·丘吉尔绝对不是一位天生的古典文学爱好者，他在数学方面的资质也不足以弥补这一缺陷，但是他热爱纪实文学，对英语的运用有着超乎寻常的热情和天赋。较有才智的几个教师发现了他的这个特点，并且表现出了对他的欣赏。他们或许没有意识到这个学生有潜力撰写出英语史上最振聋发聩的几篇演讲稿，但是他们都发现他的身上有着不同寻常、值得发掘的特质。在这几位启迪者中，最成功的就是他的中学英文教师罗伯特·萨默维尔，正如40年后温斯顿·丘吉尔在《我的早年生活》中引用的哈罗公学校歌所描述的那样：

　　萨默维尔先生是一位令人愉快的人。他负责教导最愚笨的学生掌握最受到忽视的知识，即英文写作。他知道如何教授这种知识。他采用前所未有的教学方法……在关联词（极其受到忽视的语法知识）的问题上我花费的时间是其他人的 3 倍，我学到的也是其他人的 3 倍。我完全掌握了这个知识。就这样，我对日常英语的基本句型结构烂熟于心了——这真是一项了不起的成就。*xvi 我对他感激不尽。

　　格外关注温斯顿·丘吉尔的并不只有萨默维尔。在学者亨利·蒙塔古·巴特勒（理查德·奥斯汀·巴特勒的叔祖父，当时他成为剑桥大学三一学院的院长）离开哈罗公学之后，詹姆士·爱德华·考埃尔·韦尔登于 1886 年继任为哈罗公学校长。显然，最初引起韦尔登注意的是丘吉尔一字不落地背诵出了托马斯·巴宾顿·麦考莱①创作的《古罗马之歌》，这首诗长达 1200 句。凭借着这首诗，丘吉尔在一场全校学生都有资格参加的竞赛中获得胜利，但当时他还在公学一年级的课程中苦苦挣扎。丘吉尔的问题在于，在那个年代古典文学占据着主导地位，可是他不愿意也没有能力强迫自己，成天到晚把心思放在希腊文和拉丁文的语法和文章上。不久之后，韦尔登开始尝试改变丘吉尔的这一短处，每个星期针对这名学生进行 3 次古典文学补课，每节课只有 15 分钟。他的努力没有见效，丘吉尔仍旧对拉丁文精妙的句法结构无动于衷。多年后，这位学生在自传中写道："一个错误似乎给韦尔登先生造成了肉体上的伤害……后来，有时候在内阁讨论的过程中为了给自己的发言增色，我会说上一句深深印在脑海里的拉丁名言，虽然我记住的拉丁名言并不多。我记得每当碰到这种情形，阿斯奎斯先生的脸上常常会浮现出与韦尔登先生当年一样的表情。"xvii

　　在韦尔登为他开小灶的那段日子里，温斯顿·丘吉尔被编入了军事班，在哈罗公学的最后 3 年里他一直就读于军事班。军事班同常规班完全分离，班级里的学生年龄参差不齐，丘吉尔说这种状况导致他"一年接着一年完全与学校的日常活动脱节了"。校方突然做出这样的决定似乎是因为丘吉尔明显缺乏学术能力，同时又对各种各样的军事事务产生了日益浓厚的兴趣。他的表现给他的父亲留下了深刻的

　　＊　萨默维尔有两个儿子，戴维·萨默维尔后来成为牛津大学的历史学讲师，于 1953 年出版了一部为鲍德温辩护的研究专著；唐纳德·萨默维尔爵士（后来成为男爵）曾在鲍德温政府出任过副检察长，在 1936 至 1945 年期间，在内维尔·张伯伦的首届政府和温斯顿·丘吉尔的政府里出任了总检察长，还在当年夏天丘吉尔组建的"临时"托利党政府里短暂地出任了内政大臣，最终成为上诉法院常任高级法官。

　　①　托马斯·巴宾顿·麦考莱（1800—1859），英国历史学家，曾经担任过下议院议员、东印度公司官员和陆军大臣等职务。

印象，有一次伦道夫勋爵罕见地去了儿子的游戏室，看到儿子收集了1500个玩具铅兵，还目睹儿子拿着这些玩具排兵布阵的情景。无独有偶，当时伦道夫勋爵越来越深信温斯顿的智力不足以成为律师。之前他一直认为儿子是一个对任何事情都无动于衷、无聊乏味的蠢材，但是对游戏室的这次造访几乎令他彻底丢掉了原先的这种印象。温斯顿·丘吉尔能写出非常精彩的综合性文章，而且记忆力超群，背诵麦考莱的长诗就是证明。此外，只要是能引起他兴趣的课程，诸如历史、英语文学之类，尤其是军事史，这种不太受古典文学和数学知识约束的学科他就能取得优异的成绩。韦尔登敏锐地发现了丘吉尔的这些品质，他不仅为这名学生单独开课（虽然没有多少成效），而且在后者以陆军少尉的身份驻扎在印度的几年里还长期与他保持着书信往来。

当时哈罗公学的名气比现在大，几乎同伊顿公学一样都是培养统治阶级的学校，但是同伊顿公学和温切斯特公学有所不同的是，它没有宗教学院的根基，始终只是中学，而没有达到学院的标准。① 或许正是由于这个原因（至少是显而易见的原因），哈罗公学更青睐财富。但是，在温斯顿·丘吉尔之前这所学校已经培养出了5位首相，其中包括19世纪的两位明星首相，罗伯特·皮尔与帕尔姆斯顿子爵，另外两位首相也正在成长中，他们就是斯坦利·鲍德温和温斯顿·丘吉尔，因此这所学校在政坛上也有着相当辉煌的成绩。不过，学校没有为他提供多少在日后能与他密切合作的校友，一直令他头疼的里奥·艾默里与可怕的首席党派督导亨利·戴维·雷金纳德·马杰森大概是最接近（但是还不够近）校友的人。尽管如此，哈罗公学还是为他贡献了二战中最令他满意的将军（陆军元帅哈罗德·亚历山大，后来成为突尼斯的第一代亚历山大伯爵）以及他最青睐的私人秘书（约翰·科尔维尔）。成为父亲后，丘吉尔并没有忠于哈罗公学，他将自己的儿子送进了伊顿公学，但是此举没有产生显著的积极效果。不过，他深深地眷恋着自己的母校。1940年12月，他参加了哈罗公学校歌会，当时他已经到了情感上容易受到影响的年纪，在母校受到的欢迎令他心醉神迷。在此后24年的余生里，他几乎每一年都会参加哈罗公学这项能令他心满意足地流下热泪的怀旧活动。

哈罗公学没能帮温斯顿·丘吉尔培养起太多进入桑赫斯特皇家军事学院的素质，为了进入这所军事学院，他努力了3次，在第二次考试失败后便被分派给位于

① 在中文里这几所私立中学的名字同为"公学"，但是在英文中哈罗公学使用的是"school"一词，另外两所学校为"college"，显示了资质上的区别。

伯爵宫路的詹姆士上尉，这位教官以填鸭式教育而著称。当时丘吉尔从多塞特郡的一座30英尺高的桥上跳下（为了在游戏中避免被抓住），肾脏严重破裂，因此填鸭式的学习被推迟了几个月。詹姆士上尉"声名赫赫的高强度家禽饲养法"最终起到了作用，丘吉尔终于成为一名骑兵学员。骑兵专业的优势在于需要修满的学分比步兵专业少，但是骑兵生活的不利之处在于花费惊人。在备考军事学院期间，丘吉尔在历史与化学（相比之下他在这门课上的表现更加出人意料）考试中都取得了优异成绩，在其他课程上则表现得很差劲，所以他"只能再找一张有用的牌"。他选择了数学，而不是拉丁文和法文这些也有可能取得好成绩的课程，凭借着强大的意志力，他的数学成绩很快就达标了。然后这种与自己格格不入的知识就"如同高烧时梦到的变化不定的幻影一样消失了"。[xviii] 但是他实现了自己的目标，于1893年9月进入了桑赫斯特皇家军事学院，在这所学院里学习了15个月。

温斯顿·丘吉尔在桑赫斯特皇家军事学院里表现出色。经过一番努力，在同期150名学员中他以第八名的成绩毕业了。他还显示出了在马术和驯马方面的天赋。1894年12月，他从军事学院毕业了，此时距格莱斯顿结束最后一届首相任期已经过去9个月。伦道夫勋爵为了疗养身体而进行的环球旅行没有见效，在平安夜的那一天他回到了家里，最终于1895年1月24日离开了人世。2月，温斯顿·丘吉尔得到授衔，成为第4轻骑兵团少尉，年薪刚过150英镑（他的部队将要被派往印度，在那里一年的用度将近300英镑），为了维持骑兵团的生活标准，他至少还需要500英镑（大约等于今天的25000英镑）的收入。父亲的遗产里没有这么一大笔钱供他支配，不过他还有母亲可以依靠。后来，他在文章里提到当时他的母亲只有"40岁，年轻、美丽、迷人"，[xix] 她的开支也同样可观，但是她有着强大的"人脉"。除此之外，温斯顿·丘吉尔就只能自力更生了。

第二章　帝国少尉与天赐良机的记者

1896 年 10 月初，第 4 轻骑兵团到达孟买。就这样，在帝国的全盛时期，丘吉尔来到了印度，8 个月后英国为维多利亚女王登基 60 周年举办了钻禧庆典。然而，无论是消磨时光的方式，还是思维方式，丘吉尔都完全不像一名骑兵团低级军官。他对君主制度和大英帝国都有着极其浪漫的理解，在其他方面基本上都与自己的同袍截然相反。他不喜欢秩序井然、无所事事的生活。他很清楚自己在教育和知识储备方面的不足，他也一心想要弥补自己的这一缺陷。直觉使然，他对军队的传统观念发出挑战，还常常质疑著名将领们的声望和军事技能。他的志向不在于被当作一名典型的合格战士受到战友的接纳，靠着毕恭毕敬遵守纪律的态度得到赞扬，他最大的心愿还是尽可能地引起外界对他的关注，无论是来自当地的还是全世界的关注。

丘吉尔生性招摇急躁，同时又有着良好的判断力，他意识到自己的未来不取决于勤勤恳恳地等待着被提拔为上尉、少校、上校，最终官至将军。在军人的美德方面，他最不缺少的就是作为个体的勇敢。热爱冒险的天性令他胆大妄为，从个人角度而言这种性格令人钦佩，但是在当时的那个年纪，他无法博得别人的信任，上级甚至不相信他有能力率领哪怕区区几名士兵。他对马球的痴迷（终其一生唯一令他保持热情的球类运动）几乎成了他同战友们的唯一联系。不过，令他沉迷于大量马球比赛的并非他对娱乐生活的需要，而是竞争意识带来的强烈刺激。

鉴于这种嗜好，印度对丘吉尔来说的确是一个美妙的海外驻地。在部队到达孟买的时候，他对一切都充满了极大的热情，言谈间不乏夸大之词。经过 23 天的航行后，他一心想要回到陆地上。他火急火燎地用两只胳膊撑起身体，从船上跳向港口湿滑的台阶，结果他的右肩脱臼了。肩膀复位并不难，但是在此后的一生里，他的右肩总是会出其不意地在不适当的时候再次脱臼。他坚称有一次在下议院挥手时由于动作幅度过大，右肩差一点又要脱臼了。

到达南亚次大陆的第三天晚上，丘吉尔与刚刚抵达印度的军团里的另外 1 名少尉和 3 名军衔高一些的军官被叫去同孟买管辖区的总督威廉·曼斯菲尔德共进晚餐，后来曼斯菲尔德实至名归，受封成为桑德赫斯特子爵。30 多年后，丘吉尔在文章中写道（无疑他的笔调带有自嘲性的夸大）：

在为女王陛下的健康举过杯、晚宴宣告结束后，总督阁下慈祥地征询了我在几件事情上的看法，考虑到他极其热情好客的性格，我认为自己不应当有所保留。我已经不记得他提到的几件有关英国和印度的事务都有着怎样特殊的意义，至今我能记得的只是当时我对他知无不言。他时不时地表现出乐于将自己的观点透露给我的样子，然而我认为让他费力做这样的事情实在是对他的冒犯。他的热情很快就消失了。他善意地派自己的副官把我们送了出来，以确保我们不会迷路。[xx]

接着，丘吉尔与第 4 轻骑兵团又乘坐火车前往班加罗尔，这是英国在印度南部管辖区类似于奥尔德肖特的军事重镇，英国在印度的主力大军都驻扎在那里。英国军方认为这座海拔 3000 英尺（约为 914 米）的城市气候宜人，其他方面的条件也都十分适合军队驻扎。丘吉尔与另外两名低级军官合住在一座宽敞的平房里，一批印度仆役照顾着他们的饮食起居。他被安排了日常工作，但是每天总共只需要工作 3 个小时，到上午 10 点半全天的工作就结束了。除了上午这几个小时和午后作为娱乐的马球活动，一天里的其余时间都完全由他自己支配。

第 4 轻骑兵团在这个地区驻守了 8 年半的时间，温斯顿·丘吉尔实际上只待了 19 个月，而且期间他还两度请假返回伦敦，每次都长达几个月。他还在冬季里去了加尔各答 3 次，每一次仅前往那里的路上就要花费 4 天的时间。由于他所参加的球队在一次马球锦标赛中获胜，他还随队前往了海得拉巴 1 次。另外，他还参加了一场在印度西北边境的远征，这次出行险象环生，但是也让他有机会写出大量优秀的新闻报道。

无休止的活动令人难忘，但是更为引人注目的是丘吉尔在班加罗尔几个月平静的驻地生活中打发时间的方式。在这个时期，面对印度总督、孟买总督，无疑还有自己的指挥官时，丘吉尔都表现出极度自信，他认为自己几乎拥有天赋的权利亲身参与在世界各地的任何一场军事行动。为了实现这个目标，除了自己的人脉，他还动用了母亲的影响力。但是，他又认为自己非常欠缺正规教育，应当采取措施弥补这个缺陷。大概也正是在这个时期，将他塑造成一位伟人的那些独一无二同时又自相矛盾的品质第一次清晰地显现出来。他充满自信，以自我为中心，深信自己能够（或者说至少应该能够）主宰自己的命运，因此他不希望自己像其他下级军官那样整日荒于学习。他对自己在知识方面的空白也有着清楚的认识。此外，他还有毅力在艰苦的条件下通过幼稚的手段弥补自己的不足。

丘吉尔曾经考虑过放弃军队的职务，进入牛津大学，不过这个念头一闪而过，当时的他对于进入牛津大学来说已经超龄大约5岁了。之所以产生这个念头，更主要的原因在于第4轻骑兵团的生活，而不是家庭经济状况的下滑。正如他在1897年1月给母亲的一封信中写到的那样（在这个阶段与母亲的通信全都被保存了下来，在这一时期，母子俩的通信远比他在求学阶段时的通信频繁）："我嫉妒杰克有机会享受到大学 * 的自由教育。我发现我在文学方面的品位正在日渐提高，我想如果懂得拉丁文和希腊文的话，我就会离开军队，试着争取一下历史、哲学和经济学的学位，可是我无法再一次面对语法分析和拉丁散文。我成了一名战士，杰克待在大学里，命运真是阴差阳错得令人费解。"[xxi]

然而，伦道夫夫人却没有鼓励儿子克服阻碍继续追寻古典文学。于是丘吉尔打定主意通过自学完成大学课程。在儿子自学的过程中，伦道夫夫人为他提供了帮助，但她的帮助不是在信中对他进行指导，而是不断地寄去他需要的书籍。一开始，丘吉尔经常阅读的基本上仅限于爱德华·吉本与托马斯·巴宾顿·麦考莱的作品，因此他总是向母亲索要这两位作家的书。母亲给他寄去了吉本的八卷本《罗马帝国衰亡史》，接着又是麦考莱的12部著作——8部历史著作和4部散文集。他没有一口气匆匆翻完这些书，而是稳扎稳打地读了下去。在2月的一封信中，他写道："每天读50页麦考莱和25页吉本。"总体而言，吉本对他的触动更大——麦考莱的"可信度连吉本的一半都不如"。[xxii] 同时，他也认识到这两位史学家各有所长："麦考莱干脆利落，颇具说服力；吉本优雅肃穆，气魄非凡。他们两个人都那么迷人，都展现出英语的精妙之处。用差异如此巨大的两种风格写出来都同样令人满意。"[xxiii] 对于这些著作，"满意"一词或许根本不足以表达丘吉尔的感受。几乎可以肯定的是，虽然他可能已经意识到这两位作家的风格截然不同，但他们同时对他的写作和演讲产生了持久的影响。

在超脱了这两位雄辩的作家的局限后，丘吉尔继续如饥似渴地追寻着知识，但

---

* 当时，大家普遍认为正在哈罗公学进行最后一年学习的弟弟杰克会进入牛津大学，然而最终这种构想化为了泡影。

是现在他对所有著作就比较一视同仁了。他对探险家及哲学家威廉·温伍德·瑞德的《人类殉难记》产生了强烈的兴趣，这部类似于哲学（及反宗教）的作品令他兴奋极了，但是很难说这部作品会一直引起读者的兴趣，或者说具有永恒的价值。丘吉尔的自学经历不禁令人想起一个与他截然不同但是最终也同样身居高位的政治家，在将近 50 年后，丘吉尔也逐渐对这位政治家产生了深深的敬意，这个人就是哈里·S. 杜鲁门。在年轻的时候，杜鲁门就已经充满了传奇色彩。他不仅精通美国总统史，对罗马帝国的历代皇帝和历朝历代的伟大军事指挥家也十分了解，然而这些知识都是他在没有人指导的情况下通过阅读独自掌握的。因此，他虽然对许多人名的拼写很清楚，但是不熟悉其发音，总是把这些人名念得十分奇怪。对于丘吉尔来说这不存在什么问题。第 4 轻骑兵团的军官们或许对历史和古典文学没有深入的了解，但是他们都知道那些伟人的大名应该怎样发音。丘吉尔与杜鲁门还有另外一个相似之处，即在少年时期独自一人艰难地积累知识的过程中，他们都没有碰到引路人。可以同杜鲁门错误的发音相提并论的是，丘吉尔将《人类殉难记》（他的上校最喜欢的一本书）视作一部重要著作，即使这部作品具有一定的误导性。

吉本与麦考莱为丘吉尔奠定了坚实的基础，在暂时将注意力转向其他作家的时候他的选择显示出了更好的判断力，其中包括亚当·斯密的《国富论》、查尔斯·达尔文的《物种起源》、学者本杰明·乔伊特翻译的柏拉图的《理想国》，以及亨利·哈勒姆（"致命的年轻人"亚瑟·亨利·哈勒姆的父亲，他的儿子激起过格莱斯顿与诗人丁尼生的强烈羡慕）所著的《英格兰宪政史》之类的古典作品。除了通过大量的阅读储备知识，丘吉尔还着手往自己的血液里注入毫无水分（同时也是杂乱无章）的政治事实。他让母亲给他寄去了 27 卷《年鉴》，从迪斯雷利组阁的第二届政府（1874—1880）开始，他仔仔细细通读了议会每一场重要辩论的基本事实，以及在他幼年时代英国立法工作的进展。接着，他对这些史料进行了总结，调动自己不断提高的判断力，琢磨自己该如何针对这些议题发言、应当投赞同票还是反对票。丘吉尔对政治史料进行如此的注解工作令人惊叹，这显示出他的刻苦勤奋，也让他有信心为日后担当大任做好准备。另外，在这个过程中，他还有些天真地看到，通过努力自己能够达到怎样的效果。

丘吉尔在印度期间与母亲的书信往来还体现出了其他 3 个显著的特点。首先，当时他还只是一个刚刚起步的知识分子，但是这丝毫没有妨碍他发表个人见解的热情，在这个方面他从不放过任何一个人、任何一件事。1897 年 1 月 1 日，在加尔各答过完圣诞节后，他乘坐长途火车返回驻地，在火车上他对自由党任命的印度总督进行了一番否定："在这里，埃尔金的人非常不得人心，他们在兰斯顿①一干人之后的表现非常拙劣。激进政府所做的恶行在政府垮台之后还将继续存在下去。国家的所有重要部门必须补充进零星仅存的一些自由党人。就这样，你们就找来了埃尔金总督。他们跟我说，他们非常僵化，还喜欢夸夸其谈——'加尔各答的社交界'都找不到合适的字眼形容他们。"xxiv

颇具讽刺意味的是，仅仅 8 年后，当丘吉尔成为亨利·坎贝尔-班纳文政府里的一名次官时，他所在的殖民事务部的大臣正是埃尔金伯爵。或许可以说在加尔各答期间埃尔金没有对丘吉尔给予足够的重视，不过丘吉尔也没有因为自己在 1897年期间对托利党的偏袒就对党内这些冉冉升起的新星深怀敬意。8 个星期之后，他又写道：

> 在托利党领导层里，我对两位政客的鄙视和厌恶超过了其他所有人——贝尔福先生和乔治·寇松。其中一个人——一个倦怠、懒惰、没有热情、愤世嫉俗的人——是保守党碌碌无为的傀儡领导；另外一个则是被宠坏的政坛万人迷，自视甚高，由于受之有愧的成功而不可一世，典型的牛津大学的超级假正经。最近 15 个月，社会上之所以罪恶滋生完全应当归咎于此二人。

丘吉尔也没有放过保守党的领袖，只是对他们的抨击略微温和了一些而已。"索尔兹伯里勋爵，一个能干而固执的人，他具有政治家的头脑，又如同骡子一样敏感脆弱。在别人的怂恿下他一直在贸然地犯着错，到最后，自由统一党②的所有部门和欧洲大陆的所有内阁几乎都被他惹怒了，几乎都受到了他的冒犯。"xxv

在发表了这些观点之后，丘吉尔在 4 月 6 日写下的一段话或许就不会令人感到意外了。他写道："倘若我在下议院，我定然会不遗余力地反对（我们这个马基雅维利式的政府）。事实上现在我就是一名自由党人，在军队里我的观点令那些虔诚的同僚们感到惊恐和憎恶。如果不是因为地方自治的问题——我永远不会认可这项政

---

① 亨利·查尔斯·基思·佩蒂-菲茨莫里斯，第五代兰斯顿侯爵（1845—1927），曾连续出任加拿大总督、印度总督、陆军大臣和外交大臣。在第一次世界大战期间（1917），他撰文给媒体（《兰斯顿公开信》），徒劳地鼓吹用妥协换和平的政策。他的一项成就是曾在自由党和保守党政府内都身居要职。

② 自由统一党，从自由党脱离出的政党，组建于 1886 年，与保守党结成联盟，反对爱尔兰自治法案。当格莱斯顿表示支持爱尔兰自治时，索尔兹伯里便与自由统一党结成联盟，赢得了 1895 年的大选，索尔兹伯里第三次出任英国首相。

策——我就会以自由党人的身份进入议会。照目前的状况看来，我必须让自己站在托利民主制的大旗下。"[xxvi]3个月后，也就是在到达印度后不久，丘吉尔得到批准，回家休假了。在托利民主制的大旗下，他为自己制造了机会，争取到了在保守党的外围派系"樱草会"的一场庆祝会上发表讲话的邀请。庆祝会在萨默塞特郡的巴斯市郊外举行，这是丘吉尔一生中首次登上演讲台，他做了一场精彩的政治演说，措辞得体，充满趣味，有不少能引起掌声的精彩之处。《巴斯每日纪事报》对他的讲话进行了充分的报道，伦敦的《晨报》对这场讲话也给予了几乎同样的待遇。但是，这场讲话没有充分体现出他"就是一名自由党人"。"相比已经老态龙钟的激进主义，英国工人对日渐高涨的托利民主制怀有更多的希望"，[xxvii]这或许才是整场演讲的核心所在。

在丘吉尔与母亲的通信中，第二个占据重要位置的话题就是钱。相比围绕着政治问题的谈话，在有关钱的问题上，伦道夫夫人始终掌握着主导权。在2月26日（1897），也就是丘吉尔泰然自若地批判贝尔福和寇松的次日，伦道夫夫人在信中将儿子严厉地斥责了一番。"我怀着极不寻常的感情坐下来，像过去的每个星期一样给你写这封信。"一开头，她的语气就流露出了不祥的预兆。

> 通常这件事情都令人愉快，但是这一次情况完全相反……今天早上我去了考克斯府，发现你不仅指望着这个月能拿到整整一季度的零用钱，而且另外还需要45镑——现在这里有一张50镑的支票。我还发现你很清楚自己的账户上已经一分不剩了。经理告诉我，他们提醒过你他们不会允许你透支，这张支票将在下一次随信寄给你。不得不说，我觉得你实在太糟糕了——你依赖着我，我竭尽所能地给你零用钱，这笔钱甚至超出了我的实际能力，对你我来说这都很难说是一件光彩的事情……如果我给你的零用钱以及你自己的薪俸无法维持你的生活，你或许就只能离开第4轻骑兵团了。我无法给你增加零用钱。[xxviii]

在3月5日的信中，伦道夫夫人再一次毫不含糊地提到了这件事情："每年2700英镑（约等于今天的13.5万英镑）中有800英镑都用在了你们两兄弟的身上，410英镑用来支付房租和马厩费用，我只剩下1500英镑用来应付其他所有事情——赋税、仆役、畜舍、食物、服装、旅行——现在我还必须偿还债务利息。我真的对未来很担忧。"[xxix]

3月25日，伦道夫夫人又给儿子写了一封信。她告诉儿子他的上一封信来得

"很不合时宜，我发现自己还从未这么拮据过"。×××伦道夫夫人的这封信发自摩纳哥蒙特卡洛的大都会酒店，不过这很有可能只是一个巧合。丘吉尔对母亲五花八门的抱怨听之任之，这大概可以说是一种明智的选择，英国和印度两地之间的书信需要3个星期才能送达目的地，这种状况弱化了母子之间的矛盾。收到信的时候，两个人的情绪或许已经改变了。面对这些压力，丘吉尔形成了两条坚持不变的原则，在接下来的岁月里他始终遵循着这两条原则：首先，支出应当取决于需求（范围广泛）而非自己的财力，这一原则与狄更斯笔下的麦考伯先生的至理名言背道而驰；① 其次，他断定每当收入和支出之间的缺口大到令人不安的地步时，最有力的解决方案始终都只能是增加收入，而不是缩减开支。

对经济问题如此积极乐观的看法正是丘吉尔与母亲书信中的第三个重要话题。丘吉尔希望母亲能动用一切关系为他创造机会，好让他参与世界各地的每一次军事行动。这一方面是由于他具有无所畏惧的冒险精神，另一方面则来自一番精明的考虑，给《晨报》或者《每日电讯报》每发回一封"信"（当时发自前线的文章基本上都被称为"前线来信"），也就是前线报道，他就能赚到 15 至 20 英镑。没有任何证据表明，伦道夫夫人曾对宾顿·布拉德爵士、赫伯特·基钦纳爵士（当时还是爵士）或者罗伯茨勋爵施展过自己的魅力，也许至少其中的两位对这种行为很反感，要么就是伦道夫夫人本人无意让他们跻身于乔治·莫尔夸张估算出的"200 位"情人大军中，不过外界始终固执地认为，温斯顿·丘吉尔希望母亲能不择手段地将他送到大英帝国边境地区最前哨的地方。

然而，丘吉尔首先前往了当时正日渐萎缩的西班牙帝国的边境地区，而不是逐步扩大的英国边境。1895 年的秋天，就在任职骑兵团少尉后不久他奔赴古巴，去参加西班牙人对当地"造反者"开展的毫无条理的游击战。当时，担任英国驻马德里大使的是伦道夫勋爵生前在第四党的同僚亨利·德拉蒙德·沃尔夫爵士，伦道夫夫人动用他的关系为儿子及其部下雷吉·巴恩斯（后来升任少将）争取到了前往战场、观察西班牙军事活动的机会。在不太密集的战火中，丘吉尔度过了自己的 21 岁生日，以这样的方式庆祝生日令他感到心满意足。在他前往西班牙战区的事情上，他的母亲起到了作用，因为先前他就与巴恩斯在纽约的码头一带见过面，这次见面正是威廉·博尔克·科克兰（通常被称为"博尔克·科克兰"）安排的，而后者绝对是

---

① 麦考伯先生出自英国作家狄更斯的小说《大卫·科波菲尔》，在书中他说过："一年收入 20 镑，支出 19 镑 19 先令 6 便士，这就是幸福；一年收入 20 镑，支出 20 镑 6 便士，这就是不幸。"

成功博得了伦道夫夫人芳心的崇拜者，同样可以肯定的是，他也是美国政坛在世纪之交出现的一个有趣的人物。他曾在 1890 年当选为众议院议员，在 1892 年参加了竞选，为自己而不是格罗弗·克利夫兰争取民主党总统候选人的提名。1895 年，他开始改变阵营，次年他表示支持共和党的总统候选人威廉·麦金利。科克兰非常富有（这一点毋庸置疑），他是东海岸的绅士和坦慕尼协会①政客的结合体。他还是一位颇有感染力的演说家和精于权术的政治家，丘吉尔从他的身上学到了很多，在纽约码头与他相识后，就与他长期保持着书信往来。

科克兰对丘吉尔产生了深远的影响，正如后者在 1932 年将许多文章集结成《思想与冒险》一书时所写到的那样：

> 我必须记录下这位卓尔不凡的人给我无知的头脑留下的深刻印象。我从未见过他这样的人，或者说在某些方面相同的人。他有着一颗硕大的脑袋、一双闪闪发光的眼睛和一副灵活多变的面孔，由于这些特点，他与查尔斯·詹姆士·福克斯②的肖像画有着惊人的相似。我不曾幸运地聆听他的演说，但是在与他交谈时，他的语言在针对性、精准性、前后呼应、圆熟度和理解力等方面都胜过我听到过的所有谈话。[xxxi]

科克兰带着丘吉尔住进了自己位于第五大道的家，房子就坐落在中央公园的东南角。在 19 世纪 90 年代，这片区域还属于郊区，对今天的人来说这一点有些不可思议。1900 年，这一带首先出现了原先的萨沃伊广场酒店，在 1968 年的时候这里又矗立起了通用汽车大厦。在丘吉尔上岸的第一天，科克兰就为他举办了一场激动人心的晚宴，之后他经常用慷慨有趣的方式款待他，让丘吉尔领略着纽约生活的美妙。对纽约的这种印象令丘吉尔久久不忘，他在给弟弟的信中写道："亲爱的杰克，这是一个非常伟大的国家。"[xxxii] 在给母亲的信中，他写道："在这里我们真的备受瞩目，当地人对我们殷勤至极。我们加入了所有的俱乐部，大家似乎在竞相安排我们度过一段愉快的时光……"[xxxiii] 秋季中旬在纽约度过的这个星期恰好就在他的 21 岁生日之前，他在这段时间里情绪之所以如此高昂，大概更多的是考虑到自己未来的

---

① 坦慕尼协会，又被称为"圣坦慕尼厅""圣坦慕尼之子"，或"哥伦比亚社团"，于 1786 年在纽约市创办的政治组织，对民主党具有重要的影响。

② 查尔斯·詹姆士·福克斯（1749—1806），英国辉格党人，议会生涯长达 38 年，是小威廉·皮特的头号劲敌。

生活，而非即将在古巴经历的战火洗礼。这位日后将成为美国荣誉公民的年轻人受到如此强烈的冲击，主要应当归功于博尔克·科克兰。

在第二场军事冒险中，丘吉尔随同马拉坎德野战军在靠近印度和阿富汗边境的斯瓦特河谷同起义的帕坦部落进行了作战。1897 年 7 月底，丘吉尔听到了叛乱爆发的消息。为了严惩叛乱分子，英国方面随即派出了 3 个旅的兵力前去镇压，当时这 3 个旅"正在风和日丽的古德伍德的草坪上忙碌着"*。出征队伍由大名鼎鼎的宾顿·布拉德爵士率领，从 1897 年祖鲁战争 ① 到 1907 年退休，这位后来官至少将的指挥官不曾落下任何一场战役，他最终活到了 97 岁，直到丘吉尔于 1940 年出任首相的 5 天后才溘然长逝。布拉德爵士总是莽撞地将自己置于险境，但他又很长寿，在这两个方面他与丘吉尔不相上下。不过，他们二人之间更为紧密的联系其实是，丘吉尔在大约一年前的一次乡村别墅聚会期间争取到了宾顿·布拉德的一个含糊的承诺，后者答应下一次率军出征的时候让这位年轻的骑兵掌旗官随他一起参加行动。

尽管布拉德的承诺模棱两可，丘吉尔却没有望而却步。在古德伍德听到叛乱的消息还不到 48 个小时的时候，他就给宾顿·布拉德发去了电报。对方没有回复他，于是他提前两个星期结束了假期，乘上印度邮政火车从查令十字街火车站出发，赶往布林迪西。② "我勉强赶上了那趟车。不过，赶上那趟车的时候我斗志昂扬。" xxxiv

在接下来一个多月的时间里，丘吉尔在不停地赶路。到达布林迪西和亚丁的时候，他都没有收到宾顿·布拉德的消息，这令他的斗志有些消沉，红海仍旧"令人窒息"，邮轮上没有可口的饭菜，也没有充足的新鲜空气。在到达孟买后，他终于收到了布拉德发来的一封电报，在电报中布拉德语焉不详地对他鼓励了一番："很难办；没有职位空缺；以通信员的身份加入；会试着给你安排一个位置。"落款是"宾

---

* 令人惊讶的是，在此次英国军事行动期间，丘吉尔对赛马大会极其关注。除了这次去古德伍德，他还在初春的时候两次在信中提到自己十分希望能回去参加埃普索姆德比赛马大会。无疑，这种表现在一定程度上是由于在那段时期他一直对马充满了热情，尽管后来在长达 25 年的时间里他一直在参加马球运动，不过他再也没有对赛马大会表现出如此强烈的热情。直到 20 世纪 40 年代末，他的女婿克里斯托弗·索姆斯以小股东的身份带他回到了赛马场，他才对赛马大会恢复了往昔的热情。此外，可以肯定的是，他对赛马大会之所以如此感兴趣，也是由于在他看来埃普索姆、阿斯科特和古德伍德清凉的赛马场同印度南部沙尘滚滚、赤日炎炎的德干高原形成了鲜明的对比，而且赛马场还为他提供了"培养人脉"的绝好机会。

① 祖鲁战争是英国与南非祖鲁王国之间的战争，战争终结了祖鲁作为独立国家的历史。

② 在英国统治时期，印度邮政列车负责从孟买到加尔各答之间的邮政和乘客运输。这趟列车是连接伦敦和加尔各答的海运铁路系统的组成部分，乘客从伦敦乘火车出发，在到达意大利的布林迪西后换乘邮轮，继续前往孟买，然后在孟买乘坐印度邮政列车，经过 40 小时的路程到达印度东部的豪拉。

顿·布拉德"。xxxv 丘吉尔重新打起了精神。后来，布拉德又用同样的腔调发来了一封电报，不过这已经足以让丘吉尔鼓起勇气、花费 36 个小时赶往班加罗尔了，足以让他说服宽容的上校批准他的此次出行（大概是因为军队希望年轻军官具有战斗精神和参战经验），也足以让他向着北方开始一段更加艰险的旅程，用他的话说，陪伴他的就只有"我的贴身男仆和作战装备"。

赶到班加罗尔火车站后，丘吉尔买了一张去瑙仕拉的车票，马拉坎德远征军乘坐火车最远也只能到达瑙仕拉，这个地名听上去很像是模仿"无路可去"生造出来的一个名字。接着：

> 我好奇地问他瑙仕拉有多远。那位彬彬有礼的印度人（售票员）查了一下列车时刻表，面无表情地说，2028 英里……这意味着我将要在最炎热的时候在路上走 5 天。我孤身一人，不过随身带了很多书，所以火车上的时间过得不算糟糕。印度火车的车厢比较宽敞，内饰是皮革的，窗户被遮得严严实实，烧灼的阳光完全被挡在了车窗外，不时转动起来的湿稻草转轮令车厢内相当凉爽，这样的车厢十分适宜当地的气候。我在一个加了内衬的移动小房间里度过了整整 5 天，房间里光线昏暗，大部分时间，我都就着灯光或者被我小心翼翼放进来的刺眼的阳光看书。xxxvi

不可否认，丘吉尔想目睹战斗的愿望十分坚定。

但是，他的动机是什么？他向大多数同袍（名义上的同袍）透露过一部分原因。在维多利亚女王登基 60 周年，也就是大英帝国达到顶峰的这一年，骑兵团里的下级军官大多英勇无畏，急于参加战斗，赢得奖章和勋扣。然而，没有多少人能像丘吉尔那样努力争取机会，或者几乎马不停蹄地奔波将近 5 个星期并且自掏腰包前往战斗的第一线。他们缺乏丘吉尔那样的精力，也不像他那么肆无忌惮。一直在推动丘吉尔前行的是名声，当时在他看来获得名声的最佳手段就是自己的文章。冒着相当大的风险写出一些优秀作品令他感到开心，甚至激动。他参加的这场军事行动既危险又残酷。从记者的角度而言，这次行动可以说取得了一定的胜利，他成为印度《先锋报》和英国《每日电讯报》的特派记者，不过后者给他的报酬仅为每篇专栏文章 5 英镑（今天的 250 英镑），就在几个月前他还以为自己能拿到 15 至 20 英镑的稿酬标准。

不过，比这些报道更重要的是，他在斯瓦特河谷里和河谷周边地区的经历为他带来了第一部作品，也就是纪实性的而非杜撰的《马拉坎德远征史》。丘吉尔与宾顿·布拉德及其部队相处了6个星期左右的时间，在10月中旬（1897）他回到了班加罗尔。几乎所有人都以为接下来丘吉尔会欣然地放松上几个月，给其他军官讲他的冒险经历，一直讲到大家听腻了为止，然后重新开始常规的军营生活。然而，到了年末，他就根据马拉坎德军事行动完成了一部85000字（短篇小说的长度）的书稿，并将书稿寄给了母亲。在当年秋天的时候，丘吉尔还断断续续地写出了自己的第一部虚构文学《萨伏罗拉》，这部和《马拉坎德远征史》篇幅相同的作品是他在一生中写下的唯一一部虚构文学，但是二者相比，《马拉坎德远征史》的完成更加引人注目。

没过多久，伦道夫夫人就说服朗文出版社出版了这部作品，还让具有英国血统的爱尔兰人莫尔顿·弗里温对书稿进行了校对（校对得很不仔细）。弗里温娶了伦道夫夫人的姐姐克莱拉（克拉里塔·杰罗姆），在晚年曾短暂地当选过爱尔兰科克郡下议院议员。这部作品引起了外界的高度关注，几乎所有的评价都对作品表示了认可，只有书中的印刷错误和对标点符号的奇怪用法招致了读者的不满，这些失误也都应当归咎于弗里温。发表在《雅典娜神庙》杂志上的一篇书评称"从这部作品的行文风格来看，书是一位数学家写的，标点符号则是一位精神失常的审稿人加上的。"作品大获成功令丘吉尔十分欢喜，一开始他几乎没有注意到"精神失常的审稿人"造成的失误。在1898年5月里给母亲的一封信中，他写道："等我注意到有损于这部作品的可怕错误时，我失望又羞愧地大叫了起来。"xxxvii 不过，靠着这部作品他赚到了将近600英镑（相当于今天的30000英镑），这笔收入多少消解了他的一些愤怒。这本单薄的作品（相对于他后期创作的那些鸿篇巨制而言，他在后期撰写的几乎都是非常雄辩同时也相当冗长的大部头作品）是一部引人入胜、文笔生动的报告文学，书中显示出作者具有强烈的叙述意识，结尾一章中的反思也毫无幼稚之气。整部作品可以说是给宾顿·布拉德爵士的一份献礼。当然，这部作品之所以能引起如此大的反响，并且赢得了一定的赞誉，在一定程度上是由于"丘吉尔"这个名字本身就有着特殊的意义。丘吉尔甚至还收到了平时对阅读没有多少兴趣的威尔士亲王的来信，信中充满了对他的溢美之词："我怀着最浓厚的兴趣读了这本书，我觉得你的描述和语言总体上十分精彩。现在所有的人都在读这本书，我听到的只有对这本书的赞美。"xxxviii 不过，在信的结尾处亲王建议丘吉尔"留在军队里"，不要急于在自己的名字上加上"议员"的头衔。

就在撰写《马拉坎德远征史》的同时，丘吉尔还在创作一部小说。在结束了西北边境出征、返回印度的沉闷旅途中他就动笔了。这部小说也同样证明了即使在最不利的条件下，丘吉尔也同样活力十足，难以安坐下来。他告诉母亲在离开班加罗尔、前往瑙仕拉之前自己就已经写完了5章。然后，这部书稿就被束之高阁了。不过，刚一完成《马拉坎德远征史》，他又开始了小说的创作，在5月26日（1898）的信中他告诉母亲小说已经写完了。这部作品同样篇幅不长，甚至比《马拉坎德远征史》更短。一开始，他将小说定名为《国家事务》，这个名字完全无法让人联想到"萨伏罗拉"，从构思开始至少有18个月的时间里他一直使用着这个名字。《萨伏罗拉》本质上是一部写实小说，但是书中的人物都是虚构的（尽管读者不需要费多少脑力就能猜到这些人物在影射现实中的哪些人），令人难以置信的是，丘吉尔将背景设置为巴尔干半岛的鲁里坦尼亚王国。女主角露西尔嫁给了独裁统治者莫莱拉，这位国王说不上是一个彻头彻尾的恶人，但是脱离现实，很多人都认为女主人公的原型正是伦道夫夫人。约翰·亨利·纽曼[①]对16世纪的罗马使徒圣斐理伯·内利[②]做过一番适度而权威的描述，丘吉尔对露西尔的魅力所做的描述会令人不禁想起纽曼那段令人难忘的叙述，他的描述似乎只是对后者做了略微的修正而已。[xxxix]他在书中写道："各国的王子都效忠于她，他们不只是将她视作欧洲最可爱的女人，而且还是最了不起的政治人物。她的客厅里高朋满座，来人全都是各国最有名的人物。政治家、军人、诗人和学者全都在她的神庙里表达着自己对她的崇拜。"[xl]

但是，二者并非完全一致。露西尔被描述得更像一位优雅的仙子，肯定比伦道夫夫人忠贞纯洁。此外，小说中的爱情情节勉强而刻板，为了萨伏罗拉草率地求爱，露西尔便抛弃了莫莱拉，萨伏罗拉无疑代表着丘吉尔自己，如果是在现实中，这种事情就存在一定的乱伦成分了。如果再像许多人想象的那样，将莫莱拉视作伦道夫勋爵，作品中的乱伦色彩就更加强烈了，整部小说实际上就变成了"哈姆雷特"式的故事。书中一处对莫莱拉的描写正好印证了这种观点："她的丈夫对她满腹柔情，在那段时间里只要从公务中脱身他便随时侍奉在她的身旁。近来，一切都越来越黯淡了……他的脸上浮现出坚硬的线条，公务和焦虑刻下的线条，有时候她会看到他的脸上流露出疲惫不堪的神色，是那种埋头苦干却预见到自己的辛苦只是徒劳一场的人才会有的神情。"[xli]

书中还有一位"保姆"，这个至关重要的人物一直存在于萨伏罗拉的生活中，也一直对他产生着影响。这个角色正是埃弗勒斯特夫人的化身。萨伏罗拉这个角色也非常能说明问题。他是一个同人民站在一起的贵族，书中写到他"炽烈、高尚、

---

① 约翰·亨利·纽曼（1801—1890），天主教枢机主教及神学家，在19世纪的英格兰宗教史上具有重要地位。

② 斐理伯·内利（1515—1595），意大利神父，以创办了世俗教士团体"祈祷会"而著名，被认为是继圣徒彼得和保罗之后罗马的第三位使徒。

英勇……他只能过这样的生活；他必须一直以这样的方式继续下去。这种人在精神上经过了千锤百炼，只在忙碌中休息，只有危险能让他们感到心满意足，只有在混乱中才能获得平静。这样的人往往会早早逝去"。[xlii]

这部作品还弥漫着无边无际的悲观情绪，不禁令人联想到格莱斯顿的宗教信仰和贝尔福写过的一段文字。出于对人类可怕的前景的恐惧，格莱斯顿的宗教信仰在本质上是充满畏惧的；贝尔福则在那段著名的文字中写道："太阳系的能量将会衰退，太阳的光芒将会黯淡，没有了潮汐的影响，凝滞不动的地球也将无法容忍目前一直在打扰其孤寂生命的物种。人类终将下到地府，所打算的也终将消灭。[①]"[xliii]23岁的丘吉尔则写道："冷却的过程将继续下去；生命完美的进化过程最终将走向死亡；整个太阳系，整个宇宙本身，终有一天将如同烧尽的焰火一样冷却下来，变得毫无生气。"[xliv]他对两位杰出的前辈首相阴郁的末世信仰做出了回应，但同时他并无意在地球尚未冷却的时候就怠惰不前（两位前辈在很大程度上也是如此），在书中他写道："野心是动力，他无力抵抗野心。"[xlv]

就像许多第一次创作小说的作家一样，在创作小说的过程中丘吉尔没有保守秘密，不过《萨伏罗拉》也算不上是他的小说处女作。他写给家人的信中满篇都是小说的最新进展，他在军队里的同僚随时都能了解到创作进展到了哪一步。事实上，根据《我的早年生活》，其他军官甚至还给他提出过一些"增强爱情色彩"的建议。不过，丘吉尔并没有接受同事们有关增加挑逗性的情爱内容的建议，这或许可以说是明智的，但他也没有因为这些建议就对同事们感到嫌恶。他将这部作品献给了"（女王的）第4轻骑兵团的军官们，在他们的陪伴下作者度过了4年愉快的生活"。事实上，在这4年里有不少时间丘吉尔并没有待在军营里，不过他对同事们的感情丝毫不会因此受到怀疑。

《萨伏罗拉》的写作几乎与《马拉坎德远征史》一样高效，但是出版的过程却比后者缓慢（印刷错误也较后者少一些）。与狄更斯和安东尼·特罗洛普[②]（处女作便取得成功）的小说十分相似的是，这部作品首先在1899年的5月至12月以连载的形式发表在了《麦克米伦月刊》上。同年11月，小说在美国面世，紧接着，即次年2月，英国也出版了这部作品。对于一位小有名气的作家（当时丘吉尔的确已经有了一定的名气）而言，这是一种不错的出版策略，因为在此期间，即1899年11月，

---

① 语出自《新约·诗篇146：4》。

② 安东尼·特罗洛普（1815—1882），维多利亚时期的英国小说家，最著名的代表作是《巴塞特郡纪事》系列小说。他的作品还涉及政治、社会和性别等主题。

他的《河上战争》也出版了。这部作品不像《马拉坎德远征史》和《萨伏罗拉》那么简省，字数达到了 25 万字，分为上下两卷。时至今日，《萨伏罗拉》依然还拥有零星的读者，最新一版出版于 1990 年。不过，这部小说并没有为丘吉尔增色，反而是因为作者的缘故小说才一直保持着一定的知名度。这就是一部令人满意、通俗而迷人（因为作者本人后来变得魅力十足）的少年文学。

《河上战争》将读者带进了丘吉尔的军旅生涯，以及作为大英帝国在边境地区的宣传员的下一个阶段，也就是他的中期阶段。这部作品的副标题是"记录收复苏丹的历史"，在级别上同另外两部作品完全不可以同日而语。丘吉尔在书中试图对历史做出客观的记述，而不是一味地渲染自己也有功劳的英雄壮举。直到第二卷，作者本人才出现在了叙述中。这本书的献词对象也提高了规格，成了"索尔兹伯里侯爵，嘉德勋章佩戴者。在其英明的引领下，保守党长期把持大权，英国也长期保持着繁荣昌盛的景象；在其任职首相期间，埃及基本实现了重组；根据他的建议，女王陛下决定下令收复苏丹"。这番话极其谄媚，但是他经过仔细地斟酌，没有多少迹象表明丘吉尔在这个阶段已经开始接受自由主义了。看上去，他的这番话出自他对索尔兹伯里发自真心的感谢，而非阿谀奉承的需要。没有索尔兹伯里，丘吉尔很有可能根本没有机会参加这场军事行动。当时驻埃及军队的萨达（指挥官）是赫伯特·基钦纳爵士，他率军出征，试图从马赫迪继承人的手中收复失去的土地。13 年前，正是后者的部队在喀土穆杀死了查尔斯·乔治·戈登将军。基钦纳强烈反对将丘吉尔编入自己的部队，他清楚地认识到后者是一个自以为是的年轻人，"爱出风头""一心只想着奖章"——丘吉尔记下了这两句不太友好的评价，对于后来成为"大海报明星"的基钦纳，他曾写道："他或许是一位将军，但绝对不是一位绅士。"[*][xlvi]

在 1898 年的上半年，丘吉尔一直百折不挠地追求着梦想，寻找着参加苏丹军事行动的机会。大部分时间里他都待在班加罗尔，不过在 1 月初他再一次长途跋涉，前往加尔各答，这一次他受到的欢迎比前一年热烈多了。就连之前遭到他痛斥的埃尔金的部下也对他尊敬有加（这一次他就留在了埃尔金的部队，或许这就是他改变对其看法的主要原因）。在 2 月末，他去了德里附近的密拉特，又是去参加马球赛。接着他从密拉特出发，赶了 400 多英里的路，到了白沙瓦，他希望威廉·洛克哈

---

[*] 在基钦纳的军旅生涯中始终有人能够证明这一点，不过 17 年后他对丘吉尔的表现却与这番评价截然相反。1915 年，托利党与阿斯奎斯组成联合政府，丘吉尔经历了最艰难的时期，由于托利党的否决，他被迫离开海军部，当时前去拜访他、给他以慰藉的大臣中就有时任陆军大臣的基钦纳。"大海报明星"是阿斯奎斯夫人对基钦纳的嘲讽。

特爵士能接纳他，当时这位将军即将在迪拉赫对西北边境地区的又一支反叛部落开展军事行动。无论是从军纪的角度而言，还是从自身体能而言，丘吉尔都是在冒险，如果洛克哈特将军不配合他的行为，那么他为了这场在印度北方举行的马球赛所得到的假期肯定就会超期。好在洛克哈特帮了他的忙，给他安排了一份值班军官的差事，让他当上了他的参谋官，甚至允许他培养自己的参谋。不过，洛克哈特将军不像布拉德将军那么好战，因此没有像后者那样为丘吉尔提供参加战斗和冒险的机会。经过协商，他甚至还与部落达成了长期的和平协议。10 月中旬，丘吉尔回到了班加罗尔，在那里逗留了两个月，继续创作《萨伏罗拉》，同时还继续写着热情洋溢的信，收信人都是在他看来能帮他实现心愿、参加苏丹军事行动的人。基钦纳已经赢得了阿特巴拉战役的胜利，但是在丘吉尔看来这场胜利只会有力地推动英国军队进一步与恩图曼（今译作乌姆杜尔曼）的托钵僧军队长期交战。事实的确如此。

考虑到这个因素，丘吉尔一心希望自己还来得及参加接下来的战斗。没有流血伤亡的迪拉赫之行对他来说也有着积极的效果，让他又能得到长期假期重返家乡了。6 月 18 日，他从孟买出发，返回英国。能够请到假他真是运气十足，就连印度总督们通常也得等上两年半到 3 年的时间才能得到这样的假期。而在印度的 20 个月里，这已经是他第二次回家了。一开始，他觉得自己可以在埃及下车，顺尼罗河北上。等到了 6 月初，他渐渐地意识到这种想法是不现实的。在此之前他已经在一定程度上得到了远在伦敦的陆军副官长伊夫林·伍德的承诺，但是在前线的指挥官基钦纳还没有接纳他。

这时候，丘吉尔开始想念英国了。在班加罗尔的时候，他在给母亲的信中写道："我无法放弃回伦敦的两个星期假期。每一分钟都值得我花钱回来。"接着，他又以迷人的笔调将自己的满腔热情打击了一番，"你大概会发现我其实很不喜欢这里。叔本华说如果你有所期待，那你只是将某一刻的快乐提前预支掉一部分，所以十分期盼的事情通常都会令你失望（这或许是囫囵吞枣式的大量阅读给他造成的负面影响）……① 尽管如此，我还是回来了，还是希望你能在（维多利亚）火车站迎接我。" xlvii 就这样，丘吉尔启程返回了英格兰，还打听了布拉福德（这是他最喜欢，也是最熟悉的地方）是否会举行一场政治会议的事情。与此同时，他还坚定地

---

① 这句话是丘吉尔根据叔本华的论断总结出来的："由于希望或者期盼获得某种满足带来的喜悦实际上就是在预支一部分真正的喜悦，之后总体的喜悦就会大打折扣。我们对某件事情期待越多，当它实现时我们获得的满足感就越少。野兽不会期待这样的喜悦，这种喜悦也不会因此有所减少；因此，它们在当下感受到的喜悦是完好无损的。"

踩着"另一只船"，他说自己"将［我的］当地仆人和军事装备——帐篷、马鞍，等等——留在了埃及"。（他的仆人和行李去了哪里？即使塞得港的行李寄存处能够为他保存行李，他那位可怜的印度仆人呢？更何况，这位仆人还身处离家将近 3000 英里、自己从未到过的陌生国度。）

7 月 14 日，托利党在布拉福德的会议如期举行，大会相当成功，《晨报》也再一次对大会做了充分的报道。没有证据表明伦道夫夫人去维多利亚车站迎接了丘吉尔，尽管有不少人做出了相反的推测。母子俩基本上保持着频繁的通信，但是伦道夫夫人对儿子返回英格兰的事情却表现得有些犹豫，一定程度上她在担心花销的问题（返程路费大约 80 英镑，大约相当于今天的 4000 英镑），另外她还对丘吉尔朝三暮四的性格感到担心，唯恐他就像蝴蝶一样对各种迷人的花草树木都只是稍作停留，不会长时间驻足于某一处，干出一番实实在在的事业。此外，他们在早些时候的书信往来中不太融洽（在有关钱的问题上出现了嫌隙）。伦道夫夫人想借 14000 英镑，这当然是为了急需偿还的债务。只有丘吉尔签署了某些文件后，她才能拿到这笔钱，而丘吉尔则认为，这很有可能意味着在母亲过世后他最终能够获得的信托基金将会从 2500 英镑减少到 1800 英镑。1898 年 1 月 30 日，他在给母亲的信中写道："我在这些文件上签字了。"

> 我这么做完全是出于对您的爱。坦白告诉您，没有其他理由能说服我在这些文件上签字。实际上，对于签署这些文件我有两个条件，这是出于公平和谨慎的需要。首先，您要明确地表示在您在世的时候出于您的自愿，像现在这样每年给我 500 镑的补贴；第二，得到杰克的书面承诺，同意成年后他立即对这笔交易表示承认，以便让他的生活得到保证，并且与我共同承担这项负担。[xlviii]

事实上，至少第一个条件就没有得到履行。对母子关系造成伤害的与其说是丘吉尔的这封信，不如说是经济压力给这个家庭造成的先天悲剧。就在写下上述这封信的两天前，丘吉尔还写了一封语气比较宽容的信：

> 对于这个问题我就开诚布公地说吧！毫无疑问，我们，你和我，都一样欠考虑——挥金如土、大手大脚。我们都知道什么是好东西，我们也喜欢拥有好东西。付款则留到了未来……我对你的所有奢侈消费都表示支持——甚至多于你对我的支持——在我看来，你为了一条晚礼服花费 200 镑的行为似乎无异于在自杀，对你来说，我为一匹新的马球马花掉 100 镑也是一样的。然而，我还

是觉得你应当拥有那条礼服，我也应当拥有这匹马球马。唯一令人痛苦的地方就在于，我们都穷得叮当响。^{xlix}

仅仅两个月后，他在信中的语气就变得恶劣多了："你要我不要暗示花销的问题，我同意你的说法，最好不要让这种事情继续下去了。这种事情在我的嘴里留下了一股脏兮兮的味道，可我就是这样的人，我只会这么做。这种事情给我造成的痛苦在于它给我们的生活造成了龃龉。我担心这种影响永远不会消除。"^l无疑，这场争端在珍妮·丘吉尔的嘴里也留下了令人不快的味道，这一年的春天她几乎没有给自己的长子写多少信。到了 4 月中旬，丘吉尔又抱怨了起来，不过他的语气不再那么激烈了，而且多了几分哀怨。他埋怨母亲已经沉默了 5 个星期，哀求她恢复给他写信的习惯。

7 月 2 日，丘吉尔回到了英格兰，这时伦道夫夫人依然沉浸在深深的痛苦中，无论是否前往了火车站迎接儿子，她都没有心情帮助儿子实现在政坛和军队里的梦想。后来丘吉尔写下过这样一段话："就在不顾一切地讨价还价的两个月里，许多美妙的午餐和晚餐我都是同当时大权在握的人一起享用的。可是，所有的努力都是徒劳的。"丘吉尔动员了一大批身居高位的盟友，上至首相、第一代克罗默伯爵伊夫林·巴林和陆军副官长伊夫林·伍德，下至对他的事业看上去不那么重要的让娜夫人。克罗默伯爵是英国在埃及的长期而且颇具影响力的代理人，让娜夫人则是高等法院遗嘱认证、离婚及海事法庭庭长的夫人，在这些社交活动中她似乎起到了关键性的媒介作用。然而，丘吉尔更为熟悉的基钦纳比较难以说服，在短时间内他始终没有松口。在 7 月 10 日给伦道夫夫人的信中，伊夫林·伍德意外地通过几个细节简明扼要地透露了当时的气氛。

亲爱的珍妮［在那个年代这种称呼非常普遍］：

萨达拒绝接受丘吉尔先生［对于一个 23 岁的长子而言这种称呼十分正规］，我致信给你是想让你过目这些信件，以便在日后采用的对策上我们能步调一致——明日我将登门拜访，或者在 9 点骑车［在 1898 年，骑自行车对高级将领来说是一项很好的运动］回家的路上，或者在 10 点左右前往办公室的路上。

挚爱你的

伊夫林·伍德^{li}

"日后采用的对策"很可能会十分有效，不过很有可能出现的局面是不可抗拒的力量遭遇到不可撼动的目标，后者其实就是基钦纳爵士，他对丘吉尔的排斥非常顽固。他不仅抵制住了首相和他在开罗的行政长官的劝说，而且似乎还做好了与伦敦的陆军司令部火拼一场的准备。作为驻埃及的指挥官，他对在埃及陆军的人事任免权是无可争辩的，但是由于苏丹战争，这支部队需要补充英国军队的力量，而英国军队即使可以受他调遣，但是在行政上并不隶属于他，而是受在伦敦的骑兵团的陆军副官长的管辖。令形势更为严峻的是，基钦纳希望接受的人选是一位鲜为人知的苏格兰伯爵的儿子芬卡斯尔勋爵，后者针对马拉坎德的军事行动也写了一部能与丘吉尔的著作相匹敌的作品。伊夫林·伍德高调地在信中劝说基钦纳不要接受这个人选："芬卡斯尔曾 3 次被人指出'配不上他的军衔'。"* 丘吉尔非常固执，而且还更加卖力地催促其他人帮助他，然而接二连三的争执充分显示了他英勇顽强同时又渴望外界关注的性格至少在他的前半生里会为他招致怎样的敌意。

最终，由于第 21 骑兵团一位年轻的中尉不幸早逝，丘吉尔的问题得到了化解。或许就连基钦纳也开始意识到自己在这个问题上陷得太深了，应当让自己脱身了。无论事实究竟是怎样的，7 月 24 日尘埃落定，几天后丘吉尔动身了，向着东方开始了又一场火车和邮轮的旅程。这一次他将途经马赛，他乘坐的邮轮（"一场肮脏的旅程——船上有许多面目可憎的法国水手"）足以令他忘记了一年前送他去孟买的那艘邮轮的恶名，但是为了赶到战场，他（在那个年纪）还是能够欣然接受恶劣的生存环境，"只不过 5 个晚上和 4 个白天而已"。[lii]

丘吉尔还善于为自己安排好出路，在离开伦敦前他说服《晨报》同意为他的专栏文章支付 15 镑的稿酬。这个差事和让娜夫人为他争取到的差事有所冲突，在最后一封依然起不到什么作用的电报中，让娜夫人向基钦纳提出了一个请求："望您接受丘吉尔。我保证他不会从事写作。"[liii] 为了此次开罗之行以及加入第 21 骑兵团，陆军部与丘吉尔约法三章："当然，你要自负差旅费，在即将开始的军事行动中无论受伤还是阵亡，或者出现其他情况，英国陆军基金会都不承担任何费用。"[liv] 从这些可怕的约定来看，丘吉尔的行为是完全可以理解的。

在向驻埃及地区阿巴西耶兵营的第 21 骑兵团的上校报到后，丘吉尔几乎立即就启程了，继续向南完成一段 1400 英里的旅程。8 月 5 日，也就是离开伦敦的 8 天后，他到达了卢克索。4 月间，这里曾发生过一场战役，从那时起他便心生渴望，希望穿越至少 8000 英里的路程，在 8 月 15 日之前赶到这里，参加对马赫迪的继承人的下一场战役。24 日，基钦纳率军从卢克索开拔，开始了最后阶段的推进，由于

---

* 然而芬卡斯尔还是获得了维多利亚十字勋章。

此次推进，9月2日英国军队在恩图曼战役中（在一定程度上）取得了胜利。一开始，参加这支部队的军事行动并没有令丘吉尔动心。在8月末给母亲的信中他写道："参加第21骑兵团不算一桩好事，我更乐意参加埃及骑兵部队。"^{lv}

在这场行动中"加入埃及骑兵部队"的军官是道格拉斯·黑格上尉。这是一场出于惩戒和平定叛军而开展的远征行动，事实上，真正值得注意的是第一次世界大战中涌现出的许多伟大将领都曾在大战爆发的16年之前参加了这场相对而言小规模的远征行动。罗林森上尉（后来成为罗林森将军及英国驻法国第4军团指挥官，在1918年的春天防御住了德国将军埃里希·冯·鲁登道夫最后也是几乎取得成功的进攻，并对德军造成了严重的打击）也在基钦纳的麾下。就在恩图曼战役开始的前夕，丘吉尔去了尼罗河岸边散步，"由一位名叫贝蒂的海军少尉指挥的"炮艇向丘吉尔发出了欢呼，还朝岸边扔过来一大瓶香槟。香槟掉进了河里，丘吉尔高兴地走进及膝深的水里，把香槟捞了起来。在1914年之后，作为大臣的丘吉尔还非常年轻（40岁），他充分发挥了自己对海军以及军队将领们的了解，在这两个方面他比其他大臣都更具有优势，只有基钦纳除外。不过这绝对算不上是完全的有利条件，他的才能为他赢得了多少友情，就为他招惹来多少嫉妒。

后来，丘吉尔几乎彻底改变了自己对加入第21骑兵团的看法。9月16日，他给一位"从印度"同船出发的朋友写了一封信，在信中他说："我从未见过像第21骑兵团的将士们这么出色的人。我并不是对他们的纪律性和常规训练表示赞赏——这两点我都认为很糟糕。但是，他们都是那种有着6年军龄的英国军人——每个人都很睿智，每个人的头脑都很清醒。我对我们这个民族的信心增强了。"^{lvi}丘吉尔的这位朋友就是后来的伊恩·汉密尔顿上校，1915年汉密尔顿在加利波利半岛战役中战败（或许是时运不佳），这一失败令丘吉尔原本就变幻莫测的政治生涯再度遭遇了极其严重的滑坡。

给汉密尔顿写下那封信的时候，丘吉尔刚刚参加了一场非常出名——但也可以说非常徒劳——的进攻。在进攻中，骑兵团显示出巨大的勇气，后来在这个军团中就有3名将士被授予了维多利亚十字勋章。然而，正如第7代安格尔西侯爵在1982年完成的第五卷权威性的《英国骑兵部队史》中所述："就这支轻骑旅于44年前在巴拉克拉瓦发起的那场进攻而言，战役中最徒劳、最无效的部分得到了最多的溢美之词。"^{lvii}

之所以说这场战役无效是因为它对英国部队造成的伤亡和托钵僧部队的一样严重。托钵僧部队在当地的军力要远远大于英国军队，但是后者有"马克沁机枪"，在这种情况下这场战役很难说是英国的胜利。第21骑兵团人数刚刚超过300人，在这场战役中有 1 名军官和 20 名战士牺牲，4 名军官和 46 名战士受伤。此外，作为骑兵部队，这支部队还遭受了另一种严重损失，他们的 119 匹战马阵亡了。而对方仅有 23 名将士身亡，这样的现实令丘吉尔的描述显得不太可信。他宣称由于肩膀脱臼，自己没有用刀，而是用手枪打死了"几个人，3 个是肯定的，另外两个不太确定"。不过，可以确定的是通过这场战役他赢得了尊重，甚至还有了名气。如同往常一样，他再一次逢凶化吉，"我的坐骑毫发未伤，我的衣服完好无损，连根线都没有开裂。没有几个人能这么说"。[lviii] 虽然英勇无畏的第 21 骑兵团没能取得胜利，英国部队至少还取得了恩图曼战役的胜利，这一次英军派出的军队不如第 21 骑兵团那么活跃，但是作战部署也没有那么草率。恩图曼是哈里发阿卜杜拉的政权所在地，他是 12 年前逝世的马赫迪的继承人。只用了 1 天左右的时间，恩图曼就被英埃联军占领了，英国在埃及的军事行动暂时告一段落。丘吉尔所在的第 21 骑兵团开始撤退，返回驻地。但是，再一次借用安格尔西侯爵的话说，"难以想象还有比这更无效的战斗了"。[lix] 直到一年多后哈里发才被俘虏，当时丘吉尔也做出了同样的评价，他甚至还批评基钦纳对战场上的托钵僧伤员冷酷无情，对马赫迪在恩图曼的陵墓进行亵渎，他相信基钦纳将马赫迪的头骨放进了墨水盒。无疑，在这个时期出于某种理由，丘吉尔对基钦纳怀有敌意。在规模和深度都比早期作品更加令人赞叹的高度浓缩的《河上战争》一书中，他依然顽固地坚持着这样的评价，但是语气略有缓和，除了批评，他还对基钦纳的战术战略能力表示了赞颂。

在《我的早年生活》中，丘吉尔多少带有一些讽刺地写道："托钵僧部队被打败并摧毁得那么彻底，以至于一贯节俭的基钦纳都能够立即对昂贵的英国骑兵团弃之不用了。就在战役结束的 3 天后，第 21 骑兵团便开始北上，走上了回家的路。"[lx] 丘吉尔比大多数人的动作都要快，毕竟他只是"参加"第 21 骑兵团的军事行动，而没有被编入这支部队，他的兴奋期结束了。10 月初，他回到英格兰，在国内停留两个月。他埋头从事《河上战争》的写作，同时也忙于创造自己的未来。他决定离开军队，根据当时的情况或许他有此打算是出于经济上的考虑，这样一来他就可以省下在轻骑兵部队每年 500 镑的奢侈消费。但是这个决定也给他带来了危害，这就意味着他要放弃目前仅有的固定收入，完全依靠写作收入维生，后者虽然日渐增多，但是前途仍然不够明朗。实际上，丘吉尔的根本动机还在于他想在议会里谋得一席之地，从短期看这一步棋也需要一定的花费，而且无法为他带来收入。不过，从长远看进入议会有可能会提高他的知名度，这样一来他通过演讲和写作获得的报酬自然也就会水涨船高。从 1901 年年底开始的将近 60 年的漫长时间里，事实证明丘吉尔当初的想法没有错。但是，当时这种考虑毫无保证，因此"辞职"的决定带有很大（而不是很小）的风险性。此外，他还决定回到印度度过最后的3个月，他主要考虑的是马球比赛，这是他能享受到的最后一点儿骑兵团的奢侈生活。

当年秋天，丘吉尔在英格兰开始接触政治，在保守党的3次会议上作了讲话——罗瑟希德、多佛尔和南海城。他明智地结交了一批党派代理人，其中最著名的就是保守党中央办公室的米德尔顿上校（"队长"），以及一批报社股东和编辑，阿尔弗雷德·哈姆斯沃斯（当时还未得到"第一代诺思克利夫子爵"的头衔）[1]的礼貌和举止给他留下了格外深刻的印象。当时他还漫不经心地展开了对几年前在印度结识的帕梅拉·普洛登小姐的追求。后者令他眷恋，但是在信中他只是轻轻地撩拨着对方，在她的身边忽隐忽现，显然当时他的财力还不允许他谈婚论嫁。1902年，普洛登小姐嫁给了李顿伯爵，在丘吉尔逝世6年后离开了人世，一生中他们二人始终保持着牢固的友谊。

12月2日，丘吉尔第三次启程前往印度（也是最后一次，结束了骑兵生涯后他再也不曾回到过那里）。经由熟悉的布林迪西至孟买，在距离圣诞节还有一个星期的时候他赶到了班加罗尔，在那里待到了1899年1月中旬，这是他在军营度过的最后一段常规生活。接着，他第一次前往马德拉斯，从那里又去了焦特布尔和密拉特，参加为期6周的马球锦标赛。比赛的高潮出现在决赛中，第4骑兵团击败了第2骑兵卫队，成为本届比赛的冠军，这个结果令丘吉尔心满意足。正如他在恩图曼战役之前亲手射杀的托钵僧的人数，没人能说得清4名获胜的轻骑兵球手的进球中有几个球是他打出的。不过，在4个人的队伍中他是一名非常出色的成员，这一点是毋庸置疑的。在与其他球手的合影中他格外醒目，除了看上去最年轻，他也是4个人中最不像维多利亚时代后期的骑兵军官，当时典型的骑兵军官都留着一把八字胡。

由于右肩的旧伤，丘吉尔在打球的时候总是得将右臂吊在身体一侧。[2]在密拉特期间，他在宾顿·布拉德的总督府里从楼上跌落下去，肩伤进一步加剧了。毫无疑问，他的伤病很容易令人联想起他在马拉坎德的那段日子。他的两只脚踝也扭伤

---

① 阿尔弗雷德·哈姆斯沃斯（1865—1922），第1代诺思克利夫子爵，又译作"北岩爵士"，英国新闻事业家，19世纪末至20世纪初英国现代报业的奠基人。他在19世纪末创办的《每日邮报》被认为是英国大众化报纸的典型代表，这份报纸的出版使英国报业进入了一个划分大众化报纸与"高级报纸"的新时期。

② 此处原著写的是"左臂"，但是本章开头写了他的肩伤在右侧，此后多次复发。译者查找了一些英文历史网站，资料明确显示在这一次的马球赛中他的"右肘用皮带挂在身侧"，因此在译稿中改为"右臂"。

了，身上青一片紫一片，基本上就是一个"尚能走得了路的伤兵"。但是他的队友都坚持让他参赛。丘吉尔是一个只喜欢做自己擅长之事的人，而且对各种球类运动几乎都毫无热情，无论是激烈的还是温和的，高尔夫球从未对他产生过吸引力，但是他在马球方面的能力很容易让人明白为何这样一个人直到50岁，也就是刚刚出任财政大臣的时候，还在继续参加马球运动。

结束了密拉特的比赛后，丘吉尔去了加尔各答，这是他第三次在那里过冬，这一次他与刚刚就职的总督乔治·纳撒尼尔·寇松共度了1个星期，就在两年前他还称寇松是"一个被宠坏的政坛万人迷……典型的牛津大学的超级假正经"。受到这位总督的殷勤款待后（或者应该说这番款待体现了总督对他的重视），他彻底改变了对这个"出类拔萃的人"的看法。1899年3月26日，在给祖母马尔博罗公爵夫人的最后一封信中，他写道："（我）与寇松勋爵开心地长谈了几次。我明白了他取得的胜利。他是一个杰出的人——令我惊讶的是，我发现他的言谈举止非常迷人，在阅读他的演讲词的时候我并没有料想到这一点。我想在就任总督期间他会取得巨大的成功。他的行事风格和演讲都已经备受欢迎了。"*[lxi] 丘吉尔曾经的校长韦尔登博士当时也在场，他已经成为加尔各答的主教，他的存在令丘吉尔的加尔各答之行更加完美了。

在给母亲的信中，丘吉尔也对寇松及其属下做了类似的描述，当时伦道夫夫人正在考虑创办一份文学杂志。对于办杂志的想法，丘吉尔与母亲一样热情，但是他希望这份杂志成为"艺术业余爱好者的上乘读物"，这样就能"让巴黎、彼得堡、伦敦和纽约受过教育的读者都"[lxii] 爱上这份杂志，甚至还有可能为家里增添1000镑的年收入，这对他们来说是一笔急需的收入。不用多说，这个构想没有实现。取名不当（在丘吉尔看来）的季刊《盎格鲁－撒克逊评论》在发行了10期后就停刊了。

这本杂志没能为丘吉尔在政坛上的首次试水筹集到竞选资金，当时他对进军政界的想法几乎着了魔。他的实力日渐强大，他对进入政坛的渴望以及对政治生涯的意识也随之浮现出来。在发表了一些支持索尔兹伯里（"他是一个了不起的人"）和反对约瑟夫·张伯伦（他"节节败退"）的言论后，他在1月11日的信中进一步为自己的判断进行辩护："我本能地感觉到了这一点。我知道我是正确的。我对这种事情的直觉很准。这大概得自遗传。这一生我过得很愉快，时间过得很快，也很值

---

* 马尔博罗公爵夫人于当年4月16日逝世。丘吉尔的祖父、外祖父和外祖母在此之前都早已过世。从遗传的角度而言，从家族成员的早逝根本无法预见到丘吉尔能够长寿，在早年他本人也认为自己不太可能长寿。

得——我没有权力在逍遥谷里消磨时光。不成功的话，这一生就会变成一场噩梦。我会痛心不已，因为除了满腔抱负，我别无所恋。" lxiii

结束了在加尔各答的做客后，丘吉尔返回了班加罗尔的军团中，在那里只停留了 4 天。幸运的是，在和部队结清账务后，他还略有盈余。3 月 20 日，他乘船离开孟买，距离他初次来到这座城市的时间尚不满 30 个月。在 20 世纪 30 年代初的几年里，印度将在丘吉尔的政治活动中发挥主导作用，对他在政坛上的未来造成极大的损害，不过他始终不觉得自己有必要重温一遍自己在南亚次大陆的亲身经历，在他看来，这片大陆只是一个地理术语，"同'赤道'一样都不算是国家"。

在回家的旅程中，丘吉尔在埃及停下了脚步。他在开罗逗留了将近两个星期，住在萨沃伊酒店里（"非常舒适，不过我也担心会非常昂贵"）lxiv，尽力对《河上战争》的手稿进行了检查，并且进一步积累了一些必要的材料，当时这部作品的创作已经接近尾声了。对丘吉尔而言，最有价值的信息来源就是克罗默伯爵伊夫林·巴林，他是埃及政府实际上的首脑。丘吉尔与他的亲密程度至少不低于同基钦纳的交恶程度，两者之间或许并非毫无关联。对于丘吉尔请他阅读的章节，克罗默总体上表示了赞赏，但是他并不认为自己没有必要纠正丘吉尔的错误。在 4 月 2 日的信中，他写道："我知道我的措辞很严厉，但你是一个非常通情达理的人，能够领悟到这番话所要表达的意味。" lxv 他所纠正的错误就包括丘吉尔对查尔斯·戈登将军的看法。戈登在 1884 至 1885 年间的马赫迪民族起义中身亡，在大部分英国公众的眼中，他就是《少年故事报》①中所描述的那种英雄人物的原型，但是在格莱斯顿看来，他几乎就是一个精神失常、不服管教的低级将领。在戈登离世 14 年后，当时格莱斯顿也已经谢世了，克罗默十分倾向于格莱斯顿的观点，这在一定程度上也改变了丘吉尔对戈登的看法。

克罗默第一次招待丘吉尔共进午餐，接着又用两个半小时的时间对后者的作品进行了一番评判。这位年轻的作家备受打击，他写道：

> 得知这些事情后，我就很有必要对之前描写戈登事件的那一章进行一番大刀阔斧地修改了。我觉得我无法割舍有关戈登的那些美妙的措辞和愉快的段落，但是克罗默对他做了一番激烈的抨击，还请求我不要迎合公众在这个问题

---

① 《少年故事报》发行于 1879 至 1967 年，是英国一份针对男性青少年的报纸，旨在对英国的青少年进行道德教育。

上的普遍看法。当然，作为政治人物，戈登无疑是不可救药的。他行为古怪，反复无常，极不可靠，情绪飘忽不定，脾气也令人发指。他还常常喝得酩酊大醉，但他同时又有着强烈的荣誉感和出色的作战能力，以及比作战能力更加惊人的倔强性格。[lxvi]

在这个阶段，丘吉尔可以说非常叛逆，在道德和智力方面，很少有人能够在他面前占据上风，克罗默正属于少数几个这样的人，这几乎是毋庸置疑的事实。他曾讲过克罗默带着他去拜见埃及总督的事情，他的描述就充分体现了这种情况，只是他自己并没有意识到这一点。"目睹着英国代理人与法律意义上的埃及统治者之间的交往，我感到非常有趣。埃及总督的态度令我想到一个小学生在校长在场的情况下被带着去同另一个小学生见面的情形。"[lxvii]

4月中旬，丘吉尔途经马赛，回到英格兰，随即他便投身政治活动。他首先充分利用自己的贵族出身，不断与达官显贵举行聚会。5月2日，他同贝尔福与阿斯奎斯一起参加了罗斯柴尔德家族的一场宴会，似乎这两位有望成为首相的人物都没有克罗默那么令他畏惧："亚瑟·詹姆士·贝尔福对我格外客气——我觉得是这样——留意我说的每一句话，对我说的一切都表示赞同。我聊得很好，但是说得不太多——在我看来是这样的。"[lxviii]

5月中旬，丘吉尔在帕丁顿（他的父亲曾经代表的选区）和卡迪夫举行的保守党会议上发表了讲话。不过，他的目光越来越聚焦在了奥尔德姆。这个以棉纺织品生产为主的小城位于曼彻斯特以北的兰开夏郡境内，这个选区在议会里拥有两个席位。经过1885年的议席重新分配后，大部分选区都只剩下一个席位，只有大约30个选区还像以前一样保留着两个席位。1895年，奥尔德姆的席位回到了两位不太出名的保守党议员的手里。到了1899年，其中一位议员身体不适，打算辞职，另一位议员（罗伯特·阿斯克罗夫特）认为丘吉尔适合参加补缺选举，并且在未来的大选中成为他的小竞选伙伴。他叫丘吉尔去下议院与他会面，安排丘吉尔在6月前往奥尔德姆，在那里举行的会议上发表讲话，以此试一试丘吉尔的深浅。就像任何一个满怀希望、火急火燎的候选人一样，丘吉尔欣然接受了对方的提议，不过他提出应当让他的堂哥、比他大不了几岁的第九代马尔博罗公爵与他一起站在讲台上。

就在会议之前，阿斯克罗夫特突然过世了，他的逝世令形势变得复杂起来。同一选区的另一位患病的议员尚在人世，但是急于退出议会。执政党决策机关认为自己很有可能失去这两个席位，他们宁愿让悲剧集中发生在一个选区。就这样，决策机关做出了不寻常的决定，在一个选区内同时对两个席位进行补选。投票日定在 7 月 6 日，几乎没有经过讨论，丘吉尔就被宣布为保守党的候选人。这时，丘吉尔 24 岁半，他从此开始了长达 65 年的政治生涯。

第三章　奥尔德姆与南非

1899 年 7 月，丘吉尔没有在奥尔德姆声名鹊起，但也不算丢人。他与竞选伙伴双双失去了曾经把持在保守党手里的两个议席，不过他的表现比后者略胜一筹。在举行这场补缺选举的时候，保守党政府大势已去，因此保守党领导层和经理人并没有对选举结果感到十分意外。对于中期补选而言，失去大约 2% 摇摆不定的选票算不上是太大的失利。

作为候选人的丘吉尔实现预期目标了吗？在 6 月 25 日给母亲的信中，他写道："我昨晚在俱乐部发表的讲话激起了极大的热情，如果有人能赢得这个席位，那个人必定是我，这一点毫无疑问。"[lxix]丘吉尔邀请帕梅拉·普洛登去兰开夏郡，后者抵御住了这个诱惑，在投票前的那个星期天他写信告诉她，尽管投票结果还不明确，"但是我自己给他们留下了非常好的印象"。[lxx]

参加这次补选的阵容有些奇特。在 1895 年的选举中，两名入选的托利党人和两名落选的自由党人都比较默默无闻，出现这样的状况是由于当时的条件所限。4 年后，即 1899 年，罗伯特·阿斯克罗夫特在这一届选举中处于领先地位（但是他在选举期间逝世），以 600 票的明显优势领先于同样来自保守党的王室法律顾问詹姆士·弗朗西斯·奥斯瓦尔德。奥尔德姆是一个以工人阶级人口为主的城镇，阿斯克罗夫特争取到了工人阶级的支持，他在当地最主要的工会纺织工人联合会享有很高的声望。很有可能正是由于这个原因，在 1899 年的竞选中没有多少资历的兰开夏纺织工人联合会总干事詹姆士·莫兹利才成了丘吉尔的竞选伙伴。一开始，人们都认为这是一步好棋。6 月 26 日出版的《曼彻斯特晚报》认为莫兹利先生"或许能够将丘吉尔先生带进议会，就像已逝的阿斯克罗夫特先生当初将奥斯瓦尔德带进议会那样"。[lxxi]（莫兹利足以实现外界的这种期望，因为他是一个"分量"十足的人。

1899 年，有一次他坐在陶瓷浴盆里把浴盆压烂了，自己也受了伤。①）

这对新的保守党竞选伙伴得到了"世家子弟与社会主义者"的绰号，外界认为这样的组合对竞选很有帮助，尽管丘吉尔是一个几乎没有多少遗产的贵族子弟，莫兹利也很难说是真正的社会主义者。莫兹利在竞选活动中的主要贡献似乎就在于反复重申着一个有些悲观的事实，这就是保守党和自由党都很虚伪，但是自由党的情况更为恶劣。此外，他不仅没有被视作一位杰出的托利党旗手，反而普遍被认为背叛了自己的阶级。时隔很久之后，丘吉尔曾悲伤地反思道："最终，自由党和激进工会主义者都为各自的党派投了票，我们的坚定支持者们却沮丧地看到他们的讲台上出现了一个邪恶的社会主义者。"lxxii

自由党竞选队伍的实力更为强大。在两个人中阿尔弗雷德·埃莫特的资历比较深，他是奥尔德姆最主要的纺织厂厂主之一，在当地有着很深的根基，在 40 岁的时候已经有了 10 年市议会的工作经历，并且是奥尔德姆的市长。此后 12 年他一直是奥尔德姆的下议院议员，其中最后 5 年他出任了下议院委员会主席，后来被授予爵位（埃莫特男爵）。他的履历中最不寻常的一点就是，他在连续两届政府中出任要职后于 1914 至 1915 年短暂地升任为内阁阁员。1914 年 2 月底，阿斯奎斯就像是"给（剑桥）荣誉学位试卷打分"一样在一封草草写就的委任状里将埃莫特（与其他4 人）加在了内阁成员名单的最后面。

参加竞选的另一位自由党人是 29 岁的沃尔特·朗西曼，在这届大选中他才是更加耀眼的明星，不过后来在阿斯奎斯的"打分"中他只得到了教育大臣的位置，在内阁中这个职位的重要性排名第九。朗西曼家族经营着船舶公司，这个家族甚至比埃莫特家族更富有，但是朗西曼家族来自泰恩赛德，这无疑在一定程度上导致朗西曼在竞选中落后埃莫特 200 多张选票。与埃莫特不同的是，朗西曼在 1900 年的大选中没有保住奥尔德姆选区，但是在后来的选举中，在分布广泛、形形色色的选区中他都取得了胜利，与丘吉尔在 1908 年的同一天进入内阁，并两度出任贸易大臣，第一次是在第一次世界大战的最初两年，第二次是在 20 世纪 30 年代组建的国民内阁里任职 6 年。凭借着对捷克斯洛伐克的瓜分方案，他的事业达到了顶峰，这个方案对 1938 年英国在慕尼黑的屈服起到了很大的推动作用。

---

① 詹姆士·莫兹利（1848—1902），英国工会会员，支持保守党，与棉纺织工人站在同一条战线上，但是与大部分工会会员意见相左，最早与温斯顿·丘吉尔合作的工会会员就包括他。1899 年，他在洗澡时发生了意外，3 年后因并发症逝世。

在这一次双重补缺选举中始终有一片阴云笼罩在两位托利党候选人的头顶上，这就是索尔兹伯里政府刚刚颁布的《牧师什一税法案》。这项法案在财政方面对英格兰教会十分有利，直接提高了神职人员和教会学校的收入。法案激起了新教教徒的强烈反对。"社区费"在 90 年后变成了"人头税"，现在这个名词几乎无人不知，《牧师什一税法案》的正确名称在变成带有敌意但是朗朗上口的"神职人员救济金法案"后渐渐被人们遗忘了。在后来回首往事时，丘吉尔似乎坚信"神职人员救济金法案"才是这项法案真正的名称，在提及该法案的时候没有使用引号，也没有添加注解。

埃莫特与朗西曼都信奉新教。莫兹利具体属于哪个教派不得而知，但是他不太可能信奉国教。这样一来，参加这一届补缺选举的候选人中就只有一位名义上的英格兰教会成员，这个人就是丘吉尔，辩论的重担落在了他的肩上。* 可是，丘吉尔破例选择了回避策略，拒绝接受这项法案。很难说此举是否能够为他争取到不多的几张选票，但可以肯定的是他因此招致了大量的非议。不久后，即将接替舅父索尔兹伯里执掌首相大权的亚瑟·贝尔福首先对丘吉尔提出了批评，后来丘吉尔也做了反省。据说，贝尔福曾说过："以前我只知道他是一个有前途的年轻人，现在看来他的前途不止一'条'。"丘吉尔后来也对自己在 1899 年补选中的表现发表了意见："我在支持者热情洋溢的欢呼声中宣布，如果还有机会回来，我是不会投赞成票的。这是一个可怕的错误，这样做丝毫起不到为政府或者保守党辩护的作用，除非我只是想为政府和保守党最受人诟病的事情辩护。"[lxxiii]

丘吉尔指出的最后一点也许对事实有所夸张，但是在计票开始后，当丘吉尔与最终排名第二的自由党获选人之间的票数差距达到 7% 的时候，丘吉尔的确离开了奥尔德姆（最终他与排名第二的获选人朗西曼之间的票数差距为 2.6%，分别为 26.2% 和 23.6%）。他在当地结交了一些好朋友，但是在全国他依然默默无闻。"我回到了伦敦，心里的挫败感就如同香槟或者汽水漏了气，空了半瓶，敞着瓶口整整一夜的感觉。在我回到母亲的居所后，没有一个人前来看望我。"[lxxiv]

不过，他至少收到了贝尔福的来信。贝尔福永远是一副温文尔雅（偶尔也不乏善意）的腔调，同时又能够冷静地提出批评："希望发生的这些事情不会挫伤你的斗志。出于很多原因此次补选非常不顺利……别在意，一切都会好起来的；这个小小

---

* 这种局面有些不公平，毕竟丘吉尔无论在实践中还是在原则上都是一位十分超然的保守党人。他在很晚的时候说过："人们几乎不能将我称为教会的中流砥柱，本质上我更接近于扶垛的作用，从外部对其提供支持。"这是他在这个问题上最为人们熟知的表态。

的挫折不会对你的政治命运造成永久性的伤害。"[lxxv]

贝尔福的安慰和政府要员们（索尔兹伯里、约瑟夫·张伯伦、克罗默、伊夫林·伍德将军）发来了许多友好的问候信，不过相比补选失败的事情，他们在信中谈得更多的还是他在 7 月末完成、11 月初出版后大量分发出去的《河上战争》。尽管收到了这些来信，丘吉尔依然觉得自己在奥尔德姆的补选中没有获得丝毫能让自己得到安宁的胜利。

这些胜利对他来说根本不足以让他安静下来，事实上无论怎样他都无法安静下来。他需要再来一场戏剧化的演出。在 9 月间南非战争已经迫在眉睫了。威特沃特斯兰德发现了金矿，约翰内斯堡渐渐地发展成全世界最富裕的矿业城市，到了 1886 年，南非的布尔人和英国人之间形成了不稳定的平衡态势。英国人大多集中在开普省和纳塔尔地区；① 布尔人统治着德兰士瓦和奥兰治河殖民地，他们在这些地区从事着艰苦的农业生产，结成了一个个对内紧密团结、对外隔绝的社群。英国人和布尔人与大部分土著部落都没有多少交往。"河边高地"② 的形成打破了这种平衡。在金子的诱惑下，英国人和其他国家的人蜂拥来到德兰士瓦，在政治上把持德兰士瓦和奥兰治河殖民地的布尔人将这些外来者视作"白人外来劳工"（简称"白人外劳"），拒绝给予这些人投票权和其他权利。渐渐地，德兰士瓦的气氛变得紧张了。矿业大亨塞西尔·罗兹试图通过建造开普省至开罗的铁路，在整个非洲建立起帝国主义统治。1895 年，在罗兹这个愿望的驱动下，德兰士瓦发生了"詹姆森突袭"事件，③ 这场草率鲁莽的冒进行动进一步加剧了英国人与布尔人之间的紧张局势。1899 年 10 月 12 日，英国人和布尔人建立的两个共和国开战了，这场战争的艰难程度和持续时间都超过了英国人的预想。

到了 10 月 14 日，* 丘吉尔乘上城堡航运公司的邮轮，前往开普敦和海岸前线。

---

① 在现今夸祖鲁－纳塔尔省境内，南非第二大城市德班就在该省内。

② 尤指约翰内斯堡市附近的产金丘陵。

③ 由利安德·斯达尔·詹姆森及英国南非公司拥有的军队（受雇于贝尔特与罗兹德"英国南非公司"的警察），以及贝专纳（博茨瓦纳的旧称）军队于 1895 年 12 月 29 日对南非共和国（通常被称为德兰士瓦）发动突袭，4 天后，即 1896 年 1 月 2 日，战斗结束。英国方面意图通过这次突袭在德兰士瓦的侨民（"白人外劳"）中掀起暴乱，然而突袭没有起到预想的效果，当地没有发生暴乱，但是它成了第二次英布战争和第二次马塔贝莱战争的导火索。

* 丘吉尔本人（见《我的早年生活》，p.244），确认日期为 10 月 11 日，但是根据他写的信——包括 10 月 14 日"在（开往南安普敦的）火车上"的一封信——可以断定他的记忆有误。

这个决定不算突然，在此之前丘吉尔已经对南非之行充满了期望，也做好了规划。到了 9 月中旬的时候，他已经同《晨报》制定了一套对他十分有利的报道计划。他将连续工作 4 个月，每个月能得到 250 英镑的稿费（相当于今天的 16 万英镑），另外报社还要为他支付所有开销。与此同时，《每日邮报》也向他发来了充满诱惑的邀请，这更增强了他的信心。10 月初，他说服大臣中最举足轻重的张伯伦向英国高级专员中最有权势的阿尔弗雷德·米尔纳①举荐了这位"故友的儿子"。

在"邓诺特城堡号"邮轮上与丘吉尔同行的有刚刚被任命为这场战争最高指挥官的雷德弗斯·布勒爵士及其随行人员，此外船上还有一批易碎的货物——60 瓶酒和 12 瓶玫瑰青柠汁，这都是丘吉尔的私人行李。这批包装结实的货物之所以引人注目主要是因为账单上显示出的价格，而非其体积，实际上这些酒不算多，这也符合丘吉尔并不贪杯的事实，但是在外界他却有着嗜酒的名声，这一点一直令他不太开心。丘吉尔的这批酒包括 2 先令一瓶的波尔多红葡萄酒，3 先令 6 便士的波特葡萄酒，3 先令的味美思酒，4 先令的苏格兰威士忌，唯一有些奢侈的是 9 先令一瓶的陈年香槟和 12 先令 6 便士一瓶的陈酿"生命之水"（水果白兰地）。lxxvi

这趟旅程并不惬意。丘吉尔对世纪之交的航海生活极其厌恶，尽管在充满怀旧情调的电影中这样的旅程看上去那么迷人。考虑到这一点，他长期以来对远征冒险机会的渴望就更加令人赞叹了。在这趟旅途中他常常病倒，船上的各种规定也令他感到厌恶。在给《晨报》发回的第一篇报道中他写道："现代航海是一件多么可恶的事情啊。"不过，月底"邓诺特城堡号"还是将他送抵了开普敦，这时第二次布尔战争已经开始了，他距离战场还有将近 1500 英里。下船后他又搭乘火车赶往开普省的东伦敦市，接着又换乘另一艘船（仍旧饱受晕船之苦）前往德班，靠着自己的才智（与两位记者）先于行程宽松的布勒及其属下半周赶到了那里。

第二代杰拉德男爵威廉·坎斯菲尔德·杰拉德已经人到中年，这位喜欢冒险的美食家设法在布勒将军手下谋到了副官的职位，令人有些困惑的是，他同时还是兰开夏轻骑兵团的一名上校。在前往德班的航程中丘吉尔得到了杰拉德的承诺，后者

---

① 阿尔弗雷德·米尔纳，第一代米尔纳子爵（1854—1925），英国政治家，曾担任南非总督，在 1890 年中期和 1920 年初期的英国政坛上扮演了重要角色。

答应帮他在军队中找一份差事，让他加入义勇骑兵团。* 丘吉尔一半是报社记者，一半是现役军官，在之前的军旅冒险生涯中他始终保持着这种模糊的身份。这种状况也并非他专有。芬卡斯尔勋爵在南亚次大陆的西北边境殖民地也是如此，以《泰晤士报》记者的身份出现在苏丹的罗兹上校的身份也不够明确。同之前几次一样，在南非期间，丘吉尔显然也不属于非战斗人员。如果是这样的话，他就很难有机会宣称自己杀死了5个甚至7个托钵僧战士。然而，与之前的情况有所不同的是，在南非期间他的身份问题具有了举足轻重的意义。

抵达德班后，丘吉尔立即动身北上，赶往50英里外的彼得马里茨堡。这时英国在纳塔尔的地位已经岌岌可危，征服奥兰治河殖民地和德兰士瓦的布尔共和国的前景就更不用说。在纳塔尔的英国军队几乎都被困在向北100英里的莱迪史密斯，铁路线在图盖拉河沿岸的科伦索被切断了。英国人最远只能到达埃斯特科特，在这里丘吉尔碰到了当年在印度殖民地西北边境结识的一位老朋友，当时还是上尉的艾尔默·哈尔丹（后来成为将军，日后出任大法官的理查德·伯顿·哈尔丹是他的堂兄）。哈尔丹已经接到任务，即将乘坐一列装甲火车，随一门舰炮和几支拼凑起来的中队一起出发，为英军接下来的行动提前探明情况。丘吉尔欣然接受了陪同哈尔丹奔赴前方的机会。在《我的早年生活》中他写道："没有什么能比一列装甲火车更令人望而生畏、难以忘怀的了，然而实际上也没有什么能比这样的一列火车更脆弱、更无用的了。只有在炸毁桥梁或涵洞时才必须用到这样的庞然大物，同时它自己也会陷入搁浅的境地，远离大本营，无人救助，只能听任敌人的摆布。似乎我们的指挥官不曾设想到这种状况。"[lxxvii] 丘吉尔对"这个庞然大物"的诟病无疑是正确的，但是也可以说同装甲火车同样脆弱的就只有战舰了，在10多年后，丘吉尔就

---

* 通过在英国陆军不同军团的从军经历，丘吉尔积累了丰富的经验，我们不禁想知道他有着怎样的戎马生涯。显然，第4轻骑兵团是他的立足点，但是在西北边境他加入了旁遮普第31步兵团，在苏丹被编入了第21骑兵团，在南非期间他又加入了兰开夏轻骑兵团，被布尔人俘虏后他成功脱逃，之后又加入了南非轻骑兵团。在1914年之前，他还加入了女王私人牛津郡轻骑兵团（一支义勇骑兵团），升任少校，经常参加该兵团的夏训，甚至在出任大臣之后也不例外。该兵团的夏训常常被安排在布伦海姆，这一点对他来说很方便。在1915年11月辞去政府职务后，他正是佩戴着该兵团的徽章前往了法国。另外，他还加入过第2掷弹兵卫队，之后又成为皇家苏格兰灰骑兵燧发枪团第6营的指挥官。在第二次世界大战期间，他进一步丰富了自己在陆军部队中的经历，甚至超出了陆军的范围，经常穿着英国皇家空军准将的军装，不过在雅尔塔他还是以轻骑兵团上校的身份示人。面对海军时，他似乎最中意"领港工会"高级会员的旧海员装。考虑到他在早年阶段如此广泛的兵团及军种经历，我们或许就不难理解为什么在他的支出中服装费占了很大的比重。在1895至1900这5年里，他在服装方面的开销总计大约相当于今天的3万英镑，他花了很长时间才还清这笔债务。

将频频同战舰打交道，斥巨资大量订购军舰了。

事实证明，装甲火车比无畏战舰更容易受到打击，打击造成的伤害也更为致命。在穿过大约14英里的地区后，他们看到周围的山顶上出现了布尔骑兵的身影，于是他们决定立即撤回到埃斯特科特的大本营。急于逃离交战地带的平民火车司机驾驶着列车，在零星的攻击下，这个"庞然大物"的时速提高到了40英里。结果，走着走着列车就突然脱轨了，位于列车中部的机车仍旧卧在铁轨上，3节装甲车厢冲出了铁轨，挡住了返程的路。

哈尔丹组织部下对已经形成包围并以密集火力攻击英方的布尔军队进行反击，与此同时丘吉尔忙于将失事的车厢清理出铁轨。他成功地让受了轻伤、一心想要逃跑的火车司机振作了起来，说服后者重新回到了驾驶室，来来回回地拉动引擎，多多少少将车厢尾部挪到了一边。火车头和半截列车拉着伤员驶离了战火区，回到了埃斯特科特。丘吉尔仍旧留在这场小战斗的最前沿。突然他发现一名布尔骑兵在距离他40码远的地方冲他举起了来复枪：

> 尽管我的身份是通信员，但是在那天早上（1899年11月15日）我随身带着我的那把毛瑟枪。我觉得我有能力杀死那个人，面对那样的"款待"我一心想要这么做。我摸到了腰带，可是腰带里没有手枪。在清理铁轨，在火车头钻进钻出，忙着那些事情的时候我把枪摘掉了……那个布尔人目不转睛，我想自己绝无逃生的可能了，只要开枪，他肯定能打中我，于是我举起了两只手，像战俘一样投降了。lxxviii

其他英军也都做了同样的选择。他们被带到了比勒陀利亚，丘吉尔与其他军官都被关押在国家模范学校，当时这所学校已经变成了战俘营。

毫无疑问，在试图重新发动火车的两个小时左右的时间里，丘吉尔一如既往地表现出了鲁莽和英勇，对于这一点心存质疑的只有他自己。他曾用"伟大的拿破仑"说过的一句话为自己的选择做出了辩护，"在独自一人，没有武器的情况下投降或许是可以得到谅解的"。然而，关于他的被俘存在着两个模糊不清的事实。首先，死死盯着他的那名布尔神枪手究竟是谁，如果不是把手枪放错了地方他原本可以将其击毙。3年后在伦敦遇到路易·博塔将军后，丘吉尔坚信当初那名神枪手正是将军本人。1910年，继出任德兰士瓦总理之后，博塔又成为新成立的南非联邦的总理，当1914年英国对南非联邦展开军事行动的时候，他在保证联邦统一的过程中起到了关键性的作用，在次年击败西南非洲的德军的战斗中也扮演了同样重要的角色。在自己戏剧化、充满浪漫想象的意识里，丘吉尔坚信自己曾与这位布尔将军在某次战斗中狭路相逢，双方都有杀死对方的机会。可悲的是，这一点似乎只是毫无根据的臆想而已。就连伦道夫·丘吉尔也无法在父亲的鸿篇传记的第一卷中坚持这种观点，他认为最有可能的解释就是当时英语说得还很不流利的博塔被丘吉尔误解了。博塔的本意应该是说自己当时是在装甲火车失事地区开展军事行动的总指挥，而不是说他就是那名单枪匹马遭遇丘吉尔的骑兵。

第二个尚未澄清的细节就是丘吉尔有什么理由宣称自己是非战斗人员，可以免于俘虏的命运，或者说倘若不幸被俘，有什么权利要求自己被立即释放。他对这个问题的理解令人难以置信，而且非常顽固。在 11 月 18 日、26 日（"我始终坚持宣称自己是报社的代表，没有参与那列装甲火车的抵抗活动，也没有携带武器"）lxxix 和 12 月 8 日他 3 次要求对方将他当作非战斗人员释放。不过同时他也想给自己留一条退路，11 月 30 日他致信给陆军部的助理副官，要求将他当作"军官"对待，因为当时有传言称双方将交换战俘，他觉得如果不这样，到头来自己只能落得"鸡飞蛋打"的结果。在 12 月 8 日给布尔人的请求书中他做出了一个值得注意的新承诺："倘若得到释放，在释放时我将完全遵照你方的要求做出宣誓，不再参与针对共和国军队的军事行动，也不会向我军报告任何可能影响战局的信息。" lxxx

一开始，布尔军队的最高指挥官在是否释放丘吉尔的问题上态度十分坚决。11 月 19 日，皮特·朱伯特将军从莱迪史密斯向比勒陀利亚方面发去一封信，在信中他写道："我力主将他作为有害于我们这场战争的危险分子进行看守和防范，否则他还是会对我军造成很大的破坏。总而言之，在交战期间绝不能释放他。正是由于他的积极努力，一部分装甲火车才得以逃脱。" lxxxi

不过，几个星期后朱伯特的态度改变了。丘吉尔承诺做出释放宣誓无疑对他产生了影响，在 12 月 12 日的信中他写道："如果相信了他的话，那么我就不会再反对释放他的请求了。想到他在释放时将进行宣誓，并且他表明自己将离开非洲，返回欧洲，在那里他只会如实报道、讲述自己的经历——如果政府接受他的承诺，他也能遵守自己的承诺——那么我就不会继续反对在不接受交换其他战俘的情况下将他释放的提议了……另外：他会说出真相吗？他应该会与他的父亲如出一辙。" * lxxxii

朱伯特已经改变了主意，但是还没有产生实际的效果，这时丘吉尔已经反复考

---

* 我们有理由认为，这封信在措辞上的不恰当和晦涩是由于信是从南非荷兰语译为英文的过程中出现失误造成的。

虑过翻出国家模范学校的围墙，走上 280 英里，逃到葡萄牙在洛伦索 – 马贵斯的殖民地的计划了。他要开始一场危险丛生的逃亡，孤身一人，不会讲南非荷兰语，也不会讲当地土著的卡菲尔语，好在自己还随身带着一笔巨款——75 英镑（相当于今天的 3750 英镑），这笔钱令他坚定了信念。即使有哈尔丹上尉和另外一个人——当今的有些文献将第三个人布罗基的军衔写作上尉，有些资料则写作中士——的陪伴，情况可能也不会有所好转。这就是当时他想到的方案。布罗基其实是帝国轻骑兵军团的一名军士长，他成功地以军官的身份出现在布尔人面前，因此也随其他军官被关押进了国家模范学校，而不是与其他各级别的战友那样被囚禁在一英里半之外的比勒陀利亚赛马场的铁丝围栏里。在旅途中这两个同伴的存在对化解丘吉尔的孤独可能会起到更大的作用，但是并不会保证他免于再次被俘。不过，布罗基既能讲荷兰语，也能讲卡菲尔语，这一点可能会起到帮助作用。

事实上，无论是孤身一人，还是在别人的陪伴下上路，最危险的因素还在于丘吉尔本人。他有着吸引外界注意的天赋，这就注定他一旦逃跑，消息立即就会被报告给布尔政府的最高层，布尔人就会千方百计地将他重新俘获。考虑到这一点，哈尔丹与布罗基一开始都不愿意与他一同逃亡。他们之所以一直犹豫不决或许也是因为丘吉尔与其他几位下级军官谋划的逃跑方案过于草率和华而不实。在《我的早年生活》中，丘吉尔用了整整 5 页的篇幅讲述了他们的计划。他们不只是要翻过围墙，悄悄溜走，他们还打算制服 30 个昏昏欲睡的警卫，夺过他们的武器，然后赶到赛马场，以同样的方法释放 2000 名其他军衔的英国战俘，然后率领着这支庞大的队伍占领整个比勒陀利亚，将布尔人的克鲁格政府囚禁，坚持抵抗数星期甚至数月，或许还能一直坚持到战争结束。国家模范学校里级别较高的英国军官坚决制止了这个乐观得有些荒唐的计划。

丘吉尔独自逃跑的行为一直备受争议，外界对这件事情的看法五花八门，不过基本上没有多少人公开发表过意见。首先需要澄清的是他违背有关释放宣誓的承诺一事。丘吉尔后来没能履行的承诺是他自己主动提出的（主要在 12 月 8 日写给布尔政府的信中），这一点毫无疑问。诚然，在 1900 年 7 月 7 日最终离开南非之前的 7 个月里他参与过针对布尔共和国军队的行动，还将自己掌握的有关德兰士瓦局势的信息——无论是军事情况，还是其他情况——悉数报告给了雷德弗斯·布勒爵士。[lxxxiii] 但是，即使当时的确存在释放他的可能，布尔方面并没有接受他对释放宣誓的提议，事实上他也没有被释放。他逃走了。此外，只要他仍旧身为一名军官，一旦做出那样的宣誓，他就等于违反了军队的规定。努力逃走，成功后继续在军队效力，这都是他作为军人的天职。这个问题又让我们回到了始终没能得到澄清的身份问题上，他一心想要证明自己是非战斗人员，实际上他只是审时度势地做出了最有利于自己的选择。他痛恨俘虏生活，尽管他只过了 24 天这样的日子。"恶劣的监禁生活"，在自传中他为讲述这段经历的一章加上了这样的标题。他一心想要尽早逃出战俘营。他没有耐心，只顾自己，坚信自己生命短暂，在世的每一天都必须为功名努力，在这样的性格和想法的综合作用下，他感到立即恢复自由几乎是他的天赋人权。

我们也没有理由说他在释放宣誓问题上含糊的态度对日后他与南非联邦领导人之间的关系造成了很大伤害。博塔至少可以说直接指挥了将他俘获的军事行动，后来这位将军与他结下了深厚的友谊。当时年纪轻轻的布尔将军扬·克里斯蒂安·史末资后来也成为所有英联邦国家元首中最令他满意的一位总理，也是他最喜爱的一位顾问。1899 年 12 月 16 日，史末资发的一封简短的电报就很有节制："有关丘吉尔已经逃跑并再度被俘的传言，究竟真相是什么？" lxxxiv 时任布尔军队总司令的朱伯特在当时还表现得比较愤慨："……将讨论释放丘吉尔的通信公之于众，让全世界都看清楚他是怎样一个无赖，我想知道这样做是否正确。" lxxxv

有关丘吉尔出逃的第二个问题是，他独自出逃的行为是否很恶劣？这个问题更加微妙，也更少被人公开提及，长期以来始终没有定论。哈尔丹、布罗基、都柏林燧发枪团弗雷德里克·勒·梅热勒中尉与托马斯·弗兰克兰中尉对这个问题的看法一直反复不定，也始终无法将其抛之脑后。布罗基几年后在河边高地的一次矿难中身亡，梅热勒在丘吉尔逃走的 3 个月后与哈尔丹、布罗基成功逃走，1915 年在比利时的伊普尔突出部阵亡。同年，弗兰克兰在加利波利半岛阵亡，他与 12 月和次年 3 月发生的战俘逃亡事件也有着紧密的联系。

哈尔丹在这个问题上的观点最深入人心，在一定程度上是因为他在世的时间最长，直到 1950 年他才去世。为了表达自己反复不定的不满情绪，他送给丘吉尔一本他于 1948 年出版的回忆录，并在书上题写了一段热情的赠言。（弗兰克兰早在 1908 年丘吉尔结婚的时候就做过同样的事情，不过他的回忆录不像哈尔丹的那么以自我为中心。）后来成为将军的哈尔丹对这件事情最主要的不满就在于，当丘吉尔独自逃走的时候，他辜负了另外两个人对他的期望，因为他没有等多久就独自走掉了，给他们的出逃造成了困难，而且逃走时他根本没有问过他们的意见。丘吉尔宣称在得到布罗基的同意后他才采取了行动，从而将布罗基拉到了自己的阵营，哈尔丹对这一论调表示不屑。他们原定前一天夜里逃走，但是计划被延迟了。显然 3 个人都同意推迟到次日（12 月 12 日）晚上再采取行动，因为当天值勤的卫兵对他们不利。这一点似乎无可争议。到了次日，情况仍旧不太理想，哈尔丹与布罗基匆匆吃完晚饭，他们打算夜里再试一次。到了此时丘吉尔已经失去了耐心，他独自一人翻过了围墙。没有确凿的证据显示丘吉尔是否知道第二天两名同伴只是将行动时间推迟到了当天深夜，不过很有可能他知道这个情况，因为他曾宣称自己根本没有顾及再度被俘的危险，在围墙外等了一个半到两个小时，等着两名同伴的到来。哈尔丹在回忆录中提到自己与丘吉尔就像皮剌摩斯和提斯柏①一样隔着围墙交谈了一阵子，他还将自己的指南针和一些巧克力给了丘吉尔，这样就证实了丘吉尔的确等待过他们（无论等了多久）。同样没有得到澄清的是为什么哈尔丹与布罗基会认为丘吉尔翻过围墙就导致他们无法紧随其后也翻出去，毕竟当时战俘营没有拉响警报。

目前看来丘吉尔与哈尔丹的表述极其矛盾。两名同样诚实但是性格不同的人在街道两头目睹一场车祸，在经过很长一段时间后，他们给出的回忆证言自然会出现这样的矛盾。1924 年，哈尔丹在一份长达 6000 字的备忘录中清楚无误地表达了自己的不满，1935 年他又对这份备忘录作了补充。*或许可以认为在时隔 25 年和 36 年后哈尔丹两次提起往事是因为他对此事念念不忘，以至于违背了自己曾经在备忘录里说过的话，"我断定说得越少越好，在这件事情上我始终坚持着这一原则"。但是，哈尔丹始终不曾试图对外公布这份备忘录，甚至没有将其收进自己的回忆录中，在离世前他将备忘录与其他日记存放进了苏格兰国家图书馆，供外界查阅，不过迄今为止没有人试图唤起外界对这份备忘录的注意。哈尔丹的观点主要有以下几点：

（1）我必须承认我对自己举棋不定的表现感到惊讶和厌恶，丘吉尔已经按照我精心考虑好的计划走掉了，也可以说他知道了我的计划，然后就直接抢走了我的机会。

（2）……事实就是，在比勒陀利亚的时候我一直在为 3 个人做打算，而他只考虑一个人，就是他自己……

（3）倘若丘吉尔有勇气承认自己的确是情急之下发现有机会逃走，一时间没能抵制住这个机会的诱惑，没有意识到自己的举动会为同伴的出逃制造障碍，那么原本一切都没什么大不了的……然而事实并非如此，一旦走错一步，改正错误——

---

① 皮剌摩斯和提斯柏是古罗马诗人奥维德的《变形记》中写到的一对青年情侣，他们比邻而居，但是父母不同意他们的结合，于是他们通过两家之间墙壁的裂缝谈情说爱。

* 这份至少从表面上看有损于丘吉尔名誉的备忘录被全文收录进丘吉尔官方传记第一卷的《附录·第二部分》中（pp.1099—1115）。撰写这卷传记时，主持工作的还是伦道夫·丘吉尔，也就是他离世前大约一年的时候，这时距离他的父亲温斯顿·丘吉尔逝世也只有一年多的时间，将哈尔丹的备忘录收进父亲的传记这件事情体现出伦道夫具有超越职责的公正性。

如果他曾有过这种打算的话——的难度就会增加上千倍。随着时间的流逝，到最后也就没有改正的可能了。年方25岁鲁莽急躁的青年人在无意识的情况下做出的坦白会让人忽略他犯下的错误，换作成熟的中年人，人们则会对他的错误进行谴责。[lxxxvi]

丘吉尔也在不断对这些陈年往事发表着同哈尔丹相左的意见，可以说哈尔丹一直遭受着丘吉尔的刺激，因此，我们对哈尔丹在近半个世纪的时间里一直不断提起往事，至少是在心里一直纠结于往事也就不难理解了。事情发生后，丘吉尔有关南非纪事的两部著作就出现在大大小小的书店了。5月，《从伦敦到莱迪史密斯，途经比勒陀利亚》问世了，这部作品的销量达到1.4万册。接着，10月他的《伊恩·汉密尔顿的进军》也出版了，这部作品售出了8000册。将近一代人之后，在1923至1924年之交发表在《斯特兰德杂志》的文章中，他再度讲述了自己逃离战俘营的经历。无疑，正是在这两篇文章的刺激下，哈尔丹才在1924年悄悄地写下了自己对这件事情的理解。1930年，丘吉尔又出版了《我的早年生活》，这部作品备受赞誉，大获成功，在总共有29章的书中他用了至少10章的篇幅讲述了自己在南非的经历，其中4章都围绕着他被俘和逃跑的事情。5年后哈尔丹做出了回应，1935年他对自己在10多年前写下的那份冗长的备忘录进行了扩充，这或许可以说他是在愤愤不平地算旧账，但是必须指出，这件事情的另一个主要参与者始终不允许陈年旧账慢慢熄灭。

在更早的时候，丘吉尔与哈尔丹还发生过一件事情，这件事情或许也久久萦绕在哈尔丹的心头。1912年，丘吉尔认为，在自己是否违背了释放宣誓的问题上，《布莱克伍德杂志》对他进行了毁谤。他的密友弗雷德里克·埃德温·史密斯立即采取行动，为他辩护。后来成为第一代伯肯黑德伯爵的史密斯，在王室顾问律师中绝不属于温和派。他们希望当时率部驻扎在肯特郡的哈尔丹准将提供对丘吉尔有利的证据。哈尔丹不愿意这么做，不过他也同样坚定地表示自己不会在法庭上做出对丘吉尔不利的证言。随即他就受到了接二连三的游说：海军部要求他前往海军部同当时已经出任海军大臣的丘吉尔会面，并向他施加压力，要求他同史密斯见面，协助后者准备对照陈述书。哈尔丹采取了有效的回避策略，这场吵吵闹闹的马戏表演令他十分厌恶。他不禁想起努力说服他与布罗基将自己也纳入他们的逃跑计划时的丘吉尔，当时他错误地判断了丘吉尔的为人。丘吉尔向他许诺将来一定会让他声名远扬，试图用这样的手段打动他："（他）亮出了诱饵，说倘若成功的话，他一定不会让我的名字被淹没掉。换言之，我将与他一起沐浴在'胜利的耀眼光芒中'，根据《布莱克伍德杂志》对他出逃所做的描述，所谓的胜利指的就是他欢天喜地地抵达德班之类的事情。但是他的推销从没对我产生过吸引力。"[lxxxvii]

最后一句话很可能只是出于谦逊的需要，但是体现出了一名朴素的军人对丘吉尔一贯喜欢用出名这样的事情进行自我吹嘘的厌恶，或许其中也不乏一丝有悖常情的嫉妒。无论如何，一同逃离战俘营绝不意味着他们的友谊可以万古长青，哪怕几个人始终守在一起。哈尔丹针对这件事提出的异议悄悄地在丘吉尔成功出逃的迷人光芒中投下了一片令人不快的阴影，但是没有确凿的证据表明丘吉尔对独自逃走这件事情产生过丝毫的愧疚。他冲动、自私，同时又有着贸然行事的勇气，这3个特点在青年时代的丘吉尔的性格中占有很大的比重。他十分走运，而且在单枪匹马从战俘营前往洛伦索－马贵斯的旅途中，大部分时间里他都是一副兴高采烈的样子。

在比勒陀利亚走了半英里之后，丘吉尔来到了一条铁路线，他希望这是通往德拉瓜湾（现名为马普托湾）的铁路。当时，他穿着褐色的外套，头戴一顶软塌塌的帽子，他觉得如果摆出一副充满自信的样子，别人就不会对他产生怀疑。他的大胆起到了作用。沿着铁轨走了两个小时，他来到了一个火车站。在比勒陀利亚通往印度洋的沿线分布着13个车站，各站之间的间距差异非常大，丘吉尔到达的这个车站有可能是其中的第一站，厄斯特－法布里肯。他打算跳上一列刚刚驶离车站还没有加速的火车。脱臼的肩膀给他造成了一定的困难，这令他的身手不够敏捷，不过他还是成功了。这列火车比较理想，车上装载的是将要运回一处矿区的空煤袋。他在沾满煤灰的麻袋中间舒舒服服地睡了几个小时，在拂晓前及时醒了过来。对他来说跳下火车也同样有些吃力，他落在了一条水渠里，幸运的是双脚没有扭伤。接着他来到了位于威特班克附近的第三个火车站，这里也是一处矿区的中心地带。这时他已经走完了80英里，前方还有200英里的路程。

他接下来要在夏日的南非度过很漫长的一天。他漫无目的、提心吊胆地走着，生怕被人发现。他的手头没有食物，心里没有任何想法。出逃第二天夜里1点半的时候他走到了一座房舍林立的矿区，他决定冒险向外人求救，之所以做出这个决定主要也是因为他别无选择。无论是出于同情，还是贪婪（他十分乐意拿出身上的75英镑），对方兴许不会将他交给布尔当局，而是帮助他逃走。他的运气实在太好了，简直可以说碰上了奇迹。他敲响了一户人家的大门，睡眼惺忪地打开房门的是来自英国的矿场经理约翰·霍华德。对于自己为何会出现在这里，丘吉尔编了一套完全不可信的解释，霍华德戳破了他的谎言。问清了他的真实身份和此行的目的后，霍华德立即就将他迎进了门，给他端来食物，甚至还用威士忌和雪茄招待他。霍华德找来自己的同事丹·杜斯奈普，*让后者将丘吉尔送进矿井。在发现丘吉尔逃跑后，布尔人恼怒地展开了一场密集的搜捕，丘吉尔与一群群老鼠为伴，在矿井里过了几天吃喝不愁的日子，一直等到搜捕的势头渐渐减弱下去。在逃出战俘营整整一个星期后，在霍华德和他的朋友们的帮助下，丘吉尔被送上了一辆满载着一包包羊毛的卡车，羊毛随后将被转移到开往德拉瓜湾的货运列车上。按照估计这趟旅程将花费16个小时，实际上丘吉尔耗费了4倍于此的时间才抵达了德拉瓜湾，最后一夜他在边境上的科马提波特车站度过了旅途中最折磨人的几个小时，列车停在了对他来说危险的一侧边境，不过他还是设法睡着了。终于，列车咔嚓咔嚓地穿过了边境线，在莫桑比克南部的边境小镇雷萨纳加西亚，丘吉尔透过车厢的缝隙看到一群葡萄牙军官身着烦琐的军装站在站台上，后者仿如一群迎接他的天使。

　　这就是丘吉尔在30年后出版的《我的早年生活》中对当时情景的描述，然而他的孙女西莉亚·桑德斯在20世纪90年代进行了一番调查研究，并将调查结果写进了《丘吉尔：生死通缉》一书中。根据这本书的描述，丘吉尔能够成功逃似乎并非只是凭着十足的运气和他的勇气，一路上他还得到了在当地经商的查尔斯·伯纳姆的照顾，后者的货物在旅途中为他提供了保护，还帮他遮蔽了炎炎烈日。伯纳姆觉得自己应当陪伴丘吉尔坐上那趟列车，一路上有几次被拦住的时候丘吉尔以为自己只能听天由命了，最终他靠着伯纳姆明智地用一笔笔小钱打点了当地官员才得以逢凶化吉。lxxxviii 安全抵达洛伦索－马贵斯后，丘吉尔费了一番气力终于叫醒了英国领事，向对方表明了自己的真实身份，随即他就受到了热情的接待，这一点既不是新闻，也不存在争议。这天晚上他就搭乘一艘开往德班的船，12月23日抵达目的地。

　　迎接丘吉尔的欢呼声响彻德班，他立即意识到自己已经名扬世界了。如果哈尔丹描述无误的话，丘吉尔曾经提出要与他分享的"胜利的耀眼光芒"并不夸张。他在市政大厅门前面对大批群众做了一场讲话，在当天晚上动身前往彼得马里茨堡，赶赴纳塔尔总督的晚宴之前，他收到了发自世界各地的"一捆捆电报"，当天晚上他在总督府过了一夜。第二天，他重新加入了布勒将军的队伍。布勒成了丘吉尔的

---

*　对丘吉尔运气十足的出逃经历而言，此人的出现可以说是锦上添花。丹·杜斯奈普来自奥尔德姆，他的妻子当时就住在奥尔德姆。在1900年年初回到奥尔德姆参加大选期间，丘吉尔在皇家剧院的一场大型会议上讲述了自己逃离战俘营的事情，其中提到了丹·杜斯奈普，"他的妻子在观众里"激动地哭了起来，哭声响彻剧院。这则逸事令奥尔德姆人对这位英雄的归来表示了更为热烈的欢迎。（见《我的早年生活》，pp.369—370）

崇拜者，但是后者丝毫也没有对他表示出相应的钦慕，尽管将军在许多年前就已经荣获维多利亚十字勋章。据说（根据丘吉尔所述）当时布勒对丘吉尔说："你干得很漂亮。我们能为你做些什么吗？" [lxxxix] 他对丘吉尔的表示就是任命后者为南非轻骑兵团的一名中尉军官，同时不顾陆军部禁止军人保持双重身份的规定，没有要求后者放弃为《晨报》供稿的工作。在3月抵达南非的总司令弗雷德里克·罗伯茨与总参谋长赫伯特·基钦纳对丘吉尔的态度都远远不及布勒那么热情。"小把戏而已。"这位伟大的元帅十分冷静。他们此次的任务是弥补英国军队在1899年12月"黑暗星期"里3次失利——威廉·福布斯·加塔克将军指挥的斯托姆贝赫山战役，保罗·桑福德·梅休因将军指挥的马格斯方丹战役，布勒将军指挥的科伦索战役——造成的损失。

丘吉尔继续在南非待了6个月，直到比勒陀利亚被英军占领，按照他的理解英国打赢了第二次布尔战争。在此期间他一如既往地展现出了自己的英勇，参加了在斯皮昂科普山、赫扎尔山、波特吉特渡口和戴尔蒙得山的一连串重要战役。攻入莱迪史密斯和比勒陀利亚的先头部队里都有他的身影。然而，很难否认在逃出战俘营后他在南非度过的大部分时间都像是一部宏大的音乐喜剧里的过渡片段，整个舞台铺陈开，来自四面八方的角色纷纷登场，他永远处于舞台的正中央。1900年1月末，伦道夫夫人出现了，在小儿子杰克的陪伴下从开普敦来到了德班。她差不多算是"缅因号"医疗船的负责人，为了这艘船她从英、美两国筹集到了4万英镑。不幸的是，在2月12日受了轻伤的杰克也成了船上的一名病人，需要一个月的照顾。丘吉尔失望地发现帕梅拉·普洛登不在船上，在1月28日给她的信中他写道："你为何就不能以秘书的身份出来一趟呢？" [xc]

丘吉尔曾在1月6日的信中向母亲提起了普洛登（伦道夫夫人与普洛登小姐交往甚密，对于丘吉尔热情洋溢的性格她们两个人大概都是既欣赏，同时又敬而远之）："我非常想念普洛登；她对我也满怀深情。" [xci] 这句话或许能略微显示出丘吉尔对自己与普洛登小姐的爱情感到自满，然而就在两年后，普洛登嫁给了李顿伯爵。

在这个时期，伦道夫夫人远比普洛登小姐更急于嫁人。3月中旬，她同满载着伤员的"缅因号"启程离开南非，返回英格兰，回国后不久她就嫁给了仅比丘吉尔年长两周的乔治·康沃利斯-韦斯特。这段婚姻一直动荡不安，但还是维持了13年的时间，总体而言这段婚姻没有为伦道夫夫人的声望锦上添花。

与此同时，南非依然上演着盛大的音乐剧。丘吉尔的表演包括有一次身着平民服装骑着自行车穿过约翰内斯堡市中心，当时这座城市仍在布尔政府的统治下，尽管这个政府已经有些虚弱了。他冒着危险镇定自若地将一条重要的消息传递给了弗雷德里克·罗伯茨，后者对他的态度因此缓和了下来。他还在一定程度上帮助罗伯茨改善了司令部里公爵扎堆的荒唐状况。当时司令部里有三位公爵——诺福克公爵、马尔博罗公爵和威斯敏斯特公爵，这种状况生动而通俗地展现出剧作家威廉·施万克·吉尔伯特爵士在 11 年前创作的《贡多拉船夫》中的一句台词——"1便士 3 个公爵"。在大多数情况下丘吉尔都设法躲开了后两位公爵。3 位公爵轮流陪着他外出冒险，完全就像是 40 年后唐宁街的秘书们所做的那样。"在两位公爵的陪伴下丘吉尔上场"，这样的舞台指示用在当时的情景或许再合适不过了。当他一路小跑进入比勒陀利亚，探访曾经被关押的地方时，陪在他身旁的是马尔博罗公爵；一路南下，前往开普敦搭乘返回故乡的邮轮时，与他在火车上共进早餐的是威斯敏斯特公爵（显然，即使在战争时期，列车上仍旧能够提供这样舒适便利的服务）。在那次旅途中他们还遭遇到了一次不太严重的伏击，依然坚称自己是非战斗人员的丘吉尔最后一次对布尔人扣动了扳机，不过他击中对方的可能性不太大。

在南非的最后这几个月里，丘吉尔手中的笔几乎和他的枪一样投入了战斗，但是在很多人的眼中，他的文章更像是在支持布尔人，而不是同布尔人作战。1 月，他从德班用电报发给《晨报》一篇报道："回首整个战局，如果没有看出我们是在同一个顽强、可怕的对手作战的话，那我们就太愚蠢了。高素质的布尔市民增强了作战能力……我们必须面对这个事实。在有利地带，一个布尔骑兵敌得过英国正规军的 3 至 5 名士兵。" 3 月，丘吉尔敦促英国方面"接下来必须采取宽大政策"，即使对纳塔尔的布尔人也应如此，这些人当初直接发动起义，没有向英国宣战。在有些人的眼中，丘吉尔显得更加罪孽深重了。"只有当荷兰人与英国人能够相互融合、和睦共处时，南非才能实现和平与幸福。荷兰人与英国人必须永远在英国的统治下肩并肩地……"[xcii] 即使加上了最后一句话，他在早期做出的这种"胜利者的宽宏大量"的表示仍旧招致了强烈的批评。

经过伏击后列车终于抵达开普敦，他在这里稍作停留只是为了给经验老到、一贯充满自信的高级专员阿尔弗雷德·米尔纳爵士提供一些个人见解，并同米尔纳以及他的"随从"威斯敏斯特公爵一起打了一天豺狼，随后他就乘坐"邓诺特城堡号"返回英国了，巧合的是，7 个月前他来到南非时搭乘的正是同一艘船。作为一个急于求成的年轻人，丘吉尔在这几个月里当然没有怠惰。他展现出的英勇和肆无忌惮，对别人产生的影响力都非常惊人。在 25 岁的年纪，他已经具有了能让他名扬四海的品质。在未来，他的所言所行即使得不到世人的认同和赞赏，也必定会引起世人的瞩目。

第四章 从托利党人到自由党人

1900 年 7 月 20 日，丘吉尔抵达南安普敦，在 10 个星期零两天后，他当选为奥尔德姆的下议院议员，这时他还未满 27 岁。还在南非的时候，他的面前就已经出现了机会，成为绍斯波特的备选候选人，但是这个机会对他没有吸引力。相比以无产阶级纺织工人为主的奥尔德姆，绍斯波特听上去对保守党更为有利，这座城市有很多居住在海边以出租房屋为生的女人，也开始出现了专为呼吸新鲜空气而往返于利物浦和这座海边小城的商业阶层。然而事实并非如此。1895 年，乔治·寇松轻松当选为绍斯波特的下议院议员，1898 年，他动身前往印度，出任印度总督，保守党在当年的补缺选举中落败。次年，获胜的自由党议员逝世，第二次补缺选举出现了类似的结果。

由此判断，绍斯波特的诱惑应该会让他一无所获。不过他本来就不太愿意接受这个机会，他相信自己吉星高照，而他的"吉星"一直停留在奥尔德姆。丹·杜斯奈普在德兰士瓦矿场里对他说的话还在他的脑海中回荡着："下一次他们都会把票投给你。"（事实却并非如此，从 1899 年的补选到 1900 年的大选，14 个月的时间里只有 6% 的选票转向了他，不过这就足够了。）他的信念比事实更重要。他坚信自己总能渡过难关，哪怕只是涉险过关。在斯皮昂科普山战役中，子弹从他的南非轻骑兵团头盔上的羽毛中穿了过去，可是至多只是毁坏了他的军装；在威特班克附近的矿区为他打开家门的那个人没有将他拒之门外，而是将他迎进了屋里；约翰内斯堡街头的市民太专注了，根本没有注意到一个迷路的英国人骑着自行车从他们身旁经过。也就是说，迄今为止，他一直吉星高照，奥尔德姆也不会例外。最终，他以 222 票的优势击败了沃尔特·朗西曼，跻身第二，比更能全力以赴的自由党人阿尔弗雷德·埃莫特只少了 16 张选票，以 409 票的压倒性优势领先于自己的竞选伙伴。

总体而言，这场"军装选举"让保守党人充分利用了英国明显将在南非取得的胜利（尽管还需要 18 个月英国才同布尔人签订《弗里尼欣条约》），趁着该党还没有被前一年在奥尔德姆补选中遭遇的那种重挫耗尽气数，重新将其多数票恢复到 130 多票的水平上。在奥尔德姆的竞争中，尽管保守党只是以微弱的优势险胜对手，但是这场选举活动并不激烈。埃莫特与朗西曼都是自由派帝国主义者，相比劳合·乔治甚至是亨利·坎贝尔-班纳文的观念，他们更倾向罗斯伯里与阿斯奎斯的观念，因此他们不会随便被扣上不忠诚的亲布尔分子的帽子。丘吉尔一心想利用自己的冒险经历，但是他也不愿意猛烈抨击当时国内反布尔人的狂热。

当时的政坛明星约瑟夫·张伯伦前往奥尔德姆，以个人身份发表了一个多小时的演说，在演说结束后，他邀请丘吉尔去他在伯明翰的府邸住两天。伯明翰的投票尚未结束，张伯伦派丘吉尔参加了西米德兰兹郡在一趟专列上举行的 3 场会议。这位杰出的政治家还为丘吉尔上演了一出好戏，他的表演堪比 1880 年第一代比肯斯菲尔德伯爵本杰明·迪斯雷利在休恩登庄园以夸张的姿态迎接年轻的波特兰公爵时的表现。① 有一天，张伯伦几乎一整天都卧床不起，只有在参加为这位重归故土的政坛勇士举办的宴会时他才下了床，用一瓶 1834 年的波特葡萄酒款待了自己的客人。丘吉尔与索尔兹伯里的外甥，即将继位的亚瑟·贝尔福的交往不像他与张伯伦的交往这么简单，不过，至少最终他同样引起了对方的注意。他没能说服贝尔福前往距离后者在曼彻斯特的选区 8 英里的奥尔德姆，但是在去伦敦的半路上他听从了"亚瑟王"的召唤，立即掉头北上，赶往曼彻斯特。

等我到那里的时候，贝尔福先生正在一场规模惊人的集会上做着讲话。看到我走进会议厅，所有人都站起身，冲我喊叫起来。下议院领袖气宇轩昂地将我介绍给听众。此后我就只在最大型的集会上做讲话。五六千位选民——清一色的男性——兴致高昂，对主要话题十分熟悉。他们聚集在最好的会议厅里，党内最可敬的中坚分子和有着多年议会经验的议员以支持者的身份坐在讲台上！此后，在那届选举中我一直经历着这样的情景，实际上在将近 30 年的时间里也都一直如此。[xciii]

12 月 3 日，新一届议会举行了为期几周的会议，除了议员们宣誓就职，选出下议院议长，议会还要拟定君主致辞（并非由当时身体每况愈下的女王本人致辞），

---

① 作者指的是迪斯雷利（于 1881 年逝世）在逝世前的一年里健康状况恶化，经常卧病在床。

并进行实质性的辩论。为期 8 天的辩论全集中在南非战争引起的各种问题上，实际上，围绕君主致辞的辩论进行到第二天夜里的时候，在奥尔德姆的资深议员埃莫特的推动下，议会修改了与南非达成和解的条款。不可思议的是，刚刚进入议会，急于有所表现的丘吉尔对这一切竟然置之不理，在 12 月 1 日就乘船前往纽约，没有参加会议。

这种举动显示出丘吉尔有着镇定自若的意志力，对自己的计划毫不动摇，但是这并不意味着他对自己的新职位有所轻视。客观地说，下议院议员这个身份在1900 年的时候远比现在的地位高。尽管南非战争初期的一连串失利致使英国的地位有些动摇，但当时它依然是一个伟大且自信的帝国，它最值得骄傲的财富就是它的议会制度。尽管在选举权方面，英国的议会制度比大多数发达国家有着更为严苛的规定，但是议会作为立法机关的声望却比其他国家的议会高得多。无论是在托利党内，还是自由党内，或许很难找出一位党员，或者说一位胸怀抱负的党员发自真心地否认下议院是全世界最伟大的立法机构，就连新生的工党也是如此。最奇异的是，支持爱尔兰自治的人里有相当一部分也持有这样的观点。

丘吉尔当然也不例外。同时在他看来，自己成为下议院议员是自然而然的事情，这也是他在一生中最值得拥有的命运。他在议会里供职 64 年，其间只有两次退出议会的经历，第一次很短暂，第二次退出令他比较焦虑，有两年之久。他在议会的时间甚至超过了格莱斯顿 62 年半的纪录。因此，更加令人感到奇怪的是，那一年的秋天他为自己的名字后面加上了"下议院议员"的头衔感到欣喜，然而他却没有火急火燎地在第一时间坐进绿色的议员席，除了众人之中最能咆哮的格莱斯顿、迪斯雷利、罗素、帕尔姆斯顿、他的父亲和约瑟夫·张伯伦都曾在这个舞台上进行表演。

丘吉尔并不是对自己的新职位无动于衷，在其一生中，他始终对财富有着非常现实的认识。他不是一个贪婪的人，也没有强烈的欲望想要积攒"一大堆股票凭证或者有价证券"（他用在朋友伯肯黑德伯爵身上的名言），*但是他在没有稳固的经济支持的情况下却坚持过着奢华的生活。当时绝大多数下议院议员都家境富裕，少数不太富裕的议员大多自然而然地过着俭朴的生活。丘吉尔既不属于前者，也不属于后者。此外，在那个年代下议院议员没有薪俸。

---

* 这句话出自他在 1933 年为第一版《弗雷德里克·埃德温》一书撰写的前言。这部作品是第二代伯肯黑德伯爵对其父一生的记录。

当时丘吉尔的经济状况已经有所好转，除了几部著作大获成功，他还从《晨报》拿到了高额收入，况且在南非的 7 个月里他的开销也不太大。他精明地断定自己已经是一位著名演说家了，赚钱的能力暂时到达了巅峰状态，自己最好趁机再大赚一笔。因此，他将 10 月的最后几天和 11 月整整一个月的时间全部花在高强度同时也是高回报的英国巡回演讲上。这次巡回演讲是由经纪人杰拉尔德·克里斯蒂安排的，在接下来的几十年里他一直在为丘吉尔效力。丘吉尔设法将资产——也就是在一个晚上在一个会堂售出的票数及其成本——牢牢地把握在自己的手里。他的演讲收入很高，从他一丝不苟记录的账册中可以看出，按照英镑在当时的价值计算，他每天晚上的纯收入浮动非常大，他的计算甚至精确到了每一先令、每一便士。

早在 10 月 25 日的时候他就以校友的身份回到哈罗公学，为接下来的巡回演讲做了一场热身运动。即使是面对母校，他也不允许自己对往昔的怀念干扰自己赚钱的原则。他带着 27 英镑离开了哈罗公学，这笔钱相当于今天的 1350 英镑。在母校，他意识到自己没能驾驭住演讲内容——他当然谈到了自己在南非的冒险经历——在一个半小时的时间里自己只讲完了准备好内容的 1/4，10 月 30 日，在伦敦圣詹姆士音乐厅举办的正式演讲中，他完善了对材料的组织。他说服了时任陆军总司令的嘉内德·约瑟夫·沃尔斯利子爵主持这场演讲会，靠着这一场演讲，他就赚到了一笔可观的收入，265 英镑 6 先令 2 便士（相当于今天的 13000 英镑）。此后，他一直竭力争取杰出人物为他主持演讲会：在爱丁堡的主持人是罗斯伯里伯爵，在利物浦的是德比伯爵，在贝尔法斯特的是达弗林和阿瓦侯爵，在爱丁堡的是爱尔兰上议院大法官，若不是约瑟夫·张伯伦觉得在竞选结束后自己有必要去地中海休养一阵子的话，丘吉尔原本还要邀请这位疲惫不堪的政坛巨人为他主持在伯明翰的演讲。自圣詹姆士音乐厅的开场演讲会之后，丘吉尔为接下来的 31 天安排了 27 场遍及英国各地的演讲。实际上，只有在星期天没有演讲安排。在利物浦他的运气好极了，在这里的演讲甚至超过了在圣詹姆士音乐厅和切尔滕纳姆两地的演讲，后者仅以微小差距落后于前者。在格拉斯哥、伯明翰、布莱顿、布里斯托、曼彻斯特和都柏林的演讲也大获成功。他只有在接近郊区的伦敦韦斯特伯恩公园和温莎没有赚到相当于今天 3000 英镑的收入（差距不大）。在这个月里，他的总收入达到了 3782 英镑 15 先令 5 便士（相当于今天的 190000 英镑），成就惊人。

英国已经被征服了，美国也对他发出了召唤。为了玛门①，丘吉尔牺牲了在 12 月召开的议会会议，可是玛门令他失望了，这就是玛门的做事风格。不过，也许只有按照丘吉尔家族基于婚姻形成的期望值才能说他在美国的演讲不尽如人意。通过同美国家族的联姻，丘吉尔一家人都以为美国总是比英国更慷慨。他没有考虑到美国人对布尔战争的反应与英国人有所不同。英格兰深深地沉浸在沙文主义中，在最理想的情况下，也只能说美国人比英国更客观，在最悲观的情况下，可以认为美国将英国对布尔共和国的这场战争视作美国独立战争姗姗来迟的重演。纽约是丘吉尔在美国的第一站，这里最古老的家族中仍有一些人怀有对荷兰的感情，如果不是这样的话，他们应该会支持与盎格鲁－撒克逊的合作。尽管如此，纽约州长西奥多·罗斯福还是在丘吉尔抵达美国仅仅数天的时候便邀请后者在纽约州首府奥尔巴尼的州长府与他共进晚餐。当时罗斯福刚刚当选为副总统，9 个月后，威廉·麦金利遇刺身亡，罗斯福继任为总统。

令人预想不到的是，后来罗斯福渐渐地对丘吉尔形成了强烈的敌意，没有记录显示在奥尔巴尼的这次聚餐进展是否顺利，不过可以肯定的是，这次会面没能防止罗斯福对丘吉尔产生不满，多年里，前者对后者零星做出的评价（在通信中）总是负面的。1908 年 5 月 23 日，在给儿子的信中西奥多·罗斯福写道："温斯顿·丘吉尔写的那本有关他父亲的书的确挺有趣，不过我不禁感觉到，在这对父子中间，父亲的为人非常卑劣。"几个月后，罗斯福在给《纽约先驱论坛报》的股东及编辑怀特劳·里德的信中又写道："我不喜欢温斯顿·丘吉尔，不过我觉得应该致信他。"（当时丘吉尔刚刚给罗斯福寄去了一册他的著作。）接着，在 1910 年 6 月，代表美国政府参加了爱德华七世的葬礼后，罗斯福又致信参议员亨利·卡伯特·洛奇："我拒绝了与温斯顿·丘吉尔会面的提议……对于两党的其他成员，我都乐于与他们见面。"在 1914 年 8 月 22 日给英国下议院议员亚瑟·汉密尔顿·李②（这位慈善家将自己的别墅捐赠给国家，将其用作首相别墅）的信中，他唯一一次对丘吉尔做出了有些积极的评价："我从未喜欢过温斯顿·丘吉尔，但是根据你的描述，他在调动舰队的过程中有着令人钦佩的表现，展现出了可敬可叹的勇气，我的确希望你能顺便代我向他表

---

① 古迦勒底语，指财富，尤其指对人产生负面影响的财富。在《新约》中出现多次，例如《马太福音 6 : 24》："一个人不能服侍两个主：他不是恨这个爱那个，就是重这个轻那个。你们不能既服侍上帝，又服侍玛门。"（见中译和合本修订版）

② 亚瑟·汉密尔顿·李，第一代费勒姆的李子爵（1868—1947），英国军人、外交家、政治家及慈善家，曾出任英国驻华盛顿大使，与他人一起创办了考陶德艺术学院。

示祝贺。" xciv

或许，西奥多·罗斯福的女儿爱丽丝·朗沃斯夫人对父亲历年来对丘吉尔表现出的偏见有着正确的判断。朗沃斯夫人一直居住在华盛顿，直到20世纪80年代她步入90岁高龄。她的评价总是一针见血，历史学家亚瑟·施莱辛格曾问她："你父亲为什么讨厌温斯顿·丘吉尔？""因为他们两个人太相像了。"朗沃斯夫人不容置疑地回答道。 xcv

丘吉尔在美国的演讲经纪人不如他在伦敦的经纪人克里斯蒂那么令他满意。詹姆士·伯顿·庞德自称"庞德少校"，① 尽管他在南北战争期间的军衔显然不是少校。庞德莽撞得令人生厌，而且不善于为客户抬高价格。1901年1月1日，丘吉尔在给母亲的信中提到了他："这位经纪人是一个俗不可耐的美国佬，往记者们的耳朵里灌了好多弥天大谎……" xcvi 丘吉尔对自己在美国的巡回演讲很不满意，或许庞德只是一只替罪羊，但是无论如何，在给母亲的信中使用"美国佬"这样的蔑称对他来说都是很奇怪的。由于庞德的存在，再加上多少有些令他失望的经济回报，而且美国听众对英国的国家大业不如他期望的那么热情，此次美国之行，丘吉尔对美国的热情已经不像5年前那么高昂了。这一次他对加拿大的好感更为强烈。相比美国，加拿大听众更加令人满意，他在这里的收入也更可观，而且他还在渥太华同当时担任加拿大总督的第四代明托伯爵一起度过了一个愉快的圣诞节。* 借用劳伦斯·斯特恩 ② 的说法，总体上丘吉尔觉得"加拿大人把一切安排得更井井有条"。

不过，美国巡回演讲也只是相对而言不太理想。通过两个月的工作，丘吉尔净赚了1600英镑（相当于今天的80000英镑），相当于他在英国一个月收入的40%。在温尼伯（纯收入最高的一地）、纽约、费城和多伦多的演讲是最成功的。丘吉尔发现这种晚间演出往往令他感到精疲力竭，没有带给他多少满足感（一天晚上他没

---

① 詹姆士·伯顿·庞德（1838—1903），美国南北战争期间加入北方联邦军队，授衔中尉，由于在巴克斯特county役中的出色表现，他被授予美国最高军事勋章"荣誉勋章"，退伍后他成为一名成功的演讲经纪人，除了温斯顿·丘吉尔，他的客户还包括作家马克·吐温、记者及非洲探险家亨利·莫顿·斯坦利。

* 圣诞节期间做客明托伯爵家的还有帕梅拉·普洛登小姐，不过丘吉尔与普洛登小姐都表现出了友好的距离感。

② 劳伦斯·斯特恩（1713—1768），爱尔兰小说家及圣公会牧师，著有《项狄传》（《绅士特里斯舛·项狄的生平与见解》），米兰·昆德拉曾把《项狄传》纳入欧洲最伟大的小说行列。这部小说堪称英国文学史上最离奇的小说，是一部闻名世界的奇书，它既被尊为"世界文学中最典型的小说"，又被誉为现代小说的"伟大源泉和先驱"。

有安排公开演讲，但是"为了40英镑的酬劳他在一所私人住宅举行的晚宴上做了演讲——活像是一个变戏法的"）。[xcvii]此外，也许是有些想家了——即使他真正思念的并不是自己的家，在他年轻的时候，那个家庭从来不曾在他的生活中占据太重要的位置。他至少在思念着祖国的政治环境，在那里他已经赢得了一席之地，但是在12月，他对那里却傲慢十足。在1月9日给母亲的信中，他写道："到2月10日，我就要回家了，非常期待议会开会……事实上我只能痛恨着这次巡回演讲了，若不是没有多久就要结束了，我想我都熬不下去了。"[xcviii]尽管如此，他还是取得了足以化解这些失意的成就。大约也就是在这段时间，他在信中写道："百万同龄人中没有一个人能在不投入1分钱的情况下，在不到两年的时间里赚到1万英镑，对于这一点，我感到十分自豪。"[xcix]而且，面对这笔在今天相当于50万英镑的收入，他只是做了一些必要的支出，并没有将钱挥霍在放纵的生活上。他将这笔钱交给了欧内斯特·约瑟夫·卡塞尔爵士帮他进行投资。这位著名的金融家是爱德华时代典型的成功财阀，他还是爱德华国王的密友。丘吉尔总是认为，如果想学习音乐的话，就应该把作曲家爱德华·威廉·埃尔加爵士请来，需要有人对他略加护理的时候，已经退休的弗洛伦斯·南丁格尔就应该赶来照顾他。在这个阶段，之所以有这样的想法，主要是因为他一直目睹着母亲花样百出的享乐生活。

2月10日，丘吉尔首先回到了利物浦，从一个极具象征性的方面而言，此时他面对的英国已经不是他离开时的那个英国了。时间已经进入了新世纪（即使不是按照通用的计算方式，至少从严格意义上而言也进入了新世纪），维多利亚时代也宣告结束了。1月22日，当丘吉尔正在温伯尼的时候，维多利亚女王与世长辞。这个新闻没有击垮丘吉尔，也没有减弱当天晚上演讲厅门口收获的1150英镑带给他的喜悦，他的第一反应（对象仍旧是他的母亲）只是对新国王放纵的生活方式做了一番善意的调侃。在职业生涯后期的大部分时间，他都被外界认为是英国最后一位维多利亚时代的政治家，由于急于赚到演讲费，他放弃了在议会里向女王宣誓效忠的机会，这就形成了一个离奇的现象。当他在2月14日首次宣誓就职的时候，听他表达忠心的人是国王爱德华七世。这种状况大概也符合实际情况，毕竟他基本上生活在爱德华时代，而非维多利亚时代，他也一直保持着爱德华时代的生活方式。

4天后，丘吉尔做了自己在议会的首次讲话。这次讲话不像迪斯雷利在1873年那场臭名远扬的讲话那么悲惨，但也不像日后与他结下深厚友谊的弗雷德里克·埃德温·史密斯在1906年进行的那场论战那样大获成功。星期一晚上，在戴维·劳合·乔治结束发言后，从大约10点半开始，丘吉尔做了半个小时的讲话。38岁的劳合·乔治是来自北威尔士的律师，进入议会已经有 11 年，而且已经有了一些名气，或者说是一些恶名，他的讲话有些过度支持布尔人。这样的发言顺序（再加上自己的表现力）确保了丘吉尔的演讲征服了在场的所有听众。然而，至少有两家报纸（《标准报》和《晨报》）对议会会议大厅的印象不如对女士旁听席 ① 里的情况那么印象深刻，大量保守党贵妇出现在女士旁听席里，不过大多数都是议员们的母亲或姨母，很少有议员的爱人。

丘吉尔做了一场精彩的演讲，时至今日这场演讲仍旧没有失色。他当然做了最精细的准备，将一部分演讲词默记在了心里。一个活力十足、野心勃勃的议员这么做并不罕见，真正不同寻常之处在于，接下来的岁月里丘吉尔在演讲前总是做着这样的准备工作。实际上，在整个政治生涯中他一直坚持着如此一丝不苟的准备工作，尽管并不是每次都能将演讲词牢记在心里。

他无法提前做好准备的是，在开始自己的发言之前首先要对劳合·乔治的发言发表一番得体的评论。在距离他发言还有几分钟的时候，坐在他旁边的议员（来自诺福克郡金斯林市的下议院议员托马斯·吉布森·鲍尔斯，后来他也转变为自由党人）给他提供了帮助，这对他来说实在是太幸运了。劳合·乔治的演讲很激烈，并且撤销了一条温和的修正案，鲍尔斯告诉丘吉尔：撤销那项温和的修正案的时候如果没有那番激烈的演讲，劳合·乔治的表现就会好得多。

丘吉尔在大臣们身后一排座席的角落里讲了起来。他的父亲在政治生涯的末期曾就座于他身前的那一排座席，但是表现得并不尽如人意。现在，丘吉尔身着双排扣大礼服在同样的座席上开始了发言，他谈论的主题是英国军队在南非战争中的总体指挥及组织的情况，整个讲话清晰地分为四个部分。他首先说道："如果我是在战场上参加战斗的布尔人——如果我是布尔人，我希望我能奔赴战场，参加战斗……"议会中有人主张在战后向民主制度过渡的时期里，南非应当建立一个临时性的军政府，而不是平民政府，丘吉尔接下来就对这个主张做出了驳斥，他说："看到年迈可敬的布尔农民时，我本人常常会感到十分羞愧——这些布尔人是乡绅和农民以奇异的方式结合在一起的产物，外人常常能够发现，在粗糙的农民外表下他们有着乡绅的天性。我羞愧于目睹那样的人被年纪轻轻的中尉们专横地呼来喝去的景象，就好像那些人只是一群列兵。"他谈到的第三点是应当"为布尔人的投降创

---

① 1834 年英国议会为女性设立了单独的女士旁听席，旁听者可以通过墙上带有铁栅格的窗户窥见议会会议大厅的情况。该区域逐渐成为女性被排除出议会的象征，后来参加争取妇女选举权运动的女性对这个旁听席的存在进行过猛烈地抨击。

造更容易、更体面的条件，让他们继续进行战斗的环境变得更加痛苦、更加危险"。讲到第四点的时候他坐了下来，无论是否明智，这个举动都让人们记住了他的这场演讲。他提起了伦道夫·丘吉尔勋爵的精神，他确信自己之所以受到友好的接纳"是因为许多尊敬的议员仍没有忘记那段辉煌的日子"。^c

爱德华时代的报纸，无论是流行小报，还是严肃报纸，全都热衷于事无巨细地报道议会活动，其热情程度在今天难以想象。丘吉尔的演讲没有像6年后弗雷德里克·埃德温·史密斯在议会做的第一场演讲那样成为头条新闻，但是他的演讲引来的五花八门的评论也十分可观，其中大部分都对他的讲话表示赞许。他保存了来自19家报纸的评论，这些评论都对他的演讲给予了毫无保留的赞扬。相比这些评论，一些不太典型的评论反而更有趣。记者亨利·威廉·马辛厄姆在自由党的《每日新闻报》中撰文道：

> 丘吉尔先生的回答同[劳合·乔治的]讲话形成了惊人的对比，实际上这个回答微不足道。他们两个人的性格与他们各自处理问题的方式方法一样存在着惊人的差异。乔治先生具有许多天然的优势；丘吉尔先生则面对着很多不利的条件。在总结陈词中，他优雅地提及了众人对其父的美好记忆。丘吉尔先生没有继承父亲的嗓音——除了略微有些咬舌——他也没有继承父亲的仪态。发言、口音、容貌，这些因素都对他毫无帮助。
>
> 但是，他还是具有一项优点的，这就是他的智力。他颇有眼光，能够独立思考，独立做出判断。他的发言中有一些内容大错特错，都是些哗众取宠的空谈，虽然不乏智慧和真知灼见。但是，这样的措辞["更像是乡绅，而非农民""高尚的和平"等]显示出这位年轻人让自己的批评能力经受住了诱惑，没有同我们的战争达成一致。
>
> ……接着[约瑟夫·]张伯伦先生站了起来。他的讲话可谓一场出色的辩论，条理清晰、声音刺耳、腔调粗鲁、目标明确——完全命中目标——与他的拥护者保持着同样的党性……然而，他的发言毫无高度可言，在洞察力和处理手法的丰富性方面都远远不及丘吉尔先生的发言。

《曼彻斯特卫报》刊登了约翰·布莱克·阿特金斯对丘吉尔的演讲所做的概述。阿特金斯随同丘吉尔一起去过南非，他在文章中以友人的身份对演讲做了一番经过斟酌的评价。"他[丘吉尔]的演讲经过了精心的准备，充满前后对照的文学性。他的父亲即使是在巅峰时期也不曾在演讲中体现出多少文学性，这种能力对今天晚上刚刚开始议会生涯的这位年轻人十分有利。"也许《格拉斯哥先驱报》的评论算是最苛刻的：

> 他在演讲过程中的腔调和语调的抑扬顿挫能不时让人清晰地想起他的父亲伦道夫·丘吉尔勋爵，但是这位尊敬的先生没有显示太多如同其父亲那样出色的辩论才华……他做了充分的准备，或许也可以说他陈述得很不错，但是对于依然记得他父亲在议会里令人激情澎湃的首次讲话的那些人，他对辩论的首次尝试远远没有产生一飞冲天的效果。

在议会首次发言之后的一个星期，丘吉尔在议会会议上出现了有些失控的表现，曾两次打断别人的发言。其中一次他进行了补充提问，下议院议长威廉·考特·加利判定他违反了议事制度。所幸失控问题没有继续恶化。在这一年的春天，他还做了两场著名的讲话，一次是在 3 月，另一次是在 5 月，此后，以保守党人身份在议会度过的 3 年时间，他就基本上没有太引人注目的表现了。

1901 年，丘吉尔在下议院的会议上总共打断别人 9 次，此外他还在全国各地做了大约 30 场政治演讲，在这一年的春天他重新焕发了对演讲的热情，只是这些演讲在收益上不如前一年的巡回演讲那么乐观。在 3 月的演说中他为政府进行了一番辩护（一如既往地做了认真的准备）。陆军少将亨利·爱德华·科尔维尔爵士在南非战争中的指挥极其拙劣，他先是被"丢到了斯泰伦博斯去喂马"，[①] 用现在的话说就是被一贬到底，接着就回到了国内，靠着"老朋友"的慷慨，他又被任命为驻直布罗陀要塞的最高指挥官。当他的无能造成的其他损失渐渐暴露在公众面前时，陆军部撤销了对他的任命。随即议会中掀起了一阵抨击的狂潮，在要求专门就此事成立调查委员会的呼声面前政府显得束手无策。丘吉尔激烈地发表了自己的见解，他指出必须将"用人、提拔和免职的权力"交由军方。人事选择是一个涉及人的过程，军队尤其如此。如果这个过程受到干涉，军队就会变得软弱无力。丘吉尔获得了一时的成功，他觉得自己已经改变了投票局面，扩大了政府的票数优势。他的行为当然赢得了陆军大臣圣约翰·布罗德里克的欢心，后者在提到他的时候（在辩论激烈的时候当着众人的面）如同一位假先知一样说道："请允许我指出一点，您再也

---

① 斯泰伦博斯位于南非的西开普省，在布尔战争期间表现恶劣的英国军人会被派往斯泰伦博斯照看马匹，但是不受降级处分，此后"斯泰伦博斯"就被用来指调离重要岗位的处罚。

做不出比今晚更精彩的演讲了。"[ci]

　　没过多久，丘吉尔失去了陆军大臣的青睐，他在3月的演讲对陆军的重组方案大肆抨击，这个方案原本应该成为布罗德里克在陆军大臣这个职位上完成的一项重大成就。按照估算，重组要求比上一年度增加500万英镑的军费，这还不包括在南非和中国（义和团运动）的专项经费。如此奢侈的构想促使丘吉尔摆出一副虔诚的模样对议会进行了一番嘲讽。当初伦道夫勋爵为了压缩军队开支做出了"当代所有大臣能做出的最大牺牲"，时间已经过去了15年，"我十分高兴地看到下议院给我机会……让我将这面已经倒在战场上的破旗再一次高举起来"。

　　所幸丘吉尔想要解决的问题不只是挥舞父亲的血衣、为父亲复仇那么简单。布罗德里克提出要增编3个团的正规军、3个团的民兵及志愿兵后备军。针对增编3个正规军军团的提议，丘吉尔驳斥道："打野蛮人1个团就足够，要想和欧洲人开战，3个团都不够。""欧洲战争只会成为一场残酷的、令人心痛的斗争，这场战争必然需要全国人民的参与，也许会持续很多年，和平时期的工业生产将全面停止，全民族的所有生命力都集中在一个目标上——如果我们真的喜欢品尝胜利带来的苦果的话。"丘吉尔的这个预言比布罗德里克对他未来演讲事业的预言准确，他的著名论断"人民的战争将比国王的战争更可怕"也十分中肯。

　　丘吉尔提出的另一个主要观点对于一名陆军骑兵团的少尉来说有些异乎寻常。他宣称，对于英国的国家利益而言，海军的价值高于陆军：

　　　　对付强国，我们唯一能指望的武器就是海军……给陆军和海军做同样的付出，各投入3000万英镑，这样的两手准备必然会集合两个军种的短处和危险，让二者优势尽失，毫无安全性可言，会将自己置于两头落空的险境，建造出一支羸弱得毫无价值的海军，和一支强大得毫无价值的陆军。[cii]

　　这场将近1个小时的演说经过了严密的筹划，丘吉尔曾在文章中提到自己花了6个星期的时间做准备，其中大部分时间应该都花在背诵讲稿上，因为在距离正式演讲还有将近3个星期的时候，他就把演讲稿寄给了在《晨报》的朋友奥利弗·博斯韦克，请他对演讲进行了充分的报道。丘吉尔发表了一场滴水不漏的演讲，不过一位目光敏锐的听众还是发现他并不是在即兴发挥，他对演讲词早就烂熟于心了，因为演讲过程中需要引述父亲的一段长篇大论时，没等念完他就早早地把书放下了。这次的准备工作得到了很好的回报，演讲不仅在当时引起轰动，而且还为他带来了几个重要的收获。在当年接下来的时间里，他在其他几次演讲和写作中都对这场演讲的内容做了进一步深化。由于这场演讲，他引起了自由党对他的关注，截然不同的自由党人纷纷给他发来热情洋溢的信，例如威廉·哈考特爵士、威廉·托马斯·斯泰德与约翰·伯恩斯。[ciii] 正如将近 30 年后他在《我的早年生活》中写到的那样，最重要的是"这场演讲标志着我同坐在我周围的几乎所有议员在思维和立场上都产生了泾渭分明的分歧"。[civ]

在议会生涯初期，丘吉尔的核心工作是为 1904 年 5 月转变阵营做好铺垫，因此这场演讲必然会被视为他向自由党转变过程初期的一个重要阶段。从某种角度而言，回首往事我们会发现，这样的过程是不可避免的。从另一角度来看，这样的转变总是会面对一个非常尴尬的问题：如果保守党政府为丘吉尔提供了一个职位，他又会做出怎样的选择？ 1902 年 7 月 11 日，索尔兹伯里辞职，他的外甥亚瑟·贝尔福不费吹灰之力坐在了首相位置上，阿斯奎斯与内维尔·张伯伦分别在 1908 年和 1937 年也同样轻松地成为首相。或许是因为已经联合执政太长时间，继任后，贝尔福对政府没有做大刀阔斧的改动。他做出的重要举措几乎可以说就只有任命查尔斯·汤姆森·里奇接替希克斯·比奇出任财政大臣，后者执意跟随索尔兹伯里一起退休。这项任命匪夷所思，无论是社交方面，还是在智力方面，贝尔福与里奇都没有交集。贝尔福认为里奇虽然其貌不扬，却是一个很有能力、懂得经商之道的人，因此他必然懂得神秘深奥的财政和经济问题，对于这个领域贝尔福自己则是一窍不通。然而里奇是一个顽固不化的人，不懂得如何应付贝尔福式的礼貌和模棱两可的表达，而且他已经变成了一个教条式的自由贸易主义者。他做的第一份也是唯一一份预算报告成了一触即发的警报器，顿时在贸易保护主义者和自由贸易主义者之间激起了一场大辩论，如同 90 年后围绕着欧洲一体化问题的那场大辩论对梅杰政府造成的影响及产生的后果一样，里奇引发的这场辩论令贝尔福政府备受困扰，致使保守党在下一届议会中的地位降到了最低点。

贸易保护主义问题同样也对丘吉尔的政治生涯产生了深远影响。不过，在 1902 年的夏天，这位劲头十足的青年政治家更关心政府里的小变动，或者说相比"里奇先生可能造成的后果"，[*] 他更担心里奇先生的举动没有产生任何影响。在下议院一年半的时间，他已经同另外 4 位有权有势的青年保守党议员建立了密切的交往，这几位议员都比他年长 3 至 5 岁，不过在 1902 年，他们全都不满 34 岁。这伙人乐于

---

[*] 丘吉尔先于约翰·梅纳德·凯恩斯采用了这种说法，后者将 1926 年撰写的小册子取名为《丘吉尔先生的经济成果》。

被外界称为"休里干"①，这个绰号既有自我调侃的成分，也不乏对自我的认知。他们的领袖是4个人中思想最坚定、在大多数问题上也更加右倾的休·塞西尔，也就是老索尔兹伯里侯爵的第五个儿子（索尔兹伯里共有8个孩子）。与格莱斯顿一样，塞西尔担任过格林尼治和牛津大学的议员，只是与这位元老的顺序相反；他的教育水平几乎同前者一样高，但是成果远比前者少，思维也不如前者那么有建设性。这个小集团的成员还有第七代诺森伯兰公爵的长子亨利·佩尔西伯爵，作为牛津大学基督教堂学院②"优等生"，他也是一个令丘吉尔多少有些意识到自己在大学教育方面存在缺陷的成员，不过对于这一点，丘吉尔已经不那么敏感了。接下来是第六代德比伯爵的小儿子亚瑟·斯坦利，与丘吉尔一样，中学毕业后他便一脚迈进了社会，只不过他进入了外交界，而不是军队。后来，斯坦利渐渐地退出了政界，中年时期，他的主要成就是执掌皇家汽车俱乐部将近30年之久，他看起来活像是壳牌公司在两次大战之间做的一则广告——"壳牌跑得更快"。最后一位成员是伊恩·马尔科姆，一个典型的白马王子，他娶了一个与他品貌相配的女子，传奇美女莉莉·兰特里的女儿。马尔科姆与塞西尔在1906年惨烈的竞选中失去了在议会的席位。如果丘吉尔仍旧留在保守党，也会遭遇同样的命运。

"休里干"一伙人大多与贝尔福有着十分密切的联系，不是与他有亲属关系，就是担任过他的私人秘书。或许正是由于这层关系，他们才没有像伦道夫勋爵的第四党那样扮演毁灭性的角色，对他们这个小集团的形成产生过一些启发的第四党在30年前对格莱斯顿和斯塔福德·亨利·诺斯科特（1876—1885年担任下议院的托利党领袖）都曾使用这种伎俩。以休·塞西尔为例，直到将近10年后，他才充分发挥出擅长给别人挑毛病的无赖潜能，在后来用"污言秽语冷酷无情地"*冲着阿斯奎斯大声叫骂整整半个小时的过程中扮演了主要角色，③在激怒工党里坚定的工会主义

---

① "休里干"（Hughligans）指的是拥护休·塞西尔的政治小团体，是塞西尔的名字"休"（Hugh）与"小无赖"（hooligan）糅合而成的。（有不少中文资料将这个名字译作"胡里干"，这是由于不清楚这个名字的由来，只做了音译所造成的失误。）

② 基督教堂学院是牛津大学里资金最为雄厚的学院，先后有13位英国首相出自该学院，在这个方面，它成为牛津大学之最。

* 这句话出自丘吉尔（担任内政大臣时期）为国王所做的议会会议日志（见《附录 II·第二部分》，p.1103）。

③ "休里干"一伙人制造的最著名的事件在1911年7月，下议院在有关上议院改革的问题上出现了激烈争执时，塞西尔与史密斯发动了一场有组织的破坏活动，阻挠阿斯奎斯发言长达半个小时，后者一声不吭地站在发言席上。这件事令保守党领袖贝尔福感到极度尴尬，在一定程度上加速了他辞去保守党领袖的进程。这正中塞西尔的下怀。

者威尔·克洛斯的时候，他大声嚷嚷道："今天下午很多人都被证明是疯子，但是他们都不如尊贵的阁下疯得那么严重。"^{cv}

"休里干"一伙人真正擅长的其实是在下议院不对外开放的地下室餐厅里举办私人政治宴会，这么做的目的在于加深自己同名流之间的交往，或许更主要的还在于确保名流们知道他们的大名。他们撒下了一张大网，网住的大鱼五花八门。贝尔福、亨利·坎贝尔 - 班纳文、约翰·莫莱与希克斯·比奇都曾受邀参加他们的聚餐活动。正如过于卖力的男主人或女主人必然会出现的问题一样，1901 年 7 月他们邀请罗斯伯里伯爵与威廉·哈考特参加同一场晚宴，这两个人已经有 7 年没有说过话了。结果罗斯伯里忙于处理其他事情，无法抽身（不过几个星期后的一个星期天，他在蒙特摩尔的乡间别墅设宴款待了他们），哈考特则彻底忘了聚会的事情。

9 个月后，他们同约瑟夫·张伯伦聚了一次餐，这次聚会非常引人注目。一贯喜欢用夸张方式登场和退场的张伯伦离去时在餐厅门口停留了片刻，说（至少丘吉尔还记得自己当时特别注意到了这一点）："你们几个年轻人今天盛情款待了我，作为回报，我要给你们透露一个无价的秘密。关税！这就是未来的政治，不远的未来。好好研究一下这个问题，一定要掌握它，这样你们就不会后悔如此款待我了。"^{cvi}直到 13 个月后，张伯伦才在伯明翰市政大厅做了那场打破政治格局、支持贸易保护政策的演讲，并极度傲慢——不过他的傲慢也情有可原——地对自由党党派总督导^①说："你可以把你的传单烧掉了；咱们要开始讨论别的问题了。"因此，当时这个建议听起来不像日后回想起来那么平庸。"休里干"一伙人中的确有人从中受益了，其中就包括丘吉尔（塞西尔也是一名自由贸易主义者）。他的确仔仔细细地研究了关税问题，将自己培养成了这方面的辩论高手，但是他的立场并非张伯伦期望的那样。

"休里干"的成员之间也十分亲密，他们的交往令每个人都感到自在，在团体的政治凝聚力消失很久之后他们依然保持着友情。加入自由党 4 年后，丘吉尔结婚了，他的高级托利主义^②伴郎就是休·塞西尔。但是他们的交往并不排除野心勃勃的成员（丘吉尔绝对属于这一类人）警觉地留意着其他人的发展，而且这种关注并不完全出于善意。在贝尔福对政府进行轻度调整时只有佩尔西得到了提拔，他成为印度事务部次官，一年后又被调进外交部。这个阶段，丘吉尔对"次官"这个职

---

① "党派总督导"这一译名采用中国人大网的译法，大量材料都习惯将其译为"首席党鞭"。虽然不常见，但还是建议保留中国人大网译法。

② 在英国、加拿大和其他地方，"高级托利主义"这个术语指的是传统保守主义，高级托利党人及其世界观有时候同当今具有进步成分的保守党之间存在着一定的差异。高级托利主义被认为是新封建主义。

位产生了兴趣，甚至有可能认为自己理应得到这份差事，这一点几乎不存在多少疑问。他在这段时间里留下的书信没有一封显露出他当时的想法，就连给母亲的信中也看不到蛛丝马迹，不过伦道夫·丘吉尔在为父亲撰写的官方传记的第二卷（也是他执笔的最后一卷）中对这个问题做了详细又不太委婉的分析："贝尔福没有借此机会在政府里为丘吉尔提供一官半职。丘吉尔对自己有着很高的估计，他在进入议会初期又取得了巨大的成功，无论其他人有着怎样的猜测，我们或许可以相信，如果能跻身政府他丝毫不会感到意外。"[cvii]

因此，一个令人尴尬的问题就出现了：一个议会次官的职位是否能够说服他继续留在保守党里。毋庸置疑，这样一来他肯定会更倾向于贝尔福，也会令他难以轻松摆脱托利党对他的羁绊，但是这完全不足以表明他随随便便就会被收买。尽管面对可能捞到的官职他有时候也会垂涎三尺，两眼放光，因为几乎每一个野心勃勃的政治家都是如此。无论是面对同僚，还是在私下里，他应该都不太可能受到张伯伦的贸易保护主义原则的诱惑。他对贸易保护主义进行了系统的驳斥，在书信和演讲中逐步完善了自己的观点。大约一年后，即 1903 年 5 月，他才在伯明翰正式公布了自己的观点，这些都表明他对自由贸易主义的支持是出于坚定的信仰，而不是因为一怒之下的冲动。1903 年的秋天，丘吉尔看到贝尔福怂恿里奇、伯利的贝尔福勋爵和乔治·汉密尔顿伯爵三位支持自由贸易政策的大臣主动辞职，接着又发现首相并不希望失去的大臣、第八代德文郡公爵斯宾塞·康普顿·卡文迪许也执意要随其他 3 位大臣一起请辞，丘吉尔应当对此感到非常悲哀。发生这种变故后，任何一个低级职位都不太可能让丘吉尔继续留在政府里了，即使是高级官职大概也无法挽留他，这个政府正在大幅度地导向贸易保护主义，任由自己为争取一个阵营的选票而倾覆。

在贝尔福尚未出任首相的时候，丘吉尔已经开始了对保守党的背叛，他曾徒劳地对素来喜好在政坛上卖弄风情的罗斯伯里伯爵发出过信号。罗斯伯里伯爵早早就对外宣布，自己将于 1901 年 12 月中旬在切斯特菲尔德做一场重要演讲。他在自由派帝国主义委员会中的两位副主席——阿斯奎斯与爱德华·格雷都赶到这座遥远的北方城镇，只为了陪同他一起坐在讲台上，这足以体现出这场演讲的重要性。丘吉尔激动不安地意识到这场演讲有可能催生出一个中间党派。罗斯伯里非常擅长说一些令人难以忘怀的名言，但是这些名言都没有太多的实际内容。自由党必须坚持一套"白纸"政策①，将"落有苍蝇卵的经匣"收起来，与此同时

---

① "白纸"指的是将陈年旧账一笔勾销，"白纸"政策即历史清白的政策。

"我必须走在这条孤独寂寞的道路上……但是当我走到路的尽头时，我也许会看到自己并不是孤身一人"。[cviii] 然而，这番话是否表明他真的打算拉开一面大旗集合起中间意见，就完全不得而知了。

尽管如此，丘吉尔依然指望着这位体态丰满的伯爵能够做出明确的回答。3个星期后，即 1902 年的年初，丘吉尔前往布莱克浦做演讲，18 年前他的父亲就在同样的环境里（这时只是多了塔楼和码头）对格莱斯顿进行了一番嘲弄，那是他最为得意的讽刺演讲之一。在"薯片等等"的演讲中，伦道夫勋爵描述了在目睹格莱斯顿先生将砍树当作消遣活动时，工人阶级代表"得到允许，可以直勾勾地盯着格莱斯顿先生，崇拜他，羡慕他……每一位代表都得到几片薯片，以纪念那令人难以忘怀的一幕"。对于来自四面八方，指望着通过这位政坛元老在 1880 年取得胜利，再度当选首相的人来说，情况也是如此。"对于所有仰仗着格莱斯顿先生，信任他，希望从他身上得到些什么的人——只有薯片，除了薯片还是薯片——只有硬邦邦、干巴巴、没有营养、难以消化的薯片……"[cix]

丘吉尔没有效仿父亲做出这样的讽刺，不过他的布莱克浦演讲仍旧有两个方面值得注意。首先，他对罗斯伯里采取了欲擒故纵的战术，在演讲过程中就领导能力问题发表了多少带有一些浪漫色彩的评论。"我对罗斯伯里的讲话表示欢迎，在反对党里只有他一个人具有爱国心，提出负有责任的批评也是他的职责所在。罗斯伯里勋爵具备了英国首相应当具备的 3 个品质。他必定会在议会中担当起大任，受到全国人民的爱戴，他仍然会享有很高的社会地位。"[cx]

其次，他在社会政策方面做了尝试，涉足这个领域对他来说还为时过早，他自己也没有太大的把握。通过这场演讲，他还给另一位自由党人留下了深刻印象，这个人就是约翰·莫莱（与罗斯伯里截然不同）。丘吉尔正在经历这山望着那山高的阶段，1901 年 12 月，他同莫莱一起出席了一场只有男性参加的小型宴会，在座的还包括《泰晤士报》编辑乔治·埃尔勒·巴克尔、《威斯敏斯特公报》的约翰·阿尔弗雷德·斯宾德，以及乔治·乔基姆·高森子爵（在丘吉尔的父亲于 1886 年辞职后，第一代高森子爵继任财政大臣一职，他最令人难忘的是伦道夫勋爵在 1886 年辞职的时候"忘记"了高森可以接替自己，在这次聚餐的时候他已经不再是财政大臣了，而是变成了一个有些喜欢说教的自由贸易主义者）。① 席间东

---

① 伦道夫·丘吉尔于 1886 年 12 月辞职，自由统一党人高森受到索尔兹伯里的邀请，出任财政大臣，伦道夫辞职原本只是一种姿态性的表示，他以为自己不会被取代，后来他说过自己都"忘记了高森"是潜在的替补队员，他的这番话后来变得尽人皆知。此次聚餐时，高森的职务为海军大臣。

道主莫莱向丘吉尔大力推荐本杰明·西伯姆·朗特里①有关约克市贫困问题的专著。宴会过后，丘吉尔立即买到这本书，也将其研读完了，那一年的圣诞节和接下来的新年期间，这部著作在他的心中和笔下都占据着显著的位置。在布莱克浦的演讲中他说：

> 近来我一直在读一本书，这本书令我感到毛骨悚然。书里讲的是约克市的贫困问题，作者是朗特里先生。他发现这座城市的贫困人口已经发展到了将近总人口的 1/5；还有将近 1/5 的人口每天的口粮只有约克郡济贫院（济贫联合教区）贫民的 1/2 到 3/4。我要说这种状况太可怕、太震惊了，济贫院和监狱成了他们摆脱现状的唯一渠道。[cxi]

事实证明罗斯伯里是一个虚妄的诱惑，一贯不太清醒的休·塞西尔这一次显示出了理智，在岁末年初的时候，他提醒丘吉尔："（不要）对那个帝国主义者的邀请做出回应，除非他亲自建好房子，在新房子里热情款待你。现在他能和你分享的就只是一把破烂不堪的雨伞。"[cxii]这个比喻很老到，不过其中提到的房子（以及金钱）是罗斯伯里绝对不缺乏的优势，他拥有达尔梅尼庄园、蒙特摩尔庄园、德丹斯庄园、伯克利广场 40 号大楼，在那不勒斯还有一处别墅。

1902 年年初，丘吉尔暂时在支持自由党的道路上停下了脚步，这也许是因为罗斯伯里引诱他的光芒永远那么微弱，不过更有可能是由于几乎所有的政治活动早晚都会出现下滑的趋势，情绪开始出现波动，前进两步，倒退至少一步又抵消了之前的努力。他转而支持托利政府在那届会议上提出的"教育法案"，这种选择很明智，因为这项法案标志着英国中等教育取得了决定性的进步。唯一令自由党人感到恼怒的是，根据这项法案，国家还将对国教教会和罗马天主教会的小学也提供资助，由于自由主义新教徒支持者怀有的偏见，自由党宁愿这些学校教育水平低下，也不愿看到它们得到资助。

1902 年，丘吉尔在反对自由主义方面所做的其他工作都乏善可陈。值得称道的基本上就只有他与"休里干"小集团一起对《亡妻姊妹法案》的阻挠。法律是否应当赋予鳏夫与亡妻的姊妹结婚的权利，这个问题在当时引起的热议至少可以与 100

---

① 本杰明·西伯姆·朗特里（1871—1954），英国企业家及管理学家，行为科学的先驱者之一，也是一名成功的巧克力制造商。莫莱向丘吉尔推荐的是朗特里撰写的《贫穷：对城市生活的研究》一书。

年后发生同性恋行为的法定年龄①和禁止猎狐这两个问题引起的争论相提并论。在这个问题上，下议院里赞成放宽限制的人占到绝大多数（上议院的情况有所不同），但是有少部分人极度不满，其中为首的就是坚守僧侣生活的休·塞西尔，②他对这项法案表示坚决反对。他让自己的五人小集团——丘吉尔也包括在内——以最无耻的手段利用议会程序大做文章。在那个年代，分娩导致的死亡频频发生，许多普通家庭因此都需要孩子们的姨母加入进来，在这种情况下，鳏夫与亡妻姊妹的结合就成了一个十分现实的问题。当时他们五个人全都是单身汉（马尔科姆与兰特里的女儿在当年下半年才完婚），无论如何，外界或许都不会认为他们是最有资格在这个问题上发表意见的人。更不光彩的是，在投完票之后，他们继续在投票厅逗留了很久。这项法案是普通议员议案，不属于政府议案，有限的议事时间就这样被耗光了，很多议员大为恼火。③可以说，"休里干"集团采取的这些破坏性手段与伦道夫·丘吉尔勋爵在19世纪80年代初期操纵第四党在布拉德洛问题上大肆发挥时的表现如出一辙。

塞西尔一伙人遭到了下议院议长的斥责，公众也对他们进行了激烈地抨击。伦道夫·丘吉尔在父亲的官方传记第二卷中指出，在丘吉尔之前，连续三代马尔博罗公爵都在上议院有着投反对票的记录，丘吉尔当时只是延续了家族传统。在外界看来，他的这番话纯属调侃，不过他的话令人不禁想指出丘吉尔家族的传统完全能证明同妻子的姊妹结婚毫无意义，毕竟无论岳父愿意拿出多少财产，第一个妻子都能把这笔钱挥霍殆尽。

此后，丘吉尔再也没有出现过回归保守党的表现。在约瑟夫·张伯伦尚未让贸易保护问题成为英国政治的核心话题时，丘吉尔就做过一番有些哲学意味的表述，对于他的观点，不同倾向的人有着不同的认识，有人认为深刻，有人觉得幼稚，但

---

① 2000年英国军方公开废除了禁止女同性恋者、男同性恋者、双性恋者和跨性别者服役的规定，2001年英格兰、苏格兰和威尔士对所有性倾向的法定性行为发生年龄实现了平等化，即16岁。自2005年起，跨性别者改变性别的权利也得到了法律的承认。《2010年平等法案》更是对女同性恋者、男同性恋者、双性恋者和跨性别者提供了法律上的支持。

② 第一代奎克斯伍德男爵休·理查德·希思科特·加斯科因－塞西尔终身未婚，于1956年12月10日逝世，享年87岁，此后"奎克斯伍德男爵"封号便消失了。切尔伍德的塞西尔子爵是他的哥哥。

③ 英国议会议事规则规定，普通议员议案只能在议会会期内的每周五被讨论，所以提出议案的后座议员们必须事先向议会秘书登记，然后议会在周四通过抽签的方法，挑出20项议员提案进入周五的议程。普通议员议案占英国议会下议院每年审议议案的10%，而且这种议案的通过率也比较低。绝大多数议案都是政府议案，在议会审议时具有优先地位。由于执政党通常在下议院中占有多数议席，所以政府议案一般能够通过。

是无论怎样，丘吉尔都无意收回自己的这段话。他在当年给一位选民的信中写道："相比其他天体，我们这个星球不算大，我看不出有什么特殊的理由让我们致力于在这个星球之内缔造一个名叫'大英帝国'的小星球，靠着无法逾越的屏障让自己陷入与世隔绝的境地。"[cxiii]

1903 年 5 月，约瑟夫·张伯伦在伯明翰发表了一场演讲，10 天后丘吉尔写了一封毫不让步的抗议信，在信中对贝尔福提出了警告：

> 对于任何试图改变这个国家自由贸易特性的观点我都表示完全反对，我认为这个问题比目前摆在我们面前的任何问题都更重要。即使是为了国家岁入我们必须纳税的物品，关税特惠制度也是危险的、令人反感的。当然，事情根本不可能到此为止，有人试图说服我，让我相信一旦开始实行，这项政策必然会催生出一套全面的保护体系，其中涉及商业灾难、英国政策的美国化等问题……我想告诉您的是，如果您在保护自由贸易政策以及托利党的特质方面采取行动，那么您的努力必将赢得我无限的忠诚。我甚至能消灭 6 个军团的敌人——如果这样能改变现状，所有小的分歧都能被消除的话。如若不然，您就得下定决心了，这将是一条不归路，我也必须重新考虑我的政治立场。[cxiv]

这封由一位年仅 28 岁、仅有两年半议会经验的后座议员亲笔给首相写下的长信，大胆得令人钦佩，或者说过于自以为是，但是无论怎样，这封信都绝对体现出了丘吉尔一贯具有的希望直接与上层沟通的自信与决心。就在这个星期，他还多此一举地给反对党领袖亨利·坎贝尔–班纳文也写了一封类似的信，敦促对方在议会斗争策略中顾及一下保守党自由贸易主义者的利益，他认为后者有可能会在未来的财政战中成为自己的盟友。丘吉尔收到了两位领袖客气而乏味的回信。

丘吉尔在 1903 年下半年写了两封更长的信，这两封信标志着他的政治立场发展到了一个新阶段。第一封信是在 10 月 24 日写给休·塞西尔的，但是信上标注了"未寄出"字样。这封信的可信度是否因此有所削弱？这是一个仁者见仁、智者见智的问题。值得注意的是，对于丘吉尔来说，这封信更像一场公正的思维引导训练。相反，在写信的时候，如果做好了将信寄出去的准备，再考虑到塞西尔歇斯底里的性格——尽管他与丘吉尔的秉性截然不同——我们或许就不难明白，为什么丘吉尔在信中的措辞时不时会有些情绪失控。

> 我想让你记住一点，对于昨天我告诉你的事情我十分认真，我觉得不管发

生什么事情，我都不会改变。

　　我非常清楚你的打算，但是我没有这样的想法。我不想跻身当今这个狭隘的皮尔派保守党①，对于经济问题，他们的态度的确朴素又宽松，但是在其他事情上，他们则比托利党人更托利。我无意成为统一党（当时对保守党的别称）或者目前这个政府的"忠诚拥护者"，我对别人将我分门别类的做法很反感……继续热切地对"党"表白自己的忠心，同时又践踏着党最珍视的抱负，阻碍党内最受欢迎的斗士，这种做法只会毁灭党的事业。

　　你就喜欢这种事情。一想到被逐出滋养出你的诸多错误的政治生活，你就在忧伤中感到了满足……我想你尽可以随心所欲地去当你的殉道者。

　　但是我没有这种想法。我是英国的自由主义者，我痛恨托利党，痛恨托利党人，痛恨他们的言谈、他们的做事方法。我丝毫不支持他们——我在奥尔德姆的支持者除外……因此，我打算在议会召开会议之前（1月下旬或2月）彻底脱离托利党及其领导的政府，并且绝不回头；在下一次会议上我打算与自由党保持一致的步调。[cxv]

　　第二封信是写给他在美国的朋友威廉·博尔克·科克兰的，这封信写于12月12日，信中几处有趣的陈述显示出他坚信到了他这个位置，议员就能够像他在狩猎场上驾驭新的马匹一样轻而易举地争取到新的选区的支持：

　　……我相信在大选中张伯伦会被压倒性的多数派击败。这个胜利主要是靠着支持自由贸易的统一党人的努力才得以实现，接下来他们会怎么样则另当别论……②

　　我认为休·塞西尔勋爵以及我本人这样的人不会被议会拒之门外。在英国，我们拥有代表任何选区的自由，在遭到一个选区的拒绝后，声名赫赫、被视为杰出政治家的人还有机会重返下议院。尽管如此，我还是担心我们这个小党派的普通成员会遭到严重的伤害——其中很多人会彻底消失，永远告别公共生活……我在自己的选区经历了各种各样的争斗和麻烦，现在我在考虑去别的"牧场"撞撞运气……

　　我希望你能给我寄一些美国那边有关自由贸易的优秀演讲稿，以及有关腐败、游说活动等问题的资料。[cxvi]

---

　　① 皮尔派保守党，19世纪英国保守党内分裂出的派系，致力于实现自由贸易和政府专家化。

　　② 保守党的全称是"保守与统一党"，常常也被简称为"统一党"，这是为了强调该党支持英国与北爱尔兰统一。

丘吉尔在信中提到自己在奥尔德姆选区碰到了麻烦，这种说法完全符合实际。12 月 23 日，当地的公共事务委员会给他送去了一份苦涩的圣诞礼物，他被告知委员会已经通过了如下的决议，决议还将被提交给（奥尔德姆保守党）协会于 1904 年 1 月 8 日举行的全体大会："本次会议特此通知温斯顿·斯宾塞·丘吉尔议员，你已经失去了奥尔德姆统一党党员的信任，他们不再相信你是他们的一分子了。倘若举行新的选举，你将无法指望该保守党组织继续支持你。"在 1 月举行的更大规模的会议上，这项决议几乎得到了全体通过，只有一个人表示反对，另有几个人放弃表态。不过，这种状况只表明丘吉尔与当地的保守党人陷入了僵局，形势对他来说不算严峻，毕竟奥尔德姆的保守党激进分子最不希望看到的就是补缺选举，他们相信自己必定会在这次补选中落败。因此，丘吉尔尽可以提出辞职，这样他就可以平安无事地继续待在议会里，直到新一届大选。

丘吉尔在信中提到自己打算"去别的'牧场'碰碰运气"，这个构想也同样立即化为现实了。1 月 13 日他在文章中写道："昨天我与赫伯特·格莱斯顿（老格莱斯顿的幼子，是 3 个孩子中在政界最为活跃的一个，当时出任自由党的党派总督导）共进午餐，我跟他讲了很多有关议席的事情。"[cxvii] 不过，在给科克兰的信中最耐人寻味的一句话却是，他要对方给他寄一些"有关腐败、游说活动等问题的资料"。这个要求可以看成他对自己之前说过的一句话做出的回应，在给贝尔福的信中，他提到自己担心贸易保护政策的出台不只是对经济问题的无知，而且还会导致"英国政策的美国化"。他相信贸易保护政策将会使英国（尤其是兰开夏郡）陷入贫困，他还深信，关税的存在意味着将财政政治的控制权交给了各种产业利益之间的角力，坚持最久、最不顾及道德的人将爬上最高位置。他震惊于在这个世界上最富裕的国家里许多人过着那么贫困的生活（如朗特里和其他人所揭示的那样），对于很多过着挥金如土、穷奢极欲的爱德华式生活的"新人"，他极其憎恶，这种憎恶是发自内心的，或许他的自傲多少也起了一些作用。这两种情绪结合上他对贸易保护的理解，共同促使他的政治思想在总体上变得激进了。丘吉尔憎恶新兴富豪，与他的性格截然不同的格莱斯顿曾对 19 世纪 70 年代招摇炫富的社会风气嗤之以鼻，在这方面，他们两个人没有太大的差别。19 世纪 70 年代也是一个大量产生新财富的年代，小说家安东尼·特罗洛普在他最严厉、最不宽容的小说《当今世道》中对那个年代的富裕状况做了栩栩如生的描述。

丘吉尔很容易招致外界的批评，有人认为他只会对别人过的奢华生活和拥有的物质财富感到震惊，对自己的生活却视若无睹。比如，1904 年 11 月，在欧内斯特·约瑟夫·卡塞尔爵士在瑞士瓦莱州的别墅休养了两个星期之后，他前往格拉斯哥，在那里发表了一场演讲。瑞士的那套别墅是"一幢宽敞舒适"的四层楼房，里面的浴室不止一间，家里还有一名法国厨师以及私人土地，在英国见得到的奢华设施在这幢别墅里应有尽有……房子坐落在一处 7000 英尺高的巨大悬岩上，被壮观的雪山环绕着；^{cxviii} 随后他就在格拉斯哥的演讲中将富豪生活痛斥了一番，这是他对此所做的最激烈的演讲之一。不过，并非只有他一个人如此言行不一。[*]格莱斯顿许多具有道德说教性的演讲都是他在当地短暂逗留期间在最奢华的乡间庄园进行的。如果认为只有过着艰苦朴素的生活才有资格产生激进思想，那么许多最著名的改革口号就都站不住脚了。

丘吉尔在格拉斯哥的演讲是在圣安德鲁音乐厅举行的一场大型会议上所做的，他批评政府对国内资本利益变得越来越卑躬屈膝，他说自己对独立资本党的担心甚于独立工党：

> 今天似乎所有的人都只在乎金钱，在人们眼中，除了银行账户一切都无足轻重。人品、教育、市民荣誉、公共美德的价值似乎一年不如一年，赤裸裸的财富似乎一年比一年更受重视。伦敦有一群重要人物，他们四处传颂着玛门的福音，只鼓吹着一诫——每一天他们都要发出激动人心的祈祷，"主啊，在我们这个时代请赐予我们现金吧"。^{cxix}

丘吉尔最喜欢使用这样相互对照、工工整整的措辞，50 多年后，约翰·肯尼迪的撰稿人西奥多·索伦森才为总统写出了这种水平的演讲稿，但在技巧方面还是丘吉尔更胜一筹。

丘吉尔已经没有退路了。他没有兑现他对塞西尔的承诺（或者说威胁），即在 1904 年议会召开会议之初就坐到反对党的席位上，但是在托利党的席位上他已经日益被孤立了。3 月 29 日，议会会议上出现的一幕象征着他彻底遭到了党内的排斥。当时首相提议在复活节期间休会，这也让议员们有机会对政治局面进行一番全面的回顾。在劳合·乔治结束发言后，丘吉尔站了起来，针对首相的这项提议讲了起来（这时他在议会里仍旧与政府保持着一条战线）。与此同时，贝尔福也站了起来，走出议事厅。在丘吉尔看来，首相对下议院"缺乏敬畏和尊重"令他感到受了冒犯。诚然，在那个年代，议员在议会里的某些言行举止要比今天的议员们规矩一

---

    * 不过，丘吉尔家族的人的确都喜欢做自相矛盾的事情，大概只有伦道夫夫人能够坦然地宣布为了省钱，自己打算搬到奢华的丽兹酒店（1907 年 12 月，当时丘吉尔已经开始给她提供经济上的资助，而不是她继续给丘吉尔零用钱）。

些，但是丘吉尔表现得还是有些过于敏感了。在近几十年里，大臣们常常会看到内阁阁员席（下议院议长右侧第一排座席）的"上座率"和受到的重视程度都不如他们想象得那么高，那些年仅29岁的后座议员们发言时的情况就更是如此了。丘吉尔原本就给其他议员留下了一个自以为是、不守信义的毛头小子的印象，现在他的自负更是加重了这种印象。总之，他的自负激怒了大部分保守党议员，后者做出了表态。前座议员们悄无声息地拖着脚步离开了议事厅，后座议员们退席时没有那么庄重，但是也几乎同时保持了一致的步调。有几位议员吵吵闹闹地站在议长席的旁边，然后走到公务员席位旁边，大喊大叫地嘲弄着他们曾经的同僚。

受难周①里，一群基督徒展示出的"博爱"给丘吉尔留下了深刻印象。在前一年的秋天，他极其隐秘地在想象中（因为信没有寄出去）对休·塞西尔透露了自己对托利党的憎恨，现在他清楚地意识到自己的憎恨得到了多么强烈的回报。父亲在第四党的老同事约翰·戈斯特对丘吉尔的安慰略微化解了他的愤怒和沮丧，年近七旬的戈斯特是托利党在剑桥大学的议员，他留了下来。他站起身，抗议保守党这样孤立丘吉尔，不过他的出发点可能有些过于怀旧（"尊敬的奥尔德姆议员生而就应当受到下议院的尊敬和体谅，这一权利应当使他免于受到像今天下午他在党内受到的这种待遇"）。[cxx]戈斯特对丘吉尔的支持不仅表现在他在现场的这番举动和对19世纪80年代初期的缅怀，他还随丘吉尔一起转变了阵营，在1910年以自由党党员身份在故乡普雷斯顿参加了选举，但是没能获得成功。

丘吉尔在下议院度过了一个痛苦的春天。3个星期后，即4月22日，他发表了一次讲话，对一项普通议员提案表示了支持。这份提案主张改善工会权利，撤销1901年对塔夫河谷罢工案所做的判决，因为这项判决推翻了自19世纪70年代被广泛接受的不成文的事实，判决允许工会因为罢工造成的损害而受到起诉，从而对工会造成了严重的伤害。丘吉尔的这次讲话是他在早期所做的最激进的演讲之一。这一次他不再像之前那样在保守党的席位上受到孤立，有17名保守党党员对来自兰开夏郡克利瑟罗的戴维·沙克尔顿提出的这份议案表示了支持。然而，这次发言比前一次对丘吉尔造成的创伤更严重。他滔滔不绝地讲了45分钟（不禁要说实在是太长了），手里没有任何提示用的笔记。然而，就像以往全文背诵演讲稿的情况一样，他脑袋里的提词器突然崩溃了。"满足工人阶级是政府的责任，但是没有理由……。"[cxxi]刚刚说到这里他就失忆了。他在口袋里和脑海中痛苦而徒劳地翻寻了

---

① 复活节前的一个星期，也称作"圣周"。

一阵，这个短暂的瞬间对他来说应该就像是没有尽头一样。随即他坐了下来，用双手捂住自己的脸。

对任何一个人，这样的经历都会彻底摧毁他的自信心，对丘吉尔来说尤其如此。两个因素进一步加重了丘吉尔的创伤。首先，他不是一个惴惴不安地尽力（而不是超越自己能力范围）履行自己对选区的责任的年轻议员。他是一个走钢丝的杂技师，这是他自己的选择，看到他在没有安全网的情况下从高空坠落对很多人来说肯定有着难以抵御的快感。尽管如此，议会还是一度出现了它常常骄傲地挂在嘴上的和睦景象，支持和同情的喃喃低语盖过了托利党人的嘲笑声。其次，距离在座的很多议员目睹伦道夫·丘吉尔勋爵由于身体原因出现了骇人的精神衰退现象刚刚过去 10 年，衰退的主要症状就是说话时断断续续。温斯顿·丘吉尔曾经反复提到家族里的人都不长寿，他必须尽快让自己功成名就。但是，对自己的命运做出有些夸张的预言是一回事，当着众人的面显露出自己很可能出现了家族遗传病的初期症状则完全是另外一回事。

这场危机出现的时候，丘吉尔正在解决自己在政治上遭受的一次格外显眼也格外危险的名誉损害，这就使得他从这次挫折中康复的过程也变得更加令人赞叹了。他在难堪和沮丧中度过了一段日子，没过多久他就振作了起来，开始利用佩尔曼学院刚刚设计出的一套记忆训练法提高自己的记忆力（但是这套方法没有见效），与此同时，他也变得实际了，他向自己保证，日后永远要带着一目了然、极其详尽的演讲笔记。

他在下议院接下来的重要举动没有掀起太大的波澜，但是非常有说服力。他断定改变党派的时候到了，就这样，议会历史上比较戏剧化的一次跨党事件（转变阵营）出现了。圣灵降临节的休会期结束后，议会恢复了工作，丘吉尔拒绝坐在充满敌意的执政党议席上，而是坐在自由党一侧的过道下方。总有人指出丘吉尔的这种举动只是出于一时冲动，是为了显示姿态而已。然而，他选择的是已经与他相熟、为人友善的劳合·乔治身边的座位，他认为当年他的父亲正是坐在这个座位上以反对党第四党的身份在议会里制造了一出出恶作剧，* 这就很难让人否认他的举动不只是偶然出现的愚蠢行为那么简单，而且这样的选择应该经过了事先准备。对于他是否有着根深蒂固的自由主义理念（在自由党领袖中谁会是这样的呢：格莱斯顿？激进时期的约瑟夫·张伯伦？还是劳合·乔治本人？）这个问题仍旧存在着争议空间，但是可以肯定的是，当时他刚刚加入的这个党比他脱离的那个党给他提供的位置更令他感到惬意。

---

* 事实上，这种说法并不符合事实。伦道夫勋爵的座位在过道下方的前排座位的最边上，在 1900 年的议会里，该座位坐的是亨利·拉布谢尔。劳合·乔治当时坐在过道下方第二排席位的角落里，温斯顿·丘吉尔与他坐在了一起。

第五章　出任大臣

丘吉尔登陆自由党的海岸不禁令人想到了其他一些事情，其中最主要的就是，1866 年格莱斯顿在不尽相同的情况下也利用过这样的策略。另外，这件事情还能让人想到，古罗马诗人维吉尔笔下狄朵女王 [①] 在迦太基城接纳了遭遇沉船的埃涅阿斯的那段描述。格莱斯顿当然在下议院巧妙地引述过这段拉丁文诗句，"Eiectum litore egenem Excepi"（流放在我所庇护的海岸），他还补充说自己希望任何时候自由党都不会说他 "et regni demens in parte locavi"（与你共同拥有我的王国并非我的愚蠢之举）。与狄朵不同的是，自由党没有爱上丘吉尔（或许只有阿斯奎斯的女儿维奥莱特·阿斯奎斯除外），也没有将祖传的财产分给他一半，不过自由党的确对这位在自由党的事业如日中天的时候招募到的新党员显示出了极大的热情和慷慨。曼彻斯特西北区远远算不上条件最好的选区，但几乎可以说是一个专门为丘吉尔量身定制、有利于他在短时间内获得支持的选区。1904 年 4 月，在议会里崩溃的那一周的周末，丘吉尔动身前往曼彻斯特，他得到了当地自由党协会的支持。就在他黯然伤神的时候，自由党给他投下了一束热情洋溢的光。在英国，大部分地区改变党派的做法都会受到欢迎，但是在候选资格方面，各个地区为新党员留下的机会非常有限。曼彻斯特西北区不存在这个问题。这个席位被把持在受选民爱戴的保守党人威廉·霍尔兹沃思爵士的手里，在 1900 年的竞选中自由党没有提名候选人，霍尔兹沃思再度顺利当选议员。对丘吉尔来说幸运的是，就在他接受候选人提名的 3 个月后，霍尔兹沃思宣布退休了。

1904 至 1905 年间，自由党在英国各地的地位接近于托尼·布莱尔领导下的工

[①]　根据古希腊及古罗马的史料记载，狄朵是迦太基城（位于现今的突尼斯）的奠基人和首任女王，通过诗人维吉尔撰写的史诗《埃涅阿斯纪》她才为世人熟知。

党在 1995 至 1996 年的呼声。① 保守党政府的执政非常糟糕，自由党则表现得非常出色，补缺选举是大势所趋。尽管如此，连续几次失败的记录令自由党人即使对如此有利的条件也没有十足的信心。自 1886 年以来，自由党只赢得过一次大选，也就是 1892 年的大选，即使是在那一次也只是险胜而已，不能说明什么问题。自由党内部还出现过非常激烈的争执，尽管相比 1997 年的工党，此时的自由党内有更多的党员担任过大臣，但是对于自由党是否有能力组成一个团结、合格的政府仍旧存在着很多需要消除的疑问。

　　丘吉尔加入自由党的时候没有政府工作经验，但是他拥有名望和热情的性格，以及一种天生的直觉。直觉告诉他，他不太可能加入将要失败的阵营，虽然最后这一点不能完全算是对他的赞美。在一定程度上，也正是由于最后这个特质，在职业生涯的这个阶段，他的受欢迎程度远远不及他的名气。丘吉尔自身的条件对社交生活很不利，但是他想去的每一个地方几乎都会向他发出邀请，但是对年轻的社交明星示好并不等于外界就会始终对他的行为举止表示认同。国王爱德华七世，或许可以说是英国最后一位堪称时尚权威的君主，他时常与伦道夫勋爵为敌，虽然与伦道夫夫人的友谊没有日渐深厚，但是至少与她长期保持着交往，他一个人就体现出了外界对勋爵夫妇的这位长子的矛盾态度。还是威尔士亲王的时候，他就一直关注着丘吉尔，常常通过书信与丘吉尔谈论后者的著作，以及后者在维多利亚女王统治末期为帝国所参与的各种冒险活动。继位后，他在 1902 年的秋天让丘吉尔在巴尔莫勒堡居住了一个星期。对于一位年仅 27 岁的下议院后座议员来说王室的这种待遇实在不同寻常，丘吉尔写信告诉母亲："我在这里受到了国王十分热情的接待，他一反常态地对我那么友善。太开心了，太顺利了，今天的追踪（猎物）太棒了，不过我还是想念我的雄鹿。等国王去英沃考德城堡 * 的时候，你就能在婚礼上见到他了；当心啊，你又该滔滔不绝地告诉他我在信里说自己在这里过得如何如何愉快了。"cxxii

---

① 托尼·布莱尔自 1994 年 7 月 21 日起出任英国工党党魁，在他的领导下，工党放弃了数十年前确立的政策，进行了重新定位和调整路线，在 1997 年英国大选中取得了压倒性胜利，结束了保守党长达 18 年的执政。托尼·布莱尔执政 10 年，是工党历史上在任时间最长的英国首相，也是该党唯一一位带领工党连续 3 次赢得大选的首相。

* 英沃考德城堡，距离巴尔莫勒堡仅 5 英里，英裔巴伐利亚银行家西格蒙德·诺依曼（后来受封准男爵）租借了几个季度。诺依曼在南非钻石生意上大获成功，以此跻身英国国王爱德华七世的社交圈。他始终专注于眼前的目标，还将 18 世纪英国国务大臣"萝卜"查尔斯·汤森德（第二代雷纳姆的汤森德子爵）的后人在诺福克的府邸"雷纳姆庄园"也租了下来，这座庄园距离桑德林汉姆 10 英里，他还租下了纽马克特荒原的塞西尔别墅。

到了第二年，爱德华七世又显得比较冷淡了。在从英沃考德城堡发出的信中，丘吉尔又写道："明天我要去达尔梅尼［罗斯伯里在福斯湾的府邸］了。我在巴尔莫勒堡留下了自己的大名——但是我担心自己还是不太讨人喜欢。"cxxiii 但是这绝不意味着爱德华七世与丘吉尔断绝了关系，他们之间的交往并非如此简单化。在 1904 年的 11 月，丘吉尔在格拉斯哥做了那场反对富豪阶层的演讲，当时伦道夫夫人暂住在桑德林汉姆，参加为国王的 63 岁寿辰举办的时髦高级的宴会。她怀着作为母亲的矛盾心情从桑德林汉姆给丘吉尔写了一封信："我怀着浓厚的兴趣读了你在格拉斯哥的演讲稿。我没有与国王聊过你的演讲，听到这个消息你一定会感到惊讶。你们的主席竟然用这样的方式抨击亚瑟·贝尔福，对此我感到遗憾。*I 我看到听众很厌恶这种表现——至少报纸上是这么说的……在这里，我可是身处在贸易保护主义者的温床里。"cxxiv

在 1905 年 12 月政府换届之后，丘吉尔与国王不可避免地出现了分歧，他们之间的公务交往没有因为丘吉尔成为低级大臣而变得紧密起来，他们两个人的个性仍旧存在着巨大的差异，无论这种差异是积极的，还是消极的。1906 年 8 月，丘吉尔在给私人秘书的信中对自己在当时的议会会议上就商业的重要价值所做的发言吹嘘了一番，后者在回信中加上了国王亲笔写下的一句话："国王陛下高兴地看到作为大臣你变得越来越可靠了，尤其重要的是，变成了一位严肃的政治家，只有将国家置于党派之上才能成为这样的政治家。"cxxv 应该注意的是，当时外界普遍对这位刚刚任职的次官表示反对，他的私人秘书才做了这番善意的劝诫。就在当年 3 月 19 日，国王在给威尔士亲王（后来的国王乔治五世）的信中就反映出了这种情绪："至于丘吉尔先生，相比在反对党里，在政府里他几乎更接近于（一个）无赖。"cxxvi

这个时期的政客们极其重视一点（至少在小圈子里），政治分歧，甚至更激烈的公开攻击，不应当对私人关系造成影响。围绕这个问题出现了不少杜撰的故事，尤其是涉及声誉卓著的人物，表面上这类人对这个原则最为看重。在转变为自由党人的这一年里，丘吉尔与两位侯爵保持通信联系，这两位伯爵都对友谊高于政治的原则提出过异议。首先是他同索尔兹伯里（年轻的第四代侯爵，并非担任过首相的第三代侯爵）在 1904 年的通信，但是没有太多的证据表明后来他们两个人私交甚密，侯爵在世的日子里，丘吉尔再也不曾在哈特菲尔德庄园① 逗留。另一位与丘吉

---

* 大会主席和丘吉尔的表现一模一样，只是丘吉尔激起了更大的反响。

① 哈特菲尔德庄园是塞西尔家族的祖宅，位于伦敦以北 21 英里的地方。

尔通信的是伦敦德里，此人是与他关系亲密的祖母马尔博罗公爵夫人的外甥，直到后者于 1899 年逝世。在与伦敦德里的书信中他们谈到了卡尔顿俱乐部①的会员资格问题，*对于将要离开或者加入保守党的人来说这永远是一个令人头疼的问题。伦敦德里当时是枢密院大臣，同时也是卡尔顿俱乐部的主席，他在信中写道："无论你选择了哪一条政治道路，我都希望我们的关系不会受到影响。"[cxxvii] 然而，也同样没有证据显示此后他们保持着密切的交往。

照理说，"新人们"对丘吉尔的态度应该更加糟糕，然而荒谬的是丘吉尔反而与一些"新人"建立并保持了最亲密的跨党派友谊。在下议院以象征性的姿态坐在劳合·乔治身边的时候他早已同后者结识，并且两人交往日渐密切。丘吉尔对约瑟夫·张伯伦最珍视的事业进行了毫不妥协的反对，但是后者出乎意料地对丘吉尔表现出了和气，得知丘吉尔认为是他将其"逐出"下议院的大厅后，他写了一封长信（1903 年 8 月 15 日），在信中对丘吉尔的想法给予否定，指出这是由于他"缺乏远见，而不是任何人对他的敌视"所造成的："你或许可以相信……我不会对政治上的反对意见怀恨在心。很长时间以来我一直觉得——事实上就是从你第一次向我吐露心事开始——你绝对不会安心做一个所谓的'忠诚拥护者'。我认为对于一名持异议的托利党人来说，政治上的空间并不大，但是天知道另一边有多么需要新的人才，我估计用不了多久你就会转移到那个阵营去。"[cxxviii] 就在大约一年后，当丘吉尔完成"转移"，张伯伦邀请他去伯明翰的海布里，在自己的府邸过了一夜，对当时丘吉尔最在意的父亲的传记写作工作提供了最大的帮助。

第三个例子是许多个案中最具有说服力的一个。几乎就在丘吉尔刚刚投入自由党的怀抱时，身为托利党大律师及下议院议员的弗雷德里克·埃德温·史密斯在利物浦以传奇方式突然登上了政治舞台。1906 年 3 月，靠着一场妙语连珠的演讲他赢得了声望，不过这并不是他的首次演讲。他天性温和（当时这个方面还潜藏不露），但是在保守党与自由党公开论战的几年里，他几乎一直在拥护最极端的政治路线。他是一个能够战斗到底的人，在抵制限制上议院权力的《议会法案》方面毫不妥协，由于反对爱尔兰自治法案的通过，他被冠以充满恶意的绰号——爱德华·卡森②的

---

① 卡尔顿俱乐部是伦敦的一个上流社会男性俱乐部，由托利党中的贵族党创办于 1832 年，自称"最古老、最重要的保守党俱乐部"，会员资格的获得要经过提名和选举程序，而且名额有限。

* 事实上，直到改变党派，被提名为自由党候选人的一年后，丘吉尔才退出了该俱乐部，20 年后他重新加入了俱乐部。

② 爱德华·卡森（1854—1935），爱尔兰联合主义政治家、大律师及法官，在 1910 至 1921 年担任爱尔兰联合联盟的领导人。

"传令官"。尽管如此，他还是与丘吉尔成了密友，他们的友情也保持了下去，1930年，史密斯英年早逝，在丘吉尔的心中始终无人能取代他的位置，此后丘吉尔再也没有像史密斯一样意气相投、亲密无间的朋友了。*

对于"新人"法则来说，第九代马尔博罗公爵"是一个例外"。公爵被人称为"桑尼"，这个绰号来源于他在早年即成为布兰福德侯爵和马尔博罗公爵之前的爵位——"桑德兰伯爵"，但是与他的性格算不上十分贴切。在贝尔福政府走下坡路的几年里，他在各种问题上始终表现出坚定的托利党人的态度，他也是一位低级大臣（实际上后来丘吉尔继任的就是他的职位），但是非常值得称道的是，在那些年里，他对丘吉尔的感情都不曾动摇过，作为家人他对丘吉尔十分忠诚，作为朋友他对他也那么真诚，对于丘吉尔来说布伦海姆始终是一个安全、热情的避风港。1908年7月，他甚至允许丘吉尔带着劳合·乔治在这里逗留了一阵子。

然而，在保守党政府的支持者中几乎所有不了解丘吉尔的人以及一部分对他有所了解的人都对他非常不友好。来自布拉福德中部选区的自由统一党议员 J. L. 万克林就是一个突出的例子，此人过于默默无闻，以至于英国最全面的人物文献《谁是谁》都没有收录有关他的资料。就在1904年2月5日他致信丘吉尔：

切斯特广场 75 号

先生：

昨天下午，您在反对党的一位朋友粗鲁地打断了温德姆先生的讲话，议长叫他回到自己的座位上。当我喊道"安静，安静"的时候，你无礼地扭过头，指责我"大喊大叫地打断了别人"。请允许我提醒您，倘若再有像您这样的年轻人做出更加无礼的举动，我就知道该如何对付他了。在将"撒谎""江湖郎中""骗子""没用的""危险的"这些词汇用在贝尔福先生及张伯伦先生身上的时候，您的行为令大部分人以及鄙人都感到厌恶。

敬上

詹姆士·莱斯利·万克林[cxxix]

赫灵汉姆俱乐部①的会员投票反对接受丘吉尔的时候也体现出了这种情绪，丘吉

---

* 最接近的就是在 1919—1924 年和 1939—1948 年两次出任南非总理的扬·克里斯蒂安·史末资将军（1870—1950，1941 年成为元帅）。

① 赫灵汉姆俱乐部是一个高级的运动及社交场所，坐落在伦敦的富勒姆。

尔曾气愤地指出几乎还没有出现过这样的先例，在当时马球球手很稀少，因此总是受到各俱乐部的热烈欢迎。赫灵汉姆俱乐部的反应令丘吉尔产生了戒备心——至少对赫灵汉姆俱乐部如此——以至于他拒绝被列入布鲁克斯俱乐部候选人名单，这个俱乐部是卡尔顿俱乐部之外又一个非常好的选择，甚至比后者更传统，但是已经像阿斯奎斯的支持者一样至少具有了自由统一党的色彩。"我觉得自己在政治上遭到的敌视还没有强烈到我必须让自己经历那场有点恶意的投票表决。幸运的是，在我还没有什么名气的时候我就入选为很多俱乐部的会员。目前我无意加入更多的俱乐部，尽管我应该十分希望加入布鲁克斯……我认为您以及您的自由党朋友们没有意识到另一方对我怀有的强烈的政治仇视情绪。"cxxx

　　丘吉尔彬彬有礼地拒绝了埃利班克大人① 对他提名加入布鲁克斯俱乐部的邀请，埃利班克大人后来成了自由党的党派总督导，有一段时间他对丘吉尔推崇备至。1940 年 3 月 29 日，就在丘吉尔发言时托利党人集体退席事件发生了，他致信丘吉尔，告诉后者自己"同许多人的看法一样"，"对昨天您在下议院遭到的可恶的无礼对待"感到愤怒。他还用更加乐观，大概也因此显得更加热情的语气继续写道："您的讲话十分精彩，无可辩驳。"cxxxi 然而，对丘吉尔如此欢迎的态度在自由党内并不普遍。按照丘吉尔的性格，外界认为丘吉尔会更倾向于自由帝国主义者，例如阿斯奎斯、格雷与哈尔丹，事实上在转向自由党的这个阶段他在私下里却与"小英格兰人"② 保持着更为紧密的关系。在一定程度上，丘吉尔渐渐地对约翰·莫莱古怪的性格产生了敬意（并非毫无保留），这种敬意仅次于他对罗斯伯里没有实际价值的个人魅力的崇拜，在丘吉尔开始自由党人生涯的时候，莫莱毫不张扬地扮演了一位慈祥的教父。几乎很难算是小英格兰人的劳合·乔治与丘吉尔的交往作者在本章的前文中已经做过交代了。然而，最先在政府里起用丘吉尔的人却是自由党的领袖——即使他在自由党内并未占据最举足轻重的地位——以及英国未来的首相亨利·坎贝尔－班纳文。

　　丘吉尔与亨利·坎贝尔－班纳文的关系即使说不上亲密，至少也可以说交往顺利。亨利·坎贝尔－班纳文对丘吉尔在 1904 年 3 月初做的一场演说推崇备至（毫不掩饰），在那场演说中，丘吉尔对英国政府签署的一项《保护主义食糖公约》给予抨击，亨利·坎贝尔－班纳文称这场演说"精彩绝伦"，并且"包含了将会经久流

---

　　① 亚历山大·默里，第一代埃利班克的默里男爵，在 1871 至 1912 年间被称为"埃利班克大人"，苏格兰贵族及自由党政治家，曾在阿斯奎斯政府担任财政部政务次官（政府总督导）。

　　② 小英格兰人，指反对不列颠帝国扩张的人（尤其是在 19 世纪里）。

传的讽刺，我还从未在下议院听到过这样的讽刺"。[cxxxii] 丘吉尔对这番赞扬感到满意，在回信中表达了对对方的感激。一个月后，这位自由党领袖邀请丘吉尔参加一场小型宴会，对于刚刚加入某个政党的人来说这已经是最热情的欢迎方式了，对于一个实际上尚未正式加入该党派的人而言就更是如此。

丘吉尔怀着皈依者的满腔热情，以自己最冲动的方式投身新党派的事业中。他的讲话实际上常常会有些过火。1905 年 5 月，在曼彻斯特的演讲中，他对自己刚刚脱离的政党，以及在他进入议会之初曾与其站在同一个城市的同一个讲台上的政党领袖做了一番经典的、但几乎是没有节制的谴责：

> 无论你们对他有什么样的想法，支持贸易保护主义的这个党的伟大领袖无论如何都会令我确信一旦赢得竞选，他会以怎样的方式利用自己的胜利。我们都对前景一清二楚——一个获得很大的既得利益的党，结成牢不可破的联盟，对内搞腐败，对外搞侵略，以此掩盖国内的腐败，玩着关税的把戏，实行一党专政，观点很多，爱国心却只有几品脱，[①] 对公共经费伸手，将公共住房关门，百万人口只买得到昂贵的食物，百万富翁却拥有廉价的劳力。[cxxxiii]

就在当年 7 月末，贝尔福在下议院一次仓促的投票表决中遭到重创，但是他拒绝辞职，丘吉尔又在下议院做了一场毫无保留的批判，他在讲话中提出，首相"无视议会传统，有辱于女王仆人的身份"。外界认为，贝尔福对此番言论做出的答复对丘吉尔的伤害要大于后者对他的伤害，他说："总体而言，谁都不欢迎有人来下议院做这样一番经过事先准备的粗暴的叫骂……如果的确事先有所准备，讲话就应该更加完善；如果发言者的确如此粗暴，那讲话必然会流露出更真实的感情。"[cxxxiv] 贝尔福四两拨千斤，赢得了胜利。

此外，丘吉尔在下议院的讲话还引起了善意的担心，有人唯恐他因为向对手步步紧逼而给自己造成损害。就连崇拜他的埃利班克大人也感到了不安，在给丘吉尔的信中，他措辞委婉、温和，但是清楚无误地表明了自己的意图：

> 我不禁感到，如果让你和你的政策在全国取得胜利，那么忘记那些坚强而沉默的人也有着脆弱的痛处或许不太明智，不可避免的是，在你的支持者中就

---

① 英制容量单位，在英国与美国代表的容量不同。

有这样的人。你针对目前这些问题做了一场高水平的讲话，这场讲话产生了重要而普遍的影响，但是我觉得，与其说这些人认为你对亚瑟·贝尔福的评价有些过分，不如说在公众的心目中，你在讲话中不断提到他或许会削弱讲话的这种影响力。

坦率地说，我也倾向于这种看法。[cxxxv]

这场讲话还招来了休·塞西尔与伊恩·汉密尔顿不同程度的谴责信，前者是丘吉尔在自由贸易问题上的盟友，也是他未来的结婚伴郎，后者是一位颇有头脑的将军，从马拉坎德到比勒陀利亚一直与他保持着友谊。不仅如此，汉密尔顿还在丘吉尔的伤口上撒了一把盐，他告诉丘吉尔，在最近举行的一场小型宴会上贝尔福对丘吉尔的评价"非常好"，而其他人（除了汉密尔顿自己）都一心想要与他决裂。就在准备动笔撰写这篇演讲稿的时候，丘吉尔收到了威廉·博尔克·科克兰的一封信，后者当时居住在英格兰，给丘吉尔的信中总是显示出他在政治上的老练。科克兰敦促丘吉尔公开宣布在下一届议会里——但是仅限于一届议会——不会接受自由党政府的任何任命，通过这样的表态消除外界针对他的浮夸和野心所做的批评。他要为自由党的事业奋斗，但是不要期望立即获得回报。

尽管有如此多的批评，丘吉尔有关自由贸易的这场讲话总体上还是得到了很高的评价。伦道夫·丘吉尔在父亲的官方传记第二卷中多少有些画蛇添足地直言道："可以毫不夸张地说，到了大选的时候，他已经成了反对党里支持自由贸易的最受欢迎、最能干的一个人。"[cxxxvi] 这番赞扬应当完全属于阿斯奎斯，当时他随同约瑟夫·张伯伦走遍英国各地，凭着对数据的强大记忆力和对逻辑规则的驾驭能力，对自己提出的复杂详细的观点不懈地向人们做着解答。阿斯奎斯在自由党内恢复了中间偏左的路线（在发表了支持布尔战争的"异端"讲话之后），确保自己在亨利·坎贝尔－班纳文结束短暂的任期后，在毫无争议的情况下继任了首相职位。在这次竞选中，丘吉尔还没有能力与阿斯奎斯与生俱来的权威感一争高下，他也不具备上文中提到的阿斯奎斯的两个优点。但是他有能力也有锐气为自由党争取到轻骑兵们的支持；他总是能说出令人难忘的比喻，这足以让他的讲话在竞选过程中始终保持着一种——请允许我使用矛盾的说法——过时的新鲜感。就这样，1905 年 3 月 5 日他在下议院指出：

针对这些税收项目的主要异议都基于一个大的原则，就是说这个国家应当拥有在全世界开放的市场随时随地购买粮食的自由……这个原则对兰开夏郡的议员们尤其重要，在各大城市之间穿梭的他们，在那个起伏不平的地区的每一条山谷里都见得到一些养育出大量富裕人口的村镇，然而这些人赖以生存的土地却无法解决其中 1/20 人口的温饱问题。有人曾告诉我，在曼彻斯特交易所——或许我应该称其为"自由贸易厅"——方圆 30 英里之内的区域，人口稠密度达到了地球表面的最高值。大量人口的食物和生产原料几乎完全依赖于异国他乡的供给。他们依赖于世界另一端的农业种植的好坏，依赖于世界另一端的市场的状况；然而，正是依赖着这个人造的基础，凭借着自由企业和开放的海上交通产生的难以估量的价值，他们能够建造起庞大的工业体制，毫不夸张地说，在全世界范围内，这个工业体制都是经济领域的一个奇迹。

就在同一场演说中，紧接着他又换了一副腔调：

对现代社会的平静稳定构成威胁的因素，并非来自已经变得相互依赖、通过商业活动紧密结合在一起的那些国家；危险来自或多或少独立于这种交往的国家，这些国家同广泛的人类交往活动或多或少地保持着距离，比较独立、自给自足。除了经济方面的原因——对我们这个阵营来说这一点无须讨论——我们不愿看到不列颠帝国退化成一个郁郁寡欢的联邦国家，就像一个中世纪的城镇一样同周边国家隔绝开，为了应对被围困的境况而囤积食物，在城垛之内储备好战争所需的一切物资。我们希望这个国家及其联邦国家能够自由地、充分地参与商业国家广泛的交往活动。[cxxxvii]

就在转变阵营、在自由贸易联盟① 成立大会上发表讲话之前不久，丘吉尔已经在一场演讲中对这个问题做过类似的全面论述了。与后来那场演讲一样，他运用了生动（但是与后一场不同）的细节进行了说明：

为什么有那么多船只驶向英国的各个港口？为什么我们要进行大规模的转口贸易？为什么 600 万英镑的制造品要被送到（大不列颠）联合王国，卸货，装进仓库，再重新打包，然后再装上船，发往世界各地，并且从中获利？别

---

① 自由贸易联盟，原名为自由贸易联合会，创办于 1903 年 5 月，于 1972 年解散，但是其中一部分成员又创办了同名的经济组织。

处的港口和我们的港口一样宽阔、水一样深；别处的气候和我们的气候一样温和——别处的天空也和我们的天空一样湛蓝。为什么世界各地要将劳动力输送到布里斯托海峡的港口，或者送往荒凉阴沉的默西河沿岸各地？这都因为我们的港口更接近于自然状态；因为人类有害的奇思妙想尚未忙于用财政这个木桩和关税这摊淤泥堵塞住这些港口。所以那些船只才会来到这里。[cxxxviii]

回想丘吉尔这些朴素而经典的论述不禁令人感到悲哀，他最根本的依据在于他坚信文明世界是一个安全的地方，英国占据着最有利的位置。爱德华时代是最后一个能让人有机会充分利用这些论据的时代。丘吉尔充满斗志、坚定不移地促成了英国全国各地对更广泛的问题展开了一场大讨论（在一定程度上也是一场理性的讨论）。尽管他的做法有些过分，树了一些敌人，但是他提高了自己对自由党的价值。他还无视科克兰的建议，在一个自由党政府里担任了要职。

在 1903、1904 和 1905 年，宽泛地说就是 29、30 和 31 岁这 3 年里，丘吉尔一直忙于完成一部在篇幅和质量上都堪称巨著的作品，他在议会里能够取得这样的成果就显得更加惊人了。在 1898、1899 和 1900 这 3 年里他出版了至少 5 部作品，首先是《马拉坎德远征史》，接着就是上乘的《河上战争》，然后是推迟出版的小说《萨伏罗拉》，以及记述南非战争的两部中篇作品《从伦敦到莱迪史密斯，途经比勒陀利亚》和《伊恩·汉密尔顿的进军》。在接二连三地出版了这么多作品后，出现了 5 年 3 个月的间隔期，直到 1906 年 1 月 1 日，他才有新的作品问世，这一次出版的是他在青年时代最重要、最扎实，也是为他赢得最多赞誉的作品，即他为父亲撰写的两卷本传记。直到 1923 年，在他将近 50 岁的时候，有关第一次世界大战的五卷本历史著作《世界危机》开始陆续问世，在此之前，他创作的作品都完全无法与父亲的传记相提并论。

伦道夫·丘吉尔勋爵指定了两名遗稿保管人，当今的世人很难猜到这两个人的身份，其中一位是勋爵的姐夫，他是海威科姆选区的保守党议员，在 1900 年继承爵位，成为第四代霍维伯爵。另一位是毫无名气的托利党议员欧内斯特·贝克特，他来自利兹的一个金融家族，《约克郡邮报》就是这个家族名下的产业，后来这个家族搬迁到约克郡东区和北区占地面积更大的一处庄园。贝克特在约克郡的海边小镇惠特比居住了 20 年，后来被封为格里姆索普男爵，他是英国前首相安东尼·艾登前任妻子的叔父。对于将伦道夫·丘吉尔勋爵传记的工作交给丘吉尔的事情，这两位受托人都不太积极。很可能他们认为，在世人面前重新提起任何有关伦道夫勋爵的事都会产生好坏参半的效果，温斯顿·丘吉尔的名字，以及他渴望出名的名声，无论如何都不可能打消他们的这种疑虑。尽管如此，两位受托人最终还是被说服了，同意由伦道夫勋爵的后代做一次尝试，在这件事情上罗斯伯里起到了一定的作用。伦道夫勋爵留下的文稿数量巨大（不过完全无法企及他的儿子后来积累的文稿），自从他去世后，这批文献已经在伦敦威斯敏斯特银行格罗夫纳广场支行的保险库里存放了7年半的时间。1902年7月，温斯顿·丘吉尔拿到了这些文稿。

伦道夫勋爵的委托书中的条款有可能会变得非常苛刻，在文献的用途方面，霍维与贝克特拥有"绝对的自行决定权"。但是，在指定传记作家后，他们的"自行决定权"能否对这位作者的写作内容具有控制权，在这个至关重要的问题上，委托书没有做出规定。有关印度事务部（伦道夫勋爵曾经在该部门任职数月）和外交部（他从未在该部门担任职务）的文件和信件的条款就没有这么模糊，根据伦道夫勋爵的遗愿，传记作者可以随意使用这部分文献，无须得到"上文提及的两个部门的现任女王陛下国务大臣"的书面同意。对于另外一个问题，委托书也没有做出明确的规定：两位国务大臣在时间问题上产生分歧时应该如何处理，具体就是"现任大臣"究竟指1893年委托书起草时的那一届国务大臣，还是出版出现问题时在任的大臣。在一定程度上，这个问题似乎由于罗斯伯里的存在迎刃而解，1893年他曾任职外交大臣，而且伦道夫勋爵也将一份委托书交由他保管，在这个问题上他起到了关键性的作用。不过，在传记出版之前，丘吉尔同样也征求了1905年在任的两位国务大臣——亨利·佩蒂－菲茨莫里斯与圣约翰·布罗德里克的意见。

委托书执行人对作品内容的决定权对传记作者造成了更大的障碍。9月，也就是做出这个决定的两个月后，温斯顿·丘吉尔意识到自己很有必要致信贝克特：

> 我非常愿意认为"如果能充分运用自己的鉴别力挑选出一位称职的传记作家"，*遗稿保管人就履行了自己的职责。至于写作风格、文学品位、作品涉及的范围、各个事件在整部作品中所占的比重，对这些方面的判断都因人而异，而且对于这些问题人们往往有着不同的观点。多位作者或许可以写出一部百科全书，但是一部书的完成只需要一位作者。[cxxxix]

尽管对作者的权利做出了如此坚决的声明，丘吉尔还是不得不接受遗嘱保管人

---

*　在这里丘吉尔使用了双引号，这表明他认为自己引述了父亲的委托书中的原话，然而事实并非如此。

保留很多权利的现实，不过遗嘱中的附带条款规定，凡是无法解决的争议都由罗斯伯里或前任财政大臣迈克尔·希克斯·比奇进行仲裁。在这个方面，罗斯伯里的表现一如既往地令人厌烦，他曾试图说服丘吉尔删去有关布伦海姆的一章，这是全书的开篇一章，丘吉尔写得非常精彩，同时也有些浮夸。（幸运的是罗斯伯里没有动用自己的仲裁权，因此他的意见对丘吉尔不具有强制性。）

　　一次与丘吉尔交谈后，罗斯伯里写下了一篇回忆伦道夫勋爵的优美的文章，在这篇文章的使用问题上，罗斯伯里的态度更加令丘吉尔感到恼火。在丘吉尔的著作问世 9 个月后，他终于还是将这篇文章单独发表了，并将文章寄给了丘吉尔，而且还附上了一段盛气凌人的赠言："现寄去为你的作品撰写的一则广告。"cxl 在丘吉尔的官方传记中，他的儿子伦道夫对此事的评价似乎不偏不倚："这件事情暴露出罗斯伯里极其矛盾（一个宽厚措辞）的性格。他先是主动提供了信息，他说自己写了下来，之后会寄给丘吉尔；后来他又说自己把笔记烧掉了；等丘吉尔写下了自己对这次交谈的回忆后，罗斯伯里又叫他不要发表出来，他承认自己没有烧掉那份笔记。他拒绝把笔记寄给丘吉尔，他说倘若后者还向他索要这些笔记，他就会把笔记烧掉。"cxli 贝尔福也给丘吉尔的写作制造了一些麻烦，约瑟夫·张伯伦则截然相反，在这件事情上他非常配合丘吉尔的工作。

　　在有关钱的问题上，丘吉尔拥有绝对的自由权（这一点很合理，但并非必然的结果）。由于这部作品产生的"一切经济债务和收益"将完全由他个人承担和所有，事实证明，"收益"部分非常可观。丘吉尔聘请了弗兰克·哈里斯做他的经纪人，后者当时尚未因为在法国出版了四卷本自传《我的生活与性爱》而声名狼藉，他从丘吉尔身上大捞了一笔。① 通过一番讨价还价，哈里斯从麦克米伦出版公司那里争取到了 8000 英镑（相当于今天的 40 万至 50 万英镑）的预付稿费，在此之前，这家出版社还从未出版过丘吉尔的作品，而出版了丘吉尔之前 5 部作品的朗文出版社给这部作品提供的稿费标准是 5000 英镑。此外，出版公司赚到 4000 英镑的利润之后产生的收入将由出版社与作者平分。对于这样一份合约，丘吉尔支付给哈里斯一笔占收入 10% 的佣金，但是"收入"仅指 4000 英镑之外的部分，而且哈里斯得到的 400 英镑是一次性的酬劳，他没有权力分享丘吉尔此后通过这部作品获得的

---

　　① 　弗兰克·哈里斯是英国文学史上与王尔德、萧伯纳齐名的作家及评论家，曾为《星期六评论》的经营者，《皮尔逊家人》杂志的编辑及创始人，著有《王尔德之生平与自由》《萧伯纳传》《莎士比亚其人》《当代名人剪影》等作品。他的自传《我的生活与性爱》曾被萧伯纳评为淫书之中唯一一部读后不令人作呕的作品。

收入。

丘吉尔一贯坚持没有好货绝不出手的原则，或许这笔可观的交易正是对他这种坚定的态度和耐心的回报。直到 1905 年 10 月，哈里斯才着手与出版方的谈判，不到 3 个月这部作品就问世了，距离丘吉尔动笔已经过去 3 年多了。总体而言，丘吉尔的写作进度十分惊人。对于一部基于翔实的调查研究、两卷共计 25 万字的著作来说，3 年的时间实在不算漫长。在这个阶段，丘吉尔还没有养成后来向助手口述，并聘请调研助理的习惯。《伦道夫·丘吉尔勋爵》一书的手稿完全由丘吉尔独自完成，对文献资料的查阅也是他一个人的工作。不过，他已经建立起了一套"小作坊"式的写作流程。他必须准备一个设备齐全的工作室，在布伦海姆宫就有这样一个工作室，一个宽敞的"作坊"，桑尼·马尔博罗为他准备了几个房间，在冬季还有供丘吉尔随意调用的上好的猎狐马。这种安排符合丘吉尔的工作需要，毕竟伦道夫勋爵绝大部分文稿都存放在家族的这座豪宅里。丘吉尔的另一处工作室在皮卡迪利街旁边的温伯恩庄园，当时他的科妮莉亚姑母，也就是伦道夫勋爵的姐姐还是这座别墅的女主人，这位热心的自由党人竭力鼓励丘吉尔转变阵营。一定程度上，这种生活为他在将近 50 年后，在议会争斗日趋激烈的时候，将自己作为反对党领袖的指挥部从海德公园门大街迁至萨沃伊酒店开创了先例。

但是，有证据表明这部作品的创作进度非常缓慢。直到 1904 年 8 月 25 日，丘吉尔才从欧内斯特·约瑟夫·卡塞尔爵士在瑞士的乡间别墅（似乎是他的又一处"作坊"工作室）向母亲汇报说："我不停地忙于这本书，目前进展缓慢。不过，在写作的过程中每一处难点都令我难以忘怀。"[cxlii] 之前的作品，他完成得都很迅速，这证明他有能力做到非常流畅的写作。但是，《伦道夫·丘吉尔勋爵》比之前那些作品的质量都更加上乘，而且当写作进行到最后一个阶段，公务方面出现了许多干扰因素，在这种情况下他显示出自己兼顾速度和质量的能力。在很大程度上，这就是为什么在首次问世将近 100 年后，而且厚达两卷，这部作品依然保持较高的可读性。

这部作品存在着大量错误。丘吉尔更像是将伦道夫勋爵当作一位偶像，而不是一个活生生的人，对他在私下里表现出的性格、他一直患病的原因，以及他与妻子的关系（这一点不难理解）都没有做出充分的解释。但是，最主要的问题还在于，他执拗地想要证明在一件事情上伦道夫勋爵始终不曾改变过立场，这件事情就是反对爱尔兰自治的问题。尽管对父亲怀着浪漫而虔诚的情感，总体上温斯顿·丘吉尔不希望文中存在站不住脚的立足点，他的这种态度常常被经过他精挑细选（有一些还不够准确）的引文所掩盖，于是他在爱尔兰自治问题上为父亲所做的辩护就显得更加突出了。在伦道夫勋爵反对爱尔兰自治问题上他却写道："他始终坚定不移地反对撤销议会同盟。"* 接着他还补充道："统一党里没有一位政治家的记录能比他更清白。"cxliii 令人感到奇怪的是，这本书出版的时候，丘吉尔已经成为一名立场坚定的自由党人，不久后就进入了支持爱尔兰自治的内阁领导层，并且在 1914 年发生卡拉哗变① 期间气势汹汹地同北爱尔兰做着斗争，这样的一个丘吉尔，原本应该会选择支持爱尔兰自治这样看不到希望的立足点为父亲歌功颂德。

　　尽管如此，这部著作或许仍旧有资格被列入亲属撰写的传记文学中的佼佼者。能与这部作品相媲美的有，威廉·洛克哈特和乔治·特里维廉分别为苏格兰历史小说家及诗人沃尔特·斯各特爵士和托马斯·巴宾顿·麦考莱所做的传记，但是这两位作家与自己的写作对象之间的关系都不如丘吉尔与伦道夫勋爵那么亲密。西里尔·阿斯奎斯为父亲撰写的生平传记是一部公认的优秀作品，但是由于身为其前辈的合著者约翰·阿尔弗雷德·斯宾德高水准的发挥，他对作品的贡献被削弱了。在索尔兹伯里与圣阿尔德温（后来的封号）的传记中，格温多林·塞西尔夫人与维多利亚·希克斯·比奇夫人都采用了小心而诚实的描述手法，任何一个人都会因为女儿如此描述自己而感到喜悦，她们的描述可以同布兰奇·巴菲·达格代尔夫人对伯父亚瑟·贝尔福的描述相提并论。第二代伯肯黑德伯爵为父亲所做的两部传记（上文已经提及，丘吉尔为第一部撰写了序言）都栩栩如生、令人满意。然而，除了洛克哈特与特里维廉，没有一个人为亲人所做的传记能与丘吉尔的这部作品相媲美，也没有一个人在丘吉尔这个年纪就动笔了，或者像他那样同时还忙于其他事情，也没有一个人的写作对象能像伦道夫勋爵那样没有实实在在的成就。《伦道夫·丘吉尔勋爵》是丘吉尔的一项重大成就，即使此后他再也没有更多的作品问世，凭借着这部作品他也能够跻身最伟大的政治作家的行列。尽管后来他又创作了大量的作品，这部传记也仍属于他最优秀的作品，其价值仅次于《我的早年生活》和《当代伟人》这两部比较简短的著作。

　　总体上这部传记得到了应有的评价，不幸的是，当时几乎所有的书评都是匿名

---

　　* 威尔弗雷德·斯科恩·布朗特对伦道夫勋爵在那几年里的所作所为非常了解，他在 1906 年 1 月 21 日给温斯顿·丘吉尔的信中对这一点做出了令人信服的驳斥（《附录 II·第一部分》，pp.491—492）。

　　① 通常被称为"卡拉事件"，于 1914 年 3 月 20 日发生在爱尔兰基尔代尔的卡拉地区，在爱尔兰仍属于英联邦时期，这里是在爱尔兰的英国驻军的大本营。当时"爱尔兰自治法案"即将落实，英国内阁打算对声称要反抗英国的爱尔兰义勇军采取军事行动。英军的许多军官，尤其是有着爱尔兰新教背景的军官威胁说要退伍，不服从这项命令，私下里他们还收到伦敦一批高级军官的鼓励。后来英国内阁发表声明宣称这起事件纯粹是误会造成的，承诺不动用英军对抗爱尔兰的忠诚派。

的，因此这些评论都不太引人注目。发行量比较大的《泰晤士报文学副刊》《星期日泰晤士报》和《旁观者》周刊尤其认可这部作品。《泰晤士报文学副刊》盛赞这部传记"属于英语世界最激动人心的两三部政治传记"，同时又有趣地指出，尽管温斯顿·丘吉尔（和他笔下的主人公一样）很少显示出自我克制的修养，但是他的写作风格"如同历史学家，丝毫不像是一个立足于政党舞台上的人"。

《每日电讯报》和《太阳报》发表了两条醒目的负面评论，当时的《太阳报》比其在当今的后继者更喜欢标榜自己的文学品位。《每日电讯报》认为，作者似乎"是在美国最糟糕的新闻学院接受的专业教育"，这篇评论致使马尔博罗公爵给报社发去了一封抗议信，不过公爵更多的是为自己的堂弟温斯顿而不是叔父伦道夫辩护。马尔博罗称这篇书评"根本不是英国人写的书评"，他认为此举给了这篇文章致命的一击。然而，他又向温斯顿解释，自己本意是针对这份报纸的拥有者哈里·利维－劳森的犹太人身份，后者刚刚被（贝尔福）封为第一代伯纳姆子爵。

不过，罗斯伯里（他的刺痛感暂时消失了）、约瑟夫·张伯伦、约翰·阿尔弗雷德·斯宾德（时任《威斯敏斯特公报》编辑），以及与乔治·埃尔勒·巴克尔共同完成多卷本本杰明·迪斯雷利传记的记者威廉·弗拉维尔·莫尼彭尼纷纷发来的五花八门、无一不充满溢美之词的祝贺信弱化了《每日电讯报》和《太阳报》两篇书评的抨击效果。这本书销量不错，但是算不上可观——最初4个月里售出了5827册。哈里斯促成的这笔交易令丘吉尔的收益大于麦克米伦出版社。

从某种角度而言，《伦道夫·丘吉尔勋爵》的出版时间巧妙地令这本书的影响力达到了最大化，但是在这个年龄阶段的温斯顿·丘吉尔还没有能力充分意识到来自评论界的赞誉所具有的意义。贝尔福领导的保守党政府是20世纪里唯一一个直到结束也没有在大选中经历过失败，也没有遭遇过迫在眉睫的危机的政府。贝尔福于1905年12月4日请辞，很多人认为他的这个举动非常狡猾，其意图旨在暴露出内部存在分歧、缺少执政经验的自由党没有能力组建一个令人信服的政府。如果贝尔福果真有这样的打算，那他的辞职就属于英国近代政治史上最糟糕的决定。当时的英国选民非但不认为自由党政府不可靠，反而对保守党的统治宣告结束而感到喜悦，保守党已经执政太长时间，令人民感到厌倦，而且近年内部又纷争不断。诚然，自由党在组建内阁的过程中出现了一些问题，尤其是在一段时间里，爱德华·格雷坚持拒绝接受下议院领袖及首相亨利·坎贝尔－班纳文的领导。但是，事实证明，经过10年的渴望，为权力注入新鲜活力的前景对党内团结起到了强大的刺激作用。12月11日，即贝尔福辞职一个星期后，新一届内阁成员名单完全确定，高级大臣也都走马上任了。

丘吉尔没有出现在内阁中。威廉·博尔克·科克兰曾担心过早、过度的回报会对丘吉尔造成伤害，事实证明这种担心纯属多余。丘吉尔当时 31 岁，根本没有政府工作经验，加入自由党也才一年半的时间，因此这一次的失利并没有出乎他的预料。不过，很快他就得到了一个不错的低级官职，没有经历提心吊胆地等待。实际上，他得到的官职从表面上看在级别上要高于他自己的选择，也是他最终就任的职位。12 月 9 日，星期六，亨利·坎贝尔 – 班纳文将丘吉尔召至自己在贝尔格雷夫广场的家中，邀请他出任财政部财务次官。这个职位通常被认为是所有低级大臣中级别最高的一个职位，出任这个职位的人日后也最有希望进入内阁。*这个职位还将使他有机会跟随在阿斯奎斯身边工作，当时阿斯奎斯出任财政大臣，他将成为自由党领袖的事实已经很明显了。丘吉尔的兴趣并不在于贴身侍奉某位主人，他大胆地向亨利·坎贝尔 – 班纳文提出让他担任殖民事务部的次官。当天晚上亨利·坎贝尔 – 班纳文亲手写了一封信，确认丘吉尔将得到这个表面上看级别较低的职位。

丘吉尔总是对家人怀有强烈的亲情，但是对于自己将要接替堂哥马尔博罗的职务这件事情毫不动容。他只看到一个天赐的良机出现在自己面前，他要勇敢果断地争取到这个机会。他的顶头上司，即该部门的国务大臣将会是第 9 代埃尔金伯爵，他在 19 世纪 90 年代末期驻守班加罗尔期间就已经同当时还是印度总督的伯爵谋过面了。

埃尔金带着鲜明的家族特质出任了这个职位。他的祖父在担任英国驻君士坦丁堡大使的时候收集了大量的埃尔金大理石雕塑①，将家族财富大量花在这些雕像的修复工作上。埃尔金的外祖父是达累姆伯爵，是拥护《改革法案》和《达累姆伯爵报告》的"激进分子"，这份报告为加拿大自治铺平了道路。埃尔金的父亲在担任渥太华总督期间就已经十分出名了，在 1862 年又出任印度总督，次年便在印度离世了。由于对爱尔兰自治问题看法不一，自由党在 1886 年分裂后，仅有少数几名辉格党人继续与格莱斯顿保持着统一战线，其中就包括埃尔金。②1893 年，他追随父亲的足迹成为印度总督。尽管有着如此显赫的家族背景，埃尔金却没有什么野心，丝毫

---

* 取代丘吉尔就任这个职位的雷金纳德·麦肯纳先于丘吉尔 15 个月进入内阁（任职教育大臣）。

① 埃尔金大理石雕塑，又被称为"帕特农神庙大理石雕像"，在古希腊建筑家及雕刻家菲狄亚斯及其助手的监督下完成的一批希腊古典大理石雕塑，原本是帕特农神庙和雅典卫城的一部分。1801 年，第七代埃尔金伯爵托马斯·布鲁斯得到希腊统治者的同意，在 1801 至 1812 年里他的代理人将帕特农神庙和卫城残存的一部分雕塑运往英国。现今这批雕塑被收藏于大英博物馆。

② 自由统一党是 1886 年从英国自由党分裂出的一个政党，由威廉·卡文迪许与约瑟夫·张伯伦领导，该党同保守党在反对爱尔兰自治问题上结成联盟，在 1895 至 1905 年间组建了统一政府。也是在 1886 年，第九代埃尔金伯爵维克多·亚历山大·布鲁斯进入政界，出任王室财务主管和工务大臣。

没有运用个人魅力的技巧。在担任殖民地事务部大臣的时候，他的年纪不算大（他在 55 至 58 岁的时候度过了这 2 年 3 个月的时间），但是他生有一头白发和一把浓密的大胡子，再加上他又喜欢安逸的生活，大部分时间都住在苏格兰，而且他始终无法跟上自己那位不知疲倦的次官的脚步，这一切都令外人觉得他比自己的次官年长很多。埃尔金有着无可争议的贵族血统，自然被排除在下议院的活动之外，这样一来，丘吉尔就将成为这个部门在下议院的唯一一代言人。此外，完全归殖民地事务部管辖的南非事务已经充分显示出将会成为新议会一项主要议题的潜力。英国不仅要为战败的德兰士瓦和奥兰治河殖民地（当时的名称）这两个布尔共和国提供宪法，而且在威特沃特斯兰德矿厂里的中国契约劳工——很快"中国奴隶"的叫法就流传开了——的问题也将在大选中成为一个令各方剑拔弩张的话题。丘吉尔选择了获得名望和在议会里取得发展的机会，而不是一个更高级的职位，这个选择存在着很大的风险，但是对那个年纪的他来说这样的选择只是家常便饭。

要想利用这些机会，丘吉尔首先必须在选举中取得胜利：要想让自由党政府这座小岛突破托利党汪洋大海的包围，他就要在全国大选中取得胜利；要想在下议院声名鹊起，他就必须赢得曼彻斯特西北部的地方选举。后一个目标看起来尤其没有实现的把握。丘吉尔在布伦海姆度过了那一年的圣诞节，他在殖民地事务部里还没有多少建树，只是同埃尔金有了交往，但是两个人对彼此都心存戒备。此外，他还任命了年轻的文官爱德华·马什（事实上后者比丘吉尔年长两岁）为自己的私人秘书。结果，相比同埃尔金的关系，丘吉尔与马什的合作结出了更多的果实。马什是一个非常优秀的文学家，也是一个办事效率高、但是没有多少野心的文官，他随丘吉尔先后在不少于 8 个部门里供过职，一直是丘吉尔的挚友，偶尔也会充当丘吉尔的文学顾问，直到他于 1953 年逝世。就在丘吉尔任命他的那一天，即 12 月 15 日下午，马什去见了李顿夫人（帕梅拉·普洛登小姐），他想通过后者对自己的新上司获得一定的了解。他的付出得到了回报，在对丘吉尔的所有评价中，普洛登小姐告诉他的这一点属于比较有见地的一个评价。普洛登告诉马什："第一次见到温斯顿的时候，你只会看到他的缺陷，接下来的日子里你会不断发现他的优点。"[cxliv]

在得到任命的当天，丘吉尔致信埃尔金，在信的开头他采用了颇有古风的敬称"阁下"，回信（以"亲爱的丘吉尔先生"开头）的地址很有趣，海德公园门 28 号。[*]埃尔金与丘吉尔的合作一直很不融洽，但是前者对后者极其宽容，长期在殖民事务

---

[*] 在 1945 年遭遇惨败后，接下来的 20 年里丘吉尔一直住在海德公园门 28 号。

部担任次官的弗朗西斯·霍普伍德爵士曾一再劝说他对这个精力旺盛的下属调教一番，他都婉言拒绝了。从霍普伍德在进入政府两年后写给埃尔金的一封信中可以看出，他对丘吉尔并不欣赏："跟他相处令我厌倦至极，我担心无论给他什么职位，他都会惹出乱子——就像他的父亲那样。用不完的精力，出了名的失控的欲望，同时又缺乏道德感，这一切令他躁动不安！"[cxlv] 埃尔金对丘吉尔最激烈的反应以简短而著称。1907 年，埃尔金的这位次官以武断的腔调针对殖民地政策写了一封事无巨细的长信，在信的结尾夸张且画蛇添足地写了"上述即本人之见。温斯顿·斯宾塞·丘吉尔"，国务大臣的回复只是在信上加了一句旁注，"但并非本人之见。埃尔金"。[cxlvi]

圣诞节的时候，丘吉尔需要在布伦海姆休养一段时间。就在新政府组建之前连续几个星期他一直身染重病，一种无法确诊的疾病对他的舌头、喉咙和心脏造成了伤害，治疗方法需要"一名美国按摩师（即女按摩师），一位德高望重、敬畏上帝、有着女王般美德的老妇人"，并且要求病人在温伯恩夫妇（即丘吉尔的姑母）的乡村别墅坎福德庄园（现今已成为一所学校）疗养一段时间。丘吉尔对外宣布自己染病在身，但是没有详细透露病情。他收到了几封慰问信，其中一封代表国王（语气相对来说有些冷淡）。到了元旦，（由于从美国来的"按摩师"被送到了布伦海姆）他看上去已经康复，能够参加在曼彻斯特的角逐了。

1906 年 1 月 1 日，丘吉尔发表了竞选演讲，一两天后他就前往曼彻斯特。曼彻斯特是全英国最早举行投票的城市，丘吉尔到达这里的时候距离投票还有 10 天的时间。他与爱德华·马什住进了奢华的米德兰酒店，这座用红砖褐土建造的酒店是 7 年前修建的。贝尔福在曼彻斯特政坛高层更有声望的明星、担任东区议员已经长达 21 年，他下榻在有着 60 年历史，用灰泥粉饰，具有意大利风格的皇后酒店，1900 年大选期间，丘吉尔曾推荐母亲住在这家酒店，因为当时刚刚建成的米德兰酒店还有许多问题没有得到解决。这两位来自外地的大人物如同世界级的歌剧明星来进行一场圣诞演出一样光临了曼彻斯特的酒店，这一幕活像一幅描绘那个年代以贵族和外地人为主的英国竞选活动的漫画，事实上，在接下来的六七十年里，竞选也依然保持着这样的性质。

根据马什所述，丘吉尔更加突出地体现了这种候选人与基层社会的脱离感，不过作为贵族，他还是对平民怀有一定程度上的同情。刚一住进酒店，他就建议马什跟他出去散散步，随即他们就走在了破旧的街巷里，"温斯顿打量着四周，他充满同情的想象被激发了起来"。他说："想象一下，住在这样的街道里——从未见过美好的东西——从未吃过任何可口的饭菜——从未说过一句聪明话！"[cxlvii]

丘吉尔没有因为自己的新职务而减弱竞选演讲的锋芒。针对自由党提出的方案中的一些内容做出合理的警告后，他开始对上一届议会进行抨击：

> 除了原本拥有的闲暇时光之外，它不会看重任何事情，它还动用议会的大权为议员们换得了漫长的假期和比较轻松的会议，在自己惰怠的天性驱使下逃避着亟待解决的公共事务。不切实际、心胸狭窄、浅薄无知、懒懒散散、沦为党鞭们和幕后操纵者们的工具以及个人利益的走卒，1900 年的议会一直痛恨言论自由，阴谋破坏贸易自由，拙劣地嘲弄劳工的自由和尊严。

然而，在爱尔兰问题和南非的中国劳工问题上，他又显得很谨慎。对于前一个问题，他说过："我不会支持爱尔兰立法，我认为这有可能破坏大不列颠联合王国实际上的完整性，或者说间接导致联合王国的分裂。"对于后者，他曾指出："一个自由党政府，尽管不得不承担起所有责任，但是这样的政府必然会竭尽所能限制这样的体制，消除一切虐待现象。"

在 1885 年重新分配议席过程中，曼彻斯特被划分为 6 个单一席位的选区，毗邻的索尔福德选区由于历史错误，而不是地理上的不相连，被分割出曼彻斯特选区，曼彻斯特 6 个选区和索尔福德选区构成了拥有 9 个席位的城市集合体。在 1900 年的大选中，该集合体中仅有 1 个选区选出了自由党议员，而且该议员只是险胜而已。在北区，查尔斯·施沃恩（不久后被授予准男爵爵位，将名字改为更文雅的查尔斯·斯旺）自 1886 年以来一直默默无闻，但是始终稳坐在这个席位上。这个选区显然不是自由党的阵地，后来其大部分区域都归入了布莱克利区，[①] 工党与托利党总是以微弱的差距轮流掌握这个选区的席位。但是在 1914 年之前，曼彻斯特的政治生态并不存在传统的左右之分。贝尔福已经牢牢把持东曼彻斯特议席长达 20 年之久，相比丘吉尔有望赢得的西北选区，这个议席更能代表工人阶级。西北选区的议席覆盖了市中心（在那个年代这片地区还存在大量商业选票）的大部分面积和欣欣向荣的奇塔姆山住宅区。曼彻斯特的犹太社会领袖也聚集在这个地区。在这个选区总共有 11411 个有资格的选民，据估计，其中犹太人仅有 740 人，而在这部分犹太人中有 470 人住在奇塔姆山。这些人在数量上不占优势，但是他们有着相当大的影响力。丘吉尔在 1904 年的议会会议上反对（并希望彻底驳倒）苛刻的"外侨法案"，当时他刚刚空降到曼彻斯特西北区，很难相信这两者之间毫无关系。这种表现当然

---

① 布莱克利区位于曼彻斯特市北部，距离市中心 3 英里。

促使他与内森·拉斯基建立了良好的关系，后者是哈罗德·拉斯基教授①的父亲，当时在曼彻斯特最有影响力的犹太人大概就是内森·拉斯基。*

丘吉尔在竞选过程中始终坚持对自由贸易原则的支持，因此他得到了纺织行业几乎全行业的支持，其中包括赫赫有名的前托利党人图特尔·布罗德赫斯特先生。②当时保守党的候选人是 40 岁的威廉·乔因森－希克斯，这位来自伦敦的律师为人拘谨古板，狂热拥护保守党。后来丘吉尔与"乔克斯"（这个别名众所周知，但是基本算不上是昵称）一起进入了内阁，同时在鲍德温的第二届政府里出任了非常重要的两个高级职位（财政大臣和内政大臣），但是在共事将近 5 年的时间里，他们两个人没有培养出对彼此的感情。丘吉尔在 1932 年撰写的文章中提到乔因森－希克斯，"他希望自己表现得十分严肃，但是却冒险干着最滑稽的事情"。乔因森－希克斯最被人诟病的就是，他将丘吉尔曾经对自由党发表的最恶劣的言论结集成册出版了。丘吉尔处理这件事情的态度十分坚决，不禁令人想起 1866 年在面对迪斯雷利类似的攻击时格莱斯顿的表现。当时迪斯雷利对这位自由党领袖在 1831 年在托利党牛津大学联合会作的一场高水平讲话进行了嘲讽，对此格莱斯顿回应道："当年，我年轻的头脑和想象力被毫无意义的、徒劳的恐惧纠缠着，这种恐惧至今仍然困扰着头脑成熟的阁下。"丘吉尔在 1906 年说："在保守党里的时候我说过很多蠢话，我之所以离开保守党就是因为我不想继续说蠢话了。"cxlviii

丘吉尔在为时不长的竞选活动期间排满了各种会议，度过了一段惊心动魄的日

---

① 哈罗德·拉斯基（1893—1950），英国工党领导人之一，政治学家，费边主义者，西方"民主社会主义"重要理论家，社会民主主义和政治多元主义的重要思想代表。

* 当时曼彻斯特还有一个犹太人，这个犹太人将在国际社会上发挥更大的影响力。这个人就是哈伊姆·魏茨曼博士，当时他还只是当地大学的一位有机化学讲师，后来他成为以色列第一位总统。在 1 月 9 日的竞选活动中，魏茨曼在皇后酒店对落败的贝尔福进行了一次长达 75 分钟的访谈，从长远看这场谈话比内森·拉斯基和获胜的丘吉尔之间的交往对犹太社会产生的作用更加重要。这场谈话为支持犹太人在巴勒斯坦建立国家的《贝尔福宣言》奠定了基础。应当说明的是，丘吉尔也十分倾向于支持犹太复国运动。

② 爱德华·图特尔·布罗德赫斯特爵士（1858—1922），担任过曼彻斯特最大型棉纺织企业之一的图特尔·布罗德赫斯特·李公司的董事及董事长，曼彻斯特和利物浦区域银行董事长，伦敦和西北铁路公司，以及阿特拉斯保险公司的董事。在 1906 年之前他是保守党党员，但是同许多赞成用关税手段保护本国商业市场的保守党人不同，他支持自由贸易原则。在 1906 年年初，他转变阵营，以此表示对温斯顿·丘吉尔的支持，在 1908 年的补选中他继续支持丘吉尔，最终这个议席被威廉·乔因森－希克斯获得，后者称布罗德赫斯特是一个"骑墙派大富翁"。

子。之前支持妇女选举权的示威活动（潘克赫斯特们的发祥地）[①]令他感到头疼，或许也正是在这些示威活动的刺激下，他才做出了一两次不明智的声明。在被直截了当地问到如果当选，日后在这个问题上会投反对票还是赞成票的时候，他回答道："在下议院唯一一次就妇女的投票权问题参加投票的时候，我投了赞成票。但是，鉴于此次大选公开会议中不断出现的干扰因素，我不会做出任何承诺……"他的另一个回答很机敏，但是或许又过于生动了，"我不会因为这么重要的问题就变成'妻管炎'。"尽管如此，在这届竞选中他一直保持着强劲势头，1月13日，星期六，晚上10点钟，计票显示他以5659比4398的票数获选，在89%的选民参加投票的情况下取得了1261票的优势（按照今天的选民总量计算，相当于6000票）。8名托利党议员和1名自由党议员的结构消失了，取而代之的是7名自由党议员和两名工党议员，没有一名托利党人。丘吉尔一个人从其他政党争取到的票数很难估算（因为在1900年的竞选中保守党没有竞争对手），但是自由党在以曼彻斯特为核心的这个城市集合体争取到的票数平均数值达到了17.9%，而全国的平均数值是10.3%。

尽管贝尔福的官方传记作者清醒地认为贝尔福在竞选期间表现出了杰出的演讲能力，但是最终他还是以6403比4423票的巨大差距落选了。由于那个年代有着非常灵活的"降落伞式"的选区惯例，这场失败没有将他逐出下议院太长时间，6个星期后，他又以伦敦市议员身份回到了下议院。尽管如此，曼彻斯特的失利对他来说仍是严重的挫败，更糟糕的是，作为一名辞了职的首相和落选的议会候选人，他不得不在接下来其他选区投票尚未结束的两个星期里走遍从诺丁汉到格拉斯哥的很多选区，而且还要去一些小镇，尽力为托利党这艘沉船挽回局面。

丘吉尔在各地做了几场演讲，1月19日他在伦敦稍作停留，以便同南非的史末资将军见面，这是他们的首次会面。在此之前，史末资曾致信他："我从德兰士瓦赶来是希望有机会与你大致谈一谈南非德兰士瓦的局势。"[cxlix]当月底他留在首都，这时他已经做好了面对自由党占有绝对优势的新议会（于2月13日召开会议），精神饱满地投入新部门工作的准备（不过他不会丢掉其他的工作）。

这个时期，丘吉尔仍然住在梅菲尔区蒙特街105号公寓，过着单身汉生活。这是一座建造于19世纪80年代的公寓，差不多6年前，他从堂哥马尔博罗公爵手里

---

① 埃米琳·潘克赫斯特（1858—1928），生于曼彻斯特的一个激进主义中产阶级家庭，英国女权运动代表人物、政治活动家，被誉为"妇女选举权之母"，在20世纪初掀起了一场英国历史上绝无仅有的激进妇女参政运动。每年的7月15日被英国定为"埃米琳·潘克赫斯特日"，以纪念她为妇女选举权做出的重要贡献。

转租下这套公寓。在大选当年，他搬到了大约半英里外、毗邻皮卡迪利大路的波尔顿街 12 号公寓，在那里一直住到了 1909 年。在那个年代，政客们的住宅之间都保持着适宜的距离，不会太远，也不会太近。在 1891 年第一任妻子逝世后，阿斯奎斯将 5 个年幼的孩子寄养在英格兰东南部萨里郡的一户人家里，自己搬到蒙特街 127 号，这里与 105 号仅相隔 11 户人家。

　　1906 年 1 月底，丘吉尔的形势明朗了，他收到许多贺信，人们纷纷对他得到新职务和在曼彻斯特获胜表示祝贺。但是，如果足够明智的话，他就应该格外注意一下圣诞节前老朋友休·塞西尔的来信，这封信显示出了他原先在议会的这位同党罕有的洞察力。

小卡尔顿俱乐部 ①

1905 年 12 月 18 日

亲爱的温斯顿：

　　我说"不可靠"的意思是，你总是有着在演讲台上和下议院里大放光芒的美誉，但只是烟火一样的光芒。这种本事已经让你走得很远了，但是接下来的路就需要你拥有作为优秀的政府官员，一个技巧娴熟、兢兢业业的公务员的名声了——爱德华·格雷在这方面声誉卓著。你要记住，你的父亲就是通过在印度事务部的表现极大地提高了自己的地位。

　　但是，更为重要的是，你应当与你的同僚和睦相处，赢得他们的爱戴。如果一个人的同僚都站在他这一边，那么这个人就能像骑在自行车上一样轻松前行了。哈考特无法成为下议院议员就是因为他会破口大骂自己的同僚；亚瑟·贝尔福能够一直保住领袖地位，基本上完全是靠着他作为前座议员的个人魅力，尽管他犯过很大的错误，而且并不受到全国人民的爱戴。听一听这些明智之言吧！

谨启

休·塞西尔 [c]

---

　　① 小卡尔顿俱乐部是伦敦的一个保守党高级男性俱乐部，创办于 1864 年，于 1977 年解散，同保守党保持着紧密的联系。由于卡尔顿俱乐部的会员人数有严格的限制，候选人又很多，因此许多有望参加竞选的保守党人效仿卡尔顿俱乐部的模式和宗旨，创办了小卡尔顿俱乐部。

第六章 事业上升的次官

　　丘吉尔进入政府的最初几个月里，南非问题成了首要问题。造成这种现象有两方面的原因。第一个原因，英国迫切需要与德兰士瓦商定制宪方案，随之再同两个战败的布尔共和国中地位较为次要的奥兰治河殖民地商定宪法筹备方案，这个问题在长期内都具有重要意义。自战争结束后的 3 年半时间里，这两个地区都以"皇家殖民地"（英国直辖殖民地）身份直接受着阿尔弗雷德·米尔纳的专制统治。米尔纳在 1897 年首次被任命为高级专员，直到 1905 年才卸任。南非已经到了必须制订宪法的时候了，在这个问题上英国和南非双方都不存在争议。埃尔金的前任，即来自保守党的前殖民地大臣阿尔弗雷德·列堤顿已经准备好了一套"代议制"（相对于"责任制"）政府的方案。问题是，新组建的自由党政府会对这套方案做出多大的改动。

　　第二个原因就在于约翰内斯堡附近河边高地金矿地区的中国契约劳工问题，1904 年年初，中国劳工的存在得到了保守党政府的正式批准。自由党候选人（丘吉尔没有参与）在这个问题上大做文章，在大选中将这个问题的重要性提到了仅次于自由贸易问题的地位，从而加强了这个问题在政治上的主导性。保守党利用这个难题进行了回击，不断要求自由党政府迅速消除这种现状，这个问题因此显得更加重要了。自由党候选人的策略只是气势汹汹地将竞争对手痛斥一番。*

　　从形式上而言，中国劳工没有受到奴役，尽管自由党在竞选活动期间使用了这

---

　　* 劳合·乔治的表现充分说明在这个问题上政党来回扯皮的本质。他在竞选期间（1906 年 1 月 10 日）表示："对于以每天一先令的酬劳给威尔士采矿场带来中国佬的事情，他们会怎么说？威尔士山区的奴隶制！愿上帝宽恕我做了这样的暗示！"在 3 月 13 日发表的著名的处女演说中，弗雷德里克·埃德温·史密斯对劳合·乔治的这番言论及其试图抵赖的做法大加利用，给劳合·乔治造成了沉重的打击。

样的词语。事实上，为了回应保守党对 2 月 22 日的君主致辞做出的一项修正，丘吉尔创造了自己在早期提出的最著名的一种独特解释。他说，尽管人们对中国人在南非的工作条件存在着很多异议，但是"在国王陛下的政府看来，按照（奴隶制）这个概念最极端的定义并且坚持严格用法的话，那么中国劳工就算不上受到了奴役"。[*][cli] 然而，即便想到当时英国煤矿或者兰开夏郡的棉纺织厂的状况，在新旧政府的过渡阶段，47619 名被带到德兰士瓦的中国工人（将近矿工总人数的 1/3）的工作条件也可以说是触目惊心。按照规定，他们每个星期要工作 6 天，每天工作 10 个小时，最初他们甚至拿不到最低限度的工资，也就是每天 2 个先令（与劳合·乔治 1 先令的说法有所出入）的收入。他们住在矿场附近的住宅区里，被严禁外出，除非拿到 48 小时的外出许可证，但是很少有人拿得到这种通行证。他们不得从事任何商业活动，不得拥有任何地产，也不得寻求法律帮助，一旦犯下 14 项有着详细规定的罪行中的任何一项，他们就会受到严惩。虽然没有明文规定，但实际上他们的家人不可能陪在他们身边。这种状况同奴隶制的区别就在于，中国劳工不能被买卖，而且他们可以返回中国，倘若他们攒得够返程路费的话，也就是 17 英镑（相当于今天 30 个星期的报酬）。

如何逐步废除中国契约劳工制度成了自由党政府在执政第一年里所面对的最棘手的问题之一，对殖民地事务部尤其如此，就连贝尔福和列堤顿在 1905 年也对这个问题感到焦虑不安。蜂拥进入政府的自由党候选人中有许多人在这一届的大选中都在这个问题上投入了过多的感情。在德兰士瓦的英国人与采矿业的利益息息相关，漫长而代价巨大的布尔战争至少在名义上是为了捍卫他们的权利，新一任高级专员、第二代塞尔伯恩伯爵威廉·帕尔默有力地向伦敦方面表明了他们的观点，他们确信清除中国劳工将意味着金矿开采业的崩溃，随之也将对南非的经济实力造成重创。

英国国内的新政府里有一部分人在这个问题上态度强硬，也有一些人认为政府应该显得更有责任感，但是这届政府在很大程度上保持了英国一贯的对外政策，尤其重要的是承认契约神圣不可侵犯的原则（包括已经签发的允许继续输入中国劳工的许可证），没有费心考虑制定有追溯效力的法律，尽管阿斯奎斯领导下的"律师大臣们"都是制定这种法律的有力人选。丘吉尔在下议院里必须捍卫的立场因此变

---

　　* 外界普遍认为丘吉尔使用了议会无法接受的"撒谎"一词后受到了质疑，因此他夸张地用这种说法替代了"撒谎"这个词，但是这种理解不符合事实。

得微妙起来，而处理微妙问题向来不是他的强项。

但是，为德兰士瓦制定宪法的工作却给丘吉尔带来了更多的回报。在这个问题上一些重要内容被包裹上了一堆术语的伪装，当时的人渐渐了解了这些概念的真正含义，但是放在今天，这些概念就显得不那么清晰了。首先是仅与"代议"相对的"责任"一词。以被"列堤顿宪法"的名字为人所知的宪法承认了"代议制"政府的存在，这意味着应该由一个民选代表大会发表意见，在一定程度上继续由总督任命的执行委员会则无须对代表大会负责。"责任制"政府意味着代表大会的构成决定执行委员会的构成与行政措施，大致就是指政府机构在英国，或者更确切地说是在加拿大——那个年代加拿大被视作英国王室统治下的自治政府的典范——普遍享有的地位，尽管在一些问题上王室始终拥有否决权。

在一定程度上，正是在丘吉尔警觉的敦促下，这届自由党政府早早就倾向于迈出背离"列堤顿宪法"的重要一步，接受责任制政府。但是，这届政府希望自己不会因此留下不良记录，也就是说它试图确保在德兰士瓦"英国人"（至少是非布尔人）的人口数量占多数。在奥兰治河殖民地，农村地区的布尔人几乎不曾受到英国人的丝毫影响，在这个地区要想实现这个目标毫无希望，但是正如丘吉尔在落款日期为1月30日（1906年）的一份备忘录中以特有的尖锐笔调指出的那样，真正具有重要意义的是德兰士瓦：

> 绝对不能忘记德兰士瓦的政治就是非洲的政治。约翰内斯堡是全南非的铁路、商贸、金融及政治神经中枢。这里是最好战的布尔人和不列颠人相遇、终年持续争斗的竞技场。约翰内斯堡的英国人代表并捍卫着英国在南非的权威，德兰士瓦的布尔人代表并捍卫的是荷兰。无论对这二者中的一方做出怎样的支持或反对，都将是对这片次大陆上的所有人做出的支持或反对。开普殖民地（海角殖民地）、纳塔尔、罗得西亚和奥兰治河殖民地则热烈、焦虑，同时怀着各种倾向性作壁上观。[clii]

然而，由于可悲的中国劳工问题，对"英国"人口占多数的渴望变得更加令人困惑了。伦敦政府希望建立一个能够帮它解决这个问题的德兰士瓦政府，最理想的情况就是这个政府赞成立即将中国人遣送回国的方案，或者说至少反对继续招募中国劳工的做法，但是无论如何这个政府都必须接受责任制政体。谁都不知道"英国人"占据多数人口是否有助于这个目标的实现，而以农村人口为主的布尔人则在中国劳工问题上采取中立态度。从另一个角度而言，受到威廉·帕尔默支持的"英国人"的矿业利益几乎可以说也是一个迫切需要解决的问题。就在同一份备忘录里，丘吉尔极其巧妙地摆脱了这个问题在眼下给他造成的束缚，尽管这个问题日后将在下议院给他带来大量的麻烦。他说新政府意识到了这个问题的存在：

> 独立、不妥协、不偏不倚、摆脱与任何一个民族的关系、对两方都能做到司法正义。不要丢弃这样至高无上的优点。我们不能只站在某一方的立场上。我们不受矿业利益的束缚，也不能让自己投入布尔人的怀抱。我们绝不能做只捍卫一个民族、从而让我们永远失信于另一方的事情。宪法问题不应当由于我们渴望消除中国劳工问题而受到侵害，这个问题的解决应当关系到南非的总体未来，而不是南非政治的任何特定问题。[cliii]

但是，对于如何让两个民族保持适当的平衡、避免事态发展到极端地步，选民名册和选区数量及分布问题占据着至关重要的地位。用丘吉尔的话来说，"一票一价"原则变成了"英国一方的阵地"。现在，这句至理名言听上去不言自明，但是当时的情况是散居的布尔人有着庞大的家族，居住更为集中，而且主要生活在城市里的英国人大多还是单身汉，都希望先获得大笔的财富再成家立业，即使已经成家了，很多人也都不愿意生养太多的孩子。在多数民主国家里，选区的划分都由人口数量所决定，而不是总体上对农村地区更为有利的投票名册。因此，在"一票一价"这个概念还远远不为人们所熟知的那个年代，对这一原则的需要在选区划分方面向英布双方都提出了挑战。但是，在丘吉尔的支持下，最终德兰士瓦政府还是采纳了这个原则。出于对布尔人的弥补，英国方面做出了相当大的让步。英国余下的驻防部队官兵的"部队选票"被取消了。整个地区被划分为 60 个选区（而不是列堤顿提出的 30 个选区）。在处理官方事务时，英语和荷兰语具有同等地位。此外，成年人的选举资格不受到资产条件的限制。

在所有这些问题上，丘吉尔都直率地表示支持超越列堤顿、大步向前迈进的方针。在大选期间以及大选刚刚结束后，政府花了大力气商议这些问题。正如早先（1月3日）一份针对官方语言问题的备忘录所显示的那样，丘吉尔尤其擅长用流畅的文字表述自己的观点，只是在最圆滑的商谈中他不会经常采用这种做法：

> 正如在南非，在加拿大，双语制造了不便，但是相比南非，这种状况在加拿大持续存在下去的可能性更高，因为在加拿大，两个民族在生活范围上有

着清晰的地理界限，各地的特殊性都得到了很好地保持；但是南非的两个民族在每一个城镇乡村，甚至几乎每一片农场混杂而居。文学性和灵活性都比较明显，最重要的是，在贸易交往中更具有便捷性的英语必然会在如此普遍的竞争中战胜粗陋的方言。唯一能让塔尔语（南非的通用荷兰语）保持生命力的方法就是宣布禁止使用这种语言，这样一来布尔人就会将其当作一种反抗征服者的简便的手段继续使用这种语言。不管布尔人日后会出现怎样的改变，至少可以肯定的是他们必然会使用英语。因此，我认为在政府里和教育机构无条件地采用双语制——凡是涉及帝国利益的地方——从原则上应该得到认可，实际上，现在这种制度已经得到了承认。[cliv]

丘吉尔提出的建议清晰、合理，具有自由主义精神，尽管在一些方面他的预言没有化为现实，对"粗陋的方言"也表现出了无情的鄙视。所幸，丘吉尔写下这份仅供政府内部传阅的备忘录的那个年代，白厅还没有出现过泄密事件。

在政策制定方面，丘吉尔的身份不太明确。1905年12月末，内阁组建了一个由5名委员构成的内阁委员会，针对这些方面在列堤顿的基础上可以发展到哪个程度提出建议。这5名委员分别是第一代劳勃恩伯爵罗伯特·斯莱西·里德（大法官及主席）、里彭侯爵（掌玺大臣）、阿斯奎斯（财政大臣）、埃尔金与詹姆士·布莱斯（爱尔兰布政司，本人就是宪法专家），丘吉尔没有入选委员会。无疑，人们会认为让一名次官和一批如此杰出的人物组成内阁委员会是不合适的，不过丘吉尔的文章为这个委员会提供了大量的议题和驱动力，几乎可以肯定，他参加了委员会的议事工作，至少阿斯奎斯在1906年2月1日写给他的一封耐人寻味的信中似乎暗示了这一点：

财政部办公室

我亲爱的温斯顿：

如果你能准备一份简单合理的声明，阐明委员会在今天的报告中得出的4点论断的依据，这样就太好了，不是吗？

这也许会对内阁就此事的讨论起到有益的帮助。

或许你可以问一问埃尔金伯爵是否同意这些建议。

此致
H. H. 阿斯奎斯[clv]

当时阿斯奎斯对丘吉尔还几乎一无所知，尽管在信中他将后者称为"我亲爱的温斯顿"。外界普遍认为，在温和而懒散的亨利·坎贝尔－班纳文首相领导下的政府里，阿斯奎斯实际上是一名有着高超组织能力的办公室主任，他的这封信可以说意味深长。在头脑冷静的阿斯奎斯看来，丘吉尔最有能力写出态度强硬、令人信服的声明，无论是精力，还是技能，他都比埃尔金伯爵更有前途，或者说是一名更优秀的政府官员。但是，考虑到埃尔金的敏感，他必须巧妙地采取迂回政策。对于这个问题，智慧胜过勇气的阿斯奎斯希望丘吉尔能够靠自己的力量找到解决的办法。

不难想象，埃尔金与丘吉尔有着多么大的差异。丘吉尔赖以为生的是创造名言的能力，他的思维很华丽，始终存在着措辞决定立场而非立场决定措辞的危险。埃尔金则在竭力避免机智诙谐的名言和华丽的修辞，对丘吉尔在一些备忘录中流畅而轻浮的言辞极其厌恶。无论是书面还是口头表达，埃尔金都做不到流畅，事实上他从未在内阁里发过言，在上议院里也不擅辞令。考虑到他们截然不同的性格，可以说在共事的 28 个月里这两个人相处得还算融洽。在一定程度上，这是因为在心理上他们都不认为对方与自己存在着竞争关系。不过，作为殖民地大臣，埃尔金并非无足轻重。在处理德兰士瓦问题上他采取了自由主义方法，在这第一场重大考验中与丘吉尔多少保持了一致。面对其他问题，他都是一个中规中矩的保守党人，因此受到部里同僚们和殖民地总督们的爱戴。他远比丘吉尔更倾向于支持"在任者"，这或许是因为他在加尔各答经历过 5 年"在任者"（最高级别）的生活，而且常常得不到伦敦方面的支持。对待丘吉尔，他表现出了大度和一定的智慧。从肯尼亚到纳塔尔，再到锡兰，他的这名次官总是会质疑各个殖民地个别人受到的判决和惩罚，后者的大部分提议都被他驳回了。对于丘吉尔的放肆，埃尔金比长期在部里担任次官的霍普伍德表现得更宽容。霍普伍德在就职于殖民地事务部之前和之后都有着丰富的政府工作经历（他"追随"丘吉尔至海军部，最后被封为绍斯伯勒男爵），但他没有足够宽广的心胸欣赏到丘吉尔那无礼的表面下隐藏的优秀品质。

尽管如此，埃尔金还是打定主意要将这个部门掌握在自己手里，他不允许自己受到丘吉尔的欺凌，也不允许自己对丘吉尔流露出过多的钦佩。两个人的意见常常存在分歧，但是他们从未发生过争吵，也没有培养起亲密关系。在 1907 至 1908 年的 4 个多月漫长的休会期里，丘吉尔在东非进行了一场半公开、半私人性质的环游，对于埃尔金来说，丘吉尔不在部里现身不会给他造成任何损失，他反而感到如释重负。如果丘吉尔没有频频向殖民地事务部发回一连串的评论和建议的话，埃尔金就会更惬意了。*埃尔金就自己与丘吉尔的交往有过一些奇怪的评价。在共事一年后，他在给丘吉尔的信中提到他对丘吉尔没有得到提拔的事感到宽慰，这种说法有些自私，但是对丘吉尔而言又不啻一种赞美。在信的末尾，他写道："我会常常怀着对你真心实意的感激之情回想起在艰难前行、争斗不断的这一年里你我之间的合作，这不仅是因为你为了我们的事业而奋斗的勇气和能力——而且还为了你始终如一地对我以及我的观点表现出的体谅"。clvi 鉴于上下文显然不存在讽刺的意味，这后半句话更像是一名次官写给作为上司的大臣的语气，而不是大臣写给次官的。刚刚结束了与丘吉尔的共事后，埃尔金在给自己的继任者罗伯特·克鲁－米伦斯的信中提到自己与丘吉尔有着"令人愉快的私交"，以及"在很多方面他的性格都充满魅力"，但是在信的末尾他总结道："不过，我十分清楚他的性格对我在公务之外的地位造成了影响，我常常承受着巨大的精神压力。"clvii 说得就好像是他在令人窒息的热烈拥抱中无法脱身一样。阿斯奎斯于 1908 年 4 月出任首相，丘吉尔得到提拔，埃尔金不情愿地退休了，他们两个人正式分开，没有迹象表明在埃尔金 9 年的余生里他们再见过彼此。

在任职于这个殖民地事务部期间，丘吉尔在议会里的表现好坏参半，但是无论怎样他总是能引起别人的注意。他经历了第一次议会辩论，而且表现出色，在这场辩论中他以令人难忘的方式使用了"用法不够严格"的措辞。一个月后，也就是 3 月 21 日（1906 年），他碰到了一件几乎可以说是灾难的事情。阿尔弗雷德·米尔纳，像伊诺克·鲍威尔①一样对自己的头脑充满自信，为人严肃，自视清高，同时又如同约翰·安德森（韦弗利子爵）一样对自己在政府里的表现充满自信，扬扬自得。他在 1902 年就被授予爵位，但是直到 1906 年 2 月末，也就是他从南非回到英国的 8 个月后才做了自己在上议院的首次讲话。米尔纳做出的备受争议的决定比当时英国政界的几乎其他所有的人都要多，但是他小心翼翼地为自己塑造出了一种无党派偏见的中立气质。

然而，陆军部的一位低级大臣、第六代朴次茅斯伯爵牛顿·沃勒普成功地从米尔纳在议会的首场讲话中提炼出了一个要点，即在南非期间他同意不经过任何司法

---

　　* 霍普伍德曾经向埃尔金抱怨过，丘吉尔让随行的爱德华·马什"在赤日炎炎、令人难受的红海一天工作 14 个小时"（《附录 II·第二部分》，p.730）。

　　① 伊诺克·鲍威尔（1912—1998），英国政治家、古典主义学者、诗人及语言学家，因在伯明翰的演讲中清楚地表达了对有色人种移民和种族关系的看法而在一夜之间成为举国上下关注的焦点，其言论被称为"鲍威尔主义"。

程序就对中国劳工动用鞭刑，激进的下议院老议员威廉·拜尔斯因此提议对米尔纳进行严厉的谴责。政府不希望这种状况进一步发展下去，但是又没有把握阻止人数众多、大部分都毫无经验的自由党后座议员效仿这种做法。

阿斯奎斯与爱德华·格雷应该都极不愿意看到这种情况的出现，后者在亨利·坎贝尔-班纳文的政府里出任过两届外交大臣，而且还保留着对米尔纳这位牛津大学贝利奥学院杰出学长及帝国主义者的敬意，甚至一定程度的仰慕。[①] 因此，他们（尤其是阿斯奎斯，不久后就成为政府在上议院里的一柄万能"大锤"）能够将这个敏感的问题全权交给丘吉尔处理就显得更加令人惊讶了。有一天，丘吉尔在议会里连续做了两场讲话，首先是针对爱德华时代英国政坛最重要的人物张伯伦（直到 4 个月后脑卒中发作）的讲话，他不得不用上半天的时间对约瑟夫·张伯伦这样的大人物就中国劳工问题对政府进行的恶作剧式的嘲弄进行驳斥，一如既往地用煽动性的措辞对张伯伦进行了攻击；在另一场讲话中，他又对肆无忌惮的激进分子进行了一番巧妙的安抚。对一名低级大臣而言，这工作量非常大，丘吉尔主动承担了一个曝光率最高的部门在下议院里的唯一一位发言人的角色，显然，这样的选择为他带来了声望，也带来了相应的风险。

这一次，丘吉尔的冒险策略没有获得成功。他用一个无伤大雅的修正案牵制住了拜尔斯的动议，反对对中国劳工动用鞭刑，但是"为了南非的和平与和解……"婉言拒绝了"对个人进行谴责"的要求。惹火上身的是他的措辞，而不是他采取的策略。他竭尽所能地说服了好斗的后座议员们相信米尔纳不值得谴责，这倒不是因为他是一个品德高尚的人，而是因为他只是一个属于过去的老废物。这种说法很无礼，事实证明也不符合事实。时隔将近 10 年后，丘吉尔的事业滑坡到了最低点，米尔纳却进入了劳合·乔治领导的由 5 名成员构成的战时内阁，尽管在 1908 至 1914 年间他在一场关键性的决胜赛中取得了巨大的胜利，但是在这届政府里哪怕得到一官半职都会令他感到欣喜，就像他在 1917 年 6 月出任军火大臣一样。将近 20 年后，在乔治·寇松逝世后，米尔纳众望所归，当选为牛津大学名誉校长，但是尚未就职就逝世了（为基弗勋爵即第一代基弗子爵乔治·基弗创造了当选的机会，也令落选的阿斯奎斯受到了羞辱）。

就连对丘吉尔忠心耿耿的爱德华·马什（与丘吉尔共事长达 24 年的他当时担任

---

① 爱德华·格雷于 1880 年进入贝利奥学院就读，米尔纳在 1872 至 1876 年间获得了该学院的奖学金，师从古典主义神学家本杰明·乔维特。

丘吉尔的私人秘书仅仅 14 个月）都说过这场演说是"温斯顿·斯宾塞·丘吉尔的一场失败"："人们普遍认为这场演说的基调不得体，由于这场演说，他给人们留下的不良印象久久未能消除……错误在于他的方法……言辞的无情……他就像是在羞辱一位已经名誉扫地、正处在最不得志的黑暗时期的政治家似的。"clviii

下文摘录了其中尤其无礼的一段话：

> 米尔纳勋爵离开了南非，大概一去不返了。他彻底告别了自己担任公职的时代。他曾经大权在握，而今手中没有一点权力。他曾经占据高位，而今却失了业。曾经他面对的都是决定历史进程的大事，而今他对政策毫无影响力。那么多年里，他一直主宰着"富甲天下"的那些人的命运……而今他沦为了贫民，我得补充一句——一个体面的贫民。经过 20 年殚精竭虑地为女王效劳的生活，今天他成了一名退休的公务员，没有退休金，也没有任何形式的遣散费……米尔纳勋爵不会再对公共事件产生影响了。clix

接着，丘吉尔对米尔纳进行了进一步攻击，将米尔纳的处境比作无神论者查尔斯·布拉德洛和查尔斯·斯图尔特·帕内尔分别在 1880 年和 1887 年的处境，当时大部分下议院议员都相信理查德·皮戈特①提供的能够证明爱尔兰领导人查尔斯·斯图尔特·帕内尔卷入农业犯罪活动的文件是真的。丘吉尔为一个在当时被外界普遍认为远比他伟大的人所做的辩护自然具有一种居高临下的色彩，外界一片哗然，从牛津大学万灵学院的院长威廉·安森到国王，各种权威人物都对此感到愤慨。威廉·安森在文章中称，这场讲话是一个"厚颜无耻、自以为是的黄口小儿"滔滔不绝地说了一大堆"华而不实、不切主题"的话。clx 在给伦敦德里夫人的信中，爱德华七世指出："你的一位亲戚的所作所为令人发指。"clxi

曾经出任海军大臣的自由统一党人、在 1905 年被派往南非替换米尔纳的威廉·帕尔默对丘吉尔的谴责和评价更为严厉，不过他的措辞比较客气。帕尔默一直

---

① 理查德·皮戈特（1835—1889），爱尔兰记者，以"皮戈特伪造文件"而著名。1879 年，皮戈特拥有 3 家报社，很快他就将这 3 家报社出售给了爱尔兰土地联盟，该联盟的主席是态度激烈的民族独立主义者查尔斯·斯图尔特·帕内尔。从 1884 年开始，皮戈特对自己曾经的合作伙伴极尽污蔑，将情报出售给后者在政治上的对手。为了毁掉帕内尔的事业，皮戈特拿出了一批伪造的信件，试图表明帕内尔支持都柏林凤凰公园里发生的一起凶杀案。《泰晤士报》以 1780 英镑（相当于 2015 年的 179000 英镑）买下了这批信，在 1887 年 4 月 18 日刊登了其中最具有毁灭性的一封。1889 年 2 月，帕内尔委员会为帕内尔做出了辩护，证明这批信纯属伪造品，其中甚至存在皮戈特惯有的拼写错误。

兢兢业业地与新成立的自由党政府保持着合作，尽管他的主要成果只是将政府说教一番，无疑，他认为按照资历自己有权这么做（在温切斯特学院上学的时候，低年级的爱德华·格雷曾受过他的欺负，给他当过"苦力"）。他在 4 月 15 日的时候给丘吉尔写了一封信：

> 对于有关米尔纳的辩论，我充分意识到你的本意在于为他挡开敌人针对他的打击；但是，倘若你将自己置于南非的英国人的位置——按照你公正、批判的天性，你完全可以做到这一点——那么他们对国王陛下的政府的态度就不会令你感到惊诧了。南非的英国人全都奉米尔纳为偶像，这是事实，他们根本无法想象怎么会有人提出投票表决是否对他进行谴责的建议，除非此人是一名叛徒……我想自由党和南非的英国人在情感上存在着巨大的裂痕，这种裂痕会带来实实在在的危险，这一点令我深感忧虑。[clxii]

3 月的这场讲话在很大范围内对丘吉尔的地位造成了重创，但是有关南非的另一场议会讲话又起到了平衡作用。7 月末，丘吉尔说服下议院以 316 比 83 票通过了新的德兰士瓦宪法，这场讲话属于他在早期最成功、最振聋发聩的讲话之一，在他一生的演讲选集中也占有一席之地。在讲话中，他将矛头对准了反对党的领袖们，说出了最著名的一段话：

> 他们是一个政党公认的引路人，尽管在下议院里只占有少数，但是这个政党仍旧代表着半个国家。我要严肃地问一问他们，在激烈、轻率地将这个伟大的方案痛斥一番之前，他们难道就不能斟酌片刻吗？我还要进一步问一问他们，难道他们就不能考虑一下，自己是否真的不能和我们一起争取让全国一致同意赋予德兰士瓦一部自由的宪法吗？我们这个多数党的全体党员只能献给一个党礼物，他们能让这份礼物成为献给全英格兰的礼物。我们满怀信心地希望这一决定会带来难以估量的好处，果真实现的话，我坚信我们必定会收获这些好处，更重要的是很快就会有所收获。具有实质性的第一步就是让南非事务脱离英国政党政治。在英国政党政治这个舞台上，南非事务对两党都造成了损害，南非事务本身也遭到了严重的损害。[clxiii]

从一位如此年轻、经常故意挑衅别人的大臣嘴里说出这些话，这听上去几乎有些狂妄，但是显然，在当时的情形下，这场讲话没有得到负面评价。不过，丘吉尔只收到了两封热情的祝贺信，这两封信都被收录进他的文献中。值得注意的是，两位写信人其实都没有旁听这场辩论，但是他们都非常认可丘吉尔，这两个人就是伊恩·汉密尔顿将军与年迈的（前印度总督）里彭侯爵。

这场胜利使丘吉尔志得意满地开始了出任大臣后第一次漫长的休会期，毫无疑问，这样的成就令他完全有理由享受一次慵懒悠闲的假期。不过，一直等到威廉二世邀请他参加德国将于 9 月初在波兰的布雷斯劳（弗罗茨瓦夫）举行的军事演习后，他才于 8 月 12 日动身离开伦敦。为了参加演习，丘吉尔必须身着极其复杂得体的军装，为此他请教了在这方面造诣精深的专家——英国国王爱德华七世。丘吉尔首先去了法国的海滨小镇多维尔，接着又去了过去经常造访的度假胜地，就是欧内斯特·约瑟夫·卡塞尔爵士在瑞士的度假别墅。从多维尔，他向自己的私人秘书报告："我在这里无所事事，放荡无度——每天晚上都要赌博到凌晨 5 点。我只赢了点儿小钱——以前赢得很大。"clxiv（他还告诉他的堂哥，除去本金，他赢了 260 英镑，相当于今天的 12000 英镑。）丘吉尔或许的确过着放荡无度的日子，但是绝对说不上无所事事。8 月 15 日，他给国王寄去了一封将近 4000 字的亲笔长信，在用了 35 张 8 开纸的这封信中，他为德兰士瓦的政策进行了辩护。国王的私人秘书从捷克小镇马里恩巴德给他发去了回信，在信中向他保证国王已经饶有兴趣地读过了他的辩护书，并且客客气气地表达了一定的怀疑。接着，丘吉尔又从瑞士发去了一封几乎与上一封信一样长、内容相同的信。这一次，国王的回复更简短了，甚至可以说有些敷衍，但是国王的疑虑没有被打消："然而国王仍然担心你的预测多少有些过于乐观了。"clxv

丘吉尔还在假期里抽空给首相写了一封很扎实的信，在给丘吉尔的回信中亨利·坎贝尔－班纳文（当时也在马里恩巴德）说："你一如既往地有着充沛的精力，充分利用了这次的假期。"clxvi首相并不是在讽刺丘吉尔，因为这封回信内容实在，语气和善，他在信中也转达了国王对丘吉尔的提醒，在军事演习期间遇到德国皇帝的时候丘吉尔不应当同后者"做过多的交谈，过于开诚布公"。显然，通过国王对丘吉尔的提醒，亨利·坎贝尔－班纳文才得知，他的这个没有多少资历的部下竟然趁着休假进行了一次军事考察。或许有人认为，如此不同寻常的微妙的假期娱乐活动应当首先征得首相的批准，然而事实与此相反，这再一次显示出丘吉尔有着傲慢的自信，同时也表明亨利·坎贝尔－班纳文领导下的政府对职员有多么宽松。

然而，首相在回信中显示出的友好并不预示着丘吉尔会早早得到提拔。无疑，升迁是他最渴望的事情，如果说他是一只飞鸟，那么只要是有天花板的地方，他的翅膀必然会撞上天花板。他的目标是内阁，这样他就能够亲口表达自己对政策方方面面的见解，而不是局限于殖民政策这一个领域，并且只能通过书面报告陈述自己的观点。这倒不是说他不满意眼下的职务。事实上，他一度充分考虑过（至少向他的母亲表达过）自己受邀进入内阁，同时又保持着在殖民地事务部当二把手的前景。（可怜的埃尔金——人们自然而然会发出这样的感慨。丘吉尔已经令他的日子很难过了，如果与自己的"属下"一道跻身于内阁，对方无疑会远比他更频繁地在内阁里慷慨陈词，这必然会让他的日子变得彻底无法忍受。）不过，这种情况没有出现，尽管在大约一个月前（1908 年 4 月 8 日），出任首相的阿斯奎斯与国王认真讨论过这件事情，但是后者表示反对，他还指出对于罗斯伯里（外交部）提出提拔爱德华·格雷的建议，维多利亚女王也否决了。

根据阿斯奎斯后来对妻子的描述，国王无意驳斥提拔丘吉尔的建议，如果后者"真的在内阁里得到一个位置的话"，他还会对他"盛情赞扬一番"。阿斯奎斯自己也说过丘吉尔具备"进入内阁的所有条件"，他还对后者说过一句奇怪的评价："他的表现非常好，两度放弃了晋升机会，把机会留给了……'条件不如他的'[人]。"clxvii 这种说法之所以奇怪就在于很难看得出一旦得到这些任命，当时年仅 33 岁、加入自由党只有 3 年时间的丘吉尔会有什么理由做出糟糕的表现，或者说外界很难想象，除了在私下里表现得有些任性之外，他究竟会做出怎样的选择。实际上，丘吉尔放弃晋升机会并没有出乎人们的意料。尽管如此，阿斯奎斯与妻子的这次交谈还是以一种有趣的方式显示出丘吉尔在多么短的时间里就打动了像阿斯奎斯这样冷静沉着的人，后者渐渐喜欢上了他的陪伴。阿斯奎斯常常和善地对丘吉尔奢侈的生活方式嘲弄一番，但是他很认同丘吉尔对自己的才华的估计。

有两个"条件不如他的"人都得到了高于他的职位。其中一个是在 1907 年 1 月得到提拔的雷金纳德·麦肯纳，由于拜尔斯出任驻华盛顿大使，奥古斯丁·比勒尔继任为爱尔兰布政司，麦肯纳便接替比勒尔，成为教育大臣。另一个得到提拔的是路易斯·哈考特（以绰号"万人迷"为人所熟知），他为"伟大的角斗士"父亲威廉·哈考特担任了多年的私人秘书，1907 年 3 月在没有任何特殊理由的情况下被提拔进内阁，职务不变，仍是工务大臣。

在阿斯奎斯任职首相期间，麦肯纳与丘吉尔之间始终存在着此起彼伏的竞争关系。麦肯纳与丘吉尔截然不同，他是一个循规蹈矩的人，甚至可以说有些谨小慎微，他的工作效率非常高，但是他几乎没有丝毫的个人魅力。从表面上看他总是能得到高于他实际能力的职位，直到鲍德温与内维尔·张伯伦执政时代，当时他已经不再获得（或者至少说他不再接受）新的任命了，这两位首相依然在考虑重新起用他为财政大臣。在他担任海军大臣的时候，与劳合·乔治结盟的丘吉尔只是海军军费方面的一名"经济专家"；他担任国务大臣的时候，丘吉尔接替了他的位置，在1911年出任海军大臣，正是在这个时候丘吉尔突然意识到战舰的价值。1915至1916年，麦肯纳还在阿斯奎斯领导的联合政府里做过17个月的财政大臣，而且政绩不算差，将近10年后丘吉尔才得到了这个职位。阿斯奎斯领导的那一届杰出的政府当时前景广阔，在那个年代同唐宁街10号保持密切交往具有很重要的意义。麦肯纳同年轻的未婚妻于1908年4月完婚，原名为帕梅拉·杰基尔的麦肯纳夫人很快就成为阿斯奎斯最中意的牌友，5个月后成为丘吉尔夫人的克莱门汀·霍兹尔拥有许多优秀的品质，但是丝毫无法引起这位首相的注意。在很长一段时期里，对丘吉尔来说，麦肯纳始终是一个可怕的对手，哪怕他只是一个单调乏味的对手。

"万人迷"哈考特不属于这一类人。这个富有、颇具眼光的激进主义者在内阁的讨论中总是倾向于左派的观点，在1910至1915年间他在殖民地大臣的位置上表现出色，之后他重返工务部，在阿斯奎斯领导的联合政府里为安德鲁·伯纳尔·劳①让出了位置。1922年，"万人迷"哈考特早早地离开了人间，有人怀疑他死于一起同性恋丑闻。②

1907年的后几个月里，丘吉尔在自己的职位上充分展现着自己的潜力，同时也在等待着更有发挥余地的机会。无疑，这种表现能够说明在长达4个月的地中海诸岛和东非之旅中他为什么能够始终保持着比较冷静的头脑。这样的镇定并没有妨碍他源源不断地写出能够惹恼弗朗西斯·霍普伍德爵士的备忘录，而且还意味着在新伙伴弗雷德里克·埃德温·史密斯的陪伴下前往法国参加在东北部香槟地区进行的军事演习——首先是为了平衡前一年的波兰西里西亚之行期间，他能够尽情享受英国议会史上第二个不召开下议院会议的秋天（最后一次是1913年的秋天，至少是截至当时的最后一次），无须担心远离斗争第一线可能会给自己造成危害。尽管没有任何证据支持，但是有观点认为当时在自己的前途问题上，丘吉尔已经坚定地与阿斯

---

① 安德鲁·伯纳尔·劳（1858—1923），英国保守党政治家，担任过英国首相，在1915年5月至次年12月继任为殖民地大臣。

② 据说路易斯·哈考特以在两性中间左右逢源而出名，他曾企图强奸第二代伊舍子爵的女儿多萝西·布雷特，紧接着又试图勾引子爵的儿子。多萝西在给哥哥的信中写道："太无聊了，万人迷就是一个老色鬼。他对男孩就像对女孩一样差劲……他纯粹就是一个性爱狂魔。"私下里，上层社交圈对哈考特的变态行为秘而不宣，但是在他企图强奸一个年仅12岁的男孩后（爱德华·詹姆士），男孩的母亲将此事公开了。由于丑闻被曝光，哈考特1922年2月24日在自己的家中服用大量镇静剂，自杀身亡。

奎斯达成了共识。

至于丘吉尔将以什么职务进入内阁的问题，外界不得而知。除了保留原职进入内阁外，摆在他面前的至少还有 4 种可能性：首先是取代埃尔金，出任殖民地大臣；其次是进入海军部，当时担任海军大臣的是他的姑父特威德茅斯男爵，当时后者正经历着精神崩溃的重创；第三个选择是地方政府事务部，在这个部门里他很可能会和在任的大臣约翰·伯恩斯平起平坐，当时伯恩斯还极其保守，但是后来身后"曳着无产阶级的荣耀之云"①；第四个选择是贸易部，劳合·乔治升任财政大臣后，贸易大臣的位置就会出现空缺。

丘吉尔向阿斯奎斯坚定表示，自己更倾向于继续留在殖民地事务部。这一次，他没有抓住进入海军部的机会，但是时隔 3 年半之后，为了进入海军部他对阿斯奎斯纠缠了一番，一路追到了后者在苏格兰的一处度假别墅。此外，他还对地方政府事务部表示了极度的排斥。这些表现都出乎人们的意料。"我拒绝同悉尼·韦布夫人②被关在同一个施粥所里。"clxviii（很久之后）爱德华·马什援引丘吉尔的这句经典名言，以此说明后者对地方政府事务部的职位的反感。更重要的是，由于所有的名言都有着局限性，而且没有多少人比丘吉尔更痴迷于创造名言，因此在给阿斯奎斯的信中，在提及这个相当重要的职位时他还用到了一堆轻率而难以驾驭的字眼："政府里没有一个职位比这个更吃力，更令人焦虑，更得不到外界的感激，更令人绝望，更被掩盖在无足轻重甚至是肮脏的琐事中，并且有着更多无法解决的难题……"clxix 丘吉尔还宣称自己没有这方面的经验，并暗示自己没有能力确保某项详尽的国内政策议案能在议会得到通过。

在阿斯奎斯的执意要求下，丘吉尔最终满怀热情地接受了在贸易部的职位，更重要的是在接下来的 21 个月里，他以一副已然进入初期福利国家的姿态全身心投入进贸易部的工作中。相形之下，他在此之前的态度就更令人感到惊讶了。在这个时期，丘吉尔不仅继任了劳合·乔治在贸易部的职位，而且还在规划社会政策的工作中积极地为后者出谋划策。社会政策是新自由主义的核心问题，与原先格莱斯顿主义一贯坚持的不干涉"民情"问题的做法背道而驰。在职业生涯的这个阶段，贸易部对丘吉尔来说只存在一个不利条件。由于传统而反常的公务员工资结构（前首

---

① 作者仿自英国诗人威廉·华兹华斯的诗作《不朽颂》第 5 节中"曳着荣耀之云"一句。

② 玛莎·贝亚特丽斯·韦布，帕斯菲尔德男爵夫人（1858—1943），英国社会学家、经济学家、社会主义者、劳工史学家及社会改革家，与丈夫悉尼·詹姆士·韦布参与创办了伦敦经济学院（伦敦政治经济学院）。

相鲍德温在 1931 年出任枢密院大臣时尤其深受其害），他在贸易部的薪水为 2500 英镑，而国务大臣和其他比较传统的职务的薪水为 5000 英镑。金钱几乎是丘吉尔一个永恒的麻烦，如果没有这个不利因素，1908 年 4 月，他的眼前可以说是一片光明。

第二部

萤火虫的微光：
金色晨曦，
1908—1914

第七章　两次竞选活动与一座祭坛

丘吉尔的一生鲜有平淡无奇的日子，在 1908 年的春天，他的生活更是充满了戏剧性。3 月中旬，在伦敦的一场晚宴上，他坐在了克莱门汀·霍兹尔的身旁，目不转睛地望着后者。*4 月 8 日，他正式得到出任贸易部大臣的邀请，33 岁的他成为自 1866 年威廉·卡文迪许之后最年轻的阁员，在英国内阁制政府的历史上，30 出头就高升到这种位置的议员屈指可数，其中就有小威廉·皮特、亨利·约翰·坦普尔、罗伯特·皮尔、格莱斯顿、詹姆士·哈罗德·威尔逊①，以及威廉·黑格②。丘吉

---

　　* 在此之前，丘吉尔与霍兹尔小姐在 4 年前的一场舞会上见过一面。根据霍兹尔小姐在成为丘吉尔夫人很久之后的描述，"（当时）他一言不发，非常拘谨……他始终没有邀请我跳舞，始终没有邀请我与他共进午餐。他只是站在那里，直勾勾地看着。"1908 年的这场宴会是圣赫利尔夫人（曾经的让娜夫人）举办的，10 年前在她的大力帮助下，丘吉尔参加了在苏丹的军事行动和恩图曼战役。参加这场宴会的宾客中还有丘吉尔刚刚结交的密友弗雷德里克·埃德温·史密斯及夫人；海军大臣及前党派总督导，也就是丘吉尔的姑父特威德茅斯，他为丘吉尔进入自由党铺平了道路；议会最重要的演讲稿撰稿人亨利·路西爵士，他对下议院的评价可以对下议院的声誉产生很大的影响，无论是积极的，还是消极的；来自美国的鲁斯·摩尔女士，不久后她就嫁给了未来的第一代费勒姆的李子爵，并带来了一大笔财富，保证了丈夫有能力修复乡间别墅，并将其捐赠给国家，用作首相专用的度假别墅；西非殖民地统治者弗雷德里克·卢加德（卢吉）爵士及夫人，后者是独立的殖民地专家弗罗拉·肖。肖小姐是这群人里最不支持丘吉尔的人，这个夜晚也没能令她对丘吉尔的印象有所改观。当时她也和丘吉尔同桌进餐，直到上主菜的时候丘吉尔才姗姗来迟，他一直目不转睛地看着霍兹尔，目光从未转向肖小姐。有足够先见之明的人会发现，几乎每一位宴会宾客的存在似乎都是为了展现丘吉尔宏大的一生。

　　① 詹姆士·哈罗德·威尔逊，里沃的威尔逊男爵（1916—1995），英国工党政治家，两度出任英国首相。他于 1945 年首次进入议会，随即被任命为工务大臣，于 1947 年出任海外贸易大臣（国际贸易大臣），数月后进入内阁，成为贸易部大臣。

　　② 威廉·黑格，里士满的黑格男爵（1961—今），英国保守党政治家，里士满的下议院议员，1997—2001 年任保守党领袖、影子外交大臣，2005—2010 年任外交和联邦事务大臣，2014 年任第一国务卿兼下议院领袖。

尔说服母亲邀请克莱门汀·霍兹尔和她的母亲（与伦道夫夫人一样，她也是一个久经沙场、婚外恋层出不穷的女人）在周末两天，即4月11日和12日，造访她在赫特福德郡租下的居所——索尔兹伯里庄园。在之前那场晚宴上，丘吉尔对霍兹尔小姐只是一时的迷恋，但是在周末的这两天里，他对后者的态度变得认真了，对她产生了持久的热情。

周末过后，丘吉尔就不得不立即动身前往曼彻斯特了。按照一项从1705年开始施行、直到1919年才被废除的老规定，刚刚得到任命的内阁大臣必须在自己的选区再度当选为议员。通常反对党都不会表示反对，但是丘吉尔的情况并非如此。4月23日，他以429票的成绩落选，他的对手是像猎狐犬一样的威廉·乔因森－希克斯，这个结果同一周前他在信中充满自信地向霍兹尔小姐表达的期望相反。丘吉尔遭遇到了挫折，幸运的是，这远非一次致命的重挫。他是一位名人，他那一套任性的政治观点对不少选区的自由党积极分子都极具吸引力。就在落选的4天后，他宣称已经有八九个他有把握入选的选区与他取得了联系，这几个选区或者即将开始补选，或者可以为他专门安排一场补选。泰赛德区以黄麻、亚麻布、果酱和蛋糕生产以及船舶制造为主的城市邓迪完全是他的囊中之物，当地的自由党人都对他表示欢迎。强烈感到英国应当在政治上紧密团结的丘吉尔旋即跨过苏格兰边境，来到了这个安全地带。5月9日，他以令人满意的多数票（但是远远不到绝对多数票的程度）又被送进了议会。经过"吉星高照"的一个春季他才终于安下心来，将精力集中在新部门的工作上，同时他也没有失去对霍兹尔小姐的兴趣，与她一直保持着联系。

在4月16日的一封信中丘吉尔写道："据说被自由党疏远了的犹太人、爱尔兰人、统一派自由贸易者——3个尚不确定的投票群体——又回到或者将要回到我们的阵线中，我不太担心周五他们不会把票统统都投给我。"[clxx]曼彻斯特的选举究竟出了什么问题，竟然削弱了他之前对这场选举的信心？也许犹太人和统一派自由贸易者的确回归了这条阵线，尽管后者并不像他们在约瑟夫·张伯伦势头强劲的竞选活动达到高潮时那样过于背离自己的政党路线，但是爱尔兰人显然没有回归，尽管丘吉尔曾向他们保证阿斯奎斯同意公开表示在第二届任期内自由党政府将着手解决爱尔兰自治问题，试图以此鼓励他们为他投票。必须看到，政府在新教徒的鼓励下，于前一年（1907）议会会议期间通过的《教育法案》非常不受罗马天主教徒（与国教徒一样）①的欢迎，更不得人心的《许可法》②当然也同样于事无补。天主教在曼彻斯特的教区主教是索尔福德主教，在投票前的那个星期天，他公开宣布反对丘吉尔。

在那个年代，宗教在政治上起到的作用远比它在当今社会重要得多，但是选民会在多大程度上服从来自布道台的这种指令还是值得怀疑的，这就像现如今人们认为，任何一个特定人群往往根据谣言而不是数据统计结果投票的想法一样不太符合事实。在这次选举中，至少还有两个因素起到了同样重要的作用，首先是一位信奉社会主义的独立候选人的参与，这位候选人获得了 276 票；此外，在自由党于 1906 年踏上"新起点"的 2 年 3 个月后，英国社会对激进主义的狂热普遍消退了。具有强烈的党派倾向的威廉·乔因森 – 希克斯对政府的指责除了一些必要的改动之外，基本上千篇一律，令人生厌。他们"在短短两年的时间里……将我们的殖民地让渡给了别人，抛弃了德兰士瓦战争的胜利果实，试图阴谋操纵我们的宪法，提高税额，无视我们的宗教信仰，纵容爱尔兰的混乱和血腥事件，现在又开始攻击每一个不想跟上激进主义鼓点的贸易领域和机构"。clxxi 没有任何迹象表明丘吉尔是一位拙劣的候选人，但是在自由党大势已去的这个阶段，他也没有表现出卓越的政治手腕。他失去了 6.6% 的选票，这个数字略高于当年冬天和次年春天的补选中他失去的选票。面对这场失败，他表现得从容不迫。在 13 天后写的一封信中，他旁敲侧击地提到了"那些还在怄气的爱尔兰天主教徒"，他说其实直到最后一刻这些人才转变了阵营，"我必须说自由党是一个非常优秀的盟友。我从未见过身处不幸时有人会表现出如此的忠诚和友好。为了他们对我的态度，我原本应该为他们赢得一场大捷。"clxxii

事实上，丘吉尔在邓迪获得的选票率比他在曼彻斯特将近低了 3%，但是在丘吉尔看来，这个席位对他"终身有效"，这场竞争的进展也令人满意。（英国选举制度充满了变数。）56% 的选票没有投给丘吉尔，这部分选民欣然（在丘吉尔看来）将票投给了保守党和工党候选人，这两方得到的选票甚至几乎一样多。参加这场选举的还有第 4 位候选人，他就是标新立异的埃德温·斯克林杰，③他以"禁酒主义者"

---

① 爱尔兰人大部分信仰天主教，大约在总人口中占到 90% 以上，北爱尔兰有部分人口信仰英国国教、新教等。

② 1872 年提出的《许可法案》对酒吧的营业时间做了严格的限制，该法规遭到了普遍的批判，80 万人联名请愿要求废除这项法律，但是最终这项法案还是得到了通过，成为《阿伯戴尔法》。

③ 埃德温·斯克林杰（1866—1947），来自苏格兰邓迪的议员，唯一凭借对禁酒令的支持入选下议院的议员，是苏格兰禁酒运动的先驱，为了促进禁酒运动，他于 1901 年创建了自己的政党。

身份参加选举，获得了 2.5% 的选票。实际上，最值得注意的正是这片"好像人的手掌那么大"的云①，对禁酒态度始终如一的斯克林杰成了丘吉尔的眼中钉，在这个时期，后者逐渐成为禁酒主义者们眼中更大的目标。在此后 14 年半的时间里，斯克林杰又参加了 4 次选举，最终在 1922 年击败了丘吉尔，证明"终身有效"只是一个相对的而非绝对的概念。

在 1908 年的竞选中，邓迪选区为丘吉尔提供了大量的听众，丘吉尔则贡献了一场场充满震撼力的演讲，其中最著名的一场以反社会主义者为基调，显示出他的着眼点发生了改变。在坐落于邓迪市核心地带的凯尔德音乐厅里，他以一番冷嘲热讽开始了讲话，这段嘲讽具有一定的预示性，后来他在 1945 至 1950 年间口无遮拦地说出了不少无论是其他人还是他自己都闻所未闻的言论，只不过在 1908 年的这场演讲中，他没有提及盖世太保。他在这场演讲中说道："具体而言，社会主义团体就是一群难以相处的人，在近来的选举中，这群人为他们的事业争取到了大多数人的支持，他们的官员现在正透过无数的铁栅栏和文件架，隔着无数的柜台打量着人类，还对他们说'请买票'。"clxxiii 接着，他说出了更为著名的一段话，试图按照自己的理解阐明进步的自由主义和社会主义的区别。这段论述对偶工整，不过这更多得益于事先精心的准备，而不是他的临场发挥：

> 社会主义想要毁掉繁荣；自由主义想要消灭贫穷。社会主义将摧毁私人利益；自由主义将采用唯一能够保证私人利益安全、让私人利益存活下去的方法保护私人利益，换言之就是，使私人利益和公共权利达成一致。社会主义会杀死企业；自由主义会通过对特权和优先权的层层限制保护企业免受损失。clxxiv

5 月 10 日，丘吉尔乘坐的火车转过弯，驶离邓迪火车站，在缓缓驶过笔直的泰河大桥后加速穿过法夫地区，跨过又一条海湾后穿过爱丁堡，径直驶向伦敦。在那个年代，这段旅程需要花费 10 个半小时；不过，就连没有多少耐心的丘吉尔可能也不会厌烦这段漫长的旅程。有那么几年，他暂时将选区问题抛之脑后，每年秋季才会花上几天时间重返选区，这种情况一直持续到了 1910 年的第一次大选之前。邓迪是个好地方，但是不会牵动英格兰人的心弦。我记得继丘吉尔之后当选为邓迪议

---

① 这句话引申自《旧约·列王纪上，1844》，44—45 节的原文为："第七次，仆人说'看哪，有一小片云从海里上来，好像人的手掌那么大。'以利亚说'你上去告诉亚哈，当套车下去，免得被雨阻挡。'霎时间，天因风云黑暗，降下大雨。亚哈就坐上车，往耶斯列去了。"（见和合本修订版）

员的一个人（约翰·斯特雷奇）曾告诉过我，他一生中最愉快的几次经历就包括自己安坐在火车车厢里，行驶在泰河河口的火车一路南下的那一次。在那个5月的清晨，丘吉尔有充分的理由对自己的成果感到满意，为自己的前途感到欣喜。他从来不喜欢对自己的野心加以约束，但是在这个早上他绝不可能想到，就在整整32年后他将成为英国首相，也不可能想到，实现这个目标时他将面临怎样的绝境。

在那年春天的一个月里，霍兹尔小姐与母亲去了德国黑森林的一家肺结核诊所将霍兹尔的妹妹内莉（后来成为罗米利夫人）接回家，剩下的时间，她们都在米兰度过——忙着买衣服。霍兹尔小姐年迈的叔祖母，一直热心支持丘吉尔事业的圣赫利尔夫人很现实，在她看来，霍兹尔夫人一定是疯了，竟然在这样一个大有希望的时候带着女儿出国去。在黑森林和米兰，霍兹尔小姐在给丘吉尔的信中表示，自己很遗憾不在他的身边，而且自己对曼彻斯特和邓迪的竞选都有着浓厚的兴趣。或许霍兹尔小姐的母亲比她的叔祖母更有气魄，对于婚姻大事也有着更坚定的信心。

霍兹尔小姐的母亲布兰奇·霍兹尔（父姓为奥格威）是第十代艾尔利伯爵戴维·奥格威的长女，直到1878年她才嫁给亨利·霍兹尔，她对这段婚姻感到十分不满意。显然令她失望的并非丈夫当时已经年逾四旬，刚刚离婚，既没有门当户对的出身，也没有能让她衣食无忧的财富。他是一位成功的警卫旅军官，有着非常出色的实干家的才能，总体而言兴趣广泛，充满魅力。他于1907年逝世，逝世前对父亲多少有些畏惧的克莱门汀对他产生了极其强烈的兴趣。这段婚姻真正的问题不在于霍兹尔先生的出身和性格，而是由于他根本不宠爱妻子，不过他的妻子对他的爱慕之情也强烈不了多少。他们的婚姻终于在1891年宣告破裂，布兰奇夫人过上了拮据的生活，有时住在苏塞克斯的锡福德，有时跨过英吉利海峡，去法国的迪耶普住上一阵子，有时候还会去肯辛顿远处的阿宾顿住宅区，在那个年代，那里还没有成为时尚重镇。认为南下米兰采购服装体现出生活优越的认识是错误的，因为当时米兰的服装价格并不高。

布兰奇夫人是克莱门汀的母亲，这一点确凿无疑，但是亨利·霍兹尔很有可能不是她的父亲。根本用不着带着猥琐的念头搜寻过去的丑闻，人们就会产生这种想法。克莱门汀·丘吉尔尚在人世的女儿玛丽·索姆斯在1998年将父母50多年里的书信精心选编了一部分，结集成册出版了，在为这部书信集撰写的引言中她直言不讳地指出："在后半生里，克莱门汀越发坚信自己不是亨利·霍兹尔的女儿……" [clxxv] 她的父亲是谁？对于这个问题难下定论，索姆斯夫人再一次大胆直言："毫无疑问，布兰奇·霍兹尔生活淫乱，她的丈夫曾威胁说要与她离婚，当时有传言称她至少有9个情人。" [clxxvi] 克莱门汀生身父亲最有可能的人选似乎就是在1902年被封为雷德斯代尔男爵的阿尔杰农·伯特伦·弗里曼－米特福德（1837—1916）和威廉·米德尔顿上校（1846—1892）。米特福德年轻时曾是一名外交官，先后被派驻俄国、中国和日本，在1871年得到出任英国驻圣彼得堡大使的机会，但是他更喜欢在伦敦的生活。1874年他被迪斯雷利任命为工务大臣，这一年他同布兰奇夫人的妹妹、上一代的克莱门汀结婚，在这个职位上一直做到了1886年，这一年有可能是他女儿的克莱门汀·霍兹尔出生了。在19世纪90年代，米特福德短暂地当过一段时间埃文河畔斯特拉福德的保守党下议院议员，但是他对文学的兴趣越来越浓厚，曾根据自己做大使随员期间的经历写了几部出色的游记，后来又花了几年时间写了一部自传，英国诗人及评论家埃德蒙·戈斯不无夸张地说过米特福德的这部自传"将经久流传，被世人频频提起"。

最终，米特福德获得了雷德斯代尔男爵身份，他正是以这个身份翻译了一批重要的外国文献，阿斯奎斯在写给维妮夏·斯坦利的信中就提到过他的翻译才能。*在生命的最后10年里，他对所有的事情都充耳不闻，不过他的身上仍保留着一些花花公子的热情。《英国人名词典》中，浪漫主义诗人戈斯为他撰写的条目在结尾处有一段简明扼要的概括：

> 作为一个人，雷德斯代尔勋爵属于白马王子类型：他有着精致的面容、明亮的眼眸、挺拔而灵活的身板，到了晚年他那一头银色的卷发闪闪发光，他是所有人的宠儿，一位英勇的绅士，本质上他是一位地地道道的英国人，但是经过了外国上流社会的磨砺和完善。衣着考究的他走在蓓尔美尔街上，① 帽子略微斜向一侧，脸上带着淡淡的笑容，向每一个人点头致意，目睹这一幕，就如同看到了那种原本就很稀少、现在已经彻底绝种的人的活化石。[clxxvii]

米特福德的次子继承了父亲的爵位，米特福德的孙女南茜·米特福德曾在小说中用夸张的笔法将后者塑造成滑稽的马修叔父，或者"法尔福"。②

＊　在1914年7月10日，萨拉热窝刺杀事件已经过去了3个星期，爱尔兰危机到了爆发的边缘，阿斯奎斯在信中写道："上床之前我读起了张伯伦（德国）所著的'康德'的第一卷，这是老雷德斯代尔翻译的，前几天他把这本书给了我。"

①　蓓尔美尔街是伦敦中部的一条街道，由于聚集着很多俱乐部而出名。

②　在出版于1945年的小说《追求爱情》中，南茜·米特福德以叔父为原型塑造出"马修叔叔"这个人物，在其他多部作品中则将叔父称为"法尔福"。

由于肤色令人不禁联想到枣红马，米德尔顿被戏称为"枣红"，他的一生非常短暂，乏善可陈。他曾经是第12枪骑兵队里的一名军官，46岁那年，在参加越野障碍赛马时身亡。在婚后最初几年里，伦道夫夫人在爱尔兰与他的交往就如同与布兰奇夫人的交往一样密切，但是后来两个女人渐渐地疏远了，直到最终子女们的爱情又让她们重新走到了一起。非常惊人的是，这两个放浪形骸的女人的子女竟然能够成就一场以长久和忠诚而名闻天下的婚姻。

1908年，年方22岁的克莱门汀·霍兹尔与她那个有些不可靠的家庭环境所预示的性格大相径庭。当时有许多资料都提到她有着惊人的美貌，只是没有多少照片能够佐证这一点。不过，没有理由怀疑她有着坚毅、敏感、紧张不安的性格，小鹿一样的容貌（但是绝对不像一个小精灵，因为她身材高挑），毫无未来婆婆那种自我放纵的性感。这个年纪的克莱门汀与伦道夫夫人形成了鲜明的对比，展现出一副纯真模样。应该说这种说法符合事实，不过她并不是一个刚刚从学校里走出来的天真少女。在此之前她已经订过3次婚，其中两次都是和同一个男人，但是他们几乎不曾对外公布过订婚的消息。这个人就是英国前首相、令人敬畏的罗伯特·皮尔爵士的孙子西德尼·皮尔，他对克莱门汀一往情深。皮尔比克莱门汀年长将近15岁。克莱门汀与他交往愉快，但是无法点燃她的激情。克莱门汀的另一位订婚对象是出身良好、相当富有的公务员莱昂内尔·厄尔，他比皮尔的年纪还大，不过很有可能激发起了克莱门汀的热情。克莱门汀同厄尔的这门婚事对外公开了，事实上在她还没有对婚事产生疑虑的时候，人们就纷纷向这对新人送去了贺喜的礼物。一位好心的朋友错误地将尚未完婚的两个年轻人——在布兰奇夫人的陪同下——同时邀请到自己在荷兰的庄园共度了两个星期的时光。这样的安排对克莱门汀来说难以接受，意志坚强的她恢复了先前有些乏味的生活，有时住在迪耶普，有时返回伦敦，在伦敦期间还以每小时两个半先令的价格教授法语。

按照爱德华时代婚姻市场的规则，克莱门汀要想安定下来可不只是时间问题，不过对于身高与她差不多，而且比她年长11岁半的温斯顿·丘吉尔来说情况也是如此。丘吉尔与"毕尔小姐和巴斯小姐"① 不同，他对丘比特之箭做不到完全的免疫。不过，这些箭也不曾主宰过他的生活，显然他不是一个喜欢向女人献殷勤的男人。他不喜欢跳舞，在宴席上也不善于和别人寒暄。除非邻座的女士能激发起他谈

① 毕尔小姐与巴斯小姐，英国两位著名的女性教育先驱，弗朗西斯·玛丽·巴斯（1827—1894），英国著名教育家及女校长，妇女教育的先驱；多萝西娅·毕尔·LL·D（1831—1906），英国妇女参政主义者，教育改革家，作家，曾担任切尔滕纳姆女子学院校长。

话的情绪，尤其是有关他的话题（其次就是有关世界未来的话题），否则他会完全无视对方。他对帕梅拉·普洛登充满热情，但是并不痴心，不过两个人还是发展到了谈婚论嫁的程度。就在这时，他的面前出现了一位名叫穆丽尔·威尔逊的女子，后者出身于赫尔当地一户富有的船业家族，1891 年的"巴卡拉牌局大丑闻"①就发生在她的家族在约克郡东瑞丁（即东约克郡）的特朗比农场庄园，事件牵涉到未来的爱德华七世国王和戈登－卡明中尉②。穆丽尔·威尔逊与丘吉尔的交往不算认真，但也不乏男欢女爱的因素。在 1906 年初秋，他们两个人驾车（当然了，有穆丽尔·威尔逊的女伴相随）走遍了意大利中部的很多地区，例如博洛尼亚、拉文纳、里米尼、乌比诺、佩鲁贾、锡耶纳。在旅途中，丘吉尔写信向母亲讲述了自己同穆丽尔·威尔逊"平静、平庸"的恋爱。穆丽尔·威尔逊擅长用一贯轻浮的态度调侃爱人，到了 1907 年的春天，社会上有传言称丘吉尔将要迎娶博塔小姐，也就是他在纳塔尔期间俘虏他的那位布尔军官最为疼爱的女儿，当时后者陪同父亲前来伦敦参加大英帝国会议。③穆丽尔·威尔逊从法国南部——相比约克郡的丘陵，似乎大部分时间她都更喜欢待在那里——给丘吉尔发去了一封嫉妒和嘲弄参半的信，在信中她写道："听说你已经和博塔小姐订婚了——果真如此？……我期望在这里，在阳光下，在蔚蓝大海的怀抱中安度晚年；我希望你，还有博塔小姐，以及所有的小博塔们都能来探望我，来我的花园（我会像爱丽丝·罗斯柴尔德④一样）。我要办一场午宴，为你们还有像我们一样的老家伙们接风，首相都会在我们的来宾簿上留下他的大名……" clxxviii

　　八卦专栏作家们对博塔小姐痴迷不已。在 20 世纪 00 年代，社会上已经出现了这种作家，只不过他们不像今天的八卦专栏作家那样侵犯他人的隐私。除此以外，

---

　　① 王室巴卡拉牌局丑闻，又被称为"特朗比农场庄园事件"，是一场赌博丑闻，未来的爱德华七世国王在当时还是威尔士亲王，他也被牵涉其中。在 1890 年 9 月于特朗比农场庄园举办的一场聚会中，苏格兰卫队的中校威廉·戈登－卡明爵士被指出在巴卡拉牌局中作弊，他坚决否认了指控。作弊消息泄露后，戈登－卡明以诽谤罪名对聚会主办者家族的五名成员提起诉讼，他的密友威尔士亲王被当作证人传唤到庭。结果戈登－卡明败诉，从此被逐出上流社会。

　　② 戈登－卡明（1848—1930），苏格兰地主，冒险家及社交名人，臭名昭著的花花公子，在 1891 年的王室牌局丑闻中扮演了核心角色。

　　③ 大英帝国会议（在 1907 年之前被称为"殖民地会议"），是 1887 至 1937 年间大英帝国各个自治殖民地及自治领不定期举行的会议，1944 年会议被英联邦国家首相及总理常规会议所取代。

　　④ 爱丽丝·夏绿蒂·冯·罗斯柴尔德（1847—1922），社交名流，出身于奥地利显赫的银行业家族罗斯柴尔德家族。

丘吉尔还有过一段短暂的爱情，这位女主角更为神秘。埃塞尔·巴里摩尔是一位出生于美国的女演员，在当时声名赫赫。她比丘吉尔年轻 5 岁，在 1896 至 1898 年间居住在伦敦，不过后来她只是偶尔以"明星"身份亮亮相。几乎每一部丘吉尔传都坚称丘吉尔曾向巴里摩尔小姐求过婚，但是没有一部传记写明求婚的时间，也没有提供更详细的情况。在丘吉尔的官方传记中，一贯能够提供大量证据的伦道夫·丘吉尔对于此事也没能交代出更多的细节。他只提到，时隔很久之后，巴里摩尔小姐曾在口头上向他证实过"她曾深深地被丘吉尔所吸引"，还说他曾给她发过一封电报，祝贺她 80 岁寿辰。这个生日距离当年的求婚当然已经有数十年之久。如果我们相信巴里摩尔小姐反复重申的这件事情的确属实，那么我们不禁会问，这段恋情究竟只是一个痴迷于女演员的年轻人在 19 世纪 90 年代末一时的心血来潮（毕竟按照当时的条件，丘吉尔显然不会认真考虑婚姻大事），还是这个年轻人在某个深夜向巴里摩尔小姐做过一次出格的表白，但是他并不指望甚至也不希望对方能接受他的求爱。

另一个需要在此提及的名字是维奥莱特·阿斯奎斯，也就是首相的女儿。至少可以说她几乎爱上了丘吉尔，不过后者却无意于她，但是这种情况并没有妨碍他们两个人培养起深厚的友情。1915 年之后，丘吉尔对她父亲的幻想就彻底破灭了，但是他们两个人的交往一直持续到了两个人都步入暮年的时候。同埃塞尔·巴里摩尔的情况一样，丘吉尔与阿斯奎斯小姐的交往也存在着一些疑团，但是这些不解之谜并非由于缺少文献资料所造成的。涉及他们的文献非常丰富，但是不同的文献存在着相互矛盾的地方，尤其是阿斯奎斯小姐提供的情况。

阿斯奎斯小姐在 1916 年嫁给了莫里斯·博纳姆·卡特，1925 年她的父亲又受封为伯爵，就这样她成了"维奥莱特·博纳姆·卡特夫人"。她于 1965 年，即丘吉尔逝世大约 6 个月后出版了《我所了解的温斯顿·丘吉尔》一书，在所有有关丘吉尔的书籍中这部作品属于佼佼者，同时也是最具洞察力的一部作品。这部作品极其私人化和戏剧化，作者在开篇处就写下了两个人在 1906 年夏天的初逢，那时丘吉尔已经 31 岁，她年方 19 岁。这段描述令人难忘，卡特夫人清楚地交代出宴会的主办人、地点和在座其他宾客的身份：

> 我发现自己坐在这位年轻男子的身旁，在我看来他似乎和我见过的所有青年男性都截然不同。愣了好一会儿神之后，他似乎突然意识到了我的存在……他突然对人类生命的短暂、人类可能取得的成就的无限性做了一番打动人心的讽刺。古往今来的诗人、先知、哲学家都已经充分讨论过这个话题，似乎已经很难为这个问题赋予令人耳目一新的内涵了。然而，面对我他做到了，他口若

悬河，似乎这种事情对他来说易如反掌，他想说的话似乎也无穷无尽。他在最后说的那句话令我终生难忘："我们都只是虫子而已，但我真的相信我是一只萤火虫。"到了这个时候我已经对这一点深信不疑了——在接下来的岁月里我始终不曾怀疑过这一点。^{clxxix}

回到家，阿斯奎斯小姐告诉父亲，"这辈子我终于见到了一位天才"。阿斯奎斯表现得很大度，看上去他对女儿的态度感到好笑。他说："嗯，在宴会上温斯顿当然会投合你的心意，但是我可不敢说日后你会不会看到还有很多人也有着同样的想法。不过，我很明白你的意思。他不仅不同寻常，而且独一无二。"^{clxxx}（至少可以说在将近 60 年后她还记得阿斯奎斯是这样说的。）

唯一矛盾的地方在于，在维奥莱特的一部日记信札集中，从头至尾没有以任何形式提到过这件事情，这部作品问世于 1996 年，也经过了一丝不苟地编辑。我们无法相信这件事情纯属子虚乌有，毕竟维奥莱特交代的细节很充分，总体而言也合情合理。令人感到匪夷所思的是，她的生命中如此戏剧化的一次经历却没能在她当时留下的大量日记和书信中占据一席之地，因此我们有理由认为她后来的追述对此事进行了美化。

对于当年克莱门汀·霍兹尔突然出现在他们的世界中，维奥莱特曾在 1965 年的时候做过一番评价，将她的这番评价与她在几十年前写下的书信做对比，她始终不曾在书信中提及自己与丘吉尔的首次谋面就显得颇有意义了。在《我所了解的温斯顿·丘吉尔》中，维奥莱特·博纳姆·卡特夫人谈到了丘吉尔的婚姻："他的妻子已经和我成了朋友……她比我早出生几年，当我凝视着她精致、完美的容貌，心里想着她已经充分见识过了我刚刚跌跌绊绊走入的这个世界时，我便不由得对她感到敬慕和欣赏。敬慕之情消失了，欣赏还在，怀着这种情感我们开始了一段友情。世事变幻，我们的情谊却始终未曾动摇过……很快我就发现实际上从本质上她比丘吉尔更接近于自由主义，这个发现令我为她深感释然。"^{clxxxi}

在几十年前，维奥莱特·阿斯奎斯的文字却远远没有这么热情。听到丘吉尔订婚的消息后，她和自己的朋友维妮夏·斯坦利在信中交流过对这件事情的看法，后者是克莱门汀的表亲，不过她的姐姐西尔维娅·亨利同克莱门汀的友情更为深厚，也更为持久。维奥莱特·阿斯奎斯在信中写道：

> 我刚刚从温斯顿·丘吉尔那里听说了他跟霍兹尔成功订婚的消息。不得不说我固然为他感到遗憾，但更多的是为她感到高兴。正如我常常说的那样，对

他来说，他的妻子绝对顶多算是一个当摆设的橱柜罢了，她很容易满足，不会介意自己只被当成一个摆设。我不知道最终他是否会介意她蠢得就像猫头鹰的事实——无疑这一点存在着危险——不过眼下看来她至少不用再自己给自己做衣服了，我想他应该有点爱上她了。父亲认为这对他俩来说都是一场灾难……我不知道究竟是不是这样。他想找的可不是一个能够审时度势、能够感化他的妻子，能够弥补他在品位等方面的空白，能够防止他犯下大错的妻子——事实上，他就是非常需要这样的妻子。我之前发电报给他们，恳请他们两个人于17日来此（阿伯丁郡的斯莱恩斯城堡）一游——要是他们真的来了，那就太有趣了，不是吗？对这件事情——基本上是对丘吉尔——父亲的态度有些冷漠，玛戈（第二任阿斯奎斯夫人）有一个奇怪的念头，她断定克莱门汀疯了！我向她保证说，克莱门汀正常得都到了乏味的地步，可是她还是坚持这种想法。^{clxxxii}

维妮夏·斯坦利的信写于两天后（星期天），很有可能当时她还没有收到维奥莱特的信。她在信中写道："你不会为温斯顿感到激动吧？我真想知道克莱门汀会不会成为跟帕梅拉［·麦肯纳］^①一样令内阁阁员们感到厌烦的讨厌鬼——我觉得不太可能，她太不起眼了。恐怕一想到自己将不再是唯一一位年轻的自由党女总管，可怜的帕梅拉就会烦心死了。我收到了克莱门汀的一封信，她开心得都要发疯了，在信里把能说的事情都说了。真不知道在温斯顿的眼里她该有多么愚蠢。"^{clxxxiii}

维奥莱特·阿斯奎斯与维妮夏·斯坦利的往来书信不太大度，也缺乏善意，不过这种书信也不算过于令人震惊，也不能证明她们同克莱门汀在日后的友谊是虚伪的。如果私底下对第三方的评头论足总是被曝光在公众面前，尤其是那些在特殊情绪的压力下或者突然面对某个消息时发表的看法，那么我们中间很多人的友谊都会无疾而终。人们不禁会将维奥莱特和维妮夏的表现视作两个丑姐姐由于灰姑娘的成功而感到心烦意乱。无疑，维奥莱特受到了嫉妒心的驱使，不过她远非一个丑陋的女人，她拥有大批爱慕她的男性朋友，而且当时她正沉浸在刚刚成为首相女儿的喜悦中。至于维妮夏，虽然按照传统的审美标准她算不上是一位美女，但是她有着活跃谈话气氛的魅力，身边不乏爱慕者，几年后上任的首相也曾拜倒在她的脚下，况且她和丘吉尔不曾发生过亲密的关系，只是将其当作他们那个"圈子"的一名令人

---

① 本书中，正文中独立出现的中括号（即内部没有小括号的情况），都是作者原文，非译者和编辑添加、使用。

愉快的外围成员。

大概从那年的春天开始，丘吉尔就打定主意要展开对克莱门汀的追求，他的出击没有受到太大的阻挠，但是直到当年的议会休会期结束，他的努力才有了成果。这样的过程在一定程度上预示了他们未来的生活。在接下来漫长的婚姻生活中，克莱门汀很少会碰到女性竞争对手，即使这样的对手出现了，对她构成的挑战也微不足道。尽管如此，她还是要面对一个与她争夺丘吉尔注意力的强大敌手，这位敌手就是丘吉尔始终热衷的真正的政治游戏。事实证明这桩婚姻堪称天作之合，然而即使是当丘吉尔的注意力集中在婚事上，他也首先必须以弗朗西斯·德雷克爵士在普利茅斯高地打完那场保龄球那样的姿态完成他作为内阁大臣的第一次会期。①

那一年的议会于 8 月 1 日早早休会了，在当月的头一个星期霍兹尔小姐去了怀特岛参加考斯赛艇会，丘吉尔待在表弟弗雷迪·加斯特②在拉特兰郡租下的一处住宅，逗留期间那座房子被烧毁了，随后他搬到了牛津附近有些杂乱无章的纳尼汉姆。与他一起前往拉特兰郡的爱德华·马什在火灾中损失了所有的衣物，丘吉尔失去了所有的公务文稿。当时的内阁同僚"万人迷"哈考特住在纳尼汉姆，丘吉尔的弟弟杰克与阿宾顿伯爵的女儿格温德林·伯蒂小姐将要在牛津举办婚礼（或许这场婚礼也加速了丘吉尔走向婚姻生活的脚步），与此同时丘吉尔提议同克莱门汀于 8 月 10 日星期一在布伦海姆见面，无论是前往牛津，还是布伦海姆，从纳尼汉姆出发都非常方便。丘吉尔原先的计划并非如此，他本来打算就像 4 月那样，与伦道夫夫人在索尔兹伯里府住上几天，可是他越来越渴望说服克莱门汀去布伦海姆，实际上，他是想以气势恢宏的布伦海姆宫为舞台向对方求婚。8 月 11 日，他付诸行动，对方接受了他的请求。

克莱门汀一开始有些抗拒前往布伦海姆的计划，她以为布伦海姆宫里肯定会举办一场盛大时髦的宴会，当听说只有马尔博罗公爵、在丘吉尔身边越发不可缺少的弗雷德里克·埃德温·史密斯，还有丘吉尔在贸易部的一名私人秘书后，她多少有些安心了。出身于范德比尔特家族的公爵夫人刚刚过世，克莱门汀从来没有对公爵

---

① 弗朗西斯·德雷克（约 1540—1596），英国船长，奴隶贩子及政客，活跃于伊丽莎白时代，在 1577 至 1580 年间完成了人类历史上第二次环游世界的航行。在 1588 年率领英国海军击败了进犯的西班牙舰队，据说开战之前他正在普利茅斯高地打保龄球，有人提醒他西班牙舰队已经逼近，他却说还有时间打完这场球，最终他就以这样的姿态击退了西班牙军队。

② 弗雷德里克·爱德华·加斯特（1875—1937），常被称为弗雷迪·加斯特，英国政治家，曾先后出任过联合自由党的首席党派督导和空军大臣等职务，1924 年在巴黎举行的夏季奥运会上参加了英国马球队，并赢得铜牌。他的母亲是第七世马尔博罗公爵的长女。

产生过好感，她也不太喜欢史密斯，不过对他的妻子，即原名为玛格丽特·弗诺的史密斯夫人倒是颇有好感。出现在布伦海姆的私人秘书是威廉·克拉克（不是马什，克莱门汀对他的好感与日俱增，但是他大概被拉特兰郡的那场火灾搞得精疲力竭了），相比马什，他与丘吉尔的合作局限在贸易部，后来他被封为爵士，先后出任过英国驻渥太华和比勒陀利亚的最高专员。没有资料显示克莱门汀对克拉克怀有怎样的看法，很可能当时她随时随地都一心扑在丘吉尔身上（他对她也是如此），为自己的未来做着打算，因此不太留意其他宾客。在这至关重要的两天里，陪伴在她身旁的是未婚夫的两位密友，这一点也同样对她日后的生活有一定的预示性，对于这两个人她始终不曾有过好感。同样有趣的是，丘吉尔一向自视甚高，认为无论是财富还是显赫的身世背景都不会过于触动自己（实际上，他很喜欢财富和显赫的身世带给自己的方便），然而他居然如此急切地想借用布伦海姆当背景，尤其是考虑到当时他已经意识到克莱门汀属于对这种事情最无动于衷的那类人。之所以做出这样的选择更有可能是因为，他认为在这里求婚恰如其分。他出生在布伦海姆，在此之前他最成功的作品大部分都是在这里完成的，接下来他还将在这里完成这座宫殿的奠基人的四卷本传记中的一卷，最终他也将被安葬在布伦海姆公园一角的一处墓地里，在这里订婚符合他遵循一定模式、追求连贯性的心理。

订婚问题解决了。他们先去拜访了住在比较简陋的阿宾顿住宅区的布兰奇夫人，过了几天又去了索尔兹伯里府拜访了伦道夫夫人。在索尔兹伯里府，他们宣布将于8月15日举行订婚仪式，婚礼定于9月12日在圣玛格丽特的威斯敏斯特教堂举行。婚礼的日子有些"不太方便"，尽管如此他们还是设法邀请到了1300位宾客。除了双方的家人，被记录下的到场宾客就只有劳合·乔治。除了他，大多数举足轻重的政客当时都不在附近，因此在这个方面丘吉尔的婚礼难以企及阿斯奎斯与玛戈·坦南特在14年前的那场婚礼，当时格莱斯顿、罗斯伯里与贝尔福悉数到场。当时已经与丘吉尔紧密结盟的劳合·乔治独自一人参加了这场婚礼，他的到场非常引人注目，也合乎情理。据说，在小礼拜堂里丘吉尔与劳合·乔治就政治问题进行了一番热烈的交谈，这种举动也同样比较稀松平常。威尔士圣阿瑟夫可敬的爱德华主教与曼彻斯特的韦尔登校长（丘吉尔在哈罗公学就读时担任该校的校长，后来出任加尔各答主教）做了致辞。维妮夏·斯坦利是伴娘之一。

《服装裁剪》杂志为这场婚礼增加了一丝诙谐的气氛，该杂志称丘吉尔的礼服是"我们见过的最失败的婚礼礼服之一，为穿着者赋予了一种经过美化的马车夫的味道"。其实，对于当时的场合，丘吉尔的打扮光鲜得不同寻常，他的伴郎休·塞西尔勋爵更像是一位陪同男主人出席婚礼的马车夫。

第八章　贸易部的魔法师学徒

新婚夫妇在布伦海姆尽了几天孝心，接着又去马焦雷湖和威尼斯做了一场十分短暂的旅行，度完蜜月后他们回到了伦敦。这时丘吉尔在贸易部就职已经将近半年了，他在这个部门工作了整整两年。贸易部是一个责权范围比较模糊的部门，一半是由于根深蒂固的历史原因，一半是由于该部门日常工作的特性，这个部门与丘吉尔曾宣称自己绝不会接受的地方政府事务部实际上没有太大的区别。

在丘吉尔之前，贸易部大臣这个位置上不乏杰出人物，其中包括威廉·赫斯基森、①格莱斯顿、爱德华·卡德韦尔、②约翰·布赖特、约瑟夫·张伯伦，丘吉尔的前任则是劳合·乔治，但是并非所有的人都对这个职位满怀热情。格莱斯顿就曾在1841年被任命为副大臣——而不是像在1843年被任命为大臣——的时候就曾直言不讳地表示自己希望负责跟人打交道的事情，结果却发现自己要"管理一堆包裹"。在那个年代，贸易部的工作至少同财政部一样关乎国家收入的提高，实际上3/4的国家收入来自进口关税和国内货物税。但是在与迪斯雷利的共同努力下，格莱斯顿在20世纪50年代为财政部赢得了支配地位，财政预算也成为国家大事，从此贸易部的辉煌便不复存在。后来的大多数贸易大臣在就职时至少都希望能从这个职位直接晋升到其他职位，最受他青睐的当数财政大臣一职，他们的愿望大多也的确化为了现实。

劳合·乔治的情况正是如此，离职后他就进入了有着"政客天堂"美誉的财政部（人们常常对此有所误解），为丘吉尔创造了机会。尽管如此，贸易部仍旧肩负

---

① 威廉·赫斯基森（1770—1830），英国政治家、金融家，先后在包括利物浦的多个选区当选过下议院议员。

② 爱德华·卡德韦尔，第一代卡德韦尔子爵（1813—1886），英国政治家，曾于1868至1874年间出任陆军大臣，在格莱斯顿的支持下对陆军实行了一系列改革，这些改革措施被统称为"卡德韦尔改革"。

着重要职责，握有重权，即使它面对的工作完全是一堆大杂烩。贸易部的责任与权力包括公司注册与管理、专利和设计、商船、铁路、贸易和劳工数据统计，并且还负有在发生行业纠纷时进行调和、在贸易谈判中为外交部献计献策的责任。正如约翰·格里格在为劳合·乔治所做的传记的第二卷中所指出的那样："国家的干预和控制已经被减少到最小化，但是为确保资本主义制度顺畅、秩序井然地运行而保留的一部分权力主要由贸易部行使。"clxxxiv

在行使这些五花八门的权力的过程中，劳合·乔治采用了一套非常冷静的策略，使得他复杂多变的性格中截然不同的两极达到了平衡状态。首先，他以近乎天真的情绪享受着加冕为贸易部大臣的喜悦。他没有过多地效仿约翰·伯恩斯的做法，后者于1905年被任命为内阁大臣，成为首位出身于"工人"的内阁大臣，外界认为，他曾对亨利·坎贝尔-班纳文说过"亨利爵士，您这辈子做过的最得人心的事情莫过于此"。clxxxv 不过，他在卡那封市政厅所做的就职后首次讲话还是体现出了"出人头地的小镇青年"一样的强烈的自豪感，这份工作令他十分渴望以中规中矩的方式成为一名成功的大臣，促使他在暗中采用了调停安抚的策略履行自己在贸易部的职责。与此同时，他也清楚在公司法或者海事管理方面取得成功根本无法满足自己对权力的强烈渴望，因此他既是一名干练的管理者，能够将具体工作托付给属下，同时他也将大量的精力花在一系列不可更改的综合性巡回演讲上，并在这两项工作之间找到了平衡。

劳合·乔治的做法与丘吉尔的行事风格多少有些不同。在这个阶段，丘吉尔急切地谋求与前者结成联盟，但是他对权力也有着同样的胃口。33岁就成为高级大臣的事实令丘吉尔感到欣喜，但是他并没有被成功冲昏头脑。在他看来这即使算不上是天赋的权利，至少也是他的天赋理应得到的回报，这种天赋来源于他在统治管理方面承袭自先人的天性，而且他总是喜欢插手各种细节问题。在与生俱来的直觉的驱使下，只要是在伸手可及的范围内，每一棵苹果树他都会摇一摇，尽可能地将树上的果子摇下来。一开始，他唯恐劳合·乔治已经把贸易部这块布丁上的"所有李子"——对苹果树的比喻略有改动——全都摘走了。事实上，他在贸易部的24个月里取得的成果大概超过了他的前任在28个月里取得的成果。不无矛盾的是，之所以取得这样的成果，反而是由于在以积极的激进主义为基础的合作中，他心甘情愿充当劳合·乔治的副手，这两位主张进行社会改革的新自由党人都摒弃了只着眼于自由主义政治问题、任由社会环境自生自灭的老格莱斯顿传统。

丘吉尔雄心勃勃，但是对他来说，给一个比他年长11岁半、在他之前已经有了 13 年自由党下议院议员经历的人当副手并非一件难以接受的事情。劳合·乔治与丘吉尔的交往非常令人着迷，他们共同经历了一个个风云变幻的时代，在后者接替前者就职于贸易部之后，他们拥有了长达 35 年的友情。*他们两个人都是英国活跃于 20 世纪上半叶的天才政治家，也就是说，他们都有着超乎寻常的杰出和充满独创性的操控力，因此他们都成了成就卓越的首相。说到实实在在的成就（和平时期里），阿斯奎斯至少可以与他们相提并论，这很像是将维多利亚时代的罗伯特·皮尔与格莱斯顿与迪斯雷利相比较一样。相比之下，丘吉尔表现得更为出众，因为在政治之外他的兴趣和所学更为广泛，同时也因为他在 1940 和 1941 年里取得的成就比劳合·乔治在 1917 和 1918 年里的成就更辉煌，他所克服的困难也更艰巨，而且对世界的未来产生了更至关重要的影响。此外，尽管有时候丘吉尔会任由自己对事对人的看法走向偏激，但是相比劳合·乔治，他有着更为坚定的目标，他的政治信仰更为始终如一，换言之就是，他更坚持原则，少有投机主义倾向。

毫无疑问，在很多重要的品质方面劳合·乔治都更胜丘吉尔一筹，他的一项优点，很可能也是他最显著的优点就是，他长期对丘吉尔具有领导权，而且做到这一点对他来说几乎易如反掌。在 20 世纪 20 年代末出任财政大臣期间，丘吉尔与劳合·乔治见了一面，当时两个人已经有一段时间没有见过面了，从来不会亲自动笔记录会面过程的丘吉尔在会面之后长篇累牍地记录下了这场会面。为了《世界危机》的最后一卷，丘吉尔要求与劳合·乔治见一面，他需要后者帮他证实书中涉及

---

* 这段关系有一个有趣之处，这就是他们在书信中对彼此的称呼。除了奥斯汀·张伯伦，相比其他一流的政治家，丘吉尔更多地被称呼以教名，这主要是因为劳合·乔治对他的父亲仍记忆犹新，奥斯汀·张伯伦的情况也是如此，而且在这个方面丘吉尔的父亲起到的作用更大。始终不太擅长写信的劳合·乔治直到 1908 年年底才开始在信中采用"亲爱的温斯顿"这样的称呼（相对于"亲爱的丘吉尔"），而阿斯奎斯等人早就采用了这样的称呼。与此形成对比的是，丘吉尔很少用教名称呼劳合·乔治——托利党人更喜欢将他的姓氏省去一半，居高临下地用"乔治"称呼他。丘吉尔宣称在不多的几个用"戴维"这个名字称呼劳合·乔治的人中就包括他自己，但是直到 1910 年秋天，在他同后者在威尔士的克里基厄斯庄园共度了一段时光之后，他的信中才出现了这样的称呼。或许书信无法充分地反映实际情况，因为在 1914 年年初丘吉尔宣称他们的关系十分亲密，10年里几乎没有一天他们不在一起聊上半个小时。听到丘吉尔的话，奥古斯丁·比勒尔的回答十分令人泄气，他说："你俩得多无聊啊。"实际上，除了家族的父辈，从未有人用阿斯奎斯原本的教名"赫伯特"称呼他，他的同事都称呼他为"阿斯奎斯"或者"首相"，要不就是名字的首字母缩写"HHA"，后来他还被称为"头儿"，他的第二任妻子则用他的中间名"亨利"称呼他，她觉得这样的称呼更别致。

的一些事情。根据当时丘吉尔在财政部的私人秘书罗伯特·布思比的记述，这次会面达成了丘吉尔的既定目标，劳合·乔治回答了丘吉尔的所有问题。丘吉尔还补充道："在5分钟的时间里，你我完全恢复了原先的关系——主仆关系。我是仆人。"clxxxvi 无疑，这句话有些开玩笑的成分，不过丘吉尔也的确道出了一定的实情，能够让丘吉尔为其效劳，这个人显然是一个极其令人敬畏的人物，哪怕丘吉尔的仆人模样只是故作姿态。

当时劳合·乔治已经赋闲6年了，接下来的17年他也同样在政治上毫无建树。在20世纪30年代，他的权力和判断力都渐渐衰退了，但是直到1940年的挪威辩论[①]期间，他还有机会时不时地发表一番令人难忘的讲话。由于在1936年的夏天对希特勒有些谄媚地造访，他的名声受到了严重损害，有人认为在1940年他有可能成为英国的贝当[②]。尽管如此，丘吉尔还是有些不太认真地考虑过任命他为英国驻华盛顿大使（在洛锡安侯爵[③]逝世后）或者农业大臣，因为凭着在萨里郡城郊的山坡上种植苹果，劳合·乔治被外界视为农业专家。丘吉尔之所以会有这样的打算，无疑在一定程度上就是因为他念念不忘两个人当年的感情，同时也是出于防守侧翼的需要。最终，劳合·乔治没有得到任何一个职位，对于那个阶段来说，这或许是他的幸运。

劳合·乔治不只是在性格方面胜过丘吉尔，在大多数情况下他的讲话都比丘吉尔的讲话更能打动人心，当然也更依赖于临场发挥。他能够让自己更深入地了解听众的心思。丘吉尔会暗讽自己的听众，劳合·乔治则会拥抱他们。同样地，他远比丘吉尔更愿意倾听别人的讲话，在一定程度上这是由于他作为凯尔特人的直觉令他更能理解谈话对方的心思。最后这一点对于1908年里贸易部的工作来说具有很大

---

① 挪威辩论，又被称为"纳尔维克辩论"，是英国下议院在1940年5月7日和8日举行的一场著名辩论，由于这场辩论，英国组建了由温斯顿·丘吉尔领导的联合政府。在一项休会动议被提出后，这场辩论的主要内容就变成了挪威战役的进展，但是随即辩论引起了议员们对保守党主导的国民政府在二战中的整体表现的普遍不满，当时在任的首相是内维尔·张伯伦。

② 亨利·菲利浦·贝当（1856—1951），法国陆军将领、政治家。法国元帅、维希法国国家元首、总理，集民族英雄和叛徒于一身。二战期间，在法国战败后贝当出任了维希政府总理，于1940年6月22日与德国签订了《贡比涅森林停战协定》，在1940年7月至1944年8月期间出任维希政府元首，成为纳粹德国的傀儡。

③ 菲利普·亨利·克尔，第十一世洛锡安侯爵（1882—1940），英国政治家、外交家及报纸编辑，在1916至1921年间担任首相劳合·乔治的私人秘书，在1919年《凡尔赛条约》的签订过程中起到了重要作用，从1939年起，直至1940年逝世，他一直担任英国驻美国大使。

的实用价值。劳合·乔治是一位聪明、勤奋的调解人，在就职首相之前和之后他都一直发挥着自己在这个方面的才能，他活像是一位已经成为大指挥家的乐手，依然喜欢时不时地重操一下旧业，用自己原先那把小提琴或者其他乐器来上一段精彩的表演。在任何一个对丘吉尔没有不良企图的贸易部官员看来，作为纠纷调解人，他的局限性仅仅在于"太多话了"，他没有为各方创造和谐共处的机会。尽管如此，他还是很清楚解决行业纠纷是自己任职贸易部的一项重要职责，而且他也设法完成了几次重大的调解。

但是，丘吉尔对贸易部的憧憬在于这个职位能够让他有机会以社会改革家的身份做出一番成就。在 1908 年 3 月 14 日（当时他还没有得到，也没有接受任职贸易部大臣的邀请）给阿斯奎斯的一封漫谈式的信中他写道："在一片昏暗中跨过无知的鸿沟后，我瞥见了一种政策的大致轮廓，我将其称为'最低标准'。这项政策应该是一项全国政策，而不仅限于某个部门。我怀疑自己没有权力清晰准确地表述出这项政策。倘若能够实现这个目标，我想不久后我就会看到我同自己的一些好朋友在思想上出现了矛盾，例如约翰·莫莱，经过一生的研究和思索后，他已经断定自己对一切都无能为力。"clxxxvii 但是 9 个月后，丘吉尔的思路已经非常清楚了，也不再那么担心会得罪格莱斯顿在内阁的代理人了。他在 1908 年 12 月 29 日又给阿斯奎斯写了一封同样重要的信，在这封充满自信的信中，他阐明了自己在圣诞节假期中所做的一番考虑。他写道：

> 在这宁静的几天里，我对许多事情进行了反复地考虑，我感到有必要向您说明在之前很长一段时间里我逐渐形成的一个信念。社会结构需要一套庞大的政策。这是我们的当务之急，现在时机已经成熟了。气候比我国恶劣、财富积累远远不如我国的德国已经设法为自己的人民建设起了过得去的基础环境，它的社会体系不只是为了满足战争时期的需要，同时也是为了和平时期的需要，而我们的社会体系却只是为了满足政党政治的需要。将德国在社会结构方面获得的成功经验应用到我国的大臣或许会得到选民的支持，也可能不会。但是无论怎样，他至少能够留下千古美名，时间都无法令他的执政记录有所减损……我们至少有两年的时间。对我们来说悲哀的是，这个冬季正在令支持我们的贫穷阶层饱受折磨。非常奇怪的是，我们需要的法律正是上议院没有胆量反对的

法律。[*]每年不到 1000 万英镑，用于机器和鼓励节俭，而不是赈济贫民的这笔花费将会为穷苦大众创造一个新的英格兰。我相信一旦认识到这些宏大构想的强劲势头时，国家先是会怀着令人窒息的浓厚兴趣徘徊一阵子，接着便会为政府提供坚定、强大的支持。以下为我构想的几条措施：

1．劳工交换和失业保险；

2．全国性的疾病保险等；

3．全国性的专项国家产业——植树造林——修建公路；

4．现代化的济贫法，即对贫困人口进行分类；

5．铁路合并，由国家控制并提供担保；

6．义务教育至 17 岁。

我相信没有一项措施是无法实行的、是不会取得成功的，这些措施不仅能让国家受益，而且会坚定我党的信念。如此高尚的事业即使宣告失败也远胜于在慢慢瘫痪，或者焦躁不安、只知道空谈的状态中消亡。

要我说，我们就应该在我们的工业体系底部整个插入一大套俾斯麦主义，头脑清醒地等待着结果，无论结局如何。clxxxviii

这封信有些狂放不羁，毕竟写信的人是一位在内阁中处于下层的大臣，而收信的人则是一位以苛刻的评价能力而不是天真的满腔热情而著称的首相。即使阐述得不够明确，这封信还是为"新自由主义"勾勒出了一套条分缕析的方案，甚至宣布了"新自由主义"的原则就是政府，尤其是占有绝对优势的政府有责任利用最佳时机制定出关键性的法律法规，而不是一味地秉持"在利用本次大选胜利成果时绝不能损害到下次大选获胜的前景"这种信条。

---

* 丘吉尔考虑的第一个问题的意义在于，1908 至 1909 年被称为"贸易萧条"年（现如今那段时期则被称为"经济复苏期"），失业率几乎增长到了 7.2%，产业领域的谈判几乎完全围绕着工资标准降低的最大限度，而不是上涨的最大限度。政府（或许只有丘吉尔除外）注意到了这些退步，虽然感到遗憾，但是并没有承担起改革的责任。就连劳合·乔治也在取得重大突破性的 1909 年财政预算中提到了"贸易萧条"这个概念，仿佛这个问题在更大程度上是上帝造成的，而不是政府有能力，或者说有责任解决的问题。丘吉尔在信中针对上议院发表的意见是基于上议院毁掉了新一届议会最先提出的两个主要议案，即"教育法案"和"许可法案"的事实。除了信仰新教的自由主义积极分子，其他群体都不太欢迎这两项议案。然而，上议院却没有干涉"贸易争端法案"，这项法案为工会赋予了在日后令撒切尔夫人感到恐惧（当时也曾令阿斯奎斯与哈尔丹有些恐惧）的法律豁免权。在 1909 年财政预算遭到否决之前，贵族议员们一直小心翼翼地选择目标，他们甚至表现得有些愤世嫉俗，相比盲目的独立，他们考虑更多的是民粹主义。

进入贸易部后，丘吉尔在立法方面的第一项任务就是促成劳合·乔治提出的"伦敦港法案"的通过，这项提案的目标就是为泰晤士河受潮汐影响的全部河段建立一个统一的管理机构。至少在 1908 年 12 月给索尔兹伯里的信中，丘吉尔做出了这样的承诺，成功地说服后者促成了该议案在上议院得到通过。因此，在 1909 年之初，丘吉尔首先就任命了自己的下属哈德森·基利部长担任这个新机构的首任主席。得到任命后不久，基利就受封为第一代德文波特子爵，他是英国最早一批创办连锁商店的企业家，尽管劳合·乔治对他十分满意，*外界还是认为，能够摆脱他，让首相的小舅子杰克·坦南特①取而代之，令丘吉尔感到开心。出任贸易部常务次官的是休伯特·卢埃林·史密斯爵士，这对丘吉尔来说是一件幸事，这位爵士属于当时最杰出、最有建设性的政府官员。在贸易部的一段时间，劳合·乔治的秘书是弗朗西斯·霍普伍德爵士，此人不会成为丘吉尔的得力干将。丘吉尔还将年轻的威廉·贝弗里奇②招至麾下。出于某种考虑，他同悉尼·韦布保持着亲密友好的关系，后者成为丘吉尔与韦布夫人之间的传声筒，后者当时正忙于完成著名的《救贫法皇家委员会有关少数群体的报告》(1909 年 2 月)。除了社会领域的成就，贝亚特丽斯·韦布还因为习惯在日记中对他人进行毫不留情的评价而著称，但当时她对丘吉尔的看法已经大为改观了。在 1903 年 7 月 8 日初次见到丘吉尔后，她斩钉截铁地在日记中写道：

> 与温斯顿·丘吉尔一道赴宴。第一印象：躁动不安，几乎令人难以容忍，缺乏长时间坚持平淡工作的能力，自负、傲慢、肤浅、反动，但是具有一定的个人魅力、胆量，以及原创性——并非智力上，而是个性方面的原创性。他更像是一个美国的投机分子，而不是一位英国贵族。他滔滔不绝地谈论着有关自

＊ 劳合·乔治始终对店主(及其配偶)群体有所偏爱。相比杂货商，他在总体上更倾向于纺织品商，但是他与基利交往密切，在 1907 年的圣诞节甚至同后者进行了一次长途旅行，两个人驾车前往法国的尼斯，并一道返回英国。在 1911 年的码头工人大罢工期间，当本杰明·蒂利特在伦敦的塔山上发表的一场演讲中喊出"全能的主让德文波特子爵去死吧"的口号时，德文波特子爵基利便在史册中占有了一席之地。基利活到了 1934 年。

① 杰克·坦南特(1865—1935)，苏格兰自由党政治家，在阿斯奎斯领导的政府里担任过苏格兰事务大臣。

② 威廉·贝弗里奇，第一代贝弗里奇男爵(1879—1963)，英国经济学家、著名的改革论者及社会改革家，最著名的成就是在 1942 年发布的"贝弗里奇报告"，这份针对社会保险和相关服务的报告产生了划时代的意义。

己和竞选计划的事情，希望我给他介绍能够帮他搞到统计数据的人。"只要是别人能为我动的脑筋，我就不会烦劳自己"——这句至理名言显示出他具有组织能力，而不是思考能力。他的脑子里装满如何在奥尔德姆的选举中击败工党和自由党候选人、获选议员的伎俩。但是我敢说，他也有着比较积极的一面，只是面对在宴会上萍水相逢的人的时候，他的这一面会被他有关自己的地位和事业的那些平庸低劣的冷嘲热讽所掩盖。

他肯定不会受到人们的欢迎，他那种浮躁、自私的性格太令人讨厌了，而且他智力平平，又缺乏高尚的道德观……对科学研究、哲学、文学和艺术都毫无认识，对宗教的认识更是不足。但是他颇具胆量、勇气、机智和口碑，这些或许能让他取得长足的发展，除非他像他的父亲那样自寻死路。^{clxxxix}

将近一年后，韦布夫妇已经收回了当初的偏见（总体上，悉尼会认同贝亚特丽斯对他人的看法，在事实和政策方面，贝亚特丽斯大多会遵循悉尼的意见），他们甚至邀请丘吉尔参加了一场他们举办的政治宴会。韦布夫妇的家宴比较朴素，但是提供了结交名流的机会。尽管如此，总体上韦布夫人对丘吉尔的看法变得更加苛刻了。那天晚上，他们将新招募的一批自由党盟友，其中包括劳合·乔治、赫伯特·格莱斯顿夫妇、乔治·特里维廉夫妇和查尔斯·马斯特曼夫妇——邀请到了他们在泰特美术馆附近的维多利亚堤岸的家中。

温斯顿·丘吉尔坐在我的另一侧。他给我留下的印象不太令人愉快：他喝得太多，说得太多，头脑徒有虚名。他的那些想法就是老派激进主义和一点托利主义的大杂烩；目前他越来越希望自己的思想靠近进步的传统激进主义。他对所有的社会问题都一无所知，但是他自己对此毫无意识。他满怀偏见，张嘴就是口号，为了表达自己的观点搜肠刮肚地琢磨着新的、有效的措辞。他不同情苦难者，没有好奇心，没有科学思维，也没有仁慈之心。我试图为他阐述"国家最低标准"的概念，但是显然他不知道反对不受限制的竞争的最根本的依据是什么，他的经济学水平还处在"幼儿园"阶段……*

总体而言，在性格和智力两方面，劳合·乔治都胜于温斯顿·丘吉尔与赫伯特·格莱斯顿。^{cxc}

---

* 参见丘吉尔在 21 个月后写给阿斯奎斯的信。

然而,4年半后,韦布夫人的腔调就彻底反转。在 1908 年 10 月 16 日的日记中,她写道:

> 周日我们和温斯顿·丘吉尔及其新婚不久的妻子共进了午餐,他的妻子是一位迷人的女子,美丽、颇有教养、非常新派,但是不够富裕,和温斯顿绝对算不上"门当户对"。温斯顿在前一天晚上就失业问题做了一场雄辩的演讲,演讲掌握了韦布改革方案的要领,但是没有对强制性劳工交换的问题进行充分的阐述。他十分能干,我认为他绝对不只是一个喜欢卖弄辞藻的人,毫无疑问,他正在将自己的命运与具有建设性的政府行为捆绑在一起。无疑,他是在我面前刻意展示了这一面,但是如果他对这套方案没有一定程度的认同,他还是不可能做出如此积极的表现。午餐过后,劳合·乔治也加入了进来,他叫我们在吃早饭的时候讨论一下保险方案……他[劳合·乔治]是一个聪明人,但是在智力上不如温斯顿,个性上也没有后者那么迷人,他更像是一位牧师,而非政客。[cxci]

或许可以认为,贝亚特丽斯前后对比鲜明的评价,尤其是对丘吉尔与劳合·乔治的优点的比较,只能表明她对人的判断力就像政客们对丘吉尔的评价一样缺乏稳定性。但是,应当注意的是,丘吉尔在社会改革方面的资历肯定有所增强了,考虑到这一点,3 项改革方案的最终结果就不会令人感到惊讶了。丘吉尔在贸易部的工作主要就集中在这 3 项方案上。第 1 项是"行业委员会法案",这项议案旨在解决"血汗劳工"的问题,主要是伦敦东部和利兹,以及曼彻斯特的小型制衣厂的劳工问题。当时,大量东欧移民涌入这些地区,这股趋势十分突出,让劳工问题变得更加严重了。负责对工厂进行监管的内政部在这个问题上一贯坚持谨慎的保守政策,在担任内政大臣期间,赫伯特·格莱斯顿无意改变这种现实,不过在很多问题上他对工党的态度都比较友好,在这一点上,他忠实秉持着他的父亲对"积极激进主义"的不信任。

但是,在丘吉尔执掌贸易部大权期间,政府和反对党里曾经对劳工问题树起铜墙铁壁的议员们都打算缴械投降了。在 1909 年 4 月 28 日给妻子的信中,丘吉尔写道:"'行业委员会法案'非常受欢迎,肯定会毫无争议地得到通过。亚瑟·贝尔夫和阿尔弗雷德·列堤顿对这项提案的态度尤其友好……"[cxcii]这项温和的提案仅仅涉及 20 万名工人的生存,其中 3/4 的人口为女性,而且仅仅适用于某几个特定行业,在这几个行业中建立由 3 个方面的成分(雇主、工人代表和几名独立人士)组成的委员会，该委员会有权确定计时和计件工作的最低工资标准。4年后这项法案的覆盖面延伸到了另外5个行业，覆盖的工人人数也增加了17万，为有效的渐进式改革做出了很好的示范作用。

第2项措施是建立劳工交换机制。尽管韦布夫妇很支持贸易部，整套社会改革的主旨都对贸易部的工作十分有利，但是只有第2项工作的开展才最大限度地拉近了丘吉尔与韦布夫妇的距离。当时的英国社会深信，通过提高劳动市场的流动性，这样的交换机制就能够对解决失业问题产生重要影响。在1908和1909年，最令人关注的问题就是失业问题，这种状况一直持续到1909年将近结束的时候，这时贸易开始复苏了，在接下来自由党执政的5年半时间一直表现不俗。劳工交换机制的确立为采用供应经济学政策——而不是宏观调控手段——解决失业问题开创了先例。在这个时期，丘吉尔先于凯恩斯采用了类似于凯恩斯主义的措施，但是他应该更希望采纳更具有整体性的措施对抗经济衰退。在这个方面，他略微取得了一些成果。1908年9月，他说服时任海军大臣的麦肯纳，在考虑海军采购的时间问题时将造船业的失业率这个因素也考虑在内。

丘吉尔认为，自己在劳工交换制度方面推行的政策几乎与失业保险制度的建立休戚相关。到了1908年年底，他已经有条件针对这两个问题向内阁提交一份架构完善、十分详尽的方案。这份报告书连贯流畅，在很大程度上这得归功于休伯特·卢埃林·史密斯与威廉·贝弗里奇条理分明，同时又充满创新性的工作能力。外界一直强烈地认为，丘吉尔有效地掌握着贸易部的大权，单单凭借着激励和尊重这两样工具就能驱使下属为他解决实际问题。有关劳工交换制度的提案进展顺利。1909年5月，议案被提交给下议院，在当年的会议上就得到了通过。第一批劳工交换所于1910年2月1日开办了，这时丘吉尔在贸易部的生涯只剩下一个月的时间。除了促成这项法案得到下议院的批准，他还对政策的尽快落实产生了浓厚的个人兴趣。在1909年的秋天，他趁着再度观摩德国军事演习的机会考察了法兰克福和斯特拉斯堡（当时法国东部的阿尔萨斯已经被德国吞并）的劳动局的情况，这一举动多少有些突兀。2月1日，在克莱门汀的陪伴下，他对第一批在伦敦开办的17个劳工交换所进行了视察。

失业保险的问题更为严峻，丘吉尔在这个方面的工作进展也远比前两个问题更为缓慢。对于这项措施，内阁里存在着一定的反对意见。4月27日（1909），盛怒之下的丘吉尔在信中告诉妻子，"那个老流氓伯恩斯跟那个小蠢货朗西曼"在给他制造麻烦，抵制这项提议，"昨天我没能说服内阁做出任何决定"。[cxciii] 不过，他认为阿斯奎斯坚定地站在自己这一边。仅仅两天后，劳合·乔治提交了20世纪最著名的一份财政预算报告，因此不难理解在丘吉尔写信的时候内阁正在考虑其他事情，无力分心，劳合·乔治也没有做好倾听他详细阐述类似的健康保险措施的准备。实际上，丘吉尔也理智地意识到不可能把一颗樱桃吃上两口，政府无法为保险这一项事业强行征收两份费用，他必须等待劳合·乔治做好接受这一切的准备。直到1911年12月，失业保险才得到立法的保障，这时丘吉尔不仅已经离开了贸易部，而且在内政部任职了一段时间之后，已经出任海军大臣有两个月了，但是他所构建的这套方案的细节规划都是在他担任贸易大臣期间完成的。这项方案覆盖了多达300万左右的庞大人口，但是仅限于建筑业、工程业和造船业这些从业人员波动最大的行业，不过方案中有条款指出覆盖范围日后有可能扩大。按照规定，工人在失业的最初5个星期里可以领到每个星期7先令6便士（37.5便士，大约相当于今天的18.5英镑）的保险金，在接下的5个星期里保险金逐渐减少到每个星期6先令，在最后5个星期里减少到每个星期5先令。这笔财政支出来源于从工人每周的工资中扣除的2便士、每周向雇主那里收取的1便士，此外每周财政部还要为每人提供1便士的补贴。

凭借着这3项措施，身为社会改革家的丘吉尔交出了一份优异的成绩。在一段时期内保险事业几乎成了他的神圣原则，向来急于创造名言的他因此创造出了一句响亮的口号，这句话与安奈林·比万① 说过的一句至理名言背道而驰，尽管两者之间没有多少联系。被丘吉尔称为二战"丑八怪"的比万曾在1949年宣称"优先事项言论是社会主义的宗教"，丘吉尔在40年前就说出了同样振聋发聩的那句名言，"在救助大众这件事情上，保险创造了人人平等的奇迹"。cxciv 丘吉尔还总是谈到贫困问题，他一心想要缓解这个问题，但是在这个问题上，他居高临下的态度与劳合·乔治截然不同。丘吉尔总是没完没了地谈论着下层穷困家庭问题，然而他又坚决否决了卢埃林·史密斯提出的只有勤劳的不酗酒的人才有资格领取保险金的建议，他曾斩钉截铁地说："我不喜欢将道德和算术混为一谈。"cxcv 但是，他自己的行事风格又有着强烈的贵族色彩，尽管其中贯彻着自由主义原则。为了维持奢华生活，丘吉尔常常急需大笔收入，但他从来不会摆出一副这种需求与理应得到救助的穷苦大众所面对的困难之间有着丝毫联系的姿态。他不会装腔作势地以局内人的身

---

① 安奈林·比万（1897—1960），英国政治家，左翼工党在国会的领袖，在英国广播公司评选的英国100位名人中位列第45位。比万出生于威尔士的一个煤矿区，13岁开始在矿井工作，后来成为工会的积极分子，在二战后艾德礼领导的政府里出任过卫生大臣，致力于建立国家医疗服务体系。在政府决定缩减全国医疗基金、加大对重整军备的投入时，他辞去了卫生大臣的职务。在第二次世界大战期间，他一直是温斯顿·丘吉尔联合政府和自己的政党最强有力的批评者之一。

份理解这些问题，他只是高高在上地怜悯着下层人民。他来自不同的阶层，甚至几乎是不同的种族。

实际上，在这个方面，他同在他之前和继他之后出现的大多数社会改革家——从激进时期的约瑟夫·张伯伦到建立了国家医疗服务体系的比万——不存在太大的分歧。张伯伦和比万也几乎有着天生的贵族气质，只不过他们各自的生活方式，以及他们像丘吉尔那样竭力帮助的对象都有所不同。天性使然，丘吉尔与他们的区别表现得更为明显。有理由进一步指出的是，一些对贫困有着切身体会的社会改革家，例如分别活跃在上述这段时期和 20 世纪 20 年代里的约翰·伯恩斯和菲利普·斯诺登，[①] 在自己执掌大权、有能力采取措施缓解贫困问题的时候，他们在这个问题上却远比丘吉尔表现得冷漠。的确，在先后离开贸易部和内政部后不久，丘吉尔就将社会改革的事情抛诸脑后，一心扑在海军部的工作上，对英国舰队的建设痴迷不已，同时他越来越清楚地意识到，德国海军对英国构成了挑战。"部门至上主义"是其他很多人都会经历的不适，凡是像丘吉尔这样狂热、以自我为中心，几乎有些强迫症倾向的人，显然都容易出现这样的症状。并非只有丘吉尔一个人发现当一个部门的具体工作亟待解决的时候，另一部门的工作就立即远离了自己的视野。

但是，很少有宽泛的政治问题能让丘吉尔置身事外，在就职于贸易部的几年里，他惹恼了国王和一批同僚。前文提到过，他对伯恩斯与朗西曼的蔑视，此外在1908 年 5 月间与克鲁 – 米伦斯（丘吉尔在殖民地事务部的继任者）言辞尖刻的往来书信中，他还提到自己干预了下议院对殖民地事务的辩论——他宣称自己这么做完全是出于首相的请求；[*] 在当年 12 月写给爱德华·格雷的信中，他又提到自己试图利用英国驻巴黎大使馆在他出访法国（定于下个月）期间组织一系列同法国政治家的政治会谈，这项工作远远超出贸易部的职责范围。他于 1909 年 9 月在莱斯特和1910 年 3 月在曼彻斯特的讲话令爱德华国王十分气恼，国王的私人秘书为此专门写了几封信，表示抗议。在 1910 年的首轮大选结束后，玛戈·阿斯奎斯（她是否代表了丈夫的立场，这一点很值得怀疑，不过她的丈夫在丘吉尔于 1909 年 7 月在爱

---

① 菲利普·斯诺登，第一代斯诺登子爵（1864—1937），英国政治家，颇具煽动力的演说家，在 20 世纪 20 年代成为首位出自工党的财政大臣，但是在 1931 年背弃了工党的方针，被开除党籍。

* 在写下这些措辞尖锐的信不到 3 个星期的时候，丘吉尔便致信格雷（大概是在后者在他的私人秘书的"自家"部门里担任国务大臣的时候），在信中多多少少地要求对方为爱德华·马什授予最低等级的圣迈克尔和圣乔治勋爵这样的中上等荣誉。这件事情充分地体现出丘吉尔坚不可摧、活力十足的个性。

丁堡发表了一场讲话之后就已经给丘吉尔写过一封谴责信了——丘吉尔的轻率之举遍及英国各地）写了一封歇斯底里、自相矛盾的信，她还在信中宣称，自己只是转达了国王的意见——只要丘吉尔"以受到别人的欢迎，而不是以招致外界对他的谩骂和臭名昭著的恶名为乐"，他就能够极大地提高他自己在"政坛和上流社会精英们"[cxcvi]心目中的地位。

在进入内阁的最初几年里，丘吉尔超越部门职能范围的一次重要冒险活动很快就变得自相矛盾了。丘吉尔与劳合·乔治对杰出而顽固的海军大臣雷金纳德·麦肯纳有关建造战舰的奢侈计划进行过公开的谴责，依靠着自己与劳合·乔治牢固的联盟——实际上他没有其他的盟友——他对这项战舰建造计划发起了一场激烈的战斗。尽管之前在财政部有过短暂的经历，但是在 1908 年 12 月初，麦肯纳已经彻底成为海军大臣，提出了 1909 至 1910 年度的海军军费预算。麦肯纳的方案总共需要 3600 万英镑的国库开支，* 比乔治·汉密尔顿伯爵总计 1325 万英镑的预算增长了 180%，促使伦道夫勋爵于 1886 年提出辞职的因素中就包括汉密尔顿的这份海军预算。或许麦肯纳的预算带来的更重要的影响就在于，这份预算为建造 6 艘无畏舰做好了准备。在此之前，这种新型战舰曾被当作礼物献给了约翰·费舍尔的属下。费舍尔是皇家海军最高将领，在 1904 至 1910 年间出任第一海务大臣（海军的军事领导），不幸的是，他不仅将这种战舰交给了英国海军部，而且不久后还送给了德国、奥地利和意大利的海军，从而极大地推动了一场军备竞赛的形成。海防安全不只应当依赖于现有的大量旧款主力舰，虽然在这方面英国海军占有较大的优势，同时还应当让英国海军跟上普鲁士的霍亨索伦家族的脚步。这场新的竞赛大约开始于 1906 年。

几年之后，在丘吉尔的主持下，英国在和平时期的海军预算增至 5350 万英镑，但是在眼下这个阶段，他不仅没有被麦肯纳详尽的提议说服，而且对德国已对英国构成威胁这个基本概念都心存怀疑。1908 年 8 月，丘吉尔中断了订婚的庆祝活动，在星期六，即 15 日这一天前往威尔士的斯旺西，在那里向外界发布了一份正式声明，宣称对自由党内反军备势力表示欢迎，同时也质疑德国威胁论。他说："竟然有人试图在这个国家散布大不列颠和德国之间的战争不可避免这种言论，我认为这种

---

* 面对这些数据和有关 1914 年之前的"大军备计划"的其他一些数据时，我们应当记住一点，当今美国仅 1 架隐形轰炸机的造价就高达将近 6 亿英镑。在"大军备计划"问题上，丘吉尔的态度发生过巨大的转变。按照通常采用的粗略但实用的货币价值变化率，即 50 倍来计算的话，这个数字就意味着在 21 世纪初制造一架隐形轰炸机的成本达到了 20 世纪 10 年代将近尾声时麦肯纳对整个英国舰队总预算的 1/3。

言论应当受到强烈批评。这纯粹是无稽之谈。在世界任何一个角落，英国和德国的主要利益——宏观、重要的利益——都不存在冲突。"他还说："英国对德国没有恶意。我要说的是，我们尊敬坚强、坚忍、勤劳的德国人民。"[cxcvii]

丘吉尔的这番话促使年迈的激进主义者及反传统者亨利·拉布谢尔向他表示了祝贺，后者给他送了一份结婚礼物，并特意指出："对我来说，只有您和劳合·乔治两位内阁大臣没有受到这股军备狂热的影响。"[cxcviii] 无独有偶，在汉堡的劳合·乔治也致信丘吉尔："你在斯旺西的演讲非常精彩，令德国极其满意。"[cxcix] 这番赞扬也令丘吉尔极其满意。当时他正处在亲德阶段，在一定程度上，他的这种倾向来源于德国皇帝对他的重视，不过在更大程度上，还是因为他对德国的社会保障制度十分推崇。更为重要的是，他希望自己同财政大臣建立在激进主义基础上的合作关系牢不可破。对麦肯纳的预算方案进行指摘几乎可以说是劳合·乔治作为财政大臣的分内职责，丘吉尔的身上没有这样的责任，但是他欣然与劳合·乔治站在了一起，像一名突击队员一样为后者摇旗呐喊。在内阁里，他们凭着自己的能力得到了莫莱、伯恩斯与哈考特的支持，正如阿斯奎斯曾经指出的那样，3 位大臣都不担心外界在他们和这两位耀眼的（在有些人看来是招摇）激进主义明星之间画等号。丘吉尔与劳合·乔治都欣喜于彼此的交往。那年的圣诞节假期，丘吉尔选择了戛纳的加勒王子酒店，这个选择符合他的身份。在他动身前往戛纳之前，劳合·乔治给他写了一封意味深长的信：

> 在离去之前，我不能不向你表示深深的谢意，感谢你在粉碎麦肯纳愚蠢的预算的过程中对我的支持，并对你将其摧毁时采用的绝妙手法表示诚挚的敬意。
> 我是一个凯尔特人，请原谅，我要告诉你，就在你横扫麦肯纳一党的过程中，我的心里自始至终都有一个明确的想法——你的父亲在骄傲地注视着他那才华横溢的儿子，看着他用娴熟果敢的手段，为他曾经为之牺牲了自己的职业生涯和生命的事业争取着胜利。[cc]

然而，无论是对于他们已经实现的，还是将要实现的成就，"胜利"这个词或许都有些过于乐观了。直到 1909 年 2 月，丘吉尔才全面投入了这场战斗，在前半个月里他不停地写下了一大堆报告。丘吉尔又展现出令人惊讶的精力和放肆。在月初的时候，他给同僚们传阅了一份将近 2000 字的详尽的内阁报告，这份充满火药味的报告中满是有关德国海军开支以及对英德两军的实力进行对比分析的精确图表。在内阁任职期间，我从未见过一份一位大臣以报告书的形式对另一位大臣的建议提出过如此详尽、如此火力集中的质疑，况且后者同前者的职责范围甚至毫不相干。麦肯纳也一如既往地用同样详尽的辩驳做出了回应，但是他的斗志显得有些不足。丘吉尔又写了一份内阁报告，在这份报告中他列出两栏，将麦肯纳的观点置于其中一栏，将自己的反对意见写在另一栏里。他以平静，甚至几乎有些居高临下的腔调开了篇："我斗胆以这样便于参照阅读的格式，向内阁提交我对海军大臣的备忘录所做的注解。"[cci]

尽管如此，丘吉尔这份报告起到的效果主要是挑衅，而不是说服对方。3 位原本就有些动摇的支持者变得更加摇摆不定了，阿斯奎斯也失去了耐心，劳合·乔治开始寻找中间道路。2 月 20 日，阿斯奎斯写信告诉妻子："这些经济学家全都处于非常警觉的状态，温斯顿和劳合·乔治的结合已经促使自由党内一大批人转入了一个阵营……他们（此二人）在暗地里到处向人暗示自己要辞职（完全是在虚张声势），无论如何，接下来将有大量的怒火等着宣泄出来，原先亲布尔人的敌对情绪也会重新活跃一阵子。面对这些事情我能让自己保持相当的冷静，但是有时候我也难免想要立即将他们两个人打发掉。"[ccii] 我们不必将阿斯奎斯最后提到的这种想法当真，因为在更多的时候，他会意识到这种极端手段所能产生的不利影响，这种举动就像丘吉尔与劳合·乔治暗示辞职一样，只是虚张声势而已。

最关键的讨论发生在 2 月 24 日的一场内阁会议上。阿斯奎斯记述了那一幕，他的叙述体现出了他对内阁的管理风格，同时也说明丘吉尔与劳合·乔治就一直任由自己在这个受到高度关注的问题上保持孤立状态，只是后者不如前者表现得那么严重。阿斯奎斯写道："事情突然出现了转机，我立即抓住了这个机会。结果出奇地好，我们终于把事情解决了，麦肯纳和格雷都感到满意，就连劳合·乔治和温斯顿也满意了。"[cciii] 会上批准建造 4 艘无畏舰，如果事实证明的确有必要，日后还将追加建造 4 艘。到了 7 月末，这种假设就变成了现实，这一点不难预测。两位"经济学家"与对方打了一场毫无成效的战斗。在当时，丘吉尔与劳合·乔治之所以被称为"经济学家"，并不是因为他们精通政治经济学这种"沉闷枯燥的科学"，而是因为他们反对海军（或者说是军队）的奢侈浪费。对手要求建造 6 艘战舰，两位"经济学家"则坚持将数量控制在 4 艘。最终，"妥协"的结果成了 8 艘。

由于两位"经济学家"在 2 月遭受的失利，定于 4 月 29 日提交的 1909 年财政预算方案，即劳合·乔治撰写的第一份财政预算报告就更有必要成为一场重大事件，这既是出于财政方面的实际需要，同时也关乎这位财政大臣的声誉。毫无疑问，这份预算报告的确产生了举足轻重的价值。除了劳合·乔治的个人立场，这份报告之所以至关重要，也是因为作为一个整体的内阁有必要重新掌握主动权。通常，到了执政第 3 年的尾声，在议会中占有绝对多数的政党组成的政府往往会变得停滞不前、不得人心。1908 年的补选记录就非常惨痛，自由党不只是在曼彻斯特西北区遭到惨败，在阿什伯顿、怀恩河畔的罗斯、伦敦的佩卡姆区和肖尔迪奇区、泰恩河畔的纽卡斯尔，以及约克郡的帕德西，保守党也都连连获利。自由党在英国各地不断遭到挫败。此外，绝大多数立法工作都毫无成果，大部分在下议院以压倒性的优势得到通过的提案都遭到上议院的否决或者排挤。面对这种状况，除了在 1907 年 6 月下议院徒劳地通过了亨利·坎贝尔－班纳文针对下议院对上议院的抗议提出的解决方案，政府显得束手无策。

除了增加 1600 万英镑的收入——这个数字听上去微不足道，但是这意味着将收入增长 11%——劳合·乔治的这份财政预算方案似乎为面临绝境的政府提供了最有效的出路。有两种策略都能保证这份预算取得预期的效果，而这两种策略似乎都合情合理。第 1 种策略是，对已经有 250 多年历史的宪法传统感到畏惧的上议院不敢否决财政议案，因此要想在社会或政治领域取得任何一项备受争议的进步，最好的选择就是选择这份预算，除了将国家收入提高到一定的水平，这份预算能够取得更多的成果。第 2 种，同时也是作为备选方案的策略就是增强这份预算的煽动性，将它当作诱饵，诱使上议院的贵族们自寻死路，到时候政府就会拥有一个远比指责信仰新教的中小学教师的过失或者许多小酒馆的恶行更深得人心的竞选口号。

长期以来，一直有人指出这位财政大臣的心里始终做着如此微妙的打算，或许首相也是如此，这种说法难以令人信服。毕竟上议院否决财政议案的可能性微乎其微——他们绝对没有这个胆量。在那年的夏天和初秋，在"财政议案"步履维艰地通过下议院的商议和表决的过程中，阿斯奎斯更是固执地认为，难以想象上议院会否决这份议案。9 月 17 日，他在伯明翰指出："那样就会爆发一场革命。"至少在财政预算之战爆发的初期，各种迹象都显示，财政大臣本人也认为自己的提案只是避免遭到上议院否决的一个手段，而不是摧毁上议院否决权的初步行动。也许他最多只是认为这样的方案在本质上只是一场非输即赢的选择，不存在第 3 种结果，不过贵族院的否决很有可能不会获胜。

或许我们应当先大致回顾一下引起这种反应的税收提案，尽管按照当今的标准来看增税额度并不大。财政大臣决意增加 1600 万英镑的税收，这笔钱主要被用来支付建造战舰和社会福利。这两笔费用都有可能会持续增长，因此采用一些在日后有可能增大收益的措施就很重要了。劳合·乔治的增税提案中，只有第 1 项措施有悖于这个原则，这就是将偿债基金削减 300 万英镑，这项基金的数额之前一直大得不同寻常，这也是财政大臣惯用的手段。第 2 项措施就是提高遗产及相关税的额度，这样就能在当年为国家增加 400 万英镑的收入，未来这笔收入将增加到 650 万英镑。第 3 项措施是调整（主要是提高）所得税的税额，这样能为国家再增加 300 万英镑的收入。有史以来第一次，英国社会对劳动收入和非劳动收入做出了区分。劳动收入的税额仍旧是 1 先令（9 便士至 2000 英镑的收入），非劳动收入的税额被提高到 1 先令 2 便士（相当于今天的 1 英镑征收 6 便士的税率）。第 4 项措施是设立一项"额外税"（即后来以"附加税"的名字为世人熟知的税种），对达到 5000 英镑的总收入或者超出 3000 英镑的收入部分按照每英镑 6 便士的税率征收，这项措施将会在当年为国家带来 50 万英镑的收入，在接下来的几年里则会为国库继续增加 230 万英镑的收入。在财政大臣的所有提议中，这一项最具有促进社会变革的潜力，不过这项措施在当时没有得到社会的认可，也没有引起最大的争议。

最具有争议的税制改革方案在于土地税，也就是财政预算报告中提到的第 5 个重要方面。根据这一项税收措施，政府将征收土地增加值 20% 的非劳动所得税（在土地被售出或者是在所有人逝世后被遗赠给他人时征收这笔税款）；对尚未被开发的土地和矿区征收每英镑半便士（接近于 0.2%）的资本税；在房屋或土地出租合约到期时对出租方按照租金收入 10% 的比率征收归还税。综上所述，按照估计土地税在当年仅能为国家创造 50 万英镑的收入，但是在接下来的几年里这笔收入会稳步增长，虽然增长幅度不大。事实上，有关土地税的规定最大的成果就是激起了地主阶层极度的恐惧和敌视，之前他们缴纳的税款从未超过 150 万英镑。颇具讽刺意味的是，最终这些规定又被 1920 年的财政预算悄悄地废止了，当时的财政大臣是奥斯汀·张伯伦（议会里反对 1909 年的财政预算方案的主力军），劳合·乔治本人则成了首相。

1909 年财政预算提高的第 6 项税种涉及酒和烟草。酒精饮料的销售许可成本被提高了，这样就能为国家再增加 260 万英镑的收入。提高烈酒的特许权也足以为国家增加 160 万英镑的收入，单位量的威士忌价格上涨了半便士。烟草也能为国家贡献 180 万英镑的年收入。预算报告中提到的第 7 项建议针对的是机动车驾驶员和其他以汽油为燃料的交通工具使用者，有史以来第一次这部分人群在税收方面具有了一定的价值。对机动车的牌照建立了分级税收体系，按照发动机的功率大小将税额分为 2 至 40 畿尼[①] 几个档次（按照今天的货币价值计算，40 畿尼相当可观），并且对每加仑[②] 汽油征收 3 便士的税费。这笔税收（估计有 75 万英镑）将被投入进针对

---

① 畿尼，英国旧的货币单位，价值 1.05 英镑。

② 一种容（体）积单位，英制、美制表示的大小不一样。

公路建设的专项基金"公路基金"中，在填补预算缺口的时候无法将其算在内。新设立的每英镑征收 1 先令的矿产税也属于同样的情况，这部分新增收入将逐步被用于创立一项"矿工福利基金"。正是"人民预算"的这些主要条目引发了自 1832 年《改革法案》之后英国政坛上一场最激烈的斗争，最旷日持久的宪政危机。

对于这份预算方案，丘吉尔的态度有些模糊。与以往有所不同，这份预算方案事先已经经过内阁细致入微地检查和讨论。在执行之前的 6 个星期里，至少有 14 位内阁成员都花了大量时间对这份预算方案进行了讨论。财政大臣们通常都会选择突然袭击作为重要"武器"，也就是说，直到最后一刻，才向同僚们公布自己的想法，不给后者留出太多考虑的时间，但是劳合·乔治没有条件这样做。在这场马拉松式的内阁讨论过程中，人们觉得丘吉尔一反常态地保持着沉默。*他没有像哈尔丹、麦肯纳、朗西曼与哈考特那样对财政大臣吹毛求疵地苛评一番，也不像格雷与克鲁－米伦斯那样摆出一副高高在上的样子，一言不发地表示对预算方案的不认同。然而，他在多大程度上对这份预算提供了积极的支持？当然，他的支持不像阿斯奎斯那么有力，后者（更多的是性格使然）几乎一直保持着沉默，但是他能够时不时地利用自己的地位和权力做一番支持财政大臣的总结，这种举动更多的是基于他的个人意志，而非他权衡了支持和反对力量之后的选择。

时隔很久之后，劳合·乔治表示，自己认为丘吉尔在那个时候多少有些"布伦海姆式的思维"，不过在事情发生（1909 年 5 月）后不久，他就让自己的密友 D. R. 丹尼尔记录下了他的评论。他说："应当说，在内阁里温斯顿·丘吉尔与我站在一起，最重要的是首相怀着无比的忠诚也在支持我，与我同舟共济。"**实际情况更有可能是，丘吉尔当时受到各种相左力量的影响。他珍惜自己与劳合·乔治的结盟，而且他一心想要增强自己身上的激进主义色彩，一旦投身进一场战斗，他就是一个天生的党派主义者，尽管他也有一定的能力认清战场之外的局势。从另一方面而言，他有许多出身豪门的朋友和亲戚，后者包括他的温伯恩表兄艾弗·丘吉尔·加斯特①，当时还是卡迪夫地区（郊区）的自由党议员，后来出任了爱尔兰总督，他比

---

* 之所以说是"觉得"，而不是有记载的事实，其中一个主要原因在于在那个年代还没有保存内阁会议记录的传统。

** 丹尼尔的回忆录具有双重保密性，不仅没有公开出版过（但是被保存在威尔士国家图书馆里），而且还是用威尔士文撰写的。破译这份具有一定保密性的文献的功劳不在于我自己掌握了威尔士语——悲哀的是，我属于威尔士不讲威尔士语的大多数人口——有功于此的是约翰·格雷，他聘用了一位专业翻译。（参见他撰写的《劳合·乔治：人民的捍卫者·第二卷》的文献注解。）

① 艾弗·丘吉尔·加斯特，第一代温伯恩子爵（1873—1939），1916 年爆发爱尔兰复活节起义时，担任爱尔兰总督的正是他。

丘吉尔的堂兄、毫不隐讳个人立场的保守党人桑尼·马尔博罗带来了更多的麻烦。与其他公爵一样，马尔博罗也始终表现得比较克制。他当然反对这项预算，但是他的愤怒无法与博福特公爵与巴克勒公爵相比，前者说过"真想看到温斯顿·丘吉尔和劳合·乔治被 40 条猎犬团团围住"的景象，后者则宣称由于这项预算他不得不停止缴纳自己一直支付给苏格兰邓弗里斯郡一家足球俱乐部几个畿尼的会员费。加斯特正是丘吉尔那位激进主义的姑母科妮莉亚的长子，但是他本人却是一个由大约 30 名出身富裕的自由党下议院议员组成的小团体的核心成员，这个小集团和其他代表一起向首相表达了自己对土地税方案的保留意见。不止如此，加斯特还在私下里用辞去议员职务进行过威胁。他的举动令丘吉尔感到沮丧，在给妻子的信中，丘吉尔写道："这种情况令我深为忧虑。这么做会毁了他的事业——也会让我失去一位朋友和同盟。"ᶜⁱᵛ

尤其令加斯特感到头疼的是，他的父亲在两年前将自己的地产转让到了他的名下，按照原先的遗产税，他的父亲只需要在转让之后继续活一年就不存在缴纳遗产税的问题，但是劳合·乔治的预算方案将这个年限延长到 5 年，加斯特十分怀疑第一代温伯恩男爵是否还能多活一年。事实上，后者活到了 1914 年，加斯特也仍旧是自由党下议院议员，并且在 1912 年被任命为财政部的主计长（当时他的头衔是阿什比圣勒杰斯勋爵，这个身份他一直保持到了父亲逝世）。这个职位对他来说不算反常，在英国与爱尔兰严重交恶的 1916 年他又入主了爱尔兰总督府，即坐落于都柏林的"副王府"。更具有讽刺意味的是，在劳合·乔治出任首相的战时及和平时期的联合政府里，他的弟弟弗雷迪·加斯特都出任了劳合·乔治的党派总督导。

丘吉尔不愿意看到几股力量相互抵触的局面，但是他不会因为这些事情而偏离自己的核心政治目标。他克制着自己的疑虑，无论在内阁大辩论过程中是否起到了很大的积极作用，他至少全心全意地投入到这份预算的宣传战中。6 月 22 日，他接受了预算联盟主席一职，这个机构是对刚刚组建、由沃尔特·休姆·朗① 领导的反预算联盟做出的巧妙反击，因此对劳合·乔治预算在全国各地的推广宣传起到了强有力的作用。刚一投入工作，丘吉尔便毫无节制地发挥起了自己出色的口才。例如，在预算同盟会于 7 月 17 日在爱丁堡组织的一场集会上，他的讲话就给自己招致了罕见的惩罚，为人一向随和的首相向他发来了一封措辞直率的谴责信。不仅如

---

① 沃尔特·休姆·朗，第一代朗子爵（1854—1924），英国统一主义政治家，在政坛上活跃了 40 余年，在 1906 至 1910 年担任过下议院爱尔兰统一党领袖。

此，内阁也随之做出了反应。就在爱丁堡讲话的 4 天后，内阁更加反常地对他进行了正式谴责，称他是在以一种"完全站不住脚、有悖于内阁的职责和大臣间的团结"的方式"宣称自己在代表政府讲话"。ccv

阿斯奎斯及其同僚之所以如此愤怒，以至于做出了这种虚张声势的反应，是因为丘吉尔宣称上议院的否决会造成议会的解散。同许多抱怨一样，丘吉尔的这番话道出了实情，也做出了准确的预测，但是这些话听上去很令人反感。首先，它和阿斯奎斯面对上议院否决"财政法案"时选择的策略背道而驰，后者认为根据宪法上议院的否决可以说骇人听闻，而且无法想象上议院会这么做。其次，这番话假定了君主会自动同意解散议会。事实上，自 1834 年以来还没有一项首相提案遭到过上议院的否决，并且因此不幸地遭到君主的否决，所以丘吉尔的想法过于不切实际。不过丘吉尔的发言还是促使自由党的皇家私人秘书诺利斯子爵①（无论是从党派属性，还是思维方式看，他都属于"自由派"）给阿斯奎斯发去了一封抗议信，信的一开头就是一副不耐烦的口气："国王希望我告诉你，不得不停地抱怨你的某位同僚着实令他感到痛苦。" ccvi

诺利斯的信戳中了阿斯奎斯的软肋，他一度认可了国王的不满。由于过早地道出了真相，令大为震怒的王室致信给首相，而后者也无意辩驳，就这样丘吉尔成了不幸的牺牲品。在这个时期，丘吉尔展露出触怒白金汉宫的惊人能力。接下来是 9 月 4 日他在莱斯特所做的一场重要讲话，这场讲话促使诺利斯（国王授意）给《泰晤士报》发了一封信，声称国王同之前那封信中表达的对宪政的看法没有关系。这一次，阿斯奎斯没有感到不安，正在法国东北部的斯特拉斯堡观摩德国军事演习的丘吉尔有些焦虑，但是他并没有对自己的言行感到懊悔。在给妻子的信中他写道："他（诺利斯）和国王肯定是疯了。"* ccvii 丘吉尔始终是一个立场坚定的君主主义者，在他辉煌的晚年，外界曾用"全心全意地侍奉过"6 位君主这样温和的措辞描述他的经历，其实至少同其中的两位"发生争执，并激怒对方"才是比较符合事实的说法，尽管这种说法不太令人愉快。

在丘吉尔的这两场讲话之间，劳合·乔治在伦敦东区的莱姆豪斯区做了一场更加令人难忘也更加令人反感（至少在王室看来）的讲话。这位财政大臣之前很长时

---

① 弗朗西斯·诺利斯（1837—1924），英国侍臣，在 1901 至 1913 年担任国王私人秘书。

* 丘吉尔之前已经提到过媒体里的所有人通过长篇累牍地刊载贝尔福乏味的演说词对贝尔福进行了报答，因为贝尔福为他们授予了爵位。诺利斯得到了公开指示，以非常正式的口吻提出了抗议，宣称贵族爵位应当由君主而非在任首相册封。

间一直忙于推动下议院通过"财政法案"，因此在夏季的几个月里他一直非常克制，没有任性地沉浸在自己最喜欢的一项娱乐活动中，也就是备受欢迎的演讲活动。但是在7月30日这一天，他对自己在夏季里的克制做出了补偿。他来到伦敦东区，在一座兼有娱乐中心功能的大会议厅爱丁堡城堡里面对4000名听众做了一场讲话。丘吉尔陪同他一起前往那里，并且出现在讲台上。在下面这段话中，劳合·乔治对为了"矿工福利基金"新增的矿产税这一税种做了解释，他的这场讲话的基调以及他对听众采取的诱惑手段都在这段话中得到了充分的体现：

你们可曾下到过矿井？不久前我就下去了。我们钻到了半英里深的一口矿井里。我们走在大山之下，走了大约有3/4英里远，头顶上就是岩石和页岩。大地似乎在拼命挤压我们——无论是我们四周，还是我们的头顶上。你看得到矿井支柱弯曲、变形、开裂了，由于抵抗压力，木头里的纤维断裂了。有时支柱会彻底垮掉，这样就会出现严重的伤亡事故。一个火星冒出来，整个矿井就会淹没在一片火海中，许许多多胸膛里的"生气"[1]就被熊熊烈焰烧焦了，这种事情时有发生……然而，当首相和我敲响这些大地主的家门、对他们说"嘿，您知道这些为了矿区土地使用费而一直冒着生命危险在矿坑里挖掘的可怜人，他们有的已经上了年纪，这些人躲过了职业带来的危险，他们穷困潦倒，他们已经没有赚钱的能力了。您就不能给他们一些施舍，免得他们只能进济贫院吗？"的时候，他们冲我们皱起了眉头。我们说："只要半个便士，1个铜子就行。"他们却回嘴道："你们这群贼！"……如果说，这种反应表明了这些大地主是如何看待他们对冒着生命危险为他们创造温暖的人民所肩负的责任的话，那么我就要说，跟他们算总账的日子已经近在眼前了。[ccviii]

在这场著名的演讲中，劳合·乔治在这一段和其他几段发言中表达的观点格外辛辣，他将刻薄自私的富豪阶层与自命不凡的公爵阶层相提并论，开心地嘲讽道："一个羽翼丰满的公爵维持生活的费用抵得上2艘无畏战舰的费用，而且公爵就跟无畏战舰一样可怕，但是比战舰的寿命要长。"类似这样的讽刺还有不少。丘吉尔没有与这种调侃公爵的言论拉开距离，尽管他有着马尔博罗公爵这样的亲戚和威斯

---

① "生气"一语出自《圣经·创世纪.27》："耶和华　神用地上的尘土造人、将生气吹在他鼻孔里、他就成了有灵的活人、名叫亚当。"（参见中译本和合本）

敏斯特公爵这样的朋友。不过，难以想象他会用劳合·乔治的方式进行辩论。之所以不会这样，是因为他希望自己的批评有所节制，即使针对公爵们也不例外。劳合·乔治的抨击总是带有一股先知般的诱惑力，但是丘吉尔的语言有时候更为激烈。不过，有时候丘吉尔只会调侃一番，1909 年 12 月在伯恩利针对寇松的一场演讲所做的反击就属于这种情况。在前一天晚上的讲话中，寇松提到了丘吉尔原先常常造访的奥尔德姆，他说"一切文明都是贵族的作品"，并宣称自己借用了欧内斯特·勒南①的话。对此丘吉尔回应道："奥尔德姆的贵族都喜欢这种说法。在奥尔德姆没有一位公爵，没有一位伯爵，没有一位侯爵，没有一位子爵不认为自己受到了恭维。"[ccix] 但是丘吉尔绝对说不出劳合·乔治的那种话，仅仅通过一番描述就能令伦敦东区的听众对地下生活的紧张和恐怖感同身受。那些听众中的绝大多数人对煤田最近距离的接触，也只是到过帕丁顿火车站或者西肯特的啤酒花田而已，因为在那个年代，伦敦东区的居民很少有人出门旅行。丘吉尔或许能在不列颠这个岛国的崛起传奇中，将煤矿的地位——因此也包括矿工的地位上升到关系国家富强和伟大的高度，或许他的措辞会比劳合·乔治的更高级，同时也更抽象，但他绝对无法令听众如身临其境般地体会到，头顶上方沉重的地层带来的威胁和矿井支柱几乎坍塌的险境。

爱德华国王一向温和仁慈，但是矿井支柱的压力对他的触动不像对莱姆豪斯的听众那么强烈，当时正在考斯的阿斯奎斯发现自己也一反常态地对这些言论感到厌恶。从某种意义而言，这样的反应消除了丘吉尔心里的压力，在国王的眼中，在激起民众的阶级感的过程中，他只是一个地位低下的同伙。劳合·乔治的这场演讲对保守党贵族产生的影响则不太明确，夏末的时候，他们正在不可避免地向否决"财政法案"的方向前进着。他们的领袖兰斯顿侯爵在 7 月 16 日有些含糊地表示，他们不可能"连眉头都不皱一下"地就全盘接受这套说辞。次日，开怀不已的丘吉尔（6 天前他的第一个孩子出生了，或许是受到这件事情的鼓动）在爱丁堡充满稚气地将"皱眉"曲解成"碎肉"，他告诉兰斯顿侯爵，日后他必定得"吃掉自己的碎肉"。②

---

① 约瑟夫·欧内斯特·勒南（1823—1892），法国的闪米特语及闪米特文化专家、哲学家、历史学家、作家，最有影响力的历史著作是有关基督教早期历史的著作。

② 英文中表示"蹙眉"和"碎肉"的词分别是"wince"和"mince"。这句话有可能丘吉尔借用了《圣经·以赛亚书.4926》："并且我必使那欺压你的吃自己的肉，也要以自己的血喝醉，好像喝甜酒一样。凡有血气的、必都知道我耶和华是你的救主、是你的救赎主、是雅各的大能者。"（见中译本和合本）

在让贵族们的神经接受考验之前，劳合·乔治的"财政法案"必须首先经历在下议院的商议表决程序，这个过程艰难得令人难以置信。直到11月20日，经过70天专门围绕着这个问题的讨论和554次投票表决之后，议员们也几乎整整一个夏季没有休会，这个目标才终于得以实现。第二天晚上，财政大臣为在此期间向他提供协助的大臣举办了一场庆功宴，丘吉尔也收到了邀请，不过他的表决记录（198次，甚至低于首相，后者的记录为202次）是在座大臣中最差的。* 在托利党议员席中有人以一个奇怪的理由对他提出了批评，称他在8月17至18日的通宵会议中"身着睡衣睡裤"出席了会议，他的投票记录正是对这一抱怨的蔑视。据推测，丘吉尔当时穿的应该是睡衣，但是在外面套上了外衣长裤，以便趁着两轮表决的间歇睡得更舒服一些。然而，正如他的儿子伦道夫指出的那样，丘吉尔在一生中从未穿过、也从未有过两件套式的睡衣。他在第二次世界大战期间尝试过连体装，或许在这次通宵达旦的会议中他穿的正是某种雏形的连体裤。

上议院抓紧时间为这项提案"优先举行了一场葬礼"。议员们用5个工作日进行了二读辩论，然后在12月1日以350票对75票的绝对优势将其否决了。可以说，相比1893年上议院否决第二个"自治法案"时的情况，这次的表决略有进步，当年上议院以419票对41票的投票结果扼杀了英国和爱尔兰在一个共同体的框架下达成和解的最后一丝希望。除了伯利的贝尔福勋爵（苏格兰），保守党里没有一位大人物投票支持劳合·乔治的预算方案，不过还是有不少很有头脑的议员告诫同僚停止他们正在做的蠢事，并投了弃权票。或许其中最严肃、最有见地的就是苏格兰的雷伊勋爵的警告，他说："寡头政治很少能被外力摧毁，它自取灭亡倒是更为常见。"ccx

随即形势就明朗了，正如丘吉尔在爱丁堡急不可耐地预言的那样，除了早早解散，议会没有其他选择。在上议院投票表决的第二天阿斯奎斯就宣布了这个消息，次日议会就闭会了。从1910年1月15日开始的两个星期里各地举行了选举，但是早在圣诞节之前竞选活动就开始了。出现这种情况很大程度上是因为阿斯奎斯。12月15日，阿斯奎斯的私人秘书被自己在王室的同行诺利斯勋爵派人请

---

* 党派总督导约瑟夫·艾伯特·皮斯以518次的记录位居投票榜首，这个结果符合他的身份；劳合·乔治的记录也非常可观，为462次。

去，*后者严肃地告诉他在第二轮大选结束之前，国王不会屈服于上议院提出的为大批自由党人授予爵位的威胁。就在 5 天前，首相刚刚宣布："我们不会留任，除非我们可以确定一些保障机制能够得到落实，经验向我们证明这些保障机制对于这个进步党派的立法职能和声誉都很有必要。"[ccxi] 国王的态度与他的这番宣言相抵触。阿斯奎斯或者任凭自己受制于这样的现实，或者打定主意在竞选期间始终不向外界公布这个坏消息，但是无论怎样，他的处境都不会有所改善。

丘吉尔肯定没有听到消息。除了其他原因，在这个时期他还没有保守秘密的好名声。不过同样可以肯定的是，他同少数几位大臣一样对上议院的草率感到欣喜。克鲁侯爵一向被认为代表着绝对的正直，虽说正直得令人感到乏味，他曾就政府在上议院否决这项议案的讨论过程中的表现做过一个非常有趣、准确的论断："大臣中的绝大多数人，其中也包括财政大臣，直到最后一刻还抱有希望，以为这项提案能够通过。"[ccxii] 如果不是有少数几位大臣持有相反的观点（丘吉尔就率先宣称自己也在其中）的话，克鲁侯爵不太可能说出这种精心加以限定的话。苏塞克斯富有的大地主、阿拉伯问题专家、荣誉爱尔兰民族主义者，并以马术著称的威尔弗雷德·斯科恩·布朗特是一个挥霍无度、口无遮拦的人，他常常能向外界提供了解丘吉尔的好机会，他就证实了这件事情。在 1909 年 10 月 2 日的日记中，他提到了丘吉尔："他所期望和祈求的是他们［上议院贵族］否决这项提案，这样一来政府就不会因为大选推迟而遭到注定的失败。"[ccxiii] 丘吉尔的期望和祈祷化为了现实，他兴致勃勃地投身竞选活动，实际上他很少缺乏这种热情，而且他还对选举结果和宪法问题的尽早解决充满了乐观的想法，这种乐观多少有些用错了地方。

---

    * 基本上可以肯定的是，诺利斯本人对不得不传达这项决定感到遗憾，他应该不会故意加重国王的语气。记录显示，他在此之前曾"非常严肃，非常坚决地"告诉枢密院秘书"他觉得上议院疯了"。（那年的秋天，温文尔雅、思想开明的诺利斯同大量有关精神失常的指责产生了联系，就在 3 个月前丘吉尔也认为他和国王都疯了。这些评价更能说明或许是那个阶段的紧张激烈的气氛，而不是某个人的精神状况。）

第九章　年轻的内政大臣

在 1910 年的第一轮大选中丘吉尔表现得非常出色，他不仅准确地预见到了自己将在邓迪取得胜利，而且还以不错的成绩确保了这种结果。他以 382 票的优势领先于工党竞选伙伴，这个成绩勉强配得上他的名声，不过他们合力以超过两倍的票数彻底击败了统一党。斯克林杰——一片"好像人的手掌那么大"、最终却引发了一场洪水的云——获得的选票增长了一倍，不过仍旧只有丘吉尔所获票数的 15%。

这场竞选胜利使得丘吉尔以政治明星的身份走遍了苏格兰和英格兰两地。他欣然离开了邓迪。正如在 3 个月前造访该选区的时候他在女王酒店（正在改造）给妻子的信中写到的那样，"这家酒店让我经历了一场艰巨的考验。昨天上午，把熏鱼吃到一半的时候一大条蛆钻了出来，冲我亮出了牙齿！今天，除了煎饼，午餐就没什么可吃的了。这就是一个伟大的正人君子在报效国家的时候要经历的考验！"[ccxiv]在 20 世纪的前 60 多年，甚至 70 多年里，其他也同样频繁游走于各地的政客对这种事情也毫不陌生，但是丘吉尔的反应比大多数人都更为夸张，这是他一贯的作风。

丘吉尔在兰开夏郡做过很多场讲话，尽管在 1908 年的竞选中遭到失败，外界仍然认为他在这个选区有着特殊的影响力，此外他还走遍了从北部的因弗内斯一直到中部地带的苏格兰广大地区。他出版了 150 页的宣传册《人民的权利》，以此激励自由党的积极分子，这本宣传册收录的主要是他以前的讲话稿。他的讲话内容百无禁忌，但是他还是收获了一份特殊的荣誉，首相邀请他在元旦这一天跨过泰河湾，在他的东法夫选区做一次讲话。不过，直到选举结束，丘吉尔才在一份号召彻底撤销上议院的内阁文件中做出了最极端的反对世袭贵族的声明。在 1906 年以绝对优势赢得大选的自由党这一次失去了有利位置，不得不接受在议会里与保守党人平起平坐的现实，不过由于爱尔兰民族主义者和工党这两股力量的平衡作用，仍旧只有自由党把持着统治权。在此次选举过程中，始终有些柔和的阿斯奎斯在选举结束后经历了他在和平时期最艰难的一段执政期。就是在这样的情况下，2月14日，（1910）丘吉尔仍旧在贸易部里（也仅限于贸易部）给同僚们传阅了一份内阁备忘录，他在文中指出：

> 到了彻底撤销上议院的时候了。保守党的最强的几股势力现在正忙于彻底摧毁那个议会。许多自由党人都坦诚地放弃了世袭原则。任何党都很少有人代表现存的制度发言。身为自由党，面对这种自发摒弃世袭制和贵族特权的运动我们无法置身事外。但是，更令我们无法容忍并被动观望的是，有人试图用其他更令人反感的形式取代世袭特权，即确保保守党占据主导地位。

丘吉尔表示对于一院制还有很多需要说明的问题。"我本人不会对只有一个[议院]的状况感到担心。"但是他也承认，"[第二个议院的存在]对唯恐自己的特殊利益会受到现代下议院不公对待的庞大阶层能够起到安抚作用"。此外，内阁绝不会同意彻底撤销上议院，"在这个紧要关头，团结一心至关重要"。因此，"无论是考虑到实际情况，还是出于策略上的需要"，他都准备支持经过全面重组的第二个议院，为此他就像一位能干的主妇罗列出日用品采购清单一样干脆利落地拟定了一份详细的方案。上议院应该有150名成员，其中100名应当由"50个拥有两个席位的大选区"选出，并且必须具有一定的工作记录才能入选上议院，例如在两院中的某一院工作过10年，或者在地方当局工作过更长时间，或者担任过"某个要职"。议员应当一次任职8年，"并且处于半退休状态"。接下来这100名议员应当着手指定另外50名议员，但是选择方式必须"准确地"反映出当选的100名议员的"政党比例"。新组建的议院在涉及钱的提案方面不具有发言权，但是有权力将其他方面的立法提案推迟两年再议，如果两年后两院仍旧对该议案存在分歧，两院应当召开联席会议，通过简单多数制的表决方式解决问题。[ccxv]

丘吉尔对上议院改革的提议没有取得进展。对于内阁里的温和派，尤其是格雷与克鲁－米伦斯等人来说这些举措过于激进了。内阁和后座议席中的大多数激进主义者也同样不欢迎这套方案，他们都不希望偏离否决权这个焦点。他们想要尽可能地让上议院失去立足点，这样就能最大化地削弱上议院的实权。不过，丘吉尔针对权力的几项有些老调重弹的提议反而被纳入了《议会法案》。

4天后，丘吉尔给一时间举棋不定的首相写了一封同样尖锐的信（阐述了至关重要的政府预算工作和"否决权"孰先孰后的问题），这封信和上述的备忘录都显示出他的干脆利落，甚至有些粗鲁的笃定，但是这样的笃定也没能阻止他被调职到一个与宪法工作关系更为密切的部门。大选之后，政府部分重组问题自然而然地摆在众人面前。阿斯奎斯认为丘吉尔理应得到提拔。2月1日，大选之后正在法国休养的他致信后者，以讨好的口吻邀请对方就职爱尔兰事务部。信的一开头，他对丘吉尔在大选期间的表现称赞了一番："你的讲话自始至终都保持着高水准，必将留名史册。"接着他强调了新职务的重要性。"在不比现在更困难的情况下，最重的枪管由大家（双方的人）——贝尔福和莫莱——一起扛着。这样的事情我经历过两次。"他还补充了一句，"我不是在逼你接受这个职位"，但他强烈地暗示另一种选择就是继续留在贸易部，完成你在那里的"那些宏图大业"。ccxvi 丘吉尔丝毫没有因此而迟疑，他在回信中婉言谢绝了对方的邀请，并且直截了当地提出由自己担任海军部或内政部大臣（并按照这样的先后顺序）的要求。他坚持要求得到二者中的一个，对于一个 35 岁的年轻人来说，他的态度过于大胆，毫不谦虚。

> 还望您见谅，但是我要说大臣在政府里的职位应当与他们在全国的影响力多少有些相称，这样才是合适的做法。没有一位位居二线的大臣能够在承担重要任务的同时，还能与某位位居要职的同僚相安无事……在这样一个严峻的时刻，而且那么艰巨的斗争又近在眼前，能够壮大本党及您的政府的真正生力军应当受到充分的赏识。ccxvii

丘吉尔没有得到海军部的职位，阿斯奎斯不希望在这个阶段找人替换掉麦肯纳，不过他得到了内政大臣这个职位。赫伯特·格莱斯顿家世显赫，在自由党身为反对党的艰难岁月里，身为党派总督导的他表现出色。在 1906 年的大选中，赫伯特·格莱斯顿为工党对自由党获得绝对多数票做出了"巨大的贡献"，并与工党建立了盟友关系，不过在后来自由党渐渐衰退的几年里，有人认为此举带来引狼入室的致命危险。但是，出任内政大臣后他的表现不尽如人意，尤其在阿斯奎斯和国王看来，正是由于他的不当之举，内政部才会在前一年的 9 月平生事端，事情关系到是否应当允许罗马天主教的主教们在公开的游行队伍中手持圣体① 穿过伦敦的大街小巷的微妙问题。阿斯奎斯十分乐意将他打发到南非去，出任新建立的南非联邦②的首任总督，并为他授予格莱斯顿子爵爵位。尽管他的父亲已经为 100 多个人授予

---

① 圣体指的是基督教圣餐礼等宗教仪式中代表耶稣躯体的面包。

② 南非联邦，在 1910 年 5 月 31 日由原先分离的开普殖民地、纳塔尔殖民地、德兰士瓦和奥兰治自由邦所组成，为今日南非共和国的前身。

过爵位，但他还是格莱斯顿家族第一位获得贵族身份的成员。

自 1822 年上任的罗伯特·皮尔以来，丘吉尔是内政部的国务大臣这个他有些自视甚高的职位上最年轻的就任者，迄今为止，还没有出现比他更年轻的内政大臣。内政大臣在表面上是高级大臣，最深层的原因仅仅在于原本统一由国务大臣履行的职能在 1782 年被彻底一分为二，当时出任内政大臣和外交大臣的分别是谢尔本勋爵与查尔斯·詹姆士·福克斯，凭借着贵族身份，前者占据了较高的位置，但是这种级别差异仅仅存在于宫廷里，在政府部门排名中，外交大臣与财政大臣通常都排在内政大臣之前，不过这种情况并非一成不变。内政大臣这一职务具有一种更潜在的重要性，它就像是一块厚木板，其他内政部门都是从中切割出来的，农业部、环境部和劳工部等部门在内政部的职能范围内留下了一个个严重漏洞。除了警察、监狱和刑法状况这些核心职责，内政部还保留了一大堆有些过时的职责。之所以保留下这些职责，基本上只是因为没有人觉得值得花精力将内政部责权范围内的工作争取到自己部门的名下。就这样，内政大臣会发现自己有可能在照看苏格兰的野鸟，或者在考虑是否应该允许英格兰和威尔士的镇子自称为市。在作为内政大臣的短暂而动荡不安的 20 个月里，令丘吉尔极为操心的更严峻的事情既包括这个职位一直面对的问题，也有已经渐渐消失的问题。前一类事情包括监狱改革、消防工作、外来移民及入籍法、赌博、毒品、监管地方政府的工作，以及志愿团体对需要照顾的儿童提供的服务状况、选举法，重中之重则是维护个人自由和适度的国家权威之间微妙的平衡关系；后一类工作存在时间比较短，其中包括对是否应当继续执行死刑做出最终决定、妇女的投票权问题、对店铺工作时间和矿井安全的管理。

除了这两类工作，内政大臣还肩负着一项比较宽松的职责，这就是政府同君主之间的二级公务。第一级公务包括严肃的政策商议、每周觐见君主，以及上文中已经有所提及的王室对大臣个人煽动性的行为做出的抱怨。这些工作显然都掌握在首相手中。但是内政大臣相当于政府面对王室时的助理代表，以往在王室成员出生的时候，王室通常都会要求内政大臣到场，直到现在他们还要在主教宣誓就职、君主紧紧握住这位高级教士的手的时候宣读誓言。在王室授爵的时候，他们也要到场，他们还要同君主、首相和外交大臣一起接待到访的外国元首。在丘吉尔走马上任的 55 年后，我也出任了内政大臣，当时这个角色颇具象征意义，至少每两个星期我都要穿一次极其隆重的燕尾服。后来我被提拔为财政大臣，在这个职位上的两年半时间里，我一次也没有穿过燕尾服。对于丘吉尔来说，由于两个特殊因素的存在，这个职位的地位就显得更加重要了。

第一件事情（并非按照两件事情发生的时间顺序）就是以诽谤罪的名义对一个

名叫爱德华·麦里斯的记者提起诉讼，此人以书面形式写下了一则不太可能属实的传言，声称乔治五世国王（在父亲逝世/退位后于1910年5月继位）在以低级海军军官身份服役于皇家海军地中海舰队期间，已经同驻马耳他最高指挥官的女儿秘密完婚，传言在社会上流传了一段时间。倘若果真如此，这种行为当然会让他与玛丽王后的婚姻成为重婚，令他们的子女成为私生子，其中包括两位未来的国王，因此这条传言事关重大。在是否起诉爱德华·麦里斯的问题上，王室顾问分成了两派。一旦提起诉讼，就意味着国王有可能要站在证人席上，经历那样一场诉讼。丘吉尔亲自负责这件事情，他态度坚决，甚至有些轻率地表示支持冒险的方案。如往常大多数时候的情况一样，这一次他的大胆又奏效了。在1911年2月1日的审判中，国王没有被传唤到庭，最终爱德华·麦里斯被判入狱，谣言平息了。为人冷漠的国王对丘吉尔的看法一向不太积极，但是这件事情令他对后者充满了感激。不过，至少这位内政大臣的一些同僚都认为，如同在其他一些相关问题上的表现一样，丘吉尔在这件事情上显示出的旺盛的斗志甚至胜于他冷静的判断力。

在担任内政大臣期间，丘吉尔与爱德华国王和乔治国王之间的第二个特殊联系就是，政府的前座议员要遵循传统每日撰写提交给君主的议会工作信。在维多利亚女王主政时期，这项日常职责一直由来自下议院的首相们一丝不苟地履行着，罗素、帕尔姆斯顿、迪斯雷利与格莱斯顿全做过这份工作。身为贵族的索尔兹伯里没有资格报告下议院的工作，罗斯伯里也不行，身居不同职位的各位下议院领袖们——希克斯·比奇、伦道夫·丘吉尔、威廉·亨利·史密斯、亚瑟·贝尔福——便承担起了这项工作。在成为继格莱斯顿之后首位出自下议院的首相后，贝尔福也继续履行了这项职责，奇怪的是，他和爱德华国王在思维方式上其实难以沟通。亨利·坎贝尔-班纳文也试图把持这项工作，他一贯的思维和行为方式同当时在位的君主十分相似，他们两个人都喜欢法国小说和法国美食，都能通过在捷克的温泉小镇马里恩巴德散步放松下来，但是首相工作一直令亨利·坎贝尔-班纳文精疲力竭。在尚未设立秘书处的时代，这位首相还承担着亲自撰写提交给国王的内阁工作报告的任务，他在这项工作上的付出经常招致外界对他能力不足的抱怨，因此他将撰写议会议事信的差事下放给了内政大臣，阿斯奎斯出任首相后延续了这种做法。*

---

* 长期以来这项工作被不断地下放，到了今天这项工作已经交由党派督导，同时也是王室行政官员的人承担了。

几乎不用多说，丘吉尔满怀热情地接过了这副担子。对于忙碌的内阁大臣而言，这项工作可以说是一个相当繁重，也几乎毫无意义的包袱，需要大臣每天晚上抽出相当长的一段时间记录白天下议院里发生的事情。格莱斯顿与丘吉尔都习惯坐在前座议席中完成这封信，或许其他人也是如此。对于一位不擅于写作的大臣来说，这项工作就是一场噩梦，对于丘吉尔来说不存在这个问题。他洋洋洒洒、口无遮拦地表达着自己的观点，中间还穿插进在写作过程中随时想到的一些名言警句。他会提到议会里的发言，盛赞自己的朋友，尤其是坐在反对党议席里的那几位，例如弗雷德里克·埃德温·史密斯和休·塞西尔男爵，同时他也会针对各种问题的价值和议员们的个人表现畅所欲言一番。这些信的开头和结尾都合乎大臣的身份，例如，从"卑职丘吉尔……"到"上述内容现由陛下忠诚的仆人和臣民呈递"，但是这两句话之间的内容采用的口吻几乎与他面对自己的弟弟或者其他大臣时没有太大的区别。这项工作自始至终都体现出他对君主的态度：对制度充分尊敬，其中包括对称呼的使用，同时又自信十足，以辉格党的平等原则为依据无所顾忌地发表着自己的见解。

　　从 2 月 21 日至当年 5 月 6 日逝世，爱德华国王收到了 27 封这样的报告信，这些信基本上都在 400 至 500 个单词的长度，对经过了一整天工作的人来说，这项工作对精力不啻一项严峻的考验，而且信中的内容构成了一份比较厚实的手册，甚至是一部比较简短的书籍所需要的核心内容。爱德华国王从未对信中轻浮而武断的腔调（他读得能有多充分？）表示过不满，不过后来当人们对丘吉尔的报告信对爱德华国王的继任者产生的影响争执不下的时候，诺利斯表示当年爱德华国王"似乎有时候也对信中的某些段落感到不甚满意"。[ccxviii] 其实，很有可能诺利斯已经将报告信中的一些过激之言删去了。尽管如此，这些信仍然算是妙趣横生的漫谈式读物，应该比一本正经的赫伯特·格莱斯顿撰写的报告更令爱德华国王感到愉快。在 1910 年 3 月 11 日的信中，丘吉尔写道："礼拜五，对眼下需要的剩余部分的军队评估报告进行了冷淡地商讨。下议院表现出的如此冷漠的态度表明利益问题不在讨论范围之内。上尉和少校们一团和气，其他议员都躲到了吸烟室里。"[ccxix] 在 4 月 6 日的信中，他提到了劳合·乔治的一次讲话，在文中他突然笔锋一转，对劳合·乔治与约瑟夫·张伯伦做了一番比较：

　　　　他们有着一些非常深刻而明显的相似之处……丘吉尔先生常常对这些相似之处感到震惊。这些相似之处体现在行为举止、观点、心境和表达方式上。丘吉尔先生有一张劳合·乔治先生没有胡子的相片，相片大约摄于 10 年前，相片里的劳合·乔治与80出头的张伯伦极其相像。尽管性格决定了他们都十分激进，但是他们肯定都具有一种异乎寻常的力量，能够摁动触发普通保守党人头脑的弹簧。[ccxx]

爱德华国王逝世后，议院休会将近一个月，在1910年6月4日恢复工作后丘吉尔也恢复了写信习惯，只是现在他的写作对象变成了一位新国王，乔治五世。在接下来14个多月的时间里，丘吉尔撰写了多达84封的议会工作信（不包括针对其他问题写给国王的另外18封信），他没有为了迎合不太世故的新君主而大幅度改变自己的风格。也许他在信中没有再加入那么多调侃，不过他给爱德华国王的信中原本就没有多少玩笑话。尽管如此，似乎整个夏季这项工作进展得一直很顺利，实际上在上议院否决了政府提出的"否决权法案"、下议院于11月下旬解散，以及1910年的第二轮大选过程中情况也都如此——第二轮大选结果几乎完全证实了上一次大选的结果。然而，没过多久就发生了一件相当奇怪的事情。丘吉尔在一封信中讲述了围绕着工党就君主致辞提出的一项修正意见展开的一场议会辩论，这项修正意见涵盖了当时被粗略称为"工作权"的问题。丘吉尔在信中补充了自己的3点意见，他的表述略微有些说教意味，但是没有多少创新。这封信令刚刚即位的国王做出了荒唐至极的过度反应，他喋喋不休抱怨了整整一个星期，为了这件事情还消耗了大量的纸张，国王、首相和内政大臣以及他们各自的私人秘书也为此花费了很多时间。整件事情荒诞不经，但是它不仅揭示出一些问题，而且事情本身也值得注意。

丘吉尔抱怨的段落如下：

奥格雷迪（詹姆士·奥格雷迪）先生，一位来自利兹的进步的工党政治家，他在一场温和又颇具说服力的讲话中阐述了自己的政党观点。仅次于他的是来自曼彻斯特的克莱恩斯先生（约翰·罗伯特·克莱恩斯），他是工党里的佼佼者，一位相当聪明勤奋的工党人士。地方政府事务部大臣做出了回复。伯恩斯先生一如既往地对自己曾经的同事保持了忠诚。他对这项动议表示反对，他的依据在于这种做法会挫伤节俭之风，促使雇主在碰到难关的时候不再保持正派的品行，如今他们常常会这样……

这是一个很大的话题，简单说，它就是一切问题的根基。丘吉尔先生始终认为，在我们目前的科学和文明水平下，如果求助于具有再生产特性的市政工程，我们就有可能缓解剧烈的行业波动现象，在经济状况良好的时期里这些市政工程会平缓地发展，碰到恶劣时期则会实现大力发展。

至于流浪汉和败家子，我们应当建立合适的劳动营，将他们送到劳动营去，让他们在那里待上相当长的一段时间，让他们认识到自己对国家所负有的责任。目前内政部就在考虑这样的机构。但是，我们不应当忘记在社会上层和下层都存在着懒汉和败家子。^{ccxxi}

丘吉尔接着又写了一封信，国王吩咐诺利斯将信转交给首相的首席私人秘书："国王觉得丘吉尔先生的观点——如信中所附——具有强烈的社会主义色彩。他鼓吹的那一套只不过是法国［路易·勃朗，1849 年］^①尝试过的劳动场……丘吉尔在向国王描述这种劳动场的一封信中提到'社会阶梯的上下两端都存在着懒汉和败家子'［作者注：原文如此］，陛下认为丘吉尔此语毫无必要。"^{ccxxii}

由于阿斯奎斯的缘故，这封信被转寄给了丘吉尔，后者怀着一副受到冒犯，同时又充满自信、斗志昂扬的态度直接向国王做出了回复：

> 卑职内政大臣丘吉尔致陛下。他已经得知陛下经由首相转达的对上周五议会信中说到的一句话表达的不满，对此他深感遗憾。在这种信的格式方面，丘吉尔先生从未得到过指点，因此他遵循着自己在先王陛下在位时期习惯的风格，即满怀敬意地对各种事件和问题以及下议院辩论畅所欲言、直言不讳。先王陛下几度对内政大臣表达了对这种行文格式及风格的赞许，这些信常常比较散漫，也常常含有针对信中某一话题的一家之言。丘吉尔先生现在揣想陛下是希望他能克制自己，仅对辩论本身加以描述。他当然急切地渴望在各个方面都能满足陛下的愿望：在这种情况下，结果必然是减轻他在现阶段繁重的工作。然而，他还是要斗胆指出记录议会辩论的十分出色的简报——远胜于他利用现有的时间和空间能够写出的简报——出现在各家报纸上，由于这种现代机构，议会信的用处已经被大大削弱了……丘吉尔先生同时也感到发生这种事情后再撰写议会信将变得非常困难，因为他唯恐疏忽或者疲惫之下会不自觉地采用某种将给陛下留下不良印象的措辞或者表述。因此，他恳请陛下下令，将此项工作移交给某位深信自己赢得了陛下仁慈宽容的恩宠的大臣，对于失去这样的恩宠，丘吉尔先生深感遗憾。^{ccxxiii}

---

① 路易·让·约瑟夫·夏尔·勃朗（1811—1882），法国社会主义者、历史学家，被称为"国家社会主义之父"。

这封信令人立即想到 3 个问题，按照重要性从低到高的顺序分别如下。第一，丘吉尔——始终必须记住的是这些议会信都是由丘吉尔亲笔手书的——从未受到愤怒、礼节或是臣子身份的驱使而刻意避免使用节省时间的缩写方式。① 第二，原本应当有人向他提出更明智的建议，让他略去信中暗含的对新国王同其先父的比较，这样的比较带有对前者的贬损意味，尤其是考虑到诺利斯也日渐淡忘了爱德华国王对他的偏爱。第三，丘吉尔是一位装聋作哑、傲慢无礼的高手，就连最目中无人、最为老到的军士长在面对最稚嫩的年轻军官时都会发现自己难以企及丘吉尔的做派。此外，当时作为君主或许还不够成熟的乔治五世国王比丘吉尔年长 9 岁。

　　不出所料，丘吉尔的爆发令双方陷入了僵持局面。在给丘吉尔的回复中，诺利斯提出了一两个自己的观点，不过总体上他还是说："国王吩咐我补充一点，你的议会信一直富于启发性，也很有趣，倘若日后收不到你的来信，他定会感到遗憾。但是你若无意于此，他也不会希望你继续承担此项工作。"ccxxiv 诺利斯还将丘吉尔的信转交给了阿斯奎斯的秘书，并且说："我认为这封信的语气不太合适，他对此事的处理方法也不太得当。"ccxxv 一天后，丘吉尔又给诺利斯发了一封信（无论他的内政部，还是政府其他部门的工作有多么繁忙，他一贯都会迫不及待、坚持不懈地同对方以书信的方式充分地争执一番），他主要抱怨的是国王的谴责"这一次大失水准，对于任何无意中造成的失误很不合适"，而且信应当直接交给他，而不是通过首相之手转交给他。ccxxvi

　　最终，诺利斯（在给阿斯奎斯的首席秘书的信中）吹毛求疵地将丘吉尔抱怨了一番，还援引历史事实为自己给唐宁街 10 号"打小报告"的行为做出了辩解。他在信中写道："我随信附上丘吉尔先生的回信。我觉得他是想达成和解，可是他完全就像一个'闯进瓷器店的公牛'一样的莽夫……以前维多利亚女王就常常通过约翰·罗素将信转交给帕尔姆斯顿勋爵。"ccxxvii

　　总体而言，在这一轮通信过程中，素来以温文尔雅的自由主义者形象（自然，他一向扮演着中间人的角色，而不是主要角色）著称的诺利斯表现得不尽如人意，丘吉尔则充分展现出自己一贯的难以克制的好斗精神。此后，他继续给乔治五世国王写了 67 封议会信。一开始信都比较简短，甚至有些无聊，不过很快他就恢复了往日的生机，他也很少克制自己在遣词造句方面的天赋而故意将信写得平淡无奇。没

---

　　① 丘吉尔的议会信（及其他信件）的英文原文中出现了大量的缩写形式，例如，连接代词 what 和时态助词 would 分别缩写为 "wh" 和 "wd"。

过多久，他就以大臣的身份告诉国王："在一个议院里，普通议员① 无论怎样大声宣称自己有权发言，都无法引起其他人注意，因此这个议院已经倦怠得令人感到匪夷所思，大部分时间都空空荡荡的。"ccxxviii 在 1910 和 1911 年交接之际，丘吉尔积极而成功地解决了麦利斯事件，乔治国王对其表示感激，他们两个人终于和好如初。

在内政部的相当长的一段时期里，丘吉尔一直保持着对贸易部改革的热情。他的这种态度至少体现在 4 个方面。首先，他是 1911 年的"矿业法案"的幕后推动者。实际上，直到麦肯纳出任内政大臣之后，该法案才被正式写进法令文书里，即使是丘吉尔在任期间这项法案的具体试行工作自然也是由他在内政部的次官查尔斯·马斯特曼主持的。* 但是，正如矿业总督察所承认的那样，在满满当当的议会会议期间，以权威身份推动议会拿出足够的时间对该项议案进行讨论的人正是丘吉尔。在那个年代，采矿业是英国经济的支柱产业，全行业的劳动力人口有 100 多万，大规模的出口贸易对国家的外汇收入至关重要。

而且这是一个险象环生的行业，1910 年发生的两起煤矿重大惨剧更是凸显了这个行业的危险性。其中一起发生在坎伯兰郡，死亡人数高达 132 人；另一起发生在兰开夏煤田的波尔顿附近，至少有 320 人在此次事故中身亡。在没有发生这种惨绝人寰的井下爆炸事故的年份里，矿场的伤亡率也会保持在一个稳定的水平上，由于矿坑塌方和将矿工送往地下深处的原始升降机失控造成的伤亡人数每年有将近 1000人。对于今天的任何一个行业来说，如此高的风险都是完全不可接受的。对一名矿工而言，50 年的职业生涯走到尽头就意味着，他在死亡率超过 5% 的工作环境下存活了下来，但是基本上可以肯定的是，他至少会遭受一次非常严重的伤。"矿业法案"的主要目的就在于改善这种可怕的状况。法案将井下作业工人的最低工资从13 英镑提高到 14 英镑，矿场经理、工头和检查员们的培训及资格标准也有所提高。

---

① 此处指的是下议院，这里的"普通议员"指的是不担任政府大臣职位的议员。

* 马斯特曼是一位杰出的低级大臣，他具有爱德华·博伊尔（1923—1981）的某些特点。他们两个人都是面部肥胖、头脑聪明的大臣，都有着优美的文笔和出色的谈话技巧，对各自的政治活动都满腔热情，但是对各自的信仰的热情却超过了对事业的热情，他们中的一位是信仰基督教的社会主义者，另一位也相差无几，但是前者是自由党人，后者是保守党人。他们都在 50 多岁的年纪英年早逝。而且马斯特曼对自己的事业不太看重，这完全是因为他不够运气而已。他曾受到起诉而被革职，在 1914 年被提拔进内阁后又在连续 3 次补选中失利，在受到如此奇耻大辱的九个月后他辞职了。1923 年，他赢得了曼彻斯特的席位，但是在一年后又失去了这个席位。尽管是丘吉尔的下属，实际上他同后者几乎没有太大的年龄差距。总体而言，马斯特曼与丘吉尔相处融洽，不过马斯特曼还是会对这位内政大臣的态度和信仰指摘一番。对他而言，不论丘吉尔还存在什么其他问题，他最大的问题就在于他不是一个信仰基督教的社会主义者。

法案还为陆路运输、采矿机械以及地下电力的使用都建立了更为严格的管理制度。为了落实这一点，矿场监察队伍的规模大为提高，按照规定，矿场必须配备医疗救护队，提供营救服务。换言之，这项法案制定了一套非常官僚的措施，换作今天，必然会受到自由市场论者激烈的抨击，尤其是如果这种规定出自欧洲联盟委员会的话。不过，这项法案在当时深受工党欢迎，被即将成为该党领袖的拉姆齐·麦克唐纳 [①] 称为"对矿业人群的恩惠"。

第二项措施是旨在改善零售业 150 万工人工作条件的"店铺法案"，这个行业的雇工人数甚至超过矿业。这项法案的雏形并非出自丘吉尔，赫伯特·格莱斯顿在 1909 年就提出了一套与此十分相似的措施，但是"财政法案"在当年的会议期间占据了主导地位，迫于压力格莱斯顿的法案流产了。甚至在 1911 年（1910 年会议的日程安排也同样紧张），格莱斯顿提出的方案仍然在委员会里遭到了严重的削弱。店主们的游说团力量强大，对自由党产生了巨大的影响力。在丘吉尔的努力下，职工每周可以有一天提前下班、并拥有法定午餐休息时间这两项措施得到通过，但是，每周工作时间最长不得超过 60 小时、限制超时工作和星期日休息的措施没能得到批准。丘吉尔愤愤不平地说，这样的结果只是"一沉船的货物只打捞出一件而已"，不过他接受了"缩短劳动时间协会"主席的职务。这个职务没有多少实际价值，但还是给了他一丝慰藉。尽管这个职务与他的身份有些不协调，但他一直任职到了第二次世界大战爆发。

作为内政大臣，丘吉尔在立法方面开展的第三项工作是解决了他在贸易部时期的遗留问题，这项工作与他在内政部的职责毫不相干。1911 年夏天通过的《国家保险法案》得到了大臣劳合·乔治的鼎力支持，但是丘吉尔还是在推动下议院通过法案第二部分的过程中扮演了重要角色，这一部分法案要解决的是失业保险措施。这种说法符合事实，在离开贸易部之前，丘吉尔就已经为第二部分法案做好了几乎全部的立法准备工作，而且正如他在 5 月 25 日对下议院所述，"政治领域没有一项提案能比这套伟大的保险方案更令我关心"。[ccxxix] 他肩负着一个重要部门的职责，并且在充分参与当年夏天议会论战核心的"议会法案"的工作之余，他还得挤出时间处理自己在不久前遗留的工作。可以说，这第三项工作证明了他有着十足旺盛的精力。

除了立法工作，丘吉尔在内政部期间取得的主要成果就是监狱改革。在 1910

年的暑假，他花了不少时间给阿斯奎斯写了一份备忘录，这份备忘录实际上是对一项全面的"刑事司法法案"所做的概述。但是他没能让这项法案挤进日程紧张的下一轮会期中，在此之后，他的心思又从监狱问题转移到战舰问题上，因此有关监狱改革的提案没能得到通过。幸运的是，进入内政部之初他就立即决定在行政方面尽力采取行动，改善监狱状况。

　　之所以这么做并不是因为他准确地预见到这项法案无法写进法律，主要是他担心政府会早早解散，希望自己能够尽快做出一番成就。1910 年的第一轮大选让自由党人举步维艰，阿斯奎斯的精神状况一向比他在饭后的身体状况稳定一些，但是一连几个星期，就连他也失去了往日的镇定和精明。事实上，加上工党和爱尔兰人这个同盟，自由党人还是以 124 票的较大优势取得了胜利。在这种情况下，要想继续维持这个政府，工党和爱尔兰人也都没有其他选择。［海军大臣费舍尔给丘吉尔写过不少火气十足的信，在 3 月 2 日的信中他写道："看看迪西 ① 对（这样的）多数票还会怎么说？" ccxxx］就连总是废话连篇、但偶尔还是会发表一些真知灼见的玛戈·阿斯奎斯也在给丘吉尔的信中提到，他们需要"打起精神，坚持下去……因为我们的首相已经产生了错误的想法"， ccxxxi 她指的是阿斯奎斯对自己是否有能力领导新一届下议院感到怀疑。自由党内阁已经习惯于拥有大量的独立多数票，现在它却不得不接受联合执政的既成事实，但这并不一定就意味着它会因此而乱了阵脚。但是，一旦乱了阵脚，自由党内阁就会比在 1950 年票数损失同样惨重的艾德礼政府表现得更为严重。

　　这种举棋不定、忧心忡忡的情绪实际上也起到了一定的积极作用，至少促使丘吉尔在这个阶段一边自负地对各种问题提着建议，一边在监狱改革问题上以内政大臣的身份积极地进行活动。他的前任在一封告别信中给他提了一条很不起眼的建议，除了这条建议，这封信总体上很理智，而他却要围绕着这条建议推行一套"完全可以忽略不计"（50 年后活跃在英国政坛的重量级人物乔治·布朗 ② 开心的说法）的政策。在写于 2 月 19 日的这封信中，赫伯特·格莱斯顿对丘吉尔说："至于监狱之事，让这个疲惫不堪的部门休息一下不是一件坏事。" ccxxxii 丘吉尔的秉性根本无法接受这种解决方案，写下这句话对格莱斯顿来说纯属浪费时间，即使丘吉尔愿意考虑前任的意见。从托利主义转变为自由主义，丘吉尔应当对身为党派总督导

---

① "迪西"，本杰明·迪斯雷利的绰号。

② 乔治·布朗（1914—1985），英国工党政治家，在 20 世纪 60 年代出任过工党政府的外交大臣等职务。

的格莱斯顿心怀感激，后者在 1904 至 1905 年间为他争取到了一个选区，然而丘吉尔始终对格莱斯顿式的自由主义没有多少敬意。无论如何，让内政大臣变得无法容忍前任的告诫或许可以说是内政部的一种陋习。

外界普遍认为，在布尔人战俘营被关押 24 天的经历赋予丘吉尔一种对所有囚犯的同情心，甚至是认同感。这种说法不太合乎情理，或者说至多只是对他在监狱改革问题上的热情的一种蹩脚的解释。24 天的时间，再加上一直在憧憬着及早越狱（这种可能性极大），很难让丘吉尔产生受到长期监禁的人才会产生的那种心态。此外还要考虑的一点是，他的囚禁生活并不"丢脸"（丘吉尔素来对这个词很敏感）。实际上，更有可能的情况是，他生来就对弱者怀有强烈的同情心，尤其是跟那些境况不上不下的人相比就更为突出了，但前提是，他自己作为权威者的地位没有受到威胁，这个前提非常重要。他曾提出过一项原则："公众对犯罪以及犯罪分子的态度和情绪是检验一个国家文明程度的一个永远有效的工具。"ccxxxiii 这项原则将在 47 年后得到他的第 17 位继任者，出自下议院的内政大臣理查德·奥斯汀·巴特勒的认同，后者甚至对这项原则做出了新的解释。

在出任内政大臣的第 6 个夜晚，丘吉尔以自己特有的夸张风格出席了英国小说家及戏剧家约翰·高尔斯华绥的劝世剧《公正》的首演。他还带了一位赫赫有名的人物与他一起观看了演出，这个人就是监狱委员会主席伊夫林·拉格尔斯 – 布莱斯，在监狱问题上他是丘吉尔的前辈，将近 20 年前，他就得到了阿斯奎斯的任命。《公正》这部戏剧对英国刑罚政策中的消极因素，尤其是单独监禁措施提出了控诉，对丘吉尔产生了强烈的冲击，或许也令拉格尔斯 – 布莱斯有所触动，尽管后者应该认为自己比高尔斯华绥更了解监狱生活。

丘吉尔还要求无处不在、喋喋不休的诗人威尔弗雷德·斯科恩·布朗特给他提交一份建议书（他毫不费力地拿到了这份建议书）。布朗特在几十年前以爱尔兰政治犯的身份在戈尔韦监狱和基尔梅汉姆监狱坐过两个月的牢，但是他的情况与先于他几年被打入大牢的查尔斯·斯图尔特·帕内尔有所不同，尽管他出身于上层阶级，但是受到了劳改和单独监禁的处罚。丘吉尔被高尔斯华绥和布朗特的观点——更重要的是他自己原本就有的信念武装了起来，对监狱的各种措施发起了猛烈的攻击。首先，他在 3 月宣布，对政治犯的处理应当有别于由于"欺诈、暴行，或者其他意味着人品堕落的罪行"而被收押的囚犯。还有一些人"总体上人品不错，所犯罪行无论应该受到多么强烈的谴责，但是都算不得是个人的耻辱"。ccxxxiv 丘吉尔对这些罪犯的类型并没有给出明确的定义，而且其中还掺杂着非常主观的判断，具有强烈的丘吉尔个人风格。不过，即使难以定义，他所描述的对象也不难辨认——

许多妇女斗志昂扬地参加争取妇女选举权运动——因此招致刑罚、被打入大牢的年代，他的描述具有非常实际的意义。自此以后，监狱允许这些人以及其他类型的"政治"犯穿着自己的衣服，允许有人为他们送来书籍和食物，不过对于参加绝食抗议的囚犯而言，食物的意义并不大。丘吉尔还致力于改善囚犯的生存环境。单独监禁受到了严格的限制，监狱里偶尔还会举办音乐会和讲座，对犯人在刑满释放后的帮助也有所改进。

但是，从根本上而言，丘吉尔之所以推行这些政策还是因为他非常怀疑监狱能对犯罪分子产生威慑力，或者对囚犯起到改造作用。因此，他推行的刑罚政策的主旨在于加强防范。在那个年代，不仅在押人员的数量始终远远低于当今社会的服刑人数，而且其中很多人都只是被关押四五天而已，大多数人都是醉汉和欠债者，包括没有能力或者不愿意缴纳罚金的人。丘吉尔极力主张对欠债者和醉汉，以及在 16 至 21 岁之间的年轻人网开一面，在他的努力下，受到监禁处罚的人的数量出现了大幅度地下降。由于他推行的这套措施，因为没有缴纳罚金而入狱的人数从 1908 至 1909 年间的将近 10 万人下降到 1918 至 1919 年间的不超过 2000 人。就在同一时期，入狱的男童数量减少了不止 2/3。丘吉尔对幼年进入监狱这样不光彩的经历给人造成的不良影响很敏感，他相信熟悉会导致轻视，因此监狱的威慑效果会受到弱化——尽管这种观点听上去令人难以接受。入狱的囚犯全都要经历整个耻辱的收监程序，刑期最短的人也要与被判处长期徒刑的重刑犯受到同等的待遇：采集指纹，在破坏分子图像簿上留下照片，被押上囚车。丘吉尔认为这种平均化的做法很不合适。

总之，丘吉尔对刑罚的态度让他成了一名"软弱"的内政大臣，无论是他的直觉认识，还是在政策实施方面他都不算强硬。他原本就容易受到媒体和议会里一些人的谩骂，后来这些人被称为"绞刑手和鞭刑手"。对于在下议院引起争议的话题，他总是会态度坚决地将抨击他的人驳斥一番，就像他帮助在伦敦本顿维尔监狱遇到的 7 名年轻犯人减刑时遇到的情况一样。当时，第 6 代温特顿伯爵爱德华·特纳就率领托利党人对丘吉尔发起了一场凶猛的攻击，特纳比其中 7 名囚犯中的 1 名年轻人年长不了多少，但是自 1904 年起他就一直担任着下议院议员（并一直做到了作者进入下议院的最初几年）。丘吉尔回答道："我很高兴能有机会建议将这种特权应用于这几名犯人，因为我想让全国人民注意到……全国每年有 7000 名来自贫穷阶层的年轻人被送到监狱，如果是贵族老爷们在学院里犯下了相同的罪行，往往他们连一丁点儿麻烦都不会碰上。"^{ccxxxv}

丘吉尔将自己置于一定的危险中，不领情的在押犯人和已经刑满释放的犯人可能会辜负他对他们的期望，他在媒体和议会里的反对者将会卖力地嘲笑他。对大多数内政大臣来说，这都是司空见惯的事情。不过，对于伴随着著名的"达特姆尔牧羊人"①事件出现的一场"不听老人言"式的哄闹，劳合·乔治至少也要承担一半的责任。出于某种奇怪的理由（或许是当时他试图从财政大手中争取到更多的监狱资金），这位内政大臣带着财政大臣去德文郡那座已经有些年头的著名的达特姆尔监狱视察了一次。这两位激进主义明星人物在那里遇到了 68 岁的囚犯戴维·戴维斯，此人成了监狱里迷途羔羊们的牧羊人，通过这一点不难看出，他是一个行为举止温文尔雅的人。根据丘吉尔所述，戴维斯有着不同寻常的天赋，他叫得出每一名囚犯的名字。为了从教堂捐款箱里偷到的几先令，戴维斯在服为期 3 年的劳役刑，另外他还被判处 10 年的防范性拘留。

戴维斯的情况并不罕见，但是至少在表面上都令财政大臣和内政大臣感到震惊。丘吉尔下令释放戴维斯，对他执行缓刑，将其安置在北威尔士的一座牧场里。劳合·乔治更加冒失地针对戴维斯的情况做了一场演说，为后者取了一个令人过耳不忘的绰号，"达特姆尔牧羊人"，还将他的命运与大肆"掠夺穷人"的贵族的子孙后代的生活做了对比，后者现在不仅依赖着土地创造的财富为生，而且还把持着人民的政府，以此向人民勒索赎金。这场演说被广为宣传。不幸的是，相比正常的务农生活，自 1870 年起前前后后已经蹲过 38 年大牢的戴维斯先生更习惯监狱生活。他在威尔士北部的雷克瑟姆附近的那座农场只过了一夜，然后就闯入了附近一户人家，随即就又回到了监狱。但是，充满自信的丘吉尔不可能因为这种小失误就放弃自己推行的政策。

内政大臣掌握死刑的最终裁决权，这一事实令丘吉尔感到不安。在他出任内政大臣的 20 个月里，法庭判处了 43 例死刑，这些案件都要由内政大臣本人做出最终决定。在 1965 年英国废除死刑之前，内政大臣办公桌的右侧凹室内始终悬挂着一张类似于台球计分板一样的图表，上面有一张圆盘，标记有死刑犯（偶尔也有女性）姓名的圆盘沿着一条轨道逐日挪动着，这条轨道的起点和终点分别代表判决下达和行刑的日期。因此内政大臣每天都会想起距离执行他的最终决定还剩下多少天。这种提示装置让内政大臣避免了因公务缠身而造成疏忽、耽误绞刑执行的情况。同时，它还为整个办公室永远蒙上了一层阴影，让建于 1861 年的办公大楼里

---

① 达特姆尔高原位于英格兰西南部德文郡境内，以荒凉的石山风光和绵羊养殖著称，达特姆尔监狱是英国最著名的监狱之一，于 1806 年动工，1809 年投入使用，现在仍在使用中，并且建起了一座博物馆。

的这个富丽堂皇的房间永远沉浸在一片黑暗沮丧的气氛中。如果办公室的主人比较敏感的话，这个装置还会为他带来很大的心理负担。而且根本不存在间歇期，平均两个星期一起死刑的频率——直到最终行刑——无论如何都在不断巩固着这块令人毛骨悚然的死亡板。

这些死刑判决以一种令人压抑的方式消耗掉了内政大臣的大量时间。就连几乎可以说有些无法无天、冷酷无情的哈考特，在 19 世纪 80 年代出任这个职位的时候也很反感这项工作，19 世纪 90 年代的阿斯奎斯也对这种事情十分厌恶。在接下来一个 10 年的末期坐在这个位置上的丘吉尔也是如此。按照惯例，在内政部，协助内政大臣单独完成最终判决的只有常驻次官。内政大臣会咨询主审法官的意见，但是一旦他做出决定，便不存在翻案的可能了。

丘吉尔赦免了 43 例死刑判决中的 21 例，对另外 22 例批准执行。他对其中一些案件非常关注，在一份长篇大论的备忘录中对案件进行了充分的阐述。名义上这份备忘录是写给内政部的常任次官爱德华·特鲁普爵士，* 实际上他是想通过这样的写作过程为自己理清思路。丘吉尔感到十分痛苦，不过更加痛苦的是外交大臣，在 1910 年夏末秋初，丘吉尔出去度了一次长假，临走前他将这项工作和其他一些分内的工作托付给了后者。（按照人们的想象，丘吉尔只能将工作托付给如此资深的大臣，因为国务大臣的职权具有唯一性，而且是不可分割的整体，因此本部门的低级大臣无权代表顶头上司，但是可以由其他国务大臣代为执行公务。）在当年的 8 月 21 日，爱德华·格雷从巴尔莫勒堡致信丘吉尔，告诉他后者在临行前托付给他的两例判决都没有出现新情况，因此他按照丘吉尔当时暂定的方案，即"法律照常生效"。但是，格雷还补充了一句："我认为你的这项工作太讨厌了，在那两个人被绞死的前一天晚上，我都不停地想着他们正在度过怎样一个夜晚，到最后，我感到好像除非我也被绞死，否则我就不应当绞死他们似的。"[ccxxxvi]

丘吉尔对格雷的观点非常认同，很久之后他在文章（1935 年刊登的《世界新闻报》上的一篇文章）中写道："在所有担任过的职务中，这一个是我最不喜欢的。"而且他毫不含糊地表示对于自己对这个职务的反感，死刑判决这项工作起到了很重要的作用。但是，他不曾像格雷那样经历过满怀愧疚的夜晚，在一定程度上是由于

---

* 特鲁普在总体上似乎一直是一位可圈可点的常任次官，他曾对丘吉尔和内政部之间的互动做过一个非常精彩的评价："丘吉尔先生每个星期至少有一次来上班的时候会带着一些冒险而不可能实现的计划，经过半个小时的商讨后一些计划会取得进展，尽管仍然很具有冒险性，但已经不是不可能实现的了。"（引自马丁·吉尔伯特的缩写版《丘吉尔传》，p.225）。

他相信终身监禁比强制死亡更糟糕。他从不逃避突然死亡这种事情。有一次，他不顾常任次官和主审法官的建议，迟迟不能对一项缓刑判决（对无期徒刑减刑）做出最终决定，不久后被定罪的犯人自杀身亡，他竟然匪夷所思地感到了释然，仿佛他认为这个结果对两个世界都是最好的选择，而且犯人也证明了自己的男人气概。

丘吉尔从来不主张废除死刑。1948 年，下议院第一次投票反对死刑，丘吉尔伤感（又令人不悦）地提到了自己在 1910 至 1911 年的经历，但是他还是投票支持保留死刑。令下议院感到沮丧的是，由于上议院表示反对，当时由工党领导的政府在这个问题上的态度模棱两可，20 世纪 50 年代的保守党政府又谋求折中方案，因此将近 20 年后，废除死刑的构想才化为现实。大约同一时期（1948），丘吉尔在面对一批长久以来在刑法政策问题上极具煽动性的听众——"保守派妇女大会"时发表的讲话就不太值得称赞了。在会议上，他用略显夸张的口气将支持废除死刑的工党后座议员（以及不少托利党议员）对"抢劫和暴力犯罪"所谓的冷漠与他们在"旁遮普一地至少有 50 万人死亡"（由于突然从印度分裂出去）的事情上所负有的责任相提并论。[①] 不过，他主要指责的还是政府竟然懦弱地将"死刑这个大问题的决定权交给了威斯敏斯特有史以来最不能代表人民，最不负责的一个下议院"，[ccxxxvii] 用一场未经督导的投票来解决。不过，对于反对废除死刑他始终不太安心（或者说面对女保守党人的时候——克莱门汀甚至都没有他那么不安），几乎没有多少人预料到他会对 1945 年的大选中猛然壮大的多数党（即工党）表示支持，毕竟这种状况标志着英国全国暂时对他独一无二的工作表示了否定。[②] 他在 20 世纪 40 年代后期表现出的党派性，与他在 1951 至 1955 年二度出任首相时努力推行的一套总体比较温和的政策没有多少关系。

早在 1910 年的时候，英国社会对死刑的存在没有太大的争议。相比处理死刑问题的阶段，对丘吉尔来说更重要的是，他面对争取妇女选举权运动的时期，很快他就发现自己处在了风暴中心。这一次，他之所以成为焦点，并不是因为他在这个

---

① 1947 年印度获得独立后，印度西北部的旁遮普省按照宗教成分而分裂，西部地区成为巴基斯坦的一个省。

② 在这次选举中，面对温斯顿·丘吉尔代表的保守党，克莱门特·理查德·艾德礼的工党出人意料地以压倒性的优势获选，这是自 1906 年之后保守党第一次在大选中失去民心，直到 1955 年才重新获得了大多数选民的支持。工党第一次在议会中占有了多数席位，大选中全国总共有 12% 的选民从支持保守党转而支持工党，这是迄今为止最大的一次转变。

问题上表达了鲜明的观点。丘吉尔与阿斯奎斯（反对派）与格雷（支持派）形成了罕见的对比，他选择了中间路线，支持提早为一部分女性赋予投票权，但前提是不会引起太大的政治波动。（意思是，如他在私下里力主的那样，在实现这一点的时候不能对自由党的竞选前途造成伤害，如果对女性选民资格在财产方面设定过高的标准就会造成这种结果。）满足所有目标的改革方案几乎根本无法构建；丘吉尔也同样不可能公开表明自己对自由党的偏向，因此他不得不说一些模棱两可的话，据说在1910年12月的大选中，他在邓迪就说过这样的话：

> ［丘吉尔先生］仍旧认为由于性别而不具有（投票）资格并不表示真的不具有资格，或者说这种状况就合情合理，因此他赞成为妇女赋予选举权的原则。但是，他不愿意完全支持任何一项特定的法案……非常希望她们［妇女参政论者］不会对他日后的发言抱有不切实际的幻想。ccxxxviii

这种态度对潘克赫斯特夫人以及她在妇女参政运动中的追随者们毫无吸引力。实际上，她们将丘吉尔为了破坏她们日趋暴力的参政运动而召开的会议和发起的运动视作了攻击目标。在1910年的第一次大选期间，一名女子在布里斯托的坦普尔米兹火车站用狗鞭袭击了丘吉尔。对身为内政大臣的丘吉尔，更严峻的挑战在于，警方对妇女参政运动示威活动的参加者采取的管制措施，以及对监狱里进行绝食抗议的参政活动参加者的处理方式，这两项工作都落在了他的肩上。总体上，丘吉尔在这两个问题上都避免采取过分粗暴的措施，但是他还是遇到了一些难关，尤其是在"黑色星期五"（1910年11月18日）过后的一段时间里。在那个星期五，警方对议会广场的一场示威活动展开了愚蠢的行动，结果引起了6个小时的巷战，最终200人被捕。为了尽量减小负面影响，大多数人都没有受到指控，直接被释放了。然而，这个决定进一步激怒了激进分子，她们宣称政府在掩盖事实。4天后，在唐宁街10号门口发生了一场冲突，其间，丘吉尔大喊大叫地对警察下达指令（"把那个女人带走。她显然是带头的"），在传言中，事实很快就演变成了丘吉尔亲自出马指挥警方在现场的行动。

在丘吉尔担任内政大臣期间，妇女参政论者始终对他紧咬不放。丘吉尔在立法方面采取中间道路的连续几次努力都失败了。到了1911年年底，自由党内部在这个问题上的分化发展到了极其严重的地步，丘吉尔不得不（用他一贯采用的夸张的比喻）提醒阿斯奎斯，除非立即控制住局势，否则他的政府就有可能"以耻辱的方式遭到失败，就像西西拉①一样死于妇人之手"。ccxxxix 丘吉尔提出的解决方案是对这个问题进行全民公决，通过这种方式，敌对双方能够在不威胁到政府存亡的前提下解决问题。结果，阿斯奎斯不赞成这个提议，除了其他不时爆发的危机，妇女参政权问题始终悬而未决，直到1914年第一次世界大战爆发，这个问题（以及爱尔兰自治问题）才暂时被人们忘得几乎一干二净了。

在出任内政大臣的第一个夏天，丘吉尔过了一个充满"生活情调"的假期。他乘坐游船来了一场地中海之旅，造访了蒙特卡洛，不过大部分时间他都待在希腊和土耳其的水域。从几个方面而言，这次假期非常具有丘吉尔的个人风格。首先，这是一个非常漫长的假期，度假的人属于最勤奋的那类人，而且还肩负着责任最为重大的职务。这基本上就是丘吉尔的习惯，通过改变地点和生活方式保持旺盛的精力。他从来不会无所事事，他的放松活动主要就是在漫长而放纵的宴席间与别人交谈（当然主要是他一个人在说话），以及绘画（1915年之后养成的习惯），还有砌墙（很晚之后）和打比奇克牌（早年培养的爱好，不过直到晚年才日渐沉迷其中）之类的嗜好。没有其他事情做的时候，他就总是在埋头工作、处理公务，或者著书立说，他至少完成了14部"像样的"作品（而不是别人那种编撰的文集），其中几部还是多卷本（有几部的卷数非常多），这样总共就是31卷作品。成果丰硕、持续不断的高强度工作需要佐以一些调剂，他的调剂方式就是改变地点和生活节奏。在出任财政大臣之后，他也是如此，在20世纪20年代又继续完成了两部作品。在议会召开会议期间，他的日常活动也如同大部分时间在查特维尔庄园度过的假期一样繁忙，只不过内容不同。当时的政府元首斯坦利·鲍德温在法国东南部的艾克斯雷班度假时的工作强度家喻户晓，而丘吉尔的工作时间大多比鲍德温在法国期间的更长。更惊人的是，就连在1940年最绝望的一段时期和1941年几乎与前一年同样艰难的日子里，丘吉尔也保持着这样的工作状态，工作强度丝毫没有减小，到了周末，他的随从也都必须转移到首相乡间别墅去，每逢满月那一天，他们还会集体前往牛津郡北部的迪奇里。

其次，之所以说1910年的暑假很典型，是由于丘吉尔的交通方式和他对东道主的选择。如果条件允许的话，他总是喜欢舒适的旅途和奢华的目的地——正如这

---

① 西西拉，《圣经》中的人物，迦南王耶宾的军长，以色列女士师底波拉招来巴拉率领1万人迎战西西拉，西西拉战败，逃到基尼人希百之妻雅亿的帐篷，向雅亿讨水喝。雅亿为了表示热情，打消西西拉的警惕性，就用自己的奶水款待他。当西西拉睡着后，雅亿用锤子将帐篷的橛子钉进他的鬓角，将他杀死。

次的航游，当然最好两者兼而有之。大约在 10 年后，他说了一句名言，认识菲利普·萨松①（政治上无足轻重，拥有并重建了在肯特郡的林姆尼港庄园，从这座匆忙完工、颇具品位的庄园望出去，越过罗姆尼沼泽地，可以远眺法国）的好处就像是坐火车的时候总能坐在单人包间里。不过，对于提供"单人包间"的人他不太挑剔，在 1910 年的旅行中就是阿诺德·莫里斯·德·福里斯特伯爵为他提供的"单人包间"，这位伯爵被很多人称为"图提"，这个名字并不总是那么令人感到踏实。②福里斯特是奥地利和法国的伟大的金融家莫里斯·德·赫希男爵的养子，他本人十分富有，然而他却是一名积极的自由党人。在 1910 年的首轮大选中，他在绍斯波特落选；到了 1911 年的夏天，由于落选的保守党对手提出申诉，马斯特曼被罢免，他就这样当选为北西汉姆的议员。

福里斯特娶了威廉·坎斯菲尔德·杰拉德男爵的女儿，1899 年丘吉尔乘坐"邓诺特城堡"号前往南非的时候，杰拉德曾许诺为丘吉尔在兰开夏义勇骑兵队里谋一份差事。不幸的是，福里斯特同男爵家族的关系并不融洽，就在为丘吉尔夫妇提供了前往中东的"魔毯"的一年后，他以诽谤罪名对岳母提起了诉讼。他聘请了 4 位王室顾问，其中包括爱德华·克拉克爵士与弗雷德里克·埃德温·史密斯，可是开庭第一天，还不到午餐时间他就彻底败诉了。乔治五世国王的判断力常常比较狭隘，但他又有着一种朴素直爽的力量，根据德比伯爵的记载，在 1911 年 8 月 20 日（这时大规模敕封爵位的危机刚刚解除）他对福里斯特做了一番评价："我（对阿斯奎斯）说过，无论出现何种情况我都不会接受的就只有一个人，这个人就是德·福里斯特。" ccxl

此后，福里斯特几起几落，丘吉尔曾向各种俱乐部提名福里斯特为候选人，但是俱乐部总是投票反对他的加入。后来，福里斯特给自己改名为本登，他一直活到了 1968 年，逝世前将近 40 年的时间一直保持着列支敦士登国籍。在丘吉尔偏爱的几个声名狼藉（福里斯特的问题有些难以理解）的朋友中就包括福里斯特。丘吉尔喜欢暴发户，在 1910 年的夏天，有 6 个星期的时间一个暴发户整日陪在身边，这样的生活令他感到满意，后者的殷勤款待也渐渐地让他欠下了很大的人情。面对这种情况，克莱门汀·丘吉尔表现出的顺从更令人感到惊诧，毕竟面对这种人她一向

---

① 菲利普·沙逊爵士（1888—1939），英国政治家、艺术品收藏家和社交明星，被誉为英国最合格的单身汉和最伟大的东道主。

② 德·福里斯特过着丰富多彩的一生，甚至当过赛车手和飞行家，"图提"这个绰号指的正是他如什锦糖果一般的丰富生活。

比丈夫挑剔。到了晚年，即使无法劝阻丈夫远离这种人，她至少会让自己躲开他们。可是，在这一趟地中海东部航游过程中，她自始至终都没有过缺席的记录。就在两年前，他们还在福里斯特在捷克的摩拉维亚城堡度过了蜜月的大部分时光，或许她觉得，这么快就开始反感东道主的陪同显得有些忘恩负义。

当然，丘吉尔并不只是将漫长的假期用来欣赏风景，享受阳光。在将近 4 年后的另一次航游旅程中（这一次他们乘坐海军游艇），阿斯奎斯准确地捕捉到了丘吉尔在面对这种环境下的休闲生活时的态度："在西西里岛的锡拉库扎期间，温斯顿始终不曾上过岸，他在自己的客舱里口述了一篇论述世界石油供给状况的文章（我马上就会读的）。"[ccxli] 继之前的那次航游之后，阿斯奎斯已经读过不少丘吉尔阐述部门事务的文章。回到英国不久，丘吉尔就给首相送去一份鸿篇大论的备忘录，文中阐述了自己对内政部在刑法工作各个环节的见解和规划。有一次，阿斯奎斯在信中告诉维妮夏·斯坦利"温斯顿用嘴巴思考问题"。无疑，大约就是从这时开始，这位内政大臣就逐渐用自己在几乎所有政府工作上的见解占用了大量的内阁会议时间。阿斯奎斯的评价不够公道，在涉及内政部事务的时候，丘吉尔显然用手中的笔为自己的嘴提供了支持，在一定程度上他在比较综合性的问题上的见解也是如此。

尽管如此，在 1910 年的初夏，丘吉尔还是经历了一段比较平静的日子。11 月间发生的一连串的事情，令他与自由党和工党联盟中的左派分子疏远了（半永久性的疏远）。和贝亚特丽斯·韦布的表现一样，这部分人在丘吉尔就职贸易部期间以及进入内政部之初对丘吉尔的好感与日俱增。这些事情也使得阿斯奎斯在 1911 年的前 8 个月里，渐渐感觉到内政大臣这个职务并不适合丘吉尔。从 1909 年的预算案开始，直至 1911 年 8 月贵族们勉强接受《议会法案》为止，议会出现了一场宪法危机，在爱德华国王逝世后将近半年的时间里，这场危机成了一股始终存在的暗流，正是这场危机致使英国政局止步不前。从这场宪法危机开始，丘吉尔在一定程度上被排除在这一系列暗中进行的工作之外。1910 年 6 月 16 日，议会召开了一场跨党派的宪法会议，会议目的旨在保护国王乔治五世，以免他刚一继位便要面对一场大规模的危机。

政府方面的与会人员有阿斯奎斯、劳合·乔治、克鲁–米伦斯与奥古斯丁·比勒尔，反对党的代表是贝尔福、兰斯顿、奥斯汀·张伯伦与考德伯爵，至于最后一位，若不是他的祖辈在莎士比亚剧作《麦克白》中占有一席之地，他早就被世人彻底遗忘了。丘吉尔身为内政大臣，在他看来自己至少在政坛上举足轻重，他应该以为自己也会被列入参会名单，不过没有证据显示，他曾因为自己被排除在这场会议之外而大动干戈。整个夏季，直至初秋，会议断断续续地进行着（气氛也相当友好），但是无论从哪种角度而言这场会议都可以说毫无成果。会议之所以毫无进展，最根本的障碍在于爱尔兰自治问题。兰斯顿能够在 1911 年 8 月为"议会法案"进行的最后一轮讨论中表现得非常温和，在 1917 年写给《每日电讯报》的"和平信"中又能大无畏地反对传统，但是在这场会议中他坚定不移地表示反对爱尔兰实现自治，他的着眼点并非只是北爱尔兰问题。作为南爱尔兰的大地主（兰斯顿继承的爵位包括克里伯爵爵位①），他顽固地支持新教优越阶层②在伦诺特省、芒斯特省和康诺特省的权利。同安德鲁·伯纳尔·劳一样，他不仅仅是为了捍卫苏格兰长老会教徒在北爱尔兰的利益。遭到兰斯顿沉默却毫不让步的态度，这场会议最终宣告失败。

随着这些不成功的正式商谈的进行，劳合·乔治如同在天空划过一道极具凯尔特人风格的闪电一样渐渐形成了大联盟构想。按照他的构想，两个主要政党都要抛弃各自的极端势力，共同组成一个政府，借用丘吉尔在将近两年前说过的一句话，这个政府将"在我们的工业体系的整个底部插进一大套俾斯麦主义"。对于保守党而言，劳合·乔治的计划有利的一点在于，提出建设一支更强大的海军，开展强制性的军事训练，进行关税改革。自由党人获得的好处则是，爱尔兰实现自治，威尔士教会被废除国教地位，上议院的权力得到限制。

这套方案中或许更重要的部分还在于职务的分配，大部分政治交易都是如此。阿斯奎斯将继续留任首相，但是将擢升进入上议院，这就允许了贝尔福继任下议院领袖及帝国防务委员会主席。兰斯顿将回到外交部，在 1900 至 1905 年他曾任职该部门。奥斯汀·张伯伦将出任海军大臣。留给丘吉尔的职位是什么？身为自由党人的他在保守党里有不少朋友（尤其同弗雷德里克·埃德温·史密斯，在联合政府方案关于职务分配方面史密斯是托利党方面最重要的中间人），同时又没有意识形态的束缚（尽管他并不缺乏对辩论的热情），他自然会拥护这种联盟政府。而且他还受到大多数托利党人的极度反感。有一定的证据（主要来源于露西·马斯特曼的日记，她是查尔斯·马斯特曼的夫人，因此只能提供二手消息）显示，他们本来会将丘吉尔拒之门外，为了让联合政府这个宏大的构想更加辉煌，劳合·乔治也应该在对丘吉尔的否决投票中表示默许。回首往事，这种观点似乎

---

① 克里郡位于爱尔兰的西南部，属于芒斯特省。

② 新教优越阶层，通常被称为"优越阶层"，是 17 至 20 世纪存在于爱尔兰的一个由地主、新教神职人员、专业人员，以及爱尔兰教会或英格兰教会全体成员等少数人口构成的阶层，他们在政治、经济和社会各方面都占据着统治地位，

合情合理，丘吉尔进入了 1915 年的联合政府，虽然职位有所下降，但是托利党人仍旧对他进入政府一事表现出了极度仇视的情绪。马斯特曼夫人还记下了托利党人的敌意致使丘吉尔迟迟才得到任命。ccxlii 在遭到排斥后，丘吉尔渐渐失去了总体上对联合政府的热情。不过也有相左的证据显示，有人认为他更适合陆军部的工作。

这些观点都没能经受住实践的检验。贝尔福热烈拥护并积极参与了联合政府，但是此时他在人世的时间只剩下 15 年了（1915—1930 年，逝世时身为托利党领袖），最终在他的前任党派督导阿雷塔斯·埃克斯－道格拉斯的建议下，他结束了对丘吉尔的排斥。埃克斯－道格拉斯说过，托利党的后座议员不会接受这种局面，贝尔福也没有做好成为当代皮尔的准备，促使自己的政党如同 1846 年那样一分为二。因此，到了 1910 年秋季的中期，两个党派都恢复了战斗状态，开始为当年的第二场大选做准备了。由于前后两位国王都执意要求选举之轮转上两圈，这样他们才会屈服于来自贵族的胁迫，因此第二轮大选的举行就不可避免了。对于两党的政客与选民来说，这场选举多少有些令人痛苦，此前他们都从未经历过这种事情。不过，在 1830 和 1831 年的竞选中，曾出现过两党候选人难分伯仲的情况，在 1922、1923 和 1924 年连续三年的秋季大选中也是如此，但是后来直到 1974 年才又出现了同样的情况。

逼迫国王勉强做出的秘密承诺增强了阿斯奎斯的信心，按照国王的承诺，如果这一年的第二轮选举巩固了 1 月首轮选举的结果，国王就要同意大规模地为自由党人敕封爵位。阿斯奎斯在 11 月 18 日宣布解散议会，在距离圣诞节还有一个星期的时候选举就结束了。这场竞赛引不起任何人的兴趣，在当时的情况下出现这种状况不足为奇。在 1 月参加过投票的选民中有 1/6 的人拒绝重复这个过程。选举结束后，有 54 个议席易主。政府在兰开夏郡和西部各郡的表现不尽如人意（丢失了在德文郡的 5 个席位），在伦敦则表现出色。不过，这只是死水般的海面上出现的几股逆流而已。总体上，自由党人损失了 3 个席位，保守党人损失了 1 个席位，工党和爱尔兰统一党（爱尔兰民族主义党）各得到 2 个席位。政府以极其微弱的优势胜过了反对党，但是略逊于他们的联盟党。但是，同选举结果相比，这些问题都不足为道，通过这场选举，1910 年首轮大选的结果无可争辩地得到了巩固，显然不存在举行第三轮选举的问题了。但是，为了促成"议会法案"的通过，政府是否需要制造一大批贵族的问题还没有解决，直到将近 8 个月后这个问题才终于得到解决。

第十章 从监狱到战舰

对丘吉尔来说，1910 年的第二次大选不像第一次大选那么顺利。面对伯纳尔·劳的挑战，他一反常态地拒绝应战，没有重返曼彻斯特西北区与后者在那里展开一场骑士般的殊死搏斗。在这里，"死亡"应当被理解为失败者将无缘再度进入新一届议会。丘吉尔的举动以极端的方式反映出，在政客的眼中选区就像职业足球运动员一样可以相互转让。自由党人在 1910 年的首轮选举中重新争取到了丘吉尔在 1908 年失去的这个席位，但是似乎没有人对获选的议员给予过多的关注。问题并不在他。实际上，在很大程度上真正的问题在于，丘吉尔获得了对他来说"终身有效"的邓迪席位，他无意回到存在着风险的奇塔姆山选区。不过，伯纳尔·劳至少也做出了同样大的牺牲。达维奇对他而言就如同邓迪之于丘吉尔一样属于囊中之物（而且对他来说更为方便），然而为了响应党的号召，他领导了在兰开夏郡的竞选活动。

伯纳尔·劳遭到了重挫，作为对丘吉尔拒绝挑战的回应，他也没有去丘吉尔落败的地区参选，因此不得不前往布特尔寻求庇护。布特尔不太可能成为托利党的避风港，不过当时还算安全。丘吉尔拒绝同伯纳尔·劳在一览无余的山脊上进行一对一的战斗，这场战斗有点类似于他可能在 1899 年设想过的与路易·博塔的遭遇战，他的这一举动多少有些出乎人们的意料。或许他的选择是受到了自己的浪漫主义情怀的诱惑。如果他接受了挑战，他就将改写保守党的历史。没能进入下议院的伯纳尔·劳就不可能在 1911 年的秋天接任贝尔福，成为下议院领袖。他也不会参加1912 至 1914 年间在阿尔斯特的一系列竞选活动，这些各方寸步不让的竞选活动，比 17 世纪以来的任何时候都更大程度地让内战的威胁在英国各地受到热议。他也就不会否决丘吉尔在 1915 年 5 月留任海军部，也不会在 1917 年闷闷不乐地看着丘吉尔以军火大臣的身份重新加入政府班子——最终他没有抵制这个决定。他也就不会占据一个能在 1922 年导致劳合·乔治领导的联合政府垮台的位置，并将丘吉尔流放到政治荒原长达两年时间。

丘吉尔赢得了邓迪的席位（他原本可以赢得曼彻斯特的席位），但是他获得的选票比前一年 1 月少了 1500 张，而且有 7% 的支持者倒向了其他候选人，同期苏格兰选民改变支持对象的比率只有 1% 多一点。不屈不挠的埃德温·斯克林杰的选票悄悄增长了 300 张，是丘吉尔总票数的 1/5。就像在 10 个月前那样，这一次的竞选活动丘吉尔的足迹遍及各地，大部分演讲也都十分尖锐。但是他起到的作用不再那么重要了，正如他在 1911 年 1 月 3 日写给首相的另一封极其自信甚至语气有些居高临下的信中所坚称的那样："您似乎远比在 1 月大选中更能有效地掌控局面和辩论，无论是涉及您的同僚，还是敌手，您的讲话都卓尔不群。"ccxliii

在这封信中，丘吉尔极其坚决地主张对贵族进行公正的审判：

我们应当及早明确一点，即我们丝毫不害怕制造 500 个贵族——如果有这个必要的话；也就是说，我们相信自己毫无疑问地拥有这个权力，也不会畏惧使用这个权力。事实上，这样制造贵族符合自由党的利益，对保守党来说则是一场灾难。如此便有可能从两党在城市和乡村的党员中发掘一批人，这批人在地方和市政当局都享有极高的声望，因此，一切试图嘲笑他们的人品或者刻薄地将他们同目前的贵族相比的努力都会遭到彻底的失败。我们的影响力将立即在全国范围内得到极大的提高。英国上流社会的财富与影响力绝对可以容纳得下 1000 位要人——远比一个世纪前的 300 位更有把握……我们绝不能容忍的是上议院在宪法问题上的一切拖沓傲慢的空谈。倘若"法案"不能取得任何适当的进展，我们就要让他们自食其果！……

接着丘吉尔的腔调从批判变成了安抚：

在否决权得到限制后，我希望我们能够实行一项安抚政策……我相信，慷慨地为反对党的杰出成员授予各种荣誉（遵循上次加冕典礼开创的先例），或许能够在一定程度上消除落败一方的沮丧。为伯纳尔·劳与弗雷德里克·埃德温·史密斯授予枢密院大臣的职务；为约瑟夫［·张伯伦]授予功绩勋章；按照一定比例为托利党人加封贵族和准男爵；为托利党的媒体也……

再说一下政策问题。我们将提出与保守党不仅就上议院的改革问题进行商议，而且还要对爱尔兰问题进行商议。我愿意就海军问题与贝尔福达成共识……应当降低［烈酒销售]许可证税，这项税过于严苛。对地产征收遗产税最多不得高于 25 年一次的频率。我们应当贯彻一项全国性而不是地方性的政策，并且应当努力让另一半同胞同意延长我们的掌权期。自由党普通党员将坚定不移地信任他们那位通过坚决而无畏的行动限制上议院否决权的领袖，由于他们的信任您将拥有实现这一切的权力……上述就是我在眼下这个关键时刻的所思所想，我全心全意地将这些想法展现在您的面前，我知道其中很多观点会得到您的认同，对于我的畅所欲言您也不会感到厌烦。^{ccxliv}

在这封引人注目的信的结尾处，丘吉尔又补充了一句："我刚从斯特普尼 ① 现场回来，由于这起事件我中断了这封信的誊写。"* 斯特普尼事件就是臭名昭著的锡得尼街之战，这场战斗是警方与一伙罪犯之间发生的一场颇为戏剧化、但是比较轻微的冲突（如果这位内政大臣没有将其夸大的话），无论后者是否属于忠实的无政府主义者，至少可以肯定的是，他们都是刚刚移民到英国的外国人，这一点就为这场争端加入了仇外因素。丘吉尔对 1904 年的《外侨法案》极其敌视，这更是进一步激化了这场争端。在曼彻斯特，有一些犹太人聚居区，因此可以说这些都是倾向于移民的区域，当时在这些区域尚有一场选举等待着丘吉尔。就在锡得尼街之战发生的 3 周半之前，警察发现一伙拉脱维亚人试图挖出一条地道，从而进入沟渠街的一家珠宝店。这伙人展开了激烈的反击，在杀死 2 名警察、致伤 1 名警察后逃之夭夭。这伙人在斯特普尼区的锡得尼街找到了一座比较安全的房子，直到 1 月 2 日，警方才重新接触到他们。次日清早，警方希望内政大臣动用自己的权力从伦敦塔调来一个排的苏格兰近卫团，后者的武装力量更为强大，这样就可以加强警方的力量。考虑到之前警方的伤亡情况，这个请求不算过分，丘吉尔立即批准了。问题是，前去观战的诱惑对他来说难以抗拒。他同一点也不好战的私人秘书爱德华·马什从内政部出发，在 10 点左右被送到了现场。他们两个人都戴着大礼帽，丘吉尔还穿着一

---

① 斯特普尼是伦敦东区的一部分，在行政区划上属于哈姆雷特塔伦敦自治市。

* 这封信出现的时间存在着一定的疑点。信的落款日期为 1 月 3 日（星期三），而且与丘吉尔更虚张声势也更激进的几项声明一样，这封信也写在布伦海姆宫的信纸上。然而，在匪徒逃至锡得尼街的 1 月 3 日这一天，丘吉尔在伦敦的居所洗澡时接到了警方和罪犯在东区形成对峙局面的消息，浴缸是他接收重要消息的地方，这就相当于布伦海姆宫是他发出激进言论的发射台。随后丘吉尔去了内政部办公室，在得到进一步消息之后决定插手此事。此外，对于他所说的"这封信的誊写"也存在着令人不解的地方。无疑，他希望为如此重要的信件留下备份，但是按理说他会将这项工作交给爱德华·马什或者其他下属。如果交给阿斯奎斯的那一份是其中某个人抄写的，那么丘吉尔为了节省时间在信中使用的缩写单词自然就应该被写成完整的形式。

件镶着阿斯特拉罕羔羊皮领子的精致的大衣，这令他显得更加显眼了。他们为摄影记者提供了好机会，记者们当然大做了一番文章。

丘吉尔是否试图亲自指挥战斗？对于这个问题尚存在一些模糊不清的地方。但是，有一点几乎是可以肯定的，他没有指挥警方的行动。不过，在一场艰难的行动中负责指挥行动的警官肯定会觉得，在这样一位身居要职的上司面前执行公务令人感到更加拘束，而不是备受鼓舞。在这场行动中，警方又有一死两伤的记录。但是当房屋起火后，在现场指挥消防队的警官的确请求丘吉尔下达指示，结果他被告知，可以任由房屋被烧毁。考虑到当时危险的罪犯就在房子里，丘吉尔做出这样的指示也情有可原。事后，人们在房屋内找到了两具烧焦的尸体，但是这样一来就有一两个拉脱维亚人不知去向了。两个星期后，丘吉尔不得不在一场调查会上提供证据，这并不属于内政大臣的分内之事，在新一届下议院召开会议时，他更是被贝尔福无情地奚落了一番。"我明白拍照片的人为什么会出现在那里，可是这位高尚的绅士干吗待在那里呢？"贝尔福说。[ccxlv]

原本外界就认为丘吉尔是一位非常不冷静、不够审慎的内政大臣，锡得尼街事件得到大肆报道，更强化了外界对他的这种印象。人们认为丘吉尔更像是一个喜欢乱开枪的童子军，顶多也只能说是一名下级军官，身处伦敦的大街小巷却一心希望自己仍旧能够如同在马拉坎德野战军的队伍中，或者在纳塔尔的武装列车上那样行事。就在这起事件发生的那段时间，工业行业的局势变得极其紧张，内政部因此采取了超常规的铁腕政策。就在 1910 年的第二轮大选之前又发生了托尼潘迪①事件，这起事件在工党和工会圈子里对丘吉尔产生了负面、不公正的影响。实际上，在1940 年 5 月，哈利法克斯伯爵爱德华与丘吉尔谁应当继任张伯伦的问题上，托尼潘迪事件或许在很大程度上促使工党采取了有害的中立立场。

实际上，直到 1910 年的年底，在内政部处理涉及行业纠纷问题时，丘吉尔一点也不喜欢动用武力。在这一年的 5 月，英格兰西南部蒙茅斯郡的纽波特面临着一场码头大罢工的威胁，纽波特的海达兄弟船业公司煽风点火似的提出，要输入 55名"工贼"搬运工为他们已经延误航期的船只装货。航运联合会的干事对他们的行为给予了一定的支持，但是纽波特码头的经理并不买账。这批不属于工会的劳工的到来似乎必定会促使进行抗议的纽波特码头工人做出激烈反应，甚至采取暴力手段。这起事件令市长及其领导的市镇治安委员会（市镇一级的警察在那个年代的名

---

① 托尼潘迪是威尔士格拉摩根境内的一个镇子。

称）焦躁不安。他们不太同情海达公司，但是他们很清楚自己负有维持公共秩序的责任，他们不仅对严重的破坏行为客观上存在的前景极其担忧，而且还担心海达公司有可能会对罢工工人实施报复。海达公司的高级合伙人 F. H. 海达说过："在阿根廷，他们对这种事情处理得更好，他们会送来大炮和机关枪，对他们的国民给予适当的保护。"^{ccxlvi} 这番话清楚地表明了他在输入非工会工人这件事情上的态度。市长随即几次三番地请求内政部抽调 300 名伦敦警察和 300 人的部队。

在那个年代，地方当局在组织警力和根据法律规定防止民众暴乱这两项工作上都表现得很散乱。在市政当局提出明确请求的情况下，军方可以派出部队进行支援，这实际上就意味着市长可以充任最高行政官。因此，这个职务在当时承担着更多的责任，而后来一直到 2000 年伦敦大选，这个职务在市政工作中都几乎只是一个装点门面的角色。而且，如果纽波特的市长在没有军队支持的情况下应付局面，那么他在当地可调动的警力将非常有限。在那个年代，纽波特单独拥有的警察队伍应该不超过 150 人的市级警力规模。无奈之下，市长拼命向周边地区借调警力。5 月 21 日，他给内政部常务次官发去电报："所有的地方警力都出动了，布里斯托和梅瑟分别答应我明日将派来 60 和 40 人，我还希望格拉摩根郡再派来 40 人，但愿蒙茅斯郡也能如此，可是后面说的这 80 人尚不确定，因为卡迪夫明天将举行抗议示威，卡迪夫市其实无力派兵增援。"^{ccxlvii}

作为伦敦方面处理此事的负责人，爱德华·特鲁普爵士自始至终都极其理智、冷静地在丘吉尔的总体指示下采取行动。同海达的会面对他产生了积极的效果。他向丘吉尔报告说："倘若［他］就像试图恫吓我那样恫吓过他的搬运工，那么爆发罢工也就不足为奇了！"海达于当晚 10 点 45 分造访了特鲁普的私人住所。"他似乎已经用过晚餐了，显得很是激动。"^{ccxlviii} 一天后，特鲁普十分坚决地给航运联合会发去电报："国务大臣只能再次重申，倘若在目前这种情况下你将劳工投放到纽波特，或者将他们送到码头上，那你将自动背上重大责任。"但是，根据陆军部常务次官所述，尽管未能在周末动员起陆军部，特鲁普对该部门并没有太大的不满（"倘若'潜在的入侵者'在周六下午登陆，陆军部将于周一上午读到部队已抵达当地的电报"），他安排切斯特市警卫部队最高指挥官按照对方的请求派出警力待命。

事实证明这样的行动没有必要。在丘吉尔本人的倡议下，再加上他之前在贸易部的工作经验，一名来自贸易部的调解人（米切尔）被派遣到纽波特，在他抵达当地还不到 6 个小时的时候，市政办公厅里就举行了一次四方会谈（市长、米切尔、"雇主"与"工人"），达成了和解。海达是一个典型的小资本家，忠实于这种身份的他一开始拒绝接受和解，仍旧打算输入那一批"工贼"劳工。但是他被完全孤立了，最终还是接受了和解，5 月 24 日，紧张的局势偃旗息鼓了。这是自 1839 年宪章暴乱①以来纽波特经历的最激动人心的时刻，丘吉尔领导的内政部表现得冷静沉稳，甚至可以说十分杰出。如果不是在 5 月 21 日离开英格兰，前往瑞士和威尼斯度过圣灵降临节假期的话，内政大臣本人原本可以更加"深入前线"，或许也会表现得同样沉着冷静。他在随后写下的信中采取了如下的格式："明日电报可发往格舍嫩大饭店……周三我们一行方能抵达威尼斯。"ccxlix地点的改变雷打不动，但是丘吉尔的精力很少会转移到在海滩上搭建沙堡这种娱乐活动上，他仍旧一心扑在国家事务上。他在伦敦的常务次官接受着他的总体指示，也受到他的一些启发，因此外界不应该指责这位次官在采取行动过程中表现得过于兴奋，或者说有些好战。

托尼潘迪是朗达谷的一个矿业小镇，或者说是小村子，距离纽波特西北部 25 英里，在工业史和丘吉尔的从政史上都留下了非常不堪的恶名。有人说一部分的原因在于，这个小镇的名字属于为数不多的几个对英格兰人来说容易发音的威尔士地名（"纽波特"的发音也毫无困难），然而人们大多还是会将这个地名读错，将"托"发成"陶"。之所以留下恶名，大概主要在于 1840 年左右以来对蕴藏量巨大的煤层的开采，从威尔士南部的卡马森郡东部，穿过格拉摩根，一直绵延至蒙茅斯郡中部的 45 英里宽，在开发前一直林木茂密的广阔地带变成了一座座矿区，而托尼潘迪正好位于这片已经享有盛誉的原始矿区的中心地带。

1910 年 11 月初，在朗达和阿伯代尔谷爆发了一场复杂的争端，促使大约 25 万人参加了罢工（整个南威尔士煤田工人总数的 1/10），争端的核心问题是对于开采难度比较大和比较轻松的煤矿是否应当执行不同的工资标准。罢工导致当地几座煤矿的局势变得紧张起来，到最后在托尼潘迪这个小小的中心地带，砸烂窗户和劫掠商铺的情况都发展到了相当严重的地步。从 11 月 7 日星期一的夜晚开始，托尼潘迪气氛紧张起来，根据丘吉尔给国王的一份报告所述，格拉摩根的警察局长手下至少有 1400 名警员，相比他在纽波特那位寒酸的同胞，这样的警力规模可以说相当庞大，但是他仍决定直接请求总指挥官南部地区司令部派兵增援。他的举动具有多

① 20 世纪 30 年代至 20 世纪 50 年代，英国发生了争取实现"人民宪章"的工人运动，1839 年运动进入第一次高潮。2 月 4 日，全国的宪章派在伦敦召开第一届代表大会，并通过了给议会的请愿书。截至当年 5 月，在请愿书上签字的人数达到 125 万人以上。统治阶级先是企图分化革命力量，随后就进行了公开镇压，派出大批军警，禁止一切集会，逮捕宪章派领导人，并于 7 月 12 日否决了请愿书。工人们展开了英勇斗争，全国各地纷纷举行示威游行，伯明翰工人甚至发动起义，击退了警察的进攻，从 7 月 15 日至 17 日控制了全城。

重意义。首先，人们逐渐（当然截至 1926 年）意识到，矿工是产业工人队伍中战斗力最强的一股力量，由于某种特定的共生关系，格拉摩根郡警察部队渐渐接近于一支具有抗衡力量、训练有素的武装力量。根据我儿时的记忆，他们的头盔就像普鲁士近卫团士兵的头盔一样带有银色尖钉，这是一种具有好斗色彩的装饰物，人数较少的蒙茅斯郡警察部队就避免使用这种装饰。尽管如此，根据警察局局长向军方发出的请求来看，当时格拉摩根警方的勇气根本配不上他们的制服。

其次，它的有趣之处在于，为什么格拉摩根郡警察局长能够直接与南部地区司令部取得联系，而纽波特警察局长却只能通过自己的市长和内政部转达请求。造成这种状况的一个原因就在于，朗达地区没有市长，也没有市政委员会，只有一个简单的城镇自治会（地区议会）负责管理地区事务；另一个原因就是郡一级的警察局局长都是"绅士"，而自治市镇的警察局局长都是"老油条"，即职业警察，在 1914 年之前，甚至直到 1939 年，英国的绅士都非常服从上级政府。

所幸，受命负责此次行动的将军内维尔·麦克雷迪是一个非常有头脑的人，他一心想要与内政部更为谨慎的考虑保持步调一致。索尔兹伯里平原出发的步兵部队一开始被丘吉尔阻拦在了斯温登，对于可能爆发战争的地区，骑兵部队最远也只能到达卡迪夫。不久后，丘吉尔批准骑兵部队推进至庞特普里德，这个地方位于阿伯代尔和朗达谷的交会处。然而，暴乱持续了几天几夜，有 63 家店铺遭到破坏，1 人死亡，不过，这些损害都是一场混战造成的，并非恶意惩罚。丘吉尔终于批准兰开夏燧发枪团的一支队伍进入山谷，这支部队在那里驻扎将近一年。战斗打响后，部队始终没有与罢工工人交手，参加战斗的是格拉摩根警察部队，一批伦敦方面派来的警察对他们进行了增援（在丘吉尔的领导下，伦敦警察厅参与了在伦敦之外的英国各地以及威尔士的大量行动），后者的武器就只是卷起的雨衣，很难造成太大的伤害。这场战斗没有出现严重伤亡，只有一个人在伦敦警察和增援军队赶到之前身亡。

客观分析，外界很难指责丘吉尔在朗达事件中犯下了向劳工发起进攻，或者对劳工怀有恶意的错误。实际上，当时对他的诟病恰恰与此相反，《泰晤士报》声势浩大地对他的软弱批判了一番。某些政客就是极其容易受到某一方面的指责，无论他们是否"认罪"，因为他们的性格与行为似乎很符合某些罪名。因此，劳合·乔治善于玩弄权术，鲍德温懒惰，休·道尔顿轻率，这些罪名就如同粘在淡色西服上的一块油渍一样牢牢地粘在他们的身上。对于丘吉尔，外界总是不断指责他是一位"急性子的陆军少校"，这很容易让人认为他在采取行动时没有责任心，过于狂暴，被权力冲昏了头脑。

对丘吉尔和阿斯奎斯的比较颇有启发性。在 17 年前担任内政大臣的第二年里，阿斯奎斯不得不处理一桩与托尼潘迪事件极其类似的一起公共秩序事件。约克郡的一场煤矿罢工导致韦克菲尔德一带的几处煤矿陷入混乱局面。当地治安官请求增援，阿斯奎斯派去了 400 名伦敦警察。局势持续恶化下去，愈加感到无力应付的治安官请求军方派出援兵。阿斯奎斯勉强同意动用一个排的步兵。大约在出事后的第 4 天，在一座名为费瑟斯通的煤矿，面对咄咄逼人的群众，军人开火了，结果两名平民身亡。此后的一段时间里，阿斯奎斯在公开集会上偶尔会遭到抗议。人们对他的典型嘲弄就是："1892 年的时候你为什么要杀害那些矿工？"阿斯奎斯会冷静，甚至过于精确地回答道："不是 92 年，是 93 年。"[cc]然而，费瑟斯通对他造成的打击绝对无法同托尼潘迪对丘吉尔造成的打击同日而语。从另一方面而言，阿斯奎斯在 1910 年 3 月里的"静观其变"策略奏效了。实际上，在提到政府针对"否决权法案"制定的方案时，他使用这种说法并非意味着他的踌躇或者歉意，而是带着一丝威胁意味的愤怒。但是后来这句话常常被人们断章取义，成了对阿斯奎斯无所作为的概括。从未有人指责丘吉尔采取"静观其变"策略，但是他总是被人诟病为没有看清楚情况就仓促采取行动。

就在托尼潘迪事件发生的大约 6 个星期后，锡得尼街的冒险成了丘吉尔犯下的一个严重错误。回想这起事件，人们有理由认为丘吉尔的确有些冒失。在面对接下来出现的一场行业斗争浪潮时，他的表现就更是有失慎重了，这也进一步印证了他的冒失性格。这场行业斗争出现的时候，宪法危机也发展到了紧要关头，再加上当时的气温达到了 20 世纪的最高值，这一切令英国在 1911 年的夏季陷入了水深火热的境地。这场斗争开始于当年 6 月中旬的一场海员和消防员的罢工，罢工很快就平息了，并且达成了对罢工人员有利的结果。7 月的整整一个月里各行业竞相举行了罢工，对海员和消防员表示支持，罢工工人主要来自各种交通行业。这股罢工浪潮一直持续到了 8 月，一套全国性铁路大罢工计划的形成将浪潮推向了顶点。8 月 15日，铁路系统召集工人在次日夜晚举行大罢工。丘吉尔在此之前不久还一直表现出极大的克制和谨慎，无疑他受到了特鲁普的鼓励。但是到了这个时候，他似乎又准备大干一场了。在英格兰西北部的默西赛德郡，局势变得紧张起来，一场码头工人罢工持续的时间远远超过了伦敦罢工的时间。利物浦市长与伯肯黑德市长不仅请求派兵增援，还要求往默西河派驻一艘战舰（其用意则不得而知）。丘吉尔为两地提供了援兵。结果，8 月 14 日发生了一场规模不大的枪战，没有人身亡，但是有 8 个人受了伤。当时到处都风声鹤唳（无疑，在今天说出这句话比当时身处在利物浦的水岸时要轻松一些）。当地的权贵德比伯爵写信告诉丘吉尔："在 48 小时之内，所有的穷人都将面对活活饿死的境地，只有上帝知道那一刻到来的时候会发生什么事情。"ccli 次日，国王乔治五世给丘吉尔发去电报："利物浦方面的陈述表明当地的状况更像是起义，而不是罢工。"cclii

按照规定，只有在市政当局提出明确请求的情况下，军方才能派出部队进行支援（为了维护地方和行业秩序），随着铁路罢工日趋逼近，丘吉尔暂时取消了这条规定。没过多久，产业工人的战场就变成了一座武装军营。海德公园里驻扎着大批部队，对于丘吉尔在激进媒体中的名声而言，这种局面可以说极其不幸，在曼彻斯特市市长没有发出请求的情况下，军人就占领了市里的每一座火车站。这种状况令《曼彻斯特卫报》犹如基督的编辑查尔斯·普雷斯特维奇·斯科特与丘吉尔疏远了，在此之前他一直是丘吉尔最热忱的支持者。当这场铁路罢工变成现实，政府里的两位激进主义明星扮演了不同角色，劳合·乔治负责安抚，丘吉尔负责恫吓，后者在8月18日给国王的电报中称："此次铁路罢工不会分出胜负。"ccliii

或许可以认为他们发挥了各自的长处，有意做出了这样绝妙的分工。劳合·乔治承担了更积极的作用，他于8月20日平息了罢工（主要是说服几大铁路公司——当时有9家——承认工会的存在，同工会进行交涉），而丘吉尔却在继续表达强烈的不满。他在下议院为自己在22日的行为做了一场辩护性的讲话，在讲话中他用一副启示录般的腔调谈到"大四边形结构的工业制度"受到了威胁，"从利物浦和曼彻斯特一直向西蔓延到了东部的赫尔和格林斯比，从纽卡斯尔向南发展到了伯明翰和考文垂……人民赖以为生的各种工具，各种体系、社会和经济都必将出现快速的衰退"。他将这场威胁比作幼发拉底河上的尼姆罗德大坝遭到了破坏，"依赖那座人造工程为生的大量人口……必定会从人类的历史上被抹去"。ccliv

这种说法有些激烈和夸张，但是算得上是 G. K. 切斯特顿① 精彩的讽刺文章《辞职吧，史密斯！》的雏形。丘吉尔的朋友弗雷德里克·埃德温·史密斯（后来的伯肯黑德伯爵）曾宣称，《威尔士教会政教分离法案》"对欧洲每一个基督教社会的良知构成了冒犯"，切斯特顿在《辞职吧，史密斯！》一文中对史密斯的这番话进行了一番奚落。阿斯奎斯不喜欢夸张的说法，我强烈地感觉到——但是没有证据证实——当他听到这场讲话（或者读到讲话稿）的时候（1911年8月中旬），他便断定，工业和政治领域异常紧张的局势，已经对直到此时一直比较平静自由的英国社

---

① G. K. 切斯特顿（1874—1936），即吉尔伯特·基斯·切斯特顿，英国作家、文学评论家，被誉为"悖论王子"，他所创造的最著名的角色是英国著名推理小说《布朗神父探案》中的布朗神父。

会构成了威胁，在这种情况下，丘吉尔就不再是内政大臣的最佳人选了，尽管后者的魄力和才华都令他不会考虑将他赶出政府。

对丘吉尔来说幸运的是（至少在当时看来是幸运的），与此同时，他自己也开始将目光转向了内政部以外的领域。紧接着加冕典礼、滚滚热浪、一场场罢工，以及战胜贵族之后，在那一年的夏天，国际社会的气候也出现了质的变化。7月1日，一艘德国"炮艇"开到了摩洛哥西南部的阿加迪尔附近，法国也认为这个港口城市处在自己的利益范围之内，并且正打算将其所属的国家纳为自己的保护国。这艘德国炮艇从未开火，也没有多少迹象表明它有这种企图。将其派往阿加迪尔只是一种姿态，但却是一种引人注目的挑衅行为。总之，德国的举动对英国造成了更大的影响，而不是同此事的关系更为紧密的法国。法国人立即与德国人达成了谅解，在后者看来法国才是欧洲各国在摩洛哥的霸主。

英国人对海上挑战格外敏感，派出炮艇进行威慑几乎一直是英国人的专利，至少自帕尔姆斯顿出任首相以来就一直如此。然而，与1878年在迪斯雷利的鼓励下英国全国沉浸在"奉陪到底"的情绪中相比，这一次英国没有出现群情激昂的现象。[①] 但是这起事件对英国政坛，尤其是对丘吉尔产生了巨大影响。如果阿加迪尔事件发生在前，丘吉尔就不会考虑在1908年8月在斯旺西进行那样一场安抚人心的讲话，也不会考虑如何与劳合·乔治联手反对麦肯纳在1909年提出的海军军费预算方案。在《世界危机》（有关此事的一卷出版于1923年）中，他在谈到这个问题时特意宣布放弃自己之前的观点："尽管从狭义的层面（事实和数据）上而言财政大臣和我没有错，但是在更深层的命运大潮面前我们绝对错了。"[cclv]

但是，丘吉尔在1911年的这次转变并没有导致他与劳合·乔治立即决裂。实际上，当他在市长官邸对伦敦的金融领袖们做一年一度的讲话时，他还说服财政大臣在其间做了发言，提醒人们对德国保持警惕。在当时来看，从劳合·乔治嘴里说出这番话有些出人意料，但是这番讲话清楚地预示出他将在5年后表现出的顽固的黩武主义。"为了守护和平我愿意做出巨大的牺牲，"劳合·乔治用有些老套的方式开始了讲话：

> 但是，倘若迫于形势，只有放弃英国通过数百年的大无畏精神和成就所争

---

① 在19世纪的克里米亚战争之后，英国与俄国关系紧张，当时英国有一首流行歌曲，其中一段歌词为："我们不想打仗，但是上帝啊，如果你想打，我们就奉陪到底。"

取到的伟大和仁慈，让英国在自己的利益受到致命影响时被内阁视作一个无足轻重的角色，如果只有这样才能守护住和平的话，那我要坚决地说，以这种代价获得的和平对一个我们这样的伟大国家而言是无法容忍的耻辱。[cclvi]

英国在摩洛哥的利益受到了多么致命的影响或许尚无定论，但是这番讲话的重要性是确定无疑的，柏林方面充分理解了这番讲话的含义，并且对其感到极度的怨恨，毕竟在此之前，外界都认为说出这番话的人是位居前列的"和平主义"首相。相比劳合·乔治，阿加迪尔事件对丘吉尔产生了更为深远的影响，从此以后，直到20世纪20年代晚期，丘吉尔很少能彻底抛下军事问题（"军事"一词也包含了海军方面的问题），这方面的工作主宰着他在内政部剩余的13个星期的时间。他在内政部的职责与他对军事事务的热情之间，从一开始就存在着天然的关联性。产业工人骚乱意味着他要向全国各地派出军队，在这个过程中他表现得或许过于热情了。将近8月底的时候，这场骚乱渐渐平息了，但是他的工作重心没有回到内政部偏向平民方面的工作上。长久以来，他一直对军事有着强烈的热情，即使这种热情有些起起落落。孩提时代，他曾充满热情地用铅做的玩具士兵排兵布阵——不过很多有着同样爱好的孩子在长大成人后并没有多少尚武精神；后来他又打定主意要去亲眼看一看（并且将其记录下来）每一场自己有可能参与的帝国军事行动；出任大臣后，每年在公务繁忙的初夏，他还是会抽出一个星期的时间在牛津郡轻骑兵团中服役，这一切都显示出他对军事的兴趣。牛津郡轻骑兵团大多驻扎在布伦海姆宫的花园里，这对丘吉尔来说很方便，有人怀疑与弗雷德里克·埃德温·史密斯和其他一些不太出名、也不太热衷于寻欢作乐的军官一起酗酒、豪赌的诱惑力，对丘吉尔来说应该和军事操练一样强烈（至少克莱门汀的心里就存在这样的疑虑）。

尽管如此，克莱门汀还是不应该怀疑兵法对丘吉尔的刺激作用。1909年5月31日，在经过了一天的野战训练之后，丘吉尔从一所军营给她写了一封信，在他看来，这一天的训练让高级指挥官们暴露出了很大的不足：

知道吗，我太想演练一下指挥大部队的技艺了。头脑清晰的时候，我对自己在任何事情上的判断力都很有自信，但是相比其他事情，我感到似乎战术配合的事情更真实。这么说毫无意义，也很愚蠢，可是你是不会嘲笑我的。我确信这种事情是我与生俱来的一部分，不过我从不担心在这种存在状态中它能有盛开的机会——开出绚烂的红色花朵的机会。[cclvii]

总体上，在向激进主义发展过程中，丘吉尔一直有力地约束着自己的波拿巴主义①倾向。但是这种倾向始终存在于他的潜意识中，阿加迪尔事件，以及他对德国威胁论的态度的转变——无论他的激愤是否恰当——对他产生的作用都如同王子给睡美人的那个吻。

在《世界危机》第一卷，丘吉尔描述了 1911 年 7 月 25 日在爱德华·格雷的办公室里出现的激动人心的一幕（或许他的回忆略有一些美化的色彩）。* 当时，正在圣詹姆士公园散步的丘吉尔与劳合·乔治被匆忙召去同外交大臣见面："他［格雷］的第一句话就是：'我收到了德国大使的一封措辞强硬的信，信中称舰队随时有可能遭到攻击。我已经派人去提醒麦肯纳了。'" cclviii 从这时起，丘吉尔就彻底改变了。国家安全成了他心里最重要的事情，几乎令他痴迷不已。几天后，他就用伦敦储备的海军火药武装起了一支特殊的军事警卫队。3 个星期后（政务繁忙、呕心沥血的 3 个星期），他撰写了一份重要的备忘录。在这份备忘录中，他首先假定将爆发一场全面战争，并试图勾勒出战争初期的发展轨迹。他的这番构想颇有预见性。这份备忘录在帝国防务委员会委员中传阅。丘吉尔的基本设想是英国同法国结盟，在俄罗斯的支持下，两个西方强国同受到奥匈帝国支持的德国展开了一场遍及欧洲大陆的战争。德国军队在规模上胜过法国（220 万对 170 万），"在实力上至少旗鼓相当"，可以想见到它将会从比利时推进，从而起到先发制人的效果。开战第 20 天的时候，德国人就能突破法国的默兹省防线，法国军队将被迫回撤到巴黎和南部。英国人会立即派出 107000 人（数字极其精确）的正规军前往法国，并且从英国驻印度部队中调动 100000 人（而非印度部队），后者将在开战后的第 40 天赶到马赛，从而恢复双方的军事平衡。cclix 到此时，法国将第一次出现扭转局面的希望。（马恩河战役，历史上反败为胜的著名战役之一，实际上战斗发生于 1914 年 9 月 6 至 10 日，即法国下达战争动员令之后的第 37 至 41 天。）

这份非凡的文件显然是丘吉尔一个人的杰作，除了其他原因，首先内政部里没有一位官员有足够的学识、责任协助丘吉尔完成准备工作。这份备忘录随即产生

---

① 按照列宁的定义，波拿巴主义指的是"依靠军阀的国家政权在势均力敌的两个敌对阶级之间见风使舵"。也就是全民批准的个人独裁，打着人民主权旗号的贵族政权，通过限制政治自由来保障社会稳定以实现经济高速发展，而经济发展始终伴随疯狂的军事扩张。波拿巴主义分子指的是欧洲军国主义者，尤其是阴谋通过军事政变夺取政权的军人。

* 事发地其实是外交大臣在下议院的办公室，而不是这位国务大臣在外交部那间天花板很高的豪华办公室。3 年后，格雷正是在这间豪华的外交部办公室里想象出有一天自己亲眼看到了"全欧洲的灯都熄灭了"的景象。

了怎样的作用难以判断，因为没有留下专门针对这份备忘录的文字记录。如果帝国防务委员会的委员们的确读过这份备忘录，那么其中的大多数人虽然表现出了足够的宽容，但也只是将其当作"温斯顿又一次激动过头"的表现，对其置之不理。但是，这份备忘录并不是丘吉尔一次性的发挥，在接下来的 4 个星期里，他又分别致信格雷（8 月 30 日）、劳合·乔治（8 月 31 日）、阿斯奎斯（9 月 13 日）和麦肯纳（同一天），还给劳合·乔治写了第二封信（9 月 14 日）。在这几封信中他对外交和军事政策进行了充分的阐述。

丘吉尔的兴趣转变了，随之他的职务也变了。经过 8 月里产业工人的刺激，阿斯奎斯越来越需要一个比丘吉尔冷静的人主持内政部的工作。知道这一点并没有令丘吉尔感到不安，只要他能如愿以偿地得到另一个职位就行。他的目标是海军部。这个愿望并不过分，尽管海军部的职位有着可观的特殊津贴，但是级别并不高于内政部，实际上还略低，而且早在 1908 年，在一定程度上可以说，他已经收到过由他出任海军大臣的提议，在 1910 年，他又主动提出了这一要求（同时也提出出任内政大臣的要求）。然而，到了 1911 年，当阿斯奎斯断定自己对海军部进行重组的渴望就像他希望内政部有一位冷静的领导一样强烈时，因围绕着谁能够实现人员重组这个问题产生了一场竞争。

人员重组的主要目标是在海军部之内创建一个战时参谋部，陆军部已经设立了这样一个部门，这个部门将促进海军将领们同军中其他部门协同合作，不再以极端独立、自以为是的姿态单打独斗下去。哈尔丹显然正是这个目标所需要的人选，之前他就在陆军部负责这项工作，而且他还是首相在政坛上最早结交的朋友之一，这也是他的优势，不过有很多实例都证明这一点并不是确保晋升的最佳条件。哈尔丹的不利之处在于，就在前一年的春天他被授予了爵位，至少在丘吉尔看来这样至关重要的职位应当被把持在下议院手中；哈尔丹从陆军部直接被调职到海军部会让海军部感到他们没能达到军队建设标准。不过，最重要的是，丘吉尔已经坚定地表示过自己对这个职务的渴望。

阿斯奎斯当时还没有得到在泰晤士河畔的萨顿考特尼村的那所住宅，他正在苏格兰北贝里克附近的阿彻菲尔德度过最后一个比较长的休会期，房子是他的大舅子哈罗德·坦南特借给他的。9 月下旬，他邀请丘吉尔夫妇去他家住了几天。哈尔丹的住所位于苏格兰中部帕斯郡的科兰，从那里前往首相家路途遥远。* 他对这件事情

---

　　* 大概乘坐的是早期的汽车。乘坐渡轮航行将近 50 英里才能穿过福斯湾，次日他又往返了一趟，这表明他一心想要得到海军部的职位。

的描述给人一种感觉，这场竞争几乎像是一场体力上的较量。他写道："一进入林荫道，我便看到温斯顿·丘吉尔站在门口。我估计他已经听说有可能会出现人事变动的事情，于是立即赶来面见首相。我就是这么想的。为了让自己进入海军部，丘吉尔对首相纠缠不休……显然丘吉尔逼得很紧。我返回了科兰，第二天又去了一趟。丘吉尔还待在那里，首相把我与他关在了一个房间里。"^{cclx}

哈尔丹说得没错，丘吉尔非常希望得到海军部的职务，但是他对丘吉尔不请自来、威逼首相的描述更像是他在失望之下做出的反应，而不是如实的描述。阿斯奎斯从来不会畏惧丘吉尔，更多的时候后者只会令他感到好笑，除非已经做出了决定，否则他几乎不可能在那个具有决定性的时刻将后者邀请到自己家中。将这两个人关在同一个房间是阿斯奎斯典型的策略，万无一失的策略。哈尔丹与丘吉尔达成了妥协（如果海军大臣同陆军大臣势不两立的话，人事改组对促进两个部门的合作就没有多少价值了）。哈尔丹于次年出任上议院大法官，在此之前他们两人一直保持着良性的合作关系。

作为组建第一届战时联合政府的条件之一，丘吉尔与哈尔丹在1915年双双成为托利党排除令的牺牲品。哈尔丹彻底被弃用了，丘吉尔被大幅度降级。具有讽刺意味的是，在推动海军部和陆军部进行备战的事情上，这两位大臣比任何人的贡献都大，然而，他们竟然被一直主张更积极地推进这场战争的政党"砍掉了脑袋"。更具有讽刺意味的是，有着自由派帝国主义者历史的哈尔丹被认为是阿斯奎斯政府里比较倾向右翼的一位成员，但是他却在1914年成为工党的大法官，就在同一年的年底，曾在1905至1911年间和劳合·乔治一样好战而激进的丘吉尔则成为保守党的财政大臣。

第十一章 "统率国王的海军"

除了让丘吉尔获得了指挥大部队的刺激，海军部还为丘吉尔带来了两个很大的好处。首先就是坐落在白厅尽头的海军部大厦，这座大厦的存在意味着仅有首相、财政大臣、大法官和海军大臣这 4 位高官可以拥有自己的官邸，而且海军部大厦还是 4 座官邸中最精美的一座。第二个好处就是海军部游艇，这艘游艇堪称一件装备奢华的工艺品，它重达 4000 吨，船上配备了 196 名船员，它的名字"女巫"（在丘吉尔任期内）可以说名副其实。在和平时期出任海军大臣将近 3 年的时间里，丘吉尔总共在这艘游艇上度过了 8 个月的时间，走遍了国内的各处水域，也到访过地中海的每一艘舰船和海军设施。他在"女巫"号上完成了大量的文字工作，度过了很多假期，造访了不少景点，有时候首相和精心挑选的一批阿斯奎斯的支持者也会登上这艘游艇。

丘吉尔日渐沉迷于自己的新部门以及新部门为他营造的与世隔绝的生活中，相比在贸易部和内政部的时候，他投入在一般性的政治活动和其他大臣的工作上的时间便有所减少了。但是有一件事情例外，这就是围绕着爱尔兰自治问题的论战，以及这个问题导致宪法几乎断裂的局面。丘吉尔一心扑在这个问题上，这一点有些子承父业的意味。有时候他非常好斗，有时候又在谋求妥协。

令人惊讶的是，直到海军部大厦被移交到他们手中的 18 个月后，丘吉尔夫妇才搬了进去。这所住宅对他们是半免费的，这意味着在入住期间他的薪水要减少 500 英镑（按照今天的货币价格相当于 25000 英镑），这就是名义上的租金。在内政部和海军部期间，丘吉尔的薪水从贸易部时期"寒酸"的 2500 英镑增加到了 5000 英镑，不过这笔房租仍然不能说是微不足道的一笔小钱。真正的问题在于，这座豪宅理应配备 12 名用人，作为官邸的标准配置或许能用公费雇佣 1 名门卫，但是其他用人的薪水都不可能由公费支出。在婚后的 3 年里，丘吉尔夫妇一直经济拮据。即使有欧内斯特·约瑟夫·卡塞尔这样的理财专家帮忙投资，丘吉尔在 1900

至 1901 年赚到的高额收入也在他当后座议员和低级大臣的那几年里耗尽了。在 20 世纪 20 年代，无论在工作期间，还是休闲的日子里，丘吉尔都一直笔耕不辍，但是在以自由党人身份出任大臣的几年里，他并没有通过写作获利。之前出版的几部作品还能让他源源不断地获得一些微薄的版税收入，除了版税和几份红利之外，他就只能靠着薪水生活，而他的薪水却永远满足不了他的需要。他不曾陷入破产的窘境，但是始终处在破产的边缘，手头总是有大量尚未支付的账单。对于这一点，丘吉尔不太介意，但是克莱门汀十分痛恨这种状况，一想到丈夫在一场场赌局上输掉了他们根本无力支付的钱，给他们的窘迫雪上加霜，她就更恼火了。不过，克莱门汀是一个聪明的妻子，不会在丈夫耳边唠叨个不停，但是她始终保持着警惕，而且能够做到勤俭持家。

结束海上蜜月之旅回到伦敦后，丘吉尔夫妇暂时住进了丘吉尔在波尔顿街上的那套小小的单身公寓里，这条街毗邻皮卡迪利大街。在 1909 年年初，他们签下了一份为期很短（18 年）的房屋租约，租下了埃克尔斯顿广场 33 号，经过一番大规模的翻新（一部分工程花费很低）后，他们在当年的 5 月搬了进去。这座房子宽敞，位置便利，只是不够雅致，也不太令人振奋，至多只是所在位置比较有利。连通维多利亚火车站的铁路线将皮米里科区①与贝尔格莱维亚区②分隔开，在建筑风格上皮米里科区同威斯敏斯特区相距更远，前者有着统一的 19 世纪中叶的外观，后者以修道院为中心，具有远比前者古老很多的历史和建筑物。直到 1835 年，皮米里科区占据的大部分土地都是一片荒芜，其外观以及留给人的印象也都如此。但是，丘吉尔租到的房子对于一个家庭来说绰绰有余，有地下室，地上有 4 层楼，屋子里容得下中等规模的娱乐活动。而且，这座房子至少还有一个特殊的便利设施，这就是丘吉尔在二楼为自己建造的一个大书房（他将两个房间之间的隔墙拆掉，将房间合二为一）。还有充足的空间做婴儿房，丘吉尔夫妇的头两个孩子黛安娜与伦道夫就分别于 1909 年 7 月和 1911 年 5 月出生在这座房子里。

黛安娜一出生，家族里就有一大批人给她当起了教父和教母，首当其冲的就是马尔博罗公爵。伦道夫没有几个教父和教母，他的两位教父更具有政治色彩。首先

---

① 皮米里科是伦敦市中心一处占地面积不大的区域。同贝尔格莱维亚一样，皮米里科也以花园广场和摄政时期的建筑而著名。维多利亚火车站将城区北部同贝尔格莱维亚分隔开，南部毗邻泰晤士河。由于靠近议会大厦，这里成为英国政治活动的中心地带。1928 年之前，工党和工会联盟（职工大会）都将办公地点设在埃克尔斯顿广场，1926 年的大罢工也是在这里组织的。

② 贝尔格莱维亚区位于西伦敦，以极其昂贵的住宅著称，是世界上最富有的城区之一。

是立即对丘吉尔显得必不可少的弗雷德里克·埃德温·史密斯，其次是爱德华·格雷，在 1911 年的夏天丘吉尔逐渐同这两个人成了密友。从很多方面而言，格雷与丘吉尔并不投合，同史密斯也几乎截然不同，他一点也不喜欢虚张声势，有一些自命清高。当丘吉尔夫妇终于搬进海军部大厦的时候，格雷成了丘吉尔夫妇在埃克尔斯顿广场 33 号的房客。在首任夫人于 1906 年逝世后，格雷一直没有再婚，直到 1922 年才同帕梅拉·格伦康纳再婚，而且格雷在伦敦没有固定居所。丘吉尔之所以被他所吸引，是因为他们越来越认可彼此的"强硬"外交路线，他们都认为德国的威胁与日俱增，如果有必要的话，英国必须做好面对威胁的准备，同法国并肩作战。丘吉尔还发现，在大臣中找到一个同自己招摇的性格截然不同的盟友非常有用，格雷在内阁中用自己的声望庇护他令他十分感激。在 1911 年 6 月 25 日写给克莱门汀的一封信的附言中，他对这一点做了充分的概括："务必请格雷做教父——我确信这是一个非常好的主意，也会令他很开心。我总是听说他在为我说好话。他喜欢我们这个小圈子，对这个小圈子都羡慕得有些惆怅了。你意下如何？"[cclxi]

丘吉尔是一位热情、充满爱心的父亲，但是他对孩子们，尤其是伦道夫的期望值过高，他同这两个孩子的关系不如他和后来出生的两个孩子——萨拉（1914 年 10 月）与玛丽（1922 年 9 月）那么亲密，对他们也不像对后者那么满意。克莱门汀的这两次分娩都不太顺利，精疲力竭的她在产后花了几个月的时间才渐渐恢复了体力，大部分时间她都住在远离伦敦的地方。除了育儿室，埃克尔斯顿广场的那座房子只配备了 1 名男仆、1 名女厨子和 2 名女仆，主要是相比这种还算俭朴的生活，海军部大厦就显得极其昂贵了。1913 年的春天，丘吉尔夫妇为何会改变主意，对于这一点外人不得而知。原因有可能是丘吉尔一直希望搬家，享受一下海军部大厦这座气势恢宏的历史建筑，比较现实的克莱门汀知道自己只能尽量拖延搬家日期，到了搬家的那一天，她又希望丈夫能做出一定的让步。丘吉尔的确做出了让步。最终，夫妻二人达成了统一意见，接受这座官邸，但是最华丽的大厅，或者说是主楼层除外（或许可以认为主楼层正是导致他们迟迟没有入住的原因），这样一来仆人就能从 12 名缩减到 9 名。聪明的克莱门汀特意挑选了丘吉尔远在海军游艇的日子搬家，这样后者就绝对不会碍事了。搬家之前，她先是在阿斯奎斯位于萨顿考特尼的住所过渡了两天，这一点完全出乎意料，毕竟克莱门汀一直不像丘吉尔的弟媳谷尼·丘吉尔（即格温德林·丘吉尔）和她自己的妹妹内莉·罗米利（更不用说她的表亲维妮夏·斯坦利）那样深得阿斯奎斯的喜爱。在星期六的早晨，克莱门汀彻底告别了埃克尔斯顿广场，与阿斯奎斯夫妇美美地打了两天的高尔夫球，星期一一大早就回到了海军部大厦。她终于全身心投入在这座官邸的生活了。

在这个阶段，即使是对一向挥霍无度的丘吉尔来说，拥有一座乡间别墅也超出了他的承受范围。实际上，丘吉尔也没有多少时间住在乡间别墅，正如他后来在《世界危机》第一卷中记述的那样："在星期六、星期日和其他空闲的日子里，我总是守着朴次茅斯、波特兰或者德文波特的舰队，要不就是跟哈维奇的小舰队待在一起。大大小小的军官上船同我共进午餐或晚餐，我们没完没了地讨论着海战和海军治军方方面面的问题。"[cclxii] 按照文中交代的情况来看，丘吉尔在这一段里提到的时间很有可能是 1912 年的春天，当时在英格兰南海岸中部集结了大股海军部队。但是，他在船上前前后后度过的 8 个月意味着，即使在海军没有如此大规模集结的时候，他也花了大量时间乘坐"女巫"号游艇四处巡游。在他出任海军大臣的几年里，布伦海姆对他的意义再也不像从前那么重要了，他也很少去别人家暂住一段时间。在写信方面一向多产的他在这一时期的落款大多不是海军部，就是"女巫"号。

克莱门汀反而常常去乡间别墅或者海边住上一阵子。她的目的地名单包括斯坦利夫妇在奥尔德利和潘霍斯的住所，威尔弗雷德·斯科恩·布朗特庄园里的一座小木屋，庄园前方就是海边度假胜地布莱顿，名单上甚至还有克罗伯勒的一家酒店，后来她有时候还会带着尚在襁褓中的孩子去海边度假。她的目的地还包括她在动荡不安、节俭度日的童年时代住过的锡福德和迪耶普，几处不那么怀旧的地方，坐落在桑德维奇湾的阿斯特庄园，以及在克罗默附近的欧弗斯特兰德的一座出租住宅。丘吉尔的弟媳经常和他们的孩子们待在一起。丘吉尔偶尔回来住上几天，或者过一个周末。即使在天气恶劣的英国，夏日里他也非常喜欢突然去海边过上几天，只要沙子的黏度能够让他们建造起精致的城堡式防御工事就行。不过，很快他又返回伦敦了。在海军部的几年里，他一直兢兢业业，发奋程度或许超过了他职业生涯中的任何一个阶段，甚至超过 1940 至 1941 年的那段时间。他在《世界危机》一书中写道："要想极大开阔皇家海军在战争问题以及战争局势的眼界，至少需要 15 年稳定不变的政策，少了这一点，航海技术、火炮操作能力、对各种工具的使用能力，以及最大限度的献身精神都不可能实现应有的价值。15 年！可是我们只有 30 个月！"[cclxiii] 发愤图强的人有时无法兼顾各个方面，不过总体上他们都对自己的工作全心全意。因此，在世界大战在即（1936—1939 年，大多数人对大战的认识远没有丘吉尔那么敏感）的那些年里，丘吉尔与妻子度过的长长短短的假期都是乘坐"女巫"号出游的，他们曾两度畅游地中海，但是大多数时候都是在英国国内海域度过的。

在这 30 个月里，丘吉尔一心想要解决的问题是什么？他想解决的问题分为两类。第一类问题是英国的政治及军事方针这样极其宽泛的问题，出于本能，丘吉尔自然而然地深陷其中。他的观点受到了偶尔受命于他的各位军官的严重影响，但是他从来没有将自己的眼界限制在脚下狭小的范围内。他的眼睛总是盯着高处，但是身居不同部门时，他看待这些"高处"的视角又会出现很大的改变。在1909年和1911至1914年间，他对英国海军需求的认识经历了剧烈的变化。1909年，他反对麦肯纳的海军军费预算（以及麦肯纳提出的其他一些方案），到了1911至1914年，他的海军预算却远远超过了麦肯纳或者高森，尤其是伦道夫·丘吉尔心中的承受上限。就在10年后，他首次以保守党人身份进入政府，出人意料地被提拔为财政大臣时，他又第三次在海军预算问题上将政府推向了垮台边缘。第一次，他没有得到多少人的支持，第二次，支持他的人多了起来，日后的第三次，支持他的人数再一次减少了。当然，他会宣称时局发生了变化，尤其值得注意的是，1909年和1913至1914年，从那时起直至1925年，时局更是发生了巨变，尽管如此他的一系列改变还是显得过于剧烈了。

影响丘吉尔在1914年之前的表现的还有一个更为相关的因素，这就是在1911年之后，他渐渐认识到欧洲很有可能会爆发一场大战。他相信一旦战争爆发，只有与法国联合对抗德国，而不是谋求袖手旁观的中立立场，英国才能保存住自己的利益和荣耀。这种观点与他的大部分同僚有所不同。对于这一点，有两个因素需要考虑。第一个因素与他在1912年8月23日给格雷和阿斯奎斯递交的一份非常反常的备忘录有关。当时，法国决定向地中海派出大量舰队，将英吉利海峡海岸沿线和大西洋沿海地区留给英国海军，这样一来就大幅度削弱了英国海军在地中海的力量。丘吉尔的备忘录就是法国的这项决定催生的产物。没有英法两国在1904年签署的协议和双方随后进行的一系列会谈，这样的战略部署是不可能实现的。然而，丘吉尔却竭力强调这样的舰队部署行动是自主性的，如果英国不开展行动，法国方面也会明智地单独采取行动，反之亦然。因此，他宣称一旦法国和德国开战，英国应当保留自由的决定权，不过他对自己的主张没有多少信心。丘吉尔本人为这些言论留下了书面记录（出于何种目的则不得而知），在写下这份备忘录的时候，他缺少了一贯的激情和说服力。实际上，他对自己的这套说法也半信半疑，作为一个几乎一直无遮无拦的人，这份备忘录清晰地展现出了一种不自然而且令人费解的风格。

需要考虑的第二个因素是，丘吉尔相信这场战争很有可能会爆发，并且认为一旦开战，英国就有责任参战，但是外界不应当将他的这种认识等同于他渴望战争。1909年9月15日，他在维尔茨堡给妻子写了一封信，当时他正在那里参加德国的军事演习（诚然，此时距离他投身创造新世界的大决战还有将近两年的时间）："我认为再过50年，人们就会看到一个更智慧、更温和的世界。可我们看不到那个世界了。只有狗狗猫［对黛安娜的昵称］①能够在更幸福的舞台上散发光芒了。只要人们能够齐心协力，要想让一切有所改善是多么容易的事情啊！容易得就像战争那么轻易地就吸引了我，令我的头脑完全痴迷于它那宏大的景象，让我年复一年越陷越深。与此同时，我也能估量出我心底的感觉：战争完全就是一种极其恶劣、极其邪恶的蠢事和野蛮行径。"cclxiv 爱德华·格雷回忆录中的一段话从反面对丘吉尔的这封信做了补充，在这两卷著作中，格雷总是一副欲言又止的姿态，因此这段话就显得更有趣了。在1911年的夏末，阿加迪尔事件引发的风波仍然没有平息，提到这段往事时格雷写道：

> 出于对这场危机的爱好，另一位同僚（没有因公务而困守在伦敦的同僚）与我形影不离……我不应该暗示丘吉尔在努力掀起战争，或者说渴望开战……但是，危机气氛和一场场大事件令精神饱满的他十分兴奋。他的陪伴让人神清气爽，到了下午他会赶来接我，带我去汽车俱乐部。与其他俱乐部一样，在那个季节汽车俱乐部里也没有多少人。经过了对我来说疲惫不堪，或许还有些焦虑的一天后，在游泳池里他会让自己的激情平静下来，我也会恢复元气。cclxv

玛戈·阿斯奎斯在8月4日（第一次世界大战爆发当天）晚上写下的日记或许可以为这段话画上句号（当然被提前了几年，而且我们也不应当完全相信她的描述。对于玛戈的描述，读者总是需要带有一定的怀疑精神）："我们陷入了战争。我［走出房间］去睡觉，路过［唐宁街10号］楼下的楼梯口时，我看到温斯顿·丘吉尔喜形于色、大步流星地走向内阁会议室的两扇大门。"cclxvi 不过，直到1939年，她的这篇日记才被公布。实际上，丘吉尔为大规模军事冲突的前景感到兴奋，同时又为战争的后果感到忧虑，无疑，他始终处在这两种情绪的微妙的交叉点上。他从来不会对人类的苦难无动于衷，作为军事家，甚至是战略家，他一直都希望"伤亡不会太大"。即使成为指挥索姆河战役的陆军元帅道格拉斯·黑格，或者是在斯大林格勒战役之类的战役中指挥德军，或者俄军进行大肆杀戮的最高指挥官，他也不会感

---

① 丘吉尔夫妇对黛安娜的昵称"狗狗猫"原本指的是性格像狗一样与人类比较亲近，能够遵从指令，同时又保留了猫的独立性的一些品种的猫。

到欣喜。[①] 但是，面对未来可能爆发的战争他也不会心生畏惧。事实上，战争的前景令他感到兴奋，从这个角度而言阿斯奎斯这一次没有说错。

进一步说，丘吉尔对战争的这种复杂情绪，再加上碰到了历史上最大的机遇之一，在这些因素的综合作用下，他成了 1940 和 1941 年里最完美的人。坚持战斗需要巨大的勇气和极大的自信，但是不需要残暴和麻木。在孤身作战的那些年里，英国不得不面对的一场场战役的确都比较艰苦惨烈，但是就杀戮状况而言，那些战役完全无法与第一次世界大战中西线的战事相比，更不用说东线的战事，以及第二次世界大战爆发后不久，在俄国前线随时可能出现的战役。丘吉尔与蒙哥马利在战后长期保持着交往，虽然他们的友谊有些不可思议，促使他们培养起这段友情的一个因素就是，在希望以较小的伤亡为代价夺取胜利的首相看来，这位陆军元帅正是完美人选，尽管他自以为是，甚至还有些古板。在丘吉尔执掌大权的末期（20 世纪 50 年代），即使战争令他感到兴奋，在十足的理性支配下，他对恐怖前景的痛恨压倒了一切的兴奋。1898 年在恩图曼冲锋陷阵是一回事，在 1953 和 1954 年冷战的紧张局势中拿氢弹冒险则是另外一回事。面对双方都扬言毁灭对方的现实，丘吉尔最终还是努力了一次，试图凭借自己在军事方面至高无上的声望力挽狂澜、拯救世界（虽然没能产生直接的影响）。

对未来的这些预测和当时相互矛盾的情绪，都没有妨碍丘吉尔在 1911 至 1914 年期间对保持并提高英国海军优势地位的决心。他坚定地推进这个目标，他的努力不仅表现在海军舰船的总数上，在军事操练的成效、装备实力和指挥能力方面也都有所体现。丘吉尔是一位大胆、备受争议的海军大臣，尽管受到托利党人的辱骂，他还是不太费力地转换了阵营。之所以能这样，是因为他坚持一种"大海军"主义的观点，这种观点需要得到保守党的支持，而且完全压倒了他对海军统帅部有些突然的人事调动原本应该会招致的反对意见（至少在 3 年半的时间里）。直到战争爆发前他在下议院的讲话，尤其是改动海军预算的讲话在自由党人中间引起的不满甚至超过了保守党人的不满。尽管如此，他还是一直像在没有安全网保护的情况下表

---

① 索姆河战役在 1916 年 7 月 1 日爆发，是第一次世界大战中规模最大、最血腥的一次战役，共造成各方超过 100 万人伤亡。索姆河战役第一天，英军损失 57470 人，堪称"不列颠军事史上最黑暗的一天"。斯大林格勒（今伏尔加格勒）战役是第二次世界大战中纳粹德国为夺取苏联南部城市斯大林格勒而进行的战役，从 1942 年 6 月 28 日持续到了 1943 年 2 月 2 日。斯大林格勒战役是第二次世界大战东部战线的转折点，单从伤亡数字来看，这场战役是近代历史上最血腥的一场战役，双方伤亡人数估计达到了 200 万人左右，参与这场战役的人数也超过了历史上的其他战役。

演高空走钢丝一样地完成着海军部的工作。如果他在作战指挥或者军事设备方面的重大决定出现了严重而明显的失误，他"出于好意"希望建设一支强大的海军的愿望也无法保护他躲过托利党人的怒火；如果他失去了首相的支持，或者说至少没有了保守党内阁中坚力量的默许，他的名望和才智也无法帮助他争取到某一方的支持。正是这种支持或力量让他不至于落得孤家寡人的境地。

丘吉尔对海军统帅部进行的人事改革坚决而复杂。他面对的第一海务大臣是前任留下的亚瑟·威尔逊将军，这位将军的前任，也就是于 1910 年 10 月卸任的"水兵"约翰·费舍尔（此时他已经被加封为男爵）。费舍尔有多么热情奔放，威尔逊就有多么不苟言笑，少言寡语。丘吉尔从来不喜欢沉默寡言的人，在第二次世界大战期间，那些在唐宁街 10 号或者首相乡间别墅的餐桌旁表现得口齿不太伶俐的指挥官都没能得到他正确的判断（有时候他的判断甚至有失公允）。他们很难配合上他难以抑制、精力充沛的谈话热情，这令他感到不自在，甚至给他留下了有些粗鄙的印象，因此他对他们的能力有所低估。

威尔逊和丘吉尔的威望存在着高下之分，威尔逊比丘吉尔在 1940 至 1945 年间遇到的任何一位陆军或海军将领都更难对付。他获得过维多利亚十字勋章（授予英国或英联邦军人以表彰其作战英勇）。尤其值得一提的是，他不贪慕个人私利（屡次拒绝被授予爵位），在皇家海军将士中深得人心，尽管大家对他的喜爱表现得比较粗鲁（他的绰号是"老家伙"）。不仅如此，威尔逊还比丘吉尔年长 32 岁半，在 1912 年的春天，他已经到了退休的年龄，但是对于新上任的海军大臣来说，这个时间还是太迟了，对于丘吉尔被派到海军部的主要目的，即创建一个能与哈尔丹在陆军中创建的战时参谋部相提并论的海军战时参谋部，威尔逊表示完全反对。用丘吉尔的话来说，这个目标旨在摆脱"所有计划都被闷在了一位沉默寡言的海军将领的心里"的局面。celxvii 威尔逊正是这样一位将领。此外，他也不赞成海军战略部署的两项重大改革，而政府认为这些改革很有必要。第一项改革就是调整部署，以配合陆军在欧洲大战爆发后的最初几天里，能够将七个师的兵力转运至法国的作战计划；第二项改革是，从对德国港口开展"严密封锁"战政策转变为在公海上实施拦截一切试图为敌方提供补给的船只的策略（按照普遍的观点，由于鱼雷技术的发展这项改变势在必行，因为鱼雷令固定不动的船只成为极其容易遭到攻击的目标）。在 1911 年 11 月中旬，丘吉尔终于摆脱了威尔逊，正如他在《世界危机》中所述，他们保持着"友好、文明，同时又很冷漠"的关系。celxviii 在这一连串的事件中还出现过一次出人意料的转折。1915 年 5 月，再度出任第一海务大臣的费舍尔愤然辞职，威尔逊又受邀接管这个职位，他致信阿斯奎斯，表示自己可以接受这个职位，但是

只愿接受"丘吉尔先生的领导"。* cclxix

为了替换掉威尔逊，丘吉尔在人事任命问题上一反常态地做出了让步。本土舰队最高指挥官弗朗西斯·布里奇曼爵士被提拔为第一海务大臣（他并不乐意得到这样的升迁），巴腾堡亲王路易斯被调职到第二海务大臣的位置上，作为布里奇曼的继任者。第三海务大臣得以留任，但是第四海务大臣也被调离了原职。乔治·卡拉汉爵士接替布里奇曼，出任本土舰队最高指挥官，在丘吉尔看来过于年轻、尚没有能力全权负责的约翰·杰里科爵士被任命为卡拉汉爵士的副指挥官。1898年在尼罗河岸边为丘吉尔提供香槟的海军少将戴维·贝蒂进入了丘吉尔的私人办公室，成为他的海军秘书长。这样一来，杰里科与贝蒂这两位在1914年的战争中最著名的海军将领就坐在了有进一步擢升空间的位置上。这些人事任命在11月26日，也就是在丘吉尔就任新职位的5个星期后公布，招致了海军游说团不太激烈的试探性反对，后者对保守党议员和一部分媒体有着很大的影响力。外界没有对这些人事变动大肆谴责，但是撅起的嘴唇透露出了人们的担忧，或者说期望——丘吉尔的轻率很快就会让他自己身陷困境。

事实上，这些任命过于谨慎，对老将也过于倚重。即使老当益壮，布里奇曼对丘吉尔来说也过于守旧和老迈（他仅比威尔逊年轻6岁），况且他的健康状况不容乐观。不到一年后，他就被免职了（名义上是由于健康问题，帝国防务委员会举行的6次会议他只出席了3次，其中1次还"因为突然昏厥被迫退席"）。布里奇曼并没有悄然离去，第二次变动招致伯纳尔·劳、贝雷斯福德与其他人充满敌意的批评，而这正是第一次人事变动试图避免的局面。如果第一次——而不是第二次——改组时就任用巴腾堡亲王路易斯为第一海务大臣，情况或许就不会这么糟糕了。巴腾堡原本就是丘吉尔中意的人选，他出生于奥地利的格拉茨，1868年14岁时加入英国皇家海军，从而加入了英国国籍。在1914年的战争中他将名字改为非常英国化的名字，成为蒙巴顿家族的始祖，家族里的路易斯·蒙巴顿勋爵（后来成为伯爵）的父亲，以及菲利普亲王的祖父。路易斯亲王带有浓重的德国口音（比国王爱德华七世的口音重一些，但是两者应该差距不大）。作为一个男人，他仪表非凡，令人难忘；作为一名称职的海军将领，他的老练和精明让他能够与丘吉尔保持愉快的合作。**

---

* 当时英国海军高层将领出现了老龄化问题，要不就是中年海军将领短缺，以至于重新起用一位73岁的老将以取代在心绪烦乱之下辞职的74岁的老将会被视为最佳选择。

** 他们的合影显得和谐文雅，与丘吉尔和费舍尔将军的合影中显露出的一触即发的紧张气氛形成对比。

但是他们的合作最终还是无疾而终。与德国开战后，英国国内弥漫着一股仇外情绪，就连德国腊肠犬也受到了一部分"爱国者"的威胁。在这种情绪的压力下，巴腾堡于 1914 年 10 月被迫辞职了。同样，人们认为乔治·卡拉汉也不适合担任本土舰队最高指挥官，理由是他的年龄，当时他已经 62 岁。这时丘吉尔有条件用约翰·杰里科将其取而代之。给乔治·卡拉汉当过一年的副手，再加上出任第二海务大臣两年的经历，让后者做好了扮演一个至关重要，同时又令人敬畏的角色的准备，正是在这个位置上，他成为"唯一一个能在一个下午就输掉一场战争的人"。海军无休止地调整高层指挥官人选，丝毫不是为了增强外界对海军的计划或者丘吉尔的判断力的信心，在这一系列的人事安排背后潜藏着一个身影，他一半在明处，一半在暗处。这个人就是海军元帅费舍尔勋爵，自 1904 年起，他一直担任第一海务大臣的职务，在 1910 年将近 70 岁时解甲归田，据说去了瑞士中部的卢塞恩。费舍尔的所作所为几乎都掺杂着一股愤怒和狂热的情绪。可以说，他有些疯狂，但不乏一些天赋，外界普遍认为他是继纳尔逊[1]之后最伟大的海军官员（甚至现在看来也是如此）。1841年，费舍尔出生在锡兰（现今名为斯里兰卡），他有着地地道道的英国出身，父亲是步兵部队的一名上尉，母亲则在《英国人名词典》中被描述为"属于伦敦新邦德街的人物"，[2]但是他的面容却比他的父母都更具有异域特点。他相貌堂堂，同时又有着鲜明的特点，以至于威尔士女作家及女史学家简·莫里斯在他逝世 75 年之后为他写下了一部名为"费舍尔的面孔"的作品，这实际上也是写给他的一封长篇情书。

费舍尔与丘吉尔的初次会面是在 1907 年的春假期间，地点是法国西南部的比亚里茨，在这位年轻的下级大臣的身上他清楚地看到了他的饱满热情和发展潜力。早在当年的 4 月 27 日，他就开始用自己标志性的离经叛道的信件对丘吉尔表示支持。他们跨越了 34 岁的年龄差距，都认为对方是一个杰出非凡的人。在丘吉尔反对麦肯纳的 1909 年度海军预算方案时，他们对彼此的着迷（之所以这么说是因为他们之间的关系实际上并不完全是友谊）压倒了他们在这个问题上存在的严重的利益冲突。费舍尔是无畏舰之王，他一心想要拥有 8 艘无畏舰，但是他也希望在自己的

---

① 霍雷肖·纳尔逊（1758—1805），活跃于 18 世纪末和 19 世纪初的著名英国海军将领及军事家，曾出任地中海舰队总司令，被誉为"英国皇家海军之魂"。在 1805 年的特拉法尔加战役中，他击溃了法国和西班牙组成的联合舰队，迫使拿破仑彻底放弃海上进攻英国本土的计划，但他自己在战役中中弹阵亡。

② 邦德街是伦敦市中心的一条狭窄街道，南起皮卡迪利，北至牛津街，历史悠久，建筑古旧精致，聚集着大量奢侈品商店。其南段被称为老邦德街，北段被称为新邦德街。

势力范围内存在一位像丘吉尔这样引人注目的青年大臣。他们在早期的交往之所以能够保持平衡，很有可能是因为相比费舍尔，丘吉尔更为自己受到这位年迈暴躁的著名海军将领的关注而感到欣喜。对于费舍尔来说，丘吉尔对他的关注则没有那么重要。

费舍尔的信几乎有些歇斯底里，不过其中也包含着颇有价值的真知灼见。信的落款通常都带有"您忠诚的费舍尔，直至化成灰烬""您忠诚的费舍尔，直至地狱冻结"或者"您忠诚的费舍尔，直至木炭生芽"之类的敬语。[①] 这些措辞促使丘吉尔在《世界危机》第一卷中写道："唉，终有一天地狱还是冻结了，木炭也生芽了，友谊化成了灰烬。"[cclxx] 不过，直到丘吉尔成为海军大臣的 3 年多后这一天才到来。在 1912 年的春天，费舍尔成功地策划了一场"爱人间的拌嘴"，他对丘吉尔做出的一些人事任命表示不满，并且撰文中伤后者。他是有意这么做的，他的目的在于为自己争取到邀请，参加一个月后在那不勒斯的海军游艇上举办的聚会，他不仅打算跟丘吉尔谈一谈自己的看法，他还要对首相发表一下自己的见解，只要能让其中一个人倾听一下他的意见，他就满足了。没有书面记录显示费舍尔的努力取得了很大的成功，不过他与海军大臣的关系得到了充分的记录，他还与 25 岁的维奥莱特·阿斯奎斯在早餐前有些食欲不振的时候跳了很多支舞（他很擅长跳舞）。

丘吉尔有 3 次机会为第一海务大臣这个职位推荐新人选，但是直到第三次，也就是路易斯亲王被迫免职后，他才让已经 73 岁的费舍尔官复原职，这一决定为他自己的职业生涯造成了最具有灾难性的后果。但是正如我们通过《世界危机》所了解到的那样，早在 1911 年的时候丘吉尔就差一点请费舍尔取代威尔逊，而不是布里奇曼。当时新上任的海军大臣将费舍尔从卢塞恩召回，为他出谋划策，这一举动使得他们在萨里郡的一座乡间别墅里相处了 3 天，至于是否纯属意外则不得而知。后来丘吉尔在文中写道："我发现在知识和对别人的启发方面，费舍尔就是一座火山。在前往伦敦的路上……我几乎就要说出'来帮帮我吧'，但凡他表示希望回来，我肯定就说出口了。可是他一直保持着得体的尊严，一个小时后我们到达伦敦。后来我有了其他想法，再加上耳边也从不缺少对他不利的意见，所以几天后我彻底下定决心，要将目光转向别处，重新找一位第一海务大臣。"[cclxxi]

"不利的意见"应该与费舍尔的分裂策略有关。在之前的任期中，他成功地将

---

① 类似于中国汉乐府民歌中"山无陵，江水为竭，冬雷震震，夏雨雪，天地合，乃敢与君绝"这样的誓言，表示"永远"。据说"直至地狱冻结"这种说法出现于 20 世纪 10 年代，最早的书面记录见于 1919 年，英国幽默小说家佩勒姆·G. 伍德豪斯爵士与美国作家弗朗西斯·菲茨杰拉德都很喜欢这种说法，后者就常常以此作为书信的落款。

几乎每一位军官在服役期内转变为对他全心全意的支持者或者坚定不移的反对者，能够做到这一点也是因为查尔斯·贝雷斯福德男爵在对立的阵营对他提供了有力的支持。尽管成就斐然，这种状况还是促使他在 1910 年在受到一定质疑的情况下离开了这个职位。因此，丘吉尔才很不情愿地没有让海军部再次出现费舍尔与贝雷斯福德的斗争，但是这位海军老将对他仍然有着强大的影响力，在 1912 至 1913 年间，他还让后者担任了石油供应皇家委员会主席一职，石油供应在当时是一个至关重要的问题。另外，他还在私下里采纳了后者的大量建议，在战略、设备和人员配置等方面他常常更倾向于后者的意见，而不是他自己的官方顾问团提供的意见。这种状况不会为指挥系统创造出和谐的工作氛围，无疑在很多方面，海务大臣们都发现丘吉尔是一个难以与其共事的政党领导。

海军部还存在另外一个破坏稳定的因素，这就是丘吉尔在殖民地事务部时期就已经与之交恶的宿敌弗朗西斯·霍普伍德爵士。出于某种非常奇特的原因，丘吉尔任由霍普伍德跟随他进入了海军部。霍普伍德不是常务秘书，这个职位长期以来都是由一位经验丰富、受到广泛信任的行政官员把持着。有些出人意料的是，这个人就是格雷厄姆·格林，但是在 1912 年霍普伍德成了海军部的一名文职委员，职责范围主要是海军具体的财务管理工作。因此，他进入海军部委员会，从而有机会获知有关丘吉尔与手下将领们的关系的大部分传言。他一心想要偷偷摸摸地将这些传言转告第一代斯坦福德姆男爵亚瑟·约翰·比格，后者是乔治国王的私人秘书，比较倾向于托利党（爱德华国王留下的更倾向于自由党的私人秘书弗朗西斯·诺利斯在 1911 年年底离职，他的行事风格完全不适合乔治国王）。所幸，这位"水手国王"从未明显表现出想要掺和海军部宿怨的意愿，1912 年年底，当布里奇曼在被罢免后试图争取到他的同情时，他表示断然拒绝。

作为海军大臣，丘吉尔的职位从一开始就充满了危险，危险不仅来自被他视作威胁的德国皇帝的公海舰队[①]，还来自近在眼前的英国本土。一边要面对许多具有绥靖主义倾向的自由党下议院议员（内阁也强烈地表现出了这样的倾向），同时托利党人对他也没有好感，再加上他自己的轻率，因此具有保守主义倾向的高级海军军官对他也有所疑虑，夹在多方火力之下他依然完成了这么多工作，这足以证明他的勇气和自信。

丘吉尔极其成功地将麦肯纳遗留下来的 3900 万英镑的海军预算增加到 5000 万

---

① 公海舰队是第一次世界大战结束前德意志帝国海军所属的水面舰队，由德意志帝国皇帝威廉二世下令建立，以对抗英国本土舰队。1897 年，威廉二世任命提尔皮茨为海军总司令，1900 年帝国通过了提尔皮茨的海军建军方案，德意志公海舰队正式成立。

英镑的上限，从而在一定程度上打消了海军方面对他的不信任。相比长期以来任何一位海军大臣，他对低级军官和士兵的薪酬和工作环境的关注也有所提高（在这一方面也取得了更大的成果）。此外，他还推动了两项重大的技术革新，这两项革新都存在着特殊的风险性。第一项革新是用 15 英寸口径火炮取代 13.5 英寸的火炮，实际上这项革新存在着很大的风险，但也实现了质的飞跃，一举将"打击"力从 1400 磅炸药提高到将近 2000 磅。但是，如果事实证明，这种新式武器过于好高骛远、没有太大用处的话，此举就将致使英国海军两头受损。

第二项革新是开始将舰队的燃料彻底从煤转变为石油，这项技术有着巨大的潜在收益，但同时也存在着相当大的危险性。要想超过德国人，英国海军就必须将战舰速度提高到 25 节的时速，而燃料的改变对速度的提高具有至关重要的作用，当然，德国人很快也会进行同样的革新。[①] 这项革新令英国政府有所获益，一举控制了对英国波斯石油公司的投资，最初这笔经费为 220 万英镑，后来又增加到 500 万英镑，没过多久就变成了价值 5000 万的投资，后来更是大幅度地继续增长着。这项革新还提高了舰船生活环境的清洁度，以及给舰船补充燃料的速度。

这些技术革新都被包括在一项海军政策的框架之内，这项政策旨在向德国人显示无论他们建造出什么，英国人都会实现更大的进步。作为次年的海军预算方案中的项目，从建造之初，到造船厂的船台上出现完整的船体，直至船只投入使用、参加战斗，整个过程进展缓慢，这就意味着在丘吉尔担任海军大臣的几年里，即使能够掌握各种各样的信息，要想准确勾勒出英德两国舰队实力对比的概貌也不是一件容易的事情。一艘艘舰船暗淡无光地游弋在灰蒙蒙的北海上，擦肩而过，而有关舰队的数据就被几乎同舰队一样浓密的海上大雾遮蔽着。相比较小的开支，这样的模糊性有利于掩护较大的开支。

当丘吉尔成为海军大臣的时候，英国有 12 艘现役无畏舰（包括纳尔逊级战列舰[②]，严格地说这种战舰属于无畏舰的前身，但是在某些方面它甚至比后者更为强

---

① "节"是轮船航行速度的单位，后来也被用于风和洋流的速度，相当于 1 海里 / 小时（1.852 公里 / 小时）。早在 16 世纪，航海业已相当发达，但当时一无时钟，二无航程记录仪，难以确切判定船的航行速度。有水手在船航行时向海面抛出一条系有浮体的绳索，在绳索上用打结的方式将其分成若干节，根据一定时间拖出的绳索的节数来计算船只的航行速度，于是"节"就成了计算船只航速的计量单位。随着科学技术的发展，现代海船的测速仪器已非常先进，航速可直接用数字显示出来。"拖绳计节"早已成为历史，但是"节"作为海上计量各种速度的单位仍被使用。

② 纳尔逊级战列舰是英国建造的一种战列舰，以特拉法尔加海战中的英雄海军上将霍雷肖·纳尔逊（1758—1805）的名字命名。

大），与此同时德国有 8 艘无畏舰。这大概是对当时的情况最清晰的描述。此外，英国还有 6 艘战舰的船体已经完工，还有 2 艘即将完工，1911 至 1912 年度的预算方案中还纳入了建造另外 4 艘战舰的计划。至于未来，丘吉尔认为倘若德国人坚持既定的 6 年计划，按照 2—2—2—2—2—4 艘的节奏逐年建造新的无畏舰，他就愿意采用 4—3—4—3—4—3 的造船速度。如果德国人将速度提高到 3—2—3—2—3—2——根据 1912 年 4 月颁布的《海军法》，德国人的确做到了这一点——他就会坚持将英国的速度提升到 5—4—5—4—5—4，从而保证始终拥有 60% 的优势。当时除了无畏舰，海面上还漂浮着很多其他类型的海军舰船，但是当时大量的目光都集中在了无畏舰上，因此粗略地用无畏舰当作两军实力对比的指数比较简单易行。为了容纳最大规模的舰船，德国的基尔运河被加深了。① 德国于 1909 年宣布了这个计划，1914 年 6 月工程完工。运河的加深提高了德国在波罗的海与北海之间调动部署大型船只的灵活性，这个因素也影响了英国对德国威胁的估算。对这些因素的评估促使丘吉尔维持了麦肯纳的 1912 年预算方案，这项方案规定建造 5 艘伊丽莎白女王级战列舰（配备有 15 英寸火炮和其他先进设备的无畏舰），这种战列舰的排量为 27500 吨，在当时达到了前所未有的规模。方案中还包括另外 1 艘同等吨位的战列舰，但是这艘战列舰的建造费用由英属马来亚承担。1913 年，丘吉尔又提出建造 5 艘同一型号的战列舰，1914 年也是如此，同时加拿大也有可能提供 1 艘，只是这 1 艘没有百分之百的把握。直到第一次世界大战爆发后很久，这些战舰才投入战斗，不过它们的存在一直笼罩着和平时期的最后几年，并且成为英国大舰队（又译作"联合舰队"）在战争期间是否参战的先决条件。1916 年 6 月的日德兰海战孰胜孰负至今尚无定论，但是在 1914 至 1918 年里，正是由于这场战役，英德两国大舰队之间的僵局才终于被打破了。用当时流行的话来说，在战争爆发前曾出现过两次"海军假日"的尝试。努力失败后，英德双方又开始继续建造战舰。② "海军假日"政策不切实际，克莱德河与泰恩河河畔的大量造船厂里仍旧回荡着铆接机器的声响。这项政策似乎没能让英国取得太大的优势，当然也没能阻止战争的爆发，但是它至少意味着战争爆发后英国不会在海上打败仗，尽管当时能否战胜对方也尚未可知。

---

① 基尔运河，又称"北海 – 波罗的海运河"，1948 年前被称为"威廉皇帝运河"，位于德国最北方的石勒苏益格 – 荷尔斯泰因州境内，全长 98 公里。

② "海军假日"实际上指的是 1922 至 1936 年《华盛顿海军条约》签订后的一段时期，作者在这里借用了这个术语。由于该条约规定各国海军大量裁军，大量战列舰和航空母舰建造计划被取消。海军假日尽管是限制海军军备条约，但客观上为轴心国海军实力的恢复和发展创造了条件。

第十二章　阿斯奎斯王国里的丘吉尔

丘吉尔提出的大海军主义政策逐渐成为他全部政治特点的核心，他推行这项政策的能力主要取决于他与几位核心内阁同僚之间的关系。在这段时期，他和他们相处得如何？对于丘吉尔来说，除了首相，最重要的两位大臣就是劳合·乔治与爱德华·格雷，这在一定程度上是他们对比鲜明的性格所决定的。两个人都不是普通人，他们的辞职都会对政府造成严重的破坏作用。后来，只有在鲍德温政府（1924—1929）和艾德礼政府（1947—1950）里，外交大臣与财政大臣这两个职位才又落在了旗鼓相当同时又对比鲜明的两位政客手里。在前一个政府里，主持财政部和外交部工作的分别是丘吉尔和奥斯汀·张伯伦（略微有些像劳合·乔治与爱德华·格雷的组合）；在后一个政府里，这两个职位分别由理查德·斯塔福德·克里普斯和欧内斯特·贝文把持（更接近劳合·乔治与爱德华·格雷的组合）。

直到1911年夏天，丘吉尔与劳合·乔治的关系一直比他与格雷的更亲密，两个人是激进主义盟友，他们招摇而善变的脾气更为投合。但是从这个夏天开始，丘吉尔与格雷走得更近了，与劳合·乔治逐渐疏远了。渐渐地，丘吉尔将格雷当作自己在内阁中顺理成章的高级合作伙伴，他支持格雷对法国的根本性的承诺，即使格雷不曾明确地表达过这种承诺，格雷则支持丘吉尔争取更高的海军预算。两个人都怀着对彼此的热情，一心想要结成利益共同体，格雷有些警惕，丘吉尔则没有那么多的禁忌。但是他们之间的关系不是那种基于自发的亲近感形成的深厚友谊，他们只是时势造就的同僚和盟友。在丘吉尔和格雷分别于1915年和1916年愤然离开阿斯奎斯的政府后，在格雷17年的余生里他们几乎没有再见过面。

面对劳合·乔治，这种利益上的关联则背道而驰。一位大手大脚的海军大臣是财政大臣的天敌，而且劳合·乔治认为丘吉尔对当初促使他们两个人走到一起的事业已经失去了兴趣，越来越沉迷于海军事务。根据记录，他曾调侃丘吉尔已经变成了一个"水生物"："你觉得咱们全都生活在海里，一心扑在海洋生活、鱼类和其他海洋生物上。你忘了，咱们大多数人都生活在陆地上。"[cclxxii] 尽管如此，劳合·乔治与丘吉尔之间天然的亲密感依然起到了有效的补偿作用。在 1912 至 1913 年，他们的关系更是由于一时间左右了政坛的"马可尼丑闻"而得到增强。这起事件几乎毁掉了劳合·乔治的政治生涯，另外一位在任大臣（鲁弗斯·艾萨克斯）与一位前任大臣（埃利班克大人）也被牵涉其中，丘吉尔也因此极其无辜地受到了这起事件的不良影响。当时身为邮政大臣的赫伯特·塞缪尔在 1912 年 3 月与马可尼公司签订了一份协议，计划在英国各地建设无线电报局。外界指责这种做法存在着不当之处，因为马可尼公司的总经理是杰弗里·艾萨克斯，他是当时担任总检察长的鲁弗斯·艾萨克斯的弟弟[①]。除此之外，还有传言称有 3 位大臣凭借马可尼公司的股份发了一笔横财。塞缪尔完全是清白的，他从未碰过马可尼公司的股份，外界之所以试图构陷他主要是围绕着这起事件的反犹太色彩在作祟。作家西莱尔·巴洛克、G. K. 切斯特顿和他的弟弟塞西尔·爱德华·切斯特顿都沉迷于自认为的犹太国际阴谋活动中，让塞缪尔与艾萨克斯兄弟被卷入同一批几乎属于高端金融业务的交易中对他们有着不可抗拒的吸引力，他们围绕这起事件打起了游击战，写出了那段时期最精彩的打油诗，至少前两个人是这样的。

鲁弗斯·艾萨克斯首先买下了马可尼公司的股份，并将大量股份转让给了埃利班克大人（交易的时候他还是自由党的党派总督导）* 与劳合·乔治。埃利班克之所以购买马可尼公司的股份一半为了自己，一半为了自由党的政治基金，后一个因素自然为已经产生的争议起到了"锦上添花"的作用。但是，在很大程度上财政大臣劳合·乔治成了最大的攻击目标，他是有产阶级的祸害，（至少在一定程度上）代表着不信奉国教的凯尔特式的清廉对伦敦富豪阶层自我放纵的贪婪的对抗。如果说外界张网坐等格莱斯顿、鲍德温和克里普斯自动落入圈套的话，劳合·乔治就是一只活力十足、只能靠主动出击才能逮到的鸟。很多托利党人都对眼前的这顿大餐垂涎三尺。事实上，没有一位大臣插手马可尼英国公司的股份，通过这份合同受益的只有这家公司。但是几位大臣投资了该公司远在美国的兄弟机构。尽管美国公司

---

① 鲁弗斯·艾萨克斯（1860—1935），大律师，加入内阁的第二位犹太人（第一位是赫伯特·塞缪尔），是第一位出任英国首席大法官的犹太人，也是当时英国唯一一位被授予侯爵爵位的犹太人。

* 埃利班克大人于 1912 年 8 月辞职，当时他被封为埃利班克的默里男爵。辞职后没多久，他就去波哥大（哥伦比亚，一个不太可能有人出访的地方）进行了一次长时间的商务访问，由于这次访问他没能出现在调查这起事件的特别委员会面前。由此，"去波哥大"成了一句具有讽刺意味的反自由党的口号。

股份的持有者无法从英国公司获益，但是美国公司股票的涨跌往往会随着英国公司股票的变动而改变。几位投资者的处境即使说不上荒谬，至少也有些值得同情。结果，对于这一系列复杂的交易，没有一位大臣从中获益，就连自由党的政治基金也是如此。但是，他们最初的确是希望通过投机，从这些变化不定、备受瞩目的股份中获益，虽然这笔交易没能实现他们的愿望。

几位大臣的主要失误不在于自己的贪婪，或者对业务的不熟悉，也不在于他们做了不恰当的投资，他们的错误在于隐瞒事实。经过谣言四起的整整一个夏天，到了10月，下议院开始考虑提出动议，组建特别委员会对此事展开调查。劳合·乔治与艾萨克斯介入了这场讨论，他们都明确否认自己与马可尼英国公司存在直接或间接的利益关联。从表面上看他们交代的情况符合事实，但是他们显然没有将自己与美国公司的交易告知下议院。1913年年初，艾萨克斯与塞缪尔成功地以诽谤罪的罪名对巴黎的《晨报》（在英国的法院）提起诉讼，这些交易随之被公之于众。刚被曝光的情况至少可以说给外界留下了不良印象，这种印象远远超过诉讼案胜诉带来的积极效果。特别委员会的调查一直拖到了这一年的夏天，委员会中占有多数的自由党人最终交出了一份自我辩解的报告书，再加上阿斯奎斯的一场大度并颇具影响力的讲话，经过一番激烈的唇枪舌剑，两党路线出现了泾渭分明的分裂之后，下议院勉强接受了这份报告。

丘吉尔在这起事件中至少扮演了三重角色。首先，他是这番没有真凭实据的传言所指向的第五位大臣，因此他也被传唤到特别委员会面前。该委员会的委员们很有可能对这一决定也后悔莫及。丘吉尔言辞激烈地将他们斥责了一番：

> 无论是大臣还是议会的议员，每一个被眼下的流言以及一名宣称自己不相信传言的证人［《金融新闻》的编辑］提及的人，被传唤到你们面前是为了对自己的指控做出坚定的否认。正如我所指出的那样，这些指控已经变成了十足的侮辱，因为这种情况表明，受到质询的大臣直到现在还在隐瞒自己的处境……我理解得对吗？我的悲愤难以言表，下议院里的同僚们组建的委员会原本应当认为自己该对这样的质疑行为进行制裁。我已经说得够多了，现在我要开始回答你们的问题了。无论是在这个国家，还是在这个有人类居住的星球上的其他任何一个国家，无论在什么时候，在何种情况下，无论是以直接还是间接的方式，我从未对马可尼电报股份或者符合这种描述的任何股份做过投资，与它不存在任何利益瓜葛——无论外界在这件事情上的描述有多么含糊其词。cclxxiii

丘吉尔对这起事件的第二重干预就是采取了颇有创造力的政治策略，说服弗雷德里克·埃德温·史密斯在起诉《晨报》诽谤罪的审判中代表塞缪尔出庭。一向喜欢冷嘲热讽、善于雄辩的爱德华·卡森爵士也因此做了艾萨克斯的代理人。卡森是爱尔兰统一党的领袖，在爱尔兰问题上毫不让步，他曾经也出任过总检察长。这种策略不仅能在"政治"案件中袒护政客（通常在法庭上这都是一种明智的手段），而且也在一定程度上防止了保守党人利用这件事情大做文章，确保托利党两位最强干的议长不会对下议院指手画脚，多少也令他们的前座同僚们感到了难堪。

第三点同时也是最重要的一点在于，无论在私下里，还是在公开场合，在这段令人头疼的时间里，丘吉尔从不放过任何一次机会继续表达自己对劳合·乔治热烈的友情。1912 年 9 月末，也就是在下议院的第一场艰苦的辩论开始之前，他乘坐"女巫"号游艇出现在了威尔士列恩半岛上的小镇克里基厄斯，偕同劳合·乔治及其夫人与女儿梅根前往西海岸巡游了一圈。次年 7 月，在特别委员会提交报告，下议院里举行了那场令人尴尬的辩论之后，他在全国自由俱乐部的一次宴会上又做了一场激情澎湃的讲话，为财政大臣进行辩护（顺便也为其他几名涉事人员做了辩护）：

> 根据证据，根据完善的结论，甚至是最仇视他们的对手得出的结论，我们知道他们的廉直、他们的性格没有落下丝毫的污点。若是我们仍旧任由他们受到近来的记录中出现的大量天下无敌的诬蔑和诽谤的伤害的话，那我们成了什么样的恶棍？有人以为，这起事件以及事件令他们遭到的残酷无情的折磨会，改变他们对公共生活和自由党都十分有益的政治生涯，这种人对民主国家对其领袖所具有的坚定的、能够明辨是非的、大无畏的忠诚知之甚少。他们无视全国自由俱乐部；他们无视我们高贵的主席〔林肯郡侯爵〕；他们无视这个国家的首相。他们无视广泛而彻底的公正、伟大的民族，尤其是我们这个民族会对一直兢兢业业为其效力的人授予的公正。 ^{cclxxiv}

这段为同僚的全面辩护显示出，丘吉尔知道如何左右全国自由俱乐部的听众，他的技巧无人能及，直到 7 年后，他的朋友，也是比他更忠诚的自由党人维奥莱特·博纳姆·卡特在父亲在佩斯利（苏格兰伦弗鲁郡）的补缺选举中获胜之后，才在这个俱乐部的同一个房间做出了同样杰出的演讲。说完这段话，丘吉尔就把话题明确转向了这场讲话的主题："财政大臣更是受到某些权势阶层，即某些有组织结盟的舆论大集团更强烈的仇恨，他受到的仇恨和纠缠甚至比格莱斯顿先生在 1886 年的那段伟大的日子里遭遇到的仇恨和纠缠更激烈、更无情。"①

最后，丘吉尔对自己的朋友休·塞西尔的哥哥罗伯特·塞西尔勋爵进行了一番猛烈的抨击，为这场讲话画上了完美的句号。罗伯特·塞西尔后来成为国际联盟的中坚力量，甚至将自己在伦敦的住所赠送给了国际主义者工党的下议院议员菲利普·诺埃尔–贝克，但是当时他显然曾四处宣称自己有更确凿，但是无法证实的证据证明劳合·乔治的罪名成立。他掌握的证据不能被写入特别委员会的报告中，但是只要下议院议员向他索要，他就愿意在私下里透露给他们。丘吉尔怒斥道："从下议院特别委员会委员的嘴里绝对吐不出比这更可耻的话了。如果说还有什么能比这更令人作呕、更卑劣的话，那就应该是那种能假意摆出一副毫无偏见的公正姿态、用一套颇有修养和绅士风度的圆滑说辞为自己安排的苦差事打掩护的人说出来的话。"cclxxv

当时劳合·乔治十分脆弱，但是拯救他的并不是丘吉尔那套华丽的说辞，首相的坚定支持才是至关重要的因素。对于几位行为失检的大臣的做法，阿斯奎斯并不认可，但是有证据显示在10月份（1912）的那场辩论时他已经了解了有关美国公司股份的交易情况。他告诉国王这种情况"令人扼腕"，而且"难以辩解"，cclxxvi 他还对维妮夏·斯坦利说过"鲁弗斯·艾萨克斯和劳合·乔治干的事情太蠢了"。cclxxvii 尽管如此，他还是认为这起事件不足以致使几位大臣辞职。对于赚钱牟利的事情他从来不会产生多少同情心，但是他喜欢宽裕的生活方式，而且他也无法阻止自己的妻子花掉不属于他们的钱财。战争期间一次大臣的聚会中，他对措辞的精心选择就充分表明了他的态度。当时，有报告称一家著名的贸易商行在某次商品交易中发了一笔"横财"，他表示这种行为"太恶心了"，随即一位比较支持自由市场的同僚为这笔交易辩解了一番，说这笔交易没有什么不光彩的地方，市场就是这么运转的，他说："我没有说'不光彩'，我说的是'恶心'。"cclxxviii 对于有关马可尼公司的交易，阿斯奎斯也怀有同样的看法。然而，他从来不会过于挑剔别人在道德上的弱点，无疑，他也不希望自己的政府因为失去一位像劳合·乔治这样天分过人的财政大臣而受到削弱。

就这样，阿斯奎斯拯救了一个在3年半后让他漫长的首相生涯有了一个令人失

---

① 1886年年初，格莱斯顿提议实行爱尔兰自治，7月，他的提议被下议院否决。自由党因此分裂，在20年的时间里没有再主持政府。1892年，82岁高龄的格莱斯顿组建了自己的最后一届政府，但是为了反对日渐提高的海军预算，他又于1894年辞职。1895年，他退出议会，3年后逝世，享年88岁。

望的结局并将他取而代之的人。*阿斯奎斯对劳合·乔治的保护所产生的意义不容置疑，他利用自己的权威给予后者坚定的保护，然而他对后者并不友好。马斯特曼记录下了阿斯奎斯在马可尼事件过后发表的看法，这番话充分体现了他对劳合·乔治的态度。当时，劳合·乔治打断了其他人，马斯特曼与阿斯奎斯坐在前座议席中听着他的发言。首相说："我觉得这个白痴的翅膀有点破了。"说完，他像平时那样耸了耸肩，重复了一遍"有点破了"。cclxxix

相比之下，丘吉尔对劳合·乔治的支持就没有那么重要了，但是他满怀着对后者的热情。对于性格如万花筒般复杂多变的劳合·乔治来说，他不需要动用凯尔特人的天性就能对丘吉尔的支持心存感激，但是凯尔特人的性格很有可能加深了他的感激。在 1913 至 1914 年的冬天，丘吉尔的预算方案提高到 5000 万英镑，在次年 7 月末和 8 月初，面对英国是否应当参战的问题时，他们走向了两个不同的阵营，在压力巨大的日子里，劳合·乔治对丘吉尔的感激对他们二人的交往始终是一个关键性的因素。

1914 年年初，丘吉尔在无须辞职的情况下促成自己的海军预算方案得到通过，在这件事情上，他和劳合·乔治的关系就起到了很大的作用。在当年 7 月 1 日的内阁会议中，他们交换了笔记（丘吉尔与劳合·乔治总是保持着这种习惯），这些有趣的笔记就能说明这一点。劳合·乔治在笔记中写道："今天，在每周一封的信［应该是一篇发表的文章］中，菲利普·斯诺登说如果财政大臣另有他人，你的海军账单就会被削减数百万英镑。"丘吉尔回复道："那样一来，海军大臣也会另有他人了！一旦出现这样的分歧，谁敢保证就不会出现另一个未必能接受小预算的政府。"cclxxx

对于一位花钱大手大脚的大臣而言，与财政大臣友好共处（或者用更为残酷的权力政治①的说法来说，与一位不希望政府失去他的财政大臣共事）是一笔重要的财富。但是对于丘吉尔来说，自己和阿斯奎斯的关系才是更重要的。1914 年的阿斯奎斯是一位非常有影响力的首相，这个事实不应当被后来发生的事所掩盖。他保持着"首领"地位长达 6 年，带领政府经历了巨大的风暴，实现了可观的成就，屡次

---

* 尽管爱德华·希思（泰德·希思）的性格与所处的环境都同此时有着许多不同之处，但是这件事情还是不免令人想起他记述的自己在 1971 年如何仔细考虑将玛格丽特·撒切尔清除出他的政府，当时有一段时间后者很不得民心，被称为"牛奶掠夺者撒切尔夫人"。

① "权力政治"是德国作家及政治家路德维希·冯·罗豪创造的术语，指的是基于实际和物力因素，而非理论或伦理目标的政治体系。

在内阁争端中扮演了足智多谋的仲裁者角色。做到这一点，他并不是靠着卑鄙的操控他人的能力，基本上是由于他能够平心静气地运用自己天生的权威性。在他人眼中，阿斯奎斯颇有学识、判断力和洞察力，同时又十分宽容，没有一种品质可以被人忽略不计。与其他大臣一样，在他的两位下属的心目中，他的权威性不言自明，这两位下属就是日后声望高过他的劳合·乔治与丘吉尔。如果说之前阿斯奎斯与劳合·乔治对丘吉尔的影响力保持着平衡，那么马可尼事件就让天平暂时向阿斯奎斯倾斜了。但是，如果以为当一个人在多年后变得比自己原先的上司更伟大，他们之间依然能保持着原先的关系，那就错了。

在一战爆发前担任大臣的几年里，丘吉尔对阿斯奎斯始终怀有油然而生的敬意。在他源源不断写下的所有笔记、信件、备忘录和其他文字作品中，关于阿斯奎斯他只做过一段严厉的批评。这段话涉及嗜酒问题，无论是出于天性，或是唯恐引火烧身，总体上他对这个问题一直比较宽容。1911 年 4 月 22 日，还是内政大臣的丘吉尔在给妻子的信中写道：

> 星期四晚上，首相的情况非常糟糕，我感到很尴尬。他几乎说不出话了，很多人都注意到了他的情况。晚饭后他依然非常友好、和善，[有关下议院的事情]对我知无不言。直到那时他的状态一直很不错——可是之后就不行了！完全是靠着大家一直在下议院共事的情谊，这件事情才没有成为一桩丑闻，这真是太可悲了。我喜欢这个老家伙，仰慕他的才智和性格，可是这得冒多大的风险啊……次日，他又十足清醒、泰然自若了。[cclxxxi]

阿斯奎斯对丘吉尔又怀着怎样的态度？在多大程度上，他意识到了自己的下属中有一个人有潜力成为 20 世纪最有分量的政治人物？他觉得，丘吉尔有可能会成熟起来，但是他不敢肯定，这种可能性甚至微乎其微。即使他对丘吉尔并非仰慕得五体投地，至少这种感情也是发自内心的，但是丘吉尔的铺张浪费又令他感到好笑，因此他对后者的仰慕也打了折扣。他对丘吉尔十分欣赏，但是一次次勃然大怒也令他的赞赏有所削弱。他时常对后者感到愤怒，还时不时地对后者颇有微词，抱怨后者在内阁里说话太多，在社交场合中也常常如此，但是相比政府里的其他官员，他还是与丘吉尔相处的时间更多。除了 3 次搭乘 "女巫" 号游艇出游（2 次在地中海，1 次在英国海域），他们还在唐宁街 10 号和海军部大厦里举办过无数小规模的宴会。此外，他们还频频在乡下共度周末。尽管存在着 20 岁的年龄差距，或许正是由于这个原因，阿斯奎斯与丘吉尔的会面远远超过了他与自己的老朋友哈尔丹、格雷的见面次数。在取悦首相、与首相一道寻欢作乐的小圈子里，丘吉尔的地位仅次于麦肯纳。在阿斯奎斯的内阁人才排名中，麦肯纳位居第三，丘吉尔与劳合·乔治这两位好朋友紧随其后，并列排名第四。但是，麦肯纳排名如此高有一半的功劳来自他的妻子。*丘吉尔的情况并非如此，正如前文所述，克莱门汀永远是一个令人满意，但是冷漠孤傲、中看不中用的伙伴，在阿斯奎斯的"万神庙"里，人们对她的印象也顶多如此。聚会的焦点总是她的丈夫，甚至如阿斯奎斯在1914年2月5日的信中描述的场合也不例外："昨晚我在丘吉尔家吃了饭，我跟克莱门汀、谷尼［格温德林·丘吉尔夫人］和首席大法官［鲁弗斯·艾萨克斯，尽管犯下了一些小过错，原本担任总检察长的他还是被提拔为首席大法官］打着牌，丘吉尔在他的扶手椅上安然地睡着了。"cclxxxii

以下几段话能够体现出阿斯奎斯对丘吉尔温和的调侃：

1913年5月［乘坐"女巫"号畅游亚得里亚海途中］。温斯顿自然不可救药［在古典文化方面］，穿行在斯波莱托的戴克里先宫的时候，他说了一句极其惊人的评价："我真想把这头猪给炸掉。"①

1914年1月9日。他［丘吉尔］在莱斯兰德斯打野猪，结果他自己的獠牙被好好地打磨了一下，毛也顺了。

1914年10月7日。一见到、想到基［钦纳］的新部队他就垂涎三尺。"难道我们要指望着那群被25年前老掉牙的兵法养大的、重新被挖出来的废物下达那些辉煌的命令吗？"——"凡夫俗子，他们龟缩在防护体系中过了一辈子，在军营的日常工作中腐烂下去。"都是诸如这样的话。他滔滔不绝地说了大约一刻钟，一会儿叫骂，一会儿哀求，我真遗憾身边没有速记员，因为他即

---

* 阿斯奎斯开玩笑式地列出这个排名榜多少是出于他取悦维妮夏·斯坦利的需要，他将克鲁侯爵与格雷排名第一和第二。至少对于克鲁与麦肯纳来说这种排名有些令人沮丧，因为这意味着不给首相惹麻烦就是提高内阁人才排名的捷径。

这段评论和其他许多评论都出自阿斯奎斯给维妮夏·斯坦利（1887—1948，后来的埃德温·蒙塔古夫人）的书信，后者是谢菲尔德勋爵（当时更为人们所熟知的头衔是"奥尔德利的斯坦利男爵"）的小女儿。在1912至1915年间，在她的吸引下首相给她发去了大量充满柔情蜜意和闲言碎语的信。阿斯奎斯在一天之内写下的信很少会少于两封，有时候甚至多达四封。当她同蒙塔古于1915年5月12日订婚的消息被公布后，不仅雪片般的书信戛然而止，而且首相的判断力也受到了极大的伤害。在后来的日子里，蒙塔古夫人与丘吉尔成了密友，为他举办生日宴会也成了一种惯例，但是他们的友谊不存在超乎寻常的因素。

① 这座宫殿是在公元4世纪之初为罗马皇帝戴克里先（245—313，于284—305在位）建造的。

兴发挥的一些话实在太宝贵了。他在大部分时间里都非常认真，宣称比起戎马生涯的荣光，政治生涯对他来说一钱不值……他真是一个不可思议的家伙，他的那股冲劲就如同头脑简单的学生的冲劲一样奇怪（同爱德华·格雷截然不同），但他也有着有些人所说的天赋——"所谓伟大就是划过脑海的一道弯弯曲曲的闪电"。^{cclxxxiii}

最后一段话当然能够表明阿斯奎斯对丘吉尔既感到好笑，又十分欣赏他乖僻的性格。通过首相的另一句评价，我们可以更清楚地看到他对后者的欣赏。他在 10 月 27 日写道："我情不自禁地喜欢上他，他那么足智多谋，那么百折不挠，这是我最欣赏的两个品质。"此时仍然是大战爆发后的第一年秋季。^{cclxxxiv} 然而，同这些评价相抵触的是，丘吉尔多话的习惯不仅百折不挠，而且以自我为中心。因此，首相在 1913 年 12 月 8 日又写道："我们开了一场将近 3 个小时的内阁会议，其中 2 个小时又 1 刻钟的时间都被温斯顿给独霸了。"在 1914 年 8 月 1 日，星期六，内阁举行的两个半小时的会议中气氛剑拔弩张。英国面临着战争，内阁会议也面对着一大堆的辞职要求。"毫不夸张地说，温斯顿占据了至少一半的时间。"^{cclxxxv} 对于他的健谈，而非仅仅针对他在内阁里的发言习惯，阿斯奎斯还做过更全面的评价："他从来不会与自己的谈话对象安然相处，因为他对自己，以及自己的当务之急和自己的话题……的兴趣远远超过对谈话对象的兴趣。"^{cclxxxvi}

对于丘吉尔的前途，阿斯奎斯的预测很不准确。但是，基于在 1915 至 1940 年这 1/4 个世纪中丘吉尔职业生涯的发展轨迹，阿斯奎斯对其前途的怀疑几乎可以说是准确的。如果德国在发动第一场大战之后没有再次发动战争的话，他的猜测肯定是完全正确。阿斯奎斯在信中对丘吉尔的未来做过两次十分中肯的预测，这两段话都出现在 1915 年年初。在 2 月 9 日他写道："要想预见温斯顿的事业走向不是一件容易的事情。在某种程度上而言，他被爱德华·格雷和劳合·乔治掩盖住了，同时又没有自己的拥护者；他总是谋求与他人结盟，然后又会找到新的奇奇怪怪的盟友，他的目的主要在于将弗雷德里克·埃德温·史密斯，或许还有马尔博罗公爵拉入他的圈子（在外人看来如此）。我认为他的未来属于政治史上最大的未知数……"^{cclxxxvii}在 3 月 25 日，当得知丘吉尔正在谋划将格雷排挤出外交部、让亚瑟·贝尔福取而代之的时候，他又写道：

他让他［贝尔福］没日没夜地待在海军里，很多事情我都不敢告诉他，因为这些事情他都必须保密，或者仅限于同僚知道……太可惜了……温斯顿不太明白适可而止的道理，而且天性使然，他也不够忠诚……我真的很喜欢他，可是我对他的未来有不少疑虑……即使才华横溢，他也绝对爬不到英国政坛的顶端；如果一个人无法获得别人的信任，那么纵然他"能说万人的方言、并天使的话语"，[①] 能够日日夜夜勤于公务也没有用。[cclxxxviii]

尽管阿斯奎斯对丘吉尔做过这样的苛评，一直到战争爆发前，直至开战初期，丘吉尔在阿斯奎斯心目中的地位一直都很牢固。明智、大度的阿斯奎斯为自己的政府里拥有劳合·乔治与丘吉尔这两位干将感到骄傲。为了保持同自己相称的权威性，他也坚决不打算失去其中的任何一个人。在 1915 至 1916 年里，政府出现了一次人员大换血，这时丘吉尔第一次对阿斯奎斯感到了极度的幻灭，接着他又恳求能在劳合·乔治手下谋到一个职位，并且加入了一个为了给"配给券"（当时的流行语）做担保而致使阿斯奎斯在 1918 年被逐出议会的政府，再后来他又如同横行的螃蟹一样直接倒向了保守党，这种行为当然绝对不会得到阿斯奎斯的支持或赞赏。然而，即使在上述各个阶段，老首相依然会为丘吉尔的陪伴以及与他的交谈感到欣喜不已。

1923 年，在伊丽莎白·鲍斯－莱昂夫人与约克公爵（未来的国王乔治六世）的婚礼之后，他写道："与温斯顿比邻而坐化解了漫长等待带来的无聊，他状态极好，非常有趣。在风琴演奏两首赋格曲（或者别的什么名称）的间歇，他用他那十足夸张的腔调为我详细阐述了他的家政策略：'家的建设要围绕着妻子和母亲，让她们始终有水烧，让她们成为核心因素，局面的主导条件，诸如此类。'[cclxxxix] 两年后，也就是 1925 年，阿斯奎斯再一次用亲切的笔调写道："我们与其他人共进午餐，温斯顿·丘吉尔状态极好，在鲍德温内阁的一座座沙丘中他就是钦博拉索山[②]，或者说是珠穆朗玛峰。"[ccxc]

就这样，在 1913 至 1914 年里丘吉尔获得了不少实实在在的好处，与劳合·乔治有了亲密的交往，在一定程度上与他结成了共同利益，并且获得了阿斯奎斯的喜爱和一定程度的尊重。这两个人他都需要，因为在下层阁员中间他很不受欢迎。他的头号敌人是约翰·西蒙爵士，后者是一位善于分析的杰出的律师，由于道貌岸然的仪表和举止他一直无法获得友谊。1913 年 10 月，西蒙以总检察长身份进入内

---

① 语出自《圣经·科林多前书，13:1》（见和合本中译本）。

② 钦博拉索山是厄瓜多尔的最高峰，海拔为 6272 米。

阁。他在内阁中的地位比较低（事实上，总检察长通常不会出现在内阁里），但是这也没能阻止他建议阿斯奎斯将丘吉尔剔除出内阁。他在1914年1月写道："温斯顿·丘吉尔的失利令人感到遗憾，但是这绝不意味着党的分裂——事实上庞大的海军预算方案或许只会因为丘吉尔的离去而得以实现。我党也会感到自己的激进主义成分得到了加强，在经济专家中的地位也得到了提高……" [ccxci]

阿斯奎斯无意接受这个自鸣得意、鼠目寸光的建议。尽管他刚刚提拔了西蒙，并且还将在1915年5月再次提拔，让其出任内政大臣，但他自己对此人十分反感。在私人通信中，他将西蒙戏称为"无可挑剔先生"和"西彭先生"，这两个绰号显然都不带有好感。首相还喜欢在其中夹杂一点文字游戏，让"无可挑剔先生"这个绰号显得更加恶劣。在社交场合下一两次有可能不太愉快的会面之后，他写道："'无可挑剔先生'，……几乎可以被称为'无可避免先生'。" [ccxcii] 在围绕海军预算的争论上，他也对西蒙做过一番评价："'无可挑剔先生'是地地道道的，也是唯一一个'无可调和先生'。" [ccxciii] 不过，至少在短时期内有相当一批人都打算采纳西蒙这种高高在上的姿态。1914年1月29日，西蒙起草了一封给阿斯奎斯的信，主旨是反对海军预算，他争取到了另外4位内阁阁员的联合签名。还有2位内阁阁员也大致认可了他的观点，但是他们不希望让外人看到他们同西蒙交往过密。

西蒙的这封信破坏了他自己呼吁的团结统一，同时也体现出他已经精明地觉察到风向变了。争论的焦点不只是海军大臣提出的数字，还包括"针对这些数字财政大臣暂且提出的方案"。在丘吉尔做出了保证，并且的确有希望在接下来几年里削减预算的前提下，作为回报，劳合·乔治的方案满足了丘吉尔对1914至1915年度的规划。只有在这样的基础上，这场危机才能够在没有任何人辞职的情况下得到解决。1913至1914年在意大利和法国度过的圣诞节和新年假期里，丘吉尔无疑已经完全接受了自己或许在回国后就不得不提交辞呈的现实。（令人十分好奇的是，尽管在很大程度上辞职是出于对同僚们的愤怒，但是相比日复一日为了钱多钱少争执不下的生活，远离是非之地、多少有些离群索居的生活更容易让人坚定决心寸步不让。）丘吉尔打定主意要坚持住自己最低限度的核心要求，也就是1914至1915年要有4艘新的无畏舰投入使用，劳合·乔治的方案基本上能保证这个要求的实现。从很多角度而言，这次妥协与1909年那次著名的"妥协"相似得匪夷所思，当时围绕着4艘还是6艘的争论最终导致的结果是8艘。

人们曾经展望1915至1916年经济形势会一片大好，但是愿景没有出现，到了这个时候，世界已经发生改变。与此同时，演出阵容中的各位成员一直在跳着一场令人感到困惑、不太值得称赞的快步舞，飞快地变换着脚步。只有阿斯奎斯保持着始终如一的步伐。无论海军的领导者是麦肯纳，还是丘吉尔，他一直支持建设一支强大海军，不过他认为自己无法逼迫同僚和追随者强行接受这种想法。他已经为自由帝国主义效力 25 年之久，格雷（以及站在同一阵营的哈尔丹）是他在政坛上交往时间最长的朋友；丘吉尔在他领导的内阁中属于年轻人，但是他最喜欢与他待在一起。他不太可能与他喜欢的这些人作对。

直到 2 月初动用了一系列边缘政策，丘吉尔与劳合·乔治，甚至是与阿斯奎斯之间出现了不少的龃龉之后，问题才终于得到解决。在这个紧要关头，阿斯奎斯挽救了丘吉尔，他一心指望着劳合·乔治能有积极的意愿。丘吉尔在《世界危机》中坦然地提到了"首相坚持不懈的耐心以及……强有力的默默的支持"，[ccxciv] 大大方方地承认了当时阿斯奎斯对他的帮助。当首相敏感地意识到反对势力已经把自己消耗得精疲力竭，现在愿意，甚至怀着善意接受他从一开始就希望看到、但是始终有一些人拼命驳斥的解决方案时，他就更有耐心了。在 2 月 11 日的内阁会议中，问题解决了。

从 1911 年秋天至 1914 年 8 月，能够与海军问题一样逐渐引起丘吉尔注意的就是爱尔兰自治问题。至少从《爱尔兰自治法案》于 1911 年 4 月 11 日在下议院中被提交、进入第一轮辩论和审议时起，这个问题就在那个阶段的内政事务中占据了主导地位。虽然并非完全不可能通过，但是这项法案注定会遭到几乎与"议会法案"的 3 轮努力一样的挫败。直到 1914 年 7 月下旬，爱尔兰问题一直苦苦占据着主导地位，大臣们（和其他政客）都经历了一段艰难时光。直到萨拉热窝暗杀事件发生 1 个月后（就在大约一个星期后，英国突然投入了这场大战），人们的注意力才从丘吉尔所说的"弗马纳郡和蒂龙郡（均为北爱尔兰的郡）的泥泞小路"转移到令人无法回避的战争动员日程表上。按照这份日程表，首先奥地利会受到怂恿同塞尔维亚开战，接着俄国对奥地利开战、德国与俄国开战，随即法国和德国也会开战。由于德国入侵比利时，英国唯恐德国征服法国，所以英国最终也会迈着僵尸步伐走向一场摧毁欧洲在全世界的优越性、让成千上万平民遭到屠杀的战争。

对于爱尔兰问题之争，丘吉尔进行过 3 次引人注目的干预。第一次是他在 1912 年 2 月对贝尔法斯特的访问。他在当地的阿尔斯特音乐厅为自己安排了一场讲话，这座城市是新教在北爱尔兰的根据地，26 年前他的父亲就在这座音乐厅里发表了支持阿尔斯特抵抗运动的毫不妥协的宣言。按照原定计划，丘吉尔应当同爱尔兰统一党领导人约翰·雷蒙德（以及记者和爱尔兰统一党人约瑟夫·德夫林）一同登上这个讲台。倘若出现这种景象，局势就将进一步恶化下去。此次出访的目的在于让"自治法案"得到更多北爱尔兰人的接受，因此这种安排似乎不太合理。实际上，外界感到丘吉尔很有可能在党派总督导（埃利班克大人当时尚未动身前往波哥大）的劝说下草率地接受了这种安排，事先没有充分考虑过结果。丘吉尔在内阁的同僚、爱尔兰事务部大臣奥古斯丁·比勒尔负责维持爱尔兰全境秩序，他必须为丘吉尔的此次到访提供庞大的安保队伍，但是在制订这个计划之前没有人征求过他的意见。比勒尔写了一封惊恐万分的抱怨信（1月28日），在信中提出了一种调解方案。这封信的主旨就是："我个人相信如果中午您能举行一场帐篷集会，那就不会发生流血事件。但是我们的格言是（埃利班克大人已经充分认识到了这一点）：日后就别管爱尔兰的事了。"ccxcv

这时阿尔斯特统一党委员会召开了碰头会，传达了一项决议，决议指出"有人故意发起挑战，意图在贝尔法斯特这座忠诚的城市的中心举行一场自治会议，这令人感到震惊"，并且表示自己"决心采取措施阻止自治会议的召开"。ccxcvi 外界认为，这项决议等于在故意引诱对方发动一场大规模的暴乱，实际上，警方在危言耸听的报告中也指出，"有人正在从厂［造船厂］里转移走大量的螺栓和铆钉"。由于这种情况，丘吉尔与自己的表亲、第五代伦敦德里侯爵交换过几封冷冰冰的书信，在丘吉尔传奇的一生中，这位侯爵的上一次亮相是他在1904年试图将丘吉尔排挤出卡尔顿俱乐部的时候。阿尔斯特统一党的计划是，用一场比暴乱略微巧妙的行动破坏这场自治会议。阿尔斯特音乐厅在2月8日这一天的门票被当地的自由党人订完了（当地没有多少自由党人）。作为反击，统一党人包下了2月7日的门票，计划举行一场静坐抗议活动，在接下来的24个小时里，需要大量警力才能将他们从音乐厅驱走。

就连丘吉尔也逐渐认识到有必要做出一定程度的战术撤退。1月13日，他仔仔细细地给雷蒙德写了一封长信，解释说，自己很乐意与他在曼彻斯特这样的一座英格兰城市同台讲话，但是他认为他们两个人在贝尔法斯特同台讲话不够明智。10天后，他却依然告诉克莱门汀，"2月8日8点，我不惜一切代价也要在贝尔法斯特准时开始关于自治问题的讲话"。ccxcvii 多亏比勒尔，两天后，丘吉尔将原本雷打不动的演讲时间挪到了一个星期六的下午两点，会场是在凯尔特人足球俱乐部球场里支起的一顶巨型帐篷。俱乐部坐落在福斯路的尽头，换言之，就是这场讲话深入了信仰天主教的工人阶级的聚居区，而不是在市中心。所幸，在这个午后，贝尔法斯特下起了雨，帐篷也不太防水。尽管如此，5000名听众还是听丘吉尔讲了1个多小时。埃利班克大人参加了这场活动，可以说他为此感到有些懊悔。听众还包括丘吉尔的表弟弗雷迪·加斯特，他执意在口袋里装了一把左轮手枪。有些出人意料的是，克莱门汀也出席了这场活动。

丘吉尔无意通过这场讲话煽动民众情绪，但是这场讲话充满了大无畏精神，他有勇气完成既定的讲话，同时又敢于将自己的讲话与父亲在1886年做的那场讲话做以对照：

> 我要根据另一种意义采用并重申伦道夫勋爵的那句话——"阿尔斯特要战斗；阿尔斯特没有错"。让阿尔斯特为了爱尔兰的尊严与光荣战斗；让它为了民族和解、为了原谅以往的错误而战斗；让它为了大不列颠帝国的团结和壮大而战斗；让它为了在人间传播仁爱、宽容和教化而战斗。的确，阿尔斯特要战斗；阿尔斯特没有错。^{ccxcviii}

这次化圆为方的努力非常精彩，这完全得归功于丘吉尔。令人感到好奇的是，克莱门汀为什么会到场。她早早就休起了寒假，产下伦道夫之后她尚未完全康复，而且在此之后不久她又流产了一次。埃利班克大人曾强烈恳求丘吉尔不要让克莱门汀参加这场大会，这个请求很合乎情理。"对手随即就会说咱们全都想利用她的出现减轻咱们的困难。她巨大的勇气和了不起的精神自然会驱使她陪在你的身旁，可是我敢跟你说这是一个错误。"^{ccxcix}然而，在这个对所有的人来说都极其可怕的时刻克里斯汀还是赶来了。在一天夜里，他们乘坐一艘小船从苏格兰西南部的斯特兰拉尔跨过瑞安湖，到达北爱尔兰。这段航程十分糟糕，支持妇女参政议政的人包围住了小船，在他们的客舱外高声呼喊着"给妇女投票权"。接着，他们乘坐火车从拉恩进入贝尔法斯特，铁路沿线每隔几码就有警察把守。他们在老中央大酒店停留了四五个小时，当他们走过大厅的时候，他们的面前挥舞着一只只拳头，上万名充满敌意的群众在他们窗户下的大街上聚集了整整一个早上（当时还没有下起瓢泼大雨）。驱车前往会场途中，伴随他们的是更加恶毒的攻击。最终，他们穿过了宗教分界线，威胁变成了友好的挥手致敬。长期以来，阿尔斯特一直擅长搞宗派主义，令人奇怪同时又令人钦佩的是，伦道夫勋爵的儿子与一位苏格兰东部长老派伯爵夫人的孙女竟然会让自己站在"贫民区"。散会后，他们又沿着一条出乎外人意料的路被偷偷护送回拉恩，就这样一路回到苏格兰。对于克莱门汀为何会出现在会场的问题，答案只能是她自己执意前往，而丘吉尔又不想挫伤她的积极性。他不会为了寻求保护而将她带在身旁，这种做法完全不符合当年在斯瓦特河谷、恩图曼和南非的装甲火车上那个果敢的英雄的性格。

丘吉尔没有从斯特兰拉尔直接返回伦敦，而是北上格拉斯哥，在那里又做了一场非常失策的讲话，试图推动德国走向他所谋求的"海军假日"，或许可以说这个选择对他来说很不幸。从某种角度而言，他的这场讲话很微妙，同时又乏味得令人恼火。

> 海军对我们而言是必需品……海军对德国人而言在本质上更接近于奢侈品。我们的海军力量关系到我国的生死存亡。对我们来说是生死存亡的事情，对他们来说是扩张的问题。无论我们的海军会变得多么强大，具有多么大的优势地位，我们也不可能对大陆任何一个村庄的和平构成威胁。然而，如果我们的海军优势受到削弱，那么我们这个民族、这个帝国的全部财富，通过数百年的牺牲和成就积累起来的全部财富就将消亡，就将被清理得一干二净。是英国海军让大不列颠成为强国。但是，德国在尚未拥有一条船的时候就已经是一个强国，就已经受到全世界的尊重和敬仰了……[ccc]

"豪华舰队"（可能翻译得不够准确）这个词在德语中具有蔑视和挑衅的意味，回到伦敦，丘吉尔就觉察到内阁同僚中间弥漫着一股明显的寒意。他在爱尔兰问题上前后摇摆不定的态度体现出了他极端典型的行事风格：在贝尔法斯特以激进的态度无所畏惧地激怒阿尔斯特的新教徒；在格拉斯哥又用极具爱国情绪的讲话惹恼了德国人和自由党内的和平主义群体。在 30 个小时的时间里连续做了这两场具有重要意义但是本质上截然不同的讲话，让自己在两场讲话之间没有多少时间进行反思，这种做法也同样符合丘吉尔的风格。

丘吉尔第二次出手干预爱尔兰问题是他在 1913 年 9 月里以大臣身份在巴尔莫勒堡参加王室活动的时期，并且与伯纳尔·劳达成了共识，当时正值后者出任保守党领袖的第二年。（在那个年代，君主会和政客保持更多的社会交往。）总体而言，丘吉尔与阿斯奎斯一样不太重视伯纳尔·劳，一个滴酒不沾、最嗜好大米布丁的人不太可能会引起他的兴趣。然而，就在这次外出过程中，苏格兰高地的空气，再加上王室的款待促使两个人进行了一次积极的交谈。根据他们在公开场合发表的见解，外界根本想不到这两个风格迥异的人都会如此渴望促成爱尔兰和解。丘吉尔向阿斯奎斯报告了这次谈话，从而促成首相同伯纳尔·劳进行了 3 次不太公开的会面。这几次会面都旨在探讨对阿尔斯特进行特殊化对待的可能性，或者至少是对当地明显以新教徒为主的区域区别对待。丘吉尔宣称，长期以来他一直主张采用这种解决方案。例如，后来在《世界危机》中他就写道："从 1909 年围绕着自治法案进行的最早一些会谈起，财政大臣与我就一直主张通过地方意见表决或者某种类似的程序将阿尔斯特排除在外。"[ccci]

1913 年 11 月，丘吉尔带着奥斯汀·张伯伦乘坐"女巫"号进行了一次短途旅行，在旅途中奥斯汀·张伯伦就爱尔兰问题与丘吉尔长谈了一次。在一份有关此事的记录中，就出现了同样的观点，这份记录还交代了在一次内阁会议上担任大法官直至 1912 年的劳勃恩伯爵否决了这个方案。这种解释不太合乎情理，很难相信劳合·乔治与丘吉尔这两位在政府中最有影响力，也绝对是最雄辩的人在面对不完全属于本职工作范围的事务时，竟然没能击败一个冷冰冰的苏格兰律师，况且这位律师的地位更接近坎贝尔－班纳文政府留下来的遗老，而不是阿斯奎斯政府里的核心成员。的确，丘吉尔总是会故态复萌，公开表现出自己的好战性，但是最晚不超过 1913 年的秋天，他就开始在私下里积极推动阿尔斯特的和解了。除了与伯纳尔·劳和奥斯汀·张伯伦的谈话，他还与弗雷德里克·埃德温·史密斯保持着密切的交往，这一点几乎不言自明，在很多方面，后者都是他在这个问题上的翻版。此外，他还充当了爱德华·卡森在阿尔斯特的"传令官"，但他同时也在担心和解不成可能产生的后果。

在对爱尔兰问题的第三次干预中，丘吉尔恢复了公然好战的习惯。事情发生在 1914 年的 3 月。同许多为阿尔斯特问题寻找解决之道的努力一样，阿斯奎斯与伯纳尔·劳的几次会谈也毫无结果，于是他们将目光转向了军事活动。阿尔斯特志愿军（反对自治的新教徒准军事组织）有意发动政变，抢劫当地（政府）的军械库吗？ 3 月 20 日，卡拉地区（英军在爱尔兰的大本营，靠近都柏林）发生了所谓的哗变，与其说是一场严重的军事叛乱，其实更像是几名笨手笨脚的将领惹出的小麻烦，他们的目的在于，抵制政府有可能会下达的强迫阿尔斯特接受自治的命令。3 月 14 日，丘吉尔在布拉福德做了一场讲话，为一触即发的局势打上了自己的烙印。在此之前他就安排好了这场讲话，但是谁都没能预见到讲话的时机有多么合适（或者说多么不合时宜）。他怀着通常只有面对重要讲话时才会有的十足的敬意完成了这场讲话。关于他在那天傍晚到达布拉福德火车站时的情景，有人做过一段令人难忘的描述，与他一道而来的还有两个氧气罐，毫无疑问还有一支规模适度的随行队伍，其中一名随员的任务就是在会议开始之前为他打氧气，以确保他能有充沛的体力。

尽管有这件事情的刺激，丘吉尔的发言基本上还是负责的。他的核心目的在于，对试图通过武力方式挑战议会决定的人发出警告。最后，他说一旦对方动用武力，"那咱们就采取行动，将这些关系重大的事情检验一下"。与许多最著名的名言警句一样，这句话也语焉不详。"咱们"指的是谁？咱们要采取什么行动？无论这些事情重大与否，究竟应该如何检验这些事情？但是从宪政角度出发，这句话听上去又杀气腾腾，同时又合乎情理，此外还有他的命令做保证。他号令皇家海军第 3

战斗中队做好在阿伦岛附近开展"即将到来的行动"的准备，换言之就是，部队必须有能力在大约 1 个小时的时间里从北爱尔兰的海岸出发。

外界认为这场讲话与海军的部署对统一党人产生了强烈的煽动作用，为爱尔兰统一党人爱德华·卡森于 5 天后在下议院里对丘吉尔发起最凶猛的攻击提供了依据，也成为卡森动身追赶贝尔法斯特的邮政列车的前奏。卡森对这次行动的时机掌握得恰到好处，也十分戏剧化，他故意给外界留下了一个疑问：他此行是否会宣布组建一个叛乱的临时政府？（幸亏卡森对惺惺作态这种事情的克制力超过了他的冷静勇敢，这种情况才没有出现。）这场讲话和海军部署也变本加厉地助长了保守党对丘吉尔原本就很强烈的厌恶与不信任。与此同时，讲话也极大地提高了丘吉尔在下议院里和外界的自由主义好战分子中的地位，讲话表明他并不是一位只会拿出高额预算的海军大臣。在政府首脑面前，这场讲话也对丘吉尔起到了有益作用。讲话深深地烙印在了阿斯奎斯的记忆中，在出版于 1926 年的《国会五十年》（诚然，这部著作基本上就是一部拼拼凑凑的剪贴簿）一书中，他甚至引述了讲话中的很长一段话，"从而证明，在演讲竞赛中 20 世纪完全具备竞争力"。[ccii] 丘吉尔在私下里寻求让步，在公开场合虚张声势，如此对比鲜明的表现非常符合他的风格。他始终相信自己能够从掌握大权的人那里获得谅解。

7 月 21 至 24 日白金汉宫的一场会议上，爱尔兰问题一直被参会者挂在嘴上，与阿斯奎斯和伯纳尔·劳在 8 个月前的会谈一样，这场会议最终也毫无成果。不过，日渐严峻的欧洲危机转移了越来越多的注意力，最终彻底淹没了爱尔兰问题。丘吉尔一直在日渐形成的风暴中心进行干预，从根本上说，他在不断地推动着战争。在连续几届内阁中，他一直坚定地支持格雷的观点，即一旦中立的比利时让步、法国的安全受到威胁，英国就必须出手干预。7 月 28 日，他命令舰队在行动结束后继续保持集结状态，在接下来的日子里又做出了一系列几乎超出他的职权范围的作战动员决定。在 8 月 1 日的内阁会议之后，阿斯奎斯向维妮夏·斯坦利报告说："温斯顿太好战了，他要求现在就开始动员工作。"[ccciii]

丘吉尔还继续动之以情地对劳合·乔治进行炮轰，让后者维持之前在政府里与他的结盟关系，以免内阁出现严重的分裂。为了反对英国参战，约翰·伯恩斯与约翰·莫莱提出了辞职，但是他们的辞职相对而言不太重要。相较之下，劳合·乔治的离去有可能会造成灾难性的影响。在 8 月 1 日的内阁会议中，丘吉尔在一张字条上对劳合·乔治敦促道："记住您在阿加迪尔起到的作用。我恳请您动用您强大的能力帮我们履行我们的责任。"他还进一步指出："此后，通过参与重建和平的工作，咱们就能控制解决过程，避免再度出现 1870 年的情况。"[ccciv] 但是，他的这个论断并不令人感到满意。在次日的内阁会议中，他又给劳合·乔治传过去一张字条，上面写着："咱们能够携手推行一套广泛的社会政策……这还是您教给我的。这场海战的造价不会太大，每年不会超过 2500 万。"[cccv] 这些预测与丘吉尔以前做出的预测差不多，但是继阿斯奎斯与格雷之后，此时劳合·乔治已经倾向于一旦德国入侵比利时，英国就准备宣战了。

两天后，德国军队跨过比利时边境地区，在欧洲大陆点燃了一场在现代史上空前的大火。事前，丘吉尔对德国的行动毫无察觉，出事后也谈不上沮丧。8 月 4 日的内阁会议决定在午夜向柏林方面发出最后通牒，会后阿斯奎斯在一封私人信件中写道："丘吉尔已经隆重登场，他渴望在明日清晨的几个小时里打一场海战，将'戈本'号打沉。*整件事情令我心生悲哀。"[cccvi] 对丘吉尔来说这是一个欣喜的时刻，自少年时成为中尉，后来竭尽所能地前往英国各个不安定的殖民地报道战事以来，他就一直有意识地让自己做好了面对这种极其严峻的紧急情况的准备。但是，他做梦也想象不出，两场战争在自己接下来的政治生涯中将起到怎样的作用，无论是积极还是消极的作用他都没能预想到。

---

* 德国战列巡洋舰，一直对法国在阿尔及利亚海岸的防御工事进行炮轰。

第三部

青铜色的正午：
1914—1918

第十三章　徒劳忙碌的海军大臣

在战争爆发后的最初几天里，丘吉尔过着全负荷的生活。8月，克莱门汀一直待在他们在诺福克的欧弗斯特兰德租住的那座房子，直到9月他们的第三个孩子萨拉即将降临人世。令人感到匪夷所思的是，尽管克莱门汀每次怀孕时身体都十分虚弱，丘吉尔依然没有劝她回到伦敦。克莱门汀所在的地方属于东海岸防护力量最弱的地区，丘吉尔在战前写下的几份备忘录都充分描述了德国会对这些地区发动突袭，甚至是全面入侵的景象。

尽管如此，克莱门汀还是留在了欧弗斯特兰德，丘吉尔独自住在海军部大厦里废寝忘食，一心扑在工作上。他不是守在办公桌前，就是昂首阔步地走在白厅和皇家骑兵卫队阅兵场，完全沉浸在自己的世界中，脸上既带着忧国忧民的愁容，又闪耀着幸福的光芒。他守在国内就能对战争以及战争政治有着本能的理解。对于他在《世界危机》中提到的那些"可敬的自由党政客们"，即使出于必要，战争也是可怕而陌生的景象。8月6日，赫伯特·基钦纳以陆军大臣身份加入内阁，占据了首相与丘吉尔之间的席位，在此之前，这一直是约翰·莫莱的位置，基钦纳显然对某些类型的战争很了解，但是他对政治一窍不通。因此，丘吉尔从一开始就占据了极其有利的位置。就连媒体中一向对他比较冷淡、不太支持他的《泰晤士报》也在8月4日早上撰文，称他是一位"能够审时度势，其努力令人赞叹"的大臣。丘吉尔向《泰晤士报》表达了自己的谢意，邀请编辑杰弗瑞·罗宾逊（后来改名为道森）当天晚上在海军部大厦与他共进晚餐。丘吉尔的弟弟与母亲也在座，后者同康沃利斯-韦斯特的婚姻在前一年也结束了，又恢复了伦道夫·丘吉尔夫人的头衔。这时她已经年满60岁了，1900年前后，她在丘吉尔的生活中扮演着头号知己的角色，与那时候相比，现在她在丘吉尔的生活中已经后退为一个比较次要的角色了。在这个具有分水岭意义的夜晚，丘吉尔对出席晚宴的家庭成员的选择显示出，缺少了克莱门汀的陪伴他有多么孤独，而罗宾逊的存在则生动地证明了当时（很短一段时期内）

英国全国人民的情绪。后来，丘吉尔借用约翰·德莱顿的诗歌描述了这种气氛：①

> 人们昂首阔步，
> 遇见彼此，
> 朋友相互道贺，
> 宿敌也在擦肩而过时相互致意。^{cccvii}

　　要想巩固自己这个充满优势和机遇的位置，丘吉尔需要的只是舰船，其中很多船只都造价不菲，这样才能确保万众满怀信心期待的胜利不会落空。然而，这些舰船基本上都雷打不动地辜负了民众的期望。命运在同这些舰船作对，或许其中还掺杂着一两种其他因素。刚一开战，英国就在地中海遭遇了第一次挫败。8月9至10日，这场小小的耻辱结束了。英国没有损失一艘船，但是这些船以及船上的高级军官全都被德国的新型战列巡洋舰"戈本"号及其护卫舰"布雷斯劳"号轻型巡洋舰打蒙了，就好像他们笨手笨脚地玩了一场摸瞎子游戏似的。而且，德国在地中海海域只有这2艘巡洋舰。英国皇家海军在地中海的大面积海域中展开了一连串无效的追逐，到了8月1日，"戈本"号和"布雷斯劳"号安全地抵达了它们的目的地君士坦丁堡，不过，英国方面怀疑这里并不是它们既定的目的地。在君士坦丁堡，这2艘战舰被象征性地出售给了土耳其人，在土耳其于11月1日加入德国阵营、参加战争问题上，这2艘战舰起到的作用更是微乎其微。

　　整起事件为海战拉开了可悲的序幕。一位海军将领（欧内斯特·特鲁布里奇）被送上了军事法庭，不过最终被宣判无罪；另一位将领（伯克利·米伦）被减薪一半，整个战争期间一直维持着这种状况。费舍尔认为米伦理应被枪毙，不过他可能不是认真的。当时指挥大舰队战列巡洋舰中队的海军少将戴维·贝蒂在10月11日写给妻子的信中，充分概括了这起事件对海军的士气造成的影响："想想看，第一场失利，也是唯一一场失利是海军造成的。天哪，一想到这一点我就感到恶心。"^{cccviii}

　　初次读到对这一连串不幸事件的详细描述时，外行人会产生这样一种印象：海军部下达的命令只会造成伤害，别无其他作用。即使通信中断，在战场上表现平平的将军们也不会变得更加糟糕，或许还有可能表现得出色一些。几乎一切噩耗都是

---

　　① 约翰·德莱顿（1631—1700），英国诗人、文学批评家、翻译家，是1668年的英国桂冠诗人。一生为贵族写作，为君王和复辟王朝歌功颂德，代表作有《时髦的婚礼》《阿龙沙与施弗托》《论戏剧诗》《悲剧批评的基础》等。这里引用的是他的诗作《奥古斯都挽歌》。

由丘吉尔负责发布的。从形式上而言，一个部门内的所有事务在名义上都由主持本部门的大臣负责；从更为具体的角度来看，为了与第一海务大臣一起行使自己的操控权，丘吉尔有意创造了一种高度集权化的制度。他在《世界危机》中自豪地讲述了自己的这项成就："带着几个世纪里海军一直拥有的令人生畏的权威感，装备着现有的最全面的知识，海军部委员会行使着无可争议的大权。"在海军部里行使这种"无可争议的大权"的并不是海军部委员会的全体委员，而是一位文职大臣与头号职业海员，也就是海军大臣与第一海务大臣。

> 我得到了并行使着对整个海军部不加限制的建议权和行动权，对于一切作战命令，我仅需要得到第一海务大臣的批准和认可……在我们共同认可的政策之内，由他或者我以书面形式*批准发出电报、通过决议，总参谋长有可能一个小时接着一个小时地要我们做出决定。此外，很多时候我明白应该做什么，而且也相信第一海务大臣会表示同意，这样我就会根据我们的政策亲自草拟电报、制定决策，总参谋长会亲自将我的草稿交给第一海务大臣，在得到他的同意之后才发出去。[cccix]

正如丘吉尔自己指出的那样，这种制度与德国盛行的制度截然不同。在柏林，出任海军大臣的是德意志帝国海军的真正缔造者、海军元帅阿尔弗雷德·冯·提尔皮茨，但是他被剥夺了对舰队的行动控制权，职权范围仅限于行政事务。巴腾堡亲王路易斯作为海军元帅行事稳健，但是缺乏活力，他能够在多大程度上让自己与丘吉尔的合作关系保持平衡，尤其是在仇外情绪令英国民众开始对他产生不满的情况下，这一点或许值得怀疑。丘吉尔不仅是20世纪里个性最令人敬畏的一个人，他的辩论技巧也达到了超乎寻常的圆熟。而且，他总是会做好两手准备。他声名赫赫，无疑令海军高级军官们心生畏惧（有人用过"催眠"这个词来描述他对他们的影响力），面对他的政治火力，他们都会掂量一下自己的反击能力。凭借着自己的辩论能力，甚至可以说有些好斗的辩论能力，在和别人单独交锋的情况下他几乎战无不胜。因此，在外界看来一战爆发后的最初几个月里，他对海军部拥有了完全的

---

* 在行政管理方面，丘吉尔的一个特点就是执着于下达书面指令，在第二次世界大战期间他一直保持着这个习惯，这令他的工作量比实际需要的可观了很多。对于一个非常喜欢说话的人来说对书面形式的这种态度令人感到吃惊。幸运的是，口授指令并亲自记录的时候，他就像交谈时一样思路流畅、精力充沛、急不可耐。

控制权，几乎是独霸了这份权力。

这几个月开局不顺。但是接下来，英国毫无障碍地将 6 个师的正规军送到了法国，行动在 8 月 19 日结束了，不过这场悄无声息的胜利没有受到相应的关注。事情往往如此。对于保持海军优势来说，这种现象很普遍。英国皇家海军承担的"封锁"工作无法博得公众的喝彩。海上力量的复杂理论和英国媒体（或许还有民众）对目睹获胜的渴望之间存在着根本性的矛盾。保持海军优势的主要目的在于，保证英国与被派往法国北部的部队之间保持安全的通信联系；将德国的公海舰队遏制在德国本土港口内，使其成为一支名不副实的舰队；切断德国西面的物资输入通道；保证外部世界通向大不列颠的商贸通道畅通无阻。而这些工作都不能构成吸引眼球的话题。但是，这些工作对于避免战败都具有至关重要的作用，只不过无法给英国带来传统意义上的胜利。英国海军两度面临着任务失败的严重危险，一次是在 1916年 6 月德国舰队参与了未分出胜负的日德兰海战的时候，另一次是在 1917 年的年初由于德国潜水艇威胁北大西洋的海运线几乎被切断的时候。出于直觉，丘吉尔向舰队街那群以"死亡和光荣"为座右铭的小伙子——而不是最精明世故的海军战略专家靠拢了。事实上，有观点认为，丘吉尔始终认为舰船如同骑兵营一样，其作用在于冲锋陷阵，而不是实施封锁。[cccx] 就这样，从开战到 1914 年年底的最初 5 个月里，英国海军被动取得的成果不能令人满意，令人失望的是，它同时也无法通过主动出击取得战绩。

9 月 22 日清晨，就在大约 1 个小时的时间里，3 艘有些年头、被合称为"克雷西斯"号的英国装甲巡洋舰被潜水艇击沉在荷兰海岸，将近 1400 名将士牺牲。海军部对这 3 艘船的部署颇为草率，应当说这次失误是海军部于 9 月 19 日通过电报下达的调遣指令造成的，但是丘吉尔不应当受到指责。他没有看过这封致命的电报，电报发出时也没有经过他的批准。但是，这些事情都是巴腾堡做的，丘吉尔为海军部创造的双领导负责制（两头制）受到了考验。而这个制度带来的结果就是双重伤害。公众的指责大部分落在了丘吉尔身上，此时他的声望已经开始下滑了；个人的愧疚主要集中在巴腾堡身上，再加上越来越多的声音指责他缺乏"英国血统"，因此他在 5 个星期后辞去了职务。无独有偶，在 1912 年"冒险"号无畏舰在北爱尔兰的斯威利湾一带被水雷或者鱼雷击中，深深沉入原本安全的本国水域中。半周后，在智利海岸打响的科罗内尔角海战中，海军少将克拉多克战败，他本人以及他的 1600 名部下阵亡，同时还损失了"蒙茅斯"号和"好望"号 2 艘巡洋舰。12 月，马尔维纳斯群岛[①]战役为英军之前在智利的失利报了仇，德军的 4 艘战舰被击沉，其中包括"格内森瑙"号和"沙恩霍斯特"号 2 艘装甲巡洋舰，英国海军只遭受了轻微的创伤。然而，5 个星期的等待太令人不安了。

11 月 3 日，雅茅斯遭到小规模的轰炸；12 月 16 日，斯卡布罗、惠特比和哈特尔浦遭到比较严重的轰炸。斯卡布罗是一座坐落在坡地上的城市，后来在这里举行了不少会议。对这座城市的攻击造成了一定的伤亡，留下了大量的碎砖烂瓦和英国作家奥斯伯特·西特韦尔爵士名噪一时的著作《轰炸之前》。对世界头号海军强国的海岸线肆无忌惮的攻击给英国的媒体和公众造成了冒犯，但是相比实际的损害，更糟糕的是攻击激起了人们的恐惧（事实证明人们的恐惧用错了地方），英国人唯恐这轮轰炸预示着德军将对英国海岸发动一场更猛烈的攻击。

总而言之，英国海军经历了一个令人失望的秋天。英国海军在全世界拥有各种型号的舰船 1000 多艘，鉴于如此庞大的规模，上述这些损失不算严重，受到的挫折也不意味着最终的战败，但是也不会令操控这 1000 多艘舰船的 15 万官兵（1913 年的数字，到了 1918 年这个数字提高到 40 万）和海军司令部感到振奋。不过，官兵们都不像他们那位文职海军大臣一样遭受着各种指责，这位海军大臣在政界拥有一大批敌人，在海军部队里也有不少人与他为敌。他在 8 月初的灿烂的面容和兴奋的步伐没能持续到秋季中期那段黑暗的日子。正如他后来写到的那样："我不记得还有哪段日子，战争对人们的压迫超过了 1914 年 10 月和 11 月。"[cccxi]

我们不能认为这样的压迫摧毁了丘吉尔的勇气和韧性。10 月 27 日，他的首相写下了一番对他的最著名的盛赞："他那么足智多谋，那么百折不挠，这是我最喜欢的两个品质。"但是，外界普遍意识到他的星光不再像从前那样闪亮了。在 11 月 4 日的一次内阁会议之后，阿斯奎斯致信国王："内阁认为这起事件［科罗内尔角的失败］同'戈本'号逃脱、损失'克雷西斯'号及 2 艘姊妹舰一样……对海军官员来说不是一件值得褒奖的事情。"[cccxii] 差不多就在这个时候，戴维·贝蒂写信告诉妻子："要是海军部里只有一个基钦纳的话，我们就能完成很多工作，海军事务也不会像现在这么混乱了。我们竟然犯下了大大小小的错误，而且还在继续犯错，这真是令人难以置信。"[cccxiii] 戴维·贝蒂曾在他的手下担任过海军秘书长（1911—1913），在他的政坛"亲人"中，贝蒂一直和他比较亲近，后者的这番评价大概才是最令他介意的。

---

① 简称"马岛"，英国称"福克兰群岛"。

开战后的第一年秋天有一个奇怪的特点。在和平时期，丘吉尔痴迷于海军事务，借用前文中提到的劳合·乔治的怨言，他已经变成了"一个水生物，[忘记了]……咱们大多数人都生活在陆地上"，可是在这个秋天，他突然将大量的注意力转回到曾经令他着迷的陆上战役了。他不仅承担了下达具体的海军作战指令这样超出本职工作的责任，而且他还相信自己能够在完成这些工作的同时，拿出一部分精力解决法国和比利时境内发生的军事冲突，有时候他甚至还渴望自己成为一位将军，而不是海军大臣。他的朋友弗雷德里克·埃德温·史密斯做过一番评价："任何一个部门，几乎可以说任何一场战争都满足不了他的胃口……"

10月3日至7日在安特卫普的冒险活动最能体现丘吉尔的矛盾态度。9月6日至10日，法国在马恩河战役中打了胜仗，德军的左翼因此被包抄，致使小毛奇①无法像日后德国元帅伦德施泰特在1940年那样轻松取胜。接下来，一场"奔向大海"竞赛开始了，交战双方在一处前线的两侧奋力挖起了战壕，尽管付出了巨大的努力，伤亡人数也达到了骇人听闻的程度，但是直到1918年，战局也没有出现太大的变化。当双方赶到海边的时候，最重要的港口应当落在协约国的手里，总体上这一点对英国的补给和通信工作具有至关重要的意义。协约国最需要抢占的是布洛涅、加莱和敦刻尔克，若是能将德国人阻挡在比利时的奥斯坦德和安特卫普之外也很理想。安特卫普几乎算不上是英吉利海峡沿岸的港口，但是它仍然具有独特的价值，控制斯海尔德河②的河口一直是英国政策的基本目标之一，这一政策已经保持了至少200年的时间，同时也因为比利时政府已经从布鲁塞尔撤退到了这里。因此，安特卫普的陷落意味着在比利时境内的有效、有组织的抵抗运动结束了。

丘吉尔养成了经常探访敦刻尔克的习惯，他在这里创建了一支海军航空中队和几支装甲车中队（受海军管辖）。为了组建这几支装甲车中队，他大手一挥征用了现有的所有劳斯莱斯汽车。在他的眼中，这种带有装甲金属板（在恐怖袭击横生的20世纪70年代末期，英国大使们都对这种东西比较熟悉），并且配备了"能够消除路上沟沟坎坎的障碍"的设备就是坦克的早期雏形。10月2日夜晚，丘吉尔又一次前往敦刻尔克，在肯特郡，他的专列停了下来，调转了方向。他自己对这件事

---

① 赫尔穆特·约翰内斯·路德维希·冯·毛奇（1848—1916），德意志帝国陆军大将，因为与他伟大的叔叔老毛奇同名，因此被称为"小毛奇"。他出任过德军总参谋长，主持一战初期的施里芬计划，计划失败后被解除职务。

② 斯海尔德河，也译作斯凯尔特河、施凯尔特河、些耳德河等，欧洲西部的河流，发源于法国北部圣康坦以北，在法国境内叫埃斯考河，流经比利时，在荷兰注入北海。

情的描述 [ccxiv] 含蓄地表明直到返回维多利亚火车站、被叫到基钦纳在卡尔顿花园的家里时，他才得知行程改变的原因，当时在场的还有爱德华·格雷、巴腾堡与另外一名外交部的高级官员（威廉·乔治·蒂勒尔[①]）。不过，根据他喜欢发号施令，以及可以说比较暴躁的性格，这种情况有些令人难以置信。（阿斯奎斯当时在卡迪夫的一场征兵大会上发表讲话。首相们总是会发现自己面临着一种危险，这种危险就是别人代表他们进行作战部署，而不是他们自己亲自下达命令，即使如阿斯奎斯一样不喜欢散布谣言的首相也同意这种观点。）当时英国收到了驻比利时公使的一封电报，电报上说"[比利时]高级军事会议当着国王[阿尔贝][②]的面"决定于次日撤离安特卫普，后退到奥斯坦德，正是这封电报促成了在卡尔顿花园举行的这场秘密会议。丘吉尔毫不迟疑地答应立即前往安特卫普，去现场查看情况，并努力说服比利时政府振作起来。不难想象，用不着别人浪费多少口舌，丘吉尔就在凌晨 1 点半左右回到了维多利亚火车站，坐上了等待着他的专列。

　　或许可以说丘吉尔对这次冒险过于心急，不过他在出发时无疑得到了陆军大臣的充分祝福，外交大臣尽管有些勉强，但也为他送上了祝福。比利时人得到了承诺，将有大量援军被派往那里，不过其中包括几乎根本没有受过训练的皇家海军师的一部分力量，这支部队是丘吉尔的私人军队。被派往安特卫普的一个营的指挥官是丘吉尔母亲的前夫康沃利斯－韦斯特，首相的次子亚瑟·米兰德·阿斯奎斯（被人称为"Oc"）也在这支队伍中，他是一位杰出的战士，后来成长为一名"文职"准将。直到下午 3 点，丘吉尔才坐着自己征用来的"劳斯莱斯"赶到了目的地，刚到地方，他就劲头十足地投入组织比利时人抵抗的工作中，毫不顾及自己的人身安全。不过，他很在意工作环境的舒适度。他劝说阿尔贝国王以及国王的首相争取坚持上 10 天，这段时间将对巩固英国在法国北部的里尔和北海之间的左路航线非常宝贵。比利时人只坚持了 5 天，但是丘吉尔认为争取到的这点时间也非常有价值，倘若没有这几天的缓冲，敦刻尔克必然就陷落了。但是，为了这几天比利时面临着损失大量军力的风险，不过最终比利时军队基本摆脱了风险，保存了实施进一步反击的实力。英国派出的部队大约有 2500 人，其中包括丘吉尔那支未经训练的海军

---

　　① 威廉·乔治·蒂勒尔，第一代蒂勒尔男爵（1866—1947），英国外交官，1925 至 1928 年出任外交部常务次官，1928 至 1934 年出任英国驻法国大使。

　　② 阿尔贝一世，比利时国王（1909—1934 年在位），即位前的称号是"佛兰德伯爵"，是佛兰德伯爵菲力浦之子，于 1909 年继承其叔父利奥波德二世的王位。在第一次世界大战期间，他保持中立，拒绝德国皇帝取道比利时的最后通牒，并领导陆军进行了抵抗。

师，这支部队没有在战斗中损失一兵一卒，没有被德国人俘虏，或者是被逼入荷兰境内并滞留在那里。

后来，在回首往事的时候，丘吉尔对于自己当年所扮演的角色也有些不确定了。当时，他正在打一场属于自己的小战争，他被这样戏剧化的经历和机遇裹挟着。他身披斗篷、头戴水手帽在安特卫普一带活动，他的身份不仅是一位与比利时国王和政府交涉的全权大使，而且还一度成了当地的最高指挥官，这种状况凸显了他在当时模糊不清的身份。他在最好的酒店建起了自己的司令部，任命英国海军情报局局长亨利·弗朗西斯·奥利弗将军为自己的私人秘书。早上，他躺在床上向将军口授将发往四面八方的电报；下午，他四处巡视市郊各处的防御情况，而且常常走在德国人的炮火下；晚上，他召开会议，有时候会议会持续到大半夜。这种生活为他在 1940 至 1941 年的生活做了一次小小的预演，在此期间，他也多少享受到了他在后来那段黑暗日子里在唐宁街、首相乡间别墅和迪奇里庄园一直享受的舒适生活。对于自己探望完刚刚抵达比利时、在利尔的村子周围行动的皇家海军陆战队后返回安特卫普时的情形，他在书中写道："坐了 20 分钟的汽车后，我们回到了酒店的温暖和光明中，这是全欧洲最好的酒店之一，餐桌被布置得完美无缺，殷勤周到的用人也全都一如既往地跑前跑后。"cccxv 他对佛兰德人坚不可摧的餐桌布（以及相匹配的饮食）的描述栩栩如生，令人信服。

丘吉尔十分享受这种生活，过了 36 个小时后，他给阿斯奎斯发去电报，建议后者准许他辞去海军大臣一职，出任官方任命的驻安特卫普指挥官，并授予他必要的军衔。在穿过陆军部的路上，基钦纳读完了这封电报，并做了批注。电报的主要意思就是，在这种情况下他准备为丘吉尔授予中将军衔。文职阁员们的反应没有这么积极。阿斯奎斯做了这样的评论："温斯顿曾经是一名骑兵中尉，如果他的提议被采纳，他将恢复这种身份。他曾指挥过两位杰出的少将，更不用说那些准将、上校等，可是海军只拿得出小小的旅……我只能遗憾地说，他的提议［在内阁中］只被报以一场哄堂大笑。"cccxvi 但是，阿斯奎斯并非真的感到"遗憾"，在这个阶段他并不希望失去这样一位海军大臣，也不希望失去这样一位内阁阁员，他固然会笑话丘吉尔的冲动，但是他很欣赏后者所具有的品质，这种品质与他自己的成熟冷静截然不同。有着一飞冲天的职业经历、军事素养极高的罗林森将军得到了任命，将丘吉尔取而代之。他于 10 月 7 日抵达安特卫普，丘吉尔明智地撤回伦敦。无论是从政治角度还是家庭角度而言，这种安排都不错，因为就在这一天，克莱门汀产下了萨拉。

对于丘吉尔的冒险活动，政界和媒体普遍没有阿斯奎斯那么宽容。原先他发表文章的主要阵地《晨报》（传统保守主义，即高托利主义媒体）认为，他让自己"变得不适合目前的职位"。戴维·贝蒂认为，"此人必是疯了，所以才会认为派去 8000 名未经全面训练的士兵就能把其［安特卫普］解救出来……"。[cccxvii]（在他被引用的对丘吉尔不利的评价中，这句话的强烈程度可以排到第三位，但是他并不执着于和丘吉尔的对抗，而且在任何情况下他的见解都代表着冲劲十足的海军第二梯队军官的观点，而丘吉尔也极其希望这些人的观点能够站在他的一边。）直到孩子生下来，远征的丈夫才回到家中，对于这一点克莱门汀可能不无怨恨，在她看来，丈夫分不出事情的轻重缓急。[cccxviii] 丘吉尔随后用手中的笔略微做过几次温和的自我批判。在《世界危机》第一卷（1923）中，他写到了内阁不准他接受中将军衔的事情："可是其他的声音获胜了，我当然没有理由为他们的这种做法感到遗憾。"就在相隔不远的后文中他又写道："无疑，倘若我再老上 10 岁，在接受那么没有前途的任务［去安特卫普的整个任务］之前我应该会犹豫上很长时间。"[cccxix] 时隔 10 年之后，在《思想与冒险》（1932）的一个标题为"第二次机会"章节中，他表示，事后想想，自己当初就应该采用其他方式处理安特卫普之行，或者根本就不接受这项差事。

这个秋季对丘吉尔强烈的自信心造成了很大的压力。9 月末，他去了利物浦，"在一场令人厌倦的讲话中，我脱口而出一句令人不快的话——想来想去的确如此——'把大耗子从洞里挖出来'"。[cccxx] "大耗子"指的是德国皇帝的主力舰，"洞"则是这些主力舰所在的德国北部各大河流的河口附近的安全港口。这句话激起的反应，尤其是在现役军官中间激起的反应，非常接近迈克尔·波蒂洛[①]（以国防大臣身份）在 1995 年保守党会议上所做的反欧讲话带来的反响。这两次讲话都给海军将领和各级军官们留下了一种印象：在政客们傲慢华丽的辞藻中，他们只被当作了驱逐舰而已。放在今天，丘吉尔的这番话似乎没有多少出人意料或者令人反感的成分，只是带有几分他一贯的浮夸而已。在 1.5 万名听众面前，这种大话显然当场就激起了强烈而积极的反应。问题是，当时丘吉尔为什么要在利物浦或者别的地方做一场"令人厌倦的讲话"？几乎可以肯定地说，答案就是几个星期前他应承得太随便了，没有考虑自己是否能够说出有用的话，结果在演讲当天他发现自己只能搜肠刮肚地琢磨出一些能够引起共鸣的词句。对于很多生性没有丘吉尔那么鲁莽的政治家来说，这种情况也往往会给他们招惹来麻烦。

一个月后，丘吉尔不得不面对又一项任务：寻找新的第一海务大臣。这将是他

---

① 迈克尔·波蒂洛（1953—今），英国记者、播音员和前议会议员即内阁大臣，反对英国亲近欧盟。

在海军部任职 3 年里面对的第四位第一海务大臣。媒体在大力污蔑巴腾堡，依据是他有着外国血统，或许会同情德国人。媒体的行径没有得到丘吉尔的支持，但是他也没有过多地抵制替换巴腾堡的主张。阿斯奎斯也是如此。他们都认为巴腾堡变得太懒散了，已经不适合在一场孤注一掷的战争中充当头号职业海员了。尤其是考虑到他对丘吉尔俯首帖耳的表现，对于这样一位如此自信而坚定的海军大臣来说，他不可能成为一位出色的第一海务大臣。人们看到他每天早上都平静地坐在那里读《泰晤士报》，一读就是好长时间，与此同时，丘吉尔却在源源不断地撰写备忘录、下达指示。杰出的美国海军史学家亚瑟·雅各布·马德指出，在一战的最初 3 个月，没有几份会议记录和备忘录出自巴腾堡之手。长期担任贝尔福的私人秘书并且颇有影响力的约翰·萨特菲尔德·桑德斯①声称，有人给巴腾堡取了一个"非常同意"的绰号。当年 12 月，在给本土舰队指挥官杰里科的信中，费舍尔更是直言不讳："巴腾堡无足轻重，没有脑子，太容易被温斯顿糊弄了！"对于巴腾堡的离职信，丘吉尔做了公开回复："我必须公开表达我对您深深的谢意，以及共事 3 年的同僚之谊戛然而止带给我的痛苦。无论如何，您的决定都是正确的。"cccxxi 这封信充分遵循了彬彬有礼地接受大快人心的辞职这一优良传统。

事实上，经历了安特卫普之行，再加上损失了 3 艘巡洋舰，现在丘吉尔需要一位杰出的第一海务大臣。费舍尔正符合他的要求，召回费舍尔的前景也令他感到兴奋。即使费舍尔的年龄（73 岁）不会带来任何麻烦，他急躁冲动的性格也会带来一定的危险，但是丘吉尔认为，只要重新起用在 1911 年被他打发走的第一海务大臣亚瑟·威尔逊将军，将他任命为特别顾问，就能够在一定程度上化解这种危险。此时，威尔逊已经 72 岁了，阿斯奎斯没有抵制丘吉尔对老头子们的偏好，但是乔治五世国王表示了反对。国王真正的理由其实是他认为海军不信任费舍尔，但是他失策地选择了一个虚伪的论据与丘吉尔争辩。他指出，这份工作的强度会让费舍尔这把年纪的人送了命，丘吉尔平静而不容争辩地反驳道："我想，对他来说没有比这更光荣的死法了。"

丘吉尔与费舍尔能合作共事多长时间？对于这个问题，海军高层中间存在着大量的疑问。两个人都是有着无穷威力的明星，都需要一条属于自己的运行轨道。（最接近这种状态的时候就是，丘吉尔工作到大半夜，白天很晚才起床，费舍尔则

---

① 约翰·萨特菲尔德·桑德斯 (1853—1934)，英国律师及学者，后来成为政治秘书，尤其是担任亚瑟·贝尔福的秘书长达 10 年之久（1895—1905）。

在晚餐后便早早就寝，第二天一大早就坐在了办公桌前。)不过，直到圣诞节两个人几乎都一直相安无事，丘吉尔为这一年画上了圆满的句号，这远远超出了他在 10 月和 11 月间的预计。正如 9 年后他在《世界危机》中写到的那样，"突然间全世界的紧张局势都缓和了下来"。在记录了海军部躲过的一大串危险和取得的成果之后，他写道：

> 12 月过去了，不知不觉，海军部有了一股说不出的释然……开战后第一个圣诞节来临了，我们的心中充满了深深的感激之情，对最后的胜利也充满了信心。强大的敌人凭借着充分的准备和计划发起了猛烈的攻击，让各地陷入了瘫痪。现在轮到我们了。主动权落到了英国人的手上——伟大的两栖动物……打击哪里，何时打击，这些都由我们来决定。[cccxxii]

这意味着，丘吉尔怀着过度的信心和必要的躁动情绪进入了 1915 年。

第十四章　在海军部的最后几个月

在圣诞节过后写给阿斯奎斯的一封信中，丘吉尔这种必要的躁动情绪得到了充分地体现。在担任自由党内阁大臣的 7 年里，无论在和平时期，还是在战争年代，他都很少在新年的时候放过首相，总是让后者不得不在迎接新年到来的同时面对他的一封重要的建议信。对于 1915 年的新年，他提前 4 天，也就是在 1914 年 12 月27 日就将建议信递交了出去。

这一次，给首相提供了一大堆建议的并非只有丘吉尔一个人。12 月 28 日，创建秘书处并主管该部门 20 多年的参谋官莫里斯·汉基上校撰写了一份重要的备忘录，平日并不擅长写作的劳合·乔治也在 12 月 31 日这一天给首相交上了一份概述性的备忘录。最后这份备忘录是 3 封信中的佼佼者，这种情形令阿斯奎斯大吃一惊，他曾在文章中提到，在元旦这一天他收到了"两份长篇大论的备忘录，一份来自温斯顿，另一份来自劳合·乔治（后者写得非常好）"。[cccxxiii] 不过，这有可能仅仅表示令他吃惊的是一贯擅长口头表达的劳合·乔治竟然文字工夫也这么好，至少可以说像文字工夫一贯流畅的丘吉尔一样出色。值得注意的是，在这 3 份阐述战略思想的文件中，丘吉尔的那份备忘录最不倾向于对东线战略孤注一掷。

丘吉尔提出的前提与另外两份备忘录所表达的没有太大的区别，但是出于各种理由，他认为各条战线的局势已经陷入停滞状态。在法国，敌军已经全面插入，英军无法包抄敌军侧翼，前景就只是一轮又一轮伤亡惨重但是几乎毫无成效的攻击。在东线，刚一"碰到德国人的铁路线"（丘吉尔典型而生动的表述方式）俄军就被打了回去，但是在向广阔而隐蔽的祖国腹地撤退时，他们却如同 100 年前的拿破仑一样发现自己难以对敌军取得决定性的胜利。英国海军已经确保了自己的优势地位，但是与德国舰队交手的可能性不太大。要想打破这种僵局，英国就必须构想一套大胆的新战略。"除了派兵去佛兰德斯①啃铁蒺藜，咱们就没有其他选择了吗？"在那个地区不太可能取得决定性的成果，现实正如丘吉尔随口说出的一句有些尖刻的话一样，"为了满足军方眼下的打算，无疑得牺牲掉几十万人"。^{cccxxiv}

丘吉尔指出目前的僵局有两条可能的出路。第一条出路比较大胆，也比较冒险："从海上攻入石勒苏益格－荷尔斯泰因州（德国最北部）能够对基尔运河造成威胁，同时促使丹麦加入我们一方。丹麦的加入就使得波罗的海向我们开放了。英国在波罗的海的海军指挥官就能保证俄军在距离柏林90英里的范围内登陆。"^{cccxxv}丘吉尔的大视野是绝对不应受到指责的，但是宏大的构想有时候一开始必须着眼于一些比较小的目标，这次的小目标就是夺取5英里长、2英里宽的博尔库姆岛。德国的这座小岛就位于埃姆斯河的河口处，距离荷兰北部边疆仅有数英里的距离。亚瑟·贝尔福十分渴望得到博尔库姆岛，在这一时期，也是受到了丘吉尔的怂恿，他如同影子海军大臣一样整日守在海军部；对费舍尔来说这个小岛还有更重大的意义。在丘吉尔写给阿斯奎斯的新年建议书中，这座小岛也是优先选择项。

另一种选择就是强行打通达达尼尔海峡，无论是否对加利波利半岛实施军事占领，他们都要将一支舰队插入马尔马拉海，接着这支舰队将继续向金角湾（伊斯坦布尔港）进发，对君士坦丁堡构成威慑，促使土耳其政府求和，同时也促使希腊、保加利亚和罗马尼亚加入协约国阵营，投入战争。这个围绕着爱琴海的方案在最开始的阶段将比夺取博尔库姆岛的方案宏大，最终也有望实现整个波罗的海大战略——无论鞋子上是否沾着雪，俄国军队都将跨过不算广阔的波美拉尼亚平原，②夺取德意志帝国的首都。这个计划也是更有野心的终极出路。但是，不到最后一刻，两种方案都存在很大的不确定性。

不幸的是，这两条道路都存在着含糊不清的地方。是丘吉尔激起了阿斯奎斯对跨过北海的渴望，不过阿斯奎斯本身并不存在问题，至少他愿意接受丘吉尔对接下来转向达达尼尔海峡的构想。贝尔福也不存在问题。真正的问题，同时也是更难对付的问题是费舍尔。这位年迈的第一海务大臣受到丘吉尔的重新起用，他对丘吉尔

---

① 佛兰德斯，西欧的一个历史地名，泛指古代尼德兰南部地区，位于西欧低地西南部及北海沿岸，包括现今比利时的东法兰德斯省和西法兰德斯省、法国的加莱海峡省和北方省，以及荷兰的泽兰省。

② 波美拉尼亚，中欧的一个历史地域名称，现今位于德国和波兰北部，处于波罗的海南岸。此地曾是神圣罗马帝国在波兰的一个省，波兰、丹麦、萨克森、勃兰登堡、普鲁士和瑞典等国国王先后统治过该地。神圣罗马帝国解体后，波美拉尼亚成为普鲁士王国的一部分，后来被并入德意志帝国。1945年后，此地分别为德国与波兰所有。

既着迷，又怀着强烈的嫉妒，对于爱琴海战略方案他有些心动，但是一旦地中海东部局势恶化（大多数时候情况的确如此），他就总是会念叨倘若当初集中精力跨过北海、挫败德国该有多好。费舍尔早些年在地中海屡建战功，但是在20世纪初德国组建了公海舰队之后，冰冷灰暗的北海在他的心中就成了世界中心。

费舍尔与丘吉尔之间真正的问题并不在于博尔库姆岛和达达尼尔海峡之间的差异。（实际上这个问题很严重，它的存在导致费舍尔这位海军老将最终以歇斯底里、乖戾刻薄的姿态结束了自己伟大的戎马生涯，而丘吉尔这位年轻的政治家也将经历自己漫长的职业生涯中最致命的一次打压。）在很大程度上，他们对彼此来说都是一块难啃的骨头。他们就像一对离不开彼此，却又无法和平共处的夫妻。在1915年的春天，后一种情况变得更强势了。换一种说法就是，他们的状态完全就是把两只蝎子放在一个瓶子里，但是两个人不仅有能力给对方造成极其恶毒的伤害，而且对彼此有着强烈的感情，费舍尔尤其如此，这就令情况更加复杂了。在一场世界大战的压力下身居"沉默舰队"[①]高层的他们更像一对情侣，而不是同事。

前文已经提到过，费舍尔在1912年里挑起过一场"情侣之间的拌嘴"，但是在那一次争执中费舍尔没有直接责任，而且那次争执根本比不上3年后他们之间形成的紧张关系。弗雷德里克·斯特迪爵士是海军将官，费舍尔对他很不重视（并非只有费舍尔一个人如此）。当时还是海军中将的斯特迪很幸运，1914年11月，在南大西洋开战的马尔维纳斯群岛战役中，一支战列巡洋舰中队（这种编制在很大程度上是费舍尔的创造发明）打了胜仗，而斯特迪正好是这支舰队的指挥官。尽管取得了这样的胜利，费舍尔依然认为斯特迪是"一个迂腐的蠢货"。更重要的是，在4月25日写给丘吉尔的信中，他提到斯特迪时的腔调："昨天，要不是达达尼尔海峡问题促使我坚持和你患难与共，我就真的离开海军部永不回头了，然后再给你寄一张明信片，让斯特迪即刻接替我！！！那样一来，你就开心了！！！"[cccxxvi] 但是就在同一时间，他又写下过"我真心相信温斯顿很喜欢我"[cccxxvii] 这样的话。仅仅3个星期后，两个人就在一次沉重的打击下彻底垮台了。

即使这几句话没有暴露出费舍尔的嫉妒，丘吉尔与费舍尔的合作关系也注定会破裂。费舍尔是一位飞扬跋扈的指挥官，性格古怪，为人傲慢，但是在行政管理方面有着实实在在的魄力。他欣喜于自己极其成功地给这些特质裹上了一层魅力的外

[①] "沉默舰队"是1985年发行的一个潜水艇主题电子游戏，在1988年日本也出版过讲述潜艇部队的连环漫画，后来还被改编为电视剧。现在人们用"沉默舰队"指海军或潜艇部队。

衣。年轻时，他给格莱斯顿与朱塞佩·加里波第①留下了非常深刻的印象，他也曾深得维多利亚女王与国王爱德华七世的喜爱，很少有人能同时博得这两位君主的喜爱。令他难过的是，他没能讨得国王乔治五世的欢心。在各位王后面前，他的表现和他在她们丈夫面前一样，有的王后被他所吸引了，有的则没有被打动。他的个子不算高（5.7 英尺，约为 1.73 米），但他擅于揽住亚历山德拉王后（爱德华七世的妻子）的腰、带着她踩着他最著名的华尔兹舞步飞旋起来。面对法国的玛丽·安托瓦内特皇后，他吓得没有出手，或者说他试过了，但是没能奏效。

总体而言，相比男性，费舍尔的魅力对女性更管用。不过，这并不是一成不变的铁律。1912 年，在马耳他一带，维奥莱特·阿斯奎斯曾与费舍尔在早餐前跳过几次舞，尽管如此——也或许正是由于这段经历，她在 1915 年的日记中写道："我认为，自战争［爆发］以来，他比任何英国人表现得都更低级——更胆小，更卑劣［在辞去海军部职务一事上］。"cccxxviii 不过，需要注意的是，在她写下这段话之前，费舍尔在格外艰难的一段时期里给她深爱的父亲制造了很多麻烦，而且费舍尔的许多舞伴和其他人都持有与此相反的观点。俄国沙皇尼古拉二世的妹妹奥尔加女大公尤其如此，据记载，她曾说过自己愿意走到英格兰（从哪里出发？），去和费舍尔再共舞一曲华尔兹。cccxxix 最重要的是，还有比费舍尔年轻 38 岁的汉密尔顿公爵夫人妮娜，在他暮年时她成了他的后盾和安慰，在 1915 年陡然失势后，正是在妮娜的陪伴下他渐渐平静下来，因此他的文稿都被存放在了汉密尔顿夫妇坐落在英格兰东南部的东洛锡安的庄园，它有一个充满浓情蜜意的名字——伦诺克斯之爱庄园。②

无疑，费舍尔的性格有些像被宠坏的天才，他认为自己是继纳尔逊之后最伟大的海员。其实当时还有很多海员都同样伟大，而且现在依然涌现出很多这样的人。看到基钦纳在陆军部里大权在握，他认为作为海军将领自己至少可以说与陆军将军基钦纳一样出色，这种想法不无道理。费舍尔的思维总是不着边际，在给阿斯奎斯的一封十分不明智的信中（1915 年 5 月 19 日），他狂妄地要求得到自己之前放弃的

---

① 朱塞佩·加里波第（1807—1882），意大利爱国志士及军人，献身于意大利统一运动，亲自领导了许多军事战役，是意大利建国三杰之一。凭借着在南美洲及欧洲对军事冒险的贡献，他也赢得了"两个世界的英雄"的美称。

② 这座庄园原名为"莱辛顿堡"，经过数次扩建，现被列入保护名录，被称为苏格兰最古老、最著名的庄园之一。在里士满和伦诺克斯公爵夫人于 1702 年逝世后，她的信托人买下了这座庄园，供她"挚爱的亲属"沃尔特·斯图尔特使用，后者是第五代布兰太尔勋爵亚历山大·斯图尔特的长子，在父亲于 1704 年逝世后成为第六代布兰太尔勋爵。公爵夫人在遗嘱中将这座庄园命名为"伦诺克斯对布兰太尔之爱"，后来这个名字被简写为"伦诺克斯之爱"。

职位，外界都认为他神经错乱了。

> 若是同意满足下列条件，我就能保证成功结束战争……
>
> 温斯顿·丘吉尔先生在内阁里不再一直躲着我……
>
> 至于几位海务大臣和财务秘书（后者百无一用）的问题，我们需要建立一个全新的海军部委员会。新措施就需要新鲜血液。
>
> 我全权负责海战在军事方面的工作，对舰队拥有绝对且唯一的处置权，对各级军官拥有绝对且唯一的任命权，对一切海上部队拥有绝对自由且唯一的指挥权。
>
> 海军大臣的职权范围仅限于政策和议会程序……
>
> 我对一切新建筑和造船工程拥有绝对且唯一的领导权，对海军的民用建筑拥有绝对的控制权。
>
> 必须全文发布这些……条件，让舰队知晓我的地位。[cccxxx]

费舍尔渴望对海军拥有绝对的领导权，1914 年 10 月底他官复原职。他的回归得益于英国海军历史上最喜欢对工作指手画脚的海军大臣，但是他也必须面对这位海军大臣的挑战。费舍尔在 1902 至 1903 年里第一次出任第二海军大臣，在 1904 至 1910 年出任了第一海务大臣（将原先的"海军"两个字更改为"海务"的正是费舍尔本人）。在白厅工作的这些年里他曾受过 4 位海军大臣的领导，这种上下级关系只是名义上的，实际上他同几位海军大臣都保持着平起平坐的关系，甚至凌驾于后者之上。这 4 位海军大臣分别是塞尔伯恩伯爵、考德伯爵、特威德茅斯男爵和麦肯纳，他们中间没有一个人帮助费舍尔做好应对令他心存感激同时又十分着迷的丘吉尔的准备。他的经历就好比是，一个人一直冒着绵绵春雨在英格兰西南部的海滨小镇托基的海边漫步，试图通过这样的锻炼培养起应对哈瓦那飓风的能力。

在路易斯亲王出任第一海务大臣期间，丘吉尔已经逐渐养成了亲自起草给舰队指挥官详细指令的习惯，有时候甚至会对某一条舰船下达单独指示。"非常同意"亲王巴腾堡规定，下达命令的工作应当由海军大臣和部队的军事领导联合完成。这个规定形同虚设。巴腾堡无法执意反驳丘吉尔，海军高级官员中缺乏这种能力的并不只有他一个人。而且文官大臣亲自起草所有会议形成的备忘录和指示已经成了惯例，这有悖于政府一贯的做法。丘吉尔一反常态的做法令人想到了两句谚语：第一句是，"细节决定成败"；第二句是，会议的结果往往掌握在撰写公报的人手中（更恰当地说是，撰写了公报的人）。造成这种局面的根源就在于，丘吉尔精力充沛、下笔千言，在这个时期他完全潜心于海军行动的具体规划上，并且将这部分工作牢牢地把持在自己手中，尽管他的策略并不总是那么高明。他能够全神贯注地工作很长时间，在12月20日写给杰里科的信中费舍尔指出："他的工作精力太不可思议了。"^{cccxxxi} 身为大臣的丘吉尔一贯不会将自己的意见化为寥寥数语，也不会命人草拟稿件，他总是亲自执笔，并且常常刚一落笔就立即将稿件发送出去，不容自己慢慢斟酌，他认定自己的草案已经得到了众人的同意。

由于这些习惯，再加上一贯的自信，丘吉尔就完全凌驾于巴腾堡将军之上了。他肯定觉得局势有必要再紧张一些，否则他就不会让"老家伙"威尔逊陪着费舍尔掺和进来。丘吉尔想要主宰身边的人，但是他想主宰的是一流而不是二流的人，这一直是他的一个优点。无疑，他认为是自己促成了费舍尔怀着一腔热情与他达成合作，但是他并不打算改变自己的这些习惯。他尤其固执地认为，通过一番唇枪舌剑将反对意见压倒就相当于进行思想交锋。他继续亲自起草详细的作战指示。

丘吉尔在1915年5月14日撰写的会议记录充分证明了他在亲自执笔撰写作战指示的事情上有多么坚定，在很大程度上这也是出于他的职责所在。这份会议记录成了压垮费舍尔的最后一根稻草：

1. 刻不容缓地将第五架15寸榴弹炮并配50磅弹药送至达达尼尔，由专列运送，经法国，在马赛装船。我将列出一份时间表，注明运抵时间。

2架9.2寸火炮也将送往达达尼尔，准备登陆。或者为其配备2艘海防战舰，^① 或者各配备1艘。一接到德·罗贝克中将的消息即可做出决定。

2. 接下来的9艘重型海防战舰一准备就绪就连续送往达达尼尔：

"法拉古特司令"号、"格兰特将军"号、"石壁杰克逊"号、"罗伯特·E.李"号、"克莱夫勋爵"号、"鲁珀特王子"号、"约翰·摩尔爵士"号、"克劳弗德将军"号、"内伊元帅"号。^{cccxxxii}

接着，丘吉尔又详详细细地写了300多字，这些内容体现了他十足的自信，但是不免有些放肆。

在1915年年初可悲的几个月里，随着时间一天天过去，费舍尔做了怎样的打算（关于自己和丘吉尔）？首先，他感到自己越来越无力了。以前，他总是能一路

---

① 一种小型战舰，用于在近海地区的防卫工作。

披荆斩棘，总是能令国王爱德华七世对他痴迷不已，在之前连续 4 任海军大臣面前他一直为所欲为，而且其中两位来自一个党，另外两位则属于另一个党；他还挫败了自己的敌人、出身豪门的查尔斯·贝雷斯福德将军，他认为自己是战无不胜的。与丘吉尔一样，他充满了面对最强悍的对手的自信。截至此时，他已经征服了 5 位海军大臣，丘吉尔是其中最令他感到兴奋的一位，也是他的俘虏中最伟大的一位。

然而，丘吉尔完全超出了费舍尔的驾驭能力。一部分原因就在于费舍尔已经 74 岁，精力开始衰退了。他依然在凌晨 4 点起床，一大早就坐在海军部的办公桌前，在以第一海务大臣的身份在印度度过的长达半年的夏季里，他严密监管着 600 艘新船的订购工作。他激励着海军部的工作，在圣诞节前丘吉尔一直和他保持着和睦的关系，那时候丘吉尔说过他"令［海军部］就像他手中最大型的舰船在全速运转时那样颤抖着"。cccxxxiii 可是，费舍尔持续工作的能力已经不复从前了。一天上午，莫里斯·汉基（不久后出任内阁首席秘书）走进了他的办公室，结果看到他睡得很沉，这令他颜面扫地。

不过，更主要的原因还在于，费舍尔就不是丘吉尔的对手。他曾经有些可怜地说："他总是在说服我。"cccxxxiv 两个人就像太阳系里能量最大的两颗陨星奇迹般地迎头相撞一样，结果两败俱伤。这样的结果并不奇怪。但是在崩裂之前——如果动作延迟的话——费舍尔这颗陨星会发现丘吉尔有着更强大的能量。这种情况令他感到恐惧，也更令他感到愤怒。曾经能将对手彻底粉碎的费舍尔无法承受与丘吉尔当面争执，因此每当他不赞同后者的意见时，他就会表示默许。日积月累，这种状况令他感到不满和愤恨。前文中已经提到过他们对彼此的不满。就这样，海军部里气氛紧张，暗流涌动。在 1915 年的 5 月中旬，海军部终于被点燃了，不过真正令人感到惊讶的是，这场爆发没有出现在几个月前。

海军部进入了白热化状态，其激烈程度远远超过眼前的博尔库姆岛战略和达达尼尔海峡战略之争，或者说是力求减少损失的谨慎策略和坚持到底直到转败为胜的冒进战略。1915 年 5 月，这种状况终于发展成了一场动乱。如果事件的主角和反派都是冷漠孤高之人，例如约翰·杰里科司令与亚瑟·贝尔福，那么应该也会出现一场硬碰硬的较量，但是这些裂变材料都缺少像丘吉尔与费舍尔那样的终极致命能量。

达达尼尔海峡的错误在多大程度上应当被归咎于丘吉尔？他是否过高估计了在近东地区的两条主要战线上取得一场决定性胜利将产生的影响？考虑到实际结果，这个问题令人无法作答。达达尼尔海峡战略很大胆，也充满了想象力，它最核心的前提条件无疑是合理的，用丘吉尔的名言来概括，这个前提条件就是找到一套替换方案，以免让军队"在佛兰德斯啃铁蒺藜"——在平坦阴郁的英国郊野竖起的50万座坟墓就是最有力的证明。

这套方案存在着一个关键性的弱点，从一开始它就没能将海军与陆军的联合行动纳入计划。在很大程度上，造成这个缺陷的正是丘吉尔。在1914年12月末和次年1月初制订计划的时候，人们都认为这自然就是一场联合作战。然而，在1月13日和28日的军事会议上，丘吉尔却提出由海军单独实施一次攻击，尽管费舍尔明显表露出对这个意见的疑虑。在后一场会议中，由于基钦纳出手制止，费舍尔才没有退出国防委员会，而且正如阿斯奎斯后来指出的那样，费舍尔这么做只是为了"顽固地保持着不祥的沉默"。[cccxxxv] 直到2月中旬，即开始实施海军轰炸的6天前，委员们才做出派军的决定。此时为时已晚，而且派兵规模太小，结果就造成了第一次世界大战中一场最惨烈的人类悲剧。

汉基在3月19日的日记中写下了自己的想法，他揣测丘吉尔之所以计划海军单独作战是为了挽回他在安特卫普失去的声望。[cccxxxvi] 但是，丘吉尔是海军大臣，不是陆军大臣，更不是首相。基钦纳与阿斯奎斯原本就应该继续考虑投入多种兵力的可能。而且，阿斯奎斯没能促使基钦纳全心全意地投入这场战斗，也没能激发费舍尔的天性，让他说出自己的疑虑。

后来，在对这次决策进行总结的时候，丘吉尔宣称单兵作战的想法完全没有问题，只不过他们十分不幸地一次次与机会擦肩而过，这才导致他的计划没能见效。尽管如此，他还是"过于异想天开"，竟然在没有绝对优势的情况下做出这样的尝试。倘若他是首相，这也就意味着他会掌握一套高度整齐划一的决策权体系（正如他在25年后所做的那样），那么他应该会取得巨大的胜利，极大地缩短战争时间，使无数人幸免于难。然而，我们很难找到一位严肃的军事史学家认同他的这种观点。

然而，丘吉尔不是首相。作为海军大臣他极其积极主动，但是并非总是能说服别人，他不得不通过一个至少有10名委员的军事会议调兵遣将，其中包括对他充满同情但出于天性又对他心存怀疑的首相，以及陆军大臣基钦纳这位公认的英雄。丘吉尔与基钦纳的关系好坏参半，其中消极的一面往往在于他自己的失误。在1914年的圣诞节前，围绕着海军部和陆军部对出征法国的英国海军地面力量（皇家海军师和装甲劳斯莱斯中队，这些力量其实就是听丘吉尔指挥的海盗）具有多少管辖权的问题发生了一场极其无谓的争执。此外，丘吉尔与英国远征军的最高指挥官约翰·弗伦奇爵士保持着半私人性质的通信。他还频频前往法国，有时候会去看望自己派往敦刻尔克的私人部队，但是往往到最后，他都要在圣奥梅尔的司令部里和弗伦奇待上一晚。围绕着他的这些举动也出现了一场更具有威胁性的争执。弗伦奇一直在敦促丘吉尔前往法国，与他对战略问题进行一次全面的探讨。基钦纳对丘吉尔心存疑虑，这并不能说他是一个多疑的人，尤其是考虑到他对丘吉尔与弗伦奇书信往来的事情略有耳闻。根据阿斯奎斯给维妮夏·斯坦利的一封信（12月19日），有一次基钦纳显示出了超乎以往的幽默感，他"为了让自己开心，也是为了启迪后世子孙……讲述了自己的幻想——悄悄诱使，或者说胁迫杰里科调动陆军部的300艘轮船，将其统统部署在爱尔兰西南部的海岸"。[cccxxxvii] 大约就在这个时候，经过投票表决，丘吉尔被禁止前往弗伦奇的司令部。首相致信丘吉尔："在基钦纳看来，你们的见面已经导致他和弗伦奇之间以及他们的部下之间都产生了强烈的摩擦，我们非常希望能够避免这种状况的出现。"[cccxxxviii] 除此以外，丘吉尔在海军部的阵地也日益受到频频出席军事会议的费舍尔的猛烈抨击。

丘吉尔还犯下了3个显著的错误，这令他更加暴露在众人的火力之下，为此他付出了惨重的代价。首先，在1914年他就不应当将费舍尔召回海军部，除非他打算同后者充分共享权力，而不是大权独揽。如果他打算像对待巴腾堡那样对待费舍尔，那么他就绝对无法和费舍尔一起共事。这一次，只是因为他对费舍尔有一些迷恋，他才会以为老一套的做法还会奏效。

第二个错误就是他无视费舍尔一次次发出的危险信号。他诚实而天真地将这些信号悉数记录在了自己留下的证词中，这份证词就是《世界危机》一书。他先是承认了问题的存在，随即他又写道："直到1月底［1915］……费舍尔勋爵才开始对［达达尼尔海峡］方案表现出越来越强烈的厌恶和反对。"[cccxxxix] 但是，丘吉尔没有提及在1月13日召开的那场关键性的军事会议，在那场会议上，他充满激情地对达达尼尔海峡计划鼓吹了一番，之后费舍尔突然站起身，愤怒的他打算退出会议室。基钦纳拦住了费舍尔，将其拉到窗户跟前，两个人小声交谈了一会儿，费舍尔这才不情愿地回到会议桌前。3月18日，海军又徒劳地试图强行穿过达达尼尔海峡，进入马尔马拉海，丘吉尔随后给德·罗贝克司令发去一封"敦促"电报，在此之后这位海军大臣记述道："经过一定的困难，第一海务大臣同意发出此电报。"[cccxl]

4月，费舍尔的抗议变得越来越强烈了，这在一定程度上是他那种独一无二的叙述风格造成的，这种叙述风格带有一种维多利亚女王式的强调方式。在这个月的第二天，他写道："我们再不能给德·罗贝克送去一分一厘了！我们已经到了极限！……无论是否实施达达尼尔计划都没有什么——要是在北海失败就完蛋了。"[cccxli]4月5日，他又致信丘吉尔："你要被达达尼尔海峡耗尽了，无力考虑其他事情！该死的达达尼尔海峡！那片海峡要变成咱们的坟墓了！"[cccxlii]

丘吉尔促使费舍尔在 4 月 7 日写下的一份非常含糊的备忘录中做出了如下的陈述："但是正如你指出的那样，政策的这些绝妙之处取决于内阁。既然如此，考虑到我们将能获得的优势，我还是同意了他们的观点，服从于将要调用的海军部队的严格限制，这样我们在北海这个具有决定意义的舞台上的位置在任何一片区域就都不会受到损害。"[cccxliii] 丘吉尔认为这样的表态足以抵消费舍尔之前一次次发泄的不满，他以此为基础进一步指出："第一海务大臣的职位因此得到了清晰的界定。我们可以认为，这一职位正式地同这项事业联系在了一起。"[cccxliv] 也是出于大臣本人的同意。

在丘吉尔的影响下，费舍尔变成了一个极其小气的人，而这位在 30 多年里一路晋升的将军原本是伊夫林·沃笔下那种咄咄逼人的里奇 – 胡克准将式的人物，[①] 丘吉尔应该也为此事感到了担忧。费舍尔几乎变成了一个警觉的杰里科，他指出海军政策的至高目标应当是毫不动摇地保持优势，即使德国出动公海舰队（该舰队出动过一次，同英国海军打了一个平手），也绝对不会留下获胜的记录。即使费舍尔是自纳尔逊以来英国海军最伟大的军人（或者说统治者），他的这种表现也不太符合纳尔逊的风格。从 1882 年开始，费舍尔就再也没有参加过海军的行动了。在丘吉尔看来，他基本上只是海军的一位缔造者，这种看法或许没有错。

丘吉尔在这一时期犯下的第三个错误就是让自己陷入了一种尴尬境地，"除了温斯顿自己，所有的人都与他的步调不一致"。在某个阶段，所有人都站在了他的一边，但是最终所有人都令他失望了。面对这种情况，人总是需要一定的自我怀疑精神，但是丘吉尔的性格中从来不具有这个品质（展望 1940 年，人们或许可以说一句谢天谢地）。值得注意的是，对于在加利波利半岛的整个计划，丘吉尔在回首往事的过程中做过一番详细的辩解，他将大量过错都归咎于他人，自己只承担了少量的过错。在《世界危机》第二卷中，他用了连续几章的篇幅做了这番辩解，这部作品出版于 1923 年，因此这并不是他在事发之后宣泄沮丧和震惊的产物，而是经过了将近 8 年冷静地反思之后才形成的。他主要说明的就是，倘若不是因为运气太差、能力低下、勇气不足、对敌军力量估计错误，或者这些因素的综合作用，英国海军很有可能就会通过陆路或者从海上打开通往马尔马拉海的道路。丘吉尔的这种观点备受争议，但是存在着更大问题的还是他始终如一的信心。他一直认为，在战争中几乎万事万物都存在着隐患。但是这一次，他坚信一旦有所突破，一切有利的

---

① 伊夫林·沃（1903—1966），英国作家，全名阿瑟·伊夫林·圣约翰·沃，被誉为英语文学史上最具摧毁力和最有成果的讽刺小说家之一，代表作有《衰落与瓦解》《一抔土》等。里奇 – 胡克准将是他杰出的代表作《荣誉之剑》中的人物。

结果必然都会出现，就像白天过后必然会出现黑夜一样：英国会花精力解决君士坦丁堡方面的问题，土耳其政府会求和，沙俄帝国会维持下去，巴尔干的塞尔维亚、保加利亚、罗马尼亚与希腊会联手支持协约国，最后一点或许是所有后果中最不确定的。

丘吉尔将责任多多少少地归咎于他人，对其中不少人在谴责的同时他还是肯定了他们的政治技巧、军事领导能力，以及在其他情况下表现出的勇气，从而含糊地弱化了对他们的指责，有一次他甚至还提到他们如乡绅一样彬彬有礼。以下这些人都受到过这样的待遇，他们也都在一定程度上辜负过他的期望。第一位是阿斯奎斯，总体上他支持了丘吉尔的东线战略，但是他没有像丘吉尔那样坚决地推动这一战略的实施，在他的自由党政府和后来的联合内阁中，他都过于注重保持政党力量的平衡。在组建新政府的过程中，政坛上出现了动荡的局面，因此对于5月和6月初的几个星期里致命的失利，他也负有一定的责任。第二位是外交大臣爱德华·格雷，丘吉尔一直认为有可能促成巴尔干各国友好结盟，然而由于格雷推行的外交政策，这一构想没能化为现实。第三位是介乎大臣和军事指挥官之间的基钦纳，除了摇摆不定这种常见的错误，丘吉尔特别指出他让第29师前往东地中海地区的时间延迟了3个星期，而这3个星期有着至关重要的作用；接着，他又任由这支部队随意登陆，致使部队在抵达目的地后没有能力执行作战命令。此外还有前文已经提到过的费舍尔，显然他也起到了有害作用。大舰队的最高指挥官杰里科也是如此，紧张焦虑的性格令他一向吝啬于派出自己手中的舰船，他总是假称相比德国人，自己处于劣势，因此他总是在积极地抵制派遣舰船执行任务的命令，而不是静待与德国公海舰队的交战。

在前线（东地中海地区）的头号"反派"是德·罗贝克中将，他是一支庞大舰队的总司令萨克维尔·卡登①的副手。这支舰队主要是由英国海军组成的，此外还有一部分法国的增援力量，舰队停泊在达达尼尔海峡的南端。舰队中的大量舰船都比较老化，一些人（其中包括丘吉尔）认为这些船只都应当被废弃，但是这支舰队也有着装备了15英寸火炮和燃油推进器的"伊丽莎白女王"号这种海军部甚至有可能是全世界最优等的舰船。卡登十分配合伦敦方面制订的作战计划。海军部计划在3月18日开始仅凭舰队的力量打通达达尼尔海峡的通路，就在距离执行计划的

---

① 萨克维尔·卡登爵士（1857—1930），英国海军上将，在第一次世界大战期间指挥了英国海军在地中海的战役。

两天前卡登不合时宜地病倒了，德·罗贝克被任命为代理总司令，但是在前线军官中罗斯林·威姆斯将军[①]的资历在他之上。任命德·罗贝克是丘吉尔的决定，后来他为这个决定感到了后悔。3月18日的行动没有取得成功，海上火力没能压制住土耳其各处陆上要塞的火力。英国损失了"不屈"号和"不可征服"号2艘主力舰，这种情况并非德·罗贝克一人造成的。丘吉尔对德·罗贝克的反对越来越强烈，他的理由是后者在被击退后无意再做努力。结果，德·罗贝克在11月末（1915）的时候被之前没有参战的威姆斯取而代之，理由是健康问题。威姆斯，一个更积极的角色参与进了伦敦方面的计划。威姆斯跃跃欲试，想再做一次努力，可是为时已晚。丘吉尔曾哀伤地指出："以前，海军部有心这么做，海军元帅们都无此意。现在，情况颠倒过来了。"[cccxlv] 这时候，已经处在贝尔福领导下的海军部是不会批准大胆冒进的行动的（因此贝尔福也被列入了令丘吉尔失望的人员名单中）。导致德·罗贝克有权小心翼翼又舒坦惬意地守在海岸边，就这样消耗掉至关重要的8个月时间的罪魁祸首正是丘吉尔。

丘吉尔对陆军指挥官的指摘只多不少。在所有的陆军将领中，伊恩·汉密尔顿和他关系最为亲密，他为前者的任命感到高兴。但是，他对斯托普福德中将和查尔斯·门罗将军就没有这么热情了。斯托普福德是汉密尔顿最重要的一名部下，颇有绅士风度，就在协约国军队于8月在加利波利半岛的苏弗拉湾登陆的一天后，他志得意满地怠惰下来，在丘吉尔看来，他的这种表现几乎无异于犯罪。查尔斯·门罗则在10月的时候取代了汉密尔顿，来自英国西部的门罗一贯主张采取强硬路线，他坚信在佛兰德斯消灭德国人是制胜的唯一选择（即使需要同样多甚至更多的英国人和法国人战死疆场）。丘吉尔曾在文章中以无比厌恶的口吻提到了这位将军，"他来了，他见到了，他屈服了"。[②] 门罗只对盟军登陆的海岸视察过一次，对于他的这次视察，丘吉尔评价道："他花了6个小时了解了安扎克湾苏夫拉湾和海丽丝岬这15英里战线的主要情况，每到一处还会对最主要的几位指战员说上几句丧气话。"[cccxlvi]

对于汉密尔顿的指挥工作，即使说不上通篇带有敌意，至少也可以说丘吉尔在提到他的时候十分冷淡。对于参与加利波利半岛行动的人员，除了自己和几名表现得极其英勇的下级和中级军官，一贯大度的丘吉尔在下笔时对所有的人都毫不留

---

① 罗斯林·威姆斯（1864—1933），英国皇家海军军官，曾出任第一海务大臣。

② 这句话仿自恺撒大帝的一句名言，"我来! 我见! 我征服!"公元前47年，在小亚细亚吉拉城大获全胜后，恺撒大帝给罗马元老院发出了这封捷报。

情，这种表现清楚地显示出联军在加利波利半岛的行动令他多么心烦意乱。面对如此大范围的指责，外人难以信任他在这件事情上的判断。

在 1915 年的头几个月里，丘吉尔也越发令内阁同僚感到恼怒了，首相尤其如此。在给维妮夏·斯坦利的大量书信中，阿斯奎斯毫不掩饰地表达了自己近来对丘吉尔产生的不满。这批信件主要体现了他对丘吉尔的忍耐已经令他有些厌倦了，而他之所以存在这种情绪，或许也是因为他得知丘吉尔与维妮夏的关系非常亲密。（他在 2 月 4 日的信中写道："看到今天的来信我才知道你竟然那么喜欢温斯顿。"）^{cccxlvii} 但是，这种情绪也是他对丘吉尔发自真心（有时候带着怒气）的喜爱造成的，"我对温斯顿感到很头疼"^{cccxlviii}（2 月 18 日），"今天温斯顿实在令人难以忍受，可是没过多久我又觉得，为了他，我得和他谈一谈"^{cccxlix}（2 月 26 日），这些言辞都很有代表性。阿斯奎斯对丘吉尔还做过更加无情的评价，例如，"在某些方面——或者说各个方面——温斯顿的表现糟糕至极。他的表现很'精彩'，吵闹个不停，卖弄辞藻，毫不变通，脾气暴躁。"^{cccl}（在 2 月 26 日更早一些时候写的一封信中）。在玛戈·阿斯奎斯的日记中还能见到唐宁街 10 号发表过的更尖刻的言辞，在 1 月 29 日的日记中她就写到自己对劳合·乔治（后者很少会令她感到合意）说："就跟所有完全以自我为中心的人一样，温斯顿到头来总会令别人感到厌倦。就像你说的那样，他就是一个小孩子！"^{cccli} 在 2 月 19 日的日记中她又写道："亨利［她的丈夫］在车上对我说，'温斯顿现在太令人恼火了，真希望 Oc［亚瑟·阿斯奎斯］没有加入他那个糟糕的海军旅！……他刚刚勉强结束了同基钦纳的可怕的争执，现在又让自己陷入了另一场争端……温斯顿简直令人无法容忍。都是虚荣心在作祟——他被虚荣心吞噬了。'"^{ccclii}

丘吉尔认为首相行动拖沓，渐渐地，他对首相的这个毛病失去了耐心。值得肯定的是，他能够直接对首相表达自己的这种不满，而不是通过给其他人的书信。他在 2 月 7 日的信中写道：

亲爱的首相：

　　3 个多星期前，你告诉我塞尔维亚具有至关重要的意义，从那时起，你什么都没有做，实际情况没有出现丝毫的改变。时间流逝了。或许你还没有感觉到炮弹的冲击力，可是炮弹已经射出了炮膛，正朝你飞过去。从现在起，不出 3 个星期，你、基钦纳和格雷就得面对巴尔干地区的灾难性局面了。正如安特卫普的情况那样，这一次你也会回天无力。

　　处在你的位置上，你肯定不会只满足于像法官一样，坐等事情发生后才发

表自己的意见。^{ccclⅲ}

在发出这封信之前，丘吉尔删去了最后一句话。尽管如此，这封信还是显得有些粗鲁了，毕竟他还是一位年轻的大臣，而对方则是比他年长22岁的首相。

丘吉尔还与不少对他来说有着重要价值的同僚关系紧张到了剑拔弩张的地步。在这几个月里，他与继续租住在他的房子（埃克尔斯顿广场）的老盟友爱德华·格雷之间的关系急剧恶化了。2月20日，格雷宣称自己被丘吉尔的一项提议"吓坏了"。丘吉尔提出为爱琴海的利姆诺斯岛任命"一位总督"，当时希腊仅允许英国海军停泊在该岛而已，即使对这个决定希腊都还有些犹豫。3月4日，格雷与丘吉尔再一次为英国海军是否有可能入侵智利领海问题发生了争执；3月6日，丘吉尔给格雷写了一封信："我恳请你在这个［同希腊的关系的］危急关头不要错误地让自己失去领导这些行动的水平。三心二意的举措会毁了一切——战争继续下去的话，就会有100万人送命。你必须大胆一些、激烈一些。"^{cccliv} 信中的腔调居高临下、虚张声势几乎到了令人忍无可忍的地步，他的举动令他与格雷的关系险些进一步急剧恶化下去。不过，对于这一篇不朽（至少充满勇气）的文章，他最终也还是没有寄出去，只有草稿被收录进了他的档案中。到了4月，围绕着一个军火商的举动，丘吉尔与格雷大吵了一架。这名军火商的名字有些古怪，德·拉弗斯上尉，丘吉尔试图通过此人购买一批巴西的步枪，但是他的努力没有成功。格雷说这种行为令华盛顿方面感到不满，会危害美国对英国的大宗武器供应。要想理解这起事件，我们首先必须了解一下发生在3月末的一件事情。当时，埃德温·蒙塔古[*]告诉阿斯奎斯（无疑也告诉了其他人）丘吉尔正在谋划用贝尔福取代格雷，出任外交大臣。阿斯奎斯一开始倾向于相信蒙塔古的说法，但是没过多久他就被丘吉尔说服了，后者慷慨激昂地否认了这种说法，并对他表了一番忠心，对他在内阁人事任免方面的绝对权威表示了尊重。

丘吉尔还同基钦纳发生过一连串的争执，2月的争执是为了多余的装甲车中队，到了4月中旬，他们又为了军力数据的泄密发生了十分激烈的争执，以至于基钦纳用辞职做威胁。不过，对于这件事情，劳合·乔治——实际上是麦肯纳——或许应当承担更多的责任。阿斯奎斯一如既往地对丘吉尔进行了指责，随后又在一定程度

---

    * 埃德温·蒙塔古（1879—1924），一位富有的自由党人，最初曾给阿斯奎斯当过4年的议会秘书，从而开始了自己的政治生涯，最后5年又在劳合·乔治领导的政府里担任了印度事务部大臣。在此期间他同维妮夏·斯坦利结婚了。

上原谅了他："更明白事理的人却表现得最差。丘吉尔表现得很糟糕，不过他生性冲动，又管不住自己那张喋喋不休的嘴巴，而且到最后还是能够坦诚悔过，做出弥补。"cccclv 与此同时，丘吉尔又为了劳合·乔治的"国王承诺"计划大动干戈，不过很快他就罢休了。* 丘吉尔将劳合·乔治为了在战争期间督促人们戒酒而制定的这个计划称为"小把戏"，这场争执不存在谁对谁错的问题，但是导火索的确是他对这个"小把戏"表现出了暴躁和不屑的态度，他曾咆哮着说，自己看不到这个计划的意义何在。时隔很久之后，弗朗西斯·史蒂文森（当时同财政大臣交往甚密的助手，后来成为劳合–乔治伯爵夫人）① 在日记中提到了这件事情："'如果你能明白这场谈话不是一场独角戏，那你就能意识到它有什么意义了！'[劳合·乔治]厉声说道。丘吉尔面红耳赤……"cccclvi 这场争执并不严重（当天晚上他们都给对方写了道歉信），但是它显示出就在达达尼尔海峡局势日渐恶化、自己也在海军部日渐失势的时候，丘吉尔在与对他来说最重要的内阁同僚发生争执时还是管不住自己的嘴巴和脾气。

　　丘吉尔在海军高层中的地位也崩塌了。正如我们已经看到的那样，费舍尔这座火山已经连续几个月发出危险的隆隆巨响、喷射出一股股浓烟了，最终他在 5 月 15 日（星期六）这一天全面喷发了。与往常一样，费舍尔爆发的时间还是大清早。就在前一天，军事会议刚刚开了一场艰难的会议，丘吉尔称这场会议"充满了硫黄味"，大部分"硫黄"都是朝他喷发的。他在文中又写道："汉密尔顿的部队在加利波利半岛彻底停滞不前，深陷险境，难以得到增援，撤退更是难上加难。舰队再度陷入被动状态。"cccclvii 在费舍尔的授意下，"伊丽莎白女王"号接到了返航命令。这一举动显然意味着达达尼尔计划失败了，因此德·罗贝克得到指令，假装"伊丽莎白女王"号只是前往马耳他休整数日。

---

　　* "国王承诺"计划的目标多少有些奇特，是为了给酗酒的军需品工人树立榜样，这些工人过量饮酒对军需品的生产制造已经产生了恶性影响，尤其是在兵工厂密集区，其中最著名的就是英格兰西北部的卡莱尔一带。当时痴迷于这个问题的劳合·乔治诱使哈尔丹与基钦纳进行了宣誓，首相认为哈尔丹的精力和精神因此都显著削弱了。6 个星期后，哈尔丹被排挤出政府，他认为自己也因此被免除了誓言的束缚，尽管失去了议长职务，但还是因为摆脱了誓言而得到了一定的安慰。立下这个誓言的一年多后，基钦纳就逝世了，直到去世前他一直闷闷不乐地忠于自己所做的牺牲。与丘吉尔一样，阿斯奎斯毫不在意这种表示，就连公认的几乎滴酒不沾的劳合·乔治也狡猾地选择了投机做法，他认为自己提出的这项计划对他没有约束力。最终，可怜的国王独自一人度过了三年半滴酒不沾的日子，直至停战。

　　① "劳合·乔治"是整体姓氏，单独写作人名的时候用间隔号，写在爵位里只能用连字号，即"劳合–乔治"。大部分读者都不会注意到这种细节，有可能会以为符号不统一是编校失误。

在佛兰德斯对蹲守在壕沟里的德国军队发动的一场攻击中，约翰·弗伦奇爵士刚刚损失了 2 万名部下，这场战斗的失败原本完全可以预见到。在交战期间，弗伦奇宣称，他断定自己之所以无法实现本质上根本不可能实现的目标是因为缺乏弹药，在发动报纸反对政府的运动中，他认为所谓的弹药匮乏这个理由足以证明他的所作所为是正当的。代表弗伦奇煽动《晨报》《观察家报》，尤其是《泰晤士报》的是他的副官，也就是丘吉尔的表弟，令克里斯汀反感的弗雷迪·加斯特。加斯特的努力大获成功，《泰晤士报》在当天早上充分报道了一桩有关弹药的大丑闻，为 5 月 14 日的军事会议"锦上添花"。弗伦奇与诺思克利夫（《泰晤士报》的所有人）都认为，正是这桩丑闻导致了英国历史上最后一届完全由自由党把持的政府（除了不属于任何党派的基钦纳）的倒台。不过，一种不太偏颇的观点认为，对于政府的倒台，这桩丑闻起到了一定的作用，但是海军部的分裂才是更具有决定性的因素。在那场军事会议中，费舍尔突然宣布自己从一开始就反对远征达达尼尔海峡方案，阿斯奎斯与基钦纳（应该还有丘吉尔）都十分清楚这一点，就这样他促成了海军部的分裂。同样，按照丘吉尔的说法，"费舍尔引人注目的插嘴招来了一片沉默。"[ccclviii]

当天晚些时候，丘吉尔又投身进自己一直沉迷的工作了，在第一海务大臣不完全认同的情况下对舰队进行部署。正如之前引述过的那份会议记录所显示的那样，海军部将向在达达尼尔海峡的舰队派去增援力量，以此做出补偿，因为之前不仅"伊丽莎白"号被调走了，还有 4 艘轻型巡洋舰也因为战略部署的需要加入了在塔兰托的意大利舰队，这样一来就能让意大利加入协约国的阵营投入战争了（这项战略部署在 5 月 23 日被证明是成功的）。当天傍晚，丘吉尔前去探望费舍尔（按照白厅的等级结构，上级拜访名义上的下级总是带有安抚意味，这种举动有时候的确会奏效，但并非永远都会奏效），他以为在很多问题上自己都得到了后者的认同。丘吉尔又一次忽视了费舍尔的警告信号。他抱怨说费舍尔在当天早上的插嘴有失公允，"他［费舍尔］就用一种古怪的目光看着我，说：'我想您说的没错——这样不公平。'"丘吉尔在文章中写道。[ccclix] 丘吉尔的错误在于他以为费舍尔的这句话代表着一定程度的道歉。事实上，费舍尔明确表示自己与丘吉尔无法和谐共处，或许他为此还有些伤感。这天晚上，丘吉尔工作到很晚，并下达了一批详尽的指令，指令还附上了一句令费舍尔失望的说明："由第一海务大臣负责行动。"[ccclx] 其实，不需要这些事费舍尔就已经足够恼怒了。

次日，在早餐的时候，丘吉尔注意到费舍尔没有像以往那样一大早就给他送来对前一天晚上的情况所做的汇总。9 点，丘吉尔去参加了在外交部举行的一场会议，会议结束后，在穿过皇家骑兵卫队阅兵场往回走的路上他被一位激动不安的私人秘书（马斯特顿－史密斯）拦住了，后者告诉他费舍尔辞职了，还意味深长地补了一句："我想这一次他是动真格的了。"ccclxi 这句话别有意味，也符合事实，因为这是费舍尔在 6 个半月里的第 8 次辞职。他的辞职带来了严重的后果，因此有必要在此引述一下他的这封辞职信：

> 海军大臣：
>
> 　　经过进一步的苦苦思考，我得出了一个遗憾的结论，我无法继续与你共事。详细讲述必会引起公众的反感——乔伊特*说过"绝不解释"。为了契合你的观点，达达尼尔海峡计划提出的要求与日俱增，我发现自己越来越难以适应这些要求，正如你昨日所说，我处在一个不断否决你的提议的位置上。
>
> 　　这对你有失公平，也令我自己深恶痛绝。
>
> 　　为了避免各种质疑，我将立即前往苏格兰。
>
> 此致
> 费舍尔 ccclxii

一直举棋不定的费舍尔实际上并没有前往苏格兰。他蛰居在伦敦，只是从原先坐落在安妮女王门的官邸搬到了查令十字酒店。简·莫里斯说过，有一点是几乎可以肯定的，在这座具有重要价值但是不太恢宏的酒店里，费舍尔住在酒店尾部的房间里，因为众所周知他一向出手吝啬。ccclxiii 在当时，位于铁路附近的这家酒店里的尾部房间非常适合他，足以让他安心住在那里，不引起他人的注意，同时这里距离海军部和唐宁街分别只有 300 码和 800 码。在一连串的辞职中，他的第八次辞职是最严肃的一次，但是他依然期待着自己能够被召回海军部。他当然会接到召回通知。

唐宁街比海军部更卖力地寻找着费舍尔，这在一定程度上是因为丘吉尔认为费舍尔的这一次辞职并不比之前 7 次严肃多少，被工作团团包围的他没有充分意识到费舍尔的辞职将会产生怎样的政治后果。阿斯奎斯比丘吉尔警觉，他充分意识到由于这件事情，再加上所谓的炮弹短缺问题，政府变得多么不稳定。不过，为了告诉首相费舍尔"逃匿"的消息，丘吉尔在这天早上第三次穿过了皇家骑兵卫队阅兵

---

　　* 令人感到好奇的是，几乎与丘吉尔一样缺少正规教育的费舍尔竟然会引述牛津大学贝利奥学院的老校长本杰明·乔伊特的话，尤其是考虑到人们通常都认为这句话出自迪斯雷利之口。

场。首相立即亲手写了一封短信，以国王的名义命令费舍尔回到自己的岗位上，并委派自己的私人秘书莫里斯·博纳姆·卡特将这封信给费舍尔送去。这项任务说起来容易，做起来难。当时的情况不禁让人依稀想起了20世纪40年代末在政坛浅尝辄止的托利党下议院议员迈克尔·阿斯特（华尔道夫·阿斯特与南希·阿斯特的三子），他曾给自己的党派总督导发过一封电报（从马德里的丽兹酒店）：“找到我的时候务必把我接走——如果你找得到我的话。”工作人员同黯然神伤的费舍尔夫人取得了联系，当时她还待在他们在诺福克郡基尔弗斯通的庄园里。他们在火车上和伦敦的大街小巷也都搜索了一圈，几个小时后他们终于找到了费舍尔（唐宁街擅长这种事情的历史由来已久）。费舍尔答应去见首相，但是又说自己不会踏入海军部半步。这时，阿斯奎斯正赶去参加他在议会的前任私人秘书杰弗瑞·霍华德的婚礼，这符合他的一贯做派，在一定程度上这也是他的职责所在。在将伟大的霍华德城堡移交出去的时候，令人敬畏的卡莱尔的罗莎琳德女伯爵找到的托福对象正是杰弗瑞·霍华德这位坚定的自由党人。

根据维奥莱特·阿斯奎斯生动（即使带有一些想象的成分）的描述，直到当天下午晚些时候，费舍尔才“被逮住了——被一只猎犬叼在嘴里带了回来，他眼睛红肿，在内阁门口大口大口地喘着气”。[ccclxiv] 阿斯奎斯看到，费舍尔表现得“温和、友好”，但是坚定地表示自己无法与丘吉尔共事。得到指示的丘吉尔试图说服费舍尔回到海军部，还连夜写了一封信宽慰对方，信也被及时送了出去。可是，这封信没有奏效。第二天，费舍尔回复了丘吉尔，语气恢复了往日的友好，他有些动情，或者说是歇斯底里，不同的人对他的情绪有着不同的感受。这天早上（星期日）丘吉尔又努力了一次，但是他得到了更加坚决的回答：“请不要再期望见到我了。决定留下的这种话，我是说不出口的。”[ccclxv] 这一次，就连丘吉尔也认为再也没有回旋的余地了。

丘吉尔立即着手准备组建新的海军部委员会，他又说服了70多岁的老将（亚瑟·威尔逊）出任第一海务大臣，其他下级官员都留任原职。组建好新的委员会之后，他于下午5点半坐车前往50英里外的萨顿考特尼码头，前一天晚上阿斯奎斯已经回到了自己在泰晤士河畔的住所。外界无从得知丘吉尔是否受到邀请，不过克莱门汀陪同他一道前往首相府。阿斯奎斯态度非常冷淡。费舍尔大发雷霆，外界已经觉察到了他的暴怒对阿斯奎斯政府造成了威胁，不过，除了将自己的周末推迟了几个小时，阿斯奎斯没有让这些事情进一步扩大影响。星期日早上，阿斯奎斯还驱车前往牛津探望了自己的幼子，后者当时还在当地的一所预备学校就读。但是，当天傍晚发生了一件事，就连身处漩涡中心也能保持镇静的阿斯奎斯都因此受到了考验。这件事情带有几分弗兰奇式闹剧的色彩。根据维奥莱特·阿斯奎斯的日记所述，麦肯纳夫妇前去参加茶会，当时"塞尔维亚的保罗亲王正在花园里闲逛"，趁着丘吉尔夫妇还没有赶到的时候这对夫妇就费力地"钻进自己的汽车里，飞驰而去"。驾船出游半个小时后维奥莱特回来了，这时她看到"温斯顿……站在岸边草坪的尽头，看上去就像圣赫勒拿岛的拿破仑……他极其沮丧……可怜的克莱门汀当然也非常难过"。[ccclxvi]

丘吉尔向阿斯奎斯提出辞职，他知道后者会拒绝这个请求。他在书中提到，阿斯奎斯说"不希望他辞职"，但是此时的形势非常严峻，他们不得不征询保守党领袖的意见。这样一来事情的性质就会发生很大的变化，而且有可能在外界看来这一举动既令人安慰，同时又预示着什么。阿斯奎斯对丘吉尔夫妇一向很温和，这一次也不例外，"阿斯奎斯先生请［我们］留下用餐，在一大堆问题的包围下我们度过了一个愉快的夜晚"。[ccclxvii]当天晚上，丘吉尔夫妇就驱车回家了。直到第二天早上，阿斯奎斯才露面，在午饭之前他与伯纳尔·劳见了一面。这次会面很重要，但是令阿斯奎斯很不愉快。

这次会面之所以具有至关重要的作用，是因为趁着工作和周末之旅的间隙阿斯奎斯渐渐得出一个结论，同保守党一起组建联合政府势在必行。在制定决策的时候，他一向不会花太长时间，但态度总是有些勉强，这一次也不例外。这场会面之所以令他感到很不愉快，是因为他一直不喜欢伯纳尔·劳，同时也因为他很不喜欢联合执政这个构想。在政治上，阿斯奎斯一向温和，但是他很不愿意让托利党人进入他的内阁，在丘吉尔与劳合·乔治看来，他的这种情绪有些令人费解。相比反对党的政策，更令阿斯奎斯厌恶的是反对党的施政风格和方法，这是他的老派自由党官僚精神在作祟。他曾在文章中写道："显示出欢迎一群与我们格格不入、至今对我们仍然怀有敌意的陌生人进入这个亲密的政治大家庭是一个令人难以容忍的任务。"[ccclxviii]很有可能对方也产生了强烈的同感，阿斯奎斯领导了19个月的联合政府从创建之初就饱受这种反感和勉强的情绪的困扰。婚姻至少应当以双方对彼此一定程度的热情为起点，在25年后，丘吉尔领导的联合政府中，绝对能看到这样的热情，在1916年劳合·乔治政府的小型战时内阁中，也不乏一定程度的热情。

阿斯奎斯的决定致使丘吉尔陷入了毫无遮蔽的境地。最晚从1910年起，丘吉尔就被联合执政的概念所吸引（用阿斯奎斯在几个月前的话来说，他"渴望联合政府和奇奇怪怪的重组"），但是现在他很有可能成为这种政府的受害者。根据他自己在《世界危机》中的记述，星期日在萨顿考特尼的时候他还没有什么感觉，直到星期一的下午他才有所警觉（按照议会的工作方式，这一点不太说得通）。他去了下议院，他打算找到首相，以海军大臣身份向后者正式宣布他新组建的海军部委员会成员名单。半道上，他顺便先去拜访了劳合·乔治，确切地说，这是他的一个习惯，结果财政大臣告诉他用枪把阿斯奎斯的脑袋抵在联合政府上的人正是他（或许有些自我夸大的成分）。按照丘吉尔在很久之后回顾此事时的说法，当时他"说他［劳合·乔治］知道我一直支持这样的政府，只要一有机会就会敦促这件事情。但是，现在或许得等到我的委员会得到重组并且把持住海军部的时候，这个构想才能实现"。劳合·乔治说推迟联合政府的组建是不可能的。丘吉尔沿着短短的走廊去了阿斯奎斯的办公室，向后者报告了他的委员会构成，后者告诉他："不，这样不行。我已经决定组建一个国民政府。"接着，阿斯奎斯问丘吉尔想不想在新政府里捞到一个职位，还是更想去法国当指挥官？就这样，丘吉尔终于意识到自己将要失去海军部了。^{ccclxix}

同样根据丘吉尔的记述，为了掌握最新进展，劳合·乔治走进了阿斯奎斯的房间，提议任命殖民地事务部大臣继任海军大臣。由于军事行动方面出现了紧急情况，还没等他们几个人将这个问题谈妥，就有人传信将丘吉尔叫回了海军部。无疑，有十分确凿的情报显示德国公海舰队第一次全体出动了。几乎可以同样肯定的是，丘吉尔欣然把握住了这个机会，他的表现有些装腔作势，又十分激动。按照他自己的说法，这个消息让他成了一个受伤之人，极度希望自己的注意力能转移到从前经历过的幸福时光。不过，他对这个比喻的理解和别人有所不同。丘吉尔度过了一个惊人的午后和夜晚，在没有第一海务大臣的情况下，不断下达着命令，以往他至少还会装腔作势地征得后者的同意。从下午 3 点 55 分下达"大舰队立即准备出海"命令开始，直到晚上 8 点 10 分最高指挥官亲自发来消息"明天成为决战日并非没有可能。愿一切好运保佑您"，^{ccclxx} 丘吉尔度过了一段美妙时光。就在当天晚上，他还提笔给阿斯奎斯写了一封信，可以说在这个过程中他毫无痛苦的感觉。他在信中表示接受免去海军部职务的处理决定，还说自己愿意接受新政府的任何一个职位，只要是"军事部门"的职位就行，否则他更愿意"去前线参加战斗"。^{ccclxxi}

丘吉尔很有可能将殖民地事务部（以及印度事务部）算在了"军事部门"范围之内，不过他对这两个部门的期望都无关紧要，因为这两个部门都不占据核心地位，而且阿斯奎斯已经决定将这两个职位塞给两位声望平平的保守党人，这个决定很不明智。出于政府平衡的需要，伯纳尔·劳应当成为财政大臣（尤其是此时劳合·乔治正准备任命一位新的军火大臣），然而他却出任了殖民地事务部大臣，奥斯汀·张伯伦出任了印度事务部大臣。无论怎样，由于政党间的权衡，丘吉尔很可能根本没有机会进入殖民地事务部。即使不存在这些权衡的问题，阿尔弗雷德·埃莫特（在 1900 年的议会中，埃莫特与丘吉尔都来自奥尔德姆选区，多年后埃莫特曾在自由党内阁出现过很短的一段时间）于 5 月 20 日（星期二）给阿斯奎斯的一封信也不会增加他进入该部门的机会。这封信的措辞非常严厉："为了自治领，我真的恳请您切勿让丘吉尔进入［殖民地事务部］……否则将对自治领造成可悲甚至有可能是灾难性的影响。他的脾气和做派都不适合这一职位。" ccclxxii 来自苏格兰的下议院议员普林格尔是阿斯奎斯的坚定支持者，也深得阿斯奎斯的喜爱，他对埃莫特的观点提供了有力的支持。他宣称丘吉尔一直在任，这"给公众造成了危险"，他还说相当多的自由党议员也持有同样的看法。ccclxxiii 在自由党的各个派系中，丘吉尔越来越不得人心了，在几乎整个保守党中也是如此，只有弗雷德里克·埃德温·史密斯例外，或许亚瑟·贝尔福也不在此列。

面对这种情况，丘吉尔表现出一副无动于衷、心平气和的样子。但是，他的这种状态没有坚持太长时间。当时有迹象显示，海军可能会出现一场大的事端，一旦出事，政党之间的权谋就会成为无足轻重的小问题。到了 5 月 18 日，星期二早上，出事的可能性消失了。德国的舰船返回了东部，丘吉尔不再宣称德国方面近在眼前的挑战构成了他必须留任的理由。但是，这并不意味着他就会保持沉默。在接下来的 4 天里，从星期二至星期五（5 月 18—21 日），他又给阿斯奎斯写了 5 封信，这几封信显示出激烈的情绪波动。在 18 日的信中，他说自己不会拒绝殖民地事务部的工作，但他恳求首相允许他继续留在海军部里，"完成我的工作"。在 20 日的信中，他亮出了自己的王牌："我十分惊讶地得知亚瑟·威尔逊爵士于昨日告知海军大臣，他打算在我的领导下出任第一海务大臣，他不打算接受其他任何人的领导。这是我得到过的最大的恭维。" ccclxxiv 显然，丘吉尔希望这张新的王牌能够起到决定性的作用。就在同一天，克莱门汀也火上浇油地给首相写了一封信，她希望对方能够延缓执行对丘吉尔的决定。但是，她在信中的措辞毫无请求的色彩，她的口气直率得几乎到了傲慢无礼的程度。信中还夹杂着一些因为频频被人引述而变得尽人皆知的句子："在您以及他不得不一起共事的人看来，温斯顿或许犯了不少错误，但是他有着无与伦比的品质——与德国作战的能力、想象力和致命的攻击力。我斗胆说一句，您的内阁成员以及未来内阁的成员中没有多少人具有这些品质。" ccclxxv 阿斯奎斯称这封信是"一个疯子的来信"，ccclxxvi 事实并非如此。这封信是一次诚挚的请求，而且至少在一个问题上切中了要害。

5 月 21 日，丘吉尔亲自发去了一封超过 6 页的信（小尺幅信纸），他试图将自己描绘成确保达达尼尔海峡战略计划制胜的必要因素："驱使我的并不是对抓住一官半职或者海军部这个职位的渴望，也不是对个人兴趣或者升迁的执着。我所执着的是我的工作和我的职责。为了让我们眼前这项庞大的事业取得成功，我承受着巨大的压力——我自己完全可以抽身而去。"[ccclxxvii] 就在这一天，他给伯纳尔·劳写了一封更长的信，为自己辩解。

在这个星期五的晚些时候，丘吉尔又写了一封更加气馁的信，阿斯奎斯也给他发去了一封态度坚定但是比较体谅的信，这两封信大概是他们同时写下的。首相在信中写道："你的来信我都收到了。你不能继续留在海军部了，你得接受这个事实……我希望你能以新一届内阁阁员的身份为我效力，因为我们所有的人都对你在战前以及开战以来所做的杰出工作由衷地感激。"[ccclxxviii] 丘吉尔在自己这封灰心丧气的信中写道："非常抱歉给您带来这些麻烦，抱歉造成了这种接二连三地给您带来新问题的状况，我愿意接受任何一个您有意给我的职务，最低职位也无妨，如果您有意于此的话……"他的情绪变化似乎是自发的，因为接下来的一封信明显显示出这时他还没有读到阿斯奎斯那封态度明确（在海军部的事务方面）的回信。就在大约一个小时后，也就是在读过阿斯奎斯的那封信之后，他又写道："好吧，我接受您的决定。我不会回头的。"[ccclxxix] 阿斯奎斯立即又写了一封信，"[对]信中的态度表示感激，但是并不感到惊讶"。[ccclxxx] 这场引人注目的书信交锋就这样结束了。

新一届政府直到 5 月 26 日才宣告成立，丘吉尔得到的职位非常接近"最低"职位（内阁中），但是这个职位还是多少给了他一些安慰，毕竟他还是留在了后来被称为"达达尼尔海峡委员会"的军事会议中。丘吉尔得到了兰开斯特公爵领地事务部大臣这份闲职。在所有挂名的闲职中，最重要的两个分别是枢密院大臣与掌玺大臣，最不受重视的正是丘吉尔得到的这个过时的职务，他在部门的职责几乎就只有任命兰开夏郡的地方法官。在担任这个职务的 5 个月里，他一直没有找到机会在下议院发言。他的职务比较边缘化，他的地位也被削弱了，但他至少在政府里占据了一席之地，也得以继续为达达尼尔海峡战略与他人一争高下。

第十五章 40岁前途断送？

丘吉尔陷入了严重的停滞状态。他是一个情绪阴晴不定、常常会陷入抑郁的人，但他又有着惊人而充沛的精力，考虑到这些特点，从某种角度而言，他在受挫后能够卷土重来就如同他突然止步不前一样令人吃惊。尽管如此，他的失势还是不应当受到低估。将《世界新闻报》老板里德尔勋爵当作心腹知己的政客多得惊人，丘吉尔就曾对他抱怨过："我完蛋了！我在意的一切——发动战争、打败德国人——都完蛋了！" ccclxxxi 时隔很久之后，在提到丈夫当年失势后产生的直接后果时，克莱门汀含蓄地表示（对马丁·吉尔伯特）："我还以为他会悲痛欲绝。" ccclxxxii

无论经历了怎样的黑夜，丘吉尔在公开场合的表现丝毫不像一头受伤的野兽，一心只想缓缓地爬进灌木丛、将自己隐藏起来。实际上，他热衷于参加这样的公共活动，仿佛这些事情依然由他负责似的。丘吉尔的父亲于 1886 年 12 月 22 日辞职，在那个圣诞节里他继续以财政大臣的名义写了不少信。与父亲一样，丘吉尔也在新政府宣布成立后的五六天里从海军部发出一封封信。兰开斯特公爵领地事务部办公室位于滑铁卢桥北侧，在他看来，这里与伦敦相距甚远，对于这一点他很不满意。1915 年 6 月的第一天，丘吉尔过得不太愉快，但是在这一天过后，他在这个新办公室里又提起了笔。在一份给同僚的长达 4000 字的备忘录中，他阐述了西部和东部战区的总体战略环境，这样一份备忘录完全符合他一贯的做派。这封信差不多就是他在新办公室里写下的第一封信。当天，他还给杰里科写了一封信，后者之前给他发来了一封态度冷漠但是还算得体的信，表达对他的尊重和有所节制的友好。对于丘吉尔的离去，杰里科并不感到过于惋惜，不过他还是表示丘吉尔为海军做了大量的工作。

这一周里还发生了一件大事。星期六，丘吉尔访问了邓迪，在挤满听众的凯尔德音乐厅里向自己的选民做了一场简短（仅半小时）但是颇具影响力的讲话。这是开战以来他第一次拜访这个选区的选民，与他们的下一次相见就是很久之后的事情了。这场讲话取得了巨大的成功，丘吉尔不时被频频爆发出的响亮的欢呼声打断，看起来他的选区的侧翼不存在问题了。在讲话过程中，他用了一半的时间为自己的海军政策辩护；用了1/4的时间解释了自己拒绝去法国就职，他含蓄地表示如果国内的职责风险性没有那么高的话，他或许就可以接受在法国的工作（令人吃惊的是，他会在这件事情上花费这么多时间）；最后又用1/4的时间提出英国应当有一个能够果断下达行动命令的政府，以及响应号召的人民。他的这场讲话对1940年做出了预示。在讲话的最后，他总结道：

> 再来说说你们的任务。不要回头，要向前看。在心理、在精神上，都要重新振作起来，再一次为一项至高无上的事业拼尽全力。时间紧迫，困难重重，欧洲正处于无穷的苦难中，但是不列颠义无反顾投身于这场战斗的力量势不可挡。我们是协约国事业的强大后盾，这个强大后盾现在必须万众一心齐步向前进发了。ccclxxxiii

最后这番话不乏夸大之词，但是并没有给听众留下虎头蛇尾的感觉。

丘吉尔夫妇之所以迟迟没有离开海军部的一个原因就在于，在伦敦他们别无去处。外交大臣仍然住在他们在埃克尔斯顿广场的住所里，而且没有丝毫迹象显示他打算尽快搬出去、为他们腾出房子。新的海军大臣亚瑟·贝尔福看上去也急于拿到海军部大厦，这位单身汉在卡尔顿花园拥有自己的住宅，如果还是这么急不可耐地想要得到海军大厦的话，可以说他就有些贪婪了。相比丘吉尔，克莱门汀更渴望逃离海军大厦，这里已经变得令人作呕了，因此他们需要赶紧搬走。他们接受了丘吉尔的表兄艾弗·加斯特几个星期的款待，后者当时刚刚被加封为温伯恩子爵。（众所周知，克莱门汀对加斯特很反感，鉴于这种情况，这种选择对克莱门汀而言肯定是两害相权的结果。）到了6月底，他们又决定与弟妹格温德林·丘吉尔夫人（又名"谷尼"）合住在克伦威尔路41号。杰克已经以参谋身份奔赴达达尼尔海峡了，动身之前，他将格温德林和两个孩子安顿在了那座空荡荡但是足够宽敞的房子里。现如今，由于涌向伦敦市中心西面大出口的车流，这个地段的状况非常糟糕，但在当时，这一带还算是高档住宅区。这座房子比丘吉尔夫妇在埃克尔斯顿广场的房子大，但是不如后者那么吸引人。丘吉尔夫妇与弟妹一家相处愉快，后来一直如此，不过在这个阶段，吸引他们的还是共同承担生活成本这个目标。对于两家人一起养儿育女的生活，丘吉尔显得不太热情。正如他在10月2日给弟弟的一封信中所说的那样，在伦敦期间的大多数夜晚，他都待在母亲位于梅菲尔区布鲁克街72号的居所里。

由于被调职到公爵领地，丘吉尔的薪水降到 2000 英镑，*薪水的减少也给他带来了一定的麻烦。丘吉尔始终坚信钱带来的困难是可以克服的，这次的改变也没能阻止他在当年夏天购置了一座小小的乡村别墅。这座别墅就是坐落在萨里郡戈德尔明的锄头农场，在彻底失势之前他一直租用着这座别墅。锄头农场名为"农场"，其实是一座都铎风格的小庄园（刚刚经过建筑大师埃德温·鲁琴斯①的改造），它坐落在戈德尔明一处偏僻的山谷里。虽然地形蜿蜒曲折，但是戈德尔明的环境已经接近于城郊。在 6 月 19 日的信中丘吉尔告诉弟弟："我们［在这里］过着非常简单的生活，不过他们对各种必要的生活设施很了解，这些东西一应俱全——热水浴、冰镇香槟、新鲜豌豆和陈年白兰地。"ccclxxxiv

锄头农场有一个大花园，正是在这个花园里丘吉尔的私人生活发生了一次重要的转变。突然失去高官厚禄令丘吉尔有些不知所措，按照他自己的说法，当时他"就像是一头大海兽从深海中被拖出了水面，或者说是一艘潜艇突然升出了水面"，ccclxxxv 但是在 6 月的一个周末，他撞见了美丽的谷尼，后者正在画水彩画。谷尼劝说丘吉尔拿起画笔，试着画一画。图像艺术从未在丘吉尔的生活中扮演过任何角色，但是他一下子就被这种艺术迷住了。**他画了一段时间清淡精致的水彩画，但是没过多久，他就转向了质感更为粗粝的油画。黑兹尔·拉弗里的丈夫是一位时尚的肖像画家，她本人也是一位画家，在锄头农场做客期间，她为丘吉尔演示了松节油的用法，以及如何摆脱束缚、大胆地将鲜艳的颜色涂抹在画布上。这种做法极大地提高了丘吉尔的愉悦感，直到生命尽头的 50 年里，他一直对这个爱好充满了热情。他的绘画技法达到了非常圆熟的程度，维奥莱特·博纳姆·卡特在很多年里都敏锐地注意到，只有在做这件事情的时候他才会一直沉默不语。刚一开始学习绘

---

* 但是就在几个月内，政府里出现了一股战争期间同舟共济的情绪，内阁成员的薪水平均分配，每个人能拿到 4057 英镑（大概相当于今天的 15 万英镑）。战争结束后，他们又恢复如初。结果，在坐上 1931 年国民政府第二把交椅的时候，身为枢密院大臣的斯坦利·鲍德温尽管还是人数占压倒性优势的多数党的领袖，却只拿到 2000 英镑的薪水（大多数大臣的薪水都是 5000 英镑），当时他通过钢铁产业积累的财富也已经被耗尽了。

① 埃德温·鲁琴斯（1869—1944），被誉为"20 世纪（甚至是有史以来）英国最伟大的建筑师"，凭借着对传统建筑样式的自由运用而著称，设计过很多英国乡村别墅、战争纪念碑和公共建筑。在规划建造新德里的过程中，鲁琴斯也做出了巨大贡献，因此新德里也被称为"鲁琴斯"德里。他还同赫伯特·贝克爵士联手建造了新德里最主要的一座纪念碑"印度门"。

** 根据克莱门汀所述，直到那个时候丘吉尔还从未进过任何一家画廊（玛丽·索姆斯，《温斯顿·丘吉尔作为画家的一生》）。

画，这项新的爱好就一下子让丘吉尔变得平静了，让他在面对自己黯淡下去的政治前途时也多少有些坦然了。

丘吉尔没有退出政坛。相反，他一心想要抓住任何一个机会，利用自己芝麻官的身份对外界施加着影响。实际上，这个职位给不了他多少机会，唯一能够起到补偿作用的就是他仍具有军事会议（已更名为"达达尼尔海峡委员会"）委员资格。参加会议的委员人数一开始被减少到9名，不过很快又悄悄地增至13、14名。在这个阶段，内阁会议还是没有形成保存会议记录的习惯，但是汉基上校已经开始仔仔细细地记录会议内容、供部下参阅了。他留下的记录显示，在6月的会议中丘吉尔打断别人发言的次数超过了贝尔福（他在海军部的继任者），仅次于基钦纳，与首相或是其他六位成员中的任何一位相比就更是积极了。在其他6位委员中，只有身居高级闲职的掌玺大臣寇松有所表现。

6月中旬，丘吉尔致信财政部财务秘书埃德温·蒙塔古，请他在白厅附近设立一个足够他、1名私人秘书（他留用了爱德华·马什）、1名速记员和1名信差使用的高级作战指挥部，因为正如对方"将了解到的那样，兰开斯特公爵领地事务部的办公室完全配不上"他在内阁及军事会议的"繁重"工作。[ccclxxxvi]"繁重"一词或许可以说有些夸张了，不过丘吉尔的这个请求并不过分，最终他得到了上议院对面的阿宾顿街19号里的一个小套间。考虑到他在几天前还盘踞在海军部委员会办公室，以及附近那幢气势恢宏的住所和"女巫"号甲板上，这个请求不免显得有些可悲。

7月，丘吉尔以为自己将要出差3周，前往战场同驻守达达尼尔海峡战区的前线指挥官汉密尔顿将军与德·罗贝克将军进行磋商，并将情况报告给内阁。或许，他还有望前往保加利亚和罗马尼亚，很长时间以来，他一直相信自己肩负着促成这两个国家加入协约国阵营、投入这场大战的使命。这种想法最初来自谁不得而知，很有可能正是丘吉尔自己想出来的。但是无论怎样，这种想法都得到了阿斯奎斯、贝尔福、基钦纳与爱德华·格雷热烈的支持，只是他们的出发点或许各不相同。这幅前景令丘吉尔兴奋不已，对于自己面临的危险他一如既往地表现出一副毫不动容的模样，他的漠然透着一种奇怪的灾难色彩。7月18日，丘吉尔致信阿斯奎斯："我自然会当心，不会冒不必要的风险。但是于我而言，倘若不登上加利波利半岛、随之置身于炮火之下的话，我就无法掌握局势。一旦惨遭不测，我想我的妻子会得到将官的未亡人应当得到的抚恤金，我相信您会负责处理这件事。"[ccclxxxvii] 就在前一天，他还给克莱门汀写了一封悲观的信，不过只有在他身亡后信才会被交给后者。这封信的开篇两段讲的是钱财方面的问题，无聊至极。第三段有些装腔作势，无疑是一番自吹自擂的表演。不过，在这一段里他情绪饱满地表达了他对自己以及他们的婚姻的看法。这段话荡气回肠：

> 我一心希望我的所有文稿均由你保管，尤其是涉及我任职海军部时期的文稿。我已指定你为我唯一的遗稿保管人……无须着急，我只希望有朝一日真相能大白于天下。伦道夫将继续提灯前行。不要过于为我难过。我相信我会得到公正的对待。死亡只是一时的插曲，并非我们存在于世的头等大事。总之，我一直很幸福，尤其是在遇到亲爱的你以来，你让我知道了女人的心能有多么高贵。若是我去了别处，我依然会看护你。与此同时，你要向前看，过上自由欢喜的生活，珍惜孩子，守护我的记忆。上帝保佑你。
>
> 再见了，
>
> 温。^{ccclxxxviii}

然而，形势急转直下，丘吉尔压根就没有出发。7月19日，星期一，他从锄头农场返回伦敦，准备于星期二动身前往地中海东部。汉基将陪同他一起前往那里，这种安排是出于基钦纳的需要，也得到了阿斯奎斯的首肯。这个决定或许不符合丘吉尔本人的意愿，在一定程度上可以说这等于是在他身边安插了一名盯梢的探子。不过，这件事情对他来说不是大问题，他打算毫无怨言地接受这种安排。他在唐宁街向阿斯奎斯、基钦纳和格雷道了别。就在这时，寇松赶来了，丘吉尔将要前往地中海的消息让他吃了一惊，不过他还是向丘吉尔表示了祝福。寇松是一个才华横溢、野心更是大于才华的人，而且他总是口是心非，他没能在1923年当选为首相的一个原因正是这个缺点。他火急火燎地将情况告诉了自己在保守党里的内阁同僚，后者开了一次会，会议的结果实际上否决了丘吉尔以内阁特使身份前往战区的决定。一听说此事，丘吉尔便放弃了。在没有收到全体内阁阁员邀请的情况下，他是不会执行这项使命的。他的放弃令阿斯奎斯感到如释重负，首相不希望在这个问题上出现一场争端。这件事情让丘吉尔受到了进一步的羞辱。

在遭受这场挫折后，丘吉尔在政府里继续留任了16个星期。从某种意义上而言，在包括这段时间在内的很长一段时间里，丘吉尔的处境每况愈下，最终走向了辞职。不过，这条下坡路的坡度起伏不定，一路上充满了变数，总是会转向未能预见到的方向。丘吉尔常常会问自己是否有必要留在伦敦过着无官一身轻的日子。9月20日，他致信杰克·西里，这位人到中年、头脑简单、英勇果敢的上校曾在担任陆军大臣期间犯下大错，一手制造了1914年春天的卡拉"哗变"，不过此时他对加拿大骑兵旅的指挥很成功。丘吉尔在信中写道："继续留在这里，看着他们停滞

269

不前，看着他们犯蠢。我对情况一清二楚，却没有一官半职。这种情况真令我恶心。"^{ccclxxxix}10 月，他又写信告诉自己的弟弟："对情况一清二楚［老话重提］，现在又有大把的时间，待在这里对我来说真是糟透了。"^{cccxc}

丘吉尔是达达尼尔海峡战略计划在内阁里的支持者，也是汉密尔顿将军以及他那些冒着危险参与到这场徒劳无功的事业中的部下在内阁的代言人，他觉得有时候自己失去了汉密尔顿将军及其部下的尊敬，不过更多的时候他失去的则是这些人的生命。考虑到他在发起这项战略计划过程中承担的责任，他产生这样的想法是很自然也很合理的事情。由于这种想法，他在 8 月下旬的时候获得了一项重要责任。4 月 25 日，汉密尔顿将军率领第 29 师和澳新军团（澳大利亚和新西兰军团）首次登陆加利波利半岛，他们伤亡惨重，但还是设法守住了各个据点。8 月 6 日，增援的第 9 军团在苏弗拉湾登上半岛，这一次仍旧出现了惨重的伤亡。根据杰克·丘吉尔在前线所做的描述，显然就在四五天后"大获成功的机会恐怕已经消失了"。汉密尔顿手下的那些将领缺乏主动性，他们的表现无异于是在犯罪，或许正是由于这一点，此次强行推进才会陷入停滞不前的困境。他们只守住了另一个不太牢靠的据点。在之前的 8 个月里，具有骑兵部队思维的丘吉尔一直在考虑这项宏大的包抄计划。这对他来说不啻为一种冒险，但是最讽刺的一点莫过于这项计划最终却陷入僵局。僵局造成的影响不大，但是同西线的战事一样充满了血腥味，而这项富于想象力、应该顺利完成而且不会造成太大伤亡的计划，原本正是为了替代西线战略而制定的。

丘吉尔的反应和往常一样，他敦促达达尼尔海峡委员会给汉密尔顿派去更多的增援力量。现在，他越来越痴迷于达达尼尔海峡计划了，以至于忽略了切勿错上加错这条传统的军事准则。不过，读着不着边际、士气低迷的委员会会议纪要，人们很难不认同伯纳尔·劳那番阴冷刻薄的评价。伯纳尔·劳逐渐成为达达尼尔海峡计划的头号质疑者，在 8 月 19 日这一天，他说："［伊恩·汉密尔顿爵士］总是险些就要打胜仗了。"^{cccxci}8 月 27 日，他又问道："汉密尔顿是不是应该打防御战了，还是要在毫无获胜机会的情况下继续牺牲兵力［此时伤亡人数已经将近 40000 人了］？"^{cccxcii}丘吉尔肯定也意识到了这一点，但是他已经被捆住了手脚，无法抽身。因此，他故态复萌，将责任归咎于达达尼尔海峡委员会，指责他们在决策方面无能到了令人震惊的地步，他对内阁也进行了更激烈的谴责。我本人认可阿斯奎斯的方针路线，对劳合·乔治领导下的政府在引导战争方向方面取得了多大的成就表示怀疑，但是读着达达尼尔海峡委员会的会议纪要我还是会感到震惊。该委员会的实际作用远不止其名称所显示的那样，它实际上是中央战略指挥部门，当时完全不存在和它平起平坐的机构。不过，委员会这个平台的存在主要是为了让委员们激烈地交换意见，而不是制定硬性决定。当传来令人愉快的消息时，委员会里的激烈气氛就会得到化解，但是没有好消息的情况更为普遍，这时委员会里的气氛就会变得更加令人不安。

直到 10 月中旬，达达尼尔海峡委员会才下决心将汉密尔顿召回国。在做出这个决定的过程中，基思·默多克起到了相当大的作用，当时年纪轻轻的他是《悉尼太阳报》的一名记者，后来他成了澳大利亚最大的报纸所有人之一。基思·默多克的儿子出生于 1931 年，在他从危险重重的达达尼尔海峡回到悉尼的多年之后，后者成了更具有全球化色彩的媒体大亨，这就是鲁伯特·默多克。基思·默多克之所以在这起事件中产生了重要作用，是因为澳大利亚军队在加利波利半岛的存在（以及遭受的伤亡）。在写给丘吉尔的信中，《每日纪事报》（自由党）编辑罗伯特·唐纳德以饶有兴趣又有所保留的口吻提到了默多克：

> 默多克先生不会对军事问题不懂装懂。当我就他的报道中的一些细节询问他时，他做出的回答相当含糊。很显然，他所写到的并非他亲眼所见，他也根本不了解自己所谴责的对象。他了解到的情况大部分都是二手。我的意思并不是他了解到的情况大多是错误的，或者他的有些批评是不公正的，只是我本人觉得在接受他的观点时必须保持警惕。^{cccxciii}

无论是否带有偏见，默多克发给阿斯奎斯、劳合·乔治和澳大利亚总理（安德鲁·费舍尔）的报告都彻底结束了汉密尔顿的事业。在 10 月 14 日的会议上，达达尼尔海峡委员会决定将汉密尔顿召回国（此后他再也没有被授予过指挥权），在会议上丘吉尔无奈地指出汉密尔顿一直面对着"恐怖"的困难，他认为召回的决定并不是对后者的"诋毁"。

汉密尔顿的职业生涯结束了（永久性的），丘吉尔的职业生涯也快要画上句号了（临时性的）。10 月初，丘吉尔依然给阿斯奎斯写着十分打动人心的备忘录和（或者）书信。在 4 日的信中，他提出了几条建议：用在陆军部里不得人心的基钦纳取代约翰·弗伦奇，指挥在法国的行动（丘吉尔认为英国应当尽可能减少在法国的投入）；弗伦奇应当指挥"英军对土耳其人作战"；劳合·乔治应当接替基钦纳，进入陆军部，并为陆军部"组建一个最优秀、最强大的总参谋部；道格拉斯·黑格爵士不善言谈，但他是我们所拥有的最有学识和才智的军人，这一点无可争辩"。^{cccxciv}

丘吉尔非常想谴责阿斯奎斯缺乏勇气，问题是，一向如雄狮一样勇敢的他这一次却出现了与阿斯奎斯一样的问题。在1915年的秋天，白厅也许受到了某种令人陷入迟钝状态的恐怖病毒的威胁。在将信发出去之前，丘吉尔把最后4段，也是让人印象最深的4段话删去了。在10月22日和29日写下两封给阿斯奎斯的辞职信时，他也表现出了同样的犹豫。在第一封信里，他只是威胁说如果不将基钦纳从陆军部调走，用"一名能干的，真正对议会负责，并且得到有条件组建的最强大的总参谋部支持的文职陆军大臣"^{cccxcv}将其取而代之的话，他就辞职。基钦纳没有被剥夺陆军大臣的头衔，但是他被送往了达达尼尔海峡及周边各地，开始为期一个月的视察，这样一来，阿斯奎斯就可以亲自负责陆军部的工作，在卡拉事件期间以及1914年战争爆发伊始他都做过这项工作。他也有机会充分展现自己娴熟的领导技巧，虽然这个机会来得晚了一些。有观点认为，到了这个阶段，阿斯奎斯已经变得暮气沉沉、极其拖沓，他在这一个月里的表现正好对这种观点做出了驳斥。他刺破了几个在基钦纳领导下逐渐溃烂的脓包，其中最重大的成果就包括将率领远征军出征法国的弗伦奇调回，任命黑格继任远征军最高指挥官。

内阁阁员们普遍主张大幅度缩小军事会议的规模，在基钦纳尚未动身前往地中海东部的时候，阿斯奎斯对内阁的这一要求也做出了回应。他在10月28日的一份会议记录中向同僚们表明了自己的想法，正是他的表态促使丘吉尔写下了第二封没有发出去的辞职信。在前一年的5月里他就面临过同样尴尬的处境，当时他对联合政府的概念基本表示支持，只是对自己被排除在掌权阶层之外——至少可以说受到了一定程度的排斥——感到不满。现在，他不着边际、含糊其词地对人数过多的达达尼尔海峡委员会展开了猛烈的抨击，不过他也明白一个人员结构更紧凑的委员会是容不下他的，那样的话，他就只能守着自己那份闲职，除了兰开斯特地方治安官的任命以外就没有多少事情可以操心了。他草拟的这封信透着一股怒气：

> 我对战争政策的看法已经留有记录了，我看到你们选择的是哪条道路了，对此我深感遗憾。我不可能在不掌权的情况下认认真真地履行我的职责。给我们造成不幸的并非只是迟迟不能做出决定这一个因素。执行过程中出现的失误、低迷的士气，在一切军事事务上缺乏规划、没有通盘考虑、缺乏和盟军有效的协同行动，仅仅依靠您在备忘录中指出的那些方案是无法消除这些问题的。不过，您提出的方案本身是有益的……但是，有一件事情我们或许最好还是谈一谈。眼下有必要将启动达达尼尔海峡远征计划的过程公之于众。^{cccxcvi}

很奇怪的是，这封信写在了克拉里奇酒店的信纸上。这封信也没有被发出去，因为就在两个星期后丘吉尔又写了一封信，这一封信流露出的情绪远比之前的那封信更紧张（也更决绝）。在最后这封信中，他不像在上一封废弃的信稿中那样怒气冲冲、抱怨连连，而是以更坚决自信的态度为自己在海军部制定的政策做了辩护，避免了上一封信稿中最后一句话所暗含的那种勒索的意味。在这个多少算是失业的夏天，丘吉尔日渐沉迷于自己在担任海军大臣期间的战时记录。他不断要求公布一批备忘录、电报和其他文件，这些文件不仅涉及在冬天制订达达尼尔海峡战略计划过程中众人共同承担的责任（他与阿斯奎斯、基钦纳，实际上还有军事会议的全体委员），还涉及安特卫普事件、3 艘"克雷西斯"号巡洋舰的沉没，以及克拉多克将军在南太平洋打了败仗的事情。

阿斯奎斯、贝尔福（他自然得负起海军部的责任），以及其他大臣都对丘吉尔的提议毫无热情。他们不太可能会在一场形势极其严峻的大战进行到一半的时候做出与丘吉尔一样的举动，将维护他的声誉置于国家安全、民族士气，毫无疑问还有大臣们喜欢保密的天性之上。看到无法确保这些情况在更大范围内得到扩散，丘吉尔便自己动手散发起了相关机密文件的副本，就好像这些文件是格外露骨的色情文学似的，然后便急不可耐地期盼着看到同僚们大为震动的景象。他尤其在自己新加入的保守党的同僚们中间散发了这些文件，当时后者自然不了解这些情况。这可算不上他一生中最辉煌的时刻。

不过，在真正生效的那封辞职信中，他终于将自己从令人不快的自我辩护中解放了出来，摆出一副更加自信的态度。外界普遍认为这封被公开的声明姿态很高，丘吉尔收到了包括维奥莱特·阿斯奎斯（她甚至为丘吉尔抄写了一份吉卜林的诗歌《如果》，在那个年代这首诗应该不像在当今世人的眼中那么陈腐呆板）、爱德华·格雷和第 4 轻骑兵队上校指挥官在内的不少人的来信，他们都在信中对他表示了赞许。这封信成了丘吉尔一生中的一道分水岭，因此值得全文引述在此。

兰开斯特公爵领地事务部

1915 年 11 月 11 日

亲爱的阿斯奎斯：

当我于 5 个月前离开海军部之时，遵照您的要求我接受了一个几乎无事可做的闲职，为的是继续参与军事会议的工作，并帮助新上任的几位大臣熟悉目前的行动，当时我对这些事情的了解格外深入。我提供的参考意见都被记录在帝国防务委员会［对军事会议，即后来的"达达尼尔海峡委员会"的不够确切的称呼］的会议记录以及我在内阁中传阅的备忘录中。眼下，我希望您能注意一下我提出的这些建议。

我对组建小型军事会议的决定表示热烈的赞同。6个星期前，您曾表示打算将我接纳进该会议，对此我深表感激。当时我就预见到，在该会议的人员构成问题上您个人将面对诸多困难，对于您的原计划有所改变一事我毫无怨言。但是，由于新的变化，我在政府中的工作自然趋向结束了。

我清楚自己将如何应对目前的形势以及权力执行机构［一个含糊的措辞］，因此我无法接受一个需要对战争政策全面负责，但是在指导和控制政策的工作中却没有实际地位的职务。即使正确地做出了原则性的决定，对结果具有决定性作用的还有执行决定的速度和方法。我认为在这样的形势下，我无法继续过着薪水丰厚却无所作为的日子。因此，我请求您将我的辞呈呈递给国王。我是一名军官，我完全愿意接受军方的调遣，而且我注意到我的部队现在就在法国。

我的头脑非常清醒，因此对于之前发生的事情我自会冷静地承担起我的责任。

时间将证明我在海军部的领导工作，让我在确保我们完全掌握制海权的一系列筹备工作和军事行动中占据我理应占据的一席之地。

在此，我怀着深深的敬意以及对您一如从前的私人感情向您道别。

谨上

温斯顿·S. 丘吉尔[cccxcvii]

丘吉尔于11月15日在下议院发表的辞职声明也很顺利，这场讲话与他下一次，也就是4个月后介入议会会议时的情形形成了鲜明的对比，对于这场讲话，维奥莱特·阿斯奎斯也同样毫无保留地盛赞了一番："我认为您的讲话极其完美无缺，我很少会如此感动。这是一场优美大度的讲话。对于您所说的自己对付那个缺德的老疯子的手段我真是感激不尽。"[cccxcviii] 无须说，"缺德的老疯子"指的是费舍尔，而不是维奥莱特的父亲，不过，很快阿斯奎斯就成了丘吉尔更大的抨击目标。从不同的政治视角出发，桑尼·马尔博罗的反应几乎与维奥莱特·阿斯奎斯的一样热烈，不过他对提及"老疯子"的那段话有着不同的理解。公爵在信中写道："你把自己的情况说得一清二楚，我非常开心，要是能略去批评费舍尔的那段话就好了。"[cccxcix] 不难猜出在这两封信中丘吉尔更喜欢哪一封，如果一封总体上称赞的信中夹杂着一条批评意见的话，留在收信人脑海中的将会是批评意见，而非赞美之言，这几乎是一条毫无例外的法则。

丘吉尔对费舍尔的批评措辞严厉，但是不失庄重（"在事发之前我没有得到过第一海务大臣清晰的指引，事发后也没有得到我有权得到的坚定支持"），除此之外，在谈到未来时丘吉尔毫无恶意，坚定不移。"没有理由对战争的进程感到灰心丧气。此刻我们正在经历一个艰难的阶段，在形势好转之前很有可能还会继续恶化下去，但是只要我们能够不屈不挠地坚持下去，最终形势还是会好转的，无论如何我对这一点毫不怀疑。"[cd] 然而，从很多方面而言，这场讲话最值得注意的是其中的负面因素，而不是正面因素。夏洛克·福尔摩斯说过，狗没有叫唤很能说明问题。[①] 他丝毫没有肆意斥责阿斯奎斯和先前的同僚，无论他与克莱门汀的心里有多么怨恨，他在和众人道别的时候都带着一脸的善意。他没有得罪阿斯奎斯及其支持者，实际上在离去之前的一段时间也没有再冒犯过保守党人。在他发表完辞职声明后议会随即进行的讨论中，阿斯奎斯本人对他表现得彬彬有礼、十分友好。伯纳尔·劳就更是热情了："委婉些说，在进入内阁的时候我对阁下不带有丝毫的偏心……但是慎重考虑之后我要说，在我看来这位先生在精神力量和生命力方面都属于我们国家第一流的人才……"[cdi] 伯纳尔·劳还致信阿斯奎斯，建议将丘吉尔派往东非，估计他会出任驻当地部队的最高指挥官，因此应当授予他中将军衔。

次日，在克伦威尔路举办的钱行午宴，带有一丝告别亡人的气氛，不过主要的基调还是丘吉尔与阿斯奎斯的联欢会。维奥莱特·阿斯奎斯来了，更出乎意料的是玛戈·阿斯奎斯也露面了。显然克莱门汀也到场了，她的妹妹内莉·霍兹尔、谷尼·丘吉尔与爱德华·马什也都出席了宴会。正如维奥莱特所记述的那样，参加这场告别宴的大部分人都"心情沉重"，"唯独温斯顿最开心、状态最好，他与玛戈控制着宴会的气氛"。[cdii] 无论在何种情况下都难以想象能有其他人赶得上他们俩的配合。

11 月 18 日早上，丘吉尔跨过英吉利海峡，加入了他在 1914 年之前所属的牛津郡义勇轻骑兵团。他以惊人的速度完成了情绪和身份的转换，这样的速度体现出他以前参加马拉坎德野战军以及在恩图曼作战时的素质。此次他以少校身份出征，没有人清楚在抵达目的地后他将以怎样的速度重新崛起，最终又将达到怎样的高度。

---

① 在短篇小说《银色马》中，福尔摩斯指出马被偷走的时候狗应该叫唤，但是狗却没有叫唤，因此干坏事的人对狗来说不陌生，而是狗认识的人，所以这个人的出现不会引起狗叫。福尔摩斯通过没有发生的事实（叫唤）推导出了结论，这样的事实被称为"负面事实"，或者说是应该出现而没有出现的事实。

第十六章　荒谬的上校和失算的重返政界

　　丘吉尔在布洛涅受到的接待不太像是一名普通少校能够享受到的待遇。远征军最高指挥官派一名司机在码头接到了他，将他送往在圣奥梅尔的总司令部。头脑清醒的丘吉尔说服司机转向了牛津郡义勇轻骑兵团的司令部，实际上，他从未在这个军团中服过役，不过他还佩戴着该军团的肩章，这样一来他至少可以先去部队报到。

　　当天晚上，丘吉尔与约翰·弗伦奇爵士共进了晚餐，在一座"可以洗热水澡，有床、香槟和一切便利设施的上等庄园里"过了夜。此外还有一些几乎过于奢侈的细节都令他在心理上觉得总司令部更像伦敦的政坛，而不是泥泞、污秽的壕沟。"雷蒙德［在战争爆发前是爱尔兰统一党在威斯敏斯特的领袖，为人非常温和］一直就座席间。非常友善，我得承认离开政府的决定绝对没错。"^{cdiii}这段经历就仿佛是歌剧或者是中世纪露天演出中的一幕，既生动，又虚幻，但是随即发生的几件令人不悦、存在一定危险的事抵消了这段经历带给丘吉尔的愉悦感。

　　我发现在近代历史中的各个时期，1914 至 1918 年远赴法国的英国远征军将士们的生活（以及死亡）是最难以理解的。1914 年之前的和平时期的政治环境很容易得到重现，格莱斯顿在中洛锡安郡竞选活动的外部环境也不难理解，就连威灵顿与拿破仑在滑铁卢的一日决战也都不难想象，尽管那一天距离今天已经将近 200 年了。一战距今尚不足百年，^①战场距离多佛尔仅有四五十英里远，从伦敦市中心的维多利亚火车站或查令十字街火车站出发坐火车只有四五个小时的车程，然而那充满苦难和屠戮的 4 年对我来说却远比一切都更不真实。二战期间我在部队里度过了 4 年时光（不可否认那 4 年我没有经历多少危险），但我还是难以想象一战中丝毫没

---

　　①　此处指此书写作时的时间，非当前时间。

有改善迹象的艰苦环境和一幕幕惨剧。

丘吉尔一生中这个短暂的片段也同样不真实。与他忍受兰开斯特公爵领地事务部的时间一样，他在部队里只待了 5 个半月，而且在本来就很短的这段时间里，他还因私事和议会公务在英国断断续续待了 3 个星期。在这几个月里他留下了大量纪录，他与妻子书信往来的数量、在信中表达的关爱甚至激情，以及他描述自己的环境和精神状态的详细程度在他的一生中都是空前绝后的。* 但是，在我看来这几个月却是一段动荡不安的时光，丘吉尔既不是完全身处于充满污秽和牺牲、只能咬牙坚持走下去的世界里，也并非日日享受特权、时不时还能享受一下有些奢华的生活，只需要根据实际情况勉强参与一下战争。在 3 个相互冲突的欲望的压迫下，丘吉尔一直处于举棋不定的状态中。首先，他渴望自己能一如既往地以大无畏的精神履行自己的职责。第二，他野心勃勃地期盼着在军队里的升迁，在短时间内军衔提升得越快，他就越开心。第三，他总是想紧紧盯着伦敦的政治动态，在一定程度上最后一点与前两个愿望有所冲突。在到达法国的一个月里，他还是会在信中提到他相信"如果我要求回国，去履行我在议会的职责，如果时局需要我的存在的话，那么就[没有什么]困难能挡住我的路"。[cdiv]

抵达法国的第二天，丘吉尔前去会见了陆军少将卡万伯爵弗雷德里克·兰巴特（后来成为元帅），后者当时是近卫师的指挥官。次日，他又从司令部赶了过去，同对方共进了午餐。他在指挥官这个级别受到的接待很气派，气氛也十分友好。接着丘吉尔得知自己被编入了第 2 掷弹营，以便他熟悉壕沟战。这只是临时编制，他无须负责该部队的指挥工作，但是这样的安排让他置身于艰难而且相当危险的环境中。老鼠和积水过多的壕沟进入了他的意识，面对这一切他表现得很理智。自从在南非经历野战军生活以来已经过去了 16 年，但是正如他在到达法国的一个星期后留下的记述一样，"我发现那么多年的奢华生活丝毫没有磨灭我的肌体健康，这真令人满意"。[cdv]

到了营队这一级，他受到的接待一开始和卡万伯爵对他的款待截然不同。掷弹营的指挥官是乔治·杰弗里斯上校，后来他成为将军，很久之后，当选为彼得斯菲尔德的保守党议员长达 10 年之久。根据我对与他在下议院共事 3 年的记忆，在我见过的指挥官里，他是最有可能说出"哦！一场多么美好的战争"这种话的人。丘

---

* 玛丽·索姆斯整理的丘吉尔夫妇书信集（《亲述自己：温斯顿·丘吉尔与克莱门汀·丘吉尔私人书信集》）对这一时期的见解比其他时期都更令人印象深刻。

吉尔抵达营队后，他对丘吉尔表现得很冷淡。在 1932 年的《思想与冒险》一书中，丘吉尔开诚布公地记述了当时的情形。杰弗里斯上校对他说："我想我应当告诉你，关于你加入我们营这件事压根就没有人问过我们的意见。"（1952 年，丘吉尔为上校授予了贵族头衔。）杰弗里斯的副官火上浇油地补充道："少校，恐怕我们得精简一下您的行装……我们为您找了一名仆人，他会给您拿来一双换洗的袜子和您的剃须用品。"cdvi 我怀疑这段描述有些言过其实，因为丘吉尔接下来写到自己在不到 24 小时之后又向克莱门汀索要了一批物资：

（1）1 件暖和的棕色皮马甲；

（2）1 双壕沟里穿的胶皮雨靴，棕色皮底，防水帆布的鞋面，长及大腿；

（3）1 个潜望镜（尤其重要）；

（4）1 条绵羊皮睡袋……；

此外请给我送来：

（5）2 条卡其布长裤，（莫里斯［他的贴身男仆］很愚蠢，竟然忘了帮我装进行李中）；

（6）我的 1 双棕色带扣靴子；

（7）3 条小擦脸毛巾。cdvii

没过多久，丘吉尔的要求就更加集中在了食物和酒水上。他的请求变得越来越紧急、具体，与此同时，他与总司令部的联系变得越来越松散了。11 月 23 日，他只要求"一周有一小盒吃的，以补充配给军粮的不足。沙丁鱼、巧克力、肉罐头，以及其他你能想到的。尽快准备好……"两天后他想要"我的 2 瓶陈年白兰地和 1 瓶桃子酒。或许每过 10 天，我就会重复一遍这项要求"。cdviii 但是到了 1916 年 1 月 27 日，"关于吃的东西，我需要你寄来如下物品：几大块咸牛肉、斯第尔顿奶酪、奶油、火腿、沙丁鱼、水果干；没准你都可以试着寄来一大张牛排馅饼；不要松鸡罐头，一切罐头食品都别考虑"。cdix

不过，最值得注意的还是，他迅速克服了由于他的加入，掷弹营一开始对他表现出的敌意。他对目标的认真、对危险的漠然、面对不适的环境的忍耐力（但是这一次他能忍受下来并不是由于他对这样的环境无动于衷）都给他们留下了深刻印象，而他也逐渐对近卫步兵这一高级军团产生了深深的敬意。在 11 月 27 日的信中，他写道："这支营队的纪律非常严明……效果非常好。士气令人钦佩……将士们都对伤亡处之泰然。该做的事都做了，面对损失没有人大惊小怪，也没有人多嘴多

舌……"^{cdx}

按照爱德华·格里格（很久之后成为奥尔特灵厄姆男爵）[*] 的指示，在大部分时间里都有人陪着丘吉尔，很快丘吉尔就熟悉了前线的壕沟生活。实际上丘吉尔在掷弹营度过的时间就只有 11 月的最后 10 天，以及 12 月中旬的大约 48 个小时。掷弹营一贯坚持指挥权只能由自己人掌握的原则，但是在 12 月 9 日，杰弗里斯提出任命丘吉尔为自己的副官，他觉得可以为丘吉尔通融一次。丘吉尔感到很荣幸；不过，他觉得自己完全有能力得到更高的职位。以前——在安特卫普，或者假如他去了东非的话——就连中将这样的军衔对他来说都如浮云一般，而眼下，他的目标只在于"得到一个旅"，他认为，在自己动身离开伦敦之前阿斯奎斯已经向他承诺了这一点。弗伦奇元帅当然有意于此。到了 12 月 10 日，这项提议就落实为明确的方案。在这一天的信中，丘吉尔告诉克莱门汀："我要被授予第 19 师第 56 旅的指挥权了。布里奇斯［乔治·布里奇斯］指挥该师，我要指挥的旅包括兰开夏第 4 营……我希望斯拜尔斯担任副旅长，阿奇博尔德［·辛克莱］担任参谋官……请你再为当上准将的我定做一件卡其布上衣。口袋不要像另外两件那么松垮，面料要更结实一些。"^{cdxi}

丘吉尔的愿望落空了，鉴于他上述那些详细具体的期望和准备工作，这样的结果有些令他气馁和耻辱。失望之下他做出了极端反应，不断地朝一个方向倾斜下去。表面上他一如既往地保持着平静，但是内心显然极度波动不安。到达法国之初，他竭力描述着自己的感受以及愉快的生活。从未经历过壕沟生活的他突然（离开伦敦后仅 5 天）下到了壕沟里，在 11 月 23 日的信中他写道："身处这样的环境，在潮湿、寒冷以及各种不太严重的不便条件帮助下，我获得了许多个月以来一直没有找到的快乐和满足。"^{cdxii} 在 12 月 4 日的信中他写道："他们都说我看起来年轻了5 岁；我肯定从来没有像现在这样健康、振奋过。"^{cdxiii}

将丘吉尔的首要兴趣牢记在心的几个人都认为，丘吉尔原本应当在法国平稳过渡，这么快就指挥一个旅的兵力有些操之过急，会让这段过渡时期产生的积极效果化为乌有。在 12 月 6 日的信中，克莱门汀写道："先拿到一个营再说，以后再指挥一个旅。"她一向比丈夫更明智，早在两天前的信中她就告诉丈夫："昨天晚上，布

---

　　* 除了格里格，还产生了很多贵族，后来继续产生了不少贵族。文中已经提到了卡万与杰弗里斯。当初至少同杰弗里斯上校一样对丘吉尔不太友好的第 2 掷弹营的副官威尔弗雷德·罗素·贝利后来成为第三代格拉纳斯克男爵，在远征军领导层里最先成为丘吉尔密友的弗伦奇成为伊普尔伯爵。但是没过多久，丘吉尔就适应了远比此时更典型、更简陋的战争环境，开始指挥中级军官和来自苏格兰艾尔郡煤田的其他级别的军官了。

里奇斯将军［他们夫妇俩都十分敬重这位将军］来见我……他说：'我想温斯顿将会得到一个旅。'我说我觉得你更愿意先掌管一个营，他面露喜色，说：'我真是太高兴了。'"[cdxiv] 在12月11日再一次与卡万共进午餐之后，丘吉尔也如实汇报了当时的情形："［将军］强烈建议我先掌管一个营，然后再掌管一个旅。有机会的话，我想我会这么做的。"[cdxv]

无疑，弗伦奇希望自己的朋友丘吉尔能拥有属于自己的一个旅，然而当时他自己眼看就要出局了。在基钦纳于11月30日从地中海东部返回伦敦之前，阿斯奎斯就做出了决定，弗伦奇很清楚这一点。12月中旬，远征军总司令返回伦敦，履行了最后一项使命。他告诉阿斯奎斯自己打算将一个旅交给丘吉尔，首相一开始似乎为这个提议感到喜悦，但是随即他就意识到这件事有可能会在议会中掀起一场风暴（丘吉尔是否指挥过哪怕一个步兵营的兵力？迄今为止他在前线待了几个星期？），因此他又变得警觉起来。他写信告诉弗伦奇，这个决定大概有失明智，他还说："也许你可以给他一个营。"[cdxvi]

弗伦奇给远在圣奥梅尔的丘吉尔打去电话，将这个坏消息告诉了他。（在12月的大部分时间里，丘吉尔都在圣奥梅尔的总司令部里"终日无所事事"地等待着，只有近卫团偶尔供他调遣一下。）这个消息令丘吉尔极度失望（比他在不得不撤销定做旅长制服的要求时更失望），不过外人很难猜想出对于一位在7个月前曾负责指挥一整个政府机构的业余军人而言，营和旅之间的区别究竟有多么大，事后回头看也同样难以说清这两者之间的差别。阿斯奎斯的那句"也许你可以给他一个营"令他十分痛苦和怨恨，迄今为止，他听到的几乎任何一句话都不曾激起如此强烈的情绪。他越来越无法忘记这句话，在他看来，阿斯奎斯的行为完全是对他的背叛。以前，他一直在对阿斯奎斯娴熟但是没有多少活力的战时施政能力评头论足，其中大部分其实都是在为阿斯奎斯进行辩护。经过这件事之后，他对阿斯奎斯的评价失衡了，言辞变得越来越激烈。这种表现完全有悖于他反复重申的观点——前线的新生活令他感到开心和平静。

在这件事情的刺激下，丘吉尔与克莱门汀围绕着他与阿斯奎斯未来的关系争吵了几个月。克莱门汀希望丈夫继续与首相保持顺畅的联系，丘吉尔却只想任由自己深陷在满腹怨气的泥淖中。克莱门汀远比丈夫更理智。丘吉尔之前的看法根本不能说服她相信有理由认为阿斯奎斯亏欠了他很多——如果阿斯奎斯对此事完全知情的话。在尚未收到这个坏消息的时候，丘吉尔就已经在信中告诉妻子："阿斯奎斯惩罚我、必须面对基钦纳的那一刻日渐临近了。这些卑鄙无耻的家伙几乎要彻底葬送我们的机会了。也许反抗他们的任务落在了我的肩上。这么做我绝对不会后悔的。"^{cdxvii} 之后他还写过两封信，但是他要求妻子将这两封信销毁，因为他当时"心情沮丧，思路毫无条理"（克莱门汀照办了）。第二天他又写了一封信，他没有再要求妻子销毁这封信。他在信中写道："总而言之，我更愿意认为他的行为已经发展到了极端卑鄙小气的程度……我个人认为我与他已经彻底断绝了关系；我不想草率地得出结论，但是我感觉我们之间的一切关系都要结束了。"^{cdxviii} 参照这封信，难以想象丘吉尔在那两封被销毁的信里都写了些什么。

丘吉尔夫妇在书信中继续争执下去，问题的核心逐渐演变成阿斯奎斯应当被视作一个黑心的叛徒，还是一位仁慈的领袖，只是偶尔有些自鸣得意——这种说法或许带有一丝批判性的讽刺，直到 7 个月前，在他们夫妇的眼中他还保持着这样的形象。他们的争执中还出现了一个次要话题，即丘吉尔与劳合·乔治过于亲密的问题（丘吉尔寄希望于通过劳合·乔治自己能官复原职），克莱门汀对此人十分不信任。这场夫妻间的争执在充满强烈的友情和爱情的氛围下继续着，但是争执始终没有消失。1 月 10 日，丘吉尔给克莱门汀写了一封信，相比他在这一时期的书信风格，这封信中多了一些分析，少了对阿斯奎斯的谩骂，但是信的结尾显得很沮丧："无论如何，我都看不出阿斯奎斯对我有利益需求。抹杀我最符合他的利益需求，无论他对我多么友好。倘若我死了，他会感到难过，但是我的死亡符合他的政治需要。劳合·乔治不会难过，但是我的死亡有悖于他的政治需要。"^{cdxix}

2 月 2 日，丘吉尔旧病复发，写下了更过分的怨言："我对阿斯奎斯以及他的所有工作的厌恶与日俱增。"但是克莱门汀在信中写道："不要让你的心彻底将首相排斥在外。他有些懒散，但是很健康（或许也正因为他为人懒散）。他的确是一只狡猾的老乌龟，但是无论如何，他都不是一个卑鄙小人。"大约就在同一时期，在提到劳合·乔治的时候克莱门汀写道："我一点也不信任他，他只会拣好听的说，贼眉鼠眼、奸诈阴险……"^{cdxx}

克莱门汀与阿斯奎斯夫妇的关系亲密得令人惊讶，尤其是考虑到她始终不如自己的弟妹谷尼那样在私下里深得阿斯奎斯夫妇的喜爱。这种状况反映出阿斯奎斯夫妇一直对她的丈夫丘吉尔很友好，尽管有时候他们也会对后者感到很恼火。11 月 30 日，克莱门汀 4 岁半的儿子伦道夫在维奥莱特·阿斯奎斯与莫里斯·博纳姆·卡特的婚礼上担任伴童，她自己也去唐宁街 10 号参加了招待会，还以非常幽默的笔触给丘吉尔讲述了"呆子"（丘吉尔夫妇给阿斯奎斯起的绰号，不过没有太大的敌意）在门厅里撞见了她与哈尔丹在一起（两个人都感到尴尬）："［他］客气地嘟囔了几句，然后便拖着脚步走掉了，一边还紧张地抽了抽鼻子……"^{cdxxi} 在接下来的一个星期里，玛戈·阿斯奎斯与女儿伊丽莎白（后来嫁给罗马尼亚贵族，成为比贝斯科王子妃）前往克伦威尔路41号享用下午茶，克莱门汀与谷尼受到邀请在那个星期天去唐宁街参加午宴。在元旦这一天，克莱门汀又收到邀请，在2月9日的宴会上就座于首相旁边。2月中旬，她在沃尔默城堡过了一个周末，独自与首相打了一场高尔夫球，只是没能打败对方。（沃尔默城堡是辛克港领主的府邸，阿斯奎斯夫妇暂时入主这里，因为这里是非常适宜与前线保持联络的中继站。）当月月底，阿斯奎斯夫妇前往克伦威尔路与主人共进午餐；3月6日也是如此，此时正值丘吉尔在英国度过的第一个长假期间，之前他曾有过3天的圣诞节假期。克莱门汀被独自留在伦敦，对一个有些不光彩的替罪羊（丘吉尔对自己的理解）来说，首相对待他妻子的态度不算差。

无论外界认为在推进达达尼尔海峡战略计划走向决定性胜利的过程中阿斯奎斯的表现有多么不足（由于费舍尔反对该计划，基钦纳又谨慎地保持漠然，要想取得胜利非常困难），我们也不能随随便便地说阿斯奎斯本人对丘吉尔很恶劣。当阿斯奎斯迫不得已与托利党人一起组建了一个不得人心的联合政府时（在很大程度上是由于丘吉尔无法与暴烈的第一海务大臣和睦相处，这一点并不令人感到意外，而后者能够重返海军部也同样是由于丘吉尔的坚持），他至少在内阁里为丘吉尔提供了一个闲职，这就让后者有机会继续在内阁发表意见，他在政坛上交往时间最长的老友哈尔丹都不曾从他这里享受到这么好的待遇。当年秋天，阿斯奎斯被迫（尤其是在丘吉尔的压力下）组建了一个作战执行委员会，委员会没有给兰开斯特公爵领地事务部大臣留出一席之地。阿斯奎斯接受了丘吉尔的辞呈，无论是在公开场合还是在私下里他都表示了遗憾，始终不曾抱怨过什么。

当时，首相根本没有逼走丘吉尔，让他去前线寻找自救的办法。当丘吉尔真的退出政府后，首相又非常乐意帮助在近些年里毫无军事经验的他，在作战部队中谋到比两次世界大战中任何一位从军政客所能谋到的更高的指挥权。丘吉尔几乎就要得偿所愿成为旅长了，但是之所以能这样，在一定程度上是由于他在还是海军部大臣时与身为下属而且已经日薄西山的总司令（弗伦奇）交往过密，由于这一点，他和基钦纳以及其他几位内阁同僚之间产生了强烈的不信任感。当丘吉尔的疾速升迁显示出有可能引起具有破坏性的争议的苗头时，阿斯奎斯再也不想坚持自己之前的想法了。或许在这件事情上他的确缺乏男子汉气概，但是他的改变也算不上过于恶劣。

在这几个月的书信中，丘吉尔与克莱门汀聊的大多是丘吉尔在短暂的军旅生涯中经历的日常生活：危险的日子和安全的日子，不舒适的地方和偶尔的享受，冒险活动和平淡之处，而不是丘吉尔的伤心事，不过丘吉尔对后一个话题越来越痴迷了。当旅长的希望化为了泡影，他便整日待在总司令部周围，一心等着当个营长。

在 12 月 19 日送别弗伦奇之后，圣奥梅尔对他说来就远远没有之前那么有吸引力了。他的确亲眼看着弗伦奇离去，同时也以一种几乎可以说浪漫的方式同后者做了告别。就在前一天，他们二人一道驱车前往佛兰德斯的乡下，在一座小木屋里野餐了一次。在最后一天："[弗伦奇]接见了一大堆将军之类的人物，接下来他打开门，说：'温斯顿，我在这里的最后一刻钟同你一起度过真是再合适不过了。'然后他便与一支仪仗队、向他敬礼的军官、欢呼的士兵和当地的居民离去了——从历史舞台疾步走向了乏味单调的寻常生活。"[cdxxii]

黑格对丘吉尔礼遇有加，但是仅此而已。因此，丘吉尔主动搬去与马克斯·艾特肯议员（不久后成为比弗布鲁克男爵）住在了一起，后者暂时穿上了军装，在圣奥梅尔镇设立了被他的客人称为"类似于加拿大陆军部"的机关，办公室距离黑格的司令部有些距离。这个机构让丘吉尔与比弗布鲁克开始了亲密的交往，这段友谊一直持续到了他们生命的尽头（后来，他们两个人在 7 个月的时间里先后离世）。他们以一种典型的方式开始了交往，比弗布鲁克纵容丘吉尔，同时又令丘吉尔感到开心，恰好当时丘吉尔最需要这两种安慰。这样的交往渐渐地成了比弗布鲁克的习惯，这个习惯至少保持到了 1953 年丘吉尔出现严重脑卒中的时候，在他患病期间，比弗布鲁克也没有改变这个习惯，第一批探望丘吉尔的人里就有他。比弗布鲁克在政治上对丘吉尔产生的影响力基本是消极的（在克莱门汀看来绝对如此），他也不会始终如一地支持丘吉尔，但是他知道如何帮丘吉尔缓解压力，对于一生中始终对粗鲁之人没有抵抗力的丘吉尔来说，他颇具魅力。

在这几个星期里，丘吉尔还结交了另一位朋友，这个人就是爱德华·路易斯·斯拜尔斯（通常都被称为路易斯·斯拜尔斯），后来他将姓氏改为"斯皮尔斯"。从约瑟夫·霞飞时期到戴高乐时代，斯拜尔斯的强项一直是担任对法国方面的联络官。他自幼在法国长大，能流利地使用两种语言，但是他的身份不只是一名翻译。他的谈吐几乎与丘吉尔一样出色，但是 31 岁的他在初次见到这位已经 41 岁的语言大师时，他只是充满敬意地倾听着，几乎没有插几句嘴。12 月 18 日（1915），丘吉尔在信中写道："我非常喜欢他，他彻底被我迷住了。"[cdxxiii]（多少有些自负，不过大概也符合事实。）吸引力是双向的，当一个旅的兵力向丘吉尔发出召唤时（正如我们在上文中读到的那样），对斯拜尔斯的好感促使他希望由后者担任副旅长；当他不得不降低目标时，他又希望后者能担任他在营里的副官。这两个职位根本不适合斯拜尔斯，他完全是一个属于司令部的军官，一位联络官。但是，这并没有阻拦住丘吉尔，最终他还是说服斯拜尔斯勉强答应担任他的副官。

在这一年的 12 月，斯拜尔斯起到的更实际的作用就是带着丘吉尔对法国军队进行了两次探访。令人感到奇怪的是，这种经历对大部分英国军官来说都比较陌生，甚至是比丘吉尔资深很多的军官也是如此。两国军队毗邻而居，但是由于法国人喜欢保密，英国人又喜欢离群索居，因此双方几乎都将自己包裹得密不透风。丘吉尔先是在 12 月 5 日拜访了法约尔将军和在阿拉斯前线的第 10 军，这次访问给人留下了很直观的印象。法国方面赠送给丘吉尔一顶浅蓝色的法国头盔，头盔的形状非常匹配丘吉尔好战的怒容。他希望这顶头盔能够保护好他"宝贵的头盖骨"。他戴上了这顶头盔，后来在壕沟里的时候（大部分时候都在壕沟之外的地方）这么做或许不太符合规定。这个小细节成了丘吉尔的一个标志，几乎与 25 年后蒙哥马利将军的贝雷帽有着异曲同工的效果。

丘吉尔喜欢在脑袋上扣上沉重的头盔（弗伦奇的头盔肯定能达到他的要求），将衣服扣得严丝合缝。他与阿奇博尔德·辛克莱（未来的自由党领袖）的合影就生动地体现了他的这两个习惯，令人过目不忘。辛克莱和斯拜尔斯不一样，他的确担任过丘吉尔的副官，他与丘吉尔的合影是两个人于 1916 年 2 月的一个午后在法国小镇阿尔芒蒂耶尔的一家照相馆里郑重其事地拍下的。照片中的他们看上去都像是饱经风吹雨淋的青铜雕像，如同罗丹的著名雕塑作品《加莱的义民》中两尊人像一样忧郁而坚忍。丘吉尔的军用防水外套被武装带紧紧地捆扎住，展现出一种强烈的力量感。丘吉尔在获赠头盔的那天与法约尔的合影更是清楚地体现出他对腰带的喜爱（没有穿防水外套），这种打扮不禁会让人的思路跳跃到丘吉尔在二战期间穿着的"议会"制服——紧紧系住扣子的黑色外套（总像是腰围更小的人的衣服）。

在丘吉尔第二次探访法军的时候，陪同他一道前往的依然是斯拜尔斯，这一次他们造访了维米岭，从山上俯瞰杜埃平原的风光。在丘吉尔逝世后（在丘吉尔逝世前他们的关系已经变得非常冷淡），斯拜尔斯向马丁·吉尔伯特讲述了往事，法国指挥官都对丘吉尔很客气，但是在那个时候他们都没有拿他当回事。当丘吉尔详细讲述自己对研制坦克的构想时，其中一名法国军官说："把阿图瓦给淹了，让你的舰队开过来不是更简单吗？" [cdxxiv] 相比法国军官对待丘吉尔的态度，丘吉尔对法国人的军事力量以及对惩罚的承受能力显得更严肃。由于某些深信不疑的想法，他在 1933 年 3 月终于在下议院里喊出了"感谢上帝，世上还有法国军队"这句话，这些想法或许就是在这几次探访法军期间被灌输进他的头脑里的。

1916 年元旦这一天，丘吉尔得知自己得到的是皇家苏格兰燧发枪团第 6 营，他于 1 月 5 日正式接过了指挥权。这个营作为后备军驻留在法国北部的梅泰朗，靠近巴约勒，距离比利时边境不到 5 英里，距离前线只有 10 英里。现如今，这里更靠近另一条路，高铁"欧洲之星"每天就沿着这条路从里尔（当时属于敌占区）呼啸着驶向加莱。这个营唯一引人注目的地方就是在前一年9月的路斯战役中遭受了恐怖的伤亡，损失了3/4的军官和半数的其他成员。自那之后，这个营在伊普尔战区就一直很不自在，士气非常低迷，这一点并不令人感到意外。丘吉尔在信中向克莱门汀提及这个营，他的措辞很公正，只是几乎有些自相矛盾：

> 这支部队可悲可叹。年轻军官全都是矮小的苏格兰中产阶级——非常勇敢、积极肯干、很聪明，但是都对部队生活很陌生。高级军官和职业军人全都阵亡了。我花了整个上午的时间，逐一观察了每一个连的操练情况以及他们使用武器的情况。他们都很出色。混乱的局面也得到了很好的控制——比掷弹营的情况好很多。这支部队充满了生气和力量，我相信我能够助他们一臂之力。阿奇［他的新副官阿奇博尔德·辛克莱］很开心，我希望他能被提拔为少校。[cdxxv]

这个营对他们的新指挥官又有着怎样的看法呢？对于这个问题，第6营的低级军官留下了大量的记录。营里的军官们或许的确出身于中产阶级，身材矮小——丘吉尔会提到后一点令人感到惊讶，因为他自己的个头也不算高——但是在不多的几位司令部参谋中就有两位在后来都获得了耐人寻味的成功，在当时也都表现出了很强的观察力。但是副官安德鲁·杜瓦·吉布是一名苏格兰律师，先是在伦敦和爱丁堡的几所高校任教，同时还在两地的辩护律师协会执业，在此之后，他从1934年起担任格拉斯哥大学法学院钦定教授长达24年。在20世纪20年代，他曾两度当选为保守党候选人，但是最终都没能进入议会。接着他又成为苏格兰民族党人，但是也同样没能进入议会。到了20世纪30年代末期，他又以苏格兰民族党人身份参加了3次苏格兰大学选区的竞选。1924年，他出版了《与温斯顿·丘吉尔在前线》（一开始没有署名，但是后来人们还是知道了作者的身份）。

在撰写这部小册子（不到2万字）的时候，吉布采用了一种令人愉快的调侃方式。他在书中提出了两个基本前提：部队的运转基本上是"一团糟"；从某种程度而言，作为这种混乱状况的必然结果，上级给下级军官下达的大部分命令可能基本上都是错误的。外部发来的命令更是如此，造成错误的因素也包括参谋官。他的讽刺心平气和，在他的笔下，壕沟里和壕沟背后的生活听上去并没有那么污秽不堪，甚至可以说比较有趣。他的讽刺对象也包括丘吉尔上校，不过对丘吉尔的讽刺还伴随着有趣的赞赏——世上竟然有这样一个精力充沛、充满自信、无所畏惧、自我放纵、古里古怪的人物。在书的结尾，他抛开了超然的态度：

我笃信部队指挥官里再也找不到一位比他更受欢迎的军官了。作为一名战士，他很勤勉、坚忍不拔、头脑严谨……他能够埋头于令人厌烦但是不可避免的细节问题，让自己的部队尽可能地提高效率。对于他在制定战术、规划战略方面的能力，我没有什么可说的，在我们共事期间这些方面都没能得到检验。但是我想象不出那颗极具创造力、充满奇思妙想的脑袋在思考人类活动时会遭到失败。此外，他还热爱部队生活，他的心与部队生活贴得非常紧，我想他原本可以成为一名非常了不起的战士。面对困难，多少次我们都听到了他对大家的鼓励："战争是带着笑容打的一场比赛。"没有哪一条格言比这一句更始终如一地被贯彻下来……他是一个显然永远会有敌人的人。但是，在他过去参加的部队里他不曾与任何一个人结仇，反而拥有了一批永远忠心于他的追随者、崇拜者。毫无疑问，他是一个伟大的人，他们都为自己在这场大战中曾接受过他的领导而感到自豪。*cdxxvi*

　　从整本书的笔调可以看得出，吉布是一个很难被折服的人。

　　另一位证人是爱德华·海克威尔·史密斯，脸蛋滚圆的他年仅 19 岁，但他是第 6 营里唯一一名正式军官，在第二次世界大战中被擢升为少将，最终成为温莎城堡的副总管。吉布和史密斯都证实了，一开始第 6 营根本不愿意见到丘吉尔的到来。将士们的反应大多是：他就不能上别处去，不要来打扰我们这支饱经战争蹂躏的部队？在来到第 6 营的第一天，丘吉尔的表现不够老练，或者说这一天进展不顺。丘吉尔与辛克莱来到了第 6 营，他们戴着第 6 营的苏格兰无檐帽（无疑，执着于法国头盔的一个原因就在于他不想戴苏格兰无檐帽），但是这副扮相毫无说服力。他们骑着两匹黑色战马，陪同前来的还有两名马夫，他们也同样骑着马。此外还有一堆严重超重的行李，其中包括"一个长浴缸和加热洗澡水的热水器"（颇有丘吉尔的特点）。接下来，丘吉尔召集全体军官，共同享用了一顿"有史以来最难吃的午餐"（据海克威尔·史密斯所述）。在午餐过程中，丘吉尔没有说几句话，脸上还一直挂着怒容。到最后，他终于简短地说了几句："先生们，现在我是你们的指挥官了。凡是支持我的人，都会受到我的照顾。反对我的人，我都会与之分道扬镳。"午餐后，他试图对全营官兵做一次检阅，但是在他给轻骑兵队伍下达指令（相当老套的指令）的时候，他的指令不仅没有得到准确的执行，而且还变成了一场闹剧。*cdxxvii*

　　上任伊始就出现如此不和谐的气氛，或许是海克威尔·史密斯言过其实了，不过他对丘吉尔并无恶意，因为很快他就成了丘吉尔忠实的崇拜者，他之所以这么描述，其实是因为他试图增强一种灰姑娘式华丽变身的戏剧效果。就像当初被编入掷弹营的情形一样，丘吉尔在第6营的经历也有着一个童话般的结局。曾经取笑他的人——如果他们有这个胆量的话——很快就为他发出了欢呼。丘吉尔只有两个星期的时间让这支部队做好重返壕沟的准备，不过比起这支部队在此之前的经历，这项工作还算轻松，变数也不太多。无疑，丘吉尔劲头十足地投入工作中，着手处理了他打算集中精力处理的各项细节工作。

丘吉尔采取的方法充满热情，足球赛和唱歌这些手段都用上了，军事操练反而没有那么突出。由于受到掷弹营的影响，他更热衷于对第6营苏格兰西部式邋遢的军事操练进行外观上的改造。不过，掷弹营严酷的惩罚措施没有对他产生影响，按照一战中有时残酷得令人感到恐惧的惩罚标准，他甚至可以说比较仁慈。面对惩罚，他又拿出了自由主义内政大臣时的态度。由于在惩罚下属时过于心慈手软，他还受到了旅长的斥责（或许失望之下他对旅长有着本能的反感）。皇家苏格兰燧发枪团第6营隶属的第9师（苏格兰）的指挥官威廉·托马斯·弗斯少将却认为丘吉尔让第6营的军容军貌有了极大的改观，士气也提高了，总体上这位之前与丘吉尔素不相识的将军成了他的支持者，只是在春天的时候，他一度不容分说地将正在处理议会事务的丘吉尔从伦敦召回了法国。

1月27日，丘吉尔率领自己的部队跨过比利时边境，在小村子普卢赫斯泰尔特的前方下到了壕沟里。从这时起，直到3月6日他告假返回英国7天的这段时间，对他来说是一段真正的军队生活（假期结束后，他以议会事务为由提出延期请求，因此假期又延长为13天）。他在壕沟里度过的5个星期里，形势不断地变化着，部队先是在前线守了48个小时，后来又守了6天，其间穿插着短暂的待命期。在部队驻守前线期间，英德双方都没有发起较大的攻势，因此丘吉尔始终没能在方寸之间亲身经历一次可怕的大屠杀，这对后世子孙来说堪称一种幸运，但是却令丘吉尔本人很不满意。有时候，尽管还有大量零星飞来飞去的炮弹，但总体而言战事比较平静，在这种时候他总是喜欢冒险去无人区考察，这种事情完全超出了他的职责范围，有时候甚至可以说过于鲁莽和大胆。但是，他又面临过多少真正的危险？在这段时期，他给妻子的信非常迷人，也提供了大量的信息，但是由于一个显而易见的原因，这些书信中的描述不足为信。首先，丘吉尔极度想要打消妻子的疑虑，对前线的危险轻描淡写。正是出于这个理由，他在11月19日即将首次率领掷弹营赶赴壕沟时写下的信中告诉妻子："真希望你能明白这个差事的危害性有多么小。我惊讶地得知每天有8000人暴露在炮火下，但是只有大约15人身亡或受伤！如果我知道你会为这样的风险忧心忡忡的话，我会很心烦的。"[cdxxviii]（"8000 人"指的是整个近卫师；或许有理由认为所有的危险合计起来会远远不止这么小的数目。）

不过，到后来丘吉尔就不太愿意让克莱门汀无视这些危险的存在了，他开始倾向于向她讲述一桩桩糟糕的事情、一次次死里逃生的经历和接下来面对的威胁。在 2 月 16 日的信中，他写道："司令部乱七八糟，5 名军官已经有 2 名被击中了，无疑，我们成了靶子。"坦克几乎是丘吉尔一个人的构想，然而履带式坦克在英国国内首次试验成功的消息一反常态地令他感到灰心丧气，沮丧之下，他在这封信中愤愤不平地抱怨说，到现在自己还没有得到一份指挥作战的工作。"我真是无能为力！不采用我的智慧，他们是不是太蠢了？或者说，他们不就是一群等着炮弹碎片将其摧毁的恶棍吗？我不畏惧死亡或者受伤，我喜欢在这里的日常生活，只是他们的放肆和殷勤有时候让我变得很恶毒。"[cdxxix]

丘吉尔在书信中的转变有可能是因为，除了是否应当更信任阿斯奎斯或者劳合·乔治这个话题外，他和妻子在另外一个问题上也出现了分歧。在丘吉尔的领导下，第 6 营的风气有所改观，随后将士们奔赴前线，他与大家都在壕沟里安顿了下来。当上旅长的希望变得越来越渺茫了，这时他又感到有些松弛和无聊了。伦敦政坛的一举一动都能让他退却，他做出这样的反应倒不是出于恐惧，而是沮丧和不现实的野心使然。2 月，在没有具体的落款日期的一封信中他告诉克莱门汀："我希望与其共事并携手组建一个有效的管理机构的有劳合·乔治、弗雷德里克·埃德温·史密斯、伯纳尔·劳、卡森和寇松。你要永远记住这一点。等到'静观其变'那一套政策完蛋的时候，这个政府就会将其取而代之。"[cdxxx]他开始热切地期待 3 月初离开战场了，比起消遣的需要，他更多考虑的是政治目标。正如上文中显示的那样，为了继续留在下议院，他把假期延长了一个星期。结束了下议院的工作重返战场后，丘吉尔的心思主要集中在伦敦政界，而不是在法国的部队生活。他越来越急于行使特权，辞去军队里的职务，恢复在下议院的全职工作。

克莱门汀不同意丘吉尔的看法。她当然急于让他平安回家，但是她能预见到他极有可能会犯下操之过急的错误。在 4 月 6 日的一封信中她充分地表达了自己的两难困境，这时丘吉尔结束假期返回法国已经有几个星期的时间了。

> 我亲爱的温斯顿，一想到你，我的心里就很矛盾、很痛苦。若是我说"就待在那里"，那么有可能就会有一颗可恶的子弹击中你，如果不是我的话，你原本完全可以逃过这一劫……若是我确定你能够毫发无伤地熬过来，那我就要说："等一等，等一等，耐心一点，不要在果子还没有熟透的时候就将其摘

下——你不抢的话，一切早晚都会归你所有。"要想成就伟业，就必须让头脑简单的人理解你。你奔赴前线的动机很容易理解，回来的动机却需要费一番口舌。[cdxxxi]

克莱门汀态度非常坚决，她的建议完全是出于对丘吉尔的利益的考虑，但是显然与他越来越急迫的欲望相抵触。在这一年的春天，丘吉尔越来越相信自己重返伦敦将改变英国政坛的面貌，为自己官复原职找到机会。克莱门汀之所以迟迟不愿告诉他这种想法不正确，完全是因为她担心丈夫在法国时时面临着危险。丘吉尔对充满诱惑力的虚假希望没有抵抗力，与 11 至 12 月时的情形相反，这份希望驱使他对自己面临的危险做了小小的夸张。他的做法诱使克莱门汀改变了想法，说服她提出了更令他称心如意的建议。

3 月初延期的长假为何会改变丘吉尔对部队生活的热情，让他的心思转向恢复在伦敦政界的全职生活？外人很难理解这一点。从政治角度而言，他的这次假期几乎就是一场灾难。他同很多人见了面，但是除了《曼彻斯特卫报》的查尔斯·普雷斯特维奇·斯各特与《观察家报》的詹姆士·路易斯·加文这两位编辑朋友，没有人能为他提供理性的支持，促成彻底击败阿斯奎斯政府的同盟，或者让他有望在这届政府——或者有可能出现的下一届政府——里官复原职。而丘吉尔自己的表现至少可以说很古怪。他在两面讨好，在诱惑之下同某些人结成了离奇至极的同盟。对于自己是否希望回到营队的问题，他的想法一直有所波动，在离开部队的 11 天将近尾声的时候，他已经犹豫不决到了滑稽的地步。

丘吉尔与原先的自己背道而驰，第一个表现就是他在伦敦度过的第一个完完整整的夜晚。这一天是星期五，他让母亲筹办了一场晚宴，这场宴会成了阴谋推翻政府的温床。在参加宴会的客人中，最引人注目的就是弗雷德里克·埃德温·史密斯（尽管他身为总检察长），此外斯各特与加文也在座。基本上可以肯定，如果不是因为生病，卡森也会应邀参加宴会。更出人意料的是弗朗西斯·霍普伍德也参加了这场聚会，9 年前担任殖民地事务部常务次官时他对丘吉尔非难不断，近几年在海军部他也是一个缺乏忠心、喜欢搞阴谋的文官。拉拢霍普伍德显示出了这个联盟的绝望。刚一回到伦敦，丘吉尔就得知在接下来的那个星期二和星期三，议会要对海军预算举行一场辩论，这将为他提供一个大好机会，让他可以对自己的继任者亚瑟·贝尔福抨击一番，从而达到抨击政府的效果，在他看来贝尔福的政策无所作为。假期的第一天，他一直在一丝不苟地准备着自己在这场辩论中发言的主要部分（他从来不会偷懒），当天晚上他在参加晚宴的客人面前进行了预演。

星期一，克莱门汀在克伦威尔路 41 号设宴招待了阿斯奎斯夫妇。在营级指挥官中间没有多少人能有幸让首相及其夫人为他们的第一次长假锦上添花，不过话又说回来，也没有多少人有着与首相在内阁共事长达 7 年的经历。丘吉尔没有隐瞒自己将在次日的议会辩论中发言并为自己在海军部的工作经历进行辩护的打算，但是他基本上没有透露自己的讲话将对贝尔福，甚至整个政府造成怎样的破坏力。他也没有提及自己在周末重新缔造的同盟。

丘吉尔的盟友正是 11 个月前导致他失势的费舍尔。他们对彼此的迷恋令人吃惊，几乎到了不可摧毁的程度。斯各特与加文一直在为费舍尔与丘吉尔摇旗呐喊，由于极度缺乏判断力，这两位报纸编辑都认为自己能够成功地撮合他们重归于好。这两位曾经的海军部最高领导人都强烈渴望重新被委以要职，因此他们都对沼泽地另一头发射出的危险而充满诱惑力的灯光毫无招架之力。星期六，费舍尔应邀前往克伦威尔路参加午宴，在星期天的晚上丘吉尔又与他见了一面。克莱门汀远比丘吉尔更理智，在这个时期对于很多问题她都如此。根据弗雷德里克·埃德温·史密斯（他也参加了星期六的午宴）与维奥莱特·博纳姆·卡特（她没有参加）所述，克莱门汀当时表现出的态度无异于是在说"别碰我的丈夫。你已经毁了他一次了。现在别再招惹他了"。[cdxxxii] 然而丘吉尔与费舍尔绝无可能不再招惹彼此，费舍尔在 3 月 6 日凌晨 4 点钟的时候给丘吉尔写了一封明显精神失常的信，尽管如此丘吉尔还是出人意料地再一次扑进了他的怀抱。

与费舍尔的再度结盟毁掉了丘吉尔于 3 月 7 日在下议院发表的讲话。他站在了反对党的发言席上，在那个年代这种做法是他作为枢密院顾问官理应享有的权利；不仅如此，与一战甚至二战中许多现役军官不同，他还身着平民服装——如果燕尾服可以被作为平民服装的话。讲话的开头几段令人印象深刻。他为自己的工作记录做了充分的辩护，对在他之后海军部执行的政策进行一番破坏性的、但是并无明显敌意的抨击。接着，他开始了一段令人摸不着头脑的结束陈词："我敦促海军大臣立刻让费舍尔勋爵官复原职，出任第一海务大臣，从而增强自己的力量，为海军部委员会注入活力。"[cdxxxiii]

丘吉尔的这场讲话可以同约翰·沃德洛－米尔恩爵士在 1942 年 7 月的举动相提并论，若不是他一时引以为荣，但最终却以失败告终的那场"壮举"，沃德洛－米尔恩原本就会彻底被世人遗忘。当时，他提出了"批判丘吉尔"的动议，动议得到了大肆宣扬，但是最终却被简化成了提议任命格洛斯特公爵为英军最高指挥官，整件事情也以闹剧收场。丘吉尔在 1916 年的讲话中所做的总结陈词也产生了同样急转直下的灾难性效果，在前 40 分钟的时间里被奋力吹胀的气球猛然间撒了气。

一开始，丘吉尔并没有意识到自己失败了，几乎刚一落座他便立即走出会议室，离开了议会大厦。直到次日贝尔福才会对他的发言做出回应，所以他觉得自己没有多余的时间听后座议员们的发言。他的做法显得傲慢无礼，不太可能为他赢得友谊。他也因此暂时没能了解到接下来的辩论对他有多么不利，特别是错过了海军元帅赫德沃思·穆克斯爵士对他的痛斥。作为达勒姆伯爵之子，穆克斯原本姓"莱姆顿"，直到1911年穆克斯夫人将大量财产及房产赠予他后他才更改了姓氏，在美国画家惠斯勒最杰出的肖像画中有一幅描绘的正是这位夫人。这件事对穆克斯的声望和地位都没有造成影响，后来他成为一名声名赫赫的高级将领。显然，他还是一个在辩论中能够快速做出反击的人。当时55岁的他刚刚在朴次茅斯的补选中当选为下议院议员。在进入议会后，他一直没有发表过讲话，他原本也没有这样的打算——直到他听到了丘吉尔的发言。

在穆克斯看来，丘吉尔与费舍尔进行了一场做作的滑稽表演，他一眼看出了丘吉尔似乎没有过多考虑过的一个问题——如果任命费舍尔为第一海务大臣，那么在任的亨利·杰克逊爵士就得在蒙羞受辱的情况下被解决掉。穆克斯利用这一点对丘吉尔与费舍尔的表演发动了一场攻击，他的表现博得了满堂彩。

> 让我们设身处地地想一想，当大舰队——约翰·杰里科、舰长和军官们——读到此次辩论内容，明白了前任海军大臣都说了些什么的时候，他们就会说："这儿的情况不错啊。现在的第一海务大臣一直以来都做了些什么？亨利·杰克逊出了什么事儿？他做错了什么？"我能告诉他们在那些想要将他撵走的人眼中他错在哪里吗？他错就错在没有为自己做过宣传。他没有让通信员和报社里的人成天到晚待在他的办公室里。这就是现在有人蠢蠢欲动的真正原因。因为目前的海军部委员会正在致力于满足海军的需要，而不是四处吹嘘。
>
> 开战之初的几个月里，只要我们打了一场胜仗或者敌人吃了小小的败仗，整个海军就会为持续而庸俗的吹嘘感到头疼……海军里的任何一个人都知道吹嘘会带来多么大的不幸。当我们读到现任海军大臣的讲话后，我们就会说："谢天谢地，我们终于有了一位不再折磨我们神经的领导了！"……
>
> 很遗憾，上一任海军大臣没有在座……我们都祝愿他能在法国打个大胜仗，我们希望他就待在那里。^{cdxxxiv}

翌日上午，至少丘吉尔得知了自己的讲话有多么失败。他不得不面对穆克斯与另外几个人对他的抨击，另外，他还会看到伦敦各家报纸都一致对他表现出了敌意，而他一向都对这些报纸寄予了极大的期望。只有《曼彻斯特卫报》为他说了几句好话，这份报纸当时尚未面向大城市发行，而且有可能处在斯各特的领导下。无论感到懊恼，还是感到自己受到了挑衅，丘吉尔都无法悄悄溜走，找一个地方为自己疗伤止痛。他必须在这天下午回到下议院，听一听贝尔福对他的答复。无论他怎样诟病这位前托利党领袖怠惰的领导风格，他都十分了解贝尔福以机敏而不是恫吓为基础的辩论技巧。在 1915 年初期，贝尔福与丘吉尔相交甚好（在阿斯奎斯看来甚至有些过分），尽管如此，贝尔福还是有许多旧账等着与丘吉尔清算，这一次他像五马分尸一样将后者痛击了一场。他利用丘吉尔有关费舍尔的主张否定了后者讲话的严肃性，以至于他都没有必要对后者针对其他方面提出的批评做出答复了。

> 我的同事［指丘吉尔上校，这是《议会议事录》对丘吉尔的临时性称呼］经常令下议院感到震惊，不过我认为他最令人震惊的一次，莫过于他屈尊来告诉我们能够解决海军一切问题的良方就在于除掉亨利·杰克逊爵士，用费舍尔勋爵取而代之……他结束了政治生涯，开始了军事生涯，在做告别讲话的时候，他是怎么说的？他告诉我们……当他与费舍尔勋爵就职于同一个海军部的时候，后者在事发前没有给过他清晰的指引，事发后也没有给予他有权得到的坚定支持。

> 我跟不上阁下的思路。他曾告诉我们……在路易斯亲王辞职的时候他对首相说……他唯一能与其共事的人就是费舍尔勋爵。厄运似乎一直尾随着他。我的同事同意与其在海军部共事的人，正是 5 个月后拒绝同我的同事共事的那位最卓越的海员，这难道不是最不寻常、最惊人的巧合吗？[cdxxxv]

这番话应该激起了满堂哄笑，以至于丘吉尔差点就要向众人求饶了。丘吉尔觉得自己有必要做出回应，他也得到了这个机会。他说，贝尔福是"一位议会激辩及各种辩论术的大师"，再加上"身居要职、长期在这个议院里占有一席之地"，这一切令贝尔福有能力非难"比他年轻许多"的人。[cdxxxvi] 对于费舍尔的问题，丘吉尔以防御的姿态坚持自己的主张，宣称目前的形势已经变了，达达尼尔海峡行动令人遗憾地结束了。他的这番话没有激起任何反响。

匪夷所思的是，这次重挫对丘吉尔没有造成多少影响。根据吉布和其他人的记述，这时他已经赢得了第 6 营官兵们的爱戴。撤回到法国，躲进壕沟和部下的纵容和爱戴中，这些似乎是再自然不过的选择。然而，丘吉尔的选择却背道而驰。他申请延长假期，开始为下一个星期二（3 月 14 日）做打算，到时候议会将针对陆军预算展开辩论。他那几位疯狂的顾问（费舍尔最疯狂，但是那两位编辑与 3 名无足轻重的下议院后座议员也好不了多少）告诉他再来一剂同样悲惨的药就能让政府垮台，他也将得到举足轻重的职位。在他们的劝说下，他有些动心了。

费舍尔与玛戈·阿斯奎斯分别做出了截然相反的极端反应。就在媒体一致抨击丘吉尔的 3 月 8 日（偏偏选了这一天），费舍尔在信中写道："首相之职已经是您的囊中之物了。"阿斯奎斯夫人则写道（在同一天给贝尔福的信中）："我希望也相信对于昨日的讲话，温斯顿永远不会得到谅解。他就是一条最没有政治气节的猎狗，一个最没有判断力的卑劣的蠢货。"^{cdxxxvii} 她那位已经改名为维奥莱特·博纳姆·卡特的继女比较同情丘吉尔，前去探望了丘吉尔（在他的请求下）。维奥莱特在事后记述道："他面色苍白，很不服气，有抵触情绪。我永远也忘不了接下来的谈话有多么痛苦……他想象着自己能够做出宽宏大量的表示——为了更高的目标，即我们的海上霸权，原谅费舍尔曾经对他犯下的罪过……在别人看来这只是蹩脚的赌徒为了自己投了一把色子而已……"^{cdxxxviii}

就在同一天，丘吉尔自己也给基钦纳写了一封信，要求"在不会对部队造成不利的情况下立即免除我的指挥权"，同时要求延长假期，并建议对方让首相也读一读这封信。次日，他前往唐宁街与阿斯奎斯会面，两个人进行了一场实实在在的单独谈话。至于这次谈话是谁发起的，外界不得而知，对于当时的情形我们只能依赖于维奥莱特·博纳姆·卡特在多年后的记述，好在她的描述栩栩如生。首相将丘吉尔责备了一番，但是言谈间充满了长者的慈祥。他说自己想要挽救丘吉尔，以免他重蹈他父亲因一时冲动而自毁政界前途的覆辙。他强调了自己对丘吉尔的喜爱，并且暗示自己有意让丘吉尔重新回到政府中，只要政府里对丘吉尔的敌意能够平息下来（主要来自托利党，但是并不只有托利党对他怀有敌意）。他还强烈建议丘吉尔回到法国去。^{cdxxxix} 次日，丘吉尔致信首相，他表示自己接受首相的建议，但是他要求首相给他一份书面保证：只要他认为"自己的公共职责感"召唤他回国，他就有权彻底回到伦敦。丘吉尔得到了阿斯奎斯亲手写下的保证书，落款日期为 3 月 11 日。^{cdxl}

就这样，丘吉尔在 3 月 13 日再度跨过英吉利海峡，避开了次日针对陆军预算的议会辩论。克莱门汀陪着丈夫一同前往多佛尔，外界强烈地感觉到这时候她已经饱受丈夫起伏不定的思路的打击和折磨，或许对她来说更大的伤害还是丈夫仍然沉迷于自己在政界或者军队里的前途，而且在他休假期间也是这些事情霸占着他的注意力，而不是家庭关系。她在 3 月 23 日的信中写道："这些暴露在外人面前的强烈渴望令人疲惫不堪。我们还年轻，可是时光飞逝，它偷走了爱情，只留下了友情，

这份友情非常平静，可是不太激动人心，也不够温暖。"^{cdxli}

在多佛尔的分别难以令克莱门汀感到踏实。在火车上丘吉尔又改变了想法，给阿斯奎斯写了一封信，要求立即免去他的指挥官一职，并且给媒体草拟一份声明，说明他的新选择，这份声明将由他的妻子发布。从上午到傍晚之前，他从多佛尔赶到了第 6 营在普卢赫斯泰尔特前方的阵地，这段路程生动地说明了壕沟生活与英国国内的日常生活有多么接近，同时又相距得多么遥远。刚一抵达前线，丘吉尔就又改变了想法，这已经是第四次了。当天晚上，他给阿斯奎斯发去了电报，收回了之前的那封信。阿斯奎斯既感到厌倦，又如释重负，他很明智地派了一名私人秘书赶去克伦威尔路从克莱门汀的手里拿到丘吉尔的媒体声明，以免这份声明被误发出去。

我们只能认为在这个阶段丘吉尔完全迷失了方向，每天都不知道自己该做些什么。令人吃惊的是，他这种举棋不定的态度没有被第 6 营的官兵们得知，没有在他担任该营指挥官的最后一刻留下致命的污点。根据吉布和其他一些消息来源，的确没有丝毫迹象显示这种问题的存在。丘吉尔依然大权在握，部下也都对他忠心耿耿。无疑，经过此次短暂而失败的出行之后，他果断地将自己的核心目标从堑壕里的沙袋堆转回到了威斯敏斯特的议会发言席，但是这样的转变和他之前追求的目标恰好相反。他给一大批朋友和熟人发了信，几乎到了狂乱的地步，他恳求他们为他指点迷津。包括他所在的邓迪选区的选区主席查尔斯·里奇爵士都认为他应当留在法国，原地不动。丘吉尔变得躁动不安起来。黑格在 4 月底的时候试探性地提出给他一个旅，就在 4 个月前这个目标在他的眼中还那么诱人，一度令他怒火中烧，而今却对他没有丝毫吸引力。

几乎被消耗殆尽的皇家苏格兰燧发枪团第 6 营和第 7 营要合二为一了，而第 7 营的上校资历更高。考虑到丘吉尔当时的情绪，这件事对他来说不啻为天大的好运，他终于能体面地逃离壕沟生活了。5 月 6 日，丘吉尔在阿尔芒蒂耶尔设宴款待了第 6 营的军官们，这场告别午宴令人难忘，无疑也非常顺畅。5 月 7 日，丘吉尔再一次跨过英吉利海峡，结束了自己在第一次世界大战中仅仅半年的军旅生涯。

第十七章 劳合·乔治的救护车稍后就到①

就连詹姆士·加文都劝丘吉尔"离开军队后，先过上一个月再重新亮相于下议院"。无须多说，丘吉尔完全无视这个建议。回到伦敦不到 48 个小时，他就在下议院开口了。他这一次的发言很愚蠢。"征兵法案"导致联合政府中的自由党人出现了激烈的变化，但是丘吉尔（与劳合·乔治）一直强烈支持这项法案，就在他重返伦敦的时候议会正在对该法案进行讨论。1916 年 4 月，经过都柏林复活节起义，在义务征兵工作上措施强硬的爱尔兰政局出现了激荡。勉强接受了强制征兵概念的阿斯奎斯一反常态地决定将爱尔兰免除在这项法案之外，这个决定是明智的。丘吉尔则加入爱德华·卡森的阵营，反对阿斯奎斯的决定，如果可以将他视为一名不屈不挠的统一党人的话，他的举动就是顺理成章的，然而在 1912 至 1914 年他并不是统一党人（此处指反对爱尔兰自治的保守与统一党）。丘吉尔的态度合乎逻辑，但是有失明智。在 1916 年的复活节甚至在此之前，征兵工作只会带来更多的麻烦，而不是为国家招募到更多的士兵。

在 5 月剩下的日子里丘吉尔一直喋喋不休地唠叨着，但凡和作战总体安排有一丝联系的辩论都能招致他的一番演讲，而且他从来不会三言两语就结束发言。他的发言都不乏亮点，显示出他丝毫没有丧失在辩论中寻找新的角度并且用雄辩的口

---

① 根据发表在 1958 年美国《公共卫生杂志》上的文章所述，1911 年 6 月 11 日在伯明翰发表的一场演讲中，劳合·乔治说："就在这届会议期间我加入了红十字会，参加了野战卫生队，驾驶着救护车穿过议会这条路上的一个个转弯处，翻过了一道道沟沟坎坎。有人告诉我，我的车超载了。我花了 3 年的时间将物资精心装上了车，一个包裹都减不掉，因为我们的苦难那么深重。有人说我的救护车还空了一半，我说我只能装这么多了。还有人说我太着急了，我的确很着急，因为我听到大街小巷里，一位位伤病者在自己的家中卧床不起，在呻吟，我希望给他们送去慰藉……"劳合·乔治用"救护车"这个比喻形容在当年 12 月颁布的《全国医疗保险法案》。作者用这个典故指劳合·乔治为丘吉尔重返政界的努力保驾护航。

才进行诠释的能力。在议会于 5 月 17 日就寇松领导下的空军委员会展开的辩论中，丘吉尔（他希望建立一个完全成熟的空军部，最好由他主持大局）又不出意外地抱怨说英国已经失去了空中优势，不过他颇为独到地将空中优势的重要性放在了全局背景中展开论述：

> 在海上，海军的力量更强大了，但是日渐增强的水雷和潜艇防御能力已经剥夺了海军很大一部分权力。陆地上，在现代防御体系尚未得到充分认识的时候我们正在逐渐丧失地盘，在防御体系被上升到一种高级战术水平上的时候，我们又不得不将失去的地盘重新赢回来。但是，空中尚未被占领，仍旧是开放的，那里没有堑壕。对于进攻和防守来说，那里是一样的。对所有飞上天的人来说，那里是一样的。^{cdxlii}

丘吉尔还对自己所说的军队中的"堑壕人口"和"非堑壕人口"之间的显著差别做了一番打动人心的讲话。前者随时处于危险中，在再次受伤后常常还会被送回同样危险的环境中，有时候甚至在受伤 3 次之后还会被送回去；相比之下，后者则生活在几乎毫无危险也比较舒适的环境中，同时还拿着更高的军饷、获得更高的嘉奖。自然，在这场讲话中，他充分利用了前线战士对军官们由来已久的仇视情绪（在局势停滞不前但是残酷凶险的 1914 至 1918 年里这种情绪尤为强烈），但是他对驻守英国和远在法国的健全的英国将士们也非常关心，这部分军人永久性地承担着平民甚至是女性平民也同样能够很好履行的职责。他同时还指出，从英国的附属领地可以获得大量战斗部队（5 月 31 日），其实这种想法只是一种错觉。

总体而言，丘吉尔在这次回归政界的过程中发表的批评意见很尖锐，提出的补救方法也合乎情理，但是产生的效果由于 3 个因素的存在而被削弱了。第一，他的发言过于频繁。他在每一场重要辩论中都要发言，如此固执的态度减弱了他的说服力（例如，在 5 月 23 日首相刚一结束发言后，他就立即站了起来）。第二，由于感到自己受到了批评，他过于渴望为截至辩论当天自己的所有言行进行辩解——在此之前海军部无论大事小事都不存在问题，在此之后一切都出了问题。第三，对于希望用轻蔑机智的人身攻击将他晾在一边而不是对他的观点一一作答的那些人，他的表现令他非常容易成为他们的标靶。贝尔福率先在 3 月采用了这种策略，随后伯纳尔·劳在有关空军委员会的辩论中也是如此，就连陆军部的议会秘书哈罗德·坦南特也在 5 月 23 日的辩论中做出了同样的表现。5 月 9 日，丘吉尔第一次以"平民"身份打断了别人的发言，他一直敦促议会将爱尔兰纳入征兵体系，结果一位非常聪明的民族主义党议员采取了"对此我一无所知"的策略，并且在丘吉尔的发言应该达到高潮的时候嚷嚷"那么'达达尼尔'呢？"，就这样一举绞杀了丘吉尔的企图。丘吉尔原本可以针对对方的诘问说上足足一个小时，可是他根本想不出有效的反驳，因此只用三言两语搪塞过去了。

经过这些事情，再加上 6 月初战局发生了两起至关重要的事件，丘吉尔因此大幅度地改变了自己的策略。这两起事件都发生在海上：6 月 1 日的日德兰海战未分胜负；6 月 6 日，在前往俄国途中基钦纳溺水身亡。除了其他更重要的后果，前一起事件还致使丘吉尔莫名其妙地被卷入其中。海军部先是就这场海战发表了一份令人费解的声明，声明在民众中间激起了不良反应。之后，贝尔福要求丘吉尔出面再发表一份更令人信服的声明。丘吉尔欣然完成了这个任务，但是由于这件事情，再加上寇松邀请他出席新组建的并且由寇松领导的空军委员会举行的第一次会议，他便任由自己在心里重新点燃了早日重获任命的希望。基钦纳的逝世意味着政府需要一位新的陆军大臣，他的幻想就更加强烈了。他并不认为自己的心愿能够一步到位，而且他准确地判断出劳合·乔治最有可能成为陆军大臣的人选，但是他觉得自己也许会紧随其后出任军火大臣。

有了这种幻想，加上又怀疑自己正在耗尽下议院的耐心，因此在 6 月的时候丘吉尔在议会里安静了下来。但是，他仍感到进退维谷。他极其渴望消除达达尼尔海峡战略给他带来的污名，或者说至少能将罪责分摊给其他人。他之所以想这么做，既是出于追求正义的需要，同时也因为他意识到只要外界认为过错在他的身上，他重返政府的路上就永远存在着巨大的障碍。他认为，如果政府能够公布有关达达尼尔海峡计划的关键性文件的话，这个障碍就会被清除。5 月的时候，伯纳尔·劳已经代表首相暗示有可能会公开相关文件，可是到了 6 月，阿斯奎斯的态度却变得越来越勉强了。他尤其不同意公布军事会议的会谈纪要，而丘吉尔则认为 1915 年 1月 13 日和 28 日以及 2 月 26 日这 3 次会议的记录尤其关键。因此，他在 6 月和 7 月的上半月里给阿斯奎斯写了 5 封信，做了大量的辩论和抱怨。之前，他已经不再在下议院里惹是生非了，现在他改变了策略，只招惹首相一个人。

丘吉尔没有得到军火部的职位。劳合·乔治于 7 月 7 日就任陆军大臣，军火大臣一职落到了埃德温·蒙塔古手中。丘吉尔一时在几乎所有托利党人以及大部分自由党人中间都不得人心了，相比他犯下的错误，就连刚刚与维妮夏·斯坦利完婚的蒙塔古都不太令阿斯奎斯反感了。失望之下，丘吉尔陷入了强烈的愤恨和深深的沮丧中。

在妻子和 3 个孩子的陪伴下，丘吉尔在布伦海姆居住了一阵子，以画画消磨时光，即使这样他也始终没能恢复平静，他甚至产生了以营长身份重返法国的念头。丘吉尔常常会向弟弟杰克透露自己最真实的想法，7月15日写给弟弟的一封信为他当时的心情留下了书面证明：

> 在这个可怕的时刻，在一切能为这个国家效力的重要领域我都遭到了排斥，这太糟糕了，不是吗？我说不出政局会怎样发展，但是一切都处在极度的不稳定中，随时都有可能出现对我有利的局面。与此同时，阿斯奎斯还在主政，消极、呆滞、大权在握。劳合·乔治［为我］争取过军火部的职位，只是没有尽全力而已。他非常孤单，他说过没有一个人特别适合他想要的这个职位……
>
> 我过得很舒坦、愉快、富足，但是我无时无刻不在为自己无法死死咬住德国佬而感到痛苦……亲爱的杰克，我渐渐学会了仇恨。cdxliii

丘吉尔之所以感到"富足"，是因为总是试图对舆论施加影响的他原先只是在下议院做免费的演讲，现在他开始为《星期日画报》撰写有偿文章了。7月他完成了4篇稿件，每一篇得到了250英镑的稿费，在1916年这可是一笔丰厚的报酬，大约相当于今天的7000英镑。宽裕的生活和继续这种工作的前景滋养了他慷慨大度的天性。就在同一封信中，他先是告诉杰克："你无须为财务困难苦恼，我发现在接下来的6个月里，我能轻轻松松地赚到1万或者1.2万英镑。因此，克伦威尔［路］和里面的一切都不会缺的。记住，把所有需要付的款都告诉我。"cdxliv 这段时间，丘吉尔凭借着在新闻领域的努力赢得了一定的喝彩声，同时也招来了不少猛烈抨击。就连哈尔丹这样一贯十分挑剔的人（通常不会阅读《星期日画报》）也在丘吉尔发表了前两篇文章后写道："这些文章对我目睹到的战前局势的分析极其敏锐和准确，文章里的每一句话我都同意。"cdxlv

写作在丘吉尔的一生中占有很大的比重，但是在当时只是为他的生活投下了一缕光芒。不过，当时至少还有另外一件事情令丘吉尔感到兴奋。就是否公布达达尼尔海峡计划相关文件的问题，他与阿斯奎斯一直争执不下，最终这批文件还是没有被公之于众，但是作为补偿，政府组建一个调查委员会。7月18日，政府公布了这个消息，该委员会由年事已高的开罗总督克罗默伯爵领导，在撰写《河上战争》那段时间里，丘吉尔与伯爵交往甚密。在这个夏天接下来的时间里，丘吉尔花了大量的精力准备证据。重返法国当营长的念头消失了，其实他也从来不曾认真考虑过这种选择。

面对克罗默调查委员会，丘吉尔没有打胜仗，也没有遭到灭顶之灾。总体而言，委员会的出现提高了他的声望，让他得以卸下达达尼尔海峡事件带给他的一部分负罪感。但是这样的结果没能赶上 1914 至 1918 年里政坛最关键的一个星期，即 1916 年 12 月月初的那个星期。就在那个星期里，阿斯奎斯败落，劳合·乔治将其取而代之，组建了一个新的联合政府。丘吉尔对阿斯奎斯最终也没有公布达达尼尔海峡计划的相关文件感到气愤，不过克罗默又令他充满了希望。这个调查委员会只有 8 名委员，没有任何一名委员对丘吉尔怀有明显的敌意。在 8 月 13 日给朋友杰克·西里上校的信中，丘吉尔写道："这是一个非常不错的委员会。"[cdxlvi] 克罗默委员会带给丘吉尔的狂喜没有持续多久。8 月，下议院还没有休会，丘吉尔做了一两场讲话，但是会议厅里稀稀拉拉，到场的人也都是一副心不在焉的模样（在丘吉尔看来）。不过，他把精力主要花在了收集整理将要提交给克罗默委员会的证据的事情上。令人惊讶的是，他花了大量时间试图让自己的证据与费舍尔的证据达成一致。基钦纳已经英勇地葬身于北海了，丘吉尔感到不能再继续将责任归咎于这位前陆军大臣的优柔寡断。此外，他将草案递交给了当时仍然担任海军部常务秘书的格雷厄姆·格林，由于后者的建议，他更是被禁止继续追究前陆军大臣的责任。与费舍尔步调一致的想法又为丘吉尔增添了一道障碍。此外，他原本对调查方式很有把握，然而委员会决定采取的调查方式与他的期望有所出入，这一点也给他造成了至少同样棘手的问题。8 月 12 日，丘吉尔给克罗默写了一封信："关于委员会的程序，我认为我有权参加调查过程。我有大量证据需要提交给委员会。我要求凡是涉及我的调查都由我本人亲自主持，而且我不会请求委员会准许我聘请律师。"[cdxlvii]

直到 9 月 20 日，克罗默才做出了回复，* 他的回复令丘吉尔大失所望。调查委员会将召开秘密会议，因此丘吉尔无法参加对其他证人的调查，不过凡是涉及他的调查，委员会都会发给他一份调查记录，如果有必要，他可以要求委员会再次叫他去接受讯问。至于他会聘请律师还是进行自辩则不存在疑问，他不可能有机会接受交叉质询。调查刚一开始，即 9 月 28 日，丘吉尔便提交了自己的证据。证据的主要内容就是构建了他所谓的 "5 点明显的事实"：

（1）有一整个班子负责此项计划［换言之，他没有单方越权行事］；

＊　有迹象显示，克罗默的能力已经完全赶不上他在开罗那段辉煌岁月里的状态了。1917 年 1 月 27 日，克罗默与世长辞，逝世前连临时报告都未完成。

（2）按照情理，计划有望取得胜利；

（3）更高的利益并没有受到损害［大舰队的力量和安全］；

（4）在准备阶段，他已经考虑到各个方面的情况了，也预见到有可能出现的各种问题了；

（5）在执行的过程中，他表现出充沛的精力和决断力。[cdxlviii]

他还提交了大量补充性的书面证据（令他失望的是，调查委员会始终没有公布这些证据），并确保委员会见到了他认为对他有利的几名海军部的证人，他自己也在调查委员会面前又出现了几次。丘吉尔认为自己取得了一定的进展。10月27日，他致信斯拜尔斯："我在这个达达尼尔海峡委员会里慢慢地取得了胜利，在一点点地拿下这场官司。我真的相信他们会让我甩掉束缚我手脚的这个大包袱。"[cdxlix]

《每日邮报》在10月13日刊登的一篇文章，很好地证明了令丘吉尔沦为政坛"贱民"的"大包袱"的存在。当时英法联军计划在索姆河及其支流昂克尔河地区发动大规模进攻，彻底击溃法国北部的德军。7月1日，联军发起了进攻，在丘吉尔的意识里，这场进攻完美地证明了战争的走向不应当受到人为的引导。这场战役投入巨大，成为一战中规模最大、最惨烈的一场战役，联军渐渐地走向了无可争议的失败。然而，《每日邮报》这篇文章的主旨却在于，任何一位政客都不应当干涉道格拉斯·黑格与帝国总参谋长威廉·罗伯特·罗伯逊的工作，尤其是一名在达达尼尔海峡计划施行的过程中"拿我们在法国的部队冒险、为了无谓的目的牺牲掉成千上万将士性命"的"自大狂政客"。

当然，《每日邮报》是诺思克利夫勋爵名下的一份通俗报纸，《泰晤士报》是它在高端市场的姊妹。颇有讽刺意味的是，当时媒体中支持丘吉尔的几乎就只有诺思克利夫勋爵的弟弟、第一代罗斯米尔子爵哈罗德·哈姆斯沃斯。哈姆斯沃斯兄弟共同拥有这几家赚钱的报纸，但是他们的观点并非总是一致。正是罗斯米尔子爵所有的《星期日画报》令丘吉尔过了一个收入丰厚的7月，更为重要的是，让他以为自己可以随心所欲地让这种生活成为常态。也正是罗斯米尔子爵用真名实姓在11月12日的《星期日画报》上撰文，这一次丘吉尔得到的几乎只有夸奖，至少在通俗媒体中如此。不仅如此，根据丘吉尔在晚年时十分喜爱的私人秘书约翰·科尔维尔所述，罗斯米尔子爵还在1916年的夏天出资委托爱尔兰画家威廉·奥尔彭为丘吉尔绘制了一幅画像，这幅画后来成为丘吉尔最钟爱的画像，直至他去世时这幅画都一直装点着他在伦敦的餐厅。丘吉尔给画家当了11次模特，后来他有些夸张地称这段时间是"一生中一段非常不幸的时光，因为我完全无事可做"。[cdl]

在这个阶段，丘吉尔的政治生命走上了下坡路，但是这位政治家却留下了大量的肖像画，而他大概也是 20 世纪的政治家里最杰出的一位风景画家，当然也是最有价值的一位。一战期间，英国政府的御用画家约翰·拉弗里绘制了他在皇家苏格兰燧发枪团时戴着他那顶著名的法国军盔的肖像画，在此不久前英国画家欧内斯特·汤森也为全国自由俱乐部完成了一幅他身着枢密院大臣制服的画像。*在汤森创作的那幅画像中，丘吉尔显得轻松活泼，几乎可以说有些迷人，在拉弗里的那一幅中他充满了好战的气息，在奥尔彭的那一幅中他神情阴郁。有意思的是，丘吉尔最喜欢的偏偏是最后一幅，这一点出乎人们的意料。将近 40 年后，在他 80 岁生日的那一天，下议院也送给了他一幅肖像画，这幅由格雷厄姆·萨瑟兰绘制的肖像画十分精细，但是无疑画中人的神情也比较阴郁，他对这幅画就极其反感。考虑到这一点，他对奥尔彭那幅画像的偏爱就更令人感到惊讶了。这两幅画的区别就在于，奥尔彭笔下的丘吉尔之所以显得阴郁，是因为充满活力的他被排挤在他原本有资格进入的权力层之外，而萨瑟兰笔下的他之所以如此是因为他的活力已经衰退了。

1916 年 12 月发生的政治危机令人非常难以理解。资深政客和媒体对这件事情几乎都守口如瓶，从这一点而言，这场危机就更加令人费解了。在 19 世纪和 20 世纪初，英国政坛出现过几次剧变：1886 年伊始，格莱斯顿没能促成下议院通过首次提出的"自治法案"；①1922 年，由于政府中的保守党议员进行了一场立场鲜明的表决，从而导致了完全仰仗于这部分成员的劳合·乔治联合政府垮台；1931 年，乔治五世国王在组建国民政府的过程中态度明确得令人惊讶但又仁慈得有些可疑；1940年，下议院的一场公开表决让丘吉尔的政治生涯达到了巅峰。但是，这几起事件都不像 1916 年的这场危机那么神秘。在 1916 年的政治危机中，一切完全取决于大约 15 名位居前列的政客采取的行动，这些人日常阅读的几家主要报纸刊载的文章对他们的影响都有些过于强烈，而这些报纸并不能始终如一地坚持原则。

不过，这场危机公开地在议会里拉开了序幕。律师出身的政客爱德华·卡森是

---

　　* 这幅有些正式的画像后来有着丰富的经历。丘吉尔原本打算在 1916 年 3 月离职的时候让这幅画公开亮相，但是为了那场狂乱而失败的政治活动，他取消了揭幕式。或许正是因为他如此漫不经心的态度，再加上他渐渐不再接受自由主义，这幅画像便一直被包裹并存放在角落里，直到 1921 年才亮相于世人面前。为了促进统一（两党都有此表示），在 25 年后，即 1941 年，声望如日中天的丘吉尔不仅重新拿出了这幅画像，并且亲自为其揭幕。今天，在（英国）全国自由俱乐部里，这幅画像与格莱斯顿、阿斯奎斯、劳合·乔治等人的画像平分秋色。

　　① 1885 年年底，格莱斯顿对"自治"政策表示拥护，次年他领导的政党联合爱尔兰民族主义党，击败了索尔兹伯里政府。

一个喜欢小题大做、几乎不会产生任何益处的人，在 11 月 8 日，他就敌方在尼日利亚的资产只能出售给英国买家还是中立国的公民也能购买的问题在投票厅对政府发起了挑战。这是一个无足轻重的问题，其中涉及的利益微不足道，只具有一些象征意义。这个问题被提出来令人感到荒唐，然而它的指向非常明显，因为信奉政党必须依法办事的伯纳尔·劳既是殖民地事务部大臣，又身兼保守党领袖，在 286 名保守党下议院议员中仅有 73 人投票支持他。在 11 名心怀不满的自由党人（丘吉尔赫然在列）的帮助下，65 名议员投了反对票，其余的人都没有投票。

这场投票令伯纳尔·劳动摇了。即使说在阿斯奎斯眼中他算不上是一位非常可敬的政党领袖，但是至少他领导着联合政府中的一个必要组成部分，由于他的动摇，整个政府也因此变得不稳定了。然而，投票没能促使伯纳尔·劳与劳合·乔治结盟，而他们的结盟则是政府垮台的必要条件。众所周知，投票当晚，劳合·乔治就与促成这项关键性动议的卡森共进了晚餐。劳合·乔治甚至懒得回去投票支持政府，与他共进晚餐的那个人倒是回去投了反对票。这件事情发生的那段时期不禁令人想起威尔第的歌剧《假面舞会》在开场时鬼斧神工般营造出的那种气氛，你根本看不出谁跟谁站在一条战线上，你只能看到每个人都手握匕首隐隐约约地在其他人的身边兜着圈子。

根据丘吉尔本人在《世界危机》第二卷中所做的估计，"通过马克斯·艾特肯爵士的部门"，两个关键人物达成了一致。丘吉尔对此充满了热情。他曾在 1916 年 2 月的信中告诉克莱门汀，他希望共事的人有"劳合·乔治、弗雷德里克·埃德温·史密斯、伯纳尔·劳、卡森和寇松"，自那时以来，他对伯纳尔·劳的期望值已经降低了不少，不过他还是坚信如果劳合·乔治出任首相，他就会重新得到一个重要职位。

按照丘吉尔的总体期望，方方面面的情况都进展得非常理想。到了 12 月 5 日的晚上，阿斯奎斯出局了，劳合·乔治摆出一副即将入主首相府的姿态。这是一个令人兴奋的夜晚，同时也令丘吉尔感到愤恨和失望。他与弗雷德里克·埃德温·史密斯先是在皇家汽车俱乐部的土耳其浴室里和好如初，无疑，他们希望通过这样的方式在一定程度上消除他们之前因为任性造成的恶果。这一幕在 20 世纪前 1/3 的岁月里非常典型。很难想象，格莱斯顿会比艾德礼、道格拉斯－霍姆、哈罗德·威尔逊或者约翰·梅杰更频繁地出入于土耳其浴室，但是史密斯和丘吉尔在这个本质上属于爱德华时代的环境里就非常自在了，史密斯甚至在"手机"时代出现的 70 年前就能够设法从土耳其浴室给劳合·乔治打去电话，提醒后者当晚前往他在格罗夫纳广场的府邸参加晚宴。艾特肯也将出席晚宴。听到丘吉尔与史密斯在一起的消息，劳合·乔治立即提议丘吉尔也参加这场聚会。丘吉尔自然参加了宴会，在当时的情况下大多数政客都会这么做。不过，外界对一些问题感到好奇也在情理之中：丘吉尔之前究竟做何打算？另一场晚宴是否因为他的缺席而变得有些扫兴？克莱门汀是否突然意识到自己只能意外地度过一个孤独之夜？

这场晚宴应该时间不长，因为劳合·乔治早早便离去了，他赶到了卡森位于伊顿住宅区的府邸与刚刚见过国王的伯纳尔·劳见了一面。艾特肯驱车与劳合·乔治一道前往史密斯家。艾特肯一心希望被别人视作政界要人，但他基本上只能算是一个政界包打听。对于这场宴会，他的描述令人信服：在这场短暂的宴会上的"谈话令新部门的成员极其兴奋，在场的所有人都……以平等的身份参与进了谈话"。[cdli]丘吉尔自然而然地认为自己差不多会被接纳进核心圈子。不无讽刺的是，艾特肯对自己也有着同样的想法，这一点也在情理之中。事实上，他的目标比丘吉尔更明确，他渴望得到的是贸易部大臣一职。然而，他扮演的角色实际上仅限于帮助丘吉尔做好面对坏消息的准备：

> 就这样，我将劳合·乔治对我所做的暗示转告给了他。我有理由说下述即为我当时的原话："新政府非常中意于你。你的朋友都会进入新政府。你将拥有与他们联手行动的广阔天地。"
>
> 我的表述十分克制，但还是有某种因素令丘吉尔对自己的判断深信不疑。他突然感到邀请他参加这场晚宴其实是对他的愚弄。他义愤填膺。我一直以为他只会用"弗雷德"或者"弗·埃"来称呼自己的好朋友伯肯黑德，可是当时他突然说道："史密斯，这个人知道我不会被接纳进新政府。"说完，他便走了出去，到了街上，外套和帽子都挂在他的手臂上。伯肯黑德追了上去，使劲劝他回去，但是没有用。[cdlii]

没过多久，艾特肯就成了比弗布鲁克男爵（被授予这个他并不想得到的贵族头衔，是对他没有得到贸易部大臣一职做出的补偿，同时也是对他向丘吉尔传达了一个个噩耗的奖励；所幸，劳合·乔治很理智，没有试图用同样的手段对付丘吉尔）。在时隔44年之后，他公布了自己对这件事情的记述，这段描述有多少成分基于他在当时留下的文字记录，又有多少来自他一贯活跃、有时候还有些富于想象的记忆，这一点则不得而知。不过，总体上他的描述没有可疑之处，他的措辞充满细节、准确无误，令他的描述显得很逼真（也有可能与事实有所出入）。

劳合·乔治希望丘吉尔进入自己领导的政府。事实上，在自己撰写的《战争回忆录》一书中他用了 3 页篇幅明显地暗示了他原本希望丘吉尔加入他组建的小型战时内阁（包括他自己、伯纳尔·劳、寇松、米尔纳，以及代表工党的亚瑟·亨德森），不过他之所以做这样的打算并非完全出于他对丘吉尔的偏爱。在对丘吉尔"充满奇思妙想的头脑、无可置疑的勇气、不知疲倦的勤奋、对战略和兵法的充分研究"称赞了一番之后，他继续写道："在这里［战时内阁中］，付诸行动之前他比较反复无常的冲动性格应该会得到控制、他的判断也会受到监督及核查。"[cdliii] 无论出于什么原因，加入这样的中央指导机构都应该能让丘吉尔感到百分之百的喜悦，令他打消在达达尼尔海峡行动之后产生的受排挤感，同时也会证明他对阿斯奎斯的苛责没有错（尤其是在克莱门汀面前），证明他从前线回来、在国内谋求更重要的职务的决定是英明的。然而，事实并非如此。劳合·乔治固然想得到丘吉尔，可是他更想得到的是首相的位置和一个切实可行的政府。

劳合·乔治必须安抚敌视阿斯奎斯残余势力的保守党人，而在大部分保守党人中间丘吉尔都没有市场。贝尔福与卡森应该会接受丘吉尔，但是托利党里的其他领军人物，尤其是奥斯汀·张伯伦、寇松与罗伯特·塞西尔，都不会接受他，而他们的支持对劳合·乔治能否取得进展至关重要。不过，真正的拦路虎还是伯纳尔·劳，就连在一战中成为一位伟大领袖的欲望和在二战中成为更伟大领袖的野心都无法打动他。在《战争回忆录》中，劳合·乔治实事求是地以早年做律师的经历为例努力劝说这位保守党领袖的事情。他告诉伯纳尔·劳，在重大诉讼中他作为初级律师的最重要的任务就是选择辩护律师。（事实上，由于他从未有机会在北威尔士律师圈子外委托过任何一位辩护律师，对于以切斯特为大本营的他来说，选择范围并不大。）有的律师很可靠，能够始终如一地保持最佳表现；有的律师智慧过人，在劳合·乔治那个年代，这一类律师威力十足，但是他们也会犯下严重的错误。问题就在于，倘若你不想冒险，这些聪明的律师或许就会被诉讼的另一方所雇佣。劳合·乔治继续解释说："你始终得面对一个问题——他代表你更危险，还是他代表对方更危险？"这一次，这位一贯善于蛊惑人心的威尔士巫师没能成功，他的劝说对毫无想象力但是率直诚实的伯纳尔·劳丝毫没有起到作用，后者说过："我宁愿他每次都是我们的对手。"[cdliv] 当时的情况的确如此。

在接下来的一段日子里，丘吉尔的生活甚至比之前他抱怨过的生活更加平淡无奇，至少从事实的层面而言的确是这样的。在 1916 年 12 月之前，他一直都有希望在促使阿斯奎斯倒台、为自己在政坛开创一片新天地的过程中发挥重要作用，只是他对这个角色的重要性有所夸大。现在，前一个目标已经实现了，可是他的前景却没有那么开阔了。他不愿意与一大群被撤换掉的自由党大臣为伍，出于各种原因，他对这些人——阿斯奎斯、格雷、麦肯纳、朗西曼——已经彻底不抱希望了。他做了几次讲话，发了一点牢骚，还写了几篇相似的文章，赚了一大笔稿费，但是他始终克制着自己，没有像对前一届政府那样对新政府发起抨击。

在 1917 年的最初几个月里，丘吉尔的地位下滑到了谷底，漫长而煎熬的一战也到了最艰难的阶段。1 月初，在前一年 8 月加入协约国阵营投入战争的罗马尼亚基本上已经被摧毁了。在此之前不久，德国采用了无限制潜艇战，这项策略起到了惊人的效果，英国舰船损失惨重，北大西洋运输线面临着被切断的严重威胁。到了战争中期，这条运输线造成了德国的失败，因为通过这条运输线，美国为前线已经趋于崩溃的英法联军提供了难以抗拒的人力物力支持。然而，直到伍德罗·威尔逊总统确保国会同意在 4 月 6 日对德宣战，这条运输线的重要性才得到了认识。紧接着，俄罗斯帝国于 3 月 16 日宣告覆灭，美国投入战争，在此期间的 3 个星期，形势非常恐怖。英国深陷于悲痛中，几乎每个家庭都经历着亲人伤亡的痛苦，法国的情况更是如此。丘吉尔夫妇还算幸运，他们没有遭受类似的痛苦。1916 年 9 月，阿斯奎斯极有前途的长子雷蒙德牺牲在了索姆河畔。再随便举两个例子：达达尼尔海峡委员会委员弗雷德里克·考利议员的一个儿子在开战头一个月里就在比利时的蒙斯阵亡了，一年后他的另一个儿子又在加利波利半岛阵亡，在 1918 年他的第三个儿子牺牲在了法国；罗斯米尔子爵由于发言不当几乎被当作了站着说话不腰疼的典型，然而，就在他于 1916 年 11 月发表了支持丘吉尔的那篇文章的次日，他失去了一个儿子，在 1918 年 2 月又失去了另一个儿子。

到了 5 月初（1917），丘吉尔时来运转。在此之前的几个星期里他一直主张下议院召开一场秘密会议，但是没有人对他的提议表示出强烈的兴趣。丘吉尔那位多才多艺的表弟弗雷迪·加斯特当时已经从驻法国的副官变成了劳合·乔治的联合党派总督导，随着对政府的批评愈演愈烈，丘吉尔巧妙地说服了加斯特相信秘密会议将为首相提供一个大好机会，相比在政府组建后的首场会议，在这样的秘密会议上他能够对自己面临的问题和采用的战略进行更充分地阐述，从而重新树立自己在议会里的权威。这个建议引起了劳合·乔治的兴趣，他将会议时间定在了 5 月 10 日。在丘吉尔的日历上，这个日期屡屡成为重大时刻，9 年前的这一天，在首次参加了邓迪选区的选举后，他成功地重返议会，在 23 年后的这一天，他出任首相。

在阿斯奎斯的支持者中，那些资深议员都没有流露出想要利用这个机会的兴趣，因此开场辩论的任务就落在了丘吉尔的肩上，他的讲话为紧随其后发言的首相铺平了道路。与丘吉尔在 14 个月前的经历截然不同的是，这场发言似乎是他在职业生涯前半程里最成功的议会发言之一，尽管讲话持续了 1 小时 15 分钟，远非只是一次"暖场"讲话。这是一场秘密会议，所以在《议会议事录》中没有留下记录，但是根据自己一贯包罗万象的笔记，丘吉尔在《世界危机》一书中重现了这场讲话的核心内容。这场讲话极其典型地显示出，他用扣人心弦的语言言简意赅地描述一场危机、让听众（下议院里坐得满满当当）心甘情愿地接受他的引导的能力。由于讲话内容涉及的利害，同时也因为这场讲话是丘吉尔漫长政治生涯中的一个转折点，因此有必要充分引述在此：

> 今年以来发生了两件大事，每一起事件都令局势全面改观，协约国在制定政策时也必须考虑到这两件大事。这两件事情就是美国参战和俄国覆灭。协约国阵营里一个拥有700多万常备军的帝国被德国的铁锤砸得粉碎，与此同时，一个拥有1.2亿最活跃、受教育程度最高、最富有的人口的国家已经加入了我们的阵营，这个国家还拥有当前急需的各种资源，而且资源的储备量几乎可以说无穷无尽。然而，这个国家尚未做好准备。它没有大规模的军队、没有军需品，它的男性成员没有接受过参加战争的训练，除了为协约国生产制造武器，在其他方面它的兵工厂和其他工厂都毫无组织性可言。假以时日，一旦携起手来，大不列颠和美利坚合众国就将天下无敌……然而，这股强大力量的形成尚需很长一段时间——不是几个月，而是几年。

丘吉尔指出还有一个因素也有着至关重要的作用，这就是海上交通。"当决定开展无限制潜艇战的时候，德国人肯定也清楚他们会促使美国卷入这场战争，而且还是他们的对手。他们难道不会认为，通过这种做法他们也可以阻止美国实施有效的干涉吗？我们不知道，我们也不希望知道每个星期有多少船只被潜艇击沉。"盟军舰艇损失严重，而且这个数字还在不断增长。丘吉尔断言这才是"头号危险，也是最具有决定性的危险"，协约国必须控制住这个危险因素。"将英国的全部力量都转向这个方向。让海军在这场战争中取得最辉煌的胜利。将所有的资源和创造发明都投入使用。让反潜艇战占据首要地位，主宰英国在战争中方方面面的工作。"英国应当确保，一旦美国军队做好奔赴前线的准备，他们就会立即被送到欧洲战场。

> 与此同时，我们在陆地上应该采取什么样的策略？根据之前描述的几个首要因素，我们显然不应当在美国力量在战场上有所作为之前浪费法军和英军的剩余力量贸然进攻，不是吗？我们没有足够的兵力能够保证成功发起进攻。面对敌人，我们的炮兵没有显著的优势。我们的坦克数量达不到我们的需求。我

们尚未在空中占据优势。无论是从机械还是战术方面，我们都尚未找到办法突破没有尽头的强固的德军防线。那么，在这种情况下，我们应该在大股美国部队被带进法国之前孤注一掷地将剩余兵力用在西线的战事上吗？让下议院恳求首相动用他应有的权力以及他本人的全部影响力阻止住法国和英国的统帅部，不要让他们将彼此拖进新一轮血腥、悲惨的冒险中。挫败德国潜艇的攻击。将美国数百万军人带到欧洲来。同时在西线保持积极的防御，以减少法国和英国将士的牺牲，训练、提高并完善我们的军队和我们的作战方法，为下一年进行一场决定性的行动做好准备。^{cdlv}

丘吉尔这番激动的概括当然有可能会被视作虚假信息而遭到驳斥，躲在暗处但是颇有影响力的伊舍子爵布雷特正是这么做的。如果说布雷特曾与丘吉尔为友，那么他对后者也只是虚情假意而已。在当月晚些时候，他给黑格将军写了一封信，当时丘吉尔即将前往圣奥梅尔造访在那里的总司令部，这还是他在这一年里首次前往法国。布雷特在信中写道："他用充满抑扬顿挫的腔调讲着这些大事，很快他就被自己的措辞给绊住了。他自欺欺人地认为自己有着开阔的视野，实际上他满脑子都只惦记着问题的细枝末节。"^{cdlvi} 但是，在 5 月 10 日这一天，无论是那场忽明忽暗的秘密会议（下议院的议员们普遍存在这种感觉）的参与者还是首相都没有产生布雷特的这种看法，后者的态度或许更为重要，这天下午，他自己也在议会里痛痛快快地打了一场大胜仗。用丘吉尔的话说，就在参加完这场令两个人都十分满意的辩论后，他们"意外地"在议长席背后碰了头。众所周知，在一场成功的口舌之争后相互示好是所有政客的共同经验。丘吉尔与劳合·乔治相互打了招呼，他们对彼此的热情不禁令人想起多年后丘吉尔写进《当代伟人》（1937）的一段讽刺，那是他对自己作为财政大臣的前任和继任者工党议员菲利普·斯诺登的一段描述："财政部的思维和斯诺登的头脑就如同两条臭味相投、阔别已久的爬虫一样热情地拥抱在了一起，一段愉快的统治期开始了。"^{cdlvii}

丘吉尔的情况也是如此，从这一天起，他与劳合·乔治就几乎完全和好如初了，在阿斯奎斯担任首相的时候，他们两个人就如同政府里的一对激进主义明星双胞胎一样。他们的亲密很快就得到了具体的体现，劳合·乔治促成了丘吉尔为期一周的出访，后者将走访法国前线和巴黎，并前往圣奥梅尔看望黑格。一年多来，这还是丘吉尔首次前往法国，所到之处他都受到了最高级别的接待。丘吉尔又彻底恢复了局内人的身份。

劳合·乔治无视保守党的强烈抗议，在 7 月 18 日任命丘吉尔为军火大臣，两个人的友谊更加凸显了出来。克里斯托弗·阿狄森正合时宜地换了一份差事，碰运气似的当上了职权模糊的重建大臣，从而为丘吉尔让出位置。很久之后，阿狄森成为艾德礼在 1945 年工党政府中最可靠的一位支持者，他对艾德礼就相当于克鲁侯爵对阿斯奎斯一样，但当时他还是劳合·乔治在自由党里最忠实的追随者之一。在那个时期，军火部也并非重要部门，不过在 1915 年 5 月，劳合·乔治本人却认为，为了这个职位值得离开财政部。军火部同军事行动有着无可争辩的联系。丘吉尔的状况与斯塔福德·克里普斯在 1942 年秋天的状况十分相似。在结束了驻莫斯科大使的任期回到英国后，由于在苏联的经历克里普斯一时间荣耀加身，但是在很大程度上这只是时势造英雄，而非他理所应得。在令人激动但没有成果的 8 个月里，他实际上成了政府里的二把手，甚至对丘吉尔本人构成了潜在的挑战，在此之后，他接受了一个重要但是不占据核心位置的职位，飞机制造大臣，从专业角度而言，他在这个职位上的表现非常出色。在 1917 年，重新担任任何一个职务自然都会令丘吉尔感到开心，只要这个职位不是那么明显地处于从属地位。他满怀热情地搬进了军火部设在大都会酒店内的总部，这座酒店坐落在诺森伯兰大街在特拉法加广场的端头，办公室的所在地凸显出这个部门的临时性。

促使劳合·乔治在 1917 年 7 月将丘吉尔重新接纳进政府的动机是什么？早在 7 个月前他是不会这么做的。他之所以这么做，在一定程度上是由于在丘吉尔撺掇举行的秘密会议上他自己大获成功，这令他在面对自己的保守党伙伴时更为自信了，而后者仍旧在令人厌烦地对丘吉尔进入政府表示抗议；同时也是由于丘吉尔本人在秘密会议上的表现给他留下了深刻印象，让他看到丘吉尔会是一个多么难以对付的敌手。而且丘吉尔的表现还重新点燃了他们往日的友情，让他们又走到了一起。但是，比这些理由更令人信服的是与劳合·乔治交往一般的弗朗西斯·史蒂文森在 5 月 19 日的日记中写下的一段话："他说他想要一个能令他振作起来、帮助他、鼓励他的人，对方不会总是板着脸出现在他面前，告诉他所有的事情都出了岔子。他说目前他不得不背负着全体同僚给他的压力。"[cdlviii] 因此，写下了《与温斯顿·丘吉尔在前线》的安德鲁·杜瓦·吉布上尉说丘吉尔说过一句话，"战争是带着笑容打的一场比赛"，丘吉尔一贯也是这么做的。这句名言或许对劳合·乔治很管用，即使他还是常常会皱起眉头。不管怎么说，在被逐出海军部的 26 个月后，在主动将自己从一个毫无意义的内阁职位上罢免的 20 个月后，丘吉尔又回来了。从现在起，战争还将持续 16 个月，不过当时大部分人都认为战争还将持续更长的时间。

第十八章 充分利用军火部

在政坛复活后，丘吉尔做的第一件事差不多可以算是前往邓迪，参加一场补缺选举。战争没有让原有的规则被搁置一边，获得任命的内阁阁员（即使没有进入劳合·乔治的小型战时内阁）都必须重新面对自己的选区。丘吉尔对自己1908年在曼彻斯特的经历依然记忆犹新，面对邓迪选区补选的前景，尤其是确定有人要与他竞争的时候，他应该不会太开心。不屈不挠的埃德温·斯克林杰不会放过这样的机会。不出所料，斯克林杰主动提出参加第4次与丘吉尔的竞争。这一次，他自称为"禁酒主义者及工党党员"，不过他代表的只是工党里的反战成员，而不是支持参战的工会领导层。在一场为时不长但是相当喧闹的竞选活动中，丘吉尔说了一句最精彩的充满战斗性的评论，"我的对手提议与德国谋取和平，以便制止住从苏格兰走私烈酒现象。"^{cdlix} 在一场参加人数比较少的投票活动中——一部分原因在于选民名册已经过期3年了，丘吉尔赢得了7320票，斯克林杰得到了2036票。

1917年7月30日，丘吉尔已经跨过邓迪这道障碍，重返伦敦了，用他当时有些自嘲的话来说，他一心扑在了"一名忙于战时内阁订单的店铺伙计"的工作上。这是他参加过的第三次补选，日后他还将参加两场，这样的经历令他在英国当代的选举政治史上留下了独一无二的选举纪录。会出现这种情况是由于他有着漫长的议会生涯，同时也因为改变党派和其他冒险行为意味着他不可能像其他的议会"寿星"那样成为常胜将军，他不得不在同一届议会中二度参选。丘吉尔留下了21场选区竞争的纪录。*

邓迪暂时不会对丘吉尔构成妨碍，他也适应了军火部这个实实在在的机构，在一战剩余的 15 个月里他一直就职于这个部门。1917 年的春天，丘吉尔夫妇搬回了埃克尔斯顿广场。随着阿斯奎斯的倒台，爱德华·格雷离开了外交部，对政治幻灭，再加上视力严重衰退，他用不上这处住所了。（格雷继续活了 17 年，其间被人数次推荐出任温和派联合政府的首相，并于 1929 年毫无争议地当选为牛津大学校长。）不过，丘吉尔夫妇在埃克尔斯顿广场住的时间不长，在生命的这个阶段，由于性格的缘故，他们在伦敦一直过着不太安分的日子。况且，他们还需要靠出租埃克尔斯顿广场的这座住宅多赚一笔收入。因此，大约一年后，他们又将这座房子租了出去，用阿斯奎斯的老话说，从此他们过起了"栖居"生活，先是住在伯克利下街16 号（房东是梅尔斯的霍纳夫妇），接着是坦特登街 3 号（房东是丘吉尔的姑母温伯恩夫人）和迪恩特伦奇街 1 号（1919 年他们租了整整一年），最后他们又租下了伦敦西南郊区罗汉普顿一处名为"坦普尔顿"的住所（房东是温伯恩夫人的儿子弗雷迪·加斯特）。在 1920 年的春天，丘吉尔夫妇买下了毗邻贝斯沃特路的苏塞克斯广场 2 号，两年里他们第一次在伦敦有了属于自己的房子。

从 1917 年的春天起，丘吉尔夫妇还在苏塞克斯郡拥有了一处乡村住所。这座被称为"卢兰登"的住宅是丘吉尔以 6000 英镑的价格买下的。住宅位于靠近肯特郡的那一侧边界，邻近东格林斯泰德。这座狭长、低矮的房子是一座加长版的高级农舍，可以说是查特维尔庄园极其简陋的前身。丘吉尔的一位传记作家（威廉·曼彻斯特）几乎过于执着地将其称为"小茅屋"，实际情况绝非如此。一开始，他们只会来这里过周末，当齐柏林飞艇制造的空袭具有了一定的威胁性时，丘吉尔鼓动克莱门汀与 3 个孩子（当年 11 月，他们的第四个孩子玛丽戈尔德出生了）在大部分时间里都住在了那里。丘吉尔自己则常常在办公室里过夜，办公室设在大都会酒店的一个好处就在于卧室的陈设应该会令人满意，从 1918 年的夏天开始，他在伦敦就适应了这样的生活。不过他在卢兰登也度过了大量的时间，因为他总是喜欢在那里

---

* 在这个方面与丘吉尔最为接近的就是格莱斯顿，后者的议会寿命和他的有 2 年的重合期，而且后者也像他一样改变过党派，引发争议的能力也完全可以与他相匹敌。但是，格莱斯顿只参加过 16 场竞争，除非再加上他同时参加两个选区选举、自动在第 2 个选区当选的那两次竞争（1868 年的两个选区是格林尼治和兰开夏郡东南区，1880 年的是利兹和中洛锡安郡）。在前一次，"备用"选区对他来说是必要的，因为他在兰开夏郡落选了。在第二次，他就不需要"备用"选区了，因此他将利兹交给了上文提及的他的幼子（赫伯特），后者占据了这个席位长达 30 年之久，并且子承父业，出任过自由党的党派总督导和内政大臣。到了丘吉尔时代，这种多选区参选的做法已经不可行了。

过周末，而且他还喜欢通过改变工作环境来保持工作节奏。此外，由于乘飞机去法国造访统帅部或者巴黎的次数越来越多，卢兰登也成了一个方便他出行的中转站。

这种跨越英吉利海峡的行动是丘吉尔就职军火部期间的一个显著特点。身为该部门领导的时候，劳合·乔治就一直很活跃，他有时候会去前线，但是更多的时候会出现在格拉斯哥、卡莱尔或考文垂。蒙塔古与阿狄森也是如此，不过他们的活动都不会像劳合·乔治与丘吉尔那样引人注目。丘吉尔没有忽视自己在国内战线方面的本职工作，事实上他对劳资关系的疏导取得了一定的成功，在很大程度上他的成功基于"给他们钱"这种有益的方法，同时他对牟取暴利的雇主们本能的厌恶也起到了一定的作用。不过，相比枪炮制造者们劳作时的敲打声，本质上丘吉尔更偏爱炮火声，这一点是无可争辩的。他宁愿当一个芝麻小官，也不愿意过着无官一身轻的生活，而且他还不断地为劳合·乔治不顾托利党的抗议给他机会的举动表达着感激之情，但是他为自己只是一名"店铺伙计"的现实，为自己无法参与战时内阁商议战略、制定决策的工作感到恼火。在写下给首相的一封封长信的过程中他释放着自己的沮丧，有时候他只是在一味地抱怨，有时候则会针对有关总体战略的更宽泛的问题发表一番见解。很多信他都没有发出去，在发出去的那些信中，大部分都没有得到劳合·乔治的回复，不过这并不意味着这些信没有对首相产生影响。

丘吉尔有着大量使不完的精力，再加上其他一些因素，因此他找到五花八门的理由一次次跨过英吉利海峡，英国和法国的任何一位大臣都没有他这么频繁地前往法国。其他因素包括他对亲临现场的强烈渴望，以及他一直对法国具有的亲近感。在丘吉尔漫长的一生中，后一点绝对不能被低估。纵然一开始他只是大英帝国一名小小的中尉，纵然 1940 年法国的陷落给他造成了政治生涯中最大的挑战（也是最大的机遇），纵然他曾在二战期间用有些讽刺的腔调说自己背负过的最沉重的十字架就是洛林那座十字架（即戴高乐将军的十字架），法国对他来说都始终如磁石一样充满吸引力。自 1907 年前去参观法国军事演习，直到暮年在比弗布鲁克男爵的别墅拉卡彭奇纳或者是他的美国经纪人埃默里·里夫斯及其夫人在附近的别墅拉堡萨里打盹儿，他一直很享受待在法国的生活。里夫斯一直很纵容他，里夫斯夫人更是如此。1918 年 6 月 6 日，经过春天的成功推进，德国人距离巴黎只有 45 英里之遥了，尽管如此，丘吉尔还是从巴黎的丽兹酒店写信告诉克莱门汀："下一次再来这里的时候（如果还有'下一次'的话），你真的要陪我一起来。你要打着基督教青年会［克莱门汀参与了该组织的大量工作］的旗号找一个正当理由……来这个面临威胁但始终那么宜人的城市过上几天逍遥日子。"[cdlx]

到了 1918 年 3 月，丘吉尔看到——更重要的是听说——德国最新发起了一轮大规模进攻，他又赶往法国，这是他 6 个月以来第 5 次出访法国，其中几次为期将近两个星期。对于一位大臣而言，这一次他的表现过于鲁莽，即使对平民来说也是如此。在造访自己曾经所在的部队第 9 师（苏格兰师）的司令部期间，他在司令官营房一侧的兵营里度过了短暂的一夜，直到次日凌晨 5 点左右，"巨大的炮声响了不到一分钟，后来我再也没有听到过那么响亮的炮声"。^{cdlxi} 丘吉尔恢复了当年参加南非战争的习惯，出行时总是有一位公爵陪在身边。这一次陪同他的是威斯敏斯特公爵，几个月后他的伙伴变成了马尔博罗公爵（当年的组合）。威斯敏斯特公爵对丘吉尔起到了有益的作用。丘吉尔想要留下，亲眼看一看战况，威斯敏斯特公爵劝他最好趁着还能脱身的时候离开前线。不出几个星期，他们曾经逗留过的村庄纳卢就沦陷成了敌方占领区的腹地。

两天后，丘吉尔回到伦敦，这时他的处境极其有利，在外界看来他比任何人都更了解德军最新一轮大规模进攻的情况。丘吉尔说服劳合·乔治前去埃克尔斯顿广场与他共进了一次晚餐，一道参加晚宴的还有亨利·威尔逊爵士和莫里斯·汉基，有些阴险的威尔逊刚被任命为帝国总参谋长，而汉基的声望则在白厅这张关系网中与日俱增。丘吉尔说过"整个战争期间"没有一个夜晚比"这个夜晚更令人焦虑"。^{cdlxii} 这个夜晚也是这座住宅最后一次荣耀（或者说魅力）加身，没过多久，丘吉尔夫妇就搬走了。显然，丘吉尔重新占据了核心地位，不过这种状况或许只是一时的。几天后，当协约国的军队开始跟跟跄跄地撤退时，丘吉尔再度前往法国，这一次是出于首相的要求。劳合·乔治原本希望丘吉尔直接去拜访福煦元帅，后者当时正在向着协约国军队总司令的位置迈进着。亨利·威尔逊以军事礼仪为由否决了丘吉尔拜访福煦的提议，谈话只能在将领之间展开（至少从官方角度而言必须如此），因此丘吉尔的任务可以说就升级为主要同克里孟梭的对话。1917 年年底，克里孟梭这头 76 岁的"老虎"重新把持了他在 9 年前失去的位置，成为法国总理。

掉转方向前往巴黎（经过黑格在蒙特勒伊设立的新指挥部，由于德军的进攻圣奥梅尔已经充分暴露在炮火中）让丘吉尔至少还能享受一下"几乎空无一人的丽兹酒店的奢华条件"。这个转变也让丘吉尔与克里孟梭建立起了良好的关系（当时克里孟梭大概是全世界唯一一个能在好战精神和舌战工夫两方面超过丘吉尔的人），后者带着他经历了一场长达 15 个小时的非凡旅行。3 月 30 日，星期六，早上 8 点，丘吉尔应邀前往坐落在圣多米尼克街的法国总理官邸马提尼翁宫，事后丘吉尔写道："5 辆军车占满了整个院子，车上全都装饰着代表最高权力机构的小小的绸缎三色旗。"他还补充到，克里孟梭操着一口流利的英语向他表示了问候，只是其中还夹杂着一点儿高卢口音："亲爱的温斯顿·丘吉尔，真高兴你能来。我们要让你把一切都瞧一瞧……咱们要见一见福煦。咱们要见一见德贝尼［法国第 1 集团军总司令］。咱们要同各军团的司令官们见见面，咱们还要去见一下杰出的黑格，还有罗林森。凡是我们知道的，你都会知道。" ^{cdlxiii}

丘吉尔与克里孟梭先是前往博韦，在那里福煦为他们介绍了充满戏剧性同时又比较乐观的战况，让他们看到了德国人在这一轮进攻过程中逐日占领的土地正在以怎样的速度缩减着。丘吉尔对福煦这番讲解的重点做了概括：

> 敌方已经精疲力竭了。强大的攻势趋于停滞。维持这场进攻的冲劲渐渐消退了。最糟糕的阶段已经过去了。将军这番令人惊讶的讲解给每个人都留下了一个不可抗拒的印象，在讲解过程中他的每一寸肌肉、每一根纤维似乎都带着伟大演员在舞台上才有的那种兴奋和激情跳动着。
>
> 突然，他大声说道："稳定！这是当然的，肯定的，就快了。然后，啊，然后，那就是我的事情了。"
>
> 他停住了。每个人都沉默不语。
>
> 就在这时，克里孟梭走上前去，说："然后，我就得亲一下您了，将军。" ^{cdlxiv}

接下来，"聚会"转移到了德鲁里，此地位于亚眠以南 20 英里。在这里他们与罗林森将军交换了意见，共进了午餐，当时罗林森正在努力重建在德军的屠戮下遭到重创的第 5 集团军，并将其整编进他自己率领的第 4 集团军。黑格驱车从蒙特勒伊赶来参加了他们的见面会，并同克里孟梭进行了一次重要的谈话，其间他们达成了一致意见——对于英国的求救，法国的回应不应当是在更偏南的地方发起新一轮进攻，而是应当将法军大批有生（比较而言）力量派往英军压力最大的战线。这种构想似乎令双方都感到满意。接着，克里孟梭开始向罗林森讨要"奖赏"，也就是允许他深入战区。丘吉尔陪同克里孟梭前往了战区，这令他们置身于极大的危险中，两个人在进行一场有勇无谋的较量。不过，丘吉尔多少能意识到克里孟梭的存在对于保证法军士气的重要性，因此他有所克制。最终，他警觉地阻止住了一行人的脚步。接着，他们穿过亚眠，与德贝尼将军见了面，之后便返回了博韦，在那里与贝当元帅在他的"豪华"专列上一起吃了饭，然后在午夜 1 点回到了巴黎。第二天，丘吉尔写信告诉克莱门汀：

> 他［克里孟梭］绝非凡人。他说的每一句话，尤其是对生活和道德的总体

认识，值得一听。他的精神和精力都十分顽强。昨天坐着汽车在崎岖不平的路上高速行驶了 15 个小时，我都被累坏了——可是，他已经 76 岁了！

他给我留下的印象很像费舍尔给我的印象，但是他远比后者能干，只是与后者一样随时会反咬你一口！我会十分小心的。^{cdlxv}

在为期一周并且数次深入前线的巴黎之行期间（在撤退和面对危机的时候他们两个人非常亲密），丘吉尔取得的另一项成果就是说服克里孟梭与劳合·乔治一起呼吁威尔逊总统（贸然绕过美军总司令潘兴将军）向欧洲派出大股美国部队，将美军各旅编入法军和英军的各师部，而无须一直干等着，直到潘兴将军愿意集结美国各地兵力组建一支具有强大威慑力的大军。威尔逊答应在接下来的 4 个月里派出 48 万大军跨过大西洋，丘吉尔此行因此被认为大获成功。这次出行，尤其是与克里孟梭那天的出行，促使丘吉尔模模糊糊地断定协约国军队的状况仍然相当令人绝望，倘若英军统帅部不得不做出浮士德式的选择，① 要么放弃英吉利海峡各个港口，要么被切断同驻守在皮卡迪南部的法国部队的联系，那么选择确保两军的联合、放弃各港口则不会造成太糟糕的结果。在 4 月 18 日发给劳合·乔治的一份备忘录中，他写下了自己的这些想法。

丘吉尔在这一时期发表的其他一些探讨战争的观点软硬兼具，其间还夹杂着明显而迷人的不确定性。他反对协约国在敌方还没有明显战败、德意志军国主义——而不是德国人民——还没有彻底被消灭的时候与对方进行和谈，在这一点上他毫不妥协；同时，他也坚决反对在美军力量补充进英法军队、从而让协约国军队拥有不可抵挡的优势之前，以车轮大战的方式向对方发起进攻。因此，他认为直到 1919 年的夏天协约国才会取得胜利。在使用战争工具的问题上，丘吉尔表现得毫无人情味，甚至有些残忍，当国际红十字会说服法国人民支持禁止使用毒气的倡议时他大发雷霆。他有些简单粗暴地指出，使用毒气对协约国更有利，因为当时基本上刮的是西风。最终，丘吉尔挫败了红十字会的提议。但是，在战争趋于结束的时候，他却毫不犹豫地在绞死德国皇帝的问题上与首相争执了一番，而当时他非常需要首相在日后支持他，帮他谋到一个称心的大臣职位。劳合·乔治赞成绞刑，丘吉尔表示反对，他之所以会做出这样的选择，一半是基于泛泛的人道主义，另一半或许是考虑到统治者神圣不可侵犯这条原则。

---

① 指为了换取权力、知识或物质利益而放弃精神世界。

然而，这些问题以及同克里孟梭一起取得的成果都不在军火部的职权范围之内，或许只有使用毒气的事情除外。丘吉尔没有忽视自己在军火部的本职工作，实际上外界普遍认为他振兴了这个部门（在劳合·乔治做出同样努力的 2 年后）。他还说服黑格相信他就是能够提供大量军需品的圣诞老人，从而大大改善了自己与黑格的关系。丘吉尔还对武器制造地区视察过两三次，这些活动都得到了大肆宣传并留下了大量的照片，尤其是在 1918 年 10 月对格拉斯哥、谢菲尔德和曼彻斯特的那一次视察，当时他还设想着通过这样的活动为自己下一年的一场竞选提供弹药。

然而，事实上把持着一个次要职位的丘吉尔总是会尽量在法国多待些时间，对自己在国内被排斥在最高权力层之外的处境进行补偿。在英国的大臣中，出现在法国前线的几乎永远只有他一个人，这种状况还有一个好处，也就是令他感到自己与军事行动的核心层保持着密切的交往，他对这一点一直念念不忘。1918 年 5 月，丘吉尔产生了一个想法，他觉得自己应当拥有一个小小的指挥部，这个指挥部将与最高司令部保持密切的联系，但是不会凌驾于后者之上。丘吉尔与黑格始终没有像他和约翰·弗伦奇那样亲密到产生有害影响的程度，但是他们的关系已经大为改善了，以至于从 8 月初开始，这位总司令将韦尔绍克城堡提供给他使用，尽管此时德军已经以汹涌之势突破了巴约勒和阿尔芒蒂耶尔。韦尔绍克城堡位于圣奥梅尔和蒙特勒伊之间，距离英国前线 25 英里。正如丘吉尔向克莱门汀描述的那样，这座城堡"简朴但干净……地面有一条条林荫路，路旁种着最美的树木"。[cdlxvi] 在接下来的 40 天里有 26 天丘吉尔将这里当作大本营，他那位没有任何军职的私人秘书（可怜的爱德华·马什）不得不冒险在英吉利海峡上空飞来飞去。丘吉尔不容分说地将马什召回军中，不过对于马什来说他的召唤也难以抗拒。当丘吉尔频频试图多看几眼战场的时候，马什也同样沐浴在炮火下。此外，在一位总体上还算温和但有时也有些苛刻的大臣领导的大家庭里，马什还得承担起大管家的责任。

丘吉尔自然喜欢对一战中的"城堡将军"现象提出批评。（这与二战中的情况截然不同。在二战期间，除了其他住宿方式，指挥官们大多都会快速撤回或者赶到舒适的农舍过夜。）在一战的最后 3 个月里，韦尔绍克城堡成了丘吉尔的高级指挥部（如同 30 年后他对萨沃伊酒店的描述一样，这座酒店比他在海德公园门大街的住所距离威斯敏斯特少了 2 英里的路程）。在这段时间里，协约国走向了胜利，但是在入秋之前，出于谨慎，丘吉尔始终不承认德国人的抵抗已经渐渐偃旗息鼓了。

问题是，丘吉尔在军火部究竟做了哪些工作？他在伦敦掌管着一个重要部门，但是他的工作不涉及决策和战略计划的制订。他在法国度过的一半时间在多大程度上与他在伦敦的本职工作协调一致？无疑，外界希望丘吉尔充分认识到部队对军械的需求，从而让将领们相信，伦敦方面充分理解他们在这方面所面临的问题。然而，丘吉尔对接近前线的生活和英法两国关系的投入，远远超出了他对本职工作的热情。

他作为部门大臣的工作效率因为他广泛的兴趣而降低了吗？这个问题并不容易回答。丘吉尔得到的是一个机构臃肿的非传统部门，工作人员有 1.2 万名，到了一战结束的时候这个数字上升到了 2.5 万。大部分职员都被安置在和特拉法加广场毗邻的诺森伯兰大街上的一家家被征用的酒店里办公，重要岗位都掌握在商人而非公务员手里。这个部门下设 50 个非军事部门，所有的部门都保持着半独立状态。上任后没多久，丘吉尔就决定将部门数量削减到 10 个，由继续留任的商业领袖组建一个军需品委员会，委员会每天都要举行碰头会（至少丘吉尔在伦敦期间坚持这种做法），他自己担任委员会主席。丘吉尔还将几位曾经与他共过事的同僚介绍进军火部，让他们把持关键职位。这几位分别是爱德华·马什、格雷厄姆·格林爵士，以及他在海军部时期的部下马斯特顿－史密斯。

军火部得到的指示是仅为陆军供应战争物资。海军的舰船制造和枪炮完全掌握在海军部手中，如果丘吉尔还是海军大臣的话，这一点一定会令他称心如意。然而，面对任何问题他始终只会从自己所处的部门出发，因此没过多久他就陷入了与埃里克·格迪斯的地盘之争。劳合·乔治任命的格迪斯是商人出身，当时对海军几乎一无所知的他掌管着海军部。丘吉尔一副盛气凌人的做派，很快他又与劳工大臣乔治·亨利·罗伯茨以及乔治·巴恩斯发生了争执，后者取代亚瑟·亨德森成为工会和工人运动在战时内阁里的代表。丘吉尔与德比勋爵也没能一直保持融洽关系，而他的工作正是为德比勋爵领导的部门保证供给。不过，在内阁秘书汉基看来，更重要的是在劳合·乔治看来，在这些争执中比较占理的都是丘吉尔，他与格迪斯的争执更是如此。不过，丘吉尔至少令黑格感到满意，在他任职军火部期间这位总司令对他的好感日渐增强。他一直都受到统帅部的欢迎，并且被"赠予"了一座城堡，这些都能证明黑格对他的喜爱。丘吉尔一直为黑格提供着充足的弹药和枪炮，对于战争期间兵工厂新增的生产项目，也是他自己十分钟爱的军械——坦克——他的供应量越来越大。不过，他也清楚黑格只会随意浪费这种新式武器，而不是将其保留到发动大规模奇袭战的时候——最好是等到 1919 年。丘吉尔始终认为直到 1919 年胜利才会到来，在某种程度上这种态度预示着，在 1943 年他对开辟第二战场的抗拒。他认为正确的西线策略是在美国大股部队到达欧洲之前协约国军队一直保持防御姿态，然而德国人在 1918 年春天发起的进攻打断了他的思路。德军的行动先是排除了协约国军队安安静静做好防守的选择，在最初的胜利之后进攻遭到了失败，从而又出人意料地导致了德国在当年秋天的覆灭。

不在法国的时候，丘吉尔在军火部的工作核心是处理劳资关系，很多人会说，无论是从经验还是性格方面看丘吉尔都不适合这项工作。1917 年是一战中民愤最强烈的一年，彼得格勒的大街小巷爆发了革命，法国军队中出现了类似于哗变的事件。在英国，克莱德赛德与米德兰兹的兵工厂也遥相呼应，发生了类似的但是比较温和的暴动。这一年的夏天掀起了一股罢工浪潮。尽管存在对战争的厌倦和对投机倒把行为的愤恨等不太明确的深层原因，造成这种局面的一个明显的原因，还是加入了职业工会的熟练工人获得的经济回报日渐减少。这部分工人大多是"计时工"，拿到的报酬取决于工作的时长。新入行的没有经验的劳动力无论男女都属于"计件工"，而且这部分工人正在被大量引入制造业中。由于对更高产量的苦苦追求，计时工和计件工之间的收入差别发生了变化。最乐观的也只能说二者的差距缩小了，在某些情况下，非熟练工拿到的税后工资甚至逐渐超过了熟练工的税后工资。此外，在军需品制造行业中，没有权力机构签发的休业证明，熟练工就不得放弃自己的工作，去谋求报酬更丰厚的其他门类的工作。

在处理这些问题时，丘吉尔采取的方法兼具同情和独裁色彩。他冒着废除不得人心的休业证明的风险，也毫不在意可能导致通货膨胀的危险，强行将熟练工程师的"计时工资"提高了 12.5%。然而这种做法只是让问题得到了一时的缓解，因为随即所有的人都以此为例提出增加工资的要求。丘吉尔还在内阁中强烈主张将超额利润税从 80% 提高到 100%，但是这项提议被伯纳尔·劳否决了。从另一方面而言，面对工人平安无事地进行罢工，而军人却在法国流血牺牲的现象，丘吉尔很恼火，他说服劳合·乔治用征兵威胁工人，结果证明，在 1918 年的夏天这种手段非常有效。丘吉尔的贡献还包括亲自草拟了一份针对"有害的地下势力"的谴责性警告，他指出这部分势力包括"和平主义、失败主义和布尔什维克主义"。这份声明始终没有得到发表，这或许是丘吉尔的幸运。

与首相不同，丘吉尔在安抚人心方面不够老到，但他还是怀着有些鲁莽的乐观情绪成功应对了工业领域的一场大混乱。他曾在 1918 年 10 月为一支工程制造业雇主代表团"打气"："我们的工业领域全面陷入了无序状态。"一战结束时，社会普遍认为，丘吉尔在军火大臣的岗位上表现得比埃德温·蒙塔古与克里斯托弗·阿狄森更成功。当初在听说丘吉尔有望被任命为军火大臣的消息后，有 60 位保守党下议院议员惶惶不安地凑到了一起，但是最令这些人担心的事情并没有发生。根据汉基所述，由于这些人在 1917 年里的举动，再加上一贯像一头老海象一样凶猛但是常常宽宏大量的德比勋爵和托利党里地位显赫的乡绅沃尔特·朗都以辞职相威胁，丘吉尔终于意识到自己有多么不得人心了。

因此，对于丘吉尔来说，1918 年年底的形势好于 1917 年的年中。但是他依然不太可能重新执掌他在和平时期末期在阿斯奎斯政府里占据的职位。当时他是那个令人难忘的政府里三四位最著名的成员之一，相比其他几个人，他有着很大的年龄优势，此外他还有着担任过各种高级职务的丰富经验。被他抛弃的保守党里党派性比较强和头脑比较简单的一部分人依然对他反感，并且不信任他，不过贝尔福、寇松和弗雷德里克·埃德温·史密斯都不在此列。19 世纪末和 20 世纪初的那届政府的利器——自由党倒是越来越欣赏他，从而抵消了保守党对他的排斥。自由党十分欣赏他，但是与他并不亲近，他们对他的态度更像是一群麻雀和乌鸦看着一只从别处飞来的鸟。到了 1918 年，这件利器被摧毁了，在这个过程中丘吉尔也略微起到了一些作用。阿斯奎斯那个好笑但是对其满怀诚挚的支持者消失了，阿斯奎斯也不再需要他了，而他对阿斯奎斯来说也没有什么利用价值了。丘吉尔变成了劳合·乔治的常客，他们的关系甚至超过了 1908 至 1912 年里他们两个人被视作进步激进主义"双子星"时期的关系。丘吉尔开始依赖劳合·乔治了，后者绝对是一个明星式的人物，但是没有几个人会认为这个大明星的显著特点包括为人可靠这一项，为人同样不可靠的丘吉尔也不会这样认为。

在德国战败后的新世界里，劳合·乔治会如何对待丘吉尔？当一战趋于结束，和平时期的政治问题迫在眉睫的时候，丘吉尔越来越关心这个问题了。11 月 6 日，丘吉尔与蒙塔古这两位在联合政府里最有资历的自由党人（这种状况本身显示出劳合·乔治在很大程度上任由这个政府被托利党或者是所谓的无党派人士左右着）被召进唐宁街 10 号共进午餐，针对未来的政治走向进行了一次严肃的探讨。首先被提到的问题就是尽早举行一场大选，劳合·乔治希望这么做，出于自己的需要，丘吉尔也准备表示附和，但是他对这项提议不太满意。蒙塔古在文章中尖锐地指出了他的不满，"温斯顿板起了脸，一副闷闷不乐、爱搭不理的样子"。[cdlxvii]

丘吉尔不开心的原因渐渐显现了出来。他很想进入和平时期的联合政府，但前提是他必须在重大决策上拥有充分的发言权。换言之，到了和平时期，现有的小型战时内阁对他来说是不可接受的。对于这种内阁，其在专门为某个部门的工作制定决策时，内阁才偶尔邀请该部门的负责大臣参加内阁会议。显然，劳合·乔治试图以双管齐下的老办法将战时内阁问题搁置起来：一边施展安抚人心的法力，一边在重大问题上做出一定的让步。他说战争结束时战时内阁就会被解散，到那时他会恢复他所说的由 12 名阁员组成的"格莱斯顿式内阁"。事实上，随着巴黎和会的进行，在至少大约一年的时间里，劳合·乔治所做的与其说是扩大内阁，不如说是将其废除了。他让伯纳尔·劳负责国内政局，他自己则在全欧洲的政治家中间来回走动着，基本上没有参加过内阁和下议院会议。有整整一年的时间，他一直不曾考虑过首相应当关注的问题。

蒙塔古认为眼下丘吉尔得到了彻底的安抚，"愠怒的眼神不见了，笑容环绕在那张如饥似渴的脸上，鱼已经被卸到了岸上"……[cdlxviii] 然而，或许是因为身处一片漆黑的深夜，丘吉尔的心中生出了疑虑，他担心自己也许会再度遭到保守党人的否决，那样一来就连扩大的内阁他都进不去了，而劳合·乔治显然非常倚重这些人。第二天，他给首相写了一封极为粗暴的信，而劳合·乔治对这封信的理解更是有过之而无不及。这封信里最关键的一句话就是："我觉得在不清楚您的首要同僚会是些什么人的情况下，我无法对自己的方向做出选择。"[cdlxix] 这句话的态度有些强硬。

劳合·乔治对丘吉尔的这封信毫无好感："你的来信令我感到意外和不快。坦率地说，它让我感到摸不着头脑。这封信表明你考虑过退出政府的可能，但是除了对你个人的前途流露出明显的不满之外，你没有交代出更多的理由。"[cdlxx] 考虑到这些信总是趋向于息事宁人，而且通信双方当时应该都专注地考虑着许多其他问题，至少劳合·乔治肯定是这样的，这些信的长度都令人感到惊讶。丘吉尔最初写的那封信有600字，劳合·乔治给他回复了一封1200字的信，丘吉尔又写了一封1200字的回信。考虑到当时的压力，尤其是首相承受的压力，这几封信就更值得注意了，而且没有迹象显示有哪封信是由他们的私人秘书草拟的。这几封信还显示出无论平时表现出怎样的情绪，两个人的关系在本质上还是非常亲密的。

正如前文所指出的那样，劳合·乔治与丘吉尔之间最密不可分的联系在于，他们都是20世纪几近天才的首相，尽管这种关联未必能促使两个人和睦相处，甚至是相互尊重。结合历史背景看的话，二者中的佼佼者当属丘吉尔。在1918年11月，丘吉尔十分欣赏劳合·乔治，而劳合·乔治却非常难以欣赏到他的优点。值得肯定的是，劳合·乔治至少看到了丘吉尔的一些优点，尽管他的认识可能有些模糊。只有这样才能解释清楚这番无聊的书信往来在他们的交往中永远——其实只是一时——留下的瑕疵有多么微不足道。丘吉尔在11月7日写的信令劳合·乔治火冒三丈，但是后者并没有轻视这封信。从根本而言，丘吉尔是想努力赶在战争正式结束之前，更是在大选开始之前，同时也是在劳合·乔治应该已经为新政府确定了平衡方案之前逼迫劳合·乔治对他做出承诺，保证在和平时期的政府里给他一个特定的职位。对此劳合·乔治反应强烈："这个要求绝对史无前例！对政府班子的人事选择权必须交给首相，凡是不信任首相领导的人就只有一条出路，那就是另谋高就，让他信任的人去当他的领导吧。"接着他又自然而然地在丘吉尔的伤口上撒了一把盐："我对你的能力有着充分的认识，你也清楚为了让你当上军火大臣，我甚至让我的许多支持者一度对我产生了强烈的不满……"[cdlxxi]

3 天后，战争结束了。丘吉尔在《世界危机》中生动地记述了自己站在办公室的窗口前从诺森伯兰大街望过去，一直望到了特拉法加广场，这时大本钟敲响了上午 11 点的钟声，这是宣告战争结束的钟声。他的思绪回到了 4 年 14 个星期之前与此相似的钟声。当时是晚上 11 点，而不是早上，那一刻的钟声让他向世界各地的船只发出了开战的信号。在提到 1918 年的时候，他曾写道："我意识到自己应该做出反应，而不是只顾着欢呼雀跃。"[cdlxxii]克莱门汀也来到了他的身旁，他们决定，或者说至少丘吉尔决定驱车前往唐宁街 10 号向劳合·乔治道贺。仅仅半周前，他们两个人刚刚在书信中做过那么粗暴的交谈，换作大多数人在这时候都会举棋不定，不知道在这样的时刻是否应该不请自来地去拜访首相。但是丘吉尔的直觉没有错。结果，首相邀请丘吉尔在当晚再度前去唐宁街，与他共进晚餐。除了丘吉尔，首相只邀请了弗雷德里克·埃德温·史密斯和帝国总参谋长亨利·威尔逊将军。在这个夜晚，与如此精选的少数几个人一起享用晚餐，显然标志着劳合·乔治对丘吉尔的信任友好以及对之前那些信件的谅解。这个夜晚唯一的倒霉蛋就是克莱门汀，首相没有邀请她参加这场专属于男人们的晚宴。她留在家里与孩子们一起"庆祝"胜利，丈夫却不在她的身旁。这种情况具有一定的象征意义。如同在战争时期一样，和平时期高层政治的吸引力和身处事件核心带来的激动在丘吉尔的心中总是占有优先地位。

丘吉尔想起了在劳合·乔治出任首相的前一夜举办的那场由类似几位精选出的人物参加的晚宴，那时距离现在不到两年的时间。他还想到后来自己感到的失望，甚至还有一种被出卖的感觉。在这个具有分水岭意义的夜晚，唯一令身在唐宁街的丘吉尔感到有些扫兴的就只有这些回忆，但是这个夜晚同当年的情况截然不同。12 月 29 日，丘吉尔得到了两个选择：重返海军部，或者出任陆军大臣，空军也被划归后者的责权范围之内。丘吉尔没有资格继续抱怨自己的最高期望被辜负了。这种情况令他请求首相提前做出保证的举动显得更加无礼了，尤其是考虑到他提出这些请求的政治依据非常勉强。幸运的是，劳合·乔治没有因为丘吉尔的这些要求就与他产生嫌隙，他只是给后者写了一封长信，在信中将其谴责了一番。

4 年里，丘吉尔第一次拥有了一个成熟的政府部门，但是在正式回归内阁圈子之前他必须先参加 1910 年以来的第一次大选，而且必须打赢这场战斗。无论是丘吉尔面对邓迪选区，还是劳合·乔治面对全国，这场大选都不太艰难。在邓迪，丘吉尔与主战的工会成员联手以超过2：1的优势赢得了选举，而且参加投票的选民人数也远远超过了1917年的那场补选的选民人数，不屈不挠的斯克林杰获得的票数都飙升到了1万张。凭借着对一批保守党人和自由党人以及一些工党成员表示肯定的"优待"策略，劳合·乔治在全国各地以压倒性的优势获得了胜利，他认为这些人一直心满意足地忠诚于这届政府以及政府在战争中的表现。但是，为了这场胜利他付出的代价是毁掉了自由党，从1859年6月在威利斯礼堂①正式宣告成立到1916年年底的57年里，这个党统治英国长达32年之久。此外，由于自由党的毁灭，1914年之前政坛的平衡也被打破了。自由党人的投票率从1910年的50%下滑到25%，从那时起直到1983年自由党与新兴的社会民主党联手才将投票率提高到50%以上，而且这种情况只出现过这么一次。自阿斯奎斯之后，由一个纯粹的自由党政府执政的情况就不太可能出现了。

劳合·乔治保住了478个席位，但是其中至少有335个席位落在了保守党人手里，这个数字是联合政府中自由党成员的2.5倍。反对党里出现的新情况和四分五裂的局面或许更能说明原先的模式已经在多大程度上被摧毁了。反对党中最庞大的群体是占有73个席位的爱尔兰新芬党，他们不屑地与威斯敏斯特保持着距离。接下来是占有63个席位的工党，他们构成了正式的反对力量，其领导人是冷若冰霜、没有多少人记得住的苏格兰矿工威廉·亚当森。主战的亚瑟·亨德森、反战的拉姆齐·麦克唐纳与菲利普·斯诺登这些著名的工党领袖全都失去了席位。反对党里还有战前在议会中占有多数席位的自由党中的残余力量，这些人已经疲惫不堪，而且党内的"出头鸟"（即精英成员）也被赶走了。其中最突出的就是阿斯奎斯，在担任东法夫区下议院议员32年后他以耻辱的方式走向了失败。此外反对党内还有25名爱尔兰统一党人（大多来自阿尔斯特），23名不承认劳合·乔治领导的保守党人，以及原先的雷蒙德主义爱尔兰统一党残余力量中的7名成员，这部分人比"苏格兰自由长老会少数派"式的自由党人更可怜、更没有归属感。

无疑，劳合·乔治大获成功，但是他的这场胜利包含着两项人事变动：一方面他用立场坚定的共和党人替换掉了支持爱尔兰自治的温和派，前者根本不打算以任何形式保持不列颠群岛的统一；另一方面，他将原先支持阿斯奎斯的人也替换掉了，他同这些人在内阁中还算和睦地共事了11年的时间，用斯坦利·鲍德温的经典名

---

① 威利斯礼堂,18至20世纪伦敦一批高级俱乐部被合称为"奥尔马克俱乐部"，其中最著名的一家俱乐部就设在国王街的礼堂里，这家俱乐部的所在地被称为"奥尔马克礼堂"，又被称为"威利斯礼堂"。

言说，接替者是一群"冷若冰霜、看上去就像是发了一笔战争财的人"。不到 4 年后，劳合·乔治的事业就因为这些人而遭到了重创，在 22 年的余生中他始终没能挽回败局。

面对这些变化，丘吉尔的反应带有一丝对自由党的怀念。他无意再次在政坛遭到流放，他知道避免这种情况出现的唯一希望就在于紧紧依附于劳合·乔治。而且，正如他在书信中强烈表示的那样，他在 1915 至 1916 年里的经历已经彻底抹消了他对阿斯奎斯的忠诚。尽管如此，他还是以居高临下的姿态对阿斯奎斯的沉浮流露出一些同情。在 12 月 13 日的信中他告诉克莱门汀："阿斯奎斯在东法夫的日子很难熬，他正被一群退伍军人狠狠地折磨着。真希望这个可怜的老家伙平安无事。我很想抄起棍棒保护他，可是这么做就会给我自己引火上身，在哪里都是如此……" cdlxxiii 难以想象还有哪段话比这段话更能彰显出丘吉尔在对往事释怀的同时，也能对自己当前和未来的利益做出现实的估量。

丘吉尔没有那么多愁善感，他急于代表联合政府发表尽可能激进的宣言，在邓迪的选举中他自然也采用了这样的论调。他将铁路国有化这个重要问题提了出来，这件事情点燃了他的全部热情，哪怕政府需要为此补贴大量资金。他说："通过促进工业发展、创造新的行业、复兴农业、缩短商人同市场之间的距离，铁路运输就会刺激国内经济取得长足的发展。如果能实现这些构想，亏本经营铁路或许都能让国家有所获利。" cdlxxiv 他还坚决主张政府从战争期间各行业获取的利润中抽成。他在 11 月中旬给劳合·乔治写了一封信，这封信没有被公之于众，因此没能产生太大的煽动效果。他在信中写道："凭什么有人能在战争期间大发横财？当所有人都在为国家效力的时候，奸商、承包商和船业投机商都大赚了一笔。我们为什么非要为了维护老朗西曼以不正当手段获得的利益而失去民心？ * 我要求将超过一定数额——比方说 1 万英镑（放过获利不多的商人）——的收入全部收归国有，以减少战争债务。"他还进一步提出了一个简单的构想，将一切资源纳入带有一定国家指导色彩的计划经济体制的框架内，以便举国上下为了和平的需要付出同战争时期一样的努力。"和平为什么只能意味着争执、自私和日常生活里的鸡毛蒜皮？男人和女人、所有的阶层、所有的党派能够像一台强大的机器一样用 5 年的时间齐心协力制造了一场大毁灭的话，他们为什么就不能再用 5 年的时间齐心协力创造一幅繁荣景象？" cdlxxv

---

　　* 丘吉尔指的不是 1908 至 1916 年间他在内阁的同僚及前贸易大臣，而是沃尔特·朗西曼经营船舶业的父亲，不过他肯定也不介意在抨击父亲的时候顺带对儿子也抨击一番，他对这对父子都没有好感。

丘吉尔比较抵制瓜分德国的要求，也不太愿意怂恿民众继续坚持逼迫战败国偿还全部战争费用的幻想，要求对直接造成的损害赔偿20亿英镑是可以接受的，要求赔偿英国为了参战投入的全部400亿英镑就显得有些荒谬了。在这两个问题上丘吉尔表现得比较温和，对于他的大部分选民的期望而言，他或许过于温和了。邓迪的竞选活动混乱不堪，在11月27日的信中他告诉妻子："昨晚的会议是有史以来我在邓迪见过的最激烈的一场会议。"他对这场会议的详细描述暗示出，他最重要的支持者有时候至少也会毫不示弱地做出反击。

> 我们夹杂在一群怀有强烈敌意的乱七八糟的人中间，费了好大的工夫才进入了会场。有几次我都担心乔治·里奇爵士［他的自由党主席］会被打倒在地。不过，十分灵活的他［里奇］一把抓住了攻击者的喉咙，将其塞到了车轮底下，然后在阿奇［阿奇博尔德·辛克莱，忠诚地跟随自己曾经的指挥官前往邓迪参加这场竞选］的帮助下脱身了。[cdlxxvi]

到了投票当天的中午，丘吉尔断定自己已经尽全力了，无论是能做的，还是应该做的，他都做完了。他宣布自己打算赶上"2点47分开往爱丁堡的列车，在爱丁堡吃午饭"[cdlxxvii]（之后大概他又乘卧车南下了）。回到伦敦后，在12月15日的早晨，他满怀信心地等待着选举结果（投票和计票之间相隔了14天的圣诞节假期，以便收到海外驻军的选票）。他得到了可靠消息，劳合·乔治还为他安排了几个令他满意的备选职位。在自己的位置得到保证的前提下，为了回报劳合·乔治，他针对内阁的规模和构成人员的问题提供了一些建议。就像几年前凭借着对类似问题的见解取悦了阿斯奎斯一样，他对劳合·乔治也一样无所顾忌（也同样是一番长篇大论）。12月26日，他写了一封6页的长信。他认为内阁阁员的人数不应当少于14或15名，不过不必将大法官吸纳进内阁。无疑，丘吉尔没有预见到自己的好朋友弗雷德里克·埃德温·史密斯将被降级为大法官。他还提议由艾萨克斯（雷丁侯爵）担任外交大臣，阿斯奎斯曾经在给维妮夏·斯坦利的信中将艾萨克斯讽刺为"婴儿撒母耳"。[①] 鉴于蒙塔古会留任印度事务部（这种可能性很大），丘吉尔开始担心如果犹太力量在自由党阁员中占据过大的优势，内阁的形象可能就会不太美妙了。为了保持平衡，他放弃了"撒母耳"。在这封信中他写道："对于内政部我建议

---

① 撒母耳，《圣经·旧约》中记载的先知，见《旧约·撒母耳记》。

任用费舍尔。" ^{cdlxxviii} 套用一句老话，读到这句话的时候我的眼球差一点就从眼眶里蹦了出来。但是，这一次他推荐的并不是过去无论多么不合适他都会坚持推荐的那位老海军将领，而是历史学家及牛津大学新学院院长赫伯特·费舍尔。这位费舍尔从 1916 年起就一直担任教育大臣，在这个位置上一直坐到了 1922 年。通过这一点可以看出，丘吉尔的建议基本上没有得到采纳，不过也没有招致怨恨。

至于自己的职位，丘吉尔的目光愈发转向海军部，但是首相的目光却越发偏离了这个位置，转向了陆军部。凭借着首相这个职位固有的权力和他出了名的哄骗能力，除了空军部和陆军部，劳合·乔治几乎无须动用自己已经悄悄准备好的其他诱饵就能确保丘吉尔接受他的安排，而且毫无怨言。最终，沃尔特·朗成为海军大臣，一位毫不起眼的海军大臣。这样的人事安排显然十分合理。对丘吉尔来说，重返海军部实在有些过分了，粗俗点说，这"就如狗转过来吃它所吐的"。① 即使用不太粗俗的话来说，这个决定也无异于是在鼓励他将原先令他沉迷的战斗——围绕着达达尼尔海峡方案的战斗，以及与阿斯奎斯和基钦纳的战斗——坚持下去。

陆军部是丘吉尔就任过的第 7 个部门，这一年他年仅 44 岁。这个部门为他提供的机会远胜于海军部，让他得以放眼未来。

---

① 这句话出自《圣经·箴言篇，2611》，原句为："愚昧人行愚妄事，行了又行，就如狗转过来吃它所吐的。"

第四部

踟蹰的午后阳光：
1919—1939

第十九章　坚定的反布尔什维克主义者与爱尔兰的和平缔造者

　　劳合·乔治联合政府在和平时期的 46 个月是丘吉尔的政治生涯中最缺乏建树的一段时间，不过这段时期也算不上悲惨至极，毕竟他位居要职，大权在握，而他一向非常看重这些东西。站在个人立场上，1915 至 1917 年、1922 至 1924 年，以及 20 世纪 30 年代"在野"的那段时期远比这个阶段更令他感到沮丧。丘吉尔在一生中实现了无与伦比的成就，并且涉猎广泛，但是 1919 至 1920 年间他在这两个方面几乎没有多少收获。实际上，并非只有他一个人觉得这段时期不是自己的黄金时期。尽管联合政府取得了一定的成就，最重要的或许就是 1921 年签署的《英爱条约》，[①] 但是这届政府里没有多少人的声望得到提高，首相当然也不例外。整个政府有些乌烟瘴气，长期身处在这样的环境中所有人都会受到一定程度的污染。

　　在多少有些鱼龙混杂色彩的政府班子里，丘吉尔绝对算不上是污点最多的一位。以首相为核心的班子成员对首相都怀着或多或少的忠心，但是总体而言整个班子的忠诚度呈现出下降的趋势。在最初两年里，在联合政府多数党中占有 3/4 席位的保守党的领袖伯纳尔·劳成为稳定国内局势的关键人物。劳合·乔治在法国待了几个月，参加了最终签订《凡尔赛和约》的巴黎和会，在国内代理他履行首相职责的就是伯纳尔·劳。如果将劳合·乔治比作马利亚，那么伯纳尔·劳就是马大。[②]

---

　　① 《英爱条约》，英国与爱尔兰签订的肢解爱尔兰的条约。条约的主要内容就是把统一的爱尔兰分割为两部分，南部 26 郡，成立自由邦；北部 6 郡，被划归英国。自由邦名义上享有完全的自治自决权，但其对外政策和一部分内政仍被置于英国监督之下。自由邦必须效忠英王，议会通过的法律必须经过英国总督的批准才能生效。此外，英国借口防务需要，继续控制着某些港口。

　　② 马大和马利亚是《圣经》中的姊妹俩，当耶稣造访她们时，姊妹俩都很热情，但采取的方式不尽相同。马大尽其所能地在厨房里准备菜肴、服侍耶稣及其门徒；马利亚则在客厅静静地聆听耶稣说话。耶稣对姊妹俩的评价是："马大、马大，你为许多的事思虑烦扰。但是不可少的只有一件，马利亚已经选择那上好的福分、是不能夺去的。"（《圣经·路加福音，1039—1042》）作者在这里暗指伯纳尔·劳有些吃力不讨好。

伯纳尔·劳是信仰新教的阿尔斯特人，又在格拉斯哥做过会计，他基本上没有负面的评价，但是他也不是一个善于给人以启发、振奋人心的人。他的生活非常无趣，1909 年妻子早逝后他的生活就更是如此了，仅有的乐趣就是下象棋、吃大米布丁和抽雪茄。如果说"辩论都以手里的明牌为前提"的话，那么伯纳尔·劳的辩论能力可以说极其惊人（经济学家约翰·梅纳德·凯恩斯对伯纳尔·劳辩论能力的评价）。他不算光明磊落，但是为人诚实，他崇尚成功者，但是当成功者失势的时候他出于本能会倾向于选择回避，这种性格削弱了他诚实的品格。这种性格，再加上在 1921 年春天一场意外的疾病，促使他退出了政府。到了 1922 年的秋天，他的身体恢复了，有能力在对劳合·乔治的致命打击中发挥关键性的作用了。接着，他领导了一个独立的保守党政府，这是 17 年来的第一个保守党政府。不过，伯纳尔·劳旋即就下台了。与 20 世纪上半叶任何两位重要的政治家一样，丘吉尔与伯纳尔·劳的关系自然也很不融洽。

1921 年，警觉、古板、为人正派的奥斯汀·张伯伦从伯纳尔·劳手中接过了保守党领袖的位置，很快他就变得比曾经的伯纳尔·劳对劳合·乔治的魔法更加没有招架之力了。无论是面对劳合·乔治，还是代表劳合·乔治应对保守党，他都不如自己的前任那么成功。劳合·乔治与伯纳尔·劳的关系与他和自己那位经历了漫长的婚姻、长期饱受疾病之苦的妻子玛格丽特夫人的关系相差无几，至少从 1916 年起他们的关系就一直是这种状况了。伯纳尔·劳与玛格丽特夫人都享受着一定的特权，因为劳合·乔治已经习惯了他们的存在，他们的支持对他来说是必要的，不过劳合·乔治对他们并非一视同仁，而且这也不代表着劳合·乔治与他们的交往很有趣并且激动人心。张伯伦对劳合·乔治表现出无条件的忠诚，但是与他在一起的时候，劳合·乔治既没有那么自在，也不会得到那么充分的保护。因此，在 1922 年10 月，两个人双双失势了，劳合·乔治从高位上跌落下来，张伯伦的事业则止步于保守党领袖这个角色，他的任期开始于 20 年代，也在 20 年代宣告结束，最终没能入主唐宁街 10 号。[①] 需要说明的是，除了喜欢与名声比自己低劣的人在一起（在这一点上与丘吉尔有着共通之处），张伯伦的品行几乎没有什么瑕疵。

这样一来就出现了一个问题，除了半是激进主义创新家和坚定的战时领袖、半是技艺空前高超的政治操纵者的首相本人，这届政府臭名远扬的气氛究竟从何而

---

① 此处说奥斯汀的任期开始和结束都在 20 世纪内，这句话没什么意义。译者认为可能是原著校对错误，因为奥斯汀担任保守党领袖是在 1921—1922 年，所以作者可能想说的是 "20 年代"，译者已经在译文中改为 "20 年代"。

来？或者说，在那段时期发生了什么事情算得上是丑闻？这种气氛不太可能来源于担任外交大臣至 1919 年 10 月的贝尔福，也不可能是在这届政府余下的 3 年里继任这个职位的寇松造成的。贝尔福能够做到冷酷无情，能够以无人能及的技巧优雅地避开一切污秽的局面，但是这样的性格和能力也没能让他完全躲开这届华而不实、营私舞弊的政府。寇松也是如此，尽管有时候他有些荒唐，总的说来也不像贝尔福那么杰出。他一贯喜欢与富有的美国女人结婚，利用她们的财富大肆购置和装修更多的乡间别墅。在第一任妻子去世后，他的这种嗜好导致他与妻子的美国亲戚以及他自己的女儿们（同首任妻子的孩子）发生了争执。如果这种事情可以被称为丑闻的话，这种丑闻也丝毫不涉及公共利益（除非公共利益涉及拯救住房的问题），而且就连当代社会最贪婪的政治罪人都无法想象他"贪婪"到了怎样的地步。但是，伯肯黑德就很难摆脱离经叛道的坏名声了。在 1919 年被任命为大法官的时候，弗雷德里克·埃德温·史密斯被册封为伯肯黑德伯爵，他机智过人，有时候还颇具大智慧，但总是给外界留下以身犯险的印象，最后一次冒险的时候他终于被迫离职了（1928）。靠着政府薪水他完全无法维持自己的生活方式，因此他试图通过一些对于大臣而言不正当的手段赚钱。

这样一来，另一位财政大臣，继奥斯汀·张伯伦之后进入财政部的罗伯特·霍恩接替伯纳尔·劳，成为保守党的定海神针。与伯纳尔·劳一样，霍恩也出身于牧师家庭，但是他对苏格兰长老派主义的排斥远比不信仰新教的伯纳尔·劳更彻底。霍恩是一个热爱俱乐部生活的单身汉，在晚年，他唯一登记在册的地址就是皮卡迪利大街的阿灵顿公寓 69 号，这座建造于 20 世纪 20 年代的公寓楼就建在索尔兹伯里住宅楼的原址上，霍恩和比弗布鲁克男爵都租住在这里。鲍德温曾经称霍恩是"稀有物种，一个苏格兰无赖"，这个描述令人印象深刻。鲍德温之所以这么说或许是因为在商业方面他对霍恩有些嫉妒，因为霍恩出任了大西部铁路[①]的主席，而鲍德温的父亲曾经担任过这个在地方享有盛誉的职务，这个职位对于来自伍斯特郡的制铁厂老板阿尔弗雷德·鲍德温来说恰如其分，但是对于来自格拉斯哥黑尔海德选区的下议院议员霍恩就显得不太协调了。（在两次世界大战之间的和平岁月里，深谙从政之道的鲍德温不太可能会嫉妒出任财政大臣时间不长、在 51 岁后再也没有担任过任何官职的霍恩在政治领域的才华。）霍恩从未出过太大的丑闻，但是也不能

---

① 英国大西部铁路，也称作大西部铁路线，连接伦敦与英格兰西南部，南西部英国和威尔士。成立于 1833 年，1948 年实现国有化。

说他与爱德华·格雷、哈利法克斯伯爵爱德华、斯塔福德·克里普斯和彼得·卡林顿这些人一样，个人名望凌驾于整个政府的声望。

还有一批形形色色的商人从内阁走了一遭，但是在政界留下的痕迹比四月里的一场小雪持久不了多少。父亲是主日学校教师、自己又秉持激进主义的劳合·乔治对这些商人痴迷得有些奇怪，现在已经很难弄清楚格迪斯兄弟（埃里克与奥克兰）究竟做出了怎样的特殊贡献，才让他们得以在由21名议员组成的内阁中占据了两个席位——这届内阁在1919年里从战时内阁的手中接管了工作，规模远远大于丘吉尔主张组建的内阁。来自格拉斯哥的商人及船舶公司所有人第一代英弗福思男爵安德鲁·韦尔的存在更是模糊，实际上，仅仅两年后他就从这个舞台上消失了。这群人里的第四位是加拿大人哈马尔·格林伍德，他于1920年出任爱尔兰布政司司长。格林伍德为爱尔兰提供了一个"毫不动摇的政府"，相比贝尔福在1887至1892年间的表现，他的做法就没有那么优雅了。

正是在这样一届政府中，丘吉尔度过了44至48岁的4年时光。时间对他来说已经有些紧迫了，但是相比其他人，他仍旧是一位非常年轻的大臣，而且已经身居高位多年。丘吉尔是否觉得周围的环境振奋人心？对于这一点，外界无从得知。一开始，他进展顺利，因为很快他就着手修改了一套不现实并且有可能会激起民愤的军人复员方案。在1917年这套方案起到了作用，工作在德比勋爵的领导下展开，没有动用过多政治资源，及早从部队里解放了英国国内工业生产最需要的劳动力（仅限于这部分人口）。由于同样的原因，这一类人大多都是最后才被征募进军队的，这种状况导致民间产生了强烈的不公平感。除了其他骚乱事件，在法国加莱的英国部队发生了一起不太严重的哗变，在政治中心伦敦也出现了一次恶性的军人示威活动。

丘吉尔立即意识到这套复员方案已经无法应对新的状况了，上任10天后他便拿出了一套基于服役时间、年龄和受伤次数等因素的复员方案，在一定程度上令人满意地解决了复员问题。以新的复员方案为立足点，在短短几个月的时间里丘吉尔就能让军队规模骤然缩小，从300万一度减少到90万，之后再进一步减少到和平时期的37万。当节约经费成为内阁最关注的目标后，丘吉尔又满怀热情地投入这项工作中，在职业生涯中，他对自己任职过的各部门的工作目标几乎都能表现出这样的热情。他灵机一动想到了一个令人开心的解决方案，放走大部分士兵，给继续留在部队的核心力量增加了一倍的军饷。

作为大臣，丘吉尔既要对陆军部负责，也要对空军部负责。他对空中力量的热情已经持续了将近10年的时间，他坚信（尽管他承担着双重任务）空军部应当以独立部门的形式谋求发展。他与休·特伦查德将军（不久后成为空军中将）相处得很融洽，这位将军正是英国皇家空军在军方的真正缔造者。从政治角度而言，丘吉尔对空军部的领导不太成功。他让下议院议员杰克·西里将军进入空军部，出任议会次官，在下议院中代表空军部，也是空军部里唯一一位全职的政界人士。西里是丘吉尔的密友，也是一名英勇的战士，丘吉尔在消沉时期以及担任军需部大臣时期写的一些最精彩的信就是写给当时驻守法国的西里。但是，西里曾在5年前出任过国务大臣（陆军部），最终，阿斯奎斯以在卡拉哗变中处理危机时的无能表现为由将他排挤出了政府。

无论西里在私下对丘吉尔有多么忠诚，先前做过高官的经历绝对不可能让他做好低就的准备。而且，虽说西里既是丘吉尔的朋友，也是一名战士，但是他并不是一位同样优秀的大臣。没过多久他就变得闷闷不乐，针对丘吉尔做过一些有点抵触的抱怨，宣称丘吉尔一方面试图将空军部作为陆军部的一个分支机构，另一方面又分派给他太多需要独立完成的工作，而丘吉尔自己每个星期在空军部的国务大臣办公室里只会待上大约一个小时。1919年11月，西里辞去了职务，并在下议院发表了一份类似于这些怨言的声明，这份声明给丘吉尔带来了一定的痛苦。接替西里的是不如他那么有魅力的伦敦德里侯爵，不过后者与马尔博罗公爵和威斯敏斯特公爵一样，都是丘吉尔在显贵圈里的密友。一开始，伦敦德里同空军建立了良好的关系，但是到了20世纪30年代初期，由于宣称唯一令他感到棘手的工作就是在裁军会议（1931—1933）上试图阻止将轰炸机列为非法武器的提议，因为"帝国的边境地区"非常需要轰炸机，他招致了一些嘲笑（至少在左翼分子中间）。

丘吉尔在空军部的确没有花费多少时间，但是他又一次花费了大量时间试图获得飞机驾驶证。在战前出任海军大臣的时候他就有了这样的野心，直到发生了不少险象环生的事故之后，在克莱门汀的哀求下他才放弃了。无疑，当时飞机的稳定性已经有所提高，但是尚未达到能够保证丘吉尔绝对安全的水平。1919年6月（在无人监督的情况下），丘吉尔在巴黎附近的巴赫机场经历了一次紧急迫降。他没有因此怯阵，刚过了一个月便从陆军部出发，从陆军部在伦敦以南的克罗伊登小型机场起飞，试图进行一个小时的夜间飞行训练。他没有在天上待那么久。犹犹豫豫地飞到90英尺的高度后，机械故障——或许人为因素也起到了一定的作用——导致飞机一头扎向了地面。飞机严重受损，丘吉尔身上出现瘀伤，面部也有擦伤，飞行教官也受了一些轻伤。丘吉尔原本以为自己会在事故中丧生，结果他还能站起来，前去主持下议院为美国驻法国的指挥官潘兴将军举行的宴会。

丘吉尔或许不属于天生的飞行员，但是他一直英勇无畏得有些离谱。一个月前的迫降事件会令大多数人止步不前，经历过第二次死里逃生之后就更是没有多少人想要继续飞下去。最终，很多人还是欣慰地看到丘吉尔屈服于压力，放弃了自己的梦想，不过这也是经过大量的劝说之后才实现的。

丘吉尔担任陆军大臣期间的主要工作并不是巧妙地解决了遣散军人问题、培养出早期的英国皇家空军——虽说有些仓促，也不是他在私下里的冒险活动，而是在俄国布尔什维克政权诞生初期就试图将其扼杀。在这场失败的事业中，他对已经饱受战争之苦的英国毫无认识。充满活力、精力旺盛的他很少感到疲倦，面对战争更是如此。这种性格让他同英国人民甚至赢得战争的首相在情绪上都产生了裂痕。劳合·乔治清楚英国对一个坚定的反布尔什维克主义者毫无兴趣。第一次世界大战导致 75 万英国军人牺牲（俄罗斯、德国和法国部队的损失更为惨重），比一场几乎同样具有毁灭性的流感造成的伤害还略微大一些。在刚刚经历过一场这样的战争后，人民不需要坚定的反布尔什维克主义者这一点也就没有什么可令人惊讶的了。然而，在丘吉尔看来，这些因素都无关紧要。他认为列宁的王国是俄罗斯的灾难，对全世界也构成了威胁。他曾口无遮拦地对俄国做过一番评述。在他原本有机会息事宁人的 10 年后，《世界危机》的最后一卷《后果》出版了，在这一卷中他提道："一个不仅伤痕累累而且遭到毒害的俄罗斯，一个受到感染的俄罗斯，一个疫情肆虐的俄罗斯；在这个俄罗斯，武装起来的游牧部落用刀剑和炮弹肆意妄为，而且过去以及现在一直有患有伤寒的凶徒在屠戮人民，列宁的政治信条毁掉了整个民族的健康，甚至毁掉了这个民族的灵魂。"^{cdlxxix}

丘吉尔还极度高估了西方世界推翻这个"疫情肆虐"的政权的能力。在《后果》的第一章里，他设想了一场会议（出于各种理由会议被安排在怀特岛或者泽西岛，并且先于巴黎和会举行），参加会议的有伍德罗·威尔逊、克里孟梭与劳合·乔治，在会上他们将做出各种正确的决定。其中大部分决定都非常合理，他们将创造一个远比现实更加美好的战后世界。然而，谈到俄罗斯问题时，3 位元首派人请来了福煦元帅，问他如何才能将这个国家从布尔什维克手里解救出来，帮助这个国家采用某种形式的制宪民主，不是让它回到过去，而是向前发展。接着，丘吉尔叫福煦做出了回答：

> 没有太大的困难，也无须大打出手。渴望在大事件中占有一席之地的美国部队只要出动几十万人，再加上英国的义勇军部队就能做到……凭借现代铁路系统，法国军队可以轻而易举地实现对莫斯科的控制。不管怎么说，我们占领了俄国 3/4 的土地。如果你希望将之前的俄国纳入你的权力范围……你只需向

我下令。相比再打一场 3 月 21 日［1918］那样的战役或者是突破兴登堡防线，这个任务对于我、黑格和潘兴来说简直易如反掌！ ^{cdlxxx}

这番言论很容易让人想起丘吉尔在达达尼尔海峡计划问题上产生过的错觉，以为意志和乐观精神比任务预计所需的人力物力更重要。他提到幅员辽阔的俄国有 3/4 的领土事实上已经在协约国或者反革命力量的控制下，这种说法纯属臆想，是丘吉尔通过福煦之口说出了自己的想象而已。盟军大约有 3 万人的部队（其中将近一半是英国军人）在艾恩赛德将军的领导下驻守在北极地区的两个港口，阿尔汉格尔和摩尔曼斯克；3 万人在白俄罗斯的邓尼金将军领导下把守着南方。最强大的一支部队或许就是西伯利亚临时政府的部队，领导这支部队的也是白俄罗斯将领、海军上将高尔察克，他的司令部设在鄂木斯克。这几个方面的力量在一定程度上控制着贯通西伯利亚的铁路线，但是可供高尔察克将军调遣的部队成分有些复杂，一部分法国人，一部分美国人，一部分日本人，还有两个营的英国军人，后者不知道以怎样的方式从香港到达了俄国（更离奇的是，其中一个营的指挥官还是来自特伦特河畔斯多克市的工党议员约翰·沃德上校）。不过，高尔察克部队的主力还是 7 万人的捷克部队，当时他们正在从符拉迪沃斯托克（海参崴）返回布拉克，目的不太明确。这些部队不足以打败列夫·托洛茨基领导的革命军，尤其是考虑到后者当时还是在俄罗斯国内交通线上与散兵游勇式的敌方进行着战斗，至少在现在看来，当时的情况就是这样的。然而，丘吉尔决定用自己的信念和相当一部分个人的名誉来支持这些五花八门的军事力量。这种做法对丘吉尔以及各方面的部队都没有什么益处，他们的努力都以撤退和失败告终。这场大失败几乎没有引起注意，丘吉尔也没有遭到毁灭性的打击，但是他的声望丝毫没有得到提高。在很多人看来，这场失败强化了安特卫普和达达尼尔海峡计划的失败给外界造成的印象，即丘吉尔只是一个鲁莽轻率的军事冒险家。这件事还对丘吉尔在政坛的走向产生了重要影响。

首先，丘吉尔与劳合·乔治的关系因此恶化了。首相根本无意卷入俄国的内战。然而，或许是因为对巴黎和会过于专注，在整体上右倾的内阁中他给丘吉尔和其他人太大的自由，而这些人都倾向于支持丘吉尔的路线。与首相关系恶化对丘吉尔在政界的地位和前途都产生了一些重要的影响。劳合·乔治因此更加不信任丘吉尔的判断力了，他欣赏丘吉尔的大无畏精神，喜欢与他待在一起，但是他始终不信任丘吉尔的判断力，这令他感到纠结。因为这次反布尔什维克运动的失败，劳合·乔治还急于将丘吉尔调离陆军部。1921 年的年初，丘吉尔被调职到殖民地事务部，取代了他的老对手阿尔弗雷德·米尔纳。丘吉尔的级别没有下降，这两个职位的级别是一样的，但是劳合·乔治也不打算提拔他。就在当年3月，伯纳尔·劳因为健康问题退出了政府，奥斯汀·张伯伦擢升为保守党领袖，财政部的位置空了出来，但是丘吉尔并没有得到财政大臣的职位。他的希望落空了。得到这个职位的是罗伯特·霍恩爵士，他的从政经验远远不如丘吉尔丰富，在政界的声望也远不如后者，事实上他最终成了20世纪英国最容易被人淡忘的财政大臣，因此他的就任更加剧了丘吉尔的失望和愤恨。由于这种状况，在接下来的一段时期丘吉尔疏远了首相，至少可以说与首相对他的疏远一样明显。

按照当时的预算标准看，丘吉尔在俄国问题上的冒险主义耗资巨大（有一次的估算结果为7300万英镑），而且最终反革命力量还是宣告失败，英国军队不再支持这份事业，不过丘吉尔因此在将近20年的时间里第一次得到了保守党右翼势力的支持。在反革命事业失败后英国抽身而退，这个决定令丘吉尔感到无法理解，与他的期望相违背，这种做法就是在以危险的方式重蹈当年达达尼尔海峡战略计划的覆辙。同样地，在这个阶段丘吉尔突然发现了一个能引起顽固派兴趣的话题，这种情况预示了他在20世纪30年代初期会做出怎样的表现——在实现印度自治政府的道路上，鲍德温、塞缪尔·霍尔与哈利法克斯伯爵（在1925—1934期间被称为欧文男爵，重返英国的印度总督）一直迟疑不决，在20世纪30年代初，丘吉尔不断地对他们的表现大加讨伐。在俄国问题上的冒险还让丘吉尔和工党及工会在观点上的裂痕超过了工党及工会同保守党人之间的观念差异，更不用说他同当时的其他自由党政客之间的观念差异。比方说，他同欧内斯特·贝文的关系在1920年5月"蠢乔治"号上发生冲突后过了很长时间才得到恢复，而贝文是20世纪20年代和20世纪30年代里起主导作用的工会领袖，以及丘吉尔在二战中起到关键性作用的同僚。这艘名字古怪的船当时将要从伦敦的东印度码头出发，向波兰运送用来同俄国红军作战的武器。丘吉尔非常反对劳合·乔治的意见，他断定这批货物应当被运出去。贝文坚持认为不应当将武器运送出去，为了阻止这种做法，他甚至打算动用新合并成立的运输工人与普通工人联合会所拥有的工人力量。

在这场冲突发生之前丘吉尔就已经备受工党的批评，他也一如既往地做出了反击。在1920年1月的时候，他说过："工党非常不适合履行政府的职责。"[cdlxxxi] 他反复重申过这句话。这番话同不久之后鲍德温的表态截然不同。不仅如此，由于对镇压布尔什维克的热情丘吉尔表现得咄咄逼人，这样一来就动摇了无产阶级占有优势的邓迪对他的支持，在1918年，他与一名工会会员联手以极大的优势赢得了在这个城市的选举，到了1922年，他却要遭受一次致命的失败。

邓迪对丘吉尔产生的影响难以估量，但是有一点是明确的，在就职陆军部的25

个月里，丘吉尔改变了政治立场。在 1918 年的选举中，他依然有着中间偏左的思维，而且还是这个阵营中的一分子。到了 1921 年的年初，尽管距离他正式加入保守党尚有将近 4 年的时间，不过这时他已经站到了政治的右半场，有些人认为，在政治生涯剩余的 40 年里他一直保持着这种立场（尽管总是以怪异的方式），不过我更想说的是，他保持这种立场直到 20 世纪 30 年代晚期，然后他便上升到了超越政党政治的水平。

从某些方面而言，出任殖民地事务部大臣的 20 个月比担任陆军部大臣的那几年更适合丘吉尔，但这并不是绝对的。在这 20 个月里，他把大量的时间都花在了两个地区的问题上，这两个地区与他在 1905 至 1908 年担任该部门次官时的职责范围相距甚远。第一个地区是中东，该地区的领主权实际上已经从土耳其人的手中转交到了英国人的手中；第二个地区是爱尔兰，该地区正在以爱尔兰自由邦（1922—1937）的名义从英国的一个地区变成英联邦自治领。因此，在政府于 1930 年首次单独任命一位自治领事务部大臣之前，爱尔兰问题处于丘吉尔领导的殖民地事务部的管辖范围之内。在这段时期将近结束的时候，联合政府走向了崩溃，丘吉尔在私下里针对这届政府的作为和首相的个人表现所发表的见解越来越超然物外，不过他还是认为，自己的成绩令 1921 至 1922 年的议会会议成为自己职业生涯中最成功的一届会期。

1921 年同时也成为最令丘吉尔一家人痛苦的一年，在这一年里，他们的家人相继离世。4 月 14 日，克莱门汀年仅 33 岁的弟弟、前海军军官比尔·霍兹尔在巴黎一家酒店的房间里自杀。6 月 29 日，伦道夫·丘吉尔夫人死去了，在之前一个月的时候，她穿着超高跟的高跟鞋从楼上摔了下去，一条腿被截肢，一生经历丰富的她在 67 岁的这一年告别了人世。8 月初，托马斯·沃尔登也撒手人寰，他最早曾效力于伦道夫勋爵，后来又于 1899 年跟随丘吉尔前往南非，从此成了丘吉尔的"人"。8 月 23 日，丘吉尔夫妇遭受了最沉重的打击，他们的幼女玛丽戈尔德病逝了，逝世时未满 4 岁。去世 10 天前，住在肯特郡布罗德斯泰斯海滨度假小屋的时候玛丽戈尔德染上了类似白喉的一种病，当时照管孩子们的是一名女教师和几名女佣，克莱门汀远在柴郡的威斯敏斯特公爵别墅伊顿庄园。女儿生病后她立即赶往肯特郡，女儿夭折的事实折磨着她，在患病最初几天没能守在女儿身边更是加重了她的悲伤。

这一年的年底，情况没有丝毫好转的迹象。12 月 26 日，丘吉尔与劳合·乔治一道前往戛纳（在霍恩得到任命后他们两个人已经疏远了，因此此次同行令人感到意外），丘吉尔迫使首相在火车上读了两章《世界危机》的手稿，在某些作家的身上常常能看到这样的冲动。丘吉尔的家人留在了苏塞克斯广场的新家里，克莱门汀照顾着全家人。就在丘吉尔离去的第二天，他们在第二波流感的侵袭下接二连三倒下了。先是两名女佣，接着伦道夫与黛安娜也被传染上了。最高峰的时候克莱门汀的一位表亲也患上了肺炎，她原本是来帮忙照顾孩子的。丘吉尔家变成了一所家庭医院，所幸，"医院"临时雇了足够多的护士。这场流感同 1919 年那场致命的流感非常接近，而且距离玛丽戈尔德逝世没有多久，但是在伦敦和法国南部往来的书信中没有透露出太大的恐慌情绪，这一点有些出人意料。全家人很快就康复了，只是克莱门汀由于紧张和过度疲劳被强令卧床休息，加入了病号行列。当时她刚刚有孕在身，这是她第五次也是最后一次怀孕，这次怀孕也许是一种明显的"置换反应"。1922 年 9 月，玛丽（后来的索姆斯夫人）呱呱坠地，她是丘吉尔夫妇的最后一个孩子，也是发展最全面、最长寿的一个孩子。

　　1 月 7 日，经过 12 天的外出后丘吉尔从法国南部回到国内，同时带回来的还有他在当地完成的"世界危机"的 2 万字书稿。几个星期后，身体和精神上都急需调理的克莱门汀与丘吉尔交换场地，前往戛纳。陪伴她的是阿斯奎斯昔日的笔友维妮夏·蒙塔古，她们在那里逗留了四五个星期。婚姻美满的丘吉尔夫妇有大量时间过着分隔两地的生活，只是还比不上将近 70 年前成就了另一段堪称模范首相婚姻的格莱斯顿夫妇分居两地的时间。或许一定程度的分离反而有助于促成美满的婚姻，而不是起到相反作用。不管怎么说，如果婚姻的双方都善于表达、知书达理，就像格莱斯顿夫妇和丘吉尔夫妇那样，一段时间的分居以及由此产生的书信往来对他们的传记作家来说都不啻一种恩惠。

　　这种生活方式不禁令人想到另一个问题。在 20 世纪 20 年代，地中海海滨里维埃拉地区的法国区域左右着当地统治阶层，在 20 世纪 30 年代也是如此，只不过影响不如前 10 年里那么强烈。就连生性孤僻保守的伯纳尔·劳也频频前往那里，而自认为更开明的那些人——丘吉尔、劳合·乔治、弗雷德里克·埃德温·史密斯、比弗布鲁克——更是蜂拥而至摩纳哥的蒙特卡洛、法国的尼斯和戛纳。这一切都发生在冬季的 3 个月，这些疯狂热爱蔚蓝海岸的英国人坚持认为那片海岸有着独一无二的温和气候，尽管有大量证据否定了这种看法。从南非到西印度群岛一带的度假胜地阳光更充足、气候更暖和，但是难以到达，因此英国人才会对法国南部趋之若鹜。就在几年后，美国作家斯科特·菲茨杰拉德在《夜色温柔》中安排主人公狄克·戴弗摆出一副先锋人物的姿态，提出了一个全新的观点，认为法国南部作为避暑胜地或许比过冬的地方更好一些。不过，英国人对里维埃拉的迷恋对欧洲豪华特快列车的发展非常有利。这个年代成了豪华列车"金箭"的黄金时期，特快专列"蓝火车"也得到了自由的发展。这种迷恋还促使20世纪20年代的政客比爱德华·格雷变得稍稍开明了一些，后者在和平时期担任外交大臣长达9年的时间，但是始终不曾跨过英吉利海峡。尽管如此，当英国人在戛纳或者尼斯泰然自若地走下卧车车厢时，他们接下来还是会过着非常以英国为中心的生活。如果是非常显赫的政客，在途经巴黎时他们会与克里孟梭、亨利·庞加莱、阿里斯蒂德·白里安或爱德华·赫里欧见见面，但是他们基本上只会守在自己人的地盘上一小口一小口地吮吸"[极其]暖和的南方空气"。克莱门汀在里维埃拉网球赛中打了很多场精彩的比赛，但是她的搭档和手下败将几乎全都是乔治五世国王的臣民，而非法兰西第三共和国的公民。

赌场这颗禁果在吸引这些游客前往里维埃拉的过程中起到了多大的作用？（在接下来的数十年里赌博一直属于非法活动，即使在法国也只有大约十几个旅游城市承认了赌场的合法化。）就连克莱门汀偶尔也会任由自己小赌几把，尤其是丘吉尔不在身边的时候，而维妮夏·蒙塔古就是放纵自己了。丘吉尔喜欢豪赌，大多数时候都会输，只不过输得不算太多。正因为这一点，克莱门汀更喜欢在丈夫不在场的时候才在赌场里玩几把。这倒不是说她对这种极其微不足道的放纵行为感到羞愧，实际上她只是不希望鼓励丈夫参与赌注更大的赌博。她一直对弗雷德里克·埃德温·史密斯感到很不满（但是对他的妻子有着强烈的好感），其中一个原因就在于后者的"英雄气概"会煽动丘吉尔沉迷于赌博。即使没有庄家和绿呢子牌桌他们都能凑起一场赌局，这就是1914年夏天之前牛津郡轻骑兵团在布伦海姆公园宿营时的一项日常生活内容。*

相比在酗酒方面的影响，更令克莱门汀担忧的是史密斯在赌博方面对丘吉尔的负面影响。这个判断很准确，事实上她的儿子伦道夫在去世前大约一年的时间里正是在伯肯黑德伯爵（史密斯自1919年起的头衔，他是伦道夫的教父）的"帮助"下才过起了嗜酒无度的生活。但是，丘吉尔在酒精面前的定力超过了伯肯黑德（或者伦道夫）。首先，他的饮酒量并不像外界一般认为的那么大，虽然这并不能否定他的饮酒量还是相当大，而且这个嗜好始终不曾中断过，但是他不会豪饮，只会小口

---

* 长寿的玛格丽特·史密斯（伯肯黑德夫人）在晚年时曾告诉玛丽·索姆斯，之所以说自己的丈夫在这个方面对丘吉尔产生了有害影响，一个原因就在于只需要在报酬丰厚的案件中出几次庭他（史密斯）就能挽回自己的损失，而丘吉尔却没有类似的收入来源。如果她指的是1914年之前的事情，当时丘吉尔只是一名年轻的大臣，没有写书，也没有为报纸撰稿，这种说法的确符合事实，但是到了20世纪20年代，丘吉尔凭文学天赋的谋利能力至少可以说已经跟史密斯以前的辩护能力不相上下了。

地呷着。其次，虽然他的头脑不一定比伯肯黑德敏捷，后者在酩酊大醉状态下还能以极其清晰的口齿发表讲话，但是他的新陈代谢能力让他长年能够消化掉灌进肚子里的酒精，而伯肯黑德却在 58 岁那一年就早早地被酒精夺去了生命。第三，丘吉尔不需要偶尔戒酒一阵子，伯肯黑德则会以这样的方式缓解过度饮酒问题，丘吉尔多少有些不屑于这种控制手段。在 1921 年 2 月 9 日给克莱门汀的信中他写道："史密斯已经禁酒一年了。他喝的是苹果酒和姜汁，看上去年轻了 10 岁。别拿这件事情取笑他，他对此非常敏感。他看上去很难过。猪可不会这样。"* cdlxxxii 在 2 月 27 日的信中他又继续说道："昨晚史密斯吃饭了。只喝了苹果酒！他现在一会儿激烈，一会儿平静——一个很难对付的人，野心勃勃，但是相当阴郁。过度自我节制的严重恶果。" cdlxxxiii

丘吉尔很能喝酒，但是令人惊讶的是他过着频频出入小餐馆，甚至可以说有些喧闹的生活，通常国务大臣是不会选择这种生活的，在 1921 年和 1922 年的冬天以及 1922 年的夏天尤其如此，当时有很长一段时间克莱门汀不在他的身边。在这段日子里，出现在他生活中的主要人物就是未来的国王爱德华八世，或者说是"威亲"，大多数时候丘吉尔都这样称呼他（即威尔士亲王的缩写形式）。** 因此，在 1921 年 2 月 9 日的信中他写道："[拉弗里夫妇]在星期二为威亲办了一场非常有趣的聚会。我们在画室里跳了舞，玩了一场。昨晚，菲利普 [萨松]继续办了聚会——劳合·乔治也来增援了。不幸的是，跳舞的时候我的脚跟踩在了威亲的脚尖上，害得他惨叫一声。不过他的忍耐力很好，没有对我心存不满。小姐 [弗丽达·达德利·沃德，以威尔士亲王的情人身份而知名]非常突出。几乎每天晚上我都跟这些小圈子里的某个人有约……" cdlxxxiv 在 1922 年 7 月 15 日他又写道："下议院的这几场会议让我这一周过得非常累，昨晚在菲利普家跳舞 [仍旧是菲利普·萨松]，我待到了两点钟。我的所有的舞伴都在场，我一连跳了 8 支舞……为亲王举办的宴会要扩大规模了，我想应该有 16 个人，甚至 18 个人参加。别担心。我会利用你那些得力的手下筹备宴会。" cdlxxxv

丘吉尔在联合政府的最后这几年里，他们一家人在住房问题上发生了两件事

---

* "猫"和"猪"是丘吉尔夫妇对彼此的昵称。

** 这令人想起一个非常好笑的笑话。笑话讲的是 20 世纪 20 年代的一个大学导师给牛津的上流社会发去请柬，邀请众人参加一场午宴，请柬上写着他请到了"P of W"（"威尔士亲王"的缩写）。结果，几乎所有的人都接受了邀请。笑话接着解释道，这位大学导师当然指的是牛津大学伍斯特学院的教务长（Provost of Worcester College）。

情，第一件事情对很久以后将会发生的不少事件颇有预示性；第二件事情旋即导致丘吉尔的家里发生了变化。1921 年 2 月 6 日，丘吉尔从首相的乡间别墅给克莱门汀发去一封信。这座庄园坐落在奇特恩斯山，是费勒姆的李子爵献给英国首相"充作娱乐场地"之用的，就在一个月前劳合·乔治还住在这里。"我在这里。你会希望看一看这个地方的——或许有一天你会看到的！这正是那种叫你眼馋的房子——一座充满历史、充满宝藏、墙上包满护墙板的博物馆，只是不够暖和。不管怎么说，这是一座妙不可言的房子。"cdlxxxvi

第二件事情有关查特维尔庄园。这处住宅最早在 1922 年的夏天出现在了丘吉尔的生活中，这是一座形状和结构比例都不太寻常的庄园宅邸，在 40 年的余生里，大部分时间这里都是丘吉尔的大本营。查特维尔位于肯特郡境内，距离威斯敏斯特只有 24 英里。尽管坐落在城郊，从这里却能俯瞰到幽静偏僻的山谷和英格兰东南部最养眼的一处远景。这座住宅原本有着伊丽莎白时代的风格，但是后来经过了维多利亚风格的装修，到丘吉尔手中时已经有些破败了。从 1922 年的 6 月初丘吉尔就看中了这座房子，到了月底的时候，刚好待在附近的克莱门汀也去看了看房子。她的第一反应很不错："除了山头树林覆盖的美丽的小山，我什么都记不得了——简直就像坐在飞机里从上空看到的景色一样，真希望我们能得到那座房子。真能得到的话，我觉得很多时候我们都会住在那里，会过得非常非常开心。"cdlxxxvii 然而，由于修复和扩建的费用，此外她还考虑到家里的日常费用（她想得没有错），后来她在查特维尔问题上的态度就有所保留了，甚至有些反感。事实上，时隔很久之后她告诉女儿玛丽——后者几乎与查特维尔庄园（1922 年 9 月）前后脚进入丘吉尔一家人的生活——当时她觉得在长达 57 年的婚姻生活中，丘吉尔对她不够坦率的几件事情就包括购买查特维尔庄园那一次。cdlxxxviii

丘吉尔以 5000 英镑的价格买下了这座房子（相当于今天的 12 万英镑），这比他购买卢兰登的花费少，但是还有大量的工作需要做。之所以说丘吉尔对这个决定的考虑比较理智，是因为就在不久前他刚刚继承了在安特里姆郡的盖伦塔庄园（即使考虑到他一贯的思维模式——始终应当增加收入以满足支出需要，而非缩减开支以应对收入紧张的问题——也可以说比较理智）。这处地产是他的祖母马尔博罗公爵夫人、来自伦敦德里家族的弗朗西斯临时决定留给他的。要想让祖母的遗嘱化为现实，首先得等到亨利·范-坦皮斯特去世，这位挡在丘吉尔和遗嘱之间的准男爵仅比丘吉尔年长 15 岁。1921 年 1 月，亨利男爵逝世，在威尔士发生的一起列车车祸起到了一定的作用，这给丘吉尔带来了方便。人们认为盖伦塔庄园很值钱，20 世纪 20 年代的价格在每年 4000 英镑，不过后来有人怀疑这份遗产不一定真的达到了预期的价值。查特维尔的翻建工程非常需要盖伦塔庄园的帮助。

丘吉尔聘请了菲利普·蒂尔登，这位在当时还有些外行但是很时髦的年轻建筑师在此之前已经为菲利普·萨松重新装修了坐落在肯特郡的林姆尼港庄园，不久后，他还会为劳合·乔治重新装修位于切特村的布隆伊德别墅。按照蒂尔登的规划，查特维尔庄园至少得花费 2 万英镑，这笔投资相当于今天的 50 万英镑，而且花了 18 个月的时间才终于完工。因此，直到 1924 年 4 月，丘吉尔才终于在查特维尔庄园度过了第一个夜晚。

在蒂尔登的指挥下，经过一番重修和扩建，查特维尔庄园在采光和气氛方面都同最初的都铎风格形成了鲜明的对比。其实，通过蒂尔登对林姆尼港庄园的翻建，人们应该能预料到这一点，这座庄园代表着财主阶层有些现代派风格的庄园样式，至今依然值得一游。查特维尔庄园的餐厅延伸至河谷之上（不过这也是稍晚时候才添加的部分），令人们不禁想起丘纳德轮船公司（又名"冠达邮轮公司"）的"女王"号邮轮上的沃兰达烤肉餐厅。蒂尔登，以及参与装修查特维尔庄园的设计师，再加上丘吉尔数十年居住其中并且一次次亲手从平地上筑坝堵水、垒砖建墙，这一切因素综合起来，使得查特维尔庄园成为西方世界里最能唤起人们的往昔记忆的政治圣地之一，唯一能与它匹敌的就是海德公园，即富兰克林·罗斯福在哈德逊谷的祖宅。身处在这两处庄园中，人们很容易就能想象出甚至能够感觉到令其名扬天下的那些人身处其间的情景。尽管如此，克莱门汀的担心并没有错，在这座庄园的问题上丘吉尔太异想天开了。在丘吉尔占据这里的时候，查特维尔始终给他们造成了不小的经济压力，他们曾两度靠着朋友们的接济才渡过难关，一次是在 1938 至 1939年间，另一次是在 1946 年。

在丘吉尔任职殖民地事务部的前两个月里，有关中东地区的工作占据了主导地位，正如有关爱尔兰的工作在接下来的时间里一样，这两方面的工作在时间上有一定的重合。丘吉尔从劳合·乔治口中得知自己将在 1921 年 1 月 1 日进入殖民地事务部，再过 6 个月他才能执掌大权并移交陆军部大臣之职。他继续领导了空军部两个月，最终将空军部的领导权交给了他那位无处不在的表弟弗雷迪·加斯特，在一定程度上可以说，空军部的大权就在丘吉尔家族中转来转去。在前文提及的 2 月 9日前往首相乡间别墅拜访劳合·乔治的那一次，丘吉尔与首相一致决定在 3 月 12至 22 日（1921）召开开罗会议。开罗会议无关埃及问题，埃及方面的工作属于外交部的职责范围，会议针对的是苏伊士运河另一侧的地区，即地中海和波斯湾之间的土地，尤其聚焦于伊拉克（当时还被称为"美索不达米亚"）。《泰晤士报》认为这一方案源于丘吉尔对拥有一座属于自己的"杜巴"（在西亚和南亚指王宫）的渴望，在 20 年前担任过印度总督的寇松也曾表达过这种看法，只是他的措辞有些不同，他含蓄地指出丘吉尔将面对"在巴比伦称王这样难以抗拒的诱惑"。

丘吉尔没有在巴比伦称王，不过成为一位非正式的总督已经令他欣喜若狂了。他去法国南部接到克莱门汀，与她一起乘坐豪华邮轮从马赛出发，前往亚历山大港。在他们到达开罗时，埃及民族独立主义者向他们投去了石块，但是攻击没有起到作用。最终，丘吉尔在严密把守的塞米勒米斯酒店圆满地主持了大会，他还偷偷地与一群极易受到攻击的英国人（包括几名女士）吃力地骑着骆驼参观了狮身人面像和金字塔（并拍了照片）。从根本上而言，丘吉尔确保落实的是埃米尔（对穆斯林统治者的尊称）费萨尔将成为英国在伊拉克的藩属王。伊拉克包括底格里斯河与幼发拉底河之间及附近地区，丘吉尔同时落实的还有英国将以比较小的代价掌控这片曾经在历史上辉煌一时的地区。这里的守备工作将由英国皇家空军单独负责，驻守当地的部队将在接下来一年左右的时间里撤出去。（无独有偶，这支部队的指挥官正是丘吉尔的老战友和昔日的狱友艾尔默·哈尔丹，但是在这个阶段丘吉尔在私下里认为他对自己"造谣中伤、心怀恶意"。）当时，托马斯·爱德华·劳伦斯（阿拉伯的劳伦斯，又被称为"空军肖"）在伊拉克向丘吉尔提供了建议，丘吉尔对劳伦斯已经培养起仅次于他对海军元帅费舍尔的崇敬之情。

开罗之行过后，丘吉尔又前往耶路撒冷。已经被任命为英国驻耶路撒冷最高专员的赫伯特·塞缪尔受命负责落实国际联盟对巴勒斯坦的托管工作，按照《巴黎和约》的规定，巴勒斯坦已经被交给英国托管。丘吉尔在耶路撒冷承诺英国政府将努力为犹太民族在巴勒斯坦建设起一片类似民族家园的地区，从而重申了他那套温和的犹太复国主义，为此他还象征性地在斯科普斯山上栽下了一棵树，1918 年成立的希伯来大学就建在斯科普斯山的旁边。接着，丘吉尔说出了一大堆措辞精致但是有些自相矛盾的名言，后来他也说过不少这样的话。在耶路撒冷的时候他说过："英国政府是全世界最大的穆斯林国家，非常偏向阿拉伯民族，也非常珍视他们的友谊。" [cdlxxxix]3 个月后，他告诉曼彻斯特棉纺工业的一群听众："在非洲，人民生性驯良，国家富饶；在美索不达米亚和中东，国家贫瘠，但是人民凶残。"不过，他成功地在外约旦地区（在 1921—1946 年为英控地区）建立了一个阿拉伯王朝，这个王朝远比费萨尔在巴格达的王朝更长命。按照丘吉尔商议的一份协定，侯赛因国王的孙子阿卜杜拉酋长在安曼执掌大权，相比英国，他的统治权有限，但是他不隶属于英国驻耶路撒冷最高专员的管辖。丘吉尔与克莱门汀接着便启程回国了，在返程路上度过了两个星期的假期，途经亚历山大港、西西里岛和那不勒斯，直到 4 月 12 日才抵达伦敦，这时距离他们出发已经过去 6 个星期了。

进入殖民地事务部的时候丘吉尔突兀地将空军部的职责也带了过去，从开罗回来后他终于抛开了空军部的工作。这并不意味着他就有了很多时间处理殖民地事务部一贯负责的地区——非洲和西印度群岛——因为他几乎旋即又深陷于爱尔兰问题中了。殖民地事务部的外围事务基本上都被交给了部门里的常务官员，来自约克郡的 39 岁下议院议员及议会次官爱德华·伍德协助工作。伍德后来成为欧文男爵（在 5 年后前往印度，出任印度总督的时候），在成为哈利法克斯子爵（后来又成为第一代哈利法克斯伯爵）后出任了张伯伦政府的外交大臣，在 1940 年 5 月他原本可以轻而易举地给丘吉尔造成重创，亲自出任首相。伍德曾抱怨说在给丘吉尔当下属的时候自己几乎见不到丘吉尔，不过他也承认偶尔见到丘吉尔的时候对方对他很客气。在 1921 年 11 月至 1922 年 2 月间，他乘船前往英控西印度群岛，对当地的问题进行了一番深入细致地研究。

1920 年 5 月，就职于陆军部的丘吉尔承担着征募及部署在爱尔兰皇家警队后备队"黑棕部队"[①] 及其前军官后备队"舵鲣部队"的繁重工作。这支部队有点类似于德国的自由军团，对他们而言一战还不够惨烈，和平时期也没有出现足够的就业机会。他们奉命利用武力镇压恐怖活动，或者说以暴制暴，后来实际情况的确如此。在 1920 年，英国在爱尔兰的统治机构迅速瓦解了。爱尔兰布政司司长哈马尔·格林伍德一直高唱着乐观主义的调子——骚乱力量即将被挫败。他的建议致使劳合·乔治在当年 11 月（1920）都柏林市长举办的宴会上非常可悲地夸下海口："我们对他们已经发出了致命的一击。"事实上，都柏林城堡的管辖范围已经日渐缩小到中世纪时期英格兰在爱尔兰的统治区域内，即都柏林周围的三四个郡，而且就连这些地方也都岌岌可危。10 月，科克郡的郡长在经过 74 个小时的绝食抗议后在伦敦一间拘留所里身亡了，他并不是一个狂热支持爱尔兰民族运动的郡长，只是一位多愁善感的诗人式的知识分子，他的身亡增强了暴力活动的态势，尤其是在爱尔兰西南部地区。为了应付这种局面，蒂珀雷里、科克、克里和利默瑞克 4 郡都宣布实施戒严，这一措施最先造成的结果就包括 11 月 11 日有人（实际上就是英国部队）纵火焚烧了科克郡相当大的区域。

这种状况，再加上其他事件，促使其他国家的媒体对英国政府表达了强烈的不满，英国国内也对自己的政府进行了大量的批评。丘吉尔一开始坚决主张在与新

---

① 黑棕部队，皇家爱尔兰警队部署的两支准军事部队中的一支，用于镇压爱尔兰共和军在爱尔兰发动的革命。这个名字也常常被用来称呼保安队后备队和保安队在英爱战争中成立的另一支部队，即"保安队预备分队"。

芬党（新芬为"我们自己"之意）进行谈判之前首先要建立对该党及其领导的军队爱尔兰共和军的军事优势，或许这正符合外界的期望。在 1918 年的选举中，新芬党彻底扫灭了传统的温和派爱尔兰民族主义党。"失败时（或者说是面对叛乱时），起身反抗；胜利时，宽宏大量"——丘吉尔一生中最认可的格言就包括这句。到了1920 年的年底，英国方面根本看不到获胜的希望，那一幕只有一向乐观的格林伍德能看得到。对政府强烈不满的民众本来就令丘吉尔感到棘手，再加上近在咫尺的地方（即便暂时只有 600 英里之外的地方）传来了尖锐的批评，这些因素挫伤了丘吉尔在面对挑战时的天生的进取心和主动性。1921 年 2 月 18 日，克莱门汀在法国的度假胜地滨海博利厄 [1] 写了一封信，这是她写过的最为直率的信件之一：

> 希望我亲爱的丈夫眼下能利用自己的影响力在爱尔兰有所节制，或者至少实现正义。将你放在爱尔兰的立场上——换作你是他们的领导人，你是不会被严厉的措施吓唬住的，报复行为更是不会令你怯阵。现在这样的措施和报复正如雨水一样从天而降，落在不义一方的头上，同时也落在正义一方的头上。你说过（在不久前的第一封信中），这些事件似乎不会证实哈马尔［格林伍德］自信十足的断言了。这令我尴尬地想到你自己以及首相这样能力出众的人竟然会听信哈马尔这种人的话，他纯粹就是一个亵渎神灵、只会大喊大叫、庸俗、有胆量制造闹剧的殖民地人——我想他已经勇敢而成功地完成了自己的工作（尽管知道有苏格兰场 [2] 的全部人力保护他，我还是不明白他为什么会那么惊慌失措）……你想当然地认为残酷的"匈奴"式手段会占上风，这总是令我感到难过和失望…… cdxc

难以估量这封态度鲜明、颇有说服力的信对丘吉尔产生了多大的影响。在强硬路线得到采纳后，他在内阁中继续对这种策略支持了 2 个月甚至 3 个月，但是矛盾情绪在他的心里越来越强烈。在《后果》一书中，他讲述了当时自己挣扎在相互矛盾的情绪中。当然，在一战前丘吉尔一直是一个相当坚定的爱尔兰自治主义者，尽管在阿尔斯特问题上他比一部分同僚更敏感，在一定程度上这是由于他对父亲的感情，现在阿尔斯特问题已经不存在了，根据 1920 年的法案，阿尔斯特已经成立了

---

① 又译作"滨海博略"。
② 伦敦警察厅代称。

单独的议会（斯托蒙特）。丘吉尔愿意将"格莱斯顿曾经努力争取的一切"都让给爱尔兰人民，他显然没有意识到对于一个君主国家这种"团结一心"的解决方案已经迟到了 30 年。然而，他对爱尔兰同大不列颠一丝一毫的分裂都深恶痛绝，分裂有可能会催生出一个"革命的共和国"，而这种情况是危险的。出于本能他还强烈地意识到必须对恐怖主义进行打击，甚至在其合法要求可以得到满足之前就必须采取行动。然而，令人恼火的是，这样的胜利难以实现。在《后果》一书有关这段历史的一章中，丘吉尔回顾了当时的情绪。他的措辞依然一如既往地令读者浮想联翩，但是发出了相互矛盾的冲突声。他下笔就如一只精力充沛但是垂头丧气的苍蝇一样，狠狠地撞在一扇又一扇窗户上。

> 1921 年初夏，形势明朗，英国在大方向上出现了分化。用俄国共产党人对他们的同胞所采用的残酷无情的手段，应该很容易［有些过高估计］就能镇压住攻击我们并让我们越陷越深的这场可憎、可耻的军事行动。只要有政府的公务人员被杀害，就大规模逮捕被警方认定为同情叛乱分子的人，并立即处死四五名被控制起来的人（其中不少人绝对是无辜的）。这些解决问题的办法或许在见效的同时又令人感到伤感。这种做法是英国人民在得到拯救的那一刻［从一战中］绝对不会选择的。出于愤怒，舆论就连这些不完全的措施都不再愿意接受了，而我们的代理人却越来越严重地依赖于这些措施。到现在，选择显然已经明朗化了："要么用脚镣和不受限制的军队镇压他们，要么就试着让他们得偿所愿。"只有这两种选择，尽管每一种选择都拥有热情的支持者，但是大多数人都尚未做好接受其中任何一种选择的准备。
>
> 其实这才是爱尔兰的幽灵——恐怖、无法驱除的幽灵。[cdxci]

接下来发生的事情被丘吉尔称为当代英国政府历史上最"彻底而突然的……政策转变"。"5 月，国家力量和联合政府的影响力全都被用来'追捕谋杀团伙'；6 月，政府的目标却变成了与爱尔兰人民达成长久的和解。"在确保这次历史性转变的过程中，丘吉尔没有对内阁的意见产生太大的影响。起作用的主要是劳合·乔治。他在自己的内阁中塞满了保守党人，截至此时他一直认为自己完全可以指望保守党人支持他在爱尔兰推行的帝国至上的强硬路线，毕竟保守党人同时也常常被称为"统一党人"。突然他发现保守党人变得胆怯了，或者用更动人的话来说，他们就像他自己一样至少有了自由党人式的良知。在谈及劳合·乔治在这场政治剧变中扮演的角色时，丘吉尔有些不太顾及劳合·乔治的感受。实际上丘吉尔没有推动这次转变，但是也没有进行抵制（一反他天生的好斗性格），或者他在接受这种转变时有些如释重负的感觉，也许这多少得归功于克莱门汀在 2 月采取的迟迟才见效的措施。

当时爱德华·格雷为大臣们撰写了一份安抚性的讲话稿，乔治五世国王在北爱尔兰议会于 6 月 22 日举行的成立大会上宣读了这份讲话稿；就在这个阶段，担任英军驻爱尔兰司令官的内维尔·麦克雷迪将军提交了一系列令人沮丧的报告，他渐渐发现驻爱尔兰的英军司令部比他之前领导的伦敦警察局更难对付。格雷的讲稿鼓励了英国政府，但是麦克雷迪的报告又动摇了它的决心，就这样英国政府朝着与爱尔兰休战的方向走去了。这一转变成为战局扑朔迷离反而能够促进和平到来的经典例证。英国政府和爱尔兰都没有意识到对方至少与自己一样筋疲力尽了。停战协议自 1921 年 7 月 11 日起生效。

新芬党领袖埃蒙·德·瓦莱拉率先于 7 月 14 日造访了唐宁街，年仅 38 岁的德·瓦莱拉在钻进英国和爱尔兰谈判这张纠结混乱的大网的时候是一个令人头疼的对手，在很多方面，与他打交道都会令人感到窒息。他在那条著名的、但是在那个年代防守还不太森严的大街——白厅——杀出了一条血路，自那以后，一批名气几乎与他不相上下的老练的恐怖分子也纷纷效仿起了他的做法。劳合·乔治与德·瓦莱拉的会谈没有取得太大进展。劳合·乔治尽情地卖弄自己的语言能力，显示着自己对某一支的凯尔特语掌握得比德·瓦莱拉对爱尔兰古文更熟练。几乎没有退路可言同时又很迂回的一部分谈判被安排在火车上进行。谈判一开始有些喧闹，英国方面于 9 月 7 日在因弗内斯市政厅举行了一场特殊的假期内阁会议*（对首相来说比较方便，外界认为对其他人而言也十分方便，因为当时正值初秋，英国的大臣们一贯喜欢在这个时节待在苏格兰高地地区，因弗内斯就位于这个地区）。谈判期间，两名爱尔兰谈判代表在劳合·乔治休养的苏格兰村庄盖尔洛赫被打发走了，当初他们前来参加谈判的时候带来了德·瓦莱尔要求实现共和制的过分要求。最终，双方代表于 10 月 11 日在伦敦举行了一场严肃、漫长的会议。都柏林代表团的组成人员有亚瑟·格里菲斯、迈克尔·柯林斯，以及 3 名不太重要的代表巴顿、达菲和达根。格里菲斯是一位具有欧洲视野的知识分子，同时也是一位正直但是政治嗅觉不太敏锐的政客。曾经做过银行职员的柯林斯是一个胸怀大志的人，在 30 岁的时候就成

---

* 这种在伦敦（在伦敦，首相在下议院的办公室有时候会取代唐宁街）以外的地方举行的内阁会议非常罕见。1966 年，我参加了一次这样的会议，会议在布赖顿的大饭店举行。那场内阁会议令人非常不满意。

为波拿巴式的人物，只是因为爱尔兰在国际上不像法国那么具有影响力，他才不如后者那么声名赫赫。柯林斯是一位革命将领，具有一种不同寻常的天赋，既擅长打游击战，又对何时开战、何时停战有着本能的直觉。重要人物德·瓦莱拉缺席了此次会议，即使说他对从政之道不够敏感，他对政治也有着很好的判断力。他决定回避这场会议，让自己的部下应对压力，对于他们的所作所为他完全可以拒绝承认。

英国代表团比爱尔兰代表团多了一名代表。谈判结果并不取决于少数服从多数的投票原则，因此英国方面多派一名代表的用意就不得而知了。代表团由首相、统一党（截至当时的名称）领袖奥斯汀·张伯伦、大法官伯肯黑德、继任丘吉尔的陆军大臣拉明·沃辛顿－埃文斯（他一个人就能证明名字长并不能保证一个人会名垂千古）、爱尔兰布政司司长哈马尔·格林伍德和殖民地事务部大臣丘吉尔组成。这是一个阵容强大的内阁委员会，包括在 1914 年之前最反对爱尔兰自治的统一党人（张伯伦与伯肯黑德）和 3 名联合政府里的自由党人（劳合·乔治、丘吉尔与格林伍德）。直到 12 月初，会议一直以庄重缓慢的步伐进行着，爱尔兰代表给人留下了一种奇怪的印象，仿佛他们和都柏林失去了联系，就像莫扎特创作的最后一部歌剧《魔笛》中的王子塔米诺与捕鸟人巴巴吉诺在结束了从埃及到夜女王王宫的旅途后那样，最后一个角色非常适合劳合·乔治。由于这种状况，在漫长的谈判过程中，他们与谈判桌对面的英国人的关系渐渐地比他们同缺席的德·瓦莱拉更亲密了。

柯林斯与丘吉尔的情况更是如此。丘吉尔不曾宣称自己在谈判中起到了重要作用，他一反常态地说自己只是"第二梯队"，倒是对伯肯黑德赞扬了一番，后者在 1912 至 1914 年里由于坚决反对爱尔兰自治而被卡森称为"传令官史密斯"。伯肯黑德在商定条款的过程中起到了很大的推动作用，在后来的辩论中，他发表的一次讲话成为 20 世纪上半叶所有抛弃盟友的声明中最著名的讲话之一。在上议院于 12 月 14 日举行的辩论中，他说："卡森勋爵的发言是对治国之道的一次有建设性的探讨，但是应该说，他的这番话只是从一个歇斯底里的女学生嘴里说出来的幼稚之言。"[cdxcii] 没有人会说丘吉尔这位最亲密的朋友会手下留情，由于切斯特顿的一首令人难忘的民谣，他在被册封为伯肯黑德伯爵之前曾被戏称为"住手吧史密斯"。[①] 但是，丘吉尔与爱尔兰代表团的核心人物柯林斯的私交所具有的价值不应当被低估。丘吉尔曾将后者邀请到了苏塞克斯广场，为他展示了 1899 年在比勒陀利亚的一份

---

① 语出自 G.K. 切斯特顿的诗歌《颂歌：反基督者，又名，基督教世界再度统一》，全篇针对史密斯用问句形式写就，最后一行为"住手吧，史密斯！"。

悬赏告示——交出丘吉尔的人头即可获得 25 英镑的赏金，而 20 年后（1919）柯林斯的项上人头则价值 5000 英镑，这对后者而言不啻极大的赞美。但是，这不仅仅是对柯林斯的奉承。丘吉尔一直擅长于与昔日的对手交好。路易·博塔与史末资都是最明显的例证。柯林斯也完全在此之列。如果还活着，丘吉尔也许会非常愿意邀请他加入另一个俱乐部。柯林斯也很有可能会接受邀请，前往伦敦，没准一年会去两三次（这个名为"另一个"的俱乐部每年会举行 8 次聚会），与丘吉尔率领的一批英国政界、军界和其他公务人员中的精英分子一起吃吃喝喝（到了 1930 年，俱乐部由伯肯黑德领导）。

可惜的是，柯林斯没有活到那一天。格里菲斯也是如此。在 1921 年 12 月签署《英爱条约》的时候，他们两个人都清楚或许这就是为自己签下了死亡书。在敦促爱尔兰下议院通过这份条约（但是遭到了德·瓦莱拉的强烈反对，并且只以 64 票对 57 票的优势获得通过）、建立爱尔兰自由邦临时政府后，他们双双逝世，格里菲斯享年 50 岁，柯林斯年仅 31 岁，此时距离签署协议仅仅过去了 9 个月的时间。从这个角度而言，他们当时的确为自己签下了死亡书。格里菲斯死于心脏病发作；柯林斯屡次逃过黑棕部队制造的威胁，但最终还是在爱尔兰内战敌方实施的一次凶残的伏击中身亡。英国与新出现的自治领之间的关系在丘吉尔这位国务大臣的管辖范围内，因此即使在协议签署的事情上他没有起到关键性的作用，至少在协议落实的工作中他是英国方面的主要负责人，他与柯林斯保持着密切的联系。毫无疑问，他们之间培养出了对彼此的敬意，甚至是友谊。就在身亡前不久，柯林斯托人给丘吉尔捎去了一条口信："告诉温斯顿，没有他我们绝对一事无成。"[cdxciii] 这条口信令丘吉尔十分开心，在《后果》一书中他将这句话记了下来，并且补缀了一句话，表达了对柯林斯现实而理智的怀念："他继承了一份凶险的遗产，在残暴的环境中长大成人，经历了一个个激烈的时代，他采取了具有同样特质的行动，自己也具有了同样特质的人格，没有这样的行动和人格，爱尔兰的立国根基就不会得到重建。"[cdxciv]

丘吉尔在 1922 年有关爱尔兰的活动并非都是明智之举。4 月，造反者在都柏林占领了象征着王权的爱尔兰最高法院四法庭，对临时政府司法中心的权威造成了威胁，这种景象让人们再一次想起仅仅 6 年前发生的都柏林复活节起义期间邮政总局大楼被起义军占领的那一幕。面对这种情况，丘吉尔希望麦克雷迪将军用部署在凤凰公园的英国榴弹炮向造反者开火。麦克雷迪比较明智，宣称自己手里没有足够的弹药，聪明地将这个任务转交给了柯林斯率领的部队，并且为后者提供了枪支，后来他的部队反而遭到了这批武器的猛烈攻击。

不过，总体上丘吉尔还是明白在爱尔兰问题上没有退路，因此他竭尽全力地推进着协议的落实。6 月的一天，身着陆军元帅服的亨里·威尔逊站在伊顿广场府邸台阶上的时候遭到爱尔兰共和军的暗杀。面对这起事件，丘吉尔表现得沉着冷静，在处理英国与阿尔斯特边境发生的几起事件的过程中，他也能做到不偏不倚，在下议院里解决爱尔兰问题时他充满权威感和自信。基本上正是由于这些表现，他才会对自己在 1921 至 1922 年议会中的表现那么沾沾自喜。

这届会议也是联合政府和首相劳合·乔治的最后一届会议。面对政府分崩离析前的一系列征兆，丘吉尔表现得颇为平静。在圣诞节期间，丘吉尔与劳合·乔治一道前往戛纳，然而这趟旅程没能让丘吉尔恢复当年两个人携手努力建设事业时他对比自己年长、资历比自己深的劳合·乔治的敬仰之情。在 1 月 4 日（1922）给克莱门汀的信中，他写道："首相无精打采的。我从未见过他这副模样……在我看来，他的活力似乎大不如前了。"[cdxcv]3 个星期后他又写道："我对劳合·乔治的判断力毫无信心，也毫不关心对海军的合理定位。凡是适合此刻心情的事情、无知又毫无主见的报纸七嘴八舌发表的见解都很合他的胃口。"[cdxcvi]与此同时，他们两家又住得非常近，几乎可以说到了无益于两个人交往的地步。一个星期后，丘吉尔在英国致信克莱门汀，这时后者又到了法国南部："前天晚上我同杰克和谷尼［他的弟弟与弟媳］一起用了餐，不过通常与我一起吃饭的都是首相、弗雷德里克·埃德温·史密斯、马克斯［比弗布鲁克］（过去的 4 天里有 3 天都是如此）。"[* cdxcvii]

但是，丘吉尔完全保留了自己对首相畅所欲言的特权，他往往能为后者提供一些明智的建议。在与爱尔兰谈判的过程中，因为托利党的反对和爱尔兰人的诡计而感到恼火的劳合·乔治一度几乎想要认输辞职了。他曾大发雷霆："等我死了（或者是"逝世"），他们就会难过了。"无疑，正是这种幼稚的举动在一定程度上促使他产生了辞职不干的念头。丘吉尔斩钉截铁地对他说："辞去职务后，大多数人都会变得无足轻重；得到一官半职的时候，无足轻重的人会增加分量……有人认为不存在组建另一个政府的可能性，这种幻觉始终存在着。"[cdxcviii]

4 月，热那亚会议召开，西方各国旨在通过这场会议同俄国达成协议、允许德国经济复兴。会议进展不顺，德国人和俄国人在沿海 20 英里的小镇拉帕洛游玩了一天，并且在那里商定了一项单独的贸易协定。这个协定在西方社会中激起了极大的恐惧。丘吉尔提醒劳合·乔治留意自己在两年前给他提过的建议，"既然已经停

---

* 我曾在 1967 至 1970 年间担任过哈罗德·威尔逊最重要的副官（或许还是他的替代者），当时，除了在一些大型官方宴会上，我从未与他一起吃过饭（包括午餐）。丘吉尔与劳合·乔治之间一定存在着一个最佳距离。

战，我的政策就应该是'与德国人民保持和平，对布尔什维克暴君开战'，但是一直以来，你甘愿或者说不可避免地遵循着几乎与此相反的路线。"^{cdxcix}

在这届联合政府接下来同时也是最后一次在国际社会引发冲突的过程中，丘吉尔对劳合·乔治提供了极大的支持，之所以这么做主要是因为他有着面对危机时的好斗天性，但是这一次他没能提供恰到好处的帮助。这起事件就是 1922 年 9 月英国与土耳其在恰纳卡发生的冲突。英国同土耳其签订的《色佛尔条约》(《凡尔赛和约》的附属条约)将小亚细亚相当大一部分土地割让给了希腊。劳合·乔治一直过于偏向希腊人，他认为后者几乎可以算是凯尔特民族在山区的武士部落。然而，希腊人没有足以扮演这种角色的尚武精神。1922 年的夏天，现代土耳其的缔造者穆斯塔法·凯末尔将大部分希腊人逼退到爱琴海地区，对驻守在达达尼尔海峡恰纳卡的一小支守备部队造成了威胁，这样一来，深入马尔马拉海以及更遥远的君士坦丁堡和黑海的达达尼尔海峡就会对英国关闭了。在丘吉尔的心里，再也没有任何一处陆地和水域能给他留下如此生动的印象并在他的心里造成如此巨大的创伤。达达尼尔海峡沿岸地区覆盖着在 1915 年阵亡的将士们的尸骨，以及丘吉尔早年显赫声誉的残骸。然而，如果必要的话，他还是会欣然支持首相投身进这里的另一场战争。如同在俄国的问题上，他又一次极度高估了英国人民在停战不满 4 年的时候对又一场战争(哪怕只是一场小规模战争)的胃口，甚至是英国各自治领的胃口，而丘吉尔承担的任务就是获得自治领的支持，对于这件事情他处理得不太成功。对于自己的失败，他找到的唯一借口就是各位首相(从新西兰到加拿大)在面对译码机时反应都太迟钝了。丘吉尔起草、劳合·乔治签发了一份要求各自治领加入英国阵营的公报，但是在首相们还没有收到丘吉尔的电报时这份公报就被公之于众了。首相们对此都感到不悦。幸运的是，土耳其人答应在"这些严重问题未得到验证"(这是丘吉尔的一句口头禅)的情况下，不对恰纳卡的英控地区发动攻击。

这是劳合·乔治的冒险主义的最后一搏。5 个星期后，联合政府灭亡了，死于保守党针对首相发起的一场"农民起义"，这是保守党仰仗着在政府里占有多数席位的现实所做的一次精彩表演。在这最后一幕中，丘吉尔没有起到多少作用。这是保守党的事情，当时他至少在名义上还属于自由党。劳合·乔治由于急性阑尾炎发作，他更是被排斥在这场剧变之外，就在被罢免的前一天他的阑尾被切除了(在那个年代这不算是小手术)。此后，劳合·乔治再也没有担任过任何职务，但是丘吉尔的前途还没有彻底结束，只是他再也没有以自由党人的身份担任过任何职务。

第二十章 没有党派、没有"一席之地"的政客

就在劳合·乔治被迫辞职的当天，即 1922 年 10 月 19 日，星期四，丘吉尔待在伦敦马里波恩区多塞特广场的一家小型私人医院里，在前一天晚上接受了阑尾炎切除手术的他正在恢复。直到 11 月 1 日，即手术后的第 13 天，他才有能力挪动了短短一段路，回到了自己在苏塞克斯广场的家中。不过，他还远远没有康复，又过了 10 天，他才有力气走出家门。

突如其来的这场病不仅让丘吉尔远离了劳合·乔治的垮台，还让他在不久后举行的大选中无法参加竞选活动，后一种状况对他的政治前途造成了更大的伤害。10 月 26 日，政府决定举行选举，直到 11 月 11 日丘吉尔才面色苍白、憔悴虚弱地在邓迪露了一面，这时距离投票仅剩下 4 天时间。为了保住阵地，克莱门汀先于丈夫赶到了邓迪。在无奈地缺席竞选活动期间，尽管身体虚弱，丘吉尔的思维并不迟钝。他从伦敦西区接二连三地向邓迪发去了大量声明和政论文章。其中一篇是写给新任选区主席的一份长文件，文章长达 2000 字，次日《泰晤士报》全文刊发了这份文件。另外 4 篇篇幅几乎一样，题目都是"温斯顿·斯宾塞·丘吉尔：给选区的说明"，不过更准确的标题应该是"我们目前的不满：发自伦敦病榻的思考"。这些文章至今读起来依然引人入胜，但完全陷在伦敦政界核心圈子里的一些臆断中，丝毫没能巧妙地将目标瞄准苏格兰的泰赛德地区。邓迪基本上是一个非常贫穷的城市，在这场选举中，丘吉尔的竞选队伍发现自己难以应对愤懑的无产阶级。丘吉尔对贫困问题很敏感（投票结果出来后，他致信赫伯特·费舍尔："倘若你看到过邓迪人民被迫过的那种日子，你就会承认他们的理由很充分。"），ᵈ但是适应对贫困阶层的安抚工作对他来说仍旧不是一件容易的事情。在痛恨特权的人看来，就连解释他之所以没能参加竞选的医疗报告都显得很蹩脚。"丘吉尔先生的医疗顾问们——道森勋爵、克里普斯·英格利希爵士和哈蒂根医生——已经同意他暂时决定将日期定在 11 月 11 日，星期六，届时他将在邓迪的一场公开会议上讲话。丘吉尔先生最

终能否履行这个约定完全取决于接下来四五天的康复情况。届时我们将做进一步的商议。"^{di}

丘吉尔与当地一位年迈的雇主一起参选，后者是一名民族自由党主义（即劳合·乔治主义）候选人，有 3 名候选人比他更"左倾"，如果将一名独立的（阿斯奎斯主义）自由党候选人也算在内的话就是 4 名。真正的威胁来自这支队伍中还有他那位忠实的对手埃德温·斯克林杰。这一次，斯克林杰依然打着禁酒主义独立候选人的旗号参选，但是实际上，这时他已经同唯一的工党候选人埃德蒙·戴恩·莫雷尔结成了越来越紧密的统一战线。莫雷尔是民主控制同盟的创始人，也是反对非洲奴隶贸易运动中的著名人士，在一战期间他更受到人民的爱戴。丘吉尔错误地认为莫雷尔的合作伙伴是以共产党人的身份参加竞选的威廉·加拉赫，而非斯克林杰。在这场选举中，加拉赫的得票数是最后一名（在 1935 至 1950 年担任东法夫选区的下议院议员时，或者说至少是在德国于 1941 年入侵俄国之后，这位共产党人就深得人心——就连丘吉尔也不例外）。从多塞特广场的小医院里，丘吉尔用最激烈的语言向他们两个人发起了攻击："这是在受到阶级猜忌以及嫉妒、憎恶和怨恨这些信条的启发形成的一套以没收和掠夺为手段的方案。在邓迪，这套将对国家正在复苏的经济造成致命伤害的方案，得到了两位候选人一定程度上的支持。要是在过去的那场战争中，他们肯定都得被禁止发声，以免他们进一步妨碍全国的防御工作。"^{dii}

丘吉尔在这个阶段奉行一套全面攻击的策略，不只是对左派进行攻击，无疑这是他出于患病在床的沮丧做出的反应。他宣称自己是劳合·乔治真正的朋友，是他的老朋友，当雷金纳德·麦肯纳在多年里第一次冒着政治风险发表批评意见的时候，他将其斥责了一番，充分地展现了他对后者由来已久的敌意：

> 在［劳合·乔治］出名之前我就已经是他的朋友了。当所有的人开始追随他的时候我与他站在一起。今天，当以往对他点头哈腰甚至对他的错误也拍手叫好的那些人踩着他的肩膀爬了上来、进了议会，却将他丢到了一边的时候；当苏格兰自由长老会少数派中的狂热分子认为到了跟他清算旧账的时候；当政治银行家麦肯纳先生从那座豪华的隐修所走了出来、实施自己认为的对他的最后一击的时候，我依然是他的朋友和部下。^{diii}

病榻之上，丘吉尔粗糙的笔锋下出现的不只有"布尔什维克"与"银行家"。他不关心新一任首相伯纳尔·劳，但是他将最恶毒的攻击都瞄准了首相忠实的随从比弗布鲁克，后者在他前往圣奥梅尔的时候就与他交好，后来他们多次一道与劳合·乔治参加过很小范围的宴会。丘吉尔朝对方开足了火力（如同一份发表在报纸上的声明），尽管有不少人都处在他的射程之内，不过他还是做出了一些明显的暗示：

> 比弗布鲁克勋爵颇有倾向性的讹传没有什么可信度。他宣称有人急于制造一场战争，这些人最近刚刚成为他的朋友。他的这些指控是错误的，是恶毒的，他比任何人都清楚这些指控有多么错误，多么恶毒。这些指控基于的信息部分是背信弃义的结果，这种信任遭到了凭空捏造的恶毒的谎言的歪曲。伯纳尔·劳先生从这种人的支持中得不到任何好处。比弗布鲁克勋爵已经连续数月用他名下的报纸［《每日快报》］上的专栏文章对寇松勋爵极尽谄媚之能事，对于他的颂词我们必须以同样的方式来理解。人性使然，自去年以来，他已经一把将政治指南针彻底从托利党转向了激进主义的方向。对于刺激和阴谋，他有着永远无法满足的胃口，这种嗜好让他只会漫无目的地四处乱窜。他那些横跨大西洋的工具对英国的政治和新闻业都同样有害。这一切早该得到适当的曝光了。[div]

丘吉尔在伦敦发射的炮火很有可能毫无动静地划过了邓迪大多数人的头顶。然而，对于丘吉尔的竞选队伍而言，这场竞选变成了一场久久没能结束的噩梦。克莱门汀在 11 月 5 日就赶到了邓迪，显然，在丘吉尔于 11 日到达邓迪前后的一段日子里，她过得非常糟糕。不幸的是，一开始与她在一起的支持者都住在适合他们的邓霍普阳台酒店（丘吉尔到达邓迪后，她搬到了他下榻的皇家酒店），支持者们极其依赖外界的帮助，但是他们选择的外援似乎不太适合邓迪。他们倾向于让前任大法官伯肯黑德成为明星人物。对于伯肯黑德的表现，克莱门汀很不屑。她说："他一点儿用也没有。他就是个醉鬼。"[*][dv] 不仅如此，伯肯黑德的一次政纲讲话只是对莫雷尔的法国父亲（他的母亲是英国人）进行的一番抨击。莫雷尔出生在巴黎，原名为乔治·爱德华·皮埃尔·阿齐勒·莫雷尔－德－威勒。伯肯黑德操着夸张的法国口音对这一点强调了至少 5 遍，言谈间充满了道德谴责的意味，就好像他所谈论的是法国小说家马塞尔·普鲁斯特的《追忆似水年华》中夏吕斯男爵的同性恋伴侣、跟莫雷尔同名的那位逃了兵役的小提琴手，而不是一位可敬的贵格派时事评论作家和反

---

* 在交通史上的那个阶段，邓迪的一个问题就在于从南部赶到那里参加晚上而不是早上举行的会议是一件相当困难的事情。伯肯黑德只能靠着保守党东部俱乐部的热情款待打发掉了大半天的时间。

战主义者。莫雷尔将伯肯黑德的表现称为"音乐厅的三流演出"，这么说情有可原。报纸对凯尔德音乐厅里3000多名听众的反应进行的报道暗示出了伯肯黑德这场表演达到了怎样的效果。报道记述了在他第一次重申这个问题时听众"哄堂大笑"，第二次听众"发出了笑声"，第三次"笑声越来越小"，第四次"有些人笑了，但是这一次很多人都陷入了尴尬的沉默中"——第五次只有沉默。[dvi]

丘吉尔的其他外援还包括斯皮尔斯将军以及丘吉尔的秘书沃德豪斯勋爵，前者最后一次与他见面还是在法国的时候，后者是第二代金巴利伯爵的儿子。后来斯皮尔斯在文章中写道："我对政治一无所知，杰克·沃德豪斯（约翰的绰号）对政治一无所知。我俩都到场了——纯粹是在比试谁更无知而已。"[*][dvii]只有约翰·普拉特是个例外，他是来自格拉斯哥的凯斯卡特选区的下议院议员，曾经担任过苏格兰事务部的次官。11月6日，在邓迪工人阶级最集中的地区举行的一场重要会议上，他也与克莱门汀一起经历了一段艰难的时光。不过，相比英格兰听众，总体上他更善于应付苏格兰听众，无疑这得益于他曾经在格拉斯哥时经历过的锻炼。沃德豪斯负伤退出了战场（后来又重新上阵），斯皮尔斯倒是一直陪伴着克莱门汀，即使说他的表现总体上不太乐观，至少也可以说令人钦佩。在11月7日他记述道："克莱米（克莱门汀的昵称）戴着一串珍珠项链露面了。女人们朝她吐着口水。"

不过，他又补充道："克莱米的风度令人印象深刻，就像是一位坐着囚车前往断头台的贵族。"[dviii]克莱门汀参加了一连串场面混乱、令人不快的会议，听众几乎听不清她的发言。她带着刚满两个月的婴儿（玛丽）赶了500英里的路，来到北部一座很不友善的滨海城市，在会议上却没能取得多少同这样的英勇之举相称的成绩。不幸的是，在11月8日星期三下午举行的一场妇女大会上，她任性地做了一场反莫雷尔的宣传，这种做法与她很不相称，充分反映出丘吉尔的选举活动有多么慌乱。在讲话中，克莱门汀反问道："莫雷尔先生在出生地的时候不是英国人，而是法国人，这是不是事实？为了在自己的出生地逃脱兵役他变成了一个英国人，这是不是事实？他在战争期间可曾为英国效过力？"不等莫雷尔气宇轩昂地做出回答，克莱门汀就已经为自己的这番话感到后悔了：

我的父亲是法国人，我的母亲是英国人，我出生在巴黎。我们无法选择自

＊　斯拜尔斯在1919年改名为斯皮尔斯，当时在没有对手的情况下刚刚当选为莱斯特郡拉夫堡选区的下议院议员；沃德豪斯自1906年当选以来已经担任自由党下议院议员4年了。

己的父母，也无法选择自己的出生地。在我有一位法国父亲的问题上，我的过错并不比丘吉尔先生有一位美国母亲的过错更大……在我还是婴儿的时候，我的父亲就过世了。在我8岁的时候，我的母亲将我送到了英国上学……为了逃兵役就在8岁时来到这里，我可真是太聪明了……^{dix}

在一名护士和一名警探的陪同下，丘吉尔在11月11日的早上有气无力地赶到了邓迪。火车站的站台上出现了一场热情的欢迎会，可是丘吉尔虚弱得连通向地面的楼梯都走不上去，只能乘坐货运电梯到了地面上。当天上午，他参加了市政当局举行的停战日纪念活动。他佩戴着11枚参战奖章，这是他的任何一位竞选对手都无法企及的成就，然而在深陷于极度贫困和幻灭的邓迪，这样的成就并没有对他起到太大的帮助作用。当天下午，丘吉尔出席了在凯尔德音乐厅举行的、有3000多名听众参加的那场会议。这批听众受到了严密的监控，而且都是买票进场，即使这样也没能避免有相当一部分听众对丘吉尔进行诘问。尽管如此，丘吉尔的讲话还是很连贯，这场讲话在长度上可以与格莱斯顿的讲话相媲美，持续了一个半小时。丘吉尔坐在特制的高椅上做完了讲话（只是在结尾时才站了起来）。

两天后的晚上，在军事操练厅里又出现了喧闹的场面。记录显示丘吉尔只讲了几段就不得不中途放弃。这场会议从8点开始，到了8点45分就结束了。星期二下午，在邓迪郊区上流社区布劳蒂费里的教区教堂大厅里举行了一场会议，有300名女士出席，会场距离丘吉尔的攻击目标的住处只有半英里。在这场会议上，丘吉尔用不可靠的策略尽情地对当地报纸拥有者戴维·库珀·汤姆森展开了全面攻击。汤姆森的大本营在邓迪，但是触角遍及苏格兰各地，而且凭借着发行量巨大的《星期日邮报》，他的影响力甚至延伸到了英格兰的东北部地区。[*] 汤姆森既拥有属于自由党的晨报《邓迪广告报》，也拥有属于保守党的晚报《邓迪快递报》。或许可以认为，这种情况足以令汤姆森的思想保持左右平衡。然而，这两家报纸在一点上是相通的，这就是对丘吉尔的仇视，汤姆森对丘吉尔的厌恶和反对日渐强烈。因此，尽管在竞选讲话中宣泄自己对汤姆森的不满是否明智需要另当别论，但是丘吉尔存在某种补偿性的情绪也的确情有可原。他在布劳蒂费里的会议上将汤姆森描述为"一个狭隘、心怀怨恨、不可理喻、被自负的情绪所吞噬的人，身上充满了小气的

---

     * 汤姆森还创办了英国流行文化史上最畅销的"漫画"《丹迪》，在这本杂志创刊前后他还创办了《漫游者》和《比诺》。

傲慢，日复一日、年复一年无休无止地琢磨着一件事情"。《快递报》对他的讲话做出了回应："不管温斯顿·丘吉尔先生在投票日有多大的胜算，他都是一个脾气糟糕透顶的人。"[dx]

结果，丘吉尔在选举中惨败。斯克林杰以 3.2 万票位居榜首，相比之前的成绩，他在这一次选举中取得了惊人的进步。在 1908 年的补选中他获得了 650 票，1917 年的补选中得到了 2000 票，1918 年的大选中得到了 1 万票。在这次大选之后，社会上流传着一个有关苏格兰的笑话。众所周知邓迪的选民都是老酒鬼，然而他们从酒馆里走出来，踉踉跄跄地走向投票站，为绝对禁酒主义投上了一票。事实是，斯克林杰得到了工党的所有选票，反丘吉尔的情绪吞没了工党人，此外他自己所属的苏格兰禁酒党也为他投了数千张，这部分投票者很有可能是由一些坚定的禁酒主义者和一些对他不屈不挠的韧性感到钦佩的选民构成的。斯克林杰的胜利自然体现了坚持不懈的战斗精神。有人认为选举中屡战屡败的失败者很少能变成胜利者，斯克林杰的胜利同这种推论背道而驰，他一次又一次地尝试着，最终获得了胜利。他担任邓迪下议院议员直到 1931 年，在这一年国民政府取得了压倒性的胜利。

莫雷尔的得票数刚过 3 万张，名列第二。丘吉尔那位鲜为人知的国民政府竞选伙伴比莫雷尔的票数少了 8000 张，在选举中他有两个不利条件：年事已高，初涉政坛。然而，就连这样一位候选人的得票数都比丘吉尔的得票数多了 1800 张，这几乎是莫雷尔与斯克林杰之间的差距。坚持阿斯奎斯主义的自由党候选人得到了 6600 票，在选举之初遭到丘吉尔集中火力攻击的共产党员威廉·加拉赫得到了 5900 票。

位居高位不到 4 年，曾经以超过 2∶1 的优势获得胜利的丘吉尔就沦落到以低于 2∶3 的票数落选的境地，1908 年的"囊中之物"在他的手中遗失了。在那个年代，人们对改变阵营的票数没有太强烈的意识，或许可以说这是丘吉尔的幸运，再加上邓迪又是一个双席位选区，这就令投票结果更加不如今天这么对比鲜明了。但是，可以肯定的是，在全国范围内邓迪都属于选民态度改变最大的选区。所幸，丘吉尔在面对失败的时候控制住了自己的脾气。统计票数过程对他来说一定是巨大的折磨，他已经精疲力竭了，缓缓走向可耻的失败消磨着他的耐心。计票持续了 7 个小时，选票还被缓慢地重新清点过，这倒不是说丘吉尔出现了获胜的希望，而且因为有 1000 张选票被放错了地方。直到过了下午 5 点，投票结果才公布。丘吉尔一下子委顿了，他拒绝在公布选举结果的仪式中讲话。不过，随后他去了自由党俱乐部，在那里发表了一番非常慷慨大度的讲话。这是他最后一次出现在邓迪选区。他告诉自己的支持者他的心中毫无"遗憾、怨恨和不满"，他甚至还为斯克林杰美言

了几句，称后者"在代表极度贫穷和悲惨、阶级差距惊人的邓迪的过程中将起到有益的作用"。^{dxi}

4 个小时后，丘吉尔切断了同这座城市的联系，乘坐 9 点 04 分的卧铺特快列车返回伦敦，一大群吵吵闹闹但是很友好的学生（有许多人显然是爱尔兰人）赶到车站为他送行。丘吉尔最后一次跨过泰河大桥，送行人群的欢呼声令他暂时打起了精神。抵达伦敦的时候他的情绪又变得十分低落了。他的状况丝毫没有好转。后来，他在文章中尖锐地指出自己"没有一官半职，在议会里没有一席之地，没有政党，也没有了阑尾"。^{dxii} 据说，在阿尔弗雷德·蒙德爵士举办的一场政治宴会上，丘吉尔"是那么的垂头丧气，整个晚上几乎一言不发"。^{dxiii} 对于丘吉尔来说，这样的痛苦实属罕见。

但是，丘吉尔又振作了起来，无疑在一定程度上也是因为他的身体终于康复了。丘吉尔夫妇决定去法国南部过冬。他们将苏塞克斯广场租了出去，租下了戛纳附近的芮弗多尔别墅。他又拿起了笔，靠着写作寻找慰藉、维持生计。《世界危机》第一卷的写作取得了相当大的进展，但是尚未完成。尽管如此，他还是在 11 月 23 日让自己的经纪人柯蒂斯·布朗告诉《泰晤士报》，到年底他应该就能拿出足够连载的篇幅了，他急切地继续写着。11 月 28 日，丘吉尔觐见国王，交出殖民地事务部大臣的权力（10 月份的时候他无法完成这件事情），同时受封为荣誉勋爵。这个爵位是不久前才设立的，但是级别很高，令他感到心满意足的是，在加入向劳合·乔治辞职的队伍时，他已经拥有了这样的爵位。11 月 30 日，即 40 岁生日这一天，丘吉尔与克莱门汀离开伦敦，前往里维埃拉。自他于 1915 年奔赴法国前线已经过去了 7 年，这一次旅行标志着他的生活同之前断裂了，对于自己眼下的政治前途他的想法也同样悲观。

丘吉尔夫妇在法国南部待到了 5 月中旬（1923 年）。表面上，丘吉尔风平浪静，甚至心满意足。首先，他的身体和精力都在稳步地恢复；其次，他在法国南部画得很尽兴，那里的光线刚好满足了他对浓烈色彩的热爱；第三，《世界危机》的第一卷在 2 月开始连载以及在 4 月出版的时候，都得到了不错的反响（只是 1 月底在确定书名的时候他有些为难，他考虑过很多不太满意的选择，幸好伦敦和纽约的出版商一致选择了"伟大的两栖动物"）；第四，他一直在奋力撰写第二卷，写作进度也很理想，这一卷涵盖的是 1915 年的历史。在规划假期的时候，丘吉尔永远做不到不给假期里塞满辛苦的工作，为了实现这样的假期他频频出行。前往戛纳别墅的时候，除了复杂的画具，他还带上了许多写作资料、一名秘书和一名研究助手。

无疑，从事这些工作的过程中，丘吉尔会时不时地陷入深深的忧郁中，不过至少这些活动没有令他过于焦躁。在这 5.5 月里，他只回过英格兰 3 次（为期很短），而且每一次都目标明确。一开始促使他回去的原因是将长女和长子送回学校或者从学校接出来，但是在此期间他还忙于商定著作的出版事宜并且监督查特维尔的工程进度，后一项工作进展迅速、规模壮观。在伦敦期间他下榻在丽兹酒店，按照他母亲的观点来看这样的选择"说到底还是为了图便宜"。在第一次回国的时候，丘吉尔大部分时间都足不出户，埋头写作。正如他告诉克莱门汀的那样（在 1923 年 1 月 30 日的信中），"我太忙了，忙得除了吃饭几乎就不出利兹半步。"[dxiv] 尽管在邓迪遭到惨败，他依然十分受欢迎，在社会上和政坛里基本上保持着很高的威信。例如，有一天他热情款待了詹姆士·路易斯·加文与爱德华·格雷，前者是《观察家报》的编辑，当时在热情地帮他校对书稿。还有一天，他与威尔士亲王在雄鹿俱乐部共进了午餐，"聊了聊马球和政治"，作陪的还有弗雷迪·加斯特以及在邓迪一战中留下了心理阴影的沃德豪斯。在次日晚上，他又与曾经也是未来（在 1924 年的工党政府中）的大法官哈尔丹一起吃了晚饭。

值得注意的是，丘吉尔接触的政坛人物仍旧都是有些"左倾"的政客。他还在文章中写到爱德华·希尔顿·扬希望拜访他，与他谈一谈新席位的事情。扬当时是劳合·乔治领导的自由党的新一任党派总督导，后来成为第一代肯尼特男爵，但是他的手中几乎没有几个可供他随意支配的席位。劳合·乔治手下的自由党人只赢得了 57 个席位（根据另一种比较乐观的估算方式，这个数字为 62），因此他们的党派总督导没有多少人事任免的机会。不过，至少这位党派总督导意识到自己必须主动接触丘吉尔，而不是等着后者主动联系他。但是，在这半年里一直待在戛纳忙于网球赛事的克莱门汀依然坚持着自己始终如一的方向，希望丘吉尔能回归阿斯奎斯的阵营。阿斯奎斯一派仅有 60 个席位，按照另一种分类法的话就只有 55 个席位。（之所以存在这样的出入，是由于几名自由党的下议院议员不确定哪位领导人更有可能带领他们走出在野困境。）丘吉尔则强烈地感觉到自己失去了根基。他仍旧信仰自由贸易原则，依然对邓迪的贫困状况和不同阶级之间的疏离感到震惊，但是他越来越坚定地认为有必要筑起保护资产阶级的壁垒，以免这个阶级受到工人阶级所信仰的社会主义的威胁，对于后者他完全将其等同于列宁主义。

但是，在 1923 年的夏天，就在丘吉尔夫妇从法国返回英国后，在丘吉尔的心里这些念头都不再占据首要地位了。相比去哪个选区以及在谁的阵营里参加下一届大选问题，他的心思更集中在了《世界危机》第二卷的写作上。保守党政府牢牢地把持着议会里的多数席位，这是将近 20 年里的第一次。此外，查特维尔庄园的建设工作又提供了那么迷人而昂贵的消遣。他租下了查特维尔庄园附近的一处住宅，这处住宅有一个奇怪的名字"霍西里格",在这里他可以守在跟前监督工程的进度。不出所料,这种做法致使他同建筑师发生了争执,在后者的负责下工程造价越来越高、进度越来越慢,不过最终的结果还是令人满意的。直到 1924 年 4 月,丘吉尔才终于在查特维尔度过了第一个夜晚,写下了第一封信。信是写给克莱门汀的,她当时与母亲前往迪耶普过复活节了。为了说服克莱门汀相信查特维尔的设施物有所值,丘吉尔费了一番脑筋,这封信和 7 个月前的一封信基本上都是为了说服妻子。1923 年 9 月 2 日,丘吉尔在威斯敏斯特公爵停泊在法国西南部港口巴约讷的游艇上写了一封信:

> 亲爱的——求求你了,不要担心钱的问题,也不要觉得不踏实。相反,咱们谋求的政策的首要目标就是安稳……查特维尔将成为咱们的家了。它要花掉咱们的 2 万,但是先不说能卖个很好的价钱,将来它至少值 1.5 万。[或许有人会认为这算不上是一笔高明的投资。]咱们肯定会在那里住上很多年,然后将它传给伦道夫。咱们肯定能让它在各个方面都变得很迷人,只要资金上不依赖于别人。那里的花销也会比伦敦的小。
>
> 到最后——不过不用着急——咱们得卖掉苏塞克斯[广场]的房子,为咱俩找一套小公寓……然后,靠着汽车咱们就足够有条件做事、找乐子了。若是能担任公职,咱们还会住进唐宁街!
>
> 那个庄园[盖伦塔庄园]眼下至少跟我继承到的那时候一样大,但是其中的一部分已经被投在了查特维尔的工程上,而不是购买股票。你得这么想……ᵈˣᵛ

在 1924 年 4 月 17 日,他又竭力地从另一个角度剖析这个问题:

> 我们度过了妙不可言的两天。孩子们就像黑人一样卖力;汤普森警官、*阿列伊[司机]、沃特豪斯[半退休的园丁总管]、1 名园丁和 6 名工人组成了一支强大的劳动队伍。天气很好,我们整天都穿着脏衣服在外面埋头苦干,直到晚餐前才洗洗澡。我刚刚就在你的豪华浴室里洗了个澡。希望你在这方面的自我意识没有那么强烈! ……一日三餐我都会喝些香槟,正餐之间还会一桶一

---

* 无疑,由于丘吉尔参与了《英爱条约》的谈判工作,在他不担任公职、退出议会的 2 年里还一直有一名苏格兰场的警官陪在他的身边。

桶地喝红酒和汽水，饭菜很简单，但是非常好吃……

　　你的台阶几乎铺到了河堤的中间。现在正在飞快地给地下室正面安装窗户……装修效果会令你开心的。真是太壮观了……暖和的天气姗姗来迟，花草树木现在才开始发芽。

绿意盎然的河堤唯独缺少了一样东西——
这里的女王小猫咪^{dxvi}

　　这封信或许在描绘查特维尔将来的便利条件方面比较成功，但是没能同样成功地说服克莱门汀相信将来全家人能过上俭朴节约的生活。

　　在这个时候，丘吉尔已经在一次大选和一次补选中失败了（邓迪大选之后），在政坛上的道路也非常曲折。因此，从私人生活转向公共舞台对他来说就很有必要了。同样必要的是他必须恢复到 1923 年夏天时的状态，那时他刚刚结束了长达半年的自动流放生活，回到了伦敦。鲍德温当时刚刚出任首相几个月，他的当选出人意料。无论是出于客观还是主观理由，丘吉尔都更倾向于鲍德温而不是伯纳尔·劳，他的判断没有错。他的客观理由是，作为政治家鲍德温远比伯纳尔·劳更有趣、视野开阔；主观理由是，在 1915 至 1917 年鲍德温不像伯纳尔·劳那样力主将他排除在政府之外。在 1923 年的时候，丘吉尔对鲍德温说不上反感，但是也没有敬意可言。最初丘吉尔认为鲍德温只是一个非常自以为是、没有多少资历的角色，尽管后者比他年长 7 岁。在下象棋的时候，丘吉尔偶尔会轻蔑地嚷嚷道："放鲍德温过来。"（意思是鲍德温只是小卒子。）不过，对于身为资深政客"公会"正式会员的鲍德温，丘吉尔对他担任的职务很尊重。在国家元首同时拥有行政权的美国，总统的职务被赋予了一种神圣色彩，有时候甚至会妨碍总统的私人生活。英国的情况和美国有所不同，首相没有神圣光环。尽管如此，我却想不起英国最伟大的资深政客（更不用说没有多少资历的政客）中有哪一位在受到首相召见时曾拒绝前往唐宁街 1 号同首相进行会晤，即使要面对的是最受到漠视的首相。

　　在 1923 年 8 月 14 日，丘吉尔与鲍德温有过这样的一次会面。很难断定究竟是谁采取了主动，不过丘吉尔的可能性比较大，因为他有着一个不太公开的秘密。丘吉尔无法更彻底地掩饰住自己的秘密，无论他还存在其他什么问题，至少可以肯定的是，他在掩饰自己的方面无可救药。他下意识散发出的活力总是会暴露出他的意图。他的这个有些秘密的目的就是，试探鲍德温在荷兰皇家壳牌石油公司、马石油公司和多数党政府所有的英国波斯石油公司合并一事上的态度。这项公共投资基本上是由 1913 年担任海军大臣的丘吉尔发起的。就在不久前，前两家公司以 5000 英镑的酬劳请丘吉尔代表他们与政府进行谈判，这笔钱相当于今天的 12.5 万英镑，对于一个正在解决查特维尔庄园产生的堆积如山的账单、平息妻子对经济状况的不满的人来说，这笔钱充满了诱惑力。丘吉尔当时只是一介平民，但是他不满于做一个规规矩矩的平民。为此他征询了马斯特顿 – 史密斯的意见，在丘吉尔进入海军部之后马斯特顿 – 史密斯担任了他的私人秘书，在他任职殖民地事务部期间后者又成为他手下的常务次官。马斯特顿 – 史密斯宣称自己"在重要政治问题上没有多少看法"。[dxvii] 因此，丘吉尔想要打探一下鲍德温对公司合并产生的效果以及他在合并一事上起到的作用做何反应。

这次会面进展顺利。鲍德温总是能喜笑颜开、聚精会神地参与进谈话中。次日，丘吉尔写信告诉妻子："我与首相的会谈非常愉快。他表现得无拘无束、悠闲自在，用极大的热忱接待了我。我们谈到了鲁尔（德国的工业重镇）、石油、海军部和空军部、赔偿、美国债务以及其他宽泛的政治问题。我发现在石油问题上他非常支持现已提出的存在风险的解决方案。实际上，他谈话的腔调就像韦利·科恩 [壳牌石油公司的总经理]。我确信这套方案能够取得成功。唯一令我感到困惑的就是我自己的事情。"[dxviii] 丘吉尔还告诉妻子，他"是从参政部的大门 [现今的内阁办公室大门] 进入唐宁街的"。他还补充了一句："这令鲍德温感到非常好笑"。[dxix]

这次亲切会面意义重大。虽然对于丘吉尔的政治生涯来说鲍德温不如阿斯奎斯与劳合·乔治的影响那么大，但是他将占据一个与丘吉尔息息相关的职位，在这方面只有阿斯奎斯与劳合·乔治能跟他相匹敌。在 20 世纪 20 年代的后半期，鲍德温一直是丘吉尔的上级，能够与丘吉尔和睦相处，到了 20 世纪 30 年代，他的态度就远远不如之前那么友好了。丘吉尔与鲍德温的见面（或者说紧随其后产生的一份合约）立即见到了成效，丘吉尔接受了为石油公司当说客的角色。为了这项任务，他带着首相的祝福又去拜见了海军大臣（与他多少有些宿怨的里奥·艾默里）和贸易大臣（菲利普·劳合 – 格劳雷姆，不久后改名为菲利普·坎利夫 – 李斯特）。到了 11 月中旬，政府意外地宣布举行大选，丘吉尔正式退出了有关石油公司合并的一切工作。尽管丘吉尔常年过着经济紧张的生活，但是在漫长的一生里，这几乎是他唯一一次冒险涉足商业领域。他的其他财路仅限于以尽可能高的价格销售他的鸿篇巨制和文章，再将其中的一部分收入投在股票交易上（并不是每次投资都很高明）。

在实现贸易保护政策的道路上鲍德温步履艰难（他说过，不实行贸易保护政策的话，他就无法解决失业问题），他深信如果不能得到新的选举授权，同时也是专门针对这项政策的授权的话，他就无法推行这套政策。因此，一场大选开始了。总体上，通过这场大选托利党在成立仅一年的议会（这是自 1900 年以来首个完全由保守党占多数的议会）中失去了 73 个席位，从而失去了多数党地位。这场大选给丘吉尔造成的影响就是，暂时阻止住了他在政治领域向右转的脚步。丘吉尔右转的态势已经持续了数年，在邓迪受到左派分子惩罚的经历无疑更是增强了这种态势。但是，在这个阶段他仍旧是一名自由贸易主义者，自由贸易主义的堡垒再一次需要有人守卫的消息又将他拉回自由党的旗帜下，他就如同一名战士在看着自己在这个世纪最初几年里获得的参战勋章时，不禁心生对往昔时光的怀念之情一样。丘吉尔在报纸上发表了一份振奋人心的声明：“我没有参加反对保守党政府的活动，也不曾非难诸位新任职的大臣……但是有人肆意妄为地对人民大众的生存根本发起了咄咄逼人的攻击，这场攻击毫无意义……在我们面前冒出了一个丑陋的谬论……所有反对这场疯狂冒险和鲁莽实验的人必须团结一心、同舟共济……” [dxx]

这是自 1910 年以来，丘吉尔第一次打算在阿斯奎斯的领导下参加大选，不过阿斯奎斯只是名义上的领导人，为了曾经的事业同样也被团结进这个阵营的劳合·乔治实际上是联合领导人（不过他的信念可能不太坚定）。丘吉尔将在哪里战斗？他的战场肯定不在邓迪，格拉斯哥中部选区的邀请也遭到了他的断然拒绝，大概他已经受够苏格兰了。兰开夏郡似乎是最有可能被选中的地方，尤其是如果 1906 年之前那段光荣日子的记忆被唤醒的话。11 月 16 日和 17 日，他分别在曼彻斯特的自由贸易礼堂和改革俱乐部发表了最初两场竞选讲话。兰开夏郡的邀请唾手可得。自由党不占有太多席位反而存在着一个有悖常理的优势，即有大量选区可供自由党人选择，只要该选区不被在任议员所把持。索尔福德西区以及曼彻斯特的鲁什尔姆区和莫兹利区都开始接触丘吉尔。11 月 19 日，丘吉尔选定了莱斯特，决定参加莱斯特西区的竞选，他的这个决定几乎令人无法理解。没有证据显示此前他曾造访过英格兰中东部的那座城市，那座城市在历史上曾显赫一时，而今已经有些默默无闻了。对于选举而言，那座城市也没有显现出任何诱人的前景。在 1918 年之前，莱斯特同邓迪一样是一个双席位选区，但是传统上当选议员的多为自由党人和工党人。1906 年，亨利·布罗德赫斯特和拉姆齐·麦克唐纳双双当选。布罗德赫斯特最初是工会会员，但是后来逐渐被吸收进主流自由主义队伍中，曾在格莱斯顿领导的第三届政府中担任低级大臣。1918 年，莱斯特被一分为三，工党的麦克唐纳选择了西区，据估计他认为在 3 个选区中左翼力量在西区的获胜希望最大。结果，他在西区遭到惨败，不过出现这种结果是因为他在战争期间主张绥靖政策，而不是因为阶级政治这样泛泛的理由，工党在 1922 年以微弱优势夺回这个席位。

只有在没有保守党竞争对手的情况下丘吉尔才有希望当选，让人无法理解的是他凭什么会认为莱斯特出现保守党候选人的可能性微乎其微。鲍德温在谋求民众对贸易保护主义的许可，因此他不可能允许两名自由贸易主义候选人在一个有些边缘化的选区进行一场内部比赛。丘吉尔的主要竞争对手不是多少有些象征意义的保守党候选人英斯顿上尉（不过他获得了7700张选票，只比丘吉尔少了1500票），而是工党在20世纪上半叶最安静、最奇特的一个人物白齐克－劳伦斯。在《英国人名词典》中，白齐克－劳伦斯的父亲被写作"木匠"，不过他肯定是这个行业里的佼佼者，因为他赚到的钱不仅能够将儿子送进伊顿公学、三一学院、剑桥大学，而且还给儿子留下了一笔殷实的遗产。早在就读于伊顿公学的时候，白齐克－劳伦斯就在寄宿于校外住宿区的学生中间当上了领袖，凡是有可能获奖的比赛他几乎都能获胜。他具有一种强烈的社会良知，与比他年轻12岁的克莱门特·艾德礼的情况一样，在这种良知的引导下他走向了伦敦东区的经过改良的社会工作。然而，在1901年与埃米琳·白齐克（这个教名非常适合妇女参政权论者）①结婚后——婚姻促使他将自己的姓氏改为复姓，这并不意味着他有趋炎附势的企图，这只是他对性别平等观点的一种表达方式——他将注意力转向了女性参政权问题上。为了这项事业他曾被捕入狱，他的妻子甚至曾两度入狱。外界明显能感觉到白齐克－劳伦斯有些惧内，看上去他对无儿无女、长达43年的婚姻生活心满意足，然而在埃米琳逝世后，他（当时已经86岁）立即就与一位交往了40多年的朋友结婚了。

白齐克－劳伦斯的职业生涯以一种奇怪而疏离的方式与丘吉尔的职业生涯交织在一起，他们两个人就像两艘宇宙飞船，不曾交流，但是一直相互追逐着对方的脚步。除了在莱斯特的这次交手，在1929年丘吉尔离开财政部的时候，白齐克－劳伦斯进入这个部门，不过他的职务是财务秘书，而不是财政大臣；在第二次世界大战的联合政府里，作为没有担任政府职务的资深工党前座议员，白齐克－劳伦斯担任了反对党的正式领袖，他的工作在于维持议会功能，而不是为政府制造麻烦。在1945至1947年，他被擢升进上议院，出任印度事务部大臣，当他终结了这个（非常）具有历史意义的职位时，他没有赢得丘吉尔的称赞。

在莱斯特，白齐克－劳伦斯的主要参选口号是主张征收资本税。距离当初提起应当从"老朗西曼"（以及其他人）"以不正当手段获得的利益"中抽取一部分收入的话题已经过去了5年，在这5年里丘吉尔的立场发生过很大的变化，在莱斯特的竞选活动中，他花了很多时间对白齐克－劳伦斯在这个问题上的观点进行了驳斥。不过，在曼彻斯特自由贸易礼堂的竞选首场演说大获成功之后，他前往全国各地做

① "埃米琳"（Emmeline），德语"amal"一词在法国古语中的变体，意为"工作"。

了许多场讲话，这些讲话的方向都是传统的反贸易保护主义。在莱斯特的竞选活动似乎非常无趣，场面有些混乱，不过在这一点上还是无法企及前一年在邓迪的那场选举，在两周半的时间里，丘吉尔一直少言寡语。向来喜欢用流畅的文字详细记录生活的他一反常态，在这段时间里基本上没有留下多少书信，因此外界难以理解他究竟为什么前往莱斯特。莱斯特当地没有能够吸引他的显赫人物，没有像邓迪的乔治·里奇那样的人；当地媒体的立场也几乎与邓迪的媒体一样对他不利，尽管戴维·库珀·汤姆森对他并没有太强烈的敌意，但是《莱斯特信使报》和《莱斯特邮报》都在反对他，因此他不得不向诺丁汉的媒体寻求支持，鉴于莱斯特和诺丁汉这两个城市之间不可避免地存在着竞争的现实，他的处境不太乐观。

此外，丘吉尔还得到了大量的建议，尤其是克莱门汀的建议，大家都认为如果去曼彻斯特的话他的表现会出色得多。克莱门汀的意见很明确，在 1923 年的夏天，她在一封没有落款日期的信中写道："出于直觉，我想要鲁什尔姆选区的一个理由就是，如果你要失去席位，那我觉得败在托利党的手下（这会引起自由派人士的同情）会比输给社会党人要好一些。"[dxxi] 克莱门汀当然是在试探丘吉尔原先的一处软肋，她是更为坚定的自由党人，而丘吉尔最初信仰的是托利主义，按照一些人的理解，丘吉尔最深层的信仰始终是托利主义。面对外界的建议，丘吉尔越来越强烈地感觉到最初的信仰在一次次震颤着。最终，鲁什尔姆的席位被自由党人拿走了，当丘吉尔不出所料地如同例行公事一样走向失败的时候，他肯定为自己没有听从妻子的建议而感到后悔。白齐克–劳伦斯以 13624 票对 9236 票的绝对优势击败了他。这场竞选活动甚至没有任何一件事情能令他感到满意。对他来说胜利根本遥不可及，他也没有与自己的选区建立起友好关系。不过，至于后一个问题，可能他的表现至少比得上哈罗德·尼科尔森，后者曾在 1935 至 1945 年间以国家工党（又译作"国民工党"）党员身份成为莱斯特的下议院议员。

12 月 6 日，就在刚刚在莱斯特经历了失败之后，丘吉尔又被卷入了一起刑事诽谤案中。这是一场刑事诉讼案，诉讼方是总检察长（道格拉斯·霍格爵士），丘吉尔是主要证人，但是对他来说不存在经济上的风险。或许可以说，这件事刚好也能将他的注意力从莱斯特的失败转移开，因为这场失败对他造成的影响比邓迪的失败更严重。他面临着和自己在内政部时的次官查尔斯·马斯特曼一样的前途。马斯特曼在 1914 年被提拔进内阁，但是在 3 次补缺选举中落选，从而葬送了自己的内阁生涯。极具讽刺意味的是，在 1923 年丘吉尔与鲁什尔姆失之交臂的时候，马斯特曼被曼彻斯特的这个选区接纳了并且赢得了选举，但是在次年就落选了。

这起刑事诉讼的被告方是奥斯卡·王尔德的老朋友和情人阿尔弗雷德·道格

拉斯勋爵（绰号"博西"），因为他说丘吉尔在1916年6月就日德兰海战发表的那份声明虽然令人感到欣慰，但实际上是营私舞弊的结果，是为了操纵股票市场，以利于欧内斯特·卡塞尔爵士任总裁的犹太财团，作为回报，后者给了丘吉尔4万英镑。这种指控纯属无稽之谈，丘吉尔被证明完全是清白的，当道格拉斯被判处6个月的监禁时，很多人都认为处罚太轻了。更有趣的是，有些人还给丘吉尔发去了道贺信。例如，丘吉尔在海军部时期的常务次官格雷厄姆·格林就在信中写道："我这辈子……根本想不出还有哪位公众人物遭受过如此的辱骂和歪曲。"^{dxxii}

在1923至1924年的圣诞节和新年期间，丘吉尔开始在政坛完成一场地震级的转变，不过外界应该意识到这场转变迟早会到来。丘吉尔与老朋友维奥莱特·博纳姆·卡特往来的书信中对这场转变做了最准确的记录。鲍德温渴望让贸易保护主义得到大多数人的支持，但是12月初的大选挫败了他的企图。白齐克－劳伦斯在自己的回忆录中讲述了丘吉尔在当时的境况下依然有着相当开阔的视野，得知莱斯特西区的选举结果后，他对白齐克－劳伦斯说："好吧，不管怎么说，好歹自由贸易主义获胜了。"^{dxxiii} 这场大选摧毁了议会中的保守党作为多数党的地位，但是没有一个党成为新的多数党。保守党人仍旧是议会中人数最多的党派，占有258个席位；工党占有191个席位；重新团结起来但是不堪一击的自由党占有157个席位。在这种情况下，阿斯奎斯（终于与劳合·乔治达成了一致意见）以及自由党下议院议员中的大多数人都认为，他们应当与工党联手挫败保守党针对国王讲话所撰写的君主致辞（君主致辞由政府执笔）。按照英国死板的政党制度，这个计划自然会催生出一个十分虚弱的少数党工党政府。当然，更合理并且更经得起时间考验的结果应该是，自由党和工党组建的联合政府。然而，这个计划遭遇到工党的党派主义和工党党员的一种观点：尽管工党的领导人对于实行社会主义政策不抱希望，或许也不希望这样，但是他们认为，至少不能让自己因为公然与一个资产阶级党派合作而受到玷污。

阿斯奎斯与鲍德温都为统一阵线接纳了社会主义者而感到满意，众所周知，当时这些社会主义者之间非常不统一，詹姆士·拉姆齐·麦克唐纳对社会主义的构想过于模糊，将来必然会在生物进化过程中被淘汰，有望成为财政大臣的菲利普·斯诺登的思维完全从属于格莱斯顿对财政预算必须自律诚实的主张。另外两个党的领导人都认为，在更安全的政治条件下是不会出现工党政府这种实验品的。

丘吉尔的看法与此截然相反。他在1919年进行了一场狂热的反布尔什维克运动，到了1922年，在邓迪面对无产阶级不友好的对待时做出了情有可原的反应，现在他顺理成章地认为工党政府既玷污了英国的国家名誉，又让颠覆者混进了政府里。维奥莱特·博纳姆·卡特在拆礼物日（圣诞节次日）给丘吉尔写了一封信，丘吉尔在 12 月 28 日写了一封十分极端的回信，以至于他决定不将其寄出去。然而，他意识到阿斯奎斯一心想要与他所期望的方向背道而驰，在写于 1 月 8 日的信中他提到了"组建一个社会党政府的大不幸"。他主张一旦在贸易保护政策问题上挫败保守党政府，自由党人就应当趁早投票否决接替保守党政府上台的工党政府，否决的理由是，"这个政府将完全由公开的社会党人出任部门大臣，而他们提出的征收资本税政策已经遭到了大部分选民的断然拒绝"。因此，这个政府"在一天之内就会完蛋"。按照他的希望，接下来将成立一个由阿斯奎斯领导、得到"保守党暗中支持"的政府。他相信，由于全国舆论都强烈反对"这个庞大可怕的社会主义幽灵"，因此阿斯奎斯领导的政府将会极大地增强保守党的力量，他明显暗示自己有可能会成为保守党新增力量的一部分。^{dxxiv}

一个星期后，在维奥莱特·博纳姆·卡特尚未回信的时候，丘吉尔将这些想法改动了一番，然后写进了一份个人宣言里（名义上是"一封回信"），《泰晤士报》全文刊发了这封信。阿斯奎斯的女儿认为，这封信标志着她与丘吉尔彻底分道扬镳了，她悲伤地写了一封回信，在信中对丘吉尔略微谴责了一番，不过最重要的是她表明了自己的忠心，但是她忠于的是自己的父亲，而不是她一直喜爱的那位老朋友。她在信中写道："父亲在周四的讲话很高明，与我听过的他的其他讲话一样精彩。充满智慧和勇气、慷慨大度、打动人心……"在结尾处她对未来做出了敏锐的判断："我想折磨工党政府的将会是其成员的胆怯和无能，而非他们的暴力行为。"^{dxxv} 这一次丘吉尔表现得反而不如维奥莱特这么敏锐。

1 月 21 日晚些时候，议会举行了一场具有分水岭意义的表决。鲍德温以 256 票对 328 票的成绩被击败了（与他的预计一样），137 名自由党议员给工党投了支持票，10 人将票投给了保守党，还有 6 人投了弃权票。丘吉尔一派（如果的确存在这样一群人的话）人数可怜。次日，詹姆士·拉姆齐·麦克唐纳正式得到任命，成为英国的首任工党首相，此时距离他所属的政党以特殊利益小集团的身份从自由党的羽翼下脱离出来还没有几年。对于他来说这是一项辉煌的成就，他得到的权力（或者至少可以说是职位）完全超越了他那些面无表情的同僚能够争取到的权力，自 1931 年以来发生的任何事件都无法完全抹消他的这一成就。丘吉尔之前对工党入主政府的前景做出的反应有些歇斯底里，阿斯奎斯父女，实际上还有鲍德温都远比他表现得镇定，但是从某种意义上而言他的想法没有错。工党上台对社会秩序并未造成威胁，但是英国的政治气候已经不复从前了。这是自由党最后一次有机会成为执政党。从这时起，除了 1981 至 1983 年自由党曾昙花一现，在 20 世纪剩余的日子里，如果说除了保守党选民还有其他现实的选择的话，那么这个选择也是工党而非自由党，即使当工党在 20 世纪 30 年代陷入低谷的时候也是如此。英国政治出现了一次新的分裂，这场分裂促使丘吉尔坚定地站到了右翼阵营中。

但是，在丘吉尔有能力在任何一个阵营中发挥重要作用之前，他首先必须回到议会中。他一如既往地带着十足的活力潇洒自如地为实现这个目标努力着，同时他也缺乏节制，这一点也完全符合他一贯的做派。习惯在 2 月外出度长假的克莱门汀从法国南部给丈夫发去的最主要的建议就是"不要胡来"，1916 年她在英格兰的时候也曾向远在佛兰德斯的丈夫提过这样的建议。可是，丘吉尔正在胡作非为，而且在克莱门汀看来他的所作所为极其招摇。喜欢酿造杜松子酒的尼科尔森准将于 2 月21 日（1924）逝世了，因此威斯敏斯特的修道院选区从天而降了一场补选，对于政治看台而言，这个选区就像是位于看台正前方、同看台近在咫尺的跑马场。2 月 24日，在给克莱门汀的信中，丘吉尔简练地对这片赛场以及他在这片赛场的前途做了一番栩栩如生但是过于乐观的描述。

> 这是一个不可思议的选区——埃克尔斯顿广场、维多利亚火车站、史密斯广场、威斯敏斯特修道院、白厅、培尔美尔街、卡尔顿府排屋街——包括苏活区的一部分、牛津街的南端、德鲁里巷剧院和考文特花园！这里自然是托利党手里的一块上等地盘……选区里至少住了 100 位下议院议员选民，不费吹灰之力我就能得到一个上好的、很有代表性的讲台。格里格、斯皮尔斯和其他的自由党议员都会为我而战，爱德华·格雷（该选区的居民）有可能也会向我提供支持。我想麦肯纳也会这么做。我还希望能收到贝尔福勋爵的信，他也住在这个选区。总而言之，这个选区的希望太大了，成功的话，我将占据这个席位很长时间……

这封信最开头的几句话就没有这么令人感到安慰（至少在克莱门汀看来是这样的）："这场威斯敏斯特修道院选区的补选如同大雷雨一样扑向了我。罗斯米尔和马克斯［比弗布鲁克］用他们的报纸为我提供了充分的支持，我有必要立即让外界知道我已经宣布参加选举了。" dxxvi

正如丘吉尔希望的那样，许多著名的保守党人都被他参战这条颇为刺激的消息吸引而来。在一个政治局势极其不确定的时期，丘吉尔的参战有可能更会增加不确定因素，这一点对很多保守党人来说也颇有吸引力。然而，托利党在威斯敏斯特当地的组织有着沉重的思想包袱，他们是否做好了将丘吉尔接纳进正统的保守党队伍的准备？对于这一点外界不得而知。但是，无论怎样丘吉尔都认为现在还为时尚早，他只愿意以"反社会党独立候选人"的名义参加竞选。对于这一点，修道院选区的托利党人不应当过于担心，当时已故的尼科尔森在参加 1921 年的一次补选时采用的身份更加冗长，"反浪费保守党独立候选人"。尼科尔森家族与修道院选区之间并不存在由来已久的联系，但是保守党的干部会议仍旧执意选择了这位前干部会议成员 32 岁的侄子，没有给丘吉尔一次尝试的机会。

这种做法在保守党的高层里激起了强烈的不安。鲍德温驱车 50 英里，在星期天与自己的前任奥斯汀·张伯伦在吃午饭的时候商讨了这件事，其实他与这位前保守党领袖的关系并不算融洽。丘吉尔总是能制造出令人紧张和刺激的话题。保守党的高层中大部分人很有可能都希望丘吉尔当选，鲍德温本人也不例外，但是他们不希望同威斯敏斯特地方上的保守党协会发生争执。在给妻子写信的时候，奥斯汀·张伯伦充分地总结出当时保守党的情绪："我要低调地将票投给温斯顿，闭口不提此事。他居然那么不得人心，真是太不可思议了……"dxxvii 鲍德温试图保持住基本底线，即影子内阁里不会有人支持两名右翼候选人中的任何一位，但是当常常扼杀丘吉尔这位巨人的里奥·艾默里脱离队伍、对尼科尔森表示强烈支持的时候，鲍德温便同意将贝尔福长期以来对丘吉尔非常隐蔽的支持公之于众了。

丘吉尔的竞选活动充满了莱斯特那场选举所欠缺的魅力，他驾驶着四轮马车走遍了伦敦西区，车厢里还坐着 4 名号手。这是丘吉尔的新随从，年仅 23 岁的布兰登·布拉肯设计的噱头，在余生里，他一直与丘吉尔保持着亲密的交往并且忠实地追随着后者。据说戴利剧院里的合唱团女孩们通宵达旦地给丘吉尔的竞选演说填写信封上的地址，不过这种说法或许是事实经过一番夸大后演变成了反复被人们提起的传说。她们忙了一整夜吗？整个合唱团都参与了这次准备活动？更有可能得到证实的是，丘吉尔成功地为自己参加的 9 场选区会议都安排了一位保守党下议院议员担任会议主持。这个成绩表明他的竞选活动在托利党中间制造了一场激变，无论是地方上还是全国范围内都是如此。这场竞争不可避免地吸引了无数人的关注，这既是由于丘吉尔的名望和人格魅力，同时也是因为这个选区的吸引力。正如 1981 至 1982 年我先后在远离伦敦的沃灵顿工业区和格拉斯哥西区所目睹到的那样，在非常条件下举行的补选和不符合党派传统的竞争者的参与都能吸引媒体持续的关注。在候选人受到不同寻常的刺激时，同样也会产生这种效应。丘吉尔这位候选人航行在一片未知的海域，手头没有一支可靠的选举指南针。在修道院选区，这些因素肯定更是增强了数倍。因此，在将近 10 年后，丘吉尔将会说这场选举是他"参加过的最刺激、最令人激情澎湃、最轰动的一场选举，这场选举无可匹敌"，dxxviii 他的这种反应丝毫不令人感到意外。

计票当天（3 月 20 日）的早上，伦敦盛传着丘吉尔将要获选的消息，然而他最终还是没有获得胜利。在第一轮计票中，他以 33 票之差落选。他的代理人要求重新计票后——这种反应很自然，但是最终证明是错误的——结果在这一轮计票中丘吉尔又以 43 票之差落选。选举结果令人痛苦，但是对于丘吉尔来说这个成绩已经很理想了。他显示出自己有能力在一个远比邓迪或者莱斯特西区更适合他的富裕选区吸引到大量的选票，而且在取得这种战绩的过程中也没有激起不满情绪或是制造出闹剧。他为自己选择了"反社会党独立候选人"这种参选身份，如果让社会党人也参加这场选举的话，那么选举中势必会产生敌对情绪、出现闹剧的场面。工党候选人是阿奇博尔德·芬纳·布罗克韦，后来他成了左翼贵族，在将近百岁高龄的时候还在上议院发表讲话，但是在 1924 年的这场竞争中，原本也很有实力吸引公众关注的他却很难找到露脸的机会。布罗克韦的得票数刚过 6000，他的两位竞争对手都得到了 8100 张选票。修道院选区的席位被保守党牢牢把持着，因此这个席位完全容纳得下这样一场两位选手旗鼓相当的竞赛，工党根本没有机会乘虚而入。不仅如此，在同一位在职的保守党人（最显赫的保守党人中有不少人都有些希望此人当选）的竞争中丘吉尔还取得了反常的战绩，他比对手表现得更具有保守主义倾向。在投票日前一天所做的讲话中，他的主张从原先的保守党和自由党组建联合政府转变为与社会主义开战，接着又更进一步地明确主张应当由"拥有自由党侧翼"的团结的保守党组建政府。作为加入保守党的"自由党侧翼"中的一员，在参加此次选举过程中，丘吉尔显然变得越来越急不可耐了。

丘吉尔彻底跨过了河，不过他还是得同那一头河岸——保守党跟前折磨人的湍流较量一番。在过河的最后阶段，他对渡船船夫的选择非常高明。阿奇博尔德·萨尔维奇爵士有着罕见的混合特质，他既是托利党的城市"首领"（利物浦），又完全有资格被称为政治家。萨尔维奇曾受雇于一家酿酒厂，后来当上了酒厂的总经理，但是他的终身事业是创办了利物浦保守主义工人协会，这个协会的立足点是新教统一主义和啤酒贸易，不过其中还夹杂着对利物浦这座城市强烈的自豪感。当萨尔维奇（生于 1863 年）年轻的时候，信仰托利民主主义的伦道夫勋爵自然而然地成为他心目中的偶像。尽管如此，萨尔维奇与丘吉尔最初的交往却不太愉快，因为在 1903 年丘吉尔邀请他参加统一派自由贸易者在下议院举行的一场宴会时，他走出了宴会厅，说这是一场针对约瑟夫·张伯伦的阴谋，而后者是一位"对于工业重镇米德兰兹和北部地区的民众来说比我们所有人加起来都更重要"的领袖。[dxxix] 不过，到了劳合·乔治领导的联合政府那几年，他与丘吉尔越走越近了。萨尔维奇既支持保守党和自由党在政府中相糅合的主张，也支持 1921 年签署的《英爱条约》，对于一位利物浦的统一党人来说，做到后一点非常需要勇气。

4月初（1924），丘吉尔邀请萨尔维奇在伦敦与他一起吃了饭，他认为自己有希望说服后者在利物浦组建一个保守党和自由党的联盟，为他的一场重要讲话提供支持。萨尔维奇说这次讲话最好还是完全由保守党参与，他向丘吉尔保证说，这样的讲话肯定会受到欢迎。4月11日，萨尔维奇准时向丘吉尔发出了邀请，这份邀请得到了"利物浦保守主义工人协会中央委员会和妇女统一党同盟执行委员会"委员们的一致通过，前者"代表了议会中11个分区的23个选区"。[dxxx]丘吉尔接受了这个定于5月7日的邀请。对方要求他在讲话中谈一谈"当前社会主义运动造成的危险"这个话题，几乎无须多说，他的这番讲话充斥着谴责性的观点。萨尔维奇成功地履行了与丘吉尔商定的责任，为丘吉尔提供了5000名听众。

丘吉尔轻而易举地完成了任务，不过后来他认为这场讲话算不上是他最精彩的讲话之一。这是他在20多年里参加的第一场保守党会议，正如他所指出的那样，在这20年里，有将近一半的时间他一直在阿斯奎斯政府或者劳合·乔治的联合政府里与保守党里的主要人物保持着合作关系。陪同丘吉尔出席了这场会议的克莱门汀发现这场会议更像是一场文化冲击。在阿德菲酒店举行的晚宴上，丘吉尔用更为极端、更为轻率的措辞重申了之前刚刚发表的讲话内容，东道主们听得目瞪口呆。这天晚上，克莱门汀不太可能陪着丈夫一直熬到凌晨两点。丘吉尔站在默西河的岸边，但是他已经再一次跨过了中线，再也没有退路了。

现在，丘吉尔必须得到一个保守党席位，在下一届大选中他能够争取到这个席位，但是没有人确定这场大选距离此时还有多远。菲利普·斯诺登所做的预算谨慎而高明，詹姆士·拉姆齐·麦克唐纳在外交政策方面做出了高格调的表现，工党政府的开局甚至远比对其表示友好的自由党人——更不用说丘吉尔——所预想的更出色。但是，没有多少人认为这届政府会坚持太长的时间。丘吉尔拒绝了阿什顿安德莱恩、凯特灵和罗伊斯顿当时就向他发出的参选邀请。或许他听从了克莱门汀在3个月前的信中对他所做的建议："无论如何不要让托利党觉得你很廉价。以前他们对你已经够糟糕了，你应该让他们意识到这一点。"[dxxxi]而且完全以保守党人身份参加竞选对他来说仍旧存在一定的困难。不过，他清楚自己已经争取到了最能代表保守党意见的斯坦利·杰克逊爵士的支持。在当年夏天，杰克逊告诉丘吉尔自己在考虑将泰晤士河畔的里士满区或者埃平交给他。里士满已经没落了，但是埃平正欣欣向荣地发展着，这个地方兼具相当富裕的伦敦郊外和埃塞克斯乡村地区的特点。这个选区基本上可以说是保守党的安全区，但是自由党人在1923年对保守党人发起了一场强大攻势，将保守党人原本占多数的选票减少到1600张，当地官员因此有些惶恐不安。这种状况更加增强了丘吉尔在当地保守党人眼中的魅力。此外，埃平的保守党人还对一位政治家级别的下议院议员怀有适当的敬意。9月，他们希望丘吉尔与保守党协会委员会的全体委员见见面。形势变得对丘吉尔有利了。这场会议在伦敦市举行，而不是寇松所说的"那些蒙昧无知的郊区"。委员们即使说不上全体一致通过，至少也是以压倒性的优势通过了对丘吉尔有利的决议。令情况有些复杂的是参选身份问题。委员们不希望丘吉尔以"独立候选人"身份参加选举。他们同意他采用"立宪主义者"这个身份，无论这个身份究竟指的是什么。这时丘吉尔还没有加入保守党，也没有加入卡尔顿俱乐部。

就在同一个月，即1924年9月，爱丁堡为丘吉尔安排了一场大张旗鼓的介绍会，鼓乐齐响。丘吉尔在阿舍尔音乐厅里为苏格兰的保守党人做了讲话，贝尔福为他做了介绍，爱德华·卡森与罗伯特·霍恩都出现在讲台上。10月8日，工党政府在下议院里被击败；30日，在3年里的第三次大选中，丘吉尔得到了19843张选票，代表埃平选区重返下议院，自由党候选人和工党候选人分别得到了10080票和3768票。在埃平（后来更名为"伍德福德"），社会主义的威胁不太明显，与邓迪相比，这个选区对于丘吉尔来说才是真正的"囊中之物"，只是在1938至1939年里当地保守党协会的一些成员制造了一点内部矛盾，不过那一天距离1924年还有很长的一段时间。

第二十一章　金本位制和大罢工

　　1924 年 11 月初，丘吉尔的前景远比之前两年理想。他安全地回到了下议院，实际上还加入了由 419 名议员组成的保守党队伍，但是没有多少人认为正是他的加入保守党才确保了这样大的优势地位。毫无疑问，他希望得到一个实质性的职位。鲍德温在 11 月 5 日提供给他的职位令他感到吃惊，对此他的评价非常贴切，"劳合·乔治从未像您对我付出过这么多"。[dxxxii] 在 1921 年劳合·乔治辜负了丘吉尔，没有让他出任财政大臣；在 1924 年，鲍德温将这个高级职位交给了他，这远远超过了他的期望值，这个职位往往是政府里的第二把交椅，不过这种情况并非一成不变。

　　在这样的人事安排过程中存在着一丝运气的成分。鲍德温将财政部首先提供给了内维尔·张伯伦，后者拒绝了这个职位，他更希望得到普普通通的卫生部，当时这个部门的职责范围更大（包括住房、地方政府、贫民法以及"医疗"工作本身），而且存在改革的契机。对于财政部的人选，接下来才会轮到丘吉尔。伯肯黑德在几年前曾说过鲍德温有着一种"摸黑瞎蹦跶"的习性，[*] 这一次他将如此重要的工作交给丘吉尔，对自己的这种习惯做了生动的注脚。据说，在鲍德温提起让丘吉尔出任大臣的时候，后者还以为他指的是兰开斯特公爵领地事务部大臣。这种说法与事实不符，不过就像得不到正统基督教会承认的很多伪经一样，这种说法也并非完全是捕风捉影的杜撰。暂且不论其他方面，如果说鲍德温让丘吉尔重新担任在 1915 年只给后者带来痛苦的职务，那么鲍德温就太不圆通了，事实上他从来不缺乏对人的敏锐判断。这次会面不在唐宁街，而是在保守党中央办公室。向鲍德温告辞后，丘

---

*　"他摸黑蹦上一步，然后朝四下里看一看，接着再蹦上一步"，当时担任大法官的伯肯黑德对鲍德温做的这番评价丝毫不带有对后者的赞美。

吉尔出乎外界意料地高昂着脑袋走过自己的支持者斯坦利·杰克逊的办公室，听到"大臣"一词时，后者还以为肯定指的是公爵领地事务部大臣，他没有意识到自己当初帮助孵育（至少以保守党人身份）的那只小鸟现在飞得有多高。

因此，对于丘吉尔来说这次的任命出乎他的意料，是靠着运气勉强得到的。按照这些因素判断，对他的任命应该会产生两个结果。首先，他应该对鲍德温心存感激，他对后者的感激之情的确持续了好几年，尽管这种感情不可避免地一直在不断减弱。另一个结果就是，他对新加入的政党中所有备受敬仰的人物应当心存敬意，在自己对其部门责权知之甚少的新部门里他应当谨慎地行使权力，大多数人在这种情况下都会如此。

然而，无论是敬意还是谨慎，丘吉尔都没有表现出来，这样的做派典型地体现出他极端粗鲁无礼的性格。在政府里行使财政部的权力时他表现得就好像他拥有格莱斯顿、迪斯雷利、劳合·乔治与伯纳尔·劳等财政大臣的全部经验似的，他对待同僚的态度就仿佛他得到了保守党最坚定的信任似的。有时候，他表现得过于自信，例如在大罢工期间主持一场内阁会议的时候，一开场他便信誓旦旦地告诉内政大臣乔因森－希克斯与陆军大臣沃辛顿－埃文斯两位重要阁员："希克斯，我在 18 个月里就完成了你的工作；沃辛顿，你的工作我只用了 2 年时间。所以，我最好还是给你们透露一下我的计划吧。"dxxxiii 在这届政府里，能与丘吉尔的政府工作经历相匹敌的只有贝尔福与奥斯汀·张伯伦，但是前者直到 1925 年 4 月才进入政府，而且当时已经走下坡路了，后者作为外交大臣在这届政府里没有发挥太大作用。不过，在获得这些经历的时候，丘吉尔一直都在保守党政府的对手的怀抱中。

这一点没能令丘吉尔止步片刻。他在财政部最初几个月的成绩清楚地显示出他积聚的重组能力正在喷涌而出，无论是仅供部门内部传阅还是写给首相或其他同僚的大量备忘录和信件，都清楚无疑地带有他的个人印记。在政府内部往来的书信和备忘录中，大部分的文字风格都平淡无奇，这种风格有时候被称为"公务员体"。这种说法有失公允，奉命仓促拟稿的公务员们基本上都不清楚自己的顶头上司在亲自执笔这种文件的时候——这种情况不太可能发生——会采用怎样的风格，所以常年走在海岸边的他们自然会紧贴着没有海岬和悬崖的安全地带。丘吉尔与此相反，他不仅会亲自撰写文件，在口述（这已经成了他的习惯）时还非常善于说出一些激荡人心的名言警句，就连最具有文学素养、最自信的公务员也没有胆量为他代笔。

1924 年 11 月 28 日，丘吉尔用一封 9 页的长信陈述了自己对征收直接税的看法，他主张对中层和下层人民减免税额。信是写给国内税务局主席理查德·霍普金斯爵士的，后来霍普金斯出任了财政部长务次官。在这封信中丘吉尔的表述有些模糊、十分怪异。

> 随着征税的大潮渐渐地落下去，大富翁们被困在了水流将他们送上去的浪
> 尖上……我们看到大富翁留在了高水位附近，缴纳超级税的普通人欢呼雀跃地
> 远离了他；当需要缴纳收入税的广大民众沉进入一波海水中的时候，就轮到整
> 个超级税纳税阶层被留在海滩上了。这个和谐自然的过程丝毫没有优雅和喜悦
> 可言。[dxxxiv]

12月1日，丘吉尔致信外交大臣，提议向法国和意大利追讨战争债务，"这个
工作对你意味着痛苦——你得面对一脸阴沉而不是满面笑容的大使之类的问题"。
[dxxxv] 次日，丘吉尔给内阁秘书写了一份备忘录，在备忘录中他询问对方将驻守在香
港的潜水艇的数量从6艘增加到12艘是否具有挑衅意味。"假设日本得到了马恩
岛，开始在那里部署21艘潜艇的话。"[dxxxvi] 两个星期后，他在给鲍德温的信中指出，
答应目前海军部提出的建设要求"将会导致政府的整套政策失效、无法产生任何成
果，纳税人和社会改革都将一无所获，我们将变成一个海军议会，整日忙于让海军
做好迎接即将到来的大冲击的准备——仅此而已"！[dxxxvii] 1925年2月22日，他致
信财政的财政总管奥托·尼梅尔爵士，对财政部和苏格兰银行恢复战前以货币平
价为前提的金本位制的决心表示了强烈的质疑："我更希望看到财政不再那么高傲，
工业部更加满足的局面。"[dxxxviii]

丘吉尔个人色彩极强的巨量产出和他在各个方面表现出的胜券在握的姿态对其
他人造成了各种各样的冲击。在写给弗雷德里克·亚历山大·林德曼教授（与布兰
登·布拉肯在同一时期进入丘吉尔的世界，如果说林德曼是卫星的话，布拉肯本质
上则更接近于彗星，在接下来的35年里，他们两个人都在丘吉尔的生活中占有很
大一部分空间）的圣诞评论中，克莱门汀对丈夫做出了不偏不倚的评判："丘吉尔沉
迷在刺激的新工作中，他说与他一起面对这些工作的财政部官员是一大群了不起的
人。"[dxxxix] 这些财政部官员和苏格兰银行的官员都受到了丘吉尔的激励，尽管他们也
都发现相比上一任财政大臣菲利普·斯诺登，丘吉尔显得没有那么顺从，而且会消
耗他们更多的时间。在丘吉尔的资深同僚中，奥斯汀·张伯伦坚定地与他保持着友
好关系；前文已经提到过伯肯黑德多年来一直是最能与他和睦相处的伙伴，尽管他
们在此之前分属于不同的党派。在为海军预算问题争执不下的过程中，戴维·贝蒂
（海军元帅及在任第一海务大臣）从另一个角度提供了对丘吉尔的看法。他在1925
年1月26日给贝蒂夫人的信中写道："温斯顿那个奇特的家伙发疯了。"10天后他

又写道："对付他那种头脑极其敏捷、能力超强的人令我很吃力。一步走错，立即会被他评头论足一番，至少他也会打一个手势。所以我得保持清醒。"[dxl] 不过，对于丘吉尔在加入保守党最初的一段时期在内阁中的表现，在所有"知情人"的描述中最令人震惊的是，自动弃权从而让丘吉尔当上财政大臣的内维尔·张伯伦所做的描述。在 1925 年 8 月末给鲍德温的信中，张伯伦写道：

> 回首咱们的第一次会期，我想咱们的财政大臣表现得非常出色，他还能做得更好，因为他尚未达到我们对他的期望值。他没有主宰内阁，不过无疑，他对内阁产生了影响……他没有试图阴谋篡夺领导权，但是在议会辩论中他始终是最拔尖的一个……他太有才华了！然而，不知为何，他和我之间始终存在着一道鸿沟，我觉得我永远跨不过那道鸿沟了。我喜欢他，我喜欢他的幽默感和活力，我喜欢他的勇气……但是，为他效力并非意味着进入了极乐世界。反复无常！这是一个被严重滥用的词语，但是这个词最能准确地描述他的秉性。[dxli]

至于鲍德温本人，在那个阶段丘吉尔对他产生了相当大的影响力。丘吉尔与首相之间的纽带在于他对首相的感激之情；当初足够冷静、没有受到劳合·乔治的迷惑的首相，一时间却被这个日后将成为 20 世纪更伟大的战时领导人的部下迷惑住了。鲍德温写给丘吉尔的信中就透露出这样的基调，这批信件的风格与他惯常的书信风格有所不同，几乎就像是他在竭力与自己的财政大臣一争高下，看一看究竟谁的头脑更精明、措辞更妥帖。1925 年的夏天，赫伯特·塞缪尔从奥地利的蒂罗尔被召到法国的艾克斯雷班与首相会面，首相希望他能接受煤炭工业皇家委员会主席的职务。当时，鲍德温写信告诉远在查特维尔的丘吉尔：

> 星期一晚上，当 6 点的钟声敲响时"婴儿撒母尔"准时赶到了。与他因为神秘莫测的天意初次踏足这个昙花一现的世界时一样冷静、能干、精准，眼下他的任务就是领会我们现在所面临的有可能引发多重后果的问题……
>
> 艾克斯（艾克斯雷班）多彩多姿，这里的大部分人都是这样的〔他亲切地写下了结束语〕。酒店的公车让客人在浴室下车，他们——其中很多人——看上去都像是已经被煮熟了、立即都会喷出浓厚的汁水似的。[dxlii]

尽管在信中显得与丘吉尔很熟稔，实际上鲍德温和丘吉尔的社交生活没有多少交集。他们会经常见到彼此，因为丘吉尔渐渐地养成了一个习惯，在早上他会从传统上的财政大臣府，即唐宁街11号穿过这座府邸同唐宁街10号相通的两道门，前往他在财政部大楼的办公室，半路上他总是会拜访一下首相，与后者闲聊上几分钟。形成这样的习惯主要是因为，在这届政府4年半的执政期里，两个人从未发生过严重的争执，不过，在政府垮台后，他们的和平交往没能持续多久。这个习惯自然在丘吉尔面对出任保守党大臣的最初几个月起到了有益作用，在这几个月里，他至少参与了政府里四场重要的争执；在他准备第一份预算报告、与法国就战争债务问题进行微妙的谈判期间，这个习惯也对他有所帮助。

对丘吉尔来说，最危险的一场争端是围绕着海军预算展开的。这是因为在这个问题上，他的立场发生了翻天覆地的转变，12年前，由于他要求建设一支更强大的海军，阿斯奎斯内阁差一点分崩离析；而且还因为他在1925年提出的缩小海军规模的主张，将矛头对准了鲍德温在政府里最亲密的两位朋友，海军大臣威廉·布里奇曼和海军部的财务及议会秘书约翰·戴维森。内阁阁员们大吵大闹了将近一年的时间，这两位大臣和几位海军将领都以辞职进行威胁，丘吉尔倒是没有做出这样的举动，或许这也可以算是他的一个优点。最终，在鲍德温巧妙的引导下，内阁形成了一套更偏向海军部而不是丘吉尔的解决方案，不过至少财政大臣避免了蒙羞受辱的结局，也没有招惹来强烈的敌意。

第二场争端发生在丘吉尔和劳工部的斯蒂尔－梅特兰以及卫生部的内维尔·张伯伦之间，不过他与后者的争执没有那么激烈。这场争论的焦点是如何保障寡妇及婴儿的津贴保险方案落实到位。丘吉尔一心想要将这套方案写进自己的第一份预算报告中，斯蒂尔－梅特兰强烈指出这套方案过于慷慨，对议会来说也为时尚早，张伯伦至少对后一点意见表示认同。然而，丘吉尔毫不顾忌这两个问题。一位坚定的财政大臣在一切涉及预算的问题上都拥有很大的权力。

第三场争端发生在丘吉尔与张伯伦家族的另一位成员（奥斯汀）之间。相比内维尔，奥斯汀与丘吉尔的交往时间长久得多，他悲哀地抗议说，在1925年3月初的两场不尽如人意的内阁会议上丘吉尔没有对他表示支持。奥斯汀提议英国、法国、德国、意大利和比利时结成互不侵犯的安全体，日后签订的《洛迦诺公约》就纳入了这项提议。当时奥斯汀正在形成这个想法，鲍德温摆出一副置身事外的样子，奥斯汀认为，财政大臣的行为是在为另一个高级部门里的同僚制造麻烦而不是提供帮助。在这个阶段，丘吉尔反对英国对法国做出任何承诺，因为法国"可以在不对任何人或者任何事情产生负面影响的情况下作茧自缚。我们需要做的只是走我们自己的路，在几年的时间里，我们将会看到法国跪在地上乞求我们的帮助"。[dxliii]如果换成是魏玛共和国（1918至1933年间采用共和宪政政体的德国），丘吉尔的这种观点还算合理，但是无论如何，这绝对不是打算争取奥斯汀·张伯伦在内阁中与他结盟的态度。不过，张伯伦没有记恨丘吉尔，还在财政预算问题上对他鼎力相助。

第四场争端可以说是最有趣的一场争端，尽管这场争端没有从财政部和苏格兰银行扩散至内阁。几乎所有具有正统思想的顾问都认为回归金本位制（英国主导的汇率制度，在第一次世界大战的压力下崩溃了），并且在战前货币平价的原则上实行这一货币制度符合英国的利益需要，同时也是英国的职责所在。丘吉尔针对这个问题撰写的备忘录都是进行尖锐质疑的杰作，对方也通过一种更智慧的含蓄方式对他的质疑做出了回答。1925 年 1 月 29 日，丘吉尔写了一份备忘录，并将其交给蒙塔古·诺曼（1920 至 1944 年担任苏格兰银行行长）、奥托·尼梅尔、拉尔夫·乔治·霍特里（在财政部任职 41 年，这令他成为甚至比尼梅尔更传奇的国际金融专家）和约翰·斯旺威克·布拉德伯里传阅。布拉德伯里在一战期间一直担任财政部常务次官，之后便退休并被授予爵位，当时，他刚刚出任上下两院针对货币和银行业组建的联合特别委员会主席，这个委员会专门负责对回归金本位制是否属于明智之举问题进行表态。丘吉尔的这份备忘录后来在财政部里以"丘吉尔先生的习作"的标题而知名，这充分说明了同僚们对这份备忘录的态度。大家对丘吉尔撰写备忘录所花费的心血有些钦佩，但是更显而易见的是，众人对备忘录中流露出的幼稚感到恼火，用布拉德伯里的话来说，"作者……显得好像将凯恩斯和麦肯纳［剑桥的经济学家和前财政大臣，是最著名的反金本位制怀疑论者，后者当时出任米德兰银行主席］的庇护所当作了自己的精神家园，然而他的斗篷上的配件都是《每日快报》［即，比弗布鲁克］提供的"。[dxliv]

丘吉尔这份备忘录得到的正面回答不同于布拉德伯里那种拐弯抹角的评论，这些回答都是用高明的见解偷换合理论证的绝佳范例。尼梅尔说现在回避问题就等于告诉大家英国从未对金本位制"动真格"，就显得像是"台子已经搭起来了，可是我们却没有了登台的勇气"。[dxlv]伟大的银行行长诺曼甚至说得更直白。他在文章中写道，在"受过教育和明白事理的人"看来，除了回归金本位制，英国别无选择。财政大臣无论怎么做，无疑都会受到攻击，但是，"选择了前者（金本位制），他受到的谩骂将来自无知者、赌徒和过时的实业家；选择了后者（不回归金本位制），他将遭到受过教育的人士和后世子孙的抨击"。[dxlvi]

丘吉尔难以打消对金本位制的疑虑，充沛的精力和自信让他成为一位能够坚持到底、令人敬畏的斗士。尼梅尔在一个星期六（2 月 21 日）针对丘吉尔的第一份备忘录中做出了回复，丘吉尔用经济扩张学说的精华理论对尼梅尔做出了回答：

在我看来，财政部似乎从未正视过凯恩斯先生所说的"劳动力匮乏时期的失业悖论"所具有的深远意义。英国拥有全世界最好的信誉，同时还拥有125万失业人口，面对这样的景象，行长表示自己非常开心。显然，如果这125万人有效而经济地受到雇佣，那么他们每个人每一年至少能创造出100英镑，而不是消耗掉至少50英镑的救济金。

这份答复很长，丘吉尔写得也很快，他还在文末写了一句："请原谅我拿这些在周日清晨所做的反思烦劳您。"[dxlvii] 无论如何，丘吉尔绝对不是一个怠惰的大臣。在几乎与他同时代的财政大臣中，斯诺登会毫不反对地接受建议；鲍德温会在周日早上与内阁副秘书汤姆·琼斯博士一起静悄悄地散步时对建议思考一会儿，就像鲍德温曾经是劳合·乔治的心腹一样，略有一些影响力的琼斯就是鲍德温的心腹；正在打理自己那座假山园林（坐落在不幸被命名为"叽喳溪谷"的地方）的奥斯汀·张伯伦或许会在信中向自己的姐姐或者妹妹抱怨说，别人在给他施加压力，不过他绝对不会在没有正式草稿的情况下与对方辩驳一番。

丘吉尔则会通过面对面的方式，或者以书面形式刺激问题进一步升温。3月17日，他设宴"比武"。他一向喜欢在餐桌上与别人展开辩论。尽管有过轻骑兵中尉的经历，"食堂里莫谈公事"这项军队传统对他来说却十分陌生。他力求将自己在当前热衷的事情和常年的嗜好结合起来。论战需要香槟助兴，行动需要白兰地参与，只要他找得到香槟和白兰地。他邀请了对金本位制持怀疑态度的凯恩斯与麦肯纳参加这次宴会，有人认为他就栖居在他们的"庇护所"里。布拉德伯里与尼梅尔也受到了邀请。

宴会的第6位参加者是佩尔西·詹姆士·格里格，他担任过5位财政大臣的首席私人秘书，后来先后出任了陆军部的常务次官和陆军大臣。格里格记录下了这场碰头会持续到了午夜过后（有些预示出丘吉尔日后的习惯），到了最后"支持方（支持金本位制的一方）占了上风"。[dxlviii] 凯恩斯提出了一个非常深奥的观点，美国和英国的货币价格以及两国的经济发展阶段之间都存在巨大的差距，因此不适合采用开放的货币制度。麦肯纳表示"知识分子的背叛"不仅包括银行职员，而且包括他们的主席。在辩论过程中他一直支持凯恩斯，但是到了最后他还是放弃了自己的立场。他说出于政治上务实的考虑，丘吉尔别无选择，只能回归金本位制。散席时，丘吉尔最后的抵抗希望也被打破了。

这场宴会将两个月的论战推向了高潮。随着金本位制之战的发展，外界感觉到，就连丘吉尔这样一贯强势的大臣也被一股不可抗拒的水流裹挟着顺流而下了，他还在继续申辩，但是基本上已经无力回天了。财政部在与他作对，苏格兰银行在与他作对，先后由奥斯汀·张伯伦和布拉德伯里领导的特别委员会也在与他作对，他在工党中的"影子"斯诺登也在与他作对。对蒙塔古·诺曼满怀敬意的鲍德温在针对这个问题的决策过程中实际上没有起到任何作用，但是如果丘吉尔决定否决金本位制的话，他应该会很不满意。出于各种原因，丘吉尔试图依靠的两个立足点（凯恩斯与麦肯纳）最终也让他失望了，势头强劲的传统观点彻底否定了他们。在3月17日的宴会过后，关于金本位制的决定并没有像这个小圈子普遍认为的那样得到全面的正式接纳，不过直到4月28日发表预算报告的时候，丘吉尔才公布了这个决定。

这件事情充分显示了一位强悍（而非软弱）的大臣如何勉强屈服于人、接受几乎得到全体通过的势不可挡的当权派观点。另外，还有两点也值得一提。第一，这场争执一直在秘密状态下进行着。在两个月里，双方一直保持着激战的状态，你来我往地交换着意见相左的备忘录，但是在这段时间里，这场争端仅限于财政部范围，几乎丝毫没有走漏风声，更不用说政府之外的地方。这样的保密程度在当今社会是无法想象的。第二，政府竟然能够提出这种几乎不存在任何异议的高度集中的建议，或者说是非常短视的建议，以至于在广泛的领域产生了极其有害的结果。丘吉尔模糊地意识到了这一点，他就连眼角的视野都比诺曼、尼梅尔、布拉德伯里的视野更开阔，也超过了奥斯汀·张伯伦和菲利普·斯诺登的眼界。在这个阶段，他在处理经济工作的时候还不够自信，无法坚持不懈地对一切权威和专家进行驳斥，不过他的自信足以支撑他写下一大批有悖于传统观念的书信和备忘录。

结果，鲍德温政府的重要部门犯下了最严重的错误，责任完全落在了丘吉尔的头上。例如，凯恩斯效仿自己写于1919年的大获成功、反响热烈的《和约的经济后果》一书，重新写了一本小册子，他将这部新作品命名为"丘吉尔先生的经济后果"。从某种意义上而言，这样归咎错误有失公允，但是也只能从某种意义上这么说。丘吉尔有意成为备受关注的财政大臣，他希望自己的第一份预算报告能够溅起很大的水花，事实的确如此，而很大一部分水花正是由于宣布回归金本位制而溅起来的。尽管很勉强，但是最终他还是回到了老路上，因此他应当承担这份责任，准确地说，至少应当承担很大一部分责任。令人感到讽刺的是，丘吉尔让英镑升值，从而对鲍德温在产业政策方面的成果造成了极大的破坏。即使丘吉尔不这么做，鲍德温极有可能也会插手此事，迫使丘吉尔接受蒙塔古·诺曼的建议，这将是他在这届政府中的唯一一次制定经济政策。

3月6日（1925年），也就是财政部内部争执达到白热化的时候，首相在一场极其成功的讲话中宣布，实行对工会具有安抚作用的政策，诺曼的建议带来的结果与这套政策完全背道而驰。鲍德温在执政期间一直不善言辞，不过他还是发表过两次非常精彩的讲话，这次讲话就是其中的一次。* 由于这场名为"上帝啊，请赐予我们这个时代以和平"的讲话，反对工会的保守党下议院议员的一项提案被撤销了，鲍德温的领导才能的口碑也因此达到了顶点。在给克莱门汀的信中，丘吉尔就提到了这场讲话："我不知道他还能展现出这样的魄力。"dxlix 但是，这场讲话对和平时期的工业领域造成了几乎可以说是最严重的损害，由于回归金本位制已经遭到重创的传统行业——出口贸易、棉纺业、造船业、钢铁工业，尤其重要的是煤炭业——更加步履艰难。鲍德温的讲话令丘吉尔十分钦佩，就在这场讲话的几个星期后，丘吉尔终于勉强做出了决定。他的决定意味着"我们这个时代的和平"将变成为期14个月的大罢工，这完全符合鲍德温自相矛盾的愿望。

相比以往，在丘吉尔担任财政大臣期间，预算日被赋予了一种大事件的色彩，他在做预算报告时表现出的热情与具有仪式感的环境十分相称。在这种一年一度的"盛会"上，丘吉尔不仅会按照惯例在唐宁街11号的门口展示一番"格莱斯顿公文箱"（装有尚处在保密状态的预算方案），而且还会在他的议会私人秘书罗伯特·布思比的陪同下沿着白厅大街走向下议院（布思比从1926年的预算报告日起开始担任丘吉尔的私人秘书，因为直到1925年的年底后者才得到任命，自此以后，他就与丘吉尔本人一样盛装出现在这样的场合里），家人依次跟在他们的身后，队伍中还有一队警察，队伍的最后是一批对丘吉尔满怀敬意的群众。丘吉尔的所有预算报告日都被安排在4月份，但是每一次他都身着各式各样的大衣。他似乎在春分过后就把那件带有阿斯特拉罕羔羊皮领子的豪华大衣束之高阁了（在初秋时节这件大衣又会早早出现在众人面前），不过他至少还有两件大衣，不穿着其中的一件就出门的情况很罕见。丘吉尔一直笃定地认为人就应当盛装出行，有时候他的着装打扮比合影照片中的任何人都更隆重，不过总体上20世纪20年代和20世纪30年代的其他政客还是与他相称的。像肯尼迪总统那样无论是身体上还是脑袋上都没有太多累赘的着装风格，对丘吉尔和他那个时代的其他人来说都很陌生。

当队伍安全抵达下议院后，丘吉尔受到了热烈的欢迎，然后便走进了一间等待

---

* 另一场讲话是他在将近12年后发表的国王退位讲话，通过这场讲话他文雅地结束了爱德华八世的国王生涯。

他的会议室。这时候，他的大衣不见了，布思比和格莱斯顿的公文箱还在，还有他的演讲稿。接下来他便开始了两个小时左右的讲话。至少就形式方面而言，丘吉尔的预算报告都获得了成功。讲话风格多样化，特点鲜明，那样的语言几乎不可能从其他人的嘴里说出，但是他自己和其他人充满火药味的刻薄发言削弱了报告的精彩程度。

1925 年的预算方案为了"民生"问题极大地降低了高收入人群的税率（对大业主的税额也有一定的降低），但是丘吉尔仍然决意采用 1914 年之前与劳合·乔治合作时的方式发表这场预算报告。实际上，部门之间对他越界宣布的一些内容颇有微词，这些内容更适合从卫生大臣嘴里说出来。在提到"小人物们"面临的风险和遭受的苦难时，尽管他真心实意地怜悯着他们，但是他的措辞带着一副居高临下的贵族腔调。20 世纪 20 年代与二战后的世界截然不同，在那个年代存在着很多被视为理所当然的社会现象。即使将这一点考虑在内，1925 年的预算方案中也还是存在着一些过时的思想，正是这些思想导致了丘吉尔在 1945 年的失败。

> 身体健康、有全职工作、拿得到标准工资的英国普通工人不认为自己和自己的家人需要受到怜悯。然而，当极大的不幸降临在靠着微薄的盈余勉强度日的普通人家时，或者这个家庭一整年都处在不幸中，例如财产被扣押或者失业，最可怕的是失去了养家糊口的人，这个曾经幸福的家庭就将完全陷入悲惨至极的不幸中。如果用军队来打比喻的话就可以这么说，需要额外奖励和包容的并不是健健康康还在继续行进的部队，而是那些掉队的战士，那些筋疲力尽的、虚弱的、负了伤的军人，还有已经退伍的军人，以及军人的遗孀和尚在襁褓中的孩子，国家援助的"救护车"必须针对这部分人。[d]

按照规定，年满 65 岁的人就可以领取 1 周 10 先令的养老金（阿斯奎斯在 1908 年采用的养老金制度规定，年满 70 岁的人可以领取 1 周 7 先令的养老金）。"国家援助的救护车"意味着取消对这部分人的收入限制，并且增加以下内容：寡妇终身领取 1 周 10 先令的救济金，寡妇的长子和其他孩子分别领取 5 先令和 3 先令救济金，无父无母的孤儿领取 1 周 7 先令 6 便士的救济金，所有孩子在年满 14 岁半时便不再领取救济金。国家援助方面的开支比较复杂，而丘吉尔又增加了一项内容，这就进一步增加了这笔开支的复杂程度。他充满信心地宣布，为了减轻之前提到的各项救济金给国家带来的负担，战争抚恤金将从目前的 6700 万英镑被削减到 1945 年的 500 万英镑（对于一位二战中的伟大战士而言，这项规定不啻极大的讽刺）。

不过，养老金、寡妇救济金和儿童救济金暂时还不是一笔太大的开支，在这届议会剩余的时间里，这笔费用只是每年500万英镑而已，国库3700万英镑的盈余完全能够保证这笔开销。国库盈余中有很大一部分都是斯诺登通过谨慎行事的做派给丘吉尔留下的。

丘吉尔正需要这笔资金以补偿他对直接税①的大幅度削减。他提议将超级税（又被称为"附加税"）减少1000万英镑，对于总计6000万英镑的税收收入来说，这样的削减力度非常大。为了平衡这项对富人有利的让步政策，他通过提高遗产税又拿到了几乎等量的税收，税额增加的遗产范围上限是1250万英镑（约合今天的3.4亿英镑），对下限的规定变得更加严格了，为价值100万英镑的遗产（约合今天的2700多万英镑）。因此，丘吉尔有资格宣称自己将富人的负担从收入转嫁到了资本上，从活人转嫁到了死人身上，从而鼓励了企业发展，代价就是已经受到广泛接受的财产权失效了。

由于出台了这样的平衡措施，丘吉尔将收入税的标准税率从每英镑4先令6便士减少到4先令的重大让步，看上去就没有那么不可接受了。这项减税措施对富人极其有利，因为在那个年代，收入税构成了公司税的首要成分，这些富人不仅自己需要纳税，而且其中很多人还持有各种公司的股票。只要涉及个人所得税问题，丘吉尔就会利用津贴手段，按照纳税额这笔津贴最高可达每年500英镑，对于当时的中产阶级、下层人民来说这是一笔相当丰厚的收入，但是根本无法企及富人们能拿到的绝对津贴（没有条件限制），尤其是超级税的津贴也有所提高后。斯诺登用有些中规中矩的措辞对这些措施产生的效果做过公开批评，工党的亚瑟·庞森比（他的父亲长期担任维多利亚女王的私人秘书）的评价更为准确，他在文章中写道，尽管丘吉尔"对穷人的同情非常有说服力，但是他对富人的同情才更实际"。[dii]

尽管如此，丘吉尔的这份预算方案在总体上还是得到了充分的认可，丘吉尔在政府里的声望也因此有所提高。早在这份预算方案被发布之前，印度事务部大臣伯肯黑德就致信印度总督雷丁侯爵，称"温斯顿在政府和内阁里的地位非常稳固。他在首相的身上花了大量的精力，后者喜欢他，他对后者也充满了真挚的感激之情"。[diii] 这样的口碑促使丘吉尔非常关心煤矿危机，1925年夏天开始的这场危机全方位地占领了他在政府里的活动。正如我们已经看到的那样，在一定程度上这场危

---

① 直接税是指直接向个人或企业开征的税，包括对所得、劳动报酬和利润的征税。直接税与间接税相对应，后者指对商品和服务征收的税种。

机是他一手造成的，因为英国在 1914 年的货币等价原则的基础上回归金本位制对煤矿业造成了毁灭性的打击（英镑升值进一步损害了煤矿业之前已经开始下降的出口贸易），当时煤矿业有 100 万劳动大军。不过，煤矿业也指望丘吉尔能够为他们找到一套可行的解决方案。7 月（1925），丘吉尔出任了一个内阁特别委员会的主席，该委员会将考虑对矿区使用费实现国有化问题。但是这并不能解决迫在眉睫的问题，雇主们——或者是更适当的集合称呼"业主"，按照伯肯黑德在一年后做出的判断，这些人是他遇到过的最愚蠢的一群人*——对新采用的货币等价原则做出了反应，他们宣布从 7 月 31 日起在全国范围内停工，除非矿工同意大幅度减少工资。矿工们基本上都住在对内团结、对外孤立的社区中，他们是组织化劳动力中最富有经验的战斗队伍。也许他们缺乏高明的战术领导，但是他们自身很团结，充满感情地指挥着整个工人运动，因此对政府来说他们是一群危险的敌人。鲍德温比矿业业主更具有远见和社会良知，他不希望出现冲突。丘吉尔也不希望。他向鲍德温提议组建一个皇家委员会，该委员会将（在赫伯特·塞缪尔的领导下）在接下来 7 个月的时间里反复权衡煤矿业的未来，他欣然同意在这段时间里给煤矿业划拨一笔约为 1000 万英镑的补助金，后来这笔补助金实际高达 1900 万英镑。这些措施将矿业业主的停工和工人的大罢工从 1925 年 7 月延后到了 1926 年 5 月。事后，鲍德温告诉他选定的传记作家乔治·马尔科姆·扬："当时我们尚未做好准备（1925）。"

1926 年 4 月 26 日，丘吉尔在议会发布了他的第二份预算方案，因此这次的报告刚好夹在两件大事之间：他于 3 月 11 日公布了《煤矿委员会报告》；5 月 4 日全国爆发了大罢工。预算报告提议将矿区使用费收归国有，将一部分煤矿企业合并，将更多的企业关停，政府协助进行研究和销售，提供强大的福利保障，坚决拒绝煤矿企业业主有关延长工作时间、降低工资这种自取灭亡式的提议。但是，委员会认为如果保留每天 7 小时工作制，再加上物价指数有所下降，那么降低一定的工资标准也是合理的。

第一份预算方案大获成功，然而，丘吉尔却给第二份预算方案制造了重重困难。不仅如此，"丘吉尔先生的经济后果"也开始折磨他了。在大罢工和 6 个月矿业罢工尚未对国家收入造成严重破坏的时候，这份预算方案就已经面临着国库吃紧的状况了。在煤矿工人放弃了核心主张后，矿业罢工还在继续。1900 万英镑的煤矿津贴让原本略有盈余的国库出现了难以弥补的赤字。在 1925 年的讲话中，丘吉尔

---

* 公平地说，在这次交手之前伯肯黑德对矿工联合会的领导人一直比较尊敬。

已经预见到会出现这样的紧张局面，但是在两次预算报告之间的这一年标志着除了煤矿津贴问题，丘吉尔不再考虑其他公共财政问题了。截至此时，外界一致认为 8 亿英镑的预算方案是战后出现的异常现象，态度坚定的财政大臣能够让预算方案回到正轨上，即使无法回到 1913 至 1914 年度的 1.97 亿英镑的水平，至少也能接近两个数字的中间值。

这种想法只是一场黄粱美梦。除了其他因素，仅战后 3 亿多英镑的债务（在 1913 至 1914 年的债务为 2400 万英镑）就让这种想法完全没有条件实现。但是，不切实际的想法并非总是会冲淡一个人的抱负，丘吉尔突然产生这样的错觉或许只是疏忽之下在工作中出现的一次失误而已。即使忽略不计煤矿津贴，只要掀开复杂混乱的面纱，我们就能看到丘吉尔在经济领域的一番艰苦努力所产生的结果就是，实际财政支出从 1924 至 1925 年度的 7.95 亿英镑增长到了 1925 至 1926 年度的 8.05 亿英镑。丘吉尔的前任罗伯特·霍恩在预算辩论中就曾毫不留情地指出过这一点。自此以后，8 亿英镑的预算就成了不可更改的事实，直到 1939 年的第二份预算方案才以 20 亿英镑超过了这个数字。此后，1981 至 1982 年度的预算增加到了 1000 亿英镑，即使经过多年的"节俭"，2000 至 2001 年度的预算还是达到了 3750 亿英镑。

在发布第二份预算方案之前，丘吉尔已经没有多少回旋余地了。他一如既往地在这份报告上花费了很大的心血，不过他并没有将全部精力都集中在财政部的工作上。从 1925 年 11 月起，他打了一场持久战，为部门同僚撰写工作评估，但是他的努力没有取得太大的成效。这项工作没有妨碍他向内阁在 11 月里组建的一个特别委员会强烈建议对上议院进行一场大力度的改革（但是对世袭贵族的权利没有给予过多考虑），他最终形成的方案接受了全民公决。丘吉尔与自己最喜爱的一些朋友在查特维尔度过了一个漫长的圣诞节假期，其中包括爱德华·马什和丘吉尔的新导师林德曼教授，截至此时，马什当丘吉尔的私人秘书已经有 20 多个年头了。与财政部往来的备忘录会不时打断丘吉尔的娱乐活动。1926 年 1 月 20 日，丘吉尔前往利兹，在一年一度的商会宴会上发表了讲话。就在之前的一周里，他刚刚与意大利商定了一份意大利战争债务解决方案。由于某种原因，在利兹举行的这种宴会是最受财政大臣们喜爱的一件事情，他们会利用这个场合发表预算方案公开亮相之前的最后一次重要讲话。在 1970 年，国际收支平衡状况有所好转，当时恰好又进入了新一届选举的准备期，人们便产生各种各样的期望，我利用利兹年度宴会的机会给满怀期待的宾客们泼了一盆凉水。在 1926 年的宴会上，丘吉尔对未来做了一番野心勃勃的畅想。

繁荣，家里那个离经叛道的女儿，在大战期间误入歧途，此刻她就站在我们的大门口。她朝大门上的门环举起了手。我们该怎么办？放她进来，还是将她赶走？我们应该再一次欢迎她坐到火炉边，与她达成和解，还是又一次将她撵走，让她去世界各国流浪去？英国人民在接下来令人焦虑的不多的几个月里，就将面对这样的选择。^{dliii}

这番话给头脑平庸、总是反对丘吉尔的乔治五世国王留下了很深的印象，他甚至征求丘吉尔的同意，在自己的一次讲话中借用了这几句话。

1月31日，克莱门汀前往法国南部度过一个漫长的寒假（当时她保持着这个习惯），但是她的举动没有削弱丈夫对政界同仁热情好客的程度。在2月6日至7日的那个周末，丘吉尔还得等着两位同僚（两个人都有复姓，沃辛顿－埃文斯与坎利夫－李斯特）和他在财政部的财政秘书（坚定的统一党人罗纳德·麦克尼尔，在1912年阿尔斯特的紧张局势达到最高峰的时候他曾在下议院朝丘吉尔砸过去一本书）的到来。在接下来的一个周末，他又邀请了至少6位重量级的人物，其中包括当时的空军大臣塞缪尔·霍尔。霍尔对这次造访做过一番令人难忘的记述："我以前还从未见过作为地产所有人的丘吉尔。礼拜日上午的大部分时间里我们都在查看土地，以及他正在忙活的土木工程。这些工程包括在山谷里挖掘一连串池塘，温斯顿显得对这些池塘的兴趣远远超过了对世上其他一切事情的兴趣。"霍尔还补充道，丘吉尔深信"他就是引领我们去往应许之地^①的先知，那里没有个人所得税，所有的人从此以后都过着幸福的生活。问题是，他的脑袋里有很多套方案，这些方案互相拆台，我不禁开始怀疑，他究竟能否将其中的某一套方案从一堆乱麻中理出来"。^{dliv}

在10周后公布的第二份预算方案没有给丘吉尔留下多少机会，让他从一堆乱麻中整理出任何一套方案。这份预算方案只是处理了一些小额项目，并对偿债基金做了一定的调整，这样做只是为了保持一种比较有远见的姿态，同时无须背弃自己在前一年做出的重大让步。丘吉尔也没有机会再发表一场雄辩的演说，尽管他已经对可怜的材料做了最充分的利用。在对回归金本位制后汇率的表现和新的丝绸税的效果回顾一番之后，应该没有人能够再继续说下去了，然而丘吉尔却说道："咱们在丝绸和黄金的地盘上已经逗留了一会儿，现在可以前往更艰险的路段了。"^{dlv}

最主要的"艰险路段"就是收取5%的博彩税以及"洗劫"道路基金，当时后

---

① "应许之地"这种说法出自圣经，指上帝答应赐给亚伯拉罕子孙的迦南乐土。

一笔收入已经增长到了 2150 万英镑之巨。机动车驾驶游说团已经成功地在议员中培养起一种观念，即这笔税收应当被全部留给道路建设。这种看法与反对抵押税收的原则相抵触，丘吉尔对这种观念嗤之以鼻，他的看法没有错。在一份财政部的备忘录中，他写道："这种观点太荒谬了，无论是对议会的主权还是一般常识而言，这种观点都是一种暴行。" dlvi 当时担任汽车协会主席的内政大臣乔因森－希克斯德针对道路基金问题特意向丘吉尔做了一番辩解，但是丘吉尔无视对方的解释，在那一年拿走了 700 万英镑，将这笔钱留作日后在财政部和道路基金之间分配的一笔专款。一个星期后，大罢工爆发了，这时这笔钱就变得无关紧要了。如我们在前文中所见，丘吉尔在 1925 年的夏天里表现得比较温和，当时他所面对的问题是，通过指派塞缪尔委员会并且支付一笔临时性的津贴来遏制寸步不让的煤矿业业主。1926 年的夏天，鲍德温在大罢工的最初 8 天里做了一番精彩的表现，然后他便筋疲力尽地怠惰了下去，痛苦地退隐到了法国的艾克斯雷班，这时丘吉尔又将做出同样温和的表现。在逗留法国的 3 周半里，鲍德温让精力永远取之不尽的丘吉尔负责谈判、结束这场煤矿罢工。在这场煤矿罢工导致的大罢工结束后，煤矿罢工又持续了 6 个月的时间。在大罢工期间，丘吉尔表现出一副好斗的模样，他的一些同僚认为他还表现得极其不负责任。在给鲍德温的信中，戴维森写道："他还以为自己是拿破仑呢。" dlvii 或许这种表现在更大程度上是出于他又产生了当年那种亲临前线的渴望，在 1914 年，正是这种渴望促使他在安特卫普试图放弃海军部，以便能够亲自指挥海军师和驻守在那里的其他部队，尽管他从来没有接受过这方面的训练。不过，他在大罢工期间的表现同时也初次显露出了，在恐怖的 1940 年之夏能够令他发出震耳欲聋的反抗吼声的那种勇气。

1926 年，面对不那么凶残危险的敌人，丘吉尔的这股勇气在民众中间激起的更多的是恐惧，而不是钦佩。当第一支车队将食物从码头送往伦敦中区时，丘吉尔希望车队得到坦克的护卫，这些出于战略需要被安置在沿途的坦克都架设着机关枪。因此，当丘吉尔的精力由于他主动承担的一项工作受到限制时，他的同僚们都感到有些释然。这份工作就是主持《英国公报》的出版工作，这份报纸是官方出版物，稿件来自政府各个部门，设备是《晨报》的，不过当时《晨报》和其他报纸都在不同程度上处于罢工状态。在丘吉尔的领导下，到了最后一天，《英国公报》的发行量达到了 220 万份，这是一个令人瞠目的成绩。

为了这个成绩，丘吉尔几乎与主要报纸的所有人的关系都变得紧张了起来（《电讯报》的伯纳姆、《泰晤士报》的阿斯特、《星期日泰晤士报》的贝里、《每日新闻报》的卡德伯里），这些人都不希望看到自己囤积的新闻纸被征用。《晨报》编辑豪威尔·格温受到的折磨更为直接，他曾谴责丘吉尔控制了《晨报》办公室，令编辑们恼火的是，他"连逗号和句号都要改动一番"，令印刷工人们恼火的是，他还摆出一副自己比他们都更懂得如何操作印刷机的架势。在《英国公报》刊载内容的问题上，就连几乎可以说温和过头的工会联合会议总书记沃尔特·西特林（后来被封为温布利的西特林男爵）都曾被丘吉尔激怒过。在 10 或者 12 年后，西特林开心地与丘吉尔一起亮相于反绥靖政策的讲台上，但是在 1926 年的时候他却说过，《英国公报》就是"试图诱导公众产生偏见的一剂毒药"。[dlviii]

不过，在出现这些批评意见的同时，就需要有人填补一片危险的信息空白，除了丘吉尔大概也没有第二个人能够完成这种需要花费大量精力的工作了。两个月后，在下议院回顾罢工过程的辩论中，丘吉尔再一次做出了其他人都做不到的事情，发表了一番具有强大安抚作用的自嘲式的讲话。当时一名工党议员威胁称，要让工人力量和议会的合法性再比试一次，大约在辩论即将结束的最后一刻，丘吉尔装腔作势地答道："我无意做出能给下议院带来不安、制造不和的威胁……"所有人都等待着宙斯大发雷霆，"但是这句话我必须说。让你们的头脑保持绝对清醒吧，倘若你们再制造一场罢工的话，我们就要给你们——"说到这里他意味深长地停顿了片刻，"再办一份《英国公报》。"[dlix] 这番发言充满了戏剧效果。丘吉尔在一阵哄堂大笑中坐下了，下议院里执政党和反对党的笑声都一样强烈，原本应该是一场危险、激烈、相互指责的辩论突然变得充满了自信和自嘲精神。

煤矿谈判经过了 3 个阶段，最终罢工在 11 月 20 日结束了，在此期间双方都拒不接受和解，业主方一直寸步不让，矿工联合会比较动摇，罢工之所以能够结束总体上还是出于业主方的意愿。在谈判的第一个阶段，鲍德温还在英格兰，名义上主持着谈判工作，不过他在 7 月中旬发表的一番评论充分概括了他对这次谈判的态度，"别管这件事情了，咱们都累坏了"。[dlx] 而丘吉尔则一如既往地欣然填补身边的空白。按照医嘱，精神紧张、身体虚脱的鲍德温于 8 月 22 日离开了英国，在接下来的 24 天里一直待在艾克斯雷班。

这对于丘吉尔来说是一个天赐良机。他有两名助手，亚瑟·斯蒂尔 – 梅特兰与乔治·雷恩·福克斯，前者是没有太大作为的劳工部长，后者是约克郡的一位乡绅，同煤矿业业主们交往甚密，因此无法成为一名称职的矿业大臣。这两位助手都不太认同丘吉尔的做事方法，他们认为丘吉尔过于干涉政府的工作，对矿工过于偏袒，对业主过于凶恶。但是，凭着自己的个性魅力，丘吉尔基本上将他们拉到了自己的阵线上，最终他们都积极投入进了自己的工作中。

在 20 世纪 60 年代，哈罗德·威尔逊曾以"在唐宁街 10 号喝啤酒、吃三明治"的方式解决了劳资纠纷，实际上这种手段早在 40 年前就出现过更原始的版本，这就是在查特维尔庄园和萨沃伊烧烤餐厅享用香槟和牡蛎。矿工领袖亚瑟·詹姆士·库克与赫伯特·史密斯都是不苟言笑的人，很难被取悦，但是其他人全都在丘吉尔的带领下一股脑地沉浸在了充满活力的乐观情绪和宽容殷勤的款待中。勉强追随丘吉尔的内阁同僚、反对党领袖拉姆齐·麦克唐纳、从伦敦德里勋爵到戴维·卢埃林等煤矿业主、相关的官员，尤其是躲在幕后为丘吉尔出谋划策并且孜孜不倦地撰写日志的汤姆·琼斯无一不在此列。除了不好交际的那几位工会领导人，丘吉尔与参与纠纷的各方畅饮着香槟，与他们喝得越多，他就越发偏袒矿工、背离业主。

在谈判过程中各方观点相互抵触。业主们追求利润，丘吉尔崇尚国家权威。因此，丘吉尔希望举行一场三方会谈，政府作为平衡力量参加会议，但是这个提议遭到煤矿业主们的拒绝，在他看来业主方的表现简直大逆不道。围绕着一份全国——而非"地区"——协议的问题也发生过一场激烈的争执，"地区"和"全国"这些术语现如今已经不那么引人注目了，但在当时它们都能对人们的情感造成很大的冲击。业主方希望在利润比较低，也就是煤层开采难度比较大的地区不受限制地降低工人的工资标准。矿工联合会强烈坚持待遇平等原则，这既是因为他们认为，按照天赋公正的原则，在开采难度比较大的煤层工作得到的回报至少应该赶得上在难度比较小的煤层工作所得到的回报，同时也因为他们认为，这样的平等待遇是保证工人团结和力量强大的关键因素。

当时还存在一股更强烈的潜在情绪，这种情绪的产生是由于矿业业主和政府里的大多数人都认为，处在食不果腹边缘的矿工将会走向彻底的失败（事实证明这种想法是正确的），因此最好先不要谋求妥协方案，而是等上几个月，直到工人遭到惨败。丘吉尔的看法与此相反，他认为英国正在遭受一场导致经济十分虚弱的大出血，政府有责任尽早为经济止血。根据记录显示，就是在这个阶段，丘吉尔首次提出了"失败时，起身反抗；胜利时，宽宏大量"这句名言。此外，当时还存在着最后一股逆流。一些忠诚于鲍德温的人（约翰·戴维森，他当时跟自己的偶像一起待在艾克斯雷班；内阁秘书莫里斯·汉基；甚至汤姆·琼斯，他热爱鲍德温，同时又不太由衷地钦佩丘吉尔的才华以及他对左翼分子连带着对矿工事业都有些感情用事的投入）都担心丘吉尔可能会过早促成和解，这样首相在自己这位大获成功的副官面前就会相形见绌。他们计划说服鲍德温回国，分享任何有可能实现的光荣。对于丘吉尔在 9 月 27 日围绕煤矿问题进行的辩论中所做的总结发言，汤姆·琼斯做过一番评价，他的话透露出了同样的担心："在［丘吉尔的］精彩表演期间，首相将脸转向了官方旁听席，用一只手捂住了脸。他看上去可怜极了，很像当年劳合·乔治站起来发言时拉姆齐［麦克唐纳］的那副模样。"dlxi 在这场辩论中，鲍德温的开场发言相当平庸。

事实上，鲍德温的支持者们这种保护性的担忧用错了地方。9月初的形势令丘吉尔觉得非常有希望达成和解，但是他在9月末的这场讲话彻底粉碎了这个希望。在很有和解希望的时候，丘吉尔对煤矿业业主们施加了太大的压力。在9月6日下午至傍晚的会议上，他喋喋不休地对业主们进行着劝说，与他们争辩着，这场谈话留下了长达56页的官方文字整理稿。可是他没能打动他们。在结束假期回到议会后，丘吉尔的几位同僚（包括他的朋友伯肯黑德）都认为他在试图动用不正当的高压手段，他的行为致使煤矿及其他内阁特别委员会中形成了反对他的小集团。在鲍德温于9月15日从法国回来后，丘吉尔继续执掌着一部分权力，但是时间不长。到了当月的月底他就几乎不在驾驶座上了，只不过他还有能力充分利用在下议院的发言机会。第三个阶段经历了10月整整一个月以及11月的大部分时间，在这个阶段丘吉尔无法摆脱大部分同僚的观点（令人感到奇怪的是，只有拉明·沃辛顿－埃文斯这位幕后人物一直与丘吉尔站在一起），对于经过谈判达成的和解，这些同僚都非常倾向于煤矿业业主们获胜。

尽管如此，丘吉尔一直以实现和平为目标，这与他在大罢工期间表现出的好斗精神，以及自1911年托尼潘迪煤矿事件以来他在工党和工会中的名声都形成了鲜明的对比。一旦问题摆在面前，他就必须试着去解决问题，他做不到对问题不闻不问，这就是丘吉尔唯一的工作方式。他的方法可能很明智，也可能缺乏理智，但是无论如何，鲍德温在7月说过的那句没有引起多少注意的话都完全不在他的选择范围之内。在生命中的这个阶段，他无可救药地坚持着主动出击的原则。事实上，他在一生中一直如此，或许只有1951年之后的暮年时光除外。

矿工罢工刚一结束，丘吉尔就暂时放下了政府里的工作，通过一个半月紧张辛苦的写作，终于完成了《世界危机》的第三卷。这一卷的前言落款为"查特维尔庄园，1927年1月1日"。（连载于2月的《泰晤士报》，在3月出版成册。）当月，丘吉尔去地中海待了25天，度过了一个焦躁不安、四处走动的假期。在这个假期里，他在马耳他打了一生中最后一场马球，在那不勒斯目睹了维苏威火山的喷发，在雅典兴致勃勃地快速欣赏了一番帕特农神庙的冬日美景，与墨索里尼在罗马见了两次面并在会面之后发表了极其友好的声明。直到1月29日他才返回伦敦，然后便全心全意地着手准备第三份预算方案了。

这份预算方案支离破碎，但是在做预算报告的过程中，丘吉尔表现得比前两次更加充满活力。鲍德温在当天晚上给国王撰写报告时表现得很大度，他的描述也颇具洞察力："[满满当当的]会场足以说明承担了重头戏的丘吉尔先生有着下议院里无人能及的魅力……[财政大臣]笑容满面地走进下议院，显然从唐宁街出来的时候他就已经进入哈梅林魔笛手①的角色了……"^{dlxii} 丘吉尔的开场白产生了辛辣的冲击力，至少让满满一会场身份显赫的听众们没有很快就昏睡过去。他说："在这个下午，我们在去年那些灾难留下的阴影中共聚一堂。煤矿罢工耗去了纳税人的 3000 万英镑，但是现在不是悲叹过去的时候。现在是为过去还账的时候。追究责任的人不是我。我的任务是分摊负担。我不能说自己是一位不偏不倚的法官。我只是一名刽子手。"^{dlxiii}

但是，作为一名刽子手，丘吉尔基本上没有砍掉过几颗脑袋，至少没有砍掉过著名人物或者有能力引起大骚乱的死硬分子的项上人头。瓷器将贡献 20 万英镑，汽车轮胎 75 万，火柴 70 万，葡萄酒 125 万（主要通过调整分档线，强化酒，也就是加了烈酒的葡萄酒的下限从 27 度降低到了 25 度），烟草 350 万。道路基金再一次遭到洗劫，不过这次的洗劫手段十分复杂。此外，用丘吉尔在前一年说过的话来说，通过"明智审慎地收割果实"的方法还能得到各种意外之财。通过将纳税日期提前，这些手段能够为政府筹集到将近 2000 万英镑的巨额资金，但是这些手段不可能重复使用，因此只能被视为有些滥竽充数的财政来源。通过这些以及其他一些有些欺骗性的巧妙手段，丘吉尔设法让原本可能出现 2150 万英镑财政赤字的账簿有希望出现 1650 万英镑的盈余。他将这笔钱几乎全都投入了偿债基金，使其扩大到惊人的 6500 万英镑之巨，即使这样他还是能让国库小有盈余，即 150 万英镑。

在给国王的那封信中，鲍德温如同任何人一样对丘吉尔的成果做了一番恰当的概括："他的敌人会说这一年的预算方案纯属摆布和玩弄国家财政的恶作剧，但是他的朋友会说这是一个充满独创性的杰作。"^{dlxiv} 在丘吉尔的一些同僚看来，这份预算方案过于华而不实，这部分同僚或许依然对他在罢工期间大吵大闹的领导方式耿耿于怀。乔治·雷恩·福克斯在给住在约克郡的邻居、印度总督欧文的一封信中称，这份预算方案是"一支低劣的广告歌"。^{dlxv} 随后，忠实于自己对丘吉尔的一贯态度的里奥·艾默里给鲍德温发去了一封信，在信中罗列了对丘吉尔的各种不满，并且

---

① 此处指的是德国普鲁士哈梅林魔笛手靠笛子引走了带来鼠疫的老鼠，但是镇长等人没有给他酬劳，为了报复，他用笛声引走了镇子里的孩子们，从此便无影无踪。后来，"魔笛手"一词会让人联想到没有头脑的老鼠成群结队跟在魔笛手身后走向死亡的景象，因此这个词通常被用来指代那些善于开出空头支票的领导者，暗示着如果盲目地跟随这样的政治人物，就会和传说中的老鼠一样自寻死路。

要求免去丘吉尔在财政部的职务。dlxvi

丘吉尔很清楚这份预算方案没有多少实质性的内容，在"拨款议案"于 7 月底得到立法之前，他就已经开始将目光转向了 1928 年的预算方案，实际上还有 1929 年的预算方案。这两份预算方案应该都在这届议会的会期和丘吉尔的任期之内完成，不过这两份预算方案显然将会是这届议会会期内产生的最后两份预算方案，对于丘吉尔来说很有可能也是如此。丘吉尔急于制造出尽可能大的动静。在 1925 年他曾试图恢复常态，因此推迟了减轻直接税负担的时间，如果不是在 1914 年世界发生了很大的改变，直接税给民众造成负担的问题绝对不在政府的考虑范围之内。在 1926 至 1927 年里，他一直被工人斗争带来的威胁或者现实牢牢地捆住了手脚，到 1928 年，他终于有机会在一片开阔的地带像轻骑兵一样前行了（他总是喜欢用军事活动做比喻）。这一次，他想迈着优雅的步伐前进一大步。

在回归金本位制之后，再加上罢工造成的影响，英国经济变得毫无活力。丘吉尔希望给予经济活动一些激动人心、对很多方面都能产生冲击的刺激，他能想象到的最佳选择就是减轻本地利率造成的负担。所谓本地利率就是地方当局，即镇议会或郡议会对不动产征收的税种。农业领域将全面减轻这项负担，在此之前整个工业领域的负担已经减轻了 75%，无论是重工业还是轻工业，无论是蓬勃发展中的还是已经没落的，货运铁路、运河、码头和港口也是如此。这项政策需要动用中央政府的大笔资金，这笔资金的数额将近 3000 万英镑，对于那个年代的预算总额来说这个数目非常可观。丘吉尔提议通过强制政府各部门（尤其是海军部）节约开支来解决一部分资金，剩下的部分则通过针对汽油增加一项大额的税种来筹措。

丘吉尔认为，这套减免赋税的方案为进行一次地方政府重大改革打开了方便之门，这场改革肯定将是自 1886 年——甚至"有可能是自 1834 年"——以来最重要的一次改革。这种改革自然更属于内维尔·张伯伦的工作，而不是丘吉尔，但是丘吉尔向来不太尊重部门之间的界限，而且至少他还希望前者能够满怀热情地与他结盟，在某种程度上他的确做到了这一点。地方政府的重组将逐渐需要超过 3000 万英镑的资金，因此找到一个有发展潜力的税收来源非常重要。汽油税充分显示出了承担这项重任的希望。

这套减税方案显然有些大胆，同时也不乏新颖独到之处，在很大程度上可以说是充满想象力的丘吉尔一个人的思想成果。令当时的社会感到意外的是，最有资格宣称自己也参与构建了这套方案的人是哈罗德·麦克米伦，早在大约两年前，他就根据这条思路向丘吉尔提过一些影响深远的建议。丘吉尔接连发布了 3 份重要的备忘录，1 份提交给上级，1 份下达给部下，还有 1 份在平级同僚中传阅，通过这 3

份备忘录他阐明了方案中的国内因素。备忘录下达的对象是 A. W. 赫斯特，当时财政部里一位很有势力的官员，他在后来的政治生涯与他在这个阶段显示出的前景很不相称。丘吉尔要求赫斯特为他纲要式的备忘录补充上细节。2 天后，丘吉尔给首相递交了一份 11 页的备忘。这份备忘录的语言具有高超的政治策略。政府止步不前，威胁近在眼前，只要依靠他制订的伟大计划掌握主动，乌云就会被驱散开，风暴就会偃旗息鼓："在这些事情中我们得占据主导地位，以免我们被这些事情淹没。"在给首相递交了备忘录的次日，第 3 份备忘录被送交给了他在内阁中最重要的盟友——或者说是敌人——内维尔·张伯伦。按照构想，丘吉尔的方案将会催生出节俭负责的地方政府。第 3 份备忘录巧妙地将方向指向了如何帮助这样的地方政府增强实力的问题。

发射了这 3 枚炮弹之后，丘吉尔便在夏秋交接之际度过了一个漫长的假期，在时间上甚至超过了鲍德温 7 月在法国艾克斯雷班度过的假期。这段假期从 8 月的第一个星期一直持续到 10 月的第三个星期，其间大部分时间丘吉尔都待在查特维尔。他休假的方式和目的都同鲍德温的假期截然相反。鲍德温前往艾克斯雷班是为了跟同僚们彻底隔绝，好让自己完全抛开政治。在那里的时候他故意不看报纸。丘吉尔去查特维尔是为了加大在政治工作上的步幅，但是他不会大幅度削减工作量。他非但没有过起与世隔绝的生活，反而尽可能地说服了许多同僚和心腹朋友前去探望他，受到他永远那么慷慨的热情款待，听他发表见解，看着他忙于从画画到筑墙等五花八门的业余活动。

丘吉尔继续毫不动摇地敦促着减税方案的进展。这套方案基本上是他一个人的创造。除了赫斯特，财政部的官员们至少可以说反应冷淡。他们应该更希望丘吉尔能将他有能力筹措到的预算盈余拿出一部分来减轻债务。丘吉尔在内阁中有几位盟友，不过人数不多，首相总体上对他很友好，但是不会坚定地跟他保持统一战线。首相仍旧有些臣服于丘吉尔的人格魅力，而且他觉得财政大臣提出的这套冒险方案也许能给已经松懈的政府注入一股生命力。然而，丘吉尔对各位同僚的部门预算都进行了不加区别的大肆抨击，这种做法不太可能让他交到朋友。在 10 月 30 日（1927）的信中他告诉妻子："不再有更多的飞艇，骑兵剩下一半，巡洋舰剩 1/3。内维尔还要再花掉 250 万，'百无一用'勋爵佩尔西［尤斯塔斯·佩尔西是教育大臣］也要花掉同样的数额，这周我们要将他们痛打一场。这些民事部门就像一大群祸害庄稼的蝗虫一样不停地吃来吃去，那副样子简直令人忍无可忍……"dlxvii

对丘吉尔来说，内维尔·张伯伦差不多是最危险的对手，这是因为他对细节的追问极其固执，同时也很令人钦佩，这种习惯刚好与丘吉尔的大刀阔斧的做事风格

390

相反，此外也是因为他占据着一个至关重要的部门职位。在1928年8月12日写给远在印度的欧文的一封信中，张伯伦对自己和丘吉尔的这场斗争以及他对丘吉尔的看法做了一番敏锐地回顾：

> 在这些提议发到我这里后，我宣布赞成其中首要的一项，即减免工业领域的税率，但是考虑到地方政府这个因素，我强烈反对任何一种能够彻底切断工业及工业利益同地方政府一切联系的构想。在我看来，似乎最危险的情况是，一个社区中的大部分人都倾向于认为地方政府的无能、浪费和腐败不会对他们造成影响……

> 就这一点，我们发生了无数次争执。我指责温斯顿贸然鼓吹一套他都不明白会产生何种效果的方案；他指责我迂腐、对他心怀嫉妒。有时候我们的情绪变得非常激烈。不过，我比温斯顿多了一个优势——他离不开我。对于这一点他很清楚，也很痛苦。因此，最终只有我才能决定我们能发展到哪个程度，因为只要我毫不妥协，他就无能为力了。事实上，我只坚持过一次，他当时立即就做出了让步。不过，那一次我受尽了骚扰。爱德华，老实说，温斯顿这个人非常有趣，但他是一个令人感到不舒服的伙伴。让你片刻不宁，你永远都不知道什么时候他又要爆发了……在考虑问题的时候，他的决定绝对不会建立在确凿的信息之上，也不会经过对正反两方面意见的长时间的仔细斟酌。他本能地想要找到高明的点子，最好还是新颖的点子，例如用最粗的画笔画画一样。无论他的想法是否实际、有利还是有害，只要他能想见自己可以说服一名热情洋溢的听众，将自己想到的点子成功地推销给对方的话，那么这个点子就会得到他自己的认可。[dlxviii]

尽管这段话显然带有一定的偏见，但是其中不乏洞察力，表明内维尔对1927至1928年间的紧张气氛有着充分的认识，而且还揭示了在1939年的时候他一直很不愿意接纳丘吉尔进入自己的政府的原因，直到战争全面爆发后他才改变了对丘吉尔的态度。经过整整一个冬天，直到次年的初春（1928），他们两个人一直纷争不断，结果双方都没能得到满意的结果。在保持工业和地方政府之间的财政关系方面，张伯伦成功了；减免赋税的范围扩大到了铁路系统又令丘吉尔称心如意，不过几乎直到最后一刻他才取得了这样的胜利，张伯伦与其他一些人一直对这一点表示强烈反对。最终商定的方案保存了足够多丘吉尔自己的思想成果，让他能够在4月24日做了一场长达3个半小时的夸张的议会讲话。这第4份预算方案同样也产生了不错的反响，尽管它和之前的争执显然彻底耗尽了丘吉尔的精力。丘吉尔一直是一个精力十分充沛的人，偶尔才会突然被消耗殆尽。在做报告的过程中他一度暂停坐下了半个小时（这是自劳合·乔治在 1909 年做的那场马拉松式的预算报告以来所有预算报告中的第一次），并且 4 天后他就因为患上严重的流感卧床不起了，因此他没能参加预算辩论的答辩会，这些表现都说明他已经精疲力竭了。由于这场病，他不仅卧床一个多星期，而且花了将近一个月的时间才康复。不过，他还是参加了针对财政议案的辩论，这份议案过于复杂，辩论过程也很艰难，直到 8 月 3 日才通过了立法。

接下来还有 1929 年的预算方案，丘吉尔罕见地完成了第 5 份预算方案，之前只有 4 位财政大臣有过这样不懈的表现。丘吉尔打定主意，无论日后外界如何评价他，他都要充分利用财政大臣这一幕的最后一场戏。他没有太多内容需要宣布，经过 1928 年的重大变革之后这种情况并不令人感到意外。他废除了自己在 1926 年提出但是没有取得预期效果的博彩税；提出对农业全面减免赋税 6 个月（无疑，他期望能够鼓励心怀感激的农民争先恐后地赶去投票站）；并取消了茶叶税，进一步巩固了他作为"人民的朋友"的资格，不过这项税种只消失了几年而已。

这份预算方案改革力度不大，但是这并没有妨碍这一场预算报告成为几次预算报告中论辩色彩最强烈的一场。这场讲话持续了 3 个小时，其间不曾中断过。在这 3 个小时里，丘吉尔对自己从 1924 年以来的全部工作记录做了一番概述，他的概括带有倾向性，但是毫无遗漏。此外，他还将工党和自由党提交给下届议会的提案进行了抨击。这场报告完全是无米之炊，尽管如此它还是促使写作风格一贯平淡、有所节制的英国预算编年史专家伯纳德·马雷特与 C. 奥斯瓦尔德·乔治在预算记录中提到了这场报告"妙趣横生的语言"，《星期日泰晤士报》也称这是"英国当代演讲中最有趣的一场演说"。就这样，丘吉尔最终以一场高水准的预算报告落下了自己在财政部的帷幕。然而，他新加入的政党在选民心目中的地位以及他自己在政党中的地位都缺少牢固的根基。因此，他的第 5 场预算报告成了他在将近 10 年半的时间里最后一次以前座议员的身份在下议院发表的发言。这一次，他在野的时间远远超过了因为达达尼尔海峡计划或者邓迪选举所导致的在野时间。

第二十二章 孜孜不倦的作家

换作比鲍德温更有活力的首相的话，丘吉尔很有可能在 1929 年的大选之前就会在政府改组中被赶出财政部。他的老同学艾默里认为，他被内维尔·张伯伦取而代之"至少顶得上二三十个席位的效果"，[dlxix] 由于两个人之间的宿怨，再加上艾默里执着于说服鲍德温发表声明，宣布对各行业普遍坚持保护主义原则，在他看来，丘吉尔是实现这一点的一道重要障碍，因此上述那番评价可能并不足信。但是，有一种观点认为，财政部到了必须有所改变的时候了，这种观点远比艾默里的观点更普遍，包括张伯伦、鲍德温的密友戴维森与布里奇曼都持有这种观点，首相本人也多少有些认可这种观点。

外界并没有完全认同艾默里做的选举算术，但是普遍认为，丘吉尔在备忘录和演说中曾经充满智慧的语言光芒开始消退了，他在财政部的时间已经足够长了，倘若允许他继续留任，或许他会不得人心地宣称，自己继任鲍德温的职位是顺理成章的事情。不仅如此，丘吉尔以财政部为中心对所有人的预算方案都进行过抨击，无论是军方还是民事部门全都无一幸免，因此许多大臣都被激怒了。例如，在前一年的 7 月，他就在重申"十年原则"的事情上扮演了重要角色，按照这个原则，英国将以 10 年之内不存在发生大型战争威胁为前提制订防御计划。亚瑟·贝尔福这样可敬的人物持有相反的观点。此时的德国当然依然处在魏玛共和国时期，如果恪守时间的话，"十年"就意味着直到 1938 年 7 月这个原则才失效，也就是慕尼黑会议召开的两个月前。①

当时没有人明确提出丘吉尔应当退出政府。他是一个很善于自我吹嘘的人，也

---

① 在那场会议上，英国、法国、纳粹德国、意大利四国首脑签订了《慕尼黑协定》，英、法两国为了避免战争爆发而牺牲了捷克斯洛伐克的利益，将苏台德区割让给纳粹德国。对于在 20 世纪 30 年代拉响警报的丘吉尔来说，他在这个时期选择的立场颇有讽刺意味。

是一个十分危险的对手，因此没有人提出这种建议。政府考虑的是将他平级调职到其他部门，或者至少调职到级别差距不大的部门。呼声最高的意见是他应当出任印度事务部大臣，但是印度总督（欧文一直对鲍德温有着很大的影响力）对这个建议的反应不瘟不火，他之所以做出这样的反应，很有可能也是考虑到英国对印度实行的严重的愚民政策。在这届政府倒台后的 5 年里，丘吉尔将大部分时间都用在了印度事务上。（他反对甘地的抵抗运动和印度自治，在这个问题上英国政府最终的决定与他的观点相反）。外交部也是一个有可行性的选择。克莱门汀在一封非常精彩的信中跟丈夫提到，他需要取代奥斯汀·张伯伦，后者"只是一个用硬纸板做的能动弹的牵线木偶而已"（这句话有些恶毒，不过根据一些照片所显示的情况，这个形容比较准确）。她继续写道："你对美国的敌视是众所周知的事情，我担心这一点会给你造成妨碍。"[dlxx] 后来，当回首往事时，克莱门汀的这句话充满了讽刺意味。

结果，由于怠惰，鲍德温避免了所有令人尴尬的选择。在 1929 年的大选之前，他没有精力对政府进行大规模的重组，在大选之后他又丧失了权力。5 月 30 日，保守党人失去了 150 个席位，第一次在议会中人数少于工党。实际上保守党获得了 30 多万张选票，但是英国的选举制度乐于通过各种方式无视这种枯燥的逻辑问题，从而制造出了一个由 289 名工党党员、260 名保守党党员和 58 名自由党党员组成的议会。这一次形势远比 1923 年大选之后的议会明朗。工党没有占据大多数席位，但是显然拥有执政资格，鲍德温立即辞去了职务。拉姆齐·麦克唐纳二度出任首相。

根据丘吉尔以前在私下里所做的很多评价，这个结果不会令他感到震惊。埃平很安全，尽管他得到的票数比自由党候选人仅仅多出了 4000 张。在公布投票结果的当天晚上，他没有待在埃平，而是在唐宁街，同鲍德温一起为这届政府"守灵"（事实证明的确如此）。在这个夜晚，他表现出一贯好斗的党派性，对他的这种表现，汤姆·琼斯做过一段非常有名的描述：

> 温斯顿坐在一张桌子前……一边用红水笔列着单子，一边小口地抿着苏打威士忌，脸变得越来越红。他站起身，出去恶狠狠地瞪着机器［计票器］，就像即将向前冲去的公牛一样耸起双肩、勾着脑袋。随着一次又一次宣布工党得票的消息，温斯顿那张愤怒的脸越来越红，他离开座位，站到了走廊里的机器正前方，双肩耸起，怒气冲冲地瞪着机器显示的数字。他扯下计票纸，那副架势就像是，如果工党再得到一张选票的话，他就要把整台机器给砸烂了。他对周围的工作人员嚷嚷的那些话简直不堪入耳了。[dlxxi]

无论丘吉尔对那个不幸的"信使"——电传打字机的态度有多么凶狠，他都不像他的大多数同僚有着那么深层的理由为失去职位感到遗憾。对于这一点，比较低级的解释就是，对他而言，失去职位消除了降级的威胁；不太低级的解释是，当时他只有54岁，除了先后就职于其他6个部门这样独一无二的职业经历，他在政府的核心部门里至少已经成功地度过了4年半的时间，他完全有资格自认为是连接过去和未来的中枢，因此自己应该被置于高于英国所有政客的位置上。此外，这时他已经安然无恙地超过了父亲的寿命，这个事实打消了他认为自己会英年早逝的想法，因此他有理由认为在政治方面还有广阔的世界在前方等待着他。（如果在刚刚步入中年的时候离开财政部，可能会让这种想法受到蒙蔽。）

但是，最重要的原因还在于，他在政坛以外的财路和活动远远超过了格莱斯顿以来几乎所有的重要人物。就连他在任职财政大臣期间完成的业余工作都多得惊人。早在就职之前，记述1911至1914年的第一卷《世界危机》就已经出版了，以1915年为内容的第二卷也已经完成了，有关1916至1918年的第三卷也完成了大部分。最终第三卷被分为不太长的两卷，两卷都于1927年的年初问世了。他在任职期间完成了这两卷的最后润色和校对工作，在财政部和内阁所有工作的干扰下他又继续完成了厚达450页的第五卷《世界危机》，这一卷的标题为"后果"，内容涵盖了从停战日一直到1922年9月英国与土耳其发生的恰纳卡事件之间的那段历史。1929年3月，就在他的第5份预算报告出炉之前，第五卷也出版了。

仿佛这些成果对丘吉尔来说还不够多，刚一完成《后果》的初稿他便立即投入了一部比《世界危机》轻快很多也更具有讽刺色彩的作品，最终这部作品被定名为"我的早年生活"。很多人都认为这部自传是丘吉尔最杰出的一部作品，有些人甚至将其列入20世纪文学杰作的行列。相比丘吉尔一贯的写作风格，这部作品用笔非常简洁，覆盖了从职业生涯的开端直至他在1902至1903年间同保守党分道扬镳的这段经历。《世界危机》和《第二次世界大战》（问世于20年后）中都存在着不少装腔作势并且带有宣传倾向性的文件节选，尽管其中穿插着一页又一页充满闪光点的记述和论辩，这些内容还是对作品的品质造成了一定的损害。《我的早年生活》这部作品最杰出的地方就在于，作者的写作目的不是为了证明某种观点或者形成某种学说，而是为了取乐，因此书里没有节选的文件，这些内容被作者极其讨人喜欢的自嘲以及对他的接触对象的嘲讽取而代之了。

1927年，有11个星期的时间丘吉尔处在半休假状态中，在这段漫长的休息期里，他一直忙于完成《后果》一书，在1928年的夏末，他又在忙着完成《我的早年生活》。在这一年的9月2日，他写信告诉鲍德温："这个月我过得很开心，盖了一座小房子，口述了一本书——每天能垒 200 块砖，口述 2000 字。"[dlxxii] 任何人对这样的产出量都会感到满意，尤其是考虑到这些工作并不是丘吉尔唯一的"休闲"活动。此外，丘吉尔还将大量时间花在绘画上，而且在前一年里，他坚持了一贯的原则——始终寻求顶级专家的建议——将德国后印象派画家华特·席格（20 世纪最有影响力的画家之一）请到了查特维尔庄园，为他指点绘画技巧。

1930 年 10 月，《我的早年生活》由桑顿·巴特沃思出版了，在那个时期，丘吉尔在伦敦的出版工作往往都交由他负责。他们已经出版了《世界危机》的全部五卷，直到 1938 年他们还将继续出版 3 部丘吉尔的著作（不是丘吉尔为自己的祖先第一代马尔博罗公爵撰写的四卷本传记）。不幸的是，到了 1938 年他们两个人彻底结清了旧账。丘吉尔的合同条款规定严格并且对作者一方有利，但是没有证据表明这些条款严重影响了他和巴特沃思的交往，从而导致两个人分道扬镳。丘吉尔拿到的预付款不高不低（《世界危机》的每一卷为 2000—2500 英镑，约合今天的 6 万—7.5 万英镑），但是他的版税很高，作品的销量算不上畅销，但是很稳定。第一版《我的早年生活》在英国和美国最终售出了 1.12 万册和 6600 册。早在职业生涯在 20 世纪 40 年代达到巅峰之前，丘吉尔的文学作品就已经具有了很不错的后续价值。《我的早年生活》被翻译成了 13 种语言的版本，最后还卖出过一次电影改编权，不过这已经是 1960 年的事情了。

在纽约，查尔斯·斯克里布纳之子出版公司（简称为"斯克里布纳出版公司"）对桑顿·巴特沃思在伦敦的出版工作进行了补充。根据常见的美国出版习惯，他们更换了伦敦版的书名，"我的早年生活"变成了"巡回专员署"。丘吉尔出版于 1932 年的散文集从"思想与冒险"变成了"风暴之中"，或许可以说，对于这本书来说这两个标题都没有什么创造力。在这个阶段，斯克里布纳出版公司在出版丘吉尔的作品方面还没有太出色的表现。例如，《世界危机》中的一卷在美国仅售出了 1000 册。不过，除了在伦敦出版以外，丘吉尔的作品在美国几乎都没有遇到太大的出版困难，最终作品在美国的销量当然也为他赚得了可观的版税，他的出版社也因此获利丰厚，不过到了那时，出版商已经不是斯克里布纳出版公司了。

在 7 月初（1929）退出政府后，丘吉尔立即全身心扑在了为接下来一批作品商谈合同的事情上（《后果》和《我的早年生活》之后的作品），随后他便开始了写作。最重要的一部作品就是马尔博罗的传记，一开始他预计这部单卷本传记（至多两卷本）的篇幅将保持在 18 至 25 万字之间。他给自己当起了经纪人，尽管 A. P. 沃特文稿代理公司曾走进他的生活，但是遭到了他的断然拒绝，他说自己争取到的预付金远远超过了这家公司帮霍德和斯托顿出版社转交给他 6000 英镑。他指的是从乔·哈拉普父子出版公司那里拿到的 1 万英镑预付金,出版方用这笔钱买下了这部作品在英国及英联邦国家的出版版权。桑顿·巴特沃思与丘吉尔的合同延期一个月,以便观察一下乔·哈拉普父子出版公司是否有能力出版这部作品。结果,这家公司没能做成功,它和丘吉尔暂时以非常友好的方式分手了。丘吉尔除了从哈拉普公司得到的 1 万英镑预付金,还有从斯克里布纳出版公司为美国版权支付的 5000 英镑,此外通过连载版权他还得到了 5000 英镑。最后一笔收入是他与《每日电讯报》的所有人卡姆罗斯子爵威廉·尤尔特·贝里直接谈判的结果。在为《世界危机》支付了同等数目的连载版权费之后,《泰晤士报》拒绝再为丘吉尔的其他作品开出同样的条件,因此丘吉尔与贝里取得了联系。*

丘吉尔还聘请了年轻的牛津大学毕业生莫里斯·阿什利协助自己的工作,尤其是在撰写马尔博罗传记的时候。后来,阿什利本人成了很有分量的 17 世纪史专家及传记作家,令人难以理解的是他于 1939 年也出版了一部马尔博罗传。阿什利的工作只是一份零工,他以 300 英镑的年薪为丘吉尔一直工作到了 1933 年。7 月,丘吉尔让阿什利开工,与他一起整理了一份长长的书单,上面列出的都是他们需要的参考书籍。丘吉尔还带着阿什利去布伦海姆住了一个晚上,好让他熟悉那里的档案室。由于这些事情,再加上为了几个系列的文章所进行的大量谈判,丘吉尔在 1929 年议会会期结束之前的短短两个月里一直忙得不可开交。

克莱门汀不得不在 7 月 4 日接受了一次扁桃体手术,再加上搬出唐宁街 11 号之后他们在伦敦无处居住,因此丘吉尔更加无暇分身了。当然,他们还有查特维尔庄园,偶尔他们还会去菲利普·萨松的公园巷 25 号逗留一阵子。为了住得更稳定一些,在 11 月和 12 月他们还与维妮夏·蒙塔古商定租下了后者在南肯辛顿区昂斯洛花园的住所。丘吉尔还设法抽空处理了极少量的公务,这部分工作仅限于政治和议会范围,他同鲍德温保持了一段时间非常亲密的书信往来,甚至还在下议院做了一两次有些敷衍了事的讲话。这时丘吉尔仍旧是"影子内阁"成员,不过在那个年代,这个机构还不像在今天这样正式。

8 月 3 日,丘吉尔从南安普敦乘船前往北美洲,进行了一次为期 3 个月的重要访问。他的随行人员包括儿子伦道夫、弟弟杰克以及杰克的儿子约翰尼,约翰尼与

---

* 我认为有理由用 30 乘以这段时期他的书籍和文章相关的总销售额。最终,连载"马尔博罗"全部四卷的不是《每日电讯报》,而是当时已经低调地从《泰晤士报》中脱离出来的《星期日泰晤士报》,后者为卡姆罗斯所有,直到 1937 年这家报纸的所有权才转移到了卡姆罗斯的弟弟第一代凯姆斯利子爵戈默·贝里的手里。

伦道夫当时都在牛津大学读本科。克莱门汀也十分希望参加此次访问，但是手术后她的身体恢复得比较缓慢，无法出行。因此，这场漫长的旅行带来了一大批丘吉尔夫妇间的书信。

一路上，他们过着奢华的生活。乘坐着"澳洲女皇"号游轮他们前往加拿大的魁北克市，在船上的时候丘吉尔住在一个豪华的套房舱里，这样的居住条件又激励他写下了两篇重要的文章（一篇是对约翰·莫莱的描述，这篇文章最终被收录进了出版于 1937 年的《当代伟人》一书中，书里收集的文章均为 4000 至 5000 字的人物简传）。他还为《马尔博罗》的写作做了大量的前期阅读工作。总体上，在这次为期 6 天的航程中，丘吉尔心情愉快而平静，只是其间他接到了一条十分令人不安的消息，新任外交大臣亚瑟·亨德森将要免去乔治·劳埃德（第一代劳埃德男爵）英国驻埃及最高专员的职务，后者纯粹是"一个神气活现的殖民地总督"（重述了威廉·哈考特在 19 世纪 80 年代初期说过的一句妙语）。伦道夫·丘吉尔在 8 月 7 日写下的日记显示出，年仅 18 岁的他已经具有了一名优秀记者的素质，即使他不具备优秀政治家的素质："晚上有一场音乐会。很糟糕。爸爸不得不当了主持。做了一场很好的讲话。遇到了迷人的加拿大女孩。但愿明天能看到冰山……另外，晚餐时，爸爸致电公司数次，以便记录下埃及不日将出现的大麻烦。他似乎对此非常不安，不过 1865 年的白兰地又让他打起了精神。"[dlxxiii] 丘吉尔个人对劳埃德事件的判断是不正确的。毋庸置疑，一直以来劳埃德的做派都有着强烈的帝国主义色彩，其程度远远超出英国政府政策的接受范围，而亨德森表达的要求与奥斯汀·张伯伦没有什么不同，只不过他能够比自己的前任表现得更为果断。这件事标志着丘吉尔在大英帝国的政策上开始向极端保守主义倾斜了，并且在接下来的 4 年里，他花在政坛上的大量精力都是为了阻挠印度建立自治政府。后来，于 1935 年通过的《印度政府法案》中纳入了建立自治政府这一条。

丘吉尔依然忠实于自己原先的贸易自由主义信仰，他不愿意为了在关税方面赋予英联邦各自治领特惠权而改变这一信仰。前往加拿大的平静的航程多少有些被船上频频出现的"讨厌鬼"——他的老校友里奥·艾默里所破坏，后者热烈拥护帝国特惠制。8 月 4 日，他们共进了一次晚餐，席间爆发了一场激烈的争执，用艾默里的一面之词来说，这场争执"不过是[在]对 1903 年的那一套老调重弹罢了"。不过，艾默里至少在日记里对丘吉尔在这个阶段的思想状态做了一段有趣的描述：

　　他对此[贸易自由和贸易保护主义之争]非常友好，只是说倘若最终的结果能令我称心如意的话，他便退出政坛、专心赚钱。一直以来他想要得到什么，就能得到什么，除了最高的那个位置，而他觉得自己已经没有希望再得到那个位置了，反正政坛已经今不如昔。如今的水平没有那么高了，再也没有像格莱斯顿、索尔兹伯里、莫莱，甚至是哈考特和希克斯·比奇那样的伟人了。[dlxxiv]

在魁北克下船后，丘吉尔一行从容地在加拿大和美国巡游了一大圈，一路上的行宿条件都非常舒适。加拿大太平洋铁路公司全权负责他们在加拿大期间的行程，为他们畅游加拿大提供了一节客厅式专用车厢。这种待遇激起了一向喜欢奢华生活的丘吉尔不同寻常的热情。在 8 月 12 日的信中他告诉克莱门汀："这节车厢是一个非常好的居所。杰克和我都有大包间，包间里有着宽敞的双人床和单独的卫生间。伦道夫和约翰尼住的类似于普通卧铺包间。车厢尽头有一个带有观景室的上等客厅，还有一个带有厨房和工作人员住处的宽敞的餐厅，我将餐厅当作办公室，此刻我正在这里口述这封信。"[dlxxv]（工作人员中包括一名旅行期间的速记秘书，这也是铁路公司为丘吉尔提供的，这一点细节体现出铁路公司对他的个人需求和生活习惯有着细致入微的了解。）此外，一路上加拿大太平洋铁路公司还安排丘吉尔住进了一家屋顶覆盖有绿色植物的酒店。因此，刚一抵达东部的落基山脉地段，他就心满意足地在豪华的班夫温泉酒店里给妻子写了一封信，在信中就财务问题安慰了妻子一番："自离开魁北克至目前（2 个星期），我们没有掏过一分钱。"作为回报，丘吉尔必须为不同规模的听众做 11 场重要程度不一的讲话。

给克莱门汀的这封信（8 月 27 日）还透露出丘吉尔对加拿大的强烈热情，甚至证实了艾默里在日记中写下的对他的印象——他对政治的依恋受到很多条件的限制。

> 我在加拿大受到了很好的款待。这一辈子我还从未受到如同在这个幅员辽阔的国家受到的这种欢迎，这种欢迎充满了发自内心的热情和敬爱……亲爱的，这国家太令我着迷了。这里正经历着大发展。在很多方面都能获得财富。此时正是良机。我已经决定了，若是内·张［内维尔·张伯伦］之流成为保党［保守党］领袖，我便退出政坛，我要看看有生之年自己究竟能不能让你和咱们的几只小猫咪过得更惬意一点。现在只剩下一个目标仍旧令我牵挂，若是这个目标也被排除了，我便退出阴沉枯燥的政坛，去追寻新的牧场生活……但是，现在还不是做决定的时候。[dlxxvi]

这番告别英国政坛、在加拿大寻找新生活和财富的威胁言论究竟是否出自丘吉尔的真心很值得怀疑，不过同时面对着"内·张"执政的黯淡前景和路易斯湖一带闪耀的新鲜空气时，他必定产生过这样的念头。

在加拿大领土上逗留了 26 天之后，丘吉尔南下跨过了美国边境。他在加利福尼亚待了 20 天，当时在英国人的眼中这个州还不像如今这样显眼，人们只是通过电影才对它有所了解，全州人口刚过 400 万。在旧金山，丘吉尔展示了一场近乎奇迹的表演，通过电话同远在查特维尔的克莱门汀通了话；接着他又从旧金山到了洛杉矶，在这里停留了 5 天，参观了许多电影厂，为他日后同默片时代的喜剧大师查理·卓别林断断续续的交往奠定了基础；然后他在报业大亨威廉·兰道尔夫·赫斯特在圣西米恩举办的豪华山顶宴会上与赫斯特见了面，接着又在圣巴巴拉与美国前总统伍德罗·威尔逊的女婿小威廉·吉布斯·麦卡杜会面，后者曾出任过财政部长。

9 月 19 日，丘吉尔在圣巴巴拉给克莱门汀写了一封更详细的信，事实证明这封信通篇过于乐观，不过，其中一部分观点充分透露了他对自己和妻子的经济状况的态度以及他自己的工作日程。他要求克莱门汀为他们从蒙塔古夫人那里租下的房子多雇佣几名用人，接着他写道：

> 好啦，亲爱的，* 我得告诉你近来在财务方面我的运气好得不能再好了。在启程之前，哈里·麦高恩爵士［帝国化学工业公司董事长，一位十分可敬的商人］问我——非常诚挚地——如有机会，是否能在不征求我的意见的前提下为我购买一些股份……他操作的股票是我平日的 10 倍左右，正如我先前告诉你的那样，他为咱们的联名账户赚了 2000 英镑……在我的同意下，他又用这笔钱继续投资……然后出售，这样又赚到了 3000 英镑。就这样，我的账户在他手中已经有 5000 英镑了。关于这个巨大的美国市场他有很多消息来源。有可能还会出现其他收入。下述为我离职后获得的红利、收入和劳动所得：
>
> | | |
> |---|---:|
> | 《马尔博罗》销售额 2 万英镑时的预付金 | 6000 英镑 |
> | 启程之前对美国的投资红利 | 1300 英镑 |
> | 启程之后对美国的投资红利 | 900 英镑 |
> | 麦高恩赚得的红利 | 5000 英镑 |
> | 舍伍德公司的股价上涨：6 月 17—22 日 | 2000 英镑 |

---

* 这种爱称发自丘吉尔的真心，也被他用在其他文章中，这两点毋庸置疑，但是鉴于信中接下来的一段话旨在消除克莱门汀对他大手大脚消费习惯的疑虑，外人很难不对丘吉尔在段落一开始使用这个称呼感到大为吃惊。

《问答》杂志的稿费	225 英镑
犹太报纸一篇文章的稿费*	300 英镑
为"纳什"就罗斯伯里、莫莱及托洛茨基撰写的文章的稿费**	1350 英镑
10 月 30 日巴特沃思应预付的版税***	1700 英镑
就美国之行的约稿（尚未完成）****	2750 英镑
计划在伍斯特经济俱乐部的讲话，马萨诸塞州	300 英镑
	21825 英镑

……这个夏天咱们有钱在伦敦过过舒服日子、痛痛快快地骑骑马了……[dlxxvii]

如果这份极具争议的清单分毫不差地显示出丘吉尔失去公职后的年收入的预期状况，那么他的确能够获得这样的收入，但是这份清单完全将投资和收入混为一谈，而且既把没有完成的工作也计算在内，同时又想当然地认为股票市场泡沫短时期的异常良好走势会永无止境地持续下去。不过，此时距离丘吉尔离职仅仅过去了 3 个半月的时间，因此这份清单还是能够表明他在写作方面的收入和投资收益的增长速度共计将近一年 8 万英镑（用货币贬值 30 倍计算，这个数字就是 240 万英镑）。没有多少会计师愿意证明这份收入表的有效性，丘吉尔本人当然绝对没有胆量用他对自己采用的这样天马行空的方式处理国家财政。倒是有大量证据证明，从皮特到阿斯奎斯这些俭省的财政大臣会用处理国家财政的方式对待自己的个人财政问题，在阿斯奎斯之后也出现过一两个活生生的例子。

报应近在咫尺。10 月的上半月，丘吉尔在华盛顿度过了两个星期，他花了一些时间参观了美国内战的战场遗址，剩下的时间他拜访了美国总统，笃信自由市场

---

* 丘吉尔为纽约的《复国主义者纪录》撰写的文章，伦敦的《星期日泰晤士报》转载了这篇文章。

** 这几篇文章同前文中提及的丘吉尔在船上为莫莱写的那篇文章属于一个系列，这几篇文章都是为《培尔美尔街》杂志撰写的，当时该杂志已经为《纳什杂志》所有。"罗斯伯里篇"（出访美国之前就完成了）发表于 10 月，"莫莱篇"发表于 11 月，"托洛茨基篇"（这一篇的水平低很多）发表于 12 月，在 1930 年的年初完成的有关伊普尔伯爵（前法国元帅）的一篇发表于 1 月，有关约瑟夫·张伯伦的一篇发表于 2 月。最后这 3 篇都是他返回英国后完成的。

*** 为《后果》一书。

**** 这一项是他给《每日电讯报》的 12 篇约稿，他也将这批文章发表在了一份美国杂志上，文章内容为他通过此行获得的洞见。

会起到慈善效果的赫伯特·胡佛。*10月24日，丘吉尔返回纽约，这一天华尔街先是恐怖地战栗了一下，5天后股市大跌。丘吉尔称自己目睹了初期发生的一起传说中的金融自杀事件，一具尸体从16楼猛地坠落下来，从他的窗户前划过。他的天性中没有这种自我毁灭式的悲观（尽管他也会时断时续地陷入灰头土脸的消沉期），但是股市崩盘也对他造成了重创。他在财务方面的乐观主义受到了致命的打击。他的投资力度很大，按照今天的币值计算，他损失了大约50万英镑。丘吉尔变成了穷人，几乎无法承担起养家糊口的责任。写作对他来说一度更像是为了抵偿债务的无聊苦差，而不是令人愉悦的积累财富的手段。11月5日，丘吉尔回到伦敦，他没有沉浸在自己曾经期望的那种回家的欣喜中，而且夹紧了尾巴，在滑铁卢火车站就不得不坦白地告诉克莱门汀，他在财务方面的乐观憧憬已经彻底被摧毁了。

将噩耗从心里吐出来后，丘吉尔立即疯狂地埋头进有利可图的写作事业上，而不是任由自己在沮丧和失望中沉沦下去。他们一家人过起了精打细算的生活。在为父母编辑的书信集中，玛丽在有关那段日子的一篇文章中写道："1929年的那个冬天，查特维尔陷入了低潮，那座大宅子落满尘埃，只有书房敞着门，以便温斯顿还能在里面办公。那座迷人的小房子'威尔街小屋'（丘吉尔建造，并打算留给一位男管家居住的小房子）现在成了我们的'低潮期'庇护所……我记得那座小屋一直非常舒适。"[dlxxviii] 但是，丘吉尔夫妇继续以短期合同在伦敦租用着相当豪华的住宅。在1930年的上半年，他们一直租住在爱德华·格雷在伊顿广场113号的住所，不过在这段时期里，他们有时还是会约束一下自己，只允许自己在维多利亚广场边上的戈林酒店享受几夜舒适一些的酒店生活。直到1932年的下半年，他们在伦敦才有了属于自己的住所，住宅楼位于威斯敏斯特大教堂边缘，而且他们的房子只是顶楼一套相当朴素的复式公寓（莫佩斯大厦11号）。

与此同时，丘吉尔的写作内容也变得五花八门，以至于一些问题相互脱节。在离开纽约之前，他谈妥了为《科里尔周刊》和《星期六晚邮报》各撰写6篇文章的事情。在那个年代，这两份杂志是美国城郊及农村地区读者最主要的读物，他为两份杂志提供的12篇稿件与他为《每日电讯报》撰写的那12篇比较短的文章截然不同，后者也在美国得到了转载。到了1930年1月初，丘吉尔为《科里尔周刊》撰写了两篇文章，文章阐述的都是在他看来1914至1917年间东线战事不较为隐蔽的一

---

* 但是丘吉尔没能取得更有益的接触，也就是同时任纽约州州长的富兰克林·德拉诺·罗斯福的接触，在他有空的日子里，后者没能出现在纽约市。

些事情（对英国和美国读者而言同样具有隐蔽性），他的判断是准确的。在这两篇文章的启发下，他想到根据这个问题或许能形成已经有五卷问世的《世界危机》的第六卷。1月12日，他致信桑顿·巴特沃思："我还没有考虑好是否能够让这一部与其他几部相契合，不过目前我非常倾向于这个想法……在今年夏秋两季我或许可以花很大的力气完成这部作品，这样就能赶在1月［1931］出版了。当然，我首先会与你联系。"[dlxxix] 巴特沃思同意了，不过他手头还有《我的早年生活》等着出版，他也清楚丘吉尔已经找别人签下了《马尔博罗》的出版合同。对于丘吉尔那份乐观的清单，《东线》一书姗姗来迟，不过这部作品完成得非常迅速。作品的预付金为2500英镑，首轮销售（累计至当年年底）共计4768册，这意味着丘吉尔原本应该赚不到这本书的预付金，但同时也意味着，对出版商来说，如果没有支付预付金的话，这部作品很可能还是有利可图的。

2月22日，丘吉尔致信纽约的查尔斯·斯克里布纳出版公司，向对方提出了同样的意向。面对这家出版公司，他碰到的问题略有不同，查尔斯·斯克里布纳出版公司不仅要求像巴特沃思一样签下《我的早年生活》一书的合同，而且还要求拿到巴特沃思没有签下的《马尔博罗》。丘吉尔试图通过书信解决这个问题（显然他做到了，查尔斯·斯克里布纳出版公司接受了《东线》）："这一卷的准备工作绝不会与'马尔博罗'一书的写作相抵触，也不会耽搁后者的进度，这项工作正在有条不紊地进行着，已经成了我每日固定的阅读内容。"[dlxxx] 在此之前他已经告诉对方自己"以500英镑的报酬聘用了一名非常能干的军官，*准备军事内容的材料"（《东线》），而且他还得到了军旅战争历史学家詹姆士·埃德蒙兹将军的大量帮助。

在丘吉尔撰写《马尔博罗》过程中，莫里斯·阿什利提供的研究工作令他非常满意。除了阿什利，丘吉尔还让海军少将肯尼思·杜瓦（刚刚退役）和一名比较年轻的海军历史学家（J. H. 欧文中校）对安妮女王统治时期的海战史为他提供了资料，但是就在这个过程中出现了一个问题——他究竟应当继续经营这个有不少人参与的写作作坊（一个相当宽敞的作坊），还是应当独自一人完成写作。对优秀的作家而言，这是一种普遍存在的考验。

完全站在文学创作的角度而言，这种指责无可辩驳。至少从这个阶段开始，丘吉尔再也没有从零开始完成过任何一部作品。他的写作依赖于两个条件：他会在写完后对事实材料进行核实，同时还会要求别人在他下笔之前做好精心的准备工作，

---

* 查尔斯·霍登中校，来自皇家工程师部队。

就像有人为著名的外科医生摆放好手术器材一样。他会为作品添加上自己的真知灼见、比较、比喻和华丽雄辩的措辞，从而让基本材料出现改头换面的效果。大部分时间他都通过口述完成工作，而非亲自动笔。就像许多文章和《我的早年生活》一书的写作过程一样，有时候通篇都通过口述完成，事后他再仔仔细细地订正助手记下的草稿。

丘吉尔还养成了一个奇怪的习惯，在形成最初的打印样稿之前他无法想见到作品的整体轮廓，见到样稿后他会对稿件大肆删改一番。对于当今的出版商而言，他的做法会导致印刷预算提高到令人无法忍受的程度。1930 年 2 月，他提出对已经完成的《我的早年生活》增加 4 万到 5 万多字（在这个时期他手头的写作项目多得令人吃惊），他固执地宣称"除非我认为现有的打印内容无可改动"，[dlxxxi] 已经完成的部分才能付样——如有必要，他可以自掏腰包。除了这个习惯，丘吉尔还越来越喜欢站着工作，为了满足自己的这种偏好，他还找来了一张高度合适的斜面写字台，并将其摆放在查特维尔庄园的书房一侧。出于在文学上的嗜好，丘吉尔需要亲手摸到、亲眼看到印刷样稿，但是他很少会坐在写字台前阅读并修改稿件，这项工作几乎全都是他站着或卧在床上完成的。

丘吉尔日益依赖于别人为他完成准备工作，但是他的著作（以及大部分文章）还是不应当被视作流水线产品，这些作品都有着他那种不可抹杀的怪异风格。他的工作不在于独自处理原始材料，而是对其进行润色，就此而言他为作品赋予了不可否定的巨大的个人价值。这种工作方式的弊端在于，负责研究原始材料的人自然而然地会提供过量的材料，而丘吉尔本人在提高作品价值的同时也会增加作品的篇幅。因此，他的很多著作都不禁令人想起有人曾就篇幅过长的问题做过的一个著名的辩解，"真抱歉这封信太长了，我没有闲暇将其改短"。[①] 就这样，五卷《世界危机》的页数总计达到了 2300 页，将近 100 万字。最终以四卷本形式出版的《马尔博罗》在页数和字数上也都同《世界危机》相差无几。相比丘吉尔当初预计的 18 至 25 万字，这些数字太可观了。接下来出版的六卷本《第二次世界大战》更是篇幅过长了，达到了 3600 页、将近 140 万字的巨量。从未有人指责过丘吉尔的作品缺斤少两。这种做法带来的危险就在于，他塞进作品的内容多到即使说销量不会受到损害，读者也大多只是购买，而不会阅读这些作品，尤其是《第二次世界大战》。而

---

① 这句话最早出自法国数学家、物理学家、哲学家、散文家布莱士·帕斯卡（1623—1662）的《致外省人信札》中。

他那些篇幅更紧凑、内容更私人化的作品之所以读起来就如同一口口清冽的甘泉，其中一个原因正在于此，在这类作品中最显著的就是《我的早年生活》，不过《当代伟人》和《绘画遣怀》也同样引人注目。

尽管如此，丘吉尔在写作过程中投入的精力和文学建构能力都理应得到高度尊重，凭借着这样的精力和能力他将形形色色的"建筑"材料整合起来，保证了他能够以一种合理而有序的方式完成他丰富多彩的写作工作。有时候，他的某一篇文章没能取得成功，这在一定程度上是因为，他就非常近似的话题同时和几位相互竞争的编辑或者报社老板达成了供稿的交易。因此，当《星期六晚邮报》发现丘吉尔希望给他们提供和《科里尔周刊》上内容相互重合的稿件时，报社便废除了和他的协议。

不过，丘吉尔的著作都完全按照合约时间正常出版了。《我的早年生活》问世于10月20日（1930），截至当年圣诞节就已售出大约1万册。在当时，这部作品就收获了非同凡响的赞誉，后来出现的不少版本都以这一版本为基础，渐渐地，这本书还拥有了小文学名著的美誉。丘吉尔一如既往地给朋友和政界同僚们广泛赠阅了这本书。有些人走了捷径，还没读就先对他表示感谢，以免发生不愉快的状况，这种情况很普遍。不过，他还是收到了一大批优秀读者实实在在、热情洋溢的回信，这批人中包括鲍德温（他在拜读的同时还进行校对，态度尤其热情）、宾顿·布拉德将军、乔治·特里维廉、奥斯汀·张伯伦、罗伯特·萨默维尔（正是他最先激发起丘吉尔对英国散文的兴趣）、李顿夫人（当年的普洛登小姐，丘吉尔曾经那位慢热型的爱人）、塞缪尔·霍尔（不久后丘吉尔与他在"印度议案"问题上发生了激烈的争执）、韦尔登主教（丘吉尔当年的校长，这部作品清楚无余地显示出丘吉尔在哈罗公学过得多么糟糕，老校长为自己没能让学生拥有开心的校园生活而感到遗憾）、托马斯·爱德华·劳伦斯（阿拉伯的劳伦斯）、伊恩·汉密尔顿将军（尽管他们二人在达达尼尔海峡问题上对彼此都不够友好，但是他们仍旧保持着友谊）和雷吉·巴恩斯将军（34年前，丘吉尔与他在古巴一起经历了炮火）。

耗费了丘吉尔大量心血的《世界危机》前四卷的缩减版于1931年2月问世了，在当年的11月《东线》一书也出版了。接着，丘吉尔自己编写的回忆文集《思想与冒险》也于1932年的11月问世了，这部作品在一定程度上可以说是他消磨时光的产物。刚一出版，这本书就售出了7000册，对于这类文集，这个销量已经比较可观了，而且后来还有其他的版本问世，并且被翻译成了8种语言。《马尔博罗》第一卷紧随其后于1933年的秋季出版了，第二卷、第三卷和第四卷也分别于1934年、1936年和1938年出版了。

不仅如此，丘吉尔基本上仍旧充当着自己的文学经纪人，即使在1930年的年初一位名叫"皮尔恩小姐"的女士走进人们的视野中的时候也不例外。皮尔恩小姐当时在柯蒂斯·布朗文稿代理公司负责报纸版权方面的工作,后来她与别人一起建立了名噪一时的"皮尔恩、博林杰与海厄姆文稿代理公司"。她同皮尔曼夫人——两个人的名字比较容易混淆——保持着频繁的通信联系,后者从 1929 年开始长达 10 年的时间里一直是丘吉尔最主要的口述秘书及文学秘书,全身心扑在工作上。但是,无论在英国还是美国,有关图书和连载版权事宜的重要谈判都是丘吉尔亲自完成的,这些谈判都需要他口述复杂的长信,这些信大多都不乏争辩和自我推销之辞。谈判令他有得也有失,而且他还频频遭到拒绝。例如,《泰晤士报》就曾以"我们的读者……对战争史的反应越来越小" [dlxxxii] 为由拒绝购买《东线》的连载版权,因此他不得不向其他几家报纸兜售这部作品。不过,他还是赚到了不少小钱,在 1930 至 1931 的财政年度里他将自己的总收入提高到将近 3.5 万英镑,这笔钱至少相当于今天的 50 万英镑。但是,这样的工作需要丘吉尔开足马力,一切有可能获得的资源都被消耗枯竭到了无法轻易再生的程度,而且开支很大,尤其是在收入方面,因此一旦情况有变,他的"净头寸"① 将严重减损。不过,通过这种极度勤奋的写作,再加上采用了冒险策略,他成功地扭转了 1929 年 10 月几乎破产的局面,不仅重新启动了查特维尔工程,而且又过上了以往的奢华生活。

令人称奇的是,在狂热的著书撰稿过程中他还设法为议会工作挤出了时间,更不用说选区的工作了。按照当时的标准看,他在选区工作上表现出了惊人的勤勉,在 1929 年秋季中期的 10 天里,他在埃平选区各个区域至少 8 场的公开会议上发表了讲话。或许他应该与议会事情疏远一些,至少这对他在中短期内的前途会比较有利。然而,他没能完全和议会工作拉开距离。正因为如此,他才会在收入丰厚的这一年里,让 1924 至 1929 这几年(他对这几年的生活非常满意)成了他在 65 岁之前的最后一段长时间身居要职的日子。

---

① 头寸,也称为"头衬",是金融界及商业界的流行用语,指投资者拥有或借用的资金数量。买进合约者是多头,处于盼涨部位;卖出合约者为空头,处于盼跌部位。净头寸指交易商在市场上所持的多头与空头头寸的差额。比如,交易商卖出 100 份合约,买进 80 份合约,其净空头头寸即为 20 份合约;假如他卖出 120 份合约而买进 150 份合约,则其净多头头寸为 30 份合约。

第二十三章 异类出局

在第二届麦克唐纳政府 2 年 3 个月执政期的大部分时间里，保守党士气低迷，同 1906 年大选遭遇更严重的惨败之后的状况一样，比 1945 年同样惨痛的失败之后更加灰心丧气，不过还没有发展到 1997 年和 2001 年两次山崩地裂的失败后的情形那么令人震惊。在 1929 至 1931 年期间，除了自己造成的创伤之外——对于政界而言这种情况频频出现，而且极其令人难堪——实际上保守党没有多少理由这么气馁。在 1929 年里，他们仅以微弱的差距遭到失败，在工党政府在上台不到 6 个月的时候局势就明朗了，这个政府从上一届政府手里接过的是一个在经济前景上十分黯淡的烂摊子，看起来没有多少理由怀疑倘若保守党能够保持冷静，不出几年的时间，它就能在鲍德温的领导下重新执掌大权。

然而，很多保守党人不希望在鲍德温的领导下悄悄地恢复执政身份。用罗伯特·罗兹·詹姆士措辞得体的话来说，鲍德温之前的执政表现已经"在向退休平稳过渡了"。[dlxxxiii] 保守党人需要更多的刺激，他们需要的政策比信奉舆论的"老实人斯坦"鲍德温愿意提供的政策要极端。心怀不满的保守党人受到了两位中间市场[①]报业巨头罗斯米尔和比弗布鲁克竭力的撺掇和协助，前者凭借着《每日邮报》以及附属各家报纸，后者的武器是《每日电讯报》以及比前者小很多的报业帝国。即使说两位勋爵都同样缺乏判断力的话，比弗布鲁克至少比前者对政治更了解、政治经验也更丰富，这在一定程度上弥补了他的报业帝国在规模上的不足。当时有两个话题值得这两位报业巨头利用。第一，在关税方面英国对各个自治领有所减轻，由于希望自治领反过来能够优先准入英国制造的产品，因此这项减税政策深得人心，但

---

① 根据受众群，英国的报纸被划分为"大报"或"高质量报纸""中间市场报纸"和"小报"或"大众报纸"。

是依然有些人希望保守党致力于全面推行帝国特惠制（关税制度），覆盖范围包括食品税在内的所有进口税。在这个问题上比弗布鲁克远比罗斯米尔更有发言权。第二，当时英国在印度的政策逐渐朝着印度自治的方向发展着，这一趋势得到了拉姆齐·麦克唐纳以及他的印度事务部大臣威廉·韦奇伍德·本恩的支持，得到了仍旧担任印度总督的欧文的支持，得到了鲍德温的支持，得到了他的印度事务发言人塞缪尔·霍尔的支持，从《泰晤士报》到德比勋爵在内的大多数温和派保守党人也在态度上表示支持这种趋势，然而英国社会同时也存在着反对这股潮流的声音。

丘吉尔的立场不够明确。他从伦道夫勋爵那里继承了一种"本能的粗暴"，不过他躲过了父亲那种愤懑的不成熟。在过去的5年里，他逐渐对鲍德温产生了强烈的好感，或许可以说他对后者的感情更多的是喜爱，而不是尊敬，不过他在政治气候方面的口味与他名义上的领导人截然相反。鲍德温喜欢安静、宁静的水流；丘吉尔喜欢相互冲突、喧闹不止的大风暴。在为鲍德温招致攻击的问题中，丘吉尔在一个问题上的态度非常克制（选择帝国特惠制还是自由贸易制），在另一个问题上又过分到了极端的程度（印度事务）。他先是在1930年10月以辞去保守党商业委员会（影子内阁在那个年代的名称）的职务相要挟，想要抵制鲍德温试图采取的有限贸易保护政策，受到两头夹击的鲍德温竭力用这套政策安抚自己所属的保守党。经过一场激烈的委员会会议，丘吉尔口述了一封信，这是他给鲍德温的"未寄出"的信件中最著名的信件之一。在这封信中他同意"对外国商品、进口商品、制造商品采用普通关税"，这对他来说是很大的让步。但是他对食品的税则不肯让步："我坚决反对争取选民同意对这个已经人满为患的孤岛的主食征税的做法。"[dlxxxiv] 在委员会会议上他也发表了与此十分类似的观点，因此鲍德温给他写了一封信，在信中提到"彻底分道扬镳"。不过，鲍德温这封信其余的部分充满了安抚和友好的腔调，因此丘吉尔收回了辞职威胁，但是在委员会其他委员——例如内维尔·张伯伦后来与他发生争执的时候，他辞职的事情又被别人提了起来。[dlxxxv]

如果丘吉尔继续为这个问题斗争下去，尽管这么做对他来说基本上只具有缅怀往昔的意义，但是这样的话，他至少能够完全保住作为自由主义倾向的保守党人以及作为核心人物的名声。然而，显然这种挫败感已经深入骨髓了，他选择宣泄挫败感，3个月后由于更加迫在眉睫的印度问题他又一次提出了辞职。自从1929年11月从美国回到国内以来，他一直怒气冲冲地针对印度问题不停抱怨着，最引人注目的就是他通过《每日邮报》的专栏文章发表的观点，但是直到1931年1月26日，他才第一次在下议院就这个问题发表了自己的看法，不过在前一年的12月11日，他已经初步在坎农街酒店引爆了一枚炸弹。这场讲话的目的旨在唤醒伦敦，根据会议主办人的说法，讲话"令人钦佩"，但是在印度总督的眼中，这场讲话却"骇人听闻"。6个星期后丘吉尔在下议院的讲话不太精彩，但是产生了三重效果。第一，明确地将自己同鲍德温区分开。此时正值鲍德温一生中最勇敢的篇章之一，他毫不动摇地顶着来自保守党内部的大量批评，支持他的朋友印度总督谨慎地朝着实现印度自治政府的方向迈进着。在这种情况下，与一位深陷重重围困的领袖分裂势必会给这位领袖留下深深的伤疤。在当年冬天和次年（1931）初春，面对印度问题之争，鲍德温对丘吉尔真挚的钦佩荡然无存了，这份钦佩从1924年以来就逐渐培养了起来，在他前一年秋天对《我的早年生活》所表达的友好的羡慕中达到了顶点。当然，从长远看，丘吉尔对鲍德温的看法对历史进程产生了更大的影响，但是在1931年和1935年政府重组、丘吉尔强烈感到自己被排斥在政府之外的时候，鲍德温对丘吉尔的看法并非无足轻重。

第二，这场讲话导致丘吉尔深陷于几次辩论中，这些辩论为他招致了批评。第一次辩论发生在1月26日，当时丘吉尔被威廉·韦奇伍德·本恩大卸八块，其实作为议员威廉·韦奇伍德·本恩总体上远不如自己的儿子托尼·本恩在日后表现得那么能干。在1931至1935年头几个月里，丘吉尔主动将政治活动集中在了有关印度的事务上，可悲的是他对印度知之甚少。1899年，在骑兵团担任少尉的最后一段时间他主要为了参加马球比赛前往印度，自那以后他就再也不曾去过那里。他在30年后掌握到的有关印度的简要情况也不如他在开展重要政治活动之前一贯寻找而且也能获得的资料那么翔实，无论这些活动是在1904年为了贸易自由政策、在1911至1914年间为了海军的相对优势，还是在1927至1928年为了税率改革，他对资料的需求都超过这一次在印度问题上的表现。根据罗伯特·罗兹·詹姆士所述，在1933年出现在两院联合特别委员会的面前时"他极其尴尬地暴露出自己缺乏对这个问题的详细了解"。[dlxxxvi] 无奈之下，丘吉尔只能不断地重复说过的话，这种方法绝对不适合用来应付当时他所面对的听众。

第三，在下议院的讲话将他抛进了保守党"死硬"派的怀抱，然而无论是他的过去还是未来都不会让后者欣然接纳他，成为适合他的合作伙伴。鲍德温的老朋友，在1927至1929年担任过保守党主席的约翰·戴维森在3月6日写过一段非常精彩的评论，对丘吉尔背叛他与欧文勋爵（在德里）的统一阵线的行为做出了评价。这段文字写于由丘吉尔领导的保守党印度委员会代表团同鲍德温见面之后：

> 一如既往，温斯顿的诡计当然非常明显。伦道夫的儿子可不是白当的……想到门被打开，印度委员会走进去的那一幕，斯坦利［鲍德温］肯定窃笑起来

了……那一次他又看到了几张同样的面孔、又是在会期即将结束的时候前来恳求他将温斯顿逐出政府，后者近来一直称颂自己是党天生的领袖——当然只是在一个问题上，这就是印度问题。[dlxxxvii]

然而，新结交的朋友令丘吉尔兴奋不已。此外，他一直觉得自己置身于政界之外，最迟不超过 1929 年春天做完最后一次预算报告他就产生了这种感觉，现在他终于感到自己又开始参与政治事务了，这也同样令他感到开心。丘吉尔暂时与罗斯米尔结成了亲密的同盟，后者的政治判断力甚至还不如比弗布鲁克，他不具有比弗布鲁克那种刺破气球的智慧。1 月 31 日，罗斯米尔从蒙特卡洛的里维埃拉皇宫酒店——与他相称的一个地方——致信丘吉尔："你已经稳稳地踩在了过不了多久就将通往首相位置的梯子上。要是你继续坚定不移地走下去，那么没有什么能挡住你的去路。国家已经对围在不中用的保守党领袖身边的那群废物厌倦透顶了。"[dlxxxviii]

丘吉尔被这番乐观过头的奉承话迷惑住了，有着 30 年从政经验的他原本不应当这么糊涂。他积极地宣传并领导了一场全国性的运动。2 月初的时候他就已经向罗斯米尔报告过在"兰开夏郡最好的礼堂"——曼彻斯特的自由贸易礼堂和利物浦的爱乐音乐厅里"座无虚席、热情洋溢的会议"，[dlxxxix] 后者当时已经搬到了圣雷莫的皇家酒店。丘吉尔继续前进下去。他先是于 2 月 23 日参加了选区协会（伦敦）的一次全体会议，在给克莱门汀的信中他提到了这次会议："我同选区的整支队伍见了面……这支队伍细心、热情、步调一致。"[dxc] 在最后这场会议上丘吉尔对甘地做了一番评价，当时印度总督欧文已经将甘地释放，为了说服甘地结束他发起的非暴力不合作运动，欧文与他进行了接二连三的会谈。"见到甘地先生令人不安、令人作呕，一个妖言惑众的中殿律师，现在却摆出一副托钵僧的姿态——这种形象在东方众所周知——半裸着身体，大步流星地走上总督府的台阶……以平等的身份与英国国王暨印度皇帝的代表进行谈判。"[dxci] 这番评价令人难忘，对丘吉尔来说这是一种不幸。

接下来，丘吉尔又于 3 月中旬在阿尔伯特音乐厅参加了一场成功的大型集会，几天后他在信中写道："我想下一个进攻点就是格拉斯哥。"[dxcii] 丘吉尔具有一种强烈的同时也是传统的直觉，他知道如何发起一场格莱斯顿式的全国运动，尽管他也注意到了无线电媒体日渐成熟了，而且还与英国广播公司的主席及总裁在数年里一直争执不下，因为后者不愿让他就印度问题发表广播讲话，无疑后者是迫于政府和官方反对党党派督导的压力。不难理解，一场新运动带来的刺激，大规模的媒体报道，尤其是罗斯米尔的《每日邮报》，新盟友，成群结队满怀热情的听众，这些因素都对丘吉尔起到了鼓舞作用。让人比较难以理解的是，当他让自己走进当代英国政治史上最没有成果的死胡同（4 年之久）时，拥有那么多从政经验的他为什么会劝说自己相信他正在乘风破浪地走向胜利。

毫无疑问，丘吉尔的确说服了自己，至少在短时期内。2 月 8 日，克莱门汀前往美国，这是她第一次跨越大西洋，她与伦道夫在美国待了 2 个月，后者发现比原定时间延长的演讲之旅比校园生活更有趣，而且也不需要耗费太多的脑力，不过最终他还是回到了牛津大学的基督教堂学院。2 月 20 日，丘吉尔致信克莱门汀，6 天后他又写了一封信，两封信都洋溢着一股愚蠢的幸福感。他先是写道："政治形势的发展对于我越来越有利……"^{dxciii} 接着，"回首过去的 6 个星期，我的地位出现的变化会令你感到瞠目结舌。我做的每一场讲话、我迈出的每一步都出乎意料地受欢迎。针对印度的第一场讲话以及我跟影子内阁的分裂就是转折点。只要给舆论足够的时间，那么现在一切就都有可能了。"但是，无论是否出于本意，他还是足够理智而谨慎地补充道："否则我会很开心的。"^{dxciv}

按照克莱门汀一贯对丈夫直言相告的习惯，以及站在自由党立场上始终如一的判断力，真正令人感到惊讶的是，这一次她竟然对丈夫的狼狈处境坐视不管。无疑，大西洋完全妨碍了克莱门汀对真实情况的理解（尽管美国媒体当时对英国新闻的报道远远超过今天的报道规模），但是在丈夫辞去影子内阁职务后的头两个星期，以及丈夫在曼彻斯特和利物浦做了两场重要讲话的时候，她一直待在英国国内。不仅如此，她一向擅长于在信里平心静气地将丈夫谴责一番，她的很多书信都证明了这一点。然而，在回复丈夫写于 2 月 26 日的那封信的时候，她却只写了"真高兴收到你的宝贵来信……这封信让我的心温暖地战栗起来——我在这里过得很开心，但是真希望我能陪在你的身边，同你一起开心地看着你的'晴雨表'上的数字稳步上升——我在这里看着这一切，每一次飞速提升，每一次闪光……"^{dxcv}

丘吉尔一心扑在针对印度的活动上，这个时期也是他在写作方面产出最丰硕的一个时期，尤其是在报纸文章方面。《东线》一书还远未完成，但是按照合约应该在 8 月底交付连载，此外他还有很多文章蓄势待发。他出版了一本有关摩西的作品，为了这本书他得到了林德曼教授的大量帮助，尽管林德曼本人与这部作品的内容没有明显的关联。这部作品连载在《星期日纪事报》的一个系列专栏中，专栏的总标题为"世界最杰出的作家重新讲述伟大的圣经故事"。他还考虑过在林德曼的帮助下再创作一部名为"如果他们生活在很久以前"的连载作品。他提议不妨试一试将美国实业家亨利·福特置于克伦威尔的时代、让墨索里尼面对亨利八世、安排拉姆齐·麦克唐纳回到法国大革命时期看一看。幸好这批文章始终没能问世，不过在

1931 年的夏天他完成了刚刚被废黜的西班牙国王阿方索十三世的一篇简传，文章同时发表在《斯特兰德杂志》和《科里尔周刊》上。当年 2 月，极度需要得到爱尔兰表弟约翰·伦道夫·莱斯利协助的丘吉尔开始撰写另一个系列的文章，考虑到他当时正在积极参与针对印度的活动，这批文章的标题颇有讽刺意味，"败局注定的伟大斗士"，但是他自己似乎没有意识到这一点。

最令人惊诧的不是丘吉尔接受的部分约稿从本质上而言有些离奇，而是他能够在日程紧张的政治活动和令人分心的政界争端中将注意力转移并集中到形形色色的其他工作上。在 3 月 13 日给马尔博罗传的文学顾问的信中，他就写道："政治工作现在变得很费劲了。"^{dxcvi} 但是，他绝不会因为政治事务而耽误截稿日期。无论是面对枪炮还是政治工作的火力，他都有着十分坚强的神经。他甚至还主动给自己增添了另一个小负担，说服桑顿·巴特沃思将他针对印度问题发表的 7 场讲话的讲稿编辑成册（5 月 27 日）。他信誓旦旦地告诉出版人："这都是很精彩的讲话，其中没有重复的内容。"接着他又出人意料地补充了一句："当然，这些讲稿比我写过的任何一本书都麻烦得多。"^{dxcvii} 这本薄薄的小册子售出了 4000 册，对于一部演讲集而言这个成绩相当不错，为他赚到了 150 英镑，但是其中 76 英镑都被他花在了过度的校样修改工作上了。

这些讲话稿具有强烈的论战色彩，过度依赖于一个守旧的论点，即朝着印度自治政府的方向发展将对英国贸易产生有害的影响，因为英国贸易需要印度这个垄断市场。（因此他才会在伦敦市和兰开夏郡的两个大城市开始他的这场运动。）这些讲话稿同时也缺乏他一贯采用的机智诙谐、令人难忘的语言。看上去就像是他也具有了一些他的新朋友们才有的那种闷闷不乐、自视甚高的气质。在前文中已经提到过，在 1 月 26 日他在下议院被印度事务部大臣"小本"（当时威廉·韦奇伍德·本恩常常被称为"小本"）打败了。就连一位比威廉·韦奇伍德·本恩更"小"的人物，"这只格外小的虫子"^{dxcviii}（在当时写的一封信中丘吉尔对里奥·艾默里的称呼）也在阿尔伯特音乐厅的讲话之后强烈谴责他没有资格做保守党人。最重要的是，在围绕着印度问题产生争端的初期，鲍德温的风头盖过了丘吉尔。除了那句可悲的"半裸着身体的托钵僧"，一向善于制造经典名言的丘吉尔没有说出一句能够流传数十载的名言，反而是鲍德温所做的几场低调、经过反复思考，同时也非常具有试探性的讲话流传了下来。

在围绕着印度问题的运动初期和高潮时期，截至 3 月初，在鲍德温的领导趋于崩溃的过程中，丘吉尔起到了相当大的作用。丘吉尔前途未卜，但是即使能够连任，这样的崩溃局面也不会对他太有利。他自己应该没有机会领导政府。老话说

"挥舞匕首的人永远戴不上王冠"，而且他在保守党里树敌太多，他刚刚结成的死硬派同盟对他的支持从根基上而言过于薄弱。几乎可以说，废黜鲍德温，他只可能将内维尔·张伯伦推上王座，然而由于他鼓吹的政策和他的性格，至少直到1939年张伯伦对他的同情心一直不如鲍德温那么强烈。

不管怎么说，鲍德温没有沦陷。正如《泰晤士报》在3月13日（1931）刊登的文章所述，"如果不是形势逼得他几乎走投无路，鲍德温永远不会拼尽全力，这是鲍德温最始终如一的性格。他的精神寄托永远是最后一搏。"事实上，就在进行艰难的最后一搏之前，他已经带着几乎可以说傲视一切的勇气战斗过了，至少在印度问题上是这样的。从某种程度上而言，保守党在下议院的会场里以大打出手的方式解决争端的做法，是自1886年爱尔兰自治问题导致自由党分裂以来史无前例的表现，此后这种景象也没有再出现过，即使在艾德礼的首相任期即将结束时，安奈林·比万与休·盖茨克尔的争斗公开暴露出工党内部不和的那一次都无法与这一次相提并论。面对这一幕，执政党看得出了神，但是几乎只是袖手旁观而已。早在1929年11月，鲍德温就曾宣布过："我只想再补充一点，直到我领导的政党不再有能力吸引到如爱德华·伍德［印度总督欧文，后来成为哈利法克斯伯爵］这样的干将，到那个时候我与我的党就一刀两断了。"[dxcix]1931年3月，就在几乎已经认定自己毫无希望的时候，鲍德温又打起了精神，宣布自己准备放弃对他来说十拿九稳的伍斯特郡选区，参加在威斯敏斯特的圣乔治选区即将举行的一场补选。如同丘吉尔在7年前选择的修道院选区一样，圣乔治选区是一个受到高度关注的比武场。鲍德温还提出，在3月12日就印度问题举行一场重要辩论。接着，他用比16个月前更坦率的口吻宣布：

> 如果我们党里有人一直以痛苦勉强的情绪面对这个问题，不得不一次又一次强求自己做出让步，我要以上帝的名义起誓，如果这种人属于多数的话，那就让他们选择别人去领导他们，如果他们属于少数，那就请克制一下自己，至少不要再制造困难，妨碍那些承担着几乎属于超人才能完成的任务的人，大英帝国的福祉、繁荣、长久都取决于这些任务是否能够成功完成。[dc]

结果，鲍德温没有必要参加圣乔治的竞选，年轻选手达夫·库珀代表他出场了。不过，鲍德温还是全身心地投入竞选活动。3月17日，他在女王音乐厅发表了名为"没有责任感的权力——妓女的特权"的著名演讲，对报业巨头们抨击了一番。投票日在3月19日，达夫·库珀和鲍德温阵线在反报业巨头及反丘吉尔事业上大获成功。当天晚上在阿尔伯特音乐厅举行的集会座无虚席，丘吉尔在会上发表的讲话也长久回荡在听众的脑海中，然而由于投票日当天的局势，这场集会显得虎头蛇尾。1930年的冬末和次年春天，尽管丘吉尔暂时心情愉快，但是这段时间绝对说不上是他的黄金时期。这段时间使得他几乎无缘当年夏末发生的政坛巨变。更糟糕的是，这一次不像5年半之后的那场给他在中年阶段的声望造成损害的辞职危机，来得慢，去得也慢。在接下来至少3年的时间里，印度问题一直是丘吉尔最关心的政治事务，这个问题耗尽了他的精力，致使他进一步陷入了眼睁睁看着自己被孤立却无能为力的窘境。

1931年8月见证了第二个工党政府走向衰亡的痛苦，以及拉姆齐·麦克唐纳二度出山，成为"国民"政府的首相。没过多久，这个政府就变成了以保守党为主导的政府，只有一小拨工党议员继续追随他们的领袖。令人感到奇怪的是，丘吉尔表现得很超然，甚至作为旁观者而言也是如此。冬末那场针对印度的活动已经分散了他的注意力，现在他急切地想要赶上约稿的进度。在这个方面他取得了很大的进展，尤其是在《东线》一书的写作上。在议会休会前唯一干扰他的政治活动发生在7月21日，在布兰登·布拉肯的陪同下他驱车前往萨里郡的郊区，参加了一场由一群政治阴谋分子参加的奇怪聚会。聚会在位于库姆的阿奇博尔德·辛克莱府举行，这里毗邻泰晤士河畔肯辛顿区。劳合·乔治也在场，奥斯瓦尔德·莫斯利也在哈罗德·尼科尔森的陪同下参加了聚会。"汤姆"·莫斯利当时还不是一个法西斯分子，如果是的话，他就不太可能有尼科尔森陪在身边，也不太可能得到约翰·斯特雷奇和安奈林·比万这样的左翼分子的支持。在那个时期他还是一名焦躁、激进的民粹主义者，一个没有受过太多教育（尽管曾就读于温切斯特公学）但是很有感召力的年轻人，他急于求成，20世纪的政坛还出现过几个像他这样的人，其中大部分最终都失败了，但是他们都不像莫斯利那样落得名誉扫地的结局。这群人很有先见之明，他们认为很可能会出现麦克唐纳和鲍德温领导的国民政府。按照劳合·乔治的吩咐，辛克莱召集了这场聚会，聚会的目的就在于创建一个全国反对党（按照劳合·乔治的乐观看法，这个党的"反对党"身份不会保持太长时间），以有效对抗这个国民政府。

据尼科尔森所述，丘吉尔表现得"非常聪明、有趣，但是没有建设性"。尼科尔森还补充道："尽管谁都没说过什么，但是大联合政府已经形成了。我们都有些同意这种假设。"[dci]事实并非如此。在7月底之前，劳合·乔治因为一场大手术住进了医院，基本上没有再参与1931年重新定位的整个过程。大约就在同时，丘吉尔也动身前往法国，在那里度过了整整一个月的假期。罕见的是，这一次他在克莱门汀的陪伴下在酒店度过了大部分假期，而不是作为一位受到热情欢迎的客人住在朋友们的豪华（而且免费）别墅里。他先是住在圣乔治汽车旅馆（又译为"圣乔治莫泰尔"），这里名为"汽车旅馆"，其实并非早期的汽车旅馆，而是一座 16 世纪建造的玫瑰色的庄园。庄园坐落在与诺曼底南部接壤的德勒附近，庄园的主人是前马尔博罗公爵夫人康斯薇洛·范德比尔特和她的第二任丈夫路易·雅克·巴勒松。在 20 世纪 30 年代，丘吉尔频频来到这座庄园逃避外界，实际上在 1939 年 8 月 23 日黑暗降临欧洲（《苏德互不侵犯条约》签订）、他回到英格兰经历长达 6 年的艰苦跋涉和胜利之前，他也是在这里度过了最后一个以绘画为主要娱乐活动的假期。

在 1931 年的旅馆之旅中，圣乔治汽车旅馆是一个例外。离开这里后，丘吉尔又去了爱德华时代的光辉已经渐渐退去的比亚里茨，在当月 7 日他在信中写道："这里整整一个星期不见太阳……暗调子的画已经让我画得烦透了。"[dcii] 他的描述很符合巴斯克地区 8 月里的气候。从比亚里茨出发，他继续前往卡尔卡松，接着又去了阿维尼翁，从阿维尼翁返回伦敦，临时决定在那里逗留了 48 个小时，然后又返回法国，在胡安莱潘（若安乐松）度过了最后两个星期。在此期间他一直在忙于写作、绘画，毫无疑问，在这里也享受到了比比亚里茨更充足的阳光。丘吉尔与曾经的同僚斯坦利·鲍德温截然不同，但是在那个出现财政危机的 8 月，他们两个人的度假方式却有些相似。后者于 8 月 12 日从法国回到伦敦，在当天夜里又跨过英吉利海峡，在法国又待了 10 天。与丘吉尔相比，鲍德温对假期的迷恋对政界产生了更大的影响。不管怎么说，丘吉尔只是处在"半度假"状态，他的假期总是填满了辛苦的工作。在与罗斯米尔关系最紧密的时候，他曾对后者说过："我从未休过假。"当时，这位报业巨头一直纠缠丘吉尔，甚至给他发去电报称他应当"结束假期，开始勤劳的生活"。[dciii] 鲍德温对远离伦敦的渴望令内维尔·张伯伦再一次执掌大权，有条件强行组建国民联合政府，这种结果与鲍德温的利益存在着很大的抵触（否则他应该很快又会出任首相），更可以说也违背了英国的利益，因为这样的政府打破了鲍德温在 20 世纪 20 年代花费了大量心血才实现的新的政治平衡。这个偶然产生的虚弱的政府中也包括工党，因此工党也承担起立宪角色。

在促成工党获得立宪权力的过程中，丘吉尔没有花费那么大的心血。但是，就他参与 1931 年 8 月政界变动的情况而言，他的思维更接近鲍德温，而不是张伯伦。躲在暗处但是并非没有影响力的前财政大臣罗伯特·霍恩于 8 月 18 日致信张伯伦："保守党内存在着相当明确的意见，大家更希望我们不要对任何一套政府方案负责。

温斯顿·丘吉尔已于昨晚回来,并且将逗留 48 个小时,对于这种观点他表现得咄咄逼人。这大概也在你的预料之中,但是他的作用也不会太大。"[dciv]

丘吉尔的作用之所以不会太大,是因为他清楚自己没有机会进入可能出现的任何一种联合政府。首先,这样的政府容得下鲍德温是因为,他作为领袖已经度过了这场劫难,容得下内维尔·张伯伦是因为,他曾经以舵手的身份率领船员渡过了政党间合作这片黑暗危险的水域;容得下塞缪尔·霍尔与坎利夫-李斯特是因为,在关键时期他们驻守在伦敦并起到了有益的作用。即使在两个月后组建起了更常规也更以保守党为主的内阁时,也根本不存在政府邀请丘吉尔加入内阁的可能性。就连奥斯汀·张伯伦这种远比丘吉尔更"忠诚"的人以及"虫子"艾默里也都被排除在外了。

丘吉尔在 8 月中旬重返伦敦后,在文学上取得的成果远远大于在政治方面的成果。从戈林酒店搬回利兹酒店(很有可能是因为克莱门汀没有与他同行)后,他在 8 月 18 日的上午设宴款待了一批研究员、出版人和秘书,这场招待会表明他的兴趣转移了。尽管在初春的时候他产生了虚妄的幸福感,然而最终政治还是没有给他带来回报。文学,至少是赚钱的写作和演讲,看上去前途更为光明。10 月,丘吉尔参加了埃平的竞选,以显著提高的票数当选,不过在 1931 年那场压倒性的大选中每一位保守党候选人都取得了这样的战绩。但是,在当年的秋天,丘吉尔的兴趣更多转向了《东线》一书的出版工作以及一场重要的美国巡回演讲上,由于大选,这场演讲已经被推迟了好几个月,按照最终的计划演讲将在 12 月初开始。

在克莱门汀和他们的女儿黛安娜的陪伴下,丘吉尔于 12 月 11 日抵达纽约,开始为共计 40 场的巡回演讲做准备。根据出席情况,这轮演讲将为他赚到至少 1 万英镑甚至更多的收入。第二天晚上,丘吉尔前往伍斯特,在这个位于马萨诸塞州中部的名气不大的小镇做了第一场演讲,题为"英国民族的道路"。次日晚上他回到纽约,下榻在位于派克大街的华尔道夫-阿斯特里亚酒店。与克莱门汀享用了一顿安静的晚餐后,他便应金融家伯纳德·巴鲁克(后来得到"华尔街独狼"的绰号)的邀请前往后者坐落在第五大道的公寓同几位朋友会面,公寓位于他所在的酒店往北大约 1 英里的地方。丘吉尔搭乘了一辆出租车,他并不清楚目的地的具体位置,显然他以为出租车司机自然知道该怎么走。在这种情况下,若是在纽约能找到广场酒店的话,都实属幸运,更不用说某一处私人住所。结果,他们灰心丧气地寻找了 1 个小时。到最后,丘吉尔终于看到了一处大门有些眼熟。他叫司机停在中央公园的一侧,试着步行穿过第五大道。结果,半路上他被一辆时速超过 30 英里的汽车撞倒在地。*

丘吉尔伤势严重，但是并不致命，也没有致残。36个小时后，克莱门汀给伦道夫发去了电报："体温 100.6 度（约等于 38.11 摄氏度）。脉搏正常。头皮伤势严重。两根肋骨断裂。胸腔只是受到轻微刺激。全身大面积瘀伤。抢救过程令人满意。"[dcv] 丘吉尔神志清醒地在路上痛苦地躺了一会儿，然后被送进了伦诺克斯山医院，在医院里住了 8 天之后他得到允许，回到了华尔道夫–阿斯特里亚酒店，在几乎卧床不起的状态中在这家酒店度过了圣诞节，一直到元旦前夕。在元旦前夜，他与克莱门汀乘船前往了西印度群岛的拿骚，在那里度过了 3 个星期的康复期。** 在拿骚期间，丘吉尔彻底泄气了。在纽约的时候他劲头十足，就在事故发生不到 60 个小时的时候，他还给埃斯蒙德·哈姆斯沃斯发去电报，讲述了这起事故："准备了两篇文章……讲的都是被一辆汽车轧过去是怎样一种感觉……对整件事情完全记得，能写出大约 2400 字的宝贵的作品。"[dcvi] 当时哈姆斯沃斯的父亲罗斯米尔已经几乎将《每日邮报》全权交给儿子负责了。然而，与纽约在基督降临节和圣诞节期间的刺激神经的天气相比，西印度群岛的气候过于宜人、让人无精打采，当然还得加上其他一些因素，这一切都让丘吉尔付出了代价。1932 年 1 月 20 日，丘吉尔在信中告诉伦道夫："我不想打开颜料盒（一个不祥的征兆）。"[dcvii] 就在几天前，克莱门汀已经给伦道夫发去了一封措辞尖锐的信："昨夜他非常糟糕，他说过去的两年里自己已经遭受了 3 次重创。第一次是在股市暴跌的时候钱财尽失，接着又失去了在保守党里的政治地位，现在身体又受了重伤。他说他觉得经过这 3 次之后，自己不会彻底恢复元气了。"[dcviii]

---

* 马丁·吉尔伯特的记述几乎一直精确得令人佩服，对这件事情的记述也是如此，但是我发现还是存在令人迷惑的地方。当时的第五大道同今天的状况不同，还是双行道。丘吉尔叫出租车停在了公园的一侧，附近的车辆应该是向南行驶。吉尔伯特所说丘吉尔犯了一个错误，他朝左看了看，果真如此的话，那么过马路的前半段他看的方向就没有错。或许丘吉尔应该朝两个方向都看一看，因为他是在过马路的第二段路程中被一辆向北行驶的车撞到了（按照通常的记录，撞到他的车辆不是出租车）。因此，他的错误应该是没有兼顾两个方向，而不应当过于简单地归咎于美国有悖常情的靠右行驶的交通惯例。不管怎么说，丘吉尔都被狠狠地撞了，他还英勇地对火速赶来的"警察"宣称责任完全在于他。结果，意大利裔美国肇事者——一位暂时处于失业中的卡车司机——不仅去医院探望了丘吉尔，而且还参加了他于 1 月 28 日在布鲁克林举行的演讲会，这种举动有些超出愧疚感或者责任感的范围。这场讲话是丘吉尔在恢复巡回演讲后做的第一场演讲。

** 丘吉尔一部分时间住在一间具有历史价值的雅致的客房里，这间客房以其女主人波莉·利亚而著名。在新总督比德·克利福德（此人最显赫的名声就是养育了 3 位美丽的女儿，不过当时她们都还未学会走路）到任后，他就搬到了政府大楼。

演讲代理公司设法为一半的演讲更改了日期，演讲将一直持续到 3 月 11 日。丘吉尔在短时间内走遍了美国东北部和中西部的很多地方，不过最远只到过芝加哥。克莱门汀觉得，到 2 月中旬的时候丈夫已经康复得很理想了，因此她可以独自回家了。3 月 18 日，丘吉尔回到英国，这是在刚过两年半的时间里，他第二次在异国他乡逗留长达 3 个半月的时间。在 2 月初写给罗伯特·布思比的一封信中，他甚至在考虑在夏季再度出访美国 5 个星期，去旁观共和党和民主党在芝加哥举行的代表大会。无疑，此次美国之行令丘吉尔对这个国家充满了浓厚而友好的兴趣。当他乘坐的"庄严"号邮轮接近欧洲水域时，他接到了克莱门汀发来的一则消息，形势看起来比 1929 年他回国的时候理想多了，当年回国的时候他可是不得不向妻子坦白交代自己在华尔街投资遭受的损失。

　　　　你回来真是太令人兴奋了。太想见到你了。明天 7 点，新轿车和行李车会在帕丁顿等着你起床。[丘吉尔肯定是在普利茅斯下船，乘坐夜班卧铺车返回伦敦。]查特维尔会准备好热水澡和早餐。如果你喜欢这样的安排，请发电报告诉我。杰克[丘吉尔]和布拉肯先生会来查特维尔度周末。温柔地爱你。^{dcix}

　　即使对于丘吉尔的行李而言，等在帕丁顿的一辆"行李车"也显得有些多余了，那辆"新轿车"应该是迎接丘吉尔回家、希望他感到温暖的礼物，不过根据丘吉尔在纽约的"奇遇"，这份礼物有些令人感到匪夷所思。对他来说更合适的礼物应该是能够让他忘掉汽车的东西。尽管如此，这份礼物还是很大方的，一辆戴姆勒轿车，价值 2000 英镑（今天的 6 万英镑）。筹办这份礼物的是积极而且忠实的布拉肯，不过按照要求赞助人都将支票寄给了备受尊敬的跨党派的阿奇博尔德·辛克莱爵士，当时他在坚决将丘吉尔排除在外的政府里担任苏格兰事务部大臣一职。捐款的朋友据说有 140 位，这样每个人就只需要负担 14 英镑的费用，这批人中包括比弗布鲁克、卡姆罗斯、埃斯蒙德·哈姆斯沃斯、爱德华·格雷、查理·卓别林·伊恩·汉密尔顿、塞缪尔·霍尔、罗伯特·霍恩、梅纳德·凯恩斯、哈罗德·麦克米伦、威尔士亲王、莫因男爵、路易斯·斯皮尔斯、达夫·库珀、里德尔勋爵和威斯敏斯特公爵。^{dcx}

　　尽管在第五大道遭遇的车祸造成的伤势已经痊愈了，丘吉尔的健康却遭遇了更多的不幸。在 1932 年春天返回英格兰之前，他一直无法专心从事"马尔博罗传"的写作，这部作品原本应该是他在文学领域的重头戏。莫里斯·阿什利和形形色色的陆军及海军顾问一直没有中断工作，但是哈拉普父子出版公司和斯克里布纳出版公司都没有签订能够确保在合同中提及研究助手们的高额合同。丘吉尔必须让出版社相信他会将全部注意力转移到这项工作上。因此，在1932年的复活节过后，他就投入工作了。当年夏天，丘吉尔一直在卖力地创作着。8月末，在林德曼和一批符合需要的军方随员的陪伴下，他走访了从佛兰德斯到巴伐利亚的各处古战场，这些都是"约翰公爵"（他对马尔博罗公爵的称呼）曾经战斗过的地方。在德国南部，这里原本应该是全世界最有利于健康的地区之一，他患上了副伤寒，不得不跨过奥地利边界，退到萨尔茨堡的一所疗养院，在那里待了两个星期。就像他笃定地告诉纽约警察，车祸责任在于他而不是那位撞倒他的肇事司机一样，这一次他也同样大度地说，致使他感染副伤寒的是他从英国带来的虫子，而不是德国当地的虫子。9月25日，他返回了查特维尔，这时他的身体仍旧十分虚弱。

在过去的10年里，丘吉尔的身体状况一直很不理想。在1922年急性阑尾炎发作，在1928年发布预算报告之后又患上了严重的流感，现在他又在纽约遭遇了车祸，在巴伐利亚感染了副伤寒，这一切令他在48至58岁的这10年里健康连续遭到重创。不过，这些天灾人祸存在着本质的差异，说明不了他的人生注定多灾多难。与许多长寿之人一样，在中年这段时期里丘吉尔不太健壮，不过他至少跟格莱斯顿一样健全，而且远远不如后者那样体弱多病。在他之前的首相里，在年龄方面能与他一比高低的主要对手就是格莱斯顿。直到第二次世界大战发展到中期的时候，丘吉尔的身体才出现了远比这10年里更严重的健康问题。

第二十四章　在野岁月的愚蠢

从美国回来后，丘吉尔的身体还是很虚弱。对他来说，完成这么多场演讲完全可以说是一个辉煌战绩，但是他却在信中写道："在火车上过了 8 个晚上，1 个月里 25 次高谈阔论，我的康复期差不多就是这么度过的。"他为自己感到有些难过。在信中他告诉自己的出版人："你不知道我都经历了些什么。"[dcxi]

面对政治，丘吉尔的情绪也是如此。形势令人沮丧，显然在眼前的政治环境下他没有机会担任公职了。在所谓的"政治环境"中有一点就是目前政府中的多数党是下议院有史以来人数最多的一个多数党，事实上，当时组建仅仅 6 个月的议会直到结束时一直保持着这样的状况。因此，丘吉尔对政坛里发生的绝大部分事情都不再惦念了。在 1932 年 8 月至 9 月举行的渥太华帝国特惠制会议，随后菲利普·斯诺登、赫伯特·塞缪尔和忠诚于丘吉尔的老朋友阿奇博尔德·辛克莱辞去政府职务，这些事情似乎都没给丘吉尔带来太大的冲击，至少他没有在书信中表达自己对这些事情的反应。不可否认，发生这些事情的时候他碰巧感染上了副伤寒，刚刚拖着虚弱的身体从萨尔茨堡的疗养院回到国内，而且到了 9 月底副伤寒复发，他又离开查特维尔，回到了伦敦的"私家医院"。但是，这些事情都没能妨碍他投身于新一轮出版谈判、组建助手队伍，甚至写作工作中去。不幸的是，这些事情也没能减弱他对一项政治事业的投入——继续维持英国对印度的统治。这条没有前途的死胡同暂时吸引住了他的注意力，只是这个"暂时"过于长久，实际上一直持续到了 1935 年初夏，前后将近 3 年的时间。①

---

①　加下划线的这句话，原著中写了"维持 1896 年英国对印度的统治"，译者查了资料，发现 1896 年的印度没有发生较大的政治事件，只是出现了大饥荒。倒是 1876 年发生了一件大事，在 5 月英国颁布了新的《女皇称号法案》，加冕维多利亚女王为"印度女皇"。并且在次年元旦，在印度首都德里举行了隆重的加冕礼，正式宣告这一新头衔。这一隆重的典礼象征着英帝国发源于内部的社会稳定和殖民地的热切忠诚，在声势上使得英帝国达到顶峰。

丘吉尔在 1932 年夏秋两季的写作比他在 1929 至 1930 年间的写作更加杂乱，也更加随意。《东线》一书于 1931 年 11 月 2 日出版了，在 19 日的信中，桑顿·巴特沃思就写道："非常抱歉地告诉你，［书］没有达到我们的预期效果。"[dcxii] 丘吉尔觉得自己的作品被克鲁－米伦斯为其岳父罗斯伯里所著的平淡无奇的传记抢了风头。不过，这件事情让人们清楚地意识到，作家丘吉尔在一生中的这个阶段取得的主要成果是坚持不懈的努力，而不是写出了成功的作品。他的有些作品的销量很小（为了争取到更优厚的版权费，他在 1931 年 2 月曾致信桑顿·巴特沃思："米塞尔斯·斯克里布纳在每本书上都赔了钱，只有最后出版的两本我的作品除外。"这种做法令人匪夷所思），[dcxiii] 但是他的产量很大，因此总收入非常可观，甚至超过了出版商的利润。

《东线》出版后，《马尔博罗》的写作又迫在眉睫了。助手们已经完成了大量的工作，但是之前丘吉尔一直没有多少机会为这部作品贡献力量。1932 年 7 月，他连一章都还没有完成，而且他认为这一章"最好还是放在后面再完成"，然而他却催促哈拉普斯出版社开始准备为完成的稿件排版并考虑出版的安排，如果 1933 年的春天来不及，最晚也要保证在当年秋天让这部作品问世。在得到大量帮助的情况下，丘吉尔快马加鞭地开始了《马尔博罗》第一卷的写作，最终这部作品准时出版了。然而，丘吉尔那双滴溜乱转的眼睛（只是比喻而已，不存在性的暗示，因为他大概是自小皮特之后大西洋两岸——更不用说跨英吉利海峡——在性的方面最没有威胁性的重要政客）不可能仅仅满足于 18 个月里只出了 1 部作品的成绩。1932 年的秋天，他不太认真地考虑过在纽约和伦敦两地出版 3 部作品，这些作品或许都可以被算作"吃老本"。他考虑的第 1 本书是《思想与冒险》（在美国出版时更名为"风暴之中"），这部作品正式问世于 1932 年；第 2 本定名为"美国印象"，最终在大洋两岸都没有出版。第 3 本被暂时定名为"当代名人"，一开始丘吉尔希望将最后一部作品安排在《思想与冒险》之前出版，后来他改变了主意，最终这部作品在 1937 年问世了，名字也被改为"当代伟人"。

1932 年 12 月，出版过程十分坎坷的《英语民族史》也启动了。卡塞尔出版社提出为这部预计 40 万字的作品预先支付 2 万英镑的定金（至少相当于今天的 60 万英镑），他们认为，直到 20 世纪 30 年代后半期丘吉尔才会动笔创作这部作品。这是一份令丘吉尔无法拒绝的提议，当他将这个消息告诉桑顿·巴特沃思的时候，后者也悲哀地承认了这一点。丘吉尔在 1939 年完成了这部作品，这个时间正合时宜，然而这部作品却被打入了冷宫。一开始是由于战争的干扰，接着又因为丘吉尔优先出版了多卷本的《第二次世界大战》，因此直到 1957 年，这部作品才终于问世了。

它不属于丘吉尔最杰出的文学作品。

不过，最重要的是在这段抛弃巴洛克风格，向洛可可风格过渡的时期里，丘吉尔在报纸上连载的作品就是这部《英语民族史》。除了"重新讲述伟大的圣经故事""假如他们生活在很久以前"和"败局注定的伟大斗士"，丘吉尔还应里德尔勋爵的委托，开始为《世界新闻报》撰写名为"重述世界名著"的系列作品。这个系列的文章篇幅被控制在 5000 字左右，丘吉尔为整个系列开出的价格是 2000 英镑，对方同意了他的要求。这笔稿费听上去很一般，不过需要记住的是这意味着每篇文章的稿费相当于今天的 1 万英镑。而且丘吉尔还安排永远忠于职守、文学修养非常高的爱德华·马什撰写了其中的大部分文章，后者得到的"酬金"是每篇文章25 英镑（今天的 750 英镑），对丘吉尔来说这笔交易实在太划算了。这个系列的主题都是里德尔提议的，包括大仲马的《基督山伯爵》、威尔基·柯林斯的《月亮宝石》、亨利·赖德·哈格德的《她》、路易斯·华莱士的《宾虚》、阿纳托尔·法朗士的《赛斯》（歌剧）、哈里特·比彻·斯托（斯托夫人）的《汤姆叔叔的小屋》。有意思的是，有两部法国长篇小说也入选了里德尔最初拟定的名单，换作今天，这部作品入选的可能性微乎其微。除非普鲁斯特最后得到了机会，否则难以想象《追忆似水年华》被缩减为适合《世界新闻》读者阅读的 5000 字的删节本。《赛斯》也没能进入最终确定的名单，取而代之的是《双城记》。这个名著缩写系列还被出售给了《芝加哥论坛报》（价格为 1800 英镑），伦敦的《星期日写真报》也买下了二次刊载权。这个系列大获成功，以至于《世界新闻》和《芝加哥论坛报》继续向丘吉尔约了 6 篇稿件。追加的几篇稿件分别改编自乔治·艾略特的《亚当·贝德》、司各特的《艾凡赫》、查尔斯·金斯利的《西行记》、夏洛蒂·勃朗特的《简·爱》、F. 安斯提（托马斯·安斯提·格思里）的《反之亦然》以及塞万提斯的《堂吉诃德》。与之前一样，大部分工作仍旧是爱德华·马什完成的。直到 1933 年 3 月 26 日，也就是丘吉尔又开始强烈反对政府的印度政策没有多久的时候，这个系列才连载结束。

在这段时期里，丘吉尔的脑力原本应该主要用于《马尔博罗》一书的创作上。这部作品是自 1906 年以来他的第一部大部头的传记历史著作。里德尔追加的 6 篇"重述世界名著"对丘吉尔来说有利可图，也十分有趣，在接受这份稿约的时候他在信（1933 年 1 月 13 日）中写道："我不得不放下仰之弥高的《马尔博罗》。"[dcxiv]尽管有杂七杂八的事情令丘吉尔分心，《马尔博罗》一书的进展依然相当惊人。在1932 年的下半年里，尽管染上了副伤寒，他还是又完成了 15 章的内容。他在文学创作上表现出的精力和勤奋令人惊叹。1933 年 10 月，厚达 557 页的第一卷《马尔博罗》全本按时出版了。除了自己付出的精力，丘吉尔还会坚持不懈地动员其他人为他效力。5 月（1933）的时候他就给马什寄去了 27 章草稿，请后者帮他修改文字，同时他还附上一份颇有见地的修改标准，他希望后者参照这个标准进行修改：

我希望你格外注意以下几点：

1. 含义模糊或者语法有问题的错句。

2. 用词重复。我有很多偏爱的词语，这些词语出现得或许过于频繁，例如大量、荒凉、浩瀚、惊人，等等。

3. 措辞重复，例如用各种不同的措辞提到马尔博罗是一位伟人，智慧、深刻、冷静的政治家，等等。

4. 论点重复……反复看稿子都让我的眼睛变得迟钝了。

5. 无聊、古板、枯燥的段落。你差不多是第一个立即读到这本书的人。也许你应该向自己提一个问题——"我应该在哪里砍掉 1 万字？"

6. 低劣、庸俗、令人尴尬的引文。这样的引文但愿你连一个都找不到。

7. 连字符。我发现麦考莱写"急性子"（hotheaded）的时候不用连字符。我确信咱们也不应该太频繁地使用连字符。^{dcxv}

到了 1933 年的夏天，丘吉尔不仅完成了《马尔博罗》的 20 万字书稿，而且为了这本书他还写了 308 封信（主要是索要资料、征求意见的信）。这部作品如何？在开始构想《丘吉尔传》之前我从未读过《马尔博罗》，而且对斯图亚特王朝晚期的历史也缺乏认识，因此这部作品令我大开眼界。书的第一章讲的是约翰·丘吉尔的祖辈，在这一章里丘吉尔最在意的似乎是保证突出阿什利的研究质量，而不是吸引读者的注意力。他一章都是在讲述祖辈的事情，为丘吉尔作传的作家们都知道这一章有很强的催眠效果。不过除了这一章，这部作品的主要部分都十分引人入胜。在整部作品里有这样一个无聊的章节不算过分，但是令人感到奇怪的是，丘吉尔这样一位颇有建树而且非常具有商业价值的作家，竟然会简单粗暴地将这样一章安排在这么重要的一部传记作品的开篇，毕竟这是他在伦道夫·丘吉尔勋爵传之后动笔创作的第一部重要传记作品。

不过，两章之后《马尔博罗》便一飞冲天。丘吉尔对复辟时期的英格兰的描述令人兴奋，同时又出人意料，对查理二世时期的欧洲的描述就更是如此。讲述这两方面内容的每一页都带有作者个人的强烈印记。丘吉尔很像是坐在一家新开办的冒险的航空公司的飞机上望着窗外的乘客，为外面的风景感到激动，同时心里又想着但愿飞机的保养做得到位，但是对于这一点他也没有十足的把握。丘吉尔始终很清楚自己的哪些预设很容易遭到驳斥，他清楚最危险的地方在哪里，因此在书中加入各种资料，以保护这些薄弱环节。

丘吉尔对第一卷采取的补救措施具有两个格外有趣的特点。第一，盲目偏袒。或许除了赚钱之外，他创作这部传记的首要动机就是驳斥托马斯·巴宾顿·麦考莱（1800—1859）。这位竭力鼓吹1688年光荣革命意义重大的典型的辉格党历史学家一直在大肆诟病约翰·丘吉尔（当时的名字）从詹姆士二世国王的属下变成奥兰治的威廉国王的拥戴者这一事实。马尔博罗公爵逝世250多年后，温斯顿·丘吉尔决意彻底驳倒麦考莱，在这个方面他取得了显著的成果，为此他变得几乎与后者在将近一个世纪前一样失之偏颇。"可是他是怎么书写历史的啊！……麦考莱勋爵的罪名已经坐实了，为了制造更惊人的对比、为他假想的景象赋予更多的色彩、让人们在读书的时候目瞪口呆，他就故意捏造事实、竭力根据一些所谓的证据给马尔博罗安插上令人厌恶的罪名，而他自己很清楚这些证据毫无价值，甚至在涉及其他事情的时候他也承认了这一点。"[dcxvi]

这番攻击一针见血。但是在同一卷里，丘吉尔将自己也置于几乎可以受到同样诟病的境地。麦考莱或许的确对第一代马尔博罗公爵怀有偏见，但是他的偏见并不能证明丘吉尔对法国国王路易十四的偏见就是正确的。不可否认，太阳王在很多方面都理应受到诟病，但是下述这段丘吉尔式的挞伐对他来说基本上算是无妄之灾：

> 在一生中，路易十四自始至终都是欧洲的祸害。在人类自由遭遇过的敌人中，没有一个人像他一样如此恶劣，同时又披着教养和文明的外衣。武装着枪炮和刀剑的他表现出永远满足不了的胃口，漠然、精于算计的冷酷无情、极度自负。教养和礼貌、壮观的仪式和复杂的礼节，这些表面的虚饰只是更加突出了他终其一生的邪恶。[dcxvii]

这本书的第二点有趣之处在于作者对约翰·丘吉尔前后两段爱情的描写。第一段是约翰·丘吉尔与年长于他12岁的克利夫兰公爵夫人芭芭拉·维利尔斯之间的奸情，年轻时这段鲁莽大胆的恋情带给约翰·丘吉尔不少好处。第二段恋情是约翰与妻子，即布伦海姆宫第一任女主人萨拉·詹宁斯天长地久的爱情，而且最终这段恋情以婚姻的形式得到了固定。情欲内容一直在很大程度上主宰着世界文学，根据不同时代逐渐改变的风气，这些描写的露骨程度也不尽相同，但是几乎毫无淫秽思想，甚至可以说对性爱描写毫无兴趣的丘吉尔，在自己的所有出版作品中，几乎只有过这两处涉及情欲成分的描写。

在处理芭芭拉·维利尔斯的时候，丘吉尔有些不自在，这位夫人是查理二世在复辟时期的头号情妇，跟随查理二世从荷兰回到英格兰。丘吉尔对 1666 年 24 岁的维利尔斯这样描述道："她是一位美貌和魅力超凡的女人，活力和激情也非同一般。在过去的 6 年里，她为国王生下 7 个孩子……［她］是宫中的花魁，令查理神魂颠倒。她大发脾气、挥霍无度、与人偷情，这些事情似乎只会让查理在她那张神秘的蛛网里越陷越深。"丘吉尔在书中暗示"她偷情的历史"中有一次就是与约翰·丘吉尔做下的，对于这件事情丘吉尔有些难为情，当时年仅 17 或 18 岁的约翰·丘吉尔还是宫廷里一名相貌非常出众的伴童。温斯顿·丘吉尔称这件事情是一则"下流传说"。dcxviii

随后，约翰·丘吉尔又去西班牙和摩洛哥北部的丹吉尔服役了两年多，在这段时期里他没有多少作为。1671 年，20 岁的他回到了英格兰，没过多久他便跻身于（或者说恢复为）当时 29 岁、刚刚从"卡索曼伯爵夫人"升级为"克利夫兰公爵夫人"的芭芭拉的情人行列。有观点认为基本上可以认定温斯顿·丘吉尔那位杰出的先辈正是克里夫兰公爵夫人最后一个孩子——又一个芭芭拉——的父亲，在这个问题上温斯顿·丘吉尔没有提出异议，他也没有否认在接下来几年里，由于这段奸情，约翰·丘吉尔几度陷入了费多①式闹剧的境地，例如跳窗而出、藏身于衣柜。当时国王的性欲即使略有减退，但是始终没有彻底消失，因此约翰·丘吉尔的举动可以说非常大胆。同样不存在争议的是，公爵夫人赠送给约翰·丘吉尔大量现金，公爵夫人在钱的问题上与她在其他问题上的态度如出一辙，挥霍无度，毫无节制。对于自己得到的礼物，约翰·丘吉尔就远没有情人那么大方了，他表现得更像是一位人到中年的会计，而不是一个无忧无虑的年轻情人。他曾用收到的一笔 5000 英镑的礼金从哈利法克斯侯爵的手里购买了一份价值 500 英镑的年金保险，当时后者似乎在宫廷里经营着业余的保险生意。结果证明约翰·丘吉尔的这笔投资对他非常有利，他的寿命远远超出了那个年代保险公司对年轻士兵寿命的期望值。面对这些情况，约翰·丘吉尔的传记作者对他这段恋情的开始日期上纲上线，似乎只表明作者本人在内心深处对整件事情持批评态度，至少可以说为此感到不安。

在 1675 年里，约翰·丘吉尔与克里夫兰公爵夫人结束了情人关系，当时萨拉·詹宁斯突然出现在宫廷里，一下子就吸引住了他的注意力。萨拉·詹宁斯当时

---

① 乔治·费多（1862—1921），19 世纪晚期和 20 世纪初期法国著名喜剧作家。

刚满 15 岁，所以很难理解为什么丘吉尔竟然会认为这段拐骗儿童式的恋情不如芭芭拉·维利尔斯与约翰·丘吉尔在 8 年前发生的那桩所谓的"下流传说"那么可耻。约翰·丘吉尔与萨拉·詹宁斯的这段恋情发展成了一场一夫一妻白头偕老的婚姻，温斯顿·丘吉尔在书中写道："他们相爱终生，从此以后两个人在一生中都不曾再爱过其他人，不过萨拉倒是恨过不少人。"dcxix 这样的爱情令温斯顿·丘吉尔感到安心自在。此外，另一个事实也对他有所触动，萨拉·詹宁斯与约翰·丘吉尔一样出身良好，但是不比后者更富有。约翰·丘吉尔花了 3 年的时间才与萨拉·詹宁斯完婚，这 3 年里他们两个人都很坚定，在两个人的感情出了一点小波折的时候约翰·丘吉尔的父亲曾建议儿子考虑另外一名女子，一位富有、长相瘦削的女子，约翰·丘吉尔拒绝了这个提议（这位瘦削的女子后来成为约克公爵暨詹姆士二世的情妇）。丘吉尔十分欣赏萨拉·詹宁斯的独立性格，他称萨拉·詹宁斯这位"年轻女子最终将对一位君主起到英国历史上其他女性都不曾起到过的重要影响"。丘吉尔对这段爱情的叙述中夹杂着相当强烈的自我认同，这种自我认同没有因为他对萨拉·詹宁斯的钦佩而失色。

《马尔博罗》第一卷的其余部分堪称杰作。其中偶尔也会出现乏味的部分，这都是因为丘吉尔觉得自己有必要展现出鞭辟入里的学识，即使这些内容都是二手的，只有这样才能支撑起包罗万象、引人入胜的叙述。他渴望在所有问题上驳倒麦考莱，在这件事情上他表现得非常固执，甚至可以说防御心理过于强烈。在麦考莱所有的指控中，他最想驳斥的就是所谓的约翰·丘吉尔与詹姆士二世在法国的流亡政府达成的不忠的交易（对威廉三世的背叛）。这种笔法留给读者的印象就是温斯顿·丘吉尔打赢了嘴仗，但是就像一场诽谤官司中经过两位显赫的精英律师的一场殊死搏斗之后当事人得到的结果，两败俱伤，双方的身上都留下了污点。

这一卷的最后 4 章（共 32 章）相当敷衍。丘吉尔原本打算用布伦海姆会战（1704）为这一卷画上一个辉煌的句号。这是一个明智的构想，因为描写这样的战争场面是他最拿手的本领。约翰·丘吉尔经历的这些战争都将被收录在 15 万字的一卷书中。然而，在太多研究助手的协助下这一卷变得过于浮肿，对作品本身造成了损害，导致这卷长达 20 万字的作品产生了更加虎头蛇尾的效果，最终以威廉三世于 1702 年驾崩收尾了。威廉三世的生命画上了句号，但是将这件事情当作马尔博罗一生的终场落幕事件没能产生激动人心的效果。

《马尔博罗》（第一卷）于 1933 年 10 月初问世，没过多久就重新印刷了，15 个月后经过略微改动的第一卷又面世了，到了 1939 年这一卷又得到了再版，这时后续三卷也已经完成并出版了。经过四次印刷，第一卷总计售出了 1.7 万册，这个销量很可观，但是远远达不到轰动的程度。后续几卷的销量一直略有下滑，第二卷售出了 1.5 万册，最后两卷都各售出 1 万册。丘吉尔一如既往地将第一卷广泛分发给显赫的政客、自己以前的私人秘书、其他与他来往密切的身居要职的官员，以及在这本书的写作过程中启发过他、为他提供过建议和信息的许多人。丘吉尔给每一本赠书都题了字。政客们对丘吉尔的态度像极了 18 世纪英国作家约翰逊博士（塞缪尔·约翰逊）曾经对狗能直立走路和女人布道做过的比喻一样，① 其中表现最明显的就是鲍德温、内维尔·张伯伦、奥斯汀·张伯伦——丘吉尔竟然做到了，而且做得这么好，这太令人惊讶了。他们还发现在自己与丘吉尔的政治裂痕日渐加深的情况下，要想假装依然保持着与后者的私人交往，那么向后者表达感激和赞美正是一种令人满意的选择。内维尔·张伯伦的致谢依然是最直言不讳的："你没有将我从你的赠阅人名单中删除……对此我感激不尽。"ᵈᶜˣˣ 这一次大家也几乎全都在拜读之前就先写好了感谢信，以防万一。不过，这一次赫伯特·费舍尔是一个例外，他宣称在这本书出版一周之内他就已经读过两遍了。

由于丘吉尔在 1931 年和 1932 年的两个秋天里健康状况起起落落，再加上印度总督从欧文变成了威灵顿，随之印度问题暂时被搁置了，因此有一段时间他暂停了自己在印度问题上的活动。1933 年春天，他在印度问题上再度爆发了。在接下来的两年里，他在这个问题上迈出的每一步几乎都在减少保守党人对他的支持，削弱他在党内的地位，事实上即使在整个下议院里都是如此。从表面上看，对英国人来说印度有时候看上去就是一个祸患之地，因为英国各地保守党协会里的活跃分子中有许多人的本能反应是支持"帝国主义"路线，因此不信任鲍德温和霍尔比较进步的政策，当时后者已经出任印度事务部大臣。在议会外举行的各种保守党集会中态度始终如一的表决结果（尽管始终只是少数）就体现出了这种阻力的存在。1932 年 2 月，在保守党协会全国联盟的一场会议上，"造反者"以 165 票对 189 票的成绩达到了最高纪录。6 月，在保守党总理事会上他们的成绩下滑到 316 票对 838 票，在 10 月的保守党会议上数字变成了 344 票对 737 票。少数派始终是一股可怕的力量，但是还没有产生推动力。

保守党在 1931 年大选中取得了压倒性的胜利，在这场胜利中有一大批出人意料而且缺乏经验的保守党候选人轻松当选议员，尽管如此，丘吉尔在保守党议员中

---

① 原话为，"先生，女人布道就像是狗直立走路一样。狗走得不会有多出色，但是看到它竟然能直立走路你还是会感到惊讶的。"

的地位始终不够稳固。那个年代的保守党基本上是一个很顺从的政党，选区的顽固分子做得最多的事情就是，在下班回家享用茶点或者交出领导权之前安排几场下午举行的示威活动，以表达党内不满情绪，只要大多数议员支持他们坚持下去——事实上也的确如此——他们就会一直这样做下去。在那个时期，当保守党协会通过了反政府的决议时，丘吉尔和他的盟友们能够做的最多的事情就是给一些忠诚于政府的议员制造一些麻烦。不过这种做法只是小打小闹而已。没有人面临过被其他候选人取代的危险，丘吉尔应该能充分认识到这一点，即使作为保守党人没有多少经验，至少作为下议院议员，他的经验也十分丰富，而且他自己就是一个在微弱火力之下岿然不动的人。这种微弱火力不会挫伤对方的士气，只会进一步增强对方对进攻一方的敌意，后者中最突出的就是丘吉尔。

此外，丘吉尔之所以一度不再关注印度问题应该也是因为他想到了帮助他在印度问题上采取行动的都是一群多么狭隘的外围角色：卡森勋爵、劳埃德勋爵、约翰·格雷顿上校、亨利·佩奇·克罗夫特爵士、阿尔弗雷德·诺克斯爵士，自20世纪30年代起，这些人在保守党的历史上都几乎默默无闻。* 克罗夫特在英国的黄金时期成了一个只会开恶毒玩笑的人；诺克斯（威科姆的下议院议员）曾在2月24日（1933）给丘吉尔写过一封信，他在信中写道：“我比任何时候都更坚定地打算战斗到底。”[dcxxi] 这封信原本应当在收信人的脑袋里敲响所有的警钟，毕竟后者是一名参加过1909至1911年宪法斗争的经验丰富的勇士。相比之下，丘吉尔针对印度的活动极大地拉开了他与安东尼·艾登、哈罗德·麦克米伦、达夫·库珀以及托利党内大量不那么出名的进步议员之间的距离，而这些人正是日后他在反对绥靖政策的时候的潜在盟友。达夫·库珀在时隔20年后写了一篇反思的文章，他认为当年丘吉尔坚决阻挠向印度获得自治领地位迈进的每一步是“在两次大战之间发生的最不幸的事件”。[dcxxii]

1933年年初，政府认为应当建立一个上下两院联合特别委员会，导致丘吉尔与政府疏远的主要活动基本上都同这个委员会有关。当时政府刚刚发布了一份白皮书，列出了他们认为在1932年召开的所谓的第二轮圆桌会议产生的一些提议。特别委员会将对这些提议进行充分考虑，然后将其写进议案中，这份议案后来就成为政府的《1935印度法案》。组建特别委员会原本只是一种安抚性的姿态，政府希望

---

* 不过，还有一两位不太坚定的右翼分子，最著名的就是阿索尔公爵夫人，从1922至1938年间她担任过金罗斯和西珀斯郡的下议院议员，就在这段时期的不久前由于支持西班牙内战中的共和政府，她被称为“红色公爵夫人”。

通过这种方式满足丘吉尔一伙人之前坚持的要求，让议会也参与进有关印度问题的工作中。这也是外界对这个委员会的普遍认识，然而丘吉尔对委员会的理解不是这样的。一开始他非常希望"造反者"在特别委员会里能占有相当多的代表席位，尽管他也承认"政府必须占有大多数席位"。政府做出了让步，条件包括让索尔兹伯里侯爵担任委员会主席，在印度问题上这位侯爵是丘吉尔相当牢固的盟友。政府还邀请丘吉尔也加入委员会，丘吉尔愤愤不平地拒绝了政府的提议。霍尔给丘吉尔写了一封态度友好的信，在信中向他发出了正式邀请，但是丘吉尔寸步不让地答复道："我看不出加入你们的委员会有什么好处，你们挑选出来的知名人士占压倒性的多数，我只不过是等着被他们否决罢了……你们打算做的事没有我的份儿，我从中也捞不到什么好处。"[dcxxiii] 在丘吉尔不太多的支持者当中，有相当一部分人不赞成丘吉尔这种不合作的态度。颇有讽刺意味的是，有一次他更生气的时候，这种态度表现得完全可以与甘地（令丘吉尔恨之入骨的那个印度人）相匹敌。*

在拒绝加入特别委员会之后没过多久，丘吉尔又与林利斯戈侯爵维克托·霍普进行了大量的书信交流。日后（1936—1943）将出任印度总督的林利斯戈被任命为特别委员会主席，他比丘吉尔年轻13岁，是丘吉尔在印度问题上的一个顽固对手，不过在其他问题上他又是丘吉尔的朋友及仰慕者，一心希望丘吉尔能重新担任要职。在写给丘吉尔的信中，他明显透露出自己对丘吉尔的一番好意，他的落款也十分打动人，"霍皮"，这是他年轻时的头衔"霍普顿勋爵"的昵称。在1932年5月的前几个星期里，两个人互通5封长信，这几封信最有意思的地方就在于，促使丘吉尔比之前任何时候都更彻底地表明了自己在印度政策问题上的深层考虑。5月7日，丘吉尔在信中写道：

> 我想我们在这个问题上的看法基本上是不一样的，你认为未来只是过去的延续，而我却发现历史充满了出人意料的转折和退步。在20世纪最初几年里盛行的温和而模糊的自由主义、在大战结束后涌现出的一大波不可思议的希望和错觉都已经消失了，取而代之的是，针对议会议事程序和选举程序的反动暴

---

* 不太容易理解的是，如果就事论事的话，丘吉尔的担心的确没有错。在有34人参加的一场不太为外界了解的会议上，工党反对党（当时只占很少的席位）有4名议员，丘吉尔自己发起的印度国防委员会有8名代表，这样一来就还有多达22位的代表席位，不过这些代表并非全都坚决支持政府在印度问题上的政策。或许政府应当更大度一些，给造反者们多奖励几个席位，但是难以想象一个绝对多数党政府会做出更大度的表现，从丘吉尔政府到布莱尔政府都没有做到这一步。

力活动、几乎每个国家都建立起的真正意义上的或者半遮半掩的独裁统治。此外，英国对外联系减少、对外贸易缩水、轮船输送来过剩人口，对英国来说彻底的毁灭近在咫尺。在我们正在进入的这个时代里，为了自我保护而进行的斗争将会大面积出现在人口密集的工业国家里。

因此，我们没有理由认为，在众多国家里唯独英格兰愿意交出对印度这样庞大的臣属国的控制权。荷兰人不会这样做，法国人不会这样做，意大利人不会这样做。至于日本人，他们正在征服一个新的帝国。你和你的朋友们一直把轻轻松松、平平安安就能取得胜利的时代挂在嘴上，可是那个时代已经过去了，现在时代的大潮已经改变了方向，你们会被这股大潮吞没的。

依我之见，英格兰现在已经进入了一个为自己的生存而斗争的新时代，这个时代的核心不仅需要保留住印度这个殖民地，而且还要远比以前更坚决地拥有对它的贸易权……你们的那套方案已经落后时代 20 年了。^{dcxxiv}

这封令人印象深刻的信在几个方面引起了人们的共鸣，它标志着丘吉尔彻底摒弃了乐观主义，这种乐观主义正是格莱斯顿和阿斯奎斯式自由主义所具有的一个显著特点。托马斯·霍布斯取代约翰·洛克，成为对他影响最大的哲学家。这封信还清楚无误地显示出，为什么大约在这个时期，一些人会认为丘吉尔想要成为英国的墨索里尼。残酷的现实政治，^① 对"议会议事程序和选举程序"没有耐心，这两点都略微表明了丘吉尔具有这种倾向。他在牛津大学罗曼尼斯讲座上发表的演讲（1931）也具有同样的倾向，那场演讲的基调就是鼓吹应当建立一个单独的"产业议会"的社团主义。^② 就连丘吉尔著名的怒容（在面对希特勒的时候弥足珍贵）也会被人们拿来同墨索里尼的表情做比较，如果这样的怒容面对的只是霍尔和鲍德温的话。

在外界看来，林利斯戈通常不是一个能说会道的人，在丘吉尔的小圈子里也处于边缘位置，但是这一次他的回复非常有力。在 5 月 19 日的信中他写道：

---

① "现实政治"的概念是普鲁士王国铁血首相奥托·冯·俾斯麦所提出的，主张当政者应以国家利益作为从事内政外交的最高考量，而不应该受到当政者自己的感情、道德伦理观、理想，甚至意识形态的左右。

② 社团主义在历史上是一种政治体制，在这样的体制里，立法的权力交给由产业、农业和职业团体所派遣的代表。在多元制度里，众多团体必须经过民主竞争的过程才能取得权力，但在社团主义制度里，许多未经选举的组织实体掌控了决策的过程。社团主义也被称为经济法西斯主义。

你的设想……我们正在走向一个血淋淋的时代，走向为生存手段进行的斗争。温斯顿，对于这一点我很怀疑！我想知道你是否充分认识到了两个基本的变化趋势：一、出生率在下降；二、产量大幅度提高，实际产量和潜在产量都是如此，初级产品和制成品也都如此。我想对第二个趋势的价值怎么估计都不为过……所以，请原谅，我要说在我看来并非我在一直念叨着那套有关已经过去的时代、已经落后时代 20 年的陈词滥调，而是你危险地将自己吊在了一棵树上，一边还语无伦次地唠叨着那套过时的党派教条，说什么由于某些人的存在这个时代注定要退回到已经被遗忘的旧时代。总之，让我按照托利党人对托利党人的态度来跟你说吧，恳请你能够及时认清自己的思想错误，消除这些错误，以免自己错过良机，陷入不可挽回的境地。[dcxxv]

在这一轮发人深省的书信往来中，林利斯戈再也没有展现出更大的智慧，放在整个 20 世纪，甚至只是放在丘吉尔 32 年的余生里来看，林利斯戈的这种表现也令人难以置信。

联合特别委员会在当年夏天（1933）开始工作了，只要是涉及丘吉尔与委员会之间的关系，工作就很不顺利。丘吉尔在 10 月向委员会提供了证词，但是他表现得更接近外强中干的咆哮，没有太大的说服力。1934 年春天，他试图通过他那个不走运的特别权益委员会挫败联合特别委员会的所有工作，然而他的努力以失败告终。与他在这一年遭受的挫折相比，提交证据和拒绝加入委员会这两次失败都不值一提。在同特别委员会打交道的过程中，他一直表现得生龙活虎，但是取得的效果却很悲惨，这一次完全是他的最后一搏。在内心深处，丘吉尔知道自己有关印度议案的这场声势浩大的运动已经趋于偃旗息鼓了（他的判断没有错），再加上他也变得越来越自负了——在这样的情况下产生这种反应很正常——就这样他开始求助于特别委员会了。之前，提交给联合特别委员会的证词中的一项关键内容就是曼彻斯特商会的证词。丘吉尔一方面从宏观角度出发希望英国继续维持着仁慈帝国的形象，同时又认为印度必须继续作为兰开夏郡纺织业的垄断市场，对于这两个不太相称的目标，曼彻斯特商会能够对他的第二个目标提供支持就将产生至关重要的作用。然而，无论是提交给联合特别委员会的书面证词，还是在 11 月 3 日当面陈述的口头证词，曼彻斯特代表团都没能达到丘吉尔的标准。代表团表现出一种令丘吉尔感到悲哀的倾向，他们的证词迎合了这个世界正在进化的现实。丘吉尔认为代表团之所以做出如此虚弱的表现，（在他看来）是因为霍尔通过兰开夏郡杰出的政治调解人德比勋爵之手对他们施加了不正当的压力。他宣称这种行为是对议会特权的破坏，并且在 1934 年 4 月 16 日在下议院的议员席上有些自命不凡地提出了这个问题。

正如丘吉尔所希望的那样，他的指控被提交给了特别委员会，4 月 23 日至 6 月 6 日，委员会对这个问题进行了商讨。那个年代的特别委员会都是由地位高得令人难以置信的委员组成的。首相担任主席，另外 9 名委员包括 1 名前首相和 1 名未来的首相（鲍德温和艾德礼），以及与首相的职位失之交臂的奥斯汀·张伯伦，此外还有自由党领袖赫伯特·塞缪尔。委员会中还包括丘吉尔的老朋友休·塞西尔和总检察长托马斯·英斯基普（来自布里斯托的教会律师，后来因出任大法官和首席大法官的经历被加封为考尔德科特子爵），有点五短身材的总检察长还曾在莫扎特的一部歌剧里扮演过公证人的角色。当丘吉尔于 4 月 23 日接受质询的时候，做派一向令人沮丧但是始终对人客客气气的英斯基普都被逼得好像将他当成了一名不合格的出庭证人似的，催促他"试着回答我的问题吧，如果你不用那些花哨话就能回答出来的话"。对丘吉尔更加不利的是，在这个时候他曾经的同僚奥斯汀·张伯伦已经与其他人一样初步意识到了纳粹主义的危险，更重要的是后者极其推崇旧式礼节，或许张伯伦认为自己有必要将丘吉尔斥责一番，因为张伯伦"身为这个议会中的知名人士，在对下议院的一个委员会讲话的时候，仰仗着自己的地位摆出一副傲慢的模样，就好像在听到受邀前来提供自己掌握的证据和信息、以协助他们工作的人开口说话时，委员会还有些不太适应似的。"[dcxxvi] 张伯伦的表达方式有些婉转，但是其中清楚无误地透露出对丘吉尔的不满。

在 6 个星期里，委员会频频召开耗时很长的会议，付出了令人疲惫的劳动，因为在此期间，丘吉尔给委员会交上了铺天盖地的材料，而委员会中的一部分委员都是全英国最忙碌的人。6 个星期后，委员会拿出了一份全体一致通过的报告，完全驳回了丘吉尔的申诉，并且宣布无论是霍尔还是德比都没有做过破坏议会特权的行为。到了这个阶段，面对着这份众口一词的判决，几乎所有的人都会赶紧找个地方躲起来，埋起头，退出政治舞台一阵子。勇敢、自负又愚蠢的丘吉尔却反其道而行之。

报告于 6 月 13 日被递交给下议院，首相提议接受报告，并且做了一个多小时的发言。首相发言完毕后，丘吉尔立即站了起来，毫不让步地对特别委员会得出的调查结果逐一进行了辩驳。从某种角度而言，他的表现令人赞叹，但是第一代马尔博罗公爵应该不会认为他采用的作战手法足够巧妙——当时丘吉尔的脑海中首先想到的应该就是自己的这位祖先。丘吉尔丝毫没有争取到同盟，反而将他们推开了。霍尔给远在德里的代理总督写了一封信，在信中大致讲述了整件事情："温斯顿把每一个圈子都想得糟糕至极。如果他能够公开表示自己为这场调查证明他的两位老朋友和同僚不存在过失而感到满意，但是出于公共利益的考虑，他觉得自己有责任提出这个问题就好了，显然这才是他应该选择的道路。如果这么做了，他不仅能重新得到曾经失去的职位，而且还能博得下议院很多人对他的同情和好感。"[dcxxvii]

相反，丘吉尔继续坚持自己的立场，就好像特别委员会不曾认真处理过他的申诉似的。他的表现招致了下议院对他的极度反感，不久后将出任自由党党派总督导的佩尔西·哈里斯一度打断他，问道："你这是在抨击特别委员会吗？""不是，我是在抨击'报告'。"丘吉尔镇定地答道。在丘吉尔结束发言后，每逢丘吉尔人生中的重大时刻都会在场并对他落井下石的里奥·艾默里立即发言，而且大获成功。他谴责丘吉尔接连数月做了不计后果地扰乱联合特别委员会的工作、希望迫使霍尔辞职，并且企图在保守党内部制造尽可能多的混乱。接着，他对这部分的论述就达到了高潮："阁下希望坚持自己选择的格言，'Fiat justitia ruat caelum'。"[①] 丘吉尔愁眉苦脸地喊道："翻译一下。"他在古典知识方面没有多少造诣，而这一次插嘴又是判断失误的绝佳例证。对于丘吉尔的插嘴，艾默里基本上不可能有备而来，但是他立即按照自己的想法做了有些随意的翻译："若是我能绊倒萨姆［霍尔］，政府就会破产。"[dcxxviii] 几乎所有议员都异口同声地爆发出对丘吉尔的嗤笑。

对于丘吉尔而言，这场辩论的形势越来越糟糕了。反对党的代理领袖艾德礼以及休·塞西尔也都先后否决了他的主张。就连一贯忠诚于他、深得他喜爱的阿奇博尔德·辛克莱也欣然接纳了委员会的报告。当时担任外交大臣的约翰·西蒙爵士由于在 1928 至 1929 年间担任过印度法令委员会(即西蒙委员会)的主席，所以在印度问题上占有主导地位，他巧妙而迂回地对丘吉尔进行了一番细致的剖析。[*] 到了这个时候形势已经很明朗了，丘吉尔甚至没有希望召集起散兵游勇走进投票厅，给委员会的报告投上一张否决票。看到这种情况，他在辩论尚未结束的时候就放弃了战场。在下议院度过的这一天对他来说糟透了。

可悲的是，丘吉尔没有就此罢休。在印度问题上他又继续斗争了整整一年。在

---

① 这句话的意思是"即使天崩地裂，也要实现正义"，是古罗马的谚语。从文艺复兴时期开始，司法女神朱蒂提亚的造像出现在欧洲各个城市法院，造像的背面往往就刻有这句话。

* 西蒙的态度对丘吉尔具有重要意义，因为他在这场争端刚出现的时候倾向于支持丘吉尔，而不是鲍德温。在其他一些在外界看来具有与印度密切相关的经验的资深政客中，大部分人也持有这种态度，这些政客包括在 1924 至 1928 年间担任国务大臣的伯肯黑德、在 1921 至 1926 年间出任印度总督的雷丁，甚至奥斯汀·张伯伦。伯肯黑德于 1930 年逝世，到了 1934 年的时候丘吉尔与剩下的所有人都疏远了。

这一年里他度过了自己的 60 岁生日，生日过后他继续过着在野生活，仕途毫无起色。在 1934 年的夏天和秋天里，丘吉尔开展了一系列以兰开夏郡为中心的地方性活动，参加了几次非常成功的会议，这令他士气高昂。但是，他错过了在 10 月份举行的保守党大会，当时他选择了乘坐沃尔特·金恩斯的游艇前往地中海东部的海上之旅，如果不是当时他还在经历一场顽抗到底的活动，那么从各种角度看这个选择都是明智的。外界认为丘吉尔的势力集中在议会之外的保守党人中间，不过 10 月的保守党会议并不是保守党议员与议会外的保守党人举行的一场关键性的碰头会，真正至关重要的会议是保守党协会全国联盟委员会于 12 月 4 日在女王音乐厅举行的会议。到那时，联合特别委员会通过长达 18 个月的辛苦工作产生了一份令政府感到相当满意的报告。所有重要人物都在女王音乐厅里一一亮相了。鲍德温、奥斯汀·张伯伦与艾默里做了支持"报告"的发言，丘吉尔与索尔兹伯里表示反对"报告"。结果，鲍德温得到了 1102 张有效的投票，丘吉尔得到了 390 票。

　　一个多星期后，这一幕又在下议院里重演了一遍。这一次，外界普遍认为丘吉尔在发言方面打了一场大胜仗。在这个阶段，他的表现一直很平淡。他可以轻轻松松地从成功沦落到彻底失败、受人鄙视的境地，但是值得钦佩的是，失败不会阻挡他充满自信地卷土重来。然而，议会的这场投票表决几乎完全再现了保守党协会全国联盟委员会的表决结果。政府以 410 票对 127 票否决了针对联合特别委员会报告的修正案。但是，127 票中有 53 票是工党议员和自由党议员投出的，因为他们希望加速权力的移交。丘吉尔真正的追随者总共只投出了 74 票。上议院也以 239 票对 62 票否决了一份类似的修正案，对于在 1930 年里无所作为、在重要事件中始终不见踪影的上议院来说，这个投票率非常高，只是投票结果对丘吉尔不利。

　　尽管如此，丘吉尔仍然不认为自己的斗争已经走到了尽头。他坚定地与支持印度议案的庞大对手——政府——做着斗争。由于霍尔的"努力"，围绕这项议案展开的工作成了 1935 年议会有些单一的家常便饭。在这一年的春季，丘吉尔频频提到自己被迫放弃了不打无准备之仗的习惯。4 月 13 日，他致信克莱门汀（依然乘坐沃尔特·金恩斯的游艇出游，比他们夫妻俩在前一年夏天里走得更远，时间更长）："到了 60 岁，我对自己的言谈方式有所警觉了，很大程度上是得到了伦道夫的指点。现在，我在下议院里讲话时只会唠唠叨叨地讲一大堆事先没有思量过的话。他们似乎很高兴。唉，公开讲话的技巧太神秘了！……显然，我追求了 40 年的文学效果毫无用处！"[dcxxix]

　　伦道夫·丘吉尔在讲话方面给予了父亲成功的指导，但是在这个时期，他对父亲的声望却没有起到积极的影响，他极度想要以父亲的助手而不是下属的身份在政坛上占有一席之地。1935 年 1 月中旬，在没有向任何人征求意见的情况下，他公开提出参加一场待定的补缺选举。补选将在利物浦的韦弗特里选区举行，伦道夫的参选身份是反印度议案的独立保守党候选人。对此丘吉尔感到不悦（特别是没有征求他的意见），但是他还是觉得自己别无选择，只能支持儿子。他在利物浦的几场会议上做了讲话，号召自己的朋友为伦道夫提供资金上的支持并公开对他表示认可。丘吉尔很欣赏伦道夫充满活力的表现，但是这场竞选活动导致他与保守党的关系严重恶化了，尤其是伦道夫得到的选票（1 万票对保守党官方候选人的 1.3 万票）导致保守党的选票分流，这样一来就给工党候选人制造了获胜的机会。

这场风波还没有平息的时候，伦道夫又劲头十足地开始了另一次努力，但是这一次他的父亲没有再插手。这一次伦道夫不是为了自己，而是为了给将在 3 月 14 日伦敦南部诺伍德区的补选中代他出阵的候选人理查德·芬德利（在丘吉尔出任首相初期，此人曾因自己的法西斯观点而受到监禁）做宣传。这一次，"造反派"只得到了 2700 张票，诺伍德的席位被把持在保守党人手里。这个结果对丘吉尔来说没有什么差别，因为保守党官方候选人是邓肯·桑迪斯，一向冷冰冰的桑迪斯不仅成为丘吉尔坚定的支持者，而且不到一年就与黛安娜·丘吉尔结婚了。显然，这对年轻人正是在这场竞选活动中认识了彼此，属于不同阵营的他们能够经常看到对方，但是直到晚些时候他们才开始正式约会。4 月，由于黄疸病和淋巴结热伦道夫病倒了，总体上这对丘吉尔来说不啻一种解脱。

当年春天，印度议案在下议院进入审议阶段，① 整个过程令人疲惫不堪。这大概是丘吉尔在长达 64 年的议会生涯中对细枝末节的工作最用功的一次。正如他在 4 月 5 日给克莱门汀的信中写到的那样，"唯一一次我不在政府里，眨眼间 60 项条款就通过了"。[dcxxx] 这份庞大的议案多达 400 多项条款。最终，审议阶段于 5 月 15 日结束。丘吉尔在这场马拉松式的审议中做了 68 次发言，其中有些发言依然闪现出智慧和雄辩的光芒，但是在这几个星期里他几乎招致了整个议会的厌烦，他在议会这个舞台上度过的漫长岁月里还从未这样令同僚们厌烦过。接下来，印度议案进入了报告会阶段，6 月初就进入了三读阶段。丘吉尔坚持到了最后，但是在 6 月 5 日当他结束了针对这项议案所做的最后一次发言后坐下时，始终在他的脑袋周围飞来飞去的"虫子"艾默里站了起来，对充满同情的议员们说："现在《耶利米书》②

---

① 英国上、下议院委员会审查议案中二读与三读之间的阶段。

② 《耶利米书》是《圣经·旧约》中的一卷，记载了先知耶利米的预言——在公元前 586 年耶路撒冷将被巴比伦消灭——但是犹太人没有听从他的警告。

的最后一章最后一节终于结束了。"[dcxxxi] 这番轻蔑的评论得到了大部分议员的强烈认可。不过，要是将这种上下起伏的"下议院情绪"当作判断是非对错的可靠指标那就错了。丘吉尔还是争取到了一定的支持，在针对印度议案的最后一场表决中，反对丘吉尔的票数为 122 票，而政府得到的反对票为 386 票。丘吉尔得到的票数中有 1/3 依然来自工党，而后者在印度问题上的观点与他的看法相反，因此这样的投票结果并没有令他感到满意。丘吉尔于 5 月 31 日在克拉里奇酒店举行了一场宴会，宴会宾客的名单更能准确地反映出忠实支持他的力量。（丘吉尔一贯喜欢"边吃边喝边战斗"。）51 名下议院议员和 12 名贵族出席了这场宴会。但是，如果进行一番分析的话，这份花名册就会以一种极端的方式让人想到古罗马诗人维吉尔说过的一句话："这一次既不需要这样的帮助，也不需要这样的盟友。"这场宴会的宾客中没有几个人能够在接下来更浩大的一场战斗中对丘吉尔提供太大的帮助。

第二十五章　早响的闹钟

历史永远铭记着20世纪30年代的丘吉尔，借用一部电视系列片激荡人心的标题，他的这段岁月可以被称为"在野岁月"。在这段时期里，他不屈不挠地对先后由麦克唐纳、鲍德温和内维尔·张伯伦领导的英国政府在面对法西斯独裁者日渐猖狂的侵略时表现出的怯懦进行批评，但是他的意见被忽视了。丘吉尔在1932至1939年间的立场和表现大致如此，但是这种描述过于简单化。在看到和平和民主受到威胁时，他挺身反抗的勇气和远见比英国任何一位重要的政治家都更值得称道，唯一的例外就是奥斯汀·张伯伦，但是这位正直高尚的政治家始终缺乏丘吉尔的活力和自信，并且在1937年3月就与世长辞，可以说没有目睹继母的儿子内维尔·张伯伦推行绥靖政策的那一幕是他的幸运。

但是，丘吉尔在两个方面的表现绝对无法得到谅解，他一贯坚定的立场也因此打了折扣。第一，他始终认为英国安全受到的威胁主要来自德国人，因此对于他所谓的世界秩序面临的次要挑战方面他始终含糊其词，这些问题包括日本人在1931年入侵满洲里、墨索里尼在1935年吞并阿比西尼亚（现今埃塞俄比亚）、1936至1939年的西班牙内战。这意味着他没有像与他私交甚密的朋友阿奇博尔德·辛克莱、罗伯特·塞西尔、维奥莱特·博纳姆·卡特和李顿伯爵那样，给建立区域性集体安全体系国际联盟的主张投赞成票。但是与这些人相比，他也有着自己独有的优点，他远比他们更清楚地认识到抵抗法西斯力量不只需要枪炮，同时也需要语言和文字。实际上，就连反战的乔治·兰斯伯里（1931—1935）和"拥有出色的参战记录的艾德礼少校"（丘吉尔的话）[dcxxxii] 所领导的工党在这个方面也难以企及丘吉尔。

第二个无法得到谅解的表现就是，由于渴望重新在这届政府里担任要职，有时候丘吉尔反对政府的勇气就有所减弱。这一点也不难理解。丘吉尔热爱执掌大权的感觉，年仅33岁的时候他就成了内阁大臣，手握大权的感觉令年纪轻轻的他感到兴奋。从1940至1945年，手中的权力更是令他感到刺激而不是压抑，在第一次享受养老金待遇的 5 年里，他比英国历史上任何一位首相承担的责任都更为艰巨。即使年过八旬，他还是难以抛下权力。从 54 岁起直至将近 65 岁的这 10 多年里，他一直缺乏权力的滋养，不过他也并非毫无权力，导致这种状况的一部分原因正在于他与政府寸步不让的斗争。此外，在 20 世纪 30 年代的后半期，即 60 岁生日过后没多久，他就开始显示出严重的衰老迹象。在英国首相中只有 3 个人活过了一个世纪，其中一位就是丘吉尔，但是如果根据这一点就断定他总是显得比实际年龄年轻那就错了。直到 20 世纪 30 年代的初期，他一直保持着一副好斗、活跃的中年人形象，他依然还是 15 年前那个大步流星地巡视着营队驻地的中校。然而，在 1934 至 1935 年间，他一度显得老态龙钟。在参加竞选活动的照片中他已经是一副老人模样了，在 1935 年 2 月与伦道夫一起出现在韦弗特里的时候、当年 9 月在伦敦市的卡尔顿俱乐部发表一场著名讲话的时候、两个月后在自己的埃平选区露面的时候，他都保持着这样的状态。在交谈和进行非凡的口述时，他流露出的活力依然没有减退，但是他的身体反应就没有那么活跃了。

1935 年 5 月，下议院出现了离奇的一幕。就在丘吉尔结束发言后，为人有点不择手段的托马斯·莫尔上校立即站了起来，抨击丘吉尔，因为"他的讲话通篇充斥着德国正在为战争进行武装的论调"。随即他话锋一转，没有之前那么无情了："不过，谁都不愿意在别人的日子即将到头的时候对其评头论足一番。" [dcxxxiii] 莫尔以艾尔特区（苏格兰西南部）议员身份在议会中一直待到 1964 年。在议会里遭到莫尔抨击的时候，丘吉尔刚满 60 岁零 5 个月，未来还有 9 年的首相生涯和 30 年的生命在等待着他（莫尔即使在成就和名望上无法与丘吉尔比肩，至少几乎同后者一样长寿，他也还有 36 年的余生）。莫尔在这一次发表的意见一定算是《议会议事录》所记录下的最草率、最荒唐的"告别"发言之一。尽管如此，他的这番话还是能够表明在外人看来丘吉尔的确早已过了盛年，至少在缺乏洞察力的人看来是这样的。

丘吉尔自己或许也悲哀地怀疑莫尔所言也不无道理。10 年后，他对自己的这个阶段做过一段细致的描述，不过这段描述总体上也许伤感得有些言不由衷：

> 从 1931 至 1935 年的那几年，除了焦虑于公共事务，从个人角度而言我过得非常愉快。在希特勒的阴影尚未笼罩住世界各国之时，我靠着口述文章赚钱谋生，那些文章不只在大英帝国和美国范围内，而且在欧洲 16 个国家最著名的报纸上也都得到了广泛刊载。事实上，我过得很宽裕。我连续完成了数卷《马尔博罗的一生》。我一直不断地在思考欧洲局势和德国重整军备问题。大部分时间里，我都住在查特维尔，在那里我过得非常快乐。两座小屋的大部分

工程都是我亲手完成的，厨房和花园的外墙有很多工作也是我做的。我还建造了各式各样的园林和喷泉，并且挖了一个很大的游泳池，水都被过滤得很清澈，被晒热的池水令我们这里变幻莫测的阳光变得更迷人了。就这样，从早到晚我没有一刻感到无聊、无所事事，幸福的家人在我的身边，宁静安详地生活在这座房子里。^{dcxxxiv}

这段心满意足的叙述展现出，丘吉尔在这段时期的许多个月里以及接下来的数年里的精神状态，其中潜藏着一股面对政治的无能为力、眼看着自己的才华荒废、时光流逝的感觉，还令人感到他度过了一段意志消沉的时期，即使说他的叙述有所夸张，但是这些情绪都是真实存在的。即使他对酒精的吸收力非常强，他的饮酒量可能也有些过度了。在 1935 年和 1936 年的交接之际，他在丹吉尔（从来都不是一个有益健康的地方）和马拉喀什先后两次碰到了罗斯米尔（此人在他的生活中从未起到过积极影响）。罗斯米尔提出用 2000 英镑下注，打赌丘吉尔在 1936 年不会戒酒（在伯肯黑德因那个硬化的肝脏病倒之前他也曾与其打过同样的赌）。丘吉尔拒绝了这个邀请（"那样的话就没什么活头了"），不过他接受了一个 600 英镑的赌约，按照约定在接下来的一年里他"不能饮用白兰地或者未稀释的烈酒"。他最终是否赌赢了我们不得而知，但是这个赌约引出的事实指出了一个问题。

此外，罗伯特·布思比的记述也与丘吉尔对 20 世纪 30 年代自己在查特维尔过的辛辛纳图斯式生活的美好描绘存在着出入，^①不过他的叙述经过了哈罗德·尼科尔森的过滤。国王爱德华八世于 1936 年年底退位，就在国王退位的前一个周末，尼科尔森写下了一篇生动的甚至可以说过于戏剧化的文章，他在文章中称布思比曾说"温斯顿要做一件可怕的事情。周末我一直跟他待在一起。他沉默不语、坐立不安，眼睛朝角落里瞟来瞟去。你也知道，一个人这么做的时候就表示他快要受不了别人的训斥。温斯顿也是如此。他竭力地忍了 3 天，然后就去了下议院，转变阵营的事情已经让他受够了"。^{dcxxxv}

布思比不是一个怯懦的人，但是他的做事风格有些随心所欲，对丘吉尔和其他所有的人来说，他都是一位不太坚定的盟友，因此对他的说法应当有所保留。不

---

① 辛辛纳图斯（公元前 519 年—430 年），古罗马政治家，曾任执政官，是传说中的圣人。根据历史传说，在公元前 458 年辛辛纳图斯被罗马城居民推举为执政官，去援救被埃魁人围困于阿尔基多斯山的罗马军队。他在接到此项任命时，正在自己的小农庄上耕作。一天之内他便凯旋，危机刚一解除，他便又辞职返回农庄，只当了 16 天的罗马统帅。

过，他描述丘吉尔沉浸在沮丧不满的情绪中很有可能符合事实，在查特维尔度过的那些平静满足的日子里，丘吉尔的情绪状态应该就是这样的。在看到自己还有机会担任要职的时候，主要是从 1935 年夏天至 1936 年春天的那段时期，丘吉尔便没有再态度强硬地与政府作对了。考虑到他当时的情绪，这种反应既不令人感到意外，对他来说也不算丢脸。他想要的可不是没有实权的闲职。实际上，他被排除在政府之外的一个原因是，人们都相信一旦进入政府，他势必会主宰政府。据说，内维尔·张伯伦在此之前曾对莱斯利·霍尔－贝利沙说过："他甚至不会给其他人开口说话的机会。"^{dcxxxvi} 如果不是早在 12 年前就与世长辞的话，阿斯奎斯应该至少在一定程度上认可张伯伦的这句话，尽管他远比张伯伦宽容得多。

根据丘吉尔于 20 世纪 40 年代末期在回首往事时所做的判断，从 1931 至 1932 年起，欧洲就开始向那场令人发指的战争坠落了。如前文所显示的那样，丘吉尔之所以无法将下滑的开端界定为更早的日期，是因为在 1928 年的夏天以他为首的一股力量还在试图迫使鲍德温内阁重申"十年原则"，这就意味着英国的防御计划应当以这段时期内不存在发生大型战争的威胁为前提。这种想法违背了亚瑟·贝尔福的主张。具有讽刺意味的是，麦克唐纳内阁在 1931 至 1933 年无意识地取消了这一原则，但是由于他们同时收到了财政大臣内维尔·张伯伦的一份备忘录，后者在备忘录中称"截至目前，国家面临的财政和经济风险都是有史以来最严重、最紧迫的"，因此国防开支并没有因为内阁在原则上做出了正式改变而出现多少实际变化。

1936 年的春天，希特勒命令德国军队挺进莱茵兰（德国莱茵河西部地区），按照《凡尔赛和约》的规定这个地区属于非军事区。丘吉尔随即将此前 5 年称为"下到阿维尔努斯"时期。^① 在这一年的 3 月 25 日，他告诉下议院：

> 回顾过去 5 年的外交政策我们感觉不到太多的喜悦。这 5 年我们彻底失败了……我们目睹人类的观念发生了极其令人沮丧也是极其令人警觉的变化，在如此短的时间内还从未出现过这样的变化。5 年前，所有的人都觉得那么安全。5 年前，所有的人都期待着和平，憧憬着一个我们能尽情享受科学将惠及全人类的财富的时代，只要和平和公正长盛不衰。5 年前，谈及战争不仅会被别人

---

① 语出自古罗马诗人维吉尔的《埃涅阿斯纪》，原文为："安奇塞斯的儿子，下到阿维尔努斯是容易的，黝黑的冥界的大门是昼夜敞开的。但是你要走回头路，逃回到人间来，这可困难，这可是费力的。"阿弗尔诺是意大利南部那不勒斯以西第勒尼安海附近的一座小火山口湖，现今已不存在，古罗马人认为它是地狱的入口。

视作愚蠢之举和犯罪，而且差不多标志着你丧失了心智……^{dcxxxvii}

有些人或许会将人类放弃 20 世纪 20 年代那种积极期待未来的日期稍微提前一些，其中经济衰退是一个重要因素。在那段繁荣时期的末尾，积聚起大笔财富的丘吉尔一时也幻灭了，但是他始终不太认可社会的主要威胁来自经济或者说金融事件产生的横向效应这种说法。他将社会退步的起始年份定为 1931 年，这个时间点至少接近了希特勒的崛起。丘吉尔从一开始就准确地判断出希特勒才是不可消除的核心威胁。

《魏玛宪法》存在着一些弱点，其中一点就是按照这套宪法的规定，德意志帝国过于频繁地举行了大量选举。德意志帝国的国民议会每两年举行一次换届选举，两年里还穿插着为共和国总统举行的全国公民投票和地方选举。在 1928 年的国会选举中，希特勒领导的国家社会主义党在将近 480 个席位的国会中只获得了 12 个席位。1930 年，经济衰退已经开始产生严重影响，这个党获得了 107 个席位。到了 1932 年 7 月，德国的失业人口已经超过了 400 万，他们的席位突飞猛进到了 230 个，占有投票数的 37%。在几个月前举行的总统选举中，他们获得了 1350 万张选票，而兴登堡元帅的得票数则为 1900 万张。国家社会主义党成为德意志帝国一股强大可怕的势力。作为《星期日写真报》的记者，伦道夫劲头十足地在德国各地东奔西跑，他竭力说服自己相信希特勒在 1933 年 1 月 30 日执掌大权基本上意味着战争的到来，而且后者理应得到一封祝贺信。伦道夫及时地发出了一封电报。

伦道夫一心希望父亲能与希特勒见见面，但是当时的形势并不利于这样的会面，而且会为丘吉尔引火烧身。1932 年 9 月的大部分时间里，丘吉尔都率领一队随行人员待在法国南部。他的首要目标是查勘布伦海姆古战场，但是结束调研后直至感染上副伤寒的那段时间里，在没有明确目的的情况下，他在慕尼黑的里贾纳酒店逗留了将近一个星期。在此期间，有着一半美国血统的艺术出版商恩斯特·汉夫施丹格尔与他交上了朋友，前者有着一个令人难以放心的绰号，"普茨"（即"小家伙"的意思）。当时，普茨与希特勒交往比较密切，但是在 1937 至 1945 年里他明智地待在了美国。"普茨"与丘吉尔相处很愉快，丘吉尔也邀请普茨与他们一行人共进过晚餐。丘吉尔在书中写道：

> 饭后，他走到钢琴前，弹了许多支曲子、唱了好几首歌，他的那副样子无与伦比，我们全都听得很开心。他似乎对我喜爱的英国曲子无所不知……他是一位伟大的表演家，当时……深得元首的喜爱。他说我应该与他见一面，没有

比这件事情更容易安排的事情了。希特勒先生每天都会在 5 点前来这家酒店，他应该会乐于与我见上一面。当时，我对希特勒不存在民族偏见。我对他的信条和过去的经历都知之甚少，对他的性格也一无所知。我钦佩那些能在国难当头的时候挺身而出的人，尽管我站在对立的一方。当一名爱国的德国人，如果这是他自己的选择的话，那么他的选择完全没有错。^{dcxxxviii}

根据丘吉尔所述，接着他告诉"普茨"自己无法理解希特勒为什么对犹太人那么凶残："仅仅由于对方的血统就反对对方，这么做的意义是什么？"^{dcxxxix} 因此，次日以及接下来的任何一天希特勒都没有露面，丘吉尔与他始终没有见过面。后来，丘吉尔与希特勒也不曾有过会面。很久之后，即约阿希姆·冯·里宾特洛甫（二战时期纳粹德国的外交部长）在 1936 至 1938 年出任驻英国大使期间，丘吉尔在文章中提到这位起泡葡萄酒销售员出身的外交官曾两度向他建议前往德国，还说在德国他将受到希特勒的接待。"对于这两次邀请我都拒绝了，或者说自然而然地推诿过去了。"丘吉尔波澜不惊地做了评价。丘吉尔在 1927 年自动受到过墨索里尼的感染，希特勒又颇有蛊惑人心的能力，他的魅力在 1936 年就对劳合·乔治产生了极其惊人而可悲的效果，尽管如此，仍旧难以想象一次会面就会极大地抑制住丘吉尔对希特勒日渐强烈的敌意。此外，当时还有一两种迹象表明，尽管丘吉尔对德国军国主义带来的威胁感到恐惧，但是他依然对纳粹主义在初期对德国造成的某些影响抱有幻想。最值得注意的就是，他在 1933 年 2 月 17 日举行的反社会主义和反共产主义联盟成立 25 周年纪念会上所做的一场极其可悲的讲话（在这场讲话中他对墨索里尼以及侵华日军都表现得过于友好）。他说："我的思绪跨过了英吉利海峡和北海那狭窄的水域，在那里一个个伟大的民族决意用自己的生命捍卫民族的荣光或者是民族的未来。此时我想到了德国，他们那些明辨是非、无与伦比的年轻人正高唱着他们古老的歌曲向着帝国的道路迈进着，他们纷纷要求应征入伍，急于得到最恐怖的战争武器，一心想要为自己的祖国受苦受难、流血牺牲。"^{dcxl} 他的发言与牛津辩论社在不久前提出的臭名昭著的"国王和国家"动议*的论调完全背道而驰。

尽管如此，丘吉尔还是比绝大多数人都更早地注意到了希特勒带来的威胁。他指出希特勒对英国的利益构成了挑战，同时德国国内又不接受纳粹政权的统治，因

---

* 2 月 9 日，牛津大学内部颇有历史意义的著名独立社团牛津辩论社以 275 票对 153 票的表决结果通过了"该议院拒绝为国王和国家而战"的动议。

此他的存在无论对外还是对内都造成了同样严重的威胁。早在 4 月 13 日（1933），丘吉尔就已经在下议院谈到了目前"令人作呕的形势"主宰着德国，并且还提到"迫害和屠杀犹太人"的威胁已经蔓延到了纳粹主义具有影响或者已经征服的地区（尤其是波兰）。就在一个月前，他还开始针对英国国防物资储备不足，尤其是空军物资储备不足问题发表了一系列批评性的讲话，他忧心忡忡地指出，英国已经任凭自己的国防力量下滑到了世界的第 5 位。丘吉尔基于这些问题所做的警告式的讲话在下议院里引起了泾渭分明的反应。有时候，相当一部分听众在他讲话的时候都会产生共鸣，甚至几乎听得全神贯注，有些时候他的讲话却会在下议院里激起强烈的不满，惹得议员们很不愉快。即使他在几场讲话中试图传达完全一样的中心思想时也还是会产生对比鲜明的效果，有的讲话会取得成功，有的则以失败告终。与任何一位演说家一样，丘吉尔知道自己什么时候与听众"情投意合"，什么时候与听众格格不入，什么时候讲话遭到了失败，什么时候讲话取得了成功。与所有的演讲人一样，他喜欢成功，痛恨失败。

但是，他有一个优点，即使面对惨败他也绝不会任由自己在失败的驱使下深陷困境中，顺从于失败的威胁，夹起尾巴做人，在接下来的一段日子里无法做任何事情，只能一心琢磨着自己的委屈和受到重创的自尊心。写作计划让他毫无选择，只要一回到家，无论是查特维尔庄园还是莫佩斯大厦，即使刚刚在议会里度过最黑暗的一天，他都必须口述上一段"马尔博罗传"或者一篇即将到截稿日期的文章。不仅如此，与生俱来的自信让他几个星期甚至是几天后就能再次在议院发表一场几乎是老调重弹的讲话，往往还是长篇大论（有时候几乎达到了格莱斯顿 1 个半小时的水平），不过有时候他的讲话即使对政府的政策没有起到太明显的作用，但是在现场还是会产生很不错的效果。

丘吉尔在 1933 年 3 月里做了两次讲话：14 日，针对空军预算问题；23 日，针对麦克唐纳在日内瓦裁军会上提交的议案。两次都属于"令人很不愉快"的讲话。面对空军事务，丘吉尔的处境或许有些尴尬，因为在担任空军大臣（1919—1920）和财政大臣（1924—1929）期间，他几乎没有参与过培养这支新部队的工作，同时也是因为他与空军部的两位大臣有着紧密的联系：空军大臣"傻子"伦敦德里侯爵，空军部次官以及空军部在下议院的发言人菲利普·萨松。前者与丘吉尔交往甚密，但是丘吉尔并不太欣赏自己的这位密友；后者常常在林姆尼港庄园慷慨款待丘吉尔。在 20 世纪 30 年代里，丘吉尔的生活中还出现了另外一个问题。他所属的保守党在议会中占据优势地位，基本上仍属于上层阶级，而规模缩小的工党和自由党则很少在政治事务上扮演核心角色。在保守党里，与他发生过龃龉的人里有不少人不是与他有亲属关系，就是他的老朋友。丘吉尔试图超越这种状况，坚持宣称履行公共职责不应当妨碍或者损害私人之间的交往。值得怀疑的是，其他人究竟能在多大程度上接受这种看法，当丘吉尔本人在被一些攻击刺痛时又能在多大程度上接受这种看法。

丘吉尔没有将国民政府首相拉姆齐·麦克唐纳纳入自己的朋友圈，这么做并非势利心理在作祟。麦克唐纳在容貌上带有一些苏格兰地主的特点，或许在出身上也是如此，但是这并没有阻止丘吉尔与出身卑微的劳合·乔治交往，也不曾减弱他对来自乡下贫寒家庭的后者的敬仰之情，况且他原本应该对麦克唐纳改变党派的经历产生本能的共鸣。可是，丘吉尔鄙视麦克唐纳，他认为此人就是一个橡皮人。丘吉尔反对国民政府这个虚伪的幌子，无疑在一定程度上也是因为他没能得到邀请加入这个政府，但是在更大程度上他还是出于对公共利益的考虑，这种理解对他来说才比较公平。

导致丘吉尔在 3 月 23 日的讲话遭到失败的一个原因，正是他在讲话中对麦克唐纳的攻击过于激烈，以至于相比对他自己起到的作用，这番话反而对受到攻击的麦克唐纳更有利。丘吉尔肆意谴责后者对之前 4 年里局势的恶化负有个人责任，这样的局势"让我们走向了战争，并且……让我们变得更虚弱、更贫困、更无助"。他的发言促使数位议员都在接下来的发言中表示怀疑他的动机源自受挫的野心。丘吉尔的这种论调在下议院遭到了全面攻击，在当时颇受爱戴的自由党议员杰弗里·曼德、年事已高有些糊涂的利物浦工党议员戴维·洛根都提出了批评。一位默默无闻、支持政府的议员直击要害，他称丘吉尔的这番讲话并非出自"一位政治家或者一个希望对祖国有所帮助的人之口……而是来自跟首相有着私人恩怨、想捞到一官半职却没能称心如意的人之口"。在当时总是惹是生非的斯塔福德·克里普斯也表示，丘吉尔的这场讲话"恶意十足"。最后，时任外交部次官的安东尼·艾登也对丘吉尔进行了一番嘲讽。他表示支持政府，斥责丘吉尔在一场严肃的辩论中"卖弄口舌、插科打诨"，提出了"一种荒谬至极"的观点。[dcxli]

除了一小撮持有同样观点的议员，丘吉尔在议会中完全受到了孤立，就在这场讲话的前后，他还针对印度问题做过几场态度最强硬的讲话，这进一步强化了议员们对他的反对。外界认为丘吉尔在这几年里很少参加会议，因此相对而言他在下议院的发言可以说非常频繁了。如前文所述，问题在于他非常不愿意听一听别人是怎么说的，而且他的优先权仿佛凌驾于拥有枢密院大臣的适度特权之上，总是能够在最有利的时刻得到允许站起来发言。1932 年 7 月，乔治·兰斯伯里对丘吉尔在议会的行为举止抨击了一番，议会两方都发出了热烈的喝彩声，其实兰斯伯里通常很不受保守党议员们的欢迎。在讲话中，他不满地指出丘吉尔习惯于"走上前来，发言，然后退下去，让整个会场显得就像是全能的上帝刚刚讲过话似的的"。

也是在这场反响惨淡的讲话中，丘吉尔说出了"感谢上帝给了我们法国军队"这句话，截至当时，在欧洲各国驻防苏联西部边境的军队中，法国军队的确是规模最大的一支，然而他的这句话导致了议会的分裂。最令人感到刺耳的并不是这句话本身，而是这句话透露出的迟钝和麻木，不过这句话本身也同当时英国国内——实际上是这场辩论的气氛不相适宜。当时，法国对安全的需要和德国对平等的需要这二者之间存在着矛盾，3月23日的议会辩论，正是围绕着英国政府迟迟才针对这个问题向裁军会议提供解决方案的怠惰表现展开。从1932年2月裁军会议召开以来，这个目标就一直非常难以实现，一年后希特勒上台了，这个目标就更是变得渺茫了。但是，当时，英国国内依然坚持1908年之后长期有效而且极其合理的多边军备限制目标。不仅温和的左派表现出这种倾向，大量开明的保守党人也持有这种观点。在左派中，工党议员亚瑟·亨德森尤其强调这一点，在1929至1931年的政府里不多的几位取得一定成就的高级大臣中，就包括这位前外交大臣，当时国际社会都推选他担任裁军会议的主席。

丘吉尔不理解这种情绪。从某种意义上而言，他是对的，只是他的表达方式太刺耳了。他绝不是一个战争贩子，但是幼年时他在父亲在伦敦康诺特广场的家里与战士们一起玩耍，年轻时他当过轻骑兵团的中尉，在一战期间他又经历过一段短暂的壕沟生活，这些经历都令他面对军队生活时从容镇定，面对军事冲突时无所畏惧。他为第一代马尔博罗公爵所撰写的传记记述了这位公爵通过一场场战斗赢得了无上的光荣，这部著作更是进一步强化了他的这种精神面貌。一旦英国没能在魏玛共和国比较容易对付的时期（即使德国自己而言并非如此，至少对世界而言它还不够强大）引导裁军大会解决问题，这场竞赛就要开始了。但是，人们根深蒂固的期望需要经过一段时间才能做好破灭的准备。当时的局势也是以强烈的反战主义和一定程度的和平主义为基调的，几年前出版的一批描写1914至1918年恐怖景象的优秀作品更是强化了这种情绪，罗伯特·格雷夫斯、埃德蒙·布伦登、齐格菲·萨松与罗伯特·塞德里克·谢里夫都接二连三地发表了作品。

在1960年前后，有关第二次世界大战的回忆录突然在书店里遍地开花，或是在周日刊报纸上用两三栏的篇幅得到连载，这批回忆录与一战后涌现出的文学作品截然不同。30年前停战后，在大约同样一段时间里涌现出的那批作品更具有文学性，笔调也更为悲观消沉，而1960年前后问世的军事将领回忆录都是在讴歌胜利，营造出一种在苏伊士运河危机后（1956）为大英帝国辉煌不再而感到惋惜的氛围。

1930 年前后问世的文学作品描绘了污秽的壕沟和毫无意义的牺牲，从一个侧面反映出英国民众对当时局势的态度，正是这种态度催生出牛津辩论社那项肆意宣泄情绪、曾令丘吉尔大动干戈的动议，实际上当初投票反对"为国王和国家"而战的人中有很多人都为 10 年后的那场战争献出了生命。和平主义，或者说反战情绪，也为 1933 年 10 月在东富勒姆的那场著名或者说是臭名昭著的补选提供了解释。那场选举令鲍德温大为震怒，保守党曾经得到的 1.4 万张选票中有 5000 张倒向了工党，如鲍德温在 3 年后指出的那样，失去这么多选票的原因只在于"和平主义这一点差异"。

两次大战后，文学市场的这种惊人转变尽管不如 20 世纪 80 年代和 20 世纪 90 年代的前后变化那么剧烈，但是这种反应究竟是否代表着一种根深蒂固的反战情绪，这一点还是值得商榷的。位于伦敦西南的小小的富勒姆区是双席位选区，保守党在 1935 年又赢回了曾经在这里丢失的一个席位，这个地区与伦敦的其他地区一样在战争期间遭受了严重的轰炸。在 1933 年，暂时获得胜利的工党候选人约翰·威尔莫特非但不是一名"彻底投降"的反战主义者，而且还在战时议会中担任了休·道尔顿的私人秘书，后者是丘吉尔政府里工党大臣中说话最掷地有声的斗士，到了 1947 年，他还出任了供应大臣。威尔莫特还是一个由 6 名大臣组成的委员会中的一员，正是这个委员会在没有告知内阁全体阁员和议会全体议员的情况下，做出了英国独立制造原子弹的决定。从 1945 年起担任富勒姆议员长达 30 年的工党外交大臣迈克尔·斯图尔特的存在，更是充分显示出英国面对战争时自相矛盾的态度，毫无魅力但是性格顽强的斯图尔特一直致力于建设西方联盟，因此在越南战争期间一直对美国人给予坚定的支持。考虑到后来人们对希特勒的了解，以及人们或许从一开始就应该认识到的一些问题，英国显然必须消除这种有些反战色彩、一厢情愿的观点所激发的消极的社会情绪。这种情绪的确逐渐被消除了，但是这个过程十分缓慢，而且始终没能与法国人保持高度一致的步调。

在这个阶段，丘吉尔对他所谓的充满了乌托邦式幻想的日内瓦精神不屑一顾。早在 1932 年 5 月，他就以极其令人反感的腔调说过这只是"意气用事、多愁善感、装腔作势"的表演，对这种表演他表示强烈的怀疑，或许这么做完全没有错。后来，他逐渐认识到自己可以忽略这种日内瓦理想主义，从而扩大支持他的人群。但是在 1933 年，他太令人讨厌了，根本实现不了这个目标。他曾不屑地说，鲍德温已经是一个肌肉松垂的老头子了，实际上即使不存在印度问题，他也不如这位采取温柔说服策略的老头子那么善于说服保守党的大部分人团结起来支持重整军备的需要。丘吉尔完全被孤立了，造成这种结果的主要原因是印度问题，但同时也因为他铿锵有力地坚持反对乌托邦主义。他是一个闹钟，一个铃声刺耳的闹钟，让几乎所有听到铃声的人只想立即将它关掉，而不是对它的呼唤做出回应。

在 1933 年的 10 月底，丘吉尔曾邀请奥斯汀·张伯伦前往查特维尔度过了一个周末，通过这件事情就能看出他不够精明、急于求成的做事风格。张伯伦曾对这次拜访做过两次简短的描述，一次是在他在查特维尔给妹妹艾达写的一封信中："我与丘吉尔夫妇一起度过了周末。我尽量多谈马尔博罗，少谈印度。这里只有他们一家人，用餐的时候会出现一位客人，至多两位——很愉快，但是有些无聊，温斯顿和伦道夫辩到激动的时候都会咆哮起来。"[dcxlii]6 天后，他给妹妹希尔达也写了一封信，在这封信中他对丘吉尔一家人在查特维尔庄园的生活描述得不如前一封信那么生动，但是从政治角度看更具有揭示性：

> 他［丘吉尔］期望自己和那群在印度问题上的顽固分子能够继续占有党内 1/3 左右的席位，期望印度议案得到通过，但是议案引发的争斗会给大家留下痛苦的记忆，这样一来政府就不得不进行重组。只有拉姆齐、斯坦利·鲍德温、塞缪尔·霍尔、欧文［即将成为哈利法克斯子爵］，或许还有大法官［约翰·桑基］过于忠诚，因此他们都得退出政府。西蒙能留下，政府还会是国民政府，但是由谁来领导这个政府？显然，这个人就是我！接着他就将话题引向了一个重要职位，还为我展示了"世上的国"。① 我没有太动心，我告诉他我发现局势正在朝不同的方向发展着……我们必须以朋友的身份解决我们在印度问题上的争执，等这个问题解决后我们就应该立即重归于好。我看不出那些人有什么理由辞职，我也不渴望在 70 或者 71 岁的年纪当首相，实际上我完全反对这种事情；我觉得自己没有理由承受那样的重担……这些理由相当难以反驳！我和他想的不一样，但是如果我直截了当地说我太老了、无论怎样都不会考虑这个提议的话，那我就会失去我长期以来积累的影响力。[dcxliii]

这是奥斯汀·张伯伦的典型反应，永远不想退场，也永远不想在竞技场里给对手造成致命的打击，永远在竭力强调斗争手段的体面正派，如果有可能最好与对手握手言和。然而，丘吉尔始终希望自己的对手是角斗士，即使名义上他们站在他

---

① 语出自《圣经·启示录,1115》，原文为"第七位天使吹号、天上就有大声音说、世上的国、成了我主和主基督的国. 他要作王、直到永永远远。"

的一方，他还是会有些自欺欺人地认为，在战斗结束之前自己早就将对手置于死地了。不过，张伯伦和丘吉尔之间仍旧保持着松散的合作关系，他们的合作存在着感人至深的一面，在某种形式上而言，他们的合作一直保持到年事已高的张伯伦于 3 年半后逝世为止。面对希特勒的威胁和英国重整军备的迫切需求，他们之间的合作比他们分别与其他任何一位保守党领袖的合作都更为密切（在墨索里尼问题上两个人都态度暧昧）。

他们都希望对方在政府里担任要职。1935 年 12 月，由于将埃塞俄比亚的大部分领土割让给意大利的霍尔－赖伐尔方案，①外交大臣塞缪尔·霍尔被迫辞职，艾登继任。对于这个决定，丘吉尔不以为然，他在信中告诉克莱门汀："艾登的任命没有增强我的信心。我认为这么重要的职位会让他暴露出不足。奥斯汀远比他更胜任这个职位，真不知道他怎么会受到忽视。"[dcxliv] 2 月 15 日，忠实地与未婚的两个妹妹保持着书信往来的奥斯汀·张伯伦给大妹妹艾达写了一封信，当时他认为政府将要任命一位新的国防大臣。"依我之见，只有一个人凭着自己的学识、特殊才能和天赋注定会得到这个职位，这个人就是温斯顿·丘吉尔！我认为斯坦利·鲍德温不会把这个职位交给他，而内维尔也不会希望他回到政府里。但是，他们都错了。"[dcxlv] 他们两个人在印度问题以及其他一些问题上存在着巨大的分歧，而且从表面上看丘吉尔并不属于奥斯汀·张伯伦欣赏的那一类人，张伯伦品位上乘、对良好举止的要求过于刻板，对他来说丘吉尔太张扬、太闹腾，考虑到这两方面的因素，张伯伦对丘吉尔可以说表现得非常大度。与奥斯汀·张伯伦在一起的时候，丘吉尔可能永远不会感到自在，但是他对后者满怀着真挚的敬意，不只将其当作一个有用的盟友，尽管后者的确是对他有着实际用处的盟友。

丘吉尔在 20 世纪 30 年代中期发表的警告性的讲话都聚焦在德国空军优势带来的威胁上，由于夸张地强调了伦敦和英国其他城市很容易遭到德国空军的破坏，他的讲话的确削弱了英国的抵抗意志。令人感到匪夷所思的是，在这一点上他与鲍德温殊途同归（后者在不遗余力地强调"炸弹终究会耗尽的"）。在 1934 年的下议院讲话中，这个因素达到了最高点。在 7 月 30 日的讲话中，他提到伦敦是"全世界最大的目标，有点像一头束手待毙，等着吸引野兽捕食的庞大、肥硕、宝贵的奶牛"。[dcxlvi] 在 11 月 28 日的讲话中，他没有说出如此生动的比喻，但是对未来做了更

---

① 1935 年 12 月，法国总理皮埃尔·赖伐尔伙同英国外交大臣塞缪尔·霍尔在巴黎秘密缔结了出卖埃塞俄比亚的协定，要求埃塞俄比亚将 15 万平方公里的土地割让给意大利，而意大利只补偿 8000 平方公里的土地。这个方案遭到埃塞俄比亚的拒绝。

接近世界末日的预言：

> 无论人们在接受问卷调查时表现得多么平静，一场空中袭击带来的危险在人们的眼中肯定将是最可怕的……谁都不可能怀疑对伦敦持续1周或10天的密集轰炸将是一件非常严重的事情。谁都几乎无法想象有将近三四万人将会遇害或者身负重伤。最危险的空袭就是……投掷燃烧弹。了解科学的人很肯定地告诉我，铝热剂燃烧弹……会……在任何一幢建筑物里连续穿透好几层地板，能立刻引燃所有的东西。平民百姓的心里产生的可怕反应并不亚于这种物质产生的实际效果。我们必须预计到在伦敦持续遭到空袭的压力下，将至少有三四百万人会被驱赶到这座城市周围的空旷地带。

接着，他扩大了可能出现这种恐怖景象的范围：

> 我们不应该认为这种危险绝对只存在于伦敦……伯明翰、谢菲尔德和一些制造业重镇都应当被列为重点研究目标……我们有可能面临的危险不仅会让我们遭受恐怖的苦难，甚至还会带给我们致命的危险，我指的是真正意义上的占领和征服的危险……将我们的兵工厂和其他工厂都转移到岛的西端，这种想法没有太大的价值。只要想一想现代飞机能够覆盖多么广阔的范围、能以怎样的速度飞行——每小时230至240英里——显然谁都会意识到这座小岛的每一个角落几乎都同样处在袭击范围之内……飞在空中的危险是任何人都无法逃脱的。我们必须站在原地面对这个危险。我们无法退缩。我们无法将伦敦转移走。我们无法将靠着泰晤士河河口地区为生的大量人口转移走。我们无法将我们建在南部海岸沿线，周围还有大量世代生活在那里的军队人口的海军基地转移走。

能够抵御空袭的科学手段不应当受到忽视，但是"说到防御手段，除了还没有得到证实的新发现，唯一的大规模直接防御手段就是，确保我们有能力在敌人给我们造成伤害的时候给敌人造成同样严重的伤害。[dcxlvii]因此，我们需要立即并且大幅度增加空军的开支"。

在这段时期，丘吉尔针对德国在空中造成的挑战发表的一系列讲话中，11月的这一场可能是反响最好的一场讲话。坐在下议院旁听席上的弗朗西斯·史蒂文森（劳合·乔治的私人秘书，因为在这场辩论中劳合·乔治也做了发言）——惊讶地注意到他（丘吉尔）坐下时，"全场几乎爆发了热烈的掌声"。更令她感到惊讶的是，她并不认为在这场讲话中丘吉尔发挥了自己的最高水平（实际上讲话中出现了大量婉转的措辞），但是她也承认这场讲话的内容胜过了形式。^{dexlviii} 这番讲话产生的一个结果就是，鲍德温在进行总结发言时做出了保证，政府决不允许英国皇家空军的实力低于德国纳粹空军。听到这个消息，丘吉尔便撤销了之前批评政府的修正案，在托利党的投票厅里对工党反对扩大皇家空军规模的修正案投出了否决票。

在这个阶段，当丘吉尔离开下议院的时候，他看到的每一个人都已经被他激怒了，在这种情况下，11 月的这场讲话可以说是丘吉尔的一次胜利。这也是他在 60 岁生日之前的最后一次露面，两天后他就年满 60 岁了。伦道夫·丘吉尔在丽兹酒店筹办了一场庆祝会，一场小小的舞会、几次致辞、大量的香槟，还有维妮夏·蒙塔古多年如一日为老朋友准备的生日大餐构成了这场寿宴。除了其他宾客，参加宴会的还有维奥莱特·博纳姆·卡特，丘吉尔在自由党的历史并未被彻底掩埋。

可以说，丘吉尔这些过于强调空中挑战的讲话导致了英国在重整军备方面的有限努力在一定程度上偏离了现实。极其衰弱的陆军被忽视了，就连丘吉尔当年最热爱的海军也在无人问津的状态下日趋没落了。1939 年 9 月，丘吉尔以海军大臣身份回到了海军部，迎面而来的是令他熟悉的景象，大部分现役舰船都是他在 1911 至 1915 年的那届任期期间投入使用的。不过，不列颠之战（空战）对英国的生死存亡的确有着至关重要的作用，微弱的优势就可以决定胜负。在 20 世纪 30 年代中期的那些辩论中，议员们反复围绕着英德两国空军力量的相对规模争执不下，由于出现了新的部队划分方案——取代传统的前线部队和后备部队这种划分法——这个话题变得令人费解了，但是透过重重迷雾，人们总体上还是能够感觉到丘吉尔的预测虽然不能说绝对准确，但是至少可以说基本上比政府自我满足的估测更符合实际情况。考虑到 1940 年发生的事情，即使他偶尔夸大其词也不会造成多大损害。不过，总体上丘吉尔非常反对过度夸大威胁。罗斯米尔频频提到德国拥有 2 万架飞机（当时丘吉尔认为这个数字应该在 1000 至 1500 之间），尽管这位报业大亨的手里掌握着给丘吉尔带来最多收益的几家报纸中的一家，丘吉尔还是拿出了极大的勇气将其斥责了一番。

在 1934 年 11 月的讲话中，丘吉尔提到了"了解科学的人"这种奇怪的说法，实际上他主要指的是牛津大学实验哲学教授林德曼，就是丘吉尔的社交圈里著名的"教授"。林德曼出生在德国的巴登 – 巴登（为此他深感遗憾，因为他强烈反对德国），富有的父亲来自法国阿尔萨斯，同样富有的母亲是英裔美国人。林德曼是一个头脑非常清晰的人，大约年满 34 岁的时候就已经完成了不少极具原创性的科学研究工作，而且这些工作涉猎广泛，但是后来他将自己的才华更多地投入在阐述其他人的观点的工作上，为了将牛津大学死气沉沉的克拉伦登实验室提高到能与剑桥大学的卡文迪许实验室相比肩的水平，他还将才华大量花费在了行政管理工作上。此外，在结交权贵、发展社会关系方面，他也投入了大量精力，这是最令他沉湎其中的事情。林德曼将自己打扮得好像一名男管家，实际上他毫无品位，只会附庸风雅。

林德曼与丘吉尔的交往始于 1921 年，令他感到满意的是，威斯敏斯特公爵在他们的交往过程中起到了催化剂作用。经过 20 世纪 20 年代，林德曼完全从丘吉尔的熟人变成了他的随从，一颗被后者热情接受的有用的卫星，到了 20 世纪 30 年代初期，这种关系更加稳固了，很快丘吉尔就离不开他了。每当丘吉尔需要建议、支持或者有人陪伴的时候，林德曼总是能做到随叫随到。到了 20 世纪 30 年代中期，每年他都会在查特维尔庄园待上 10 个或者 12 个星期。

林德曼的饮食习惯绝对无助于他在丘吉尔心目中的地位，他主要靠蛋白维持生命，除了偶尔喝一杯仔细计量过的白兰地，他基本上滴酒不沾。但是，对丘吉尔无条件的忠诚以及在科学方面提供的建议很容易就弥补了这些怪癖造成的不足。他的建议都言简意赅，而且基本上完全支持丘吉尔倾向的路线。能说会道的他将刻薄话都留给了外人，从来不会用在丘吉尔一家人身上。丘吉尔全家人都欢迎他的到访，考虑到他登门的频率，的确可以说他深受这家人的喜爱。克莱门汀远比丈夫的密友和助手们更喜欢林德曼，因为他的寒暄水平非常高，同时也因为他在网球方面也有着精彩的表现。

在查特维尔庄园，林德曼的性格中不太令人愉快的一面被掩饰了起来，但是在牛津大学里他的这一面却常常充分暴露出来。他的职位隶属于瓦德汉学院，但是他认为基督教堂学院与他的地位更匹配，设法在那里住了将近 40 年。在同事中间他很引人注目，但是他的脾气不太好。在 1937 年的一场补选中，他以保守党独立候选人身份竞选牛津大学的一个席位，结果遭遇惨败（除了对纳粹主义带来的威胁，他在各种问题上的观点都比丘吉尔的观点更倾向右翼）。1939 年，他被丘吉尔带进了白厅，在 1941 年又被丘吉尔册封为贵族，得到了一个以河命名的响当当的爵位——第一代彻韦尔子爵。[①] 大约在 1945 年里，林德曼的头衔在牛津大学催生出了一首调侃他的讽刺诗，诗的开头写道："很久很久以前，战争刚刚开始，那时候彻韦

---

① 彻韦尔河是泰晤士河最北端的支流。

尔勋爵还只是林德曼教授。"

20世纪30年代，由于心胸狭窄，林德曼在公共科学政策方面的贡献受到了严重限制。丘吉尔在1935年请林德曼指派一个正式的科学委员会，专门研究空中防御问题。很快林德曼就与委员会的主席亨利·蒂泽德以及其他委员发生争执。不到一年，这个委员会就不得不宣布破产，委员们重新组建了一个没有林德曼参加的委员会。但是，作为直接面对丘吉尔的顾问他还是发挥了很大的作用。他的建议很精准，很少会出现犹豫不决的情况。对于丘吉尔在二战之前做的国防讲话，他提供了关键性的帮助。他还是查特维尔"一家人的熟人"，深受全家人的喜爱。

林德曼在科学方面提供的建议还得到了另外两位官方消息源的补充：当时担任工业情报中心主任的德斯蒙德·莫顿；外交部冉冉升起的新星，但是在1937年就英年早逝的拉尔夫·威格拉姆。"工业情报中心"这个名称多少有些误导性，实际上这个机构是由帝国防务委员会（后改为内阁办公厅）为了监视德国重整军备的进程而设立的。在丘吉尔以军需大臣身份造访黑格将军司令部的时候，有一次负责照顾他的正是黑格将军的副官莫顿，就是在那一次后者引起了他的注意。在出任陆军大臣后，丘吉尔安排莫顿进入了军方情报部门，担任一个责任重大的官职直到1940年。出于对丘吉尔的感激以及自己对公共责任的理解，莫顿在20世纪30年代向丘吉尔泄露了大量机密。他宣称自己这么做是因为得到了拉姆齐·麦克唐纳的专门授权，后来鲍德温和内维尔·张伯伦在先后出任首相后也都重申了这项权力。这种很可能不符合事实的说法始终没有得到过证实，有观点认为这完全是莫顿的个人行为，因为在英国重整军备和德国的威胁远远大于政府的威胁这两个问题上他认同丘吉尔的观点。莫顿就住在距离查特维尔仅一英里远的地方，这个事实令后一种说法显得更符合事实了，毕竟他只需要穿过农田、正常地散散步就能把秘密泄露出去。

在德国国内的动态，尤其是重建空军的事情上，莫顿是丘吉尔的主要消息来源。1940年，他加入丘吉尔的私人随从队伍，进入唐宁街10号。有一段时间，他成了首相接收布莱切利园（二战期间英国的译码中心）发来的巨量破译密码的渠道。后来，在战争期间参谋长委员会强行给丘吉尔安排了一支更系统的顾问队伍，这时莫顿已经失去了那个具有特殊影响力的职位，渐渐地，他对丘吉尔的希望也破灭了。

威格拉姆也同样坚决反对绥靖政策，不过直到几年后"绥靖"这种说法才具有了特殊含义。威格拉姆娶了历史学家约翰·鲍德利的女儿，这位研究法国现代史的专家曾经在查尔斯·戴克爵士官运亨通阶段担任过他的私人秘书。在丈夫逝世后，小鸟一样的艾娃·威格拉姆于1941年嫁给了对未来将产生重要影响的约翰·安德森爵士，政坛和公务员们都曾为之感到震惊。由于这门婚事，艾娃后来被册封为韦弗利子爵夫人，在第二任丈夫死后她也一直保持着这个头衔。无论是在丘吉尔时代，还是麦克米伦时代，她都尽可能地与政治社交核心人物保持着密切的交往，在20世纪30年代中期，她鼓励自己的第一任丈夫尽量为丘吉尔提供外交部的情报，后者当时是外交界颇有潜力的一颗新星。直到1936年的年底，威格拉姆一直是这个"三人帮"中的一员，这个小群体无论行为是否合法，至少他们都是出于爱国动机，一直帮助没有担任大臣职务的下议院议员丘吉尔充分掌握时局动态。

第二十六章　军备与盟约

1935 年，丘吉尔一直站在一个十字路口。最终，他背离了之前一直努力的方向，走上了另一条道路。他甩掉了印度问题这个负担，同时他也逐渐意识到在围绕着印度的争端结束后，他官复原职的难度远远超过了自己之前的乐观估计。在当年的中期，鲍德温取代麦克唐纳出任首相，这一变化并没有改善政府对丘吉尔的态度。尽管如此，丘吉尔还是一直怀揣着希望，直到 1936 年 3 月 13 日托马斯·英斯基普被任命为国防协调大臣。听到这个消息，丘吉尔的希望破灭了。这个消息无异于向他发出了一个信号——比起让他进入政府，保守党领袖们更愿意任命其他任何人，无论后者有多么不称职。林德曼说过对英斯基普的任命是自"卡利古拉（罗马帝国第三位皇帝）任命自己的一匹马进入元老院"之后政府做过的最糟糕的一次任命。

在这段转换时期之前，丘吉尔无疑已经收敛了自己对政府的敌对情绪。10 月，他怀着赞美而不是葬送鲍德温的目的参加了在伯恩茅斯举行的保守党大会。他说，鲍德温比他"在漫长的职业生涯中见过的所有公众人物博得的信心和好感都要多"。dcxlix 鲍德温一如既往地表示自己受宠若惊，丘吉尔对他的感谢做出了心满意足的回应。就在圣诞节的第二天，他从摩洛哥给永远靠不住的伦道夫写了一封简短的信，在信中绝望地恳求儿子："我相信，在这个关键时期，如果，你发表文章抨击大臣们的动机和性格，尤其是鲍德温和艾登，就会对我产生非常有害的影响。因此，我希望你向我保证不会发生这种事情。如果你做不到，我就无法信任你对我的忠诚和爱了。"dcl 这种满怀希望、谨言慎行的日子随着英斯基普获得任命而结束了，尽管在面对这个消息的时候，丘吉尔小心翼翼地克制着自己，将发泄不满的机会留给了其他人。

在 1935 年丘吉尔的态度还出现了另一个重大转变。之前，在提醒英国民众的讲话中，他一直试图将残酷的现实当作匕首刺破同胞们膨胀而无聊的希望，由于在印度问题上寸步不让，他陷入了"对抗世界"的情绪，在这种状态下他一直急于震惊而不是说服议院。他在拉姆齐·麦克唐纳国民政府各个层次的支持者中间、在人数不多但是态度过激的工党反对党中间、在自由党人中间都培植了一批同样心怀不满、好斗刻薄的枪手，就连与他交往密切的老朋友阿奇博尔德·辛克莱也在此列。

在这一年里，丘吉尔渐渐地希望能扩大自己的影响面，并且在不损害英国需要重整装备这个核心主张的前提下实现这个目标，他的目标人群中有很多人在政治上秉持着左翼立场，这部分人都将希望主要寄托在国际联盟和集体安全原则上，而实现集体安全正是《国际联盟盟约》的核心原则。裁军会议已经不再对丘吉尔构成阻碍。在这个时期，他开始意识到国际联盟并不是英国皇家空军和法国军队的威胁，而是抵抗法西斯进攻的潜在武器。他采取了"两手抓"的政策，正因为如此他在20世纪30年代的演讲集（出版于1938年）就有理由被命名为"军备与盟约"，换作4年前，他绝不会选择这样的标题，即使采用了这个标题，外界也会认为毫无道理。

在1935年里，对丘吉尔态度的转变影响最大的事情就是英国与德国在6月18日签署了《英德海军协定》，按照条约的规定，英国向希特勒做出了让步，允许后者将海军舰艇总吨位提高到英国海军舰艇总吨位35%的水平，并且允许后者进犯法国。就在当月，鲍德温取代麦克唐纳出任首相，西蒙取代霍尔出任外交大臣；在前一年的秋天，意大利对埃塞俄比亚发动攻击；在这一年的11月，英国举行大选，结果人数有所减少但是仍旧占有绝对优势的多数党重新组建了国民政府。这时，希特勒已经彻底恢复了征兵制，唤醒了德国对创建一支庞大军队的需要。到了1936年的3月初，希特勒命令军队挺进已经解除军备的莱茵兰地区。

丘吉尔反对《英德海军协定》，尽管他的朋友威格拉姆强烈敦促他支持这项协定，后者的措辞十分有意思："我们的行动已经削弱了国际联盟的影响力，损害了集体安全这个首要原则。德国破坏和约的行为已经得到了谅解，甚至是赞美。斯特雷萨阵线已经不稳固了，即使依然稳固，这条阵线也会被废除的。"dcli 只有这一次威格拉姆偏离了自己所属党派的原则。1935年4月，在意大利的马焦雷湖度假胜地斯特雷萨举行的一场会议上，墨索里尼、拉姆齐·麦克唐纳与皮埃尔·赖伐尔共同制定了斯特雷萨阵线。阿兰·泰勒曾讽刺他们的举动是"3个变节的社会主义者为了给一场'终结所有战争、以确保全世界有条件实现民主的战争'所造成的恶果进行辩护"而召开的会议，"其中两个人［麦克唐纳与赖伐尔］以前反对这场战争，另一个人［墨索里尼］则在自己的国家里摧毁了民主制度"。dclii 显然，在斯特雷萨阵线形成才几个月的时间里，国际法治面临的最迫近的威胁就来自举行斯特雷萨会议的东道主，因此形势变得更加令人费解了。纳粹德国的威胁远比这个威胁更严峻，但是它的威胁并非迫在眉睫。到了当年的夏末，墨索里尼准备入侵埃塞俄比亚已经是不争的事实了。埃塞俄比亚这个名义上的基督教国家充满了矛盾，它是非洲存在时间最长的君主制国家，尽管这片土地对许多野蛮习俗很包容，但是它还是国际联盟的一分子，因此按照集体安全原则，在受到攻击时它也享有受到全面保护的权利。但是直到 1923 年（墨索里尼上台后），在意大利的坚持下这个国家才正式加入了国际联盟，英国政府对此表示强烈反对，它认为埃塞俄比亚不符合成员国必须是文明、稳定的国家这一必要原则。

　　埃塞俄比亚战争令丘吉尔陷入了两难境地。他轻易地抛弃了自己在 20 世纪 20 年代末期对墨索里尼过度的敬意，接着他不屑地称墨索里尼在非洲的冒险行为"和 20 世纪的道德标准不相称"。他将注意力集中在德国带来的危险上，但是真正令他担心的是意大利会被迫加入德国阵营，与一战中的立场背道而驰。这种情况与丘吉尔刚刚形成的加强国际联盟的渴望产生了激烈的冲突，国际联盟联合会（英国一个支持国际联盟的民间组织）在 1935 年的初夏组织的一场全国性问卷调查"和平投票"更是加剧了这种冲突。联合会在 6 月 27 日公布的调查结果显示出民众极高的参与度，1100 多万人对邮寄问卷做出了回复。对于关键性的第 5 个问题，有超过 1000 万受访者表示支持对侵略国实施经济制裁，反对者只有 60 万。在这份问卷的第二部分，对是否应当实施军事制裁（即战争，或者说至少是海上封锁）问题，有 675 万受访者选择了"是"，选择"否"的只有 236 万人。

　　催生出这场大规模问卷调查的和平运动对丘吉尔几乎没有产生多少作用，在他一贯长篇大论的书信中这场调查从未被提及过。在这场运动最活跃的时候，他正忙于应付印度议案之战的最后阶段，而且当时与他交往甚密的人（例如他为了"庆祝失败"在 5 月 31 日举办的宴会上的宾客）显然都对国际联盟联合会与这场和平运动感到陌生。基本上可以肯定，丘吉尔自己也没有完成并且寄回一份问卷，不过与任何事情一样，这件事情也很难得到证明。可以肯定的是，这个调查结果至少没有令他感到不悦。多年后，他以和蔼的腔调为这场问卷调查写了一段话，文章没有落款日期。不过，文章中表达的思想完全是他的后见之明了。国际联盟联合会主席切尔伍德的塞西尔子爵（前罗伯特·塞西尔勋爵，1868—1923）的回忆录更准确地记述了丘吉尔对这场问卷调查下意识的反应："就在和平投票刚刚结束后我见到了丘吉尔先生。他对投票取得的成功感到非常兴奋，为此他还向我表示了热烈的祝贺。但是，他要我向他做出保证，保证我会支持一切有必要的扩军方案。我向他做出了保证。"dcliii

丘吉尔准确地认识到"和平投票"令大臣们在面对一场提前到来的大选时会畏首畏尾，因为在选举中他们必须向选民坦白交代出尽管自己穿着和平的外衣，但是暗地里却在进行着重整军备的行动，不过这场投票同时也促使不反战的工党和自由党领袖比较容易地采取了一种用更现实的思维审视集体安全原则。在《风暴前夕》（又译作"铁血风暴"）中回忆这场投票的一段话的末尾，丘吉尔写道："事实上，不到一年的时候，我就已经开始与他们步调一致地为我所说的'军备与盟约'政策努力了。"[dcliv] 但是，与此同时，这场问卷调查给丘吉尔增加了困难，他究竟打算在多大程度上反对意大利在埃塞俄比亚的冒险行动，从而达到疏远后者的目的？在 7 月11 日，他已经警告过英国在这个问题上不要抢跑，不要扮演"领头羊或者向导式的角色，不要在欧洲反对意大利对埃塞俄比亚的企图的过程中强化和引导舆论……我们必须履行我们的职责，但是我们只能通过与其他国家的联合行动实现这一点……我们还不够强大——这句话我是经过反复斟酌的——还没有能力为全世界制定法律、为世界代言。"[dclv]

9 月 11 日，出任外交大臣还没有多久的塞缪尔·霍尔前往日内瓦，在国际联盟大会上发表了一场讲话，这是 20 世纪 30 年代英国所有大臣做过的支持集体安全原则的讲话中最振聋发聩的一场讲话。在之前的 10 天里，担任英国国际联盟事务部大臣的安东尼·艾登一直在日内瓦忙于建立反意大利的前沿阵地的事情，霍尔的讲话就建立在艾登的基础工作之上。霍尔也表示，鲍德温认为有必要在英国国内进行一场成功的竞选活动："依照国际联盟明确清晰的责任规定，联盟在致力于集体维护盟约的完整性，尤其是致力于促进成员国坚定地集体抵制一切无端入侵，而我的祖国则在同联盟并肩作战。"[dclvi] 这是他整场发言中最关键的一句话。次日，英国宣布，从英国本土水域出发的皇家海军战列巡洋舰"胡德"号和"声望"号在一支提供支持的小型舰队的陪同下已经抵达直布罗陀。看起来英国似乎要动真格的了。

此时，丘吉尔正待在美国女演员玛克辛·埃利奥特位于法国蔚蓝海岸地区度假胜地戈尔夫瑞昂的别墅"地平线城堡"。* 在这个假期里，丘吉尔基本上以画画打发时间，其间还去了几次赌场。后来他在文章中写道："尽管德国问题令我焦虑，我

---

* 美国女演员玛克辛·埃利奥特在 20 世纪初期成名并积累了财富，在爱德华时代晚期和两次大战之间的和平时期成为活跃在国际社会里的名媛。在 1915 年的时候，路易斯·斯皮尔斯在皮卡迪遇到埃利奥特，当时后者正在一艘运河驳船上照顾比利时难民，斯皮尔斯称她是"一位善良聪明的女性，以前肯定十分美丽"。（麦克斯·埃格雷蒙特：《两面旗帜下陆军少将爱德华·斯皮尔斯爵士的一生》，p.44）。

们自己的问题处理得也令我很不满意，但是我记得在里维埃拉的阳光下读到［霍尔的］讲话时，我感到了振奋……这场讲话团结起了英国的一切力量，这些力量在无所畏惧地追求正义、壮大自己的力量。至少我们已经表明了态度。"[dclvii] 一想到皇家海军庞大的灰色战舰正在驶向潜在的战斗地点，丘吉尔肯定更是异常亢奋。他一贯支持态度坚定的行动，眼下似乎就出现了一个能够让他采取行动的契机。他很难想象出塞缪尔·霍尔会比他表现得更加坚定，毕竟他认为在印度问题上后者代表着破坏力量。此外，他还希望在参加选举的过程中与保守党的领导层紧密团结起来。他打算以支持政府的形象参加此次竞选，强烈希望等这场竞争一结束自己就能在政府里谋到一个职位。

意大利人即将在 10 月 4 日实施在非洲的攻击，或许丘吉尔在 10 月 1 日写给奥斯汀·张伯伦的信才更准确地透露出了他此时此刻的真实想法：

> ……我非常不开心。摧毁意大利将是一件非常恐怖的事情，会让我们付出惨重的代价。多么奇怪啊，这些年我们一直在恳求法国与意大利修好，现在我们却逼迫它在意大利和我们自己之间做出选择。我想我们不应该以如此激烈的方式打头阵。若是我们以为自己在这个问题上很有实力，那么两个月前我们就该对墨索里尼发出警告了。[dclviii]

接着，选举开始了（11 月 14 日）。选举进展非常顺利，全国各地大多数人都对政府感到满意，埃平的大多数选民也对丘吉尔很满意。政府损失了将近 100 个席位，这是 1931 年纯属人为制造的下议院自然而然带来的反弹现象。尽管如此，多数党仍然占有绝对优势，超过工党 278 个席位，比其余各党所占席位的总和多了250 个席位。丘吉尔在埃平获得了 34849 票，自由党候选人和工党候选人的得票数分别为 14430 票和 9758 票。然而，选举结果却很不合丘吉尔的胃口。由于获得了如此多的选票，他收到了鲍德温发来的祝贺信，但是后者却没有为他提供一官半职。正如他事后直言不讳地在文章中写到的那样："这个结果令我大失所望，极不满意。"[dclix]

一个星期过去了，丘吉尔断定一切都结束了（至少暂时是这样的），自己最好躲到国外去，掩藏起心中的懊恼，但愿这样就能让自己恢复平静。据说（哈罗德·尼科尔森的日记）他当时已经拿到了去巴厘岛的船票，克莱门汀在前一年曾乘船游览过东南亚地区，或许她非常希望丈夫也能去那里走一走。事实上，丘吉尔固执地倾向地中海方向，在 12 月 10 日，他动身前往西班牙东部的马略卡岛。丘吉尔对政治依然保持着浓厚的兴趣，在途经巴黎的时候与保守派政客皮埃尔－埃蒂安·弗朗丹共进了午餐，后者刚刚从法国总理的位置上退下来，不久后又将被任命为外交部长，当时他正艰难地在这两个职位中间寻找着平衡。在丘吉尔夫妇动身离开伦敦的时候，恰好传来了霍尔和赖伐尔给埃塞俄比亚提出和平方案（或者说出卖方案）的消息，丘吉尔不太愿意让这个消息干扰自己的原定计划。在接下来的行程中，从马略卡岛到塔马留，再到巴塞罗那，直至丹吉尔，一路上他们一直被雨水纠缠着（克莱门汀很快就"叛变"了，改道去了奥地利滑雪），丘吉尔留在丹吉尔度过了圣诞节。只有在马拉喀什的马蒙尼亚酒店，丘吉尔才终于见到了阳光和非常适合绘画的色彩，也只有在这里他才振作了起来，完成了《马尔博罗》的大量写作工作。他曾称这座酒店"是我住过的最好的酒店之一"，后来他又多次下榻过这座酒店。同时住在那里的不只有劳合·乔治，而且还有永远在东奔西走的罗斯米尔，这对他来说不啻额外的收获。

在西班牙12月里的雨水中，丘吉尔逐渐接受了霍尔和赖伐尔方案造成的动荡的政治局面。布兰登·布拉肯在当月11日致信他："我们的政坛发生了一场地震……三四天前鲍德温还在巅峰，现在却受到了严重的质疑。"[dclx] 这个消息当然不会令丘吉尔感到失望，同样没有令他失望的是由于鲍德温很不体面地回避了霍尔和赖伐尔协议问题，因此丘吉尔在印度议案上的劲敌霍尔在出任外交大臣仅仅6个月就被迫辞职了。但是这种状况还是没能促使丘吉尔立即启程回国，不多的几位朋友和参谋也都建议他不要回去。当月19日，星期二，伦道夫给住在巴塞罗那科隆酒店的父亲发了一封电报，这封电报简明扼要，这正是这种现如今已经消失的通信手段所能产生的一种令人愉快的效果。

> 政府坚持和平方案，得到了奥斯汀的同意，周四必将得到绝大多数票。我想，你不愿意支持让墨索里尼不光彩地投降，而任何反对意见又必将遭到曲解。即使你不发言，你也必然会投票支持、反对，或者弃权。无论怎样都会一无所获。即使政府会逃脱惩罚，国家的声誉也会荡然无存。大规模的重整军备不可避免，这是保证你重新入局的王牌。真心恳求你留在巴塞罗那。布兰登、教授、桑莫利、少校都坚决建议你选择这条路。* 就连鲍勃［布思比］也在率领

---

* 伦道夫在电报中透露出的急切情绪似乎促使他编造了一些支持者。"少校"有可能是德斯蒙德·莫顿，但是"桑莫利"却着实令人费解。马丁·吉尔伯特在引用这段话的时候省略了这两个名字。也许巴塞罗那的电报局将桑迪斯译作了"桑莫利"。

众人反对政府并期望得到你的支持、认可。[dclxi]

丘吉尔采纳了这条建议。12 月 20 日，他放弃巴塞罗那，继续南下，而没有选择北上。1936 年的 1 月也过去了，他依然不愿意返回英国。伦道夫决定参加罗斯和克罗默蒂选区的补选、与马尔科姆·麦克唐纳一争高下并且正式成为政府候选人的消息令丘吉尔更想远离祖国。与自己的父亲拉姆齐·麦克唐纳一样，作为国民政府候选人的马尔科姆·麦克唐纳在前一年 11 月的大选中失去了原本对工党来说十拿九稳的席位。苏格兰高地传来的消息也不令人振奋。布拉肯在 1 月 17 日发出的电报比那位精力过剩的候选人在一个月前发出的电报更加简练："伦道夫前景堪忧。*社会党人很可能会赢。在克罗默蒂，投机商多过托利党人。"[dclxii] 除了怀疑伦道夫是否有能力让投机商为自己投票之外，丘吉尔在这个阶段也无意卷入与政府的争斗中。

只有国王乔治五世在 1 月 20 日驾崩的消息才说服丘吉尔回到了国内。不过，就连这件事情也没能成功地说服他在第一时间赶回英国，只是促使他为《世界新闻报》撰写了一篇 4000 字的文章。他在文章中对乔治五世的统治进行了全面的审视，通过这篇文章他得到了一笔非常丰厚的稿费，同时也得到这份发行量巨大的周末报纸的新任主席的一番赞誉（里德尔于 1934 年的年末逝世）。在离开马拉喀什之前丘吉尔就完成了这篇文章，永远陪在他身边的皮尔曼夫人在前往丹吉尔的列车上将稿子在打字机上打了出来。这篇文章后来出现在《当代伟人》一书中，作为一篇历史文章它完全配得上这样一部上乘之作。但是，放在今天看这篇文章似乎与《世界新闻报》风马牛不相及。文章对国王的描述不带任何个人色彩，丘吉尔之前与爱德华七世的交往起伏不定，但是他与乔治连这样的交往都没有。至于文章本身，语言有些做作，包罗万象地记述了乔治五世统治期内发生的历史大事和其他国家的社会动乱。丘吉尔没有从个人角度出发直接将国王吹捧一番，而是含蓄地指出乔治五世在许多君主一一垮台后依然保持了王位的完整，通过这样的方式对国王赞美了一番。这篇文章应该只能算作有资格发表在《泰晤士报》或《星期日邮报》上的简练朴素的讣闻，其中交代了大量历史事实，在手头没有任何参考图书的情况下，快速口述出这样一篇文章可以算是一项了不起的成就。

---

* 伦道夫最终以第三名的成绩惨败。马尔科姆·麦克唐纳比较轻松地击败了工党候选人赫克托·麦克尼尔，后者的得票数排名第二，在 20 世纪 50 年代初曾声名鹊起过很短的一段时间。

直到 1 月 26 日，丘吉尔才回到查特维尔，不过刚好来得及在第二天以最资深的枢密院大臣身份向国王爱德华八世转达下议院草拟的即位讲话。在 1936 年的最初几个月里，威斯敏斯特的政界核心事务就是在新国王即位后工作开始步入正轨；猜测国防大臣的位置将花落谁家，如果政府的确要任命一位新的国防大臣的话；考虑英国应当如何减少对国际联盟和埃塞俄比亚的付出，同时尽量不造成太大的伤害，从 9 月开始英国光荣地参与进这两方面的工作中，然而到了 12 月就已经悲哀地泄了气；猜测希特勒接下来会怎么做，这个问题倒不太急迫。丘吉尔也参与了这些事情，尤其是在预测新国防大臣的问题上，但是与此同时，他还沉浸在另一项与政治无关的工作中。他急迫地开始继续撰写《马尔博罗》，到了 2 月 6 日他宣布自己已经将篇幅为 315 页半的第三卷付梓了（第二卷已经在前一年的 10 月份出版了）。[dclxiii]3 月中旬，他又着手为伦敦的《旗帜晚报》（又译作"标准晚报"）创作一批新的系列文章，每两个星期发表一篇。

在 2 月的上半月，丘吉尔还忙于另一项业余活动，在伦敦戏剧界扮演了一回仲裁人。一连串的事情强有力地显示出尽管退出政府已经将近 7 年，但是作为"名人"，他在非政治性和一般性事务上有着多么非凡的公共影响力。展现拿破仑生前最后一段时光的戏剧《圣赫勒拿岛》在伦敦著名的老维克戏院上演了。这部剧是谢里夫（反战文学《旅程终点》的作者）与珍妮·德·卡萨利联合创作的，在发表于 2 月 5 日的剧评中，达德利·巴克对这部剧做出了否定，称这部戏"乏味得难以言表"。第二天，丘吉尔给爱德华·马什写了一封信，在文学和一般性的文化问题上他一向十分尊重后者的意见。"《旗帜晚报》刊登了一篇《圣赫勒拿岛》的剧评，很令人沮丧的一篇剧评。你说你觉得我会对这出剧感兴趣，真高兴你能这么说。如果能抽出一个晚上的时间，我会去看一看的，不过看着一个我对其做过很多思考的人物［拿破仑］承受死亡的折磨肯定会令我感到痛苦。"[dclxiv]2 月 13 日，丘吉尔"抽出了一个晚上"。第二天，他便给《泰晤士报》写了一封信，对他读到的"没有鉴赏力的描述"进行了驳斥。"我一生都在读有关拿破仑的文学作品，至今依然对这类作品如饥似渴。依我愚见，这部剧是一部上乘力作。而且它还具有很强的趣味性，自始至终都能牢牢吸引住观众的注意力。"

通过一件小事就可以看出，丘吉尔的这番评论产生了轰动性的效果。在出版于 1968 年的回忆录中，谢里夫写道：

> 发表这封信的前一天晚上，营业收入共计 17 英镑 12 先令 6 便士，这笔收入意味着在容纳得下 1000 人的剧场里只坐着 60 位观众。在这封信发表的当

晚，有500多人前来观看演出；第二天晚上，即星期六，剧场座无虚席。坐票售罄，乐池和顶层楼座的后面也站着人。这可能是有史以来所有戏剧经历过的最彻底的一次反转。dclxv

这件事情肯定也以独一无二的方式显示了，面对广大戏剧爱好者，一位政客的推荐竟然能够彻底推翻不利的评论。格莱斯顿一向对戏剧充满热情，因为在他看来，演员的演技极其接近他自己的执政艺术，后来为了克服失聪的问题，他总是会在得到剧场的同意后就座于舞台上一个隐蔽的角落里欣赏表演，但是就连格莱斯顿也无法制造出这样的评论效果。

在谁将成为负责重整军备工作的新一任国防大臣的问题上，丘吉尔与其他人一样绞尽脑汁且乐观，虽然所有的猜想都只是试探性的。政府在3月3日发布的一份白皮书中小范围公布了任命的消息。就在这一天，丘吉尔给克莱门汀写了一封信，后者当时正在奥地利的祖尔斯度过一个漫长的滑雪假期，她在圣诞节前就去了那里。丘吉尔的这封信充满殷切期望，甚至到了令人同情的地步：

> 不管怎么说，我似乎还有下注的资本……贝蒂·克兰伯恩［后来成为索尔兹伯里夫人］跟我说，上周内维尔·张对她说"若是只涉及军事才能，温斯顿无疑正是合适的人选"。我把所有可能的人选都考虑到了，也都一一否决了。霍尔不可能，因为他是外交大臣并且达成了霍尔和赖伐尔协议；斯温顿、汉基和韦尔不可能，都是贵族；拉姆齐不可能，因为所有人都能意识到他就是一个活生生的祸根；"百无一用"勋爵佩尔西不可能，完全因为他本人的缘故以及他的块头；内维尔不可能，因为他知道首相的位置近在咫尺；金斯利·伍德不可能，因为他想当财政大臣，不管怎么说，他连中将军衔和白头鱼雷都分不清；霍恩不可能，因为他不会放弃年俸2.5万英镑的主席位置［大西部铁路］，诸如此类。因此，最终可能这个位置会落在你这位可怜的［他在此处简略描述了一头猪，"猪"是妻子对他的昵称］身上……无论发生什么情况，我不想害得自己伤心。一切都是天注定的。
>
> 若是得到这个职位，我会在上帝和全人类的面前兢兢业业地为实现和平而奋斗，绝不允许自己被骄傲和激动冲昏了头。
>
> 若是不能如愿，咱们还有很多事情可以让自己开心，亲爱的宝贝克莱米。dclxvi

10天后，丘吉尔的希望化为了泡影。他只能靠"还有很多事情可以让自己开心"来安慰自己。3月的上半月是一段令人不知所措、充满活力的时期。3月7日，希特勒派部队进入了非军事区莱茵兰，从而对《洛迦诺公约》以及《凡尔赛和约》发起了公然挑战。丘吉尔的第一反应是沉默。这一天，他给克莱门汀发去了一封电报，在电报中仅仅告诉对方一切尚未尘埃落定（他指的是自己被排除在政府之外），还说自己拿不准是否应该在下个星期二（3月10日）为国防部白皮书举行的辩论中发言。他还告诉妻子不用着急回家，但是外出的时候无论如何都不要途经德国。丘吉尔在星期二还是做了发言，但是他在发言中犹豫不决得令人感到奇怪，而且很低调，对莱茵兰地区只字未提，为白皮书做了一定程度的辩护（针对工党的批评），对政府之前的软弱表现表示了惋惜。

3天后，丘吉尔得知政府更倾向于英斯基普，而不是他自己，但是即使到了这个时候他的反应仍旧很含糊。在希望破灭的那个夜晚，他在威斯敏斯特的公寓里设宴招待了弗朗丹。弗朗丹刚刚被走马灯似的法国政府任命为外交部长，为了对德国占领莱茵兰地区的行为做出反击，他正在伦敦寻求支持。实际上，在很多人看来莱茵兰地区是德国的"后花园"，而法国打算做出怎样的反击也不得而知。参加这场晚宴的还有奥斯汀·张伯伦、罗伯特·霍恩，令人吃惊的是塞缪尔·霍尔也出席了宴会。

事后，丘吉尔为英法在面对希特勒派军占领莱茵兰地区的时候表现出的懦弱赋予了至关重要的价值。在《风暴前夕》一书中他提出这样一个观点，法国人仅需动员上百个陆军师以及据说很强大的空军力量，希特勒应该就会被迫撤退，如果他没有撤退，那么他应该就会受到德国总参谋部的讨伐，后者很有可能还会将他罢免。然而，家族世代戎马的德国将领们渐渐地开始认为，希特勒那个一等兵就是他们的大明星，相信他拥有过人的胆魄和远见，能够超越他们在军事问题上的理性思考，这种情况对西方民主国家极其不利。丘吉尔提到了弗朗丹在出访伦敦期间从鲍德温与内维尔·张伯伦那里听到的话，并且说这些话熄灭了法国人民原本如星星之火一样的抵抗意愿。即使在事业的巅峰时期，弗朗丹也不是一个伟大的人物，不过他深得丘吉尔的喜爱，他断定如果无法说服英国向他们提供支持、趁着德国的势力还不算强大的时候遏制住德国，那么他最好试着在后者日渐强大的时候与其结为朋友。最终，弗朗丹在战争结束后以通敌罪名受到了审判，直到伦道夫和他的父亲分别提供了口头证词和书面证词后，弗朗丹才被宣布无罪。

尽管在事后有着高明的见解，但是丘吉尔在莱茵兰问题上却始终不曾愤慨地坚持强硬态度。就在被委以重任的希望彻底破灭的第二天，即星期六（3月14日），他前往伯明翰，在一年一度的珠宝商宴会上做了发言，这是伯明翰市政当局举办的一个面向全国、极其盛大的宴会，这个传统至少一直延续到了 20 世纪 60 年代。在这场讲话中，丘吉尔没有给大家带来噩耗，而是对财政大臣张伯伦（伯明翰自然是张伯伦的地盘）盛赞了一番，他借用莎士比亚的话称后者"为了我们的丰功伟绩尽过汗马之劳 ①"。*他还说张伯伦的大名将"永远同革新我们的财政和恢复我们的信誉这两项事业联系在一起"。^{dclxvii} 星期二，丘吉尔在比利时大使馆设宴款待了比利时新任首相保罗·范泽兰。据哈罗德·尼科尔森所述，丘吉尔"状态极佳"，同安东尼·艾登对比鲜明，"后者看上去面容憔悴、十分疲惫，由于睡眠不足双眼浮肿，那双可爱的眼睛上还挂着红眼圈"。^{dclxviii}

在这两次社交活动中，没有任何迹象显示出丘吉尔认为自己或者自己的祖国陷入了一场不可逆转的灾难。但是，他认为在冒险挺进莱茵兰地区后希特勒竟然安然无恙地脱身了，这种状况令法国急需得到安抚。他刻意将自己扮演成英国人中间懂得侧耳倾听的"法国的朋友"。4 月 17 日，他给《泰晤士报》写了一封长信，批评自己的老朋友休·塞西尔未能充分理解法国对德国的恐惧。在一个月后，他再一次用同样的篇幅将休·塞西尔斥责了一番。当年初秋，丘吉尔甚至更加不辞辛苦地为英法关系忙碌着。8 月底，他在康斯薇洛·巴尔桑（原本姓范德比尔特，后跟随前夫改姓马尔博罗）坐落在诺曼底南端的德勒附近的别墅小住了数日，9 月初他又回到玛克辛·埃利奥特坐落在法国蔚蓝海岸地区的别墅。经过这两次以绘画创作为主的短暂假期后，他经历了一段复杂的旅程，在弗朗丹位于自己的选区约纳省的家中逗留了 24 个小时。星期日早上 7 点 30 分，他在第戎省下了"蓝火车"的卧铺车厢，然后乘车赶了 60 英里的路，到达了勃艮第的乡下。当天晚上，他向克莱门汀做了汇报，称自己已经"把一切可能的政治谈话都谈完了，现在累得只能上床睡觉了"。^{dclxix}

丘吉尔还抽出一天的时间与甘末林将军一起观摩了法国军队的演习，在巴黎期间还拜访了莱昂·布鲁姆。甘末林将在 1939 至 1940 年里出任法军总司令，给法国造成了灾难性的影响；布鲁姆在 5 月已经出任了人民阵线联合政府总理。西班牙人民阵线政府与法国的人民阵线联合政府不存在太大的差别，但是丘吉尔对两者的

---

① 语出自莎士比亚的戏剧《理查三世》第一幕，第三场，"理查（向王后）：你还没做王后，你丈夫还没称王，我为他打天下，立下汗马功劳，为他扫平了气焰嚣张的敌军，他那些友军，我替他从厚犒赏，我洒热血，为建立他王家的血统。"（参见《理查三世》，方平译，上海译文出版社，2016）

* 张伯伦为自己能够在信中向丘吉尔指出这句话出自《理查三世》，而不是像丘吉尔误认为的那样出自《亨利六世》而感到开心，丘吉尔用这句话赞美他也同样令他十分开心。

态度形成了鲜明的对比。当西班牙人民阵线政府在 7 月遭遇了弗朗哥将军领导的叛乱，丘吉尔对此没有显露出多少同情，但是他对布鲁姆非常重视，数次满怀敬意地致信对方。在 11 月 8 日（1936）的信中他写道："自我们初次在'奥赛码头［原文如此］'① 的愉快会面以来，法国在各项事务上取得了巨大的进步，希望您能允许我为此向您表示最诚挚的祝贺。"dclxx 接着，在结束了为期 3 周的旅程回到查特维尔之后，他旋即又掉头返回了巴黎，在大使剧院做了一场演讲（用英语），演讲的主题是人类需要捍卫议会民主制度和自由。这场演讲得到了大规模的报道。根据丘吉尔从英吉利海峡两岸收到的祝贺信来看（不过这个参考标准并非永远客观），他的讲话似乎获得了巨大的成功。长期担任英国大使馆新闻专员、为人世故的查尔斯·门德尔爵士在给他的信中称："毫无疑问，自我来到这里后，还从来没有一个外国人召开过一场激起如此热烈反响的会议。"dclxxi

丘吉尔的这一轮亲法活动与他在当年最核心的政治活动保持了一致，当时他正试图将支持国际联盟和决心加强英国防御能力这两点结合起来。要想实现这个目标，就需要在政治工程方面取得一项辉煌的成就，因为仅仅几年前国际联盟曾经最热情的支持者就认识到，对这个组织来说，最能显示力量也是前景最为光明的一项工作就是裁军会议，最积极地为英国武装力量摇旗呐喊的人则认为，国际联盟是一个在干涉他国事务时缺乏决断力的组织。丘吉尔在印度议案问题上的大部分盟友都属于后一类人，当他试图拓宽自己在军备方面的主张、支持《国际盟约》时，他们其中的一些人以书面形式表达了令人费解的抗议。实际上，丘吉尔选择这个时候将热情转向国际联盟的确令人感到匪夷所思。首先，国际联盟刚刚在遏制墨索里尼问题上遭到了严重失败，面对这种状况，丘吉尔的态度非常含糊。其次，希特勒在莱茵兰地区的行动大获成功，从而撕毁了《凡尔赛和约》和《洛迦诺公约》，无所作为地接受这个现实没能明显强化通过制定一套国际法规就能加大公约执行力度的观点。此外，丘吉尔明显地表露出希望改善自己与国内政坛的中间派以及温和的左派关系（在 1940 年这部分力量对他来说具有至关重要的作用），但是他对西班牙内战的态度没能起到有益的作用。他不愿意看到意大利法西斯主义控制住伊比利亚半岛，更不愿意看到德国纳粹主义实现这一点，但是无疑，他本能地倾向于将挑起这场战争的过错归咎于苏联（但是在其他问题上他对苏联越来越支持），至少在他看来苏联和那两个法西斯国家的过错一样大。在某种程度上他更容易接受苏维埃共和

---

① 此处奥赛码头指的就是法国外交部，因为刚好位于这座码头的对面而得到了这个别名。

国——而不是民族主义国家——会制造出暴行的说法。

丘吉尔对弗朗哥将军发动的武装叛乱的同情有所改变，这一转变造成的一个结果就是他与伊万·迈斯基日渐亲密的关系暂时出现了一点问题。迈斯基有着一半的犹太血统，比较倾向西方，在20世纪30年代一直担任苏联驻英国大使。在1936年4月去查特维尔庄园拜访过丘吉尔之后，一贯镇定的内阁秘书莫里斯·汉基称丘吉尔是"迈斯基先生的知己"。[dclxxii] 无疑这种说法对事实有所夸张，但是丘吉尔与迈斯基之间肯定有着一定的交往，但是他们的交往没能妨碍迈斯基对丘吉尔在11月里的一次下议院讲话提出谴责，在那场讲话中，丘吉尔宣称是俄国造成了西班牙的骚乱局面，从而破坏了原本应该很精彩的一场讲话。

丘吉尔在1936年接近英国政界的中间派是一次巧妙的练习，战略上很高明，战术上很成功。通过一些名称有些混乱、地位比较次要的组织，他实现了自己的目标，这些组织通过丘吉尔的名望和人格魅力聚合成了一股相当强大的力量。正是由于这种能力，再加上雄辩的口才，丘吉尔在一部分人的眼中变得魅力十足，而他也在不久前刚刚想明白，自己就需要吸引住这部分人群。

在这件事情上起到核心作用的是所谓的"焦点小组"。最初这个团体只是一群人犹犹豫豫地组成的午餐俱乐部，聚会都在坐落于诺森伯兰大街拐角处的维多利亚酒店举行，这里距离丘吉尔在20年前担任军需大臣时的办公室大都会酒店只有几码远。早期，俱乐部内部还曾为谁为宴会付账的问题产生过疑问，这个问题主要靠着富有的德国犹太人尤金·斯皮尔慷慨解囊得到了满意的解决。斯皮尔完全不存在避难的嫌疑，因为早在1922年他就已经移民到了英国。然而，即使在英国居住了这么长的时间，他还是没能躲过劫难，在1940年6月以敌国侨民的身份遭到拘押，随后被驱逐到加拿大，对于他在20世纪30年代里的反绥靖主义活动，这样的结局对他来说似乎太不公平了（当时全神贯注于其他事情的丘吉尔无疑对这件事情毫不知情）。1945年，斯皮尔回到英国，随后针对焦点小组发表了一些有意思的洞见。

斯皮尔提出的一点就是，丘吉尔在午餐会上总是执意坐在聚会的常客维奥莱特·博纳姆·卡特夫人的旁边，而且坚持点上他最喜欢的波尔图葡萄酒。当被问及丘吉尔的这两项要求之间是否存在着某种内在关联的时候，斯皮尔回答说，这是因为这两个要求都能制造出特殊的温暖气氛。[dclxxiii] 维奥莱特回归舞台中央充分表明丘吉尔出现了轻微的"左倾"倾向，根据这种观点，焦点小组另一位成员的存在更为重要，这个人就是工会联合会议总书记沃尔特·西特林。

同焦点小组保持着密切联系的人还有《泰晤士报》前编辑韦翰·斯蒂德；自1910年出版《大错觉》一书后便成了最主要的"和平"宣传员的诺曼·安吉尔，他曾在 1929 至 1931 年间短暂地担任过工党议员，在 1933 年获得了诺贝尔和平奖；颇具洞察力但是在当代受到低估的菲利普·格达拉，在学术界他以热衷于创造名言警句而出名，曾在 1941 年为丘吉尔写过一篇精彩的简传，在 1944 年便英年早逝；小组核心人物的女婿邓肯·桑迪斯。小组还有一些比较外围但是偶尔也会参加聚会的成员，其中包括阿奇博尔德·辛克莱，他在 1935 年的选举中击败赫伯特·塞缪尔，成为自由党领袖；颇有地位的工党议员菲利普·诺埃尔－贝克与休·道尔顿，他们两个人都毕业于剑桥大学的国王学院，但是两个人的性格大相径庭，前者过于理想主义，后者则现实得有些粗暴，有时候还会与其他人发生冲突。这两位工党人都完全注意到了纳粹带来的危险，不像他们在工党里的许多同僚那样受到工党派性思维的严重束缚。

将近年底的时候，在战前对超出同僚们划定范围的行动一贯比较谨慎的工党领袖艾德礼在切尔伍德的塞西尔的劝说下，签署了国际联盟联合会的一份宣言，丘吉尔是这份宣言的主要起草人。实际上，在为自己重新定位的这一年里，丘吉尔采取行动的时候总是会打着各种"幌子"，这些幌子累积起来产生的效果不禁让人想起他不共戴天的仇敌英国共产党在今天的行为。就这样，焦点小组最终发展成了一个反纳粹委员会，主席是西特林，担任副主席的有诺曼·安吉尔、西尔维娅·潘克赫斯特（著名的妇女参政论者）与埃莉诺·拉斯伯恩，备受尊敬的拉斯伯恩是来自英国大学联合选区的"左倾"独立下议院议员。但是，组织的发展方向主要还是受着丘吉尔的指引，这与他在新英联邦协会英国分部里的情况一样。之前，热心于公共事务的富有的威尔士贵族戴维·戴维斯男爵，没有花费太大的工夫就说服丘吉尔接受了新英联邦协会英国分部的主席一职。

1936 年 6 月，戴维斯给丘吉尔写了一封长信，信中充满溢美之词，不过显然都发自他的真心。在信中他敦促丘吉尔将新英联邦协会当作自己的讲台，让自己成为世界之光，将欧洲从灾难中拯救出来。丘吉尔热情洋溢地给戴维斯写了一封回信，只是他的热情中夹杂着一丝警觉。在这个阶段他很擅长于利用普世主义。10 月 21 日，他致信塞西尔，这时他还在考虑一个名为"自由与和平"的组织向他发出的邀请，他写道："新英联邦协会不可能相形见绌，国际联盟联合会也是如此，这么做只是为了将务实的工作结合起来，为了携手前进。"[dclxxiv] 10 月 15 日，规模略有扩大的焦点小组在萨沃伊酒店举行了一场聚会，在聚会上丘吉尔表现得很圆滑，在外人看来他通常最擅长的并不是这样的圆滑，同时他还显得很友善，不习惯合作的人为了一个特别的目标自发走到一起的时候，大多不会缺少这样的友善。丘吉尔应付西特林的手法很高明："我看不出现在我们有什么理由不去阿尔伯特音乐厅或者女王音乐厅举行首次会议，在我们有可能搞得到的最大的讲台上——就座……当然，沃尔特·西特林爵士必须担任会议主席。除非他接受这一职位，否则我们就无法召开会议。我绝对不会在一位不如沃尔特爵士那么有威信的主席的领导下讲话。" dclxxv

这一次，丘吉尔很好地接纳了其他与会者和组织的信条，这套信条对他的新盟友有着极大的吸引力："说到政策问题，我们有一份［韦翰·斯蒂德］起草的极其重要的声明，在过去的三四个月他一直在为这件事情忙碌着。我们还有一份宣言初稿。我还收到了诺曼·安吉尔的一封信，我与他心意相通。我们的政策就是我们要遵守《国际联盟盟约》，这是我们的靠山。在任何方面我们都丝毫不能背离它或者削弱它。" dclxxvi

丘吉尔坚信一个军备更强大的英国才是保证国际联盟任何一项政策生效的基石，这个信念没有因为他为自己重新定向而被弱化。7月底，丘吉尔组建了一个强大的保守党代表团，代表团设宴款待了首相，陪同首相出席宴会的有上议院议长哈利法克斯和国防协调大臣英斯基普，他们就英国在防御工作上的缺陷一连讨论了几个小时。丘吉尔安排奥斯汀·张伯伦与索尔兹伯里充当这个由18个人组成的代表团的名誉负责人，但是说得最多的一个人还是他。实际上，几个星期前的一份内阁会议纪要就提到丘吉尔曾威胁说要做一场长达4个小时的讲话，幸运的是他的威胁没有化为现实。这两次会议都没有产生太多的成果，不过至少显示出丘吉尔"军备与盟约"的两手政策中，强硬政策没有因为温和政策的发展而受到削弱。丘吉尔显示出自己有能力培养一种向左派敞开大门的气氛，在过去很长一段时间里——或许就是从1911年之后，他对海军事务的痴迷掩盖了他在贸易部与内政部时期坚持的自由主义精神以来——在这个方面他始终没有显示出这么高效的能力。他试图将1936年7月的代表团建设成一个超党派的代表团，然而艾德礼回避了，随后辛克莱也效仿了艾德礼。

在1935年和1936年的年初，丘吉尔3度产生了进入政府的希望，又3度遭遇失望。从各个角度来看，他在1936年11月形成的政治立场看上去比希望3度破灭时期的立场有着更有利的基础。11月8日，他在下议院就外交政策问题做了一场相当成功的讲话，接着又在12日做了一场更加令人难忘的讲话。后一场讲话堪称前后呼应的反语的经典范本，并且激怒了鲍德温，因此非常出名。在变幻莫测的政治生涯中，鲍德温曾数次滑落到谷底，在这场辩论中对丘吉尔做出回应时就是其中的一次，他几乎就是在喋喋不休地哀诉着。丘吉尔取笑鲍德温的一段话源于海军大臣达夫·库珀在一番评论中模模糊糊提到的一个问题。不久后，成了丘吉尔亲密同盟的库珀曾说过："我们永远在回顾我们的立场。"丘吉尔抓住了这句话："［海军大臣〕很肯定地告诉过我一切都完全不确定。我确信他说的是真话……政府无法下定决心，或者说他们无法说服首相下定决心。所以他们就一直在一个奇怪的自相矛盾的怪圈里循环往复，只能决定继续犹豫下去，下定决心继续优柔寡断，坚定地放任自流，稳稳地保持着不确定性，所有强大的力量都虚弱无力，因此我们继续花费数月、数年坐等蝗虫来吞噬，而这段时间，对于保证不列颠的伟大来说，有着十分宝贵甚至生死攸关的价值。"^{dclxxvii} 谁都无法假装认为丘吉尔这段结构工整的发言完全是即兴发挥，不过这段话至少起到了叹为观止的嘲讽效果，鲍德温臭名远扬的答复丝毫没能达到同样的效果。丘吉尔指责鲍德温任凭希特勒在重整军备问题上抢跑了两年之久却坐视不管，鲍德温为自己进行了辩解：

> 我要完全开诚布公地向议院澄清我的看法。你们应该记得当时〔1933—1934〕正在召开日内瓦裁军会议。你们应该记得当时这个国家比战后任何一段时期都更强烈地弥漫着一股反战情绪。你们应该记得在富勒姆的选举……当时国民政府仅仅因为反战问题就以大约 7000 票的票数失去了原先把持的一个席位……作为一个大党的领袖，我的处境总体上不会令人感到舒服。我问过自己，当富勒姆表达出来的情绪遍及全国的时候，我们究竟有多大的把握确信这种情绪发生改变？全国人民会同意我们重整军备的可能性有多大？设想一下，我走遍全国各地，告诉大家德国正在重整军备，我们也必须重整军备，谁会认为这个太平的民主国家在听到这种呼唤的时候会团结起来？从我的角度出发，我想不出还有什么因素更有可能导致我们在这场选举中遭受这样的损失。^{dclxxviii}

这番言论几乎毫无首相应当具有的英勇气概，鲜明地衬托出了丘吉尔那番打动人心的讲话。亚瑟·贝尔福最疼爱的侄女以及他钦定的传记作者巴菲·达格代尔在政治问题上不是一个容易受到愚弄的人，就在这场辩论的 6 天后她在日记中写道："我预计温斯顿会接受联委会并对其加以利用！[*] 很快他就会组建政府，凭借重整军备计划拉拢右派，凭借对联盟的支持拉拢左派。"^{dclxxix}

11 月 25 日，丘吉尔在新英联邦协会在伦敦一家酒店举办的午宴上发表了一场激励人心的讲话，从而进一步巩固了自己的地位，这场宴会吸引到了 450 位身份显赫的听众。一切条件似乎都成熟了，在阿尔伯特音乐厅进行一场"综合"式的大集

---

　　[*]　"联委会"指的是国际联盟委员会，"接受"指的应该是"接管联委会的工作"。

合、将一切相互关联的组织都聚合为一个整体的时候到了。自创建以来焦点小组就一直在考虑这个构想，但是丘吉尔始终不愿意贸然采取行动。现在，焦点小组信心十足，集会将在12月3日星期六举行。西特林将担任会议主席，丘吉尔也将做主要发言。这场活动将标志着反纳粹和支持集体安全原则的中间派再一次团结起来。

唉，到了应该举行大会的时候，丘吉尔却因为生活中最愚蠢——至少也可以说是最得不偿失的一段插曲转移了注意力。鲍德温委婉地将这个插曲称为"国王的事情"。这件事情已经被遮掩了几个月，一直没有被暴露在英国民众眼前，到了11月底，这件事情终于曝光了。最晚不迟于当年夏天，新国王迷恋上了沃利斯·辛普森。这位来自巴尔的摩的女士与国王年纪相仿，当时她第二段婚姻也将近结束，美国和欧洲大陆的媒体都对她做过大量的评价，英国首相也因为她极度分心。问题不在于国王是否有可能将兴趣和热情转移到另一位女士身上。在父亲乔治五世在位期间，爱德华八世过了25年清教徒式的生活，但是他对不拘礼节、行为有失检点的祖父爱德华六世的记忆依然那么清晰，因此他对迎娶辛普森夫人这么轻率的行为毫不忌讳。爱德华八世的任性和辛普森夫人的野心给英国造成了威胁，他们有可能结婚，后者也有可能当上王后。面对这件事情，鲍德温和其他人都越来越强烈地怀疑国王的性格以及对公共礼仪的理解能力，或许不足以保证他始终如一地满足立宪君主这个位置所提出的要求。尽管英国媒体表现出了惊人（在今天看来）的沉默，就连一部分内阁阁员也对此事一无所知，但是在丘吉尔的小圈子里，大家都在对这件事情议论纷纷。丘吉尔认为自己与国王相熟而且交往愉快，正如前文中提到，在战后最初几年里，他频频出席为了取悦当时还是威尔士亲王的爱德华八世而举办的小型宴会和舞会。在刚刚过去的这个夏天，丘吉尔夫妇在布伦海姆度过了一个迷人的周末，当时在场的其他客人还有国王、辛普森夫人和仍旧陪在她身边的丈夫、达夫·库珀夫妇、刚刚继承爵位的巴克勒公爵及公爵夫人，以及丘纳德夫人。丘吉尔自己对婚姻忠贞不贰、与发妻白头偕老，但是他很少会对一贯不那么忠贞的人评头论足。而且，国王充满孩子气的魅力也引起了他的共鸣，这种魅力刚好符合他对王室的美好幻想，让他觉得这位国王远胜乔治五世。在政治生涯中他先后辅佐过五位君主，其中只有乔治五世令他感到难以对付。一定程度上是由于在布伦海姆的这次相遇，丘吉尔在当年夏天为国王草拟了两份纪念活动讲话稿，对方热情洋溢地向他表示了感谢。

在这场危机最恶化的时候，国王征求并得到了鲍德温的允许，向一位独立的政坛人物咨询此事。他求助的应该是丘吉尔。按照上述的基础条件和他们两个人友好交往的历史，这种说法不仅显得真实可信，而且合乎情理。但是，不太可信的是丘吉尔提到的自己受到召见的时间——相比对国王的意义，这个问题对丘吉尔提供的说法更为重要。丘吉尔宣称，在12月4日星期五的晚上，他与国王在贝尔维德城堡单独共进了一次晚餐（城堡坐落于温莎大公园边缘，外观同硬纸板玩具城堡惊人地相似），这一点存有疑点。在事情过后不久，丘吉尔口述了一份对爱德华退位一事的回忆，文章没有注明具体时间，在这份文件中他宣称，整整一个秋季，他与国王毫无联系，直到在晚宴当天下午5点接到沃尔特·蒙克顿*的电话，他才意识到自己有可能与国王共进晚餐。^{dclxxx}

丘吉尔没有明显动机在叙述中篡改这个时间，但是有两个理由让人们至少可以怀疑蒙克顿提醒他的电话有可能发生在前一天。首先，一位英国政客竟然完全能在周五下午5点被找到，并且参加了当天晚上一场重要的晚餐，这种想法很大胆，即使召见他的是国王。其次，丘吉尔在前一天晚上的表现（12月3日，星期四）充分表明，他已经接到了国王将在次日召见他的消息，这个消息令他的大脑飞速地运转起来。阿尔伯特音乐厅的会议也将在这天晚上召开，他将成为大会上的明星，在过去的几个月里，他一直坚定而谨慎地为搭建这样的舞台努力着。然而，根据当晚担任会议主席的西特林审慎的回忆录：

> 所有人［发言人］都在讲台背后的一个包间里集合了，只有温斯顿除外，他姗姗来迟……我非常不愿意让听众等着我们，我坚决认为会议必须按照公布的时间开始。因此我告诉同事们："如果温斯顿3分钟后仍未到场，咱们就在他缺席的情况下上台……"几分钟后我松了一口气，丘吉尔急匆匆地赶来了。"我必须跟你谈一谈，"他非常兴奋地将我喊到了一边。"怎么了？"我很生硬地问道。"是国王的事情。"他回答道。"他的事情跟这场会议有什么关系？"我追问道。"大家会希望我做出声明。"丘吉尔回答道。"不见得吧。咱们上这儿来是为了显示咱们能够团结一心反抗纳粹分子。咱们上这儿来要说的可不是国王或者其他什么事情。如果你发表了声明，其他人或许也想这么做。你绝对会受到质疑的，即使别人不这么做，我也会这么做。"我说。

就这样，期盼已久的集会在丘吉尔和他精心栽培的大会主席之间的冷战中开

---

* 沃尔特·蒙克顿是一位事业非常成功的辩护律师，在当时是国王的顾问，与后者往来密切，15年后在丘吉尔的最后一届政府里担任劳工大臣，在很多调解工作中起到了作用。

场了，不过西特林还是客气地记述道，"会议圆满召开，其间没有出现丝毫的噪音"，而且"温斯顿……以十分精湛的技巧……宣读了自己的发言稿［仅限于国际事务］"。^{dclxxxi}

第二天晚上，在贝尔维德城堡的晚宴上，丘吉尔被国王承受的压力震惊了，他宣称后者在席间两度出现神志不清的状况，并催促他派人去把杰出善良的医生佩恩的道森子爵与托马斯·霍德请来。丘吉尔告诉国王，当务之急是争取到更多的时间，并建议（在随后的一封信中）国王与鲍德温都放慢速度。在这个夜晚，情绪高昂的丘吉尔并没有太过明显地将自己塑造成潜在的"保王派"领袖的形象，这一点几乎不存在任何疑问。[*]但是在次日晚上（星期六）写给国王的一封很奇特的信中，他清楚无误地为自己安排了这样一种形象。之所以说这封信很奇特，首先因为信的内容很草率（频频出现失误），其次写信的人完全是一副扬扬自得的腔调，与他在之前和后来给君主的信中一贯具有的慎重和尊敬形成了鲜明的对比。这种扬扬自得的腔调甚至促使外界怀疑在写这封信的时候他有可能不太清醒——一定程度上这得归咎于他饮酒的习惯，尽管这种状态通常都不会给他造成问题。这封信几乎全篇都值得引述在此：

先生：

来自各方的消息！没有人用枪抵在国王的脑袋上。无疑，要求的时间会被批准。因此，直到圣诞节后才会出现最终决定或提案——大概会在 2 月或 3 月。^①

2. 国王切勿出国。温莎堡是陛下的战斗基地（总部）。此刻正是成败的关键，在任何无足轻重的事情上都不能任性。辛普森夫人回英国待上一两天远比国王此刻出国要好得多……

3. 北爱尔兰总理克雷加文子爵受到自己对国王一片忠心的强烈驱使，一直如此。可否邀请他参加明天的午餐会？根据宪法规定，他拥有这样的权利（我认为如此），反正也不会有人提出异议。他的到访将被公开。他和我都希

---

* 如果他做出这样的选择，就会给宪法造成严重影响，就会让持有另一种观点的人站到"倒王派"的立场上，接下来两派之间的争斗就会完全损害君主在政治上的中立立场，这对制宪君主制而言是至关重要的原则。丘吉尔没有给自己惹祸上身，但这并不是由于他有着先见之明，而是因为他找不到支持国王的依据。在这个问题上，议会和国家都完全支持鲍德温的意见。

① 原文中这一段没有编号"1"，应该是丘吉尔的随意或者是书写习惯造成的，最后以逗号结尾也是这种情况。

望这些事情最终能有一个好的结局。通往蒂珀雷里的路很长。

4. 马克斯［比弗布鲁克］。国王将他从世界另一头招来［加拿大］。他是一头善于打仗的猛虎。我已经将国王的消息告诉他了——请致电或者写信给他，最好致电。我看不出安排与他会面会有什么害处。一头赤胆忠心的猛虎！极其稀有的品种。

5. 想听一听真正的俏皮话吗？伯纳德·肖发表在今天的《旗帜晚报》上的文章值得一读。他很能逗人开心。

总之，各方面均进展顺利，因此有望占据有利位置，并集结大股支持力量。

国王陛下忠实的仆人和臣子，

温·斯·丘 ^{dclxxxii}

次日（12月6日，星期六），丘吉尔在报纸上发表了一份非常乏味的声明。名义上这份声明只是要求多给国王一些"时间和耐心"，但是在这件事情的发展过程中他对宪法慢慢地产生了大量危险的看法。他说没有一个政府部门有权力向君主提出退位的建议，如果大臣们不喜欢看到自己的建议遭到拒绝，"他们当然拥有辞职的自由"，而且在新政府组建之前他们就出手阻挠的做法也很不得体。此外，国王不可能做出大臣们十分担心的事情，即迎娶辛普森夫人，至少在4月底之前不存在这种可能性（辛普森夫人办理离婚的进度决定了这一点）。所以，何不优哉游哉地讨论这个问题呢？

最后谈到的这一点，促使约翰·阿尔弗雷德·斯宾德对他进行了一番极其强烈的谴责，这位为坎贝尔－班纳文和阿斯奎斯撰写传记的自由党报纸编辑深受爱戴。他在信中写道："让目前的形势应当再继续5个月——激烈痛苦地论战上5个月，其间很有可能会形成一个反对政府的保王派，君主成为造成分裂的核心力量，这场分裂将导致国家和英联邦四分五裂。在世界局势发展到目前状态的情况下就任由这一切这么发生，你怎么能提出这样的建议？"在信中措辞如此严厉的不只有斯宾德一个人。韦翰·斯蒂德也在同一天提醒丘吉尔"对于我们这些与你携手投身于'自由与和平运动'［阿尔伯特音乐厅那场会议的主办方的别名］的人来说"，或许有必要"公开宣布同你的观点毫无关系"。索尔兹伯里从另一个角度发出了低调的威胁："现如今，我极度不安地留意着你的态度。"^{dclxxxiii}

这些信都没能吓退丘吉尔。他应该是在星期一收到了这些信，在星期二下午（12月8日）他去了下议院，据说之前他在有法国人出席的宴会上享用了一顿愉快的午餐，这个下午他打定主意要一意孤行。很多议员都从比埃平更偏远、更接近乡下的选区过完周末刚刚回到伦敦（丘吉尔绝对没有去埃平度周末），目睹丘吉尔这种褊狭的观点，他们支持鲍德温和反对国王的情绪变得更加强烈了。鲍德温仅仅发表了一份安抚情绪的包容的声明，他承诺将在星期四进一步发表声明。鲍德温的举动还是没能阻止丘吉尔继续深陷下去，仿佛他根本没有听到前者的声明，他荷枪实弹蓄势待发。实际上，他并没有发表多少意见，还没来得及发表太多意见的时候他就遭到了重创，陷入了沉默，他的经历完美地证明了与下议院背道而驰会落得怎样的下场。与下议院作对并非永远都是一件坏事，毕竟当议员们集体沉浸在一种突如其来的激烈情绪中时，下议院有时候也会表现得很拙劣。但是，今天看来，丘吉尔当初支持爱德华八世继续留在王位上的初衷，完全无法同驱使马丁·路德将自己的告示钉在维腾贝格大教堂大门上的精神力量相提并论（即使在当时看，这两种思想境界之间也不太能画上等号）。①

　　几乎可以肯定的是，丘吉尔在这天下午遭遇惨败。一向对他很友好的哈罗德·尼科尔森在文章中写道："昨天温斯顿在下议院彻底崩溃了……他在 5 分钟之内就把两年里耐心重建的成果毁掉了。"[dclxxxiv]一直对丘吉尔怀有敌意、但是在这个阶段对他还比较友好的里奥·艾默里也写道："他［丘吉尔］被下议院所有人高度一致的敌视情绪以及议长先生叫他遵守会场秩序的举动给彻底震惊了。"[dclxxxv]巴菲·达格代尔彻底改变了自己在 3 个星期前发表的观点，她在日记中称丘吉尔自掘坟墓只用了 3 分钟的时间，而不是尼科尔森所说的 5 分钟："罗伯特·伯奈斯［托利党里一位思想开明的年轻下议院议员，后来在战争中阵亡］驱车送我回家。他说温斯顿昨天完全被淹没了，今天他追悔莫及。不到 3 分钟的时间他重新担任要职、恢复影响力的希望就被打碎了。"[dclxxxvi]最后，罗伯特·布思比以"吾儿，亦有汝焉"＊式的表现为这场集体批判丘吉尔的运动画上了圆满的

---

　　① 1517 年 10 月 31 日，马丁·路德将自己著名的《九十五条论纲》张贴在维腾贝格大学教堂，在该书中他深刻批判了罗马教会的贪污腐化。他还送给美因茨市大主教一册，并且把论纲印刷出来，在该地区广泛散发。

　　＊ "吾儿，亦有汝焉"（又译作"还有你吗，布鲁图？""你也有份，布鲁图？"）这句话被后世普遍认为是恺撒临死前对刺杀自己的养子布鲁图说的最后一句话，因莎士比亚创作的《裘力斯·恺撒》而著名，现在被普遍用来描述背叛行为。公元前 44 年 3 月 15 日（也被称为"弑父日"），恺撒被一群反对君主制的罗马元老院议员刺杀，行刺者包括他最宠爱的助手、挚友和养子马尔库斯·尤尼乌斯·布鲁图。发现布鲁图也拿着匕首扑向他时，恺撒绝望地说出了这句遗言，放弃了抵抗，身中 23 刀，倒在庞培的塑像脚下气绝身亡。莎士比亚的版本显然依据的是古罗马历史学家苏埃托尼乌斯的记载，但是希腊历史学家普鲁塔克却在作品中称恺撒死前一句话都没说过，看到布鲁图也参与了刺杀行动时，他将长袍的袖子抬到了脸前（以遮住自己的双眼）。

句号。布思比确保了丘吉尔在最脆弱的时候立即就得知了"今天下午你给国王造成了重创，在下议院和全国都是如此，远比鲍德温设想过的打击更严重。你已经把潜在支持者的数量减少到最低限度了——我想现在所有的人里只剩7个人了"。^{dclxxxvii} 布思比后来为这封信的事情向丘吉尔道了歉，后者也一如既往地打消了心中的恨意。布思比还是在1940年被迫辞去了政府里的职务（丘吉尔政府），有人指控他存在"不道德"的行为，有观点认为政府首脑没有为拯救他花费太多的心力。或许，当时丘吉尔的脑海中又浮现出了对那封麻木不仁的信的记忆。

丘吉尔颜面扫地，在吸烟室里又遭到布思比恶毒信件的攻击，议员中间大面积弥漫的敌视情绪无疑也对他造成了打击，在这种情况下丘吉尔自然无法溜之大吉。当天晚上，就在议事厅里的恐怖经历结束大约两个小时后，他就国防问题给保守党后座议员组成的1922委员会^①做了一场重要讲话。党派督导们在针对这场会议提交给内阁的报告中称："出席率很高……丘吉尔先生讲话的时候很少有人喝彩。但是，总体印象是这场讲话比较精彩，反响不错。"^{dclxxxviii} 这场讲话甚至促使一位党派督导写了一份长达数千字的翔实的报告。在当时那种情况下，丘吉尔完全靠着强大的自律精神完成这场讲话。这场讲话体现出一贯以自我为中心、恃才傲物的丘吉尔同时也非常有斗争经验。在星期四，他再一次证明了这一点，这一天鲍德温态度温和地陈述了丘吉尔处理"国王的事情"的整个过程，解释了国王如何说服自己选择立字为据、宣布退位，而没有考虑其他可行的结果。他的叙述经过了仔细地斟酌，尽管如此，还是对丘吉尔造成了沉重的打击。

这场讲话是鲍德温最后取得的一场大捷。接着艾德礼也做了发言，对鲍德温表示了支持，这或许是他第一次在重要讲话中展现出如此果断利落的权威感和判断准确的智慧。在辛克莱发言之后——他的发言有些长——丘吉尔打了一场硬仗，巧妙地从最不利的境地抽身出来。就连艾默里都认为丘吉尔这段"措辞优美的简短发言"非常精彩。^{dclxxxix} 然而，丘吉尔在这起事件中的基调已经是既成事实了。无论是做过的，还是没有做过的，都只能留给历史评说了。现在，所有信奉君主政体原则的人"必须努力巩固王权，为国王陛下的继任者赋予勇气和信心，只有对一个团结的国家、一个团结的欧洲的爱，才能产生这样的勇气和

---

① 保守党普通议员委员会（又称"1922委员会"），英国保守党在下议院的组织，由保守党全体后座议员组成，在议会会期内每周召开一次例会，以便后座议员交换有关各选区以及前座议员的看法。

信心。" dcxc①

爱德华八世退位事件给丘吉尔的地位和前途造成了多大的损害？ 1937年1月1日，丘吉尔给伯纳德·巴鲁克写了一封信："我觉得我选择的立场始终没有对我的政治地位造成太大的影响；即使造成了很大的影响，我也不想选择别的立场。" dcxci 在1937年年初，在大多数人看来，丘吉尔的这番话完全是一副自鸣得意的姿态。但是结合不到3年半之后发生的事情来看，至少有理由说，丘吉尔对中期前景的洞察力，当然还有他面对北斗星再一次陨落时强大的承受能力，都表现得比尼科尔森、艾默里、伯奈斯、达格代尔、布思比等人对他的判断更稳定。

但是，最具有讽刺意味的是，即使丘吉尔成功地帮助爱德华八世保住了王位，到了1940至1941年的时候，他或许还是会意识到有必要废黜这位国王或者将其拘禁，因为后者有可能会成为维希式政权的首脑，对国家产生危害。达格代尔夫人在12月8日的日记末尾写道："但是，上帝再一次站在了他的仆人斯坦利·鲍德温的身后。"或许可以说，在接下来的10年里，鲍德温更加强大地站在了他的仆人温斯顿·丘吉尔的身后，同时他的角色也变得更模糊了。

---

① 这一章正文标出了43条尾注，可是在尾注部分只有42条。核对之后，至少前37条没有问题，因为第37条艾默里的引文出处同后面的尾注是匹配的，但是剩余6条不太确定遗漏了哪一条，因为都摘自《附录》或《议会议事录》。译者判断遗漏了尾注的有可能是上面这一段中加了下划线的这句话。第40条尾注有可能出自艾默里书信集，因为第37条尾注就摘自艾默里书信集。译者在尾注部分中，将这一条空了出来，加上了"原著遗漏"的解释字样。

第二十七章　从退位到慕尼黑

1937 年总体上风平浪静。在形势一路下滑的 20 世纪 30 年代晚期，这一年下滑的幅度暂时有所减小。希特勒和墨索里尼都没有再制造新的骇人事件，但是他们都在继续支持弗朗哥将军叛乱，这场叛乱正在逐步扩大胜利规模。实际上，在 4 月，格尔尼卡遭受了一场毁灭性的空袭，通过这场空袭，德国空军预演了 3 年后对考文垂以及英国其他城市发动的闪电战。在 1935 年意大利入侵埃塞俄比亚，在 1936 年德军挺进莱茵兰，在 1938 年先是奥地利被吞并，接着捷克斯洛伐克又不断受到压迫，这些事件都给国际社会带来了重大危机，但是在 1937 年没有出现类似明显的危机。就这样，1937 年成了两次大战之间短暂的停战期里貌似和平的最后一年，让有判断力和远见的人还有机会最后一次拒绝承认战争不可避免这个事实。这一年就相当于沐浴在一战前秋日阳光中的 1913 年。

丘吉尔对这一年并不满意。事后看来，当时他已经让自己陷入了只有战争才能帮助他重新执掌大权的境地，在这一点上几乎不存在任何疑问。但是这并不意味着丘吉尔希望爆发战争。军事问题会令他开心，但是正如之前说明过的那样，他绝对不是一个战争贩子。他对损失生命这种事情的厌恶应该会令黑格觉得他过于心软，令斯大林完全无法理解，就连罗斯福应该也会觉得他有点谨慎过度了。此外，他也没有清楚地认识到，必须通过战争自己的政治命运才能起死回生，他一直有些乐观地认为，政坛重新摇一把色子就能让他获得一个重要职位。他总是公开表示自己对官职毫不在意，但同时他会再补充一点，如果他能得到一个有实际意义的职务，例如国防部，他也只能接受。在 5 月末内维尔·张伯伦取代鲍德温的时候，他甚至流露出了一丝希望，企盼着这件事情能为他开启新的未来。

到了 1937 年，丘吉尔厌烦了半退休式的生活。辛辛纳图斯的生活一度很令他神往，但是这种状态没有持续多长时间。在科隆贝生活了 11 年后，夏尔·戴高乐觉得自己已经受够了，① 到 1937 年，丘吉尔也几乎达到了这个极限，而且他还产生了戴高乐在 20 年后产生的感觉——自己已经 67 岁了，身体正在老去。当然，在 1937 年，丘吉尔只有 62 岁，但是他也渐渐感到了年龄对自己的压迫。此外，他在 20 世纪 30 年代初期和中期那种几乎有些疯狂的商业写作也出现了疲软的迹象，无论从作者还是市场的角度而言都是如此。他在 20 世纪 30 年代最重要的作品《马尔博罗》对他来说已经从一种充满虔诚热爱的劳动变成了沉重的负担吗？很难理解他为什么会任由这部作品在篇幅和耗费的时间上都发展成那样一个庞然大物。在 1929 年的夏天，他构想的只是一部字数共计 18 万至 25 万之间的单卷本作品，顶多也只有两卷，8 年后（即第一卷出版的 4 年后）他却不得不绝对全神贯注地将其扩充为 100 万字的四卷本鸿篇巨制。看到作品被扩充到这种规模，他在伦敦和纽约的出版商都不太满意，丘吉尔不得不在 6 月 11 日给前者写了一封道歉信，他说 8 月底书还是出版不了，只能等到 12 月了。在 7 月末给克莱门汀的一封信中，他抱怨说自己太累了，《马尔博罗》成了一个重达 10 吨的庞然大物，压迫着他的大脑。外界普遍认为丘吉尔已经对"约翰公爵"没有好感了，现在所有的人都希望看到这部作品能早日结束。*

　　此外，《马尔博罗》还强行占用了丘吉尔原本应当投入下一个写作项目的时间，这部作品就是《英语民族史》，为此他不得不给已经预支了一部分稿费的卡塞尔出版社写了几封信，在这几封难以令人感到安慰的信中，他告诉对方准备工作已经全部完成了。与此同时，丘吉尔还在源源不断地为报纸供稿，因为这方面的稿费是他整个"机构"——查特维尔庄园、莫佩斯大厦、秘书、研究助手——的经济命脉。根据马丁·吉尔伯特一贯精确的记载，在 1937 年，丘吉尔在报纸上发表了 64 篇文章，平均每个星期完成超过一篇。这批文章中有 33 篇都是供给比弗布鲁克的《旗帜晚报》的，这家报纸成了丘吉尔的主要发表渠道。这 33 篇文章中的大部分都是纯粹的政论文章，全年里每两个星期发表一篇。就在同一份报纸上，丘吉尔还发表了名为"伟大的统治"的系列文章，这个系列的文章内容更宽泛，作者的情绪也更饱满，最先发表的是"阿尔弗雷德大帝英雄史"，为连载画上句号的是"维多利亚，

---

　　① 戴高乐于 1934 年在法国东北部的小镇科隆贝购置了地产，在 1946 年和 1953—1958 年间，他的事业两度走上下坡路，每次他都退隐到这座小镇，最终他于 1969 年再次回到这里，于次年逝世，并被安葬在这里。

　　* 尽管如此，第四卷最终还是在 1938 年 9 月 2 日问世了，至少得到丘吉尔赠书的大量朋友们都对这一卷反响热烈，并且急切地拜读了这部作品。

数国之母"。

《世界新闻报》是丘吉尔的第二大供稿对象，这家报纸在这一年里总共刊登了他的 13 篇文章，排名第三的《星期日纪事报》以 11 篇的成绩紧随其后。发表在《世界新闻报》上的大多数文章都得到了报社大股东威廉·埃姆斯利·卡尔极其热情的欢迎，实际上卡尔还在 10 月 30 日（1937）写了一封信，对丘吉尔最近完成的一篇文章①以及自己的报纸所拥有的声望和取得的成功进行了几乎同样热情奔放的赞美：

> 对本周的这篇文章表示诚挚的祝贺。我认为对我们的普通读者而言，这篇文章是截至目前最有趣的一篇。
>
> 今天，我们的纯发行量超过 400 万，无须多想就能意识到，你在向多么庞大的读者群讲话——或许是全世界最大的读者群。按照通常的计算方法，发行的每一份报纸都有 4 个人阅读，有人说可能有 5 个人阅读，你会明白这个数字背后蕴藏着怎样的力量。
>
> 能拥有你这样的首席撰稿人，我们的喜悦难以言表，期望你能接受周六晚上与我们共进晚餐的请求，亲眼看一看我们的实际工作流程。^{dcxcii}

《世界新闻报》是很不错的备选项，尤其是考虑到它给每篇文章开出的稿费将近 400 英镑（今天的 1.2 万英镑）。《星期日纪事报》则善于从丘吉尔宽敞的厨房寻觅一些残羹冷炙，这家报纸在 2 月、5 月和 6 月分别刊登了《大海军》《国王之命》和《恶魔的信条》3 篇文章（最后一篇对共产主义和法西斯主义表达了同样强烈的敌意）。这些餐厅式的小作品也得到了一定的报酬，但是不算多。似乎从未在查特维尔露过面的亚当·马歇尔·迪斯顿是一个永远躲在暗处的幽灵，丘吉尔发表在《世界新闻报》上的一篇大获成功的文章基本上是由他完成的，通过这篇文章他只拿到 15 英镑的劳务费。在丘吉尔的授意下，备受尊敬、为人严谨的爱德华·马什（1937 年结束公职，被授予爵位）曾将托尔斯泰的《战争与和平》改编成数千字的缩写本，他说过"这是我经手的最令我疲惫的差事"。^{dcxciii} 如果能拿到丘吉尔一篇文章 10% 的稿费，对马什来说都已经算是很幸运了。尽管如此，这两位捉刀人和丘吉尔为每部作品专门召集的研究助手们似乎都对这样的工作条件感到心满意足。

相比 20 世纪 30 年代前几年的表现，丘吉尔在 1937 年出现退步的是他针对回

---

① 这篇文章的标题有些冗长，"透过科学的眼睛展望未来"。

报丰厚的美国市场的写作事业。同赫斯特报业一样，《星期六晚邮报》也在他的供稿名录上消失了；在这一年里他给《科里尔周刊》撰写了 4 篇文章，但是并非全部得到发表。不过，丘吉尔在内维尔·张伯伦出任首相后为其撰写的一篇直言不讳但是不存在丝毫敌意的简传倒是发表了，尽管发表之前他不得不按照编辑的要求给原文补充了四五百字描述"主人公超然的性格和趣闻轶事"的内容。[dcxciv] 在国内，原先的发表渠道《每日邮报》（与现在一样，这家报纸的稿费非常可观）也枯竭了。罗斯米尔依然对丘吉尔很友好，但是他已经不再是竭力宣传丘吉尔的盟友了。

在 1936 年的年底，丘吉尔在给一向忧心忡忡的银行经理的一封信中列了一份清单，显示出下一年的总收入应当在 1.5 万英镑左右。[dcxcv] 丘吉尔的预计非常准确，最终的结果与他的预计只存在几处偏差，而且这几处增减也相互抵消了，按照 21 世纪初期的价格计算，这笔收入约合 45 万英镑。这笔钱不算微薄，但是考虑到他的生活方式或者参考大部分朋友的收入状况，这笔收入也不算宽裕。在当今社会，很多生活在城市里、年龄在 35 岁的生意人都有可能赚到比这更多的收入。查特维尔对丘吉尔的生活很重要，也带给他很多快乐，但是他的收入状况催生出了一个严肃的问题——这座庄园是否还能继续维持下去？ 2 月 2 日（1937），丘吉尔给克莱门汀写了一封信，当时后者正在享受一个漫长的滑雪假期。丘吉尔在这封信里写满了对财务状况的担忧，甚至讲了不少节约开支的方法：

> 有一位女士一直对查特维尔这样的房子表示出兴趣……凯彭［房地产经纪人］说他至少也会报出 3 万英镑的价格。如果 2.5 万有希望，我就会接受这笔交易。要是拿不到理想的价格，那咱们就还得再坚持一两年。不过，考虑到咱们的孩子几乎全都成年了，我的生命大概也就剩这最后 10 年了，所以只要开价合适，咱们就不要拒绝了。[dcxcvi]

要么就是"表示出兴趣的女士"彻底消失了，要么就是丘吉尔时来运转了，他在这封信中所做的预言化为了现实，有好几年他都没有再考虑过出售查特维尔的事情，直到下一次危机降临。几乎就在他写下这封信的同时，一位小"救星"出现在了他的生活中，此人在他的晚年起到了非常重要的作用。尽管如此，还是很难相信丘吉尔的经济状况随即就出现了好转，眼前的问题也立即迎刃而解了。这位讨人喜欢的"骑士"就是定居在巴黎的匈牙利人伊姆莱·里弗斯，他在巴黎经营着一家名为"合作"的代理公司，专门向遍及 25 个国家的报业辛迪加出售政坛杰出人物的作品。奥斯汀·张伯伦向丘吉尔举荐了此人，这仿佛是张伯伦给他的临别礼物，因为 5 个星期后张伯伦就与世长辞了。张伯伦的举动令人感到奇怪，因为这位颇有绅士风度的老政治家也总是试图为报纸撰写盈利性的稿件，但是"[几乎]永远也赢不了"。一开始，里弗斯为丘吉尔争取到的几乎都是小钱，他说服《巴黎晚报》以 9.9 英镑的价格转载丘吉尔发表在《旗帜晚报》上的 9 篇文章，斯德哥尔摩的报纸《每日新闻》以不超过 4 英镑的稿酬转载了 4 篇文章，立陶宛考纳斯的一家规模不大的意第绪语报纸以 8 先令价格就得到了这些文章，这笔稿酬相当于今天的 12 英镑。转载稿酬的 40% 被里弗斯拿走了，这个抽成额度比较大，但是为了争取到这些机会他也付出了辛苦的劳动，建立了一张人脉网并且努力维持着这些关系，他还安排组织了多种语言的翻译工作，在一个没有传真和电子邮件、航空运输条件简陋的欧洲努力确保文章在各地同时发表（各地编辑非常看重这一点）。就在 1937 年 10 月这一个月里，里弗斯与丘吉尔互通了 19 封信，其中 5 封来自丘吉尔，经过最初一段时间的谨慎观望之后他已经非常热衷于里弗斯的事业了，通过里弗斯的努力，他的观点不仅得到了广泛传播，而且在无须创作更多作品的情况下，他一年还增加了将近 2000 英镑的收入。

开战之初，里弗斯迁居到伦敦，* 在空袭中身受重伤，然后他又转移到了纽约，改名为埃默里·里弗斯，赢得了一位迷人（至少对丘吉尔而言）的得克萨斯女伴的芳心，后来他与这位名叫温迪的女士结为了夫妻。在 20 世纪 40 年代末，经过一番讨价还价，里弗斯为《第二次世界大战》一书争取到了丰厚的美国版权费，他和丘吉尔都因此发了一笔财，而且他自己还买下了这部著作的全部外语版权。正是靠着这部著作赚到的钱，里弗斯买下了"拉堡萨"，这座坐落在法国南部的别墅是丘吉尔在 1955 至 1960 年间最喜爱的隐居地，在这个阶段，他们两个人的交往出现过严重问题。克莱门汀对里弗斯夫妇没有什么好感，丘吉尔后来放弃了长时间暂居于拉堡萨的习惯有可能就跟这一点有很大的关系。

在 1937 年，丘吉尔的写作事业最振奋人心的成果就是，他在夏天和初秋的时候筹备并出版了《当代伟人》。7 月中旬，他突然将注意力集中在了这部作品上，在完成这部作品的过程中，他感觉到当初自己费尽千辛万苦，经过漫长的隧道，让《马尔博罗》走向了光明，相形之下，眼前只需要拼拼凑凑、核对一些事实细节的写

---

* 丘吉尔以个人身份先是帮助里弗斯于 1939 年 10 月进入英国，接着又在 1940 年 2 月帮助他加入了英国国籍（非常迅速）。法国的军事情报机构第二局称"里弗斯是一名亲纳粹宣传者的嫌疑非常大"，显然法国方面的依据比较迂回——里弗斯与共产党报纸《人道报》编辑的姊妹生活在一起。这一指控促使丘吉尔给英国的情报机构军情五处的负责人弗农·凯尔少将写了一封火药味十足的信。

作是那么光明，那么令人愉快。9月初，《当代伟人》出版了，一上市就大获成功，后来这部作品也一直拥有一定的读者群。首印5000册很快便销售一空，随后出版社接连重印了5次，每次2000册，第一轮的销量已经令人叹为观止，但是远不及几次印刷之后1.5万册的总销量。这个结果令丘吉尔非常开心，10月11日他写信告诉爱德华·马什："听到接下来的消息你肯定会高兴的——《当代伟人》就像刚出炉的蛋糕一样卖光了。"[dcxcvii] 他一如既往地给老朋友们以及与他有些宿怨的政客们（例如，鲍德温、内维尔·张伯伦与约翰·西蒙都属于后一类）一一赠送了这部作品，他也收到了一大批热情洋溢的回信，一般来说，这种赠阅图书都无法激起如此热烈的反应。

书评（在那个年代很多都是匿名）也同样以叫好声为主。伦纳德·伍尔夫发表在《新政治家周刊》上的书评格外中肯，也格外受到读者的好评，他在文章中称《当代伟人》中的"一些文章非常精彩。"《每日电讯报》在当时极有影响力的编辑约翰·科林斯·斯夸尔的评论是一个例外，这篇评论令《当代伟人》的出版商桑顿·巴特沃思非常沮丧。《当代伟人》在1937年出版的版本收录了丘吉尔之前发表过但是没有经过润色的22篇人物简传，以罗斯伯里传开篇，最后一篇是作者在摩洛哥期间仓促完成的乔治五世的简传。书中为英国政治家撰写的8篇文章是最出色的，但是另外14篇在人物描写方面也都非常到位。讲述贝尔福、阿斯奎斯、寇松和伯肯黑德的4篇文章中不乏一些永远烙印在读者脑海中的段落。对于贝尔福，丘吉尔写道："他从一个内阁转移到另一个内阁［从阿斯奎斯内阁到劳合·乔治内阁］，先是效力于一位捍卫他的首相，然后又效力于一位曾经对他做过最激烈的批评的首相，在这个过程中，他就如同一只强健、优雅的猫迈着优美的步伐穿过泥泞不堪的街道，自己的身上却纤尘不染。"在阿斯奎斯的那一篇里他写道："他坐在那里［内阁里］，就仿佛他是一位伟大的法官，怀着训练有素的耐心听着诉讼双方排兵布阵……等到最后他进行总结的时候，他直到此时才打破的沉默突然又降临到了其他所有人的身上，例外的情况极其少见。开庭、闭庭都由阿斯奎斯决定。一旦开庭，他会对案件全神贯注，若是闭庭，任你如何叩门也没有用。"

在谈到寇松的职业生涯时，丘吉尔写道："清晨是金色的，正午散发着青铜色，夜晚染上了铅灰色。但是，自始至终他的事业一直稳扎稳打、实实在在，每一个阶段都被打磨得自成一体。"对于超越党派界限的密友伯肯黑德（弗雷德里克·埃德温·史密斯）的描述，他用到的溢美之词令人难忘："面对一切事情，无论是公事还是私事，如果周一他站在你的一边，那么你会发现到了周三他依然与你站在一起。到了周五，当一切露出不祥的端倪时，他仍旧奋勇前进着，给予你强大的支持。"

整整 22 篇文章自始至终弥漫着一股毫无匠气、令人愉快的气息，完全属于丘吉尔的笔触，与他自己的绘画作品一样丝毫没有学院之气。在丘吉尔灿若星河的文学作品中，《当代伟人》至今依然是一颗璀璨耀眼的明星。

除了创作出大量的文学作品和报纸文章（无论借用了多少其他人的力量，他的贡献始终都是保证成书的唯一法宝），丘吉尔还写下了大量的书信，对于绝大部分的信他都不惜笔墨。他接二连三地给诸位大臣们发着信，后者对他的信基本上都极其重视。之所以会这样，一定程度上是出于那个年代的礼仪需要，那时候大臣之间的社交习惯胜于当今社会；同时也是因为谁都不希望在没有必要的情况下激怒丘吉尔，给自己招惹来一场口舌之争。在丘吉尔于 11 月所做的一场讲话之后，《每日电讯报》发表了评论："那位丘吉尔先生依然是下议院里最优秀的演说家，他阐明了……"此外，资深的保守党政客圈子还保留着一种虚情假意的客气，这种情况非常类似于在那个年代很流行的窄元音，无论是一身乡土气、群众基础广泛的鲍德温，还是带着一股城市气、一贯寡言少语的内维尔·张伯伦，在他们的身上这种虚伪的态度都很明显。鲍德温与张伯伦都打定主意要将丘吉尔排斥在各自的政府之外，至少和平时期的张伯伦政府表现出了这样的倾向，现在回想起来这种态度似乎比当时显得更明显。他们在私下里为自己的坚定态度做过各种各样的解释，例如鲍德温就曾在 1936 年 5 月对汤姆·琼斯医生（典型的心腹）说过：

> 总有一天我要随意地说几句我对温斯顿的看法。不是正式讲话——不用卖弄文采——只是顺便说上几句。我都想好怎么说了。我要这么说：温斯顿出生的时候有很多仙女突然带着礼物飞落到他的摇篮上——想象力、口才、勤奋、能干。突然，又来了一位仙女，她说："没有人有权拥有这么多礼物。"说完，这位仙女就抱起温斯顿，又晃又扭地将他狠狠地折腾了一番，结果其他礼物都保留了下来，唯独判断力和智慧给甩丢了。所以现在我们才能在这个议院里愉快地听着他的讲话，同时又不必接受他的建议。^{dcxcviii}

在张伯伦接替鲍德温上台的几个月前，巴菲·达格代尔同未来的首相共进了一次午餐，在这顿午餐的启发下，达格代尔写下了一段话："看起来温斯顿显然不会收到加入张伯伦内阁的邀请了。他［张伯伦］带着肯定的语气引述了哈尔丹（我觉得应该是他）曾经对丘吉尔做过的形容，'简直就像是在跟一支铜管乐队辩论'。说这句话的时候哈尔丹还是丘吉尔在阿斯奎斯内阁里的同僚。"^{dcxcix}尽管对丘吉尔怀着这样的情绪，每当收到丘吉尔接二连三寄来的赠书时，鲍德温与张伯伦都会以各自不同的方式向丘吉尔做出热情的回应，热情中还夹杂着一丝喜爱。比起认真对待丘吉尔大多都令人感到不安的见解，通过对他在文学领域的成果表示赞赏令人更容易与他保持交往。

在丘吉尔关注的领域里还存在着一些不太重要的大臣，丘吉尔写给他们的信充满自信，而且也都是一些长篇大论。托马斯·英斯基普在1936年3月被任命为国防协调大臣，这项任命令丘吉尔感到不公和失望。英斯基普是与丘吉尔差异最大的那种人，信仰福音派、为人正派、有些迂腐、自命不凡。在两个月的时间里，丘吉尔给他写了一堆提出批评同时也提供了详细建议的长信。英斯基普始终能够充满耐心地慢慢写出与来信几乎同样篇幅的回信，没过多久他的勤奋就收获了小小的回报。英斯基普与妻子双双收到了在圣灵降临节（1936）休会期的某个工作日里去查特维尔共进午餐的邀请。英斯基普夫妇欣然接受了邀请，英斯基普告诉丘吉尔："我们希望能在周一12点左右赶到你那里，或许还会更早一点。"^dcc 他没有考虑到丘吉尔的写作习惯。在聚会当天，他们早早就驱车从伦敦出发了。英斯基普的急切显示出一个有意思的事实，在保守党里，丘吉尔依然保持着社交方面的声望，这一时期发生的其他一些事情也证明了这一点。政界普遍不信任他，大臣们相互抱怨说他是一个讨厌鬼，可能还是一个祸害，但是他们都希望有机会前去这个迷人的恶魔的城堡拜访他，参观一下他生产那些能够摧毁血肉之躯的讲话和文章的大本营。长期担任内阁秘书的莫里斯·汉基不久后也被张伯伦任命为大臣，他也造访过查特维尔（比较频繁），而且事后他还会怀着一定的勇气一丝不苟地为首相写下一份记录报告。

这一时期，从丘吉尔那里收到过大量探讨政策问题的书信的大臣还有内维尔·张伯伦、在1935至1938年担任空军大臣的斯温顿、在1937年进入陆军部的霍尔–贝利沙、在塞缪尔·霍尔于1935年辞职后出任外交大臣的安东尼·艾登。就连丘吉尔在印度议案上的老对手塞缪尔·霍尔也不例外，在1936年的夏天以海军大臣身份重新加入政府后，他也收到过同样的来信。值得注意的是，丘吉尔写给艾登的信在质量和热情程度两方面都有别于他写给其他大臣的信。他给艾登的信比较简短，但是很频繁，也更为随意。艾登也比自己的同僚更容易接近，不像后者有那么强烈的戒备心。在艾登于1935年的年底得到任命时丘吉尔态度漠然，在后者于1938年的年初辞职时他却感到了哀伤，无论将来他们两个人的关系变得多么紧张，这批书信都记录下了从艾登得到任命到辞职之间丘吉尔对他的态度的巨大转变。在《风暴前夕》中有一段话流露出了丘吉尔的这种悲伤情绪，这段话非常著名：

2 月 20 日深夜，在查特维尔，坐在自己那间老卧室里的时候，我收到了20 条电话口信……艾登辞职了……在战争日渐临近的日子里、在每一段最黑暗的日子里，我从未失眠过……我一直睡得很沉，醒来的时候精神焕发，一心只想着应付早餐盒里的东西，无论里面有什么。可是现在，就在 1938 年 2 月20 日的这个夜晚，睡眠离我远去，这种情况只出现过这么一次。从午夜到黎明，我一直躺在床上，被惋惜和焦虑折磨着。在放任自流和投降的大潮中，或者说是错误的措施和微弱的冲劲面前，似乎有了一位强健的年轻人［这一年艾登 41 岁］在反抗这股耗时已久、令人沮丧、脚步迟缓的大潮。我处理问题的方法在很多方面应该都不同于他，但是在我看来，此刻他似乎代表着不列颠民族——为人类做出过那么多贡献而且还能继续做出贡献的老不列颠民族——的全部希望。现在，他走了。看着日光缓缓地溜进窗户，我在心里看到了死神降临的景象。*dcci*

这段话即使说有些做作，至少也给人们留下了深刻印象，大概写于 1946 年，显然是丘吉尔亲自执笔的。无疑，这段话在一定程度上来自他在事后的思考。到了这个时期，艾登已经在他的政府里当了 3 年半外交大臣，有时候会令他感到难以驾驭。丘吉尔经常缺席下议院的会议，每当这种时候他就依靠艾登对付反对党。这段话显然也根植于 1938 年的现实基础。众所周知，艾登之所以辞职是因为他不认同张伯伦对安抚墨索里尼的需求，出于个人的战略需要，丘吉尔长期以来在这个问题上始终没有做过明确的表态。但是，与绝大多数辞职的情况一样，导致艾登辞职并非只有这一个原因。张伯伦毫无想象力地对罗斯福提出的一个试探性的秘密提议泼了冷水，在艾登辞职一事上，这件事情至少也起到了同样重要的作用，罗斯福的提议原本有可能将美国参与欧洲事务、对抗希特勒的时间比珍珠港事件提前将近 4年。对于这件事，丘吉尔完全站在艾登一边。他对地缘政治的判断力远远超出了张伯伦的视野范围，后者对整盘棋看得很清楚，但是视野过于狭隘（凯恩斯在描述伯纳尔·劳时采用的精彩比喻）。艾登辞职还存在第三个因素，除了性格完全不合，艾登总是怒气冲冲地防范着张伯伦，以免外交部的权力受到后者以及贺拉斯·威尔逊的践踏。东方学家威尔逊名义上是一位兢兢业业的政府顾问，实际上是张伯伦插手外交领域的先遣部队。（50 年后历史出现了惊人相似的一幕，当时撒切尔夫人十分倚重经济学家阿兰·沃尔特斯教授反对财政部的建议，在财政大臣尼格尔·劳森辞职的问题上，撒切尔夫人的这种行为起到了很大的作用。）面对外交部的自尊心，丘吉尔保持了一定的中立。丘吉尔从未领导过国家的这个重要部门，在自己领导的两届政府里，他根本不曾效仿过鲍德温式的惰性外交政策。贺拉斯·威尔逊的行事风格和政策主张都令丘吉尔深恶痛绝，但是博得了外交部官员拉尔夫·威格拉姆（于1937年年初逝世）和罗伯特·范西塔特（在1938年年初从常务次官转为首席外交顾问）的强烈好感。

但是，在当时这种情绪的掩盖下，艾登的辞职（以及哈利法克斯的继任——他也是丘吉尔在印度议案问题上的老对手）总体说来彻底改变了丘吉尔对张伯伦政府的态度。起先，相比鲍德温，他显然更支持新首相，在那段日子里他对前者已经形成了一种过于执着的敌意。鲍德温在1924年给予他的鼓舞已经自然而然地消失了，但是他们两个人接下来在唐宁街比邻而居的4年半里一直相处愉快，尽管为了反对鲍德温，丘吉尔在1930年提出辞职，但是在丘吉尔为了印度议案在下议院里开展了一场漫长的消耗战过程中，鲍德温与他一直对彼此比较客气。鲍德温并不打算一等这场消耗战结束就将丘吉尔接纳进自己的政府里，实际上，直到这场消耗战结束后两年的时候，张伯伦也不曾做过这样的考虑。尽管如此，丘吉尔还是在5月17日（1937）给亚伯·贝利写了一封信："真高兴鲍德温要走了。既然他出局了，我想我们将会形成实在、明确的政治主张了。"[dccii]5月31日，作为下议院的资深枢密院大臣，丘吉尔表示赞同提名张伯伦担任保守党领袖的动议（与此同时，德比勋爵在上议院也提出了同样的建议）。9月23日，丘吉尔致信刚刚接替威灵顿出任印度总督的林利斯戈："内维尔起步顺利，肯定各党同意他当选的可能性都会比较大。"[dcciii]10月7日，他参加了在斯卡布罗市举行的保守党大会，在会上以几乎有些忏悔意味的腔调做了讲话："当我们在重整军备问题上以及针对一个叫作'印度'的地方存在一些分歧的时候，我年复一年地来到这里。所以，我认为在我们全体达成一致意见的时候，对我来说唯一正确的选择依然是上这里来。"[dcciv] 这一次他的发言比较简短，其余的部分都只是在为政府的外交政策唱赞歌，可以说这套外交政策主要是安东尼·艾登的构想。

因此不难理解艾登于1938年2月辞职的事情为什么会对丘吉尔造成打击，尤其是考虑到接下来一年里纳粹主义的扩张愈加猖狂，张伯伦政府也更加坚定地推行通过姑息迁就希特勒和墨索里尼实现和平的政策，这项政策被概括为"绥靖政策"。尽管如此，丘吉尔仍旧选择姑且相信张伯伦。3月中旬，目睹着丘吉尔的表现，哈罗德·尼科尔森记录下了他说过的一句话："绝不要让任何人接手比内维尔·张伯伦面对的更可怕的局面。他［丘吉尔］就这样将责任完全归咎于鲍德温先生了。"[dccv]

大约就在这个时候，唐宁街10号举办了一场奇怪的午餐会。自1936年起担任德国驻英国大使的约阿希姆·冯·里宾特洛甫已经得到任命,将接替康斯坦丁·冯·纽赖特出任德国外交部长,即将动身返回柏林。1938 年 3 月 11 日,星期五,里宾特洛甫偕夫人出席了张伯伦为他们筹办的告别午宴。这样的规格非常高,对绝大部分离任的大使来说,能够由英国外交大臣设午宴送别就已经很幸运了。在今天,他们中间的很多人,甚至一些杰出的外交家在离任时,如果英国外交部的某位官员能为他们主办一场简朴的告别宴,他们就已经知足了。里宾特洛甫在一生中实现的独一无二的"建树"就是,他先是吸引了一位首相为他举办告别午宴,在 8 年半后他又在一个联合法庭的判决下被绞死了,而组建这个法庭的成员国之一正是当年充分接纳他的那个国家。令这场午餐会显得更加奇怪的是,丘吉尔夫妇也受邀参加了这场只有 16 个人参加的小型聚会。丘吉尔当时并没有担任有资格出席这场宴会的官职,他不仅与这位德国大使没有私交,对后者也没有好感,因此按理说他与克莱门汀不应该受到邀请。就座于克莱门汀旁边的外交部常务次官亚历山大·贾德干在席间接到了消息,德国军队已经发动了吞并奥地利的行动,将这个小国并入大德意志帝国的版图。这个消息更是为这场令人毛骨悚然的闹剧起到了画龙点睛的作用。贾德干悄悄地将这个消息告诉了张伯伦,后者委婉地表示希望里宾特洛甫立即告辞。然而,里宾特洛甫无动于衷地继续逗留了半个小时,冯·里宾特洛甫夫人因此有机会用责备的语气提醒丘吉尔,当心不要破坏英德之间的友好关系。^{dccvi}

这是丘吉尔在二战爆发前最后一次在唐宁街 10 号吃饭。他继续维持着小小的焦点小组,在形势不断恶化的和平时期最后一年里频频在下议院发表讲话,尤其是在 3 月彻底完成《马尔博罗》后(于 9 月 2 日出版),同时他还在继续从事着文学创作和报纸文章的写作,努力缩小收入和开支之间的差距。3 月末(1938),他遭到了一次沉重的打击,《旗帜晚报》终止了与他的合约。显然,《旗帜晚报》做出这样的决定是因为,丘吉尔在外交政策方面的观点已经与比弗布鲁克产生了巨大的分歧。尽管与丘吉尔有着长达 25 年起伏不定的友情,比弗布鲁克还是没有亲自将这个噩耗告诉丘吉尔,而是派了一名法律代理人,在报纸所有人中间这种做法很普遍。卡姆罗斯介入了这起撕毁协议的纠纷,同意《每日电讯报》从此以后按照同样的稿酬条件购买丘吉尔原先按照两周一篇的频率在《旗帜晚报》上发表的政论文章。

丘吉尔还谈定了在秋天的一场为期两个月的美国巡回演讲。然而,1938 年的经济衰退让他付出了惨重的代价,无论是卡姆罗斯的帮助,还是收入丰厚的巡回演讲,都无法补偿他第二次在纽约股票市场遭受的惨重损失。他以超过 1.8 万英镑价格购进的股票跌到了仅仅 5700 英镑的水平,按照今天的价格计算这笔损失高达 37.5 万英镑。丘吉尔应该是听从了伯纳德·巴鲁克和其他专家的建议,但是在华尔街的投机者中间只有他遭受了如此惊人的损失。

资本上遭受的损失迫使丘吉尔下定决心（看起来像是最终决定）出售查特维尔了。奈特、弗兰克和罗特里房地产公司得到授权，起草了一份广告手册，"5 间会客室，19 间卧室和更衣室，8 间浴室……位置绝佳，坐落在肯特山南坡的一条山谷里"。^{dccvii} 广告词自然而然地流露出对这座庄园的热情，但是房地产公司仅仅给它定出了 2 万英镑的价格，远远低于另一位房地产经纪人在 15 个月前开出的 3 万英镑的价格，甚至还不如丘吉尔当时说过的自己会欣然接受的价格——2.5 万英镑。出售房地产显然是一件令人痛苦万分的事情，即使对位高权重之人来说也不例外。出售查特维尔不仅令丘吉尔感到很失意，而且还对他的整个工作造成了干扰，况且在这个时期，无论是自己的前途，还是祖国和欧洲大陆的未来，都提供不了太多令人感到乐观的理由。

值得庆幸的是，丘吉尔再一次逃过了一场劫难。很快他的生活中又出现了一位"救星"，后者不像伊姆莱·里弗斯与他的交往那么长久，但是起到的作用却胜于后者。这个人就是亨利·斯特拉科施，与 20 世纪前半期里出现的许多好坏参半的人一样，他也是一位英裔南非金融家。斯特拉科施与丘吉尔几乎是同时代的人，多年前就已经是一位成功的银行家了。他还是一位低调的社会名流（在 20 世纪 20 年代是皇家委员会的成员，是许多国际会议的顾问），早在 1921 年就已经被册封了爵位，没有明显迹象显示丘吉尔插手过此事。斯特拉科施后来还出任过《经济学人》杂志的总裁。1938 年，在重整军备对德国经济造成的影响的问题上，他通过书信的方式给丘吉尔提供了详细权威的事实资料，就这样他们两个人熟识了。斯特拉科施出手帮助丘吉尔保住了查特维尔庄园，他的动机似乎只是坚定的反纳粹主义以及他对丘吉尔的敬仰。

斯特拉科施通过一种间接而且有些迂回的方法做到了这一点。通过布兰登·布拉肯，他与丘吉尔达成协议，同意以丘吉尔当初买进的价格接手丘吉尔在美国的全部股票（这个价格几乎等于这笔股票当时市值的 3 倍），并且在丘吉尔无须承担风险的情况下持有这些股票至少 3 年，但是他有权处置这些股票，并且每年支付给丘吉尔 800 英镑的股息。对于 3 年后的情况，没有任何资料留下记录，不过可以肯定的是，斯特拉科施当初自愿承担的损失得到了一定的补偿。到了 1941 年的春天，这时苏联和美国都尚未投入战争，不仅查特维尔的主屋关闭了，而且丘吉尔首相和英国的处境都有些令人绝望，与此同时，英国人在美国持有的资产都被征用了（给予了补偿）。但是，在 1938 年，斯特拉科施设计的方案给丘吉尔带来了很大的好处，查特维尔再一次被撤出了销售市场。

在现代议会调查工作严厉的审视下，这笔交易显然存在很大的疑点。斯特拉科施将会被视作一个喜欢操纵别人的阴险之人，通过行贿攀附权贵。事实上，最不寻常的一点是，他给丘吉尔送上门的好处似乎并没有对他和丘吉尔的关系产生丝毫的影响。他一直与丘吉尔保持着一定的距离，从未在他拯救下来的那座房子里露过面，只是偶尔针对欧洲经济现象写上一篇语气谦卑、信息翔实的文章，但是他对丘吉尔的语气与之前没有任何变化。斯特拉科施得到的唯一回报似乎就是，在次年他被另一个俱乐部接纳为会员，在丘吉尔执政的最初几年里，偶尔会受到邀请前去唐宁街或首相别墅吃顿饭。斯特拉科施于 1943 年与世长辞，在遗嘱里给丘吉尔留下了 2 万英镑。

在 1938 年的春末夏初，丘吉尔发起了一场持久的反绥靖政策运动。直到 2 月他才以文学工作为由拒绝了新英联邦协会的邀请，后者请他于深冬时节在伯明翰举行的一场集会上讲话，之前戴维斯勋爵没有费太多的口舌就说服他接受了该协会的主席一职。但是到了 3 月末，丘吉尔的注意力就从《马尔博罗》转移到了曼彻斯特。他计划将于 5 月 9 日在曼彻斯特举行一场新英联邦协会和国际联盟联合会的联合会议，一开始他还说服德比勋爵担任大会主席。但是德比临阵脱逃，宣称自己其实并不支持国际联盟，而且一旦这场会议引起争议甚至怨恨的话，作为兰开夏郡的郡长他不希望自己受到牵连。就这样，德比这个选项作废了。黑格元帅在将近 20 年前就曾说过，德比就像一个坐垫，身上带着上一个坐在他身上的人留下的印迹。德比在这一次的表现以惊人的方式生动展现了自己的这种能力，丘吉尔以惊人的平静接受了他的表现，还给德比写了一封安慰信，随即便将目光转向了奥尔德曼·图尔。工党党员图尔在前一年还是一名市长，在这段时期里，他深受丘吉尔的喜爱。但是，曼彻斯特的联合会议能否取得成功并不取决于德比或者图尔，真正的关键因素是丘吉尔本人，他对曼彻斯特产生了相当大的影响力，在一个星期后，他对布里斯托也产生了同样的影响力，又过了大约两个星期后，他在谢菲尔德和伯明翰也产生了同样的影响力，而且与此同时，他还答应在伦敦的青福德区做一场演讲的邀请。与所有成功的政治会议一样，丘吉尔参加的这些会议令演讲人和听众在现场都产生了一种自己对历史大事产生了影响的感觉，或许还让少数几名与会者受到了鼓励，促使他们在日后有勇气付诸行动，不过基本上，这些会议都不会导致政治进程出现太大的改变。

除了这些讲话，丘吉尔还在 6 月末出版了一部 20 世纪 30 年代演讲集（里面附加了一篇 1928 年的讲话稿）。这部演讲集的标题恰如其分，"军备与盟约"，至少对 1935 年之后产生的讲话稿来说很合适，不过 1935 年之前的演讲更侧重于军备问题。

这部演讲集是伦道夫汇编的，丘吉尔还为其撰写了一篇导言。这是丘吉尔以慈父丘吉尔身份对儿子示好的结果，因为在2月里直到3月的时候，他与自己的这个独子通过书信发生了一场激烈的争执。起因是伦道夫在父亲面前对霍尔－贝利沙发表了一通据说很无礼的评价，父子俩都有着无限的精力你来我往地交换着长篇大论，有时候在谩骂，有时候在抱怨，基本上两个人都无法谅解对方。这场父子之间的战斗持续了将近3个星期。

伦道夫的编辑工作完成得很出色，选择的演讲都颇有前瞻性，大部分都比较精彩，书名也很贴切，在那个年代颇能引起读者的共鸣。对于一部演讲集而言，《军备与盟约》的销量还算不错，售出了4000册，但是这个数字没有达到丘吉尔的预期，令他有些失望。经常外出疗养的克莱门汀这一次又去了比利牛斯山，倾向于自由党的她在7月12日一如既往地给丈夫写了一封信："亲爱的，真遗憾书的销量令你失望了。我相信这是价格造成的问题——想听到别人说政府大错特错的人都不是有钱人，托利党人又不想被别人逼着进行思考！" [dccviii] 尽管如此，这部演讲集还是为伦道夫和父亲达成和解提供了一个契机，同时也成了丘吉尔在那段时期里的活动宣言。直到今天，这部演讲集依然颇有可读性。

在这一年里，丘吉尔还对法国极其关注。1月初，在南下途中他在巴黎大使馆住了两个晚上。第一天，驻法国大使埃里克·菲普斯爵士邀请了莱昂·布鲁姆在大使馆与丘吉尔共进午餐；第二天，他又邀请了法国外交部的秘书长圣琼·佩斯（笔名阿列克西·莱热），这位秘书长在业余时间里还是一位诗人，后来获得过诺贝尔文学奖。接着丘吉尔就去法国南部的两座庄园住了5个星期，一座属于玛克辛·埃利奥特，另一座属于黛西·法罗。黛西·法罗是德卡兹公爵的女儿，在第一任丈夫让·德·布罗伊亲王逝世后，她又嫁给了安静绅士的雷金纳德·法罗。她一直出现在丘吉尔的生活中，总是将自己打扮得过于时髦，在英国和法国的社交圈里过了50年有些放荡的生活。丘吉尔在这两处庇护所里卖力地创作着《马尔博罗》，只是偶尔会被社交生活打断，他不得不与那个年代或者每年到了那个季节住在里维埃拉的一大群政客会面。1月10日，丘吉尔致信克莱门汀："直到午餐的时候我才起床，但是我会在床上工作，做做按摩。午餐后我们会打打麻将，直到5点钟，然后我就又去休息和工作了。"他描述了在埃利奥特小姐家参加的一场晚宴，温莎公爵夫妇与劳合·乔治都出席了这场宴会。接着他继续写道："周三，安东尼·艾登和劳合·乔治也来吃饭了。明天，我要和罗斯米尔共进午餐，晚上与劳合·乔治一起吃饭。我要与范［范西塔特］吃午饭，可是他的父亲逝世了……同弗朗丹的晚餐很压抑，饭食很糟糕……他对法国的描述极其悲观。" [dccix]

3 月末，丘吉尔又回到巴黎大使馆度过了一个周末。实事求是地说，菲普斯非常照顾丘吉尔，当丘吉尔临时通知他将要在大使馆继续逗留一个星期的时候，他给丘吉尔写了一封信，列出了这一次的会客安排："我邀请了赫里欧 * 在周五来吃晚餐；门德尔［查尔斯］邀请了雷诺［保罗·雷诺］在周六来吃午餐；我邀请了布鲁姆在周六来吃晚餐，有可能保罗－邦库尔［在任的外交大臣］也会来；我邀请了达拉第 ** 在周日来吃晚餐。此外，我还会为您安排与莱热和弗朗丹的会面。"dccx 在那个周末过后的星期一，菲普斯还有些不安地给自己的顶头上司哈利法克斯写了一封信：

> 温斯顿·丘吉尔在这里逗留期间的生活方式愈加令人眼花缭乱了。在餐桌上和餐桌下，法国政治生活的方方面面几乎都暴露在他的面前。除了［与上述各位］的会谈……他还与路易·马兰、甘末林将军、门德尔、肖当、《时报》的夏斯特内、《巴黎晚报》的索尔温等人见过面了（私下会面）。他还想和某位共产党员见一面，但是我强烈建议他不要这么做，他才放弃了……您和首相前来一趟将大有帮助，会对温斯顿留下的这个失衡的局面有一定的改善。他的法语太奇怪了，有时候还难以理解……对于这个忙碌而紧张的周末，你们将听到那位杰出的始作俑者以极其流利的口才亲自讲述这个周末……dccxi

7 月的第三个星期，丘吉尔第三次来到巴黎，这次造访的起因是英国国王乔治六世与伊丽莎白王后对法国进行的国事访问，这是 20 世纪 30 年代历史上"世界末日"前的一次盛事。此次出访的本意在于展现这两个西方民主国家能够强大、团结、从容优雅地面对来自莱茵河对岸的严峻挑战。克里孟梭与劳合·乔治、福煦与黑格的精神都将重现。新国王、王后和天气都达到了最佳状态，比英国君主年长的法兰西第三共和国总统阿尔贝·勒布伦也是如此。然而，不出两年，无论白天还是夜晚总是身着燕尾服、扎着白领结的勒布伦就像一只旧手套一样被法国人民丢到一边了。丘吉尔夫妇没有出现在国王和王后的随行队伍中，不过作为法国政府的客

> * 爱德华·赫里欧（1872—1957），自 1924 年出任法国总理直至去世一直是激进社会党的领军人物。在一定程度上，由于在法国走向崩溃的过程中他没有担任任何职务（不过他还是担任了国民议会议长），因此他不像大部分同僚那样最终落得身败名裂的结局。
> ** 爱德华·达拉第（1884—1970），也是一名激进社会党人，早在 1924 年就担任过部长，不幸的是，他在最糟糕的时期达到了权力的巅峰。他在 1938 至 1940 年出任了法国总理，在签署《慕尼黑协定》的时候，他清醒地流露出痛苦的神情，但是作为战时领袖，他的表现并不比张伯伦更出色。在法国陷落的 3 个月前，他被雷诺取而代之了。

人，他们受邀参加了所有的重要活动，这是法国对没有官方身份的英国人的最高礼遇。在爱丽舍宫的宴会上他们也享受到了相当高规格的待遇，克莱门汀就座于贝当的旁边，这位元帅后来没能在第二次世界大战中重新争取到自己在一战中拥有过的英雄地位。丘吉尔既是宴会的贵宾，又兼具报社记者身份，扮演这种双重角色的经历对他来说肯定不是第一次（上一次距离此时至少已经有40年了），但绝对是最后一次。他以伤感的笔调为《每日电讯报》撰写了一篇报道：

> 对英国君主的款待迷人而雅致，具有一种只有天才的法国人才能驾驭的品质：文雅的和平与文明、艺术与诗歌、音乐与舞蹈交融的品质。巴加泰勒城堡、歌剧院、凡尔赛的小教堂、阿波罗丛林的美景被创造出来或许就是为了显示在人类的生活中有多少东西高于并超越了刺耳响亮的军号声和错综复杂的外交活动……在芬芳的自由之光和法兰西的日光下沉浸在这样的白日梦中，一颗心若是还不能感到喜悦，那就太可怜了。[dccxii]

丘吉尔一心想利用这次访问的机会让自己过上几天快活的日子，尽情参加各种庆典和宴会。克莱门汀在一个星期前给他写过一封信："真希望你能穿着一套漂亮的灰色西装［正装］去凡尔赛各地。"[dccxiii] 为了此次访问，丘吉尔还任性地组织了一支随行队伍。出发当天出现的情况充分说明了，在那些年里，他如何在娱乐和职责之间那道狭窄的通道上保持着平衡，同时也说明，一旦面对考验胜出的一定是职责。出访巴黎的人员包括维妮夏·蒙塔古、达夫·库珀与黛安娜·库珀。按照计划，丘吉尔一行将在7月18日星期二的晚上乘坐刚刚开通、在当时很时髦的"夜渡"国际夜班卧车从伦敦出发。蓝色的卧铺列车驶进维多利亚火车站，然后在次日上午9点，在巴黎卸下可能已经恢复了精力的乘客。黛安娜·库珀在日记中记录下了这次出行的情况：

> 我们与罗斯柴尔德夫妇［刚刚继承爵位，成为第三代罗斯柴尔德男爵的维克多·罗斯柴尔德和他的首任妻子芭芭拉·哈钦森，后者后来改名为吉卡］、温斯顿和维妮夏吃了一顿愉快的晚餐。温斯顿抓着伯齐克牌等着上车，这可真是救了我的命。可是党派总督导发来消息，明天要为一桩麻烦事举行辩论。温斯顿被拽回了下议院，他来维多利亚车站只是为了与我们再见一面，告诉我们一些新闻，这真是失望得令人难以置信。温斯顿将于明天晚上动身。[dccxiv]

"麻烦事"就是桑迪斯事件。1938 年夏天，已经加入本土防卫自卫队的下议院议员邓肯·桑迪斯利用自己在职权范围内接触到的秘密信息向议会提出了一个令人尴尬的问题，这个问题涉及英国防空设施的不足。在受到军纪处罚的威胁时，他在议会里提出这种威胁是对议会特权的破坏。一开始，他的申诉进展顺利，艾德礼、辛克莱与丘吉尔都支持他求助于特权委员会，而且他的申诉没有经过议会的投票表决。特权委员会很快就做出了裁决，判定军事法庭干涉一位正在履行议会职责的议员违背了议会特权的原则。然而，没过几天情况就发生了变化，被提交给特权委员会的资料严格说来至少存在不准确的地方。这件事情立即变得棘手起来，拖延了很久也没有得出明确的结果，就这样一直拖到了议会进入漫长的休会期。这件事情不仅让丘吉尔的巴黎之行在一开始就被打断了，而且在没有必要的情况下给丘吉尔和政治之间已经恶化的关系雪上加霜。

丘吉尔优先考虑的不是勤奋地忙于普通议会事务，他很少关注下议院的日常工作，对他来说最重要的事情只有与自己或者国家密切相关的事情。7 月，他取消了原定于当年秋天进行的美国巡回演讲，这一点非常清楚地证明了他心中的轻重缓急。由于这个决定，他为自己招致了一笔 400 英镑的违约罚款，如果逾期未缴纳罚金，他就必须缴纳 600 英镑了。丘吉尔之所以愿意支付这笔在今天价值 1.2 万英镑的罚金、舍弃自己一直期盼的丰厚收益，是因为他断定欧洲局势发展到现在这种地步，尤其是在德国对捷克斯洛伐克的威胁愈演愈烈之际，自己已经不能再离开这里了。由于巡回演讲被取消，他在纽约的演讲经纪人痛苦地向他发出了强烈的抗议，毕竟以前还从未有过如此重要的巡回演讲。"名誉一旦破坏就再也不可能修复好了。"丘吉尔是否想过，这样失信于人一次，以后是否还会有人为他安排类似的巡回演讲呢？ 400 英镑的罚金对法律责任做出了补偿，可是，"丘吉尔先生，你说出的话，你做出的保证，对我来说比任何法律、条约都更严肃"。^{dccxv} 一旦做出决定，面对这样的恳求丘吉尔根本不会动摇。他在文章中对经纪人的烦恼表示不屑："通过我的巡回演讲他能赚到 2.5 万美元，失去这样的机会他自然会感到失望。"至于其他方面，"我想都毫无意义"。^{dccxvi}

这一举动已经预示出，在接下来的几年里促使丘吉尔一位接着一位地罢免军事将领的勇气，只要他认为事关公共利益，他就下得了狠心。就这样，他有些冷酷地解决了美国巡回演讲的事情，在 8 月他一直安心地待在查特维尔，第一次专心埋头于《英语民族史》的写作，按照合同规定，这本书的截稿日期是 1939 年的夏天，并将于 1940 年出版。写作过程非常顺利，丘吉尔也非常专心，尽管日渐恶化的捷克危机令他分心，但是在接下来的四五个星期里他还是完成了 7 万字的稿件并安排排版了，这部分内容覆盖了从古代不列颠人一直到诺曼人在 11 世纪征服英格兰的英国历史。

　　丘吉尔聘请弗雷德里克·威廉·迪肯担任自己的研究助手，并安排他住在自己家中。迪肯后来曾率领英国军事代表团与铁托举行会晤，之后又出任了牛津大学圣安东尼学院的院长。在 1938 年的夏天，他与丘吉尔都一心扑在了英语民族早期历史的研究工作上，但是值得怀疑的是，他们对这个领域的知识究竟有多少了解。丘吉尔求助了当时已经声名赫赫的伦敦大学考古学家莫蒂墨·惠勒，7 月他致信惠勒，请后者去查特维尔住上两个周末。"您是否愿意就以下内容随意地给我讲几次课，或者只是与我聊一聊：（1）前罗马时期的英国；（2）罗马时期的英国及其灭亡；（3）撒克逊时代的王国至阿尔弗雷德大帝。您的听众会十分专心，而且经过了严格选拔——迪肯先生和我！" dccxvii 尽管在和平时期的最后这一年里，政治和丘吉尔自己的精神上都有很多令人分心的事情，但是《英语民族史》的进展非常迅速，其间丘吉尔有时候还会请乔治·马尔科姆·扬协助工作。一年后，即 1939 年 8 月 31 日，他完成了共计 53 万字、篇幅有些过长的书稿并将其付梓了，这个数字几乎令人难以置信。事实证明，在这一天结束写作方面的工作非常重要，因为次日，即 9 月 1 日，第二次世界大战就正式爆发了。然而，直到 1956 至 1958 年，这部著作才得到出版，耽搁这么长时间是因为，第二次世界大战制造了障碍，接着作者本人又决意（得到了出版方的同意）优先出版讲述二战这 6 年的六卷本著作。不过，直到希特勒入侵波兰的前一天，丘吉尔已经高效运转了 13 个月，基本上遵守了自己与卡塞尔出版社的合约。

　　丘吉尔原本打算在查特维尔待到 9 月 15 日（1938），然后再一次带着工作前往玛克辛·埃利奥特在里维埃拉的别墅小住一阵子。可是，到了 9 月初，他已经开始为纳粹发动侵略的前景和英法两国势单力薄的现实感到担忧了，这样的现实导致捷克局势急速恶化。原本十分惬意的假期被这样的忧虑彻底破坏了。丘吉尔还是在 9 月中旬前往了法国，不过他在巴黎只停留了 24 个小时。在路易斯·斯皮尔斯的陪同下，他乘飞机去法国，与现任政府里两位最坚定的反纳粹人物保罗·雷诺与乔治·曼德尔会晤。丘吉尔这次出访遭到在巴黎的埃里克·菲普斯和在伦敦的莫里斯·汉基（这位内阁秘书刚刚退休）的反对，后者一贯喜欢悄悄地向其他人抱怨丘吉尔，但是在私下里又对丘吉尔友好得有些令人腻烦。汉基在表示反对的时候没有特指任何人，只是婉转地问丘吉尔，若是某位法国政客过来试图挑唆内阁里的"反和平"分子，我们会做何感想？ dccxviii

　　在这个 9 月里，丘吉尔一直处在极度的不安中（同许多人一样），他试图对政府施加影响力，但是几乎毫无成效，因此他常常为自己的无能为力感到悲哀。面对这样的情况，再加上在此期间他还频频返回伦敦，而且他始终根本无法平静下来。考虑到这样的情况，他在查特维尔"度假"期间在《英语民族史》的写作方面仍然能取得这么大的进展实在是令人称奇。9月19日，丘吉尔致信莫蒂墨·惠勒："在这段焦虑不安的日子里，用千年的历史阻隔在我的思绪和20世纪之间，这对我来说真是一种安慰。"dccxix 实际上丘吉尔只是随便说说而已，这句话并不意味着他真的能够让自己置身事外。

时间在走向"慕尼黑会议"。9月8日，张伯伦结束假期返回伦敦，接下来的一段日子里，内阁委员会频频召开会议，进行了大量的商议，商议的结果就是张伯伦首次受命去德国向希特勒请愿。9月15至16日，张伯伦飞到了贝希特斯加登。18日，法国总理达拉第与外交部长乔治·博内赶到伦敦。22日，张伯伦又去了德国。希特勒做出了让步，同意前往莱茵兰地区的戈德斯贝格与他会面。到了戈德斯贝格之后，希特勒可说打了张伯伦一记响亮的耳光，他说分割捷克斯洛伐克的方案太拖沓，必须加速方案的落实。在贝希特斯加登与希特勒会面之后，张伯伦已经说服法国人和捷克人接受了这套方案，尽管后者的态度极其勉强。24日，张伯伦返回伦敦。面对希特勒的羞辱，尤其是在哈利法克斯的敦促下，他立即显示出了强硬的趋势。内阁和英国做好迎接战争的准备尚需时日。

接着，在9月28日下议院出现了极富戏剧性的一幕。当时首相正在做一场冷静清醒的讲话，突然政府官员就座的小旁听席里有人让西蒙将一张字条传给首相。看完字条，张伯伦宣布希特勒答应于次日在慕尼黑召开四国会谈（法国和意大利都将参加此次会议，但是捷克斯洛伐克没有被包括在内）。整个下议院几乎全体起立，只有哈罗德·尼科尔森除外，从中不难看出议员们都对形势判断有误，过早地感到了释然。他们怀着过于强烈的美好愿望为张伯伦饯行。

丘吉尔也起立了吗？马丁·吉尔伯特称丘吉尔、艾登与艾默里，以及尼科尔森都没有起立。dccxx 艾登没有起立最难以置信，由于过度的担心，他一直刻意掩饰着自己对张伯伦的怨恨；肚量很小的艾默里是一个小个子，即使的确站起来了，可能别人也以为他还坐着。丘吉尔实际上起立了（可能比较慢），他还走到了张伯伦面前，祝他一路顺风（可能有言外之意），并且说张伯伦太幸运了。据尼科尔森所说，张伯伦一点也不喜欢丘吉尔的这番临别祝福。在接下来的一天半里，希特勒在慕尼黑得偿所愿。9月30日，张伯伦飞回伦敦，迎接他的是热情高涨的人群，这样的场面促使他犯下了一个灾难性的错误。他宣布，原本存在争议的慕尼黑之行取得了胜利（"光荣的和平"），并不是在无奈之下拖延时间。

在这几个星期里，丘吉尔一直能够随时见到外交大臣与首相。在8月底、9月11日、19日和22日，他与哈利法克斯单独进行了大量的交谈。此外，在9月10日，他还与张伯伦与哈利法克斯一起会了面，在当月的26日他们3个人又会谈了一次。他们的会面不缺少礼节和客套，唯一的问题在于，首相与外交大臣都不重视丘吉尔在这个月里接二连三提出的建议。居住在波希米亚周边广大地区的使用德语的人口被称为"苏台德德语民族"，他们实际上曾经是奥匈帝国的主体民族，丘吉尔不反对赋予这些人相当大的自治权。对于张伯伦提议组建的朗西曼代表团，他没有表现出明显的敌意，这个代表团在7月底去了捷克斯洛伐克，试图说服后者接受苏台德地区自治方案。丘吉尔坚决主张的是，英国应当向希特勒充分表明态度，在有必要的情况下英国将为捷克斯洛伐克而战。实际上，9月12日的内阁备忘录就记录了他的这一点建议。"外交大臣称他和首相与温斯顿·丘吉尔先生进行了会面……丘吉尔先生的主张是，我们应当告诉德国一旦它踏足捷克斯洛伐克，我们立即就会与它开战。"[dccxxi] 不仅如此，丘吉尔还不厌其烦地强调要想实现这样的战略威胁，英国就必须尽可能地与苏联密切合作。哈罗德·尼科尔森在9月26日的日记中写道："温斯顿说，首相犯下的根本错误就是拒绝信任俄国（我们全都同意）。"[dccxxii]

这两点建议都遭到了忽视，丘吉尔陷入了对政府的鄙视和有些绝望的挑衅与悲观情绪中。有3件事格外突出。9月22日，尼科尔森被叫到莫佩斯大厦参加一场大约有10个人参加的秘密会议：

> 就在我等待着命运降临的时候，丘吉尔突然从一辆出租车上钻了出来。我们走在一起，"现在就是地狱，"我说。"是大不列颠帝国的末日。"［他回答道］。
>
> 我们聚集在客厅里……他［丘吉尔］站在壁炉的挡板前，冲我们挥舞着一杯苏打威士忌，那副模样看上去很含糊，也有点令人摸不着头脑，但是绝对是一副掌控全局的样子，事实上看上去也很理智。[dccxxiii]

9月29日，张伯伦在慕尼黑，在这一天的日记中尼科尔森写道（维奥莱特·博纳姆·卡特在1948年写给丘吉尔的一封信充分证实了尼科尔森的描述）：

> 晚上7点，我们［焦点小组］又在萨沃伊酒店碰头了。我们的想法是说服温斯顿、塞西尔［切尔伍德的塞西尔子爵］、艾德礼、阿奇·辛克莱和［劳埃德］联名给首相发一封电报，恳请他不要出卖捷克。为此我们忙了整整一个下

午。然而，安东尼·艾登拒绝签名，他的理由是，这种行为会被误解为是出于他对张伯伦的宿怨。艾德礼拒绝在未经党的批准的情况下签名。就这样，时间耗光了。我们坐在那里，沮丧地意识到我们将一事无成。就连温斯顿似乎也失去了斗志。^{dccxxiv}

晚饭的时候，焦点小组转移到了另一个俱乐部，尼科尔森与维奥莱特·博纳姆·卡特由于不同的理由都没有加入这个令人敬畏的组织，因此当时供职于《泰晤士报》的科林·库特负责记录下了当天晚上的情形，后来库特在《每日电讯报》当了 14 年的编辑。库特写道：

> 丘吉尔火冒三丈、沮丧至极……他冲着在场的两位大臣——达夫·库珀和沃尔特·埃利奥特大发雷霆。你总是能看出来他什么时候就被深深触动了，因为他的口腔有一个小小的缺点，会导致他的音色出现相应的改变。这一次，他的音色没有出现变化，但是他发出了一种超声波式的轰鸣声。他问道："阅历那么丰富、在大战（一战）中表现得那么出色、那么值得尊敬的人怎么会容忍那么怯懦的政策？这太卑鄙、太肮脏、太不像人干的事情，简直就是在自取灭亡。"^{dccxxv}

由于试图为政府的行为辩解，达夫·库珀不得不忍气吞声地听着丘吉尔的谩骂，其实不到两天后他就辞去了在这个政府里的职务。俱乐部的核心成员都一直等到了各家晨报的第一版被摆上了街头，库特去外面的斯特兰德大街（河岸街）买了几份报纸。这些报纸都临时加进了对《慕尼黑协议》条款的概述。（在那个年代，另一个俱乐部显然配合了丘吉尔的作息规律，而不像今天这样在 10 点至 10 点半的时候散会。）等库特回到房间里，慕尼黑会议彻底屈服于希特勒的要求的消息震惊了所有人。达夫·库珀悄悄溜走了。稍后离去的丘吉尔可以说靠在理查德·劳的胳膊上才迈开了脚步，后者是伯纳尔·劳的儿子。伯纳尔·劳丝毫博得不了丘吉尔的好感，但他是一位坚定的反绥靖主义者。走出酒店的时候，丘吉尔与理查德·劳路过了一间正在举行私人聚会的大房间，满满一房间的人开心地吃着、喝着、跳着舞。劳后来回忆道："我清楚地意识到身边这个人有多么忧虑。当我们把脸扭过去的时候，他喃喃自语着，'那些可怜人！他们几乎不知道自己得面临什么样的境地。'"^{dccxxvi}

在随后一个星期里，议会针对慕尼黑事件展开了 4 天的辩论。直到第三天，即 10 月 5 日星期三，丘吉尔才开口了。他一向善于把握发言的时机，以便得到全体议员和重要报纸的关注。这样的克制力确保他不会遇到竞争对手。在前两天的辩论中，达夫·库珀的辞职讲话，张伯伦、艾德礼与劳合·乔治的发言都有可能抢了他的风头。5 点 10 分，丘吉尔站了起来，一连讲了 45 分钟，这是一次充满力量、毫不妥协的讲话。他先是草草地表示自己对首相不存在私人之间的敌视情绪，接着他便进入了实质性的部分。他指出："我们遭受了一次全面的、彻头彻尾的失败，法兰西遭受的失败比我们的更惨重。""紧张地忙碌了一场之后，首相"确保能够实现的就只是，"德国的独裁者心满意足地看到自己想要的大餐被一道接一道地端到了他的面前，根本无须自己伸手从餐桌上抓起食物"。

这番话在丘吉尔身后的政府议席中激起了强烈的反对声，根据记录，精力过剩、判断一贯有误的阿斯特夫人（南希·阿斯特）甚至大声喊道："胡说八道！"丘吉尔继续刺激着仍旧不愿面对现实的下议院："我相信首相带回来的条款在这个夏季随时都能通过常规的外交渠道轻松得到通过……捷克人被单独丢下了，并且被告知他们不会得到西方列强的帮助。如果没有这么大动干戈一场的话，他们应该能够得到比现在这些条款更优厚的条件；现在他们的情况简直糟透了……一切都结束了。在沉默和哀痛中，被抛弃的破碎的捷克斯洛伐克退回到了黑暗中。它一直都是国际联盟温顺的仆人，然而与西方民主国家和国际联盟的合作却令它受到了全面的惩罚。"

丘吉尔接着做出了一番预言："我斗胆认为日后捷克斯洛伐克这个国家将无法继续维持独立国家的身份。我想你们将会看到在一段时期内——可能以年为单位，也有可能以月为单位——捷克斯洛伐克将被并入纳粹主义的版图。"这个预言以惊人的速度得到了证实。接下来他又提出，在前 5 年里，英国的力量一直受到忽视或者被白白浪费掉了："我们经过了历史上一座可怕的里程碑，欧洲的平衡彻底被打破了，而且……那几句可怕的预言一时间显现在西方民主国家的面前：'你被称在天平上，显出你的欠缺。'①……我无法相信古往今来还发生过同样的事情。"然而，他还是没忍住，援引了自己在夏天里的一项研究成果——埃塞尔雷德二世②的故事。

---

① 语出自《圣经·但以理书，527》，这一章讲的是伯沙撒王大宴群臣，突然有手指在宫殿的墙壁上写了几句话，太后推荐先知但以理为国王解释这几句话的含义："所写的文字是'弥尼，弥尼，提客勒，乌法珥新。'这文字的意思是这样'弥尼'就是神已数算了你国度的年日，使国终止；'提客勒'就是你被称在天平上，显出你的缺欠；'毗勒斯'就是你的国要分裂，归给玛代人和波斯人。"（25—29）

② 埃塞尔雷德二世（约 968—1016），英格兰盎格鲁 – 撒克逊王朝君主，威塞克斯王朝第 14 位君主（978—1016），号称仓卒王，绰号"邋遢大王"。980 年，丹麦人入侵，几乎整个英格兰都遭到蹂躏。后来他大批屠杀丹麦移民（1002），从而引起了丹麦人的再度侵犯。他的绰号"unready"原本指的是他常常得到很糟糕的参谋意见，年仅 10 岁就继承王位的他根本无法对谋臣们的建议做出正确的判断，但是后来这个词被误译为"没有做好准备"。

丘吉尔接下来提出的一个观点引起了比较大的争议。他指出，相比未来的胜利日，法国和英国在 1938 年里完全可以取得大得多的胜利，毕竟在这一年里，对手德国的军队还不像法国的军队"那么成熟和完善"。说完，他又对首相希望与德国政府保持亲切友好交往的想法进行了一番猛烈的抨击。与德国人民，可以；"但是你绝对不会同目前这个德国政府产生友谊。不列颠民主政权和纳粹政权之间肯定可以建立外交关系，恰当的关系，但是绝对不会产生友谊。纳粹政权唾弃基督教的伦理道德，用野蛮的异教信仰为自己的前进欢呼喝彩，这个政权喜欢炫耀侵略和征服，这个政权通过迫害其他国家而获取力量和变态的快感。正如我们所见到的那样，这个政权会毫无怜悯心地利用凶残的军队威胁其他国家。这个政权永远不可能成为不列颠民主政权所信赖的朋友"。

丘吉尔谴责提前举行大选、趁机利用全国人民虚妄的解脱感是一种"利用宪法行龌龊之事"的表现。在讲话的最后他提醒众人："这一次只是德国刚刚开始清算旧账，这一次只是我们尝到的最初一小口苦酒，只是预先品尝的一口而已，日后这杯苦酒将年复一年地被送到我们的嘴边，除非我们彻底恢复了正常的道德观和强健的战斗精神，从而重新站起来，如往昔那样为自由挺身而出。"[dccxxvii]

这是一场震撼人心，甚至可以说高贵的演讲，一场已经经受了 60 多年时光检验的演讲。然而，这场演讲还是没能在保守党议席中为丘吉尔争取到多少朋友。在投票表决的时候，只有大约 30 位保守党议员选择弃权，根据马丁·吉尔伯特所述，[dccxxviii] 其中 13 个人在其他更忠实于保守党同时也更消极的议员鱼贯从他们身旁走过的时候，一直招摇地坐在自己的座位上，丘吉尔也在此列，但是艾登没有加入这个行列。另外 17 个人选择比较谨慎的方式表达了对政府的蔑视。在不熟悉充满诡辩术的议会生活的人看来，无论有没有招摇的表演，在丘吉尔和其他一些人在讲话中进行了一通声势浩大的谴责之后，无论如何，选择弃权都像是一个虎头蛇尾的结局。这一次，情况的确如此。丘吉尔的讲话也只是为他招致了选民和党派督导们的强烈反对，他不得不略微表示了反悔，只要还想继续在保守党内占有一席之地的话，他就只能做出这样的选择。在 10 月 5 日的讲话中大鸣大放了一通之后，丘吉尔没有大跨步地前进下去，他暂时宣布撤退，缩小了暴露在外的阵地。想到自己有可能不会被保守党提名为埃平选区的候选人，他依然泰然自若，在针对慕尼黑事件的辩论之后这种迹象立即就出现了，但是他已经在选举活动中经历过太多的风浪了。

第二十八章　最后一年的和平

回首当年，在慕尼黑事件之后，丘吉尔与保守党选区协会之间产生的问题几乎令人难以置信。不到一年后，他就重新得到了任命，不到 18 个月后，他出任了首相，不到两年后，他在毫无争议的情况下又当选为保守党领袖，在这个位置上，他俯视英国政治长达 14 年半的时间。在时隔 30 年后，他还将被玛格丽特·撒切尔视为 1945 年之后的历届前任中唯一一位货真价实的托利党首相。

然而，在 1938 年夏天大约 6 个星期的时间里，丘吉尔在是否有能力继续担任保守党下议院议员的问题上受到了质疑，在后来的 4 个月里，这种怀疑有所减弱，但是始终没有消失。外界没有理由认为埃平（或者是埃塞克斯）保守党协会的委员们极其保守，或者很难打交道。在 1924 年，他们接纳了沉船难民一样的丘吉尔；面对不断惹是生非的财政大臣，他们给予了支持；在 1930 年他提出辞去影子内阁的职务时，在他为印度议案开展了一场旷日持久的战争时，他们都没有提出异议。无论是在时间还是金钱方面，他们都不曾向他提出过过分要求。当他在 20 世纪 30 年代中期为重整军备的问题四处活动的时候，他们基本上都对他表示了同情。但是，当他用自己在围绕着慕尼黑事件的辩论中采用过的措辞攻击"和平的君"①（一段时间里张伯伦在英国各地的保守党人心目中的形象）的时候，保守党协会的委员中间终于出现了不满和一定程度的敌对情绪。

阿索尔公爵夫人在金罗斯和帕斯郡、罗伯特·布思比在东阿伯丁郡、理查德·劳在赫尔也都遭遇了类似的情况，他们的选区和埃平总共覆盖了相当大的范围。一部分反绥靖政策的人士——邓肯·桑迪斯在斯特里汉姆、布兰登·布拉肯在

---

① 《圣经》中对耶稣的称呼，例如《圣经·以赛亚书，96》："因为有一个婴孩为我们而生，有一个儿子赐给我们；政权必担在他的肩头上；他的名必称为'奇妙的策士、全能的神、永恒的父、和平的君'。"

帕丁顿——似乎都没有受到影响，但是达夫·库珀在威斯敏斯特–圣乔治、克兰伯恩在南多塞特、沃尔默（后来的第三代塞尔伯恩伯爵）在奥尔德肖特都并非一帆风顺。选民们反对的目标总是存在着一定程度的荒谬性，选区的激进分子几乎都不可避免地会成为反对理性和真正的政治家的一股力量。在任何情况下，政治都会让人们渐渐失去热情，缺少了激进分子的政治几乎无法正常运转。在不赋予激进分子过多权力的前提下维持民众对政治的热情，是民主制政府常年都需要面对的难题。1909 年，亚瑟·贝尔福居高临下地说出了一句至理名言："我对保守党大会怀有最高的敬意，但是在高层政策方面，我至多只会像咨询我的管家那样征求它的意见。"就在发表这番评论不到 3 年的时候，贝尔福就加入了少数几位被迫下台的保守党领袖的行列，这或许并非一起意外事件。

根据记录，丘吉尔从未说过挑衅意味如此强烈的话，但是他坚信政策应当由领袖们制定，而不是全国各地的活动家。无论如何，他认为张伯伦和他之间的核心问题远远超出了是否对党忠诚的问题。尽管有着这样的看法，或者说正是由于这样的看法，丘吉尔很重视埃平选区发出的不满的声音，但是面对这样的声音他绝没有示弱。针对埃平的态度，他在 10 月 18 日（1938）给拉姆齐·穆尔的回信中做了最明确的表态。在此之前，穆尔自发给他写了一封信，表达了对他的支持，并且呼吁他果断采取行动。这位多产的历史学家及虔诚的自由党官员几乎与丘吉尔同龄，在1923 至 1924 年间短暂地担任过下议院议员。在给他的回信中，丘吉尔写道："我在自己的选区碰到了麻烦，我也已经表明了我的态度，除非选区重新向我表明对我的信任，否则我就会求助于选民。那样一来，一场补选就势在必行了，根据这个选区的特点，这场补选将会极大地促进你已经设想到的那种情况。"第二句话有些含糊，丘吉尔的意思是一旦举行补选，在与一位支持张伯伦的在职保守党候选人同场竞技的时候，他会非常欢迎自由党人对他提供支持。在上一次选举中，正是自由党人给他带来了最大的挑战，即使说他们的挑战不算艰巨。在这封信的结尾，他做出了更明确的表态："我与阿奇［阿奇博尔德·辛克莱］交往密切……我不知道自己能否说服你在下周的某一天过来和我吃顿午饭［在查特维尔］。"[dccxxix] 这封信显示出丘吉尔对眼前的威胁没有掉以轻心，同时还表明，重新向自由党靠拢正是他应对这种威胁的一项应急策略。

这套策略的另一个关键因素是与"死硬分子"发出的威胁进行正面交锋。7 月4 日，丘吉尔给忧心忡忡的罗伯特·布思比写了一封语气有些不耐烦的信："我想，如果你能让他们知道无论他们说什么、做什么，你都会争取这个席位，那么你就不会在你的选区碰到太大的困难。"[dccxxx]10 月 13 日，他又按照"正面交锋"的想法给

埃平保守党协会的主席詹姆士·霍基写了一封非常正式的信:

> 亲爱的詹姆士·霍基:
>
> 我想就目前发生的重大事件向您请教一番。在印度问题和国防问题上,你我始终保持着一致的步调。战争之所以得到了避免,只是由于我们向罪恶屈服了。我深信要想确保我们国家的安全,全国都需要付出极大的努力……所有的人都必须付出巨大的牺牲和努力,如果我们不想让英格兰名誉扫地的话。
>
> 因此,是否能请您让您的朋友们集合起来,按照协会的原则采取必要的措施。
>
> 温斯顿·斯宾塞·丘吉尔^{dccxxxi}

霍基非常支持丘吉尔,丘吉尔也明智地对他报以热情和重视。霍基只在当地接受过教育,是一位自学成才的糕点大师,在自己的选区里担任过几乎所有有资格担任的公职,因此深受民众的爱戴。在丘吉尔还是大臣的时候他就被授予了爵士头衔,在 1945 年,即丘吉尔首次出任首相的最后一年,他又得到了准男爵的爵位。他与同样在当地非常活跃的霍基小姐(霍基夫人似乎不爱社交)偶尔会在查特维尔过夜。从丘吉尔的角度看,霍基唯一的不利之处就是他接受不了国际联盟,有几次他们在通信中以半开玩笑的方式提到了这个问题,他们的语气完全就像是在谈论对香蕉或是草莓的厌恶一样。因此,相比"盟约",他对"军备"政策的倾向性要强烈得多。不过,最重要的是霍基对丘吉尔忠心耿耿,但是自己也颇有主见,他成了这位伟人在埃平的耳目。

1938 年 11 月 4 日,霍基按照丘吉尔的要求将埃平的保守党人召集到了坐落在市内的温切斯特府(丘吉尔曾在 1924 年在这座庄园与他们或者他们的前任见过面)。这场会面事先经过了尽可能仔细的准备,霍基与丘吉尔都没有想当然地采取行动,他们的思路没有错。埃平当地的保守党人怨声载道,甚至还出现了更糟糕的情况,几个分部已经通过了对丘吉尔不利的决议。住在选区北部的当地老金融家哈里·高森爵士在 10 月 20 日给霍基写了一封信,这封信正体现出埃平当地受了毒化的气氛:

> 我不禁认为他[丘吉尔]用自己的一场讲话就打破了下议院的和谐,这种行为实在可悲。当然,他不是那种只会大喊大叫的小角色,他说的话传遍了欧洲大陆,还传到了美国。我认为如果他能保持沉默、彻底不再发表讲话,那

样会好很多……类似哈罗这样的一些偏远地区，有很多选民都对他表示强烈抗议……很多人已经给道格拉斯·彭南特［高森的女婿］和其他人写信谈论过他。我听说，在埃平将召开一场反对他的会议，总之，看起来这场会议会是一团混乱，不过应该也挺有趣的。^{dccxxxii}

这番话有些含糊，但是保守党人有意搞破坏这一点是毋庸置疑的。众所周知，当年伦道夫勋爵曾"忘记"一位高森先生可以接替自己的位置，哈里爵士虽然不是当年那位乔治·乔基姆·高森的直系后人，不过他们都来自同一个家族。温斯顿·丘吉尔决意在埃平的保守党内部彻底消灭这个问题，如果不能取得成功，他就要当着埃平全体选民的面与保守党人较量一场。第一套方案没有失败。在 11 月 4 日的会议上，丘吉尔获得了 100 张支持票，反对票为 44 张，高森同许多人一样都倒向了丘吉尔。多数派优势明显，但是少数派的数量也令人感到不安，这样的规模很有可能会鼓励少数派继续坚持到下一次战斗。此外，投出支持票的 100 名党员通过的决议堪称一篇安抚性的杰作：

> 我们感谢首相［张伯伦］一直勇敢地为和平事业努力着，同时，我们为本区议员温斯顿·丘吉尔阁下在过去 5 年里发出的警告没有得到认真对待而感到遗憾。温斯顿·丘吉尔阁下一直在提醒我们，我国应当及时开展适当的重整军备的工作，保守党协会全国联盟也对他的意见表示了支持。我们认为，假如他们的建议受到了重视，那么首相就会发现，在与独裁国家元首的谈判中自己会处在远比目前有利的位置。因此，我们敦促丘吉尔先生继续致力于推动全国人民的团结和国防工作的开展，我们相信，这将成为确保实现我们强烈渴望的永久和平最坚实的基础。^{dccxxxiii}

这份决议是谁起草的？根据风格和内容判断，这个人不会是丘吉尔本人，他肯定不会在张伯伦与他自己之间保持这样的平衡。实际上，鉴于决议表露出的这种暧昧态度，真正批评他的人也被投票否决了，否则决议就会将他的意见当作无聊的废话完全无视。这部分批评者的领袖是科林·桑顿－凯姆斯利（后来被授予上校军衔及爵士头衔），当时年仅 35 岁的他是埃塞克斯当地的一名房地产经纪人，婚后他也开始涉足苏格兰的地产生意。1939 年，桑顿－凯姆斯利当选为金卡丁和西阿伯丁的下议院议员，此后他一直把持这个席位，直至 1964 年。在 1950 年，这个位于苏格兰东海岸的选区有条件更改了名称和范围。我还记得桑顿－凯姆斯利这位身材矮小、皮肤黝黑、蓄着两撇小胡子的保守党后座议员一直试图在下议院里产生影响力，但是他的努力没有见到太大的成效。不过，在1938年里他表现得很放肆，或者说是勇敢（或者两者兼而有之），试图直截了当地全盘否定丘吉尔对英国的军事及外交形势所做的评估。在丘吉尔领导政府期间，桑顿－凯姆斯利的议会生涯没有见到太大的起色，这一点或许并不出人意料。从哈罗德·麦克米伦那里，他也只是凭着为政府效劳19年的资本才捞到了一个"配给"的爵位。

如果有30个人（无疑其中一些人正是发表过对丘吉尔不满的人）改变立场，表决得到另外一种结果的话，又会出现怎样一种情况？丘吉尔显然会强行提出举行一场补选，但是补选的时间不取决于他，而是掌握在与他为敌的那些保守党党派督导的手中，尽管选择范围有限，但是后者还是可以选择何时将令状提交给下议院。没有这样的令状，丘吉尔期望的比赛就无法开展。丘吉尔能够在比赛中获胜吗？圣诞节前，人们如释重负地看到战争并没有爆发，张伯伦也仍旧保持着很高的声望，在这种情况下，丘吉尔获胜的希望应该很渺茫。到了1939年的年初，尤其是在希特勒吞并了捷克斯洛伐克的残余部分，对慕尼黑会议进行了嘲讽之后，他的前景应该会有所好转。然而，在反对慕尼黑会议的反叛者中，只有阿索尔公爵夫人经历了一场补选。尽管收到了丘吉尔的一封支持信，在12月21日的选举中，她还是以10495票对11808票的微弱差距败给了一位支持张伯伦的名不见经传的候选人。自由党和工党都没有参加这场选举，若是真的参加在埃平的竞争的话，丘吉尔会希望与这两个党的候选人并肩作战。公爵夫人当然不是丘吉尔，但是她的遭遇还是表明如果丘吉尔参加选举的话，他会面临很大的风险。如果他参加了选举并被击败，这场选举就将成为历史上最可悲的一场补选。

在选区碰到的麻烦会促使丘吉尔在公开表态的时候有所收敛吗？至少在下议院里他没有收敛，例如在11月17日，他就与工党一起投票支持了自由党提出的组建一个供应部的动议。除了在表决中选择弃权以外，这是自印度议案之后他第一次投票反对政府。与丘吉尔一起投出反对票的只有哈罗德·麦克米伦与布兰登·布拉肯。在对张伯伦感到愤慨至极的时候，丘吉尔曾有些哀怨地告诉哈罗德·尼科尔森："下一次选举的时候，我要在全国各地每一个社会党的讲台上发言。"[dccxxxiv] 不过，在议会之外丘吉尔从未发出过这样的威胁。

相反，在牛津大学贝利奥学院任教的亚历山大·邓洛普·林赛以反"慕尼黑协议"的独立候选人身份参加了10月末在牛津举行的那场著名的补缺选举时（未取得成功），丘吉尔不像继他之后出任过保守党领袖的哈罗德·麦克米伦与爱德华·希思那样对林赛给予支持。当《新闻纪事报》的记者弗农·巴特利特在12月中旬以类似的身份参加布里奇沃特的选举时（获得成功），他也同样没有表示支持。丘吉尔琢磨出一套世故的解释（有些人可能会说他是在强词夺理），在10月26日发给切尔伍德的塞西尔子爵的电报中，他阐明了自己的这种想法："只要得到保守党党派督导的位置，我就不可能在补选中跟他们作对，除非有两位保守党候选人同时参选。"[dccxxxv]

当时，丘吉尔还对安东尼·艾登的谨慎态度颇有微词，在12月12日给焦点小组发起人的信中他写道："我不知道艾登先生是否会来。眼下他太羞怯了。"[dccxxxvi] 同时，在某种程度上他又在效仿艾登。如果不曾有过丘吉尔那样的经历，一方面试图保留住自己在党内的位置，同时在眼前的核心问题上又不认同党的领导，那么谁都没有资格贸然苛责丘吉尔的所作所为。在投票表决中违背个人信念加入少数反对派阵营、试图强行组建统一战线、仅仅针对重大问题反对政府，这些行为都很接近政党政治的特点。这些活动在局外人眼中都显得高深莫测，但是必须在政党政治的框架下展开，即使对自认为不乏勇气的人来说也是如此。只要他们想这么做，无论行为多么随意，他们也都只能在这个框架内采取行动。

丘吉尔在这方面的表现比较克制，尽管如此，他与张伯伦的关系在慕尼黑会议过后的那个秋天里还是恶化到了20年里的最低点。在这20年里，两个人的政治生涯都对彼此造成了影响，但是他们始终没有过亲密的交往，也没有产生过对彼此强烈的敌意。令人感到奇怪的是，导致两个人对彼此产生恶感的是在10月6日针对慕尼黑会议的辩论结束之后发生的一桩小事情。当时，政府希望宣布议会休会，直到11月1日再重新召开会议，这个提议遭到了工党和自由党的反对，丘吉尔、麦克米伦和另外少数几名保守党议员也表示反对。围绕这个问题展开的辩论基本上只涉及程序问题，然而就在辩论过程中丘吉尔与张伯伦都对对方大动肝火。首相说丘吉尔提出的理由"不值一提"，在当天晚上他还给后者写了一封怒气十足的信：

> 你觉得我的话冒犯了你，为此我感到抱歉，但是我不得不告诉你，我觉得你对一个经常抨击他人的人过于敏感了。
> 我认为你的话对我以及与我共事的那些人也非常无礼。
> 这些话十分伤人。我不认为这些话一定会对私人关系造成破坏，但是你也不能指望我会任由你肆意攻击，我却毫不还手。[dccxxxvii]

无论两个人之间是否存在着名义上的私人关系，张伯伦始终不曾试图约束一下埃平选区"效忠"他的狂热分子在当地对丘吉尔展开的破坏活动。在11月17日针对是否组建供应部的辩论中，张伯伦特意在一堆奉承话的掩护下对丘吉尔的人品——而不是他的论点——进行了一番打击：

> 我对我这位同事的许多杰出品质都极其敬仰。他在各个方面的表现都那么突出。我还记得有一次我问一位来自自治领、经年累月担任要职的政客，他认为对于政客而言最可贵的品质是什么。他给出的答案是判断力。假如你们问我，在我这位同事许许多多可敬的优点中判断力是不是最主要的一个优点，那么我只能告诉下议院不要逼人太甚。^{dccxxxviii}

这番傲慢的诋毁无疑促使仍旧对张伯伦忠心耿耿的支持者们哄堂大笑。当年冬天，丘吉尔与张伯伦的关系也没有出现改善的迹象。反常的是，他们的关系也没有继续恶化下去，他们对彼此的冷漠为一个新的阶段拉开了序幕。在战争爆发、丘吉尔加入政府后，他们的关系恢复到比以往任何时候都更良性的状态了。

对于张伯伦的攻击，丘吉尔没有在下议院做出反击。他不太善于快速发表一段即兴发言，不过他在餐桌上无意识的谈话大多都非常精彩、令人难以忘怀。在将近一个月后的一场选区会议上，丘吉尔对张伯伦的诋毁做出了最强有力的回击。对丘吉尔来说，参加 12 月 9 日在青福德的这场会议是一次非常大胆的尝试，这是由国际联盟联合会组织发起的一场跨党派的会议，台上就座了不少自由党人。在发言过程中，丘吉尔驳斥了张伯伦对他缺乏判断力的抨击：

> 我非常愿意将过去 5 年里我对外交事务和国防问题的判断与他的见解加以比较。他在 2 月的时候说过，欧洲的紧张局势已经得到了极大的缓解，然而几个星期后，纳粹德国就占领了奥地利。我曾做过预测，等奥地利遭到践踏带给人们的冲击消退后，他还会立即重申这种论调。就在 7 月底，他一字一句地把之前的话重复了一遍。到了 8 月中旬，德国开始放烟幕弹，在将我们推向战争的边缘之后，通过这一系列的行动，它彻底摧毁并吞掉了捷克斯洛伐克共和国。11 月，在市政厅举行的市长宴会上，他告诉我们，欧洲进入了更和平的状态。几乎就在这些话刚从他的嘴里说出来后，纳粹对犹太人实施暴行［11 月 9 至 10 日发生了"水晶之夜"^①］的消息就传遍了文明世界的各个角落。^{dccxxxix}

---

① 水晶之夜（又译作"碎玻璃之夜""十一月大迫害"），指 1938 年 11 月 9 日至 10 日凌晨，希特勒青年团、盖世太保和党卫军对德国和奥地利境内的犹太人的袭击，这起事件标志着纳粹开始了对犹太人的有组织的屠杀。

10 月末至 11 月初，德国各地出现了新一轮反犹太人活动，这些活动基本上得到了德国政府的授意。德国境内发生的暴行在一定程度上提高了丘吉尔的地位，同时削弱了张伯伦的地位。10 月 28 日，德国政府签发了一份针对 2 万名居住在德国境内的波兰犹太人的驱逐令。作为对这项法令的反击，一名年仅 17 岁的波兰犹太青年暗杀了一名德国驻巴黎的低级外交官。11 月 10 日凌晨发生的恐怖活动正是纳粹分子针对这起暗杀事件策划的回击。犹太商店的玻璃窗被砸毁，店里的货品被洗劫一空，犹太会堂被纵火焚烧，许多犹太人遭到了凶残的袭击。11 月 13 日，这个政权不仅没有对这种无法无天的报复行为进行纠正，反而颁布了一项法令，规定在年底之前所有犹太人都必须停止贸易和其他商业活动，从而为"水晶之夜"的暴行赋予了法律上的庇护。

显然，这一连串的事件导致张伯伦更难以将德国元首描绘成一位致力于和平的合作伙伴。希特勒在 11 月 6 日和两天后连续发表了两次讲话，执着地对丘吉尔进行激烈的人身攻击。这两场讲话促使在希特勒控制下的最主要的一份纳粹报纸宣称巴黎暗杀事件受到了丘吉尔的教唆。德国元首歇斯底里的表现和这番荒谬的指控促使英国人民自然而然地做出了有利于丘吉尔的反应，就连坚守绥靖主义的《泰晤士报》也谴责这些攻击"完全令人无法容忍"，完全是为了博取"官方注意"，无论这种说法意味着什么。

但是，在当年秋末和基督降临节（圣诞节前的 4 个星期）期间，丘吉尔完全没有稳步上升的迹象。如果说张伯伦脾气暴躁的话，那么他也一样。在有关供应部的辩论结束后，丘吉尔甚至又同达夫·库珀发生了一场争执。达夫·库珀一向以脾气暴躁著称，不过他也是当时丘吉尔不多的几位盟友中的一位，这场争执对他来说完全是无妄之灾。在同一天《星期日泰晤士报》举办的书展上，《马尔博罗》荣获金奖，这个消息令丘吉尔振作了一些。但是到了 12 月 5 日，就在耗时已久的桑迪斯事件终于要结束的时候，丘吉尔在下议院遭遇了一场不大不小的失败。令人惊讶的是，打倒他的人竟然是霍尔－贝利沙。尼科尔森在日记中记录了当时的情形，并且在最后发表了一番惊人的评价：

> 温斯顿的开场很精彩，我们全都期待着听到一场了不起的发言。他谴责霍尔—贝利沙过于自满，后者起身说道："什么时候？在哪里？"温斯顿答道："来的时候我没有做准备。"他手忙脚乱地在自己的便笺记里翻了一阵，里面夹着一些剪报。他慢条斯理地翻看着。他找到了。可是那些都不是最适合的剪报，他读出来的更像在撇清霍尔—贝利沙与此事的关系，而不是证实他与此事

有关。温斯顿有些糊涂了。他试图恢复之前的讲话，可是风向已经变了，他的船帆已经可怜兮兮地耷拉了下来。"他变成一个老头子了。"[我旁边的人说道。]他当然还是一头猛虎，只是一旦错过了春天，他就不知所措了。^{dccxl}

这一次克莱门汀仍旧出门在外。11月底她就乘坐莫因男爵的游艇去海上度假了，经过一个漫长的假期，直到2月她才回到国内。丘吉尔独自在家，克莱门汀也是独自一人，但是丘吉尔并不会因此就好受一些。丘吉尔与玛丽（已经16岁了）在12月17日一起给克莱门汀发了一封心酸的电报："求求你，给我们发些消息吧。听不到你的消息很难过。"^{dccxli}24日，丘吉尔给朋友克雷加文子爵写了一封信，感谢后者给他送了一份礼物，在信中他写道："在这段麻烦缠身、遭到误解的日子里我觉得很孤独，尽管一贯……"^{dccxlii}当天下午，他带着玛丽与伦道夫去了布伦海姆，圣诞节期间在那里住了3天。1939年1月第一个星期的周末，他动身前往巴黎，度过了一个忙于政务的周末（同雷诺、布鲁姆以及前法国外交部长伊冯·德尔博斯会晤），接着他又去玛克辛·埃利奥特的别墅"地平线城堡"暂居了两个星期，其间一直在努力工作（创作《英语民族史》）。他非常喜欢光线和太阳（尽管里维埃拉的1月并不能保证会有充足的阳光），一点也不喜欢圣诞节那一段时间里查特维尔、布伦海姆和英格兰的大部分地区覆盖着厚厚一层积雪的景象。丘吉尔十分担心这将是自己最后一次外出度假（至少在那个阶段的最后一次），不过他还是打定主意尽可能地保持战前英国上层阶级在寒假里的日常生活：布伦海姆宫、巴黎的丽兹酒店、"蓝火车"豪华国际列车、戈尔夫瑞昂的别墅、与温莎公爵夫妇一起吃饭，以及在赌场里"很长"但是不算"愚蠢"的赌局。与"上流社会生活"方式有所出入的就只有他与第三共和国政客们的接触、勤奋的工作和源源不断写下的文稿，这些工作填满了他纵情享受各种活动的间歇时光。

经过了1938年的冲突，在1939年，丘吉尔开始向政府靠拢了，不过他认为，实际上在这段时期里是政府主动向他靠拢了，这种说法有些为自己辩解的意味。这一年前3个月里出现的关键事件就是，希特勒在3月15日目空一切地吞并了捷克斯洛伐克残余的领土，这起事件彻底消灭了将绥靖政策视为一种有理由支持的理性政策的幻想，尽管绥靖政策的精神仍旧徘徊了数月之久才彻底消失。这起事件还导致影响力的天平大幅度地向丘吉尔一边倾斜，同时偏离了张伯伦。但是由于新出现的情况，领导大权仍旧被牢牢地攥在首相手里，无论在面对独裁者的时候他表现得多么羸弱，在抵抗艾德礼和辛克莱时他仍旧是一头勇气十足的狮子，在这个阶段面对丘吉尔的"侵略"时，他的表现也是如此。

就这样，英国政坛出现了一个极不寻常的时期，丘吉尔至少在口头上表示相信自己已经获胜了，张伯伦也没有承认自己失败了。因此，丘吉尔在3月22日致信牛津伯爵夫人玛戈·阿斯奎斯（阿斯奎斯的遗孀，精力旺盛，但是见解远不如她的继女维奥莱特·博纳姆·卡特那么准确）："政府终于采纳了我和大部分自由党人一直强烈主张的外交政策，正因为这一点，我与这些自由党人的关系非常融洽……" dccxliii 对20世纪30年代的现实洞若观火的一个人之所以能做出这么开心的理解，主要是因为他考虑的更多的是自己的愿望，而非事实。这封信表达的观点与张伯伦在3个星期后写给妹妹希尔达的一封信有所出入，后者在那封信中也是寸步不让。张伯伦的这封信表明他根本没有能力领导一个全国人民团结一心的政府。在提到4月13日的议会辩论时他写道："艾德礼表现得就好像他是一条胆怯的野狗似的。"接着他又写道："我已经放弃阿奇·辛克莱了，对他的发言我也不感到意外，在这样的场合里他的发言简直就是在展示自己有多么可悲，不过我倒是指望着温斯顿的发言能好一些……［他］宣布自己想做一场'并非一无是处'的讲话。然而，他的发言隐隐地透着一股尖酸刻薄之气，招来了工党议席上的大量叫好声。等他落座后，我又一次感到了沮丧。" dccxliv

丘吉尔相信政府开始接受了他所主张的政策，这种想法促使他"旧病复发"，又开始像担任大臣时那样写信了。他在3月21日和27日、4月9日（1939）多次致信首相，自11月17日（1938）的那场辩论之后两个人就再也没有过书信往来了。丘吉尔在3月和4月写的这几封信都旨在对张伯伦指手画脚，告诉他应该怎么做，但是信中的语气非常亲切。他也恢复了不断通过书信给其他大臣献计献策的习惯，针对有些技术性的问题给空军大臣金斯利·伍德和陆军大臣霍尔－贝利沙提供了不少建议，在更宽泛的政策问题上给哈利法克斯提供了不少建议。他的精力和思路的流畅性都一如既往地令人惊讶。这些大臣都对他十分尊重和客气，但同时他们也流露出希望他能冷静下来的情绪。在这一点上，首相的态度最为明确，海军元帅阿尔弗雷德·查特菲尔德的表现也很明显。1月底的时候，这位海军元帅已经得到任命，接替英斯基普出任国防协调大臣。哈利法克斯将丘吉尔就海军部署问题撰写的一份备忘录转交给了查特菲尔德，通常当大臣们再次收到下笔千言的丘吉尔发来的一封信时常常会感到厌烦和不满，同时又很敬重他，查特菲尔德就在给哈利法克斯的回信中充分表达过这种复杂的情绪："谢谢您转发来温斯顿的信。他所说的自然很有道理，不过大家都希望他还是不要如此焦躁不安，因为这种表现显示出他缺少对海军部的信任，而且还忽视了其他一切重要的因素。" dccxlv

这一年的复活节是4月9日。在耶稣受难日这一天，丘吉尔与哈罗德·麦克米

509

伦在查特维尔共进午餐，与此同时，墨索里尼发动了对阿尔巴尼亚的侵略。*轴心国发动又一场攻击时自己仍旧不是内阁大臣，这个现实令丘吉尔感到沮丧极了，为了缓解情绪，他竭力摆出一副大臣的架势。后来，麦克米伦对丘吉尔当时的表现做了一番令人难忘的描述：

> 那一幕让我头一次目睹到丘吉尔工作时的状态：地图被送了过来；秘书们一字排开；电话响了起来。"英国舰队在哪里？"……即使只是自己一个人，丘吉尔仍旧保留了一支庞大的队伍为他源源不断产生的文学成果和他在政治领域的工作提供帮助。这些下属当时立即就进入了角色……我始终记得在那个春日里发生的那一幕，以及丘吉尔散发出的那种充满力量、活力十足的感觉和忙碌不停的身影，尽管当时他根本没有担任任何公职。似乎他一个人在指挥千军万马，其他人或者已经不知所措，或者还在迟疑不决。[dccxlvi]

内维尔·张伯伦原本平静的复活节被丘吉尔的兴奋进一步破坏了，他在星期天给妹妹的信中写道："两个反对党和温斯顿都不厌其烦地劝我召开一场议会会议，这样根本于事无补。最糟糕的是丘吉尔，一整天几乎每过一个小时就会打来一次电话。我想他已经准备好一场精彩的演说了，他已经憋了很久了。"[dccxlvii]

丘吉尔自然不知道永远积极地与家人保持着书信往来的张伯伦在给妹妹的那封信中对他做了怎样的评价，他任由进入政府的希望在自己的心里滋长着，这是自1936年的年初他第一次产生这样的念头。显然，他能否获得任命将直接取决于英国以及和平局面的前景会出现多大程度的恶化，这一点在5个月后得到了证实。4月13日，丘吉尔认为值得邀请张伯伦手下令人敬畏的党派总督导戴维·马杰森（后来也成为他的部下）在议会辩论结束后一起吃一顿饭，力劝后者接受他的主张。马杰森对这次会面的描述被张伯伦转述在了4月15日的一封信中（仍旧是写给妹妹的）。尽管张伯伦对这次会面提供的证词纯属道听途说，但是听上去基本符合事实，只是在口耳相传过程中或许被附加了一些反丘吉尔的"倾向性解释"。张伯伦写道，吃完饭后丘吉尔说：

---

* 据说，在听到这个消息后哈利法克斯强调了自己作为基督徒的身份，他大喊道："竟然还是在受难日！"

现在没有时间遮遮掩掩了，直截了当地告诉他［戴维·马杰森］自己强烈希望加入政府。听到［戴维的］问题，他信誓旦旦地告诉戴维，他有信心在首相的领导下与其和睦相处，他说首相有许多值得尊敬的优点，其中一些是他所缺少的。而他也有着不少优点，可以帮助首相分担难以承受的重担，随着时间的推移，首相的负担有可能会越来越重。他希望得到海军部，不过要是能接替朗西曼出任枢密院大臣的话，他也会感到心满意足。他认为艾登也应该被接纳进政府，但是他说他能够提供的帮助要比艾登多得多。^{dccxlviii}

丘吉尔的希望没能实现，所以他又恢复了《英语民族史》和报纸文章的写作，继续参加焦点小组的活动，并且还要继续应付已经发展到尾声的埃平风暴。在报纸文章方面，他与《镜报》集团产生了一段相当短命的"爱情"。4月23日，年仅26岁的休·卡德利普用《每日镜报》的姊妹报纸《星期日画报》的前两页为丘吉尔唱了一首赞歌，并要求丘吉尔进入内阁。两天后，卡德利普致信丘吉尔，告诉后者文章收到了他从未见到过的"巨大反响"——2400封来信，其中仅有73封不支持他的主张。^{dccxlix} 丘吉尔因此对《镜报》集团产生了好感。5月，丘吉尔与《每日电讯报》的合同在友好的气氛下终止了。对《镜报》集团产生的好感令他自然而然地将《每日镜报》作为自己的头号供稿对象。

在那个年代，《每日镜报》还没有在卡德利普担任主编的1959至1973年里获得的声望，对于通俗小报而言，那样的声望是空前绝后的。它难以企及《每日电讯报》在将丘吉尔的观点传达给权势阶层的过程中所起到的作用，但是它的出现至少意味着丘吉尔还没有失去报纸这块阵地。丘吉尔已经先后经历了与《每日邮报》《旗帜晚报》和《每日电讯报》的合作，现在又与《每日镜报》开始了合作，而且《世界新闻报》始终作为后备选项存在着。但是在转载方面，伊姆莱·里弗斯渐渐发现越来越难以说服波兰、罗马尼亚、希腊，甚至瑞典的报纸采用丘吉尔的稿件了，这些报纸并不认为丘吉尔的文章平淡乏味，他们只是觉得这些文章具有危险性。这种反应生动地印证了丘吉尔在有关《慕尼黑协议》的讲话中谈到的一个问题，欧洲已经出现了一种新的情绪，就是"人人自危"。"现在我们必须承认中欧和东欧的所有国家都会尽可能地与那个获得胜利的纳粹国家和睦相处。"^{dccl} 不过，神通广大的里弗斯还是成功地为丘吉尔争取到了美国的广播节目合同，从而补偿了丘吉尔在欧洲大陆的经济损失。按照合同规定，丘吉尔将为美国听众进行一系列的广播讲话，每次讲话时长为10分钟，报酬为100英镑。

在1939年，焦点小组的活动似乎有些偏离了焦点。丘吉尔借口自己迫于《英语民族史》的写作压力，并且之前的结果（小组的一场场会议都取得了成功，但是对世界大势没有产生太大的影响）令他有些幻灭，因此他放弃了在地方上的活动。在这个阶段，焦点小组还出现了一种危险的苗头，聚会不再是重要行动的排头兵，它已经沦为单纯的午餐会讨论组，对各种观点都兼容并包。2月9日，焦点小组设宴款待了哈利法克斯。4月25日，为了向坚持失败主义的美国大使约瑟夫·肯尼迪表示敬意，焦点小组又举办了一场宴会，出席这场宴会的人数非常多。肯尼迪在次子即未来的美国总统的陪伴下出席了宴会。哈罗德·尼科尔森出人意料地记述道（因为发表讲话的是约瑟夫·肯尼迪，而不是约翰·肯尼迪）："肯尼迪发表了一场非常精彩的讲话。"[dccli]

整个春季，埃平选区问题始终没有消失。3月末，丘吉尔参加了在苏格兰举行的一场补选，在此之前百折不挠的桑顿－凯姆斯利一直精神抖擞地忙着为当地保守党协会外围的一个个小分部招募反对丘吉尔的新会员。实际上，这些分部已经人满为患了，但是桑顿－凯姆斯利希望确保在埃平中央协会年会上反丘吉尔的力量成为多数派。3月18日，丘吉尔给保守党全国协会主席道格拉斯·哈金写了一封信，火冒三丈地谴责保守党中央办公室也参与了这些行动。不过，丘吉尔将这封信也放进大量没有寄出的信件中了，这么做或许是明智的。4月末，埃平又刮了最后几场风暴，埃平保守党协会主席詹姆士·霍基成了显眼的靶子，丘吉尔不得不为他打响保卫战，而不是他为丘吉尔提供保护。

战争刚一爆发，丘吉尔就加入了政府，一个星期后，桑顿－凯姆斯利给他写了一封道歉信："我只想说你反复提醒我们德国的危险，你说的没错——那只蚱蜢曾经让赛场上充满了他胡搅蛮缠的叫喊声，现在躲在羊齿草下面的它不再为自己之前的行为感到自豪了。"[dcclii] 桑顿－凯姆斯利表现得很豁达，但是对丘吉尔来说没有多少吸引力。人们都很容易在别人不需要支持的时候向对方提供支持。丘吉尔以惊人的大度给对方回了一封信："对我而言，过去的事情已经过去了。"[dccliii]

在1939年的春末和整个夏天，丘吉尔一直备受相互矛盾的欲望和各种念头的折磨。首先，他相信政府迟早会接受数年来他一直竭力主张的政策。一贯尽忠职守为他代言的布拉肯在4月18日告诉伯纳德·巴鲁克："温斯顿已经打赢了这场旷日持久的战斗。现在我们的政府就要采纳他在3年前构想的政策了。"[dccliv] 丘吉尔曾对李顿伯爵说过，这项政策就是"以'国际联盟盟约'为基础建立一个大同盟"。[dcclv]在希特勒占领布拉格之后，张伯伦大肆做了一堆保证，丘吉尔不可能阻挠任何一个英国人的抵抗意志，但是他相信为波兰而战（或许还要为罗马尼亚而战）远不如为捷克斯洛伐克而战那么具有战略价值，如果当初他们的确为后者挺身而出的话。

"首相做出了保证，并且同尚有希望的所有国家都结成了同盟，无论我们是否有能力为涉及的国家提供任何有效的帮助。"在对波兰做出承诺后，张伯伦又对希腊和罗马尼亚做出了保证，接着又与土耳其结为盟友。尽管如此，丘吉尔仍旧坚信张伯伦做的这些保证都不"具有任何军事价值，除非被纳入与俄罗斯达成的一套总协议的框架下"。[dcclvi]

对于达成这样的协议，张伯伦与哈利法克斯的拖沓并不是唯一的障碍，波兰人与罗马尼亚人的态度也为协议的实现制造了困难，他们不愿意接受任何允许俄国军队踏足他们土地的方案。他们不确定自己究竟对谁的担心更多一些——是希特勒，还是斯大林？况且，丘吉尔自己相互矛盾的想法本来就难以调和，再加上在这个阶段他还希望尽可能缩小自己和保守党领导层之间的分歧，这种态度令形势变得更加复杂了。他的这个想法与埃平毫无关系，他已经克服了埃平带来的问题，在这个选区给他造成极大威胁的几个月里他始终不曾动摇过。但是他希望重新担任一个能够让他有机会采取实际行动，而不只是装腔作势只会空谈的重要职位，这个愿望十分强烈，但是绝对不应该受到外界的耻笑。

在当年的春天，丘吉尔认为出于互惠互利的需要与苏联结盟的现实前景消失了。这个问题进一步加剧了现实的复杂性，至少在今天看来是这样的。在 5 月 19 日的一场辩论中，丘吉尔、劳合·乔治、艾登、艾德礼与辛克莱都在发言中表示坚决支持积极谋求与苏联结盟。丘吉尔早在这个时候就说过："如果你们准备在战争期间与俄国结盟……那么为什么现在不愿意结盟？"[dcclvii]因此，他在 1941 年 6 月接受苏联为同盟国（"如果希特勒入侵地狱，［我］至少就有理由在下议院为撒旦说点好话了。"[dcclviii]）实际上远非外界通常认为的他的态度出现了 180 度大转变。现在看来，当时丘吉尔也在忧心忡忡地怀疑，5 月 3 日莫洛托夫取代李维诺夫出任苏联外交部长标志着苏联领导层已经对西方不再抱有希望、开始朝着 3 个半月后与纳粹达成苏德协议（《苏德互不侵犯条约》）的方向发展了。但是，无论丘吉尔对战略前景的看法有多么悲观，他始终认为核心目标应当是说服英国政府挺身反抗，哪怕反抗只会令英国自己陷入不利的境地（至少当时看来是这样的）。

在这一年的夏天，有两件事情令丘吉尔感到安慰。6 月 27 日，桑顿·巴特沃思出版了《跬步》，这本书收录了丘吉尔在过去 3 年里发表在《旗帜晚报》和《每日电讯报》上的文章。书销量非常可观，第一批售出 7500 册，在接下来的 8 个月里又加印了两次，每次分别为 1500 册和 1800 册。这本书同时在美国也出版了，并且被翻译成 6 种语言的版本。丘吉尔一如既往地给许多议会中的同僚赠送了这本书，不过赠阅对象大多是最初的老朋友以及有望与他结为盟友的议员，而不是之前赠阅名单上的那些保守党人。张伯伦和鲍德温这一次都没有收到这本书，霍尔和西蒙就更不用说了。艾德礼倒是收到了赠书，他以"亲爱的温斯顿"这样的亲切口吻给丘吉尔写了一封回信。在这一时期，丘吉尔还与斯塔福德·克里普斯建立了友谊，由于坚持不懈地谋求某种新的政治联合体，克里普斯已经被工党除名了。就在之前的两年里，丘吉尔一直对克里普斯不屑一顾。克里普斯曾申请在阿尔伯特音乐厅举行一场联合阵线（工党、共产党和独立工党）的会议，在遭到音乐厅理事们的拒绝后，他曾请求丘吉尔出手相助，但是他的请求没有得到回应。6月22日，丘吉尔与克里普斯进行了一个小时的会面，在随后的通信中，克里普斯敦促丘吉尔领导一个进步的联盟。

7月初，报界声势浩大地开始发表社论，呼吁丘吉尔进入政府，保守党的核心报纸《每日电讯报》和《每日邮报》都在此列。社会上还出现了一场匿名的海报宣传活动，活动遍及伦敦的600多处角落。在皮卡迪利盘旋路张贴的一份很显眼的海报上写着几个醒目的大字："丘吉尔什么价？"对这项提议毫无兴趣的张伯伦也发现丘吉尔加入政府已经势在必行了。早在4月中旬向妹妹讲述丘吉尔直截了当地向戴维·马杰森提出要求的那封信中，张伯伦就已经提到过这件事情了："我会让这个提议再酝酿一会儿。这个提议刚好赶上现在我正需要帮助的时候，可是我不想太快地做出决定。在下议院里，如果坐在财政部的位置上，温斯顿肯定会帮上忙。问题是，如果坐在内阁或者特别委员会的位置上，他究竟会帮上我的忙，还是会拖我的后腿。"dcclix 7月3日，也就是《每日电讯报》在社论中以最急切的口吻要求丘吉尔加入政府之后，张伯伦与卡姆罗斯做了一次充分的交谈，他信誓旦旦地告诉《每日电讯报》的这位所有人，在前一年秋天的几个月里他与丘吉尔的关系已经大为改善了，但是他的态度还是有些犹豫。"他自己［张伯伦］在当前的责任太繁重了，他觉得他能从温斯顿那里得到的想法和建议，甚至不足以抵消后者有可能给他带来的不安和苦恼。"dcclx

就这样，事情被推延到了8月4日，这一天议会宣布休会，这将是短暂的21年和平时期里的最后一次休会。无独有偶，这一天也是第一次世界大战爆发的25周年纪念日。丘吉尔仍旧在查特维尔奋力撰写着《英语民族史》，他一直忙到了8月14日，然后去法国逗留了8天。此次出行主要是在法国军方的资深人物阿方斯·约瑟夫·乔治将军的邀请下进行的一次军事访问。丘吉尔对这次旅行的全部评价（给克莱门汀的）兼具充满学生气的兴奋、对法国军力的过度乐观，以及对和平时期最后一次极致舒适的旅行产生的感伤：

［乔治］接机，驱车带我去了博伊斯的餐馆，在妙不可言的阳光下我们共进了午餐，聊了很长时间的工作……几分钟后，将军来［丽兹酒店］接我，带我去了火车东站。我们将搭乘一列"米其林"高速专列 ① 前往斯特拉斯堡，晚餐在路上吃。我们将在车上度过漫长的两天……今晚在斯特拉斯堡过夜，明日在科尔马，周三在贝尔福。dcclxi

在诺曼底度过了一个短暂的假期后，他又在信中写道：

途经巴黎的时候，我请乔治将军吃了一顿午餐。他给我看了法军和德军的所有数据，还按照实力将各个师部做了分类。比较结果令我感到震惊，以至于让我说出了"你才是真正的高手"，这还是我头一回说出这种话。他答道："德国人有一支非常强大的军队，我们绝对没有机会先实施打击。若是他们发动攻击的话，你和我的祖国就要团结起来，履行我们的职责。"dcclxii

在接下来的一个星期里，丘吉尔邀请即将成为帝国总参谋长的艾恩赛德将军在查特维尔与他共进了一次午餐，事后艾恩赛德在文章中写道："温斯顿张口闭口都是乔治……我发现他的观点已经非常法国化了，对自己在法国的所见所闻赞不绝口……我告诉他，法国人向他透露的情况远远超过了他们向我们的总参谋部透露的情况……"dcclxiii

在诺曼底度过的 5 天假期里，丘吉尔一直住在前马尔博罗公爵夫人康斯薇洛·巴尔桑在诺曼底的庄园"圣乔治汽车旅馆"。他一直喜欢造访这座庄园，尽管庄园女主人的观点与自己的前夫"桑尼"马尔博罗（同样令丘吉尔喜爱的堂兄）在世时的观点一样恶劣。由于张伯伦的原因，这位前公爵夫人支持慕尼黑会议，而且还强烈反对犹太人。dcclxiv 面对相识已久、在政坛上无足轻重、在日常社交生活中令人愉快，并且以极致舒适的条件款待他的老朋友，丘吉尔就不会太在意对方的政治观点。因此，对于这个假期他感到十分满意，他清楚地意识到，这将是他在"法国厄尔河与韦斯格尔河交汇的这座美丽山谷的阳光下"度过的最后一段快乐的日子。他在信中写道，自己"感到深深的恐惧压在心头"，并且"发现在对一切都没

---

① "米其林"列车是 20 世纪 30 年代多家火车公司以及橡胶轮胎制造商米其林公司研发出的一系列火车，这些火车均采用了米其林公司制造的橡胶轮胎，因此被称为"米其林"列车。此外，美国的巴德公司也制造过一批"米其林"列车。

有把握的心境下很难进行绘画创作"。尽管如此，他的表现还是令他的画友难以忘怀。他全神贯注于自己的画笔很长时间，然后转过头，对具有英法两国国籍的画家保罗·梅兹说："这将是很长一段时期里我们安安心心画的最后一幅画了。"^{dcclxv}

从法国回到国内后，丘吉尔继续在查特维尔待了一个多星期，一半时间用来校对《英语民族史》的书稿（直到 8 月 29 日和 31 日他还给迪肯与乔治·马尔科姆·扬写了两封十分详尽的校对信），同时还埋头于军队的政治工作中。8 月 25 日，他去伦敦参加了一场为期一天的议会特别会议。这时，纳粹和苏联已经公开宣布两国签署了互不侵犯条约，爆发战争的可能性更大了。丘吉尔将金斯利·伍德和艾恩赛德将军（分别）邀请到查特维尔，并且在 9 月 1 日上午 10 点的时候告知后者德国已经在拂晓时分入侵波兰了，这时艾恩赛德以及陆军部里的任何人似乎都还没有接到这个消息。这一天晚些时候，丘吉尔离开了查特维尔，搬回到设施更高级的"司令部"莫佩斯大厦。在接下来的 6 年里，他都不会再享受到这样专注于文学创作的和平时光了。

第五部

国家救星，世界之光？
1939—1945

第二十九章　与德国悄然开战，与张伯伦摇摆不定地和解

　　1939 年 9 月 1 日，星期五，下午，即希特勒入侵波兰的 12 个小时后，丘吉尔受到张伯伦的召见，后者邀请他加入战时内阁。内阁接受丘吉尔的态度很坚定，但是在丘吉尔担任何种职务问题上态度不明确。在这个阶段，张伯伦正在考虑建立一个完全不负责部门事务的战时内阁，丘吉尔认为自己的身份应该会类似于不管部大臣。[①] 此外，在他究竟什么时候才能加入政府的问题上，内阁没有明确表态。在这一天以及接下来的一天里，丘吉尔不停地抱怨说，根本不知道自己究竟是否已经走马上任了，但是在那个星期五晚上 6 点和星期六晚上同一时间举行的议会会议上（休会期间临时召集的会议）他还是克制着自己，没有发言。在星期六的那场内阁会议上，张伯伦显然打算继续不做明确表态，亚瑟·格林伍德（在艾德礼因病休假期间代理工党领袖一职）带领议员们对这种状况进行了抗议，"造反者"还得到了里奥·艾默里的声援。

　　但是，就在英国于星期日上午 11 点向德国宣战后，形势变得明朗了一些。首先，当下议院在中午召开会议的时候，丘吉尔无所顾忌地最后一次以后座议员身份发表了讲话。不过，对他来说或许不发言更明智一些。他的发言不长，只有 6 分钟，但仍旧于事无补。哈罗德·尼科尔森在文章中记述道："温斯顿打断了别人，发表了一段讲话，但是他的发言没有命中目标，跟他的一篇文章太相似了。"[dcclxvi] 这场短短的讲话有一个显著的特点，准备过度、辞藻修饰过度，丘吉尔之所以发表这

---

　　① 通常也称为不管部长、国务大臣、无任所相等，指政府中不专管某一部门事务的部长级官员。在实行内阁制的国家里，不管部大臣通常是内阁成员，出席内阁会议，参与政府决策，承办内阁会议或政府首脑交办的特殊重要事务。英国是最早实行内阁制的国家，内阁设不管部大臣也较早，一般由参加内阁而又不专管某一方面政务的枢密院大臣和掌玺大臣担任。他们常常受首相委托，处理某些特殊政务。法国、德国、日本、印度、比利时等国家的政府也设有不管部长职位。

番讲话，只是因为他认为自己应该发言，并非因为他觉得有重要的事情需要陈述。劳合·乔治紧随其后做了发言，但是效果和丘吉尔的发言一样。尼科尔森肆无忌惮地在文章中继续指出，不管怎样，在辩论期间下议院至少充满了第一轮空袭警报（假警报）又不断解除警报的声音，因此任何人的发言都没有得到充分的注意。

就在短短交换了两次意见之后，下议院又恢复了休会，丘吉尔也再次受到张伯伦的召见。对于这次会面的地点，相关资料的记录不太一致，这是记忆的脆弱性所决定的，并非有人刻意隐瞒真相。记忆所具有的这种特点导致个人的回忆和确凿的书面记录，尤其是当时或者时隔不久时留下的记录有所出入。丘吉尔本人在《风暴前夕》一书中宣称自己去了"他［张伯伦］的房间"，结合当时的情况他实际上就是在强烈暗示会面地点是首相在下议院的办公室。但是，就在几天前再度奉命贴身保卫丘吉尔的沃尔特·亨利·汤普森警官提供了一段生动的描述：辩论刚一结束后，丘吉尔走到他驾驶的轿车跟前（"一辆灵车似的戴姆勒轿车"），跟他说"唐宁街 10 号，汤普森"。见过首相后，丘吉尔又钻进轿车，坐回到一直等在车里的克莱门汀的身旁，说"是海军部"，一边说一边满意地咯咯笑了起来，"比我设想的好多了"。^{dcclxvii} 汤普森后来写了两部有关丘吉尔的回忆录，诚然，他有理由夸大在这个关键日子里自己在丘吉尔的行程中占据的中心位置，但是难以相信他记述的整件事情纯属虚构，尤其是考虑到汤姆森对丘吉尔的情绪描述得非常精准。

是海军部，还有战时内阁，因为自星期五之后张伯伦就改变了主意，决定让各部门大臣加入内阁这一最高权力机关。海军部赋予了丘吉尔实权，这是令人压抑的不管部大臣一职所无法实现的，而且还促使丘吉尔对 25 年前，即 1914 年夏末，自己在这个职位上发挥的作用产生了强烈的怀念之情，这种怀旧情绪甚至可能存在着一定的危险。直到两天后，丘吉尔才正式走马上任，不过当时对他的任命已经是确定无疑的事实了，在得知消息的当天下午 5 点，他参加了第一场战时内阁会议（会议时间很短），会议刚一结束他便收复了失地，重新占领了海军王国。

丘吉尔此次官复原职的过程并不轻松，距离他上一次担任这个职位已经有 10 年的间隔期了。围绕着政府究竟是否应当重新接纳丘吉尔的问题产生了一场轩然大波，以至于当时这件事情一度出现了流产的可能。内阁中的新同僚对他存有疑虑，报界和公众又对他期望过高。他会如何表现？最重要的是，他有着无穷的精力，但同时行事举动又有些草率。在海军部内部，丘吉尔恢复了以前的习惯，接二连三地给第一海务大臣、文职常务次官，以及另外两三位身兼重任或者格外受他喜爱的海军部高级官员发去了一份份备忘录。8 个月后，丘吉尔出任了首相，他更是将这种习惯发扬光大了。这些简短的备忘录都是为了了解情况或者发表评论，其中大部分的语气都比较客气，有一些还比较诙谐。在《战争文稿》一书中，丘吉尔很少收录对方的答复，因此这些备忘录的原貌受到了一定程度的歪曲，《第二次世界大战》也存在同样的问题。尽管如此，这些备忘录仍旧能够体现出丘吉尔的率性，也产生了一定的冲击。每当读到或者亲眼看到能够引起自己注意的事情时，丘吉尔都会毫不迟疑地口述一份备忘录。没有一位大臣或者作家比丘吉尔更需要一名速记员在身边随时待命。从白天到深夜，他总是需要秘书们守在他的身边，这种需求甚至超过了许多伟人对阿谀奉承的弄臣的需求。

海军部的内部事务只占据了丘吉尔的一部分工作时间，此外他还给同僚们写了大量的信，尤其是给外交大臣哈利法克斯和首相。在二战的最初 6 个星期里，他一连给内维尔·张伯伦写了 13 封信，后者似乎不曾被这些信惹怒，但是只对其中一封信做了直接回复。张伯伦曾说过自己与海军大臣的见面非常频繁，所以无须回复对方的信件。此外，丘吉尔还写下了一大堆内阁报告，对内阁在这段时间里留下的备忘录他也做出了最突出的贡献。

在重返政府初期，丘吉尔的这种表现是否有些过火？对此，塞缪尔·霍尔在 10 月 1 日写给比弗布鲁克的信中流露出了一位张伯伦内阁老阁员最初的反应："温斯顿基本不出你的预料，非常浮夸、激动，最重要的是，非常怀旧。我吃惊于他看起来就像是一个很容易疲惫的老头子了。当然，他在国家的地位非常高……应该说眼下他在内阁里深得人心。" * dcclxviii

当时经常能听到丘吉尔年事已高这样的议论（超过了通常出任首相的年龄），但是丘吉尔本人在日常工作中产出的成果令这种说法很难成立，对他的工作能力的强烈怀疑更像是同僚们一厢情愿的希望，并没有真凭实据。

在海军部内部，大部分资深的下属都惊讶于他的工作量和工作时间（即使对他们造成了干扰）。杰弗里·莎士比亚不是海军将领，不过在二战的第一年里担任过海军部的低级大臣，类似的工作经历还包括在劳合·乔治执政时担任过首相秘书，他曾在日记中写道："在晚餐后，他［丘吉尔］通常会召开一场海军会议，会议从 9 点一直开到 11 点，11 点过后他还会专心致志地撰写讲话稿……他会毫不犹豫地亲自向一位使用静音打字机的专业打字员口述稿子。一天晚上，他问打字员：'准备好了吗？我觉得今晚我有很多想法。'" dcclxix 9 月 24 日，丘吉尔自己也在一封信中写

---

　　*　霍尔当时刚刚卸任内政大臣一职，同约翰·安德森交换职务，出任掌玺大臣，并且还是内阁阁员，比弗布鲁克每年支付给他 2000 英镑的酬劳（约合今天的 5.5 万英镑），按照今天的标准这种做法非常不合适，不过没有理由认为他发给"雇主"的溢美之词受到了这笔酬劳的影响。

道:"在过去的 3 周里,除了分内工作我根本无暇顾及其他任何事情。这是我经历过的最漫长的 3 周。" dcclxx 不过,他写这封信的目的是拒绝别人的一个要求而寻找托词,因此对他的这种描述应当有所保留。克莱门汀在数日前的一封信中写道:"温斯顿没日没夜地忙碌着,不过他还好,谢天谢地,只有在睡眠不足 8 小时的情况下他才会感到疲惫——他不需要连续睡 8 个小时,但是在 24 小时之内无法断断续续睡够 8 小时的话,他就会犯困。"她大概(经常如此)也惊讶于自己的判断竟然如此准确。 dcclxxi

无论对哪个年龄段的大臣而言,丘吉尔的工作状态无疑都非常卖力,不过他还是设法维持着战前生活方式的一些特点。在 9 月 10 日和 10 月 8 日这两个星期日,他都在查特维尔庄园度过了短暂的周末时光,他还抽空给弗雷德里克·迪肯、艾伦·布洛克(另一位来自牛津大学的年轻的研究助手)与乔治·马尔科姆·扬写了几封信,在信中讨论了《英语民族史》一书的润色工作。此外,他还设法保留了一部分战前在伦敦的生活方式。9 月 11 日,他参加了另一个俱乐部的晚餐会;10 月16 日,他在萨沃伊烧烤餐厅与斯蒂芬·洛伦特(创办不久并大获成功的《图片邮报》的编辑)共进了午餐,塞缪尔·霍尔也在座。霍尔与丘吉尔有些宿怨,在 1940年刚刚组建起新一届政府的时候,丘吉尔就将他赶到了英国驻西班牙大使馆,不过在丘吉尔半公务性半社交性的生活中,他偶尔还会出人意料地露上一面。

因此,丘吉尔并没有完全埋头于海军部和其他政府工作中而没有能力抽身喘口气。但是他的工作成果非常惊人。例如,10 月 16 日,即他与洛伦特共进午餐的当天,他还分别给几位海军将领口述了几份备忘录,并且就斯堪的纳维亚战略问题草拟了一份给内阁的重要文件和一份有关飞机制造问题的备忘录(他的部门职责范围相当广泛),此外还给罗斯福总统、乔治将军和法国驻英国大使写了几封信。这些信件共计将近 3000 字,即使对于一位全职作家来说这样的产量也非常可观,而丘吉尔同时还在监管着所有舰队的部署情况。此外,他还为 11 点半至 13 点的战时内阁会议完成了一部分重要工作,会议备忘录中的许多段落都是由他执笔的。

丘吉尔与美国总统罗斯福之间的通信是后者发起的。在 9 月 4 日的信中,罗斯福写道:"鉴于你我二人在世界大战期间坐在类似的位置上,我希望你能知道对于你重返海军部的事情我有多么高兴。"他还在信中提议他们通过外交渠道保持这样的通信往来,对海军事务以及更广泛的问题展开讨论。丘吉尔自然立即接受了这个邀请,但是他需要小心翼翼地处理好张伯伦的问题。首相或许不会失去理智地认为丘吉尔才是与罗斯福旗鼓相当的首相人选,但是比起产生嫉妒的可能性,他不具备一双识人的慧眼这个缺点将会起到更大的作用。他始终不太尊重罗斯福,认为后者无休止地促进创新的举动证明对方有着浮华、不可靠的性格，有点像令他厌烦的劳合·乔治。若是丘吉尔想要与这样一个江湖骗子交朋友，那么张伯伦会欣然看着他放任自流，这在一定程度上是因为张伯伦毫无想象力，同时也因为他有着简单粗暴却又正派的性格。

丘吉尔很明智，他知道自己同美国总统的通信不能背着首相。事实上，在开战的最初几个月里，他一直在竭力表现出对张伯伦的尊重和殷勤，对于直接与政府首脑打交道的大臣而言，这样的策略很明智，尤其是在相当一部分媒体和民众将身为下属的他凌驾于他名义上的领袖的情况下。丘吉尔曾在信中对 10 月 13 日发生的事情做过一番描述：

> 截至目前，我与张伯伦先生的关系已经很成熟了，他和张伯伦夫人会前来海军部大厦同我们共进晚餐，在大厦顶楼我们有一套舒适的房间。聚会只有我们 4 个人参加。我们曾在鲍德温先生的领导下共事过 5 年，但是此前我的妻子和我却从未在这样的情况下与张伯伦夫妇会过面。席间，我自然而然地将话题转向了他在巴哈马［1890—1895］的那段生活，结果我欣喜地看到我的客人将自己的记忆挖掘到了我以前从未看到过的深度。他将 6 年前自己在拿骚附近的西印度群岛上拼命种植剑麻的事情从头到尾讲了一遍，对于这件事情以前我只知道一个大概……张伯伦先生说话时流露出的热情令我着迷，他讲的这件事情本身也让我听得出了神，这完全堪称一场壮举。我心想："太可惜了，希特勒在贝希特斯加登、戈德斯贝格、慕尼黑与这位头脑清醒、雨伞不离身的英国政治家会面时，竟然不知道自己其实是在与大英帝国在海外的一位顽强的拓荒者谈话！"在将近 20 年的时间里，我们携手完成了很多工作，但是记忆中我们只有过这么一次亲密的日常交谈。*dcclxxii*

当天晚上陆续传来了几条消息，3 艘德国潜艇沉没了，一向缺乏良好判断力的张伯伦夫人问这是不是有意安排的。唉，这句评论太精明了。丘吉尔后来悲哀地发现，有关这几艘潜艇沉没的消息都没有出现在后来的记录中。实际上，午夜过后没多久，英国战舰"皇家橡树"号就在斯卡帕湾被鱼雷击沉了。由于生活习惯，张伯伦夫妇没有等到这条消息破坏聚会气氛的时候就告辞了，无疑，这场罕见的社交会面经过了丘吉尔的精心策划，他甚至一度控制住了自己主导谈话的欲望。（不过，他的最佳表现还是略微有一种装腔作势的感觉。）从各种角度而言，这场晚宴对丘吉尔夫妇与张伯伦夫妇来说都取得了成功，只是后来这种情景没有经常重现过。

丘吉尔一心想要对张伯伦表现出尊重和殷勤，面对他的态度张伯伦基本上也表现得很友好，但是他们之间还是不可避免地出现了一些紧张时刻。早在 9 月 12 日，丘吉尔就在努力说服张伯伦任命布兰登·布拉肯为刚刚恢复的新闻部（成立于一战末期，后被撤销）议会秘书，当时担任该部门大臣的是缺乏新闻头脑的苏格兰司法议员（上议院法官）休·麦克米伦。张伯伦不为所动，还是任命了爱德华·格里格。在当月的 26 日，丘吉尔发表了自重返前座议席后的第一场重要讲话。这场 20 分钟的讲话得到了首相的同意（张伯伦也难以说"不"），而且讲话内容仅限于海上战争问题。不幸的是，紧接着丘吉尔的发言，张伯伦发表了辩论开场讲话，两个人的讲话因此形成了应该会令张伯伦感到恼怒的对比。尼科尔森曾在日记中写道：

> 阅读这场讲话的讲稿时根本无法充分体会到温斯顿在现场讲话的效果。他的讲话太令人震撼了，自始至终他的腔调听上去都兼具着急切和轻率、斩钉截铁和十足的幼稚。你能够感觉到，随着他说出的每一句话，下议院的情绪一直在不断地高涨着。显然，之后首相的讲话存在的不足并且缺乏激励性的问题，即使对他最热忱的支持者来说也清晰可见。在这 20 分钟里，丘吉尔比以往任何时候都更接近首相的位置了。dcclxxiii

伯明翰的国王诺顿选区的托利党青年议员罗纳德·卡特兰不久后就在敦刻尔克大撤退中阵亡了（他的姐姐，多产的爱情小说作家芭芭拉·卡特兰继续活了 60 年），他生前曾在文章中提到："温斯顿彻底挫败并震惊了一直在悄悄对他的年龄进行非议、认为他被年龄问题所拖累的那些人。面对欣喜的下议院，他充分展现出保证自己能够胜任领导人角色的十八般武艺。"dcclxxiv 保守党在战前处于分裂状态，属于另一个阵营的亨利·奇普斯·钱浓也证实了丘吉尔与张伯伦的讲话令议员们借机宣泄了情绪：

> 首相一如既往地做了庄重的讲话，可惜他紧跟在温斯顿之后，后者的讲话令人叫绝，表现力和讲话内容都非常精彩，对海军部的工作做了一番详尽的阐述。他逗笑了众人，恐怕也给下议院留下了深刻的印象。他肯定为这场讲话花了很大的力气，大家都注意到他的讲话与首相平淡无奇平铺直叙的讲话形成了鲜明的对比。
>
> 我确信温斯顿意欲得到首相位置。我坚信一点，他的时机尚未成熟，但是今天我已经看到了"迷人小子"[张伯伦的支持者们调侃反对绥靖政策的

年轻托利党下议院议员的称呼〕又开始施展魅力的迹象了。我们必须保持警惕。^{dcclxxv}

5 天后，丘吉尔对海战的总体进展发表了一次广播讲话，这是开战以来他在星期日晚间所做的首次广播讲话，也为后来一系列讲话做了预告。从 8 个月后开始，他发表了一系列媒体历史上最著名的广播演说（这些讲话更接近慷慨激昂的演说，而非"讲话"）。10 月 1 日的这场讲话与丘吉尔之前在下议院的那场讲话一样大获成功，但是内容涵盖的范围远远超出了海军部的工作。约翰·科尔维尔（乔克）在日记中也提到过"温斯顿·丘吉尔这些鼓舞人心的广播讲话"。^{dcclxxvi} 这一点值得注意，在丘吉尔任职首相后，科尔维尔为他的日常工作留下了最上乘的记录，但是在这个时期他还是张伯伦的私人秘书，对后者忠心耿耿，在 1940 年 5 月丘吉尔出任首相的时候，他仍旧对这位新首相充满怀疑。不过，张伯伦也对丘吉尔的讲话表示了同样的欣赏，而且他的态度非常真诚，因为他对丘吉尔的赞许并非出自他对这位"火速重整旗鼓的同僚"示好的"情书"，而是出现在他给妹妹写的一封诚恳的家书的开篇，"我与温斯顿的看法一致，之前我们一直在听他这场了不起的广播讲话"。^{dcclxxvii}

丘吉尔接连两次取得大捷和首相在几个星期后传阅了一份内阁备忘录之间或许存在着一定的联系。在这份备忘录中，首相说自己曾要求掌玺大臣塞缪尔·霍尔对大臣们的广播讲话进行全面监督，实际上就是要求大臣们在接受媒体的讲话邀请之前要向霍尔交代清楚各方面的问题。丘吉尔不甘心听从老对手的管束，他对后者没有多少敬意。但是他善于客客气气坚持自己的意见，因此他给张伯伦写了一封回信：

> 根据我的经验，内阁大臣是否愿意就公共事件交换意见，始终应当取决于大臣们对政府政策的了解，并且应当由他们自行决定……我会收到很多请我发表广播讲话的信和请求，我也总是时不时地想说一些可能有用的话，尽管我并不以这种感觉为乐。在这件事情上，我当然愿意接受您的指导，但是我想我不愿意接受掌玺大臣的指导。因此，在发表广播讲话之前，我会等您亲自介入，我也会求见您，只要我认为自己有责任这么做。^{dcclxxviii}

就这样，霍尔被毫无回旋余地地剥夺了对丘吉尔的监管责任，张伯伦在通知中补充了一条，一旦自己试图介入丘吉尔和民众的交流，丘吉尔就得面对一场可能不太令人愉快的谈话。这件事情充分显示出，一旦强势的大臣感到政府首脑过于将他们视作下属而非地位接近的同僚，他们就会以怎样的方式进行抗议示威。没有记录表明，形势迫使丘吉尔需要与张伯伦进行一场这样不太令人愉快的面谈。不过，仅仅两个星期后，丘吉尔又在星期日的晚间发表了一场广播讲话，这一次，他远比在10月1日的那场讲话中更放肆地对政府的总体政策评述了一番，这场讲话从政府那里得到的认可也远远少于前一场讲话。丘吉尔在这场讲话中所传达的核心讯息，无异于居高临下地在首相的地盘上挂起了自己的旗帜：

> 你们都知道我并非一直认同张伯伦先生的观点，不过我们在私下里一直都是朋友。他是一个非常强韧的人，我可以告诉你们，为了胜利他会如争取和平一样死战到底。你们也许坚定地认为，要么英国人和法国人在现代社会所支持的一切被摧毁，要么希特勒、纳粹政权、德国和普鲁士重新给欧洲带来的威胁都会被粉碎并彻底消灭。事实的确如此，所以大家最好下定决心，接受这个不可否认、令人沮丧的事实。^{dcclxxix}

丘吉尔试图以这样的方式扑灭政府转向和谈的任何一点苗头。接着，他又对意大利和日本由于《苏德互不侵犯条约》与德国有所疏远、美国对同盟国的承诺、德国在开战之初通过侵略荷兰和比利时所造成的威胁等问题发表了一些略有偏颇的评价，整场讲话充满了自夸的色彩。对于这场讲话，科尔维尔的反应和描述都不如他对10月1日那场讲话的反应和描述："我们听了温斯顿·丘吉尔的广播讲话，强烈的自我吹嘘、自信过度、有失谨慎（尤其是针对意大利和美国的观点），不过还是非常有趣的。"过了一天，他又写道："温斯顿的讲话给唐宁街10号留下了很糟糕的印象，但是外交部和伦敦都支持他的观点……意大利与荷兰的代表都对外交部提出了抗议，拉布·巴特勒［理查德·巴特勒］跟我说，他认为讲话粗俗得难以言表。"^{dcclxxx}

尽管开展了这些涉及范围广泛的活动，在1939年秋季的几个月里，丘吉尔在海军部也依然表现得活力十足。前文中引述过的钱浓在9月14日又写道："别人告诉我，由于插手各项工作和旺盛的精力，温斯顿已经令海军部心烦意乱了。"^{dcclxxxi}但是就在次日，丘吉尔在二战期间一直任用的首席口述秘书凯思琳·希尔在文章中写道："温斯顿在海军部的时候，这个地方气氛强烈、大家情绪高涨。当他外出的时候，这里便死气沉沉，死气沉沉，死气沉沉。"^{dcclxxxii}真实的情况很可能介乎这两种截然相反、各有偏见的证词之间。

丘吉尔没有明确划分自己在方针政策和实际行动两方面的权力，在这种情况下，海军部就很有必要同时兼具指挥塔和行政官僚机构的双重角色，这是由来已久的传统所决定的，陆军部和空军部的情况都与此有所不同。海军部的桅杆向远方的舰队闪烁着信号灯，下达着行动指令，陆军部和空军部派出的部队从来不会以这样的方式接收指令。这种程度的中央控制对丘吉尔来说永远充满了诱惑力。在11月初对法国进行为期4天的访问过程中，丘吉尔的表现一度出现了反差，这种反差颇有启示性，同时又有着重要的意义。按照计划，他造访了一次戈特子爵约翰·维里克的英国远征军驻法国司令部，* 此行的首要目的在于，与法国方面就海军事务进行磋商。事后，丘吉尔对这次会谈做过一番充分的回顾：

> 会议开始之前，法国海军上将弗朗索瓦·达尔朗向我解释了法国方面处理海军事务的方式。在商讨军事行动的时候，他不允许海军部长塞萨尔·坎平基出席会议。这些问题完全属于专业问题。我说我跟第一海务大臣是一样的，达尔朗说他发现这个问题了，但是在法国，二者是有区别的。"不过，部长先生将会参加午餐会。"他说。dcclxxxiii

就在5天前，丘吉尔刚刚给海军总参谋长和副总参谋长发去了一份备忘录：

> 我们的首要任务是确保不列颠岛有能力抵御住突袭或者入侵，我们不能认为被赶出北海后还能够完成这个任务。将根据地转移至西海岸是不可接受的，除非只是在短期内并且在出现意外的情况下。"纳尔逊"号和"罗德尼"号必须驻守在罗赛斯［位于福斯湾］，不出海的时候就坚守在那里。出现伤亡时，"厌战"号和"勇士"号可替补上阵。没有理由认为它们应当远离普利茅斯，直到形势需要它们的时候再赶来。dcclxxxiv

达尔朗与丘吉尔的谈话与这份备忘录出现的时间衔接得很紧。丘吉尔邀请坎平基参加了当天晚上在丽兹酒店包间里举行的晚宴，对达尔朗惺惺作态的表演做出了反击，捍卫了政客的权利。在席间，他指出海军部长"充满爱国精神""一腔热

---

* 10月，英国的2个陆军师奔赴法国，11月又增加了2个师，在元旦至3月之间又追加了6个师，这样一来英国驻法国的总兵力就将近有25万人了（包括后勤部队）。戈特在11月的司令部位于阿拉斯附近。

血""头脑敏锐"，他更喜欢后者，而不是那位"嫉妒他的地位，在与我们的战场截然不同的地方作战"的海军上将。dcclxxxv

丘吉尔并不是不尊重海军将领们的专业意见，但是在1939年面对下级军官甚至是海军军校见习生充当的顾问时，他就容易仰仗着自己在1914年的经历倚老卖老，而这些顾问的性格也不如"无畏舰"时代他所面对的那批顾问那么强悍。此外，他还占据着一个优势，除了"勇敢"号（9月17日在布里斯托海峡被鱼雷击沉）和"皇家橡树"号沉没，以及在德国军队率先研制出磁性水雷的时候英国损失了一大批商船，在1939年的秋天，英国海军没有遭遇在1914年同一时期遭遇的那种程度的重挫，正是当年的那场失败，迫使他不得不向内阁做出交代。

在这一年的秋天，除了在海军部内部和外部开展的多种活动，丘吉尔紧接着还完成了一连串五花八门的工作。他两次前往斯卡帕湾，该地区的防御工作引起了他的高度重视。他还参加了伦道夫和年仅19岁的帕梅拉·迪格比在一个星期内仓促举行的订婚仪式和婚礼。后来，在经历了一段冒险的职业生涯后，迪格比嫁给了美国政客及商人威廉·埃夫里尔·哈里曼，在哈里曼逝世后，寡居的她还出任了美国驻巴黎大使。当时，迪格比与伦道夫的结合令丘吉尔感到喜悦。在这个秋天，丘吉尔还收到了温莎公爵发来的一封无聊的信，dcclxxxvi 前国王试图说服他参与自己与弟弟——在位君主乔治六世以及陆军部高层领导之间的一场争执。在回信中，丘吉尔小心翼翼地告诉温莎公爵，既然接受了少将军衔、名义上担任对法国的联络官，那么他最好听从上级下达的命令。这次的通信很有可能标志着丘吉尔与公爵之间温情脉脉的交往走到了尽头，同时也意味着公爵不再相信自己还有能力说服丘吉尔继续像1936年12月时那样义无反顾地支持他。

接着，丘吉尔又为《英语民族史》撰写了1万字的概述（在他人的协助下），并且在12月中旬给卡塞尔出版社交付了在他看来彻底校对完的50万字的定稿（在当时的情况下这一成绩非常可观）。在这个过程中，丘吉尔还必须经常出席并主持由9名委员组成的战时内阁频频召开的会议（例如，在11月里召开了24场会议）。从11月中旬开始他又多了另外一项工作，由在任大臣和几位专业顾问组成的军事协调委员会，主席是阿尔弗雷德·查特菲尔德，但是真正的领导权在丘吉尔的手中。最终形式与实际合二为一，丘吉尔于1940年4月接手了主席职位。

对于一位在11月底刚刚度过65岁生日、已经进入退休年龄的人来说，这种工作日程强度太高了，然而就连这样的工作强度还是低于他在6个月后急不可耐地接受并且坚持了5年的工作。12月17日，德军的"格拉芙斯佩"号袖珍战列舰在乌拉圭海岸附近被摧毁，这令丘吉尔重返政府的初期更加令人愉快了。这个胜利就发生在二战中第一场大规模海战之后，但是丘吉尔不允许海军借此机会在圣诞节期间好好休整一段时间。他要求在圣诞节和元旦期间海军不得休假，并且以身作则，树立了榜样。他叫秘书转告内阁在圣诞节期间他将一直"待在海军部里，或者待在不超过1小时又1刻钟路程的地方，即使在外面也只是待上几个小时［他所说的'在外'应该是指查特维尔庄园］"。[dcclxxxvii] 事实上丘吉尔没有去查特维尔，至少说在圣诞节的这一天没有去，根据随行探长所述，在这一天"他从一大早一直工作到了晚餐时"。[dcclxxxviii] 他口述了4000多字的材料，包括一封给首相的长信、一份支持犹太复国运动的内阁报告、几篇志得意满的一句话内部备忘录（"'罗德尼'号进展如何，我们何时能见到它？""'厌战'号收到御寒衣物了吗？若是还未收到，哪一天才能收到？"）。[dcclxxxix]

根据前文提到过的那位探长所述，在圣诞节次日丘吉尔"放松了一些"，"工作了14个小时，在当地的一家电影院里待了3个小时"。[dccxc] 在自己撰写的两卷本回忆录中，督察汤普森非常善于捕捉事件的核心内容，但是在确切的日期、时间和地点方面不太可信，这一点或许有悖于人们对一位注重细节的探长的期望。他在文中提到的"当地"有可能指的是韦斯特勒姆镇，而不是伦敦西区，这种用法比较自然。此外，汤普森也没有记下影片的名字。不过他对12月30日的情况也提供了一份翔实的描述。就在前一天，丘吉尔对韦茅斯海军基地视察了一整天，在30日这一天，他前往多塞特郡的小村子塞那阿巴斯，在那里与刚刚成为伦道夫的丈人和丈母娘的迪格比夫妇相处了几天。汤普森在回忆录中写道："这是海军大臣自开战以来度过的第一个放松的日子。"[dccxci] 迪格比这对快活夫妻的陪伴可能令丘吉尔更加放松了。到了1940年1月4日，丘吉尔启程前往法国，开始了为期4天半的访问。在法国期间他再一次与达尔朗举行会谈，视察了一段新开辟的法国防线（对他而言比较新），看望了一支英国皇家空军分队，然后在英国远征军司令部与戈特共度了一个晚上。丘吉尔从不允许各军种之间的分歧妨碍自己的行动。

在法国期间，丘吉尔意外地同出版商发生了一点摩擦，摩擦一度几乎发展成了一场危机。对于卡塞尔出版社的德斯蒙德·弗劳尔来说，拿到50万字的《英语民族史》书稿远远不像丘吉尔或者站在客观立场的旁观者想象的那么开心。之前他已经写信抱怨过全书以亚伯拉罕·林肯被刺身亡作为结尾过于突然，缺少了接下来70多年的历史，这样就留下了一个非常需要填补的巨大空白。在涉及出版人或者报社约稿编辑的所有事情上，丘吉尔几乎总是会采取安抚性的措施，收敛起自己面对政坛同僚们的刻薄，这一次也不例外，他在给对方的回信中主动提出撰写一篇1万字的后记。后来通过丘吉尔的《第二次世界大战》赚取了巨额利润的弗劳尔（当时他还没能预见这样的前景）给丘吉尔的回信尖刻得就如同丘吉尔的安抚一样令人惊讶，他说即使这样也于事无补：

> 很抱歉，在眼下这样的时候我们想开诚布公地更严肃地跟您谈一谈，这些意见供你考虑。我们不觉得您的书稿——以接近美国内战的历史作为结束——完成了您与我们达成的撰写一部英语民族史书的协议……1 万字，无论本质是什么，都无法弥补缺少 50 年关键性的历史所造成的缺憾。^{dccxcii}

这封信似乎被布兰登·布拉肯拦下了，在这件事情上他出色地体现出自己作为"丘吉尔先生的名誉经济人"（他对弗劳尔的自称）的价值，并且再次证明了为何自己直到于 1958 年逝世前不久一直是丘吉尔不可或缺的助手。在抵达英国驻巴黎大使馆后，丘吉尔收到了布拉肯通过希尔小姐转交的一封信。信中写道：

> 卡塞尔给您寄来一封啰唆的长信，要求您对您撰写的史书加以增补。对方没有表明何时支付合同商定的酬劳［7500 英镑，约合今天的 20 万英镑］。

布［拉肯］与德斯蒙德·弗劳尔进行了一次开诚布公的交谈。他告诉那家出版社您会给史书一个圆满的结尾。不过直到 1940 年 6 月 30 日您才需要交出增补内容。布还要求明早上支付稿酬。弗劳尔也答应仔细斟酌布的提议，即卡塞尔应当补偿您在打印校稿方面的开销［1100 英镑，约合今天的 3 万英镑］。^{dccxciii}

布拉肯的表现显然非常老到。幸运的是，最终丘吉尔还是没有将 1940 年 6 月的大部分时间花费在撰写委内瑞拉边界或者英美之间围绕着加拿大渔业问题产生的纠纷上。

除了一直亲自监督一些具体问题的落实（冬季参加驱逐舰任务的官兵有没有足够的粗呢子大衣；英勇的"拉瓦尔品第"号指挥官肯尼迪上尉的家属是否得到妥善安置；韦茅斯的水兵——实际上是军官——有什么样的"休息及娱乐"设施），丘吉尔在年末至新年伊始这段时间最关注的就是两场战斗，一场发生在海军部内部，另一场发生在战时内阁里。这两场战斗他都没能获胜。海军部内部的斗争围绕的是本土舰队核心力量的基地应当设在哪里的问题。停泊在斯卡帕湾的"皇家橡树"号战舰于 10 月 14 日（1939）被击沉后，按照评估如果得不到大规模加固的话，这个地区就属于危险区。罗赛斯也是如此，两天后这里也遭到了空袭的破坏。丘吉尔在 10 月 29 日用一贯的夸张方式称"罗德尼"号和"纳尔逊"号是"门神"，在罗赛斯遭到攻击后，这2艘战舰以及它们的护卫舰和补给舰都被转移到了克莱德河。

此次转移只是暂时的，但是直到1940年3月2艘战舰才重又回到罗赛斯，而且丘吉尔对这样的战略转移极其反感。* 他认为这2艘大型战舰应当坚守在福斯湾的罗赛斯面对敌人的挑战，而不是龟缩在西部水域温柔的保护下，毕竟从北海到克莱德河需要花费很长时间。丘吉尔因此给第一海务大臣达德利·庞德将军接连发去很多份备忘录，表达自己的不满。这些备忘录谈论的都是斯卡帕湾的加固工作过于缓慢、福斯湾的克莱德河存在的不利条件。克莱德河所在位置不便于舰船进出，不适合进行军事行动，而且那里用以防御的武器装备和港口设施都十分薄弱，就连格拉斯哥有大量爱尔兰人口也成为被抨击的理由，因为这样的人口基础为德国通过都柏林传递有关英国舰队行动和事故的情报提供了开放的通道。英国的西海岸甚至无法保证主力舰的安全，"纳尔逊"号于12月7日在母羊湖的湖口被一枚水雷击中，陷入了瘫痪状态。海军部内部漫长的争执给外界留下了两点强烈印象，第一点就是大型战舰已经变得像恐龙一样，外观惊人，实则不堪一击，它们提供安全防御的价值已经被保护它们的代价所抵消了；第二点是就连在政界有着极高影响力、在战略上不择手段的海军大臣都难以迫使身为下属的海军将领们做出丝毫违背自己职业警觉性的举动。

发生在战时内阁里的斗争基本上围绕的是，英国是否应当冒着主动开战必然带来的一切风险主动发动一场战争、不做出挑衅行为是否更有利于英国——发动战争、进行挑衅都是德国的事情，在这两个问题上英国都持有中立立场。这种立场首先在英国根据《英爱条约》所享有权利的昆斯敦（后更名为科芙）港口布雷黑文和斯威利得到了体现。1921年签署的《英爱条约》保留了英国征用这些港口的军舰的权利，在当年进行条约谈判的过程中丘吉尔一直非常活跃。但是在1938年达成的新协议中英国放弃了这些权利，根据这份新协议，爱尔兰自由邦被更名为"爱利"（爱尔兰语中"爱尔兰岛"或"爱尔兰国"的意思）。放弃对这些港口的使用权遭到过丘吉尔的强烈反对，但是他的意见不太务实。在这个问题上他几乎没有得到

* 史蒂芬·洛斯基所著的《丘吉尔与海军将领们》一书是一部权威著作，但是作者在有些部分过于好辩，在文中（P.118）称丘吉尔持有这种观点只不过是因为，他在10月31日这一天在"纳尔逊"号上与本土舰队的最高指挥官福布斯将军进行了一场针锋相对的辩论，最终他被这位将军说服了。这种说法与斯洛基之前引述过的丘吉尔于两天前提到"门神"的备忘录完全相悖。众所周知，口述的历史回忆很容易偏离事实，不过就连书面记录往往都会出现相互矛盾的糟糕现象。

多少支持，只是令广义上的英国与"军备与盟约"战略盟友的关系变得紧张起来。到了1939年10月，面对德国潜艇逼近英国西部海域的压力，丘吉尔在当月16日的战时内阁会议上又将这个问题提了出来："海军大臣强调过驱逐舰严重不足的问题……这个压力非常大。得到布雷黑文的使用权将会对我们非常有利。"[dccxciv]

这种观点无疑完全符合海军部的逻辑思维，但是没能说服内阁相信自治领事务部或者外交部能够成功劝诱爱尔兰总理德·瓦莱拉将这些港口交还给英国，也没能说服内阁接受一旦劝诱策略失败英国就应当动用武力重新占领这些港口的观点。丘吉尔深信"爱尔兰南部3/4的人口站在我们这一边"，给德·瓦莱拉造成威胁的只是"少数心怀恶意的顽固分子"。显而易见，自治领事务部大臣安东尼·艾登表现得比丘吉尔要现实一些。在10月20日给哈利法克斯的信中，艾登写道："恐怕局势日渐明朗了，瓦莱拉几乎不可能在保持中立立场的前提下答应海军部的要求，同意英国使用港口设施，至少有80%爱尔兰人赞成保持中立。"[dccxcv] 丘吉尔不甘心地接受了自己的失败。

在12月和1月里又出现了一个更严重的问题，这个问题并不完全是一个新的问题，它对丘吉尔的耐心造成了更大的折磨，同时也为1940年4月发生的挪威战役埋下了伏笔。这就是自达达尼尔海峡行动之后有丘吉尔参与的最不成功的一次军事行动，幸运却荒谬的是，这场失败非但没有再一次令丘吉尔受到政府的无视，反而将他送上了首相位置。德国在斯堪的纳维亚半岛的铁矿石供应涉及从挪威港口纳尔维克和瑞典在波的尼亚湾的港口吕勒奥的航运工作，在岁末年初，英国战时内阁面对的问题就是如何切断这两条运输线。吕勒奥远比纳尔维克偏南，但是没有受到湾流的影响，在漫长的冬季里冰封数月之久，船运条件非常不稳定，因此到了冬季，瑞典铁矿石的外运工作也需要途经纳尔维克。

丘吉尔说服自己和其他人相信封锁瑞典和挪威的铁矿石供应将会加速破坏德国发动战争的企图，他的依据并非毫无道理可言。在12月23日的内阁会议上，他引述了德国制造业巨头弗里茨·蒂森撰写的一份备忘录。蒂森不久前背叛了希特勒，先是逃亡瑞士，后来又去了法国，他在备忘录中指出，谁"控制了瑞典北部的铁矿石和磁铁"，谁就掌握了胜利。在这个问题上，带有"蒂森"这个姓氏的任何人大概都掌握着充分的信息（弗里茨·蒂森是蒂森公司和蒂森家族的掌门人，不过在二战期间他将在集中营里度过将近5年的时间）。丘吉尔对蒂森的报告进行了一番渲染，称"封锁铁矿石运输比得上其他所有封锁行动的功效，为缩短战争并且有可能让西线避免不可估量的屠戮创造巨大的契机"。[dccxcvi]

战时内阁"不会表示同意，也不会否决"，就这样在大小两套方案之间举棋不定了几个星期。涉及面比较小的那套方案，要求切断挪威西海岸从纳尔维克至德国的运输，通过在挪威的水域投放水雷并且派遣驱逐舰持续在这片水域外围巡视就可以实现这个目标。涉及面比较大的方案指的是，同盟国对瑞典铁矿实现有效的控制，到了4月底，吕勒奥的水域开始解冻之后这个问题就会变得严峻起来。在理想的情况下，这应该会是对德国公然胁迫瑞典做出的回应；但是，如果在同盟国的武力干涉下德国都没有按照英国的期望采取行动（似乎也没有特别的理由促使德国采取这样的行动），从美国到荷兰一直持有中立观点的各国将会多么震惊。

内阁的核心立场似乎是一心想要得到结果，但是不愿接受实现结果的手段。根据记录，首相在12月22日说过："［这一决定］或许会是战争的一个转折点。蒂森先生的备忘录中提到的几个问题给他留下了深刻的印象，看起来绝对有机会对德国实施致命的一击。" dccxcvii 因此，内阁渐渐形成了一种理想化的观点，认为英国不应当局限于涉及面比较小的行动，以免过早阻止大规模行动的可能，两套方案都应当被当作备选项。内阁之所以采纳这种计策很有可能是为了约束丘吉尔，不难想见，在接下来的几个星期里这种策略极大地激怒了丘吉尔。哈利法克斯尤其善于采用这种拖延战术，以至于在1月12日（1940）的一场相当消极的内阁会议之后，他感到有必要写信安抚一下丘吉尔。他的安抚只是表面文章，毫无实质意义。丘吉尔在1月15日给他写了一封回信：

> 我对内阁做出的决定感到不安，我主要担心的是战争的指挥机构要想采取积极行动将面临巨大的障碍。我看到我们已经建立起或者正在建立各种如高墙般的防范措施，我不知道还有什么方案有机会翻过这样的高墙……因此，请恕我如此烦恼。有一件事显然是确定无疑的，几乎束手待毙的路线是绝对不会带来胜利的。 dccxcviii

在1月16日发给庞德将军的一份会议记录中，丘吉尔也表达了自己的沮丧情绪。这份会议记录名义上阐述的是斯卡帕湾地区的防空工事，实际上针对各个方面的问题进行了一次全面开火，其中谈到的大部分问题都与庞德无关：

> 我们在各个方面浪费着自己的力量，每个人都认为自己在为国效力。对于前线战事，我们的陆军十分羸弱；相比德国，我们的空军低劣得不可救药；而现在又不允许我们采取任何行动阻止德国人获得对他们来说至关重要的矿石物资；我们一如既往地保持着被动的姿态，与此同时，却在让我们的军力变得更

加分散。海军要求斯卡帕湾和罗赛斯保持最佳状态。我们或许正在走向失败，您意识到这一点了吗？^{dccxcix}

丘吉尔也表达过一些令人感到安慰的观点，其中最重要的观点出现在他于1月20日发表的第4次星期日广播讲话中。在这次讲话中，他尤其针对海军事务发表了非常乐观的言论（"看起来德国发动战争时调动的半数潜艇在今夜都已经沉没了；'格拉芙斯佩'号还在蒙得维的亚［乌拉圭］的港口死撑着，它既是一座可怕的丰碑，同时又代表着胆敢踏足广阔水域进行劫掠的所有纳粹舰船未来的命运"；"各个方面的情况丝毫没有恶化的迹象，实际上在海军参加的任何一场战争中都不曾出现过这么喜人的形势"），但是在谈到这些问题的时候他所用的画布之巨和色彩之醒目更令人震惊。他几乎为自己一贯的风格创作了一幅滑稽夸张的漫画，无论是用绘画做比喻还是实事求是地评价他的口才，外界都会产生这样的印象。他对一些国家采取中立场的历史进行了一番审视：

> 看一看北方几个面积不大，但是有着悠久历史，而且在历史上举足轻重的国家。或者，看一看巴尔干半岛或者多瑙河流域的那些国家，那些国家的人民过着忧心忡忡的日子，他们的身后站着态度坚定的土耳其……顽强的瑞士军队和人民穿过了他们的崇山峻岭。荷兰人在很久之前就曾站在一座座堤坝上反抗暴君，在希特勒对他们的玷污被彻底清除出人类社会的进程之后很久，荷兰人为欧洲的自由付出的努力依然会被世人铭记。但是最杰出的还是芬兰，不，是最崇高的，他们显示出在危险的利齿下自由的人能够做出何种程度的表现。

面对一支苏联军队于11月30日发起的侵略，芬兰人取得了一定的成功，但是抵抗行动不出3月就宣告结束了。这个现实表明，丘吉尔在这个时期发表的反苏联的言论要比他在之前两年以及在1941年6月过后的几年里发表的言论更为激烈。"他们［芬兰人］让全世界看到了红军的陆军和空军的军事实力有多么羸弱。"没有了英国和法国，实力比较弱的欧洲国家将会"被相互对立但是同样野蛮的纳粹政权和布尔什维克政权瓜分"。接着，丘吉尔便进行了一番"鼓乐喧天"的总结：

> 没有几场战争是靠着少数几个人打赢的。才能、意志力、地理优势、自然和经济资源、对海洋的控制权，尤其重要的是一个能够自动在成千上万人的心中激起汹涌的精神力量的理由。如若不然，人类怎么可能胜于猿猴，怎么可能

打败并斩杀最可怕的恶龙和怪兽，怎么可能发展出道德观念，怎么可能走过一个又一个世纪并且一直不断拓宽自己对怜悯、自由和权利的认识？我们怎么可能发现召唤并指引我们穿过艰险黑暗的水域、穿越我们眼下正在穿越的战火燃烧的海洋，走向美好明天的指路明灯？这一天终将到来，到那个时候，欢乐的钟声将再次响彻欧洲，获胜的国家不仅征服了敌人同时也征服了自己，开始规划并建设正义、传统和自由并存的广厦，这座广厦之内有无数房间，容纳得下我们所有人。[dccc]

无论这场广播讲话对敌方产生了什么样的效果，至少可以说它令外交部感到了畏惧。哈利法克斯等到 5 天之后才给丘吉尔发去了一封信，在信中，他打着谴责的旗号，用一副痛苦的腔调向丘吉尔转述了挪威、荷兰、瑞士、丹麦、比利时甚至芬兰的新闻界所表达的极其强烈的反对意见："像您这样的政府班子成员公开发表与首相或者我本人的看法有所出入的观点，会令我陷入一种进退维谷的境地。我整日都不得不同这些讨厌的中立国打交道，因此我想我应该能够预见他们的思维会做出怎样的反应。"[dccci] 丘吉尔在回信中表达了一定的懊悔："无疑，我献上的是一把令人厌恶的花。当时我完全以为自己表达的是您和内维尔的观点。"[dcccii] 但是，这样的结果还是没能阻止丘吉尔在接下来的那个星期六，在曼彻斯特的自由贸易礼堂又发表了一场慷慨激昂的讲话（也是广播讲话）。

丘吉尔在 1 月 20 日的广播讲话的一开篇就说道："每一个人都在琢磨战争将会如何发展。"在那些死气沉沉的日子里，这句话恰如其分。毫无疑问，他将自己当作了政府的代言人，用有些调侃意味的天真腔调宣称自己表达的正是张伯伦或者哈利法克斯的观点。实际上，即使他的确表达了他们的看法，他的表述方式也令这些观点显得荒谬至极。丘吉尔激起了民众的热情，同时也为自己招惹来仇恨。在战时内阁里，他很少有机会为所欲为，很多时候甚至无法完全掌控海军将领，但是他的地位一直不容置疑。值得注意的是，张伯伦始终不曾指责过丘吉尔过于放肆。最高作战委员会（对于这个决策机构而言，这样的名称有些华而不实，该机构的政治首脑在接下来的几个月里便所剩无几了）于 2 月 4 日至 5 日在巴黎举行了第 5 次会议，出于将战争推进到更积极的阶段的需要，委员会首次邀请丘吉尔参加了会议。

第三十章　从峡湾的惨败到唐宁街的胜利

在 1940 年的初春时节，丘吉尔还在另一场战斗中打了败仗。这一次交战一方不是敌人，在这个阶段后者几乎尚未全面投入战争，也不是战时内阁或者海军将领们，而是法国人。早在 1939 年 11 月中旬，丘吉尔就已经对一个要求在西德商贸活动的主动脉莱茵河里投放大量浮动水雷的计划产生了热情，这个计划后来被称为"皇家海军陆战队行动"。计划将在斯特拉斯堡至劳特河之间的河段实施，劳特河是莱茵河的支流，位于卡尔斯鲁厄以南，河的左岸是法国领土。在英国人看来，这个计划能够对德国的国内交通运输造成严重破坏，可以说这是对德国攻击同盟国的公海运输线做出的合理适当的回击。提供和投放水雷的任务主要由英国人承担，但是考虑到计划实施的地点，法国人充满热情的合作也有着至关重要的价值。

甘末林将军从很早的时候就对这项计划表示了赞成，但是英国人难以说服法国的政客们。在这个阶段，法国政府总是会支持在远方实施的草率冒进的军事行动，对有可能会激怒驻守在西线的德军的任何计划都没有太大的兴趣。在苏联人与芬兰人于 3 月 13 日达成停火协议之前，英法两国都倾向于派遣盟军几个师的兵力协助芬兰人抵抗苏军。到了 3 月 26 日，两国又同样草率地对轰炸苏联在巴库的炼油设施的提议表示了支持。越靠近法国，他们则表现得越谨慎。但是，在最高作战委员会于同一天在伦敦召开的会议上，委员们达成一致意见，决定在 4 月初采取一场做了两手准备的军事行动。盟军将在 4 日开始实施皇家海军陆战队行动，在 5 日为纳尔维克的出口水域投放水雷。就在这时，同盟国一方又出现了退步。在 3 月 21 日被保罗·雷诺取而代之后，法国前总理爱德华·达拉第成了一位态度粗暴但是仍旧颇有影响力的国防部长，对于皇家海军陆战队行动他采取了拖延战术，宣称法国无法接受让自己的飞机制造厂面临遭到德国人打击报复的危险。（回首往事，有一点令人感到惊叹，其实回头看很多事情也都如此，就在距离德国开始大规模实施如匕首般刺穿巴黎的闪电战还有 6 个星期的时候，人们就已经对空袭的前景感到了如此强烈的恐慌。)

两场行动（英国方面认为这两场行动相辅相成）的时间表因此出现了松动。4月4日，丘吉尔带着张伯伦的祝福前往巴黎，他希望此行能说服达拉第加入行动。陪同他出行的是亲法并且会说法语的老朋友斯皮尔斯将军，后者为此次出行做过一番简短有趣的描述，兼具刻薄和甜蜜的描述充分展现了在战争爆发初期政治生活所具有的特质：偶尔身处在不便甚至危险的环境下，一边又尽情享受着奢华的生活，在接下来的5年里丘吉尔一直过着这样的生活。在谈到前往巴黎的旅程时，斯皮尔斯写道："坐在我们的老'德·哈维兰'飞机上，感觉我们就像是沙拉，在一位精力特别充沛的厨师手中的滤锅里被颠来颠去。" [dccciii] 不过他也记下了此行的精彩部分，他们在拉佩鲁斯饭店参加的一次午餐会。这座饭店的正面具有詹姆士一世时期的风格，饭店坐落在格兰奥古斯汀码头，在普鲁斯特的《追忆似水年华》中斯万就被这座码头所吸引，因为它和奥黛特·德·克雷西居住的街道同名。为了款待丘吉尔（以及斯皮尔斯），乔治将军放弃了自己的地盘，即总司令部，前往码头。斯皮尔斯在文章中写道："这顿午餐只有3个人参加，令我难忘的是，这是我在战争期间享受过的不多的愉快经历之一。彼此的陪伴、美味的菜肴和美酒都令我们3个朋友感到开心。乔治平静、快乐，充满信心。" [dccciv]

午餐时的欢乐气氛并没有促使他们闭口不谈严肃的军事问题，丘吉尔强调了延误行动时间将会带来的危险，对于皇家海军陆战队行动和在斯堪的纳维亚半岛发动战争两个计划而言都是如此。按照斯皮尔斯的记述，他在席间说道："我们就要赶不上公车了。"就在前一天，张伯伦在保守党全国联盟的会议上发表了一份灾难性的声明，称希特勒"错过了公车"。正是在巴黎午餐会的当天，帝国总参谋长艾恩赛德将军也在一场新闻发布会上断言希特勒"幸亏迟迟才赶到公车站"。令人感到奇怪的是，这些政客与军事将领在近些年里都没有多少乘坐公共汽车或者在公车站候车的经历，但是他们竟然都对同一个意向如此执着。

对于此行的主要目的，丘吉尔的进展不太顺利，非但没有说服法国人继续忠于前一个星期最高作战委员会在伦敦会议上通过的决议，他自己反而入乡随俗了。在英国驻巴黎大使馆度过的第一个晚上，他发现雷诺不愿意坚持执行决议，但是态度有些动摇。第二天晚上，他前往圣多米尼克大街，想要说服达拉第，结果告辞的时候他反而被对方说服了，认为将投放鱼雷行动推迟到7月1日实施才是合理的选择，到时候法国人就已经将最重要的飞机制造厂转移到非常安全的地带了。（实际上，皇家海军陆战队行动最终还是于6月初启动了，一度扰乱了莱茵河上的运输秩序，但是在法国遭遇惨败的情况下这场行动产生的影响微乎其微。）丘吉尔180度的大转变促使张伯伦将他调侃了一番，这也是有书面记录的唯一一次。他说，丘吉尔的转变令他想起了"那只虔诚的鹦鹉的故事。有人买下那只张口闭口只会说脏话的鹦鹉，想要教会它优雅的语言，到头来这个人反而学会了一堆脏话"。[dcccv]

此次出访巴黎还有一件有趣的事情。斯皮尔斯记述了克莱门汀在如何与她的丈夫打交道的问题上给他提供了一条宽泛的建议："把你要说的话都写下来，他常常不会听你说，心里想着其他事情的时候他也听不见你在说什么。但是他永远会仔细斟酌落在纸上的东西，充分领会字里行间的意思。他永远不会忘记自己看到的书面文字。"[dcccvi] 事实的确如此。考虑到丘吉尔缺乏正规教育，这种特点令他与形形色色的非知识分子政客存在着巨大甚至是惊人的差异，后者受到的正规教育五花八门，但是他们的耳朵都比他们的眼睛更敏感。

就在出访巴黎之前，丘吉尔以一种有趣的方式彰显了自己的人格力量及其先后对美国政府高官和英国外交部的一批行政官员产生的不同程度的影响力，后一类人中的许多人从 1940 年开始的 30 年里都是或者将成为英国外交界的明星人物。富有而精明的纽约人萨姆纳·韦尔斯是一位有着杰出经历的职业外交官，当时他的职位是副国务卿（国务院的二号人物），罗斯福发现他在国务院里可以起到积极的平衡作用，与脾气不太好但是在政界举足轻重的国务卿科德尔·赫尔相互制约。1940 年的年初，韦尔斯奉命以总统特使身份出访欧洲，他前往了柏林和罗马，也造访了伦敦和巴黎，以及其他一些地位不太重要的首都，欧洲各国认为他的这种表现有些过于"中立"。韦尔斯的潜在目的实际上是试探欧洲是否有可能通过谈判实现各方都可以接受的和解。

3 月 12 日下午，韦尔斯受到了丘吉尔的接见，除了其他一些事情，后者还斩钉截铁地告诉他必须战斗到底。韦尔斯对这次会面的记述被转交到了外交部的伯克利·盖奇手中，在外交部的一份内部备忘录中他写道：

> 韦尔斯先生对温斯顿·丘吉尔先生的印象很深刻。与丘吉尔先生会面令他感到厌烦，他觉得自己应该很难集中精神。结果，事实完全不同于他的想象。在此次持续了将近 3 个小时的会面中，他对丘吉尔先生想要阐明的问题产生了越来越浓厚的兴趣，会面结束时他感到自己的想法焕然一新。韦尔斯先生表示，在他见过的人里丘吉尔先生属于人格最迷人的一类人。

盖奇的备忘录被层层上报，结果招致了下述评价：

我们还是期待丘吉尔先生能够帮我们抹消墨索里尼先生之前给韦尔斯先生留下的满意而危险的印象吧。——弗兰克·罗伯茨[*]

请告知丘吉尔先生的私人秘书。——罗杰·梅金斯[**]

我深有同感。——威廉·斯特朗[***]

不，我不这样认为。我不会擅自对这种说法表示认可。请国务卿（或首相）准许我们告诉丘吉尔先生，他给韦尔斯先生留下了独一无二的印象，我觉得这样会比较慎重一些。丘吉尔先生会有如此强大的说服力，这一点令我甚感欣慰，如此说来我们也没有损失什么。——亚历山大·贾德干[****][dcccvii]

众所周知，贾德干在生前发表过的所有刻薄评论都被留到了逝世后出版的日记中才被公之于世，不过上述这番评论违背了他的这种名声。[*****]

4月6日，丘吉尔从法国返回国内，随即便投身进注定失败的挪威战役中（失败主要是由于执行不力）。英国方面已经为在纳尔维克港投放水雷行动苦苦斗争了至少4个月的时间，由于法国对莱茵河布雷行动的抵制，定于4月5日实施的行动最终被推迟到了4月8日，这时德国人已经开始实施针对丹麦和挪威的行动了，因此投放水雷的行动失去了重要价值。德国陆军在没有遭到抵抗的情况下就占领了哥本哈根。尽管英国方面尤其是丘吉尔曾夸夸其谈地吹嘘过英国皇家海军全面控制了北海，德军还是轻而易举地占领了从奥斯陆到纳尔维克的每一个重要港口。在二战末期，德军对战局的判断出现了严重的失误，但是在1940年的新年他们在斯堪的纳维亚半岛和法国的战术部署无论是在计划还是执行方面都有着十足的把握，他们的表现令同盟国显得如同笨拙的门外汉。

---

[*] 弗兰克·罗伯茨爵士（1907—1997），有时被称为"电老鼠"，后来出任了英国驻莫斯科和波恩大使。

[**] 罗杰·梅金斯爵士（1909—1996）后来出任了英国驻华盛顿大使，以及财政部的常务秘书长，并成为第一代舍菲尔德男爵。

[***] 威廉·斯特朗爵士（后来成为勋爵）（1893—1978），成了外交部的常务次官。

[****] 亚历山大·贾德干爵士（1884—1968），在1938—1946年间担任过常务次官，后来出任了英国驻联合国大使，之后成为英国广播公司董事局主席。

[*****] 毕竟萨姆纳·韦尔斯给罗斯福的报告不如此处暗示的这样对丘吉尔有利。韦尔斯说丘吉尔"不稳定，酒喝得太多"。（无疑，3个小时后的会谈需要经常提神。）根据约翰·卢卡奇教授的《伦敦五日，1940年5月》（P.72）所述，这份报告也是导致罗斯福至少在那个关键性的5月里没能充分信任丘吉尔的领导能力的一个因素。

在接下来的几个星期里，战时内阁和军事协调委员会（由丘吉尔领导）有关挪威战役的会议纪要给外界留下了一种可怕的印象：这场军事行动缺乏事先的计划和明确的目标，各军种之间无法协同作战，对作战目标朝三暮四。盟军最根本的劣势在于德军已经控制了挪威上空，其优势已经超过了英国在海上的控制权，尤其是德军率先向该地区派遣了部队。从某种程度上而言，这种局面证明了丘吉尔在之前7年里吵吵闹闹发表的预测是正确的。他曾指出英国的军事劣势基本上就在于空军力量对德国空军的不足，然而有时候他还会为此受到批评，外界认为他分散了应当投入陆军甚至是海军建设上的有限资源。丘吉尔意识到并且夸大了一点：空中力量对城市的威胁超过了对战场的威胁，无论是海军还是陆军的战场。英国空军力量处于劣势，这一点限制甚至削弱了英国在海上占据的优势地位，也导致丘吉尔在海军大臣这个位置上表现得不太成功。大约一个月后张伯伦倒台，丘吉尔继任首相，如果说他的上台取决于他在挪威战役中的表现，那么他获选的机会应该不比金斯利·伍德爵士等人的机会大多少。幸运的是，外界对丘吉尔的判断依据在于他在更长时期内的表现，这个依据就是他在20世纪30年代非常具有远见地一次次发出警报，而不是在这个阶段作为文职海军大臣的表现，在一场失败的军事行动中这位大臣不断掣肘于职业军事指挥官，不仅没有促进形势好转，反而加剧了局势的恶化。

在这个阴沉惨淡的4月里，就连丘吉尔振奋人心的演说口才似乎也离他远去了。在11日，即挪威战役打响的3天后，他在下议院发表了一份临时性的报告。他首先表示自己没有时间发表一场"我一直努力为下议院提供的经过长时间充分准备"的讲话，结果他的讲话在时间上远远超过他重新任职后在下议院发表的任何一场讲话，达到了65分钟，几乎是他在前一年9月26日发布的那场大获成功的报告的3倍。针对这场讲话留下了评价的议员们都对丘吉尔的神情和做派显示出的疲惫状态大为震惊。哈罗德·尼科尔森甚至写道："他尽情卖弄着含糊的措辞和令人生厌的调侃。我很少见到他处于不利的境地……这是一场蹩脚、无聊的讲话，令下议院陷入了深深的焦虑中。"[dcccviii] 其他人（斯皮尔斯将军和副检察长特伦斯·奥康纳）则比较宽容，认为在这种艰难的情况下丘吉尔的表现还不错。约翰·科尔维尔认为丘吉尔"表现得不如以往那么完美"，但是他"充分阐明了海军在过去几天里取得的成果"。[dcccix]

德国舰队在挪威战役中的确损失惨重，失去了3艘巡洋舰和10艘驱逐舰，另外还有2艘重型巡洋舰以及仅存的2艘袖珍战舰中的1艘暂时无法继续参加战斗，因此在1940年的夏天德国舰队十分虚弱，这种状况对英国人比较轻松地逃离敦刻尔克、德国人也取消了在3个月后入侵英国的计划都起到了一定的作用。英国海军也遭受了巨大的损失，3 艘巡洋舰、1 艘单桅帆船和 7 艘驱逐舰沉没，另外还有 3 艘巡洋舰、2 艘单桅帆船和 7 艘驱逐舰受损。此外，就在丘吉尔出任首相的一个月后，"光荣"号舰队航母 ① 也在挪威水域沉没了。不过，真正导致英国军队分崩离析的则是更大的一座冰山。

为了实现重要目标而开展的海陆两军联合作战遭到了失败，这场失败导致挪威战役成为军事史上的一场中型灾难，并且急剧加速了英国国内政坛的裂变。战时内阁的大部分成员都认为位于挪威中部的旧都特隆赫姆比丘吉尔倾向的纳尔维克有着更重要的价值。一度有人认为可以并且应当直接发动进攻，占领特隆赫姆，后来这种观点又被认为，风险过高，最好还是巩固英军于 4 月中旬在特隆赫姆以北的纳姆索斯和以南的翁达尔斯内斯成功开辟的几处小型登陆点。这样左右夹击的钳形攻势最终以全面失败告终，英国军队于 5 月 2 日撤离了这些渔港，此时距离他们登陆才刚刚过去两个星期。直到 5 月 28 日，英军才再次占领了纳尔维克，但是到 6 月 8 日就被迫撤离了这处港口。

就这样，在 5 月的第一个星期里，下议院和英国人民的面前出现了一幅由败仗和撤退组成的悲惨景象。同盟国一直在迟疑和退缩，与此同时，德国人对低地国家和法国实施的一场大屠杀已经近在眼前。丘吉尔之前就已经预见到了这一点，他在备忘录和声明中多次提醒战时内阁，这样的攻击很可能就近在咫尺。此外，他还有一项优势，他在民众中的声望一直非常高。海军舰船不断地被击沉或者击退，舆论基本上没有将失败归咎于海军大臣。丘吉尔依然保持着斗牛犬形象，先是狂吠一阵，然后力挽狂澜。尽管如此，民众并没有明显表现出希望他在张伯伦下台后（如果出现这样的情况）出任首相的倾向。在 4 月 8 日（此时英军尚未在挪威战役中遭受重挫）发布的一份民意调查中有一个问题，如果张伯伦"退休"的话，你希望由谁继任首相，结果民众给出了如下的回答：28% 的受访者支持艾登，25% 的人支持丘吉尔，7% 的人支持哈利法克斯，6% 的人支持艾德礼，5% 的人支持劳合·乔治。

在白厅这部政治机器中，丘吉尔的成绩原本应该更低。内阁秘书爱德华·布里奇斯爵士在 4 月 16 日的记录中提到，由首相张伯伦而非海军大臣丘吉尔主持于次日召开的军事协调委员会会议具有至关重要的意义，伊斯梅将军向强烈地表达了这种观点。伊斯梅将军在不久后就变成了丘吉尔最倚重的支持者之一，也是维系丘

---

① 舰队航母是指跟随一国海军舰队行动的航空母舰，和护航航母不同，舰队航母拥有相对完善的装甲防护，更高的速度和更多的载机量。

吉尔与参谋长联席会议之间的纽带，但是在这个阶段他认为如果由丘吉尔主持会议（会议讨论的主题是对特隆赫姆的钳形攻势），现场很有可能会爆发极其激烈危险的争执，而且很可能不是参谋长们提出辞职，就是其他文职大臣提出辞职。丘吉尔在财政部时期的私人秘书佩尔西·格里格也有着同样的想法，从印度回来后格里格出任了战时内阁的常务秘书，根据科尔维尔的记述，他在 4 月 12 日的时候表示："我们必须赶在温斯顿和提尼［帝国总参谋长威廉·埃德蒙·艾恩赛德，绰号'提尼'］还没有把整个战争搅和得乱七八糟的时候说服首相插手此事。"[dcccx] 极其不可思议的是，直到张伯伦倒台和丘吉尔上台前一个月的时候，政府中才有一伙声望如此卓著的身居高位的公职人员开始期待张伯伦能"掌握"局面，而这伙人很快又统统变成了丘吉尔的狂热追随者，不过他们并非对后者毫无意见。

1940 年 5 月 7 日（星期三）和 8 日（星期四），在"质询挪威战役"的下议院辩论中，双方都表现得十分清醒，这场辩论成为 20 世纪里最激动人心、影响最为深远的一场议会辩论。几乎每一位占据或者正在谋求一线位置的下议院议员几乎都参与了辩论，唯一例外的几乎就只有安奈林·比万。在 19 世纪的议会辩论中，能与这场辩论相提并论的包括 1850 年 7 月 8 日至 11 日针对"唐·帕西菲科老板"[①]进行的辩论，在这场辩论中出现了大量上乘的发言，一位位发言人也都令人难忘。从这两个方面而言，这场辩论可以同 1940 年的辩论相媲美，但是这场辩论没有产生后续的效果。同 1940 年辩论更为旗鼓相当的是下议院在 1931 年围绕着"选举法修正法案"（"改革法案"）产生的冲撞，在这场辩论中约翰·罗素操着夸张的腔调宣布了被取消席位的选区，在接下来的大选中辉格党成为具有压倒优势的多数党，将冲突推向了顶点。1886 年的一场二读辩论也是如此，辩论持续了 12 个晚上，最终否决了格莱斯顿首次提交的"爱尔兰自治法案"。

但是，与这几场辩论相比，1940 年的这场辩论产生了更多的成果，改写了接下来 5 年的历史，同时辩论也没有威胁到下议院的休会期。官方反对党工党已开始对举行表决的提议表示质疑，不过随着辩论的展开最终还是被说服了，认为这个选择是正确的。在确保更换首相人选的事情上，工党做出了两大贡献，其中一个贡献就

---

① 唐·帕西菲科的本名为戴维·帕西菲科，是出生于直布罗陀的英国商人。1847 年，帕西菲科在希腊雅典的住所遭到一伙反犹太民族的暴徒的袭击，暴徒中包括希腊大臣的儿子，因此希腊警方没有干预。帕西菲科是英国公民，因此英国政府表示了关切。1850 年 1 月，巴麦尊利用帕西菲科向希腊政府提出赔偿要求，封锁了希腊王国的比雷埃夫斯港。由于希腊处于三大列强的联合保护之下，英国军舰的高压行为遭到了俄国和法国的抗议，英国下议院针对这个问题展开了一场激烈的辩论。

是同意进行投票表决。正如人们将会在日后见到的那样，工党的两大贡献本身都无法保证丘吉尔必然会继任首相，但是缺少了其中任何一项张伯伦都将继续留任，至少肯定会留任到 5 月 10 日之后，甚至会一直拖到任何一位继任者都无可作为、只能像法国一样耻辱地乞求和解的那一天。

在这场大辩论的第一天（5 月 7 日，星期二），张伯伦首先发表了一番令人生厌的讲话，这番为自己开脱的发言没有打动任何一位议员。他的讲话几乎只有一点具有实质性的意义，即宣布政府将授予丘吉尔"代表军事协调委员会的权力，对参谋长委员会的工作进行指导、把握方向，后者或许需要根据他提出的目标制订计划"。dcccxi 但是，就连如此重要的作战授权决定都没有在议员中间引起热烈的反响。紧随其后发言的是艾德礼，他的讲话一如既往的尖锐、打击士气。他不喜欢张伯伦的这个决定，认为这样的安排片面不平衡，对丘吉尔有失公允，赋予了他一定的权力而不是全权委托他指挥全军的行动，同时还要求他继续对三军中的一支军队保持细致入微的管理。"这就像是叫一个人在战场上指挥全军同时又指挥某一个师一样。"这番评论代表了辩论中其他几位发了言的议员对丘吉尔的态度，他们并不认为自丘吉尔被赋予更多的职责以来战局进展顺利，但是他们倾向于认为导致战局不利的原因在于丘吉尔的才能受到了误导，而不是因为他个人存在的缺陷，也不是因为他的无能。从表面上看，丘吉尔与张伯伦一样容易受到外界的影响，其实他并没有充分发挥出自己潜在的优势。

接着，艾德礼做了一番刻薄的总结。"不单单是挪威的问题。挪威只是将很多令人不满的事件推向了顶点。人们都在说这些事情的主要负责人［他指的是张伯伦、西蒙和霍尔，而不是丘吉尔］几乎一直不断地遭到失败。继捷克斯洛伐克和波兰之后又出现了挪威问题，每一次他们给出的说法都是'为时已晚'。"接下来，自由党领袖阿奇博尔德·辛克莱做了发言，他的主要贡献不在于他发表了一场引人注目的讲话，而在于他坚决反对张伯伦的态度。接下来罗杰·凯斯大言不惭地吹嘘了一通，这位海军元帅是丘吉尔的朋友，自达达尼尔海峡行动之后一直在鼓吹"痛打他们"的海军战略。实际上，在这个阶段他不太支持丘吉尔。他希望亲自统率海军部队，政府不准皇家海军在德国加强对挪威几大港口的控制之前攻击并占领那些港口，沮丧之下他曾激烈地表达过自己的不满。但是他知道应当如何集中自己的火力，他将目标瞄准了张伯伦，而不是丘吉尔："对于我的朋友海军大臣，我怀有无比的敬意和感激之情。我渴望看到他的非凡能力得到恰当地运用。"凯斯当时还身着海军元帅的制服，袖子上绕着一圈圈的金丝带，胸口挂着 6 排奖章，这身装束增强了他的攻击火力。他利用自己所谓的"军衔魅力"是为了体现出他必须"代表其他军官和参加战斗的人说话，即航行在大海上、极其悲哀的海军"。在发言的结尾，凯斯拨动了海军历史上最显眼同时也最能激起共鸣的一根心弦："在 140 年前纳尔逊说过：'我认为，最大胆的方法就是最安全的方法。'时至今日，这条原则依然被我们奉为金科玉律。"dcccxii

接着里奥·艾默里做了发言。大多数人都认为他用过长的篇幅发射了两天里威力最大的一枚炮弹。8 个月前，就在希特勒入侵波兰和英国宣布参战之间的那一天，在好斗精神的驱使下，他在下议院的议员席上向工党副领袖亚瑟·格林伍德喊出了"站在英格兰的立场上说话，站在亚瑟［内维尔·张伯伦］的立场上说话"，① 当时张伯伦似乎依然举棋不定。由于伯明翰选区对他的友好态度，更是由于艾默里在年轻时曾满怀热情地支持过约瑟夫·张伯伦围绕着帝国特惠制开展的一系列活动，张伯伦便认为艾默里肯定会支持他。艾默里在日记中为自己的辩论手段留下了一段生动的描述：

> 我查了一下克伦威尔针对自己亲手挑选人马组建"英勇军"（又被称为"铁骑军"）② 的事情说过的一句话，这是我最喜欢引用的一句话，然后我又想起了他在解散长期议会 ③ 的时候说过的另外一句话。我不知道这句话是否会产生十分强烈的效果，我只是预备着它，一旦现场情绪需要，我就会用它将讲话推向高潮，否则就只能准备一个有些中庸的结尾……我去了下议院……到下议院的时候已经过了 8 点了，但是下议院里只有十几个人，不过其他人很快就赶来了……我看到在我讲话的过程中掌声越来越热烈……我彻底抛开了自己的谨慎，用准备好的那句话为讲话做了结尾，即克伦威尔曾经给政府下达的

---

① 在艾德礼政府上台后，格林伍德出任了工党副领袖，他最著名的一件事情就发生在 1939 年 9 月 2 日的议会会议上。当时内维尔·张伯伦就英国是否应当支援波兰的问题发表了一番模棱两可的讲话，议会要求代表缺席的艾德礼主持会议的格林伍德对张伯伦的发言做出回答。就在他准备应答时，愤怒的保守党后座议员及前海军大臣艾默里高声喊道："站在英格兰的立场上说话，站在亚瑟的立场上说话！"

② 英勇军是英国政治家奥利弗·克伦威尔在 17 世纪爆发的第一次英国内战中亲自出钱组建的一支议会骑兵，这支队伍得名于克伦威尔的一个绰号"老勇士"。

③ 17 世纪 30 年代末发生了苏格兰人起义。查理一世为了筹措军费，于 1640 年 4 月 13 日召开新的国会，结果遭到了资产阶级和新贵族议员的抵制，他们要求进一步限制王权，给予发展工商业的自由，但是遭到了查理一世的拒绝。因此，议会于 5 月 5 日被解散，史称"短期议会"。随着苏格兰起义军又大举进攻，查理一世被迫于 1640 年 11 月 3 日重开议会，这届议会一直存在到 1653 年 4 月 20 日，史称"长期议会"。

一道命令……"即使你们一直做着有意义的事情，你们在这里也已经坐得太久了。我要告诉你们，走吧，我们已经和你们没有瓜葛了。看在上帝的分上，走吧！" dcccxiii

　　劳合·乔治曾告诉过艾默里，这场发言是他听过的高潮部分最激动人心的讲话。艾默里自认为这场讲话对工党在辩论第二天结束的时候竭力主张举行投票表决的举动起到了促进作用。亚瑟·格林伍德发表了工党式铿锵有力的发言，随后陆军大臣奥利弗·斯坦利针对他的发言做出了客气但是无足轻重的回答，他们的发言为第一天的辩论画上了句号。

　　在第二天（5月8日，星期三）的辩论中，赫伯特·莫里森的发言招致了批评。他的发言内容很宽泛，其中夹杂着一条核心消息：通过决议进行投票表决，工党已经将惯常的休会动议改为相当于进行谴责表决的动议。在工党的刺激下，首相站了起来，用寥寥数语将自己的政治坟墓又加深了几英寸："我不打算逃避批评意见，但是我要告诉下议院的朋友们——我在下议院也有一些朋友——我接受挑战，其实我欢迎挑战。[除了立即辞职，他还能做何选择？]这样一来，至少我们会看清楚谁跟我们站在一起，谁在反对我们。我要号召我的朋友们今天晚上在投票厅支持我们。"在全国上上下下强烈需要团结一心而不是维持宗派主义的时候，张伯伦对"朋友"一词的强调在外界看来充满了狭隘的党派性，是在故意制造分裂。

　　在空军大臣塞缪尔·霍尔针对莫里森的发言做了一番平淡无奇的回答后（首相只需一分钟夸张的讲话就足以扼杀他的发言），劳合·乔治立即站了起来，利用首相对朋友们发出的呼吁一次性宣泄了自己对他长达20多年的仇恨，他曾经说过，后者在不景气的一年里出任伯明翰市市长一职时就已经达到了政治生涯的极限。现在，他说："问题不在于谁才是首相的朋友……"

　　　　真正的问题远远超出了这个范围。首相肯定还记得自己无论在和平时期还是在战争时期都遇到过这位劲敌。他的状态每况愈下。他的处境决定了他需要的不是友谊，他需要的是奉献。国家已经做好了为一切理由奉献自己的准备，只要它还有一个领导班子……我要庄严地告诉你们，首相应当以身作则，率先做出奉献，在这场战争中没有什么能比他牺牲自己的职位对保证胜利的贡献更大了。 dcccxiv

　　这番话充满了对张伯伦的鄙夷和鞭笞，不禁令人想起了劳合·乔治在全盛时期的状态。这是他在很长一段时期内发表的最杰出的下议院讲话，尽管继续担任了 5 年的下议院议员，但是自此以后他再也没有发表过具有影响力的讲话。同时还值得注意的是，在提到丘吉尔时他用了一个精彩的比喻。这个比喻有可能是他的即兴发挥，因为当时他是在对丘吉尔的插嘴做出回应。就在劳合·乔治试图为丘吉尔开脱他在挪威战役上的罪责时，丘吉尔站了起来，说道："我对海军部的所作所为负有全责，我自己的责任完全由我个人承担。"劳合·乔治回答道："阁下肯定不会允许自己变成一座保护同僚、以免他们被炮弹碎片击中的防空洞。"dcccxv

在晚上大约 9 点半的时候，阿尔伯特·维克多·亚历山大代表工党做了总结发言。亚历山大是在合作化运动过程中从谢菲尔德选区进入议会的，自从于 1929 年在麦克唐纳政府里出任海军大臣以来，他几乎一直全心全意地关注着海军部的工作。他是一个喜欢虚张声势、思想狭隘的爱国主义者，还是一名浸礼会在俗牧师。他滴酒不沾，总是想要将自己塑造成一个"小"丘吉尔。在丘吉尔领导的联合政府里再度出任海军大臣后，他就总是喜欢穿着双排扣的厚呢子短上衣，戴着一顶港务局资深会员们戴的那种暗色游艇帽。但是他与丘吉尔并不一样，大多数时候他都对海军将领们言听计从，只有当丘吉尔对他下达不同指令的时候才会出现例外，碰到这种情况时他也会感到很不自在。

在之前的 8 个月里，亚历山大在议会里丝毫不曾为难过丘吉尔。在某种程度上，他在 5 月 8 日发表的讲话是一个例外。他带着明确的目标直率地提了几个令人尴尬的问题，但是他和其他有着同样表现的议员在发言中都显示出了对丘吉尔的敬意，同时也遗憾地指出，在形势如此糟糕的情况汇报会上首先发言的应当是丘吉尔，而不是他更令人反感的同僚：

> 我要将自己之前说过的话再当众重申一遍，我对海军大臣的能力、决心和斗志都深表敬意，但是今天晚上，就在两天的辩论将要结束的时候，他应当以战时内阁阁员身份做出回答，首相在昨天已经清楚地表示过对于这场战役做出的所有决定，内阁里始终没有人存在异议。因此，在今天晚上战时内阁，包括海军大臣本人，必须对大家仅限于议会内部提出的批评意见做出回答。在过去的两天里，海军大臣的 3 位同僚［张伯伦、斯坦利和霍尔］已经在议会发表了讲话，如果海军大臣允许的话，我要说他们的讲话在最后关头给他留下了相当艰巨的差事。dcccxvi

晚上 10 点 11 分，丘吉尔站了起来，发表了 49 分钟的讲话。议员们普遍认为他的讲话精彩绝伦。钱浓站在支持张伯伦的立场上写道："他［丘吉尔］发表了一场凌厉、有力、令人叹为观止的讲话。" ^{dcccxvii} 尼科尔森从对立的立场出发，对讲话做了记述：

> ［温斯顿］面对着几乎不可能完成的任务。一方面，他必须为军队的表现进行辩护；另一方面，他又不得不忠诚于首相。人们会感到在自己的声望丝毫不受损害的情况下参与这场辩论的话，他是不可能完成这些任务的，然而他还是设法凭借着无与伦比的人格魅力、带着坚定不移的忠诚和显而易见的真诚完成了这两项任务，同时又凭借着自己的聪明才智证明了自己同这群糊涂、胆怯的人毫无关系。^{dcccxviii}

丘吉尔的讲话至少在前 40 分钟里引起了充分的关注。60 年后有更多的人拜读着这场讲话的讲稿，这场讲话与其说妙趣横生，不如说它惊心动魄。讲话中没有出现传世名言，丘吉尔也没有流露出渴望不断增强说服力的倾向。对于张伯伦可悲的"朋友"论调，他的处理手法十分高明。"他认为自己有一些朋友，我希望他真的有一些朋友。进展顺利的时候他肯定有很多朋友。"就这样，丘吉尔将自己作为能与人风雨同舟的朋友和其他那些只想着谋求庇护的朋友做了对比，同时又巧妙地提醒听众注意到在战前政府已经造成损害的时候他就不属于张伯伦一党。

最终，关键性的投票表决就要开始了。这时现场出现了有些歇斯底里的混乱场面，长期以来每当做出最严肃的决定时下议院总是容易出现这样的景象。引起混乱的是几名据说是酒醉中的苏格兰工党议员，但是随即另一方就做出了至少可以说同样醉醺醺的回应，现场变得更加混乱了。就连向来与伦道夫·丘吉尔勋爵一样喜欢制造混乱的休·道尔顿都感到了震惊，并在文章中提到"在温斯顿的讲话快要结束的时候现场乱成了一片，一些人的举动相当愚蠢"。^{dcccxix}

议会在一场重要辩论之后举行了一场重要表决。由 615 名议员组成的议会中有 486 名议员参加了投票，议会估计有 60 名保守党议员故意弃权，还有 41 名保守党议员表面上支持政府，实际上走进了工党的投票厅。结果，原本在议会中占有微弱优势的保守党多数党的席位从 213 个减少到 81 个。在大多数情况下，这样的表决结果完全允许执政党继续执政，许多执政党都在席位少于半数的情况下执政多年。但是当时英国正在战场上走向失败，首相在辩论中受到四面八方的攻击，全国人民在内心深处强烈渴望团结一心、渴望拥有更振奋人心的领导班子，在这样的形势下这样的表决结果就具有毁灭性的影响。张伯伦面色苍白、一脸凝重地离开了下议院。就在离开下议院后到午夜之间的这段时间里，他将丘吉尔叫进了自己的房间，告诉他自己觉得坚持不下去了。

表决名单上显示出的 41 位改变阵营的议员并非一贯喜欢跟政府唱反调的人，后一种人习惯与丘吉尔共事或者属于艾登麾下的"迷人小子"。（其实布兰登·布拉肯与邓肯·桑迪斯只是在效仿上司的做派，而不是他的兴趣，他们将票投给了政府。）真正产生影响力的是一些出人意料的反叛者，例如支持绥靖政策的"克利夫登圈子"的女主人南希·阿斯特，18 个月前在牛津大学的补选中获选并且恶意支持《慕尼黑协定》的昆廷·霍格。休·道尔顿认为"反对票"投票厅或者说是工党投票厅里满是形形色色身着军装的青年保守党人。[*]

就在这场表决结束的 30 个小时后，希特勒对西线发动了进攻（当时他尚未对挪威发起全面进攻），结束了所谓的"假战"。5 月 9 日，星期四，政客你来我往地进行着斡旋，不过大臣们还是设法抽出时间，参加了在上午召开的战时内阁会议，这场令人无法集中精神的会议持续了 1 小时又 1 刻钟。正如对幸福的日子所做的记述一样，多位当事人对于这段历史留下的书面回忆录或者口头回忆总是在细微之处存在着差异，不过大体上事件造成的后果一目了然。导致外界对这段历史有些困惑的罪魁祸首正是丘吉尔本人。时隔 6 年之后，他在二战回忆录的第一卷里讲述了自己与张伯伦、哈利法克斯在 5 月 10 日星期五的上午 11 点进行了一次极其激动人心的会面，这时德国已经发动了攻击。接着，他写到张伯伦承认自己无法继续担任首相

---

[*] 在他们中间就有约翰·普罗富莫，在 41 位转变阵营的议员中只有两个人活到了 21 世纪，其中一个人正是普罗富莫（另一个是昆廷·霍格）。普罗富莫出人意料地（几乎就连他本人都感到意外）同这群人一起将票投给了工党。在 4 月刚刚举行的北安普敦郡的补选中，当时年仅 23 岁的普罗富莫在没有受到太大阻碍的情况下以张伯伦支持者的身份获选，在举行这场表决的时候他正服役于驻扎在埃塞克斯偏远地区的一支部队，他离开军营 24 个小时，前往伦敦参加了投票表决。有一次，我听他提起过那次经历，他的讲述十分吸引人。普罗富莫的大部分战友都认为他此行的主要目的是去夜总会而不是下议院，其实两个地方他都去了，不过他首先去的还是下议院。就在辩论结束、即将举行表决的时候，他才突然意识到为了国家和自己的部队，他有责任给政府投出反对票。这是一个大胆甚至可以说高贵的决定。次日清晨，经过后一项夜生活之后，有些睡眼惺忪的普罗富莫被叫去同令人敬畏的保守党党派总督导马杰森上尉见面。在一通骂骂咧咧的谴责中，对方指出他背叛了他获选——或者说得到提名——的一切目标。在 50 多年后提起往事的时候，那次谈话令他最记忆犹新的还是马杰森对他进行的一通长篇大论的咒骂。"我可以告诉你，你就是一个卑鄙的小王八蛋。在你的余生中，每天早上醒来时你都会为自己在昨天晚上干下的好事感到羞愧。"很少有预言会那么快、那么彻底地就遭到了现实的否定。出于政治平衡的考虑，在此有必要交代一下普罗富莫对当天下午返回军营时的情形所做的描述。他不知道自己会被战友们视作英雄还是恶棍，结果他既没有成为英雄，也没有变成恶棍，这场议会辩论和投票表决已经被战友们彻底抛之脑后了。

了，为了支持哈利法克斯上台，他试图客客气气地否决丘吉尔继任的可能性。丘吉尔对那一幕的叙述令人难忘："我一直沉默不语，大家暂停了好一会儿，感觉肯定比纪念停战日的两分钟默哀更漫长。最后还是哈利法克斯先开了口。"dcccxx 外交大臣表示由于贵族身份自己没有资格出任首相，因此将继任的权利让给了丘吉尔。

这段记述不缺少确凿无疑的核心事实，但是在时间和参与者问题上完全不符合事实。这场关键性的会面发生在星期四的下午，而不是星期五的早上，在场的还有马杰森。无须丘吉尔坚定地保持沉默，哈利法克斯就将自己排除在首相人选之外了。其实在星期四上午 10 点 15 分与张伯伦单独会面的过程中，他就已经做出了这样的表态，他还强调，身为贵族的他在出任首相后将会面临非常不利的处境，并且第一次说出了一想到出任首相"我就感到剧烈的腹痛"这句话。在当天下午 4 点半举行的四方会面中，他坚持了自己的观点。身为上议院出身的首相，过不了多久他就会变成一个"小卒子"，在 1916 年的时候劳合·乔治就曾试图架空阿斯奎斯。"我认为温斯顿是更适合的人选。温斯顿没有表示异议，他很友好、很客气，同时也表现出在他看来这是一个正确选择的架势。党派总督导和其他人都认为下议院的态度也逐渐转向了他。"这段口吻有些像电报的叙述来自外交部常务次官贾德干的记录，在哈利法克斯从唐宁街 10 号回来后贾德干立即就见到了他。哈利法克斯的态度得到了贾德干的证实，在记述了同前者的会面后，一向下笔刻薄的贾德干发表了一番评论："我说我个人对这个［决定］表示欢迎，这样一来，哈［哈利法克斯］就留在我们身边了。（我认为他不具有应付这种危机所需要的首相素质。我们会失去一位优秀的国务大臣，得到一位蹩脚的首相。不过，对于丘吉尔我更是毫无把握。）" dcccxxi

第二天，理查德·奥斯汀·巴特勒想同自己的领导见一面，试图在最后一刻说服他改变主意。巴特勒是哈利法克斯在议会的次官，他对丘吉尔非常不信任。结果，巴特勒得知哈利法克斯已经去看牙医了，这不仅表明哈利法克斯出现痛感的部位并不仅限于腹部，而且还表明他有着强烈的解脱感。无疑，面对 1940 年 5 月 9 日和 10 日这两天的形势，哈利法克斯打定主意放弃首相的职位。若是他希望出任首相的话，他应该会十拿九稳地得到任命，这一点也同样不存在多少疑问。他是当权派里的首选候选人。工党的立场不甚明朗，这一点很关键，因为张伯伦觉得工党不会听命于他，在他突然宣布了自己的决定后会出现一个空白。道尔顿支持哈利法克斯，据说艾德礼也是如此，不过这种说法有些不可靠。莫里森也倾向于哈利法克斯。罗伯特·布莱克曾一针见血地指出，他们"别无选择，只能否决"。他们原本不会对哈利法克斯表示否决，不过他们也不倾向于否决丘吉尔。

更值得怀疑的是，哈利法克斯主动放弃的成分有多大。他被称为"圣狐"（在英文中发音与他的本名接近）并非毫无道理。哈利法克斯相信即使自己不比丘吉尔的精力更充沛、对军务更专注，自己至少也比丘吉尔更富有智慧。他认为相比与丘吉尔争抢对政府的控制权，坐在内阁里掌握着实权的位置上，再加上拒绝首相一职的美名，他或许就能更稳妥地驾驭这个性格冲动的莽夫（众所周知，他将此人及其政治伙伴——例如比弗布鲁克、布拉肯——称为"一群恶棍"），况且那个政府应该是一个有名无实的哈利法克斯政府（只是区区一个有名无实的政府）。而且，丘吉尔政府没准过不了多久就会垮台。在丘吉尔政府上台之初，有很多人都持有同样的看法。一旦出现这样的情况，他（哈利法克斯）就可以在有利的形势下介入，着手收拾残局，而无须面对一位强大竞争对手的威胁。所谓的残局大概就是独立的英国四分五裂，政治力量分崩离析。这两种假设都只是猜测而已，不过哈利法克斯的私人书信中还是透露出一些蛛丝马迹，证明了这些想法并非完全空穴来风。最终，这两种假设都落空了。在1940年余下的时间里，直到以驻美大使身份被派往华盛顿，哈利法克斯在政府里的影响力一直在逐渐减弱而不是增强，丘吉尔政府远非一个"拙劣、粗俗、短命"的政府，它存在了5年，最终成为20世纪最著名的一届政府，或许在英国内阁的历史上也是最著名的。在很大程度上，这一点应当归功于完全可以在5月9日出任首相的哈利法克斯明智地拒绝了出任首相的提议。

因此，工党为丘吉尔保驾护航、将他送上了首相的位置这种说法便无从求证了。尽管如此，在整盘棋局上工党仍然是一枚至关重要的棋子。星期四晚上6点15分，即重要的四方会晤之后，艾德礼与格林伍德找到了张伯伦，与此同时哈利法克斯与丘吉尔已经被打发到花园里去喝茶了，丘吉尔从来不喜欢在这个时间喝茶，实际上在任何时间他都对这种饮料没有兴趣。在那个令人绝望的春末和夏天，户外环境对英国的现实而言显现出一种矛盾的特质，前景越是恐怖，天气就越是风和日丽，有大量文献资料都提到了当时美丽的风景和可怕的威胁形成了刺眼的对比。

丘吉尔与哈利法克斯在花园里喝着茶，这时张伯伦正在会见《每日电讯报》的所有人卡姆罗斯。卡姆罗斯习惯性地对这次会面做了确切的记述：

> 对于自己应该请国王召见谁的问题，他［张伯伦］已经考虑过了，并且已经与哈利法克斯和温斯顿讨论过此事，他也了解到工党人的情绪已经背弃哈利法克斯，况且后者已经表示自己希望不要受到国王的召见，因为他感到这个职位会给自己带来很大的困难和麻烦。因此，他（内维尔）会建议国王召见温斯顿。_{dcccxxii}

假如工党领导人的表现不出所料，那么在星期四的下午（5月9日）这个问题就会得到解决了。大体上工党方面没有做出意外的举动。丘吉尔曾经描述过当时艾德礼、格林伍德与张伯伦坐在内阁会议桌的一侧，哈利法克斯与他坐在会议桌的另一侧。哈利法克斯在当时留下的一封信中提到了这一幕：

> 首相将现实摆在了他们的面前［他们可以加入一个全国团结一心的跨党派联合政府］，对于这个提议他们的态度有些模糊。最终他们还是表示他们觉得自己无法说服工党接受首相的领导，不过他们答应将在明天就两种选择征求工党执行委员会的意见——如果工党基本上同意加入联合政府的话，（1）接受内维尔的领导，（2）接受其他人的领导。明天下午他们将会通过电话对两个选项做出"肯定"或者"否定"的回答。dcccxxiii

当时工党即将在伯恩茅斯召开年会，直到星期一全体代表才会碰头，不过全国执行委员会提前集中召开了一系列的预备会议，在那个年代这个机构掌握着很大的实权。始终坚持议事原则的工党不可能为了英国在挪威战役中吃了败仗，或者德国在英吉利海峡对岸100多英里外的地方发动了闪电战之类的事情，而破坏自己一直遵循的惯例。艾德礼和工党人乘坐11点34分的火车从滑铁卢站前往了伯恩茅斯，准时在托拉德皇家酒店的地下室举行了会议。根据道尔顿的记述，一些兴奋过头的成员在会上滔滔不绝地讲个没完，不过最终他们还是比较迅速地达成了一致意见。艾德礼在下午5点给唐宁街打去电话，简明扼要地告知了对方工党的决议。他们接受联合政府，但是不接受张伯伦的领导。他们可以接受另一位保守党首相的领导，但是他们没有明确表示他们究竟倾向于哈利法克斯还是丘吉尔——这也是仅有的两个有效选择项。收到这个消息后，张伯伦前往白金汉宫，正式递交了自己的辞呈，并建议国王召见丘吉尔。5月10日，星期五，下午6点，丘吉尔成为首相。与此同时，艾德礼正在返回伦敦的路上，当天夜里他（与格林伍德）前往海军部拜访了丘吉尔，对新政府的构架问题进行了商议。

政界在两天的时间里做出了如此关键的重大调整，同哈利法克斯的情况不同，在此期间始终不曾有人对丘吉尔极度渴望出任首相的态度表示过怀疑。就在结束辩论、在半夜与张伯伦会面之后，丘吉尔立即在星期四的清晨给艾登打去电话，邀请他在当天与他共进午餐。前来赴宴的时候艾登惊讶地看到参加聚餐的还有另外一个人，这个人就是截至当时一直忠心耿耿追随张伯伦的掌玺大臣金斯利·伍德。伍德已经断定为了张伯伦本人以及国家的利益自己应该转变阵营了，早在哈利法克斯出现"腹痛"之前他就坚信丘吉尔才是不可或缺的继任者。在那个星期四，他的看法没有起到重要作用，张伯伦与哈利法克斯已经在没有他介入的情况下得出了这个结论。到了次日，他们可能更是坚定了这种想法。就在这一天的清晨，英国接到了德国开始进攻西线的消息，张伯伦一开始还考虑过以此为借口继续留任到"法国战役结束的时候"。^{dcccxxiv}作为朋友，伍德发挥了重要作用，他告诉张伯伦继续留任的想法太不理智了。德国发动攻击的事实在一定程度上决定了英国有必要更换领导人。

星期四早上，丘吉尔还同比弗布鲁克、布拉肯见了面，之前他们都强烈要求他在面对哈利法克斯和他二选一的问题时，无论什么时候都要采用沉默战术。当天晚上，艾登又与丘吉尔共进了晚餐，这一次只有他们两个人。每逢关键性时刻，克莱门汀总是会躲开，不过在大多数情况下她的理由都很合情合理。这一次她得去陪陪妹妹内莉·罗米利，因为妹夫在赫里福德郡逝世了。在妻子不在场的情况下，丘吉尔对工作的轻重缓急分得很清楚，他不允许自己受到海军部工作的困扰，从而忽视了眼下至关重要的政治工作。只有当丘吉尔试图过度安抚张伯伦的时候，工党领导层才表现出了一丝不满。在由 5 名成员组成的内阁中工党得到 2 个不占据大臣职位的位置，3 名文职大臣中有一名出自工党（海军大臣亚历山大），在内阁之外欧内斯特·贝文、莫里森和道尔顿也都担任了要职，对于这样的安排艾德礼与格林伍德都很满意。在反对党以及一些保守党人的眼中，西蒙与霍尔就像灰姑娘的那对"丑八怪姊妹"，他们也得到了满意的安排。西蒙没有进入内阁，但是出任了大法官，对此艾德礼说过"他不会妨碍到任何事情"。（丘吉尔同意让西蒙留任上议院议长，但是直到 1945 年夏天组建常规规模的"临时"内阁时他也没有接受西蒙进入内阁。）霍尔退出了政府，但是不到一个月，他就以大使身份被派往弗朗西斯科·佛朗哥统治的西班牙。

相比之下，丘吉尔更希望对张伯伦表示更多的关照。他最初打算任命后者为下议院领袖及财政大臣，并且让其继续担任保守党领袖，最后这项职务的任免并不取决于他。无疑，丘吉尔意识到这样的安排类似于当年伯纳尔·劳对劳合·乔治的安排。伯纳尔·劳是张伯伦的前辈，当时他还是托利党领袖，不过这两种安排还是存在着显著的差别，当时劳合·乔治所属的政党不是多数党，而今丘吉尔的政党是多数党。[*]丘吉尔对张伯伦的安排令工党难以接受。艾德礼就表示了强烈的抗议，不

---

* 劳合·乔治认为丘吉尔在 1940 年的时候有些惧怕张伯伦（约翰·卢卡奇，《伦敦五日，1940 年 5 月》，p.22），即使这种说法符合事实，惧怕张伯伦也胜过像劳合·乔治那样惧怕希特勒。5 月 13 日，劳合·乔治表示拒绝加入新一届政府，他认为英国的未来已经没有希望了。

过他也承认让张伯伦"留在政府内"的提议是不可抗拒的。长着一张圆脸盘、一贯善于传话的金斯利·伍德出任了财政大臣；丘吉尔本人延续首相的传统做法，担任名义上的下议院领袖；艾德礼成为负责日常工作的副领袖；张伯伦成为枢密院大臣，这个闲职比之前艾德礼担任的掌玺大臣的级别略高。

除了这些考虑过或者得到落实的人事安排，从白金汉宫回来后丘吉尔还立即提笔写了两封扎扎实实的长信，在信中表达了自己的感激和祝福，早早表明自己清楚保守党内部的支持力量有可能存在的薄弱环节（或许也是出于礼貌的需要）。其中一封信是写给张伯伦的，另一封信是给哈利法克斯的。* ^{dcccxxv} 终于，丘吉尔在 65 岁这一年成为首相，除了刚刚离职的前任，自坎贝尔–班纳文之后他是初次坐上这个位置的人里最年长的，此时距离他首次当选为议员已经过去几乎 40 年。他在最凶险的情况下接受了这个位置，古往今来没有一位首相在上任时面临的处境比他面临的更为严峻。他所面对的政治环境和军事环境危险丛生，他不是国王选中的人选，也不是白厅的选择，对于他所断言的野蛮未来，白厅这部政治机器表现出了程度不一的惊愕和气馁，他也不是下议院多数党的选择，但是从某种不成熟的角度而言，他是——或者说不久便会成为——民众和媒体心目中的国家捍卫者，从国王到常务秘书，一开始不愿接受他并对他充满怀疑的人很快也会承认英国不能没有他。

---

* 就在同一天，即 5 月 10 日，他颇有骑士风度的叫自己的私人秘书主动邀请在荷兰避难的前德国皇帝前往英国，以躲避不断向前推进的德国国防军。他会优先处理这件事情令外界感到有些匪夷所思。

第三十一章　5月里的21天

从某种不太现实的角度而言，考虑到对英国的前途产生的影响以及英国人民的生活环境，1940年春末夏初的一段时间可谓英国历史上最非凡的时期之一。或许在有些人看来这段时期同诺曼人征服不列颠、英格兰舰队与西班牙无敌舰队交手，以及拿破仑率领侵略军在布洛涅大规模安营扎寨时期有些相似，我对这种看法表示怀疑。在之前这些时期里，通信手段还不够发达，不足以制造出最终蔓延至英国全国的恐慌感。对于上述最后一段时期，我们都很了解，尤其是通过简·奥斯汀的小说，当时一座座豪宅里和附近的教区长的家中都依然维持着那么平静的生活。

在1940年，从很多方面而言人们依然过着正常的生活。英国还完全没有得到充分的动员，进行充分动员无异于是对前一届政府提出了控诉。当时英国国内还有将近100万的失业人口，但是全国的经济形势还不太紧张，这意味着有些人依然可以继续享受在20世纪30年代所能享受到的舒适生活；一贯可靠的火车也继续提供着畅通无阻的旅行，特快列车上的餐车设施甚至比今天的列车餐车更为完善；石油供应还有一定比例专供个人使用的存量；食物供应也尚未采用严格的配给制，无论是城市还是乡间的酒店在饭菜的供应方面都依然维持着5年前的水平（尽管这并不意味着食物供应很充足），在接下来的一段时间里葡萄酒和烈酒的供应也很充足。正如作者在前文中提到的那样，在这些日常生活的背后，英国人民经历了历史上最持久的一次高气压天气系统，夏季里接连不断地出现了风和日丽的好天气。

全国上上下下的情绪与其说是毫不动摇，不如说是人们无视眼前的危险，直到此时全国人民依然保持着凝聚力，在当时那种情况下，这样高度一致的情绪显得非常奇特。恐怖的景象近在眼前，但是英国人民一致强迫自己将战败的后果抛之脑后。这不是英勇与否的问题。更准确地说，他们只是愿意相信事情不会发展到最严重的程度。丘吉尔有着催眠功效的讲话对这种情况的产生起到了多大的促进作用？这个问题难以回答。丘吉尔的目标和方式方法都强化了这种无视现实的情绪。他制造了一种不理智的欢乐的信念，让英国人相信胜利终将属于自己。回顾一下我自己在 19 岁那一年的思想状态，我就会发现其实当时我的情绪更是如此。这种信念至少打消了恐惧带来的麻木，让人们有可能维持正常活动，其中一部分活动比其他事情对保证英国参加战争发挥了更重要的作用，这种信念保证了人们在身临绝境时依然可以过着极其幸福的生活。

对首相的职位丘吉尔已经觊觎了很久，他也急不可耐地抓住了机会，但是他的上任至多只相当于一场仓促凑合的战时婚姻。在那个短暂的周末里，他收到了老朋友们热情洋溢的祝贺信（1896 年与他一道在古巴经历了炮火、永远对他满怀信心的雷吉·巴恩斯将军和维奥莱特·博纳姆·卡特夫人都是很好的例子），同时他还组建了政府，对于多年来目睹着政府的表现、认为自己在那个位置上会做得更出色的人而言，后一件事情自然是一件令人开心的差事。然而，这只是一段短暂的蜜月期，而且即使在这段时间里，丘吉尔也还是受到了容易动怒、表里不一的汉基的诟病，后者在星期日（5 月 12 日）给被逐出政府的塞缪尔·霍尔写了一封信："我发现今天早晨简直是混乱不堪。没有人明白战争已经发展到怎样的危急地步。独裁者没有控制政府，反而为了一些中级职位跟左派政客吵得不可开交。内·张［张伯伦］对一切都感到绝望。"dcccxxvi 这短短的一段话充分阐明了 20 世纪 30 年代老一代白厅政府班子的核心成员对丘吉尔的严重偏见：张伯伦能让政府井然有序地运转；丘吉尔只会自吹自擂、搞政治阴谋，而不是正正经经地发表讲话，跨党派政府更多的意味着政府被搞得乌烟瘴气，而不是实现了全国团结。

第二天，丘吉尔受到了下议院不太热情的"欢迎"。议会通过电报分别通知了各位议员，在圣灵降临节银行假期（星期一）下午 2 点 30 分举行会议。我父亲在日记中记述了在工党大会最开始的阶段，经过一个小时的正式亮相后艾德礼与他一起乘车前往了伦敦。* 他们在 1 点 30 分的时候赶到了威斯敏斯特，刚好赶上下议院会议，艾德礼象征着新的政治格局，就座于政府的前座议席，他和我父亲目睹了接下来发生的事情。用尼科尔森的话来说，当张伯伦赶到会场时，保守党议员们对他报以"极其热烈的欢迎"。dcccxxvii 钱浓更是在日记中写道："议员们都丧失了理智，大喊大叫起来，欢呼着，挥舞着议事日程表，以整齐划一的掌声对他表示了欢迎。"相形之下，丘吉尔"没有受到太热烈的欢迎"，dcccxxviii 稀稀落落的欢呼声几乎都来自工

---

* 作者的父亲亚瑟·詹金斯（1882—1946）自 1935 年至逝世前一直担任着蒙茅斯郡庞蒂浦的工党议员，自 1937 至 1945 年年初担任艾德礼的私人秘书并同其保持着不同寻常的亲密关系，在 1945 年年初他成了丘吉尔联合政府里的一位低级大臣。

党和自由党议席。

接下来，丘吉尔发表了一份非常简单的声明，与其说是一场讲话，不如说是呼吁大家各就各位、进入战斗状态的号召。不过，他的讲话中还是出现了一些直到几十年后依然振聋发聩的句子：

> 正如我对加入这届政府的议员们说过的那样，我要告诉下议院我能提供给大家的就只有鲜血、劳苦、眼泪和汗水。我们的面前出现了最艰巨的严峻考验……你们问，我们的政策是什么？我要说我们的政策就是开战：在海上，在陆地上，在空中，凭着上帝赐予我们的力量和勇气全力以赴；向骇人听闻的专制政府开战，没有哪一个政府对人类犯下的罪行能比他们犯下的罪行更黑暗、更可悲。这就是我们的政策。你们问，我们的目标是什么？我用一个词就能回答你们的问题：胜利，在所不惜也要取得的胜利，无论多么恐惧也要取得的胜利，就是胜利，无论这条路有多么漫长、多么艰险；没有胜利，我们就只有灭亡。dcccxxix

尼科尔森说过这段话"切中要害"，dcccxxx 钱浓说"新首相讲得非常好，甚至可以说相当激动人心"。dcccxxxi 其中最引人注目的或许就是科尔维尔，在丘吉尔发表讲话的 68 个小时之前，他刚刚与理查德·奥斯汀·巴特勒、亚历克·道格拉斯－霍姆与亨利·奇普斯·钱浓一起用香槟酒向"海上之王"（此处指张伯伦）① 表示了敬意，然而他在日记中写道："他［丘吉尔］发表了一场简短但精彩绝伦的讲话。"dcccxxxii 支持张伯伦、反对丘吉尔的传统思维开始逐渐瓦解了，但是距离彻底瓦解还需要很长一段时间。

在 35 年前，贝尔福结束首相生涯之后上台的首相里，丘吉尔有着最不容置疑的上层阶级出身，但是他的威信也是最根植于民间的拥护。就在他受到下议院不太热情的欢迎的第二天（不过，下议院还是毫无异议地投票表示信任这届政府），活跃于 20 世纪 30 年代至 20 世纪 40 年代的杰出的左派政治漫画家戴维·洛在《旗帜晚报》上发表了一幅令人难忘、观点鲜明的作品。不同寻常的是，这幅画丝毫不带有任何调侃的色彩。画面中，丘吉尔将袖子高高挽起，迈着坚定的步伐大步流星地

---

① 在祝酒的时候，英国人习惯将 1689 年 2 月 6 日"自行退位"的詹姆士二世及其拥护者的后世子孙称为"海上之王"。

朝前走去，他的身后跟着艾德礼、贝文、张伯伦、格林伍德、哈利法克斯、辛克莱、莫里森、艾登、艾默里、达夫·库珀、阿尔伯特·维克多·亚历山大和一大批无名的支持者，所有人都清一色地挽起袖子、准备参加战斗。这幅画的标题是："温斯顿，大家都是你的后盾。"不可思议的是，这幅画既描绘出了当时的民族情绪，同时又对民族情绪的形成起到了促进作用，远比在前一天一副沉默退缩模样的下议院起到的作用大。

丘吉尔出任首相后短暂灰暗的蜜月期就这样结束了。他继承的是一份最恐怖的遗产，他对这份工作的渴望从未动摇过。只是根据陪同他的那位探长的记录——这位探长的记述有时候过于夸张——在得到任命、前去拜见了国王之后往回走的路上，他说道："真希望现在还不算太晚。我太担心这个问题了。"dcccxxxiii 对于法国、英国以及丘吉尔本人来说，在接下来的几个星期里悲惨的状况几乎丝毫没有得到缓解。《第二次世界大战》第一卷充满自信的结尾为世人所熟知：

> 大约凌晨 3 点的时候，我睡下了［就在这天夜里他成了首相］，我强烈地感到了如释重负。我终于有了控制全局的最高指挥权。我感到自己仿佛走上了注定的道路，之前的生命都在为这一刻、为这一场磨难做着准备……我确信我不会失败。因此，即使我急不可耐地期盼着清晨的到来，我还是沉沉地入睡了，无须美梦相伴。dccccxxxiv

当丘吉尔写下这段话的时候距离当年已经过去了 6 年的时间，一切已经时过境迁，谁都不会相信在接下来的几个星期里丘吉尔不曾陷入过令人崩溃的气馁，在清晨醒来时不曾想到自己肯定判断错了、几乎是疯了，所以才会在一切似乎有可能滑向万劫不复的深渊时自讨苦吃，主动挑起这副沉重至极的担子。科尔维尔在 5 月 17 日的日记中，记录了自己前往位于伦敦西北郊的小型机场亨顿机场同首相见面的情形，当时后者刚刚结束了在巴黎的极其令人沮丧的访问，回到国内。科尔维尔写道："他看上去很开心。之前他在大使馆过了夜，吃了早餐。"一天后："温斯顿面对危机和逆境充满了斗志，他以这样的生活为乐。"dccccxxxv 然而，到了 5 月 21 日科尔维尔又写道："我从未见过温斯顿如此抑郁……"dccccxxxvi 无疑，丘吉尔的情绪一直起伏不定，有时非常低落，但是没有丝毫迹象显示他的"黑狗"情绪又卷土重来了，实际上他也没有时间任由"黑狗"折磨他。有一次，他躲到了查特维尔庄园，独自待了一整天，基本上只是喂了喂自己养的黑天鹅和鲤鱼。或许这种状态正是抑郁的一种表现，不过总体上丘吉尔自有一套防止抑郁的强效方法，凭着这套方法以不变应万变。他的方法就是针对大大小小的问题口述无数简短的备忘录，他也知道这些指令都会得到执行。行使大权的感觉令他开心。

然而，也有清楚的迹象表明丘吉尔的脾气，甚至他一贯彬彬有礼的态度都受到了压力的考验，这一点并不令人感到意外。仅仅在丘吉尔手下供职一个星期后，[*] 科尔维尔便在日记中提到"他太不体谅下属了"（科尔维尔并非在抱怨自己受到的待遇）。[dcccxxxvii] 克莱门汀在接下来的一个月里（6月27日）给丈夫写过一封充满惊恐情绪的信，这封信的存在更加确凿地证实了这一点。更加可怕的是，这封信是他们夫妻俩在1940年整整一年里留下的唯一一封信：

亲爱的：

我想跟你说一些你应当知道的事情，希望你能原谅我。

你的一名随从（一位忠心耿耿的朋友）来找过我，跟我说你现在处境不妙，你的同僚和下属基本上都对你没有好感，因为你粗暴地挖苦别人、待人接物有些霸道。似乎你的私人秘书们一致认为自己应该表现得像学校学生一样，"你怎么说，他们就怎么做"，躲开你之后再耸耸肩膀。你是个大人物，要是有人提出某种想法（比方说在某次会议上），你应该会一脸不屑地说眼下不应该提出任何想法，无论是消极的还是积极的。我十分惊讶也十分不安，因为这些年来我已经习惯看到与你共事、为你效力的人都那么爱戴你。这些话我都跟他说了，他告诉我"肯定是压力造成的"……

亲爱的温斯顿，我必须坦白告诉你一点，我注意到你的态度变差了，你不再像以往那么友善了。

做决定的人是你，要是他们把事情搞砸的话，除了国王、坎特伯雷大主教和议长，你有权解雇任何人，甚至所有人。所以，拥有这种大权的时候，你更是必须拿出你的风度，你的善良，如果有可能的话，还要加上稳如泰山的定力……为国家、为你效力的人不爱戴你、不崇拜你、不尊敬你，这样的现实我接受不了。况且，暴躁和粗鲁不可能让你做出最好的表现，这两种状态不是引起别人的反感，就是调教出奴性思维（这样一来，在战争期间倒是不存在发生内讧的可能了！）。

---

[*] 科尔维尔从自己所属的外交部被临时调派给首相张伯伦，在丘吉尔上任后他继续留任了首相的私人秘书。尽管他原本忠诚于张伯伦，不过很快他就成了丘吉尔最钟爱的私人秘书（并且一直工作到1955年），并且在自己的日记中为丘吉尔晚期的公职生涯留下了最上乘的记录。

请原谅你忠诚而警觉的爱人

克莱门汀

这封信是我于上周日在首相乡间别墅写下的，当时我已经把信撕毁了，现在还是寄给你吧。^{dcccxxxviii}

这封充满智慧和勇气的信所产生的效果难以得到具体的估量，不过有一点是可以肯定的，在二战期间与丘吉尔保持密切合作的同事最终都对他产生了爱戴之情，尽管他们还是常常会对他火冒三丈。

丘吉尔作为首相的蜜月期极其短促，因为就在戴维·洛发表了那幅欢欣鼓舞的漫画的次日清晨，丘吉尔便接到了保罗·雷诺打来的电话。雷诺是法国政府首脑，也是丘吉尔最尊敬的法国领导人之一，他认为相比其前任达拉第，这位总理取得了巨大的进步。这次电话会谈的记录显示："雷诺先生的情绪显然十分激动 [这样的措辞很可能意味着对方实际上不止如此]。他说昨晚对已经突破色当南线的德军的反击失败了，通往巴黎的路被打通了，法军吃了败仗。他甚至提到了放弃抵抗的事情。"^{dcccxxxix}

这是丘吉尔接到的第一个有关法国有可能陷落的危险信号，与此同时对方还请求英国派出更多的部队以及更多的战斗机中队。英国在必要的时间内根本没有能力答应对方的第一个请求，第二个请求有实现的可能性，但是这样一来英国驻守本土的战斗机中队的数量就有可能会被减少到危险的程度，低于战斗机指挥部认为英国保障有效防御的最低标准。在这样的两难选择背后存在着接下来 5 个星期的核心问题：英国是否应该倾尽一切人力物力防止法国陷落，或者说，在人们越来越认为法国人的抵抗意志已经不太坚定的情况下，英国是否还存在更为辉煌的目标，即保存独自战斗到底的能力？在与法国结盟的问题上，丘吉尔付出了巨大的热情，他对法国军队的信心几乎超过了任何一位英国政客。然而，就在出任首相后的几天之内，他对法国军队的信任就迅速减弱了，从与雷诺通过电话进行会谈的那个清晨起，他就认为法国有可能会单方面与德国达成和解。这个想法如鲠在喉。电话会谈纪要继续写道："他 [丘吉尔]也数次重申——'无论法国怎么做，我们都将战斗到底。'"^{dccccxl} 很快人们就会看到，丘吉尔提到的最后一点在他的心中占据了主导地位，不可撼动。为了帮助自己缓和情绪，他写了一份战时内阁备忘录，在这份备忘录中表明了自己的想法，战斗到底的决心促使他认为"在进一步摧毁帝国的心脏之前，我们应当迟疑一下"。

这样的两难处境在接下来的 5 个星期里决定了丘吉尔对法国人的态度，只有 10

个师的兵力应对敌军的英国人，一直在敦促法国将领们以更强硬的劲头调派他们手下的 103 个师。大卫竟敢向哥利亚提建议！ ① 法国将领们无一不对丘吉尔的这条建议感到深恶痛绝，他们说实现这一点的前提条件是英国人至少对自己少得可怜的地面行动做出弥补，出动一切可以出动的空军力量，为盟军在法国的决定性战役提供掩护。法国方面提出的要求本身并非毫无道理，史末资就对其表示了支持，丘吉尔一贯十分信任后者在战略方面发表的意见。在 6 月的第一个星期，史末资从南非发出信号，暗示一切都应当集中在决定性的问题上。这是得到普遍认同的军事指导原则。在第一次世界大战的最后几个阶段，经过必要修正后的这条原则自然也得到了劳合·乔治的认可以及丘吉尔的支持，但是当时克里孟梭与福煦的抵抗意志无疑充分代表了法国军队的战斗精神，尽管摆在他们面前的依然是 1917 年里面对的各种问题。1940 年的情况与当年的本质差异在于，丘吉尔不再认可这种说法了。事实证明他的判断没有错。当时也没有任何理由认为更大幅度地消耗英国空军力量就能为法国战局带来不同的结果。

英国派出更多的飞行中队所能实现的结果或许就是，为丘吉尔再次出访法国以及雷诺到访伦敦（5 月 26 日）营造出一团和气的氛围。这次出访是丘吉尔在走马上任直到法国停战期间对法国进行的第 6 次访问，之后还计划了两次出访，一次由于同僚的劝阻而中止了，而原定于 6 月 16 日成行的另一次出访计划则由于当时法国已经不存在愿意接待他的政府而被取消了。然而，如果在两个半月后打响的空中战斗"不列颠之战"中英国遭到失败（英国最终也只是险胜而已），法国对英国保持几个星期的友好态度根本不足以补偿英国遭受的损失。

丘吉尔对法国的 6 次出访中有 3 次都集中在 5 月。第 1 次是在 16 至 17 日，在这次访问的过程中他实际上产生了动摇，以至于向法国增派了 10 支飞行中队（其中 4 支中队在丘吉尔出访之前就已经得到了战时内阁的批准，但是丘吉尔从巴黎给国内发回去几条不可抗拒的消息，从而迫使战时内阁同意继续增派 6 支飞行中队）。不过他的动摇仅限于此。第 2 次出访是在 5 月 22 日，这一次完全是无奈的选择，当时英国方面对取代甘末林出任法军总司令的马克西姆·魏刚将军颇有好感。这位将军已经年满 73 岁了，但是他"就像 50 岁的人"一样依赖于丘吉尔，通常总是能"凭借着自己的活力和信心给对方留下非常好的印象"。[dcccxli] 更确切地说，他已经有

---

① 牧童大卫与非利士人的勇士歌利亚战斗的故事成了"以小胜大"的代名词，见《圣经·撒母耳记上，17》。

了一套"魏刚计划"，按照这项计划，驻守在英吉利海峡附近的法国第 1 集团军和英国远征军应当在南部发起攻势，与此同时刚刚利用马其诺防线、北非和其他各个方面的力量仓促拼凑成的一支法国部队将在防线中心的北部发起进攻，以期切断德国的突出地带，这片地区大约有 50 英里宽，毗邻圣康坦，距离巴黎东北部有 80 英里，就位于巴黎通往布鲁塞尔的铁路交通主干道上。这项计划同之前甘末林构想的计划没有太大的区别，只是魏刚暂时显示出了有望实现计划的信心，甘末林则从未显示过这样的姿态。魏刚的自信大错特错。如同在甘末林领导时期一样，法国军队在魏刚的领导下也几乎毫无成果，他们也没有从索姆河向北部发起进攻。英国军队倒是在加莱海峡省的省会阿拉斯发起了攻势，但是这场军事行动没有取得任何效果，丘吉尔后来认为这场行动是为了通过海路撤离布洛涅而做出的错误决定。在 5 月 25 日（星期六）的晚上，英国远征军总司令戈特将军断定魏刚计划已经破产，他唯一的选择就是朝海上、朝仅存的港口加莱和敦刻尔克撤退。两天后，比利时国王和军队投降（大臣们取道法国，逃往英国，并且在英国组建了同盟国流亡政府），然而战争的前景基本上没有得到丝毫的改观。

对于魏刚计划的失败，法国军队至少同英国军队负有同样的责任，哪怕只是因为他们在数量上占有巨大的优势。此外，法国第 1 集团军就如同在德军突破地带和英吉利海峡之间的英国军队一样被切断了。各种条件都保证了两个在困境中苦苦挣扎的盟友将会开始激烈地讨伐对方，这种状况十分危险。丘吉尔接过了英国战争机器的最高指挥权，即使在这个阶段他还无法控制住局势，但至少他的思维方式发生了极大的改变。他原本有可能会像克莱门汀说的那样，越来越容易对下属动怒，但是他也更加倾向于控制住自己对眼前形势的执着和怒火，以谋求实现更长期的目标。这种观点在他与罗斯福总统在这几个星期里不尽如人意的通信中格外突出，他在面对逐渐走向失败的法军时表现出的态度也体现出了这一点。丘吉尔一心想要尽可能地将英国远征军部队营救回国，同时他又十分不愿给法国人的心里留下一道流血的伤口，直到此时他依然希望自己能说服法国人继续战斗下去，即使不是为了保卫巴黎或者说在巴黎决一死战，至少也要在巴黎的后方坚持到底。因此，他急需说服法国同意戈特的决定。5 月 26 日的战时内阁备忘录的机密附录中提到，首相认为"由于一路突破、向海岸推进，我们正在辜负法国人在军事上对我们的期望。确保法国方面不会因为此事对我们产生不满很重要"。[dcccxlii]31 日，丘吉尔亲自飞到巴黎，参加了最高作战委员会的一场会议。他一反常态地带着艾德礼、新任帝国总参谋长约翰·格瑞尔·迪尔元帅以及斯皮尔斯一同前往巴黎，他要尽力讲明英国方面不会率先谴责法国。他说，咱们走吧，"bras dessus, bras dessous"（手挽着手），英国人将会殿后。

尽管如此，这场会议依然令人不寒而栗。不久前被任命为副总理的亨利·菲利浦·贝当第一次出席了会议。伊斯梅 * 在记录中提道："一位神情落寞、着装朴素的老人拖沓着脚步朝我走了过来，他伸出手，说：'贝当。'很难相信这就是那位伟大的法国元帅，他的大名可是与传奇般的凡尔登战役联系在一起啊……而今他一副英雄迟暮的模样，平淡无奇，宣扬着失败主义的论调。"[dcccxliii] 用英国驻巴黎大使的话说，雷诺依然对丘吉尔"在讲话结尾时就英国人民将死战到底的坚定意志发表的一番气势恢宏的宣言"做出了热烈的回应，但是英国大使认为雷诺的称赞"只是出于理智，并非发自真心"。[dcccxliv]

在 5 月的最后几天里，丘吉尔不得不面对两个严峻的问题，最终这两个问题几乎齐头并进地得到了解决，只是在过程中出现了一些小的波折。在 5 月 27 日至 6 月 1 日的几天时间里，英军和法军共计从敦刻尔克以及毗邻的海滩撤出了 33.5 万人，直到 6 月 4 日还有一些部队继续在往外撤。这个数字远远超出了丘吉尔在几天前的预计，当时他认为幸运的话盟军能撤出 5 万人。在撤出的兵力中，英军有 22.4 万人，盟军有 11.1 万人，后者以法国人为主，还有少量的波兰人和比利时人。这个结果令人如释重负。英国远征军不断绕过多佛尔的白色悬崖涌入英国，尽管他们装备尽失。足够多的法国军队也获救了，勉强让人感到盟军依然保持着团结。当时规模还比较小的英国陆军里将近 25 万人重新登上祖国的海岸，这是一项有着重要的实际意义的艰巨任务。没有他们，面对德国侵略军的时候英国将不堪一击。与此同时，这项工作还有着更重要的心理意义，它几乎相当于帮助一个个家庭在家里的火炉前重新团聚在了一起，这就是"6 月初的圣诞节"。人们不禁将敦刻尔克大撤退视为一场胜利，而不仅仅是一次营救行动。丘吉尔坚定地抵制住了这种诱惑，6 月 4 日，他在下议院一针见血地指出："我们不可能通过撤退赢得战争。"[dcccxlv]

希特勒是否没能对英军勉强守住的阵地发动最后一次攻击，从而挫败英军成功的大撤退？果真如此的话，原因是什么？对于这些问题至今没有定论。或许可以说在这件事情上存在着一个不具有实际意义的原因。借用 18 世纪的英国诗人及学者托马斯·格雷的《墓园挽歌》的一句诗，希特勒希望英国人将欧洲"留给黄昏和我"，即使他怀着最强烈的亲英意愿——这种意愿对英国人充满诱惑力——也无论

---

　　*　黑斯廷斯·伊斯梅（昵称"帕格"）将军是兼任国防大臣的丘吉尔与各位参谋长之间必不可少的一位老练的联系人，二战期间他一直发挥着这样的作用。

他打算在更广阔的世界里为这样的意愿赋予何种功能，他或许都有这样的想法。没有多少盛大的"演出"能比成群结队的小船在5月末和6月初穿过平静的大海、将英国远征军送回肯特郡的景象更有资格代表德国在军事上的胜利，即使在这个过程中英国人也恢复了自信。不过，实际情况要更复杂一些。希特勒无疑阻止了德国装甲部队向桥头堡进发的脚步。

5月24日上午，在同A集团军统帅伦德施泰特将军磋商之后，希特勒做出了这个决定。在这个阶段，德国将领们甚至元帅们都非常不认同希特勒的意见，距离前线更近的将军们更是感到不满。费多尔·冯·博克将军在5月31日的信中以责备的口吻指出："等我们最终赶到敦刻尔克的时候，[英国人]都走光了。"对于这样的僵局，博克倾向于将责任归咎于吝惜自己麾下装甲部队的伦德施泰特，而不是元首。似乎没有理由怀疑这个命令并非来自希特勒。那么，他为什么要下达这样的命令？在一定程度上，或许是因为他认为英国人会被戈林（德国空军总司令）的空军一网打尽。当然，德国飞机的确让英国人在敦刻尔克港口以及城市以东的海滩上吃尽了苦头，不过除此之外它们几乎就没有发挥出更大的作用。敦刻尔克大撤退在很早的时候就证明了单凭空军是无法在战斗中取胜的。

除此以外，希特勒下达停止进军的命令是否还存在更多考虑？他是否有一些尚未成熟的想法？想要成为"欧洲皇帝及外围世界的皇帝"并且与英国和睦相处的话，他是不是就不应当让英国遭受奇耻大辱，是不是应当让英国至少保留一部分军队，用以维持大不列颠帝国的正常运转？事实大概只能证明这个问题是难以找到确切答案的，不过伊恩·克肖在《希特勒》一书中表示希特勒之所以做出这样的决定只是出于军事方面的考虑。不过，对于这场大规模撤军，希特勒的迟疑和盟军幸运地碰到了风和日丽的天气都起到了十分重要的作用。这场撤退即使没有产生积极的效果，至少也是丘吉尔在走马上任后的第一场胜利。

到了6月2日敦刻尔克大撤退实际上就已经结束了，这场行动令丘吉尔的信心比一个星期前增强了很多。在当天上午给伊斯梅将军的一份备忘录中，他在开篇处这样写道："英国远征军的成功撤退彻底改写了国防部的地位。"[dcccxlvi] 在这份扎实尖锐的备忘录中，他的语气完全是一个刚刚爬出隧道、有能力开始下一段旅程的人才会有的语气，这段旅程基本上就是英国的防御战阶段。相比之前的隧道，这一次他将穿过一片崭新的也是更振奋人心的乡野。

在这段日子里还有一个因素也在发挥作用，这个因素与敦刻尔克撤军类似，但是并非完全一样。在5月26日、27日和28日，战时内阁举行了9次气氛紧张的会议。会议达到如此密集的程度实属罕见。1968年1月，我以财政大臣身份在11天里参加了 8 场会议，并且与会者都是关键人物，因为会议涉及的是公共预算问题。我怀疑自 1940 年之后就再也没有出现过如此频繁开会的情况，当时（1968）外界认为，这种情况显示出首相缺乏对内阁的有力控制。回首往事，我才惊讶地意识到，1940 年的情况似乎也是如此。丘吉尔的决心不容置疑，但是他的政治地位并非同样不容置疑。尽管没过多久战时内阁的成员数量就扩大到七八名，但是在这个阶段仅有 5 名成员，丘吉尔本人、张伯伦、哈利法克斯、艾德礼与格林伍德。星期六下午，哈利法克斯与意大利驻伦敦大使巴斯蒂安尼尼进行了一场会谈，在哈利法克斯看来这场谈话十分重要。当时所有的人都想竭力阻止意大利参战。英国和法国都已经有太多的问题需要解决了，它们不需要再看到意大利倒戈相向，加入一战中敌方的阵营，从而打破欧洲的平衡态势。哈利法克斯想要阻止墨索里尼（他于 6 月 11 日加入了希特勒的阵营）与希特勒站到一起，但是在这个合理而乐观的想法背后，哈利法克斯其实是希望将意大利当作斡旋势力，确保英德两国最终达成和解，尽管这样的和解会让希特勒获益很大，但是英国能够保留住充分的自主权，甚至有可能继续维持庞大的帝国。这样的构想相当于在第 1 份《慕尼黑协定》签署的 20 个月后又产生了第 2 份《慕尼黑协定》。

这样的前景同哈利法克斯作为基督徒的悲观情绪相辅相成。他不是法国人所说的通敌者，他也绝对不会成为皮埃尔·赖伐尔 ①。他认为自己是一个现实主义者，因此在 20 世纪 30 年代初期他在印度问题上远比丘吉尔开明得多，但是这种思维也令他在 1940 年的春天失去了丘吉尔那种不屈不挠的勇气。后来，哈利法克斯为自己曾经为绥靖主义辩护而感到有些羞愧，实际上在这件事情上他不如张伯伦那么极端，他并没有犯下弥天大错，将《慕尼黑协定》称为"体面的和平"。虽然已经认命，但是他仍然希望尽可能地保留住自己了解并热爱的英格兰。据说，在当年春天一个风和日丽的周末，哈利法克斯去了加洛比，即他在约克郡的两座住宅中比较小的那一处。星期六晚上，他坐在露台上，眺望着令人愉悦的约克河谷，他断定自己的首要职责就是拼尽全力保住眼前的田园风景，井然有序的等级社会，没有压迫、没有粗鄙不堪哗众取宠的表演的那个世界。这种说法听起来很逼真，但完全有可能纯属虚构。

---

① 皮埃尔·赖伐尔（1883—1945），法国政治家，在法兰西第三共和国和维希政府中 3 次出任总理，在第二次世界大战期间支持菲利普·贝当上台。在法国沦亡后，他在希特勒的支持下于 1942 年 4 月出任总理，此后一直左右着贝当政府。法国光复后，他在 1945 年 10 月 9 日被巴黎高等法院以叛国罪判处死刑。

种种因素都促使哈利法克斯倾向于和谈。和谈意味着纳粹将在欧洲占据统治地位，也意味着英国承认自己通过战争阻止希特勒的努力失败了，但是这样一来约克河谷就能幸免于难。英国也许以为自己不会受到干涉，至少像佛朗哥统治的西班牙一样。哈利法克斯的想法与佛朗哥并没有太大的区别，对于英国来说最有利的一点是，在 1940 年里还能指望自己侥幸躲过一劫，能够躲在英吉利海峡的另一头过安静的日子，就像西班牙躲在比利牛斯山背后一样。丘吉尔对这种观点深恶痛绝，根据记录，他曾在早期的一场内阁会议上说过："在德国统治欧洲的前提下是不可能实现和平与安全的。我们绝对不能接受这种情况。"^{dcccxlvii}

欧洲在丘吉尔的眼中远比在哈利法克斯或者张伯伦的眼中更重要，哈利法克斯与张伯伦都非常狭隘，但是他们各自不同的经验以及对大不列颠帝国的了解弥补了他们在欧洲问题上的缺陷。丘吉尔远比他们两个人更支持欧洲中心论。撰写马尔博罗公爵传记的经历、他所具有的品位以及思维方式都意味着对他来说欧洲大陆——尤其是法国——与英国一样，也是世界的中心。正如日后人们会看到的那样，尽管在战后促进欧洲统一的过程中，丘吉尔对英国应当扮演的角色表现出模棱两可的态度，但是在 20 世纪 40 年代末期和 20 世纪 50 年代，他绝对认为欧洲的团结有着至关重要的价值，因此也又回到了 20 世纪 30 年代主张东西分裂的老路上。在这种思维的基础上，丘吉尔优先下达的命令都清晰无误，与哈利法克斯发布的命令截然不同，即使是在比较成功地实现敦刻尔克大撤退之前的那段恐怖的日子里也不例外。就连他最不坚定的论调也是，英国最好继续战斗下去，不要通过谈判又一次获得错误而耻辱的和平。他希望英国即使无法成为走向胜利的跳板，也要成为抵抗法西斯统治的堡垒，直到"到了上帝的大好时候^①，新世界^②凭借着自己全部的力量和威力解放那个旧世界"。^{dcccxlviii}

在这个阶段，美国的舆情完全不可能促使罗斯福总统投身战争，同时在应付法国和哈利法克斯的丘吉尔却坚持认为美国早晚会参加战争。在 9 次内阁会议漫长的过程中丘吉尔也明显出现过动摇的表现，这并不是因为他同哈利法克斯的处境相差无几（这种说法没有说服力），而是因为在为期 3 天的马拉松式内阁会议的一开始他面对着严峻的现实，在他刚刚亲手组建的战时内阁中他的意见完全得不到多数阁员的支持。丘吉尔有理由相信，两名工党阁员在面对危险的和平谈判的前景时能

---

① 丘吉尔借用了《圣经》中的概念，《圣经·约翰福音,76》写道："我的时候还没有到。你们的时候常是方便的。"（参见《圣经》和合本中译本）

② "新世界"专指美洲大陆，"旧世界"则指的是欧洲。

够不为所动，但是在辩论的过程中艾德礼只是一味地跟跑，没有起到领跑作用。他的发言简洁可靠，但是没有多少令人难忘的内容，他给外界留下了一个不太可敬的形象。在大部分时间里，毫不妥协据理力争的是就座于丘吉尔旁边的亚瑟·格林伍德。

格林伍德当时已经担任韦克菲尔德选区的议员有 6 年之久了，他还担任过利兹大学经济专业讲师，在麦克唐纳政府出任过卫生大臣，他的能力充分说明他足以胜任这个职位，然而他在这个岗位上的表现并不出色。1935 年，格林伍德在艾德礼政府担任工党副领袖，他的性格比上级即工党领袖的性格更开朗，口才也更出色。在 1939 年夏天至初秋艾德礼抱病不能参加工作期间，接受了一场大手术的格林伍德表现得非常出色。格林伍德与丘吉尔一样嗜酒如命，但是他的吸收能力不如后者。他不曾当众出过洋相，但是和丘吉尔不一样，酒精对他起不到提神醒脑作用。他的状态更接近于醉汉，而不是酒鬼。他的思维也比较含糊，先后效力于两位首相（1940 年的丘吉尔和 1945 年的艾德礼）更是加剧了这种情况，他们都为他安排了享有很高声望但是没有多少实权的职位。由于在担任闲职期间他毫无建树，两位首相都在他任职大约两年后将他罢免了，这种做法或许有失公允。尽管如此，格林伍德还是拥有过两次辉煌的时刻，其中一次比较为外界所熟知。1939 年 9 月初，他在反对党的前座议席上坚定不移地做了示范作用；在 1940 年 5 月底，他是丘吉尔在内阁里最伶牙俐齿的盟友。

在星期日的内阁会议结束时，丘吉尔指定辛克莱参加接下来的会议，这一举动充分说明当时战时内阁里的形势有多么紧张。丘吉尔给出的理由是最高会议中存在自由党的代表具有十分重要的意义（即使自由党在下议院只占有 25 个席位）。实际上，真正的原因是除了艾德礼与格林伍德之外，丘吉尔还需要在内阁会议上增加一位可靠的支持者，而且在 1916 年的时候辛克莱是他在法国的副指挥官并且不断发表着反绥靖主义的言论，丘吉尔完全可以指望他在内阁会议上毫不张扬地发表这样的言论。

然而，张伯伦才是内阁里的关键人物，一旦他与哈利法克斯达成共识，那么战时内阁就会出现令丘吉尔感到极度不安的裂痕；如果他与哈利法克斯双双针对内阁中的裂痕提出辞职，那么丘吉尔政府就将不堪一击。（保守党在下议院占有绝对多数，其中绝大多数人依然没有培养起对丘吉尔的忠诚，丘吉尔无法忽视这一点。）此外，在当时的情形下也很难判断更换政府将会产生怎样的效果。就在 3 个星期前，工党还一直表示愿意接受哈利法克斯的领导，但是艾德礼与格林伍德都近距离地目睹了哈利法克斯如何利用已经遭到他们坚决否定的论调在暗中削弱丘吉尔的地位，在这种情况下，他们很难对哈利法克斯的领导感到满意。辛克莱也不可能如此。最终的结果很有可能顶多只是，不太受到各方排斥的保守党派系组建一个有可能彻底坚持失败主义论调的政府。这样一来，英国就很有可能会预料到几个星期后法国人在图尔和波尔多地区的举动，也就更没有可能保证英国的土地上不会出现德国的一兵一卒，而争执不断的政客们却依然可以生活在平静的首都，无须面对任何风险。

现实很有可能不会发展到这一步，毕竟假设往往没有多少实现的可能，但是丘吉尔显然还是面临着很大的风险，英国也是如此。如果他在一开始就不屑地彻底否定哈利法克斯的观点和提议，他肯定就会认真考虑如何解决后续一系列事件。此外，他的侧翼——法国政府也羸弱不堪，在希特勒的打击下摇摆不定，唯恐墨索里尼会对他们的东南部发动攻击。雷诺于 5 月 26 日（星期日）到访英国就清楚地表明了这一点，这一天刚好是连续 3 天关键性的内阁会议的第 1 天。雷诺是最务实、最有潜质的一位法国部长，在此次会面中他清楚地表明了法国的担忧。丘吉尔因此没有多少选择了，只能跟张伯伦打拖延战术。正如前文中略有提及的那样，丘吉尔自上任以来一直对张伯伦非常体贴，就在第 1 次出访法国的时候他还请后者"看好政府"，在那个阶段每当外出时他更愿意指派这位前首相而不是艾德礼代理他行使首相权力。对于丘吉尔的态度，张伯伦报之以忠诚和一定程度的热情。张伯伦的缺点在于思想狭隘、自以为是，而且没有能力顾及对手的动机，更不用说理解对手的观点了。但是，他的优点也非常明显。他是一个正直、粗暴、忠诚的人，有条件的时候会紧抓权力不放，但是在被其他人取而代之的时候也不会流露太多的愤恨情绪。他也不是一个喜欢耍阴谋的人。最关键的是，在 3 天马拉松式的内阁会议结束的时候，他倒向了丘吉尔，而不是哈利法克斯。

在实现这个成果的时候，丘吉尔还没有接到敦刻尔克方面发来的更多的捷报，直到成功巩固了自己在内阁中的地位后他才接到喜讯。5 月 26 日（星期日），就在雷诺离去后，内阁在下午 5 点至 6 点 30 分召开了当天的第 3 场会议，丘吉尔在会上提出了计划中的撤军行动，不过他的主要目的还在于阻止内阁仓促做出决定："首相认为最好还是等到可以判断得出究竟有多少部队能在法国重新上船的时候再做决定。这场行动或许会是一场严重的失败。但是我们的将士或许会全力投入战斗，我们或许能营救出相当一部分远征军。" dcccxlix 哈利法克斯称这是一场"令人心惊肉跳的会议"。dcccl 在那个阶段，这项行动看上去几乎没有多少胜算。直到第 2 天，即 5 月 27 日，星期一，第 1 批 7000 人的队伍撤出了法国。到了星期二，又有 1.7 万人成功撤退，到了星期三、星期四、星期五和星期六（5 月 29 日至 6 月 1 日），每天都有 5 万多人的部队势如大潮般回到英国。但是这一切对于那个星期日来说都遥不可及，张伯伦曾在日记中将那一天称为"最黑暗的一天"。这一天的天气更是加重了阴郁的气氛，接连几个星期头一次阴雨不断。黯淡的内阁会谈纪要也没有透露出多少希望的光芒，借用丘吉尔在截然不同的情况下所说的一句著名评价，这些记录"缺乏主题"，令外界感到这五位不知所措的先生开足马力、漫无方向地发表了一堆无关紧要的意见。约翰·卢卡奇教授 * 在书中提到，在当晚这场会议上出现了两条最重要的论断，其一就是"张伯伦现在持观望态度"，其二就是"丘吉尔至少暂时认为自己不得不对哈利法克斯做出一定的让步"。dccclii 当时留下的会议纪要根本无法证实卢卡斯的说法是否属实，不过，各种可能性形成的平衡状态似乎为卢卡斯记录的这两条论断提供了支持。

在这个可怕的星期日结束的时候，内阁的气氛丝毫没有得到缓解。当天晚上，丘吉尔亲自插手，促成司令部向坚守在法国港口加莱的一小股远征军部队的准将指挥官下达了"死战到底"的指令。在当天夜里与丘吉尔共进晚餐的伊斯梅将军在日记中写道："这一决定对我们所有的人都产生了强烈的影响，也许丘吉尔尤其如此。这天晚上，在晚餐中他几乎一直沉默不语，一脸嫌恶地吃着饭、喝着酒。当我们站起身的时候，他说：'我有些恶心。'" dccclii 他的恶心或许不仅仅是这道残酷的命令造成的，他的确痛恨大规模的屠杀，但是为了拯救更多的生命他也会毫不畏缩地牺牲一小部分人的生命，而且他认为将加莱的抵抗行动延长数日将会大大改善敦刻尔克撤退的前景。在 1 天之内，丘吉尔接连参加了 3 场令他束手束脚的内阁会议，还花费了几个小时的时间劝说雷诺坚持下去，此外他还参加了专门在威斯敏斯特修道院举行的一场晨祷会，不过仪式进行到一半他就离开了，这些因素中任何一个因素都足以破坏他对晚餐的胃口。

第 2 天，即 7 月 27 日，星期一，形势依然没有多少缓和的迹象。内阁分别在上午 11 点半、下午 4 点半和晚上 10 点举行了会议，为了不让大臣们觉得时间过得太慢，国防委员也在下午 7 点召开了一次会议。上午的内阁会议比较长，规模也比较大，除了内阁委员之外，还有几位大臣和一大批政府官员也参加了会议。这场会议围绕着一大堆海军和陆军的行动展开，例如从纳尔维克撤军，这件事情具有关键性的意义，也是眼下的当务之急。这一点已经不再是秘密了。同样地，晚上 10 点的会议也几乎完全围绕着比利时投降引发的后果问题。在 4 点半开始、持续了 1 个

---

* 　约翰·卢卡奇（1924—）年轻时从匈牙利到了美国，成为费城切斯纳特希尔大学教授，出版有《决斗：丘吉尔与希特勒 80 天斗争》（1990）和《伦敦五日，1940 年 5 月》（1999）。

半小时的内阁会议上，5 位内阁阁员和辛克莱又提出了在前一天讨论过的问题。当时留下的两段评论都准确地体现出了会上的基调。哈利法克斯悄悄地在日记中写道：

> 我们进行了一场混乱不堪的讨论，表面上讨论的是如何同意大利接触问题，实际上主要讨论的是一旦法国局势真的极度恶化下去，我们应该制定怎样的总方针。我认为温斯顿的发言糟糕透顶，格林伍德也是一样，忍了一会儿之后我终于说出了对他们两个人的看法。我还说，要是能实话实说的话，那我只能说我们就不得不分道扬镳了，如果他们在发言中说的都是自己的真实想法的话。温斯顿吃了一惊，他的态度缓和了下来。后来，我在花园里又重申了一遍自己的观点，他又摆出一副充满歉意的温情的神色。但是在应该用头脑思考和判断的时候他却让自己屈服于激情，这种状态令人绝望。^{dcccliii}

对于同一场会议，约翰·科尔维尔在日记中写道："内阁热烈地探讨了我们在这样的情况下独自作战的能力。有迹象表明，哈利法克斯已经沦为一个失败论者，他说我们的目标不再是摧毁德国，而是保存我们自己的完整和独立。"^{dcccliv}

"花园散步"是丘吉尔在绝望之下的努力，他试图在不做出实质性让步的前提下说服哈利法克斯放弃之前提出的分道扬镳的想法，他的努力成功了。这次散步就发生在会议刚刚结束之后，根据会议纪要，在会上首相与外交大臣之间的分歧一览无余地摆在了众人面前，只是双方的措辞还比较委婉，而之所以会这样，主要也是因为大家在内阁辩论中采用的语言是英国政府对雷诺使用的语言，而不是同僚们会对哈利法克斯说出的话。在自己的军队和政府日趋土崩瓦解的情况下，雷诺肯定会牢牢地抓住墨索里尼，让其从中斡旋，在没有多少合理理由的情况下，哈利法克斯也同样一心想要对意大利的那位独裁者加以利用。

这份会议纪要最突出的要点如下：

> 首相说外交大臣阐述的是如何接近墨索里尼先生的问题，雷诺先生希望英法两国政府都能成功地与其实现交往……可以说雷诺先生提出的类似方法与我们请求罗斯福总统与墨索里尼先生接触的方法没有什么不同，但是我们自己接触和接受罗斯福总统表面上主动提出的接触这二者之间则存在着天壤之别。
>
> 枢密院大臣［张伯伦］……认为若是除此以外［法国人觉得英国远征军向海岸挺进的行动辜负了他们］他们还认为我们甚至不给他们同意大利进行谈判的机会，那就太不幸了。

首相说同墨索里尼先生进行接触的提议没有什么好处，这个事实越来越令他感到压抑，后者肯定很鄙视这样的努力。这种方法远不如坚定立场对雷诺先生更有益……

这时，哈利法克斯彻底公开了自己与丘吉尔的分歧：

外交大臣说他不觉得接受枢密院大臣提出的方法有什么太大的困难。尽管他也知道自己的观点与枢密院大臣的观点存在着巨大的差异，他希望阐明二者之间的差异……在前一天的讨论中，他问首相，如果保证这个国家独立的因素不会受到影响这个前提条件能够令他满意的话，那么他是否打算开始讨论具体的条款。首相曾经说过，如果能在这样的前提下摆脱目前的困境他会感到谢天谢地的，只要我们能保存下精华和必要的核心力量，即使割让一部分领域也可以接受。然而，这一次首相似乎是在暗示我们无论如何都不可能考虑其他的道路，只有战斗到底……

首相说他认为战时内阁召开此次会议想要解决的这个问题很难让人不提到另一个问题，这个问题很不现实，发生的概率也微乎其微。如果希特勒先生打算在恢复德国殖民地并且让德国成为欧洲霸主的前提下达成和解，这个问题则又另当别论。不过他不太可能提出这样的要求。^{dccclv}

在这样含糊的基调中，会议宣告结束了。为了掩饰与会者之间的分歧，这份内阁会议纪要没有记录下他们尖锐的措辞，但是显然分歧是存在的，而且没能得到解决。这份会议纪要还给外界留下了一个印象，大臣们几乎一直在漫无方向地随意将一个个斯诺克台球击入袋中，而没有集中精力达成一项明确的决议。不过，接下来还有一天的时间。5 月 28 日，星期二，这一天在一开始还是遵循着前一天的模式。战时内阁在上午 11 点半召开了一次会议，议题主要集中在具体的军事行动方面，除了 5 位阁员和辛克莱，参加会议的还有其他一些人。例如，罗杰·凯斯参加会议是由于会上讨论的一项行动涉及比利时的投降。就在午餐过后，丘吉尔立即发布了一份简短的议会声明，并且承诺在一个星期后发表一份全面声明。"与此同时，下议院应当做好准备，迎接更险峻、更凶猛的大潮。"没有人对此质疑，只有人发表了两段略微表示支持的评论。

下午 4 点，战时内阁又开始讨论在前两天里没能解决的问题。这场会议不是在唐宁街举行的，而是转移到了首相在下议院的办公室。根据记录，丘吉尔早前曾说过"法国人正在试图将我们也拖入这场大滑坡中。一旦德国入侵这个国家的企图失败，局势就会完全不一样了"。哈利法克斯对此回应道："我们绝不能忽视一个事实，在法国停战、我们的飞机制造厂遭到轰炸之前我们能得到的条件会比 3 个月后能得到的条件优厚。"

> 接着首相宣读了一份草稿，表明了自己的观点。在他看来，至关重要的因素是雷诺先生［又名"哈利法克斯勋爵"］[①] 希望说服我们与希特勒先生一起在谈判桌前坐下来。一旦坐下来，我们就会发现对方开出的条件已经触及我们能否保持独立和完整的问题了。等到那个时候再起身离开谈判桌，我们就会发现自己已经没有坚持下去的决心了。

各位大臣发表了一些无足轻重的评论，这场进行了 1 个半小时的会议便结束了。斯诺克仍旧漫无方向地滚来滚去，没有显示出多少集中方向制定出一项决议的希望：

> 外交大臣说，他还是不明白首相为何会认为法国对尝试谋求调解的提议大错特错。
> 枢密院大臣说，根据一次不偏不倚的民意调查我们应当记住一点，除了继续战斗下去，我们还有另外一个选择［即调解］，但是这个选择需要我们做一场豪赌。
> 战时内阁也认为这份声明符合事实。
> 首相说，坚持战斗的国家都重新崛起了，乖乖投降的国家都完蛋了。
> 外交大臣说，自己的提议中绝对不存在丝毫能被称为"彻底投降"的内容。
> 首相认为，目前对方能给我们开出适当条件的机会只有千分之一。[dccclvi]

接下来，丘吉尔便开始忙于自己最擅长的工作了，或者说是对这异常考验人的 3 天的最幸运的意外奖励。他召集内阁级别但是不属于内阁的大臣们在下午 6 点举行了一场会议。如果说这是一次有预谋的行动，那么这次行动至少也为如何利用外围队伍平衡核心队伍的力量做出了经典的示范。后来丘吉尔在自己的战争回忆录中断言这场会议非常重要，但是他很冷静地对自己召集会议的真正动机闭口不谈："自

---

① 此处"又名'哈利法克斯勋爵'"是会谈纪要记下的丘吉尔讽刺哈利法克斯的原话，表示哈利法克斯和雷诺的论调是一样的。

组建政府以来，除了个别人，我同战时内阁之外的许多同僚一直没有见过面，我认为现在应该见一见他们了……"不过，他没有因此低估这次会议的重要性。在他说完"无论在敦刻尔克发生怎样的情况，我们都将战斗到底"这句话后，与会者"发起了抗议，考虑到此次会议的特点——参加会议的是 25 名经验老到的政客和议员，他们分别代表了战前出现的各种不同的观点，无论他们的观点是对还是错——这一幕令我吃了一惊。相当一部分人似乎要从桌子上扑过来、冲向我的座位，喊喊叫叫地拍打我的后背"。dccclvii

这种情绪得到了休·道尔顿的充分证实，他在日记中对这场会议做了最全面的记述，里奥·艾默里也在日记中对这件事留下了不太全面但是同样确凿的记录。道尔顿称丘吉尔在会上说（与不在场的哈利法克斯的观点截然相反）：

> 有人认为现在言和的话，我们从德国那里得到的条件，将会比我们继续战斗下去直到决出胜负时得到的条件更优厚，但是做这种考虑纯属浪费时间。德国人会索取我们的舰队——称其为"解除军备"——索取我们的海军基地和很多其他东西。我们将会成为德国的臣属国，尽管德国会扶植一个傀儡英国政府——"在莫斯利 * 之流的领导下"。等到这时候，我们的位置会在哪里？其实，我们拥有巨大的资源和优势。因此，他说："无论在哪里我们都要继续下去，我们要决出胜负。即使到最后这段漫长的历史要结束——这段历史最好还是能结束——那么也不要以投降的方式结束它，它只能在我们已经不省人事地在地上打滚的时候结束。"dccclviii

道尔顿后来在这页日记的空白边缘补充了一段注解，指出丘吉尔在会议上还说过："如果我们这个岛国悠久的历史终将结束的话，我们也只允许它结束在我们每个人躺在地上活活被自己的血呛死的时候。"现在已经无法判断最后这段有些夸张伤感的话究竟出自丘吉尔之口，还是道尔顿仿照丘吉尔的风格写下的。道尔顿十分欣赏丘吉尔的风格，对他而言丘吉尔从未有过"过火"的措辞。道尔顿为人干练勇敢，只是有时候有些聒噪，他对丘吉尔报以满腔热情，遗憾的是丘吉尔始终无法对他也报以同样的热情。无论这段话究竟出自何人之口，我们似乎都没有理由怀疑道

---

* 奥斯瓦尔德·莫斯利爵士在 1932 年将自己一手组建并享有盛誉的新政党"新党"变成了英国法西斯联盟。在 1940 至 1943 年间，他受到防范性拘留，先后被关押在布里克斯顿监狱和霍洛威监狱（后一次他的妻子也被收监了）。

尔顿对当时情景的描述以及他补充的一处细节不符合事实（他的记述基本上得到了丘吉尔本人的证实）。他在日记中提到，当时有 3 个人对丘吉尔报以了最热烈的欢呼声，他们分别是艾默里（尽管他对丘吉尔一直怀有敌意）、劳合·乔治（在有关"印度议案"的争端中一直支持丘吉尔，总体上属于极右翼保守党）和道尔顿本人（坚定的社会主义者，同时也是坚定的爱国主义者并且坚决反对德国）。dccclix 局面喜人，这场冲突令丘吉尔的精神为之一振，充满了勇气。

在下午 7 点，丘吉尔再次与核心队伍碰头了。到了这个时候，无论是看到还是听到对方的观点肯定已经让所有的人都会感到精疲力竭。这是 3 天里的第 9 场会议，也是哈利法克斯与丘吉尔交锋的第 4 场会议，在这次交锋中两个人基本上一直在"打太极"，其间他们也都亮出过在那个严肃的场合应当亮出的几记重拳。这时丘吉尔充满了"必须做个了结"的情绪，外界难以判断如果之前没有内阁之外的大臣们的鼓励，丘吉尔是否还会出现这样的情绪。不管怎样，他在会议一开始便坦率地告诉战时内阁，那些从表面上看地位不太重要的大臣们有一个优点，"当他告诉他们我们没有机会放弃斗争的时候，他们都表示极其满意。他不记得之前曾听到过一群政界高官做过如此明确的表态［或许他在巧妙地暗示内阁外的大臣们应当得到更高的职位］"。dccclx

哈利法克斯这时也承认自己被打败了，一部分原因在于张伯伦已经背离了他，同时也因为他自己在丘吉尔甜言蜜语（花园里的时候）和坚定的态度（在内阁会议室里）的双重夹击下耗尽了心力，因此他采取了迂回撤退战术。显然，作为调解人的墨索里尼就是一只随时会做出反应的老狐狸，但他们同时还有望说服罗斯福总统试着从中斡旋，而后者享有更高的声望。"外交大臣再次提到了求助于美国的提议"，丘吉尔无情地否决了这样的外交"小步舞"，他的反应是理所当然的。

首相认为目前求助于美国还为时过早。如果我们对德国人采取大胆的立场，我们就会唤起美国人对我们的敬仰和尊重；但是眼下我们采取的这种卑躬屈膝的方法应该只会产生最糟糕的效果。因此他不赞成在目前的情况下以任何方式求助于美国。dccclxi

就在 20 分钟后，丘吉尔宣布休会。回到海军部后（他在海军部一直住到了 6 月 14 日，对张伯伦表现出几乎有些过分的体谅，况且后者只需要从唐宁街 10 号搬到 11 号），他对晚餐的胃口比前两个晚上好多了。夜里 11 点 40 分，他给雷诺发去电报，这封电报的语气就如同他在 4 个小时前对哈利法克斯讲话时一样斩钉截铁："依我之见，若是我们都坚持下去，或许我们还有可能避免落得像丹麦或者波兰一样的下场。我们的成功绝对只取决于两点，一是我们的团结，二是我们的勇气和忍耐力。"^{dccclxii} 雷诺与哈利法克斯之间的区别就在于，丘吉尔可以慢慢地打垮后者，但是他无法击败法国政府的失败主义情绪。

尽管如此，丘吉尔还是取得了首相任期内的第一场胜利，也是最重要的胜利之一。很快，敦刻尔克方面就传来了远远超过丘吉尔预想的喜讯。敦刻尔克的成功并不是 3 天内阁会议产生的成果，但是失败往往会让更多的失败接踵而至，而胜利则往往会给人们带来更大的施展空间，这一点有些不可思议。在次日上午 11 点半的常规内阁会议上，丘吉尔有资本告诉内阁已经有 4 万名军人安全登陆了。接下来的 3 天，又有 20 万人重返祖国，这一成果扭转了国内防御的前景。敦刻尔克大撤退的成功再加上自己在内阁取得的胜利极大地增强了丘吉尔的自信，在结束内阁斗争的第二天上午，他命人将下面这份备忘录交给大臣和高级政府官员传阅：

> 在这些黑暗的日子里，如果政府里的全体同僚以及高级官员都能够在各自的小团体里保持高昂的士气，首相将深表感激。我们不是在尽可能地淡化局势的严重性，而是在显示我们相信自己有能力也有坚定不移的决心继续战斗下去，直到最终打破敌人统治整个欧洲的妄想。^{dccclxiii}

洛锡安侯爵（菲利普·亨利·克尔）于当年 12 月在华盛顿逝世，随即丘吉尔便急于在顾及对方面子的前提下将哈利法克斯赶出了伦敦政界。丘吉尔一向善于摆脱宿怨的纠缠，但是很难相信在这一年的 5 月 26 至 28 日发生的一连串事件对他后来将哈利法克斯打发到华盛顿的决定没有产生多少影响。在哈利法克斯即将动身前往斯卡帕湾、然后搭乘大型战舰跨越大西洋的时候，一些资深的大臣赶到了国王十字火车站为他饯行，为将要远行的大使送行的大臣人数创造了空前绝后的纪录。经过最初一段时间的犹豫不决之后，哈利法克斯在那个关键性的岗位老练而成功地捍卫了英国的利益。其实，对于接下来直至二战结束的这段时期，丘吉尔中意的外交大臣人选是艾登，而不是哈利法克斯。时隔 8 年后，丘吉尔在自己的战争回忆录中以宽容（对哈利法克斯）和虚伪参半的笔调写下了整整 6 卷回忆录中最沉闷的一段谎言：

> 我们是否应当单独战斗到底这个最重要的问题始终没有在战时内阁的议程中占据一席之地，未来的一代代人或许会认为这一点非常值得注意。全国各党派人士都认为这是天经地义的事情、是理所当然的事情，而且我们太忙了，没有条件浪费时间讨论如此不现实的、空想式的问题。^{dccclxiv}

第三十二章　妙不可言的1940年之夏

对于英国民众而言，1940 年 6 月最痛苦的事情就是法国的陷落。对于丘吉尔及周围的人而言，法国的陷落更多地意味着强大的法国海军（全世界第 4 强）以及法国在北非的殖民帝国这些法国势力的外围成分的陷落，法国对至关重要的英美关系造成的影响也随之不复存在了。6 月初的时候，丘吉尔就已经本能地意识到了法国会在本土遭到失败。他拼命想要说服法国继续战斗下去，但是他的努力必须首先得到议会的批准并且需要维护这些外围成分。

丘吉尔在 6 月 4 日发表了一份声明，这是他在这个夏天发表的议会常规声明之一。这份声明不同于他在 5 月 26 日发表的号召坚持抵抗的声明，篇幅比较长（34分钟），而且给外界留下了一种声明完全由首相本人构思的印象。*他怎么能抽出时间写下这些长篇大论？这几乎难以置信。诚然，他极其流利的口述能力超乎常人，即便如此，要写下这样一份声明也需要他全神贯注地构思几个小时。不过，这几个小时的时间物有所值，就像希腊戏剧中穿插的合唱部分，这个决定命运的夏天，也是丘吉尔漫长一生里的巅峰时刻，正是通过这些极具个人风格的演讲得到了展现和

---

　　*　显而易见，这份声明的结尾部分肯定出自丘吉尔之口，但是全篇并非只有这一段如此。此外，这段结束语至少出现过上百篇戏仿之作：

　　欧洲的大片土地和许多闻名遐迩、历史悠久的国家都已经落入或者有可能落入盖世太保以及一切令人作呕的纳粹统治机器的掌控中，但是我们不会气馁，也不会失败。我们会坚持到底。我们会在法国战斗下去，我们会在海上、大洋上战斗下去，我们会越来越自信地战斗下去，会以越来越强大的空中力量战斗下去，我们会保卫我们的海岛，付出一切也在所不惜。我们会在海滩上战斗下去，我们会在登陆点战斗下去，我们会在战场上、会在大街小巷战斗下去，我们会在山冈上战斗下去，我们永远不会投降，即使这座海岛或者岛上的大部分地区屈服并且陷入饥馑——我从不相信会出现这种情况——我们在海外的帝国，受到英国舰队武装并守卫的帝国也将继续斗争下去，直到上帝的大好时候到来，新世界凭借着自己全部的力量和威力解放那个旧世界。（《议会议事录·第五册》，第 361 卷，第 787—196 列。）

诠释。这些讲话充满了浮夸的措辞，在比较平淡的时期这样的口才听上去会显得有些过火，这些演说也有可能会被视为丘吉尔的任性表演。但是，这些演说不仅十分符合当时的气氛，而且直到60年后依然深深地烙印在当年风华正茂、而今垂垂老矣的许多人的记忆中。它们鼓舞了全国人民，也让丘吉尔的情绪得到了尽情宣泄。构思这些讲话稿固然消耗了他的一部分精力，但是也令他振作了精神，帮他激发出了更多的精力。丘吉尔显然对自己在6月4日的表现及引起的反响感到满意，他的喜悦没有错，尽管保守党议席依然态度冷漠。不过，钱浓显然深受感动，他在日记中提到"他［丘吉尔］口若悬河，运用着令人叹为观止的语言"，值得注意的是他还提到"一些工党议员高声喊叫起来"。dccclxv 另一位工党议员，即丘吉尔的跨党派老盟友、一向对他友好的老熟人乔赛亚·韦奇伍德上校还给丘吉尔写了一封信，指出："这份声明价值千金，将永世流传。"dccclxvi

这场胜利（他很清楚这只是口头上的胜利，而不是真刀实枪的胜利）所产生的一个作用就是，促使丘吉尔在当天晚上以温和的语气亲手写了几封出于礼貌的回信，这几封信他早就该写完了。其中一封信是给鲍德温的，后者在两个多星期前就写信向他表示了热切的祝福，在这封回信的结尾，丘吉尔写道："我不觉得这副担子有多重，不过截至目前我还是没法说当首相令我很开心。"dccclxvii 接着，他又给国王写了一封信，感谢国王在大约一个星期前批准了他在组建政府后提出的枢密院构成人选，比弗布鲁克、布拉肯等人都在名单上，不过名单上的人都是按照某些标准入选的，不存在具有争议的人选。在这封感谢信的结尾，他写道："好日子终究会到来的——尽管现在尚未到来。"dccclxviii

接下来的两个星期直到在法国停火后再一次发表下议院讲话（6月18日），丘吉尔的工作重心就是维护英国与法国的关系，并且努力说服法国相信只要他们还能再坚持几个星期，美国或许就会主动投身战争、加入同盟国阵营。他的努力可以理解，但是乐观得有些荒唐，在1940年的夏天根本不可能发生这样的事情。罗斯福总统首先需要应付在7月举行的民主党大会，为前所未有的第3次连任竞选争取支持力量，11月的时候他实际上就成功当选了。在竞选过程中，罗斯福于10月30日在波士顿宣布"你们这些小伙子不会被派去参加任何一场外国的战争"，在他看来这是必要之举。即使罗斯福赢得了1940年的选举，美国还是过了13个月并且是在遭到直接攻击的情况下才加入了战争。罗斯福在6月10日的一场广播讲话中显示了坚定的态度，他说："我们会向双方提供物力支持。"dccclxix 丘吉尔充满了不切实际的幻想，为了安慰法国以及各位政客和军事将领，他在最高作战委员会于11日在布里亚尔附近召开的会议上宣称："在英国看来，对英国的攻击十有八九会促使美国也加入战争，后者现在几乎就要出手干涉了。"[dccclxx] 同样地，会议纪要也记录下了丘吉尔在 6 月 13 日夜里召开的会议上告知战时内阁：

> 回国之后［两天内第 2 次出访法国后］……［雷诺］接到了罗斯福总统发来的一条特大喜讯……他说这条消息几乎就等于美国宣战了，这大概是总统在没有得到国会批准的情况下所能做出的最明确的表示。如果总统不打算加入战争、支持法国的话，那么他几乎就没有资格敦促法国人继续战斗下去，忍受未来的困难。如果总统的表态没有遭到国家的否定，那么显然他会在不久的将来带领他的国家加入我们的阵营。[dccclxxi]

这些话纯属幻想，丘吉尔有多大的必要需要用这些幻想蒙蔽自己的盟友和同僚？要想回答这个问题首先要解决另一个问题，丘吉尔一开始是否也在自我欺骗？答案很可能就是，在一定程度上他的确是在自欺欺人。这个时候他不得不抓住任何一根救命稻草。至今我依然清楚地记得牛津大学的那个电话亭，就在丘吉尔发表这场讲话的 3 天前，即罗斯福的广播讲话之后，我在那个电话亭给父亲打去电话，向他求证（也得到了证实）这是否有可能预示着丘吉尔一心期待发生的事情就要发生了。实际上，只有在救命稻草没能起到作用，满怀希望的人放弃抵抗、随稻草一起沉没的情况下，才可以说抓住一切救命稻草的做法是危险的。丘吉尔这么做不构成任何风险。因此，或许可以说如果他想要给予法国的部长们和英国的战时内阁一些错误的乐观精神的话（前者尤其需要），那么他这么做没有什么过错。

尽管如此，丘吉尔在清醒而悲观的时候肯定也非常清楚自己说的这些话里有多少海市蜃楼的成分。残酷的现实就是，在具有决定意义的那个 6 月，罗斯福和美国实际上只做出了口头表态，说了一堆令人激动振奋人心的话，但是他们的表态中暗含着一些言外之意。丘吉尔做出了更现实的努力，他于 6 月 5 日致电加拿大总理麦肯齐·金：

> 总统是我们最好的朋友，但是至今我们尚未得到美国的特别帮助。我们并不期待他们提供军事援助，可是他们甚至在驱逐舰和飞机方面也没有提供任何

有价值的帮助，也不曾派一支舰队前往爱尔兰南部诸港。[*]在这方面你能施加的任何一分压力都十分宝贵。^{dccclxxii}

 6月15日（德军占领巴黎的第2天），丘吉尔不得不告知战时内阁他再次收到了来自罗斯福的消息："总统说他希望外界能够意识到美国正在竭尽全力提供物资和补给，但是他在13日发出的消息绝不意味着他打算承诺美国将参与军事行动。这个决定只能由国会做出。"^{dccclxxiii} 这条消息与丘吉尔在36小时之前的乐观预计形成了鲜明对比，令英国失去了信心。除此以外，罗斯福还表示不希望他在13日发给雷诺的消息被公之于众（法国人和英国人都热衷于这种事情）。

 美国海军没有前往爱尔兰南部的任何一个港口，直到8月末在丘吉尔的急切要求下美国才送来了几艘有些陈旧的驱逐舰。^{**}经过艰难的谈判英美两国达成了协议，根据协议美国人有权使用英国在大西洋另一端的领土（从西印度群岛到纽芬兰）上的一系列军事基地，美国派出的驱逐舰只是对这份协议的回报而已。尽管如此，丘吉尔非常现实，也非常理智，他知道自己是在恳求美国的施舍，因此应当避免流露出任何不恰当的失望或急躁情绪。在令人绝望的几个星期里，他在发给罗斯福的信中始终保持风度，最过激的表现也只是向对方指出一旦希特勒掌握了对法国海军和英国海军的控制权之后，美国就会多么容易受到攻击。比起与其他人的书信往来，他在与罗斯福的通信中对大灾难的阐述最为直率，或许甚至可以说过于耸人听闻。他绝对不会屈服，但是一旦失败，英国就会出现一个卖国政府，天知道这个政府会对德国屈从到什么地步。在6月15日的信中他写道："若是我们倒下了，你们或许就得面对一个纳粹统治的欧洲合众国，这个合众国将远比新世界（美洲诸国）数量更多、实力更强、武装更充分。"^{dccclxxiv} 这样的前景给罗斯福造成了多大的恐惧，这一点外界不得而知，但是凭借着友好的态度和耐心，偶尔再随机应变地描绘一番恐怖的未来，丘吉尔逐渐为英国争取到了一些驱逐舰和大量的武器，也促使美国国会于1941年3月批准了《租借法案》，最后还在日本人的"协助"下促使美国在当年

---

 * 这是丘吉尔当时最关心的事情。在担任海军大臣时，他被迫放弃了对控制所谓的"条约港口"的渴望（参见前文），这在一定程度上是由于美国方面的看法受到的影响所造成的，因此他认为最好的替代物就是美国海军能够出访一次爱尔兰的港口，同盟国能够得到如此力度的支持的现实将会震惊爱尔兰人，同时也是在警告德国放弃通过爱尔兰入侵英国的打算。6月11日，丘吉尔给罗斯福发去一封电报："我们对爱尔兰也很担心。我确信，一支美国舰队造访布雷黑文益处无穷。"（《丘吉尔战争文稿·第二卷》，p.285）

 ** 这些驱逐舰当时已经没有太大的用处了，其中只有9艘在1941年2月被投入使用。

的 12 月全面而果断地加入了战争。

在 1940 年的夏初时节，丘吉尔 6 次出访法国，其中最后 2 次分别发生在 6 月 11 至 12 日和 13 日。之前 1 次前往巴黎是在 5 月 31 日。6 月 10 日，他打算再度前往巴黎，但是当时他发现法国政府一心只想着彻底停工、烧毁档案、找一个撤退的地方，根本无心接待他。到了 6 月 11 日，法国人却又在布里亚尔与他见了面。布里亚尔位于巴黎以南 70 英里外的奥尔良附近，当时帝国大兵团的总部已经转移到了这里。斯皮尔斯将军以及艾登、迪尔、伊斯梅和其他几位级别较低的参谋，在下午晚些时候来到了一座似乎永远处于午后小憩状态中的飞机场，斯皮尔斯对当时的情景做了一番有些傲慢但是十分有趣的描述：

> 三四辆轿车陆续开来，首相与一位法国上校从第一辆车上下来，后者的表情活像是在葬礼上接待穷亲戚一样。我们驱车数公里来到了一座丑陋不堪的房子［穆盖特城堡］，法国资产阶级暴发户喜欢的那种住宅，一座靠着成功的杂货生意或者中等香槟生意赚到的钱被扩建成庞然大物的乡下别墅，砖是龙虾一样的红色，石头的颜色就如同不成熟的卡门贝尔软奶酪。这就是魏刚的住所，首相就将留宿在这里。[dccclxxv]

最高作战委员会（鉴于当时盟军根本不具有最高权力，这个名称显得非常名不副实）在晚上 7 点召开了会议。对于这场会议，安东尼·艾登亲笔写下了一段生动的描述：“等到丘吉尔先生告诉法国人我们将继续战斗下去，即使只能单枪匹马地战斗下去的时候，我就打量着对面的一副副表情：雷诺神秘莫测；魏刚彬彬有礼，费力地掩饰着心中的怀疑；贝当元帅的表情透着讥笑和怀疑的意味，他一言未发，但是他的态度明显是在说‘这完全是在开玩笑’。[dccclxxvi]魏刚态度很直接，失败主义的腔调极其严重，他说：‘我无能为力。我无法干涉，因为我没有后备力量了，法国已经没有后备力量了。真是一团混乱。’”（根据斯皮尔斯对会议的记述。）[dccclxxvii]

在当天晚餐时以及次日早餐的餐桌上，最高作战委员会还举行了两场会议。早上的会议从 8 点开始（这个时间对丘吉尔来说有些早，他还没来得及穿戴整齐、做好参加多边谈话的准备），在会议上贝当和前一天晚上给英国人留下了良好印象的戴高乐（49 岁的准将，刚被任命为国防和战争部副国务秘书）的意见相左，不过这种表现或许没有多少实质性的意义。会谈没有取得多少成果，双方的分歧主要集中在两个问题上。正如在之前的会议上一样，法国人希望英国提供更多的空军援助。英国人的确给予了法国人一些安慰，派出了更多的轰炸机执行任务，但是他们比以往任何时候都更坚定地让大部分战斗机队伍按兵不动，以备在下一阶段的战争即英国遭到攻击的时候使用。他们希望法国人依靠自己的力量保卫巴黎不遭到毁灭，首相问道："巴黎和郊区的民众就不能像1914年或者马德里［西班牙内战期间］那时候一样，给敌人设置障碍、打散他们、拖住他们吗？"贝当的回答麻木不仁："让巴黎变成一座废墟无济于事。"魏刚也表示："他已经告知巴黎的议员，政府将宣布巴黎彻底开放，城内不进行任何抵抗活动。巴黎市内满是毫无防御能力的老百姓，他不能眼睁睁地看着这座城市在德国的狂轰滥炸中被摧毁。"^{dccclxxviii}

为了赶上当天下午举行的战时内阁会议，首相一行乘飞机返回了伦敦。此次出访几乎只产生了一个积极的成果，这就是丘吉尔相信自己得到了达尔朗将军的承诺，后者保证"绝不让法国海军向敌人投降"。丘吉尔告诉战时内阁"大不了他可以将海军送到加拿大去"，随即他又令人感到匪夷所思地补充道："当然，这中间还存在着他遭到政客否决的危险"。^{dccclxxix}

布里亚尔会晤几乎毫无成果，不过丘吉尔还是接受了雷诺的邀请（当时电话信号非常差，等对方说完后过了一段时间丘吉尔才反应过来对方在说什么）。雷诺邀请他于次日，即6月13日（星期四）再次飞往法国，参加当天下午在图尔区举行的会议，法国政府这时已经在不断地向西部转移。丘吉尔胆战心惊地上路了，他担心如此迅速地重新召集会议只可能意味着法国人想要被免去不单独与敌人达成和解的义务。英国人乘坐的飞机飞到了图尔机场上空，在一场雷雨中颇为艰难地降落了，机场布满弹坑（前一天夜里的袭击留下的）。结果，丘吉尔一行发现机场没有迎接他们的东道主，也没有专车护送他们。他们费了一番工夫借来了机场指挥官的雪铁龙轿车，自己驱车前往图尔。在图尔，法国人似乎也同样对他们的到来毫无准备。正如丘吉尔后来写到的那样："时间已经将近两点了，我执意要求吃了午饭……"伊斯梅与斯皮尔斯一贯都会跟随丘吉尔出行（还有哈利法克斯，有些奇怪的是这一次比弗布鲁克也在随行队伍中），对接下来发生的事情伊斯梅补充了更准确地描述。他们在附近找了一家餐馆，餐馆为他们提供了一个包间，还有充足但是不够丰富的饭菜。*

终于，雷诺在图尔露面了，最高作战委员会在3点半又召开了一场会议。丘吉尔的担心变成了现实。军队已经变成一盘散沙、战斗意志已经丧失大半的法国人想

---

* 直到法国政府进一步转移到波尔多地区之后，这家著名的夏彭芬餐馆才成为法兰西第三共和国最后一幕悲剧的舞台，几天之内一群群形形色色的政界或军界人物以及使馆人员轮番出现在同样的餐桌前，在豪华大餐的陪伴下走向惨败。

要停战，他们希望自行实现这个目标，同时不会遭到英国人的谴责。在这个阶段，丘吉尔已经无意谴责法国了，他提议最后一次向罗斯福发出呼吁。雷诺一直有意于此，但是他承受着军事将领和同僚们施加给他的巨大压力，不过丘吉尔还是说服他相信法国必须再拖延几天。然而，由于语言问题双方产生了一个误会，放在历史的背景下，这个误会就具有了极其令人啼笑皆非的意味。根据为人有些阴险的法国高官保罗·鲍德温（可能官阶和莫里斯·汉基或者贺拉斯·威尔逊差不多）的描述，在与雷诺单独会谈期间，当被问到英国人对法国没有能力继续坚持下去的现实有什么看法时，丘吉尔用法语做出了回答："我明白你的意思。"英国方面竭力宣称丘吉尔的这句话仅仅表示他明白雷诺摆在他面前的两难选择，至多也只表示他听懂对方的法语了，绝对不表示他同意废除神圣的英法协议，即结盟双方均不得单独与第三方谋求和解。

听说了这个误会后，戴高乐和其他几个人都感到惊恐。如果丘吉尔如此轻易地就同意了法国政府的要求，那么法国抵抗派的地位就会受到损害。这个插曲充分证明，在关键时刻运用自己不太精通的语言会造成怎样的危险。颇有讽刺意味的是，在重新执掌大权 11 年的初期，戴高乐也曾用同样一句众所周知的法语制造了歧义，再度上演了丘吉尔当年引起的误会。1958 年 6 月 4 日，戴高乐在阿尔及尔（阿尔及利亚的首都）的主广场面对一大批为了支持法属阿尔及尔举行示威活动的法国殖民者发表了一场讲话，他拿腔作调地说了一句"我理解你们"。这句话就如同小石子"扑通"一声落入清澈的溪水中，听众认为戴高乐的意思是支持他们，其实他的意思是他知道他们的处境，而法国现在正在逐步甩掉阿尔及尔这个沉重的负担。这两次语言误会的区别在于，戴高乐使用的是自己的母语，他是有意利用语言的模糊性达到自己的目的，而 18 年前丘吉尔使用的则是自己不太精通的语言，他只是无伤大雅地落入了语言的陷阱。

当天晚上，丘吉尔便在已经遭到严重破坏的图尔机场乘飞机离开了法国，这是他在很长一段时间内最后一次踏上法国的土地。等他下一次来到法国，时间就已经到了 1944 年 6 月 12 日，即诺曼底登陆的一个星期后。那一次，在得到允许后，他（与史末资和帝国总参谋长阿兰·布鲁克）也登上了诺曼底的海滩，前往蒙哥马利在克勒利城堡的司令部探望了这位将军（1944 年 6 月，蒙哥马利协助艾森豪威尔指挥诺曼底登陆，在 9 月 1 日他晋升为陆军元帅），这一天距离他当年乘机离开图尔机场只差 1 天就满 4 年了，而离开图尔机场时他根本没有想到自己会和法国阔别这么久。实际上，就在离开图尔的 3 天后，丘吉尔便又打算与雷诺在法国西北部的布列塔尼再进行一次会晤。接到指令后，外交部给英国驻法国大使（当时已经转移到了波尔多）发去一封电报，电报带着一副下达通知的腔调："在掌玺大臣［艾德礼］、空军大臣［辛克莱］以及三军参谋长和其他一些人的陪同下，首相于明日，即 17日，中午 12 点乘巡洋舰抵达孔卡尔诺，与雷诺先生会面。"^{dcclxxx} 外交部发出电报后不久，丘吉尔便赶到滑铁卢车站，打算乘坐前往南安普敦的专列，然后换乘巡洋舰前往法国。就在这时，波尔多方面发来了一封隐晦的电报："会面取消，会有进一步的消息。"丘吉尔一开始不愿接受这个令人不安的事实，据说他怒气冲冲地在列车上坐了半个小时，拒绝返回唐宁街。然而，最终他也只能承认自己的计划破产了，这才打道回府。

对于流产的孔卡尔诺^① 会晤，丘吉尔原本的用意并非只是第 3 次或者第 4 次试图说服雷诺。英国要求罗斯福总统进行决定性的干涉，这个请求也遭到了拒绝，这一点完全在英国人的意料之中。英国政府的决策机构基本上保持着高度细致和务实的工作态度，不过他们经常也会显得有些消极，在制定决策的时候缺乏想象力，但是英国最后一次试图说服法国（至少是法国海军和法属北非，有可能的话最好还有保留在布列塔尼的根据地）继续坚持战斗的努力是英国决策机构制定过的最非凡的一套计划，不过也有人会说这套计划虽然充满善意，但是有些愚蠢和幼稚。6 月 15日，在卡尔顿俱乐部举行的午餐会上第一次有人提出英法两国结成不可分割的联盟的想法，当时在座的有哈利法克斯、法国驻伦敦大使查尔斯·科尔宾和罗伯特·范西塔特和其他一些人。这场午餐会在 24 小时内掀起了一股强劲的绝望情绪。就在午餐会结束后，战时内阁于 6 月 16 日（星期日）下午 3 点举行了一场会议，会议的日期和时机都显示出当时的形势在人们的眼中已经变得多么严峻。这股狂风令丘吉尔大吃一惊，就连一向善于给别人泼冷水的张伯伦与艾德礼也毫无招架之力。会议纪要显示："首相说自己的第一反应就是反对这种想法，但是面对如此严重的危机我们绝不能落下缺乏想象力的罪名。显然我们有必要发布一份激动人心的通告，劝说法国坚持下去。"^{dcclxxxi} 英国几乎没有经过仔细的斟酌就向法国提出了如下条件：两国人民共享国籍，建立唯一的联合战时内阁，合并两国的武装力量，或许还可以组建唯一的多语种议会。对于最后一点，通告并没有做出详细的阐释。

这套方案令人震惊，充满诱惑力。回首往事，人们很难判断出究竟哪一点更令人感到震惊：一份只有 300 字的文件就能成功地将英法两国截然不同、错综复杂的国家机器合二为一是幻想？还是参与仓促创建这样一个联合体的人员构成的复杂

① 位于布列塔尼的一个渔港，也是度假胜地。

多样？丘吉尔有些勉强地同意了这个构想，他的认可有着决定性的意义。其他参与制订计划的人还有哈利法克斯、范西塔特，法国方面有经验丰富的大使科尔宾，在20世纪50年代初期两度出任总理的勒内·普利文，欧洲共同体的奠基人、"欧洲之父"让·莫内，以及夏尔·戴高乐。后来，在二战期间以及和平时期，戴高乐都代表并捍卫着不可出让的法国主权，实际上正是他在星期日下午这项计划刚刚得到同意后便给雷诺打去电话，向后者提出了这个建议，当天晚上返回波尔多的时候他还带回去了一份书面文件。*丘吉尔在孔卡尔诺计划中应该扮演的角色就是凭借着自己雄辩的口才增强这项计划的可信度，说服艾德礼与辛克莱同自己一起支持这项计划就是为了表明这份计划是基于英国各党派的共识，从而强调英国方面对计划的严肃态度。

英国采取这种行动的一部分动机很清晰，还有一些东西则令人感到困惑。危机当前，内阁中没有一位成员希望表现出作风拖沓、难以跟上局势发展的样子，但是他们似乎都没有清醒地注意到，这项计划会对法国领导层中逐渐壮大的多数派产生怎样的影响。法国领导层里的多数派不顾一切地渴望停战，对英国的敌意越来越强烈，因为后者既没有给他们提供人力支援，帮助他们抵抗德国，也没有给予他们自行与征服者谋求和解的权利。无疑，英国的大臣们认为戴高乐、莫内、普利文和科尔宾对他们的法国同胞的判断不会出现太大的偏差，然而这几位法国政治家的确想错了。英法联盟计划令雷诺受到了鼓舞，但是这种效果只持续了1个小时左右的时间，对雷诺周围的政客则完全起到了相反的作用。一些人认为这项计划就是英国试图接管法国殖民帝国、将法国变成英联邦的一个自治领的阴谋。贝当说除非他成了"一具尸体"，否则这项计划就别想实现。6月16日傍晚，雷诺试图说服自己的内阁接受联盟计划，但是他失败了，他于当晚8点递交了辞呈，贝当着手组建投降政府。因此，丘吉尔才会在滑铁卢车站的列车上一脸愠怒地坐了那么久，法国政府里再也没有愿意与他进行磋商的人了。从表面上看，这项宏大但是仓促草就的联盟方案适得其反，其实它与法国政府的变动毫不相干。很快，这套方案就湮灭在历史中了。

除了没能说服法国继续战斗下去令人感到气馁，英法联盟计划也没能对法国海军的未来产生任何影响。在6月16日的午餐期间（就在英国战时内阁批准宣布联

---

* 戴高乐在当地停留了18个小时，在最后一刻决定搭乘斯皮尔斯将军的飞机，带着"洛林十字架"（又被称为"双十字架"，象征着法国抵抗运动和自由法国的符号）一起返回了伦敦。

盟计划之前），丘吉尔给雷诺发去一封毫无感情、语气也过于严厉的电报。他在电报中指出单边和解将涉及"法国的名誉"，接着他写道："但是，假如——仅仅是假如——法国舰队即刻便前往英国港口，一直坚持到开始谈判的时候，那么国王陛下的政府将完全同意法国政府自行商议停战条款。"[dccclxxxii] 英国方面将英法联盟计划公之于世的一个目的就是，在保存这封电报主旨的前提下缓和其中的语气。然而，法国人对英国人提出的条件毫不在意，开始寻求与德国达成和解。没有一艘法国战舰抵达英国的海港，不过无论是当时还是后来，法国政府都始终不曾批准自己的战舰效力于德国军队。丘吉尔继续向法国方面不断开火。次日夜里（6月17日），他给贝当与魏刚发去电报，亚历山大·贾德干曾说过这封电报"措辞尖刻"，试图说服他将语气变得柔和一些。丘吉尔在电报中告诉对方，在军舰方面对德国做出任何的示弱表现都会"彻底毁掉法国舰队的声誉，令其永世无法翻身"。[dccclxxxiii] 这样动怒，无论明智与否，在当时的情况下都不难理解，这种情绪也显示出丘吉尔在法国舰队问题上极其执着，正是在这种情绪的影响下，在英国单独战斗的最初几个星期里他采取了最具有决定性的行动。

首先，面对新出现的情况丘吉尔不得不奏响一曲"小号即兴前奏曲"。就在法国彻底陷落的次日，即6月18日，他在下议院出色地完成了这个任务。战时内阁于12点30分举行了常规例会，对于政客们的活动一贯略有微词的贾德干在日记中写道："温斯顿不在场——在撰写讲稿。"[dccclxxxiv] 若是看到林肯在撰写葛底斯堡讲话稿那天上午没能参加白宫某场小活动的话，他或许也会表示不满。丘吉尔在6月18日发表的这场40分钟的演讲比葛底斯堡讲话长一些，但是其中的一些段落也几乎与林肯的讲话一样令人难忘：

> 法国的战争结束了。我认为英国的战争才将开始。基督文明的生死存亡就取决于这场战争。我们英国人的生命、我们的传统和我们的帝国能否长存下去都将取决于这场战争。敌人的怒火和能力必将很快转向我们。希特勒知道他自己必须在这座海岛上打垮我们，否则他就会落得战败的命运。如果我们能够经受住他的攻击，或许整个欧洲都会获得自由，全世界的生命都将走向一个辽阔、阳光普照的高岗；一旦我们失败了，全世界——也包括美国——以及我们知道的、我们关心的一切都将沉入一个新的黑暗时代的深渊，在堕落邪恶的科学之光的照射下，那个深渊将充满危险，或许存在的时间也更为长久。因此，我们要振作起来，履行我们的职责，坚持下去。记住一点——如果大英帝国能够永存于世，日后人们就会说："这是他们最辉煌的时刻。"[dccclxxxv]

两天后，下议院召开了一场秘密会议。丘吉尔对会议做了详细的记录，但是《议会议事录》没有记载此次会议。丘吉尔对秘密会议的记录缺乏内部的统一和活力（尽管他一贯都会为会议留下详细的记录），通过他的记录看不出这些秘密会议对时局的变化发挥了多少作用。在二战接下来的 5 年时间里，议会至少还举行过 65 次这样的会议，但是其中仅有 31 场持续了数小时。大多数议员之所以喜欢这种会议是因为，这种会议令他们感到在某些事情上自己具有了解内情的特权感，但是丘吉尔明智地将最主要的表现都留给了能够得到宣传的会议上。即使在最忙碌的时候，他也对下议院表现出充分的敬意（远远超过劳合·乔治在一战中对下议院的态度），但他同时也希望自己最激动人心的发言能够通过议会和英国广播公司传达给全国人民，而不只是迎合议员们对掌握内情的渴望，而后者还会不太谨慎地将内幕消息透露给各自选区的朋友和邻居。

法国舰队对保持世界海军力量的平衡具有至关重要的作用，丘吉尔知道这支舰队将面临怎样的命运。一旦它落入德国人或者意大利人手中，地中海就将变成轴心国控制下的一个湖区而已，英国对大西洋海域已经不太牢固的控制就会受到进一步地削弱。从这个角度而言，他认为法国停战条件令人无法接受。按照第 8 项条款的规定，除了为保护法国殖民地利益而保留的一部分舰船，法国舰队的大部分力量"都要集结在指定港口，在德国或者意大利的控制下在各港口就地解散并解除武装"。丘吉尔接下来写道："因此，法国战舰显然会全副武装地接受德国或者意大利的控制。"这条停战条款还规定德国人不得为了自己的目的调用法国舰队。然而，希特勒的承诺能有多大的可信度？到时候无论如何都会出现有利于德国的例外情况，那样一来，"这些舰队就必须在沿海地区执行监视和扫雷任务"。这种规定留下了很大的回旋余地，丘吉尔斩钉截铁地表示，"不惜一切代价，冒着一切风险，无论以怎样的方式"，[dccclxxxvi] 也要将法国舰船尽可能多地置于英国的控制下，否则就让它们沉没。尽管哈利法克斯偶尔会发出一些刺耳的意见，指出英国对新的法国政府过于敌视将会带来各种危险（例如，他不同意允许戴高乐于 6 月 18 日从伦敦向法国发表广播讲话的决定），丘吉尔还是没有花费太大的力气就成功说服战时内阁对他提出的这一强硬路线表示了支持。

法国海军在停战后就被解散了，这其实为英国的作战目标创造了极其有利的条件。2 艘战舰、4 艘轻型巡洋舰、8 艘驱逐舰、包括"速科夫"号大型潜艇在内的几艘潜水艇、至少 200 艘小型舰艇都位于英国的水域内，主要集中在普利茅斯和朴次茅斯，英国没有遭遇到太大的困难就接管了这部分法国海军，只有"速科夫"号进行了小规模的抵抗，英国和法国各牺牲了 1 名水兵，另有 3 名英国水兵负伤。

在地中海东端的亚历山大港还停泊着 1 艘法国战舰，以及 4 艘巡洋舰，其中 3 艘都是新式巡洋舰，还有一些小型船只。这批舰船也完全处于停泊在外围地区的一支实力强大的英国海军部队的控制下。在阿尔及利亚的地中海海岸，奥兰港（凯比尔港）也停泊着 3 艘战舰、1 艘航空母舰、3 艘常规巡洋舰、"敦刻尔克"和"斯特拉斯堡"2 艘战列巡洋舰，以及各式各样的驱逐舰和潜水艇。2 艘战列巡洋舰是法国海军的骄傲，其实力胜于令人畏惧的"格内森瑙"号和"沙恩霍斯特"号德国战舰，在法国海军之内能与它们享有同样盛名的就只有 2 艘新战舰，停靠在卡萨布兰卡的"让·巴特"号和停靠在达喀尔的"黎塞留"号，但是前一艘战舰尚未配备武装，后一艘战舰有一定的武器装备，都尚未得到全面武装。此外，在阿尔及尔还有几艘巡洋舰；在法国南部的土伦港还有 4 艘巡洋舰、一大批驱逐舰和潜水艇，但是在土伦的这部分兵力不在英国海军的势力范围之内。这份清单证明丘吉尔完全没有夸大法国海军所具有的关键性的实力。

丘吉尔断定，对于英国海军的行动来说，这部分法国舰队具有两点至关重要的价值。驻守在亚历山大港的安德鲁·坎宁安将军和驻守在直布罗陀海峡（负责奥兰地区行动的军事基地）的詹姆士·萨默维尔都接到了他们不希望接到的命令——向法国的指挥官们提供 4 种选择：（1）继续同敌人战斗下去；（2）率领舰队前往英国某处港口，船只将被扣押在当地，不过船员会被遣返回国；（3）率领舰队返回法国在西印度群岛的某处港口，船只被解除武装，或许还需接受美国的托管；（4）将舰船沉没。如果法国方面不接受任何一项选择，英国人就将炸毁这些舰船。在二战中将起到关键性作用的坎宁安将军在 1943 年接替庞德，出任了第一海务大臣及海军参谋长，在接到丘吉尔的命令后他的处理手法非常灵活，既找到了一套令丘吉尔满意的解决方案，又无须开火攻击驻守在亚历山大港的法国舰船。面对自己的任务，萨默维尔的不满至少与坎宁安一样强烈，他曾在敦刻尔克撤退行动的第一线战斗过，尤其为自己协助解救 10 万多名法国将士而感到自豪，因此丘吉尔下达的指令就更是令他感到痛苦。正因为这个原因，伦敦方面在 7 月 2 日深夜发给萨默维尔的消息经过了一番慎重的斟酌，有可能还是丘吉尔亲自草拟的。"您将奉命执行英国海军将领遇到过的最令人反感、最艰难的一项任务，不过我们对您有着充分的信心，相信您能够坚定不移地完成此项任务。" dccclxxxvii

第二天上午，刚过 9 点萨默维尔便率领自己的舰队从奥兰出发了，他花了整整一天的时间与法国海军将领进行磋商，但最终他们也没能达成双方都可以接受的协议。将近下午 6 点半的时候，他接到海军部发来的不容争辩的指示，后者命令他必须完成任务，如果有必要，就下令开火，在天黑之前击沉法国的舰船。这条指令毫无必要。在半个小时前萨默维尔就已经这么做了。交火持续了大约 10 分钟，随即"皇家方舟"号航空母舰派出飞机对"斯特拉斯堡"号以及 2 艘护卫驱逐舰发动了一场密集的空中袭击。英国方面取得了一定的成功。1 艘法国战舰被炸毁，另 1 艘搁浅。"敦刻尔克"号搁浅了，"斯特拉斯堡"号遭到损坏，但还是返回了土伦。之前驻守在阿尔及尔的 3 艘巡洋舰也遭遇同样的命运。（在 5 天后的另一场空袭中，新的"黎塞留"号在达喀尔遭到严重损毁。）在奥兰的行动中，1299 名法国水手阵亡，350 名水手负伤。这场交火给英法两国留下了在未来很多年里一直无法化解的宿怨。

这是一场残酷的胜利，没有多少光荣可言，法国舰队受到严重削弱，但是他们仍然没有坚定地选择中立立场。另外，萨默维尔原本可以实现近似于坎宁安在亚历山大港那种不流血的胜利，但是是否存在这样的可能主要还是应该由萨默维尔本人来判断。丘吉尔表现得的确非常冷酷，但是这种态度还是产生了 3 方面的价值，其中两个更具有政治色彩，而非军事色彩。

首先，丘吉尔表现出强烈而冷酷的勇气，以至于英国能够在局势似乎对自己十分不利的情况下对曾经的盟友采取如此咄咄逼人的行动。几乎没有人会以这样的方式惹是生非，他们都只会茫然地抱着最大的希望面对眼前的局势。谁都无法想象哈利法克斯领导的政府能够向奥兰方面下达这样的指令。

其次，用丘吉尔的话来说，这场军事行动对"美国政府高层"产生了非常积极的影响，"此后再也没有人提过英国应当做出让步的问题"。[dccclxxxviii]

第三，下议院也对这个消息报以同样的热情。7 月 4 日，丘吉尔在下议院举行一场秘密会议之前发表了 30 分钟的声明。后来他自己对讲话做了记述：

> 在我讲话时下议院鸦雀无声，及至结尾时出现了一幕我从未见到过的景象。四下里似乎所有的人都站了起来，欢呼着，这一幕似乎持续了很长时间。在此之前，保守党对我的态度一直有所保留，每当我走进下议院或者在严峻的时刻起立发言的时候，我所得到的最热烈的反响一直来自工党的议席。但是这一次全体议员一致发出了庄严洪亮的喝彩声。[dccclxxxix]

哈罗德·尼科尔森当时留下的文字记录充分证实了丘吉尔的说法："下议院一开始对这场令人憎恶的攻击感到悲伤，但是温斯顿的讲话坚定了众人的意志。最终他的讲话在热烈的掌声中结束了。温斯顿坐在那里，眼泪顺颊而下。"[dcccxc] 奥兰轰炸在更大的范围内也产生了反响，尽管丘吉尔事先并没有充分意识到这一点，考虑到这种情况，这场攻击也应当被认为是正确的选择。对丘吉尔来说，这场攻击标志着战争进入了一个略微稳定的阶段。在 7 月初的几天过后，一连几个星期局势都没有出现严重的恶化，这与之前两个月里的状况形成了鲜明的对比。面对德国即将发动侵略的危险，丘吉尔希望提醒民众保持警觉，做好迎接战斗的准备。其实丘吉尔并不相信德国的进攻近在咫尺，他的判断没有错，他的文稿和留下书面记录的评论中都有大量内容显示了这种想法。丘吉尔认为德国在海军方面不占据绝对优势，因此除非能够击败英国皇家空军，否则他们就不会入侵英国，他知道这样的空战近在眼前，但是对于空战他的信心要强于他对在法国境内开展地面战斗的信心，因此他敢于放手一搏。在 7 月的上半月里，还有一些迹象也显示出丘吉尔的士气有了显著的增强。回想一下克莱门汀在 6 月 26 日写给丈夫的信，我们或许就能发现丘吉尔的脾气也得到了很大的改善。

每天都要与哈利法克斯一起从多尔切斯特酒店一路走到外交部的下议院议员维克多·卡扎莱特在 7 月 5 日的日记中写道："温斯顿令我们所有的人都感到有些不安。他变得越来越傲慢，极其排斥任何批评意见。哈［哈利法克斯］说几乎跟他连 5 分钟的话都说不上。"^{dcccxci} 考虑到 5 月里的内阁会议，导致丘吉尔不愿与哈利法克斯多聊一会儿的并不是他的傲慢，而是其他原因。此外，卡扎莱特的观点与其他一些人的书面记录也有些抵牾。科尔维尔在 7 月 13 日的日记中写道："我还从未见过温斯顿如此生龙活虎……［他说］上任以来他还从来不曾像这个周末这么开心过。"^{dcccxcii} 尼科尔森在 18 日的日记中提到布兰登·布拉肯说，"在自己认识温斯顿的这 20 年里，他还从未见过他像今天这么健康，他的职责似乎让他重新焕发了生命力"。^{dcccxciii} 之所以会这样，在一定程度上是由于 7 月 4 日在下议院取得的胜利令丘吉尔在面对下议院的时候重新获得了自信。在 7 月 18 日（星期四）和 23 日（星期二），他怀着满腔热情回答了针对首相提出的各种质疑，在整个过程中完全占据着上风。在提到后一场会议时，钱浓写道："温斯顿士气高昂，以凌厉的气势对一个个愚蠢的问题做出了回答，下议院基本上全都被震惊了。现在他达到了自己的最佳状态，下议院彻底与他站在了一起，整个国家也是如此……"^{dcccxciv} 在 7 月 23 日的交流中，丘吉尔出色地示范了如何泰然自若地让自己摆脱与一项令人尴尬的政府提议的干系。当时，政府提出建立一支"沉默纵队"^①（该计划以新闻大臣的名字被命名

---

① 纳粹在西欧的推进促使英国新闻部从 1940 年 5 月开始日益将注意力集中在国内的宣传工作上，政府组建了国内宣传应急委员会，针对空袭等侵略行动发布公开指示。与此同时，新闻部还大肆宣传民众应当"避免传播谣言"，加入"沉默纵队"，以免向敌方谍报人员传递情报。在局势稳定后，这场运动遭到了越来越强烈的批评，被认为缺乏对民众的尊重。

为"库珀的包打听"，这个名称对计划造成了比较大的伤害），要求民众报告自己看到的一切散播恐慌和沮丧情绪的行为。当计划落在纸上的时候，丘吉尔指出："这个计划毫无魅力。""创造沉默纵队的运动因此逐渐变成了美国人所说的'无害的摆设'。"dcccxcv 最终，下议院称心如意，而丘吉尔也没有陷入尴尬境地。

7月30日，下议院即将针对外交事务举行一场秘密辩论。丘吉尔说过早在一个星期之前下议院似乎就对此流露出了强烈意愿。但是现在下议院又有些动摇，在报纸对辩论不公开的问题发表了不满意见之后，下议院多少受到了一些影响，很多人都希望举行一场公开辩论。针对这种情况，丘吉尔说："政府现在处境尴尬，作为一个仆人，他想要一心一意地侍奉主人，可是主人给他下达着各种相左的命令。"丘吉尔会对下议院言听计从，但是议员们必须打定主意。因此他提议立即针对辩论是否公开的问题举行一场自由投票，党派督导和大臣都不参加表决。丘吉尔一贯喜欢调侃别人，大多数时候都是在私下场合，但是这一次在众目睽睽之下他在讲话快要结束时对将在辩论会上第一个发言的外交部次官理查德·巴特勒打趣道："我相信他已经采取了预防措施，准备了两份讲稿，我敢说两份讲稿都一样精彩，只是其中一份会比另一份长一些。"dcccxcvi 最终辩论没有对外公开，巴特勒用的是篇幅长一些的那篇讲话稿。

丘吉尔在晚上8点左右做了发言。道尔顿在日记中写道："在辩论之前和之后温斯顿的状态都非常好。现在整个下议院都听命于他，没有质疑的声音，他掌握了绝对的统治权。"dcccxcvii 11点30分，丘吉尔乘坐夜班车前往英格兰东北部，他将于次日对驻守当地的部队和海岸防御工事进行视察。动身前，他坚持要求哈利法克斯立即给罗斯福发去一封电报，在电报中重申了之前反复提出的要求。早在7月5日，丘吉尔就草拟了一封电报，或许是在外交大臣的压力下，当时他最终还是认为发信的时机还不成熟。丘吉尔给罗斯福总统的电报总是为了索要有些陈旧的美国驱逐舰，在7月30日的这封电报中他写道："局势已然如此，我不明白你为什么还是无法给我派来至少五六十艘你们最陈旧的驱逐舰……总统先生，我必须怀着十足的敬意告诉您，这是一件刻不容缓的事情，这件事情必将在史册中占有一席之地。"dcccxcviii 采用这样强硬的语气存在着一定的风险，在参加完议会辩论之后、乘坐上火车之前，丘吉尔做出了这个决定。他的决定显然更加加重了当天的紧张气氛，不过最终并没有产生负面影响，或许还产生了一些积极的效果。9月3日，英美两国公布了就驱逐舰问题达成的协议。

丘吉尔在英格兰东北部视察的时候，自由党国家党议员乔治·兰伯特给他写了一封信，在信中表示："作为一名老议员，看到你将下议院议员们视作负责的个体，而非缺乏责任心的无名小卒，我深感高兴。实际上，你对下议院的领导是我印象中最出色的，也是无可比拟的，或许只有格莱斯顿先生的领导除外。今天，你赢得了议会和国家对你的充分信任。"[dcccxcix] 在议会中，资历超过丘吉尔的不多几位议员中就包括兰伯特（他于 1891 年首次当选为议员，丘吉尔于 1900 年当选）。

时间渐渐从 7 月进入了 8 月，如果是一届平常的议会进入尾声，到了这个时候丘吉尔应该就会期待着前往法国南部，在那里暂住一段时间进行文学创作，那么兰伯特的这封信就会成为一封令人开心的送别信。然而，现在并非平常时期。接下来的两个月将给丘吉尔带来最严峻的挑战，不过现在至少他的大本营得到了巩固，他自己也信心十足。

实际上，在 7 月的大部分时间里丘吉尔仍旧有精力处理大量的其他工作，其中一些事情都是他平时喜欢谈论的话题，这些事情在 6 月的时候都不足以引起他的关注。在这些事情中，最引人注目的就是温莎公爵的问题。随着法国的陷落，丘吉尔之前十分欣赏的"白马王子"先是去了马德里，后来又去了里斯本，现在他想要回到英格兰。丘吉尔认为温莎公爵不应该这么做，最稳妥的选择就是安排公爵平平安安地跨过大西洋，出任巴哈马总督。但是在那个阶段他无法放心地让公爵前往美国，因此他不得不下达一批极其详细而严格的指示，例如公爵应当途经百慕大并搭乘 2 艘商船前往自己的管辖地区。7 月 20 日，他又不得不在另一个问题上表明更加坚定的态度："我遗憾地得知，陆军不可能派人充当殿下的仆役。在目前这种情况下，此种做法将会招致普遍的非难……"[cm]27 日，他的语气中透着更明显的劝诫的意味：

> 先生，请允许我斗胆向您提一个严肃的建议……许多敏感又不太友善的人都竖着耳朵捕捉任何一点能够体现出殿下对战争、对德国人或者希特勒主义的看法与英国全国和议会的看法不一致的风声……即使您远在里斯本，通过各种渠道发来的电报都在不断报告有可能对殿下不利的谈话……我想殿下不会介意您忠心耿耿的仆人所做的这些提醒……[cmi]

在国内，丘吉尔也在给伍尔顿勋爵（弗雷德里克·马奎斯）找麻烦，这位布料商已经变成了全英的百货商，他对食物配给工作保持怀疑态度。首先引起争议的就是茶叶的配给，对于这个问题丘吉尔自己发明了一种观点。林德曼教授曾告诉过丘吉尔，贫穷阶层比富裕阶层消耗量大的商品就只有茶叶和面包，实际上丘吉尔自己的生活习惯就已经证明了这一点，因此丘吉尔希望国家能保证茶叶的充足供应。

7月14日，他给已经就任粮食大臣的伍尔顿写了一封信，表明自己对粮食问题的整体看法。他的看法有些滑稽：

> 我很高兴你不太看重科学委员会的报告。我认识的在饮食方面赶时髦的人——只吃坚果之类的时尚——都英年早逝了，在逝世之前他们的身体早就开始衰退了。很有可能英国军人的认识比科学家的更正确。他们只在乎牛肉。鉴于船只的吨位，我不明白粮食供应怎么会出现严重的困难……我们还在进口粮食。要想输掉这场战争，就试着强迫英国民众只食用牛奶、燕麦、土豆等食物，在节假日的时候再搭配服用一杯柠檬汁。[cmii]

丘吉尔抽空还对另一个问题进行了驳斥。外界宣称他反对安排英国儿童（基本上是社会关系优越的儿童）转移到美国和加拿大的提议，为此他在7月18日给内政大臣约翰·安德森写了一封信：

> 我当然不建议通过年长一些的孩子给麦肯齐·金先生传达一条消息，也不建议通过年幼一些的孩子。如果说我有什么消息需要传达的话，那就是我完全反对在目前的情况下逃离这个国家的一切行为。我无法想象莎士比亚先生［自治领事务部低级大臣］会抛下自己在伦敦的工作，［前往利物浦］为100个小孩子送行。[cmiii]

托尼·本恩①的弟弟（当时年仅11岁）给《泰晤士报》写了一封信，表示自己"宁愿被炸得粉身碎骨，也不愿离开英格兰"。读完这封信，丘吉尔给兄弟俩的父亲、工党议员威廉·本恩写了一封信，称"你的儿子写了一封十分了不起的信"。[cmiv]

在这几个月里，丘吉尔还处理过以下一些同战争的核心方面关系更密切的问题：第一，颁布了一项指示，除非由他亲笔书写或者立即得到他的证实，否则他下达的任何指示都是无效的；第二，用阿兰·布鲁克替换艾恩赛德（尽管是他的老朋友），出任本土防务部队总司令；第三，下达指令并证实了任命休·道尔顿为经济战争部大臣的决定后，他命令后者负责特别行动处（特种作战部）的工作，派这个

---

① 托尼·本恩（1925—2014），英国工党左翼领袖，一家四代为议会议员，他本人也在议会任职50年，是工党历史上任职时间最长的议会议员。

专门负责在德军占领区开展破坏活动的机构"去给欧洲放火"。^{cmv}

相比这些工作，更加重要的是丘吉尔在 7 月做出了一个大胆的决定，强化在中东地区的兵力，包括调派可动用的一半数量的坦克冒险缓缓绕过好望角。在整个二战期间，丘吉尔很少会违背参谋长委员会的建议，他总是在和参谋长们激烈争辩了一番之后对他们的决定表示默许，而这一次他就没有听从后者的建议。如果没有丘吉尔大胆的决定，在 1941 年或者 1942 年的年初英国或许就无法守住埃及，埃及境内的西部沙漠（利比亚沙漠的一部分）就不可能成为英国于 1942 年在地面战中取得第一场决定性胜利的地方。

在战争爆发后不久，丘吉尔的老朋友、印度总督林利斯戈侯爵霍普和与丘吉尔交往时间更长、始终保持着半敌半友关系的里奥·艾默里就提议印度成立自治政府，丘吉尔认为霍皮与艾默里的行为没有得到政府批准。艾默里在 7 月 25 日遭到战时内阁极其强烈的谴责，林利斯戈幸免，因为他远在 5000 英里之外。面对这样的情况，丘吉尔还是设法保持非常兴奋的状态，这样的表现至少能证明身为政府首脑的他有着高度的公正性，毕竟在 5 月 28 日那场至关重要的全体大臣会议上艾默里对他表示了强烈的支持。陆军大臣艾登与空军大臣辛克莱也常常会收到丘吉尔的信，这些信令他们极其头疼，因此给他们造成了一定伤害。在执掌首相大权的最初几个月里，丘吉尔在行使权力的过程中始终不惧怕任何人，也不曾偏袒过任何人，只是偶尔脾气有些暴躁、表现出一定的成见，但是他在滔滔不绝的讲话中显示出的智慧、雄辩和乐观都弥补了这些缺点造成的负面影响。

第三十三章　不列颠之战与闪电战的开始

从产生的结果方面而言，不列颠之战至少与布伦海姆之战 [1] 和滑铁卢战役一样具有决定性的意义，但是它远不如另外两场战役那么精确，它的起止时间以及具体过程都不够明确。只能说这是一场英勇无比的战斗，一场豪赌，双方各有 1000 多名年轻人在空中冒着极大的风险开展激烈战斗，整个过程中没有出现地面战中的污秽场面，也没有可靠的记分板，双方都对自己的胜利和对方的损失极度夸大。这场战斗双方打了一个平手，但是这个结果对交战一方（英国）远比另一方（德国）更宝贵，从表面上看后者原本应当取得压倒性的胜利。这个平局正是英国所需要的结果。由于这个平局，再加上德国在海军方面的不足，后者自 1066 年以来第一次跨过狭窄的海域、侵略英国的企图就只能延缓。因此，可以说这是古往今来最具有决定性意义的平局之一。

在 7 月直到 8 月初，德国人利用自己刚刚在诺曼底和布列塔尼得到的机场对英格兰西部和南威尔士发动了零星几次炸弹袭击，但是攻击都没有明确的目标。例如，记录显示在 7 月 31 日东南部的康沃尔郡、德文郡、萨默塞特郡、格洛斯特郡、南威尔士和什罗普郡都落下了炸弹。从这样的袭击中很难看出太明显的进攻规律，不过这份记录倒是与我自己的记忆相一致，我记得当时只要在蒙茅斯郡的家族庄园里住上几天，我总会在防空洞里躲上一阵子，防空洞是家人自己建造的，但是十分舒适。在战争剩余的日子里，我在同样的情况下始终不曾在防空洞里待过那么久。大多数时候，夜里的空袭警报都会持续四五个小时，但是也不会出现太大的伤亡。有时候，到了第二天我们还会查看一下庄园里留下的弹坑，不过大多数时候弹坑都

---

① 在西班牙王位继承战争中，奥地利、英国、荷兰联军与法国、巴伐利亚军队于 1704 年 8 月 13 日在巴伐利亚布伦海姆村进行的一场决定性会战，英国的马尔博罗公爵和奥地利的欧根亲王联兵 5.2 万击破了法国 – 巴伐利亚联军 6 万，歼敌 3 万。这一胜利决定了法国的败局。

集中在山坡上。在7月里的空袭中，总共有258个平民失去了生命，8月和9月分别又有1075人和6500人身亡，到了这个时候，德国针对偏东部的工业重镇和伦敦实施的闪电战的攻击目标就集中多了。

难以断定不列颠之战究竟始于7月还是8月初。在1941年3月，空军部出版了一本32页的小册子，这本手册售出了100万册，也是这本手册首次将"不列颠之战"这种说法普及给了广大的民众（在战斗打响的时候没有人意识到不列颠之战开始了），正是这本手册将起始日期定为8月8日，结束日期为10月31日。其实，这两个日期都是空军部随意选择的。人们或许可以说8月8日非常符合事实，不过也有一些人认为发生激烈交战的8月15日才为序幕画上了句号，真正的不列颠之战才终于开始了。10月31日这个日期受到的质疑远比8月8日更多。不列颠之战在本质上就是德军为了摧毁英国在空中和地面上的战斗力，破坏英国在飓风式战斗机、喷火式战斗机和轰炸机方面的生产，在夏季几个月里这几种战斗机的生产量都达到了最高峰。这是一场受到极大限制的战役，造成这种情况的一部分原因在于，德国的主力战斗机梅塞施密特109单座战斗机在高空的表现非常卓越（但是如果无法诱使敌人追逐它们到达很高的高度，它们的优势也就不太明显了），但是飞行距离非常有限。从法国东部的基地起飞的话，109战斗机只能勉强飞到伦敦，因此从那些基地出发的话它们绝对无法参加长时间的战斗。这场战役产生了深远的影响，但是目标几乎都在城郊地区，因此对于一场集中在肯特郡、苏塞克斯和萨里郡的战役来说，"不列颠之战"这个名称就显得有些言过其实了。

但是，10月31日之前很久的时候，德军就已经改变了目标。他们先是从9月7日星期六下午开始对伦敦实施大规模的日间轰炸，然后对其他城市也发动了攻击。在日间轰炸给自己造成的损失变得难以接受的时候，德军便将攻击改为夜间空袭，直到10月31日袭击还没有结束。对于德军对伦敦和其他城市的空袭来说，11月是一段恐怖的时间，至少在1945年2月英美联合实施的德累斯顿大轰炸之前出现的最为世人所熟知的大毁灭空袭都发生在这个月里。在11月14日这一天，考文垂的一座座纪念碑和商店都被炸毁了，不过当地的飞机制造厂反而没有遭到太严重的伤害。[*]

除了双方参战人员表现出的英勇，不列颠之战最引人注目的因素不在于这场战役的开始与结束，而是双方都根本无视对方的情况。战争的迷雾无处不在，尽管破

---

* 在5前天更著名的考文垂大轰炸中有554人失去了生命。事实上，而11月19至20日的夜里，伯明翰的死亡人数高达1353人。

译的德国无线电电报已经让丘吉尔对德国的军事部署有所了解，掌握这些情报的还有极少数几个人。在丘吉尔出任首相的最初一段时间里出现的唯一一条好消息，就是5月11日布莱切利园在破译德国密电的工作上取得了重大突破。

从战争爆发初期开始，布莱切利园的译码工作就发挥了至关重要的作用，根据一些时事评论员的说法，二战的胜利多多少少可以说是译码工作的胜利。在欧洲胜利日到来之前的最后15个月里，我一直在参加破译柏林方面和最主要的几位前线指挥官之间每天进行的通信往来，在一定程度上或许正是由于这个原因，我对译码工作的描述会更谨慎一些，尽管如此我还是要说这项工作取得了丰硕的成果。至关重要的信息或许就是联系潜水艇和国内指挥中心之间的海军密电码，但是由于在阅读潜水艇指令方面的权限问题，布莱切利园对关键性的北大西洋越洋通信的破译工作时好时坏。

战争期间迷雾重重，其中一个例子就是英国人一直在夸大德国在飞机和飞行员方面的力量储备所占有的优势，同时也在夸大自己在摧毁实施攻击的德国飞机方面取得的绝对胜利和相对胜利，无意中抵消了对德国空军力量的夸张所产生的效果。双方可调动的飞机的数量也复杂得令人发指，*造成这种状况的原因既在于前线力量和储备力量之间存在的复杂状况，也在于德国先后对各个机场和伦敦出动了大批轰炸机，而英国的轰炸机队伍又忙于对更远的目标实施攻击，不列颠之战中最复杂的因素莫过于此。在8月中旬，英军可动用的飞机数量为1032架，德军的飞机数量略微多于1011架，这些数据似乎都符合实际情况。此外，英军可派出的飞行员人数为1400名，这个数字比德军飞行员的数量少了几百名。与此形成鲜明对比的是，根据英国某情报机构的估计，德国飞行员人员总计有1.6万人，其中至少有7300人（包括轰炸机驾驶员）被征募进德国空军作战部队里。

9月15日，星期日，战斗机日间作战达到了最高峰，英国在当天晚上通过广播发布的官方声明宣布185架德国飞机被摧毁，英国损失了40架飞机。实际上德国只损失了60架飞机（34架轰炸机，26架战斗机），另有20架轰炸机遭到严重损伤，但都返回了基地。总体上进攻者和防御者的损失比率为60：40，甚至是50：50，这

---

　　* 对丘吉尔来说，英德两国空军力量的相对优势当时比日后显得更令人感到困惑。在圣诞节和新年期间（1940—1941），他要求法官约翰·辛格尔顿对相互矛盾的证据进行了检验和估量。辛格尔顿的研究结果平衡得令人吃惊，结果显示总体上德军的优势至多只有三四架飞机。为了"借调"辛格尔顿，丘吉尔找到了大法官西蒙，这几乎是他在二战关键时期唯一一次屈尊与西蒙的接触，而借调来辛格尔顿显示出他多么成功地让后者"没有碍他的事"（借用艾德礼的话）。

样的数字远比英国官方宣称的 4.5∶1 的比率更接近实际情况，但是丘吉尔相信后一种数据，或者说至少他那位头脑一向十分清醒的私人秘书约翰·马丁相信这个数据。英国方面的动机并非为了故意欺骗民众，这样的夸张可以理解，英国政府在统计数字的时候充满了希望，而这些数字也得到了许多战斗机驾驶员的佐证，他们和自己附近的战友往往会上报同一个阵亡的敌人，这样一来自然就会令实际数字翻两倍甚至翻 3 倍。尽管存在这样的问题，当德国人夸大其词的时候，丘吉尔也还是五十步笑百步，尽情地嘲讽他们。

德国对自己给英国的战斗机司令部和综合实力造成的损失更是言过其实。9 月 16 日，戈林宣布战斗机司令部可供调动的飞机已经减少到了 177 架，事实上当时英国能够参加行动的飞机数量为 656 架，此外还有一大批后备飞机，制造厂里的生产线也在源源不断地输送新的飞机。这一年夏天的战斗始终没能削弱战斗机司令部的实力，总体上英国皇家空军的力量也没有减弱。这种局面的产生，在一定程度上得归功于比弗布鲁克在出任飞机制造大臣最初几个月里的出色表现。比弗布鲁克接手工作时的形势本身就很有利，英国的飞机产量在逐步提高，但是他在紧急状态下坚决果断地开展的工作更是极大地巩固了这样的有利形势。1940 年 1 月实施的哈罗盖特计划将预计的年产量提高到了 3602 架战斗机（非常精确），结果当年的实际产量达到了 4283 架，这意味着在最关键的夏季和秋季几个月里，英国每个月都新增大约 352 架战斗机。而德国的飞机产量只有英国的一半。

8 月 2 日，比弗布鲁克被提拔进战时内阁，自 5 月初任命了 5 名内阁成员以来战时内阁的人员结构第一次出现了变化。对于比弗布鲁克的晋升，飞机产量的增长起到了决定性作用，也在一定程度上证明了这次提拔的合理性。丘吉尔认为于公于私自己都需要比弗布鲁克。在 7 月末接受了治疗胃癌的大手术之后，张伯伦实际上已经停止了工作，不过他依然在名义上保持着内阁阁员的身份直到 10 月 3 日，最终他于 11 月 9 日与世长辞。比弗布鲁克的加入令内阁多了一分保守党的势力，从而在党派方面同两名工党阁员实现了平衡，但是他的性格和言谈举止都与张伯伦截然不同，因此他的加入还是难以保证内阁这条大船保持稳定。对 1940 年 5 月的政府变动最有意见的人都认为，比弗布鲁克进入内阁再次上演了卑鄙小人接替声名赫赫的前任的闹剧。现在内阁就只剩下哈利法克斯一个保守派了。两个月后，张伯伦正式递交辞呈，哈利法克斯有机会得到张伯伦的职位，任职枢密院大臣，这样艾登就可以改任外交大臣，但是哈利法克斯明智地表示希望继续留在自己熟悉的岗位上。*

欧内斯特·贝文加入政府，出任劳工大臣。为了保持平衡，思维新颖但是为人很不强势的金斯利·伍德出任了财政大臣，贝文的优点正好同伍德相反。自命不凡，但是在这个阶段还不具有强烈的政治倾向性的约翰·安德森也加入了政府，他得到了张伯伦的位置，成为枢密院大臣。在某种程度上，最后一项任命是明升暗降，当伦敦闪电战形势越来越危急的时候，丘吉尔断定自己需要一个精通城市生活之道的伦敦人而不是安德森出任内政大臣和国内安全部大臣。赫伯特·莫里森从供应大臣的职位上被提拔为内政大臣兼任国内安全部大臣，在 1941 年 11 月他也进入了内阁。

在 1940 年 10 月之后的不同阶段，艾登、斯塔福德·克里普斯、奥利弗·列堤顿和伍尔顿都成了这支核心队伍的成员。就这样，从丘吉尔于 8 月 2 日对比弗布鲁克进行奖励开始，最初由非部门大臣（哈利法克斯是唯一的例外）组成的结构紧凑的战时内阁逐渐发展成了政府里一个结构比较松散的部门大臣特设议席。对于比弗布鲁克在自己岗位上取得的惊人成绩，比起将他提拔进内阁，或许授予他伯爵爵位是一种更明智的奖励，因为他几乎没有多少合作意识，在战时内阁中既不开心，也没有发挥出积极作用。他经常以哮喘病为由或者只是出于赌气就提出辞职，后来在战时政府中他还做出过一连串引人注目的大胆之举，这些举动基本上都是为了和同僚抢夺地盘（破坏克里普斯在莫斯科的工作，与贝文和辛克莱分别就人力分配和飞行员训练问题发生争执，试图从空军部手中抢过海防总队的指挥权），而不是为战争的核心方面做出实实在在的贡献。

回首往事，1940 年的夏天英国人民的生活正常、愉快得令人惊讶，与此同时，每当夜幕降临，警报声早早就会惨叫起来，那种声音清楚地提醒人们英国在孤军奋战的时候，英国人民的生活中不只有抵抗和光荣。一开始，德军的轰炸主要集中在伦敦的码头区和东区，保持士气、维持一定程度文明生活的斗争都有些类似于赈济处的工作。丘吉尔擅长这些事情，在出现危急事件之后，他总会前往自 1910 年锡得尼街事件之后自己就几乎就从未踏足过的区域，成功地鼓舞起人民的士气。他没

---

* 当时艾登也得到了出任枢密院大臣的提议，但是他表示对留任陆军大臣的兴趣略微大一些，这样的倾向也受到了丘吉尔的鼓励。当时，丘吉尔告诉艾登无论如何未来都属于他（艾登）。"他反复重申自己已经是一个老头子了，他不会再犯劳合·乔治的错误，在战争结束后还继续干下去，他说继任者肯定是我。"（艾登，《清算》，p.145。）根据这种说法，艾登越来越失去耐心或许也就不令人感到意外了，毕竟他一直看丘吉尔没有兑现当年对他的承诺已经将近 15 年的时间了。

有忽视人们关注外表胜过关注内在的天性，每次外出他总要戴上一顶"滑稽"的帽子，手里始终夹着一根雪茄。他也不愿悄无声息地穿过刺鼻的空气。他的选择见效了，在一定程度上这也是由于他天生就极具感染力。9 月 8 日，当目睹一场恐怖的大轰炸的惨状时，他的眼眶里充满了泪水，一名遭到炸弹袭击的当地妇女大声喊了起来，"瞧啊，他真的关心我们"，聚集在一起的人群不由自主地爆发出一片欢呼声。

接下来，攻击逐渐向西部转移。10 月 15 日的夜里，首都的政治中心遭到了最持久的袭击。财政部大楼被炮弹击中，3 名官员身亡。唐宁街的厨师及助手幸免于难，因为就在几分钟前丘吉尔才刚刚命令他们躲进防空洞。培尔美尔街道处处都能见到火光，当时还坐落在这条街上并且毗邻改革俱乐部的卡尔顿俱乐部基本上已经被炸毁了，令人称奇的是没有人员伤亡。根据后来出任过大法官的昆廷·霍格一贯恰如其分的记述，当时他背着自己的父亲（曾经的大法官道格拉斯·霍格）从废墟中走了出来，就如同埃涅阿斯背着父亲安喀塞斯逃离了被焚毁的特洛伊城一样。面对轰炸，杰出的党派督导马杰森甚至还不如半年前对约翰·普罗富莫那样情绪激愤。孤零零、脏兮兮的他赶到唐宁街的辅楼，在那里过了一夜。第二天，首相与自己的私人秘书前去查看已经被损毁了一半的卡尔顿俱乐部，他们极其震惊地看到马杰森平时居住的那间卧室的门口整整齐齐地摆着他的拖鞋，就像一只狗篮在等待着小狗归来。

在这个阶段，伦敦比文明世界的尚未战败的任何一个政府所在地面临的危险都更为严峻。在这方面，1812 年的莫斯科、1814 年和 1861 年的华盛顿、1936 至 1939 年作为西班牙共和国首府的马德里都几乎可以与伦敦相匹敌，但是这几座城市都没有遭受过如此密集的轰炸袭击。面对这样的情况，人们不得不认真考虑一个问题：即使在不受到侵略的情况下，英国政府是否还能继续在白厅及其周围地区开展工作。人们甚至认为在明月高悬的夜晚首相乡间别墅也都不太安全了，因为在这样的夜晚从空中很容易就找到别墅的所在位置。唐宁街 10 号是伦敦最不牢固的大型住所之一，这座房子始建于 18 世纪，众所周知，在那个年代人们在建造房屋的时候一向习惯偷工减料。丘吉尔自己也认为这座官邸不够安全，不过在空袭中他最喜欢做的事情就是爬上最近的屋顶或者塔楼观看战况，在他看来这就是声光效果兼具的盛大演出。他非常重视对敌机不断进行防空射击，相比下一颗炸弹爆炸之前诡异的寂静，无论是否击中目标，这样的拦截射击都非常能鼓舞民众的情绪。

唐宁街 10 号的餐厅首先被转移到了设在花园一侧地下室里的打字秘书办公室里。首相的备用办公室有 3 处地方，其中两处丘吉尔很少使用。（此外还有一套机动方案，即将政府所在地完全迁移到伍斯特郡，这套方案令丘吉尔非常反感，他厌恶地将其称为"绝望之举"。）在几个备用办公室中，受到重视也是使用频率最高的就是设在老贸易部办公大楼地上建筑角落里的办公室，这座大楼坐落在斯多利门，面对着圣詹姆士公园。首相办公室在地面上，实际上就在新的战时内阁办公室的头顶上，所以办公室里还能看到日光。房间用大梁和钢制百叶窗加固过了，但是显然还是不能保证绝对的安全。这里的设施可能有些朴素，但是足以应付日常需要，而且在这里丘吉尔依然能享受到丰富的美食和美酒，他于 10 月 21 日彻底搬到这里办公了，从此以后在战争期间的大部分时间里这间办公室都是他的大本营。没过多久，这里就被人们称为"唐宁街 10 号辅楼"了，它还曾被称为"谷仓"。不过，丘吉尔还是喜欢回唐宁街 10 号过夜，只要原先的内阁会议室被评估为比较安全的时候，他也还是喜欢在原先的会议室里召开内阁会议。

除了办公室，伦敦乘客运输委员会还为丘吉尔提供了一处更加安全的住处，这个临时住处位于唐恩街和皮卡迪利街已经废弃不用的地下车站里（在政府内部被称为"地洞"）。后来这座车站再也没有恢复交通运输功能，不过今天人们依然能看到两道一模一样的半环形红色拱门，这是早期地下建筑的典型特征。令人惊讶的是，运输委员会还为偶尔到访的官方宾客准备了奢华的住处。科尔维尔就记述了丘吉尔在 10 月 31 日参观那里的情景，当时丘吉尔不太开心："他觉得不舒服，恶心，于是没有用晚餐便前往了唐恩街。"[cmvi] 但是到了 11 月 19 日，科尔维尔又愉快地写道："晚上，我与首相一道去了唐恩街，在地下很深的地方享用了一顿丰盛的晚餐……'伦运会'很善待自己，鱼子酱（在进口严格受到限制的日子里几乎无法搞到这种东西），1928 年的'巴黎之花'香槟，1865 年的白兰地，还有上好的雪茄。"[cmvii]

在伦敦郊区，威尔斯登区尽头的多利斯山也准备了舒适的条件。这里原先就留下过首相的趣闻轶事，在反对党的最后几年里格莱斯顿就在这个地区度过了大部分时间，他借住在阿伯丁勋爵的一处别墅里，现在这座别墅依然被称为"格莱斯顿公园"。但是丘吉尔没有条件期待自己也享受到同样优厚的待遇。9 月 8 日（1940），星期日，他在早上前去察看了多利斯山的住处，随后就前往伦敦东区视察，这场视察非常著名。10 月 3 日，战时内阁在专门建造的"堡垒"（慕尼黑会议之后便动工建造的一座建筑）里举行了一场"彩排"会议。这处办公室位于邮政局工程处办公楼的地下，建造于 1933 年的办公楼就坐落在多利斯山地区，"按照要求，每位大臣都得前去查看自己的住处和办公室，以确保这些地方达到了他们的要求"。丘吉尔与科尔维尔并不喜欢自己看到的景象。"我们享用了一顿愉快的午餐，为这次视察庆祝了一下，然后便返回白厅了。"[cmviii] 丘吉尔后来撰写的二战回忆录在史实方面并非绝对准确，关于此次出行他就在书中写到，此后他们再也不曾回到多利斯山。事实并非如此。1941 年 3 月，内阁又在多利斯山举行了一次会议，主持会议的是艾德礼，不是丘吉尔。由于身患重感冒，丘吉尔无法主持会议，显然，缺席会议导致他的记忆出现了失误。^{cmix}

11 月初，政府还决定将下议院从查尔斯·巴里设计建造的议会大厦迁出，这座大楼坐落在泰晤士河岸地区，主要是由于这个原因，这座宏伟的新哥特式建筑成了伦敦市内最容易被发现的建筑物之一。这时候，议会会议的时间已经从通常的下午 2 点 45 分直到深夜改为上午 11 点至下午 5 点，从 11 月 7 日开始，会议地点也被迁至英格兰圣公会总部大楼。这座由建筑设计大师赫伯特·贝克设计建造的办公大楼在一年前才刚刚竣工，它面朝威斯敏斯特修道院，毗邻威斯敏斯特公学，距离威斯敏斯特宫（即议会大厦）仅有 0.25 英里多一点，但是内部的设施非常简陋，也不够宽敞。政府希望这样一座建筑能够混淆敌人的视听，大多数下议院议员大概都愿意待在原先的地方，但是政府在丘吉尔的强烈刺激下产生了搬迁的想法，丘吉尔不希望出现同时举行两三百场补缺选举的风险。

圣公会总部大楼的半圆形会议厅的音响效果不太理想，有人认为正是由于这个问题，丘吉尔在 11 月 12 日发表一篇精彩的追悼词时的现场效果被大打折扣。追悼词是献给内维尔·张伯伦的，10 分钟浮夸但是热情坦率的追悼词当然是一篇杰作（也没有掩饰他在早期与张伯伦之间的分歧），其中的一字一句显然都出自丘吉尔之笔。[*] 尽管圣公会总部大楼条件有限，丘吉尔还是在大楼的附属区域里召开了几场战时内阁会议。在这个阶段，丘吉尔变得越来越痴迷于搞突然袭击，实际上这种倾向还是存在着一定的合理之处，但是这就意味着他的私人秘书很少会提前知道白天或者夜里他将在哪里办公，他们只能随时准备着在匆忙之下随他一起出行，或者在身后追赶他，而且他们还得随身带上仓促之下尽量收集到的相关文件。

由于这种习惯，丘吉尔的私人秘书们都感到与他（十分）亲密，同时又对他很恼火，约翰·派克（3 号私人秘书）在 10 月 31 日（星期四）模仿丘吉尔的腔调写了一份滑稽的备忘录，这份调侃之作充分体现了秘书们对丘吉尔爱恨交加的情绪：

---

* 　根据罗纳德·特里（摘自哈罗德·尼科尔森的著作）的记述，丘吉尔说："这不是一个不可完成的任务，因为我对内维尔的很多杰出品质都十分欣赏。但我也祈求无限仁慈的上帝不要安排我为鲍德温也发表一场类似的讲话。实际上，要想达到这个目标还是挺难的。"（哈罗德·尼科尔森编，《哈罗德·尼科尔森日记与书信集 1939—1945》，p.129。）丘吉尔的这种说法对鲍德温有失公允。相比鲍德温，张伯伦造成的破坏更严重，而且他的为人也不如鲍德温那么有魅力，思想也更狭隘。

当天行程

私人秘书办公室

但愿有 6 名新官员任我调遣,在赛尔福里奇百货、兰柏宫、斯坦摩尔住宅区、图廷贝克区、帕拉迪姆剧院、梅尔恩德路。每晚 6 点我会告知你们我将在哪一间办公室用餐、办公、过夜。还需为丘吉尔夫人、两名速记员、3 名秘书和纳尔逊 [猫] 准备住处。需要容得下上述所有人的防空洞,以及供我在屋顶观看空袭的地方。

务必在周一之前做好准备。不要让我在办公室时间,即早上 7 点至凌晨 3 点,还在反复强调这些问题。

温·斯·丘 [cmx]

每逢周末,丘吉尔都几乎怀着宗教般的虔诚坚持离开伦敦,这种习惯并不令人吃惊,毕竟他在伦敦期间一直过着寝食难安的生活。但是他之所以这么做,并非只是为了远离屋梁经过加固的唐宁街 10 号辅楼。除了不知疲倦的政治工作,他在和平时期和战争期间都一直在口述文学著作和各种备忘录,通过这样的工作他在治理一个四面楚歌的国家时才能够掌控全局。或许正是这样高强度的生活令他感到更加有必要改变一下生活环境,远离繁重工作的环境。在 20 世纪 30 年代流传着一则笑话,据说希特勒与墨索里尼总是在周末发动进攻,就是因为通过这样的策略他们就能在原本就灾难深重的年月里打英国人一个措手不及。丘吉尔对周末的热爱远远超过了鲍德温、张伯伦和哈利法克斯,而且他还喜欢在用餐的时候有人作陪。在单独和某个人相处之时很多时候他并不善于交流,但是在餐桌旁他总是能妙语连珠。他精彩的谈话不仅令客人开心,而且还激励了他们(常常都是三军将领、他最喜爱的大臣和政府官员、家人,有时候还有令他感到轻松的纯社交性的宾客),这样的谈话同时也在很大程度上帮助他自己增强热情,振作精神。在空间有限、经过加固的伦敦地下掩体中很难招待大量听众聚餐,因此,在这样的环境下他的听众选择范围很有限,艾登在 11 月 25 日的日记中就写道:"与温斯顿共进午餐……只有我们两人。在他的床上享用香槟和牡蛎。" [cmxi]

渐渐地,在星期五下午(有时也在星期六上午)带着一批随从动身前往首相乡间别墅就具有了换挡似的重要价值,或者说这样的活动有着类似于给电池充电的功效。首相乡间别墅坐落在白金汉郡山谷中,人们认为在每个月"明月高悬"的日子里这座别墅就面临着令人无法接受的风险,在这种情况下,丘吉尔前去那里度过周末的习惯就成了一个严重的问题。面对外界的担忧，丘吉尔一如既往地表现出一副坚定乐观和自以为是的态度。在 11 月 5 日 (星期二) 的下午，他派人找到马凯特哈博罗市的保守党议员罗纳德·特里，通知后者他自己希望在当周的周五前往迪奇里庄园度过周末。迪奇里庄园就是特里在牛津郡北部的乡间别墅，丘吉尔在唐宁街和首相乡间别墅的秘书和通信人员 (但是没有家人) 也将一同随他前往庄园，此外可能还有其他几位客人。出于安全需要，接下来的几个星期，他都将在这座庄园度过周末。实际上，在接下来的 1 年半里他在迪奇里庄园总共度过了 15 个周末，直到 1942 年 3 月。

特里受宠若惊，对丘吉尔言听计从。43 岁的特里有着敏锐的鉴赏力，言谈举止非常优雅，还拥有巨额财富。他的父亲是英国人，母亲是美国人，他自己则是位于芝加哥的百货商店 "马歇尔·菲尔德" 最后的传人。在和平时期的最后几年里，特里一直强烈支持艾登提出的路线，反对绥靖政策，但是他与丘吉尔并不亲近。在 1940 年的时候他担任了新闻大臣达夫·库珀的议会私人秘书 (在接近大臣的圈子里级别最低的职位)，但他不缺乏从政的天赋。迪奇里庄园是一座精美的住宅，重建于 18 世纪 20 年代，是詹姆士·吉布与威廉·肯特联合为第二代利奇菲尔德伯爵设计建造并装修的，特里在 1935 年买下了这座庄园，并精心修缮。庄园坐落在丘吉尔的出生地布伦海姆宫以北 7 英里左右的地方，比起首相乡间别墅，庄园距离伦敦远了大约 35 英里。

特里在毫无防备的情况下接到了丘吉尔的通知，不过总体上丘吉尔一行的到访令他感到开心。丘吉尔的到来促使庄园动用了相当大的人力物力，但同时也为特里一家人的生活赋予了很多魅力。特里夫人来自弗吉尼亚，是南希·阿斯特的侄女，她从来不会谄媚别人，言辞一向十分犀利，但是在丘吉尔到访的第一个周末过后她就写信告诉对方："我一直都是您最坚定、或许也是最卑微的仰慕者，我想告诉您的是，您的到来令我们都深感喜悦、荣幸之至。方便之时，你随时可以征用，无论提前多久通知——庄园任凭您处置。" cmxii 丘吉尔似乎也对迪奇里庄园颇有好感。最初在 11 月中旬度过了两个周末之后，他继续在庄园里逗留了整整一个月。迪奇里庄园比首相乡间别墅更精美 (不过在风格上后者更接近丘吉尔的查特维尔庄园)，这里提供的伙食也丰盛得多。无论支付费用与否，丘吉尔一行造访迪奇里庄园长达 3 年。遗憾的是，3 年后，即二战将近结束的时候，特里失去了议会里的席位，但是丘吉尔却没有对他表示过太明显的感激之情。

无休止地变动办公地点保证了丘吉尔的行踪难以预测，同时也振奋了他的精神。他喜欢来来去去的感觉，也喜欢用调皮的口气重温难以实现的浮华生活。在

11月1日（星期五）晚上前往首相乡间别墅的时候，他对科尔维尔说："现在我真想吃顿晚饭——在蒙特卡洛吃——然后再去赌上几把！"[cmxiii] 他的斗志十分高昂，这在一定程度上是由于他有着乐观的天性，尤其是当餐桌上出现美食、美酒和听众这些对他最有效的"兴奋剂"的时候。即使在比较抑郁的时候，他对战局的估测也比较令人满意。他认为英国的处境已经远比之前四五个月里的处境改善多了，他相信德国入侵的威胁减弱了，但是他不愿公开承认这一点，以免全国上上下下放松警惕。多亏了科尔维尔，通过他在陪同首相前往乡间别墅的第二天留下的日记，我们才能了解到，"现在他认为侵略计划被取消了，不过这完全是因为我们一直保持着警惕"。[cmxiv]

丘吉尔还认为英国承受住了德国轰炸袭击的压力，尽管这样的袭击给英国全国留下了一道非常令人厌恶的伤口，不过这道伤口不会对英国造成致命的伤害，没有击垮城市里的士气，也没有致使飞机制造厂和其他军工厂的生产陷入瘫痪状态。炸弹造成的死亡基本保持在每个月 3000 至 5000 人左右，英国的人口持续遭受着这样的损失。丘吉尔认为建筑物遭受的损害还没严重到城市人口无法继续维持正常生活的程度，他在 10 月 8 日的议会会议上指出："以目前的速度，还得有 10 年的时间才能摧毁伦敦半数的房舍。在此之后，速度当然就会变得非常缓慢了。"[cmxv]

但是，这些观点并不意味着他已经想清楚了在美国不插手的情况下英国应当以怎样的方式夺取胜利。他唯一能想到的大型正面进攻就是对德国的各座城市实施轰炸，丘吉尔竟然会对这种值得怀疑的攻击手段报以如此强烈的乐观态度，这种反应令人不可理解，尤其是考虑到英国对德国的进攻做出的坚定回击。最终他的这种想法的确也对英国自身造成了伤害。丘吉尔之所以会产生这种想法可能原因只有一点——当时英国已别无选择了。12 月 16 至 17 日（1940）英国对德国城市曼海姆实施的一次轰炸行动遭到失败，这场失败令丘吉尔孤注一掷的态度显得更加离奇了。经过一段时间的迟疑后，内阁在 12 月 12 日的一场会议上决定实施一场联合行动，利用空中恐怖袭击击垮德国某一座中型城市的士气。曼海姆被选中了。这场行动的结果令人失望，柏林市中心似乎被漏掉了，在袭击中只有 14 名德国男性身亡（还有 18 名妇女和 2 名儿童），200 架轰炸机损失了 7 架。这场行动没有给德国人留下多少教训。

在 1940 年的秋天，丘吉尔没能为不列颠帝国找到一条在没有盟友支援的情况下走向胜利的道路，这样的失败完全可以理解。除此之外，还有一个方面的失败也不断纠缠着他，皇家海军在北大西洋海域损失的舰船达到了一个致命的数字。这种状况给英国带来的威胁比较隐蔽，不像德国装甲师虎视眈眈地在法国北部待命，等待着随时发动进攻，或者德国空军的轰炸机在轰鸣声中盘旋在英国各大城市上空那样给英国民众的心中留下很直观的恐怖印象。因此，丘吉尔用 X 射线般的洞察力清楚地意识到这个问题的存在就有着十分必要的意义。在 12 月 8 日发给最重要的收信人——罗斯福总统的一封长信（4000 字）中，他充分阐述了英国海军的损失问题。为了这封信，他斟酌了几个星期，显然他知道这封信有着多么重要的价值。实际上，他最早在 11 月 26 日的时候就提到这封信。

丘吉尔写下了一份影响深远、令人深思的文件。在北大西洋沉没的舰船数量是一个不祥之兆：

> 我们在船只方面的损失几乎一直接近于上一场大战最糟糕的一年里的损失数字，随信附上最近几个月的统计数字……按照我们的估算，要想维持我国的全面生产，我们每年的进口货运量就应该达到 4300 万吨，然而在 9 月进来的货运量仅达到累计 3700 万吨，10 月为累计 3800 万吨。倘若进口量的降低持续保持这样的水平，就会给我国造成致命的伤害。接下来六七个月我们会将本土水域内的战舰力量增强到略微令人满意的水平。[德国方面]"俾斯麦"号和"提尔皮茨"号［2 艘均为俾斯麦级战舰］必将于 1 月投入使用。

能否消除这些危险因素取决于缺乏战争经验的美国将采取的一系列行动。"我认为，如果总统先生您能够相信纳粹和法西斯暴行的失败将对美国和西半球的人民产生重要影响的话，那么您就不会将这封信视作一封求援信，只会认为这是针对保证我们实现共同目标的最低限度的行动所发表的一份声明。" cmxvi

由于美国出台了《租借法案》，再加上美国海军保证了远至东经 26 度的欧洲地区（差不多向东跨越 2/3 的大西洋区域）的通商自由，因此在接下来的 4 个月里丘吉尔的大部分要求都一一得到了满足。他向罗斯福毫无保留地表明了自己的恐惧，这种策略也起到了作用。这封信同时还表明，在 1940 年将近结束的时候丘吉尔对各条战线上的局势也感到强烈的不安。在 11 月和 12 月出现了两场大捷，他的士气为之一振。第一场大捷是皇家海军舰载航空兵部队对集结在塔兰托港的意大利海军实施了成功的打击，第二场大捷是英国驻中东地区总司令阿奇博尔德·韦维尔在埃及和利比亚边境对意大利军队发动了攻击，成功帮助埃及摆脱了外国军队的控制，占领西迪·巴拉尼，擒获 4 万名意大利战俘。其实，这只是同盟国和轴心国之间展开的沙漠乒乓战中的第一个回合，这样的持久战直到将近两年后的阿拉曼战役才宣告结束，但是这场大捷是英国在开战 15 个月里在地面战中取得的首场胜利。9 月下旬，即使得到了英国的协助，戴高乐将军还是没能守住位于法属西非境内的达喀尔，西迪·巴拉尼大捷对戴高乐的失败做出了补偿。1940 年 7 月，就在英国面临着德国入侵的严峻威胁的情况下，丘吉尔做出了加强英国在中东的军事力量的决定，因此这场大捷也为丘吉尔的勇气进行了辩护。

这一年的秋天，丘吉尔偶尔会在视察的过程中公开亮亮相，但是除了在首相乡间别墅和迪奇里庄园度过的周末时光，在整个二战中，这个秋季是他最静止的一段时期。他没有像在初夏时那样出访法国，也不曾前往美国、南非，也不像晚年时那样对俄国念念不忘。8 月 28 日，他去了多佛尔和拉姆斯盖特，令他开心的是，在后一处港口他碰巧目睹了一场空袭。炸弹毁掉了一位小老板赖以为生的小旅馆，那一幕震惊了他，在返回伦敦的列车上他口述了一封给财政大臣的信，要求后者制定一套战争损害补偿方案。

9 月 8 日（星期日），德国空军实施了第一轮大规模空袭的次日，丘吉尔在下午的时候对伦敦东区进行了一次视察。这次视察非常著名，也留下了大量的照片。在 15 日（也是星期日），不列颠之战火力最密集的一天，他从首相乡间别墅驱车前往战斗机司令部第 11 空军大队设在欧克斯桥的指挥部，探望了驻守在那里的指挥官基斯·帕克将军。第 11 空军大队掌管着负责保卫埃塞克斯郡、肯特郡、苏塞克斯和汉普郡安全的轰炸机中队。他们看着指示板上的灯一个个亮了起来，显然板子上已经没有尚未出动的飞行中队了。丘吉尔问帕克："咱们还有多少后备力量？""一无所有。"帕克回答道。[cmxvii] 幸运的是，德军的飞机随即便打道回府了。

丘吉尔对空军急需后备力量的问题非常痴迷，他的想法是正确的。早在 5 月 16 日他就问过甘末林将军："你还有大量兵力可供调动吗？"结果他得到了否定的回答，在那个时候他就对甘末林和法国产生了怀疑。7 月和 8 月初在英格兰南部部署抵抗德国入侵的防御力量的过程中，他一直在提醒各位将军不要在海岸线上全面摊开一道稀薄的防线，而是要确保精锐部队集结在陆地上及附近地区，保持部队的灵活性，一旦他们登上海滩，就对其最薄弱的部分实施反击。

在紧张的情绪中观看了 9 月 15 日那场战绩变幻莫测（即使统计结果极其不准确）的经典空战之后，丘吉尔于下午 4 点 30 分返回了首相乡间别墅，用他自己的话说，"第 11 空军大队惊心动魄的表演让我看得有些疲惫了"。[cmxviii] 他一觉睡到了 8 点。从某种角度而言，他的这种反应并不令人感到意外。从另一种角度而言，在这样的一天里他竟然能如此镇定自若，这种表现令人惊叹。10 月 7 日，丘吉尔与防空司令部指挥官弗雷德里克·派尔将军在深夜一同前往里士满公园，视察了那里的枪炮部署情况，然后又去查看了比金希尔区附近的探照灯情况。就在从里士满公园前往比金希尔区的路上他们一度迷了路，在探照灯场丘吉尔那双瘦小干净的脚进了水，他就这样拖着湿漉漉的双脚回到了唐宁街（在凌晨 4 点 30 分），谁都看不出他究竟有着怎样的心情。接下来的一次冒险更合丘吉尔的口味，这是一场长途火车旅行，他一直很喜欢这样的出行。从 10 月 22 日傍晚直至 24 日上午，他前往苏格兰，巡视了罗赛斯造船厂，在法夫郡视察了一路迂回最终抵达英国的波兰军队。11 月 1 日，他在诺斯霍尔特检阅了一支飓风式战斗机中队，当时他穿的还是空军准将的制服，这种服装在他的身上始终显得很不和谐。

至此，丘吉尔在这一年里的外出活动结束了，这样的记录已经足够丰富了。他一直忙得不可开交，之所以如此忙碌并不是因为他必须处理下属们送来的大量文件，实际上大部分工作都是"自讨苦吃"的结果，他不停地要求下属向他汇报工作：为什么计划尚未完成？为什么司令部里有那么多工作人员？为什么工厂制造出了那么多飞机，投入前线作战的飞机却那么少？为什么坦克的设计工作在不停变动，以至于妨碍了大规模生产？海军部怎么就是理解不了英国需要尽快得到质量较好的舰船，而不是直到战争结束后才能被建造出来的完美舰船？他之所以这么忙也是因为他几乎从不效仿别人愚蠢的官僚作风，在大量阅读报纸文章的过程中他经常能看到这样的实例。无疑，促使大臣和各部门忙个不停对丘吉尔自己十分有利。值得注意的是，与他最亲近的大臣（最出名的就是陆军大臣艾登和空军大臣辛克莱）受到的批评最尖锐，也最频繁，这是一个好现象。"陆军部对法国这件事情的处理方式令我不开心""这封电报显示中东战事半死不活的状态"，艾登收到的一些信就是以这样的措辞开头的。与丘吉尔的友谊远比艾登更持久的辛克莱（即使两个人分属不同的党派）在 9 月 29 日收到了一封调侃色彩更浓厚、谴责意味更强烈的信：

> 我非常高兴地看到你一如既往地感到满足。我将外交部的电报告知你只是为了再试探一下你对本部门刀枪不入的信心，自从你不再是反对党的一员、反而成了政府的中坚力量以来，你就一直保持着这样的自信。要么是你在过去大错特错，要么就是从换届以来咱们所有的人都取得了巨大的进步。[cmxix]

丘吉尔几乎不曾这样谴责过工党的几位大臣。海军大臣阿尔伯特·亚历山大受到过丘吉尔的轻微训斥，他常常令丘吉尔火冒三丈，但是首相发给他的备忘录几乎都会同时发给第一海务大臣庞德，因此首相对他的怒气自然也就化于无形了。丘吉尔对欧内斯特·贝文小心翼翼、十分尊重，对艾德礼也礼遇有加，只是采取的方式不同而已。格林伍德已经变得有些像战时内阁这驾马车的第 5 个车轮了（多余之物），但是就连对他，丘吉尔也不曾在信中宣泄过怒气。莫里森与道尔顿都是很有效率的得力干将，只可惜丘吉尔始终没有对他们产生过好感。丘吉尔对艾默里极其没有耐心，尽管后者在 5 月 28 日那一天对他给予了坚定的支持（与道尔顿一起）。12 月，在哈利法克斯去华盛顿就任之后政府出现了一连串的人事变动，在这个过程中，丘吉尔甚至考虑过趁机将艾默里从印度事务部降职到卫生部。在这个阶段，丘吉尔对比弗布鲁克就像对贝文一样小心翼翼，但是他对前者比较热情，毕竟他们两个人相识已久，只是关系时起时落而已，而且经常喜欢跟他待在一起（丘吉尔几乎对比弗布鲁克的陪伴有些着迷，克莱门汀对此甚至颇有微词）。丘吉尔认为比弗布鲁克在提高飓风式战斗机和喷火式战斗机的产量方面取得了杰出的成绩，但是对后者动辄以辞职相要挟的做法很不满意。

忙碌的生活有助于丘吉尔将自己不欢迎的客人拒之门外。11 月 8 日，他给流亡的阿尔巴尼亚国王索古一世写了一封信，以毕恭毕敬的口吻断然拒绝了后者提出的要求：“先生，要我抽出时间与国王陛下会面的要求令我深感荣幸，但是在目前的情况下这个要求在时间方面过于紧张，希望陛下不会认为我很无礼……您恭顺的仆人，温斯顿·斯·丘吉尔。”[cmxx] 丘吉尔对亚瑟·索尔特也不理不睬，甚至对海军元帅罗杰·凯斯也是如此，后者总是希望能去首相乡间别墅拜访他。相比之下，丘吉尔对下议院十分重视。8 月 20 日至 12 月 19 日，他在下议院的 12 场会议上发表了讲话。这些讲话在篇幅和内容上都截然不同，分别在塔兰托大捷和西迪·巴拉尼大捷之后发表的两次讲话都只是简明扼要地表达了自己的满意，其他大部分讲话都对不列颠之战、闪电战以及其他前景做出了扎实清醒的评估。丘吉尔无意在演讲方面给这个夏天制造一段高潮时期，不过他还是在 8 月 20 日的讲话中说出了一句流传很久的名言：“在人类战争史上，从来没有过如此少的人对如此多的人做出如此大的贡献。”在讲话的最后，他将英美之间的合作比作一条大河：“我无法阻挡住它，即使我希望如此。谁都无法阻挡住它，它就像密西西比河一样，源源不断地流淌着。就让它流淌下去。就让它汹涌地流淌下去，在毫不动摇、势不可挡、仁慈宽厚的大潮中奔涌向更广阔的地方，奔涌向更美好的未来。”[cmxxi] 即使如此，科尔维尔还是在日记中称，这场讲话“不如平时那样妙语连珠”，[cmxxii] 尼科尔森也说，“他无意激起热情，只想为大家指引方向”。[cmxxiii]

值得注意的是，丘吉尔至少还对下议院的一部分日常领导工作也付出了相当多的精力。他没有将自己包裹在战时领导的外衣下，摆出一副拒人于千里之外、只会发布史诗般公告的姿态。下议院针对改变会议时间、议会迁至圣公会总部大楼等问题举行的辩论他都参加了，他还遵循惯例，在 11 月 21 日对新一届议会开幕时的国王致辞做出了答复，他也没有错过从 12 月 19 日圣诞休会期开始的假期。

　　丘吉尔在首相乡间别墅度过了上任后的第一个圣诞节，这段时期他过得比前一年轻松一些，圣诞节当天在午餐过后他几乎就没有处理公务了。未来的局势无疑比 6 个月前有所改善了，但是他仍然隐隐地担心两个问题：大西洋西部航路沿线损失的船只数量丝毫没有减少的趋势；用以从美国购买重要物资的财政资金正在迅速减少。对于后一个问题，丘吉尔仅仅与罗斯福进行过微妙的对话。仿佛是为了确保闪电战造成的危险不会被英国人遗忘，德国人在 12 月 30 日的一场大规模火攻中将大半个伦敦市化为了灰烬（市政厅、18 世纪的建筑大师雷恩设计建造的 8 座教堂和圣保罗大教堂都幸免于难）。丘吉尔的"神奇一年"就这样结束了。

第三十四章　不再孤军奋战

在 1941 年欧洲战争演变成了一场世界大战，相比 1940 年 6 月和 7 月英国面对的困境，此时的局势显示出英国很有可能属于胜利的一方，不过有人认为这样的前景还是不够辉煌，经历了独自抵抗的英国原本理应成为率领其他国家走向胜利的领袖，至少英国自己持有这样的观点。苏联和美国都投身于战争，俄国率先加入战争，它的加入比较突然，也比较反常；在战争的边缘徘徊了将近一年之后美国才加入了战争。这两个国家的加入令丘吉尔情绪高涨，尽管它们逐渐削弱了他在 1940年下半年和 1941 年上半年在世界局势中占据的核心地位。日本对美国发动攻击，德国对苏联发动攻击，这两起事件都令丘吉尔感到开心，不过他对前者的反应更为强烈。但是这样一来日本就加入了敌方阵营，大不列颠帝国也在接下来的两个月里遭到了最沉重的打击，丘吉尔的战时政府也进入了最低谷阶段。但是，丘吉尔对珍珠港事件（12 月 7 日）的本能反应是正确的——"我们终究还是赢了！" [cmxxiv]

珍珠港事件为 1941 年画上了一个恰如其分的句号。就在这一年的年初，丘吉尔的注意力几乎全都集中在了发展英美关系的工作上，这显示出他能够透过现象看到本质，并且也有能力集中精力处理本质问题，他的个人生活方式也体现出了这种能力。在日常生活中，他在很多方面表现得都比较任性，但是他的生活始终与他的宏伟目标交织在一起并且服从于这些目标。

他对哈利·霍普金斯的态度就充分证明了他的这种能力。与罗斯福非常亲近的霍普金斯于 1941 年 1 月 9 日（星期四）开始了对英国为期一个月的访问，人们或许认为，丘吉尔应该会像将近一年前对待萨姆纳·韦尔斯那样对霍普金斯也十分客气，人们或许也希望霍普金斯的到访能够产生比较明确的成果。丘吉尔对霍普金斯的关注与他对韦尔斯的关注完全不在一个级别上，但是会晤产生的结果却毫不含糊。在战争期间，丘吉尔后来给霍普金斯取了一个绰号，"发现本质勋爵"，这个绰号掺杂着 2/3 的赞赏之情和 1/3 的讽刺意味。这是因为后来当英美首脑会晤由于一些无关紧要的问题而停滞不前的时候，霍普金斯将一杯清澈的泉水泼在众人的脸上（丘吉尔对伯肯黑德的描述），并且说，我们要解决的就是这个问题。在 1941 年年初的时候丘吉尔还不曾见识过霍普金斯的这一面，但是就像霍普金斯一贯能够看到问题的本质一样，他意识到霍普金斯是"我们接待过的最重要的美国客人"——这句话出自布兰登·布拉肯之口，但是在说出这句话的时候他无疑受到了丘吉尔的启发。[cmxxv]

从表面上看，霍普金斯不属于能与丘吉尔成为密友的那种人。他来自爱荷华州苏城，出身贫寒，一生中有大量时间都在从事福利管理工作。他与罗斯福总统的特殊关系可以追溯到罗斯福于 1928 年当选纽约州州长的那个时期，当时他还是一名从事社会工作的自由主义者，在行政管理工作方面的能力也非常出色。在罗斯福出任总统的最初两年里，经他之手处理的经费高达 85 亿美元（在 20 世纪 30 年代这是一笔巨额款项），而且始终没有出现太大的丑闻，为此他备受赞誉。1938 年，霍普金斯被提拔为商务部部长，有人甚至认为他对自己在罗斯福卸任后的命运充满了野心（很多人都会如此），可是他的健康状况一直不太乐观，在 1940 年年初的时候更是急转直下，最终他退而求其次，接受了幕后智囊的角色。在这一年罗斯福第 3 次当选总统的时候，霍普金斯就站在他的身边。霍普金斯的第 2 任妻子已经于 1937年逝世，而且此时他已经与罗斯福太"熟悉"了，因此他搬进了白宫。1943 年，他与第 3 任妻子在白宫举行了婚礼。霍普金斯始终没有彻底恢复健康，最终于 1946年逝世，享年 56 岁。直到逝世时，他始终毫不动摇地渴望推动自己信仰的一些事业向前发展，这些目标与罗斯福的目标相一致，从而让自己也获得了巨大的影响力。在 1940 年前后，他将斗争的矛头从贫困问题转向了希特勒。除了这些能够证明他的影响力的成果，他还以私人身份迅速在丘吉尔的队伍中赢得了一席之地，也许正是他对罗斯福的影响力让他有条件接近丘吉尔。霍普金斯与丘吉尔十分喜欢的许多伙伴一样是一个精明的局外人，行事风格有些离经叛道。他的言谈刻薄、幽默，他还嗜好赌博和赛马。在不太虚伪的气氛中，他面对任何人都很容易放松下来。他的穿着打扮很蹩脚，但是有着强烈的个人风格。

霍普金斯乘坐一架水上飞机，从里斯本飞到了普尔港。丘吉尔派布兰登·布拉肯前去普尔港迎接霍普金斯，将其送到伦敦。星期五中午，丘吉尔在唐宁街的地下办公室里单独设宴款待了霍普金斯。他们坐在一起，喝着波尔图葡萄酒和白兰地，一直聊到了下午 4 点。第二天，霍普金斯参加了在迪奇里庄园举行的聚会（刚好赶上一个月圆的周末），在庄园里住了两个晚上。星期二晚上，丘吉尔乘坐专列前往苏格兰的最东部，随行人员有克莱门汀、私人医生、哈利法克斯夫妇以及霍普金斯。此次出行名义上是为了给即将前往华盛顿的哈利法克斯送行。作为外交大臣，哈利法克斯享受到了一场"头等葬礼"，在抵达大洋另一端的时候他又在海边受到了"最高规格"（罗斯福）的接待。

丘吉尔一行渡过斯卡帕湾，在最先进的战舰"乔治五世国王"号上过了一夜，这艘战舰在被投入使用后接受的第一项任务就是护送哈利法克斯前往切萨皮克湾。不过此次出行还有其他两个次要目的。第一个目的是让丘吉尔借机对"大舰队"进行一次视察，距离上一次视察已经将近一年了。"大舰队"是一战时期对这个舰队的称呼，丘吉尔很容易回想起那个年代的各种术语。第二个目的就是友好地向霍普金斯展示自己的实力，对于这个目的来说，这场旅行筹划得非常周全。丘吉尔一行一艘接一艘地视察战舰，向霍普金斯显示着英国皇家海军的实力，其间克莱门汀也表现得非常机敏。在途中，霍普金斯一度险些掉进海里，不过终归他还是没有掉下去，所以这趟旅程至少没有扫了他的兴。接着他们便回到陆地，连夜赶往苏格兰的中部地带，在那里丘吉尔先是视察了福斯湾的因弗基辛造船厂，接着他们接到了西斯特林郡的工党议员汤姆·约翰斯顿。当时约翰斯顿还是一名地区专员（负责民防工作），后来他被丘吉尔任命为苏格兰事务部大臣。接到约翰斯顿后，丘吉尔一行继续乘火车前往格拉斯哥，在车上共进午餐。一路上，军需处为丘吉尔提供了无微不至的服务。格拉斯哥是此行最关键的目的地之一，这不仅是因为这座城市是"红色克莱德赛德"时期（政治激进时期）的活动中心，那段时期在25年前曾给劳合·乔治制造了很多麻烦，而且这里还是至关重要的船只和军火制造重镇。此外，它的下游毗邻全英国仅有的3处综合港区（港口综合体）中的一处，另外两处分别位于默西河与布里斯托海峡地区。在形势日渐令人绝望的大西洋战役中（两个月后丘吉尔为这场旷日持久的战役赋予了这个名称），这3处综合港区都可以得到充分的利用。

丘吉尔宣称自己以为只会毫不声张地与市长和地方议员见见面，结果他却看到一大群人等在那里，市政厅里还搭起了一座讲台。市政厅面对的就是英国最壮观的民用场所之一——乔治广场，广场上矗立着维多利亚女王、阿尔伯特亲王、伯恩斯、沃尔特·斯各特、罗伯特·皮尔、格莱斯顿，以及当地其他一些显赫人物的雕塑。丘吉尔事先没有准备发表讲话，但他还是发表了一场掷地有声的长篇讲话，用事实证明了他没有能力即兴发挥的说法是错误的。在讲话中，丘吉尔对霍普金斯代表"他那位著名领袖"参加此次活动体现出的象征意义大肆渲染了一番。这场讲话最令人难忘的一点或许就是，丘吉尔一方面在毫无准备的情况下竭力煽动了听众的情绪，同时又表现出了高超的技巧和强大的克制力，丝毫没有提及有可能会令霍普金斯——或者说是罗斯福——感到尴尬的事情。"在 1941 年我们需要的不是海外给我们派来大批部队，我们需要的是武器、船只和飞机。"[cmxxvi]

通过此次访问，丘吉尔得到了两个收获，一个立即就得到了，另一个迟迟才出现。当天晚上，约翰斯顿在北英酒店举行了一场晚宴，霍普金斯在宴会结束的时候发表了讲话，在谈到未来的英美关系时他引述了《路得记》中的一段话："你往哪里去，我也往哪里去。你在哪里住宿，我也在哪里住宿。你的国就是我的国，你的神就是我的神。"说完他还补充了一句："直到最后。"[cmxxvii] 无疑，经过了一整天心潮澎湃的旅行，再加上在格拉斯哥受到如此热情的款待，霍普金斯才会做出这样的表示，但是他的讲话非常有诚意。丘吉尔热泪盈眶，他不是一个很难落泪的人，但是这一次他更有理由落泪。

通过大胆的接纳和精心谋划的殷勤，丘吉尔彻底说服霍普金斯加入了英国阵营。他的超级自信以及出于本能对海军舰船遭受严重损失这个要害问题的高度关注都产生了效力。在迪奇里庄园的时候，他向这位参与罗斯福新政的"义工"展示了他极其不朴素的私生活，以及他那个光鲜风流的社交圈子。科尔维尔在日记中记述了第一天晚上的情形："迪奇里的晚宴环境十分壮观。餐厅里只在枝形大吊灯和墙上点着蜡烛，餐桌没有过度装饰，4 座镀金烛台里点着黄色的锥形长蜡烛，中间摆着一个镀金杯子。饭菜同周围的环境十分匹配……"[cmxxviii] 参加晚宴的人包括维妮夏·蒙塔古（原先长期与阿斯奎斯保持着书信往来的爱人），卡萨·莫里侯爵夫人（原先的达德利·沃德夫人，前国王乔治八世的老情人，直到后者错误地为了辛普森夫人而将她抛弃，令外界感到难以置信的是她又摇身变成了侯爵夫人）。在这天晚上以及接下来的 11 个夜晚，霍普金斯在首相乡间别墅度过了 3 个周末，再度光临迪奇里一次，在火车上或者苏格兰度过了几个晚上，在此期间每天深夜他都受到丘吉尔等人的盛情款待。在迪奇里的时候，他们还观看了电影，星期六看的是《杨百翰》，星期天看的是《开往慕尼黑的夜车》，他们一直看到了凌晨两点。首相乡间别墅直到当年冬季末期才装备了电影播放厅，不过在娱乐活动的间歇，丘吉尔总会在深夜长篇大论地发表自己的见解，阐述的内容从战争进程、他对德国人民不带有敌意的看法、他对包括国家和货币两个方面的战后和解方案的构想，到约瑟夫·张伯伦与斯坦利·鲍德温对英国政治的有害影响（这两个人截然不同，但是在这个问题上又相似得出奇），无所不包。丘吉尔毫无顾忌地将霍普金斯接纳进了自己的社交圈和家庭，向他展示了英国舰队的力量以及他自己应对格拉斯哥工党市政官员的能力。3 月中旬，德军对克莱德赛德实施了恐怖的空袭，1000 多人身亡，几家造船厂遭到严重损害，但同时一场罢工也因此被取消了。丘吉尔通过前往格拉斯哥视察获得的第二个好处就是，面对空袭格拉斯哥人民进行了大无畏的抵抗。

2月10日，霍普金斯启程返回美国，此次出访的时间比原计划增加了一倍多，其间丘吉尔还带着他前往多佛尔参观了射程跨英吉利海峡的海岸炮，让他眺望了一会儿对岸的敌占区，还带着他参观了空袭之后的朴次茅斯和南安普敦，在1月的最后一个星期里，这两个地方都遭受了严重的损毁。最重要的是，丘吉尔与霍普金斯建立起了相互信任的亲密关系，实际上应该说是伙伴关系。提到丘吉尔的时候，霍普金斯曾对罗斯福说过，"从一切关键因素的角度而言"丘吉尔都是"制定大政方针、开展军事行动背后的中坚力量，他对各个阶层、各个群体的英国人民都有着惊人的掌控力"，这番评价应该说到了丘吉尔的心坎上。[cmxxix] 在劳合·乔治政府时期，丘吉尔与罗斯福在伦敦有过一次擦肩而过的经历，在霍普金斯首次出访英国的时候他们还不曾当面会晤过，两个人的交往仅限于越洋通信，正是霍普金斯对丘吉尔的评价促使罗斯福与他建立了至关重要的交往。令人感到不可思议的是，相比主角，他们中间的联系人与丘吉尔培养起了更深厚的友谊。相比与罗斯福在一起时的感觉，跟霍普金斯待在一起时丘吉尔更感到自在，6个月后发生的一件事情就生动地说明了他们两个人的关系。再次访问英国的时候，霍普金斯又在一个星期日在首相乡间别墅过了一夜。丘吉尔说个不停，根本无意让其他客人去睡觉，在座的人里就有艾德礼与威廉·埃夫里尔·哈里曼，这两个人都已经哈欠连天了。帮助众人解围的人正是霍普金斯，他将丘吉尔尽情地调侃了一番，对他说"继续说下去吧"，直到部下全都离他而去，科尔维尔进入皇家空军，以首席秘书的身份被派往华盛顿，而"你也不得不给你的姑娘［令人肃然起敬的凯思琳·希尔夫人］颁发一枚奖章，好说服她留下来"。[cmxxx]

在霍普金斯对英国的首次访问（1月）的影响下，丘吉尔养成了两个新的习惯，这两个习惯在1941年的生活中非常突出。霍普金斯是美国的开路先锋，此后这个伟大的共和国的一位位公民便开始不断造访首相乡间别墅和迪奇里庄园。共和党人温德尔·威尔基参加了1940年的总统大选，由于落选，再加上他的亲英立场，罗斯福对他颇有好感。在霍普金斯一次出访英国的后半程，威尔基也前往英国。等他在一个星期六到来后，霍普金斯很得体地向丘吉尔告辞了，搬到切尔凯利庄园同比弗布鲁克待了一阵子。3月初，新罕布什尔州的前州长共和党人约翰·吉尔伯特·怀南特也来到了伦敦，成为新一任美国驻英国大使，这时距离约瑟夫·肯尼迪卸任已经过去将近6个月，没有人对后者的离任感到惋惜。在这段空白期里，赫谢尔·约翰逊有效地代表了美国政府的利益。在职业外交官里，约翰逊是典型的"二号人物"，在数十年的时间里断断续续地维护着美国对英政策的连贯和统一。在那个年代，美国政府对地位最重要的大使工作的奖励机制决定了外交官们要么会被架空，要么会得到一个平庸的职位，在总统竞选过程中做出贡献的政客们得到的奖励也是如此。

怀南特没有被架空，也没有执掌大权。他给公众留下了一个非常可敬的形象，因为他的容貌酷似亚伯拉罕·林肯，而且他寡言少语，说起话来慢条斯理，这意味着他的措辞大多都经过了慎重的选择，从他嘴里说出的话都有很重的分量。怀南特是一个坚定的亲英派，一个行事低调、毫不装腔作势的人，他不引人注目，但是有着独特的魅力，相比前任老肯尼迪，他对英美关系的改善做出了巨大的贡献，按照任何一种标准考量都会得出这样的结论。怀南特是一个沉默寡言的人（正是因为这种性格，阿奇博尔德·韦维尔将军才没能赢得丘吉尔的好感），但是他很快就被接纳进丘吉尔的核心圈子。对于一个美国人来说，这种进步为其赋予了极大的有利条件，在那段时期欧洲的局势还在持续恶化着，所有的希望都在于"朝西面看，那里充满光明"。*怀南特还有一个有利条件，在任何一张相片里他都是一副喜怒不形于色的模样，几乎充分代表了以白人盎格鲁-撒克逊新教徒为主的美国的清教徒。丘吉尔首先邀请怀南特参加了 3 月 4 日在唐宁街举办的一场晚宴，后来又邀请他在乡下别墅度过了几个周末。

怀南特夫人是一位仪态优雅、难以捉摸的人，她陪同丈夫参加了几次活动，但是始终不曾有过显眼的表现。**在 1941 年的时候，怀南特夫妇的关系似乎就已经出现了裂痕，最终他们的婚姻在 1944 年破裂了，在此之前怀南特早已爱上了当时快要年满 30 岁的萨拉·丘吉尔。这份爱情虚无缥缈，不过正是在萨拉的帮助下，怀南特与丘吉尔一家人越来越亲近，总体上也越来越同情英国的斗争事业，更是频频出入首相乡间别墅。作为大使，怀南特发挥了应该发挥的作用，然而他在平静的禁欲主义的外表下掩藏着一股激荡不安的情绪，最终他在 1947 年自杀了。

在怀南特出访英国之后，紧接着威廉·埃夫里尔·哈里曼也出现在了伦敦，他

---

* 这句话是维多利亚时期的诗人亚瑟·休·克拉夫的《不要说斗争是徒劳无益的》中两节诗的结束语，丘吉尔在 1941 年 4 月 27 日（星期六）的广播讲话中也用这句话结束了整场讲话。结束广播后，他给维奥莱特·博纳姆·卡特打去电话，告诉对方正是她在 30 多年前最先将这首诗读给了他，自那时起这首诗就一直留在了他的脑海中。

** 1941 年 7 月 12 至 13 日，他们夫妇、艾德礼与我的父母一起过了一个周末，当时我也在场，对于这件事情我非常珍视。无论是否得益于他们此次做客的经历，总之怀南特 1942 年 2 月为我提供了一份比较轻松的研究员的工作，让我成了他的部下，这种做法有些搞裙带关系的意味。为他效力了 4 个月后，我就被招募进部队了。

的身份是"租借法案"的联络员。哈里曼比怀南特小 2 岁，比霍普金斯小 1 岁，他属于那一代令人难忘的美国"总督"，这些人效力于"帝王总统"①，手握重权，大多都颇有头脑。他们中间的典范或许是乔治·马歇尔将军与迪恩·艾奇逊，不过在1941 年活跃于伦敦的几个人也都表现不俗。哈里曼与霍普金斯、怀南特的不同之处就在于他很长寿（活到了 94 岁，霍普金斯与怀南特分别在 56 岁和 58 岁逝世），不过在 1941 年的时候还很难预见到这样的未来，当时令他多少有些与众不同的因素就是他拥有的巨额财富。哈里曼是铁路大亨爱德华·亨利·哈里曼（绰号"奈德"）的儿子，而且在 1939 年之前他就已经凭着自己的努力赚到了一笔财富，与别人在纽约联合创办了"布朗兄弟及哈里曼银行"。不过，哈里曼是一个吝啬鬼，至少在小事情方面出手非常小气，因此在他的面前人们不会感觉到财富带来的压抑感。此外，在他的眼中，公共服务的意义远远凌驾于财富的价值之上。

哈里曼同怀南特有一点相似之处，在首相乡间别墅充当自由世界指挥部的时候，他也曾屈服于这座别墅里依稀荡漾着的一股情欲气息，或许是因为世界大事带来的压力催生出了这种浪漫而紧张的气氛。就像怀南特无望地坠入萨拉的情网一样，哈里曼爱上了帕梅拉·迪格比，不过他的爱情比较现实。迪格比在 1939 年成为伦道夫·丘吉尔夫人，在伦道夫于 1941 年 1 月奔赴开罗后她非常喜欢住在首相乡间别墅里。就在伦敦经历了最严重的一场空袭之后，科尔维尔撞见迪格比与哈里曼一道察看城内受损情况，在当时的情况下这次偶遇并不令人感到尴尬，但是已经显示出他们两个人很快便会培养出亲密友情的苗头。[cmxxxi] 直到 40 年后，迪格比才同哈里曼结为夫妇，他们共同生活了 15 年，在哈里曼逝世后，迪格比在 20 世纪 80年代末期的美国民主党的政治工作中扮演了一个主要角色，最后还出任了美国驻巴黎大使，她的任期有着举足轻重的意义，她也出色地履行了自己的职责。在一个伟大的共和国派驻另一个伟大的共和国的大使中，她是唯一一位英国人，更不用说还是唯一一位女性。

丘吉尔在 1941 年里的生活出现的第二个新现象就是在霍普金斯到访英国的第一个月过后（并不一定是这个原因），他在视察各地的工作上表现得更活跃了。在1940 年将近尾声的时候丘吉尔尚未陷入绝境，但是除了上述提到的一些例外情况，他几乎没有去全国各地走动过，1941 年的情况则截然不同。4 月 10 日至 12 日，他

---

① "帝王总统"是总统史学家小阿瑟.M.施莱辛格提出的概念，用来形容总统拥有超越宪法的权力的现象。

前往斯旺西、布里斯托和普利茅斯，轰炸对这几座城市造成了极其严重的伤害，而且丘吉尔看到一座城市比一座城市的损伤更严重。在布里斯托期间，他以大无畏的精神参加了一场典礼。一天上午，他身着隆重的礼服在布里斯托的地标性建筑威尔斯纪念楼里为怀南特、澳大利亚总理孟席斯和哈佛大学校长詹姆士·布莱恩特·科南特颁发了荣誉学位。纪念楼坐落在通往克利夫顿区的山路上，就在前一天夜里，布里斯托老城的中心刚刚遭受了一场狂轰滥炸，那里距离举行仪式的地方仅有 1 英里的距离。自 1926 年起丘吉尔就一直担任布里斯托大学校长一职，但是他此次从天而降般的露面已经完全超出了校长的职责范围。通过此举，他充分（并成功）地表明了政府的态度。丘吉尔知道自己首先应当前往受损最严重的地方。当月，他在曼彻斯特和利物浦逗留了 24 个小时，在 5 月 1 日至 2 日回到普利茅斯，考虑到城市的规模，普利茅斯很有可能是地方城市里受损最严重的一座城市。普利茅斯遭受的破坏基本上都是空袭造成的，住宅区和商业中心区域的受损情况更严重一些，就像 5 个月前考文垂的飞机制造厂一样，这里的造船厂集中区相对来说勉强逃过了一场浩劫。在接连探访过一座座遭到炸弹破坏的城市后，丘吉尔中断了视察活动，直到 9 月末，到那时他又连续对考文垂和伯明翰进行了视察，并且再度造访了利物浦。

1941 年的空袭规律让伦敦在最初几个月里比较太平。下议院在 1 月 21 日迁回传统的办公大楼，唐宁街 10 号也重新成为丘吉尔的活动中心。英国南部和东南部的城市朴次茅斯、卡迪夫和斯旺西继续遭受一定规模的袭击，不过直到 3 月初，德国人才开始集中火力对各大港口城市发动攻击，曼彻斯特、利物浦、格拉斯哥、赫尔、普利茅斯、布里斯托甚至贝尔法斯特都成了最主要的攻击目标，有几次轰炸甚至一连进行了六七夜。例如，在 5 月初的时候利物浦在一星期之内就有 3000 人身亡，7.6 万人无家可归。伦敦也不再幸免。4 月 16 日和 17 日，英国的首都遭受了两次极其猛烈的空袭；在 5 月 10 日，即丘吉尔出任首相一周年的当天，这座城市遭受了最严重的一次攻击。除了其他大破坏，下议院的议事厅也被摧毁了，* 下议院又于 4 月 22 日回到圣公会总部大楼召开会议。由于所有的大破坏都发生在午夜，因此必

＊ 5 月 7 日，丘吉尔最后一次在下议院的议事厅里发表了讲话，面对全面恶化的形势，他就政府的防御政策发表了一场言辞激烈的长篇讲话。丘吉尔对老议事厅充满了毫无保留的喜爱，他在这个议事厅里已经履行了 40 年的职责。6 周后，当被问及重建议事厅的事情时，他说："除了改善通风状况，我无法想象有人会希望对下议院进行哪怕一丁点儿的改动。"（《议会议事录·第五册》，第 372 卷，第 814 列。）

然会随之出现大量的补选。在1950年重建工程竣工之前，议事厅一直无法使用。5月10日的轰炸给闪电战画上了一个令德国人不甚满意的结尾，为伦敦将近3年的和平时期奠定了基础，与此同时，下议院转移到了上议院的议事厅，贵族议员们则低调地撤到了附近的国王更衣室，相比自己的议事厅，国王更衣室的规模就如同玩偶屋。

对丘吉尔来说，这是一个恐怖的春天，对于英国来说，战争的前景也是如此。德军的空袭十分凶猛，不过已经到了这个阶段的最后一轮攻击了，英国依然承受得住这样的攻击。在空袭中，德国人针对英国的重要军事目标取得的最大胜利可能就是在5月的第一个星期里连续6天夜里对利物浦实施的轰炸，几座码头的144个船位中有69个无法继续使用了，这座位于西部海岸的重要港口的卸货量被削减到1/4。不过，多亏美国有效接管了在大西洋西部水域进行巡视的责任，英国在海上的损失略微有所减轻，美国的巡视范围甚至往东扩大到了冰岛。

然而，其他方面的形势几乎都很糟糕。4月6日，希特勒入侵南斯拉夫和希腊；13日，德国军队进入贝尔格莱德，王室外逃，在二战剩余的4年里南斯拉夫的抵抗活动成为日渐壮大的游击队的任务，而游击队又一直存在着激烈的内讧，直到最终铁托领导下的共产党军队脱颖而出；4月24日，希腊投降。相比南斯拉夫，希腊的投降对英国造成的创伤要严重得多。在3月初，英国的战时内阁经过非常痛苦的抉择做出了决议，派出5.5万人的部队加强希腊的防御力量。英国只能从驻守在埃及的部队中抽调这批兵力，而前者的兵力本身就捉襟见肘。中东地区总司令阿奇博尔德·韦维尔一开始非常犹豫，不过后来还是接受了伦敦方面的决定。希腊投降的悲剧发生后，开罗的军方坚持认为韦维尔之所以向希腊派兵是受到了政客们的逼迫，尤其是某一位政客。丘吉尔坚称自己没有给韦维尔施加压力，这个艰难的决定无疑也令他十分恼火。科尔维尔注意到，每当问题悬而未决的时候丘吉尔的脾气总是一触即发，在做出不可更改的决定后他的脾气会有很大的改善，军事将领们的士气也得到了很大的提高。

士气的提高不会维持很久。在4月的最后几天里，英国又开展了一次撤退行动。5.5万名驻守在希腊的英国军人参加了行动，大约1.2万人失去了生命。更加令人感到沮丧的是，英国陆军（及海军）对德军占据上风的一次军事行动就是这场撤退行动，这主要是因为英军在这方面的经验更丰富。英军后来在克里特岛上的经历更是糟糕。逃出希腊的4.3万人中有2.6万人被转移到了这座岛上，直到大约一个月后英军才又开展了一次撤退行动。时间从5月进入了6月，大约1.6万人撤退到了亚历山大港。从挪威战役开始，如果说敦刻尔克大撤退是最有序、最光荣的一次行动，那么克里特岛就是 4 次撤退行动中最混乱无序、最丢脸的一次行动。它的混乱和耻辱在伊夫林·沃的战争三部曲中的第二部《军官与绅士》一书中留下了令人无法忘却的印记。虚构文学不仅常常比事实更生动，有时候还能忠实地记录下真相。

两个星期后，在北非的沙漠战中曾经取得大捷的英国军队遭到了埃尔文·隆美尔的重挫。丘吉尔在文章中称这场失利"给我造成了最沉重的打击"。当天他去了查特维尔庄园，主屋已经"彻底被封了"，在 6 月和 7 月初回去了 4 次后他就已经很久没有回到这座庄园了："我怅然地在山谷里溜达了几个小时。"^{cmxxxii} 这是丘吉尔在二战期间的一次低谷期。近一段时间里他收到的唯一一个好消息就是"俾斯麦"号战舰于 5 月 27 日沉没了，但是与此同时，英国也损失了吨位最大、速度最快的"胡德"号战列巡洋舰（以及船上的 1500 多名将士），"威尔士亲王"号也遭受了一些损伤。不过，"俾斯麦"号是全世界最新型、最强大的战舰（它怎么会先于刚刚建造好的"乔治五世国王"号和"威尔士亲王"号那么早阵亡？），英国人基本上愿意不惜一切代价消灭它。况且，海军的"胜利"似乎总是会对参战双方造成同样的破坏。

"俾斯麦"号沉没的消息令丘吉尔的情绪一时间极度高昂。贾德干在 5 月 26 日的日记中提到"内阁忧心忡忡、闷闷不乐"，^{cmxxxiii} 休·道尔顿的日记证实了这种说法，因为"胡德"号没了，但是"俾斯麦"号逃走了。然而，丘吉尔的情绪与所有的人背道而驰，他坚持主张对北爱尔兰实行征兵，北爱尔兰统一党人也有着同样的想法，但是在"六郡"（北爱尔兰的别称）、伦敦和都柏林几乎所有的人都认为对北爱尔兰实行征兵将会制造出灾难性的分裂，这种事情只会得不偿失。在令人沮丧的一天将要结束的时候，安东尼·艾登给丘吉尔写了一封非常精彩简短的信：

亲爱的温斯顿：

今天很糟糕，但是到了明天巴格达方面就会传来好消息，^①"俾斯麦"号也

---

① 艾登指的是 1941 年 4 月 3 日在伊拉克打响的"第二次不列颠战役"。当天，伊拉克军队在哈巴尼亚发动兵变，想和德军配合将驻伊英军赶走。在丘吉尔的一再督促下，阿奇博尔德·韦维尔派出第 10 印度师 2 旅于 4 月 29 日在巴士拉登陆，"赫尔姆斯"号航母和 2 艘皇家海军巡洋舰也尾随而来。5 月 30 日，1200 名英军围攻巴格达，伊军守城部队拒绝交战，首相拉希德·阿里·艾格拉尼逃走，英军重新组建了亲英政府。

会沉没。总有一天，我们会打赢这场战争，为了获得这场胜利，你将比古往今来的任何人都要付出更多的心血。

无须回复

你忠实的

安东尼 [cmxxxiv]

27 日，"俾斯麦"号沉没了，英国国内的情绪出现了变化。丘吉尔立即放出了将在北爱尔兰实行征兵的消息，并且以柔和的措辞在下议院宣布了这项决定。在国防委员会于当天晚上召开的一场会议上，丘吉尔表现出的风度赢得了阿兰·布鲁克的一番盛赞。阿兰·布鲁克当时还是本土防务部队的总司令，直到 6 个月后才出任了帝国总参谋长，后来他经常针对丘吉尔发表一些尖锐的批评，因此他这一次对丘吉尔的称赞值得全文引述：

> 首相状态极佳，总体而言这场会议非常成功。尽管心里压着极其沉重的包袱，他依然保持着一副轻松的模样，真是令人称奇。他是我见到过的最了不起的一个人。研究他会给人带来无止境的乐趣，你会逐渐意识到这样的人百年不遇，这样的人远胜于其他任何人。[cmxxxv]

丘吉尔的脾气暂时缓和了下来，在 6 月 8 日他甚至有心情在迪奇里庄园给远在开罗服役的儿子伦道夫口述了一封非常精彩的信。外界通常认为丘吉尔父子之间水火不容，伦道夫总是一副不可理喻的样子，丘吉尔又常常对儿子怒气冲冲、心怀怨恨。很难想象，在承受着这一年初夏时节的压力和挫折的情况下，能有多少父亲有足够的智慧或者精力写出一封长达 1200 字、如此情绪高昂的家书，丝毫没有在信中透露任何机密，同时又对当前备受瞩目的其他事情则几乎无一遗漏。外界认为就像伦道夫勋爵当年对丘吉尔一样，丘吉尔对伦道夫而言也是一个几乎同样不合格的父亲。当然，无人能及、滔滔不绝的口述能力再一次发挥了作用，尽管如此，这封信的存在还是驳斥了外界对他们父子关系的这种看法。大约 1 个月后，丘吉尔又按照伦道夫的建议，将当时还是贸易大臣的奥利弗·列堤顿任命为驻开罗大臣，并将其提拔进了战时内阁。

在 6 月的上半月里，在查特维尔庄园的山谷里"独自一人无精打采地溜达"了一个下午之后，丘吉尔显示出成为一位伟大的最高统帅的素质。他抛开绝望的情绪，振作起精神，他知道自己不能辞职。丘吉尔免去了阿奇博尔德·韦维尔的职务，早在 5 月 6 日他已经显示出对后者的精力缺乏信心。6 月 21 日，丘吉尔果断地做出了决定，他的处理方式颇为圆滑，征求到了总参谋长的同意，在一定程度上也得到了韦维尔本人的同意。韦维尔同驻印度英军总司令克劳德·奥金莱克互换了职务，对于这场人事更迭战时内阁对外公布的理由并不是韦维尔缺乏战斗精神，而是他在一个任务繁重，而人力物力又严重不足的岗位上艰苦地干了一段时期之后已经太疲劳了。韦维尔不失风度地接受了这项决定，但是在很多级别低于他的人看来，这项决定似乎证明了遵照过于苛刻的政治命令办事就只能得到极其微薄的回报。

这样一来，又出现了一个问题。在奥金莱克将军接管新的司令部不出几个星期的时候，丘吉尔就发现这位将军至少与他眼中的韦维尔一样固执而谨慎。丘吉尔在 6 月末对中东地区任命的另一位官员是列堤顿，这一点在前文中已经提到过。在提及任命新的开罗最高政治领导人一事的所有书信中，丘吉尔都采用了一战后使用过的称呼，将奥利弗·列堤顿称为"上尉"，这种做法是否增强了奥金莱克将军的自信，外界不得而知，不过奥金莱克在 7 月底被召回伦敦并被邀请到首相乡间别墅做客，并且给丘吉尔留下了良好的印象，通过这些事情，奥金莱克无疑恢复了一定的自信，同时也增强了丘吉尔对他的信心。但是，对开罗司令部来说，从英国军队最早在沙漠战中对意大利取得胜利，到蒙哥马利取得阿拉曼大捷的两年时间，可不是一段美妙的时光。

随即，对开罗方面的人事任免问题就被人们置之脑后了，因为希特勒在 6 月 22 日对苏联发动了攻击，在初春的时候，丘吉尔就断定这场进攻已经近在眼前了。4 月 3 日，他亲自起草了一封给英国驻莫斯科大使克里普斯的信，指示后者将信亲自转交给斯大林。丘吉尔相信这封信应该会产生强烈的冲击力，因为这是 9 个月里他给斯大林发去的第一封信。然而，这封信与丘吉尔的大部分书信有所不同，信中措辞模糊得令人感到奇怪。在信的一开篇他写道："我从一名可信的特工那里得到了确凿的情报……" cmxxxvi

造成措辞如此晦涩的一个原因可能就在于所谓"一名可信的特工"并不是某个实实在在的人，而是破译密电的布莱切利园，丘吉尔不愿意让斯大林知道英国存在这样一个译码机构。克里普斯认为在自己比较明确地提醒斯大林注意巴尔干半岛上发生的事情后，这样措辞晦涩的信很有可能减弱他的警告产生的效果，他不愿意匆匆忙忙或者说火急火燎地将信转交给斯大林。克里普斯的反应并非毫无道理。4 月 30 日，丘吉尔终于恼怒地向艾登质问道，克里普斯何时才能把那封信转交出去，艾登回答说，克里普斯已经于 4 月 19 日完成这项差事了，只是他让苏联外交部副部长安德烈·维辛斯基代为转交了这封信。时隔 9 年后，丘吉尔有些哀怨地写道："当年我的指示没有得到真正的执行，至今我依然为这件事情感到遗憾。若是我直接与斯大林取得了接触，或许我就能说服他，这样一来，他的空军部队就不会在地面上遭受那么大的损失了。"cmxxxvii

在仲夏时节那个星期日的早上，一醒来，丘吉尔就听到了德军于东部时间的凌晨对苏联发动了猛攻，他对这个消息并不感到惊讶，他的第一反应就是发表一场重要的广播讲话。实际上，最晚在星期五的晚上驱车前往首相乡间别墅的时候，他就已经有了发表广播讲话的念头，在星期六的晚上他熬到很晚才睡，他不像很多人那样愚蠢地唠叨着"我该说些什么？"之类的问题，而是立即确定在星期日晚上9点发表讲话。因此，星期日一大早的反应也是自然而然的事情。在星期六的晚上，他已经告诉了科尔维尔自己会采取怎样的态度，即使他是头号反共分子："如果希特勒入侵地狱，［我］至少就有理由在下议院为撒旦说点好话了。"cmxxxviii 对他来说这么做并不存在太大的风险，那个周末，在首相乡间别墅做客的客人中有艾登与怀南特夫妇，怀南特信誓旦旦地告诉丘吉尔，对苏联的援助会得到美国政府的支持。艾登和参加了星期日午餐会的比弗布鲁克保证了丘吉尔在战时内阁中至少已经有了两位支持者，况且这个内阁在任何情况下都不太可能给他制造麻烦。

丘吉尔将这一天的全部工作时间和一部分休息时间都用来构思讲话稿，之所以还有一部分休息时间没能用在讲话稿上，是因为在这一天回国休假的克里普斯夫妇（他们的回国并非纯属偶然）和新西兰总理彼得·弗雷泽都来别墅参加午餐会了，后者还留下来享用了晚餐。丘吉尔的时间没有白费，这场讲话以及他发表的类似声明引起强烈的反响。在这一天他并没有把时间花在一篇又一篇的草稿上，而是花了很多时间征求其他人的意见。他制定方针政策的过程一贯多少有些受制于他对遣词造句的嗜好，他喜欢搜肠刮肚地寻找最贴切的措辞，不过他很清楚快到截稿时间的时候自己总是能够直接口述出最终的定稿。但是，这一次他在时间上没有给自己留下丝毫余地，在距离既定的讲话时间只剩下20分钟的时候，他还没有准备好讲话稿。把时间控制得如此紧张给丘吉尔创造了一个有利条件，一直在他周围转来转去的艾登希望能给讲话稿把把关，由于时间过于紧张，他便没有机会插手此事，因此也就没能破坏丘吉尔的语言风格了。

丘吉尔在讲话一开始首先说道："在过去的25年里，没有人比我更持久地反对着共产主义。我不会收回自己曾经针对共产主义说过的任何一句话，但是面对眼下展现在我们面前的景象，这一切都无足轻重了。过去已经一闪而过，过去的罪行、愚蠢、悲剧也都随之消失了。"这场讲话的主旨是："我们只有一个目标，不可更改的唯一目标。我们要坚决消灭希特勒以及纳粹政权的一切残渣余孽。任何事情都无法改变我们的决心——什么事情都不行……反对纳粹政权的任何人、任何国家都会得到我们的援助，与希特勒并肩作战的任何人、任何国家都是我们的敌人……因此，接下来我要说的就是，我们将不遗余力地帮助俄国以及俄国人民。"[cmxxxix] 哈罗德·尼科尔森在日记中提到这场广播讲话堪称"杰作"，并且用有些讽刺的腔调对丘吉尔的讲话风格和质量进行了尖锐的剖析："他没有隐瞒俄国很快就会被打败的可能性，但是他向我们指出了印度和中国陷落的日子即将来临，事实上欧洲、亚洲和非洲都要陷落了，从而竟然让我们产生了一种我们肯定能打赢这场战争的感觉。"[cmxl]

无疑，无论是在英国还是在美国，几乎所有充分掌握情况的军方人士都认为苏联红军很快就会被纳粹德国的国防军彻底打垮，最不确定的问题只是德国究竟需要花 1 个月还是 3 个月的时间。然而，这天晚上无论是就餐还是就寝的时候，丘吉尔都十分乐观——上帝保佑，他是一个不可救药的乐观主义者。这天晚上帮丘吉尔盖好被子的科尔维尔在日记中写道："首相反复念叨着太棒了，俄国也加入抗击德国的队伍了，它原本很容易就会跟它站到一起的啊。"[cmxli] 然而，8 年后，丘吉尔却在文章中写道："有必要澄清一点，直到俄国加入战争 1 年多后，在我们的心里它一直是一个累赘，而不是帮手的形象。"[cmxlii] 英国军队的装备刚刚略有改善，英国政府又开始通过一条危险的运输线，将大批武器和原本就有些匮乏的原材料输送给苏联，与此同时，英国还在不断损失大量的军需物资和舰船。但是正如丘吉尔曾经坦言的那样，最终俄国人还是给当时一直所向披靡的德国国防军造成了损失，没有这一点做保障，英国人就会发现自己根本无法突破希特勒固若金汤的西墙，即使庞大的美国军队倾尽全力与英国人合作也无法实现这一点。

夏天一天天过去了，苏联军队的表现显然远远超出人们的预期，秋天更是如此，而且俄国寒冬的死神之手已经不远了，相比给防御一方造成的威胁，俄国的冬天对侵略者来说更加可怕。莫斯科与列宁格勒① 都险些失守，但是苏联军队已经清空了一片片广阔宝贵的国土。他们在军事上的表现以及作为军事盟友的价值超过了人们的期望值，但同时他们和盟国的政治关系却极其令人不快。对于调拨给俄国的援助物资以及为了将其运送至俄国所付出的努力，英国得到的回报更多的是牢骚，而不是感激，而且俄国人也丝毫不愿向盟友透露自己掌握的战略情报。从一开始就有迹象表明，克里姆林宫更重视尚未参战的美国人，而不是从一开始就投入战争并

---

① 即圣彼得堡。1924 年列宁逝世后，为纪念列宁，城市改名为列宁格勒。1991 年 9 月 6 日，改回圣彼得堡。

且已经孤军奋战了 1 年的英国人。7 月，霍普金斯冒险搭乘一架美国制造、由英国人驾驶的轰炸机前往莫斯科，他受到了斯大林的亲自接待，两个人进行了将近 6 小时的会晤，后者对他的体谅和坦诚远远超过了克里普斯受到的待遇。霍普金斯此行受到的款待第一次显示出一个大陆对另一个大陆的理解竟然超过了俄国对一个小岛国的理解，后者自认为凭借着在 1940 年获得的"负伤臂章"，①它完全有资格得到更持久的体谅。在丘吉尔看来，这种状况对未来是一个不祥的预兆。

就在英国与苏联成为战友后不久，开辟第二战场（在法国境内）的问题逐渐变成了两国之间一个不和谐同时又无法改变的因素。"立即开辟第二战场"很快就成为一个口号，同时也成了一种战略构想，这句话被潦草地写在一面面墙壁上，还被共产党人组织的示威游行活动当作了战斗口号。这句话还吸引到了比弗布鲁克和迈克尔·富特＊等人的支持，后来就连美国的参谋长委员会都表示了支持。由于俄国军队给敌人造成的严重伤亡（他们自己也遭受了同样惨重的伤亡），盟军有了最终成功开辟第二战场的条件。与此同时，俄国人始终无法理解英国人为什么不能立即将他们微不足道的军队派往英吉利海峡的另一端，多少缓解一下欧洲大陆的紧张局势。奇怪的是，这种想法与丘吉尔的第一反应没有太大的差异。丘吉尔很快便开始考虑派 25000 多人对法国北部发动突袭，他在 6 月 23 日写了一份备忘录，其中写到了"趁热打铁"这句格言。cmxliii 14 个月后，他的构想大致化为了现实。1942 年 8 月，盟军突袭迪耶普，这场战役造成了恐怖的伤亡，损失最惨重的是加拿大的军队。在这场突袭战之前，丘吉尔早就断定太早对法国海岸发动全面攻击不仅会带来无谓的屠杀，而且还会导致盟军退回海上，将盟军取得胜利的希望再推迟数年时间。这种观点他坚持了 3 年，但是在这段时间里他的口风逐渐松动了。如果他在 1941 年的仲夏时节宣布直到 1944 年 6 月英美联军才能登陆法国，那么俄国人的多疑应该就会变成蔑视，原本的冷漠就会变成永远不会解冻的冰河时代。

1941 年 8 月的亮点是罗斯福与丘吉尔在纽芬兰的布雷森莎湾举行会晤。直到会晤结束后，这件事情始终秘而不宣，这是自然而然的事情。罗斯福沿着缅因州的海岸逆流而上，进行了一场钓鱼之旅，随后换乘一艘美国的巡洋舰前去赴约。丘吉尔乘坐"威尔士亲王"号取道斯卡帕湾，这艘船是英国新建造的第二艘战舰。陪同丘吉尔出行的有三军参谋长中的两位参谋长，还有外交部的亚历山大·贾德干和一大

---

① 颁发给在战争中负伤的军人的荣誉臂章，通常佩戴在制服外套上。

＊ 迈克尔·富特是《旗帜晚报》的左派编辑，在 40 年后成为工党领袖（1980—1983）。

批职位略低的随员，以及霍普金斯，后者刚刚从苏联回岛，刚好来得及仓促登船。霍普金斯有一个迷人的优点，他总是抓着他那顶破破烂烂的帽子和小小的旅行箱（箱子里装的基本上都是药片和脏衣服）及时赶上船、飞机或者火车，或者及时离开医院，在一场至关重要的会议上提供至关重要的建议。罗斯福的随行人员有马歇尔将军、海军将领欧内斯特·金和哈罗德·斯塔克，还有萨姆纳·韦尔斯。这场海上会面也为英美两国最高级别的指挥官创造了首次会面的机会，这或许是此次会面最有价值的成果之一。会面进行到一半的时候，比弗布鲁克从伦敦飞到纽芬兰，参加了会晤。

此次会晤更重要的意义在于，罗斯福与丘吉尔对彼此产生的影响力。扮演着老保姆角色的霍普金斯（他的相貌同老保姆的形象毫无相似之处）一直急于撮合他们两个人。对于此次会晤进展如何的问题，至今尚无定论。丘吉尔与罗斯福也是一对伟大的双子星（只是罗斯福远比曾经的费舍尔伟大得多），伟大的明星总是需要属于自己的轨道。在会面之前，他们之间的关系具有一种奇怪的失衡感。在这个阶段，丘吉尔对罗斯福的需要超过了罗斯福对他的需要，后者一反常态地带着几分挑衅的姿态。两个人曾经于1918年在格雷律师学院的一场大型宴会上谋面，当时丘吉尔已经是一位赫赫有名的大臣，基本没有注意到年轻的美国海军助理部长，后来他就更是将那次的见面忘得一干二净。但是，罗斯福没有忘记。将他们在战争期间的合影放在一起看的话就会发现一个不容置辩的现象，从布雷森莎湾到雅尔塔，罗斯福始终占着上风，他们在1918年存在的差距也就得到了补偿。罗斯福高高地仰着头，看似有些随意、实则充满贵族派头的便装总是比丘吉尔过于喜爱的夸张的制服显得更合身。在布雷森莎湾，丘吉尔看上去活像港务局的一名资深会员（有一次他向一名迷惑不解的法国政治家解释道，港务局资深会员就是港务局的老大哥），在后来几次会面的时候，他又把自己打扮成了空军准将或者轻骑兵队上校模样。这些服装与他都不太相称，比罗斯福穿着宽松的深色套装的形象差远了。而且，罗斯福的嘴里还经常斜叼着一根烟嘴，这更是为他的整体形象增色不少。考虑到尼古丁问题，罗斯福的烟嘴就比丘吉尔常常叼在嘴里的浸满唾液的雪茄显得更优雅一些。

但是，丘吉尔比罗斯福更健谈，即使他有些装腔作势，他喜欢喧闹的生活，喜欢身旁有人聚精会神地听着他讲话。罗斯福更喜欢安安静静地追忆往事，或者考虑退休后的生活，只是他直到最后也没有享受到这样的生活，他最多只需要一位伙伴（最喜欢霍普金斯），与后者一起沉思，甚至就像乔治五世国王一样，一起把邮票一张张地插进自己的集邮册里。不过，摆弄邮票这种嗜好并不比丘吉尔对砌墙或者喂黑天鹅的喜好更古怪。

有少数一些人认为丘吉尔过于健谈，或者说是过于能说会道，罗斯福对这种特点没有什么好感，对丘吉尔来说，这位美国总统不是一位忠实的听众。令人吃惊的是，罗斯福曾经在一封回信中对丘吉尔赞美了一番。丘吉尔在 1942 年 1 月 30 日向罗斯福发去 60 岁生日的贺寿信，到了这个时期罗斯福已经对丘吉尔有了充分的了解，他写了一封表示感谢的回信，末尾写下了一句对丘吉尔的称赞："与你生于同一个时代，真是一件有趣的事情。"[cmxliv] 这句话显然出自罗斯福本人之笔。不过，罗斯福一向非常善于选择恭维话，对如何运用恭维话也考虑得非常周全，也只有这一点有可能会削弱这番赞美的力度。在 1941 年 8 月的船上会晤中，自己也有一些想法的罗斯福一开始首先倾听了丘吉尔的想法，鼓励他畅所欲言。

丘吉尔抵达了纽芬兰，他一副容光焕发、轻松自在的模样。"威尔士亲王"号于 8 月 4 日（星期一）从斯卡帕湾出发，在 9 日（星期六）的上午抵达布雷森莎湾。成为首相后，丘吉尔还从未享受过一天像此次航程中这样悠闲的时光。他读了弗瑞斯特的小说《皇家海军霍恩布洛尔上尉》，看了几部电影，其中包括《汉密尔顿夫人》（在战争期间拍摄的影片中他最喜欢这一部），这是他第 5 次观看这部影片，此外在与哈利·霍普金斯下西洋双陆棋的时候他还输了 7 英镑（今天的 175 英镑）。

在布雷森莎湾的第一天，罗斯福在午餐和晚餐时都在自己的巡洋舰上两度设宴款待了丘吉尔以及英国代表团里的高级官员。在两餐之间，他们举行了一场预备会议。晚餐结束后，得到霍普金斯事先提醒的罗斯福问丘吉尔是否会向更多一些听众——大约 25 人——讲一下他对战争的独一无二的总体理解，这不会是一场讲座，只是某种形式的对话。丘吉尔自然答应了对方的请求，罗斯福与此前从未听过丘吉尔讲话的美国高级参谋们是否充分领会了这场谈话的价值就不得而知了。在自己编纂的《哈利·劳埃德·霍普金斯的白宫文稿：亲身经历的历史》一书中，罗伯特·埃米特·舍伍德对晚宴上平淡无奇的菜肴做了详细的记录，* 但是对他们饮用的酒水闭口不谈。美国海军一向非常死板乏味，出于对这位杰出的客人非常出名的饮食习惯的尊重，他们的总司令是否会破例一次？如果没有破例，令这位客人感到不适应的朴素晚餐在多大程度上削弱了他在深夜里的演出效果？

第二天上午，美国代表团登上了"威尔士亲王"号，"教会战士"在"巨大的炮声中"举行了一场祈祷仪式。丘吉尔说自己特意留意了对赞美诗的选择。《致海上出生入死的人》（又名"永恒圣父，恩能无边"）、《基督战士奋勇前行》（又译作

---

* 这本书在美国出版时的书名为《罗斯福与霍普金斯》。

"信徒如精兵")、《哦主啊，我们永远的保障》(又译作"千古保障")，船上的全体人员都加入了大合唱。总统一行留下来与英国代表共进了午餐，无论前一天的晚宴情况如何，在这顿午餐上众人绝对不可能滴酒不沾。

布雷森莎湾会谈的高潮是罗斯福在星期二举办的午宴，除了总统本人，参加宴会的只有丘吉尔、比弗布鲁克(前一天刚刚赶到)与霍普金斯。霍普金斯认为这场午宴是许多宴会中最令人满意的一次，在两位元首之间培养起来轻松自在的交往。除此以外，此次海上会晤就没有产生多少实质性的成果了。英国方面希望美国方面在会议公报中比较坚定地承诺对日本人发出警告。英国并不是希望与日本开战，但是他们坚信只有这样的警告才能阻止日本人侵犯英国在远东地区的领土，日本人的入侵势必会导致英日两国开战。然而，罗斯福的心态基本上就是"前进两步，后退一步"，此次会面本身就充分体现出了"两步"策略。在军事问题上罗斯福不会做出更多的承诺，否则他的后院就会起火。除了在一开始美国的马歇尔将军与英国的陆军元帅迪尔建立了具有重要价值的友谊之外，参谋长们的对话也没有产生任何实质性的成果，双方都没有提出经过充分准备的议题。迪尔当时还是帝国总参谋长，不过4个月后他就被阿兰·布鲁克取代了，并被派往华盛顿，在华盛顿期间，他与马歇尔的良好关系起到了至关重要的作用。

因此，在布雷森莎湾公报的起草工作上英国方面起了主导作用，实际上之前英国人并没有做这样的打算。这份公报后来被称为"大西洋宪章"，这份非常不明确的文件针对战争的目标做出了8点声明。这份声明并不令人反感，但是有些古怪，丘吉尔本能地认为打败希特勒这一个目标就足够了，罗斯福针对一场自己仍旧不愿参加的战争宣布了一堆所谓的目标，显得有些本末倒置。宪章的起草过程也不顺利，尽管双方都无意给彼此制造困难。如果不添加上"在尊重他们现有的义务下"这句话，英国人就不会接受"第4点声明"，即"在世界贸易和获得世界原材料方面机会均等"。美国人认为英国人提出的这一点纯属吹毛求疵，而英国人这么做是为了保护渥太华帝国特惠制会议上签订的协议。老自由贸易主义者丘吉尔本人并不太重视特惠制协议，但是比弗布鲁克对协议很在意，他说服了首相，最终后者还是认为，在没有征得各自治领政府同意的情况下自己就不能向美国方面松口，而丘吉尔显然根本没时间征得各自治领政府的同意。美国人最终不情愿地做出了让步。[①]

英国代表(这一次在丘吉尔的率领下)对第3点声明也不满意，这一点声明保

---

① 这条声明的全文如下："他们要在尊重他们现有的义务下，努力促使所有国家，不分大小，战胜者或战败者，都有机会在同等条件下，为了实现它们经济的繁荣，参加世界贸易和获得世界的原料。"

证了"所有民族选择他们愿意生活于其下的政府形式之权利"。[①] 丘吉尔认为这一点主要适用于"受到纳粹束缚的欧洲各国",后来他对下议院也表达了这种观点。丘吉尔逐渐才意识到这一点声明已经提前决定了印度以及大英帝国的其余自治领的独立。罗斯福对第 8 点声明也表示了同样的不满,这一点声明谈到的是未来的世界安全问题,英国方面起草的声明中提到建立一个"有效的国际组织"。一想到伍德罗·威尔逊,罗斯福就不愿做出建立一个新的国际联盟的承诺。不过,他对伦敦方面提出的修正意见十分满意,后者大概只提出了这么一条意见。艾德礼非常重视自己作为代理首相的职能,当天深夜接到宪章的草案后,他在午夜过后召集了一场战时内阁会议,在伦敦时间凌晨 4 点向丘吉尔做出了回复。伦敦方面针对社会安全、改善劳动条件和经济进步等问题补充了一点声明,修正意见受到了罗斯福的热烈欢迎,他认为这一点声明是对他提出的"不虞匮乏的自由"[②] 这一口号的有益补充。伦敦的修正意见最终成为《大西洋宪章》的第 5 点声明。[③] 此外,双方还商定在 9 月派遣英美联合使团出访莫斯科。比弗布鲁克将成为英国代表(这正是他参加此次会晤的意义所在);美国代表原定的是霍普金斯,后来由于健康状况他显然无法在短时期内承受途经阿尔汉格尔的艰苦飞行,于是哈里曼(也参加了布雷森莎湾会晤)取代了他。

　　星期二晚上,在美国驱逐舰的护卫下,"威尔士亲王"号一路向东返回英国,在英美两国政府向全世界公布布雷森莎湾公报,实际上也是两国举行这场会晤的消息时,丘吉尔一行已经快要抵达冰岛了。他们在冰岛稍作停留,最终在星期一(8 月 18 日)回到了斯卡帕湾,此时距离他们启程已经过去了整整两个星期。丘吉尔认为此次出行花费的时间物有所值,他告诉英国人民,尽管有一两件事令人失望,但是此行还是取得了伟大的成果,并且含蓄地表示此行还具有更深层的含义。另外,大约就是在这一次出访期间,丘吉尔第一次打出了代表胜利的"V"字形手势,一开始这个手势的含义有些模糊,很快它就成了众所周知的手势,人们也就不太在意含义模糊的问题了。

---

　　① 这条声明的全文如下:"他们尊重所有民族选择他们愿意生活于其下的政府形式之权利;他们希望看到曾经被武力剥夺其主权及自治权的民族,重新获得主权与自治。"

　　② 1941 年罗斯福在美国国会大厦发表演说时提出了"四大自由"口号,简言之就是言论自由、信仰自由、免于贫困、免于恐惧。

　　③ 这条声明的全文如下:"他们希望促成所有国家在经济领域内最充分的合作,以促进所有国家的劳动水平、经济进步和社会保障。"

从丘吉尔结束大西洋会晤回到伦敦到美国参战，时间过去了112天。尽管在布雷森莎湾美国方面表现出了热情，也做出了一定的承诺，然而要是认为短短几天的会面就会促使美国朝着参战的方向走去就大错特错了。丘吉尔希望出现这样的进展，或许他也坚信必然会出现这样的结果，然而罗斯福对此并没有明确的需要。12月7日（星期日），霍普金斯与罗斯福在总统办公室共进了午餐，就在午餐期间传来了一条尚未得到证实的消息——日军摧毁了驻守在珍珠港的美军舰队。霍普金斯记录了罗斯福在听到这个消息时的反应："总统刚刚比较充分地阐述了在避免国家卷入战争问题上自己所做的努力，以及自己一心希望在不参战的情况下完成自己的整个任期，但是如果日本人果真实施了这场行动，那么他就完全左右不了局势了，因为日本人已经替他做出了决定。" ^{cmxlv}

丘吉尔是否能称心如意地得到他所期望的"大礼"始终非常不确定，或许他自己都没有意识到前景有多么缥缈，不过在美国参战前的这段时期，他面对的形势没有进一步恶化下去。给俄国人输送补给物资的工作一开始完全依赖于在北冰洋护航的舰队的表现，而这支舰队一直在遭受着严重的损失，但是在8月的时候，英国与苏联几乎在没有流血牺牲的情况下成功地共同接管了伊朗，俄国人一度认为这场胜利改善了给他们输送补给物资的前景。在北大西洋损失的船只数量也有所下降，从而保证了出兵波斯的行动有获胜的希望。对于这项胜利，布莱切利园的译码人员起到了很大的作用（提供了有关德国潜艇部署位置的关键情报），促使丘吉尔认为他们的工作值得自己于9月6日亲自前往布莱切利园，向工作人员表示祝贺。他驳斥了一些官僚性的警告，确保了布莱切利园能够得到他们在人力及其他方面所需要的一切物资。译码人员不仅给丘吉尔提供北大西洋地区的重要情报，还让他得知由于可预见的前景德国取消了入侵英国计划，以及有关德军在东线战场战略部署的重要情报，他欣然将最后这部分情报告知斯大林，同时还一直在竭力隐瞒消息来源，不过他的努力可能不太成功。奥金莱克在埃及的进展一直缓慢得令人心烦，丘吉尔认为这是他的一贯作风。最终，奥金莱克在11月15日发动了进攻，10天后在很大程度上解除了敌军对利比亚小港口图卜鲁格的围困。阿奇博尔德·韦维尔于1月（1941）占领了图卜鲁格，但是从4月起就一直受到意大利军队（以及一小部分德军）的围困，奥金莱克的进攻没能实现图卜鲁格的彻底解围，但已经是很大的胜利了。

尽管如此，丘吉尔还是认为除非美国全面参战，否则同盟国毫无获胜的希望。在1941年2月9日发表的广播讲话中，他提出"给我们工具就行了，活儿由我们来干"，这场讲话措辞巧妙，但是缺少不容争辩的事实。丘吉尔最想表达的就是

"给我们工具，我们会一直抱着工具，直到你们慢慢地加入进来"。因此，当听到有关珍珠港事件的消息时，他只感到了极度的喜悦。听到消息的时候他正在首相乡间别墅与怀南特和哈里曼一起吃晚饭，这是他将英美关系放在首要位置的典型表现。事实证明，这顿晚餐的时间安排得恰到好处。令人哭笑不得的是，在听到第一条广播公告后，丘吉尔立即打算致电外交部，指示后者对日本宣战，怀南特与哈里曼不得不出手制止了他，他们指出，他不能仅仅根据一条未经证实的消息就下达这样的指示。相比之下，罗斯福就要谨慎得多（但是罗斯福不具备丘吉尔那种无拘无束的执行力，无论在战争问题上还是和平问题上都是如此），这意味着美国还是没有与德国或者意大利开战，这种情况一直持续了4天。4天后，柏林和罗马——而不是华盛顿——先发制人，将美国拉进了欧洲战争。

不过，针对珍珠港事件，丘吉尔还发表了一番心满意足的评论，这就是本章开篇处引用的那句话——"我们终究还是赢了！"这句话体现了丘吉尔比较成熟的一面。在1941年12月过后，无论时局如何起起落落，丘吉尔都再也不曾怀疑过胜利终将属于同盟国。当然，他也为美国海军遭受的巨大损失感到惋惜，但是相比美国不可逆转地加入他一直坚持的战斗所能带来的全部潜在价值，美国海军的损失不足挂齿。他立即着手准备与罗斯福的第二次会晤，这时他看到的前景似乎已经发生了变化。在那一周的星期日晚上，他已经与罗斯福通过电话了，在这一次会面中后者将不再只是他苦苦追求、却不会给他任何明确承诺的朋友了。罗斯福已经成了他的盟友，他们被一个个钢圈紧紧地套在了一起。就这样，对旅行的热情就如同年轻人一样的丘吉尔怀着十足的乐观情绪于12月12日动身前往华盛顿。有些讽刺的是，丘吉尔的启程并不意味着局势从此进入了更缓和的阶段，实际上从此时起，形势几乎开始全面恶化了。在1941年的秋天，战局一直进展得非常顺利，到了新年前后以及1942年年初的冬春时节，灾难却接踵而至。

第三十五章 英美联姻

丘吉尔和一大批随行人员告别了首相乡间别墅，乘坐一趟专列从温莎前往位于克莱德河河口的古罗克。就在他们动身前，大大小小的灾难便接二连三地出现了；在他们缓缓前往华盛顿的同时，悲剧还在不断上演。他们乘坐英国新建造的第 3 艘战舰"约克公爵"号跨过了大西洋，登上这艘船不禁令他们伤感而清晰地想起一起悲剧：4 个月前送他们前往纽芬兰的"威尔士亲王"号战舰已经沉入海底了。1941 年 12 月 9 日，"威尔士亲王"号与"反击"号在马来亚海岸附近被日军的飞机击沉了。美国在珍珠港的惨重损失和英国 2 艘战舰的沉没意味着除了大西洋，盟军对其他几片大洋的控制权都被日本人夺去了。

伤感的记忆，再加上天公不作美，"约克公爵"号的越洋之旅因此远远不如前一次旅行那么令人愉快。天气一直很恶劣，旅程的大部分时间，丘吉尔一行都一直躲在船舱里。据说比弗布鲁克曾抱怨道："还不如坐潜艇出行呢。"水面下蜿蜒排列着大量的反潜艇武器，因此船走得很慢，花了 9 天的时间，他们才抵达位于切萨皮克湾入口处的汉普敦水道。在出发后的第 6 天，丘吉尔给艾登写了一封信，信的结尾发自肺腑："此次航程似乎十分漫长。"[cmxlvi]

同样也是出于对安全的考虑，丘吉尔一行只能通过数量有限的无线电报与外界保持联系，他们收到的消息也没有几条能够改善船上的气氛。艾登正在苏联，他发现自己要想取得进展非常困难。斯大林对苏联军队源源不断收到物资的事情毫无感激之情，他根本不知道将物资运送到苏联有多么艰难，也不明白立即在法国开辟第二战场的任务有多么艰巨。苏联在政治方面最主要的主张就是，英国和美国应当在战后达成的协议中接受苏联在 1941 年 6 月时的边界，这就等于是在要求他们承认苏联吞并波罗的海沿岸各国是合法的，承认在重新瓜分波兰的过程中苏联得到的份额以及从罗马尼亚手里抢走的比萨拉比亚都是合法的。艾登不愿意支持苏联的要求（丘吉尔的态度也是如此），但是他指出美国绝对不可能接受这些条件，就这样对自己的强硬态度起到了一定的缓和作用。在那个阶段，艾登的说法无疑是符合事实的，但是在1945年至1946年，美国还是接受并且在一定程度上促成了欧洲的分裂，如果没有出现这样的分裂，苏联在东欧地区就不会拥有如此强大的霸权。

丘吉尔在旅程中收到的另一条重要消息是马来亚局势出现了严重的恶化，香港的抵抗活动已经快要坚持不下去了（最终在圣诞节当天投降）。此外还有一些比较宽泛的问题也令英国感到担忧。美国的参战让英国受益匪浅，但这只是从长远角度考虑才会得出的结论，实际上美国参战就意味着在短期内它将集中力量武装自己的部队，因此它向大西洋对岸输送的补给量就会有所减少。与此同时，苏联也提出了同样令人头疼的问题，他们宣称英国有可能会暂时削减向他们输送的物资。这种担心纯属多余，在珍珠港事件之后美国方面的产量得到了大幅度的提高，增长幅度堪称世界第八大奇迹，从加利福尼亚的造船厂到底特律的汽车制造厂（后者转型生产的产品不像福特公司和别克公司的产品那么无害），美国工厂的产量足以满足所有人的需要。

令人担忧的另一个问题就是，美国人将会全心全意打击日本人，但是他们对德国人没有多少热情。这或许也是自然而然的反应。将美国拖入这场战争的毕竟是日本人在"一个遗臭万年的日子"里犯下的罪行，这句话是罗斯福本人在12月8日给国会的一封信中添上的。所幸的是，事实证明这种担忧也毫无必要。在罗斯福的心中对德战争是重中之重，这种观点在很大程度上得益于布雷森莎湾会晤之后英美两国参谋长之间的对话。美国的参谋长们都认同马歇尔将军与斯塔克将军对战争局势总结出的一点基本看法："尽管日本加入了战争，我们还是认为德国才是头号敌人，德国的失败是保证我们夺取胜利的关键因素。一旦德国战败，意大利的灭亡和日本的战败也都是必然的事情了。"cmxlvii

"约克公爵"号上的人并不知道美国方面接受了这种令人欣慰的原则。在这趟缓慢封闭的旅程中，丘吉尔与两名英国参谋长（阿兰·布鲁克将军留在国内，正在适应陆军部的工作）花了大量的时间就如何驳斥美国的立场不断以书面形式交换着意见。丘吉尔自己几乎像平日那样不知疲倦地口述着备忘录，负责打字的是海军部为此次出行特意给他配备的一名海军速记员，在战争余下的大部分时间里他一直将这名速记员带在身边。针对国家立场问题，丘吉尔口述了3篇重要文件。

在航行中的大部分时间里丘吉尔都待在床上，但是这种习惯没有妨碍他完成大量的稿件。每天晚上他都要看一部电影。在"一些非常精彩的影片"中他最喜欢的是《碧血黄沙》，当时拍摄的一部讲述斗牛士生活、场面奢华的著名影片，主演是泰隆·鲍华与丽塔·海华斯。他还读了弗瑞斯特的另一部小说。尽管如此，他还是感到自己与世隔绝了，完全听不到日常的新闻。在第7天的时候他写信告诉克莱门汀:"在这样的天气待在船上活像蹲监狱,而且淹死的可能性很大……谁都不能到甲板上去,船上已经有两个人跌断手臂和腿了。" cmxlviii

按照原计划,"约克公爵"号应当取道波托马克河,这样丘吉尔就能在距离白宫只有短短一段车程的地方下船。可是在一路向西的漫长缓慢的旅程中他变得越来越烦躁了,坚持在汉普敦水道上了岸,然后乘飞机飞了大约 120 英里才到达华盛顿。等丘吉尔一行抵达新建的国家机场时,罗斯福就坐在停机坪上的轿车里,等着迎接他们一行人。这样的待遇是一种殊荣,在今天没有一位到访的国家元首会受到美国总统的亲自迎接,更不用说还是腿脚不便的总统,也只有这样的待遇才能让丘吉尔在 8 天的禁闭生活之后振作起精神。后来丘吉尔在文章中写道:"我满心安慰而愉快地紧紧抓住他〔罗斯福〕那只强壮有力的手。" cmxlix 罗斯福的姿态令人感到安心,他非常善于做出这样的表示,这样的姿态消除了旅程带给丘吉尔的沮丧情绪,立即令他感到这场旅程是值得的。罗斯福起初对这样一场早产的元首访问和大型战略会议都有些犹豫,但是很快他就意识到这一切势在必行,于是他决定尽可能地给予丘吉尔一行最热烈的欢迎。丘吉尔还在海上的时候,罗斯福就通过哈利法克斯向他发出了住在白宫的正式邀请。丘吉尔在 12 月 18 日这一天接受了邀请,他说自己只希望 5 名贴身随员陪他一起住在白宫:他的首席私人秘书(马丁)、海军副官、两名探长以及他的贴身男仆。随行的其他人可以住在五月花酒店。

这样的殊荣也是一个信号。此次访问持续了 3 周半的时间,其间丘吉尔一行外出了两次,一次是在渥太华逗留了两天半,另一次是在佛罗里达待了一个星期。这场访问是国家元首及政府首脑交往史上最奇异的插曲之一,它一直与我在前文中表达过的观点相抵触——只有在属于自己的畅行无阻的轨道上,伟大的明星才会感到幸福。白宫实际上只是一座官邸,在 19 世纪里它有一个更庄重的名字——"行政大厦",但是安排另一位政府首脑偕随员入住白宫让这座官邸几乎陷入了一团混乱中。丘吉尔原本打算在美国只停留一个星期,随着时间的延长,他越来越像是将戏剧《不速之客》搬到了现实生活中。* 不过,没有迹象表明东道主对他的态度日

---

* 20 世纪 30 年代晚期出现的一部戏剧,上演后在纽约和伦敦都大获成功。剧作者是乔治·S. 考夫曼与莫斯·哈特,主演是蒙蒂·伍利。这部戏讲述了一个能言善辩的人来吃饭时的情形,可能还是晚饭。结果这个人摔了一跤,只能坐在轮椅上,一连几个星期都无法离去。这部戏和现实的区别就在于,在戏里主人不得不推着轮椅,带着客人四处走动,在 1941 年至 1942 年的圣诞节和新年期间在白宫里是客人推着主人走来走去。丘吉尔在书中写道:"他坐在轮椅上,我推着他从客厅走到电梯前,以表示我对他的敬意,与此同时我在心里一直想着沃尔特·雷利爵士将自己的斗篷铺在伊丽莎白女王面前的地上的那一幕。"(《第二次世界大战·第三卷》,p.588)

渐冷淡。

与此同时也有一些迹象表明——至少丘吉尔自己表现了出来——丘吉尔打定主意要当一位合格的客人，这种态度几乎有些做作。提到自己抵达白宫时的情形他写道："在这里我们受到了罗斯福夫人的欢迎，凡是能让我们在这里感到愉快的事情她都考虑到了。"^{cml} 安娜·埃莉诺·罗斯福是一个非常优秀的人，也是最独立、最重要的一位第一夫人，但是将她描述成一位纵容客人的女主人就歪曲事实了。实际上，在饮食和酒水两个方面她就强加给了白宫一段极其简朴的历史，有一些迹象表明，每当经常外出的罗斯福夫人不在白宫、白宫里的饮食起居基本由儿媳贝特西（后来成为约翰·惠特尼夫人）负责的时候，在饮食方面还算节制的罗斯福会感到更惬意一些，放纵自己的丘吉尔就更不用说了。

丘吉尔还提到了以前罗斯福与他一道享用过的 13 顿晚餐和几乎同样多的午餐，席间常常有霍普金斯作陪，有时候还会有其他一些人。"总统会严格恪守自己的标准，先给自己调一杯鸡尾酒。"^{cmli} 众所周知，罗斯福喜欢按照一定比例调制干马丁尼酒（他习惯饮用的鸡尾酒），在品位比较高的酒徒看来他就是在暴殄天物。他的第 3 个儿子小富兰克林·罗斯福曾经在肯尼迪政府担任过商务部副部长，我听他向 20 世纪 60 年代统治美国的肯尼迪一家人提到他父母管理家庭的方式可谓是朴素奢华参半。他说："我的家庭丝毫跟不上国际潮流，他们只是哈德逊河谷的贵族。他们觉得调制干马丁尼的正确比例是 1/3 的苦艾酒加上 2/3 的杜松子酒。"罗斯福喜欢这样的品酒活动，还喜欢亲自扮演调酒师角色，幸运的是丘吉尔通常不喝杜松子酒，不过也有可能他还是屈服于主人的品位，参加了这样的活动，毕竟他希望自己成为一名合格的客人。

罗斯福也一心想要成为一名合格的东道主，他至少迁就了丘吉尔的一部分习惯。霍普金斯曾在文章中写道："每当有丘吉尔在场，白宫的伙食就会有一些改善，甜酒的供应自然也更慷慨一些。"^{cmlii} 美国总统与英国首相还努力向对方的作息规律靠拢。晚上罗斯福会比平时熬得晚一些，丘吉尔也装腔作势地比平日早一些上床，不过上床后他还是会忙着指示不知疲倦的约翰·马丁给伦敦方面发电报，或者就是与霍普金斯谈话。霍普金斯的卧室就在过道对面，而且他原本就是一个跟丘吉尔差不多的夜猫子。所幸，两位元首都不喜欢早早起床，所以在清晨他们的生活习惯不存在冲突。与霍普金斯不一样，在作息方面罗斯福还多了一重保护，他的卧室位于楼下。

这场延长的访问进展极其顺利。丘吉尔原本打算从华盛顿前往渥太华，在加拿大国会发表一场讲话，然后在元旦的时候直接从渥太华返回伦敦。结果，直到 1942 年 1 月 14 日他才告别白宫，延长访问时间主要是由于双方在日程紧凑、准备充分的第一次美英首脑华盛顿会议上完成了一些重要工作。当时，这场会议被称为"阿卡迪亚会议"（因为会议的代号为"阿卡迪亚"），与会人员主要是美国总统与英国首相、霍普金斯与比弗布鲁克，以及 10 位或者 12 位高级军官。在两国的统帅部进行商谈的过程中，英国代表们一直表现得忙碌不堪，秘书们抱着沉重的红色文件箱进进出出，英国大臣们试图以此让全世界感到急迫的同时也意识到大英帝国的工作有着多么重要的意义。然而，美国方面的表现出人意料，白宫上上下下都表现得比较平静，罗斯福的活动远比丘吉尔显得孤立，这种景象令他们的欧洲伙伴感到有些困惑，不过后者意识到罗斯福的表现并非由于他为人懒散，而是为了确保权力的有效行使。丘吉尔一贯都是中心人物，急于出现在事发现场或者权力中心，两种情况同时兼具当然是最理想的状况，但是他对自己在 1941 年和 1942 年交接之际在白宫长时间逗留的经历感到很满意。他已经意识到，作为自由世界的司令部，这个地方比唐宁街 10 号占据了更关键的地位。

在白宫期间，丘吉尔参加了一系列有些程序化的节庆活动。平安夜，他在花园里点亮了圣诞树，并且在阳台上发表讲话；圣诞节的早上，在罗斯福和一大群警卫人员的陪伴下前往方德里卫理公会教堂，一曲赞美诗《噢，小伯利恒》令他感到强烈的震撼，之前他还从来没有听过这首歌曲。在此之后，按照既定的安排，他在 12 月 26 日的参众两院联席会议上发表了一场非常严肃的讲话。（美国人一贯认为短假期更有好处。）这场讲话取得了巨大的成功，但是丘吉尔有些忧虑地注意到，讲话中有关反击日本的段落比反击德国的段落引起的反响更为热烈。

这天晚上，丘吉尔心脏病发作了，不过情况不太危急。在奋力打开一扇窗户后，他突然感到心脏隐隐作痛，疼痛感一直贯穿到左臂，登时他就喘不上气了。在此次访问中，著名医生查尔斯·威尔逊（不久后成了莫兰勋爵）第一次加入了随行队伍，因此丘吉尔有条件在次日清晨便向他咨询了自己的病情。但是莫兰的存在也给丘吉尔带来了不便。正如莫兰于 1966 年出版的《温斯顿·丘吉尔：争取生存》一书中所揭示的那样，他急于为自己赋予一个核心角色，因此他不仅言行举止不够慎重，而且对某些事情的描述也不太可靠。这位医生在丘吉尔的心中激起了一些矛盾的情绪，当然他产生这些情绪也是很自然的事情。丘吉尔希望对方很肯定地告诉他自己的身体没有大碍，但是他又在不断要求对方为他检查脉搏，面对检查结果他又陷入极度的沮丧。莫兰的初步诊断结果是丘吉尔的冠状动脉出现了问题，"标准的治疗方法……就是卧床休息至少 6 个星期"。[cmliii] 这个建议似乎根本不可行，因此莫兰没有阻拦丘吉尔在 1 天半后乘火车前往渥太华，也没有阻止他于 12 月 30 日在加拿大国会发表讲话。在加拿大的讲话以"难对付的小鸡，难对付的脖子"一段话为世人所熟知。这段话出现的时机恰到好处，之前丘吉尔先是对法国军事将领们的预测回顾了一番，后者说过在决定单枪匹马反击德国的 3 个星期之内，英国就会"像小鸡被拧断脖子一样被摧毁"。①

第二天，丘吉尔在加拿大召开了一场记者招待会，随后便乘火车返回华盛顿。出发时时间还是 1941 年，到达目的地后时间就已经到了 1942 年。（他还抽空拍下了他最著名的一张肖像照片，像一条斗牛犬一样蹙着眉头，这张照片的摄影师是渥太华的优素福·卡什。）在渥太华的记者招待会上气氛不太紧张，相比之下，抵达华盛顿的第二天参加的一场记者招待会就比较艰难了。在那场记者招待会上，他为如何以轻松乐观的腔调回避正面回答做出了经典的示范。外界对新加坡的安全问题一直心存疑虑，在被问及对于从远东地区到澳大利亚一带的整体局势新加坡是不是一个关键因素的问题时，丘吉尔回答道："影响全局的关键因素是，英国和美国这两个民主国家毅然决然投身这场战争的坚定态度。"接着又有记者问到还有多久才能取得胜利。"作战有力的话，需要花费的时间仅是作战不力的情况下的一半。"[cmliv] 他不是一个容易说错话的人。

除了在白宫那天晚上开窗户时身体出现的不适，美国总统和其他人都认为此次加拿大之行期间丘吉尔显得有些疲乏，在他们的劝说下他前往佛罗里达休息了 5 天，住在爱德华·斯特蒂纽斯（罗斯福执政期里的最后一位国务卿）出借的一座海边别墅里。美国人也不希望丘吉尔在参谋长们结束漫长的 12 轮全体会议之前打道回府，有一套详细的联合方针还等着他与美国总统一起批准。不过，丘吉尔担心自己在美国总统的家里做客 3 个多星期（期间只在加拿大逗留了 3 天）会引起主人的反感。

阿卡迪亚会议具有怎样的意义？首先，从政治角度而言，在这场会议上联合国家成立了，这个"联合国"并不是 3 年半后在旧金山会上成立的旨在保障战后安全的世界组织联合国，而是同盟国为了继续战斗下去而成立的内部合作组织。一开始这个机构采用的是一个比较平淡的名称"联盟政权"，到了会议后期，由于罗斯福"灵机一动"，这个机构被更名为"联合国"。这个机构面对的不只有名称的选择这

---

① 这句话出自希特勒，他曾叫嚣"3 个星期内，英国将会像小鸡被拧断脖子一样被摧毁。"丘吉尔对希特勒做出了有力的回击："难对付的小鸡，难对付的脖子啊！"

一个问题，应当让哪些国家加入该机构，各国应当以怎样的先后顺序加入该机构都构成了问题。原本有人提议排在首位的应该是美国（这一点不存在任何争议），接着就是英国以及英国的 4 个自治领，接下来是 8 个流亡政府，中国和苏联都排在这些流亡政府之后。经过一番调整，苏联和中国被提前到了第 3 和第 4 的位置，英国的 4 个自治领被拆散了，完全按照字母顺序同比利时、希腊以及尽职尽责地对轴心国宣战的 8 个中美洲国家排在一起。

在驻华盛顿大使哈利法克斯、远在德里的在任总督林利斯戈、已经从莫斯科返回伦敦的艾登的强烈建议下，为了保持平衡，印度也被纳入名单。将戴高乐领导的抵抗组织"自由法国"也纳入名单的提议没能得到采纳，罗斯福的立场非常中立，但是国务卿科德尔·赫尔对戴高乐怀有强烈的抵触，除了他对后者长期存有偏见以外，造成这种抵触心理的直接原因就是，后者不久前在没有得到美国准许的情况下占领了纽芬兰海岸附近的两座渔业小岛。国务院针对"所谓的自由法国"发表了一份警告性的声明，赫尔因此招致了美国媒体的大量批评，其中一些称他是"所谓的国务卿"。通过美国方面的表现，丘吉尔原本应当充分估计到，在战争期间戴高乐与美国尤其是美国国务院之间将会产生多少摩擦，除了极少数的情况，一般罗斯福都不愿意推翻高级内阁官员的意见。最终，在重新出任苏联驻华盛顿大使的马克西姆·李维诺夫的坚持下，"政府"一词的后面没有出现"以及权力机构"这种说法，如果加上这一条，自由法国就会被纳入联合国成员国的名单。

围绕苏联对日本开战的规定也产生了一些波折，当时这两个国家尚未开战。苏联人对这一条的关注超过了对有关宗教自由的规定的关注，而后一项内容则受到美国人的重视，尤其是当罗斯福提出这一条还应当包括不信仰任何宗教的自由。最终，这些困难以及其他困难都被克服了，宣言也起草完毕，只等签署仪式了。1 月 1 日，丘吉尔从渥太华返回华盛顿，随即白宫就举行了宣言签署仪式，参加仪式的基本上都是各国大使。虽然没有正式提出，但是这场签字仪式和宣言的存在都等于承认了华盛顿作为盟军作战最高指挥中心的地位，不过斯大林坚持要求苏联应当拥有一定的独立地位。

尽管如此，对丘吉尔来说，阿卡迪亚会议是他与美国人最平等的一次会议。在布雷森莎湾的时候他太急于说服美国人参加战争，不可能不对美国殷勤到几乎有些谄媚的地步。据说在这一次前往华盛顿的旅途中，他说过："以前咱们一直在竭力勾引他们，而今他们已经牢牢地待在咱们的后宫里了。"回国后，在与乔治六世国王第一次在星期二共进午餐的时候，丘吉尔以比较拘谨的措辞对国王表达了同样的想法:"约会了那么多个月之后,英国和美国现在终于联姻了。"*cmlv 就在两天之前他还对战时内阁说过:"就算我们不调教他们 [美国人],他们也还是会向我们学习的。"cmlvi

从某一方面而言,美国人想要给予英国人的其实超过了英国人的期望。马歇尔说服罗斯福改变了看法,接受了必须在整个广阔的西南太平洋地区采取联合指挥模式的看法:地面行动由一位最高统帅负责指挥,该地区的海上部队和空中部队交由阿奇博尔德·韦维尔将军。在比弗布鲁克与霍普金斯的大力帮助下,他们接下来又说服了一开始态度有些勉强的丘吉尔接受了这种安排。在一片赞美声中也出现了一丝质疑的声音,有人认为这种安排只是为了找到一个 "愿意输掉战争的合格的英国人"(借用了《政治与扑克》中的一句歌词,这首歌出自后来出现的美国音乐剧《菲奥雷洛》①)。此外,丘吉尔对韦维尔的干劲毫无信心,韦维尔接受这份重担更多的是出于责任感而不是热情,但是他依然凭借着始终如一的军事才能完成了这份吃力不讨好的差事。韦维尔在政治方面的权力是华盛顿方面授予的,即美国总统授予的,这个因素对他在西南太平洋战区享有的最高地位(最高指挥权,但不是最高军权)构成了制约。美国总统经常咨询英国政府,但是不太向荷兰和澳大利亚政府咨询,并且通过联合参谋长委员会(英美联合)下达指令。丘吉尔接受了这个事实。1 月 19 日,他针对新加坡的防御问题给韦维尔提供了一些建议,并且说:"我 [现在]当然没法再给你下达任何指示了。"cmlvii

但是,美国自动接受了 "德国第一" 的战略,这对英国人来说不啻一份厚礼,而且他们已经制订出一套英美联合进入法属北非的计划,行动最初的代号是 "体育家",后来改为 "超级体育家",最终定名为 "火炬行动",条件一旦成熟他们就会立即采取行动。为了实现这项计划,首先,英国必须消除外界对 "达达尼尔丘吉尔" 长期存在的质疑,在外界看来丘吉尔就是一个无可救药的 "门外汉"。其次,英国还必须压制住美国人从法国发动对德国的核心打击的本能欲望,在俄国人不断施加的压力下,美国人对这个目标的渴望变得越来越强烈。尽管如此,9 万名美军再加上 9 万名英军进入北非的行动日期被乐观地确定为 1943 年的春天,事实上直

---

* 早在 1940 年 7 月的时候,丘吉尔与国王每周一次的私人午餐会就取代了比较正式的傍晚晋见传统,在令人绝望的 6 月里丘吉尔数次迟迟才露面,而且一副心烦意乱的模样。固定的午餐会更符合丘吉尔对事情的轻重缓急的判断,让他有机会畅所欲言。这种新出现的规律在很大程度是得益于君主与首相稳步培养起来的互相信任(经过了最初一段时间不太稳固的交往)。

① 《菲奥雷洛》是有关纽约市市长拉瓜迪亚的一部音乐剧,这部剧曾获得普利策戏剧奖。

到当年的 11 月，英美联军才实施了这项计划。

此外，按照计划美国部队将快速进入北爱尔兰，让驻守在那里的训练有素的英国部队抽身出来，前往更活跃的战区进行作战。由于舰船运输条件的限制，美军派兵的数字只能从 1.6 万削减到 4100，不过这批部队的首要目标只是确保美国军人尽早在英国境内亮相，让南爱尔兰人知道他们支持错了对象。几乎与后来成为以色列的权力来源一样，当时美国也是南爱尔兰的权力来源。丘吉尔曾在 1940 年的春天和夏天强烈要求美国向布雷黑文派军，但是遭到了对方的拒绝。美国这次向南爱尔兰派军的行动正是对他之前的请求姗姗来迟的补偿。

阿卡迪亚会议还鼓励一贯好大喜功的罗斯福于 1 月 6 日在国会发布国情咨文报告的时候，为美国军需品的制造确定了过高的目标：飞机的产量将从 1942 年的 2.5 万架提高到 1943 年的 7.5 万架；高射炮的产量将提高到 2 万门，然后再提高到 3.5 万门。最关键的数据或许就是商船的建造量将从 1942 年的 600 万吨（1941 年只有 110 万吨）增加到 1943 年的 1000 万吨。最终，罗斯福夸下的海口不仅化为了现实，甚至还有所超越，所以这些承诺本身就构成了盟军制胜法宝中的很大一部分内容，在一定程度上消除了苏联、英国以及美国自己围绕着武器装备产生的争执。

因此，在 1 月 14 日启程回国的时候，丘吉尔感到心满意足。在美国期间，他不断接到了一些噩耗：日军进一步发动攻击，尤其是在马来亚，有关新加坡防御工作的情报也令人沮丧，在西部沙漠的行动突然中断。尽管如此，这段时间仍然是他在二战里的一次高潮。他以一贯的方式离开了美国，在启程的当天晚上仅与罗斯福、霍普金斯共进了晚餐。原定出发的时间是 8 点 45 分，但是直到 9 点 45 分他才从餐桌旁站起身。幸运的是，有一辆专列等着将他送往弗尼吉亚的诺福克。罗斯福驱车将他送到了第 6 大街的一段铁路专用线，霍普金斯将他送进了卧铺车厢。随后，罗斯福返回了白宫，霍普金斯去了海军医院，一到医院他便精疲力竭地倒了下去。

第二天，丘吉尔乘坐一架美国水上飞机前往百慕大，他们一行打算在那里换乘"约克公爵"号战舰。在 3 小时的飞行过程中，丘吉尔驾驶了 20 分钟左右，其间还倾斜机身做了几次激动人心（只是对他自己而言）的转弯。至于包括空军参谋长在内的乘客做何感想，没有人留下记录。丘吉尔还说服机长带着他在次日的下午和晚上飞到了普利茅斯——一段需要花费 18 个小时的旅程。"约克公爵"号只需要将低级官员和沉重的行李运送回国。

丘吉尔十分清楚早早召开华盛顿会议固然令人兴奋，但是会议之后英国的现实依然十分灰暗。"回去的地方肯定没有阳光。"[cmlviii] 一切都比他预想的糟糕。从远东地区到埃及，及至英吉利海峡，所有的事情几乎都一样糟糕。国内对丘吉尔政府的批评也暗潮涌动，远远超过了政府在之前 20 个月里受到的诟病。至少从表面上看，战争的前景似乎与 1940 年 6 月至 7 月时一样令人沮丧，更糟糕的是，他的讲话却不如之前那样能够激活一股股电流。在 1942 年的 1 月末、2 月和 3 月里，国民联合政府和丘吉尔本人都遭遇了一场信任危机。

第三十六章　转折年

结束了超期的北美之行、回到国内后，丘吉尔的面前隐隐约约出现了很多问题，其中一些问题是一贯喜欢批评他的人所意识不到的，但是丘吉尔对一切都很清楚。1941 年 12 月损失 2 艘大战舰、日本人几乎势不可挡地突破了英国在东南亚的领土，这些事情令议会对丘吉尔变得刻薄起来。对于丘吉尔来说，美国被迫加入战争远远抵消了这些事情产生的效果，他对地缘政治的敏感促使他认为这一点比眼前出现的一切逆流都更重要，他兼有英美两国出身的事实或许也起到了一定的作用。其他人或许有些嫉妒丘吉尔在新世界长时间享受的奢华待遇，他们更倾向于认为，在他出任首相 20 个月后局势应当出现比较积极的变化，不过这种观点不太普遍。此外，尽管西部沙漠远在非洲，丘吉尔还是在那片战场上倾注了大量的个人资本，那里的局势也因此再一次令他感到失望。苏联方面认为英国（以及美国）没有向他们提供多少援助，无论是意识形态上的朋友，还是纯粹抱着投机心理的朋友，都丝毫没有劝阻苏联打消这种念头。

这些都是显而易见的问题，对于丘吉尔以及不多的几个人来说，还有两个不太明显的问题。首先，布莱切利园对德国潜艇密电码的破解工作在 1941 年下半年英军在北大西洋取得"胜利"的过程中起到了重要作用，而现在却突然枯竭了。德军海军使用的英格玛密码机增加了一个新的转轮，直到将近一年后布莱切利园的译码员们才又破译出了至关重要的信息。布莱切利园的失败意味着，在丘吉尔眼中的英国最危险的侧面战场损失的船只数量又达到了新的高度，在很长一段时间内，英国应该都无力再次承受同样的损失。

第二个问题所具有的潜在意义具有更大的破坏性，这就是丘吉尔与日俱增的担忧。他认为英国军队不具有良好的作战素质，一对一比拼的话，英国军人无法与德国军人相匹敌。早在 1940 年 4 月的挪威战役时期，他就已经产生了这种想法。在法国的军事行动局势不够明朗，无法证实也无法否认丘吉尔的担忧，如果说当时英国军队的表现很平庸，那么法国军队的表现就更拙劣了。敦刻尔克大撤退指挥得当，但这场军事行动只是一次撤退，不是打了胜仗，相对而言的胜利在很大程度上也是由于希特勒犹豫不决以及阿兰·布鲁克指挥有力，而不是因为英军有着强大的作战能力（或许在加莱的行动除外）。英军在希腊与克里特岛的行动与丘吉尔这种沮丧的判断没有太大的出入，于 1942 年 2 月 15 日投降的新加坡更是强化了这种认识。丘吉尔一向对维奥莱特·博纳姆·卡特开诚布公，在 2 月 11 日的时候他就已经向这位交往已久的老朋友透露了自己的担忧："我们的战士不如他们的父辈那么骁勇善战。在 1915 年的时候，我们的人直到弹尽粮绝仍然会在敌人猛烈的炮火下顽强战斗，而现在的人根本无力抵抗俯冲下来的轰炸机。我们在新加坡有那么多人，那么多人——他们原本应当表现得更出色一些。"[cmlix] 作为帝国总参谋长资历比较浅的阿兰·布鲁克也有着相同的观点，他在 2 月 18 日的日记中写道："如果陆军不能表现得比目前更出色的话，那么我们就活该失去我们的帝国！"[cmlx]

几乎就在新加坡陷落的同时，德国的"格内森瑙"号与"沙恩霍斯特"号 2 艘战列巡洋舰也于 2 月 12 日从法国布雷斯特逃走了，同时逃走的还有级别略低的"欧根亲王号"巡洋舰，这几艘巡洋舰在光天化日之下成功地顺着英吉利海峡前往多佛尔，然后返回了德国国内的港口。这个结果令德军感到骄傲，对英国海军的声誉造成了极其沉重的打击。钱浓在自己的日记中写道："德国战舰逃跑比新加坡失守更令国家感到不安。"[cmlxi] 加上这些事情带来的挫败感，丘吉尔的士气陷入了整个二战期间的最低谷，这种情绪持续了一段时间。

站在议会的角度看，丘吉尔的面前并没有明显的危机。从美国回来后不久，他执意召开了一场信任辩论，这场全体议员出席的辩论持续了 3 天。辩论一开始，丘吉尔首先发表了 2 个小时的讲话，在辩论结束时他又发表了 42 分钟的讲话，在辩论过程中，第一次打断其他议员时所做的发言的长度也显示出他有着超乎寻常的防卫心理。丘吉尔有些故意挑衅地说："在辩论中谁都不必拐弯抹角，在表决的时候谁都不应当畏首畏尾。"[cmlxii] 整场辩论的基调比丘吉尔预计的乐观一些。丘吉尔要求对他的讲话进行记录，辩论过后，他的讲话有可能会通过广播传达给全国人民以及海外各国，但是议会里有人表示反对，主要由于这个原因，丘吉尔在一开始表现得有些愤恨。有人指出，尽管十分擅长于广播演说，但每逢辩论结束后他在广播讲话中听起来总是显得有些疲惫和迟疑。由于自己的要求遭到了无礼的回复，丘吉尔感到自己受到了冒犯，后来他在文章中提到他的要求"在世界各国的议会应该都不会遭到拒绝"。不过，丘吉尔还是控制住了自己怒气。随着长篇讲话的展开，他逐渐感到自己的发言产生了越来越强大的影响力："他们毫无热情地接受了听到的一切，但是我觉得他们并非没有被我的观点说服。"[cmlxiii] 尼科尔森证实了丘吉尔的看法："等到他结束发言的时候，显然议会里丝毫没有反对意见了——只是有一种不安的感觉。"[cmlxiv] 作为政客，尼科尔森没有多少作为，但是他一向对气氛的判断很准确。接下来辩论的基调令丘吉尔感到惊讶，也感到释然，"在我看来出乎意料的友好"。[cmlxv] 发表完最后的讲话、结束了整场辩论后，丘吉尔火急火燎地要求举行一场投票表决，他希望支持他的力量能够以数字的形式留下书面记录。

幸运的是，以格拉斯哥为大本营的独立工党领袖詹姆士·马克斯顿为深受爱戴（在下议院）但是无所作为的革新家的形象提供了绝佳的例证。他独自走进"否决票"投票厅，之所以如此形单影只，也是因为他在党内的两位同僚承担了计票人的工作。丘吉尔记录下赞成票的票数为 466 票（包括计票人），这个数字即使不算惊人，至少也非常具有说服力，不过当时有许多议员都以各种身份忙于战事，无法参加议会活动。在提到这场辩论以及投票表决时，丘吉尔有趣而准确地记下了自己精心准备讲话稿时的态度："这个庞大的、头绪繁多的问题必须用 1 万字的讲话来阐述。尽管每天都要面对新的打击和压力，我还是心甘情愿地花了 12 或 14 个小时集中精力构思了这样一篇讲稿……"[cmlxvi]

尽管如此，这场辩论和投票表决还是没有完全消除丘吉尔与议会之间的分歧。议会和媒体对他的潜在的敌视情绪依然存在，这样的基础非常不利于他面对 2 月中旬的一连串挫折。丘吉尔第一次意识到自己的首相生涯可能已经走到头了，在战争的后半程或许自己只能被其他人取代了。早在 1 月 21 日，艾登就记下了在一次国防会议结束后，丘吉尔一边喝着酒一边对他、比弗布鲁克与阿尔伯特·维克多·亚历山大（目击者不少）说："托利党内的大部分人都痛恨他，他已经尽力了，现在他乐意让位于其他人。"[cmlxvii] 丘吉尔说出这种自暴自弃的话或许有些夸张的成分，而且当时他还身患重感冒。也许当时艾登也心存一丝希望，不过直到 10 年后他继任首相的心情才变得急切起来。丘吉尔的情绪消沉了一段时间。艾登的私人秘书奥利弗·哈维一向头脑清醒，2 月 10 日，就在出现"中旬惨败"之前，他告诉自己的上司"必须做好接手的准备"。当月 15 日，丘吉尔在星期日晚间广播讲话中针对可怕的消息做出了回答，尼科尔森在日记中写到这场讲话"不受欢迎。丘吉尔用精致的措辞搪塞人民的举动令全国深感不安和恼怒。可是"——接着他又公正地补充道："他还能说些什么呢？"[cmlxviii]

外界针对丘吉尔的口才提出的批评给他造成了沉重的打击，因为这些意见针对的是他最突出的一个优势，这就如同批评莫扎特丧失了作曲能力、拉斐尔丧失了绘画能力一样。如果他无法用语言动员起全国人民，那么他就不再是 1940 年时的那个他了。他同时也失去执政能力了吗？在 3 月的第一个星期，贾德干在日记中提到艾登也认为"在过去的两周里，对战争的统一领导已经不复存在了。战时内阁不再起作用了，国防委员会没有召开过一场会议……没有人把握方向了"。[cmlxix] 就在这个星期，玛丽·丘吉尔也在日记中提到父亲"很悲伤，显然为各种事情感到悲伤"，而且还"备受苛责"。[cmlxx]

除了这些失败，丘吉尔还为如何安置斯塔福德·克里普斯的事情感到焦虑。1 月 23 日，克里普斯结束了驻俄大使的工作回到国内，在任 19 个月的工作没有取得多少成果。克里普斯一副禁欲主义的姿态似乎体现着苏联在抵抗德国的过程中表现出的英勇以及做出的奉献，不过斯大林本人的行事风格几乎毫无禁欲主义的色彩。相比哈里曼或者比弗布鲁克，克里普斯与这位苏联领导人相处得十分不融洽。尽管如此，外界还是认为他深谙发动全面战争之道。2 月 8 日（星期日），克里普斯发表了一场晚间广播讲话，这场讲话产生了很大的影响力，收听人数也非常多。在讲话中他说："全国似乎缺少一种紧迫感，眼下我们几乎就像旁观者，而不是参与者似的。"在发表这番批评意见时，克里普斯的腔调比较低调，尽管如此，这番话还是有可能对丘吉尔造成了极大的伤害。克里普斯代表了全国人民的呼声，他比任何人对丘吉尔造成的挑战都更严重。

不过，丘吉尔还是宣称自己一直对克里普斯颇有好感，[cmlxxi] 这种说法算不上言不由衷，毕竟克里普斯已经在首相乡间别墅于 1 月 25 日举办的午餐会上得到了加入政府的邀请——出任供应大臣。克里普斯一开始似乎想要接受这个职位，但是经过 4 天的考虑之后，他客客气气地写了一封信，谢绝了邀请。有证据表明，他做出这样的决定是受到了他同欧内斯特·贝文的一次会面的影响。在 20 世纪 30 年代的工党内讧中，贝文算不上是他的朋友，但是渐渐地，克里普斯（与丘吉尔一样）对贝文的优点产生了深深的敬意。果真如此的话，克里普斯拒绝加入政府的举动就与当时国内激烈的地盘之争有所关联。从美国回来后，丘吉尔发现贝文与比弗布鲁克对彼此充满了敌意，这两位大臣都因不同的原因受到了他的高度重视。诸位大臣中，丘吉尔最珍惜的两位同伴布兰登·布拉肯与比弗布鲁克都很善于冒犯同僚，贝文与比弗布鲁克之间的争执就是因为身为飞机制造大臣的比弗布鲁克试图插手贝文的核心领域，即劳工分配问题。比弗布鲁克已经加入了寿命仅有 18 个月的战时内阁，丘吉尔还打算将他提拔为制造大臣，如果克里普斯出任供应大臣，比弗布鲁克对他就会具有一种"宗主"权力（按照 1951 年的丘吉尔政府的状况而言）。因此，贝文比较轻松地说服克里普斯回绝这个职位。

当时还有两个新情况，在 1 月底的时候谁都没能清楚地预见到这些情况的出现：首先，已经出任制造大臣刚刚一个多星期的比弗布鲁克遭遇了丘吉尔所说的"紧张之下的崩溃"，坚持辞去一切职务；其次，主要由于2月8日的广播讲话和接下来一个星期里出现的灾难，克里普斯变得越来越强大，政府变得越来越虚弱。克里普斯与丘吉尔打了一场"太极"。就在广播讲话的当天，在布里斯托选区的一场会议上，克里普斯对自己是否加入政府的问题做出了回答，他说："你们最好还是去问一问丘吉尔先生吧。"语气中透着强烈的揶揄意味。次日，丘吉尔写信请克里普斯重新考虑一下出任供应大臣的事情，从开罗被召回国的奥利弗·列堤顿将出任制造大臣。克里普斯还是没有动心，不过他与丘吉尔的立场都不太坚定。

到了2月19日宣布任命的时候，丘吉尔主动提出了令克里普斯无法拒绝的条件，邀请后者出任下议院领袖并加入战时内阁，这等于将其擢升到了政府里的第三把交椅上，紧随他本人与艾德礼之后。

对丘吉尔来说，如此安置克里普斯，是他在军事方面的许多次失败之后在国内政坛遭遇的重大挫败吗？这还是第一次有人经过一番讨价还价，成功地从丘吉尔政府里争取到超过丘吉尔本能预期的要职。然而，也可以说丘吉尔以巧妙的方式将克里普斯控制了起来。在已经开始考虑应当由谁继任首相这个问题的人看来，克里普斯似乎比艾登更具有候选人的条件，艾德礼更是无法与其竞争。在这种情况下，丘吉尔给了克里普斯一个声望很高但是他毫无才能胜任的职位。就像最成功的皇家律师一样，克里普斯善于辩解，但是他不会用心安抚下议院，他的身后也没有强大的党派队伍支持他。在心情愉快的情况下，丘吉尔有能力与下议院保持良好的合作，他也的确做到了这一点，例如在1940年7月时那样。克里普斯绝对不可能有这样的表现，他太喜欢长篇大论地训斥下议院了。作为下议院领袖，他享受了几个星期的蜜月期，随即形势便急转直下了。

关于战争时期的统一领导，作为七人掌权集团中的一员（格林伍德和金斯利·伍德都已经退出了政府，不过后者仍然是财政大臣），克里普斯获得了一个极具影响力但是没有多少实权的职位。他的身边没有参谋协助他插手军事事务，他自己也毫无清晰的想法，他所占据的要职基本上只是徒有其表，没有多少实质性的意义。他曾得到过一份很符合个人兴趣的差事，但即使在这项工作上他也没能取得成功，不过总算没有留下耻辱的名声。在3月至4月的3个星期里，克里普斯首次向印度提出了最终独立方案，这套方案附加了很多有所保留的条件。贾瓦哈拉尔·尼赫鲁被打动了，但是圣雄甘地没有动心，国大党将印度最主要的全国性运动"不合作运动"推向了新的阶段。

在夏季（1942），克里普斯与丘吉尔开展了一场影响深远、十分有吸引力的战役。克里普斯希望将战时内阁缩小到 4 至 5 名成员的规模，这个内阁的行动将不受到参谋长委员会的干涉，战略决策也都由内阁自己制定。这个提议基本上是让战时内阁退步到劳合·乔治在一战最后两年里的战时内阁的水平。丘吉尔将主持内阁工作，但是必须放弃作为国防大臣的特殊身份，当初在参谋长委员会的建议下他接受了这个职位，负责制定决策，这些决策在名义上必须得到集中精力负责战略性外围部门工作的艾德礼、安德森、艾登、贝文和列堤顿等人的批准。丘吉尔完全无法接受克里普斯提出的方案，在成功地克服了这些难题将近 8 年后，他在《第二次世界大战》中坦言："当时，我打定主意要保留住指挥战争的全部权力……如果被剥夺了国防大臣的职位，那我一分钟都不会……继续留任首相。"[cmlxxii]

到了初秋的时候，克里普斯与丘吉尔之间的分歧发展到了极其严重的地步，因此克里普斯想要退出战时内阁，但是他又不愿意心怀不满地离去。克里普斯是一个敏感的人，他意识到自己在下议院领袖的位置上没能取得成功，这一点也促使他产生了辞职念头。丘吉尔劝他等到迫在眉睫的西部沙漠战役（阿拉曼战役）结束后再退出内阁。但是，一旦在这场战役中英国取得胜利，克里普斯的地位就将遭到致命性的削弱。最终，克里普斯于 11 月 22 日毫无怨言地退出了战时内阁，大大方方地接受了飞机制造大臣一职。这个职位有着重要的意义，但是不占据核心地位。在级别和权力方面，这个职位都与他在当年 1 月底至 2 月初拒绝的供应大臣一职非常接近。克里普斯在天空划过了一道短短的抛物线，转眼便陨落了。

一个星期后，丘吉尔在 68 岁生日当天收到的所有祝贺信中最热情的一封就来自克里普斯："无论在某些问题上我们有着怎样的分歧，我都为亲眼见证了你不知疲倦地为胜利奋斗的景象而感到十分开心……愿接下来的日子里上帝保佑你并为你指引方向。"[cmlxxiii] 无论他们两个人在性格和习惯方面存在着多大的差异，他们似乎都渐渐地产生对彼此的好感和敬意，就连丘吉尔在战后调侃克里普斯的一句最著名的玩笑话"若非上帝的仁慈，上帝本人也会有这样的遭遇"都带有一种挚爱和赞赏的基调。

1942 年的春天，时间一天天过去了，丘吉尔的士气和精神状态也逐渐有所改观了。没有胜仗，但是失败也逐渐远去了，不再具有之前那么令人沮丧的冲击力了。在内心深处，丘吉尔始终坚信以英国、美国和苏联为基础的联盟是不可能失败的，他只是在 2 月至 3 月很短一段时间内，对何时才能取得胜利以及自己是否能够负责到底的问题产生过怀疑。

4 月 8 日，哈利·霍普金斯抵达伦敦，开始了对这座城市的第三次重要访问。这一次陪同他前来的是马歇尔将军，他们在英国待了 10 天。对于此次出访，霍普金斯充满了1941年时的友好和热情，他给丘吉尔发去电报："不日便将与您见面，请生起火吧。"（暗指当初他感到首相乡间别墅冰冷至极，令东道主感到手足无措的事情。）丘吉尔也同样为能够再次见到霍普金斯而感到开心，他告诉对方："您的到来永远令人感到兴奋。"[cmlxxiv] 他也再次为这位客人安排了五星级的接待条件。霍普金斯抵达后，唐宁街10号立即举办了晚宴，首相乡间别墅也随即在周末举办了晚宴。美利坚合众国的两位忠诚的代表甚至还万分激动地在白金汉宫与国王和王后共进了一次午餐，接着又参加了唐宁街的晚宴，国王也罕见地出席了这场晚宴。这次出访的成果就是英美两国政府达成了名义上的全面战略协议，在听说这件事情后比弗布鲁克表示非常满意。

然而，在1941年1月和7月出现过的那种毫无保留的热忱和油然而生的快乐似乎都消失了。借用丘吉尔在1942年1月对乔治六世国王发表的评论，或许是从约会到结婚的转变过程产生了一种醒脑作用。也有可能只是因为马歇尔的存在，根据迪恩·艾奇逊与奥利弗·弗兰克斯（牛津大学的讲师，在1949年至1953年间出任了英国驻华盛顿大使，表现出色）的记述，马歇尔具有一种沉静的魅力，但是他不如霍普金斯那么容易得到众人的接纳，他也肯定不会喜欢有维妮夏·蒙塔古或者卡萨·莫里侯爵夫人作陪的环境。不止如此。4月会晤的目标在于解决最高战略问题，会谈过程令人感到双方在暗地里打的"太极"超过了两国在二战期间的所有重要会谈。霍普金斯与马歇尔奉罗斯福之命，前来说服丘吉尔接受美国方面的观点：同盟国应当尽早再次与德国交战（美国人与德国人的第一次交手），盟军应当直接跨过窄窄的海域，在加莱海峡（即多佛尔海峡）和塞纳河河口之间的某个地方登陆。

罗斯福考虑的主要是缓解苏联人的压力，在外界看来苏联前线将于1942年夏天失守的可能性很大；其次是为了证明对于这场欧洲战争美国人并非只有口头上的热情。但是，美国方面始终没有明确提出发动攻击的具体日期。基本上双方认定的都是1943年，到了那个时候美国人就能够派出30个师的兵力，按照预期英国也将派出18个师的兵力。如果德军在苏联取得胜利，或许盟军就有必要立即在1942年的秋天开辟第二战场，果真如此的话，美国派出的兵力就会减少到5个师（或者是2.5个师，阿兰·布鲁克曾直言不讳地预计过这个数字）。

无论是首相还是参谋长委员会，英国方面都始终不曾对美国人的提议明确表示过反对。实际上他们基本表示了热情的支持，没有排除在1942年年末发动攻击的可能性，更没有指出也有可能直到1944年6月英吉利海峡战场才会出现重大行动。英国方面的考虑是明智的，这样的主张应该只会引起美国人的憎恶，更不用说苏联人了。此次会晤似乎也没有继续关注另一个事实：在1942年的年末或者1943年的春季在法国发动直接攻击将意味着放弃北非登陆行动。白宫在新年会议上已经表示同意实施代号为"火炬"（最初被称为"体育家"）的登陆行动，外界认为这项行动得到了罗斯福本人的强烈支持。按照最初的计划，在英美两国于4月举行伦敦会晤的时候这场行动就已经开始了。"火炬行动"似乎暂时被人们遗忘了，不过7个月后盟军实施了这个计划。

更加矛盾的是，美国人似乎十分重视对德国作战的问题，反而是英国人在提醒美国人盟军还有对日作战的任务、英国无法接受失去印度的前景，就像不能失去埃及一样，这一点令人啼笑皆非。一旦印度和埃及都发生灾难性的变动，盟军的面前就有可能出现可怕的局面，他们的两大敌人将在南部弧形地带结成联盟。美国人不太重视印度受到的威胁，他们或许认为丘吉尔为了阻挠立即给予印度独立地位而故意夸大其词。4月12日，克里普斯的使命走向了失败，罗斯福给丘吉尔发去了一封非常粗鲁的电报，他收到的回复也同样寸步不让。霍普金斯指出，对于印度这个地方"罗斯福和丘吉尔永远不会达成共识"。

在丘吉尔的日历上，接下来发生的重大事件就是莫洛托夫于5月20日到访伦敦，直到28日他才启程前往华盛顿。一脸阴郁的苏联外交部长后来在冷战时期成了一个著名的"喜欢说'不'的令人发指的家伙"，要想理解他此次西方之行的重要性，就应当记住一点，在这个阶段丘吉尔和罗斯福都尚未与斯大林见过面。比弗布鲁克与艾登、霍普金斯与哈里曼都去过莫斯科，也都见到过斯大林（以及莫洛托夫），但是苏联与主要盟友之间的高层接触仅限于此。在由谁首先接待莫洛托夫的问题上，罗斯福与丘吉尔使出各种手段较量。罗斯福认为莫洛托夫首先前往华盛顿才是更合乎情理的选择，但是斯大林已经提出莫洛托夫首先出访伦敦并且毫不让步。丘吉尔给罗斯福发去一封有些沾沾自喜的电报："眼下我无法建议他更改此次出访的目的地的先后顺序，你会谅解这一点的。"[cmlxxv] 这件事情早早地预示出，在二战后期，英美两国在与苏联人的关系问题上将会产生一定的竞争。

按照指示，莫洛托夫将同英国签署一份友好条约，其前提条件是英国承认苏联在德国入侵前的边界（包括波罗的海各国以及苏联于1939年占领的一部分波兰领土），并且承诺于1942年在法国开辟第二战场。莫洛托夫没能实现任何一个目标，考虑到这一点，他此次访问的气氛友好得令人感到意外。丘吉尔在其他问题上都很有戒备心，他愿意在边界问题上对苏联人做出让步，但是罗斯福对他的想法表示坚决反对。之前在外交工作中表现出娴熟技巧和勇气的艾登面临着被苏伊士运河危机所蒙蔽的危险，但是经过他在谈判桌上的出色表现，苏联人同意暂时抛开边界问题，以换取一份20年有效的协定。这个结果令苏联人和美国人都感到开心，也令丘吉尔"如释重负"。

对于尽早开辟第二战场问题，丘吉尔假意附和莫洛托夫，或许对罗斯福也如此。在结束华盛顿之行、第二次到访伦敦的时候，莫洛托夫收到了一份备忘录，这份备忘录指出："我们正计划于 1942 年 8 月或 9 月登陆欧洲大陆……然而，如果我们为了不惜一切代价开展行动，那我们就会开展一场最终以惨败收尾的行动，这样显然无助于推进俄国的事业以及盟国的事业……因此在这个问题上我们无法做出任何承诺。" cmlxxvi

在 5 月 22 日的一场会谈中，莫洛托夫提出了两个更有意思的问题。对于一个对一切都讳莫如深的政府派出的一位对一切都讳莫如深的部长而言，这两个问题非常不同寻常。莫洛托夫首先询问丘吉尔，他觉得苏联在 1942 年的军事行动中的胜算有多大，丘吉尔自然而然地做出了试探性的回答。莫洛托夫接着又提出了一个更加令人感到尴尬的问题：如果苏联军队没能坚持住，英国政府将会采取怎样的立场和态度。丘吉尔的回答十分高明：

> 希特勒大概会尽量将地面部队和空军部队派往西线，他的目标旨在入侵大不列颠……因此，我们的命运与苏联军队的抵抗息息相关。尽管如此，如果事实违背了我们的期望，苏联军队被打败，局势每况愈下的话，我们也会坚持战斗下去。但愿在美国的帮助下，我们的空军能够获得压倒性的优势，在接下来的 18 个月或者两年的时间里，这支空军将保证我们能够对德国的各座城市以及工业重镇实施毁灭性的空中打击。此外，我们还将继续实施封锁，在欧洲大陆各处登陆，打击愈来愈虚弱的敌方。大不列颠和美国的力量终将取得胜利。 cmlxxvii

在这些对话的过程中，丘吉尔还客客气气地对莫洛托夫提出了一个非常有说服力的辩证观点。苏联站在陆地大国的立场上认为跨过英吉利海峡的登陆行动应该比跨过一条河困难不了多少，丘吉尔提醒莫洛托夫在 1940 至 1941 年英国孤军奋战（略微触及了反俄立场）并且在敦刻尔克丢失了大量武器装备的时候，希特勒在恐惧之下曾试图将侵略的目标对准相反的方向。

莫洛托夫一行坚持苏联人一贯喜欢住在郊外别墅的传统，表示希望待在伦敦以外的地方，因此丘吉尔在工作日期间将首相乡间别墅提供给了他们，在周末他回到那里的时候莫洛托夫一行也依然住在那里。在这群首相乡间别墅的客人面前，东道主不像在美国人面前那样表现出明显的自卑情结，但是这群客人很难伺候，他们在枕头底下永远放着手枪，他们也很不愿意让首相乡间别墅的普通工作人员接近上司休息的躺椅。随行人员中还有专门负责铺床的服务人员，跟他们相比，在冷战期间坐在莫斯科一家家饭店走廊尽头的难以对付的女士们都算是他们的晚辈了。尽管如此，在这个阶段莫洛托夫还是给丘吉尔留下了十分深刻的印象。在 5 月 27 日的信中，丘吉尔告诉罗斯福："昨天下午，双方怀着满腔热情签署了协定。莫洛托夫是一位政治家，他拥有你我在李维诺夫身上根本不曾看到过的自主权。"[cmlxxviii]

在 5 月 26 至 27 日的夜晚，隆美尔在利比亚对英军发动了攻击（丘吉尔认为奥金莱克原本应当预见到对方的行动）。在这场形势时好时坏的战斗中（大部分时间都比较糟糕），英军在前两个星期的进展非常不顺利，但是丘吉尔认为自己还是不应该推迟甚至取消接下来拜访罗斯福的计划，按照计划，他将于 6 月 17 日启程。这一次他将在斯特兰拉尔乘坐水上飞机直接前往华盛顿，按照当时的标准，这样的行程比较舒适快捷（仅需 27 小时），但是人们不应当竭力淡化在战争期间乘坐飞机需要承担的风险。1941 年 8 月，英国驻华盛顿采购团的负责人、能力超群的英裔加拿大籍实业家亚瑟·珀维斯就在前往布雷森莎湾的途中因飞机失事而身亡（之前他与比弗布鲁克通过抛硬币决定了由谁乘坐飞机）。此次与丘吉尔一同前往华盛顿的有陆军准将斯图尔特，7 个月后在参加完卡萨布兰卡会议返回英国的途中他也身亡了。尽管有全面的防范措施，对重要人物来说，战争期间的长途飞行也无法保证百分之百的安全。

实际上，丘吉尔发现哈德逊河谷的经历比大西洋上的危险更可怕。在英国大使馆留宿了一个晚上之后，丘吉尔去了纽约州达奇斯县的一座小型机场，暂时住在海德公园寓所的罗斯福已经等在机场了。美国总统坐在轿车里，镇静地望着小小的飞机从天而降，丘吉尔说过这次着陆是"我经历过的落地时撞击猛烈的一次着陆"。[cmlxxix] 更可怕的是接下来乘坐罗斯福那辆特制敞篷轿车离开机场的经历，这辆轿车上没有脚踏控制器，因此包括方向盘、油门、刹车、加速器在内的所有装置都能用手操纵，尽管这样，罗斯福还是时进时退地把车开到了高耸的悬崖边上，悬崖下方就是汹涌奔腾的哈德逊河。

丘吉尔宣称尽管出现了这些分散注意力的小插曲，一路上他与罗斯福还是探讨了一些严肃话题，在更正式的场合和同样的时间里，他们都不可能产生这么严肃的交流。这种说法的确符合丘吉尔造访海德公园 34 号的整个过程。第二天晚上，总统专列将他们送往华盛顿。次日，在午餐过后他们对代号为"合金管"的计划商定了大体的策略。对于原子弹的研究工作，双方决定在充分共享信息、平等合作、共享成功的基础上，出于方便和安全的考虑，接下来的工作应当在美国开展（计划被更名为"曼哈顿计划"），尽管截至此时英国的研究工作至少取得了同美国一样的进展。在商定这套重大合理的方案时，丘吉尔的身边没有重量级的参谋，这显示出他有着充分的自信。不应当忘记的是，当时英美两国都唯恐德国人会率先研制出原子弹，因此就连罗斯福的身边也几乎没有任何陪同人员，一向与人为善、无处不在的霍普金斯也只是在关键时刻才露了一面。

丘吉尔还向罗斯福亮出了自己在开辟第二战场问题上的底牌，他对罗斯福表现得远比他在伦敦以及随后的电报往来中对马歇尔和霍普金斯的态度更坦诚。在他给罗斯福准备的一份文件中，最关键的一句话就是："截至目前，凡是负责的英国军方机构都无法为 1942 年 9 月制订计划，这样的计划毫无胜算，除非德国人完全丧失了斗志，而这种可能性根本不存在。"无疑，他在海德公园的寓所里针对这个问题畅所欲言。这份文件还附加了一堆几乎有些蔑视意味的问题："美军参谋人员是否已经制订出了计划？他们将在哪里实施打击？能提供什么样的登陆艇和船只？将由谁来指挥这样的行动？"接着他还写道："对于 1942 年，我们是否有资本在大西洋战区无所事事地空耗上整整一年？……在这样的形势和背景下，我们应当认真研究一下在法属西北非地区的行动。"[cmlxxx] 在之前大约 10 个星期的时间里，丘吉尔这个不可救药的老"门外汉"一直在构想进攻挪威北部的计划，这就是"朱庇特"计划，现在他颇有风度地主动表示自己愿意牺牲"朱庇特"计划，以便将兵力集中在阿尔及利亚和摩洛哥。实际上，他原本就没有争取到多少人支持这个计划。几乎可以肯定的是，这个结果——最终也化为了现实——是丘吉尔自 4 月听说罗斯福突然希望尽早在西线开展行动的消息以来一直期望出现的情况，但是他认为不要过早地派出大股部队深入北方的冰冷水域才是明智之举，以免这样的行动促使美国总统优先在太平洋战区开展行动，而这正是美国国内舆论普遍倾向的选择。

从这些因素出发，丘吉尔的策略大获成功。当年冬末和次年初春的时候盟军士气低迷，这种状况并没有削弱丘吉尔截至这个阶段一直怀有的愿望或者说能力——按照自己的方式与英国的主要盟友打交道。这些进展也说明了在上下两院都极力主张他交出国防大臣（实际上就是总司令）的大权时，他为什么能够做到岿然不动。一旦交权，在面对罗斯福与斯大林的时候，他的地位就会受到很大的削弱，在人口数量和国土面积都远比英国庞大的这两个国家里，罗斯福与斯大林都行使着同样的大权。结果，在 1942 年里盟军针对"欧洲堡垒"[①] 发动的攻击就只有在 8 月中旬实

---

　　① "欧洲堡垒"是二战期间同盟国与轴心国双方采用的军事宣传术语，指的是欧洲大陆的纳粹德国占领区。

施的迪耶普突袭战。主要由加拿大军人组成的 5000 人的部队一时间登上了英吉利海峡对面熟悉的目的地，给德军以及德国的军事设施造成了一定的破坏。然而，盟军自己的伤亡率也高得惊人，将近有 1000 人战死，还有 2000 人被俘。当时驻守在英格兰南部的加拿大军队无所事事，这场登陆战取得的主要成果——或许也是主要目的——就是缓解了这支部队越来越难以管束的状况，同时也向外界证明了在严加防范的海岸登陆有多么困难。

结束了在海德公园寓所的成功会谈之后，丘吉尔的好运气没有持续下去。经过缓慢的夜间旅行（出于一些不太为外人了解的理由，罗斯福不允许总统专列的时速超过 35 英里），他于 6 月 21 日清晨抵达华盛顿，住进了白宫那间熟悉的卧室。随即他便接到了一条消息，后来他称这条消息是"我在二战期间受到的最沉重的打击之一"。有 3.5 万守备军的图卜鲁格向打上门来而且人数不如自己的德军缴械投降了。更令他感到耻辱的是，这条消息还是从美国总统那里听到的。当时他们二人同霍普金斯、伊斯梅坐在总统办公室里，有人将一封电报交给了罗斯福。"他将电报递给了我，一言未发"，丘吉尔的描述透出一股真切的克制感。一开始他无法相信电报上的内容，奥金莱克一直信誓旦旦地向他保证已经向图卜鲁格派驻了足够的兵力，补给也十分充足，足以应付前一年那种长时间的围攻。

当消息得到证实后，丘吉尔一时间不知所措。最糟糕的就是这条消息证实了他对英国部队日渐强烈的怀疑，他认为无论是德军个体的战士还是整个军团，英军都无法企及。"战败是一回事，丢脸则是另外一回事。"[cmlxxxi] 罗斯福表现得很体贴，听到消息后他的第一反应就是"我们能帮上什么忙吗"？一开始，丘吉尔提出美国可以派出 1 个师的兵力，以加强英国在西部沙漠的力量，丘吉尔肯定在沮丧之下认为即使缺乏战斗经验，美军也不太可能做出更糟糕的表现，或许他们的表现还能比英军在图卜鲁格的表现更出色。最终双方认为更有效的援助还是美国提供更多的武器，300 辆谢尔曼坦克和 100 门榴弹炮被火速（相对而言）运往北非地区。

出于实际的考虑，罗斯福对丘吉尔充满了同情，但是这条消息必然削弱了丘吉尔在白宫的地位。他再也无法对美国指导如何作战了，现在他极度需要美国对北非战区提供支援。在他的心中，北非战区是重中之重，就在 32 个月之前，英国正是在那里取得了开战以来在地面战中的唯一一场胜利。此外，美国的报纸上不仅充斥着英军战败的消息，而且还暗示丘吉尔政府是否还能坚持下去都成了问题。这种观点有些言过其实，不过，在 6 月 25 日，几位绝非无名小辈的下议院议员以跨党派的名义联合向下议院提出了"不信任战争中央领导"的议案，这项议案也被列入了议程。因此，当天晚上，霍普金斯就在巴尔的摩将丘吉尔送上了水上飞机，

据说丘吉尔在告别的时候说了一句"终于要回英格兰了。回家了，去漂亮地干上一架"。 cmlxxxii

其实，丘吉尔的情绪很可能不如这番扬扬得意的告别词所透露的那么高涨，回到国内后，他发现议会的形势恶化到了整个二战期间最凶险的地步。议会出现过类似的强烈反对政府的表决活动，在 1943 年 2 月针对《贝弗里奇社会保障报告》发起的表决中，有 119 名议员投票反对政府；在 1944 年 3 月针对女教师和男教师同工同酬的表决中，一开始有 120 名议员投票支持政府，到了信任表决时只有 23 人坚持了原先的态度；在 1945 年 2 月针对所谓的英国政府在雅尔塔会议上出卖了不信仰共产主义的波兰人的表决中，保守党右派中只有 23 名议员对政府投出了支持票。但是这些表决活动都不像 1942 年 7 月进行的不信任辩论那样对丘吉尔构成了直接挑战。辩论的焦点是丘吉尔是否有能力按照自己的方式领导英国在战争期间的工作，尽管投票结果基本令丘吉尔感到满意，但是在辩论过程中出现了不少伤害感情的发言，这些发言就如同在 1940 年 5 月导致张伯伦倒台的那些言论一样伤人。

辩论于 7 月 1 日和 2 日举行。就在辩论的第一天，隆美尔已经远远深入到了埃及境内，逼近到距离亚历山大港仅有 40 英里的地方，那里距离开罗仅有 80 英里。在之前一个星期里，政府莫名其妙地在莫尔登（埃塞克斯郡）的补选中失利，在接下来的一连串补选中有大量原本拥有多数票的保守党议员都一一失去了优势，凡是摆出一副有些激进的反政府姿态的独立候选人几乎都获选了，汤姆·德莱伯格漫长的职业生涯也是从这个时期开始的。德莱伯格是一位著名的八卦专栏作家，后来成为工党左派里一位奇特的专栏作家，他的出现勉强可以算是对英军在利比亚的失利所做的补偿。

有人以有些油腔滑调的口吻给丘吉尔写了一封信，提出将投票表决推迟到西部沙漠的危机解除后再举行，据推测此人正是提出不信任动议的议员。丘吉尔给对方写了一封充满挑衅意味的回信：

> 今天上午我将你的来信……交给了战时内阁，他们希望我告知你［丘吉尔总是很谨慎地用宪法掩饰自己单独做出的坚定大胆的决定］，鉴于政府的能力和权威受到的挑战，而且消息已经扩散到世界各地一段时间了，因此有必要立即解决这个问题，况且现在一切工作都已经准备就绪了。 cmlxxxiii

面对议会辩论，丘吉尔的策略就是一直等到反对者翻白眼（绝不过早出手）。

在辩论的第一天，政府方面只发表了一次讲话，不过辩论还是持续到了下议院于凌晨 2 点 40 分 "宣布无效" 的时候 *（因为在场的议员已经不足 40 名的法定人数了）。唯一做了发言大臣是奥利弗·列堤顿，他的发言也不太理想，在发言过程中他被打断了 29 次，而他在下议院里一向不善于随机应变。这种状况无关紧要，丘吉尔决意亲自上阵，对下议院做出实实在在的回答。按照当时的情况，他完全有理由相信这将是他作为首相的最后一次发言了。他认为过度的讲话将会带来这样的结果，他的判断没有错。在 1 月里情绪日渐低落的时候，丘吉尔在议会辩论一开场就滔滔不绝地讲上 2 个小时；在 4 月里情绪没有完全好转的情况下，他又在一场秘密会议上一连讲了 110 分钟；到了 7 月，就在一场有可能给他造成更大伤害的辩论即将结束的时候，他克制着自己，只做了 45 分钟的发言。这是一个好的迹象。

自 1922 年就一直担任基德明斯特保守党下议院议员的约翰·沃德洛－米尔恩爵士属于 "昙花一现" 的那种人。沃德洛－米尔恩属于米德兰兹选区，不过他是来自苏格兰的一名会计师，似乎早年的生活并不令他感到自豪，在任何参考文献中他都不曾透露过自己的出生日期和学历水平。在二战期间，他一直同时担任着保守党外交事务委员会和跨党派的国家开支特别委员会的主席，因此他成了后座议席中的当权派。沃德洛－米尔恩很有可能认为自己应当从后座议席被提拔到政府的前座议席中，这样他的权威性才能得到承认。沃德洛－米尔恩不是一个天生的反叛者，否则他就会选择而且也愿意对政府发起更凶狠的攻击。

沃德洛－米尔恩的发言遭到了惨败。他没有回避实质性的问题："我们在战争期间犯下的第一个错误就是，将首相和国防大臣这两个职务合二为一。" 这句话直接指向了丘吉尔最珍视的特权的核心问题，他专注地听着沃德洛－米尔恩的发言。哈罗德·尼科尔森称沃德洛－米尔恩看上去 "气宇轩昂，举止镇定，令人感到很可靠"，不过随即尼科尔森又补充道："其实他更接近于一个蠢货的形象。"[cmlxxxiv] 沃德洛－米尔恩很快便证明了尼科尔森的判断。在 1916 年的时候劳合·乔治曾希望削弱阿斯奎斯的权力，现在沃德洛－米尔恩也试图更大幅度地削弱丘吉尔的权力。他提出由一位强势人物管理有关战争的一切工作，由一位总司令统率一切武装力量。他没有明确表示应当由一个人兼任这两份工作，还是应当由两位竞争对手永远相互牵制，不过这个问题基本上无关紧要，因为在陈述完这些内容后他便急转直下，提

---

　　* 下议院的正常办公时间是上午 11 点至下午 5 点，但是在没有空袭的日子里，如果发言不受限制，下议院还是会立即恢复夜总会式的作息规律。

议由乔治五世国王的三子格洛斯特公爵担任其中的某一个职位或者兼任两个职务。再次借用尼科尔森的评价："下议院一片哗然，弥漫着一股惊恐和尴尬的情绪。"在熟识的人眼中，格洛斯特公爵是一个和蔼有趣的人，战争爆发后他立即出任了澳大利亚总督，但是这种安排既不符合他本人的兴趣，也不符合澳大利亚的需要。沃德洛 – 米尔恩认为这位王子能够变成一位强势的勇士，这样的幻想对他和王子的声誉都造成了毁灭性的破坏。

对于丘吉尔来说几乎同样幸运的是，这份不信任动议得到了他的老朋友海军元帅罗杰·凯斯的支持。在 1940 年的时候，在为丘吉尔授予国防大臣的事情上凯斯起到了关键性的作用，在外界看来他现在有些老糊涂了，似乎急于"善始善终"，所以在免去丘吉尔国防大臣一职的事情上发挥了同样关键的作用。这种认识低估了凯斯的忠心。实际上，他的不满情绪针对的是参谋长委员会，他认为让他退出 1941 年 10 月联合作战行动指挥部的正是参谋长委员会（他的判断是正确的），因此他主要控诉的是丘吉尔当初没有充分干涉参谋长委员会的决定。沃德洛 – 米尔恩发言的要点恰好截然相反，显然就连下议院全体议员都认为两位造反派提出的问题本身都缺少连贯的逻辑。在讲话的最后，工党议席上有人问凯斯对丘吉尔的未来有什么想法时，他毫不含糊地回答道："将会是一场可悲的灾难——如果首相不得不下台的话。"

接下来登场的是温特顿勋爵（同帕尔姆斯顿一样，他拥有爱尔兰的贵族爵位，而不是英格兰的贵族爵位，因此有资格入选下议院）。自 1904 年起，温特顿勋爵就一直担任霍舍姆的保守党议员，在漫长的几十年里面对各种问题时他一直与丘吉尔保持着统一战线，其中最为外界熟悉的就是，他们在 20 世纪 30 年代初期为了"印度议案"与政府作对的经历。然而，即使这样的经历也没能阻止他对丘吉尔发起最直接的攻击。温特顿与伊曼纽尔·辛韦尔建立了松散的政治伙伴关系，具有革命精神的辛韦尔曾经担任克莱德赛德的工党议员，在丘吉尔政府组建之初拒绝过加入政府的邀请（诚然，他能得到的职务只是议会秘书），他认为由于主动拒绝进入政府的资历自己就自动获得了猛烈抨击政府的特权。这对荒谬的组合后来得到了"毒药与老妇"的绰号，这个名字来自至今还在伦敦西区上演的一部喜剧的剧名。[①] 温特顿扮演的应该是"老妇"角色，不过他证明自己有时候也能起到毒药的效果。"如

---

① 百老汇舞台名剧，讲的是在纽约布鲁克林区的一套公寓里住着两位慈眉善目的老太太，然而她们竟用毒药毒害了来访的一些孤独的老头子，后来她们的侄儿在无意中发现了她们的秘密。

果每当出现惨剧的时候我们只会得到千篇一律的答复——无论发生什么事情，你都绝不能将责任归咎于首相——那么我们在智力和道德方面就会日渐向德国人靠拢，即元首永远是正确的……身处这个议院的 37 年里，我从未见到过有人试图为首相开脱他应当承担的责任……在上一场战争期间，我们从未遭遇过同这一连串惨剧类似的不幸。" [cmlxxxv] 温特顿提出的解决办法是，丘吉尔将首相的职位让给某位同僚，有几位同僚都是合适的人选，不仅如此，他还要"隐忍地"在新首相领导的政府里担任某一职位，例如外交大臣。丘吉尔没有留下聆听这场充满敌意的讲话，令人感到奇怪的是，他在自己的二战回忆录中却详详细细地记述了这场讲话。尼科尔森在日记中提到，就在温特顿刚刚开始发言的时候，"首相故意弓腰驼背溜溜达达地走了出去"。[cmlxxxvi] 无疑，他是去寻找午餐了，当时已经 1 点多了。在辩论的第二天，一开场安奈林·比万便奉献了一场精彩的演说，这位来自南威尔士的工党议员在议会辩论中的表现日渐突出，逐渐成为政界的重量级人物，但是他始终没能博得丘吉尔的欣赏和好感。这场讲话是比万在战争期间发表的最令人难忘、最具有破坏力的讲话之一，就是在这一次，他说出了对丘吉尔造成伤害的那句经典名言："论辩论，首相屡战屡胜；论打仗，首相屡战屡败。"你很容易就能想象出那副弓腰驼背、话中带刺的形象。暂停了一会儿之后，他说出了讲话中最高潮的一句话："全国人民都开始说他辩论起来就像是在打仗，打起仗来又像是在辩论。"由于有些结巴，这句话他说得很仓促。接着他又指责军队里"充斥着阶级偏见"，他还说如果隆美尔"加入英国陆军的话，那么直到现在他应该还是一名中士"。[cmlxxxvii] 如此具体的举例无疑就如同枪声一样响彻了整个议事厅，在辩论中特指总是比泛指更具有冲击力，即使比万忽略了在 1910 年还是帝国陆军预备军官的隆美尔在第一次世界大战期间就已经连升几级，更不用说后来继续得到的提拔。比万提出的一套解决方案并不比沃德洛-米尔恩精心选择的人选高明多少，他认为捷克、波兰和法国的军事将领中都有一些杰出人才可供选择，让这些人领导英国的部队，一切都将变得顺利，或者说至少会出现好转。

就在丘吉尔作答之前，霍尔-贝利沙代表造反派做了最后的发言，他认为在其他议员的眼中他具有前陆军大臣的权威性。不幸的是（在他看来），他也没能躲过一种致命本能的影响，正是在这种本能的驱使下许多聪明人都容易着眼于自己最薄弱的地方。霍尔-贝利沙过于强调英军武器装备（坦克和枪炮）低劣的问题，实际上，英军的绝大部分装备都是在他负责陆军部期间设计研发的。丘吉尔说过霍尔-贝利沙发表了一场"极具感染力的讲话"，当时他还在忙着为自己的讲话稿进行最后的润色，因此错过其中的一部分，不过他还是对霍尔-贝利沙暴露出的弱点大做文章。丘吉尔的表现充分证明了比万的论断，"他辩论起来就像是在打仗"。在其他方面，这场讲话都算不上是丘吉尔最杰出的讲话，这只是一场有效的讲话，但是没有给人留下深刻印象。他过度强调了一个有些令人生厌的观点，即每一张投给政府的反对票都会受到国家敌人的欢迎，政府拥有的多数票每增加一票都会获得朋友们的喝彩。他的讲话见效了。25 票反对票（加上计票员就是 27 票）和 477 票支持票的表决结果与他在离开美国之前向罗斯福与霍普金斯预计的数字相差无几。在辩论过程中，沃尔特·埃利奥特得到了丘吉尔的强烈赞同，他指出，在 1799 年以及拿破仑战争时期最黑暗的日子里，反对党针对小威廉·皮特争取到的反对票最多也就是 25 票。

丘吉尔毫不动摇地击退了议会对他在战争期间的 5 年任期发起的最猛烈的一次挑战，但这并不是一场胜利，相比辩论之前，他的精神状态并没有得到明显的提高，他还得继续等待 4 个月才能迎来真正的改变。但是，即使他愿意，他也无法无所事事地熬过这几个月。7 月 18 日，美国的一支政治军事代表团突然到访伦敦，这支代表团的阵容比 4 月份的代表团更强大。除了霍普金斯与马歇尔，代表团里还有不属于亲英派的海军上将欧内斯特·金。美国方面仍旧敦促英国同意以某种形式在 1942 年攻入法国——以前有"火炬计划"，现在有"大锤计划"。在这个问题上，斯大林自然施加了更大的压力。在参谋长委员会和战时内阁的支持下，丘吉尔拒绝了美国和苏联的要求。军事方面的逻辑也对他有利，最终美国人也接受了他的意见。在这场争论中，丘吉尔还拥有一件秘密武器——罗斯福在一定程度上对他表示支持，他一直倾向于"火炬计划"。斯大林不喜欢这个计划，他在 7 月 22 日给丘吉尔发了一封非常无礼的电报。

面对斯大林的态度，丘吉尔决定用 8 月的大部分时间对埃及和苏联进行一场极其英勇的访问。这场出访的英勇体现在两个方面。首先，这场访问的行程存在明显的危险，而且非常不舒适。飞越北大西洋的水上飞机比较豪华，但是无法飞往开罗和莫斯科，丘吉尔只能忍受乘坐大型轰炸机长距离飞行这样的艰苦条件，对任何人来说这样的飞行都不是一种愉快的经历，对于一位过惯了奢侈生活的老人来说就更是如此。在这一点上，就连一向喜欢冷嘲热讽的贾德干（此次随丘吉尔一同出访）都对丘吉尔钦佩至极。第二点，也是更重要的一点，丘吉尔此行的任务本身非常压抑。在开罗，他需要对指挥官的任免做出决定，这个决定至关重要，很有可能也会造成一定的伤害；在莫斯科，他将不得不面对"守在自己老巢里的恶魔"，告诉他一条很不受欢迎的消息。此次出访任务艰巨。

丘吉尔于 8 月 4 日上午抵达开罗，又于 8 月 10 日夜间动身前往德黑兰和莫斯科。在开罗的最后几天里他视察了形形色色的部队（阿拉曼一带的前线局势已经稳定下来了），尽可能地对部队的士气和将领们的精力做了一番评估。8月7日晚上，他决定由威廉·戈特取代尼尔·里奇出任第8军的指挥官，并且不得不从艾森豪威尔准备执行"火炬计划"的队伍中抽调走亚历山大，由他取代奥金莱克，尽管在他看来后者丝毫没有过不光彩的表现。同一天晚上，丘吉尔得知戈特遭遇敌军，遇袭身亡了。当时德国空军飞入开罗，打算精心休整一夜，就在前一天，丘吉尔的飞机刚刚飞过德军飞过的路线。丘吉尔立即任命蒙哥马利替补戈特，艾森豪威尔的队伍受到了进一步削弱。不过，无论是运气使然，还是凭借着良好的判断力，这次任命都为英军创造了第一对获胜的作战伙伴。

星期一夜里，即8月10日，丘吉尔搭乘一架"解放者"轰炸机从开罗出发，前往德黑兰，这是他前往莫斯科的第一段旅程。除了庞大的随行队伍之外，陪同他出行的还有埃夫里尔·哈里曼。丘吉尔希望先"在德黑兰洗个澡"（每到一处补给站他都会提出这个迫切要求）之后，然后一行人将于次日晚上抵达莫斯科。结果飞机延误了，他在星期二与伊朗国王共进了一顿午餐，在"美好的波斯花园里"坐了坐。丘吉尔先是花了6.5小时飞往德黑兰，然后又继续飞了10个半小时，终于在星期三的5点抵达莫斯科。在东道主的安排下，他住进了国宾别墅7号，别墅坐落在一片松林里，距离克里姆林宫有半个小时的路程。房间里的奢华条件令他感到震惊，管道设备和一大缸金鱼尤其令他感到开心，在此逗留的3天里，他一直尽职尽责地给金鱼喂食。在天气晴好的时候，他还喜欢躺在草坪或者松针上，这样的天气更是出乎他的意料。

丘吉尔与斯大林举行了4次长时间的会面。在他抵达莫斯科当天晚上的7点，他们就进行了第一次会面，参加这次会面的有哈里曼、接替克里普斯出任英国驻苏联大使的阿奇博尔德·克拉克·克尔，以及一名翻译。随行的将军和贾德干当时还没有赶到莫斯科，由于飞机引擎发生故障他们不得不中途返回德黑兰。于星期三晚上举行的这场会谈持续了3个小时40分钟。在星期四的晚上，他们从11点开始了第二次会面，除了丘吉尔与斯大林，这样的时间安排对所有人都很糟糕，这场会谈持续了几个小时，最后斯大林邀请英国方面的全体代表参加星期五举行的晚宴。宴会举行的时间有些参照西方标准，被安排在了晚上9点，这是一场夸张的苏联国宴。约有100位宾客参加了宴会，其中包括大部分当时不在前线参战的苏联将领。这场宴会的气氛既不轻松，也不亲密。刚一落座，宾客们就开始不断地举杯祝酒，每个人在祝酒的时候都要发表一小段讲话。此外，斯大林还花了很长时间在宴会厅里走来走去，与一室受他青睐的形形色色的部下碰着杯。丘吉尔觉得宴会非常无聊，坐在他旁边的斯大林频频起身离去，只留下他和翻译坐在那里。凌晨 1 点 30 分左右，斯大林提议观看一部电影，丘吉尔谢绝了对方的邀请，他说自己该上床休息了。出于对丘吉尔的尊重，斯大林陪着他穿过克里姆林宫长长的走廊，一直走下楼梯。斯大林的姿态颇有象征意义，丘吉尔觉得以前斯大林从来不曾陪同任何一位到访者走过这么长的走廊，下过这么多级台阶，在这一刻他们两个人的面子似乎基本上扯平了。

第 4 次也是最后一次会面定于 8 月 15 日（星期六），丘吉尔认为这次会面基本上应该只有他们两个人参加（除了翻译人员，其他人都不会到场），时间大约会持续 1 个小时左右。这天晚上，丘吉尔邀请了波兰指挥官安德斯将军在国宾别墅 7 号与他共进晚餐。可是到了大约 8 点半的时候，在和他进行了一番不太友好的交流之后，斯大林邀请他前往他在克里姆林宫里的私人房间"喝上几杯"。等丘吉尔与安德斯将军赶到克里姆林宫的时候，他们看到斯大林的女儿也在场。斯大林的女儿随即便开始布置起了餐桌，她的存在显示出此次会面的亲密程度。留在房间里的用人就只有一名上了年纪的管家，毕竟他们还需要她端来精美的饭菜。其实，所谓晚宴显然就是"喝上几杯"的委婉说法。按照丘吉尔的记录，斯大林说："咱们为何不把莫洛托夫也叫来？……这可是莫洛托夫最拿手的，他太能喝了。"[cmlxxxviii] 丘吉尔更加无望早早上床休息了（按照计划他将于次日清晨 5 点 30 分起飞），安德斯将军也没有机会享用晚餐了。

斯大林的提议促成了一场将近 5 个小时的餐桌会谈。一开始，斯大林只是"一小口一小口"地吃着饭，到了大约 1 点半的时候用人端上了一头乳猪，斯大林一个人卖力地吃了起来。丘吉尔觉得斯大林平日应该都是在这个时候才开始进餐。这时候，丘吉尔感到"头疼欲裂，这种情况对我来说很罕见"，[cmlxxxix] 不过他还是坚持到 2 点半才告辞离去。他听取了驻苏联大使和其他人的情况汇报，洗了澡，然后便前往机场。他笔直地站在机场，检阅了一支仪仗队，然后才吃力地钻进了飞机。凌晨 5 点 30 分，飞机起飞了，丘吉尔一行还得再花上漫长的一天返回德黑兰。无疑，在熬夜的方面斯大林似乎令丘吉尔相形见绌，这样的作息习惯肯定令阿兰·布鲁克和随行的其他人有些开心，对于丘吉尔不太能通宵熬夜的问题他们都已经忍受很长时间了。

这就是这场任务艰巨的莫斯科之行的大致轮廓，此行的具体内容总体上十分艰难，有时候还令人感到困惑。斯大林软硬兼施，他希望通过这种方式能够震慑并迷惑对手，同时又让对方被深深地吸引住，即使对手是必要的盟友，这一点更是增加了局面的荒谬性。面对这样的猛烈攻势，丘吉尔表现出非凡的坚韧、耐心和人格魅力。斯大林嘲笑英国皇家海军、英国军人，实际上还有丘吉尔本人都缺乏斗志，盛怒之下丘吉尔也只是说："我理解您之所以会做出这样的评价只是因为俄国军队太英勇了。" cmxc 在丘吉尔与斯大林第二次会面的过程中，哈里曼对斯大林的一些"极其目中无人"的言论感到震惊，实际上当时哈里曼同比弗布鲁克一样，是出了名的亲俄分子。"不远万里赶来与他进行磋商的英国首相对［他的］激烈言辞感到震惊，而前者已经为同盟国的事业奋斗了将近 3 年的时间，并且做出了那么多贡献。" cmxci

丘吉尔做出的回答给哈里曼留下了难忘的印象，他的回答气势恢宏，大获全胜。哈里曼甚至认为这是丘吉尔在二战期间所做的最精彩的发言，可惜的是在场的人里除了英国代表，就只有他有条件注意到这一点。对于一场如此高级别的会晤来说，翻译的表现极其拙劣。从一开始翻译工作就走上了歧途。伊恩·雅各布上校代表伊斯梅参加此次访问，后来他成了英国广播公司的总裁，在他看来，斯大林的俄国翻译普京用英语将斯大林的意见表述得"粗糙至极"。丘吉尔的英国翻译邓洛普负责将首相的发言翻译成俄语，丘吉尔发表的许多精妙的观点他都没能翻译给斯大林，在两国领导人最后一次会面时他被其他翻译替换掉了。但是，无论邓洛普个人能力存在怎样的不足，最重要的问题还在于，在这次会晤中他与普京都被委派了不适当的工作。在最高级别的会议中，翻译只应当将外语译成母语。更糟糕的是，丘吉尔做出"精彩至极"的回答时太激动了，根本停不下来给翻译人员充足的翻译时间。*

精彩的发言就在克里姆林宫这样的环境里被白白浪费掉了，如此极度令人灰心丧气的经历并没有挫败丘吉尔的斗志。尽管妙语连珠的发言和富有逻辑性的观点没能被传达给斯大林，但是他的"斗志"和人格魅力似乎给对方留下了深刻的印象。他们两个人都认为此次会晤是值得的，两个人之间还建立了一定程度的私人友好关系。如若不然就太可悲了，对于丘吉尔来说，长途飞行和此次紧张的会面肯定给他的身体和情绪都造成了极大的压力。8 月 17 日，丘吉尔回到了开罗。他心满意足地看到经过几次视察后，亚历山大和蒙哥马利这对组合逐渐鼓舞起了士气。8 月 21 日，丘吉尔返回英国，他已经外出 23 天了。他在第二次世界大战期间的出访活动大多都漫长得惊人。看到丘吉尔乘坐的飞机离开埃及大地时，阿兰·布鲁克如释重负地叹了一口气，这一声叹息充分显示出他对丘吉尔此行喜怒参半的感情。对于丘

---

* 耳语传译，即翻译人员几乎以同声传译的节奏将别人的发言轻声翻译给会谈一方。这种翻译技术在那个年代似乎还不太成熟。

吉尔在苏联的出色表现、在开罗对指挥部结构的积极调整，他都没有丝毫的怀疑，但是他希望丘吉尔能够在隆美尔发动最后一轮沙漠攻势之前远离战区。最终，隆美尔于 8 月 30 日发起了进攻。

在 11 月中旬的那个星期日上午，英国各地的教堂都敲响了钟声（在丘吉尔的指示下），这还是两年半来的头一回。* 从丘吉尔自开罗返回英国到这一天，时间已经过去了 83 天，在这段时间里丘吉尔充满了希望，同时也极度焦虑。事实上，这段时间正是二战的转折点。直到 1942 年 11 月，战争已经持续了 38 个月，无论是英国与法国联合作战，还是英国单打独斗或者"联合国"（这个名称有些名不副实）采取集体行动的时候，同盟国一方基本上一直处于被动防守状态。11 月过后，欧洲战争距离结束还有 30 个月，在这段时间里处于防守状态的就变成了德国人，不过他们仍旧进行着顽强的抵抗，令盟军多次受挫。丘吉尔满怀热情地指示全国敲响钟声，然而面对好转的形势，他表现得比较谨慎，而不是沾沾自喜。11 月 10 日，按照传统，伦敦市长举办了一年一度的宴会。如同下议院改为日间办公一样，市长宴会也由晚宴改为午宴。众所周知，在这场宴会上丘吉尔表现得非常克制，他说："战争尚未结束，甚至尚未进入结束阶段，但是这有可能意味着初期阶段已经结束了。"他还借机冒险甚至有些得意地略微试探了一下罗斯福的态度："我成为国王的首席大臣并不是为了负责偿还大不列颠帝国的债务。"[cmxcii] 换作其他不这么令人满意的情况，他或许没有胆量说出这种话。

阿拉曼战役的准备阶段对丘吉尔来说并不是一段太平时期，他很快就意识到美国的参谋长委员会希望推迟实施"火炬计划"的时间（尽管只是推迟几个星期而已），同时缩减行动的规模和范围。丘吉尔强烈反对这种想法，他认为推迟原定于 10 月 14 日的行动时间是严重的错误，提议将登陆地点限制在北非的大西洋海岸、放弃计划中地中海一带比较平缓而且至关重要的阿尔及尔和奥兰就更是大错特错。他应该也认为行动规模的缩减（无论何种程度）都将辜负他在 8 月里与斯大林会谈期间为这场行动赋予的重要意义。幸运的是，英国的参谋长委员会以及与此次行动有关的美军指挥官艾森豪威尔与马克·克拉克都支持他的看法，当时这两位指挥官已经赶到了伦敦。同时支持丘吉尔的或许还有他本人在罗斯福心目中的威望，早在 9 月初，后者就已经接受了英国方面的观点。

---

* 在丘吉尔政府组建初期，教堂只有在敌军入侵的时候才会敲响钟声，洪亮的钟声在各地形成了接连不断的警报声。丘吉尔尤其怀念英国周日这种熟悉的声音，不过没有外人听说过在查特维尔庄园期间每当听到钟声时他会做出相应的反应。

尽管说服了罗斯福，在9月和10月初丘吉尔还是不太振作。当时比较理想的情况是蒙哥马利遏制住了隆美尔的攻势，在9月2日和5日发起的两次进攻中德军已经成为强弩之末，造成这种状况的一个原因是燃料短缺，译码人员破解的德军密电已经准确地预见到了这个问题。（在这场战役之前，阿兰·布鲁克在8月21日如释重负地目送丘吉尔乘机离开了开罗，到了9月8日，他又不满地指出丘吉尔在不断干扰亚历山大与蒙哥马利的工作，在部队尚未做好准备的时候，首相"极度焦躁地希望他们尽快发动攻击"。）[cmxciii] 9月的最后一个星期，德军一直在逐步加强对苏联南部的进攻。穿过北冰洋为英美联军输送物资的护航队仍旧面临着巨大的困难，但是斯大林始终无视这一点。在9月执行任务的PQ-17护航队（在北冰洋海域执行任务的护航队编号）出动了77艘海军的护卫舰，尽管如此，40艘运送物资的商船中还是损失了13艘。为了弥补之前的损失，在10月又有13艘商船被派出运送物资，这批商船中只有5艘抵达了目的地。一旦实施"火炬计划"，英国海军根本没有能力继续执行这种规模的护航任务。10月初，形势达到了最低点。根据奥利弗·哈维的记述，丘吉尔在10月1日对艾登说："'火炬计划'若是失败，我就完蛋了。只能下台，让权给你们中间的某一位。"[cmxciv] 丘吉尔指的应该是内阁中的同僚。哈维一直不善于忠实地记录下丘吉尔的原话，但是作为旁观者他为人诚实、很有头脑，大多数时候都能准确无误地看透问题的本质。

接着，方方面面的状况都开始好转了。这场转变非常突然，但是并不像圣诞童话剧里那种惊人反转的一幕那么轻松。站在英国的角度来看，阿拉曼战役有着至关重要的意义。10月23日打响的这场战役持续了12天，每一天的战斗都十分激烈，面对德国军队和意大利军队，第8军争取到了一场关键性的胜利。隆美尔的防线被突破了，当时这位陆军元帅不在前线。等他返回战场后，大势已去。盟军俘虏了2万多名敌军以及大量坦克和枪炮。亚历山大港和开罗的威胁彻底被解除了，地中海海岸通往西方的交通要道被打通了。最重要的是，阿拉曼战役打破了英国军队屡战屡败的命运，在此之前丘吉尔越来越相信英军注定只能打败仗了。尽管蒙哥马利喜欢夸夸其谈、态度生硬、自以为是，不属于丘吉尔喜欢的那种人，但是由于这场胜利，丘吉尔一直对他青睐有加。

对美国人而言，盟军最非凡的成就是于11月8日成功实施了"火炬计划"，在几乎没有受到阻碍的情况下登陆了北非。这场行动之所以能够取得胜利，也是因为英美联军主动起用了从亨利·吉罗到弗朗索瓦·达尔朗等一批带有维希政府污名的法国将领，前者没有受到维希政府太大的影响，后者则几乎身败名裂。这个决定是明智的，但是并不令人感到振奋。对俄国人而言，斯大林格勒战役的意义超乎一切战役，从地缘政治的角度判断，这场战役也的确是最重要的一场战役。这场伤亡极其惨重的战役大概是战争史上最可怕的一次屠戮，相形之下，阿拉曼战役几乎就像是骑士之间的一次比武而已。实际上，德军在阿拉曼战役中只投入了3个师的兵力，而驻守在俄国前线的德国兵力大约为190个师。

10月，一直不间断地向高加索以及更远处地区推进的德军停止了行动。到了11月初，血腥的战事时进时退地朝着有利于苏军的方向发展了。在当月的23日，德军被包围了；1943年1月，德军基本上就全军覆没了。对于局势的转变，俄国人起到的作用远远超过了任何人。到了1942年年尾的时候，盟军依然还有很长的一段路要走，但是不可否认，此时形势已经对盟军非常有利了，直到3个月前，或许都没有人能够预料到会出现这样的局面。对丘吉尔来说，这些胜利证明他在1940年的反抗态度、在1941年至1942年采取的策略都是正确的选择，也是从这些胜利开始，丘吉尔不再继续将希特勒视作自己的头号敌手了。在"大同盟"的形成过程中，丘吉尔起到了关键性的核心作用，然而历史不是一条直线，英国不可能继续在联盟中占据主导地位了。

第三十七章　从卡萨布兰卡到德黑兰

在 1943 年，丘吉尔对外出的热情几乎到了狂热的程度。他对罗斯福和斯大林以及英美两国在前线作战的几位主要指挥官仍然具有很大的影响力，与此同时，他大幅度减少了对内阁工作的参与，不再像 1940 年至 1941 年里那样事无巨细地忙于内阁事务了。在这一年，疾病也开始妨碍他的工作了，这种状况并不令人感到意外，毕竟他在以 68 岁高龄的躯体承受着各种各样的巨大压力。

这一年的第一场会议是在摩洛哥的卡萨布兰卡召开的，没过多久这个地方就因为一部电影的名字而家喻户晓了。卡萨布兰卡会议的时间长得出奇，从 1 月 15 日一直持续到 24 日。这场会议因为两件事而出名。第一，会议宣布了一条有欠考虑的原则，即敌国必须无条件投降。这条原则基本上否定了单方和解的可能，或者说是排除了以哈利法克斯的方式结束战争的可能性。但是这种表述方式比较委婉地表达了消灭敌对政权的意思，同时又不具有摧毁其国体的意思，因此对于敌国里对当权派心怀不满的人群比较有诱惑力。第二，在会议期间两位法国将军勉强达成了一定程度的和解。亨利·吉罗将军为盟军进入北非扫清了障碍，但是除此以外，对反法西斯事业不够坚定的立场与平淡无奇的性格都给他带来很大的困扰，因此他不可避免地被盟军当作献给戴高乐的"新娘"。戴高乐将军有时候摆出一副拒人于千里之外的姿态，但是他拥有英勇抵抗法西斯的记录以及强大的感召力。两位将军正式的"结婚照"是第二次世界大战期间留下的最经典的照片之一，在照片中罗斯福与丘吉尔活像是两位老保姆坐在两端。劳合·乔治曾经说过，冷冰冰的道格拉斯·黑格"很优秀——都优秀过头了"，这句评价其实用在吉罗身上更贴切，不到一年的时间他就被戴高乐排挤出了他们这个不幸的"爱巢"。

在正式会议结束后，丘吉尔带着罗斯福前往马拉喀什。丘吉尔的思绪又回到了几年前在和平时期里自己在那里的愉快经历，他希望美国总统也能欣赏到冬日的夕阳落在白雪皑皑的阿特拉斯山上的美景。丘吉尔沉浸在温和慈爱的情绪中，或许罗斯福也是如此。如果莫兰勋爵的描述可信的话，丘吉尔甚至对罗斯福说："这是世界上最美好的地方。"罗斯福离开了一会儿，这时丘吉尔又说道："我太喜欢这些美国人了。他们太慷慨了。"^{cmxcv} 第二天下午，丘吉尔画了一幅画，这是他在二战期间创作的唯一一幅画作。无论是对西边的盟友，还是对东边的盟友，丘吉尔的态度都一样宽厚。斯大林发来电报，要求得到卡萨布兰卡会议上制订的对意大利作战计划的详细内容。斯大林的要求违背了礼尚往来的原则，因为他从来不愿意向西方盟友透露自己在军事方面的打算，不过丘吉尔还是告诉罗斯福应当答应对方的请求，毕竟"谁都不如他更能保守秘密"。^{cmxcvi} 也是在这个时期，斯大林在丘吉尔的心目中树立了信守诺言的形象。丘吉尔与斯大林进入了一段有些姗姗来迟又比较短暂的蜜月期，没过多久他们的关系又开始恶化了。不出 6 个月，他们的关系便急转直下，但是在当年 11 月举行的德黑兰会议期间，以及会议之后很短的一段时间里，他们又恢复了友好交往。

结束了马拉喀什之行后，丘吉尔飞回开罗，在那里逗留了 4 天，接着又乘飞机前往土耳其南部。在阿达纳附近的一条专用铁路线上，他的专列与土耳其总统伊斯麦特·伊诺努（1938—1950 年任总统，1961—1965 年任总理）的专列"对接"了。丘吉尔一直很关注如何说服土耳其加入同盟国阵营参加战争的问题，他不仅有这样的考虑，还身体力行地亲自前往土耳其。或许可以说他又回到了一战期间的老路上，当时他近乎痴迷地一心想要将土耳其赶出同盟国（一战中的同盟国是德意志帝国、奥匈帝国、奥斯曼帝国和保加利亚四国组成的军事同盟）阵营。无论是在一战还是二战中，丘吉尔对土耳其的努力都没有取得太大的成果，不过他曾宣称自己的付出得到了回报，在接下来的一次会面中，伊诺努给了他一个格外热情的拥抱。

接下来，丘吉尔又从阿达纳前往塞浦路斯，除了视察自己曾经战斗过的第 4 轻骑兵团之外，他在塞浦路斯没有太多的活动。返回开罗后，他在北非沿海地区赶了 2000 英里的路，最终抵达了阿尔及尔，一路上探望了众位指挥官和一支支部队。在阿尔及尔，他设法暂时维持住了戴高乐与吉罗的"婚姻"。接着他便乘坐自己的"解放者"轰炸机返回伦敦。飞机没能在既定的那天夜里出发，不过就在 24 小时之后飞机还是成功起飞了，最终飞到了英格兰西南部的威尔特郡。星期日下午，丘吉尔乘坐火车抵达伦敦的帕丁顿车站，在艾德礼、艾登与贝文的带领下，13 位大臣在站台上等待着迎接他的到来。他已经外出 26 天了。

当天晚上，丘吉尔主持召开了一场内阁会议，几天后他在下议院里发表了一场讲话。次日（2 月 13 日），他便病倒了。丘吉尔住进唐宁街辅楼的卧室里，没过多久他就被确诊为肺炎。在磺胺类药品诞生的早期，肺炎对他这个年龄的人来说绝对不是一种可以掉以轻心的小病，然而他还是趁着退烧的时间完成了大量的工作，其中包括在2月22日（在39度的高烧中）口述了一篇非常有趣的战局评估报告，这份提交给乔治六世国王的报告长达7页。^{cmxcvii}3月3日，丘吉尔有力气转移到首相乡间别墅了，又过了12天他才回到伦敦，完全恢复了正常工作。他先是远赴地中海地区26天，患病和康复又耗费了31天的时间。

没过多久，丘吉尔又开始考虑再度出访华盛顿了。3月28日，蒙哥马利的第8军突破了突尼斯的马雷特防线，^①这一胜利标志着北非行动进入了最后阶段。因此，接下来该怎么办就成了亟待解决的问题。丘吉尔坚信盟军应当攻入西西里，将其当作向意大利本土进发的一块便捷的跳板，而不是遵从美国参谋长委员会的兴趣，攻打没有前途的撒丁岛。5月4日，丘吉尔在苏格兰西南部克莱德河沿岸的格陵诺克登上了"玛丽女王"号，邮轮携带着5000名德国战俘以及首相一行驶往纽约。丘纳德轮船公司一贯善于隔离不同等级的乘客，因此一路上德国战俘与英国首相一行基本上相安无事。5月11日晚上，丘吉尔又一次抵达白宫。

这是丘吉尔第3次出访华盛顿，他在美国停留了15天，其间举行了代号为"三叉戟"的会议。参加大会的主要是参谋长委员会的委员们，其间还召开了4场全体会议，美国总统与英国首相双双出席了这4场会议。在从"玛丽女王"号上发出的一封电报中，丘吉尔对再度打扰白宫表示了异议，罗斯福没有理会他的意见，执意邀请他至少最开始先在白宫住上几天。当罗斯福不离开华盛顿的时候，丘吉尔还是搬到英国大使馆住了几个晚上。罗斯福一如既往地给予了这位客人十分周到的接待。当丘吉尔乘火车从纽约赶往华盛顿的时候，罗斯福在火车站的站台上等着迎接他的到来。在丘吉尔抵达美国的第一个周末，罗斯福带他去了香格里拉（现在这里被称为"戴维营"），即美国总统在马里兰州的山林里享受"俭朴生活"的度假地。罗斯福还鼓励马歇尔将军在回去的时候乘坐丘吉尔的水上飞机飞越大西洋，他也亲自赶到波托马克河边，送别丘吉尔一行。在这次访问期间，丘吉尔又在美国国会发表了一场全面的讲话，此时距离他在1941年圣诞节次日的讲话已经有17个月之久了。这场讲话仍旧获得了成功（随行的打字秘书称丘吉尔花了9个半小时的时间向她口述了讲话稿，如果这种说法属实的话，这场讲话就理应实现这样的效果），

---

① 马雷特防线是一个防御工事系统，由法国在二战之前建造于突尼斯南部的梅德宁和加贝斯之间，目的在于防御意大利军队从利比亚发起的攻击。在法国战败以及"火炬计划"之后，该工事落入轴心国手中，并被德国和意大利利用于防御英国军队。

显然也得到了美国总统的认同。不过，国会随后发表的评论有可能令罗斯福不太开心，美国议员们表示他们只能通过英国首相了解到战事的进展。

在"三叉戟"会议期间，英美两国之间没有出现太大的分歧。最有可能制造不和的因素首先是美国方面潜在的怀疑，马歇尔的怀疑尤其强烈。尽管丘吉尔一直在理论上支持直接进攻法国的构想，但是如同霍普金斯的传记作者所概括的那样，美国方面担心丘吉尔的真实想法是希望"通过［外围］消耗战彻底耗尽德国的力量，英国境内的英美联军就能够成功地从英吉利海峡向柏林进发，一路上最多只会遭遇到一些狙击手的子弹"；cmxcviii 第二个有可能制造出裂痕的因素是在国务院的授意下，罗斯福在举行会议的大多数日子里都喜欢针对戴高乐发表一番新的不满意见，当时丘吉尔自己对那位拒人于千里之外、身材过于瘦长的法国将军也几乎同样不再抱有幻想了，否则美国方面的观点就会更加令英国方面感到恼怒了；第三个因素是英国方面怀疑两国在前一年 6 月针对原子弹研究工作达成的"合金管"协议日趋无效了。美国官员提出在战争期间应当坚持一个原则，只有为了推进战争进程而必须了解研究进展的人才有资格掌握这些信息。这种观点完全违背了当初的协议，按照协议的规定，由于向美国提供了自己既有的研究成果，因此英国同样有权享有未来的研究成果。

这几个因素都不具有立即引发激烈争执的潜力，或许最后一个因素是一个例外，即使如此，由于罗斯福的视野比他领导下的科学家们更广阔，这个问题也很快就得到了解决。但是，外界还是产生了一种强烈印象，"三叉戟"会议不是英美之间最开心的一次交往。在第一年圣诞节的初次相逢、1942 年 6 月在海德公园寓所的会面和华盛顿之行，甚至是在卡萨布兰卡重逢时的喜悦都逐渐消失了。罗斯福与丘吉尔这两位国家领导人始终恪守着宾主之道，但是值得注意的是，就连长期致力于撮合英美两国关系的霍普金斯都比以往更重视反对英国的不满意见了。在"三叉戟"会议之后的几个月后，在伦敦的怀南特一直抱怨连连，他宣称在 1943 年的春天和夏天白宫和国务院对他遮遮掩掩，而且他与丘吉尔只见过两次面。这种情况完全不同于丘吉尔在 1941 年里竭力示好的情形。

大概正是由于同英国之间的"热恋"日渐冷却的缘故，罗斯福开始偷偷地回头打量起国家领导人中的另一位伙伴"乔叔叔"了。丘吉尔与罗斯福常常在往来的书信中将斯大林称为"乔叔叔"，甚至是"乔叔"，两个人一起用嘲讽的绰号称呼第三者并不能绝对防止其中某个人受到第三者的吸引。1943 年的夏天，苏联和西方大国之间的关系丝毫也不融洽。由于红军所做的牺牲和取得的胜利，苏联已经成为世界大国中一支重要的平衡力量，它再也不是 1941 年甚至直到 1942 年时那个在水中奄奄一息、大声呼救的角色了。6 月底，丘吉尔告诉英国驻莫斯科大使，他认为"丘吉尔和斯大林之间的书信往来已经到了头了，原本我还开心地期望着通过这样的交流两国之间能够产生一定的私交"。[cmxcix] 霍普金斯的传记作者还提到，当年 7 月的气氛不禁令人惶恐地想起苏德两国于 1939 年 8 月签订《莫洛托夫－里宾特洛甫条约》（又称"苏德互不侵犯条约"或"希特勒－斯大林条约"）之前的那段日子。[m] 罗斯福认为，如果没有丘吉尔的拖累，也没有三方会晤的拘束，自己单独与斯大林交涉或许会出现更积极的结果。就这样，美国开始酝酿美苏两国领导人于 7 月在阿拉斯加进行双边会晤的事情了。哈里曼奉命前往伦敦，试图缓和丘吉尔的反对情绪，接受这样的安排。哈里曼给罗斯福发回的报告与其说直率，不如说乏味："我毫不怀疑他［丘吉尔］将诚心、坚定地支持您最终做出的所有决定，不过我必须强调一点，如果他不参加会议的话，他肯定会感到失望。令我满意的是，他还是会欣然接受这样的安排，从长远看这样的安排将会改善您和他之间的关系，而不是造成负面影响。"[mi] 马丁·吉尔伯特在文章中提到"次日上午，丘吉尔痛苦地做出了答复"，[mii] 他的描述远比哈里曼的报告更符合事实。

原则上，丘吉尔无法对双边会晤表示反对，毕竟他自己已经于 1942 年 8 月与斯大林进行过这样的会面了，与罗斯福也已经单独会晤过五次了，而且他还在考虑第 6 次会晤。尽管如此，他还是感到罗斯福与斯大林单独会面、自己被排除在外将会对他造成沉重的打击。同另外两位国家领导人不同，丘吉尔已经有了"拿上护照，说走就走"的名声，他的缺席只可能出于一个原因——他没有受到邀请，而且这样的双边会晤还将暗示着大哥们开始联手凌驾于他之上的意思。出于各自不同的原因，罗斯福与斯大林都不太可能自由走动。罗斯福存在身体残疾的问题，而且按照传统，在任的美国总统不会外出太长时间。历史上仅有两位美国总统破坏过这个传统，他们的结局都不太美妙。1919 年，由于参加巴黎和谈，伍德罗·威尔逊长期不在国内，在此期间，他在国内的威信大大降低；1923 年，沃伦·哈定前往阿拉斯加，在返程途中逝世。此外，还有一个理性的原因进一步强化了这个传统，对于国会提交的所有议案，总统必须在 10 天之内做出答复，无论是签署还是否决。在 1943 年 11 月前去参加德黑兰会议的途中，罗斯福在开罗处理了 29 项提案，签署了其中的 27 项，否决了 2 项，在会议期间他又处理了 4 项提案。此外，即使美国在追求空中交通的舒适性和安全性方面已经达到了世界领先水平，旅程本身也还是存在着一定的风险。在飞往卡萨布兰卡的时候，罗斯福首先在迈阿密开始了第一段飞行旅程，这是他出任总统将近 10 年来第一次冒着空中危险出行。对于这次经历，罗斯福并不感到恐惧，霍普金斯在文章中提到"他的行为举止就像一个 16 岁的孩子"，[miii] 一心想要好好享受一下这次旅行。

而斯大林无法自由外出据说是因为他对飞机存在着生理上的恐惧，再加上他又是一个心胸狭窄、总是郁郁寡欢的人，只有在自己的地盘上、在自己的护卫人员的包围下，他才感到自在。最终，他大胆前往了德黑兰，不过他还是设法说服了众人，将会议地点选在苏联大使馆里。这两位国家领导人的飞行经历与丘吉尔的截然不同，在之前的 30 年里，无论是和平时期还是战争时期，丘吉尔经常搭乘大大小小的飞机一路颠簸着飞越高山和海洋，这样的经历令他幻想自己能够说服斯大林与他和罗斯福一起在斯卡帕湾、爱丁堡或者伦敦举行一场会晤，体会一下英国人的待客之道。对于这个邀请，罗斯福比斯大林略微热情一些。到了 6 月底（1943），丘吉尔非但看不到自己当一回热情好客的东道主的希望，反而只能勉强接受了自己暂时受到排斥的现实。面对这样的现实，丘吉尔表现得十分机智。哈里曼的到访带来了令人不安的消息，就在他离去后丘吉尔立即坐了下来，一直忙到很晚。他准备了一套相反的方案，然后便立即将其发给罗斯福。他提议首先由外交大臣和外交部长们召开一场预备会议，以便为接下来的国家领导人会议铺平道路。由于丘吉尔的提议，再加上斯大林没有急不可耐地接受罗斯福有关在阿拉斯加举行周末会晤的提议，一场令人痛苦的危机就这样被化解了。结果，5 个月后一场重要的会议在德黑兰召开了，参加会议的不是两位国家领导人，而是 3 位，而且当时丘吉尔已经在 8 月与罗斯福在魁北克举行了一场首脑会晤，在前往德黑兰的途中，他还说服总统提前与他在开罗会谈了几次。尽管如此，在德黑兰会议上美苏双边关系还是出现了一些令人不安的迹象。

与此同时，丘吉尔又恢复了对远行的无尽渴望。在马歇尔以及自己的随员的陪同下，他从波托马克前往纽芬兰（乘水上飞机），从那里继续前往直布罗陀，与直布罗陀总督共度了一晚之后他又继续飞往阿尔及尔。3 段行程分别飞了 8.5 个小时、17 个小时和 3 个小时，按照任何标准这样的安排都令人咋舌，不过除了在飞越大西洋上空的时候遭遇了雷电，一路上他们没有碰到更严重的危险。水上飞机非常舒适，丘吉尔在他所谓的"新婚套房里的大双人床"上睡了很长时间，他对就餐时间的安排也非常重视（几乎可以肯定的是，伙食肯定比今天飞机上供应的任何饭菜更丰盛），要求按照"肠胃时间"开饭，但是他没有考虑到时区的因素。丘吉尔兴高采烈地抵达了目的地，后来他在文章中写道："在战争期间，我最美好的记忆莫过于在阿尔及尔和突尼斯度过的 8 天时光。"[miv] 在其他人看来，丘吉尔一副精疲力竭的模样，不过这并没有妨碍他在抵达目的地不到 3 天的时候，就突然考虑起了在返回伦敦之前是否有可能远赴莫斯科一趟的问题。幸好安东尼·艾登与阿兰·布鲁克制止了他，他们两个人都注意到丘吉尔已经疲惫不堪了，而且他们还考虑到即使去了莫斯科，丘吉尔与斯大林也没有多少可以商谈的内容。

对于盟军进攻西西里岛之后在地中海地区应当采取的战略，丘吉尔已经有了自己的想法，他此行前往阿尔及尔和突尼斯的主要目的就在于慢慢说服盟友接受他的构想。按照推测，这次计划在 7 月初实施的进攻行动应当很快就能全面占领该地区。"慢慢说服"策略是正确的选择，丘吉尔充分意识到，凭着个人魅力一味地将没有得到美国参谋长委员会和罗斯福认可的计划强加给艾森豪威尔与亚历山大是不会产生好结果的。正是考虑到这一点，他才让马歇尔随他一道前往北非。对于接下来盟军应该怎么办的问题，丘吉尔的思路十分清晰。他认为盟军应当大举攻入意大利本土，占领罗马，逼迫意大利退出战争。此外，他还补充了自己长期以来对土耳其执着的构想，提出还是应当促成土耳其加入盟军阵营。丘吉尔的构想受到一些前提条件的限制，不过这套方案还是得到了军事将领们的热烈拥护。对于任何有可能分散对"霸王"行动（进攻法国的计划）的注意力的方案，马歇尔都始终没有表态。

丘吉尔此行还有 3 个次要目标。首先，他希望与军队——美军和英军——庆祝一下将敌军彻底逐出北非地区的巨大胜利。5 月 10 日，就在即将抵达美国海岸的时候他接到了胜利的消息，与此形成鲜明对比的是，11 个月前他正是在白宫接到了图卜鲁格陷落的消息。他下令英国各地的教堂鸣钟庆祝，6 个月内教堂第二次敲响了欢庆胜利的钟声。几个星期后，丘吉尔也亲自庆祝了这场胜利，他在突尼斯迦太基古城的圆形露天竞技场里面对一大批将士发表了讲话。剧场的音响效果和听众的反应似乎都很理想，以至于丘吉尔觉得 2000 年前在这里获得胜利的角斗士得到的应该就是如此热烈的欢呼声。

其次，丘吉尔还要促进在卡萨布兰卡勉强达成和解的戴高乐与吉罗之间的合作。在 6 月 4 日举行的会晤中，他取得了一定的成果，轻松愉快的午餐会将会晤的气氛推向了高潮，尽管戴高乐通常都对这样的诱惑毫不动心。这场宴会也成为一场演讲的盛宴。丘吉尔用法语发表了讲话（对法语几乎同英语一样熟练的阿兰·布鲁克一向言辞刻薄，就连他也指出这是一场"精彩的讲话"），随后吉罗、戴高乐、特意从伦敦被召去参加聚会的艾登以及乔治将军都逐一发表了讲话。乔治在 1938 至 1940 年间与丘吉尔相交甚欢，之后两个人的交往出现了几次波动，现在他终于在阿尔及尔露面了，或许他的思绪回到了上一次"极其愉快"的聚餐时的情景——在 1940 年的春天，他曾与丘吉尔在巴黎的拉佩鲁斯饭店共进午餐。法兰西民族解放委员会的成立也是一项了不起的成果，7 名委员中只有 2 个人参加了会议，但是戴高乐以及另一位委员的重要性超过了另外 5 名委员。丘吉尔对罗斯福说过，这一成果

"结束了我和'战斗的法国人'运动（原名为'法国抵抗'运动）的领导人戴高乐在1940年通过一系列书信往来建立起的官方交往"。[lv]这番话里不无警告的意味。最后一件事情也同样重要，这就是丘吉尔兴高采烈地在阿尔及尔享受了一次海水浴。他的身上肯定有着鼠海豚的因子，他最热衷的也是仅次于酒精的一项肉体享受就是，将身体浸泡在一浴缸的热水或者温乎乎的海水里。

丘吉尔在文章中提到过自己希望还能在阿尔及尔逗留一个星期，可是他觉得自己只能很不情愿地重新面对伦敦的公务了。这时，他已经外出整整一个月了。在6月4日至5日（1943）的夜里，丘吉尔终于飞回了伦敦。一路上平安无事，只是直布罗陀的天气太恶劣，他们无法按照原先的设想换乘一架更舒适的水上飞机，只能继续坐在轰炸机上。就在当天晚些时候，在里斯本起飞、前往普利茅斯的一架飞机被德军击落，乘客全部毙命，其中包括因主演冒险影片《红花侠》而家喻户晓的演员莱斯利·霍华德。就在同一个月里，一架从直布罗陀飞往英国的"解放者"轰炸机（曾陪同丘吉尔的飞机一起出行）也坠毁了，波兰军队的统帅西科尔斯基将军以及陪同他前往英国的两位英国下议院议员全部身亡。在整个二战期间，丘吉尔所经历过的风险至少有30%是在这几段航程中，即使他得到了最贴身的保护，这样的危险也在所难免。

回到伦敦后，丘吉尔立即在星期日的中午主持召开了一场内阁会议，接着又在星期三在下议院发布了一份声明。两场会议上他都受到了欢迎，只是他的行程越来越具有了一种"首相到访英国"的色彩。尼科尔森对议会活动的评价一贯敏锐而友好、从不盲从，他对丘吉尔的这场讲话也一如既往地做出了自己的评价。他认为这场讲话的重要性没有得到充分的认识，但是"我认为下议院对这场讲话的欢迎甚至超过了他最成功的演讲。这场讲话极其有力、打动人心、真诚、自信"。[lvi]

这一年的夏天，最重要的事情就是德军于7月5日对东线发动了最后一轮进攻，英美联军于9日成功攻入西西里。紧接着，意大利国王维克多·埃曼努尔三世要求墨索里尼辞职（7月25日），并任命陆军元帅巴多格里奥接替他出任内阁总理。上任之后，巴多格里奥立即开始和同盟国谈判，经过和谈，双方于9月7日停战，他的上任也导致德国立即对意大利发动了进攻。在7月初的时候，丘吉尔就已经说服盟军接受了他的想法，欧洲境内的美军应当首先对西西里而不是撒丁岛出击。伦敦方面和华盛顿方面始终没能消除的分歧就在于，在攻占了西西里之后（盟军于8月17日实现了这个目标）盟军应当把力量对准哪里。丘吉尔希望盟军长驱直入意大利半岛，将占领罗马当作第一个也是最基本的一个目标。他一直愿意调拨几个师的兵力参加在地中海东部的行动，无论是在巴尔干半岛的行动还是占领希腊的罗德岛，但是他一直对撤走原本可以在意大利参加行动的 7 个师的方案感到不满。被抽调走的美军的 4 个师和英军的 3 个师是为了加强在英国境内的盟军力量，为 1944 年的"霸王"行动做好准备。

丘吉尔的保留意见不可避免地强化了从马歇尔将军到斯大林元帅等人对他的疑虑，他们都担心他无心实施"霸王"行动。倘若他们知道丘吉尔于 7 月 19 日提交给英国参谋长委员会的一份报告的话，他们就会更加担忧了。在这份报告中，丘吉尔主张用"朱庇"计划（在挪威北部登陆）取代"霸王"行动，将其当作 1944 年春天盟军在地中海以外的战区实施的主要行动。

> 鉴于德国陆军卓越的战斗力，我完全认为派出英美联军的 27 个师实施"霸王"行动足够了。即使我们能够成功登陆，德军也能轻而易举地调来远远多于我方的兵力阻挡我们。出于多方面的原因，我们的确应当以极大的真诚和热情为这场行动做好充分的准备，然而，日后若是所有相关人员都意识到在 5 月的时候这场行动超出了我们的能力范围，只能将其推迟到 1944 年的 8 月，那么我们就有必要准备好另一场比较大的行动了。[mvii]

就如同蛋糕上的糖霜一样，丘吉尔在这份报告中还提出，应当在北部水域采取一种技术，在冰山上铺一层木浆，将冰山转变成永不沉没的空军基地。

到了这个时候，丘吉尔已经实现了一个重大的政治目标，这就是他与罗斯福的又一场双边会晤，代号为"四分仪"的第一次魁北克会议（代号为"八边形"的第二次魁北克会议于 1944 年 9 月举行），其前景远比 3 个星期前令丘吉尔忧心忡忡的美苏双边会晤乐观。8 月 4 日，丘吉尔从伦敦出发（距离他从北非回来后整整两个月），魁北克会议只持续了一个星期，其间还过了一个加拿大的法定周末，但是他在国外前后逗留了将近 7 个星期。这一次他选择的出行工具还是"玛丽女王"号邮轮，返回英国的时候他又换成了一艘战舰。随行人员是由 200 多人组成的一个全方位代表团，其中包括克莱门汀（很罕见）和他们的女儿玛丽，这场漫长的访问中有不少社交活动，因此母女俩的存在合情合理，尽管丘吉尔不太认同伟大领袖凭着自己承受的压力和做出的奉献有权享受更大特权的观点。

丘吉尔一行在新斯科舍省的首府哈利法克斯上了岸，从那里他们坐上火车，经过一场漫长而缓慢的旅程抵达魁北克，住进了皇家军事古堡"魁北克要塞"。不到 24 小时后，丘吉尔与玛丽又坐上火车，经过又一场漫长而缓慢的旅程前往哈德逊河谷，与罗斯福会面。经过之前的旅行，克莱门汀已经没有精力继续上路了。丘吉尔父女俩在海德公园的寓所留宿两个晚上，其间他们对大量的问题进行了商讨，每一天都在埃莉诺·罗斯福的林间小屋享用一顿午餐。丘吉尔喜欢质朴的饭菜和露天游泳池，只是当时酷暑难当。"……有一天我在夜里醒了过来，因为我根本就睡不着，几乎喘不过气来。我走到屋外，坐在悬崖上，俯视着哈德逊河。我就坐在那里看着天亮了起来。"[mviii]

按照之前的设想，指挥"霸王"行动的最高司令应该是英国人，至少伦敦方面是这样预计的，但是丘吉尔轻易地接受了罗斯福的观点，认为让美国部队集结起来将会确保不久后美军成为英国在法国的首要合作伙伴，这样的合作将具有决定性的意义。当时罗斯福希望马歇尔出任这个职位，不过后来他将目光转向了艾森豪威尔，他委婉地表示自己主要考虑的是，"你［马歇尔］不在国内的时候，夜里我就无法入眠"。[mix] 罗斯福信誓旦旦地将总司令的职位许诺给了马歇尔，丘吉尔也同样信誓旦旦地将这个职位许诺给了阿兰·布鲁克。回到魁北克后，面对失望的帝国总参谋长，丘吉尔的处理手法不太高明，布鲁克后来在文章中写道："他没有对我表示同情，也没有对自己改变主意表示遗憾，他对这件事情的态度就好像这是一件无足轻重的小事似的！"[mx] 与此同时，美国总统也无所顾忌地同意任命英国海军将领蒙巴顿为盟军东南亚战区最高司令，当时蒙巴顿的军衔不算高（海军中将），之前接替罗杰·凯斯出任了联合作战司令部的领导人，这两个司令部的重要性完全不可同日而语。

在海德公园的寓所里，罗斯福与丘吉尔还决定邀请斯大林参加秋天在阿拉斯加举行的三方会晤。他们说服斯大林接受了时间上的安排，但是没能说服他同意在阿拉斯加会面。斯大林提议将地点改在阿尔汉格尔或者阿斯特拉罕，而罗斯福又几乎与斯大林一样坚定地否决了从斯卡帕湾到苏丹喀土穆的一系列英军集结地。最终，3 个以"阿"开头的城市也都让位给了德黑兰。相比阿拉斯加，波斯首都距离 3 个人里身体最羸弱的罗斯福至少多了 3 倍的距离，对斯大林来说也是如此，对 3 个人里最年长的丘吉尔来说距离增加了一倍。

丘吉尔回到了魁北克，两天后罗斯福与霍普金斯也回来了。魁北克会议正式召开了。实际上，在参谋长联席会议之间，趁着还在海德公园寓所里的时候丘吉尔与罗斯福就已经完成了大量的细节工作。除了上述的决定以外，"四分仪"会议就没有产生多少重大成果了。在会上，三国一致同意承认法兰西民族解放委员会具有合法地位，令布鲁克感到惊愕的是，丘吉尔主张入侵苏门答腊岛（位于荷属东印度群岛）的北端。不可思议的是，为了增强说服力他宣称这个方案"与 1915 年的达达尼尔海峡行动一样很有可能会产生决定性的结果"。[mxi] 丘吉尔没能说服罗斯福，因此

布鲁克用不着公开阻挠上司的计划了。*

　　与实际利益关系更密切的是，丘吉尔继续对"霸王"行动提出了异议。从表面上看，他对"霸王"行动基本表示同意，但是他反对无条件地实施此项行动。到了指定日期，如果法国境内的德军兵力超过 12 个行动自由的师，或者有能力在接下来的两个月里再集结 15 个以上的师，他希望盟军就能推迟行动时间。根据记录，霍普金斯评价道："还是伤亡惨重、德军防线固若金汤那套老生常谈。"[mxii] 与有关苏门答腊岛的提议一样，在这个问题上丘吉尔与布鲁克之间不存在分歧，这就为罗斯福当时打算将"霸王"行动的指挥权交给马歇尔又增加了一个理由。马歇尔对英美联军在 1944 年的最高目标——入侵法国的热情超过了丘吉尔或者任何一位英国将领。

　　在魁北克会议上，丘吉尔没有遭到太大的挫折，但是据说会议结束的时候他"非常疲惫"（他自己所述）、"怒气冲冲"（布鲁克所述），然后他便兴冲冲地去了洛朗山（又译作"劳伦琴山"），住在海拔 4000 英尺处的林间小屋里，享受了 5 天的钓鱼生活。在一封公认的"感谢"信里，他说这场钓鱼之旅是他"自开战以来享受过的第一个真正的假期"。但是，他的新陈代谢能力超强，到达洛朗山 3 天后的夜里他便同伊斯梅将军、他的私人秘书莱斯利·罗恩一直聊到了凌晨 3 点 45 分（这场谈话毫无必要，只是为了让他享受重温往事的快乐）。在小木屋的某次聚餐时（都是豪华大餐），他还逼着几名随行人员一起唱了几首杂耍剧里的老歌，为人一贯挑剔的贾德干也参加了这场小合唱。

　　有一次火车之旅的时间比较宽松，丘吉尔一行的核心成员去了华盛顿，他们于 9 月 1 日晚上抵达目的地，再一次住进了白宫。他们在北美洲的土地上继续待了 11 天，然后在哈利法克斯登上了"声望"号战舰，6 天后他们回到了克莱德。有什么必要将行期延长了这么久？对于这一点外界不得而知。丘吉尔与罗斯福进行了大量的交谈，两个人相处得也十分愉快。就在这段时间里，当盟军跨过墨西拿海峡后，意大利人投降了，随即盟军就在那不勒斯以南 30 英里的萨莱诺登陆了。丘吉尔在

---

　　* 布鲁克认为丘吉尔对这座岛过于痴迷，尽管丘吉尔的提议没能被接受，布鲁克还是在自己的日记中针对丘吉尔的执着留下了一段尖刻的评价。在魁北克期间，布鲁克在 8 月 19 日的日记中写道："我与他又吵了一架。他拒绝承认有必要［为打败日本］制定一套总体方案，反而建议采取一套纯属机会主义的策略。他表现得就如同一个被惯坏的孩子一样，只想着在商店里买玩具，丝毫不管自己的父母［布鲁克对参谋长委员会和丘吉尔之间的关系的看法相当准确］已经告诉他这个玩具不够好的事实。"（《战争日记，1939—1945 陆军元帅阿兰布鲁克子爵》，p.444）。

36 个小时之内前往波士顿，然后又返回了华盛顿。他在波士顿领取了哈佛大学为他颁发的荣誉学位，出于某种奇怪的理由，他决定身着牛津大学法学荣誉博士的长袍接受了荣誉学位。为了从普林斯顿大学借来这套礼服，他还花了一番工夫。在哈佛广场，他发表了一场极其成功的讲话，其中有一段话提议在战后的世界里"让我们的共同语言在全球得到更广泛的应用"。法国人或许不会对这种主张感到高兴，但是作为盎格鲁－撒克逊帝国主义的一种表现形式，丘吉尔的这番话并非只是为了努力坚守大不列颠帝国的声望，而是有着很务实的考虑。回到华盛顿后，丘吉尔又在海德公园寓所待了不到一天的时间，克莱门汀第一次造访了美国总统的私人地盘。在海德公园寓所，借着与罗斯福共进晚餐的机会，丘吉尔庆祝了自己同妻子的结婚35 周年纪念日。然后，他们钻进了专用的卧铺包厢，第二次乘夜班车离开华盛顿。丘吉尔喜欢火车，也喜欢远离英格兰的日子。

9 月 20 日（星期日）早上，"声望"号战舰抵达克莱德，当天晚上丘吉尔回到了唐宁街。这一次他已经外出 47 天了，因此国内有一大堆工作在等待着他，这种情况并不罕见。星期一，丘吉尔在下议院发表了一场讲话。讲话从中午开始，他先讲了 1 个小时，等午餐过后他又继续讲了 1.5 小时。接下来发生的一件小小的趣事充分体现出他在讲话一开始有些愠怒的情绪，或许他也是在效仿罗斯福家常的比喻方式。他策略性地将不满情绪对准了媒体，而不是其他议员，毕竟媒体常常会成为首相们最喜爱的攻击目标。他说在回到格陵诺克的早上，他在周日的报纸上读到了对他的批评（这件事情为他总是优先阅读报纸的习惯提供了有趣的例证），这令他想起了"一位船员的故事。我想事情就发生在普利茅斯。那位船员跳进了码头的水里，救下了一个溺水的小男孩。一周后，一位女士走到这位船员跟前，问道：'你就是那天晚上把我儿子从水里捞出来的那个人？'船员谦虚地回答道：'的确如此，夫人。'那位女士说：'哦，我一直在找你。他的帽子呢？'"。[mxiii]

尼科尔森认为丘吉尔一开始讲得有些"沉闷、古板"，不过他渐渐就放松了下来，尤其是在午餐过后。这场讲话的色调变化给尼科尔森留下了深刻的印象。"一段了不起的演说，其间时不时突然转入亲密的交谈，在他所有的演讲技巧中，这一招永远不会失灵。"[mxiv]9 月 21 日，金斯利·伍德突然逝世了，他是自 18 世纪以来第一位在任时去世的财政大臣。丘吉尔任命约翰·安德森接任了伍德的职位，将艾德礼从自治领事务部调职到枢密院，接替安德森出任枢密院大臣，这一变动没有影响艾德礼作为副首相的地位，反而让他在内阁成员的工作关系网中占据了更核心的位置。比弗布鲁克以掌玺大臣身份重新加入政府，但是没有进入内阁。

到了这个月的月底（1943 年 9 月），据贴身参谋所述，丘吉尔显得疲倦而暴躁。

斯大林针对北冰洋护航队问题发来了一封很无礼的电报，电报令丘吉尔暴跳如雷。当新一任苏联驻英国大使把电报交给他的时候，他看都没看就把电报递还给对方。实际上，贾德干已经读过电报并且将电报的内容告诉了丘吉尔，否则丘吉尔拒绝阅读电报的举动就有些费解了。丘吉尔用法语宣称电报是一份"无效"文件，贾德干惊讶于他竟然知道老式外交手册上的这种说法。

如果能说服马歇尔将军同自己一起前往突尼斯的话，丘吉尔就打算于 10 月 7 日飞往那里。他想继续推动自己一直渴望推动的工作：入侵罗德岛、说服土耳其加入战争，或许还能再一次针对"霸王"行动提出新的异议。然而马歇尔无法成行。这时，史末资与乔治六世国王突然出人意料地结成联盟，一致反对"霸王"行动。10 月 13 日，史末资与国王共进了一次午餐，在相互说服下，他们坚信这场行动过于草率。第二天，国王给丘吉尔写了一封长信，比较中肯地表达了他们的担忧，在信的结尾他邀请丘吉尔在当天晚上与他与史末资一起共进晚餐。（在战争期间，皇室生活远比战前和战后和平时期的生活随意、凑合。）丘吉尔接受了邀请，但是在赴宴之前他先给国王讲了一个不可更改的事实："我们不可能出尔反尔。美国的参谋们和斯大林都会强烈反对我们。"^{mxv} 国王与史末资并非由于怯懦，而是因为在地中海地区和巴尔干地区还有其他一些目标对他们产生了吸引力，不过最重要的是他们唯恐德国完好无损的战争机器会将盟军击退到海上。那样一来，希特勒就会恢复赢得战争的时间，或者至少说大大推迟战争结束的时间，这将是自 1942 年以来第一次出现这样的状况。尽管在晚宴之前丘吉尔十分坚定，但是他至少在一定程度上认同了史末资与国王的看法。他慢慢地将这些考虑转达给了罗斯福。在 10 月 17 日的电报中他指出："除非德国覆灭，否则 1944 年的行动就将是我们迄今为止实施过的最危险的一场行动。相比 1941、1942 和 1943 年的行动，我个人认为我们对这场行动的胜算更没有把握。"^{mxvi} 由于乐观的天性和军事顾问们的坚定，罗斯福始终不曾有过丝毫的动摇。

11 月 12 日，丘吉尔又出发了。在 11 日的时候他感到身体不适，无法主持内阁会议（主要是由于重感冒、喉咙痛，以及注射霍乱和伤寒疫苗后产生的副作用），但是他还是在次日午餐时间动身前往普利茅斯，他将首次乘坐"声望"号战舰前往阿尔及尔，接着再去马耳他（他在岸上待了两天，大部分时间都卧床不起），之后再继续前往亚历山大港（前往开罗）。11 月 21 日，他抵达了最终的目的地。从唐宁街出发之前，丘吉尔听到了斯大林将于 11 月 27 日前往德黑兰、罗斯福将于 22 日赶到开罗的消息，这两条消息更加坚定了他出行的决心。这次外出，女儿萨拉（已经成为维克·奥利弗夫人）和儿子伦道夫一直陪伴在他的左右。萨拉的存在令丘吉尔感到安慰，从很多方面而言她一直是他最疼爱的一个孩子，伦道夫始终不太受到他的偏爱。在前去北非途中，丘吉尔的旅行地图资料室管理员、皇家海军志愿后备队的理查德·皮姆上尉计算了自战争爆发后他在海上和空中度过的时间、乘船和乘飞机旅行的距离，这给他带来了一些快乐。计算结果非常惊人：他已经走过了11万英里的路程，总共在海上度过了33天，在空中度过了14天又3个小时。

到达开罗的次日，尽管身体仍旧不太舒服，丘吉尔还是去了赫利奥波利斯机场迎接罗斯福，当天的午餐和晚餐他也都一直陪着罗斯福。第二天上午（11月23日），英美两国代表在罗斯福下榻的别墅里召开了第一场"六分仪"会议（第一次开罗会议）。这场会议针对的是远东地区的战事，会议没有制定出硬性决定，也没有产生明显的分歧。丘吉尔发现罗斯福还从未参观过金字塔和狮身人面像，因此在当天下午他和女儿带着罗斯福参观了一次这些古迹，事先他还亲自去现场"演习"了一下，以确保美国总统不用下车就能靠近金字塔。在给母亲的信中萨拉写道："我觉得他本人很开心，我想他很感谢爸爸付出的心血。"[mxvii] 人们不禁会认为丘吉尔此举又是为了卖力地争取罗斯福的支持，就像发生珍珠港事件之前那样，实际上，做出这样的举动是因为他很喜欢向新的参观者介绍他所熟悉的地方，例如在1908年领着克莱门汀游览布伦海姆宫，在20世纪30年代给所有到访者讲解查特维尔的建筑和水利工程，在1941年带着哈利·霍普金斯参观皇家海军。他肯定认为，在战争期间开罗的风景名胜也属于自己擅长的领域。他对狮身人面像发表了自己的见解："它什么都没有告诉我们，始终保持着她那副神秘莫测的笑容。"[mxviii] 奇怪的是，这句话竟会让人联想到格莱斯顿在1852年的日记中对英格兰威尔特郡的古代巨石建筑"巨石阵"所做的评论，"（它）告诉了我们很多事情，告诉得太多了，因此它隐瞒的事情也就更多了"。[mxix]

第二天上午的会议针对的是欧洲地面战争问题，丘吉尔没有直接对"霸王"行动提出异议，但是他将发言的重点放在了地中海地区问题上。对于盟军在意大利本土的缓慢进展（在萨莱诺的登陆行动停滞不前）以及德军收复爱琴海上的勒罗斯岛表示气馁，但是这意味着盟军应当增强而不是减少在地中海地区的行动。他主张进攻的顺序应当是"罗马第一，罗德岛第二"。他还强烈敦促盟军向铁托在南斯拉夫越来越有成效的抵抗活动提供更多的援助。艾森豪威尔对丘吉尔的观点表示了一定的支持，当时艾森豪威尔还是地中海战区总司令，尚未被任命为"霸王"行动的最高统帅。在召开德黑兰会议上，丘吉尔提出的这些当务之急都没有遭到否决，原本存在的困难因此被避免了。丘吉尔欣欣鼓舞地给国王发去电报："我在总统及其高级官员的身上取得了不错的进展，最终一切问题都会得到妥善解决，对于这一点我很有把握。"^{mxx}11 月 25 日，罗斯福也同样欢欣鼓舞地为英美两国最高级官员切开了两只硕大的感恩节火鸡。

据说，在英国方面于第二天晚上举办的内部宴会上，丘吉尔对着满桌宾客滔滔不绝地讲了 3 个小时，在上床休息之前他又讲了两个小时，在次日上午动身前往德黑兰的时候他惊讶地发现自己的喉咙非常痛。5.5 小时的飞行也没能缓解他的疼痛，抵达目的地后他们受到的接待也没有起到太大的疗效。英国代表住在宽敞的英国公使馆里，毗邻的就是更宽敞的苏联公使馆。美国公使馆的面积比较小，而且位于 1 英里外的地方。自 1942 年起，伊朗就处在苏联和英国的占领下，美国与这个国家的利益关系不太紧密。丘吉尔在 11 月 23 日向斯大林提议安排罗斯福住在英国公使馆里，这是因为他希望对自己在白宫度过的许多个夜晚做出回报吗？斯大林没有理会丘吉尔的美意。美国代表在自己的公使馆里住了一个晚上之后，由于各种不便，再加上苏联方面的劝说，最后还是转移到了苏联公使馆。苏联方面宣称只有在他们的公使馆里罗斯福才能够完全避免一项潜在的暗杀计划的威胁。美国总统默认了对方的意见。伊斯梅将军曾在自己的回忆录中愤愤不平地写道："苏联人又一次称心如意了。我好奇他们是否预先安装了传声器。"^{mxxi}

丘吉尔完全失去了发言权，而且在德黑兰的第一个晚上他疲惫不堪，没有力气参加三国领导人的晚宴，只能在自己的床上吃了晚饭。唯一令他感到安慰的是由于他的缘故，晚宴被取消了，另外两位国家领导人都各自单独吃了晚饭。第二天上午，丘吉尔的状况好转了很多，但是提前单独与罗斯福会谈的希望落空了。在会议于下午 4 点 30 分正式召开之前，美国总统与斯大林单独会见了一个小时。考虑到丘吉尔在前一天晚上的失望，罗斯福此举从表面上看似乎很无礼。实际上，他的用意不难看出。之前他还从未与斯大林见过面（丘吉尔当然早在 15 个月前就在莫斯科见过斯大林了），他与丘吉尔又已经在开罗相处了 3 天的时间。此外，苏联方面老练地提名罗斯福担任大会主席，3 个人里只有他具有国家元首身份。大会主席的身份必然会促使罗斯福在一切争端中保持平衡。实际上，在预先与斯大林的会面中，他就多少有些倾向这样的立场，在一定程度上背离了丘吉尔在开罗时表达过的希望，他含蓄地表示自己支持对"西墙（齐格菲防线）"^①发起直接进攻，反对实施地中海战略。

---

① 是纳粹德国在第二次世界大战开始前在其西部边境地区构筑的防御工事，以对抗法国的马其诺防线。德国人将其称为"西墙"或"齐格菲阵地"，同盟国大多将其称为"齐格菲防线"。

面对如此令人沮丧的情况，丘吉尔表现得很有策略性，只是偶尔会流露出紧张情绪。在德黑兰会议期间，3位国家领导人举行了3场正式会谈、3场晚宴和两场午宴。在第一场会谈中，丘吉尔感到自己有些受到孤立，这主要是因为罗斯福对斯大林做出了让步，后者提出盟军于5月初（1944）实施"霸王"行动计划没有回旋余地。丘吉尔十分气馁，他提议早早结束会议（罗斯福欣然同意了他的建议），并且带着警告的口吻断言道："咱们都是好朋友，但是咱们自欺欺人地认为咱们在所有问题上都看法一致，这么做毫无意义。咱们必须付出时间和耐心。"[mxxii]

会议期间的第一顿晚宴是罗斯福主办的，众人在这场宴会上不太尽兴，因为继丘吉尔病倒后，罗斯福也成了"波斯病人"，早早便上床休息了。丘吉尔带着斯大林在跟前的椅子上坐了下来，谈起盟军先后在德国和波兰取得胜利之后的问题。在这次谈话中，他们没有取得多少成果，但是也没有产生太大的分歧。第二天，丘吉尔又一次想要说服罗斯福与他一起共进午餐，他的请求再一次遭到了对方的婉言谢绝。哈里曼奉命向丘吉尔解释说，总统不希望让斯大林认为他与丘吉尔要联合起来对付他。当天下午，罗斯福又一次在正式会议召开之前与斯大林见了面。

在下一轮会谈开始之前，英国赠送给苏联一件昂贵又华而不实的礼物，考虑到当时的情况，这场赠送礼物的仪式肯定显得有些失败。英国特意打制了一把斯大林格勒之剑，丘吉尔代表乔治六世国王将这把镶嵌着珠宝的宝剑赠送给了斯大林，"以示英国人民……对有着钢铁意志的斯大林格勒市民的敬意"。在此之前，这把宝剑在威斯敏斯特修道院展出了几个星期，吸引了许多英国民众怀着仰慕之情赶来参观。这把宝剑也招致伊夫林·沃的大肆嘲讽，相比他对纳粹德国的痛恨，他对苏联的痛恨只多不少，后来他不无讽刺意味地将"荣誉之剑"当作战争三部曲的总标题。霍普金斯称"这是一场壮观的仪式"，但是实际上这场仪式对英国人的意义超过了对苏联人的意义。*对于捍卫斯大林格勒的苏联人民来说，乔治六世国王肯定是一个神秘陌生的形象。在克里门特·伏罗希洛夫元帅将宝剑放下之前，斯大林发表了一段简短的讲话，对英国人民表示了感谢，但是他并不认为英国皇室赠送的一把镶嵌着珠宝的宝剑足以取代对法国北部海岸的进攻计划。

正式会议刚一恢复，斯大林就立即毫不动摇地继续推动着对法国的进攻计划，这样的表现充分证明了他对斯大林格勒之剑的态度。丘吉尔承受了最大的压力，不过斯大林首先将火力对准了罗斯福。"由谁指挥'霸王'行动"问题首先被提了出

---

* 不过，时至今日这把宝剑依然被陈列在斯大林格勒（已更名为"伏尔加格勒"）的博物馆里。

来，罗斯福说总司令的人选尚未确定，斯大林强烈暗示这场行动很难算是一个严肃的计划，除非它能得到盟军的认真对待。（斯大林的威胁或许起到了有益的效果，在制定决策的时候有时会举棋不定的罗斯福在 6 天后——12 月 5 日，星期日——便针对这个重要问题做出了决定。他的决定很大胆，或者至少可以说不同寻常。他无视霍普金斯和战争部长亨利·史汀生的强烈建议，也忽略了丘吉尔与斯大林已经明确表示过的倾向，没有任命马歇尔，而是选择了艾森豪威尔。）

斯大林接着又将矛头转向了丘吉尔。他首先宣布"站在俄国人的角度，土耳其、罗德岛、南斯拉夫，甚至是占领罗马［这些全都是丘吉尔最倾向的目标］都不重要，"mxxiii 然后直截了当地向丘吉尔提了一个不怀好意的问题——他真的认为"霸王"行动会起到作用吗？丘吉尔的回答不算蹩脚，也不够巧妙，有些含糊，又有些浮夸。他说如果前提条件得到满足的话，*"我们就绝对有责任跨过海峡，全力以赴向德国人打过去"。mxxiv

对于丘吉尔来说，这一天不太轻松。在苏联人主办的晚宴上，斯大林针对战后如何处罚德国的问题开了一个粗鲁的玩笑，美国人很坦然地表示了附和，丘吉尔没有参与进去。他的表现不算突出，但是从某种角度而言还是值得称道的。正如丘吉尔在时隔将近 9 年后所讲述的那样，那一幕令人厌恶。一直令人感到不解的是，丘吉尔一贯谈吐机智，应付这种谈话也得心应手，而且常常会给别人泼冷水，为什么当时他没有做出更出色的表现。斯大林或许是为了幽默一下，他说只要围歼 5 万名最重要的军官和技师，基本上就能解决德国问题了。（按照他在国内开展的几场肃清运动的标准看，可以说"5 万"这个数字还比较克制。）丘吉尔在文章中写道："听到这句话，我说：'英国议会和民众绝对无法忍受枪决这么多人……那一刻我更愿意是我自己被拉到花园里，被枪毙，而不是任由那样的恶行玷污我自己以及我们国家的声望。'我想我的做法是正确的。"mxxv

或许是为了缓和一下气氛，罗斯福插了一句话，他说自己想提出一个中和方案，将数字减少到 4.9 万。接下来，罗斯福的次子埃利奥特·罗斯福上校站起身，很多余地表示自己强烈同意斯大林的意见，还说美国陆军的态度也会如此。由于父亲的关系，埃利奥特·罗斯福上校也参加了这场宴会，他的表现将当时不在场的伦道夫·丘吉尔衬托得几乎就像是一位优雅机智的富家子弟。这时候，丘吉尔离开了

---

* 前提条件包括：首先，德国战斗部队的兵力缩减到"令人满意"的程度，在法国和低地国家部署的兵力不超过 12 个行动自由的师；其次，在接下来的 60 天里无法从其他战区增调 15 个师的兵力。

餐桌，悄悄地走到旁边一间灯光昏暗的房间里，"进去还不到 1 分钟，一双手就从我的背后紧紧抓住了我的肩膀。是斯大林。莫洛托夫站在他的旁边，他们两个人都龇牙咧嘴地笑着，急不可耐地说他们只是在开玩笑而已，根本没有当真。斯大林完全能够展现出迷人的一面，只要愿意展现出自己的魅力，我从未见过他像当时那样迷人……我同意回去，当天晚上余下的时间过得还比较愉快。"[mxxvi]

据莫兰医生所述，尽管得到了艾登与英国驻苏联大使克拉克·克尔一定的支持，这天晚上在入睡时丘吉尔的情绪还是十分沮丧。或许还会再出现一场战争，在这场战争中人类或许会彻底将自己毁灭。他不会等到那场战争。"我想一直睡上几十亿年。"[mxxvii]丘吉尔在这天晚上的经历值得同情，但是他的处理方式怎么会如此笨拙？是因为他太习惯在谈话之前做一番精心的安排，因此面对一场并非由他一个人指挥的谈话时，他发现自己难以驾驭住谈话的走向吗？

第二天的情况有所好转。早上，丘吉尔与斯大林进行了一场亲切的双边对话，对话没有产生多少成果。接着，他们一起出席了罗斯福组织的午餐会。当天下午举行的第三轮正式会谈进展十分顺利，丘吉尔反复重申的前提条件都没有收到异议："霸王"行动将按计划准时实施，在此之前，苏联军队将首先发动一次攻击的主张，这样就能确保德军兵力难以——即使有这种可能——超过目前在西线集结的兵力。接下来 3 位领导人就开始忙着起草公报了，凭借着在文字方面的功力，丘吉尔成为 3 个人里的佼佼者。他说："我们力求达到简洁、神秘的基调，并且预示出德国气数将尽的前景。"[mxxviii]这一天不属于二战期间最为外界熟悉的快乐时刻，但是为了庆祝自己顺利度过 69 岁生日，丘吉尔在当天晚上举办了一场晚宴。席间，他盛赞旁边的俄国朋友是"斯大林大帝"，当对方带着嘲讽的口吻向英国保守党举杯致敬的时候，他也开心地回敬了一句："我要敬无产阶级大众一杯！"[mxxix]

次日举行了一场告别午宴，在宴会上一些问题也得到了解决。一部分投降的意大利海军部队将被划拨给苏联。苏联还将得到波罗的海"温暖水域"里的一个港口。最终，柯尼斯堡（已更名为"加里宁格勒"）被选中了。波兰边界西移，苏联将得到 1919 年提出的"寇松线"以东的领土，作为补偿，波兰将得到德国在西里西亚以及更北部地区占领的土地。在没有征询波兰人意见的情况下，参加宴会的各方代表在友好的气氛中通过了这项决议。罗斯福还详细阐述了自己最中意的一套方案，将德国划分为 5 个自治区，另外还有名为"基尔 – 汉堡"和"鲁尔 – 萨尔"的两个地区将由联合国接管。丘吉尔明智地克制着自己，只是指出总统说得"甚是在理"，他觉得这句话非常贴切，暗示他自己有着不同的想法。会议在友好的气氛中结束了。在发给艾德礼的一封电报中丘吉尔或许开心得有些过度了，他说："这一天

妙不可言，英国、美国和苏维埃俄国之间的关系从未像现在这样诚挚亲密。所有作战计划都被通过了，也得到了协调。"[mxxx]

次日（12 月 2 日），丘吉尔飞到开罗，在澳大利亚政治家理查德·凯西的别墅里一直住到 12 月 10 日。凯西取代奥利弗·列堤顿，出任了英国驻中东大臣。在此期间，罗斯福也在开罗停留了三四天。英美两国由于德黑兰会议而中断的"六分仪"会议又恢复了，最令丘吉尔开心的是，会议决定放弃跨越孟加拉湾、占领安达曼群岛的水陆两栖行动"海盗行动"。这个决定激起了美国军方的愤怒，令为人一向尖酸刻薄的约瑟夫·史迪威将军极为不满，这位将军有着"尖酸乔"这样的绰号。这一决定还等于在暗示蒙巴顿他只能利用手头现有的资源，因为在可预见的一段时间里他不会再得到更多的支援了。在丘吉尔看来，这个决定意味着在"霸王"行动令美国人和俄国人感到安慰——甚至是赢得战争的同时，地中海战略被保留住的可能性也比较大。

罗斯福还在开罗的时候，丘吉尔又故态复萌，开始对土耳其人示好，将土耳其领导人邀请到开罗待了 3 天，但是后者的态度同以前一样勉强，没有明确表示同意，也没有表示反对。在为土耳其人送行的时候，丘吉尔只有机会同伊斯麦特·伊诺努做了吻别。在伊诺努（以及罗斯福）离去后，丘吉尔与形形色色的人物进行了一系列的会晤：埃及国王法鲁克、希腊和南斯拉夫的流亡国王、伊拉克摄政王、他从阿尔及尔带来的哈罗德·麦克米伦（英国驻阿尔及尔大臣）、菲茨罗伊·麦克林与威廉·迪肯。迪肯在战争爆发前担任过丘吉尔的研究助理，为《英语民族史》搜集整理资料，现在在麦克林的领导下担任英国驻南斯拉夫游击队的代表。

丘吉尔的士气和身体状况给外界留下的印象不太一致。在 12 月 8 日的时候，麦克米伦认为他"状态非常好，给周围的……年轻人滔滔不绝地讲了一大通"。[mxxxi]这群年轻人包括乔治·杰里科与朱利安·艾默里，丘吉尔对他们俩的喜爱超过了曾经或者当时对他们的父亲的感情（约翰·杰里科与里奥·艾默里）。在前一天晚上，阿兰·布鲁克也看到丘吉尔"状态极佳"。[mxxxii]可是，丘吉尔的身体状况又糟糕到无法参加与土耳其人的第一场晚宴（由于胃痛）。永远不会缺席这种场合的史末资告诉布鲁克，他"对首相的状况感到很难过"。[mxxxiii]丘吉尔也注意到自己已经显示出筋疲力尽的迹象了，洗完澡之后他甚至没有力气擦干身体，只能躺在床上等着晾干。

12 月 10 日，星期五，丘吉尔飞了 8 个半小时，连夜赶到突尼斯，住进了艾森豪威尔在迦太基的别墅。他希望继续前往意大利，视察驻守在那里的英国部队。抵达突尼斯的时候出了一场小事故，飞机飞错了机场。艾森豪威尔和迎接他们的车队等在 40 英里之外，布鲁克觉得首相在飞机上已经"累瘫了"，他为降落失误带给首相的郁闷留下了一段令人难忘的描述："他们将他抬下飞机，在寒冷的晨风里他坐在自己的行李箱上，看上去糟透了。我们……在那里等了一个小时，然后才去了另一个机场，等我们赶到的时候他已经被冻坏了。"ᵐˣˣˣⁱᵛ 等终于见到艾森豪威尔的时候，丘吉尔说："我得跟你多住一阵子。我快要崩溃了。"ᵐˣˣˣᵛ

12 月 11 日，丘吉尔几乎一直卧床不起，只是起来与艾森豪威尔、亚瑟·泰德（地中海战区盟军空军总司令）、布鲁克以及自己的几位随行人员一起吃了晚饭。当天夜里，他不仅仅是过度疲劳的问题，而是彻底病倒了。凌晨 4 点，他吵吵闹闹跌跌撞撞地去了布鲁克的房间——他还以为是莫兰医生的房间——他抱怨说自己"头疼得厉害"。罗斯福在 16 个月后也出现了同样严重的症状。到了第二天上午，丘吉尔的头疼有所减轻，可是他又有些发烧。莫兰明智地向四面八方的医生发去电报，不断寻求医学上的帮助，他的举动为科尔维尔提供了调侃的素材。一名新的初级私人秘书问科尔维尔，如果丘吉尔生病了，这时只有他一个人值班的话，他应该怎么做。科尔维尔回答道："你给莫兰勋爵打个电话，他就会派来一名货真价实的医生。"ᵐˣˣˣᵛⁱ 突尼斯方面提供了一台 X 光机，检查显示丘吉尔的肺部出现了局部炎症。病理学家普尔弗塔夫特上校被人从开罗召到突尼斯，两天后心脏专家贝德福德准将和硫胺类药剂巴特尔上校也从意大利被叫来了。此外还有从开罗赶来的斯卡丁教授，他是第 19 总医院的负责人，之前曾主管过布朗普顿医院的胸外科。回首往事，当时医学顾问多得让人觉得众多顶级医生（或者说是公证人）只是漫无目的地瞎忙了一场。但是莫兰对丘吉尔的病情没有掉以轻心，他的选择是正确的。丘吉尔至少有 3 天病情危急。莫兰后来说过在 12 月 14 日的夜里他以为丘吉尔就要死了，而次日（15 日）晚上才是最糟糕的时刻，丘吉尔的心脏出现了纤维性颤动。

到了 16 日的上午，丘吉尔的病情有所好转。第二天下午，克莱门汀在科尔维尔的陪同下赶到了突尼斯。科尔维尔当了 2 年又 3 个月的英国皇家空军飞行员，良心得到了安宁，现在又重新成为丘吉尔的部下，他的回归受到了丘吉尔极其热烈的欢迎。他在日记中提到当时他看到的"不是一个斜躺在床上的病号，而是一个叼着一根大雪茄、端着一杯苏打威士忌的快乐的人"，ᵐˣˣˣᵛⁱⁱ 但是有相左的证据表明，直到后来丘吉尔才恢复了抽雪茄的习惯。18 日的清晨，丘吉尔的心脏第二次出现了纤维性颤动，这一次不太严重。丘吉尔的身体缓慢而稳步地恢复了，与此同时，圣诞节也日益临近。丘吉尔努力增加了口述文稿和其他方面的工作量，其实他始终不曾有过全天休息、彻底不工作的记录。在圣诞节前一天的傍晚，他终于走出了卧室，穿着花里胡哨的晨衣主持了一场由陆军和空军将领参加的会议，会上讨论的是盟军于次年 1 月在罗马南部的安其奥登陆的行动计划。圣诞节当天，丘吉尔又从床上爬起来主持了一场会议，并且参加了一场午餐会，在座的至少还有 5 位司令员，直到下午 4 点他才宣布午餐结束。他似乎受了俄国人的影响，在席间花了大量的时间频频举杯祝酒。

12 月 27 日，丘吉尔一行全部乘飞机前往了马拉喀什，自 1936 年以来那里就一直是他的世外桃源，他要去那里休养一段时间。飞机持续飞了 5 个小时，其间飞越了几座 3000 多米的高山，对于丘吉尔这样的身体状况，换作谁都难以承受这样的旅程。这一次，丘吉尔没有下榻在自己最喜爱的马蒙尼亚酒店，而是去了泰勒别墅。这座别墅十分豪华，只是地理位置不太方便。别墅的主人是一位美国女士，一年前，当丘吉尔与罗斯福在卡萨布兰卡会议之后造访马拉喀什期间，女主人将别墅借给罗斯福，供他随意使用。丘吉尔在泰勒别墅里住了 18 天，出于社交的需要，他在大臣中选择了比弗布鲁克随他一起出行。这个"江湖骗子"（克莱门汀眼中的比弗布鲁克）在丘吉尔的心中依然占据着十分重要的位置，尤其是考虑到在各种问题上他都绝对不是一个可靠的支持者。*

丘吉尔说过在那两个半星期的时间里他的身体还有些虚弱，无法画画，不过他同许多来访者见了面，其中至少有两位让他消耗的体力超过了绘画的要求，这两位客人是捷克斯洛伐克总统爱德华·贝奈斯（在 1921 至 1922 年担任过总理）与法国的戴高乐将军。丘吉尔与贝奈斯会见了 4.5 小时，而且贝奈斯有些无趣；戴高乐的特点家喻户晓，无须赘述。丘吉尔一行的日常活动就是去阿特拉斯山的山脚下享用户外午餐。他的身体恢复得非常好，他说过自己原本还想在那里再多待两个星期，可是他又觉得，在盟军于 1 月 21 日实施安其奥登陆行动的时候自己应当守在伦敦。14 日，丘吉尔飞往直布罗陀，在那里登上了"乔治五世国王"号战舰，启程返回普利茅斯。18 日的上午，他回到了伦敦，这时他已经外出 67 天了。在 1943 年这一年，新年伊始他便于 1 月 12 日前往卡萨布兰卡参加会议，一年里，他在英国之外的地方待了至少有 172 天，由于肺炎无法自由活动，他又在伦敦和首相乡间别墅困守了 31 天。

在这种情况下，全体内阁成员在帕丁顿车站迎接丘吉尔的到来就丝毫不令人感

---

* 比弗布鲁克的存在有一个好处，能够刺激丘吉尔缅怀往事。据科尔维尔所述，在 1944 年 1 月 1 日的晚餐时，他们将两次世界大战的整个过程几乎都重温了一遍，这时丘吉尔露出一副可爱的神情，扭头看着海军副官汤普森中校，说："可是，汤米，你要为我作证，我可不会像我那位亲爱的朋友——美国总统——一样反复唠叨我自己的经历。"（科尔维尔，《权力边缘》，p.461）。

到意外了。真正令人感到意外的是，在回到伦敦还不到一个小时的时候，丘吉尔就成功地在下议院一一答复了议员们向他提出的问题，主持了一场内阁会议，并且与国王在白金汉宫共进了午餐。对于丘吉尔当天在下议院的表现，尼科尔森在日记中留下了一段最令人难忘的描述：

> 我们慢吞吞地准备着问题……突然我看到（"看到"这种说法没有错）对面的工党人一个个惊讶地倒抽起了凉气。他们突然蹦了起来，大声嚷嚷了起来，手里还挥舞着文稿。我们也蹦了起来，整个下议院响起了一阵又一阵的欢呼声——温斯顿脸颊红通通的，非常羞涩，脸上露出喜悦而顽皮的笑容，他慢慢走过前排议席，一屁股坐在通常就座的席位上……
>
> 几分钟之后他站了起来，开始回答问题了。在这样的场合下，大多数人都不可能不在回答问题的时候加入一些戏剧性的成分，然而温斯顿回答问题的态度就仿佛他是一位最年轻的次官，戴上眼镜，翻动讲稿，很有分寸地回答着额外的问题，尽可能认真地面对这一切。^{mxxxviii}

缺席能够增强别人对他的好感，同时也没有让他失去自己在43年的议会生涯中逐渐学会的对付下议院的秘诀。

第三十八章　法国回归

　　1944 年，在这一年里丘吉尔有些心生厌倦，疾病和年龄对他的困扰至少一样严重。表面上，他与罗斯福继续保持着亲密的交往，与此同时英美两国在战略问题上的一点比较持久的分歧也达到了史无前例的严重程度。丘吉尔与斯大林的关系波动得令人感到奇怪，双方在暗地里相互敌视，但是当丘吉尔于 10 月初访问莫斯科的时候，斯大林还是热情洋溢地对他表现出了强烈的私人感情，几乎强烈到了多愁善感的程度。

　　在这一年里，丘吉尔远不像在 1943 年里那样不安分。从马拉喀什回来一直到 1945 年 1 月 29 日动身前往雅尔塔参加会议，他在国外的时间只有 63 天。总体而言，在这一年里盟军取得了巨大的胜利，但是从 9 月开始德国的抵抗变得越来越顽强。在这一年里，丘吉尔的面前还摆着另一个问题，在由"两个半"领导人组成的联盟中他或许已经变成了其中的"半个"。早在 1943 年的时候就已经显露出了这样的苗头，到了 1944 年英国的处境每况愈下。盟军开始走向胜利，这样的胜利在1940 至 1941 年时完全令人难以置信，最重要的是丘吉尔完全有资格尽情享受这场胜利，然而由于英国在盟国中的地位日趋下降，走向胜利的过程对丘吉尔来说是一个喜忧参半的过程。胜利在望的喜悦中交织着几许愁思，还有对战后世界的忧虑。

　　就在丘吉尔从马拉喀什回到国内的 3 天后，盟军在罗马以南 40 英里的安其奥实施了登陆行动。盟军取得了有限的胜利，桥头堡被拿下，但是仍然面临着失守的可能。对于打破意大利前线僵局的目标，这场登陆行动令人失望。大约在一个星期的时间里，局势就明朗了，对此，丘吉尔在 2 月下达的指示中反复说过一句令人难忘的话："我一直希望我们丢到岸上的是一只野猫，结果上岸的却是一头搁浅的鲸鱼。"[mxxxix] 丘吉尔常常因为自己说过的话而陷入窘境，不过这句话完全符合事实，也非常生动，后来他还恰如其分地把这句话用过几次。丘吉尔将这场行动的失误主要归咎于美国第 6 军的指挥官约翰·卢卡奇将军的保守态度，不过或许可以说其他一些因素也起到了至少同样重要的作用，例如安其奥的地势不利于盟军登陆，敌军将领阿尔贝特·凯塞林坚韧不拔、指挥才能卓著。在意大利的军事行动中，进攻一方付出的人力物力远远超过了防御一方的付出。

与此同时，强行突进意大利南部中路的最重要的一支盟军部队始终无法攻克关键性的障碍蒙特卡西诺修道院。在1月末至3月中旬，盟军对这座居高临下的修道院发起了3次进攻，均没能取得成功。盟军伤亡惨重，成效微薄。这座本笃会修士的庇护所在无意中成为二战中最难以攻克的一座军事要塞，直到5月中旬修道院才被攻克，通往利里河谷（丽日谷）的道路被打通了，这条山谷是盟军前往罗马的必经之路。

对于丘吉尔对"霸王"行动的态度，盟军在意大利受到的阻延产生了多方面的影响，促使他更加为亚历山大港的兵力被缩减了7个师的事情哀叹不已（美军的4个师和英军的3个师）。这7个师回到英国是为了接受重新装备，为跨英吉利海峡的进攻行动做准备。盟军在意大利受到的阻延更是令丘吉尔痛恨盟军进一步削弱在意大利境内的兵力的决定，盟军之所以这么做就在于美国决意实施"铁砧"计划（在法国南部的两栖登陆计划）。盟军原本计划在实施"霸王"行动的同时实施"铁砧"计划，不过最终直到实施了"霸王"行动的两个月后才实施了这项计划。在意大利的失利也令丘吉尔意识到自己不应当过于对意大利孤注一掷，回到伦敦不久，他便突然参与进为"霸王"行动制订详细计划的工作中。他组织并亲自主持了一系列参谋长委员会例会，参加会议的还有一两位大臣，艾森豪威尔或者他的参谋长沃尔特·比德尔·史密斯将军也会出席会议。这些会议的目标在于回顾一些工作的进展状况，例如代号为"桑树"的两个人工港的建造情况、已经具有压倒性优势的盟军空军部队的最合理的部署情况。他还发起了每周一次的唐宁街午餐会，参加聚会的有他自己、艾森豪威尔与沃尔特·比德尔·史密斯。

在罗斯福看来，英国首相亲临前线干预战事，自己却在距离前线3000英里之外的大后方，他或许会情不自禁地认为这种不对等的状况存在着一定的危险。但是，至少可以说丘吉尔没有远离自己曾经表示过强烈质疑的军事行动。2月20日，他针对"霸王"行动给马歇尔将军发去一封电报："随着时间的日益临近，我对这场行动的态度越来越坚定了。"[mxl] 更重要的是，他还表示无论他当初在德黑兰会议上提出的条件能否得到满足，这场行动都不会受到影响。果然，他说到做到。

尽管如此，在1943年冬末和次年初春的几个月里丘吉尔的状况一直不太理想。疾病令他更加衰老、虚弱。2月2日，尽职尽责的口述秘书玛丽安·霍姆斯在自己的日记中写道："不知为何，今天他显得老了10岁。"[mxli] 这种看法得到了科尔维尔的印证，在两个星期后的日记中他对丘吉尔做了一番描述，当时丘吉尔"坐在［唐宁街］辅楼书房里的一把扶手椅上，看上去老迈、疲惫、极其消沉"。^{mxlii} 政府刚刚在西德比郡选区的补选中惨败，德文郡公爵爵位的继承人、命运多舛的哈廷顿侯爵威廉·卡文迪许被当地一位以独立候选人参选的杰出的工党党员击败，保守党失去了大量选票，7 个月后卡文迪许在比利时的军事行动中牺牲了。就在两个星期前，在原本十拿九稳的布莱顿选区，保守党也遭遇了几乎同样惨重的失利。面对这样的局面，丘吉尔开始念叨着全国大选也会产生相应的结果之类的话了（幸运的是，他只是喃喃自语而已）。

其他几件类似的事情也令丘吉尔感到气馁。首先，对凡是不效忠于俄国的波兰人，俄国人都毫不留情。这是 1944 年里丘吉尔始终最关注的一个问题。他非常希望能与斯大林保持友好的交往，他自认为在德黑兰会议期间自己就在朝这个方向努力，在 10 月（1944）出访莫斯科的时候他更是认为自己在主动向对方示好。但是他不可能忘记英国之所以在 1939 年 9 月参加这场战争正是为了维护波兰人的利益，至少名义上如此。斯大林提出将波兰边界如同一幢移动的房屋一样向西移动，以便苏联接管波兰东部包括利沃夫市（现今属于乌克兰）在内的大部分领土，作为补偿，将原先德国人占领的土地让给波兰人，对于这个要求丘吉尔愿意做出让步。但是，除了波兰边界问题，苏联人还坚决要求华沙建立一个傀儡共产党政府（苏联人已经在波兰首都东南方 90 英里处卢布林建立了一个这样的政府），丘吉尔认为对方的要求令人忍无可忍。此外，苏联人对待两位英国船员的态度也令丘吉尔感到义愤填膺。这两位船员被判处长期监禁并被发送到了西伯利亚，在丘吉尔看来这两位船员在阿尔汉格尔港犯下的错误只是"酒后滋事"而已。俄国人希望英国派出更多的人力冒着巨大的风险参加北冰洋护航队的工作，可是他们对这两位英国船员却不愿意网开一面，这之间存在的惊人反差令丘吉尔无法释怀。俄国的法律很少有坚持公正原则的记录。

丘吉尔对美国也不太满意。表面上，罗斯福在 1941 年年初给丘吉尔派出的联合"国家之舟"（借用浪漫主义诗人朗费罗的一首诗的标题）保持着平稳的航行，但是前方困难重重，其中一些问题已经矗立在甲板前方了。2 月 25 日，丘吉尔与阿兰·布鲁克共进午餐，在两个人之间最激烈的一场争执之后，他们在这顿午餐期间达成了和解。据布鲁克所述，席间丘吉尔明确指出笼罩在英美联盟上空的一团不祥的阴云就是"总统近来对英国不太客气"^{mxliii}。丘吉尔邀请罗斯福与他"一道前往百慕大度过复活节"，他的邀请遭到了对方的拒绝，这件事情充分证明了丘吉尔的担心。美国总统辩解说自己得了流感，从医学角度而言，丘吉尔拒绝再度跨过大西洋的理由更有说服力，但是这个理由还不足以让他克服自己对首脑会议和旅行永不满足的向往。

事实上，无论是身体还是精神状态，丘吉尔都已经疲惫不堪了。2月22日，他在下议院发表了一场重要讲话，这还是他自前一年9月以来发表的第一场重要讲话，当时他告诉科尔维尔："现如今，发表这样的讲话太吃力了。"^{mxliv} 不过，哈罗德·尼科尔森还是认为："他看起来又恢复状态了，只是有点感冒。他的精力当然不如1940年时那么充沛，他也不如那时那么好斗了，不过他也不需要这样了。他是对的，就应该采取政界前辈那种更为朴素的腔调。"^{mxlv} 经过很长一段的太平时期，在这一年的初春伦敦又遭受了零星但是恐怖的空袭。2月里出现了两次，一次是在一个星期日（21—22）的夜里，皇家骑兵卫队阅兵场上落下了大量的炸弹，唐宁街的窗户都被震碎了。当时丘吉尔待在首相乡间别墅，没有亲历袭击。在当月接下来的一场空袭以及3月的4场空袭中他都待在伦敦，根据地图资料室管理员理查德·皮姆上尉所述，面对空袭他表现得斗志昂扬："首相的唯一反应就是命人准备好他的外套和钢盔，以便他在刚一开火的时候就能爬上屋顶，看个清楚。"^{mxlvi}4月4日，在给儿子的信中丘吉尔写道："轰炸的规模非常一般……有时候我会去玛丽亚的部队［在不用陪同父亲完成重要访问的时候，玛丽·丘吉尔就是防空部队的一名军官，当时被派驻在海德公园］，听一听我的孩子如何下令开炮。"^{mxlvii} 当时伦道夫远在南斯拉夫，与出访南斯拉夫使团的其他成员一起过着痛苦的日子。

不过，在丘吉尔看来这一轮密集但是短暂的空袭（279人身亡）只不过是总体上都不太尽如人意的战局又多了一个令人厌恶的因素而已。科尔维尔总是能够准确传达出唐宁街的态度，他早就在日记中提到："伦敦似乎对空袭以及［他］不如1940至1941年那么精力充沛的事实感到不安。"^{mxlviii} 他还记述了大约一个星期后的一天深夜，丘吉尔任性地在首相乡间别墅的大厅里抽了很多土耳其香烟。有人看到他的手里竟然拿着尼古丁含量那么低的烟，这至少是25年里仅有的一次。科尔维尔问他为什么抽的是香烟，他沮丧而轻率地答道："从土耳其人那里他只搞到了这个东西。"^{mxlix} 在给亚历山大将军发去的一封电报中，丘吉尔指出："眼下，这场战争压迫着我们所有的人。"^{ml} 这封电报更加充分地体现了丘吉尔心里的压力，甚至是抑郁的情绪。亚历山大与丘吉尔有着一样的观点，因此对他总是直言不讳，至少从这两个方面而言他都是丘吉尔最青睐的军事将领。

3月26日，丘吉尔发表了一年多来的第一场周日晚间广播讲话。这场讲话不太成功，科尔维尔提到首相在广播中"态度漠然"，尼科尔森也在日记中写到很多人都认为发表这场讲话的是"一个筋疲力尽、脾气暴躁的老头子"，不过尼科尔森震惊地表示一个"已经对战争厌倦至极"的国家对 1940 至 1941 年里的英雄竟然能表现得如此忘恩负义。[mli] 丘吉尔没能做出更精彩的发挥其中一个原因就在于他在讲话中过多地谈及了自己不太感兴趣的问题，即战后政府在住房、教育和农业方面的改革等问题，同时他又觉得自己甚至都无法略微提及当时自己最关注的一些问题。首先，奥德·温盖特将军于 3 月 23 日逝世（又是由于飞机失事），在前一年的 8 月，丘吉尔说服温盖特与他一道前往了魁北克，他认为在对日本的地面战斗中这位离经叛道的将军能够做到出奇制胜。第二，苏联对两名在阿尔汉格尔港被俘的船员的态度以及前一天斯大林针对波兰问题给他发来的一封寸步不让、粗鲁无礼的电报令他极其愤怒。

丘吉尔对部队进行了两次成功的视察，一次是与美国的艾森豪威尔在英国南部进行的视察，一次是对驻扎在约克郡的英国部队进行的视察，食宿都是在他自己的特别专列上解决的，他一直喜欢这样的生活。然而，在他于 3 月 28 日与参谋长委员会举行了一次会谈之后，布鲁克在日记中写道："恐怕他［首相］很快就要不行了。他似乎都无法连续集中精力几分钟，只是不停地走来走去，那副样子看上去很危险。他哈欠连天，还说自己累极了。"[mlii]

布鲁克对丘吉尔恼怒的背后始终存在着对他的敬意，尽管如此，有时候他还是会情不自禁地想要对首相发表一番十分刺耳的评价。实际上，疲乏很难打垮丘吉尔，参谋长委员会明确表达的意见他基本上都会接受，但是这主要是因为他被对方说服了，而不是因为疲惫之下做出了让步。由于疲惫，他或许的确无法发挥重要作用，有时候很容易动怒，并且常常陷入抑郁状态，但是他始终没有因此丧失与别人论战、维护权力的斗志。对于这一点，在 1944 年的春天发生的 3 件事都充分地说明了这一点。3 月 21 日，政府中刚直不阿的典范约翰·安德森爵士向丘吉尔指出是时候让战时内阁知道"合金管"计划（原子弹计划）了，从宽泛的角度而言，或许也应该向俄国人透露这个消息了。对于前者，丘吉尔回答道："我不同意。他们能对这个计划做什么？"对于后者，他的回答是"绝无可能"。[mliii]

一个星期后，政府在下议院里遭到了挫败，这还是组建将近 4 年里的第一次。这次表决的内容是女教师与男教师同工同酬问题是否也应当被纳入"教育议案"中，丘吉尔对这个问题不太关心，之前他已经很不情愿地指示理查德·巴特勒处理这份议案了。在这场规模不大的投票表决中，政府以微弱的差距被打败了（120 票对 119 票）。随即，丘吉尔认为政府应当强迫下议院否认之前不合时宜的表决结果。两天后，他以 400 多票的优势抹消了之前的投票结果。科尔维尔对这件事的总结非常贴切："首相容光焕发。可是，杀鸡焉用宰牛刀？"[mliv]

丘吉尔对牢牢把持指挥权的决心接受的第三个考验是最艰巨的。希腊的山区里已经形成了一支实力仅次于铁托游击队的抵抗力量，这支军队的领导是希腊民族解放阵线，武装力量是希腊民族解放军，二者之间的关系类似于新芬党和爱尔兰共和军，但是他们都完全处在共产党的控制下，在这一点上就连爱尔兰最极端的共和主义者都无法企及。用丘吉尔的话来说，希腊民族解放阵线和希腊民族解放军"已经在希腊中部和北部的山区里建立了一个国中之国"。^{mlv} 苏联军队已经推进到罗马尼亚边界，因此很有可能德军会撤出巴尔干半岛，希腊抵抗组织的政治野心骤然增强了。3 月 26 日，民族解放政治委员会打着临时政府的旗号成立了，这对远在开罗的希腊流亡政府构成了直接挑战。这个流亡政府的首相是希腊政客楚泽德罗斯，现如今已经没有多少人记得他了，这个政府由于拥护希腊国王乔治二世而拥有合法地位，因此也拥有了一个实实在在的有利条件，这就是丘吉尔的支持。苏联人在波兰问题上毫不让步，再加上波兰的遭遇有可能在其他东欧国家的身上得到复制，而丘吉尔对这些国家的影响力更是微乎其微，因此他更加坚定了自己的决定——希腊至少要处在英国海上力量的管辖范围内。在 1944 年里，丘吉尔一直力争实现的一个目标就是确保希腊不会被共产党人接管。

对于这个目标，希腊国王毫无利用价值，暂时一段时间内丘吉尔对他以及地中海其他国家的君主承担有义务，但是总体上他们的存在将他置于了窘境中。南斯拉夫国王彼得二世显然也属于这种情况，维克多·埃曼努尔三世也是如此。就在被不少流亡政府当作"陪都"的开罗，埃及国王法鲁克给丘吉尔制造的负担至少也不亚于这几个国家，挪威国王哈康七世、荷兰女王威廉明娜和卢森堡女大公这些在伦敦安营扎寨的北方各国君主给丘吉尔带来的问题要小得多。

出于本能，丘吉尔一直拥护君主制，并且对君主制有着浪漫的幻想。比如说，他认为如果德国的国家元首是没有被德国皇帝个人侵略欲望所玷污的霍亨索伦王朝的后人，而不是在魏玛共和国初期上台的那些鲜为人知的社会民主党总统，甚至是已经濒临悬崖的陆军元帅冯·兴登堡的话，那么德国人民就会对希特勒的上台进行更强烈的抵制。但是，在对待君主的态度方面，丘吉尔基本上还是一名辉格党人，他相信在社会地位上自己同君主完全平等。在自己的祖国，丘吉尔一开始与爱德华八世的关系很不融洽，而且他又将深得这位国王青睐的张伯伦取而代之，但是后来他与乔治六世建立起了非常融洽的关系。面对国王，丘吉尔始终保持着臣子对君主的尊敬，但是在这种表象的背后，他与君主之所以能够保持这样的合作关系，在本质上还是因为国王甘愿屈居他之下。面对丘吉尔，国王自动放弃了一国之君的地位，不过有时候他对丘吉尔来说也是一个智慧的心腹，能够发挥至关重要的作用。

他是一位颇有奉献精神的君主，一心想要履行自己的职责，不怕承担风险，不关心个人享受和特权。有一件事充分说明了他的态度，按照惯例丘吉尔应当在每周二的傍晚向国王汇报工作，但是丘吉尔频频迟到，因此他提议将每周一次的觐见改为午餐聚会。国王对丘吉尔的提议做出了热情地响应，后来还欣然接受了每个月前往唐宁街一次、与丘吉尔共进晚餐的提议。对于战争方方面面的问题，丘吉尔几乎都乐于畅所欲言地与乔治六世交换意见，但是他绝不会将制定政策的权力交给对方。

　　丘吉尔接触过的其他君主都不如乔治六世这么令人满意，他对他们的忠心也受到很多条件的限制。如果他们在战争中协助盟军并且在各自的国家扶植对英国有利的政权，那么他们就能够得到英国的支持。如果他们执意妨碍盟军的事业，英国就会撤销对他们的支持。希腊国王乔治二世的地位就岌岌可危。民族解放政治委员会成立的消息从希腊的山区传到了世界各国，在开罗的希腊流亡政府随即变得动荡不安，当时乔治二世正在伦敦，驻守在埃及的希腊军队流亡政府以及国王发动了政变。英国驻希腊流亡政府大使是活力十足但是颇富争议的外交部官员雷金纳德·利珀（绰号"雷克斯"），他希望国王不要插手此事，最好能够接受摄政王的位置，同时在新总理的领导下扩大政府结构，他还提议由利珀提索福克勒斯·韦尼泽洛斯（多么辉煌的名字*）出任总理。

　　由于患病，再加上其他一些原因，艾登休息了一段时间，在这段时间里丘吉尔暂时代管了外交部，对外交工作的控制超过了他一贯的控制程度，因此更直接地掌握了与希腊流亡政府对话的筹码。利用手中的筹码，他拒绝了利珀的建议，并且接二连三地发去电报戏弄对方，这种表现在一定程度上显示出丘吉尔很不信任利珀，尽管在后来完成的一卷《第二次世界大战》中他对利珀盛赞了一番。通过发给利珀的电报还可以看出，由于牢牢地掌控了局面，丘吉尔一时间情绪高昂。4月7日，他收到了利珀的建议，就在当天他邀请希腊国王乔治二世在唐宁街与他共进午餐。席间，丘吉尔说国王的想法很正确，他的确应该回到开罗、维持住摇摇欲坠的政府。丘吉尔的表态同利珀的建议背道而驰。接着他又给利珀发去电报，告诉他必须毫不动摇地镇压发生叛乱的希腊军队。他告诉驻埃及总司令伯纳德·佩吉特将军："我们准备尽最大努力，但是如果有可能的话，还是不要让我们面对一场大屠杀吧。"mlvi 在给利珀的电报的结尾，他指出："这是一个让你展示定力和掌控力的机会，

---

　　* 作者指的是分别与此人同名或者同姓的两位希腊伟人，索福克勒斯（公元前496？—前406）是古希腊三大悲剧作家之一，埃莱夫塞里奥斯·韦尼泽洛斯（1864—1936）是希腊最卓越的政治家。

这正是英国外交部门的特点。"^{mlvii}

第二天，丘吉尔给利珀下达了进一步的指示：

> 对于你本人而言，这是一个天赐良机。你应当坚持执行我已阐明的原则，无须担心后果。你说自己此刻的生活就如同捂着一座火山的盖子，在这样的局势下你还指望自己能过着怎样的生活？请务必严格照办从我这里得到的指示，即，重中之重就是，维持武装力量的秩序和纪律。其次，确保国王的人身安全。第三，尽一切努力劝说楚泽德罗斯一直留任到国王回去，并抽空看看周围的形势。第四，试着说服韦尼泽洛斯继续接受楚泽德罗斯的领导。第五，以虔诚、得体的态度欢度复活节。^{mlviii}

4月底，丘吉尔的主要目标都一一实现了，希腊方面没有发生流血事件，只是有一名英国军官牺牲了。希腊国王暂时在开罗稳定了局势，组建了一个新政府，这个政府的领导人不是索福克勒斯·韦尼泽洛斯，通过更仔细地审视，英国方面断定他不是合适的人选。新总理是乔治·帕潘德里欧，他的儿子乔治·安德烈·帕潘德里欧曾在20世纪80年代和20世纪90年代出任过希腊总理。希腊政治表现出高度的世袭性。在丘吉尔采取一系列强硬手段的过程中，罗斯福在远方向他表示了强烈支持。罗斯福的态度令丘吉尔感到开心，不过后期他还是给利珀下达过一项指示："绝不接受美国或俄国方面的一切援助，除非得到我的命令。"^{mlix}1944年12月，希腊再度爆发危机，这一次形势十分严峻。希腊危机彻底破坏了丘吉尔的圣诞节，这是他担任战时首相期间在首相乡间别墅度过的最后一个圣诞节。不无讽刺的是，这场危机迫使他接受了利珀的大部分建议，并且再也没有得到过罗斯福的热情支持。

与此同时，向希特勒在法国的堡垒发起进攻的日子日益临近，时间飞逝得令丘吉尔感到害怕。他也许"很强硬"，但是内心始终惶恐不安。面临挫败时，他是古往今来最桀骜不驯、最具有反抗精神的人，当胜利日渐来临时，他却远比罗斯福和马歇尔将军更谨慎。但是恐惧并没有妨碍他积极勇敢地准备参战，他常常坐上只有两节车厢的专列，亲临部队登船的码头附近。在惶恐不安中等待胜利的那个暮春时节，留给后人的最强烈的印象就是丘吉尔的情绪非常不稳定，通常总是一副无精打采、垂头丧气的模样，他觉得与他对话的人——斯大林、罗斯福、戴高乐——中没有一个人会遵从他的愿望，他也越来越感到无力将自己的想法强加给别人，但有时候他又突然变得活力十足，做出极其出色的表现。在走向胜利的过程中，他远不如自己在4年前面对失败时那么乐观。

丘吉尔内心深处一直存在的抑郁常常会爆发出来，不过他不会始终如此。导致他陷入抑郁状态的根本原因有 3 个。首先，他对苏联的意图以及这个国家在战后欧洲的势力越来越感到担忧。在这个问题上他的态度总是有些模糊。他十分钦佩红军的坚毅品质，在很大程度上正是由于对红军的敬意，他对斯大林偶尔展现出的魅力毫无招架之力，他希望与后者建立一种巨人之间的私人合作关系。他有些希望自己能够相信在争取生存的过程中俄国在对原先的意识形态进行清洗，这个国家即使不会发展成一个民主国家，至少也会成为一个值得尊敬的国家。5 月 24 日，丘吉尔告诉下议院在苏维埃俄国"托洛茨基式的共产主义已经被彻底肃清了"，他根本不考虑是否会出现更糟糕的替代品。但是，在这个春天他对苏联在战后世界中扮演的角色的担忧与日俱增。这样的担心没有阻止他在实施诺曼底行动的最初几天里不断向斯大林报告战事状况，他的描述不仅洋溢着乐观情绪，而且透露了大量他应该不愿意透露给戴高乐的详细信息。凡是措辞生硬、表达不满的电报几乎都是写给莫洛托夫的，尽管丘吉尔并不认为他是一个无足轻重的人物，而且也不应当对他怀有敌意；凡是表达西方世界的期望或者实际取得胜利的电报基本上都是发给斯大林的。有几封发给莫洛托夫的充满怨言的电报都被归入了"起草但未发出"的一类信件中，有时候这么做是因为他听从了艾登和外交部的意见，有时候参谋长委员会也会提供一些建议。

第二个促使丘吉尔长期处在抑郁情绪中的因素是，在对苏联人的恐惧与日俱增的同时，他不太相信美国人会支持自己对抗苏联人。相反，在 1943 年的年底直到 1944 年，英美战略协议几乎已经形同作废了。这种状况的出现是由于美国方面认为丘吉尔对"霸王"行动的态度始终不太认真，英国相应地认为对于在意大利的军事行动美国人也同样缺乏诚意，尤其是他们无意像英国人那样尽可能地向东北部推进，先于苏联人赶到维也纳。在战场上，英美联军和指挥官们基本上继续保持着融洽的合作，但是两国的参谋长委员会似乎都开始专注于对方反感的目标。美国方面决意实施在法国南部登陆的"铁砧"行动，如果有必要的话，他们还打算暂停在意大利的推进，即使尚未攻占罗马，以便腾出精力实施"铁砧"行动。丘吉尔对美国方面的计划极其厌恶，他越来越认为"铁砧"行动是错误的选择，即使亚历山大不会因此暂停在意大利的前进步伐。

双方在军事问题上的争执最终或多或少都得到了解决。亚历山大在 5 月中旬发动的进攻尽管打得十分艰难，但还是取得了成功，确保了英美联军能够攻占罗马，这场胜利抚慰了丘吉尔的情绪。6 月 4 日晚上，英美联军打到了威尼斯宫的大门外，由于墨索里尼经常站在威尼斯宫正中央的阳台上发表讲话，因此占领这座宫殿就标志着占领了罗马。丘吉尔因此士气大涨，盟军登陆法国的行动也近在眼前了。但是这场胜利并不能抹消一个事实，就在之前惊恐不安焦急等待的几个星期里，面对他与俄国人争执不下的状况，美国方面不仅没有对他表示充分的理解，派兵跨过大西洋，反而采取了相反的行动。

第三个原因就更是糟糕了，丘吉尔越发感到自己的身体已经大不如从前了，或许在头脑方面也是如此。阿兰·布鲁克在5月7日的日记中记述了深夜里进行的一场对话："他说自己的睡眠一直很不错，食欲也好，尤其是酒量也很好，可是他再也不能像从前那样随时从床上一跃而起，他感觉现在自己就希望成天到晚地卧在床上。"[mlx] 对于丘吉尔的消沉状态，人们应当对布鲁克这段绘声绘色的描述有所保留，不过他的看法通过4月26至29日发生的一系列事件得到了更生动也更客观的说明。科尔维尔对这些事件做了如下的记述，除此以外还有其他一些人也证实了他的描述：

> 4月26日，星期三，首相在［议会的］首相问答中遭到惨败。他失去了自己的立场，回答问题时牛头不对马嘴，忘记了克什米尔土邦邦主的名字［最后一个失误不算太严重］。
>
> 4月28日，星期五，首相独自乘车抵达［首相乡间别墅］，他睡得很沉，眼睛上蒙着黑色的绷带，车在正门外停下来的时候他还继续睡着。他与史末资一起吃了晚饭，按照惯例在饭后又观看了一部电影。史末资去睡觉了，首相一直办公到1点30分，在教授［林德曼］、汤米［海军副官］和我的合力劝说下他才去睡觉了。
>
> 4月29日，星期六，首相直到11点35分才醒来，真奇怪。[mlxi]

不过，在长时间的萎靡不振中，丘吉尔有时候还是会焕发出活力。就在这个星期过后，科尔维尔又在5月1日的日记中写道："有人急匆匆地在中午12点赶到伦敦，参加了在［唐宁街］10号同诸位自治领总理会谈的开幕式。首相自然是迟到了，不过开幕式进行得很顺利……"[mlxii] 这天下午，丘吉尔向众位自治领总理介绍了战争的整体局势和前景，很多人都表示他的表现"无与伦比""精彩至极"。

各自治领的总理们回报给他最近一段时间里媒体和议会始终不曾给予他的热情支持。南非的史末资几乎对丘吉尔过于言听计从，无论是在开罗、伦敦，还是在首相乡间别墅，他都十分喜欢与丘吉尔站在一条战线上。他给丘吉尔提供了不少明智的建议，唯一有损其客观性的问题就在于他说的几乎都是丘吉尔想听到的。在历史比较悠久的自治领中，由于在地理位置上毗邻美国，加拿大的麦肯齐·金是丘吉尔在二战期间唯一拜访过的一位政府首脑。但是，在丘吉尔出访北美洲期间，麦肯齐·金总是受到敷衍，被当作两个大国之外的"第三者"，而且长期以来加拿大人民一直在争取实现全面独立，加拿大始终没有加入英镑区，① 也是最先拒绝接受英国爵位的自治领。尽管如此，麦肯齐·金还是对丘吉尔表示了强烈的支持，他在文章中写道："丘吉尔先生抵制住了这种压力〔美国要求英国开辟第二战场〕，直到时机成熟，在许多世界大事中这或许是最了不起的一件事。"^{mlxiii} 更惊人的是，澳大利亚和新西兰的两位工党总理都对丘吉尔表现出了热情。新西兰总理彼得·弗雷泽的立场同史末资有些相近，他还是首相乡间别墅的常客；澳大利亚总理约翰·科廷的态度一向比较冷淡，澳大利亚全国对盟军优先处理与德国而不是日本的战争也持有比较强烈的怀疑情绪，但是这位总理对丘吉尔在苏联进犯东南欧地区的问题上表现出的警惕性还是表示出了不太现实（考虑到澳大利亚的地理位置）的支持。

自治领的领导人对丘吉尔表示了强烈的钦佩和支持，他们在英国逗留了整整两个星期，在此期间丘吉尔一直没有表现出不耐烦的情绪，一次次欣然带着他们去部队视察。他对他们的控制力令他受益，在他看来大不列颠帝国（逐渐被称为"英联邦"，但是出于本能丘吉尔从不接受这种概念）得到了巩固，成为一支荣辱与共的军队，这样的信心在20世纪40年代末期令他产生了矛盾的情绪，他一方面主张欧洲各国实现联邦政治，同时他又认为英国应当拥有至高无上的地位。

在走向诺曼底登陆日的过程中，丘吉尔还碰到了另外两个棘手问题：第一，应当对轰炸行动采取怎样的政策；第二，在出现了盟军攻入法国的新情况下应当如何对待戴高乐将军。对于这两个问题，盟军内部没有太大的分歧，是否应当对法国的铁路枢纽实施大规模轰炸问题是索利·朱克曼（一位年轻的动物学家，又是爆破专家，在许多领域都充满自信，甚至有信心在接下来40年里的英国国防政策中扮演重要角色）与艾森豪威尔的副手亚瑟·泰德中将提出来的。身居要职的泰德接受了朱克曼的思维方式，成了他的拥护者。轰炸机司令部的最高指挥官哈里斯中将不喜欢轰炸法国铁路枢纽计划，他无法将注意力从彻底摧毁德国各个城市这个目标上转移开。出于其他考虑，丘吉尔对这项计划也没有好感。他认为这

---

① 英镑区是1939年成立的，以英镑为中心的国际货币集团。

样的行动会给法国平民造成过多的伤亡，催生出法国人民对盟军的仇恨情绪。他承认在实施诺曼底登陆计划过程中，"英国和美国的部队遭受的伤亡率很有可能会高得多，登陆之后事情的轻重缓急自然也会出现新的变化"，[mlxiv] 但是令他担忧的是中间的那段时间。这种观点与他对法国北部战役的总体评估多少有些抵牾，他认为盟军在法国北部开展的军事行动起到了防止德军快速得到增援的作用，他的判断是准确的。对于实现这个目标，切断法国的铁路网显然就有着至关重要的作用，可是其中又涉及丘吉尔对大屠杀的憎恶以及他内心深处的亲法情结。罗斯福没有这样的顾忌，他坚定地认为为了入侵法国盟军可以不择手段采取一切措施。

即使在伤亡问题上，丘吉尔的态度也十分模糊。他当然不希望看到又一场索姆河战役，但是他也知道与敌人作战永远是军人的天职。他从来不喜欢静寂无声的前线，也不喜欢看到大量军官过着安逸而毫无价值的生活。5月初，他突然将目光集中到了在阿尔及尔开展的军事行动上，这座北非城市已经不再是战争中的焦点了。他说："最好的方法莫过于用大约1000名参谋组建一支'神圣军团'，让他们以身作则，让其他部队看一看他们如何在一些极其艰难的进攻行动中领兵打仗。"[mlxv] 当然，这样的事情没有发生，实际上丘吉尔也无意于此，他只是在对任何大型军事机构几乎都无法避免的人浮于事的现象发发牢骚而已。

在登陆行动的地点和时间问题上，英国人和美国人都不愿意提前向戴高乐透露太多的信息，在英美两国看来，"自由法国"先天缺乏稳固的基础。此外，美国人甚至比英国人更不愿意给予戴高乐领导的民族解放委员会以"法国的地契"。当时英国人已经知道戴高乐在法国抵抗运动中的地位有着怎样的影响力。在6月4日（星期日）清晨，戴高乐应邀从阿尔及尔赶到了伦敦。他首先收到了丘吉尔的一封信，后者邀请他在汉普郡的首相专列上共进午餐。列车就隐藏在南部海岸背后的铁路岔道上，丘吉尔因此有些沾沾自喜地认为自己身处在高级指挥部里，几乎就像自己亲自上阵指挥入侵法国的行动。

丘吉尔在前一天晚上才刚刚回到自己的专列上，在此之前他视察了驻守在南安普敦的诺森伯兰师登船的情况，以及停靠在当地和朴次茅斯的登陆艇装船工作，并且造访了艾森豪威尔在当地的司令部。他叫史末资和贝文参加了此次视察活动（贝文受到了泰恩赛德人民极其热烈的欢迎，这种情况或许提前13个月就预示出了1945年大选的结果），艾登守在列车上等着他。艾登的首席私人秘书皮尔逊·迪克森亲眼看着丘吉尔将港务局式的深蓝色哔叽制服换成了颜色比较明快的双斜纹布轻骑兵部队上校制服，然后才去列车餐厅主持了一场"十分轻松愉快的晚宴"。宴席上的菜肴"棒极了"，宾客们还用"白兰地杯（矮脚球形酒杯）"喝着 1926 年的香槟和"上好的陈年白兰地"。宴会气氛非常轻松，贝文与艾登在席间都表示了对对方的强烈好感，丘吉尔情不自禁地说"他已经打算随时将领导权让给他们二者中的某一位，或者他们两个人"，[mlxvi] 这份遗赠似乎不够明确。

第二天，贝文、艾登与史末资仍旧陪伴着丘吉尔，但是前一天那样轻松愉快的气氛完全没能得到再现。破坏气氛的因素在于戴高乐答应前往汉普郡。戴高乐的此次访问在一开始气氛非常融洽，丘吉尔在铁轨上张开双臂向戴高乐表示了欢迎。然而，戴高乐不是一个容易打交道的人，不过他在这次访问中表现出的矜持也不难理解。在对方的召唤下，他先是赶了 1000 英里的路，接着又赶了 80 英里的路，结果他看到的基本上只是一个"戏台"。（停靠在乡间岔道上的列车车厢在 1918 年和 1940 年以截然相反的方式给人们留下了挥之不去的阴影。）* 在距离盟军登陆法国还剩 36 个小时的时候，他在丘吉尔的专列上得知了进攻的消息。实际上他还算幸运，完全是由于前一天晚上的天气预报，艾森豪威尔才下令将原定的进攻日期从 6 月 5 日推迟到 6 月 6 日，因此他才能提前 36 个小时而不是 12 个小时得知这个消息。丘吉尔告诉戴高乐的另一件事情就是他应当对华盛顿做一次访问，在诺曼底战斗打响最开始也是最关键的阶段努力改善自己与罗斯福的关系。

据艾登所述，除了这一点，丘吉尔还告诉戴高乐："在全力以赴地争取过之后，如果［美国］总统和法国民族解放委员会仍旧阵营分明的话，那么他——丘吉尔先生——十有八九会站在总统一边。总之，英国和美国不会为了法国发生争执。"[mlxvii]

艾登继续写道，戴高乐说"对于英国会和美国站在一起的事情，他非常理解"。[mlxviii] 这段描述显示出丘吉尔至少给予戴高乐一定的安抚，不过他的语气基本上是讽刺而不是同情。19 年后，戴高乐否决了哈罗德·麦克米伦对加入欧洲共同市场的申请，他的理由是英国属于"大海"，而不是欧洲，这种观点的形成多少也是受到了丘吉尔当年的刺激。在场的内阁同僚都认为丘吉尔在 6 月 4 日的时候对戴高乐的态度过于生硬，艾登在出版于 1965 年的一卷回忆录中写道："我不喜欢这项声明，贝文先生也不喜欢，他在一旁大声表达了自己的不满。这场会晤很失败。"[mlxix] 戴高乐慢慢地接受了丘吉尔的建议，于 7 月 6 至 11 日出访了美国。在华盛顿期间，他

---

* 1918 年 11 月，德军向福煦投降；1940 年 6 月，法军向伦德施泰特投降。这两起事件都发生在同一个被布置成餐车的车厢里，即"福煦车厢"，当时车厢就停靠在距离巴黎东北 80 公里的贡比涅森林的铁路岔道上。

与罗斯福相处得还算融洽，反而比他与丘吉尔在汉普郡的会面更理想。*

这天晚上，丘吉尔又返回了伦敦，在接下来紧张得令人痛苦的几天里他一直守在伦敦。他希望自己近距离地观看战斗，5月中旬他迫使拉姆齐同意了一个荒唐的计划。多佛尔地区的最高指挥官拉姆齐曾经指挥过敦刻尔克撤退行动，在1944年又担任了入侵法国的盟军海军指挥官（在艾森豪威尔的领导下），这种安排颇有浪漫而公平的色彩。5月16日，拉姆齐很勉强地写信告诉丘吉尔：

> 简言之，计划就是你将在登陆日前一天的傍晚在韦茅斯湾……登上"贝尔法斯特"号巡洋舰……这艘船专门为此次任务从克莱德被调遣过来，任务结束后它将全速前进，与自己的部队会合。我想不出还有更小型的舰船适合你在夜间穿过这条路线……你有可能在次日被转移至一艘完成轰炸任务、应当返回英国补充弹药的驱逐舰上。在适当尊重有些区域尚未清除地雷这个事实的前提下，你可以稍稍在海滩上巡视一番，然后便返回船上。[mlxx]

拉姆齐继续写道，他尊重丘吉尔不愿将此事告知第一海务大臣的想法，但是他认为有必要让最高统帅艾森豪威尔了解情况，"我必须告诉你，他非常反对你前往海滩"。[mlxxi] 在勇气和孩子气的驱使下，丘吉尔在战争后半程里最重要的时刻做出了如此不负责任的举动。他在4月25日的时候就告诉科尔维尔，自己决意成为"第一批到达桥头堡的部队中的一分子"，还说"赶在蒙迪［蒙哥马利］之前到达那里该多有趣啊"。[mlxxii] 他对蒙哥马利的调侃至少表明相比当年春天最消沉的一段时间，他的情绪已经有了显著的回升，他的态度似乎也坚定得足以让他有勇气无视艾森豪威尔的反对。几乎所有的人都对丘吉尔的冒险行为表示反对，得知这件事情后参谋长委员会自然表示了反对，伊斯梅将军也是如此，他巧妙地提出真正的问题不在于人

---

* 在戴高乐此次出访美国的过程中出现了近乎闹剧的一幕，当时他的表现生硬但是还算得体。在访问过程中他自始至终都在强调自己的军人属性，一直身着军装，他唯恐得不到华盛顿方面的迁就，因此表示自己决意去拜访在1917至1918年里担任驻法美国远征军司令的潘兴将军。美国方面费了很大的工夫终于在阿巴拉契亚山区的一家养老院里找到了这位陆军特级上将（授予潘兴的特殊军衔）。戴高乐来到养老院的时候，他身穿的法国军装和平顶军帽令已经有些老糊涂的潘兴回想起了多年前的往事。因此他首先向戴高乐问了一个令人尴尬的问题："我的老朋友贝当元帅怎么样了？"戴高乐生硬地回答道："上一次见到他的时候，他把自己说得很好。"不过这个回答很得体，也符合事实。戴高乐对潘兴的拜访不尽如人意。（感谢陪同戴高乐前往华盛顿并拜访潘兴将军的艾蒂安·比林·德·罗齐耶向我讲述了这段往事。）

身安全，而是这样一来，在必须制定关键性决定的时候丘吉尔可能暂时无法与外界取得联系。丘吉尔做出了至少同样巧妙的反击，他在私下里暗示说如果伊斯梅不再唠叨的话，他可以带着他一起前往海滩。

乔治六世国王虽出手较晚，但是以比较巧妙的方式成功地阻止了这个令很多人感到惊恐的计划。一开始国王认为丘吉尔的计划是一个好主意，他说过自己也想前往海滩。在从私人秘书艾伦·拉塞尔斯那里得知各位指挥官的反对意见有多么强烈后，他抛开了原先的渴望，一心一意地努力劝说丘吉尔放弃自己的想法。他并不打算根据宪法规定发布一项通告，正式禁止首相出行，但是他动用了除此以外的所有办法。为了动摇丘吉尔的决心，他写了两封信，在 6 月 4 日才发出的第二封信中，他写道：

> 我想再一次恳请你不要在行动当天前往海边。请考虑一下我的处境。我比你年轻，又是一名水手，作为国王我还是三军统帅，我最想做的事情莫过于前往海边，可是我已经答应他们留在国内；跟我做同样的选择，这对你总算公平吧？^{mlxxiii}

就这样，在 6 月 5 日至 6 日的夜里丘吉尔只能像"英国的绅士一样上床睡觉了"。据说，在向克莱门汀道晚安的时候他说："你能意识到吗，等你在早上醒来的时候，或许就已经有 2000 人战死了？"^{mlxxiv} 或许是出于沮丧，再加上始终对大规模流血牺牲事件的反感，丘吉尔才会说出这样消沉的话。他描述的景象不仅恐怖，而且过于悲观。事实上，在登陆日当天一整天，盟军只牺牲了大约 3000 人，直到 6 月底双方死亡人数不超过 8000 人，其中 2/3 是美国人。到了登陆日的中午，丘吉尔暂时有资本告诉下议院前线形势比较乐观，接着他与国王共进了午餐，之后带着国王前往设在圣詹姆士广场的盟军空军司令部以及艾森豪威尔在格罗夫纳广场的后方司令部。傍晚 6 点 15 分，他在下议院发布了一份更加充满信心的声明，对艾森豪威尔的"勇气"大肆赞扬。尽管没有明说，但是丘吉尔之所以盛赞艾森豪威尔是因为这位最高指挥官决定随进攻部队一起进入法国，尽管当时天气的好转还不太稳定。登陆行动仅仅被推迟了 24 个小时，继续拖延下去的话整个行动的节奏就有可能被扰乱，那个夏天恶劣的天气与法国战败的 1940 年夏天形成了鲜明的对比，永远等待绝对风和日丽的日子或许会导致行动遭到无限期的推迟。

第三十九章　进入结束阶段

6月12日，在史末资与阿兰·布鲁克的陪同下，丘吉尔用了一天的时间视察了诺曼底桥头堡的情况，在蒙哥马利的指挥部里吃了午饭，当时这个指挥部位于距离海滩5英里的地方。7月22至23日，他对桥头堡进行了第二次视察，这一次的时间长了一些。他首先探望了驻守在瑟堡和犹他海滩的美军部队，接着就去了英军在阿罗芒什的主要登陆地点，视察了"桑树"港，当晚在英国海军"企业"号巡洋舰上过了一夜。两天里，他每一天都要去蒙哥马利的指挥部，从那里出发前往卡昂，与英国4个集团军的指挥官以及艾森豪威尔麾下最重要的美军将领奥马尔·布拉德利会面。

在对德作战的最后一年夏天，每次丘吉尔去前线视察回来之后紧接着就会发生一件大事，不过两件事情之间并不存在内在的联系。在他结束了为期一天的首次视察、返回国内的当天晚上，英格兰的上空首次出现了看上去有些恐怖的V—1导弹（英国人将其称为"飞机导弹"）。德军在夜里投下了27枚这种新型炸弹，不过只有4枚落在了伦敦市区，其中又只有1枚落在了贝斯纳尔格林区，造成了两起伤亡事件。导弹体积大约相当于一架小型战斗机，在第一次投放之后这些无人驾驶的飞行武器的投放数量与其造成的伤亡数量就形成了惊人的关联性。7月6日，丘吉尔宣布在采用这种新型武器的最初3个星期里德军共投放了2745枚导弹，造成2752人死亡。到了8月底，这种新型武器带来的威胁渐渐减弱了，但是它们造成的死亡人数已经上升到了6000多人。此外，将近75万座房屋遭到损伤，不过其中只有2.3万座房屋的情况严重到无法修复的程度。

这些数字远远低于1940至1941年形势最严峻的几个月里出现的伤亡数字，但是对于厌战情绪已经十分强烈的英国人民来说，这些数字足以给他们疲惫不堪的神经再增加一份相当沉重的压力。很多人随时都有可能面对炸弹的威胁，无论天气是否适宜飞行，无论白天还是晚上，炸弹随时都有可能出现。相比3年半前闪电战造成的规模更大、更规律、因此也容易预见到的威胁，导弹带来的威胁更加令人难以忍受。丘吉尔不属于神经极度紧张的一类人，但他属于厌战情绪最强烈的一类人，然而他非但没有失去丝毫的勇气，反而有悖常情地在大爆炸中找到了快乐。在德国导弹近在咫尺的情况下，他依然能够泰然自若地继续向秘书口述文件。他信誓旦旦地告诉斯大林，这种新型武器"没有给伦敦人民的生活……造成明显的影响……大街小巷和公园里到处都是没有上班或者休假中的市民在享受阳光"。[mlxxv] 他的描述不乏虚张声势的意味。单枚导弹造成的平均伤亡率不算高，但是这并不意味着攻击就不会造成许多起有大量人员伤亡的恐怖事件，平均数字之所以如此低只是因为很多导弹都落在空旷的郊外，没有造成伤害。6 月 18 日（星期日），在坐落于威斯敏斯特区鸟笼道上的禁卫军教堂（皇家军队教堂）进行晨祷的过程中，一枚炸弹落了下来，60 个人被炸死。6 月 30 日夜晚的轰炸并不密集，原本不应当造成太大的伤害，然而在距离查特维尔庄园不到一英里的一家孤儿院里还是有 32 个人在轰炸中身亡了。就在当月，在那个风雨飘摇的夏季一个难得风和日丽的好日子里，德军在午餐时间对伦敦奥德维奇的东区实施了打击，对那一带上班的伦敦市民进行了一场大屠杀。

丘吉尔面对危险无动于衷的天性以及与斯大林的通信中表露出的态度都令人感到，面对这样的屠杀他也应该无动于衷，然而身为首相的他并非如此。导弹袭击没有诱使他偏离盟军在法国的战略计划，以便尽快攻占基本集中在加莱海峡省范围内的导弹发射场，但是为了对德国人进行报复性的惩罚他想到了一个疯狂的计划。对方无所顾忌地使用导弹这种武器对平民人口实施了无差别的攻击，因此他要求英国军方立即研究如何用毒气战甚至是化学战对德国人开展报复行动，他还构想了一套逐一消灭 100 个中等规模的德国城市的计划。最终，在皇家空军专业人员的劝说下，他极其勉强地承认了这些报复手段都不会起到预期的效果，不得不比较被动地继续忍受着对方的攻击。

这种反应的深层原因还在于他忌惮希特勒的第二件秘密武器，也就是更具有威胁性的 V—2 火箭（世界上最早投入实战使用的弹道导弹）。9 月 8 日，德军发射了第一批 V—2 火箭，当时盟军刚刚占领了发射场，将英国从 V—1 导弹的攻击中解放出来不久。一枚火箭落在了伦敦城西的奇斯威克区，导致 3 人死亡，另一枚落在了丘吉尔的选区埃平的北部，只摧毁了几座小棚子。令人感到匪夷所思的是，政府决定努力掩盖这几次攻击，对外宣称是奇斯威克区的一根煤气总管爆炸了。丘吉尔是否参与（甚至唆使）这样的掩饰行为，外界不得而知，唯一可以肯定的是，当时他正在前去参加第二次魁北克会议的途中。《纽约时报》在 9 月 12 日"捅"出了这条消息，不过就如同外国媒体对爱德华八世与辛普森夫人的风流韵事的报道效果一样，这家声誉卓著的新闻机构没能将消息传达给大多数英国人民。英国政府用神秘的借口搪塞了几个星期的时间。

V—2 火箭携带的烈性炸药在数量上超过了导弹，而且这种导弹悄无声息（V—1 导弹始终会"突突"地飞过上空，但是在发动机停止运转之前不会造成伤害），一旦你听到 V—2 火箭的爆炸声，那就意味着有人——而不是你自己——成了受害者。对于这种导弹根本没有拦截的方法，唯一的防御手段就是通过轰炸彻底摧毁火箭发射场，这种办法非常困难，直到二战的最后一段日子盟军才实现了这个目标。相比 V—1 导弹，V—2 火箭给英国人民带来了更长时间的考验。在 177 天里，落在伦敦及周边地区的导弹共计有 1050 枚。V—2 火箭造成了几起大规模的屠杀，不过这种武器造成的伤亡数字总体低于导弹。在二战爆发后的第 6 个也是最后一个严寒的冬天，这种令人厌恶的导弹始终不曾消失，平均每天在毫无征兆的情况下会从天而降 7 枚 V—2 火箭。

1944 年的夏天，盟军实施了经过长时间计划并且备受争议的入侵法国的行动。部队首先攻占了桥头堡，盟军大大松了一口气，接下来战局几乎陷入僵持状态，这段令人气馁的状态持续了 6 个星期。在丘吉尔结束了对桥头堡的第二次视察后，从 7 月 25 日起，战役进入第三个阶段，在这个阶段盟军取得了突破，迅速向前推进，最终于 8 月 24 日进入巴黎，甚至在 9 月 3 日打到了布鲁塞尔。这些胜利证明罗斯福与马歇尔全面开辟第二战场的决心是正确的，丘吉尔与布鲁克缩手缩脚的态度是错误的。由于这种状况，英美关系的天平向美国倾斜了。在向巴黎以及布鲁塞尔推进的过程中，绝大部分最辉煌的胜利都是奥马尔·布拉德利率领的美军部队夺取的，英美之间的天平倾斜的角度更大了。为了争取到一个安全的枢纽，以便布拉德利领导的第 12 军能够辐射极其广大的范围，从位于科唐坦半岛北端的瑟堡覆盖整个半岛，并且能够迅速向右掉头，在 3 个星期之内就能赶到德勒、沙特尔、奥尔良等地，蒙哥马利率领的第 21 集团军群 ① 在卡昂和法莱兹一带遭遇了一场恶仗，最终取得了胜利。

从最积极的意义而言，艾森豪威尔是一个政治头脑胜过战斗能力的将领，他出色地阻止了英军和美军在战场上交恶，至少直到当年的秋天。在过去两年半的时

---

① 集团军群是由若干集团军编成的军队一级组织，隶属于统帅部或战区，设有领导指挥机关，是诸军种和兵种合成的战略战役军团。

间里，盟军不断遭到失败，之后也只是发动了一场外围性的进攻，在此期间英美两国始终坚定不移地保持着协调一致的步伐。现在，就在胜利的曙光开始照耀盟军的时候，盟军高层之间的合作精神没有升温，反而急剧降温了。英美两国之间产生的第一个分歧就在于盟军是否应当入侵法国南部，作为对第二战场的补充。这场补充行动一开始被命名为"铁砧"行动（在前一章中已经有所论述），美国人宣称在德黑兰会议上各方已经坚定地一致通过了这项计划。对于这项计划，美国方面有多么坚定，英国方面就有多么反对。从根本上而言，丘吉尔的反对理由是，实施这场基本上毫无意义的行动将会严重削弱亚历山大在意大利的兵力，让他无法攻入波河河谷，歼灭凯塞林的大军，继续向维也纳推进。为了西方联盟与苏联的势力在欧洲中部保持平衡，丘吉尔坚决主张盟军应当推进到维也纳。针对"铁砧"行动产生的分歧只是英美之间最先暴露出的一个问题。

从 6 月 21 日到 7 月 1 日，两国争端从参谋长委员会之间的分歧进一步升级为英国首相和美国总统之间的争执，其激烈程度远远超过了两个人之前所做的任何一次交流。在开展"铁砧"行动问题上，美国方面的态度十分坚决，正在快速沦为低级军事伙伴的英国最终别无选择，只能接受对方的决定。但是在英国妥协之前，双方"[在 10 天里]整天吵个不停"（幸运的是，这场争执始终处于保密状态）。透过丘吉尔于 7 月 1 日发给罗斯福的电报可以看出这番交流有多么激烈。在此之前，美国总统对丘吉尔提出的观点做出了寸步不让的回复，针对对方的回复丘吉尔表示："我们对您发来的电报深感悲伤……[电报执意要盟军]在战略及政治方面犯下[开战以来的]第一个重大错误，以我满怀敬意的愚见，你我二人都必须对此事负责。"[mlxxvi] 就在同一天丘吉尔给罗斯福还发了一封电报，这是他针对这场争端发给罗斯福的最后一封电报。他在电报中表示自己必须郑重地对对方的决定提出抗议，这个决定"彻底粉碎"了他对在意大利开展军事行动的希望，他还表示："从这个意义上而言，给您写下这封电报的时候我感到万分悲痛和遗憾。"[mlxxvii]

相比美国方面下达的这道不可撼动的"圣谕"，或许更令丘吉尔感到愤恨的是在争执过程中华盛顿方面提出的两个观点。布莱切利园破译了希特勒于 6 月 17 日下达的指示，其中最关键的一句话是，"元首已经下令将亚平宁驻军当作阻挡敌军的最后一道防线，敌军一旦进入波河平原将会造成不可估量的军事及政治后果"。[mlxxviii] 对于是否应当维持盟军目前在意大利的力量这个问题，英国方面认为布莱切利园破译的这条消息提供了一张王牌。英国参谋长委员会认为这样一来，为了援助凯塞林的部队抵御亚历山大部队的全力进攻，德军必然会从"霸王"行动的战场上撤走几个师的兵力，这样就比 8 月登陆法国南部的行动更快、更有效地对"霸王"行动提供支援。英国参谋长委员会敦促美国方面接受这个观点，结果他们（以及丘吉尔）极其震惊地听到马歇尔说布莱切利园的译电工作当然非常宝贵，但是必须记住一点，若是当初完全仰仗他们的工作，那么很难说盟军是否会实施"霸王"行动了。[mlxxix]

按照丘吉尔的理解，英国受到的第二个"侮辱"是，罗斯福在 6 月 29 日提议英美两国应当"向斯大林表明各自的观点，由他来做决断"。[mlxxx] 实际上从美国总统的来信中很难得出这样的推论。罗斯福的原话是"我始终记得我们和斯大林一致同意在法国南部实施一场行动，他还经常表示支持这样的行动，并且认为在地中海地区的其他行动都不如这场行动重要……"他还说："若是到了 7 月 1 日仍旧无法向威尔逊将军［亨利·梅特兰·威尔逊男爵，盟军地中海战区总司令］下达尽早实施'铁砧'行动的命令，那我们就得立即与斯大林交换意见了。"[mlxxxi] 这番话或许的确隐含着威胁意味，但是提议由斯大林做出仲裁则纯属丘吉尔的想象，面对这个问题他已经有些过于激动了。众所周知，丘吉尔写过一系列"未发送"的信件，其中就包括他在 6 月 30 日给罗斯福起草的一封电报，在这封电报中他威胁说自己将退出"铁砧"行动。

这场争执给英美两国都留下了阴影。用阿兰·布鲁克的话来说，英国参谋长委员会已经在 7 月 1 日成功说服丘吉尔相信唯一理智的选择就是，向对方表明："没问题，如果你们执意要当蠢货，趁着尚未跟你们闹翻——一旦闹翻就将产生致命的结果——我们也跟你们一起当蠢货，到时候就知道我们完全能胜任蠢货的角色。"[mlxxxii] 尽管如此，到了 8 月丘吉尔还是又固执地提起了这个问题，指出应当在法国西部而不是南部的海岸登陆。他的提议或许是明智的，但是毫无成果。更重要的是，无论是事出有因还是纯属巧合，针对"铁砧"行动产生的分歧是英美关系新阶段的开始。在此之前，英美两国的参谋长委员会很少在重大问题上产生分歧；自此之后，他们在一切问题上都很少达成一致意见，由于双方在实力上的差距日渐增大，在争执中英国总是败下阵来。

每当盟国内部出现问题时，丘吉尔出于本能想到的解决方法就是提议召开首脑会议，专门研究解决这个问题。在与罗斯福围绕着"铁砧"行动发生的争执达到白热化的时候，他写了一封几乎有些哀怨的信："我确信如果我们能像我经常提议的那样举行一次会晤的话，我们应该能愉快地达成一致意见。"[mlxxxiii] 他甚至对斯大林也提出了类似的建议。斯大林是一头闭门不出的熊，任何人都很难说服他离开自己的老窝，因此丘吉尔总是一厢情愿地想要去拜访他，在此之前他已经主动登门两次了，为了争取到对方的邀请他也努力过几次。

丘吉尔为什么如此急于与他们进行面对面的会晤？这并不是因为他不善于书面表达。相反，自上任之初他便为白厅定下了一条规矩，凡是来自他的指令都必须以书面方式下达，事实上外界清楚地记得在围绕"铁砧"行动与罗斯福发生争执的过程中，以及在 1945 年的春天两个人的争执更加激烈的时候，还有罗斯福在世的最后几个星期里，丘吉尔都凭借流利的口述能力用大量长篇大论的书信压制住了罗斯福的气势。实际上，他急于与他们面谈的原因更多的还在于他对旅行的热爱几乎达到了痴迷的程度，再加上他认为在面对面的情况下自己的人格魅力能够发挥出作用，而且如果世界上还有比他更有权势的人物——他逐渐悲哀地意识到了这一点——他就希望自己能同这些强者保持密切的交往。

这样的首脑会晤大多都进展顺利，丘吉尔与参加会晤的另一方建立起了亲密、甚至热情的交往，后者不只有罗斯福，还有斯大林；结束会晤时，他总是会觉得自己已经取得了不少成果，误解甚至是分歧都被消除了，自己的旅行是值得的。然而，他的这种努力存在着一个可悲的规律，尤其是在二战的后半程，分歧和问题总是会迅速死灰复燃。

大多数时候出访的一方都是丘吉尔。[*] 他曾试图说服罗斯福前往伦敦或者爱丁堡，或者在英国水域内举行船上会议，在斯大林的身上花费的精力就更多了，但是他的努力都毫无结果。作为客人，在一定程度上他总是主动送上门去。他希望同对方会面，他觉得在促成会面的过程中自己应当承担更多的责任。英国首都的氛围总是能够增强国家或者政府"一家之主"的重要性；在华盛顿或者莫斯科，面对罗斯福与斯大林，他又无异于是在最强大的蜘蛛网的中心与蜘蛛打交道。只要有必要，他就不会像斯大林或者戴高乐那样抗拒出行。他喜欢打破沉默，而不是保持沉默。在辩论中，他总是能够引起对方的共鸣，甚至表现得才华横溢。在最高层的会谈中，如果没有条件为所欲为，他也不太会闷闷不乐地做出不祥的表现。出于这些原因，他总是乐于在心里夸大首脑会晤实际取得的成果。

1944 年的下半年出现了大量机会让丘吉尔满足自己对外出的渴望，让他经历了首脑会晤带来的陶醉和失望，也品咂了喜忧参半的现实。他知道盟军取得胜利的一天正在日益临近，他也清楚英国以及他自己在盟国中的地位却越来越低微。8 月初，他试图说服罗斯福前往英国，但是无论斯大林是否同意参加会晤，他的努力都

---

[*] 只有在卡萨布兰卡和开罗会面时，丘吉尔与罗斯福的地位才比较对等。在两次魁北克会议上，丘吉尔都"跨越了 3000 英里的大海"，而罗斯福距离自己在海德公园的寓所只有不到 400 英里的距离，在会议前后他还在自己的寓所款待了丘吉尔。

没有成功。8月10日,他给罗斯福发去一封电报:"我对您无法成行的事情只能深感遗憾。"他还惆怅地补充道:"我将此事告知国王,他似乎非常失望。"[mlxxxiv] 不过他还是说服美国总统答应与他举行第二次魁北克双边会议(这次会议的代号为"八边形"),有了这个成果他也就能够开心地在意大利度过一个长假了。从8月10日至20日他一直待在国外享受海水浴(其间去了卡普里岛的蓝洞和伊斯基亚岛,在那不勒斯湾的许多小海湾里泡了海水澡),在此期间他参加了几场重要会议、在亚平宁半岛往来不停、最大限度地接近了火线。他甚至登上一艘驱逐舰,在法国东南部的圣特罗佩数英里范围内航行5个小时,以便尽量对自己先前激烈反对过的在法国南部的登陆行动进行视察。这件事情是"打不赢就做朋友"的经典案例,也充分体现出丘吉尔尽可能深入军事行动第一线的决心。可以认为这是一种大度的表现,但是对于自己痛斥过的分散意大利驻军兵力的行动,在近乎私下的场合他始终没有减少批评意见。

从伦敦前往那不勒斯途中,丘吉尔在阿尔及尔逗留了几个小时,他叫戴高乐前去那里与他会面。戴高乐拒绝了这个要求,这激起了丘吉尔的强烈愤恨。丘吉尔写给克莱门汀的一封信有些令人难以置信:"在这样的时候,我自然不会任其 [这种事情]影响我在政治问题上的判断力,但是我感觉戴高乐的法国对英国的敌意将会超过自法绍达事件以来的任何一届政府。"* [mlxxxv] 在那不勒斯期间,除了英国人,第一位拜访丘吉尔的人是铁托。铁托至少来与丘吉尔见面了,他们进行了两场比较亲切的会谈。令人感到奇怪的是,在对意大利的长时间访问的过程中,一直陪在丘吉尔左右的是外交部的官员及艾登的首席秘书皮尔逊·迪克森,他在日记中对丘吉尔与铁托的会面做了十分详细的记述,其中不乏一些微词:

> 铁托警觉、紧张,他身着布料厚实、镶着金色饰带的滑稽的元帅服,汗流浃背……会谈将要结束的时候,首相将铁托狠狠地教训了一番,告诉他,我们无法容忍我们的战争物资被用在与敌对的南斯拉夫人的战争上。铁托肯定知道丘吉尔并没有真心威胁他的意思,毕竟我们一直在对他献殷勤……
>
> 会谈一直持续到了午餐时间,为了向铁托致敬,我们举行了一场午宴,总司令和哈罗德·麦克米伦也都参加了宴会。首相面色苍白、一副病恹恹的样子,他摇摇晃晃地站了起来,对铁托的英勇表现盛赞了一番,对他成为盟友的

---

* 1898年在苏丹西部边界发生的一场危机,激起了英法两国对彼此的强烈怨恨。

决定表示欢迎。这是一个战术失误，抵消了在会谈中那番训斥的意义。[mlxxxvi]

丘吉尔接着又沉浸在了对往事的回忆中，他告诉铁托在 31 年前自己曾与阿斯奎斯乘坐海军大臣的游艇游览过达尔马提亚海岸，在"40 天的旅程中"只提及过一次政治事务。[mlxxxvii] 实际上，丘吉尔与阿斯奎斯只在海上航行了 19 天，当时阿斯奎斯最大的不满就是丘吉尔只是一味地谈论政治。丘吉尔的回忆和事实之间的差异说明了充满怀旧情绪的回忆有多么脆弱。

在意大利游历的过程中（丘吉尔以威尔逊将军在那不勒斯的别墅为大本营，经常短暂出行数天），丘吉尔俯瞰了佛罗伦萨（当时还在德国人手中），在刚刚恢复使用的英国驻罗马大使馆里住了几个晚上。其间他还受到教皇皮乌斯十二世的接见，他们一致认为双方都应当抵抗共产主义。丘吉尔还试探性地蹚了一摊浑水，提起了墨索里尼下台后罗马的政治问题。在旅行快要结束的时候，他说服亚历山大将军带着他前往距离安科那省北部前线很近的地方。"这是二战期间我最接近敌军的一次，也是听到枪炮声最密集的一次。"[mlxxxviii]

回到英国后（抵达时他的体温骤然升高到 39.4 度，一侧的肺上局部出现了炎症），丘吉尔只在国内逗留了 6 天，接着便乘坐"玛丽女王"号邮轮前往加拿大，赶去参加魁北克会议了。一路上，丘吉尔一直在服用一种早期研制出的抗生素"M 和 B"，这是一种预防疟疾的药片（离开意大利后他不得不连续服用了 4 个星期），再加上邮轮又在墨西哥湾流①闷热的天气里颠簸了数日，随行人员基本上都注意到丘吉尔在此次航程中情绪很低落。在大量的时间里，他都躲在自己的船舱内阅读安东尼·特罗洛普的《菲尼亚斯·芬》和《公爵家的孩子》。不过，据科尔维尔所述，在第 3 天的晚餐时丘吉尔还是尽情享用了一顿大餐，"牡蛎、清炖肉汤、比目鱼、烤火鸡、冰镇香瓜、斯第尔顿奶酪、五花八门的水果、花式点心，等等，吃这些美食的时候他不停地喝着香槟（1929 年的玛姆香槟）和一瓶上等莱茵白葡萄酒，后来还喝了一些 1870 年的白兰地"，他一直坚持到了最后。[mlxxxix]

尽管有这些分散注意力的事情，在整个航程中丘吉尔始终还是处在压抑状态中，或者就在不断地找碴儿，这基本上成了 5 天的航程中他最喜欢做的一件事情。他宣布等到大选过后"除了贝文，失去任何一位工党同僚他都不会感到遗憾"。[mxc] 说出这种话有可能只是因为他刚刚同艾德礼言辞激烈地交换过意见。由于丘吉尔频频

---

① 由墨西哥湾沿美国东海岸，经纽芬兰浅滩，向东转向欧洲的暖流。

外出，而且总是在外逗留很长时间，艾德礼执意要求战时内阁在丘吉尔缺席的情况下做出一些决定。在 9 月 9 日的一场参谋会议上，首相还成功地激怒了阿兰·布鲁克。

一抵达比较清爽的魁北克市，再加上最高级别会议的刺激，丘吉尔的情绪立即高涨了起来。他在 9 月 13 日晚上给战时内阁发去了一封电报："会议在热烈友好的氛围下召开了。参谋长委员会基本上已经达成了一致意见。"[mxci] 尽管丘吉尔兴高采烈，但是第二次魁北克会议没有解决多少问题，一部分所谓得到解决的问题也并不合理。"摩根索计划"尤其如此，这项计划旨在对战后的德国实现"非工业化"，将其变成一个以农业为主的国家。自 1934 年起出任美国财政部部长的小亨利·摩根索是一名犹太人，但是他在罗斯福居住的哈德逊河谷拥有地产，属于美国社会的贵族，在那个年代，犹太出身和贵族地位这两个元素很少出现在一个人的身上。自从罗斯福于 1928 年参加纽约州州长竞选以来，他一直热情地支持罗斯福，在罗斯福的邻居中间，这种状况也很罕见。因此，摩根索有着极大的影响力，在一段时期内，总统对他提出的这项极其疯狂的计划很感兴趣。

更加出人意料的是，丘吉尔一时间也被这项计划吸引了。在这个问题上，林德曼教授提供了愚蠢的参谋意见。在摩根索详细阐述这项计划的宴会上，在场的英国代表中只有教授对他的构想表示了赞同。基本上由于偶然的原因，林德曼出生在了德国，他对这个事实一直感到愤愤不平。他支持摩根索，与这位盟友一样，他对自己的首长也有着很大的影响力。总之，罗斯福与丘吉尔都于 9 月 15 日正式批准了"摩根索"计划。两国的外交大臣都对这个消息感到极为震惊。艾登委婉地告诉丘吉尔，战时内阁绝对不会批准这项计划；科德尔·赫尔巧妙地动用了超乎寻常的影响力，发动了国务院的一切力量，以扼杀这项计划。20 世纪 50 年代和 20 世纪 60 年代之间的差异以及林德曼向丘吉尔提出的一个观点都充分说明了扼杀这项计划有多么不现实。林德曼说过："我告诉温斯顿这套方案将会消灭掉一个危险的竞争者，从而能够让英国避免破产的命运。"[mxcii]

除此以外，与会双方都渐渐产生了一种强烈的印象，这次会议很少涉及实质性的问题，即双方在战略问题上的分歧。在短时间内，欧洲境内的美国部队在数量上已经远远超过了英国部队，到了二战结束的时候美国部队有将近 300 万人，英国部队只有将近 100 万人，而"霸王"行动的成功自然又提高了美国参谋长委员会的地位，他们一直主张实施这场行动，令一直迟疑不决的英国参谋长委员会相形见绌。无论围绕着战略问题产生的争执孰是孰非，总之盟军没有因为"龙骑兵"行动（原先的代号为"铁砧"）受挫，而是在罗讷河谷迅速向前推进。就在魁北克会议召开的两天前，登陆诺曼底的盟军部队在第戎省附近与来自普罗旺斯的部队会师了。就连丘吉尔也在魁北克会议上的开场声明中表示自己不得不指出"龙骑兵"行动的成果"极其喜人"。美国人的希望已经在很大程度上得到了满足，在这种情况下他们欣然承诺不再继续削弱亚历山大的部队，直到后者彻底瓦解凯塞林的抵抗。但是在表面的客气之下，双方仍旧存在着一个重要的分歧。美国方面基本上还是想要彻底消灭中心战场的德国国防军，一旦实现这个目标，接下来在哪里与苏联军队联手作战他们也就无所谓了。英国人越来越强烈地想要将共产主义势力尽可能地限制在欧洲东部，他们想要阻止铁托夺取的里雅斯特（的里雅斯特港位于意大利东北部），想要率先到达维也纳，还想鼓励美军也率先挺进布拉格，最重要的是，他们希望确保蒙哥马利或者奥马尔·布拉德利在第三帝国的首都升起红军的旗帜之前率先攻入这座城市。

对于与日本的战争，英美两国之间也存在着一些深层的分歧，在魁北克会议上，对日作战问题得到了充分的讨论。丘吉尔一心想要防止美国方面认为英国将会悄无声息地退出日本战争，在最后一场记者招待会上（罗斯福也参加了这场招待会），他花了很多时间以半开玩笑的方式否认了"英国方面想要逃避自己对日本战争的责任"的观点，他指出："我对这个［观点］感到十分震惊，因为此次会议的情况与此截然相反。如果说有什么看法需要调整的话，那就是我们坚定地认为美国有意承担了过多的责任……所有的好事不能都让你们独占了。你们必须跟别人分享。"ᵐˣᶜⁱⁱⁱ

英国方面不希望自己的首要责任是在缅甸恐怖的丛林里无限期地战斗下去，他们急于在德国战败后让自己的主力舰队能够投入对日本的主要进攻行动中。但是美国方面认为，英国人的根本兴趣在于收复之前他们被灰头土脸赶出去的帝国领土，他们尤其想要成功重返新加坡。包括罗斯福在内的美国人都没有兴趣支持大不列颠帝国的事业。

在魁北克会议的尾声，丘吉尔没有任由这些问题破坏自己对心爱的一道"大餐"的胃口，他与罗斯福在海德公园寓所里相处了两天时间，在这两天里基本没有出现更多的外人。据说，在回国途中，丘吉尔那位很没有眼色的医生问他，是否认为魁北克会议比前一年的开罗会议无聊一些，他回答道："这场会议究竟算怎么一回事？就只跟参谋长委员会见了两次面，剩下的时间都只是在努力找机会跟总统说上两句。"ᵐˣᶜⁱᵛ 无论无奈地等待了多久，他的心愿都在海德公园寓所得到了极大的满足。除了他的随行人员（一向都是一支庞大的队伍，但是可以被他随时抛开）和哈利·霍普金斯，罗斯福的家里就没有其他客人了。在海德公园寓所见到霍普金斯令丘吉尔很开心，他原本还担心对方已经失去了总统的青睐。这也是丘吉尔最后一次看到罗斯福如此精神。在 5 个月后前去参加雅尔塔会议途中，他们曾在马耳他短暂地见过一面，但是在雅尔塔会议上罗斯福表现出了明显的疲态，而且还焦虑不安地竭力平衡着自己和斯大林、丘吉尔两个人的关系。

罗斯福对海德公园的最后一次造访还是足以让丘吉尔兴高采烈地渡过大西洋，返回英国。在回程中，丘吉尔的情绪远比前往美国的途中昂扬了很多，在场的科尔维尔、莫兰、坎宁安以及口述秘书莫里安·霍姆斯等人都证明了这一点。坎宁安在日记中提到"首相状态非常好"，他以极大的耐心听着丘吉尔缅怀往事，"他最感兴趣的是在上一场战争中自己在海军部里的那段日子"。[mxcv]9 月 26 日，丘吉尔一行回到伦敦。当天下午，丘吉尔在下议院参加了首相问答会议。在他回到国内的当天，最重大的新闻是英国的第 1 空降师几乎被敌军全部歼灭。之前，这支部队降落在荷兰阿纳姆市的莱茵河下游河段，对"一座遥远的桥"发起了攻击。[①] 尽管出现了这样的消息，丘吉尔表现得还是比较愉快。两天后在下议院发表一场长篇讲话的时候他的情绪也不错，他在午餐前讲了一个小时，在午餐之后又继续讲了一个小时。尼科尔森对第二段讲话的看法是："一开始他的状态很好，语言组织得也很好，还'砰砰砰'地不断敲打着公文递送箱。[②]45 分钟过后，他的声音变得沙哑了，发言也有些吞吞吐吐了。"[mxcvi]

丘吉尔接下来最想实现的目标是前往俄国，再举行一次首脑会晤。他一向对科尔维尔很坦诚，根据后者的记述，当时他提出的理由有些奇怪：

> 对于首相的健康状况，出访莫斯科十分危险，昨天他信誓旦旦地告诉我，此次出访完全是为了防止有人认为英美两国亲密无间（正如魁北克会议所显示的那样），合力排挤俄国。他的出访将会表明，我们与俄国也保持着密切的协商关系，英国绝对无意冷落俄国。[mxcvii]

---

① 1944 年 9 月，英国第 1 空降师与波兰第 1 伞兵旅联合参加了阿纳姆战役（"花园"行动的一部分）。他们降落在了德军防线背后 97 公里的地方，试图攻占德军控制的阿纳姆大桥。联合空降部队始终无法拿下这座大桥，英国陆军第 30 军也无法推进到大桥，最后这支联合空降部队只能强行突围。战役结束时，英国与波兰军队有 1984 人阵亡，6854 人被俘，纳粹德国方面有 1300 人阵亡，2000 人受伤。1977 年，这场战役被拍成了电影《遥远的桥》。

② 下议院的长桌两端各摆着一个议员携带文件的公文递送箱，后来这里逐渐演变成两党重要成员的发言席。执政党一边的箱子里放着《圣经》和《古兰经》等，反对党的箱子里装的是在德国轰炸期间受损的《圣经》。

丘吉尔提出的这个理由之所以令人感到奇怪是因为，在德黑兰会议上罗斯福对俄国人的热情令丘吉尔感觉受到了冒犯，在后来的雅尔塔会议上，罗斯福的态度又再度触怒了他。对丘吉尔来说，真正的吸引力或许还在于更多的外出和峰会外交的机会。他同时还希望在与斯大林面对面的情况下，自己能够在有关波兰、希腊和其他东欧国家的未来的问题上取得一些进展，胜利的前景让这些国家成为明显的焦点。丘吉尔于 10 月 7 日晚上动身了，他乘坐的是当时比较豪华的"约克"客机，在等着送他前往莫斯科的过程中，这架飞机首先专程送克莱门汀去过两次剧院，她观看的两部戏分别是萧伯纳的《武器与人》和莎士比亚的《理查三世》。

途中，飞机在那不勒斯和开罗加了两次油，丘吉尔也趁机洗了澡，召开了简短的会议。10 月 9 日上午，丘吉尔抵达莫斯科，不幸的是，这一次他的飞机又飞错了机场（和 10 个月前在突尼斯的情况一样，不过这一次造成的影响不太严重）。由于这个错误，他又继续飞了半个小时，这才见到了维辛斯基和迎接他的仪仗队。艾登与阿兰·布鲁克也参加了此次出访活动，但是在乔治六世国王的紧急要求下，他们改乘了另一架飞机。

丘吉尔在《第二次世界大战》中对于这场会议（代号为"托尔斯泰"）的描述一开始显然有失准确性："这一次我们住在莫斯科城内，受到了十分周到舒适的款待。我住在一套设施齐全的小房子里，安东尼［艾登］住在附近的另一套房子里。"[mxcviii]马丁·吉尔伯特一丝不苟摘录的更详尽的资料显示，一开始丘吉尔一行住在距离俄国的首都有 23 英里（45 分钟车程）的郊外别墅，在那里度过了在俄国的最初两个晚上，其中一天夜里，他在 2 点至 3 点的时候才从莫斯科赶回了别墅。这是书中一个典型的小错误，这种错误无足轻重（书中也出现一些严重的失误），只是他出于自我辩护的需要写下的一些引人入胜的段落会因为这些小错误而受到损害。值得庆幸的是，他对此次访问所做的这段描述在一定程度上还是符合事实的。俄国人慷慨地在城里和郊外都为他们提供了别墅，只是在 10 月 11 日晚上开始他明确地认为自己还是更倾向于城里的便利条件，只有 13 日这一天是个例外。

斯大林表现出的友好完全可以和他为客人提供的奢华的住宿条件相媲美，丘吉尔因此也表现出了更友好的态度。他一心想做一位令人愉快的客人，与斯大林培养起友谊，对他来说，斯大林是与罗斯福旗鼓相当的艰巨挑战。最重要的是，他很想为这场首脑会晤赋予热情的色彩，在 10 月 13 日的信中他告诉克莱门汀："事情进展得非常顺利……我跟老狗熊谈得非常好。与他见面的次数越多，我就越是喜欢他。现在，这里的人对我们很尊重，我确信他们希望跟我们合作。"接着，他又发表了一句有些离题的感想："我得一直跟总统保持着联系，这个问题很微妙。"[mxcix]

3天后，丘吉尔用更加热情的腔调给乔治六世国王写了一封信（以第三人称的形式）：

> 莫斯科秋高气爽，只是有些冷，这里的政治气氛极其热烈。在分别与斯大林元帅和莫洛托夫先生的对话中，首相和艾登都能够以一种坦诚、直率同时又丝毫不会冒犯对方的方式商讨了一系列最微妙的问题。首相参加了一场非常精彩的芭蕾舞专场演出，得到了无数观众经久不息的掌声。在漫长的宴会上以及宴会之后，经过席间无数次热情洋溢的举杯祝酒之后，双方才有可能举重若轻地在会谈中提及许多重大问题。晚上总会熬到很晚，直到三四点，首相也保持着晚起晚睡的作息，大约从中午开始能完成很多工作……[mc]

10月9日，即丘吉尔抵达莫斯科的当天，就与斯大林举行了第一场也是最重要的一场会谈，会谈从晚上10点开始，持续了大约3个小时。这场会谈大概是丘吉尔表现得最不慎重的一次双边会谈，不过不够慎重的不只有他一个人。会谈现场必定会出现两名翻译，艾登、莫洛托夫以及英国驻莫斯科大使克拉克·克尔也在场。会谈带来的兴奋在丘吉尔的身上激发出了活力，但是他还是没能恢复到最生龙活虎的状态。这场会谈是在他从伦敦出发后的第61至64个小时之间举行的，之前两个晚上他都在飞机上过了夜，没有睡过一个安稳觉，他在会谈中表现得不够谨慎或许在一定程度上是过于疲乏的结果。不过，他对疲乏的承受力几乎与他对酒精的承受力一样强，甚至能够同时承受住两种因素的考验，无疑这一次他就需要面临这样的双重考验。

丘吉尔在会谈中针对波兰人和意大利人发表的一些看法显示出他当时充满了自信。他对艾登也做了评价，在艾登在场的情况下，这番话肯定只是出于调侃。丘吉尔此次出访的一个主要目的就是商定对波兰问题的解决方案，其中的关键问题就是将战前属于波兰的大量领土划分给苏联，撮合所谓的卢布林波兰政府和伦敦波兰流亡政府，前者完全是苏联人的傀儡，后者则被苏联人视为英国人的傀儡，当然这种看法有失公正。丘吉尔认为，为了促进两个波兰政府的和解，自己最明智的选择还是置身事外，放手让两个"大孩子"自己解决鸡毛蒜皮的问题，他希望自己的态度能促使斯大林也做出同样的选择。丘吉尔说："对于波兰人的问题，困难的一点就在于他们缺少一批聪明的政治领袖。只要有两个波兰人在场，就必然会发生争执。"斯大林更进一步："只要有一个波兰人在场，在极度无聊之下，这个人也必然会跟自己争执一番。"[mci]

在克里姆林宫里举行的这场会谈中，丘吉尔最轻率的举动就是拿出了一份他所说的"下流文件"，这份文件提议在巴尔干半岛实现权力政治。根据记录，当时"丘吉尔说如果看到他在这份文件中的表述有多么残忍的话，美国人肯定会大吃一惊。斯大林元帅是一位现实主义者，而他自己也不是一个多愁善感之人，只有艾登先生是恶人［他指的应该是艾登比较多愁善感、不太现实］。他没有征求过内阁或者议会的意见"。[mcii] 这份文件促成丘吉尔与斯大林商定了一份著名的（或者说臭名昭著的）"提成"协议。后来，丘吉尔在出版于 1954 年的《第二次世界大战回忆录（第六卷）》中写道：

> 那个场合很适宜做交易，因此我说："咱们开始解决巴尔干的问题吧。你们的军队待在罗马尼亚和保加利亚，我们在那里也有自己的利益、使命和目标。咱们不要在小的方面背道而驰。就英俄两国而言，你们在罗马尼亚占有 90% 的主导权，我们在希腊之类的地方占有 90% 的主导权，在南斯拉夫的主导权对半分，你看如何？"趁着翻译人员将这些话翻译给斯大林的工夫，我写了半页纸：
>
> 罗马尼亚
>
> 俄国 ·· 90%
>
> 其他国家 ······································· 10%
>
> 希腊
>
> 大不列颠（与美国的利益一致）··········· 90%
>
> 俄国 ·· 10%
>
> 南斯拉夫 ······································· 50%，50%
>
> 匈牙利 ·· 50%，50%
>
> 保加利亚
>
> 俄国 ·· 75%
>
> 其他国家 ······································· 25%
>
> 我将纸推了过去，他这时才听到翻译人员讲给他的内容。他略微沉默了一下，随即便拿起自己的蓝铅笔，在纸上画了一个大大的对勾，然后将纸递还给我。没有花费额外的时间，所有的问题就都解决了。[mciii]

究竟有多少问题得到了解决？所有问题中最严峻的波兰问题根本没有被纳入讨论范围内，按照对开的比例瓜分南斯拉夫和匈牙利的构想只是一纸空文，他们也很难明确界定西方盟国在罗马尼亚和保加利亚分别占有的 10% 和 25% 的主导权意味着什么。对英国而言，唯一具有实际意义的就是，非常能惹是生非的斯大林表示坚决不对动荡不安的希腊下手，以便让丘吉尔放开手脚对付当地的共产党游击队，这是斯大林对英国允许巴尔干半岛其他地区实现苏联化的回报。

丘吉尔在书中继续写道："[画钩]之后，双方沉默了许久。用铅笔画过的那张纸躺在桌子的正中间。终于，我开了口：'如果咱们显得好像就这么漫不经心地解决了这些问题——将决定数百万人命运的问题——的话，外界会不会认为咱们太悲观了？要不咱们把这张纸烧了吧？''不，你还是留着它吧！'斯大林说。"[mciv] 当时丘吉尔认为斯大林的举动代表着友谊，也表示他希望丘吉尔保留着能够证明这些承诺的证据。然而，正如大多数情况下，斯大林的举动同样也可以被理解为这番对话对他来说无足轻重。丘吉尔为会认为与斯大林达成的这笔交易感到自豪吗？对于这个问题，丘吉尔做出过一些相互抵牾的举动。首先，他根本无意对远在伦敦的内阁同僚隐瞒这件事情，在10月12日发出的一封电报中他对情况做了非常全面的报告，唯一有所遮掩的举动只是，他宣称自己顶多只是将这些提成比例当作"一个参考标准"而已。内阁同僚没有对他提出抗议。但是，在11日发给罗斯福的一封电报中，他宣称自己全面记述了前一天晚上的谈话，实际上他根本没有明确告诉罗斯福谈话的内容。不仅如此，对于克里姆林宫的进展，他还允许官方的内阁秘密会议记录中掺入了大量的虚假信息。在得到内阁秘书爱德华·布里奇斯的同意后，丘吉尔的参谋官伊恩·雅各布上校对英国翻译人员伯尔斯留下的笔记进行了审查，丘吉尔在1954年对这次访问的记述主要就来自伯尔斯的笔记，在马丁·吉尔伯特于1986年出版的丘吉尔传中，有关这件事情的描述实际上也完全来自这份笔记。雅各布在文章中写道："我排除了其中一些段落，对于一份如此重要的记录而言，这些段落的出现似乎极其不恰当……[这些段落或许]会令史学家认为这几次非常重要的协商都是以极其不妥的方式进行的。"[mcv]

对莫斯科的这次访问持续了10天，丘吉尔一行于10月19日下午离开了俄国。从15日上午开始，几乎一整天丘吉尔都感到不舒服。渐渐地，他再也不曾在安然无恙的情况下结束重要的海外旅行，每一次出访都会让他丧失工作能力一段时间。他平静地接受了这样的变化，在很不方便的地方，面对骤然升高的体温他从未流露出畏惧的情绪(只是对医生有所表露)，在发烧期间也几乎一直没有中断过书面工作。

在前往莫斯科大剧院观看了一场令人兴奋的演出后，在10月15日上午一醒来丘吉尔就感到肠胃很不舒服。几位苏联医生被请来，到了中午丘吉尔终于能下床了，还同两位拒绝接受和解的波兰人进行了一场会面，这两个人都是从伦敦赶来的。不知道是不是由于这两位波兰人冥顽不化的态度，到了下午，丘吉尔的情况又恶化了，体温升到 38.3 度，莫兰医生决定从开罗叫来 3 位专家和两位护士，其中两位专家曾经参加过在迦太基的会诊。第二天上午，丘吉尔的体温恢复到了正常值，莫兰取消了对开罗方面的求援。在此次访问剩余的 3 天半时间里，丘吉尔一直表现得活力十足。

在此次会晤中，双方商讨了一些纯军事问题（丘吉尔没有参加讨论）、在打败德军后苏联军队将以怎样的速度加入对日本的战争（他希望尽早说服苏联做出承诺，然后将对方的承诺就像猎犬找到的野禽一样献给罗斯福）、对德国的战后处置方案，以及法国要求在德国得到一块占领区等问题，但是在第一轮"下流"的会谈之后，波兰问题就成了会议的重中之重。丘吉尔始终谋求实现的一个目标就是建立一个非共产党领导的波兰，这一点情有可原，一旦没能实现这个目标，面对国内的保守党，这个问题带给他的麻烦将超过其他任何问题。此外，他感到自己对波兰负有道义上的责任。他一直与波兰总司令西科尔斯基将军保持着良好的交往，直到后者于 1943 年 7 月在从直布罗陀飞往伦敦途中因为飞机失事而遇难身亡，与西科尔斯基的交往令他感到开心。丘吉尔也十分钦佩波兰流亡武装力量先后在不列颠之战过程中和意大利战场上表现出的大无畏精神，但是到了 1944 年下半年，在他的眼中，自己与斯大林以及获胜的苏联红军的关系变得越来越重要，超过了他和一切流亡海外的力量的关系。

丘吉尔觉得自己有责任尽最大努力捍卫流亡伦敦的波兰人的利益，但是他断定对于实现这个目标最有效的方法就是，对斯大林在边界问题上的要求表示理解，并且给 3 位在他的要求下从伦敦前往莫斯科的波兰人好好讲一讲权力政治的问题。在 10 月 14 日于英国大使馆举行的一场会议上，他以极其生硬的态度完成了后一个目标。根据波兰方面的记录（同英国方面的记录没有出入），在会议期间他告诉他们：

> 如果什么决定都做不了的话，你们就不是一个政府。你们只是一群无情无义之徒，只想毁掉欧洲。我不再管你们的闲事了，你们解决自己的问题吧。当你们想要抛下你们在国内的同胞时，你们毫无责任感，你们对他们承受的苦难无动于衷。你们不关心欧洲的未来，你们一心只想着自己那点可悲的蝇头小利。我只能向其他波兰人发出号召，这个卢布林政府或许会很有效地履行职责。它才是波兰政府。妄图靠着一票否决权 ① 破坏盟国之间的协议，这简直就

---

① 又译作"自由否决权"或"单独否决权"。

是在犯罪。你们太懦弱了。

当波兰流亡政府的总统斯坦尼斯瓦夫·米科瓦伊奇克打断他的时候，他毫不理会对方的意见，反而将对方肆意嘲讽了一番："要是你们打算征服俄国的话，我是不会阻拦的。我觉得自己简直就是在疯人院里。我不知道英国政府是否还会承认你们的合法地位。" ^{mcvi}

"这个卢布林政府或许会很有效地履行职责"这句话太过于感情用事。如果说丘吉尔对流亡伦敦的波兰人感到恼火的话，那么他对卢布林的波兰人就只有鄙视了。10月16日，他给乔治六世国王写了一封信："前天完全成了'波兰日'。如陛下所知，从伦敦来的人是一群正派但是羸弱的傻瓜，卢布林方面的代表似乎是可以想见到的最大的恶棍。"这种表现显示出当时丘吉尔对斯大林有些痴迷。在一场三方会谈中，这些当傀儡的波兰人表达了自己最怯懦的想法，丘吉尔看着坐在对面的斯大林，他觉得自己看到对方"那双会说话的眼睛里"闪现出怀疑又饶有兴致的神色。^{mcvii}

丘吉尔的基本立场就是希望在伦敦的波兰流亡政府承认1919年提出的"寇松线"①为波兰的东部边界，包括将利沃夫割让给苏联人，接受作为补偿的前德国的一部分领土，并且和卢布林的波兰人合作组建一个类似五五开的政府。为了让斯大林和自己保持统一阵线，他甚至对俄国人在8月华沙起义期间的表现表示了谅解，他说自己"完全接受这种说法"（斯大林宣称苏联之所以没能对这场起义提供支援，"完全是因为敌军的兵力和地形的难度这两个因素"）。实际上，在这场波兰地下军反抗德国占领军的起义过程中，俄国人的态度对他构成了强烈的冒犯。"在英国，但凡态度严肃的人都不会相信那些宣称这场失败是有意为之的产物的报道。人们只是针对苏联政府明显不愿派出自己的飞机一事提出了批评。"^{mcviii} 最终丘吉尔认为在自己的努力下，波兰问题已经大致按照这样的思路得到了解决。然而，他的努力没有取得成效，这主要是因为斯大林的态度越来越明确，他根本不打算同意在波兰实现多元政治，同时也因为波兰人（除了给苏联当奴隶的一部分波兰人，其他波兰人对他们的仇恨甚至更强烈）对俄国人深恶痛绝。

10月19日（星期四）上午，丘吉尔离开了莫斯科。途中他在克里米亚、开罗和

---

① 英国外交大臣乔治·纳撒尼尔·寇松向苏俄和波兰建议的停战分界线。在波苏战争期间（1919—1920），协约国最高委员会于1919年12月8日在巴黎和会上决定重建波兰国家，以民族边界线作为波兰东部边界，这条线沿布格河为两国边界。

那不勒斯都分别停留了一段时间。在克里米亚停留是为了享用一顿俄式大餐，另外两次都是为了进行简单的会谈。他在22日（星期日）傍晚回到了伦敦。从莫斯科出发后，他已经在天上飞了26个小时了。

丘吉尔向战时内阁和下议院 * 汇报了自己在俄国的活动，他还劝说在伦敦的波兰人重返莫斯科继续谈判，但是他的努力没能成功。等有关莫斯科的工作刚一结束，他立即着手为三巨头的下一次会晤制订计划。一开始他设想的时间是12月，他最倾向的会议地点是耶路撒冷，他宣称那里有最上等的酒店和政府大厦，等等，而且"斯大林也能乘坐专列前往那里"。mcix 然而，他没能说服斯大林走出俄国，到了11月中旬，罗斯福也觉得自己更希望将下一场首脑会晤推迟到1945年1月20日自己的第4次就职典礼之后。与此同时，陆军元帅约翰·格瑞尔·迪尔于11月4日在华盛顿逝世了，接替理查德·凯西出任英国驻中东大臣的沃尔特·爱德华·金恩斯在开罗的寓所外遭到犹太恐怖分子暗杀而身亡，即使斯大林比较容易被说服，能够成行的话，这起暗杀事件也会令人觉得耶路撒冷和埃及都不适合举行这场会议。丘吉尔立即任命盟军地中海战区总司令梅特兰·威尔逊接替迪尔，亚历山大得到提拔，继任威尔逊的职位，接替金恩斯的是爱德华·格里格。

在10月下旬的一段日子里，丘吉尔还相当草率地处理了一个将产生深远影响的问题——是否应当遣返盟军在意大利或者西线上俘虏的一部分德军。这批战俘据说都有着俄国血统，但是在德国部队效力。在艾登无法主持工作的情况下，丘吉尔在地中海给外交部发去了一份备忘录："我们不会制造不必要的麻烦吧？在我看来，我们似乎在为原则上我们已经做出让步的问题大动干戈……我想之前我们都已经同意将所有俄国人送回俄国去了。"mcx

11月10日，丘吉尔飞往巴黎。和他在这几年里经历的危险而漫长的旅程相比，这趟航程微不足道，但是这是他自1940年5月31日以来第一次飞越这条熟悉的航线。在从那时起的4年半里，他与戴高乐的关系一直处在剧烈的波动中，大多数时候都在恶化而不是缓和。但是戴高乐具有两个非常有利的条件——或许可以说有

---

* 这一天是10月27日，令人佩服的日记作者贾德干留下了一段迷人的描述，让外界有机会窥见丘吉尔令人感到匪夷所思（按照通常的标准）的习惯。当时贾德干受到召见，在发表讲话当天的早上10点15分与首相一起"核对一些观点"，丘吉尔将在11点发表讲话。贾德干看到丘吉尔卧在床上（在唐宁街），"直到10点40分……他才起床"［戴维·迪尔克斯（编），《亚历山大·贾德干爵士日记，1938—1945》，p.675.］难以想象，以如此悠闲的态度准备这场讲话，丘吉尔究竟有着怎样的打算？为接下来的活动稳定情绪，还是通过这种冒险政策就能够让自己从容不迫地登台亮相？无论怎样，这件事情都充分说明外界难以按照通常的标准对丘吉尔下定论。

3 个，因此在 1941 年夏天到 1944 年夏天的这段时期里，无论丘吉尔对他有多么恼火，甚至威胁说要和他彻底断绝关系，丘吉尔都始终没有这么做。戴高乐的第一个有利条件是在私人以及感情层面上的优势，他在 1940 年夏天的神话中占据了一席之地，这个层面的因素往往对丘吉尔具有很大的影响力；第二个有利条件是，随着一年年过去，他在被占领的法国受到的爱戴以不可阻挡之势节节攀升。在二战的后半程，盟国不可能在抛弃他的同时不对法国国内的抵抗运动造成极大的影响。第三个可以算得上优势的因素就是，戴高乐是一位真正的伟人，或许是除了丘吉尔之外整个西欧最伟大的政治家，他在一个非常有限的权力基础上完成了各种令人厌烦的高难度动作，这一点令丘吉尔有所忌惮。

因此，丘吉尔愿意记住自己曾经在战争最黑暗的时刻给自己以及戴高乐许下的诺言："有朝一日，我们将一起走在香榭丽舍大道上。"在 1944 年停火日这一天，他们的确兑现了这个诺言，不过这种举动是否完全达到了理想效果则值得怀疑。巴黎市民向丘吉尔发出了热烈的欢呼，在东道主的安排下他住进了奥赛码头（即法国外交部）的一套豪华公寓里，房间里有一个金色的浴缸（这种设施一直对他很重要）。他还花了 36 个小时乘坐戴高乐的专列，前往法国第 1 军在法国东部贝桑松附近的前线。在香榭丽舍大道的游行过程中，丘吉尔一副兴高采烈的样子，戴高乐看上去却闷闷不乐。这种反差无形中对戴高乐提出了批评。戴高乐不喜欢与别人分享重要时刻，相比之下丘吉尔就显得大度一些。在仪表方面，丘吉尔给自己制造了负担，他穿着跟自己不相称的空军准将的制服，外面还套了一件大衣，大步流星的戴高乐穿的是毫无累赘的两星将军（当时的军衔）的短上衣，头上戴着平顶军帽。令人感到匪夷所思的是，丘吉尔始终没有意识到身着平民服装时他显得远比身着军装时更可敬、更有权威感，就像 5 个月后在劳合·乔治的追悼会结束后他在威斯敏斯特修道院拍摄的照片中显示的那样。

这一年完全没有在胜利带来的耀眼的辉煌中结束。德军继续以超强的韧性在意大利和德国的大门口进行着抵抗；西方盟国内部在战略问题上的争执丝毫没有减弱，英国人认为美国人无视轴心国军队在荷兰继续推进，蒙哥马利对艾森豪威尔的意见越来越激烈。丘吉尔对蒙哥马利针对实际问题提出的批评而不是人身攻击表示了充分的支持，但是他在 12 月 1 日给史末资发去了一封有些哀怨的电报："你肯定记得……我们的兵力只有美军的一半，很快就只能略强于 1/3 了……现在我们必须重新团结起来，加强实力，为春天的进攻做好准备……与此同时我还在努力清理干净我们身后的荷兰。这些工作并不容易，因为所有的工作总是都得由我来完成。"[mcxi]由于罗斯福不可能同意在圣诞节前举行会晤，丘吉尔又在 5 天后不满地向罗斯福表示："现在是时候让你看一看我们在年底面临的严峻而令人失望的现实了。"罗斯福心平气和地给丘吉尔做出了答复："或许我不如你那么靠近现场，所以对战局不如你那么失望；或许六个月前我也不像你一样，在时间的问题上那么乐观。"^{mcxii}他的回信中透着一丝责备的意味。这一切都发生在德军对阿登高地发动攻击之前，这场战役后来在西方世界被称为"突出部战役"。12 月 16 日，伦德施泰特率领 10 个装甲师和 14 个步兵师发起了进攻。进攻大获成功，德军几乎推进到迪南的默兹河，但是这种状态只保持了 1 个多星期。在比利时的小村子塞勒有一辆带有"卐"符号的坦克，这辆纪念性的坦克的石头基座上刻着一段铭文，显示这个村庄是伦德施泰特打到的最西端，时间是圣诞节前一天的下午。

当时间走向二战中最后一个圣诞节的时候，丘吉尔关心的不是阿登高地，而是希腊。德军已经撤出希腊，希腊民族解放军坚定不移地试图接管政府。丘吉尔决不允许发生这样的事情，在这个问题上他的态度坚定不移。他认为一个共产主义希腊对西方盟国来说就是一场灾难。正如他在 1954 年出版的一卷《第二次世界大战回忆录》中所指出的那样，在几年的时间里美国在希腊问题上的政策也变得非常强硬。美国于 1947 年 2 月底提出了"杜鲁门主义"，这标志着它开始了维护欧洲民主国家、对抗苏联扩张的事业。就在提出这项原则的同时，美国立即从英国手中接过了捍卫希腊和土耳其的任务。在接下来的一个月里，信奉自由主义但是态度强硬的国务卿迪恩·艾奇逊赤裸裸地告诉国会的一个委员会，"应当认为一个由共产党统治的希腊将会给美国安全带来危险"。^{mcxiii}

在 2 年又 3 个月之前，当决定守住雅典并且尽量守住内陆地区不受共产党蚕食的时候，丘吉尔几乎成了孤家寡人。在当年 11 月初的时候他就对艾登说过："为了解放希腊的行动，我们已经给俄国付出了不得不付出的价钱，现在我们用不着犹豫了，放心派出我们的军队吧。"^{mcxiv}英国给俄国付出的"价钱"非常高，几乎牺牲了德国边界以东的其他所有国家，不过斯大林信守了诺言，始终没有破坏当初与丘吉尔达成的协议。1944 年年底，希腊共产党发动起义，训练有素的苏联媒体不像世界上大多数国家的媒体，他们从未抨击过丘吉尔毫不动摇地镇压希腊起义的事情。① 或许更惊人的是，苏军驻雅典专员波波夫上校在这个关键时刻的表现。这位名字听起来有些不太真实，不过据说仪表堂堂的专员丝毫没有对希腊的共产党政府给予鼓励。

---

① 1944 年 12 月 3 日，希腊民族解放阵线在雅典市中心的宪法广场举行了一次示威游行，示威过程中警察向游行群众开了枪。以此为导火索，希腊民族解放军与希腊政府军打响了全面战争，英军加入了希腊政府军阵营。

除了在希腊当地的波波夫和远在克里姆林宫的斯大林，在 12 月里还令丘吉尔感到不快的是他丧失了支持力量。从好的方面而言，他仍旧把持着战时内阁，身为工会领导人的欧内斯特·贝文带着出色的战绩参加了工党大会，在一场投票中工党以 248.8 万票对 13.7 万票的成绩取得了对保守党的压倒性优势（工党喜欢按照宽泛的标准计算自己的得票数，其中主要是工会成员的票数）。接着，在 12 月 8 日，丘吉尔又面对下议院发表了一场颇有说服力、毫不妥协的讲话，讲话之后他以将近 10 比 1 的比率获得了多数议员的支持。30 张反对票基本上都来自左派的造反者，这个数字还是比较高的。此外，首席党派督导詹姆士·斯图尔特认为，无论是辩论还是表决都没有消除下议院对丘吉尔的反对情绪，11 天后，他告诉科尔维尔，自己头一回感觉到下议院对丘吉尔"真的很生气，也没有耐心了"。[mcxv]

来自伊曼纽尔·辛韦尔、安奈林·比万等人的公开反对绝对不是丘吉尔最薄弱的软肋。在英格兰，他面对着《泰晤士报》和《曼彻斯特卫报》长期对他的批评，但是与满怀敌意、骚动不安的美国媒体相比，国内媒体的态度完全是小巫见大巫。由于美国媒体对丘吉尔的情绪，在与英国结盟的过程中美国政府始终战战兢兢。面对美国媒体，丘吉尔很不走运。希腊问题给丘吉尔带来了一场危机，草草拼凑成的希腊政府中走出了一位位共产党部长，共产党宣布将举行一场大罢工，希腊民族解放军占领了雅典一半的警察局，内战一触即发。用丘吉尔自己的话说，在这段时期的一开始他"更直接地主持了工作"。由于这种状况，在他于 12 月 4 至 5 日夜里主持召开的一场著名的夜间会议上，他注意到艾登显得非常疲惫，因此在夜里两点的时候他让后者去休息了，他说"一切就交给我吧"。也是由于这种状况，他亲自起草了一封给罗纳德·斯科比将军的电报，这封电报至关重要。当时斯科比率领着 5000 名英国军人驻守在希腊的首都，丘吉尔在电报中指示对方开火，以遏制住雅典境内的共产党游击队。在这封电报中有一句话非常冷酷无情："不用犹豫，就当自己是在一座被占领的城市，而当地的叛乱队伍又正在逐渐壮大。"*[mcxvi] 这句话引起了激烈的反应。

当天凌晨 4 点 50 分，这封电报被发给了斯科比，一封备份电报也同时被发往威尔逊在意大利的司令部。被发往各地的电报，除非其中存在着"慎览"（"不要

---

*　丘吉尔应该完全意识到，在希腊当时的局势下，采用如此引人注目的措辞有可能为自己招致的危险，就在他于深夜或者凌晨在电报中写下这番狂妄之言的前一天，克莱门汀给他写了一封信，这封信也属于克莱门汀给丈夫的最著名的预警信。她在信中谈到了与此相关的其他问题："在弄清楚所有事实之前，请不要向今天见到的任何人重申你在今天早上说给我的这些话。"（玛丽·索姆斯编，《亲述自己：温斯顿·丘吉尔与克莱门汀·丘吉尔私人书信集》，p.507）。

出示给美国人"的委婉用语)的字样，否则都会被自动抄送给美国驻罗马大使等人。或许是因为时间的缘故，这封电报意外地漏掉了"慎览"两个字，按照规定，美国大使将消息告知了美国国务院。美国国务院又将消息透露给了著名专栏作家德鲁·皮尔逊，这种做法或许不太合法。皮尔逊在12月11日出版的《华盛顿邮报》上将丘吉尔的电报公之于众，电报中那句令人厌恶的话格外引人注目。

这封电报令华盛顿方面群情激愤，刚刚被任命接替科德尔·赫尔出任国务卿的小爱德华·斯特蒂纽斯甚至是哈利·霍普金斯都表示了强烈的不满，美国海军参谋长欧内斯特·金将军试图撤回英国正用来向希腊输送部队的美国登陆艇。在这场对丘吉尔的大批判中，罗斯福竭力置身事外，甚至还给丘吉尔发去了一两封电报，对后者进行了一番安抚，但是在12月13日的电报中他没有掩饰自己的不安，为自己的立场做了一番辩解。他的语气比较友好，但是态度很怯懦："无论是作为个人，还是国家元首，我都必须对公众的情绪做出积极响应，没有人能比你更明白这一点。出于这些理由，面对希腊目前的事态，美国政府不可能和你保持统一战线。"mcxvii加拿大的麦肯齐·金对美国方面的态度多少有些不满，在表面上他依然是值得丘吉尔信赖的支持者。

除了大洋彼岸对丘吉尔的质疑，丘吉尔与前线的英国高级顾问也产生了矛盾。12月11日，驻地中海大臣哈罗德·麦克米伦和刚刚被擢升为元帅并接替威尔逊出任地中海战区总司令的亚历山大赶到了雅典。英国驻希腊政府大使雷金纳德·利珀（雷克斯）之前已经在雅典就职了，不过在任期间的大部分时间他都在跟开罗或者意大利南部卡塞塔的流亡政府打交道。长期以来，利珀一直认为国王的问题（希腊国王乔治二世，当时住在伦敦）是解决希腊危机的障碍，解决希腊危机的最佳方案就是由希腊正教雅典教区的大主教达玛斯基诺斯摄政。利珀的意见很快就得到了其他人的认可，亚历山大更是指出很有必要通过政治手段解决希腊危机，因为除了雅典和比雷埃夫斯，他们没有更多的兵力可以用来镇压希腊全国各地的起义。对于亚历山大，丘吉尔总是本能性地感到自己和这位将军意气相投。然而，亚历山大的意见轻而易举地改变了艾登的想法，战时内阁的其他成员也几乎全都被说服了，但是丘吉尔没有被打动。他根本不顾及自己对达玛斯基诺斯几乎一无所知的事实，他就是不喜欢看到（远观）一位留着一把黑胡子、戴着一顶帽子的高级教士主政的景象，那顶帽子让原本就很高的大主教显得更高了。他认为这位大主教最终会成为"一个左派独裁者"，实际上他对达玛斯基诺斯并没有具体的怀疑理由，他的想法也没有这么理性。艾登在12月21日的日记中写道："温［温斯顿］给大主教插了一刀，他深信他是卖国贼，也是共产分子。事实上，正如亚历克［贾德干］巧妙地指出的那样，他［在丘吉尔的恶魔堂里］取代了戴高乐的位置。"mcxviii希腊国王也坚决反对达玛斯基诺斯摄政，不过他打算让他试一试首相职位。没有人认为国王的想法能够起到作用。

因此，在圣诞节日益临近的时候，英国政府在希腊问题上陷入了令人极其不满的僵局（更令人不满的状况就只有对德军在阿登高地的攻势的担忧）。丘吉尔原本打算于 12 月 22 日（星期五）的晚上前往首相乡间别墅，结果这天晚上他在唐宁街辅楼待到很晚，最后他觉得自己只能在辅楼里过一夜了，第二天直到下午 5 点他才下了床（卧床办公）。原定的计划被打乱以及特殊的举动（超乎正常癖好）都表明他的心情不太平静。回到首相乡间别墅的时候，他已经打定了主意：他不会在白金汉郡的乡下在家人的环绕下享用圣诞节的午餐，他要在从那不勒斯飞往雅典的 C—54"空中霸王"战略运输机上享用这顿午餐。按照那个年代的标准，这种新型运输机很舒适。

丘吉尔的决定引起了全家人的恐慌，在首相乡间别墅的他们已经决定举办一场基本上只有家人参加的盛大聚会，因为这是二战期间丘吉尔夫妇在首相乡间别墅度过的 5 个圣诞节里最放松的一次（眼看胜利就在前方）。首相姗姗来迟 24 个小时就已经令等在别墅里的众人够失望了，他带来的消息更是令大家感到痛苦。他说自己将于次日夜里（平安夜）动身，冒险前往希腊，整个圣诞节假期他都将在那里度过。无论是自己独自外出还是丈夫出门在外，克莱门汀始终都很从容，而这一次她"泪流满面"地回到了自己的房间。^{mcxix}

丘吉尔对自己的计划坚定不移。艾登丝毫不希望圣诞节假期被打断，不过他还是主动提出代替丘吉尔主持工作。结果丘吉尔告诉艾登他可以随行前往希腊。只有自治领事务部大臣及上议院领袖加斯科因 – 塞西尔令丘吉尔有所迟疑。星期日，加斯科因 – 塞西尔造访了首相乡间别墅，并留下与丘吉尔共进了午餐，席间将丘吉尔为此次出行找到的理由中肯地批驳了一番。但是丘吉尔的迟疑没有持续太长时间，他毫不妥协地推动着这天早上还几乎不存在的"计划"。正如科尔维尔在日记中记述的那样："首相在一通电话里将自己的计划告诉了国王、艾德礼、贝文、比弗布鲁克，我也给空军参谋长、海军部、汤米［首相的海军助理］打去电话，提醒了他们。一场大混乱随之而起。"^{mcxx}

最终，丘吉尔一行在圣诞节天亮一个多小时之后便从诺斯霍尔特空军基地出发了。这一次随行人员不多，但是与丘吉尔的关系都比较亲近。他带上了私人医生、自己最喜爱但是资历比较浅的私人秘书科尔维尔、海军助理，以及唐宁街"两名容貌姣好"的口述秘书玛丽安·霍姆斯与伊丽莎白·莱顿——有关容貌的评价来自科尔维尔，而不是丘吉尔。艾登带着皮尔逊·迪克森一起上路了。为什么丘吉尔在给很多人造成不便的情况下一意孤行前往希腊？最明显的解释就是他是为了履行自己的职责，而不是为了享乐，尽管他的口味有些任性，但这就是他的生活方式。但凡有两个方面的力量发生正面冲突，只要问题足够重要，他就总是会站出来对尽职尽责的一方表示支持。和许多显而易见的解释一样，这种解释在很大程度上符合事实，不过也并非毫无偏颇。职责永远是他最有力的盟友，这位"盟友"驱使他渴望身处世界大事的中心；相比无聊，他更愿意接受危险；相比顺从自己的惰性，他更喜欢冒险。此外，他相信自己充满了个人魅力，他也相信凭借着他的个人魅力会使看上去几乎无法克服的问题迎刃而解。相比莫斯科，这种自信或许的确适合被用在应对希腊危机。

在雅典，丘吉尔的亲自介入产生了决定性的影响，他的介入对他自己和客观环境产生了一样有效的作用，他对达玛斯基诺斯的看法被改变了。就在圣诞节的晚上，他第一次见到了大主教。在抵达希腊的机场后，丘吉尔在飞机上与亚历山大、麦克米伦和利珀举行了一次比较长的会议。机舱里很冷，机舱外风很大，飞机在停机坪上上上下下地震动着。丘吉尔一行乘坐装甲车前往法勒隆湾，在那里登上了"阿贾克斯"号巡洋舰。这艘军舰是东地中海舰队的旗舰，5 年前在二战中的第一场海战——普雷特河战役中立下了赫赫战功。在船上，丘吉尔第一次与帕潘德里欧见了面，他认为这位无所事事的希腊总理"是一个朝三暮四的人"，[mcxxi] 在希腊会谈期间，后者显然已经是一个被时代抛弃的弱者了。

丘吉尔看到了属于未来的强者——大主教。有趣的是，他的看法出现了 180 度的大转变，他突然发现自己原先对达玛斯基诺斯的偏见全都消失了。"总体而言，他让我感觉到他充满自信。他气宇轩昂，而且很快就接受了担任会议主席的提议。"[mcxxii] 丘吉尔认为戴着帽子的大主教看起来将近有 7 英尺高（约等于 2.13 米），更令他印象深刻的是，这位大主教在加入教会之前还获得过摔跤比赛的冠军。他只是对法座（东正教里对大主教的称号）的灵性还有所保留，他说过自己当时没有时间在这个方面对对方进行检验。

达玛斯基诺斯欣然同意主持会议，按照原先的构想，希腊各方面的政治领导人都应当出席这场会议，其中也包括希腊人民解放军的领导人。刚刚抵达希腊后，丘吉尔等人就在"空中霸王"运输机上表达了这个愿望。会议于 12 月 26 日下午 6 点在希腊外交部召开了，即使在最好的情况下，这栋大楼也显得十分凄凉。房间里几乎感觉不到一丝温暖，提供照明的只是几盏风灯，而且和那个年代雅典方方面面的情况一样，活跃会议气氛的是从远方零星传来的枪炮声，偶尔近处也会响起同样的声响，这些状况令外交部大楼显得更加凄凉了。到了既定的开会时间，希腊保守派政客都纷纷落座了，但是希腊人民解放军的代表统统没有露面，会议只能在他们缺席的情况下召开了。就在丘吉尔介绍基本情况的时候，会议室外响起了一阵吵闹的骚动声，据科尔维尔所述，然后"有 3 个衣衫褴褛的暴徒"进来。[mcxxiii] 丘吉尔说这

3 个人"穿着英军的作战服，看起来很体面"，在他看来他们看起来"比没有合法身份的卢布林政府代表强多了"。[mcxxiv] 丘吉尔很高兴，他拼命地克制着走上前去与他们握手的念头（也有可能出于不太明智的考虑）。在离开会议厅的时候他终于实现了这个愿望，在退场之前他告诉他们，要让希腊人和希腊人在"这位最杰出、最可敬的希腊人"——大主教——的监督下自行协商解决问题。

丘吉尔的举动在当时没有产生太积极的作用。几名"资产阶级"代表试图退场，他们不想与几名"暴徒"坐在一起，但是英国人挡住了他们的去路。在大主教看来，希腊人民解放军强硬得无可救药，尽管他们博得了外界的好感，但是他们的代表要求在任何形式的联合政府中都要占据主导地位，就如同在卢布林的波兰人对华沙政府的要求一样。因此，对于促成希腊各方势力达成和解这个目标，会议没能取得多少进展。在丘吉尔在雅典剩余的两天里，会晤也没有产生多少实质性的结果。丘吉尔在雅典一直待到了 12 月 28 日下午，又在那不勒斯过了一夜，最终于 29 日（星期五）返回伦敦，刚好来得及参加在傍晚举行的战时内阁会议。在会上他汇报了自己在希腊的进展，接着他又（与艾登一起）和希腊国王聊到了大半夜，试图强迫固执的希腊国王接受摄政统治方案。

丘吉尔在圣诞节期间的非凡冒险就这样结束了。他没能终止希腊的内战，也没能说服希腊人建立一个以民族团结为基础的接纳各方力量的政府。但是，在一定程度上出于一些无形的原因，这场出行是值得的。在这次出访的掩护下他重新站稳了脚跟。这次出访不仅让他和艾登的立场达成了一致，而且还鼓舞了驻守希腊的英国部队、指挥官和参谋人员的士气，无疑还令美国人和其他人见识到了他对希腊问题的重视程度。在和"暴徒"的接触上，这次出访也几乎取得了突破性的进展，他们对这位伟大英勇的英国首领给予他们的关注难以忘怀。最糟糕的阶段已经过去了。斯科比将军守住了雅典，将阿提卡（希腊中东部的大区）大部分地方的游击队都赶走了。希腊内战渐渐偃旗息鼓了，希腊人民愉快地接受了比较民主的非共产党政府将近 25 年的统治，直到 1967 年一群军官发动了军事政变。

最重要的是，除了丘吉尔，任何人都无法完成这样的任务。完成这项任务既需要在世界上声誉卓著，也需要具有童子军似的热情，唯独他能将这两个因素结合在一起。无法想象罗斯福或者斯大林会在平安夜的午夜登上飞机，去履行某项使命。出访希腊为 1944 年赋予了一个离奇的结尾。在这一年里，消灭纳粹主义越来越成为一项不可避免同时又迫在眉睫的任务，奇怪的是，盟军对最初阶段取得的成果却尚无头绪；在这一年里，丘吉尔在 4 年前对军事事务最不切实的希望眼看就要实现了，然而因此产生的喜悦在很大程度上却被笼罩着世界政治的乌云赶走了。

第四十章　欧洲的胜利与英国的失败

　　丘吉尔在有些消沉的情绪中迎来了 1945 年，胜利的一年，他在日记中写道："这是新的一年，也是令人作呕的一年。"[mcxxv] 经过慎重考虑之后，他在 1 月 8 日发给罗斯福的一封电报中提到自己担心"这场战争的结束到头来或许会比上一场战争更令人失望"。[mcxxvi] 最令他担忧的是欧洲的政治局势，但是军事方面短期内也没有出现多少令人感到安慰的进展。V—2 火箭继续对伦敦进行着骚扰，美军阻挡住了德军在阿登高地的攻势，但是有 8 万人为之付出了生命；盟军跨过莱茵河、结束德军在西线的有效抵抗似乎还遥遥无期；亚历山大在波河河谷的河漫滩上停滞不前；天气基本上都很恶劣。1 月 3 日，丘吉尔先后前往凡尔赛的司令部和比利时的根特看望了艾森豪威尔与蒙哥马利，其间他经历了一段乏味的旅程，乘坐夜班列车穿过法国北部白雪皑皑的平原。他对蒙哥马利没有产生多少积极的影响力。3 天后蒙哥马利举行了一场记者招待会，自吹自擂了一番，对首当其冲击退德军在二战中最后一次进攻的美国人摆出一副极度倨傲的姿态。这场记者招待会对艾森豪威尔构成了严重的冒犯，他甚至开始怀疑自己是否应当继续命令自己的部下听命于蒙哥马利。只有东部战场进展顺利，俄国人势不可挡地横扫了波兰南部，一直推进到了奥德河（现在德国和波兰的交界处）。但是这样的成果再也无法给丘吉尔带来纯粹的喜悦了。

　　抑郁不会让丘吉尔麻木。他很少因为抑郁而失去斗志，他认为在他和罗斯福接受斯大林强行提出的方案、前往克里米亚半岛南岸的雅尔塔举行会晤之前，自己应当说服罗斯福同意和他提前在马耳他举行一次双边会晤。怀着这样的想法，他于 1 月 1 日给罗斯福发去了一封朗朗上口的电报："我们不要再止步不前！从马耳他到雅尔塔！谁都不要再变卦！"然而，就连有关马耳他会晤的计划很快也失去了希望。抵达马耳他的时候，丘吉尔的体温又升高到以前频频出现的温度，在接下来的两天他基本上都在"猎户座"号巡洋舰上卧床不起。罗斯福只在其中的一天里登上过丘吉尔的巡洋舰，丘吉尔却拖着病体去了罗斯福乘坐的巡洋舰，与其共进了午餐和晚餐，但是罗斯福无意考虑在雅尔塔会晤之前举行一场严肃的预备会议的想法。

罗斯福的变化和丘吉尔的沮丧都和二战后半程中举行的首脑会晤中时常出现的状况没有出入，唯一例外的就是这一次罗斯福完全无意与丘吉尔商讨重要问题。更加令丘吉尔感到不安的是，越来越多的迹象表明，在后方他也逐渐失去了对英国政府的控制力。造成这种状况的并不是每当大选迫近时令各党派担心的政党政治，也不是因为在某些政策问题上的分歧，这种状况的产生主要还是由于政府班子对丘吉尔管理政府的方式感到强烈不满。同僚们一直批评他召开的会议太长，同时又没有重要意义，在会上他总是不着边际地唠叨着自己了解的大量情况。一丝不苟记着日记的阿兰·布鲁克与亚历山大·贾德干更是对丘吉尔在这些会议上的"漫谈"表示过不满，但是他们以及其他与丘吉尔有着密切交往的人都一直明确地表示出对丘吉尔的尊敬，他们都认为作为一位不可或缺的领袖他的优点远远胜过了他的缺点，尽管这些缺点很令人气恼。

丘吉尔正在逐渐失去高级大臣的支持，这不仅是因为在工作上的拖沓，而且还因为在内阁会议上除了自己撰写的文件他很少审阅其他人提交的报告，而且对于委员会已经完成的重要工作，他总是更愿意听从几位对这些工作知之甚少又颇有偏见的密友，这些人实际上都不太值得信任，比弗布鲁克、布拉肯与林德曼都属于这种密友。林德曼当时已经成为彻韦尔子爵，正是这位最受丘吉尔青睐的物理学家率先引爆了一枚"原子弹"。在1月9日的日记中，科尔维尔对这件事做了生动的记述，并且针对更宽泛的问题发表了一番评论：

> 午夜过后，比弗布鲁克勋爵和布兰登［布拉肯］在首相的卧室里进行了一场密谈，无疑他们在进行罪恶的密谋（我怀疑是反对所有工党大臣中最为丘吉尔看重的贝文的阴谋），安东尼·艾登火冒三丈地打来电话。激怒他的是彻韦尔勋爵的一份备忘录，首相将其转交给了外部［外交部］。艾登曾断言欧洲将面临一场大饥荒，但是备忘录断然否定了这一论断。艾登告诉我，对于他仔细斟酌过的问题，倘若首相采纳外行的、不切实际的意见，他就辞职。我将电话交给了首相，艾登在电话里咆哮了一通，首相和我（我也在一旁听着）还从来没有听到过他这样发火。面对对方的暴怒，首相表现得很慈祥，很有手段……mcxxvii

丘吉尔或许可以表现得很慈祥、很有手段，而且众所周知艾登是一个一触即发的人，但是出于务实的考虑他很少对丘吉尔发火。首相竟然刺激自己最重要的高级同僚做出如此反应，无论如何这都是很严重的问题。事实上，不到两个星期后，丘吉尔就告诉哈利·霍普金斯，他自己与艾登两个人就意味着"国王陛下的政府，一旦他们出于某种原因产生严重的争执，政府就会解散"。[mcxxviii]

更严峻的问题是艾德礼于 1 月 19 日提出了一套新的政策。艾德礼始终和丘吉尔不太亲近，丘吉尔也没有介绍他加入另一个俱乐部，这是判断与丘吉尔远近亲疏的检验标准。但是，作为工党领袖和副首相，艾德礼正是保证联合政府正常运转的中枢，当丘吉尔远在国外（经常性的），他表现出了奇迹般的领导才能，将政府管理得井井有条，许多人都能够证实这一点。此外，如果未来有所征兆的话，那么当时的人会意识到艾德礼将成为 20 世纪最成功的首相之一，同样可以肯定的是，在 20 世纪的所有首相中也没有多少人能像艾登一样遭到失败。

艾德礼有两个最突出的特点。第一，他无论在写文章还是交谈的时候都言简意赅得几乎令人感到有些无聊；第二，他对于自己效力的组织无比忠诚，有时候甚至到了令人无法想象的程度。对于丘吉尔领导的联合政府，他当然也怀有同样的忠诚。因此，他能够坐下来给丘吉尔写了一封 2000 多字的长信表达自己的不满自然会令人感到惊讶。艾德礼对打字很不熟练，但是他的态度很认真，奋力地在自己的手提式打字机上亲自敲出了这封信。在他的晚年，收到过他的来信的人都不难理解信中零星出现的星号和感叹号都只是由于他的疏忽所致，这些小失误反而让信中的文字变得活泼了一些，应该会增强而不是削弱书信的说服力。这个小失误显示出艾德礼宁愿亲自动手，他甚至不希望自己的工作人员知道他在写下这些书信的时候有多么恼怒。他希望自己的信能够命中目标，但是他不愿大张旗鼓地向对方开火。

按照艾德礼的标准，他给丘吉尔的这封信不够简洁，但是这封信的冲击力丝毫没有因此被冲淡。当时首相已经组建了很多内阁委员会（艾德礼担任了其中几个委员会的主席），他小心翼翼地保持着委员会之间的平衡，以求各方面的政治观点都得到充分体现。这些委员会都很卖力，而且在"党派观点应当服从大局"的问题上基本达成了一致看法。委员会以尽量简短的报告的形式将得出的结论提交给战时内阁。

接下来呢？往往需要经过很长时间之后报告才会受到考虑。在被送到内阁的手里后，你又很少审阅这些报告。你越来越无视这些报告，就连等着你下达指示的短小的报告都不读一下。我们经常要花半个小时甚至更多的时间向你解释你只需读上两三分钟报告就能了解到的内容。某句话吸引住你的注意力，促使你针对和正题关系不大、只是比较有趣的观点发表一通长篇演说，这种情况屡见不鲜。结果就是工作被耽搁得更久了，还有一场场不必要的漫长的内阁会议……

　　仅举近来的两例：你认为这并不是委员会就各项提议初步达成的一致意见，而是一直蒙蔽羸弱的保守党同僚的几位社会党大臣想出来的毒计。这种想法是不公平的，对两党的大臣都构成了侮辱……

　　抗议越来越激烈了：

　　还有一件更糟糕的事情。一个由五六名内阁阁员和其他几位经验丰富的大臣组成的委员会，竟然毕恭毕敬地听命于掌玺大臣［比弗布鲁克］和新闻大臣［布拉肯］这两位不承担内阁职责的大臣，而且他们都没有给予这个问题足够的重视。陈述自己的观点时，他们显然对这个问题一无所知。尽管如此，我们还是花了一个小时听了他们的见解。时间被耽误了，真正的重要问题或者没有及时得到商讨，或者按照掌玺大臣的意见被通过了……这中间就存在一个严重的宪法问题。在全国人民的眼中并且根据我国宪法的规定，制定决议是 8 位战时内阁阁员的责任。我向两党里曾受到过掌玺大臣的影响力干扰的人保证过这一点。但是，如果这种状况还要继续下去的话，我也无力说服他们了。现在，大臣和文职人员都感觉到掌玺大臣和新闻大臣的支持比内阁大臣的支持更重要，这是大错特错的，但是我不得不相信这种感觉已经越来越强烈了。^{mcxxix}

　　艾德礼无疑有些不安地等待着对方做出反应，他的信于 1 月 20 日（星期五）被交到了丘吉尔的手上，当时他正在参加我的婚礼。在婚礼的招待会上他一如既往地发表了很简短的讲话，在讲话中几乎毫无必要地提到了自己丢出去的炸弹迟迟没有爆炸的事情。他看上去似乎也不比平时紧张多少。在那个大雪纷飞的周末，由于患上了重感冒，丘吉尔罕见地待在凄凉的唐宁街辅楼，没有去首相乡间别墅。科尔维尔在日记中提到面对艾德礼的信，丘吉尔一开始暴跳如雷，"［他］写了一稿又一稿挖苦对方的回信，他说这就是社会党人的阴谋，喋喋不休地念叨着在内阁里托利党人势力不足的问题"，在欢迎"打字秘书、用人、司机等人"在晚饭后去隔壁房间观看电影的时候，他开了一个几乎让人无法理解的拙劣玩笑，他叫他们"不要担心艾德礼和希特勒"。^{mcxxx} 在科尔维尔以及他的资深秘书约翰·马丁看来，更糟糕的是他还给比弗布鲁克打去电话，将信从头到尾读给了对方，两位秘书都能证实艾德礼在信中表达了不满，艾德礼悄悄地亲自动手打出这封信的谨慎也因此完全变成了多余之举。不过，这两位私人秘书的忠诚程度在一贯坚持忠诚原则的白厅私人秘书队伍中都算罕见。

　　丘吉尔面临的问题在于与他亲近的所有人几乎都认同艾德礼的意见，克莱门汀也不例外。科尔维尔也是如此，他在日记中提道："我十分喜爱并敬仰首相，但是恐怕艾德礼说得很对，我非常钦佩他有勇气说出这些话。很多保守党人，*以及贾德干和布里奇斯这样的政府官员，也都有着同样的想法。"就连比弗布鲁克显然也认为这是"一封非常好的信"。[mcxxxi] 最终，丘吉尔在星期一给艾德礼做出了回复，在信中完全承认了对方的说法：

> 亲爱的枢密院大臣：
>
> 　　我必须向您在 1 月 19 日发来的这封您亲自执笔并且没有公开的信表示感谢。您尽可以相信，我将始终竭力听取您的意见。
>
> 谨上
> 温·斯·丘 [mcxxxii]

现实状况是否因为艾德礼的大胆直言以及他得到的默默支持而有所改变？答案是的确有所改变，但是改变不大。

就在自己管理政府的方式激起一阵骚动的时候，丘吉尔在 1 月末决定加强区域轰炸，并且授予空军中将哈里斯相当大的自由度，允许他对柏林和德国东部的城市实施恐怖袭击，从而导致英美联军于 2 月 13 日和 14 日出动了大约 1200 架飞机摧毁了德累斯顿。丘吉尔认为这种做法必然会缩短战争，他的这项决定受到了最强烈的争议。将过错完全归咎于哈里斯是不对的，应当受到指责的是他的上级。丘吉尔在 3 月末做出的决定也是如此，这时候他又下令限制区域轰炸，"否则，我们占领的就将是一片只有废墟的土地……毁灭德累斯顿同盟军的轰炸原则存在着很大的抵触"，丘吉尔在 3 月 28 日给参谋长委员会的一份通知中写道。[mcxxxiii]

丘吉尔为摧毁德国城市感到过后悔吗？他在这条路上走得太远了吗？科尔维尔在日记中提到，在 2 月 23 日晚上经过一番反思之后，丘吉尔说等哈里斯毁灭德国之后，"白雪皑皑的俄国和白色的多佛尔悬崖之间还将剩下些什么"？[mcxxxiv] 这句预言更多地透着一股决然而不是遗憾的情绪。在带着获胜之后产生的新认识的引导下，人们很容易对丘吉尔提出这样的批评，实际上他做出的区域轰炸的决定并不比杜鲁门在 6 个月后动用第二颗原子弹的决定更应当受到谴责。

---

* 无疑这些人包括内阁中其他几位保守党阁员，或者说是"独立"阁员，艾登、安德森、列堤森和伍尔顿。

接下来的大事件就是于 2 月 5 至 11 日举行的雅尔塔会议，为了这场会议丘吉尔又离开英国 3 个星期之久。在二战期间举行的首脑会晤中，雅尔塔会议是成果最微薄的一次会晤。造成这种结果的根本原因在于，保证三巨头团结在一起的唯一的黏合剂——摧毁德国强大的军事机器的需要——正在迅速失去其黏合力。除了之前几次会议上出现的情况，雅尔塔会议上还出现了一些新的情况，其中最明显的就是罗斯福的体力和精神都出现了明显衰退的迹象。回顾这 6 天里发生的争论和举行的宴会是毫无意义的事情，其间出现的种种细节都与德黑兰会议以及丘吉尔在东方和西方开展的各种双边会晤没有区别。

雅尔塔会议上有两个主导议题。第一个议题包括了为建立联合国组织而召开的敦巴顿橡树园（华盛顿）预备会议上遗留下来的一些问题，在这些问题上雅尔塔会议取得了比较大的进展，但是会议回避了其中的一个核心问题。这个问题就是，对于涉及 5 个常任理事国中任何一位成员（3 个大国加上中国，或许还有法国）的争端，安全理事会是否应当具有介入的实权。对于联合国大会，俄国人同意他们的附属共和国只派出两三名代理人参加大会，而不是他们一直要求的 16 名全体代表。可以说，这是对英国的自治领只有 4 名代表参加大会的回应。这样一来，美国就只勉强拥有微不足道的一票，不过，10 多年后将有一批拉丁美洲国家加入联合国大会，他们都是美国的可靠伙伴，美国就是它们的总代理。与几位首脑之间达成的其他协议一样，这份协议在大约一个月后就遭到了一定程度的破坏，并且在旧金山会议之前制造了一场危机。不过在雅尔塔会议期间，这个问题缓和了会议的气氛，没有令其恶化。

第二个议题更加棘手，这就是长期存在并且引起强烈不满的波兰问题。丘吉尔准确地断言波兰问题是一个测试品，通过它可以判断出东欧的未来。相比丘吉尔，罗斯福对这个问题没有给予足够的重视。从德黑兰会议到丘吉尔于 1944 年 10 月出访莫斯科，再到雅尔塔会议，波兰问题始终处在舞台的中心，令人感到压抑。但是在每一次会议上，除了偏爱卢布林傀儡政府（这时政府已经迁到了华沙）的人，西方的立场以及波兰人自己的立场都越来越虚弱了。令丘吉尔感到欣慰的是，他在莫斯科期间与斯大林进行的讨价还价，例如建立五五开的"卢布林－伦敦政府"，在雅尔塔会议上应该都会得到通过。他自始至终都十分清楚，无论从斯大林那里争取到怎样的交易，自己都会受到激烈的批判。很快，他就在下议院于 2 月 28 日至 3 月 1 日举行的辩论中遭到了一场批判，在辩论结束后，有 27 名托利党议员给他投出了反对票，更多的议员感到了不安。

这场批判持续的时间也比较长。例如，在出版于 1993 年的一部充满敌意的

"修正主义"丘吉尔传中，作者约翰·查姆利明确指出，丘吉尔在 1944 至 1945 年对波兰人的处理方式甚至比内维尔·张伯伦在签订《慕尼黑协定》前后对捷克人的处理方式更恶劣，而当时丘吉尔还对张伯伦发起过激烈的抨击。因此，查姆利指出，事实证明丘吉尔不仅虚弱，而且伪善。这种看法忽略了一个显著的事实。在 1938 年的时候，丘吉尔打算抗击德国，捍卫捷克斯洛伐克，事实上他还指出，在这个危急关头加入战争比拖到一年后再加入战争对英国更有利。这种看法不一定正确，但是他对此深信不疑。在 1945 年的春天，为捍卫波兰而向俄国宣战根本不可行。在英国，只有不够严肃的人才会拥护这种主张，在实现这种主张的过程中英国绝对得不到美国人的支持，甚至有可能会招致美国人的强烈反对，后者至少会与 11 年后发生苏伊士运河危机时一样积极开展敌对行动，而且这种做法还会产生更具有破坏性的影响力。

在这样的情况下，丘吉尔在雅尔塔会议上最大限度地做出了出色的表现。在 4 场全体会议上，斯大林比不久前打了败仗时更坚定地表示要夺取战争的胜利，罗斯福有些昏昏沉沉。面对咄咄逼人的斯大林，丘吉尔发表了一场讲话，马丁·吉尔伯特公正地称其为丘吉尔"政治生涯中最艰难的一场讲话，最艰难的一场辩护"。[mcxxxv]除了允许波兰人在前德国的领土上深入到哪里这个问题，波兰边界问题不复存在了。现在的问题是，公报中"在落实普选权和保证无记名投票的基础上尽快举行自由、不受限制的选举"这句话意味着什么。没有人希望留下反对这些条款的记录，不过斯大林发表的一番见解以及莫洛托夫提出的一个观点都生动地显示出，雅尔塔会议没有在这些条款方面达成共识。在第三场也是最轻松随便的一场晚宴上，丘吉尔针对自己不久后将面对的大选进行了一番详细的阐述。他有些琐碎地说："你也知道英格兰有两个党。"斯大林回应道："其中一个比另一个强很多。"[mcxxxvi]表面上，这句话听起来很亲切，实际上斯大林的言外之意就没有听上去这么友善了。在是否应当允许西方世界的观察员监督波兰的"自由、不受限制的选举"这个问题引起争议的时候，丘吉尔表示自己欢迎希腊和意大利北部相互派出观察员，莫洛托夫与以前一样提出了一个令人瞠目结舌的观点，他指出这种安排将对波兰的国家主权以及刚刚获得解放的波兰人民的尊严构成侮辱，实际上，对于其他一些比较小的国家情况也是一样的。这个观点得到了斯大林的认可。

在雅尔塔会议上还出现了另一个应该同样振聋发聩的观点，至少在丘吉尔的心中引起了强烈的共鸣。在第一场全体大会上，罗斯福在十分随意的状态下宣布："美国将采取一切合理措施捍卫和平，但是不会以无限期地在远离国土 3000 英里外的欧洲维持大量兵力为代价。因此，美国的占领仅会维持两年的时间。"[mcxxxvii]丘吉尔立即做出了反应，他更加努力地劝说其他人同意分给法国一块在德国的占领区，并同意法国正式加入对战败的敌国进行管理的盟国管制委员会。丘吉尔庆幸戴高乐当时没有参加雅尔塔会议，与他的担心相比，他对戴高乐的质疑无足轻重。他唯恐在美国人回家后，欧洲就只剩下精疲力竭的英国这一个西方大国隔着一个被毁灭殆尽的德国努力与俄国相抗衡。考虑到这种情况，法国军队的存在又变得很必要了。无论是在丘吉尔和艾登还是艾德礼和贝文的领导下，英国一直试图接受或者取消——他们更倾向于后一种情况——罗斯福在 1945 年 2 月 5 日下午发表的这项简短声明，这个目标成为影响英国外交政策的一个主导因素，直到 50 个月后美国、英国等 12 个国家在华盛顿签订《北大西洋公约》。

在雅尔塔会议期间，丘吉尔总体上一直比较健康。他在马耳他发过一次烧，在雅尔塔会议期间始终没有复发，会议期间他的主要问题就是眼睛感到疼痛，一贯比较悲观的贾德干在 2 月 9 日的日记中写道："首相似乎还不错，只是他灌下了大量的高加索香槟，对普通人来说这样的饮用量都会损害到健康。"^{mcxxxviii} 在克里米亚半岛的经历是否令丘吉尔感到开心？这个问题值得怀疑。在前往克里米亚之前，他倾向于哈利·霍普金斯的观点，后者曾表示："再花上 10 多年时间选择会址，我们就不会找到这么糟糕的地方了。"^{mcxxxix} 从机场到市区 6 个小时蜿蜒颠簸的车程令丘吉尔感到极其厌恶，他曾在自己下榻的别墅里凝望着窗外的大海、阳光和山峦说："真是地狱里的里维埃拉。"^{mcxl} 会议结束后，当他在塞瓦斯托波尔港登上一艘英国的航轮后，他又"表示希望清除一下衣物上的虱子"，^{mcxli} 他的举动令船长迷惑不解。

实际上，他们在雅尔塔的住宿条件非常奢华，住的是废弃不用的皇宫，房间里摆放着匆忙从莫斯科运来的家具，还都是一些易碎品。夜总会经理的工作时间也完全符合丘吉尔的作息规律，对罗斯福的作息来说就远没有这么契合了。会议通常都在下午 4 点至 5 点之间举行，每次持续 4 个小时，甚至 5 个小时，中间有短暂的休息时间。为了维持精力，在休息的时候丘吉尔会喝一些威士忌和鸡汤。晚餐在 9 点 30 分左右举行，其中 3 次晚餐是由 3 位首脑轮流主办、三方代表一起出席的正式宴会，宴会一直持续到午夜过后，席间一如既往地会出现大量举杯祝酒的情景。在发表讲话的过程中，他们还说了一些非常令人难为情的奉承话，丘吉尔尤其如此，毕竟在 3 位元首中他是口才最好的。在苏联方面主办的晚宴上，当提到斯大林的时候，他说："当发现我和这位伟人结下了友谊、建立了亲密的交往时，我在来往于这个世界的时候就有了更大的勇气、更多的希望，这个人不仅在俄国各地声名赫赫，在世界各地也声名远扬。"^{mcxlii} 在最后一场由英国方面主办的晚宴上，他对斯大林越来越友好的态度盛赞了一番，并且说："我们觉得我们有了一位可以信赖的朋友。"^{mcxliii} 对于这些溢美之词，外界必须考虑到当时的场合令人有些飘飘然，更值得谅解的是，丘吉尔对自己说过的这些奉承话毫不掩饰（由于这些话，他也得到了很大的回报），在出版于 1954 年的最后一卷《第二次世界大战回忆录》中公布了这些芬芳的溢美之词。

在没有官方宴会的 4 个夜晚，丘吉尔就在自己下榻的沃伦佐夫别墅同不多的几个人一同进餐：他的女儿萨拉，艾登，形形色色的陆军和海军将领，以及他的私人秘书。就如同在德黑兰会议期间一样，在雅尔塔会议期间萨拉的陪伴对丘吉尔非常重要（并且在给母亲的信中提供了大量有关"生活方式"的细节）。这样安静的晚宴并不会让丘吉尔早早上床休息，每天通信员都会在大约午夜的时候送来当天的外交邮袋，在快速翻阅了当天早上的伦敦报纸后，他还要花上几个小时审阅邮袋中的其他文件。因此，他比平时起得还要晚一些，早上在床上办公、享用丰盛的午餐、下午 4 点之前必须小睡一会儿也都成了问题。据萨拉·奥利弗所述，丘吉尔将早餐和午餐合二为一，在 11 点半的时候在床上吃一顿大餐，直到午后才下床，就这样解决了作息问题。这样的日程表看起来很适合丘吉尔，据说他"完全撑了下来……从身体状况方面而言……这场会议似乎不比去年的那场会议更艰难"。^{mcxliv}

尽管如此，当会议刚一结束，丘吉尔就火急火燎地想要离开克里米亚，那副模样就如同一出美国音乐剧中的男主角（或者女主角）在某一幕中说出"为什么咱们不全都上纽约去？"时的样子。萨拉对当时的情景做了精彩的描述：

> 我们为什么要留在这里？为什么不在今晚就动身……50 分钟后我就要动身！……自然，50 分钟足以让我们回心转意 6 次。我们还是要在这里过夜，明天午餐时间再出发。我们要坐飞机——我们今天晚上就出发，走海路……我们要去雅典——亚历山大港——开罗——君士坦丁堡——我们哪里也不去——我们就待在船上 [丘纳德轮船公司的"弗兰科尼亚"号皇家邮政船泊在塞瓦斯托波尔港等着他们] 看报纸……爸爸显得和蔼、活泼，就像放学后写完了作业的小男孩一样，一个房间接着一个房间地到处乱窜，一边走，一边说"快点，快点"！

> 不管你信不信，1 个小时 20 分钟过后，即 5 点半左右的时候，一队轿车蜿蜒驶向了塞瓦斯托波尔港，车上满载着吱嘎作响的行李！我们的动作已经够快了，结果我们还是最晚的一个。总统已经先于我们 1 个小时离去了，不过早在几天前他们就已经安排好了一切。斯大林就如同阿拉伯神话里的妖怪一样早就不见了踪影。^{mcxlv}

事实上，接下来的两天他们一直在"弗兰科尼亚"号上休息，然后他们飞到了雅典，去看了看达玛斯基诺斯大主教的情况。结果还不算太差，雅典的局势远比数星期前稳定。丘吉尔甚至有条件驱车在四处转了转，这一次他乘坐的是一辆敞篷轿车，而不是在前一年圣诞节里乘坐的装甲车，希腊人民向他发出了热烈的欢呼。接着他又前往亚历山大港，在 2 月 15 日与罗斯福在美国军舰"昆西"号上共进午餐，然后互相道别。此后他们两个人就再也没有见过面了。

丘吉尔在开罗逗留了数日，先后与一位皇帝、两位国王和一名总统进行了会谈，经过连续将近 14 个小时的飞行后，他于 2 月 19 日返回英格兰。到了 20 世纪的下半叶，空中旅行变得更便捷了，但是丘吉尔一行乘坐的"空中霸王"运输机还是由于诺斯霍尔特空军基地大雾弥漫而偏离了方向，包括克莱门汀在内的迎接队伍就等在那里。丘吉尔的飞机飞到了威尔特郡境内的莱纳姆皇家空军基地，他们出人意料地在伯克郡首府雷丁车站对面的酒店会合了。等克莱门汀赶到酒店的时候，丘吉尔正开心地坐在那里喝着苏打威士忌。克莱门汀觉得丈夫看上去"非常矍铄，比他动身前去参加这场最令人头疼、最艰难的会议时的状态好太多了"。[mcxlvi] 接着丘吉尔夫妇前去与国王和王后共进了晚餐。丘吉尔发现几乎不会受到目的地影响的旅行和几乎不会受到会议议题及结果影响的最高级别会议总是能让他精神焕发，而不是精疲力竭。

雅尔塔之行是丘吉尔在二战期间最后一次长距离的海外旅行。从 3 月 23 至 26 日，他又和蒙哥马利一起赶赴前线，对西线上最后一场危险的战斗进行了视察，这场旨在跨过莱茵河的战斗具有至关重要的作用，不过此次出行只需要从伦敦出发飞行两个小时。有一个问题必然会令人们感到难以理解。4 月 12 日，罗斯福与世长辞，他的离世很突然，但是并不令人感到意外。丘吉尔没有前去参加随后举行的葬礼。美国方面分别于 14 日和 15 日（星期六和星期日）在白宫和海德公园寓所为罗斯福举行了两场追悼会，这两处地方对丘吉尔来说都是见证他与罗斯福的友谊的圣地，他也有充裕的时间前往其中的任何一处甚至两处地方参加追悼会，况且这两天都是周末，他就更没有理由以公务为由拒绝出行了。实际上，得知罗斯福逝世的消息后，丘吉尔的第一反应就是计划在星期五晚上飞往美国，直到既定的出发时间——晚上 8 点 30 分——他都没有放弃这个打算。

为什么丘吉尔表现出一反常态的优柔寡断？白天，他收到了哈利法克斯发来的一封信，后者告诉他哈利·霍普金斯与小爱德华·斯特蒂纽斯（刚刚就任国务卿）"都对我有望前去美国的消息深为感动，也都对我认为此行将产生极其有益的影响的想法表示强烈的认可"。哈利法克斯还告诉丘吉尔，继任总统的杜鲁门还让他"估计一下与我尽早见面的可能性有多大"……杜鲁门先生希望在葬礼之后能与我开展两三天的会谈"。[mcxlvii] 美国方面的态度必然令丘吉尔更加坚定了最初的想法，然而最终他还是改变了主意，决定由当时正前往美国去参加旧金山会议的艾登参加罗斯福的追悼会，并写信向国王解释了自己无法成行的原因。他写给国王的最缺乏说服力的信件中就包括这封信：

> 在白天我不禁想要前去参加葬礼，与新人建立交往。然而，在国王陛下的大臣中已经有那么多人远在国外，而且外交大臣已经计划过去了，加之我觉得下周议会的工作以及［国内］围绕着罗斯福先生逝世举行的各种追悼活动［基本上就是在圣保罗大教堂举行的悼念仪式］都十分重要，尚未亲自过问下议院的工作就离去的话，我会感到没能尽到自己的责任，我也不得不考虑如何悼念已故总统的问题，显然我有责任发表悼念讲话［他于 4 月 17 日（星期二）在下议院对罗斯福进行了悼念］。工作方面的压力也非常大。因此，我认为自己最好还是留在这里，在这个关键时刻主持工作。[mcxlviii]

这番解释破绽百出。1941 年 12 月是二战期间无比危险的一段时期，当时丘吉尔义无反顾地去了美国，同时艾登在俄国过着有些与世隔绝的生活。正如他后来对科尔维尔说过的那样，在那段日子里"我挖空心思地琢磨着罗斯福总统的每一个心血来潮的念头，没有谁能像我那样琢磨他们爱人的心思"。至于其他远在国外的大臣，丘吉尔甚至不知道其中大部分人的存在。在下议院的悼念讲话，甚至是在圣保罗大教堂举行的追悼会，都完全可以等到他从美国回来后再进行，哪怕为此他不得不略微缩短与杜鲁门的会谈。他在下议院发表的讲话是一场合格的悼念讲话，但绝对不属于他发表过的最令人难忘的悼念讲话。科尔维尔曾经说过这场讲话绝对"无法企及他在 1940 年献给内维尔·张伯伦的悼词"。[mcxlix]

对于真相，外界不得而知。对于丘吉尔究竟为何会做出如此令人扫兴的决定，无论是丘吉尔本人留下的文字记录还是同时代的其他人都没有提供线索。通常能让外界充分了解到丘吉尔的情绪和本能反应的日记也都毫无帮助，贾德干、布鲁克、伊斯梅、艾登等人的日记都没有提供线索，就连科尔维尔的日记也没有帮助。外界只知道丘吉尔在 4 月 13 日犹豫了一整天，令他摇摆不定的一些矛盾想法也纯属推测。丘吉尔在事后也遗憾于自己当时没能做出另一种选择，不过他只是为错过与杜鲁门尽早建立私人联系的机会而感到遗憾，并不是因为他没能以最突出的身份参加

自己在西方防御事业中最伟大的合作伙伴的葬礼。[*]

这样一来，外界就产生了一个问题：到了这个时候，丘吉尔对罗斯福的感情是不是已经冷淡下来了，以至于他对后者的逝世无动于衷？当然，在雅尔塔会议上罗斯福的确没有对丘吉尔起到太大的作用；在参加雅尔塔会议之前，当他们逗留在马耳他的时候他也拒绝与丘吉尔进行严肃的会谈；在最重要的一场会谈中他又是一副置身事外的样子，这既是由于他越来越缺乏活力，也是因为他希望自己在另外两位首脑中间表现出一碗水端平的中立姿态。从亚历山大港话别到 4 月 12 日的 8 个星期里，丘吉尔与罗斯福交换了大量的书信，两个人在信中争执不休。争论的焦点主要有两个：第一，丘吉尔相信美国在对德作战最后阶段坚持的策略严重削弱了西方联盟先于或者至少紧随俄国人进入柏林这个目标的重要性；第二，苏联破坏了雅尔塔会议在波兰问题上做出的保证，对此西方世界应当做出多么强烈的反应。斯大林于 4 月 7 日发来的一封信完全打破了丘吉尔对于派遣西方观察员进入华沙的期望，他敦促罗斯福与他一起对斯大林做出坚决的反应。罗斯福在逝世当天给丘吉尔发去了一封非常泄气的回信，这是他们之间 1700 多封通信中的倒数第二封信，他在信中写道："我要尽量弱化总体性的苏联问题。似乎每天都会冒出新的问题——不是这种形式，就是另一种形式——最终大部分问题都得到了解决……"^{mcl}

这封信导致他们两个人之间产生了巨大的分歧，但是难以相信在次日清晨听到罗斯福突然逝世这个震惊全世界的消息时，丘吉尔会任由这样的分歧抹消两个人之间将近 5 年的交往，即使在雅尔塔会议上他对罗斯福十分生气，他也依然很看重这段交往。丘吉尔之所以做出这样的表现，或许更有可能是因为他们两个人对彼此的感情或许并不如外界通常认为的那么亲密，他们之间的关系更接近于特定环境下出于实际需要而形成的合作伙伴关系，而不是私人之间的友情，正如前文中指出的那样，他们两个人都是耀眼的明星，都需要专属于自己的畅行无阻的轨道。

为了这个消极的决定，丘吉尔付出了一定的代价。他的缺席似乎有些蹊跷，不过无论在美国还是英国，他的声望都没有因此受到损害，也没有得到增强。没能抢占先机与杜鲁门建立交往自然也令他付出了代价。作为总统，杜鲁门非常稚嫩，在那个阶段极其缺乏主见，而且他本能地将丘吉尔当作一位英雄一样崇拜着。8 年后，我在堪萨斯市与杜鲁门（当时他已经卸任）见过一面，希望说服他跟我讲一讲艾德

---

* "事后想来，我为自己没能采纳新总统的建议感到遗憾。我始终没能与他见面，我觉得对于很多问题来说，面对面的会谈都能够产生最大的价值……"[《第二次世界大战回忆录（第六卷）》，p.418]

礼的事情，在有些人看来他就是美国版的艾德礼。结果，我根本无法诱使他说出任何有趣的事情，他想谈的就只有丘吉尔，而且对后者赞不绝口。因此，如果丘吉尔和杜鲁门能"会谈两三天"的话，至少杜鲁门在上任之初做出的一些对英国毫无益处的决定或许就有可能不会发生，其中最著名的一个决定就是突然中止了《租借法案》，杜鲁门本人或许也会成为1947年之前的西方安全体系最坚定的捍卫者。如果说在百年之后也能受到惩罚的话，那么丘吉尔也由于自己的这个决定受到了惩罚，在将近20年后约翰逊总统也没有参加他的葬礼。

在罗斯福逝世的时候，同盟国对德国的战争马上就要结束了。盟军跨过莱茵河后，德军的抵抗就渐渐偃旗息鼓了。蒙哥马利在4月17日的报告中指出，在之前的两个月里自己的5180名部下战死疆场；在意大利，亚历山大的军队仍旧待在博洛尼亚城外。但是从4月中旬开始，盟军以摧枯拉朽之势击败了德军，对德战争结束在即。胜利近在眼前，但是保证盟军获取胜利的军力部署方式完全不符合丘吉尔的期望。从政治角度出发，他十分重视谁先进入轴心国各国首都的问题。他一直希望盟军穿过卢布尔雅那峡谷，①推进到维也纳，当俄国人于4月13日占领了奥地利首都时，英美联军却还待在500英里之外的地方。不久前布拉格刚刚进入了他的视野，但是他希望美国人首先进入这座城市的希望也在4月24日破灭了。在所有都城中最重要的就是柏林，他希望至少盟军的部队能够与俄国人同步跨过希特勒帝国的残垣断壁。然而，他无法说服美国人认同这件事情所具有的象征意义和政治意义。苏联军队于4月21日抵达柏林城郊的时候，艾森豪威尔更关心的似乎是纽伦堡和莱比锡。东线和西线的部队于4月25日胜利会师，会师的地点是维腾贝格附近的易北河河畔一座名不见经传的小城——托尔高。唯一例外的就是被俄国人盯上的哥本哈根，西方盟军以不太明显的优势率先到达了那里。

正如这一切所显示的那样，一想到将会出现一个由苏联主导的欧洲，丘吉尔就变得越来越压抑，胜利的喜悦也因此大打折扣，即使这是5年前他想都不敢想但是始终坚定地为之奋斗的胜利。在克莱门汀参加红十字会对苏联进行为期7个星期的访问期间，*丘吉尔曾给她发去过一封电报，他在电报中写道："然而，几乎无须我多说什么，你也清楚在这些胜利的背后存在着极其有害的政治和致命的国际竞争。" [mcli] 有时候，丘吉尔认为自己能够说服美国的新总统意识到这种威胁、做好与他一起建

---

① 卢布尔雅那峡谷是意大利和南斯拉夫北部地区之间的一片区域。

* 不知何故，在丘吉尔生命中几乎所有最重要的时刻克莱门汀都不在场，考虑到克莱门汀作为妻子所具有的智慧以及他们一直充满浓情蜜意的婚姻生活，这一点几乎令人难以置信。

立一道抵御这种威胁的坚固防线，但是更多的时候他认为自己实现不了这个目标。之前他们已经商定将从罗斯托克到莱比锡3.6万平方英里的土地划为苏联占领区，丘吉尔试图说服美国人暂时守住他们目前在德国镇守的区域，但是这部分区域包括一部分苏联占领区。丘吉尔的努力没有成功。他认为在对奥地利（3个西方国家的占领区，并且4个国家对维也纳进行联合管制）以及一分为四的柏林制定出令人满意的处理方案之前，美国人不应当后撤到之前商定的占领区分界线。

杜鲁门没有被说服。他知道罗斯福在魁北克会议和雅尔塔会议上分别与丘吉尔和斯大林在占领区的边界问题上达成了一致意见（这一点符合事实），因此他认为美军应当迅速回撤到这些已经商定的边界。在这段时期里，丘吉尔对斯大林的态度依然比较模糊。本质上，他认为俄国人违背了在雅尔塔会议上的承诺，尤其是在波兰问题上，他在内心深处的反共情绪又开始冒头了，就如同在初春时节逐渐消失的冬雪中冒出的一个个蓓蕾一样。在5月12日给杜鲁门发去的一封电报中，他首次提出了"铁幕"这种说法，他告诉后者"在他们［苏联］的前方已经落下了一道"铁幕。①

尽管如此，丘吉尔在一定程度上还是相信自己依然和俄国首脑保持着友好的交往。在德黑兰会议以及雅尔塔会议之后他一次次对首脑会晤感到失望，但是面对盟军内部日渐恶化的关系，他出于直觉做出的反应就是试图说服另外两位首脑尽早举行一场三国会晤。峰会政治的诱惑力依然压倒了实际经验。他竭力劝说杜鲁门施加压力，促成俄国同意在5月末或者6月初举行一场会晤。实际上这个时间不太利于他参加国内大选的时间安排。

科尔维尔在4月26日的日记中记述了一件离奇的事件：

> 结束了与法国大使勒内·马斯格里的晚餐后，一回来，首相就看到了斯大林发来的一封友好的电报，实际上是那位乔大叔［英美两国领导人当时对斯大林的戏称］发来的最友好的一封电报。这封电报令他着迷（从一开始他就一点

---

① 实际上"铁幕"这个概念最早是法国总理克里孟梭在第一次世界大战后提出的，他声称"要在布尔什维主义周围装上铁幕"。据考证，纳粹德国的宣传部长戈培尔在一年之前所发表的《1945年》一文中已经用过这个词了。前美国中情局局长艾伦·杜勒斯在1945年12月3日的演说中也用过这个词，但是仅指德国。不过，大多数人都是通过丘吉尔于1946年3月5日在美国密苏里州中部富尔顿城的威斯敏斯特学院发表的演说（"铁幕演说"）才得知了这种说法。

也不清醒）。* 在辅楼的房间里，我坐在他旁边，他一个劲地说着电报的事情。他先是对着布兰登［布拉肯］讲了 1.5 小时，接着又跟我讲了 1.5 小时。他虚荣得令人吃惊，我庆幸于乔大叔不知道在说出那么多刺耳的话之后略微说上几句好话就能对我国的对俄政策产生这么明显的效果……戴高乐发来的一封大度的电报更是令丘吉尔感到开心。但是我们什么事情也没有做，看到几句奉承话就能产生这么强烈的影响力，我感到恼火，甚至有些恶心，等我上床睡觉的时候已经将近凌晨 5 点了。^{mclii}

这段话刺耳得令人吃惊，这或许是因为丘吉尔迟迟才准许科尔维尔去睡觉，同时也因为在这个阶段丘吉尔熬得越来越晚只是为了扯闲话，而且他越来越疏于处理他之前非常擅长的书面工作。科尔维尔在 3 天前的日记中写道："首相的文件箱很可怕。他完成的工作很少，说得太多，他的状态就像去年 12 月的希腊之行让他重整旗鼓之前时那样。"^{mcliii} 科尔维尔提到了前往雅典的冒险活动促使丘吉尔勤于处理书面工作，有趣的是，这一点恰好体现了丘吉尔的复原能力。在那个阶段，全体私人秘书以及布里奇斯和贾德干之类的高级官员都对当时布拉肯（以及比弗布鲁克）对丘吉尔影响过重的现象略有微词，这段日记提到丘吉尔首先和布拉肯说了 1.5 小时的闲话，正好反映了这种状况。

在盟军取得胜利的时刻，丘吉尔的士气并不高昂。他不仅在夜里熬得越来越晚，而且越来越频繁地"卧床办公"直到傍晚，其间只吃一顿午饭，对他来说这是一个不祥的征兆。（如果他不处理公务，那么"卧床办公"意味着什么呢？）无论丘吉尔的健康状况出现过怎样的起伏，无论他承受过怎样的压力，对于一个刚刚年满 70 岁的人来说，他现在的身体状况都十分糟糕。据他自己所述："在这段时期，我感到很疲乏，身体很虚弱，在辅楼楼下开完内阁会议之后，我都得坐在椅子上被海军陆战队的人抬上楼。"^{mcliv} 这种程度的虚弱与他履行了一连串公共职责的坚定表现形成了鲜明的对比。就在欧洲胜利日的当天他首先与国王共进了午餐，在下午 3 点通过广播发表了胜利讲话，在下午 3 点 30 分在下议院重新发表了声明，接着带领议员们前往圣玛格丽特教堂参加感恩祝祷仪式，仪式结束后他又回到议会大厦，在吸烟室里开心地享受了 1 个小时，然后又率领内阁和参谋长委员会前往白金

---

* 在科尔维尔出版的日记中，括号中的这句话被删去了。斯大林之所以表现得如此友善是因为丘吉尔向他保证过，西方各国绝对不会同意分别与德国达成和解，尽管德国各个方面的力量都已经打探过西方各国的态度了。

汉宫，接受国王的祝贺，然后他在当时的卫生部大楼（位于白厅尽头）的阳台上对着聚集在白厅的广大群众发表讲话，接下来与女儿萨拉和黛安娜（以及黛安娜的丈夫邓肯·桑迪斯和卡姆罗斯子爵）共进晚餐，然后又给聚集在白厅的群众发表了一场讲话，之后他便回到唐宁街辅楼，翻阅次日早晨的报纸。当时卡姆罗斯还没有离去，对他来说幸运的是，一向令丘吉尔反感的《每日邮报》在这一次做出了令其感到开心的表现。他的懈怠也同偶尔充满怀旧气氛的放松的社交活动形成了鲜明的对比。5月2日，丘吉尔与英国演员及剧作家诺埃尔·科沃德以及两位长期交往的女性朋友——维妮夏·蒙塔古与朱丽叶·达夫（罗伯特·达夫的妻子，第四代朗斯代尔伯爵的女儿）——共进了晚餐，直到凌晨1点30分才回到唐宁街的辅楼。

在英国国内，当时即将出现的最重要的事情就是联合政府的解散以及接下来政党之间难以化解的冲突。这样的前景令丘吉尔的态度更加模糊了。总体而言，他为过去5年里的联合政府感到自豪，他对这届政府的领导足以保证他跻身20世纪最伟大的首相行列。顽皮的天性使然，他偶尔也会对这届政府发表一番刻薄的评价。1943年9月24日，财政大臣金斯利·伍德逝世，内阁因此不得不进行改组。根据贾德干一向尖刻的日记，当时丘吉尔对艾登说："除了你我二人，这是英格兰有史以来最糟糕的一届政府。"[mclv] 与此截然相反的是，他在出版于1954年的一卷《第二次世界大战回忆录》中提到自己同工党候选人在选举中先后打过3次硬仗，其中2次他都败下阵来，"没有一位首相能指望拥有比我当时拥有的工党同僚更忠诚、更坚定的同僚了"。[mclvi] 不过，他在1944年12月3日写给史末资的一封信中对工党同僚做出的评价才最符合他的真实想法。在史末资面前，丘吉尔很少掩饰自己的真实想法，就在写下这封信的6个星期后，他说他们两个人就是"一对比翼鸟，栖息在一起，一起换羽毛，但也还是会相互啄来啄去"。[mclvii] 在给史末资的信中他写道："与此同时，大选的阴影日渐迫近，过不了几个月，大选肯定就会让英格兰有史以来最能干的一届政府——日后也不会有哪一届政府能够企及它——垮台。"[mclviii]

在初春的时候，党派之争露出了苗头。丘吉尔于3月15日在保守党大会上发表的讲话极大地促进了党派斗争的形成，他在这场讲话中提到的一些观点后来又出现在了他于6月4日发表的一场广播竞选讲话中，这些观点将工党提出的方案等同于萌芽阶段的极权主义，从而造成了极其恶劣的影响。这场臭名昭著的广播讲话被外界称为"盖世太保"讲话。他还在3月9日彻底否决了工会联合会议要求对1927年的《行业纠纷法》进行修正的提议，从而激怒了他最欣赏的工党大臣欧内斯特·贝文，只是贝文没有过多地在公开场合表示过自己的愤怒。就连最温和的工党人都认为这项法案是对1926年那场大罢工的报复，它已经成了"查理一世的脑袋"，① 更多的只是象征意义，没有多少实质意义了。但是丘吉尔甚至对表面性的修正都满怀敌意，他的态度促使贝文于 4 月 17 日在利兹发表了一场被丘吉尔称为"敌意十足"（对保守党而言）的讲话。政府走向分裂的迹象越来越明显，面对这样的局面，丘吉尔的心情十分复杂。他的性格中始终存在着复杂的一面，大多数时候他都能与其他人达成一致意见，但是一旦产生了党派偏见，他就会表现得非常极端。

丘吉尔对 1945 年夏天的大选毫无热情，他应该更希望工党大臣都继续留任到盟军取得对日战争胜利的那一天。工党大臣想留任到 10 月，到那时全国就会重新进行选民登记，但是保守党大臣和中央办公室的选举策略师都对此表示反对。保守党人的用意主要不在于保持一套陈旧的选民登记册，尽管工党的投票情况总体上比较多变，但是有证据表明旧的选民登记册对托利党人有利。实际上，保守党人考虑的主要是他们希望尽早变现丘吉尔通过胜利收获的民心。因此，经过一番劝说，丘吉尔同意只给工党大臣两个选择项：留任到对日战争结束的时候，或者立即解散联合政府。

事实证明，这个问题无关紧要。在 10 月份，即日本退出战争两个月的时候举行大选应该能让双方都感到满意。政府里对原子弹的研究进展一清二楚的几乎就只有丘吉尔一个人，他没有将自己掌握的信息透露给艾德礼，他肯定知道在 10 月份举行大选至少是切实可行的。但是，这个无关紧要的问题导致双方在这场政治"婚姻"的最后阶段发生了激烈的争执。在参加完旧金山会议回到国内后，艾德礼立即在 5 月 18 日和丘吉尔见了面，他要求后者在提议维持联合政府直到日本投降的信中加入一句话，保证在这段过渡时期，这个团结的政府仍然会努力落实有关社会安全、充分就业的提议。丘吉尔认为这表明艾德礼还是支持工党继续留在政府中。两天后，艾德礼去了布莱克浦，工党正在那里举行党代表大会，他发现工党强烈反对这种做法。莫里森一直反对工党大臣继续坚持下去，之前支持维持现状的贝文和道尔顿也出现了 180 度的大转变。因此，艾德礼拒绝了丘吉尔的提议，首相感到自己受到了欺骗。从根本上讲，丘吉尔与艾德礼的分歧在于对领导权的理解。丘吉尔坚信国家首脑必须独揽大权，艾德礼则认为国家首脑只是一位代理人而已。

在分道扬镳的时候没有出现鱼死网破的场面。就如同私人之间的分手一样，他

---

① "查理一世的脑袋"，指令人无法摆脱的执着的念头，尤其是促使人不断干涉无关紧要的事情的念头。这个典故来源于狄更斯的小说《大卫·科波菲尔》中的角色"迪克先生"，对于任何问题，如果不提及查理一世的脑袋，此人就无法发表意见，无论是以书面形式还是口头形式。

们时而围绕着谁是谁非的问题争吵一番，时而又在缅怀当初比较快乐的时光。经过最初一轮交火之后，丘吉尔于 4 月 21 日带着欧内斯特·贝文和阿尔伯特·维克多·亚历山大前往布里斯托大学，以校长身份为他们颁发了荣誉学位。5 月 28 日，丘吉尔在唐宁街为即将离任的工党大臣和次官举行了一场告别宴会，就在 5 天前他辞去了联合政府首相职务，国王委任他组建一个"临时性"的保守党政府。休·道尔顿在日记中提到，在给工党大臣和次官们讲话的时候丘吉尔"显然已经泪流满面了"，他说："历史的光芒将永远照亮你们的头盔。" mclix

然而，就在整整一个星期之后，丘吉尔又发表了一场广播讲话，在多数人看来，这场讲话是他做过的所有著名广播讲话中党派偏见最严重、最欠考虑的一场讲话。1945 年的大选非常像一场广播战，电视这种大众媒体已经出现了，但是最普及的还是广播，在战争年代，人们都已经习惯于围着广播聆听有关时局的权威可靠的报道，无论是好消息，还是坏消息。在竞选期间，英国广播公司暂时停播了一切存在争议的节目，例如非常流行的《智囊团》，但是在 6 月又一夜接着一夜地播出各党派的政治讲话。讲话之间保持着完美的平衡，保守党和工党各有 10 次机会，自由党得到了 4 次机会，其他两个党派各得到 1 次机会。最后两个党派分别是共产党和短命的大众财富党（一个社会主义党），在二战期间它们都赢得过几次补选。丘吉尔决定自己包揽保守党的 4 次讲话名额，包括第一场和最后一场，包括伍尔顿勋爵与名义上无党派的约翰·安德森在内的 6 位大臣各发表了一场讲话。布拉肯也在讲话名单中，比弗布鲁克没有进入这份名单。工党的讲话名额分布得比较广泛，艾德礼只发表了一场讲话，这场讲话或许是他截至当时最成功的一次发挥，为工党的广播讲话画上句号的是莫里森。

在 6 月 1 日至 3 日那个周末，丘吉尔在首相乡间别墅为自己将于星期一发表的保守党政府的首场讲话做准备。比弗布鲁克与布拉肯都没有出现在别墅里，也没有对丘吉尔的讲话稿产生直接的影响。但是，丘吉尔近来与他们中的某个人或者与他们两个人一起相处了太长时间，他们日积月累对他产生的影响或许对他在竞选中的立场存在着一定的影响。不过，这篇讲话稿完全是丘吉尔自己独立完成的。写完讲话稿之后，他将稿件拿给了克莱门汀，根据女儿为他们撰写的传记，克莱门汀不喜欢这篇讲话稿，她"恳求［他]删掉其中那段有关盖世太保的话，那段话令人作呕，必然会引起公愤。可是他对她的建议毫不在意"。mclx

讲话持续了半个小时，在丘吉尔看来这场讲话太短了。他在讲话中数次提到自己对联合政府的解散感到非常遗憾，这一点无可厚非，但是他还指出，"有一段时间社会党人全都火急火燎地想要挑起一场政治大战"，他还说自己遗憾地看到"大多数人都认为拒绝参加他们一心向往的战争不利于他们的健康。因此,我们就尽最大努力满足他们"。

问题在于丘吉尔"满足他们"的想法完全违背了他之前苦苦争取到的国家领袖的身份,而这个身份才是他参加这场大选的最有价值的资本。这个熟悉的声音曾经经常将全国人民团结在一起、鼓舞起人民的士气,现在却在肆意夸张地滥用政党政治这个武器,大多数人都对这个声音感到了震惊。下面就是这场讲话中最令人反感的一段话,此外还有几段话也同这段话相差无几:

> 没有一个社会党政府在对全国人民的生产和生活进行组织和引导的过程中,有能力允许民众对自己的不满畅所欲言、直言不讳,甚至采用一些过激的措辞。这样的政府只会倒退到类似于盖世太保的水平,无疑盖世太保在一开始的管理也非常人道。这样的政府将会把舆论扼杀在萌芽状态,一旦批评意见有所抬头,它必然会对其进行遏制,它会将一切权力都集中在最高党魁手里,这些党魁就如同高贵的塔尖一样凌驾于公务员组成的庞大的官僚机构之上,公仆将不复存在……
>
> 朋友们,我必须告诉你们,社会党的态度就是对英国人的自由观念深恶痛绝……一个自由的议会——听着——一个自由的议会对于社会党的教条来说就是一个令人作呕的东西。[mclxi]

按照丘吉尔通常的标准,即使其中的观点不那么过火,这番话也极其不得体。在竞选过后很久,维塔·萨克维尔-韦斯特给丈夫哈罗德·尼克尔森写过一封信,她在信中充分表明了这一点:

> 你也知道我对温斯顿的景仰都到了崇拜的程度,然而他的竞选广播讲话恶劣得令我痛苦极了。他出了什么问题?这些讲话都令人感到困惑,含糊不清,没有建设性,还那么冗长啰唆,而且也没有给人留下实实在在的印象。如果我是一个摇摆不定的人,这些讲话肯定会让我倒向另一方。阿奇[阿奇博尔德]·辛克莱和斯塔福德都[比他]强多了。[mclxii]

到了这个时候,丘吉尔在私下里也认同了这些批评意见。在6月20日给女儿的信中,克莱门汀写道:"亲爱的小可怜,他的情绪非常低落,他觉得自己已经失去'触觉'了,他为此感到伤心。"[mclxiii]

丘吉尔的第一场广播讲话当时立即产生了效果，他主动招致了艾德礼低调但是灾难性的回应。

> 首相在昨晚的讲话中对工党的方针进行了极大的歪曲，听着他的讲话我立即意识到他究竟用意何在。他想让选民们都明白温斯顿·丘吉尔和丘吉尔先生之间存在着多么悬殊的差异，前者是一个团结的民族在战争时期的伟大领袖，后者只是保守党的政党领袖。他唯恐在战争期间认同他的领导的那些人出于感激之情会情不自禁地继续追随他。我要感谢他彻底地打破了他们的幻想。昨晚我们听到的声音是丘吉尔先生的声音，但是观点却来自比弗布鲁克勋爵。^{mclxiv}

正是这场广播讲话确保了艾德礼在竞选中的领袖位置。就在两个星期前的布莱克浦工党大会上，莫里森、贝文与道尔顿的口才还令他相形见绌，面对广大听众他从来没有过出色的表现，工党里有许多人都对他的领导能力保持怀疑态度。但是在6月5日这一天，他依然面对着大量听众——英国广播公司具有绝对的权威性，因此有45%～50%的成年听众都在收听这些讲话——但是听众没有聚集在气氛热烈的大礼堂里，而是待在各自的客厅里，这就为他创造了有利条件。用几位合作研究竞选的历史学家的话来说，在这场讲话中，艾德礼带着一副"宽容的校长"的腔调。* 就这样，他在竞选中具有了一种新的权威性。丘吉尔唯一实现的就是自己之前最不希望发生的事情，他不仅没有削弱艾德礼的影响力，反而提高了他的声望。

丘吉尔的另一个竞选策略也起到了同样的效果。在那一年，工党的哈罗德·拉斯基教授出任全国执行委员会主席，据说这个委员会有着俄共政治局的作风，在托利党人看来，拉斯基就是工党里对他们很有利的大反派。针对拉斯基及其领导的委员会能否对来自工党的首相进行有效控制的问题，丘吉尔没完没了地与艾德礼以书信的形式交换意见。在这个阶段，拉斯基令艾德礼很头疼，他试图说服艾德礼相信即使与丘吉尔一同前往波茨坦参加三国会晤，他的身份也只是"观察员"而已，他

---

* 在牛津大学纳菲尔德学院的资助下，后来出任过剑桥大学彭布罗克学院院长的罗纳德·布坎南·麦卡勒姆和早期的选举学家艾莉森·雷德曼率先对战后大选的历史进行了研究。在这段话之后他们还对竞选做过另一个比喻："他［艾德礼］有一种聪明、镇定的击球手的气质，他牢牢地把守着自己的三柱门，而那位曾经球艺惊人的投球手现在却逐渐乱了阵脚，投不出好球了。"（罗纳德·布坎南·麦卡勒姆与艾莉森·雷德曼，《英国大选1945》，p.175）。由于板球影射的对象以及对二者的比较，艾德礼应该远比丘吉尔更欣赏这个比喻。

的作用基本上就是在竭力削弱艾德礼的领导。艾德礼干净利落地解决了这位装腔作势的教授带来的问题。在 5 月 24 日收到拉斯基敦促他辞去领导职务的一封信之后，他向对方答复道："谢谢你的来信，我对信中所述有所留意。"就在这件事情发生之前或者之后不久，在斥责拉斯基的时候他还说出了一句不朽的名言："大家最欢迎的就是你能沉默一段时间。" [mclxv]

在这个方面，丘吉尔在此次竞选中的表现极其贫乏。大多数民众都不明白他究竟在干什么，他令外界感到他像是一直喋喋不休地唠叨着一个假想的问题。不过，从宪法角度而言他发表的意见还是有一定的道理。工党的政治机器和政党领导的关系令人困惑，而且有可能不符合宪法规定。这种状况给分别在工党在野期间和执政期间担任工党领袖的休·盖茨克尔与哈罗德·威尔逊制造了很大的困难。

尽管在竞选过程中犯下了诸多错误、一次次表现得不尽如人意，但丘吉尔对大选结果并不太担心。他很难相信全国人民会将国家的命运托付给在他看来对战后世界具有极大危害性的艾德礼，而不是他，而且保守党的专家们都信誓旦旦地向他保证，他至少能获得 60% 的多数票。他认为如果罗斯福都能赢得 4 次大选，他自己至少也能赢得 1 次大选。他深入各选区开展的竞选活动从表面上看也很振奋人心，他日复一日地在自己的专列上处理着政府工作，每天都工作到很晚，到了白天他就离开列车，在车队的护送下乘坐一辆敞篷轿车前往各地，参加晚上的大型集会活动。当他经过时，站在道路两旁的人们向他欢呼，当他抵达市中心后，当地又有大型庆祝活动等待着他。相比之下，艾德礼只是乘坐着妻子驾驶的家用双排座小轿车"突突突"地赶赴一场又一场中型会议，一路上始终不曾受到人群的围观和致敬。

丘吉尔在各个选区就如同在广播中一样表现出咄咄逼人的气势。他早已学会的就是如何像年轻人那样参加竞选，现在他觉得没有理由改变自己的风格。贝文、莫里森和艾德礼的选区都集中在伦敦，在丘吉尔的选区（埃平选区已经被一分为二，他选择了被更名为"伍德福德"的新选区，这个选区的住宅区更多一些，保守党势力也更强一些）工党和自由党都没有与他较量一番，但是这并没有阻止他在贝文和莫里森的选区参加露天活动时发表一场又一场斗志昂扬的讲话，艾德礼的选区莱姆豪斯已经没有多少居民和完整无损的建筑物了，因此不值得他特意前往那里一趟。

在整个竞选过程中，公务给丘吉尔造成了沉重的负担。艾登仍然抱病在身（十二指肠溃疡），只完成了一项计划好的竞选工作，在 6 月 27 日发表了一场非常平庸的广播讲话。这就意味着在竞选期间丘吉尔除了首相和政党领袖的工作，还需要暂时代管外交部。正如他在回忆录中写到的那样：

白天在许多人制造的喧嚣中度过，到了夜晚，我筋疲力尽地回到指挥部列车上，很多部下和所有发来的电报都等待着我，我只能继续苦干上几个小时。党内的兴奋情绪和我内心躁动不安的伤感很不协调，这种不协调在本质上是对和谐和现实的冒犯。等终于到了投票日的那一天，我会真正开心起来的……^{mclxvi}

政府的主要工作是为将于 7 月 15 日在波茨坦举行的三巨头会晤做准备，丘吉尔希望自己能说服杜鲁门同自己保持统一立场，阻止住共产主义在欧洲的蔓延。投票日是 7 月 5 日，但是 3 个星期后才开始计票工作，自 1918 年以来还没有出现过这样的情况，这种做法是为了等待服役人员的投票结果。在这 3 个星期里，投票箱里的选票完全处于保密状态，今天的白厅肯定对这样的保密程度既感到惊讶，又有些嫉妒，即使在远比今天纪律严明的 1945 年，这样的保密程度也有些令人吃惊。在这段间隔期里，丘吉尔在法国巴斯克省的昂代伊享受了 8 天的绘画生活和海水浴，这座小城就坐落在法国和西班牙交界处。

7 月 15 日，丘吉尔飞往柏林，赶赴波茨坦会议。在柏林，他不仅见到了艾登，还见到了艾德礼。尽管对拉斯基进行了驳斥，但是在这个阶段，艾德礼无疑更接近"观察员"的身份，没有参加会谈的资格。波茨坦会议的代号为"终点"，在丘吉尔看来这个代号名副其实，这场会议是截至当时最漫长的一场元首会议。在会议过程中，由于丘吉尔（以及艾德礼）返回伦敦参加计票工作，因此不得不中止了一段时间，不过在回国之前丘吉尔还是参加了 9 天里举行的 9 次全体会议。7 月 28 日，艾德礼在新任外交大臣欧内斯特·贝文的陪同下回到波茨坦，这时他的身份已经变成了英国代表团团长了。三国首脑继续举行了 5 天的会议。

艾登认为丘吉尔在一开场的表现非常恐怖：

温［温斯顿］非常糟糕。他没有读简报，对议题一头雾水，思维混乱不清，发言啰里啰唆。他慷慨激昂、长篇大论地给我们做了一场反中国的讲话。美国人丝毫没有生气……这是亚历克［贾德干］、我以及鲍勃［皮尔逊·迪克森］见过的温最糟糕的一次表现……他又受到了斯大林的蛊惑，不断念叨着"我喜欢那个人"。我真是太崇拜斯大林对付他的手段了。^{mclxvii}

丘吉尔的表现是否重要？这一点值得怀疑。波茨坦会议的模式同之前一系列首脑会晤有着惊人的相似之处，那种感觉就仿佛是将一部不太精彩的影片反复看了好几遍。丘吉尔依然试图促成一场预备会议，以求和美国人形成统一立场，无论对方是罗斯福还是杜鲁门，他也依然遭到了对方的婉言拒绝。杜鲁门比罗斯福直率，他拒绝这个提议的理由是，他不希望让自己显得好像是在"拉帮结派"对付俄国人。丘吉尔最终依然对俄国人抱怨连连，对美国人略有不满。但是，他在会议厅里的上乘表现（很多时候非常耀眼）很快又令他恢复了士气。与斯大林的长时间私人会谈依然会提高他的斗志，在波茨坦期间，有一次他们两个人花了5个小时共进了一顿晚餐，在场的只有翻译人员。他也依然认为自己与斯大林重新建立了特殊的友好关系。接下来，3个国家也依然会对原先的问题磋商一番，尤其是波兰问题，在渴望取得积极成果的美国的帮助下，最终三方会一致通过一份略有进步的公报。这份公报依然会不出几个月的时间就分崩离析，丘吉尔依然会为之感到沮丧，也依然会主张再举行一场首脑会晤。当他的提议得到肯定后——有时候很快，有时候很慢——上述这一幕又会重新上演一遍，而且往往就是在彻底重蹈覆辙。因此，首脑会晤其实并不是丘吉尔最辉煌的时刻，对任何一位首脑来说都不是。在举行波茨坦会议的那个星期里，他失去了很多东西，但是彻底告别斯大林和首脑会晤对他来说算不上是他的损失。

7月25日（星期三）下午，丘吉尔回到了伦敦，他仍旧不安地期望着自己能够赢得选举。要说他镇定自若、充满信心，这肯定不符合实际。为了增强自己的信心，他在波茨坦会议期间频频向国内索取安慰，尤其是通过电话要求伦敦方面向他做出保证，他的这种举动令人很恼火。艾德礼就在他的身边，但是他从未征求过他的意见，实际上艾德礼原本可以提供最能帮助他稳定情绪的虚假答案。工党的这位领袖当时已经确信丘吉尔失败了，不过他也知道很有可能自己也只能获得差强人意的优势而已，他和丘吉尔的得票数或许只有40或者60票的差距。丘吉尔的随行人员中不太有洞察力的人也都和艾德礼持有同样的看法。但是莫兰医生确信丘吉尔和他还会回到波茨坦，因此在离开时他将行李全都留在了当地。

这天晚上，丘吉尔与家人在逼仄的唐宁街辅楼里共进了晚餐，克莱门汀、伦道夫、玛丽、弟弟杰克都在座。没有一位外人参加这场晚餐，不过在晚餐前后比弗布鲁克与布拉肯都不出预料地前来探望过丘吉尔。在很多人看来，丘吉尔的失败正是这两个人一手缔造的。1点15分，丘吉尔上床休息了，这个时间对他来说有些早，后来他在书中提到过，自己"在天亮之前我突然在一阵刺痛中醒了过来，几乎就像是真真切切的肉体疼痛。直到这时，我在潜意识里一直笃信的一个念头——我们要被打败了——突然冒了出来。这个念头完全控制了我的头脑"。[mclxviii] 不过，这个念头对他的头脑的控制力不算强，没能阻止他翻过身，立即又睡了过去。直到9

点他才再一次醒了过来，这时投票箱已经开始吐露秘密了。他一直待在床上，洗了澡，就这样一直熬到了 10 点过后，第一批计票结果终于出来了。到了 10 点 30 分，计票结果在选举学家的眼中已经很精确了。在竞选活动中，广播讲话占据了主导地位，这就导致了全国各地的投票模式极其近似，因此窥一斑就可知全豹，不过这个规律在那个年代还没有得到普遍的认识。

丘吉尔穿上自己的连衣裤，点了一根雪茄，然后便一屁股跌坐在地图室的扶手椅上，他一直坐在那里，现实越来越黑暗了。很快他就清楚地意识到自己失败了，不过又过了一段时间他和对手之间的差距才显现出来。他们的差距非常大，这场惨败是保守党在 20 世纪里仅有的 3 次灾难性失败中的一次。保守党的席位减少到 210 个，只是略胜于 1906 年的 156 席和 1997 年的 165 席的选举结果。在这 3 次惨败中，"左倾"的挑战者（第一次是自由党候选人，后两次都是工党候选人）都获得了将近 400 个议席。相比同样遭到惨败的其他两届议会，保守党人在 1945 年的新一届议会中占有的席位多了 50 多个，这是因为在这一届选举中第三方没有施加太大的压力，而在 1905 年和 1997 年的大选中，新生的工党和自由民主党都分别给保守党带来了不小的压力。

还应当记住的是，尽管丘吉尔长期不在国内主持工作、担任在野党领袖期间对政府的政策漠不关心的事实都招致了大量的非议，但是相比保守党在另外两次惨败之后的表现，经过 1945 年的惨败之后保守党比较快地就恢复了状态，态度也比较温和，在政策方面也比较积极。经过 4 年半的时间，即 1950 年，保守党已经收复了大部分失地，20 个月后保守党又凭借着在议会里的勉强优势悄悄地回到了政府中，尽管在大选中得到的票数不如工党的票数。相比之下，在 1906 年之后保守党又连续两次在大选中失败，保守党领袖遭到了罢免，取而代之的是一个声誉远不如他卓著的人物，在第三次大选中保守党获得了胜利，但是这份胜利仅仅是在联合政府首相的领导下取得的，而这位首相正是之前被保守党视为最凶悍、最敌视他们的政治敌人劳合·乔治，直到 16 年之后（1922）保守党才独立组建了政府。

在 1945 年 7 月 26 日，丘吉尔无法得知这些令人安慰的情况。表面上，他在面对失败的时候表现得无可挑剔。当天的午餐会主要是一场家庭聚会，用他的女儿玛丽的话来说，这场午餐会弥漫着一股阴森森的伤感气氛。克莱门汀告诉他这样的选举结果或许是经过伪装的好事，他依然做出了一贯尖刻而智慧的回答，"那么眼下它也伪装得太好了"。[mclxix] 除了家人，参加这场午餐会的还有比弗布鲁克与布拉肯，比较令人意外的是客人中还有已经被授予了爵位的前党派总督导马杰森，马杰森当年曾为鲍德温与内维尔·张伯伦在议会里争取到了不可撼动的多数席位。

午饭过后，国王的私人秘书艾伦·拉塞尔斯打来电话，商量对政府换届的工作安排。最终他们商定丘吉尔在当天晚上 7 点前往王宫辞去职务，这个决定改变了丘吉尔原先的打算，之前他以为无论出现怎样的结果，自己都会以首相身份同议会见一面。工党获得绝对多数席位的事实令他的这种想法显得不合时宜，他给艾德礼写了一封很客气的信，告诉后者自己的时间安排。接着他便前往王宫，向国王请辞了。国王自然对选举结果感到沮丧，*他提出授予丘吉尔嘉德勋章，丘吉尔拒绝了国王的美意，他表示这枚勋章应当被授予安东尼·艾登。**接着，丘吉尔发布了一份简短、庄重的告别声明，当晚 9 点的新闻节目公布了这份声明：

> 英国人民的决定已经以今天的计票结果的形式永载史册了。国内外的无数责任都落在了新一届政府的身上，我们所有人肯定都希望他们能够承担起这些责任。我只想告诉在这危险的几年里我所代表的英国人民，对于他们在我履行职责的过程中给予我的坚定不移的支持、对于他们无数次向他们这位仆人展示出的友善，我都深表感激。[mclxx]

当天晚餐（仍旧是在丑陋的唐宁街辅楼里）的气氛没有那么伤感，参加聚会的基本上还是家里人，再加上永远不会缺席的布拉肯，只是更能安慰人也更负责的艾登取代了比弗布鲁克。第二天中午，丘吉尔在首相卸任时一贯选择的会议室举行了一场内阁告别会议，那一幕肯定既尴尬又伤感。走出议会大厦的时候，丘吉尔告诉艾登他有 30 年的生命是在那间会议室度过的，以后他再也不可能坐进去了。这位"继承人"（后来艾登的确在丘吉尔之后继任了首相一职）显然太诚实，他完全无意

---

* 5 年前张伯伦被丘吉尔取而代之的时候，乔治六世也感到了同样的沮丧。

** 艾登也拒绝了这项荣誉，不过他们两个人都在 20 世纪 50 年代初成为"嘉德骑士"，无疑他们都认为在 1951 年获得胜利时的情况下要比 1945 年遭遇失败时更适合接受这项荣誉。即使丘吉尔在 1951 年接受这项荣誉也还是令人感到吃惊，因为这就意味着除了"首相"，他的称呼就是"温斯顿·丘吉尔爵士"，不同于"皮特先生""格莱斯顿先生""阿斯奎斯先生""劳合—乔治先生"。在丘吉尔之前，在任期间成为嘉德骑士的首相都是贵族，因此丘吉尔在任期间得到这项荣誉并没有改变传统。当时丘吉尔同意国王将自己的名字列入 1946 年的功绩勋章授勋名单，他说这项荣誉对他来说更有吸引力，因为这是来自国王本人的提议，而不是国王听从了大臣们的建议之后做出的决定。不过艾德礼后来也对嘉德勋章有着同样的考虑。总之，在 7 月提出授予丘吉尔这项荣誉的人是国王，而不是新任首相。除了君主和威尔士亲王，拥有嘉德勋章的在世者仅限于 24 名，自丘吉尔获得这一荣誉后，被授予嘉德勋章就成了前首相们的家常便饭，但是截至 1945 年能够获得这项荣誉的人都经过了仔细的挑选。20 世纪的首相中，在 1945 年之前获得过这项荣誉的只有罗伯特·塞西尔、贝尔福、阿斯奎斯与鲍德温。

748

安慰丘吉尔，说总有一天他对未来的预想会被证明是错误的。他信誓旦旦地告诉丘吉尔，不回去才会让他在历史中的地位显得更加辉煌。

这天下午，丘吉尔经历了一连串的告别活动，其中最有趣的就是与参谋长委员会的告别仪式。阿兰·布鲁克在日记中写道："这是一场令人非常悲伤、非常感人的会面，我发现自己竟说不出几句话来，因为我担心自己一开口就会崩溃。"[mclxxi] 丘吉尔与将领们的关系——正如他与大臣们的关系一样——一直有些紧张，时常还会令外界为他们感到担心。就在 1941 年 12 月被任命为帝国总参谋长之后不久，阿兰·布鲁克在日记中写道："天知道没有了他，我们会在哪里；但是上帝知道有了他，我们将去往何方！"[mclxxii] 在二战期间，他在日记中一直保持着这样的基调。在丘吉尔辞职后，他对丘吉尔所做的最后一番评价极其慷慨："我要感谢上帝，是他给了我与这样一个人共事的机会，是他让我有机会亲眼看到世间偶尔也会出现这样的超人。"[mclxxiii] 前文已经对丘吉尔与阿兰·布鲁克之间的交往进行过大量的记述，最能从本质上反映这段交往的事情或许就是 3 年半前日军偷袭珍珠港后他们各自做出的反应。当时阿兰·布鲁克抱怨说这场偷袭毁掉了参谋们 48 个小时的工作成果，正如我们在前文中看到的那样，对此丘吉尔的回答是"我们终究还是赢了"！[mclxxiv] 这就是优秀的参谋官和世界级的政治家之间的区别。

丘吉尔没有悄然告别官场，躲到自己的世外桃源去，在一定程度上可能也是因为他就没有一个几乎现成的安乐窝，不过他还是去首相乡间别墅度过了最后一个周末，艾德礼欣然将别墅交给了他。丘吉尔试图将离别变成一场庆典，在星期天举办的晚宴上有 15 名宾客围坐在餐桌旁，其中最有趣的来宾就是美国大使怀南特，席间众人还享用了一罗波安王瓶①的香槟。丘吉尔在来宾留言簿的最后写下了自己的名字，并在下面加上了一句"结束"，或许这个举动才更真实地反映了他当时的情绪。

---

① 罗波安王瓶，一种大型酒瓶，通常指可装 4.5L 香槟或者 6 瓶 750ml 标准瓶的葡萄酒，其名称来源于古代犹大国的首任君主、所罗门王的儿子罗波安。

第六部

夜色灰暗？
1945—1965

第四十一章 "英国病人"

1945 年 7 月 30 日，星期一，丘吉尔与克莱门汀搬到了克拉里奇酒店的一套套房，大约一个星期后他们又暂时住进了邓肯·桑迪斯在威斯敏斯特花园的公寓里，这片住宅楼就坐落在威斯敏斯特中心地带的马香街，毗邻皮米里科。在 8 月的前两个周末，丘吉尔夫妇去了查特维尔庄园"宿营"，不过直到深秋克莱门汀才将主宅收拾得可以入住了。几个月前他们还买下了肯辛顿街附近的一处住宅，伦敦海德公园门 28 号，这座房子直到 10 月才装修完毕。在布置新家的几个星期里，丘吉尔大部分时间都外出了，他先是去了意大利的科莫湖，接着又前往法国的里维埃拉。动身前，他参加了新一届议会的第一场会议，向同僚们表明了自己的态度，身为反对党的一员，他愿意继续担任保守党领袖。

8 月 1 日，下议院召开会议，选举议长。200 名处境艰难的保守党议员高唱着"他是一个快乐的好小伙儿"，用无比的热情迎接丘吉尔的到来。工党做出了回应，唱起了歌曲"红旗"。就这样，新一届议会在分裂的局面中拉开了序幕。议员们争强好胜的歌声对于 250 名新当选的工党议员算不上是一个良好的开端，不过在 8 月 16 日针对新政府的首场国王致辞进行的辩论中出现了调和的基调。自 1930 年从鲍德温的影子内阁请辞后，丘吉尔首次以反对党前座议员的身份做了发言，用常常对他很苛刻的克莱门汀的话说，这场发言可谓是"一场精彩、动人、勇敢的讲话"。[mclxxv] 艾德礼对此做出了回应，对丘吉尔在战争期间的领导表现做了令人难忘的称赞，他宣称除了在其他方面的个人成就，丘吉尔的领导还促使日本侵华战争在前一天也宣告结束了。① 实际上，促成日本结束战争的主要因素是美国在 8 月 6 日和 9 日丢下了

---

① 作者指的是 1945 年 8 月 15 日裕仁天皇宣布日本无条件投降，但是通常认为日本侵华战争以 9 月 2 日正式签订投降协议为结束日期。

两枚原子弹，当时无论是同盟国还是英国各政党都对这个事实没有提出异议。

在这个关键时刻，丘吉尔在公开场合表现得不像在私下里那么急躁。克莱门汀在8月26日给女儿玛丽的信中，将仍旧凌乱不堪的查特维尔庄园里的家庭生活做了一番可怕的描述：

> 我说不清楚我们的日子看上去怎么会如此悲惨，而不是相依相偎、永远充满情调。我确信这全都是我的错。我真的觉得生活已经超出了我的承受范围。他那么难过，这令他变得极其难以相处。他厌恶自己的饮食（倒是很少排斥各种肉食）……我看不到未来。不过，爸爸就要去意大利了，或许阿姨［保姆玛丽奥特·怀特，实际上是克莱门汀的表亲，她总是陪伴在克莱门汀的身旁，既是伙伴，又是杂役］能让这个地方变得正常起来。看起来没有什么希望，没有人知道该从何下手……[mclxxvi]

8月31日，在同布兰登·布拉肯在克拉里奇酒店套房里一起吃晚饭的时候，丘吉尔与儿子伦道夫在席间发生了一场激烈的口角（发生这种事情对他们父子俩来说并不费力）。对丘吉尔来说，是时候抽身离去了。9月2日，在女儿萨拉、一名医生、一名口述秘书、一名警探和一名贴身男仆的陪同下，丘吉尔乘飞机前往米兰。此行的目的地是科莫湖畔的一座别墅，哈罗德·亚历山大元帅将这座住处完全交给丘吉尔使用。在这次丘吉尔造访期间，亚历山大自始至终都非常体谅他。丘吉尔也完全有资格享受到这种待遇。丘吉尔与亚历山大两个人一直相处融洽、相辅相成，他们的这种关系强化了英国的每一位将领对他们在战争期间的领袖以及最终胜利的缔造者应有的敬意。但是，在今天如果政客在休假期间受到这样的款待，势必会引起公愤。亚历山大派出自己的"达科他"军用飞机将丘吉尔一行接到了他的别墅。这座别墅名义上是陆军一个师部的司令部，在丘吉尔及随行人员在此逗留的17天里别墅完全归这批客人使用。临时划拨给丘吉尔的警卫人员包括两名经过精心挑选的副官，以及从丘吉尔自己所属的第4轻骑兵团抽调的24名战士组成的一支护卫队，亚历山大本人也在一个周末从奥地利赶过去探望了丘吉尔，并与他一起画了几次画。

接下来，丘吉尔又辗转了几个地方，先是去了普罗皮雷利别墅酒店原先在地中海东部海岸的一座别墅，随后又去了法国，在此期间始终有副官陪在他的左右。一名副官显然颇具旅游经理人的才能，他率先赶到蒙特卡洛，经过协商，在入住率只有一半的巴黎酒店为自己的"客户"争取到了4畿尼食宿全包的价格。不过，丘吉尔很快又转战到了地中海沿岸的度假胜地安提布的一座别墅，艾森豪威尔将军（当时不在家）十分欢迎丘吉尔住在这里。根据一名随行副官在多年后的记述，在蒙特卡洛期间，一开始丘吉尔抗拒穿过广场短短的一段路去赌场消遣的想法，最终还是屈服了，结果输掉了 7000 英镑（约合今天的 16 万英镑），赌场经理没有兑换丘吉尔的支票，而是满怀热情地将其当作纪念品。不过，有充分的理由怀疑，这名副官对于这件轶事的回忆很有可能经过了大量的加工。丘吉尔在赌博的时候不会玩到这种程度，尤其是在各种情况尚不明朗的 1945 年里他更不会这样，当时他的二战回忆录的销售问题还没有谈妥，卡姆罗斯勋爵也还没有出现在他的视野中，后者就是拯救查特维尔庄园的第三位"救星"，也是帮助他时间最长的一个人。

在阿尔卑斯山另一侧度过整整 5 个星期的假期之后，丘吉尔于 10 月的第一个星期回到了英国。他的身体状况和精神状态在这段假期中都有所改善，不过他先前（9 月 5 日）对克莱门汀说的那些话可能存在逞强的成分：

> 来这里对我大有好处，我也重新开始画画了。我的状态好多了，对什么事情都不再担忧了。离开英格兰之后我们就再也没有读过报纸，我也不曾有过翻一翻报纸的强烈渴望。很多年来这还是头一次我彻底脱离了这个世界。日本战争结束了，我们取得了胜利，实现了全面的和平。我强烈地感到如释重负，这种释然的感觉与日俱增，与此同时，其他人还得面对战争遗留下的各种骇人的问题……或许这一切就是"因祸得福"。[mclxxvii]

在这一次出行中，丘吉尔的身体一如既往地饱受折磨，不过他同莫兰勋爵的高尔夫球运动很少会受到干扰。从儿时起频频发作但是已经有 60 年没有复发的疝气突然发作了一次，当时莫兰不得不扮演自己在战争期间所熟悉的角色，叫来了一名军医。这位军医是驻意大利的首席军医、陆军准将哈罗德·爱德华兹，前来诊治丘吉尔的时候他喜形于色。丘吉尔被扎上了疝带，不得不一直忍受着这种保护带，直到两年后冒险接受了疝气手术。最终，丘吉尔在重感冒和喉咙肿痛的折磨下从安提布回到了国内。可以肯定的是，通过这个漫长的假期，丘吉尔远比 7 月里在法国昂代伊时更好地恢复了固定而平静的绘画习惯，回国的时候他带回了 15 幅油画作品。这次假期还让丘吉尔有了充足的时间反思自己为何会在大选中遭到全面失败，如果他的确希望进行这样的反思的话。尽管在这一次竞选过程中大部分活动都很不尽如人意，尤其是最关键的几次广播讲话，但是丘吉尔没有必要为此过分责备自己。无论怎样，涉及选举的基本证据都表明，在开展竞选活动的那一个月里保守党人的总体处境没有出现太大的改善。在之前的几年里，发表在《新闻纪事报》上的盖洛普民意调查就显示出，工党的支持率几乎一直领先于保守党 10 个百分点。结果，在大选中工党以 8.5% 的优势领先，在倾向日益显著的英国选举制度下，这个数字足以制造出具有压倒性优势的工党多数党，只不过最终的数据略微低于之前的预测数据。对于这些数据，保守党人始终没有给予充分的认识。

也没有多少迹象显示这样的选举结果是由现役军人造成的。按照一些保守党的辩护人的说法，二战期间为了提高部队士气设立的"部队时事讲习处"开办的那些"左倾"讲座对现役军人进行了洗脑。实际上军人的投票率比较低，再加上选民登记信息过于陈旧以及战争期间不少选民居住地突然变更这两个因素，最终这场大选的投票率仅为 67%。完全排除军人的平民投票肯定更会保证工党成为多数党。在二战的大部分时间里，人们已经形成了一种固定认识：不能恢复到 20 世纪 30 年代的社会环境。无论来自哪里，无论从事何种职业，英国的大部分民众都怀有这种想法。然而，在他们看来，无论丘吉尔是否担任保守党领袖，这个党的所作所为基本上都是为了将英国带回那个年代。无疑，还有一部分思维混乱的人认为自己可以投票支持工党，同时政府也依然可以由丘吉尔领导。在丘吉尔为了选举奔走于各地的时候，其中一些人或许前一秒钟还在为他欢呼，后一秒钟便将选票投给了他的对手，不过这种人大概只占少数。同这类人"相得益彰"的是由于敌视保守党而迁怒于丘吉尔的一部分选民，他们至少对身为和平时期的保守党领袖的丘吉尔感到不满。伍德福德的选举结果就说明了这种状况，当时工党和自由党的候选人故意弃权，一名狂热的独立候选人参加了选举，他竭力鼓吹一天工作制，在 1950 年再度参选的时候这名候选人仅得到了 851 张选票，但是在 1945 年与丘吉尔同场竞技的时候他却得到了 1 万多张选票。

在英国的这个秋天，丘吉尔找不到一丝安慰以打消心中的愁绪。他苦苦思索着在他看来日渐增强的威胁：苏联正在欧洲执行扩张主义，美国却迟迟不愿进行抵制。没有了大臣一贯使用的红色文件箱，没有了文件箱里源源不断的机密情报，也没有了一大群训练有素的私人秘书在他的身旁随时待命，他感到自己失去了一切。丘吉尔需要 3 名口述秘书和专门负责为他拆信的秘书，此外克莱门汀也需要 1 名秘书。他租下了隔壁的海德公园门 27 号安置了这 4 名秘书。然而，这些工作人员的能力无法与他最喜爱的约翰·科尔维尔的能力相提并论，也无法企及马丁、罗恩、派克和其他比科尔维尔更资深的文职秘书的能力。他感到自己失去了往日的辉煌，他强烈地怀念着过去，对于未来他最为不安的就是眼前的两难处境，他不想放弃保守党领袖这个职位，又不愿意经常履行这个职位所承担的责任，这个职位给不了他太多的成就感。难以断定的是，在这个阶段丘吉尔之所以抱有这种模棱两可的态度，是否因为他认为通过这个职位自己有可能会重返唐宁街 10 号。同样无法肯定的是，丘吉尔是否真的如他自己常常暗示但是从未付诸行动的那样，他只是在寻找一个合适的机会将大权交给艾登。

即使在国内期间，丘吉尔也不会定期参加下议院的会议。他优先考虑的是《第二次世界大战回忆录》的写作工作，不过影子内阁每周的例会基本是由他主持的。例会在每个星期二的傍晚举行，不难想象，主持会议的时候丘吉尔总是表现出一副置身事外的样子，卖弄自己的口才，而不是脚踏实地地解决问题。丘吉尔有一个小小的癖好，他总是称呼戴维·麦斯威尔·菲夫为"唐纳德爵士"，更羞辱人的是，他还要加上对方的贵族头衔，而对于他喜欢的内阁阁员他都会用正确的教名称呼对方。菲夫后来成了内政大臣，在被加封为基尔穆尔伯爵后还出任过大法官。丘吉尔频频长时间外出，艾登不得不代他主持工作。例如，在 1946 年 1 月初他就前往了美国，在那里逗留到 3 月末。有时候，为了补偿自己的缺席，他会将内阁会议的会场从威斯敏斯特挪到萨沃伊酒店的午餐餐桌前，这样一来会议就变成了一场筵席，但同时也变得更加漫无目的了。

在下议院的议事厅里，丘吉尔总是频频打断其他人的发言，有时候他的发言显得幽默机智，尤其是没有经过充分准备的简短发言。他那些卖弄辞藻的长篇大论至少得到了艾德礼和贝文的充分尊重，但是不那么谦和的工党议员有时候会表现出不耐烦的情绪，甚至对他嘲笑一番。丘吉尔的这些发言在议会之外的听众中间更加受到认可，通常在海外的听众中间也是如此。然而，在 1945 年 12 月还是出现了令人难过的一幕，当时丘吉尔仓促提交了一份抨击政府的经济和社会政策的动议，令他感到十分受挫的是，自己眼睁睁地看着艾德礼用一番紧凑诙谐的发言将他的观点彻底驳倒了。这一刻，丘吉尔在保守党里的生涯跌至了低谷，促使比他更资深的同僚认为备受打击的保守党或许最好抛弃他这位表现不稳定的领导。"老海象"德比伯爵在政坛的历史几乎与丘吉尔一样长，他总是念叨着上层需要变革这种话，其他一些更为严肃的保守党人也持有同样的观点，但是没有多少人打算当面向丘吉尔表明自己的态度，即使真的有这种人，他们的数量也不会太多。

在议会里，每个星期四下午丘吉尔与枢密院大臣赫伯特·莫里森总是会发生争执。当枢密院大臣宣布完接下来一周的议会工作内容之后，他同反对党领袖总是习惯性地就政府的政策和意图的方方面面略微争论一番，这种举动几乎是下意识的。他们对彼此表现出同样程度的尊重，有时候双方也都能克制住自己的火气，但是他们并非从未发过火。总体上，丘吉尔对莫里森没有好感，一半是由于莫里森在一战中坚持过的和平主义，尽管他早早就抛弃了这种态度，同时也是由于后者在政党政治方面的才能更符合时代的需要。丘吉尔承认莫里森是一位称职的内政大臣，但是在评价联合政府里的工党大臣时，他对莫里森的贬低要甚于其他人。令人惊讶的是，就在丘吉尔于1947年6月接受了疝气手术后，莫里森不仅前去海德公园门探望了他，而且还留下与他共进了午餐。*这件事情显示出丘吉尔总是在尖刻的非难和大度的谅解之间摇摆不定。

1945年年底，也就是即将于1月动身前往美国、开始一场漫长的假期之前，丘吉尔听到了一个天大的喜讯，按照他的说法，他第一次得知卡姆罗斯勋爵"打算将查特维尔变为国家财产的慷慨计划"。mclxxviii 这就意味着查特维尔第三次同时也是最后一次退出了房地产市场。这座庄园是丘吉尔的避风港，也已经成了房地产经纪人挑逗市场的恶作剧。卡姆罗斯又花了8个月的时间才终于让这个构想化为现实，但是在1946年8月他已经筹措到足够的资金（他自己拿出了1.5万英镑，其他6名捐款人各拿出5000英镑），以4.36万英镑的价格从丘吉尔手中买下了这座庄园，然后将庄园连同3.5万英镑**捐赠给了国家信托组织。① 按照卡姆罗斯与国家信托达成的协议，丘吉尔在余生中始终有权以每年350英镑外加利息的价格租住在庄园里，在他百年之后庄园将被用作他的纪念馆。丘吉尔对这个方案充满热情，答应给庄园留下一批文件和遗物，以增强庄园的魅力。这项承诺得到了充分兑现。在这个时期，丘吉尔还在口述遗嘱的时候表示自己希望日后被安葬在这座庄园里，但是后来他改变了主意。最终，他的遗体被安葬在了马尔博罗家族在布伦海姆附近的小村庄布莱登的家族教堂里。

等查特维尔庄园的买卖捐赠事务彻底处理完后，丘吉尔的经济状况已经远比这个计划刚刚被提出来的时候改善了很多。除了《第二次世界大战回忆录》预计将给他带来的巨大收益，其他收入也陆续出现了。匈牙利裔的英国电影制片人及导演亚历山大·柯达以5万英镑的价格从他的手里买下了《英语民族史》的电影拍摄权，早在二战爆发之初丘吉尔就已经完成了这部作品的手稿，但是直到1956至1958年

---

* 艾德礼只是在下午探望过丘吉尔一次，之后他给丘吉尔寄去了他的演讲集。8年前他患病时，丘吉尔也给他送过类似的礼物，因此这部刚刚编辑完的小册子算是回礼。

** 将这个数字乘以大约23就大致可以知道这笔捐赠在今天的价格。

① 国家信托是英国目前最大的慈善组织，也是全英国会员数量最多的组织。这个组织不属于英国政府，而是非营利性的第三方组织，组织收入主要依靠会员会费、门票、景点商店等。该组织由3位英国义工发起，成立于1895年。

这本书才得到出版。他在 1940 年之前出版的所有著作也产生了剩余价值，奥德海姆斯出版社以 2.5 万英镑的价格购买了这批作品的版权，美国杂志业巨头亨利·卢斯以 1.2 万英镑的价格买下了战争期间他在下议院秘密会议上的讲话稿在美国的图书出版权。有些令人啼笑皆非的是，丘吉尔用卡姆罗斯的钱不仅保住了查特维尔庄园，还购置了附近的几座农场，极大地扩大了庄园的规模，并且丰富了庄园里种植的农作物的品种。1947 年 2 月，玛丽·丘吉尔嫁给了克里斯托弗·索姆斯。无独有偶，就在丘吉尔大肆购置地产的时候，新婚宴尔的索姆斯夫妇搬进了其中最主要的一座农舍，克里斯托弗承担起了整座庄园的管理工作。

1947 年的冬天极度严寒（对英格兰而言）、燃料短缺，丘吉尔大部分时间都住在海德公园门的家里，在这座住宅里他能享受到专门的供热补贴，查特维尔庄园在大部分时间里都太冷了。在这个冬季，丘吉尔将主要精力都用在了战争回忆录的第一卷《风暴前夕》的写作上，不过他还是抽出时间参与了议会工作。他的这个冬天与前一年形成了鲜明的对比。在前一年的年初他在美国待了很长一段时间，其中最核心的活动就是于 3 月 5 日在密苏里州的首府富尔顿发表了一场精心准备的讲话。他首先花了 6 个星期的时间在佛罗里达和古巴追逐阳光，享受温暖的海水浴。一贯陪同丈夫出行的克莱门汀发现，这段时间里丈夫在面对写作和绘画的时候都难以安坐下来，从他最终完成的少量几幅画作中也看不出加勒比海地区同蔚蓝海岸和马拉喀什一样适合他发挥绘画才能。在这趟旅行中，丘吉尔的支气管炎又发作了一次，似乎每次外出这种疾病都会伴随着他。他不得不给莫兰勋爵打去电话，但是他没有将后者召至自己的身边。对丘吉尔来说，在中西部小城市富尔顿那所有些鲜为人知的威斯敏斯特学院发表一场重要讲话的邀请之所以具有吸引力，是因为这份邀请来自杜鲁门总统。富尔顿位于美国新任总统的故乡密苏里州的中部，杜鲁门对威斯敏斯特学院推崇备至，他说这是"一所了不起的学校"。此外，他还主动提出全程陪同丘吉尔访问富尔顿，并亲自将丘吉尔介绍给听众。这份邀请还有一个诱惑人的因素，丘吉尔将有机会在杜鲁门的陪伴下经历两次分别长达 18 个小时的火车之旅，在突然缩短行程的波茨坦会议之后，丘吉尔就再也没有与杜鲁门见过面了，现在他热切期望能与这位总统增进彼此的接触。这两次火车旅程包括在总统专列的卧铺车厢里度过的两个夜晚，美国总统与英国前首相打牌打到了凌晨两点半过后，因此他们没有浪费太多的时间，一路上几乎一直在交流，至少离开富尔顿的旅程他们是这样度过的。

对于此次富尔顿之行，按照美国方面最初的设想，丘吉尔将做三四场讲座，无疑他们希望丘吉尔能尽情地回顾一番过去。然而，这不是丘吉尔的风格。在一生中他从未做过系列讲座，尽管这一次只是略有一些学院气息而已。丘吉尔坚信单发一枪才会产生最大的效力，而且面对富尔顿之行他决定加足火力。在威斯敏斯特学院的讲话成了二战之后几年里受到争议最多、最令人难忘，同时也是对未来影响最大的讲话之一。在 20 世纪 40 年代晚期，唯有马歇尔将军于 1947 年 6 月在哈佛大学毕业典礼上的讲话能与富尔顿讲话相提并论，或许丘吉尔于 1946 年秋天在苏黎世的讲话也有资格与这两场讲话相媲美。

在许多丘吉尔特有的华丽辞藻的装点下，他在富尔顿传达的信息在本质上就是"从波罗的海沿岸的斯德丁（波兰西北部）到亚得里亚海沿岸的特里亚斯特（意大利东北部）"的欧洲大陆已经落下了一张"铁幕"，在战争期间结盟的 3 个大国保持均衡的实力、以三角结构领导全世界的模式无法保证二战后的世界保持和平与民主。他不认为俄国人需要战争，但是他认为他们渴望的是"收获战争的果实并且无限制地扩张他们的权力和信条"。在不发动战争的情况下，只有美国与英国永远保持更密切的合作才能对抗俄国人的欲望。

> 如果讲英语的联邦各国人民与美国人民联合起来实现这样的精诚合作，这就意味着在空中、在海上、在全球、在科学和工业领域，以及在道义方面，大国之间都不会保持一种摇摇欲坠、很不牢固、能够激发野心和冒险欲望的平衡态势。相反，全世界将绝对能够实现安全。^{mclxxix}

丘吉尔谨慎地指出这种合作应当以严格遵循《联合国宪章》为前提，只要能够按照西方的标准行事，苏联尽可以随意运用自己靠着在战争期间表现出的英勇和做出的牺牲所应得的影响力。尽管如此，这场讲话的核心思想还是非常强硬和明确的。无论是否确定了正式名称，西方各国都有必要建立一个联盟组织，联合国的主要成员国也不应当继续装腔作势地在彼此之间保持同样亲密的关系了。当然，没过几年丘吉尔的这套构想就成为美国和英国的政策，欧洲的非共产主义国家也都心怀感激地接受了这套政策，这些国家不只有法国、比荷卢联盟（比利时、荷兰与卢森堡）、意大利这些核心国家，从挪威到土耳其、从希腊到葡萄牙等其他欧洲国家也都包括在内。正是由于缔造了北大西洋公约组织，杜鲁门与马歇尔、贝文与艾奇逊的声望都达到了巅峰，经过 40 年的冷战，这个联盟组织在没有开一枪一炮的情况下实现了核心目标。

然而，在 1946 年的时候这个构想令人难以接受，对美国的新闻界来说尤其如此。没有理由认为丘吉尔的讲话没能受到密苏里州听众的充分认可，但是第二天早上的报纸绝对不是这种反应。很难对反共产主义情绪产生共鸣的《华尔街日报》直言不讳地表示："美国不需要与任何国家结盟或者保持类似于结盟性质的关系。"《纽约时报》对丘吉尔的发言更是强烈谴责。"上校"麦考密克所有的《芝加哥论坛报》称富尔顿讲话宣扬的是"有害的学说"，总体上开明自由而且具有国际主义精神的《芝加哥太阳报》针对这些"有害的学说"充满敌意地宣称，就在一个星期前，丘吉尔同意《芝加哥太阳报》连载他的《秘密会议讲话集》，然而现在他却单方取消了协议。只有极其严重的冒犯才会促使丘吉尔撕毁一份令他满意的出版协议。

在美国之外，伦敦的《泰晤士报》的反应完全在人们的意料之中，对丘吉尔"或许不太开心"的旅程做了冷静的描述。《真理报》显然充满敌意，很少接受采访的斯大林在接受这份报纸专访的时候表示自己知道如何挥舞大棒，也懂得如何运用长剑。斯大林提出了两点意见，其中一点巧妙地驳斥了丘吉尔反复重申的实现"英语民族一体化"的要求：

> 现在，丘吉尔先生也要［像希特勒那样］用一套激进的理论开始发动战争了，他宣称只有讲英语的民族才是血统纯正的民族，他们的使命就是掌控全世界的命运……事实上，丘吉尔先生与他在英国和美国的朋友们在向不讲英语的民族发出了类似于最后通牒的信息——自觉自愿地承认我们高于你们，天下太平；否则，战争势在必行。

这番话不可能不引起一些国家的注意，至少法国会注意到。

斯大林对第二个问题的表述完全如同《爱丽丝镜中奇遇记》一样大胆、纯粹的辩证，同时又十分活泼。这段话针对的是丘吉尔经常性地对东方集团各国政府有限的政治基础所发表的不满意见：

> 在当今的英格兰，一个党派组建的政府统治着国家，这就是工党，反对党被剥夺了参加政府的权力。这就是丘吉尔先生所谓的"真正的民主"。在波兰、罗马尼亚、南斯拉夫、保加利亚和匈牙利，政府都是由 4 到 6 个党派联合组建的，至于反对党，只要多少有些忠诚，肯定也会拥有参加政府的权力。这就是丘吉尔先生所谓的"集权主义、暴政、警察国家"。mclxxx

除了《泰晤士报》，英国国内对富尔顿讲话反应不一，但是都不会令丘吉尔感到担忧。后座议员们敦促艾德礼划清自己和政府与丘吉尔这场讲话之间的关系，艾德礼拒绝了这个要求，不过他也没有对讲话做出肯定，他说丘吉尔完全以个人身份做了这场讲话，他个人对自己的言论负责，英国政府没有义务对讲话做出认可或者否定。实际上，工党政府对丘吉尔的此次美国之行非常支持。与丘吉尔自己所属的党派中的许多人不同，工党人非常希望他长期缺席下议院的工作。贝文正在调整自己的外交政策，即使说调整的速度有些慢，但是至少越来越接近富尔顿讲话的方向了。在凯恩斯于几年前的秋天参与议定的《租借法案》到期后，借贷美金对英国就有了至关重要的作用，在这件事情上，丘吉尔通过自己在纽约和华盛顿的熟人起到了作用，而且他还在一定程度上促使美国方面放宽了条款的限制。不仅如此，他还很用心地刻意让自己的这些活动得到了曝光。英国的大臣们始终对他在美国进行的谈话有着充分的了解。但是，工党议员们并没有对丘吉尔怀有同样的感激。93 名工党议员（刚好占议员总数的 1/4）提出对丘吉尔进行谴责的动议。参与此事的议员中有一些人出乎外界的意料，其中最著名的就是詹姆士·卡拉汉与伍德罗·怀特。

这场事件的关键人物杜鲁门却一反常态，他的态度比艾德礼和贝文更模糊。在一部有关丘吉尔访问富尔顿的电影中，这位总统在丘吉尔讲到最受到争议的几段话时热烈地鼓起了掌，而且在返程中他没有对丘吉尔流露出丝毫的冷淡。3 月 12 日，此时一轮轮风暴已经偃旗息鼓，杜鲁门给丘吉尔写了一封友好的信，告诉后者密苏里人民有多么"喜欢你不得不说的那些话"。[mclxxxi] 但是在白宫于 3 月 8 日召开的新闻发布会上，杜鲁门否认自己事先就知道丘吉尔的讲话内容（这种说法非常不可信），并且坚称尽管自己当时在场，但是这并不意味着他认可这些言论。他甚至不准副国务卿艾奇逊以美国政府代表的身份参加随后一周在纽约为丘吉尔举行的招待会。不过，这些举动并没有损害他与丘吉尔的交往。丘吉尔无疑充分考虑到杜鲁门继承了罗斯福长期以来坚持的传统，用类似螃蟹式的步伐朝着伟大目标迈进。

幸运的是，丘吉尔在富尔顿的讲话对美国的长期政策方向产生的影响力还得到了美国驻苏联代办乔治·凯南（1952 年出任驻苏联大使）的一封电报的支持，尽管这封电报没有被公开。2 月底，凯南从莫斯科给美国发去一封著名的"长电报"，对苏联的意图以及美国与苏联交涉的最安全的方式做了一番分析。凯南本质上属于温和派，不是一个黩武主义者，但是他的分析非常接近丘吉尔构想的解决方案，不过这样的相似只是巧合而已。当时负责美国在莫斯科事务的凯南是将近 50 年里对美国外交政策最有影响力的政客之一，他的这封长电报实际上就是一份关键性的声明。

丘吉尔在 1946 年发表的第二场重要讲话是于 9 月 19 日在苏黎世所做的。这场讲话标志着他启动了建设欧洲联盟的运动，从这时起直到 1949 年 8 月他对这项工作一直充满热情，他在政治领域花费的大部分时间都被用来推动这个目标的实现。1950 年，他参加了最早同时也非常不成熟的欧洲联盟组织在斯特拉斯堡举行的最初两场会议，他的出席可以说万众瞩目。欧洲委员会纯粹是一个传声筒，但是它代表着一个非常有影响力的传声筒，总部设在法国与德国交界的斯特拉斯堡。在一个世纪里斯特拉斯堡已经在德法两国之间四度易手，它的不断易主代表着欧洲大陆最强大的两个国家之间的胜败变迁，每一次争斗产生的结果不尽相同，但是对这两个国家以及与他们相关联的世界产生的破坏力始终在不断增强。丘吉尔在苏黎世的讲话最大的价值就在于，预见到并勇于面对一个团结的欧洲必须以法德两国保持合作为基础这个事实。他说："重建欧洲大家庭的第一步只能是实现法国和德国之间的合作。只有通过这种方式，法国才能恢复自己作为欧洲精神领袖的地位。缺少了一个精神上强大的法国和德国，欧洲就不可能实现复兴。"如同在富尔顿一样，丘吉尔再一次将自己那套信条宣扬了一番，他的想法至少对大多数人来说是一个早产儿，但是用不了几年就会成为不言而喻的事实。在 1946 年，许多法国人都无法想象德国重新成为一个与法国平起平坐的大国。丘吉尔的女婿邓肯·桑迪斯当时已经成为英国国内向政府施压的"欧洲运动"游说集团的主要组织者，他被派去打探戴高乐的态度。11 月 26 日，桑迪斯发回了报告：

> ［戴高乐］说丘吉尔先生在苏黎世的讲话中提到的法德合作一事在法国反响很差。德国这个国家已经不复存在了。所有的法国人都强烈反对以任何形式重建一个团结的中央集权的德意志帝国，对美国和英国两国政府的政策也表示高度怀疑。除非能够采取预防德国恢复实力的措施，否则"统一欧洲"就存在只会成为一个扩大的德国的危险。他强调如果法国最终决定支持欧洲联盟的构想，那么法国必须和英国同为这个联盟体的共同缔造者。此外，在对德国采取任何行动之前，英法两国还必须充分了解对方对德国的态度。mclxxxii

尽管在早期得到了这么令人沮丧的反应（戴高乐希望英国帮助法国对付德国，考虑到后来发生的事情，他的态度显得有些自相矛盾），但是无疑丘吉尔的构想指出了一个更清晰的方向。在这套构想的指引下，一群感情用事的老头子致力于促成康拉德·阿登纳与戴高乐建立友好关系，接着赫尔穆特·施密特与瓦勒里·季斯卡·德斯坦又形成了更加明确的相互仰慕的伙伴关系，最终赫尔穆特·科尔与弗朗索瓦·密特朗决定携手推动欧洲共同体的发展。由于这个共同体的存在，法国在一段时期内对战后欧洲的影响力达到了最大化（德国也有所获益，只是不如法国所获那么多，但是经济规模保证了它更轻松地获得了大国地位）。

　　欧洲共同体早期的建设工作在很大程度上要归功于丘吉尔。他不仅在苏黎世为欧洲的未来开辟了一条新的道路，而且还很有计划性地继续推进这条道路的发展。为了促进"统一欧洲"这个构想，欧洲几个国家在海牙召开的会议正是由他发起的，他最大限度地动用个人的影响力，确保了法国的安德烈·莱昂·布鲁姆、让·莫内（"欧洲之父"）和保罗·雷诺，比利时的保罗 – 亨利·斯巴克，意大利的阿尔契·德·加斯贝利这种层次的政治家参加了这场会议。他还努力组建一支阵容强大的英国多党派代表团。但是工党领导层认为海牙会议只是一场毫无价值的会议，丘吉尔最终也没能说服他们改变态度。尽管如此，在这个由丘吉尔亲自领导、由 140 名成员组成的代表团里，有 22 名代表来自工党。此外，丘吉尔还用一场颇有说服力的讲话为这场会议增色不少。海牙会议的核心方向是推动某种形式的欧洲议会的形成，尽管英国政府故意拖延时间，最终这个目标还是实现了，欧洲委员会议会于 1949 年的夏天在斯特拉斯堡成立。成立的第一年，议会里没有德国人的身影，但是到了第二年，德国人就加入了进来，当时丘吉尔对议会说过："一年前他们就应该出现在这里了。"^{mclxxxiii}

　　正如前文中已经指出的那样，丘吉尔从头至尾参加了这些会议。两年里每到 8 月他就得长时间地忍受斯特拉斯堡湿热的天气。他住在城外的一座别墅里，在这里款待来自各个国家的代表。丘吉尔与各方人士无拘无束地交往，大家常常待在别墅的走廊上。半圆形的房间里丘吉尔还发表了几场讲话，其中最著名的一场是 1949 年 8 月 11 日在克勒贝尔广场面对 2 万名集会群众所做的露天讲话。此前，在斯特拉斯堡还从未出现过对欧洲联盟事业如此高涨的热情，自此以后也不曾出现过这种景象。

　　丘吉尔对英国参加欧洲联盟的热情究竟有多大？他希望英国加入联盟还是置身事外？他只是叫别人结成联盟，还是他也愿意与别人结盟？长期以来一直有人怀疑这些问题，并且明确表示出这种怀疑，现存的证据基本上都证明丘吉尔并不希望英国完全加入这个联盟。我发现这种说法存在着矛盾之处。如果说丘吉尔只是以旁观者的身份在为场上的选手摇旗助威的话，那么他精心准备的讲话中有一些段落就与这种角色很不一致。例如在海牙会议上，在提到自他在苏黎世会议上发表了讲话之后的一年半时间里欧洲各国取得的进步时，他说："16 个欧洲国家正在为经济目标携手合作，5 个国家在经济和军事方面已经建立起了密切的关系。我们希望到了一定的时候斯堪的纳维亚人民也会加入这个核心群体，伊比利亚半岛以及意大利也会加入……"^{mclxxxiv} 他不仅将英国计算在 16 个国家之中，而且还将其包括在 5 个核心成员之中，由此看来当时他显然认为自己的国家不仅是欧洲的一分子，而且还是欧洲的核心成员。

丘吉尔接着又直截了当地谈到了主权问题。他说在经济领域和联合军事防卫方面的相互协作，"在每一个阶段都不可避免地伴随着并行的政治政策——在政治领域实现更紧密的团结统一"。他还说："实话实说，这样的过程中会出现牺牲或者合并一部分国家主权的情况。这种更高层次的主权同时也会对各国形形色色、特点鲜明的传统和特质起到保护作用。我们也可以认为所有希望实现更高主权的国家会逐渐接受这种情况，而且这一点并不令人难以接受……"[mclxxxv] 就在发表这场讲话的不久前（4月21日），在保守党中央委员会在阿尔伯特音乐厅举行的会议上，丘吉尔指出："除非欧洲人民团结起来，携手保护各自建立在基督教原则基础上的自由、文化和文明，否则世界就没有希望了。"[mclxxxvi] 在这样的情况下，丘吉尔应该很难补充一句（甚至很难想到这一点）："但是，我所说的当然是其他国家，而不是英国独立于以基督教原则为基础的文化和文明之外的独特地位。"

1950年，法国外交部长罗贝尔–舒曼公布了一个构建西欧煤钢联营共同体的计划，即"舒曼计划"，欧洲一体化随之出现了一个很实际的问题。面对这种状况，丘吉尔对工党的孤立路线进行了强烈的批评。（他基本上忠实地戏仿赫伯特·莫里森的原话，说"达勒姆的矿工是不会喜欢这种政策的"。）他欣然带领保守党在议会辩论和表决中对舒曼计划表示支持。丘吉尔自己并非绝对赞成英国参加欧洲统一体，但是他倾向于这个方向。无须偏离保守党官方路线，爱德华·希思就在这场辩论中热情洋溢地发表了一场支持欧洲联盟的议会讲话，这也是他在议会的首场讲话。1951年4月18日，法国、联邦德国、意大利、荷兰、比利时和卢森堡6国政府代表在巴黎签订了《欧洲煤钢联营条约》（又称为《巴黎条约》），决定建立欧洲煤钢共同体，该协议于1952年7月25日正式生效。这份条约远比6个国家于1957年3月25日签署的旨在建立欧洲经济共同体和欧洲原子能共同体的《罗马条约》对各个签署国的约束力更大。

与这些详尽的事实证据相悖的是，丘吉尔本能地认为英国在战后世界里扮演的角色与意大利、德国甚至法国都存在着本质区别，这一点是确定无疑的。他更没有通过比荷卢经济联盟的视角观察欧洲或者全世界。或许丘吉尔发表于1950年6月26日的议会讲话最清楚地阐明了他左右平衡的观点。在这场讲话中，丘吉尔指出，英国在参与建立欧洲煤钢共同体的会议上的缺席"破坏了欧洲的平衡……我完全赞成法国和德国达成和解，也完全赞成将德国重新接纳进欧洲大家庭，但是这种状况就意味着在主要行动中英国和法国应当站在一起，这样才能与远比法国强大的德国平起平坐。这正是我一直坚持的观点"。接着，他又直截了当地谈到了一个问题："对于我应不应该接受这种状况，即使不存在俄国威胁之类的情况……我要说的是，

'是的，绝对接受。'无论是仅仅两国之间的团结，还是在欧洲各国广泛团结的范围内实现的合作，法德两国的团结都是在欧洲和世界重新实现和平局面的道路上迈出的积极而光荣的一步。苏联和共产党人构成了严重的威胁，这一事实只是更加凸显了法德团结的重要性和紧迫性。"然而，随后他又谈起了 3 组相互交织的国际关系秉持的信条，以及英国在这 3 组关系中扮演的角色，这 3 组关系分别是英国与欧洲的关系，英国与英联邦国家，以及英国与美国的特殊关系。

> 由于在世界上占据的独一无二的位置，我们大不列颠就有机会——如果它有资格拥有这种机会的话——在西方民主国家中间形成的这 3 个大规模的合作集团中扮演一个重要的、有可能也是决定性的角色……总体上，世界正朝着国家之间相互依赖的方向发展着。我们感到所有的人都认为这正是我们的大好机会。如果每一个独立的主权国家神圣不可侵犯，怎么所有的人都在全力以赴地创建一个世界组织呢？^{mclxxxvii}

丘吉尔主张的欧洲联合主义原本应该不会让他产生牺牲同美国结成最亲密的伙伴关系的念头，然而正如他自己指出的那样，英国和美国之间的关系不在讨论之列。美国的既定政策是鼓励欧洲实现一体化，但是英国不愿意加入这个联盟，这种状况对伦敦和华盛顿之间的关系没有产生有益的作用，反而导致两国之间的关系恶化了。丘吉尔也没有因为自己热情拥护大西洋主义（西欧各国和北美各国为共同利益而在政治和经济领域，尤指在防御措施方面保持合作的政策）而脱离大部分坚定支持欧洲联盟的政治家的队伍。让·莫内非常重视与美国的良好亲密的关系，保罗－亨利·斯巴克的身份也从欧洲委员会议会首任议长以及《罗马条约》的驱动者变成了北大西洋公约组织的秘书长。反对共产主义的康拉德·阿登纳推崇反共产主义的"小欧洲"的概念，崇尚加洛林王朝统治时期，他乐观地认为公元 800 年是历史上最美好的一年，正是在那一年，矮子丕平的儿子查理曼在罗马由罗马教皇加冕称帝，史称查理曼大帝，但是他也知道自己致力于重建的西德所依托的安全保障基本上是靠美国人提供的，因此，在 20 世纪 50 年代，他对美国总统艾森豪威尔以及国务卿约翰·福斯特·杜勒斯都十分尊重。

丘吉尔与欧洲大陆这些政客的区别就在于，他指出的最外围的一组国际关系，即英联邦各国的关系。早在 1949 年他就已经开始对印度开国总理贾瓦哈拉尔·尼赫鲁产生了同情和敬意，但是在那个年代他所谓的"英联邦"基本上仅指以白种人为主的联邦国家。在欧洲运动游说集团于 1949 年 11 月 28 日举行的一场集会上，丘吉尔阐明了自己对这一层关系的看法：

> 英国是欧洲不可分割的一部分，我们打算在欧洲恢复繁荣和伟大的过程中扮演好属于我们的角色。但是，英国不应当被视作一个孤立的单一的国家。它是一个组成部分遍及世界各地的帝国和联邦的缔造者及中心。无论做什么，我们都不能削弱这种基于血脉传承、情感、传统和共同利益、将我们与大不列颠多国联合体这个大家庭的其他成员团结在一起的纽带。
>
> 但是，没有人要求我们抛弃这样的纽带。因为英国不仅不可能加入一个将把帝国及联邦排除在外的欧洲联盟，而且在全欧洲看来，加入这样一个联盟将会极大削弱我们参与其中的价值。斯特拉斯堡方面的提议［即欧洲委员会议会第一次会议上提出的建议］在敦促建立一个不仅接纳欧洲各国，而且还要接纳与欧洲国家有关的国家及地区的经济体系。[mclxxxviii]

无疑，当时丘吉尔对这一观点的态度就如同他认为英国参与欧洲大陆的事务会提高而不是削弱它同美国的关系一样坚定，唯一的区别就在于，他对美国的看法在接下来的岁月里一直在逐年增强。与此同时，英联邦各国在经济领域的凝聚力在逐渐弱化，最终英联邦国家之间的经济合作关系发展到难以融入英国同欧洲各国的经济关系了。或许可以说在 20 世纪 50 年代初期英国原本可以帮助英联邦国家统统与欧洲联盟组织建立特殊关系，并且像法国对于塞内加尔或者象牙海岸（即科特迪瓦）的那样，确保自己成为澳大利亚或新西兰的最佳出口目的地。有观点认为英国完全有能力实现这个目标，因为在战后的最初几年里英国原本几乎可以随心所欲地以任何条件在欧洲占据领导地位，至少在英格兰这种观点得到了普遍接受。然而，无论是艾德礼政府还是第二届丘吉尔政府都无意接受这块唾手可得的肥肉。正是在丘吉尔政府中，大部分针对欧洲的外交政策都是由艾登制定的，其中一些政策推行顺利，另外一些则进展缓慢。第一届麦克米伦政府以及后来的希思政府都不得不努力赶上失去的时间，这时英国面对的是更加艰难的选择。

外界无法贸然猜测如果在 20 世纪 60 年代或者 20 世纪 70 年代英国外交政策的决策权仍旧掌握在丘吉尔的手中，那么他将采纳怎样的观点，但是可以肯定的是，他在 20 世纪 40 年代晚期和 20 世纪 50 年代之初主张的欧洲主义绝对不是表面文章。在这段时期里，欧洲主义是他谋求实现的主要政治目标之一，他也绝对不是置身事外地为其他国家欢呼而已。实际上，他充分认识到英国参与欧洲事业的重要性，同时也渴望在三大世界霸主中地位日趋下降的英国能够尽可能地维持住自己的地位，他将这两种想法结合了起来。考虑到丘吉尔从敦刻尔克到波茨坦这几年里所扮演的角色，他怎么可能不产生这样的观点？丘吉尔对欧洲主义非常坚定，在这个方面他非常具有远见。

在领导反对党的几年里，混乱不堪但是物有所值的《第二次世界大战回忆录》的写作工作与政治活动一样在丘吉尔的生活中占据了核心位置。从表面上看，他花了一段时间才最终决定自己是否要撰写这部回忆录，不过在此之前他产生的犹豫都不算认真。在战争期间丘吉尔曾开过几次玩笑，他说倘若要为这段历史盖棺论定的话，他是不会受到伤害的，因为他要亲自记录下这场战争的大部分经过。从参加马拉坎德远征军开始，他一直没有中断过写作这个习惯，这也是他保护自己不被"黑狗"^①紧咬不放的最佳办法。他失去了红色文件箱，不会再源源不断地收到和发出电报，私人秘书和三军将领们也不再随叫随到，但是为了自己的著作整理材料，组建研究员、顾问和听写女秘书的队伍对他的损失做出了最好的补偿。此外，他非常需要钱。在二战结束时，他的经济状况就像他这一生的大部分时间里一样濒临崩溃，但是《第二次世界大战回忆录》能够让他变得非常富有。此外，由于他保证了这笔收入不存在缴税的问题，再加上他对这笔收入的处置方式，这笔收入还保证了他的子女在他百年之后过着富裕的生活。

从总体上确定要按照自己的理解记录这段历史到形成明确目标、开始奋笔疾书的过程中，丘吉尔有过3次关键性的会面。第一次是在1946年1月底，丘吉尔邀请埃默里·里夫斯（伊姆莱·里弗斯在美国的名字，此人是丘吉尔在1930年末在欧洲的出版代理人）前往迈阿密拜访他，当时丘吉尔还在是否要撰写回忆录这个基本问题上举棋不定，但是见面后两个人互相点燃了对方的热情。令里夫斯激动的是，丘吉尔告诉他"我希望你来代理这本书"，根据里夫斯所述，接着丘吉尔又说"出于私人原因以及经济原因，他要通过卡姆罗斯勋爵进行交易，因为他要做一笔资金交易，按照约定我［里夫斯］就得同卡姆罗斯勋爵进行交易"。^{mclxxxix} 这个要求为围绕着这部回忆录形成的令人迷惑、纠缠交错的大网中添上了第一个棘手的问题。

拥有《时代》和《生活》杂志的亨利·卢斯开始对《生活》杂志连载这部回忆录表示出了兴趣，这本杂志之前已经在丘吉尔的身上投下了重金，出版了他的《秘密会议讲话集》，并为他的画作出版了一本彩色画集。卢斯希望这样的投资能促使丘吉尔成为"我们的专用作家"。在某些特殊的方面，卢斯的愿望的确得到了满

---

① 丘吉尔长期罹患忧郁症，他称忧郁症叫作"黑狗"，他曾说过自己"心中的抑郁就像只黑狗，一有机会就咬住我不放"。英国精神科医生及作家安东尼·斯托尔写过一部分析丘吉尔忧郁症状的作品——《丘吉尔的黑狗忧郁症及人类心灵的其他现象》。

足（卢斯甚至"享有"为丘吉尔在国外的漫长而奢侈的写作旅居生活支付费用的特权），但是在美国的出版商中间，丘吉尔同时还与波士顿的著名出版机构霍顿·米夫林出版公司和《纽约时报》签订了合同。《纽约时报》是一份伟大的报纸，令人惊讶的是，在连载丘吉尔这部回忆录的问题上它甘愿屈居于《生活》杂志之下。在英国，丘吉尔与《每日电讯报》和卡塞尔出版社商定了合约，尽管1940年在《英语民族史》一书的交易过程中丘吉尔与卡塞尔出版社有过不愉快的交往，但是这一次他似乎再次对这家出版社的投怀送抱感到满意。

因此，有很多方面的力量染指这块"美味的馅饼"，事实证明这块"馅饼"的汁水足够满足包括里夫斯在内的每一个人的胃口。里夫斯得到了这部回忆录的所有非英语译本出版版权，这是他理应享有的权利。外语译本版权为里夫斯带来了相当大的一笔财富，同时也为丘吉尔在主要收入之外增加了一笔可观的收入。尽管大家都抢到了丰厚的报偿，但是最主要的受益者自然还是丘吉尔。这6卷著作为查特维尔文学信托基金会贡献的资金数目难以估量。丘吉尔在二战之前的写作交易就已经很复杂了，但是怀着坚定的决心他还是有可能穿过泥泞的沼泽，看到忽隐忽现的确定的希望。这种指引他穿过迷宫的光亮在20世纪40年代的晚期都消失不见了。1946年年底，卡姆罗斯告知丘吉尔《时代》将为回忆录在美国的首次连载权支付115万美元，霍顿·米夫林出版公司将为这部著作在美国的版权预付给他25万美元。这是一笔可观的收入，大概相当于今天的700万英镑（经过了对两种货币汇率和通货膨胀率的计算）。但是，合同没有写明这些费用覆盖了这个拟定的协作项目中的几卷书。最终，丘吉尔完成了6卷回忆录，超出了最初估计的5卷。就在美国出版方提出这些条件的18个月后，回忆录的前几卷就准备就绪，可以连载和出版了。但是，又过了7年半丘吉尔才完成了最后一卷。在这几年里，《第二次世界大战回忆录》还偶尔为丘吉尔带来一些零星收入，其中包括卡姆罗斯支付的3.5万英镑（相当于今天的60—80万英镑），这笔钱应该是用来购买《每日电讯报》的连载权；卡塞尔出版社也预付过一些版权费。

可以确定的是，查特维尔文学基金会因此获益数百万英镑。在合同签订的5年后，如果作者依然在世，他就无须再为这些收入缴纳全额的直接税。到了1951年，丘吉尔的《第二次世界大战回忆录》就不存在这个问题了。在1946年丘吉尔曾告诉卡姆罗斯自己每年的开支用度不少于1.2万英镑。考虑到他的生活方式，这个数字实在低得令人惊讶，肯定是扣除了他为各种写作助理支付酬劳的巨额账单之后的个人净支出。除了偶尔产生的次要消费，例如任性地为伦道夫在伦敦购置一处房产，丘吉尔的其他所有收入全都转入了文学基金会的名下，从宽泛的意义上而言，购置伦敦房产在日后也还是为基金会增加了资金。在 1950 年的夏天，丘吉尔自己的需求也逐渐增多了。他告诉《生活》杂志的沃尔特·格雷布纳："我通过五卷本拿到了3.5 万英镑。这笔钱对我来说足够用了，但是没有多余的钱给基金会，不过，基金会已经通过这本书拿到过 5 笔收入了。不算差了。"mcxc

这本书（成书将近 150 万字）的质量必须与"融资"结果一样令人满意。考虑到这一点，丘吉尔与合作伙伴的第三次会面有别于里夫斯前往佛罗里达与他的会面以及卢斯为争取到首次连载权与他进行的商讨。1946 年 3 月 29 日，在丘吉尔位于海德公园门的寓所，已经获得了金十字英勇勋章（杰出服务勋章）的弗雷德里克·威廉·迪肯与丘吉尔单独吃了一顿午餐。迪肯当时还是牛津大学瓦德汉学院一名年轻的研究员，在二战前为丘吉尔担任过 3 年的研究助理，在很大程度上正是由于他的贡献，第一版《英语民族史》才以惊人的速度成形了。自那时起，他进行了一场凶险的战斗，在这个过程中他曾率领代表团代表英国首次访问铁托。1946 年，翻过克罗地亚这座大山的他又回到了瓦德汉学院。他已经以实际行动证明了自己是查特维尔最高效的文学助理，他答应再次回到查特维尔，协助丘吉尔完成二战回忆录。迪肯的态度提高了丘吉尔对这个新的写作项目的热情。但是，迪肯在 1940 年末面对的工作远比他在 10 年前的工作艰巨得多。他将执掌统帅而不只是上尉的指挥权，因为丘吉尔还聘请了许多高级别的顾问。为了让一切工作都保持井然有序的状态，就需要有人对各方面顾问的工作进行协调。这个写作项目的核心队伍包括伊斯梅将军、亨利·波纳尔将军、海军准将艾伦、空军上将盖伊·加罗德，以及在1947 年 5 月开始为丘吉尔管理文献的丹尼斯·凯利，此外还有丘吉尔本人。针对不同的问题丘吉尔还分别请教过其他一些顾问，有一些人还撰写了部分段落的草稿，空军中将帕克（在不列颠战役至关重要的日子里，他在伦敦西郊的欧克斯桥指挥了战斗）、物理学家雷金纳德·维克多·琼斯教授、邓肯·桑迪斯和哈罗德·亚历山大元帅等人都在此列。

丘吉尔始终不曾碰到过文献资料匮乏的问题。内阁办公厅虽然态度有些勉强，但还是准许他随意使用他本人在战争期间留下的官方信函、内阁文件、电报、下达给各位参谋长的指示等资料，只有涉及"超机密"[①] 解密情报的资料除外。此外，继

---

① "超机密"是情报代号，指的是布莱切利园在 1941 年 6 月之后破解的敌军通过广播和电传机发送的高级情报（恩尼格玛密码机被破译后），这个代号从此开始生效，后来这个代号被当作了西欧盟军截获的高级情报的总称。之所以采用这个代号是因为这类情报被认为比英国最高安全保密级别（"最高机密"）更高，因此是超级机密情报。

任布里奇斯的内阁秘书诺曼·布鲁克还建议内阁准许丘吉尔引用其他人留下的官方文件，否则就会造成"他在一些问题上抢先给外界制造某种印象的危险"。[mcxci] 对这些官方文件的复制，再加上摘自讲话的大段引文，《第二次世界大战回忆录》的第一卷面临着被淹没在杂烩式引文中的危险。在连载这部回忆录的报纸杂志的所有人和图书出版商中间，一些人尤其是美国的出版人在第一次意识到这就是丘吉尔对定稿的构想时都表示过强烈的不满。卢斯在 1947 年 11 月 18 日就告诉丘吉尔，大量的引文再加上一丁点"分析性的见解"对"整体感"造成了伤害。[mcxcii] 一个月后里夫斯写了一封更加令丘吉尔感到寒心的信，他认为第一卷几乎应该完全重写一遍。不过，里夫斯这头猛虎其实很容易就得到了安抚。诚然，迪肯与丘吉尔本人在圣诞节和新年期间花费大量精力对内容进行了重新组织，但是仅仅过了 6 个星期里夫斯便致电丘吉尔，宣称自己发现经过修订的第一卷"完美无缺"。[mcxciii]

淹没书稿的危险不仅是丘吉尔自己留下的文件造成的，其他权威人士——无论所做的是有偿的兼职工作还是义务的帮忙——都认为交出长篇大论的稿件就是对丘吉尔最慷慨的帮助，他们也都希望自己的作品能被包括在最终的定稿中。丘吉尔喜欢同时开工数卷作品，尽早将所有稿件变成铅字，这个习惯制造了海量的校对工作，令浩繁的资料变得更加混乱复杂了。二战回忆录的第一卷和第二卷几乎齐头并进，在将注意力转移到其中一卷后很久，丘吉尔又会对另一卷产生疑问并提出一些想法，自始至终两卷书稿就这样交替进行着。

在这种情况下，书稿的完成就需要高度的组织能力，以免整部书稿四分五裂，叙述结构、事实核对、校对等工作变成一盘散沙，而这样的组织工作主要是由迪肯负责的。但是，没有理由认为在整个过程中丘吉尔起到的作用微乎其微，丹尼斯·凯利就曾对丘吉尔的编辑能力做过一番生动而且令人信服的描述。他说看着丘吉尔将一段文字修改得更为紧凑清晰，"就如同看着一位娴熟的园林植物造型师在修复一座疏于打理、杂乱无章的花园时思考什么样的形状和比例才最合适这座花园"。[mcxciv] 在这 6 卷回忆录中还散布着大量辞藻华丽的段落，这些段落只可能出自丘吉尔本人。卡姆罗斯与卢斯、卡塞尔出版社与霍顿·米夫林出版公司提供的丰厚回报足够维持大规模作坊式的文学生产活动，同时也能够刺激作坊老板亲手生产大量的产品。

对于这部回忆录，查特维尔的产量大于其他任何地方，不过丘吉尔和助理队伍也时常会在海德公园门的寓所里开展工作。此外，在打着写作的旗号在气候更暖和的地方享受的漫长假期中丘吉尔也有所产出。在英镑受到种种限制的时期，靠着亨利·卢斯的慷慨解囊（尽管有些勉强）丘吉尔才能拥有这样的写作假期。在丘吉尔担任反对党领袖的几年里，这样的外出旅行几乎成了一项主要活动。在 1946 至

1947 年以及 1950 至 1951 年的圣诞节和元旦期间，他两度前往令自己魂牵梦萦的马拉喀什马蒙尼亚酒店，每次都逗留了 6 个星期。*在 1946 年的 8 月至 9 月里他在瑞士待了 3 个星期，在 1948 年的同一时期他又在普罗旺斯待了 6 个星期。在 1949 年的新年，他在蒙特卡洛的巴黎酒店住了两个半星期。在接下来的那个夏天他又重返意大利的湖区，为了政治事务去了一趟斯特拉斯堡之后，他又前往了比弗布鲁克在法国卡普戴尔海角的别墅。当年冬天，他去了坐落在马德拉群岛的里德酒店，但是被即将举行大选的消息提前召唤回国了。

《第二次世界大战回忆录》的销量充分证明了丘吉尔及助手们为这部著作付出的努力和消耗的费用物有所值。第一卷于 1948 年 6 月在美国问世，4 个月后在英国也出版了，到了 8 月，丘吉尔得知截至圣诞节这一卷有望售出 60 万册，被计算在内的 35 万册是由"每月一书俱乐部"订购的。这件事情无可指摘，尤其是考虑到美国出版市场里的这个庞然大物接下来也同样消化了其余的五卷本。在英国，第一版卡塞尔出版社就售出了 20 多万册，当第二卷于 1949 年 6 月投入印刷时起印量就高达 27.6 万册。

第一卷收到的反响足以表明卢斯、里夫斯和其他人之前对文献过多的担心毫无必要，如若不然，那肯定就是马拉喀什的冬日阳光奇迹般地修正了这个问题。马丁·吉尔伯特在文章中断言，这些评论令"丘吉尔对自己的写作能力感到极度满意"。[mcxcv] 不仅如此，后续几卷受到的欢迎也没有减弱。第二卷《光辉时刻》讲述的是丘吉尔自己的巅峰时刻；第三卷《伟大同盟》是迄今为止获利最丰厚的一卷；第四卷《命运转折点》给丘吉尔带来又一轮如潮的好评，《泰晤士报》一位为人十分友善，但是对丘吉尔常常比较冷淡的主要负责人这一次也表示，"翻开极其生动、极其发人深省的这一卷自传时……许多读者都感到非常兴奋"。[mcxcvi]

第五卷《紧缩包围圈》和第六卷《胜利和悲剧》也没有为整部回忆录画上虎头蛇尾的句号，这两卷都出版于丘吉尔重返唐宁街 10 号期间。尽管大部分赞助人都对第六卷的必要性提出过严重质疑，但是这两卷在市场上也都表现不俗。之所以会产生这样的结果，在一定程度上是由于许多购买前几卷的读者都希望能凑齐全套作品，但是更主要的还是由于作品本身具有进入没有多少藏书的千家万户的魅力。这部著作在英国和美国都产生了同样的效果。这六卷著作在市场上的成功依赖没有

---

* 迪肯后来提到过前一次入住蒙尼亚酒店时，丘吉尔"没有写多少。他希望有人陪着他。大部分时间里他都在画画"。（摘自马丁·吉尔伯特所著的《温斯顿·斯宾塞·丘吉尔（第八卷）》，p.383）

阅读习惯的庞大人群吗？在某种程度上而言情况的确如此，但是也仅限于一定程度，因为这部著作本身具有很高的可读性，尤其是对大部分摘自文件的内容忽略不看的话。迪肯在文章中提到过，丘吉尔有一次说过："这不是史书，这是我的亲身经历。"[mcxcvii] 在这部作品中，丘吉尔没能做到畅所欲言，书中也存在着不符合事实的地方，作为文学作品它的价值也比不上《世界危机》，但是它仍旧是20世纪里一位卓尔不群的作家及政治家最重要的文学成果。它是一部弥足珍贵的档案，在丘吉尔强烈感到自己被遗弃的5年里，这部作品为他赋予了生命的意义。

在这几年里，除了政治、《第二次世界大战回忆录》和旅行，丘吉尔的脾气和情绪始终处在大起大落的状态中。他常常需要克莱门汀为他提供坦率的建议，以免他做出五花八门愚蠢任性的举动。1947年5月，克莱门汀劝他不要穿着与他不相称的空军准将的制服出访巴黎："在我看来，除了在空军将士的身上，空军的军装在其他人的身上都像假军装……我对完全属于平民的猪先生感到骄傲。"[mcxcviii] 她还说服丘吉尔参加了当年11月在伦敦为美国大使约翰·吉尔伯特·怀南特举行的追悼会，而不是仅仅让她代表他出席追悼会。1949年3月，她阻止了他与比弗布鲁克一起待在牙买加，她说眼下这个时期"在你的同僚中间充斥着怀疑和沮丧的情绪"，她认为丈夫公开与那位受到强烈怀疑的媒体大亨在外逗留一段时间将会强化这种情绪。[mcxcix] 然而她却没能阻止丈夫激怒他挚爱的女儿萨拉，不过这也主要是因为当时她不在场。在1945年的年初就与维克·奥利弗离了婚的萨拉带着未婚夫安东尼·比彻姆在1949年1月住进了蒙特卡洛的巴黎酒店。刚一见面丘吉尔就对比彻姆产生了反感，对他表现得非常无礼。

对于提及或者曝光他不愿面对的问题的一些作品时，丘吉尔表现得过于敏感。早先在美国出版的几部有关二战的著作都激起了他的这种反应，其中包括艾森豪威尔在部队里的副官哈里·布彻的一部作品，富兰克林·罗斯福的儿子埃利奥特·罗斯福的一部作品，在丘吉尔坚持完成自己的二战回忆录的过程中，这些作品都对他略微起到了刺激作用。他的表弟夏恩·莱斯利（约翰·伦道夫·莱斯利）以他们杰罗姆家族的祖先为主题撰写的一部作品令他怒不可遏，就连苏格兰军人及政治家菲茨罗伊·麦克林寄给他的自传《走近东方》中几段有关征兵的叙述都令他感到恼火。但是，不久后这部作品声名大振，出于本能丘吉尔也对作者产生了好感。

在这些年里，丘吉尔最大限度地收获了来自世界各国的荣誉，他一边为自己抚平伤口，一边热切期望击败艾德礼政府，重新执掌大权。就在这个过程中他的心里几乎可以说不由自主地产生了两个写作灵感，在两个主题中他的父亲都扮演了主要角色。丘吉尔将第一个想法告诉了两个孩子，他们都劝说父亲将其写出来，结果就诞生了一篇名为"梦"的文章。在文章开篇丘吉尔写道:"1947 年 11 月,在一个雾蒙蒙的午后,我在自己的画室里画着画,画室就在查特维尔山下的小屋里。"之前有人给他寄来了一幅被撕烂的伦道夫勋爵的画像,他按照原画重新绘制了一幅。"我试图给他的小胡子加上一个卷儿,就在这时我突然产生了一种奇怪的感觉。我端着调色板转过身,父亲就在那里,就坐在我那把红色的直背皮椅上。他看上去完全就是我见过的最好的状态……"接着他用了 3000 字的篇幅展开了一场虚构的父子谈话,儿子想要给父亲解释清楚在过去的半个世纪里英国和世界发生的变化,但是父亲不相信儿子所说的一切。一开始伦道夫勋爵倾向于认为儿子只是一名退伍老兵或者职业画师,不过充分的证据还是令他惊讶地接受了现实。最终,父子俩将 20 世纪的上半叶审视了一番,父亲说:

> 当我听你逐一讲述这些可怕的事实时,你似乎对这些事情非常了解。我从来没有指望过你能取得如此长足、如此充分的发展。当然,现在你已经足够大了,能够考虑这些事情了,但是当我听到你谈论这些事情的时候,我真的很怀疑你并没有进入政界。你原本可以发挥很大的作用,甚至可以让自己名扬天下。[mcc]

就在丘吉尔还没来得及告诉父亲自己取得的成就时,"眼前闪过一道微光",伦道夫勋爵消失了。

刚过了两个月,在马拉喀什有人问丘吉尔最希望重新过一遍一生中的哪一年,丘吉尔答道:"我永远会说 1940 年。"接着他又补充道:"我希望某些人能活着看到战争最后几年里发生的事情,不是很多人,只是我的父亲、母亲、弗雷德里克·埃德温[史密斯]、亚瑟·贝尔福,还有桑尼。"[mcci] 或许可以认为,丘吉尔最后提到的桑尼,也就是第 9 代马尔博罗公爵拉低了他之前列出的几个人的档次,不过桑尼和堂弟丘吉尔无疑一直保持着亲密的关系,他在这份名单里的存在并不会让人们忽视丘吉尔这种令人同情的渴望。他渴望其他几个人都能够看到他实现了多么辉煌的成就,在这几个人里大多数人都对他的才能有所低估,尤其是他的父亲与贝尔福,或许他的母亲也是如此。

丘吉尔有些受到排挤的这几年就这样过去了,在这几年里他进行了大量的活动,尽管不如在 20 世纪 30 年代和二战最初几年里的活动那么密集。他有时候积极乐观,更多的时候被"黑狗"紧追不放,不过他是为了世界而不是自己感到沮丧,他时而脾气暴躁,时而魅力四射,总体上还是比较容易动怒。在 1946 年 12 月 13

日的晚上，伦敦被包裹在黄色的浓雾中，从狄更斯时期直到 20 世纪 50 年代中期，伦敦常常会蒙上这样的大雾，就在这个夜晚在参加完另一个俱乐部在萨沃伊酒店的聚会后，丘吉尔挣扎着穿过浓雾赶回家。他的汽车在海德公园角（公园东南角的区域）陷在了浓雾中，无法继续前进，于是他步行走到骑士桥，这里距离他的家还有一半的路程。他失去了耐心，拐进了海德公园酒店，心满意足地睡了一觉。第二天，有大半天的时间他都一直待在床上，无疑他召唤来了秘书，并且叫人送来了工作文件、雪茄、威士忌和其他必需品。

第四十二章　两次大选与一场重生

　　1950 年和 1951 年的两次大选在英国选举史上留下了两次大规模公民投票的记录。在前一场大选中，83.9% 具有合法选举权的公民都参加了投票，这个数字高于英国落实普选权以来的任何一次选举。20 个月之后，这个数字也只下滑到 82.6%，这与 1910 年的大选形成了鲜明的对比，在那一年里举行的两场选举中，有 7% 在第一次选举中参加投票的选民在第二次选举中选择了弃权。这种状况表明，在 20 世纪中期英国国民对国家的政治制度有着比较高的满意度。或许可以说，英国这个国家在取得伟大胜利仅仅 5 年后的确陷入了积贫积弱的可悲状态，丘吉尔就过于热衷于做出这样的论断，但是英国人民并没有表现出对宪法的不满。

　　此外，在 1951 年的大选中参加投票的 82.6% 的合法选民中有 97% 的人口来自工党和保守党，在大不列颠各个角落他们都保持着一致的步调。个体选民在是非观方面似乎没有多少区别，只要知道几个选区的投票结果，人们就能够十分准确地预测出全国的选举结果。这种状况表明选民对这两大政党保持着高度的忠诚。这两个主要政党在 20 世纪 80 年代和 20 世纪 90 年代的地位与此形成了鲜明的对比，面对远远少于 1951 年的投票选民，他们的得票率合计起来都难以维持在 70% 的水平上。选民在 1951 年显示出的忠诚度在 20 世纪 50 年代也同样得到了体现，两场大选最主要的区别就在于当时自由党候选人在前一年得到了 9% 的选票，但是在后一年只争取到 2.5% 的选票。这些事实对各党领袖造成了两个方面的影响。首先，格外加重了他们在组织安排竞选活动方面的责任。如果某位候选人无法拉到选票，党的领袖就不得不为他们争取选票。在这两次大选中，电台广播的作用不如在 1945 年里那样显著，次数也不如以前那么多，但是这种媒介以及各党领袖得到充分报道的主要竞选讲话依然起到了重要作用，或许甚至超过了在 1945 年里发挥的功效。对丘吉尔来说，这两次大选更多地意味着他将在各地的大礼堂里发表经过深思熟虑的讲话，而不是与 1945 年那样率领车队浩浩荡荡地穿过向他欢呼致意的人群。

第二个方面的影响就是阵营分化变得更清晰、更顽固了，甚至更甚于英国戏剧家及诗人威廉·吉尔伯特在 1882 年创作的嘲讽等级制度的歌剧《艾俄兰斯》所嘲笑的泾渭分明的等级制度，稍加改动吉尔伯特的唱词就完全可以被用来描述这一年的大选状况："每一个少年和每一个少女，每一个活着来到这个世界的生命，不是小工党党员，便是小保守党人。"哪怕是改变一小部分关键性的意见群体都需要付出很大的精力。1945 年那一届议会在任 4 年半的时间里，保守党人常常在选民民意测验和地方选举中取得领先地位，但是在任何一场补选中，他们都没能减少人员过多但又比较脆弱的议会多数党工党的得票率。

丘吉尔在 1950 年的年初面对的远非一场可以轻松制胜的战役，不过他也没有愚蠢到认为自己在这场选举中难以获胜。保守党人拥有一支令人叹为观止的候选人队伍。站在万众爱戴的丘吉尔背后的艾登在选民的心目中是一位经验丰富、温和稳健、能够吸引到大量选票的候选人；理查德·奥斯汀·巴特勒与哈罗德·麦克米伦有所不同，但是在政坛上都占有重要地位，而且都颇有说服力；奥利弗·斯坦利因为不久后逝世而消失在了大选的舞台上；作为反对党的一员奥利弗·列堤顿在议会中的表现名列前茅，凭着在担任大臣时尤其是在战争期间取得的不俗政绩他原本应当被历史铭记；来自利物浦的服装商伍尔顿伯爵（弗雷德里克·詹姆士·马奎斯）在战争期间变成了全英国人民的杂货商（被张伯伦任命为粮食大臣），他在 20 世纪重写了威廉·亨利·史密斯的历史（英国图书文具连锁店 W. H. 史密斯公司的所有人，在索尔兹伯里政府出任过第一财政大臣），以出色的表现让死气沉沉的保守党重新焕发了生机。丘吉尔让保守党成为名副其实的中产阶级的护民官，在 20 世纪 30 年代，这个阶层曾强烈感到丧失了原本拥有的地位和舒适的生活条件。保守党青年团成为英国历史上最成功的郊区网球俱乐部和婚姻介绍所，主妇联盟则是一支强大的后备军，只是这支队伍可能没有太严密的组织纪律性。

然而，这一切优势都必须接受工党的挑战，在丘吉尔初涉政坛的阿斯奎斯政府之后，最坚固的大臣队伍正是这个工党组建的。在 1950 年的大选中，欧内斯特·贝文、斯塔福德·克里普斯、赫伯特·莫里森与安奈林·比万悉数到场。到了 1951 年，贝文与世长辞；克里普斯离开财政部，前往瑞士就诊；莫里森做出了错误的选择，为了继任贝文在外交部的职位，他自贬身价，放弃了在议会事务中工党总指挥的角色。不过，休·盖茨克尔出现在了第一线上，为此工党也付出了一定的代价，比万悄然退出了政府。在两场大选中，议会赛艇竞赛史上最机敏老练的舵手艾德礼率领着一批比他更引人注目的支持者。但是对于丘吉尔而言，在实现希望的道路上存在的更大障碍并不是这支竞选队伍，而是工会——群体更为庞大的工人阶级中的绝大部分人（工人妻子的忠诚度略低）——团结一心支持工党的忠诚，以及社会主义知识分子一如既往的参与，他们中的一些人有着与盖茨克尔和道格拉斯·杰伊一样天生的管理才能，一些人则比晚年担任过《新政治家周刊》编辑的理查德·克罗斯曼与记者出身的迈克尔·富特更加特立独行。

1950 年 1 月 12 日，丘吉尔从马德拉群岛回到国内，政府此前已经宣布将于 2 月 23 日举行投票。迎接丘吉尔的是艰辛的工作和一些坏消息。在 1 月 19 日给克莱门汀的信中他写道："自回来之后……我一心只想着政治，尤其是托利党在我们长时间谈论过的问题上发表的一份宣言。有一天，我们在 28 号［海德公园门］的餐厅里聊了 9 个小时。"他还告诉克莱门汀，盖洛普民意调查的结果"大为下降"，托利党人现在仅比工党候选人领先了 3%，而在他外出度假的时候这个数字还是 9%。[mccii] 丘吉尔在接下来 5 个星期里的努力所得到的最终结果就是，让他看到保守党已经缩小的领先优势到了投票日这一天变成了工党的得票率领先 2.6%。幸运的是，对丘吉尔来说保守党和工党在议会席位方面的差距将会远远低于这个数字，造成这种情况的原因在于，英国当时实行的选举制度（自选举形势发生逆转以来）极大地偏向托利党，这种状况意味着在"简单多数票当选"的基础上，工党先天就与保守党有着将近 50 个席位的差距。①

在各党派全神贯注应对选举的过程中，政府原本有可能恢复一定的元气，此外也没有证据显示丘吉尔进行的选举活动不尽如人意。从很多角度来看，这场选举都胜于 1945 年的选举，这一次他表现得更为克制，也没有失态，只是显得有些缺乏活力。但是与 1945 年的选举一样，他在这一场大选中没有发表多少令人难忘的讲话。他于 2 月 14 日在爱丁堡所做的讲话以及在 17 日发表的两次广播讲话中的第二次讲话或许给人们留下了比较深的印象。在苏格兰的首府他说："我最热切的期望就是我们能找到一种比原子弹带来的这种残酷阴暗的平衡力量更高贵、更令人敬

---

① "简单多数票当选"的选举原则指的是每一个选民只能投一票给一个候选人，在这个选区内获得最多数票的候选人当选为本选区的下议院议员。对于英国一直坚持的这种选举方法始终存在着大量的争议，批评者认为这种选举方法有失公正，因为按照这种方法，一个候选人在本选区内即使有大多数选民没有为他投票的情况下也有可能当选。比如说，A 获得了 2000 张选票，B 获得了 500 张选票，C 获得了 100 张选票，结果就是 A 以最多票数当选，但是在这个选区内还是有大多数选民是不支持他的，而且对 A 来说 2001 票之后的选票都是废票。这样的选举系统最终将导致一个政党在全国范围内所获得的选票总数和其下议院所拥有的议席数之间没有必然的联系。比如，在 1951 年的大选中，保守党获得了全国 48% 的选票，然而在下议院中却占 321 个席位，工党获得了 48.8% 的选票，却只占有 295 个议席。少数党在这样的选举制度下更是难以获得执政的希望。

畏的安全基础。但是，我们不能丢掉我们唯一的防护措施，除非我们能够找到更可靠、更有可能经久耐用的新的防护手段。"继续讲了一两句之后，他又提起了自己在二战最后几年里最喜欢谈及的一个问题："我仍旧情不自禁地想到再次与苏俄进行一次最高水平对话的问题。这个想法促使我竭尽全力弥补这两个社会之间的鸿沟，即使这两个社会无法友好交往，至少也能让它们在各行其是的同时不会给世界带来冷战的威胁。"[mcciii] 这番话略微展现了丘吉尔在执政最后几年里的主要奋斗目标。

在广播讲话中，丘吉尔指出"已经做出牺牲"的英国正在逐渐摆脱工党政府强加给国家的紧缩政策，在他看来这种政策是不必要的：

> 我依然记得西班牙地牢囚犯的故事。多年里，这名囚犯一直希望逃出束缚自己的牢狱，他试过各种各样的方法，但都只是一场徒劳。一天，他推了推牢房的门——门是开着的。门一直都开着。他走了出去，走到了日光下。现在你们也可以做到这一点，就在这个星期四，到时候将会有多少人欢迎我们重返世界的第一线，现在这些国家正在用迷惑和怜悯的目光看着我们，而就在几年前，无论风向如何，我们都一直为它们高举着自由的大旗。[mcciv]

最后这句话有些夸张，而且在外界看来对于艾德礼政府领导下的英国，"西班牙地牢"这个比喻也不太贴切，但是此时正值大选之际，而且这番话至少听上去不像他在 5 年前发表的有关"盖世太保"的言论那么刺耳。

导致丘吉尔在这场竞选过程中发表的讲话没能引起强烈反响的一个原因就在于，对外他基本赞成欧内斯特·贝文的外交政策，尽管他还是会吹毛求疵地找到各种缺陷。在国内战场上，丘吉尔还要为争夺一小块贫瘠的"土地"而战斗。他谈了国有化的很多弊端，但是他又无意让苏格兰银行、铁路、煤矿甚至是英国的航空公司、煤气和电力供应实现私有化。他在 1925 至 1929 年里已经受够了私有化的苏格兰银行以及蒙塔古·诺曼的领导了；对于铁路，将近 40 年前他就开始认为铁路必须实现国有化；由于大罢工，他对煤矿业主的同情荡然无存了，无论怎样他都没有在这些行业推行私有化的强烈愿望。在实际操作中，国有化仅限于钢铁制造业和公路运输业。对于前者，国家已经做出了明文规定，但是政策一直没有得到全面落实；针对后者，保守党提出了与工党的努力背道而驰的构想。要想演说鼓舞人心，货车自由经营这个话题就不是一个明智的选择，尽管当年的货车规模不像当今社会的货车庞大得令人感到压迫。工党提议将来要对炼糖、水泥制造、肉食批发和简易人身保险等行业实现公有化（这个计划一度被讽刺为"把珍珠丢在猪前"），*① 这些提议都同样经过了拙劣的修订，由此催生出不少名言。这种情况令人不禁想到《哈姆雷特》中尉官告诉王子"我们是去争取一小块仅有空名之无用土地"的那一幕。

除了爱丁堡的会议，丘吉尔还参加了在利兹、曼彻斯特、卡迪夫和普利茅斯举行的几场重要会议（在普利茅斯，他的支持还是没能打破伦道夫在选举中零的突破，后者依然没能获选），但是相比 1945 年，这一次他对伍德福德投入了更多的关注，在这座城市发表了 3 场充分的讲话，在投票日当天也守在这个选区。随后他回到海德公园门的寓所，通过广播得知了计票结果。一开始数出的票数产生了很大的误导性，至少对缺乏选举经验的人来说是这样的。城市席位的计票工作进展比较迅速，一整夜，工党都呈现出领先的态势。然而，等到第二天早上，全国各地的计票结果被汇总之后，工党的领先优势就大幅度削弱了。到了午餐时间，形势明朗了，艾德礼将会留任首相，但是原本占有绝对优势的多数党工党变得四分五裂。1950 年这场大选最终的计票结果保证了艾德礼仍旧比保守党多占有 17 个席位，但是总体上工党只有 6 个席位的优势（超出保守党和其他党的席位之和的席位）。

这种状况意味着尽管丘吉尔对结果有些失望，但是他丝毫没有被打垮，这与他在 1945 年大选时的状况截然不同。也许他之前预计的状况更加糟糕，在同时期留下的一封信中他写道："接下来几个月必然会再出现一场大选。"mccv 或许他是在用这样的想法安慰自己。当然，时间在与他作对，此时 75 岁的生日已经过去 3 个月了，除了帕尔姆斯顿、格莱斯顿和迪斯雷利（仅比丘吉尔此时的年纪多活了两个月）没有一位政客在这个年纪出任过首相。然而，丘吉尔认为在自己的带领下保守党已经大规模重新占领议会了，因此他有权按照自己的想法早早将工党彻底赶下台。他的许多同僚和追随者都不同意这种想法，他们认为在艾登的领导下保守党会做出更好的表现。但是，等丘吉尔表明了自己的意图后，他们就没有多少选择的余地了。

丘吉尔在私人信件中表明了自己的决心，他精神抖擞、带着强烈的党派性进入了新一届议会。他有些反常地认为相比他本人的作用，对这届政府的权威性造成了更大伤害的是选举结果。在辩论的第一天，他与议会议长略微交换了意见，《议会议事录》对他们之间颇有启示性的谈话记录如下：

---

* "珍珠"是当时英国第二大简易保险公司的名字。简易保险是指用简易的方法经营的人寿保险，是一种适应一般低工资收入职工需要的免体检的小额保险。

① 语出自《圣经·马太福音，76》，原文为："不要把圣物给狗，也不要把你们的珍珠丢在猪前，恐怕他践踏了珍珠，转过来咬你们。"（参见和合本中译本）

丘吉尔先生：……我要求准许我们在随后两周的时间里［就财政和经济问题］展开一场充分辩论。

莫里森先生持有异议。

丘吉尔先生：枢密院大臣只摇摇头是无法说服我们相信我们必须抛开自己的愿望……[mccvi]

新一届议会就这样拉开了大幕，除了偶尔出现一两个闪光点，这届议会不仅早早就宣告了死亡，而且最终激起了强烈的不满。在这届议会存在的 20 个月里，丘吉尔表现出明显的党派性，很少对他所厌恶、与他的立场泾渭分明的大臣们表示出敬意，而这些大臣并非无名小辈。时间的流逝逐渐吞噬着他的耐心，他的父亲当年嘲讽格莱斯顿的那句最为人们所知的名言——"急于求成的老头子"——在他身上得到了新的体现，这种心态促使他在 1950 年 9 月罕见地向急于求成的前辈表达了敬意。他在一封信中写道："元老是多么明亮的一盏明灯啊！他的光芒能够激励人们公然采取有力的行动。"[mccvii] 之所以说丘吉尔的这种做法很罕见，是因为他对格莱斯顿主义始终没有太大的热情，即使在对自由党最坚定的岁月里也不例外。但是，即使这些想法促使他更加倾向于格莱斯顿，他也还是没有因此增强对艾德礼、莫里森、贝文甚至克里普斯的支持。令人惊讶的是，在这 4 个人里，丘吉尔对克里普斯的态度最亲密、最真挚。

因此这一届议会在成立初期还带有一些跨党派的气质。1950 年 10 月，整整一个月里议会各党派相安无事。这个月的第一天，丘吉尔庆祝了自己进入议会 50 周年纪念日，这个纪录很罕见，不过并非绝无仅有。在当月的 26 日，下议院从金红相间的上议院议事厅搬回了比较普通的下议院议事厅，这是下议院议员们在将近 10 年里第一次坐回这间会议室。之前丘吉尔强烈主张保持老议事厅的形状和有限的面积。在新议事厅投入使用的第一天，丘吉尔发表了一场中规中矩的议会讲话。对他个人更具有意义的是，在政府的提议下专供下议院议员使用的门厅的入口处被命名为"丘吉尔拱门"，拱门是用建筑师查尔斯·巴里在 19 世纪中期设计建造的威斯敏斯特宫（议会大厦）使用的石块垒成的。这天晚上丘吉尔告诉卡姆罗斯："艾德礼的为人一向很不错。"[mccviii]

1951 年 3 月，由于健康状况衰退，贝文不得不离开外交部，仅仅一个月后他便谢世了。"作为贝文在战争期间的领导"，丘吉尔在一期政党广播节目（尤指政党竞选时电台和电视台开办的专题节目）中一反常态地以跨党派的基调发表了一次广播讲话，以此向自己曾经的下属表达了敬意，他说："我觉得自己有义务做出公开表示。贝文在我国最伟大的外交大臣中占有一席之地，通过坚定不移地抵抗共产主义的扩张、不断强化我国与美国的纽带、在建设'大西洋公约'的过程中扮演了重要角色，他为英国以及和平事业做出了贡献，人民将久久无法忘却他的付出。"[mccix]

丘吉尔的追悼词带有一些补偿成分。在前一年的 11 月里，与贝文发生的龃龉导致丘吉尔一反常态地做出了小气傲慢的举动。贝文认为欧洲运动游说集团的活动具有亲美倾向，对这些活动感到神经紧张的他，在下议院谴责这个组织对他正在进行的谈判尤其是同法国的谈判造成了"一定程度的人为破坏"。当时，丘吉尔反驳道："你才是头号破坏者。"原本这只是议会里寻常可见的小问题而已，通常丘吉尔都不会把这种事情放在心上。可是这一次情况有所不同，就在与贝文发生争执的次日晚上，他与克莱门汀原本应该参加贝文为即将离任的杰出的美国大使路易斯·威廉姆斯·道格拉斯举办的官方告别宴会。道格拉斯是右翼民主党人，在伦敦的上流社会非常受欢迎，丘吉尔对他的好感尤为强烈，贝文有些小题大做地认为道格拉斯与身为反对党领袖的丘吉尔交往过密。不过，道格拉斯与丘吉尔的确越走越近，这种关系已经干扰到他正常履行一名大使在面对英国政府时应当履行的职责了。

尽管如此，贝文还是按照外交部的最高规格为道格拉斯举办了一场告别宴会。丘吉尔拒绝参加这场宴会，他对贝文的回复外界不得而知，不过他给道格拉斯写了一封信："昨晚在下议院发生了那件事情后，我觉得今晚与贝文夫妇一起吃饭对我们来说不太好，外界会普遍对这样的举动产生误解，而且见到他也会令我感到尴尬。因此，谨借此信向你和夫人送上我诚挚的告别，再会……"[mccx]

不幸的是，在这个短命的议会里，丘吉尔与自己在战争时期的同僚们的关系更接近于这封充满火气的告别信，类似丘吉尔因为拱门一事对艾德礼做出的"为人很不错"的评价，以及在广播讲话中对贝文大加赞颂的情况都很罕见。实际上，丘吉尔是在故意和同僚们唱反调。1950 年 6 月朝鲜战争爆发，这是这届议会任期内的一件大事。英国决定在军事上为美国人提供后备力量，在这个问题上丘吉尔还是对工党政府的决定表示了赞成。不过即使面对这种大事件，他仍然倾向于尽量扩大而不是缩小自己与工党政府在次要问题上的分歧。在 7 月的议会辩论之前，他就拿英国低劣的国防水平大做文章，由于他自己的无理取闹，最终他只能在一场秘密会议上充分阐述自己的观点。他对第二次世界大战的怀念，无疑在一定程度上促使他渴望将英国的国防能力恢复到战争时期的水平。艾德礼对这个提议表示反对，他指出这样"就有可能在国内和国外引起极大的怀疑和不安"。丘吉尔固执己见，他采用议会的常用手段，要求清空旁听席，他说："我发现有陌生人。"议长不得不要求议员们对这个要求进行表决，投票结果有些荒唐，295 名议员同意举行秘密会议，296 人反对。

9 月中旬，议会继续对国防问题展开了一场辩论，丘吉尔这一次采取了有些狡猾的立场，他宣称："首相呼吁全国人民在国防问题上团结起来，但是这并不意味着全国人民要为管理不当的国防工作团结一心。"接着他又抱怨说政府没有在第一时间派出部队与美国人并肩作战。他的抱怨招致了艾德礼辛辣的回复。艾德礼说丘吉尔："在处理军务方面比下议院里的任何一个人都更有经验，毫无疑问他已经习惯于得到军事行动负责人的建议，而在朝鲜的这场行动则是美国人实施的。对于他们的要求我们做出了回复。如果要求有所改变，国王陛下的政府是没有过错的。对方向我们提出的请求，我们已经做出回复了。"[mccxi]

丘吉尔还批评政府一直在制造原子弹的工作上拖延时间。大约一年后重掌大权时，他惊讶地看到英国在这项工作上已经取得了很大的进展，其中包括由几位大臣组成的受到严格限制的委员会已经做出了制造原子弹的决定，这时他才不得不承认自己之前在这个问题上犯了错误。丘吉尔主张英国应当花费大量精力重整军备，他自己也同样卖力地对美国军队在朝鲜的行动表示支持，如果有必要，他也会支持美国在其他国家尤其是在德国实施军事行动。不过，大部分时间里丘吉尔都处于不安状态中，时间越紧迫，他就越是痛恨自己还没有坐上"驾驶座"的现实。他感到艾德礼、贝文甚至他反感的莫里森都坐上了他们不配拥有的位置。世界变得越危险，他就越是对自己无法掌控局面感到沮丧。

西欧处在军事真空状态的现实令丘吉尔感到恐惧，这种局面意味着俄国人一旦贸然做出决定，他们就能派出坦克穿过巴黎和英吉利海峡沿岸，他们的行动甚至比希特勒在 1940 年的行动更轻松。考虑到这种情况，丘吉尔相信美国的核威慑是西方世界最重要的盾牌。但是，丘吉尔远非一个对原子弹大唱赞歌的人，他已经远比其他政治和军事领袖都更清楚地意识到核武器将意味着文明的毁灭。他坚信只有美国人能提供防御这种灾难的强大保护措施，但是他不太相信美国人在发挥这种保护能力的同时能够保持高度的谨慎。

无疑，丘吉尔始终在考虑这些问题，因此他没有对艾德礼在执政期内不断干预英美关系的做法提出批评，实际上艾德礼在这个问题上的表现是最受争议的。1950 年 11 月 30 日，美国总统杜鲁门出现在一场新闻发布会上（错误的选择），授权在朝鲜的指挥官麦克阿瑟将军自行决定在朝鲜战争中是否对中国使用原子弹。美国方面的态度在世界范围内拉响了警报。伦敦也响起了警报声，此时正值一个极其敏感的时期。当美国总统新闻发布会的消息在当天下午传到伦敦后，下议院就外交政策举行了一场重要的辩论。这个短命的议会本身就充满了紧张的气氛，这种气氛令议事厅内及外围参与这场辩论的人数都大为增加。但是，从美国传来的消息并没有导致下议院的分裂，反而促使议员们团结了起来。艾德礼很快就收到一封要求与美国断绝外交关系的联名信，工党后座议员中有一半成员都在信上签了自己的名字。丘吉尔与艾登都用经过略微斟酌的措辞表达了自己的惊愕和沮丧。艾德礼提出自己将立即出访华盛顿，这个提议令议员们平静了下来。这个决定很不寻常，因为艾德礼一贯不喜欢旅行，大多数情况下他都将出访任务交给贝文，但是这一次贝文身染重病，无法成行。12 月 3 日晚上，艾德礼乘飞机抵达华盛顿。对于此次国务访问，美国只接到了英国的临时通知，而且美国人很可能并不欢迎这位到访者，但是艾德礼还是与总统杜鲁门、国务卿艾奇逊和其他相关官员进行了整整 4 天的对话。这样的待遇标志着艾德礼领导下的英国依然拥有很高的声望，尽管丘吉尔常常对其发表各种不满的意见。在当今社会，结盟国家里没有一位政府元首能够在华盛顿享受到这种规格的礼遇，即使提前 96 天通知对方也不行，更不用说仅仅提前 96 个小时。

此次英美会谈没有出现势均力敌的对峙局面。根据英国方面向一边倒的说法，艾德礼将杜鲁门斥责了一番，叫他打消使用原子弹的念头，解除麦克阿瑟的职务，将注意力更多地集中在欧洲而不是亚洲事务上。这种毫无根据的说法几乎已经演变成了一则神话。美国方面的说法也同样极端，他们称艾德礼一脸悲戚地来到美国，但是美国并不欢迎他的到来，当时美国政府需要的是鼓励而不是说教，他哀怨地唠叨了一通在远东地区全面推行安抚政策的原则，但是在更加坚定的东道主的教育下，他在灰溜溜地离开美国时已经为自己之前的想法感到了懊悔。后来艾奇逊针对艾德礼的此次出访发表过比较积极的意见，但是在完成于 1969 年的回忆录中他还是更倾向于这种比较刺耳的说法。

这种局面应该很容易诱使丘吉尔对艾德礼此次"令人提心吊胆"的出访进行诋毁，然而他并没有这么做。在 12 月 14 日的议会讲话中他说："首相此次出访华盛顿有百益而无一害。"他甚至还补充道："今天下午我们每个人都不得不考虑的一个问题就是……此次出访产生的益处有多大。"[mccxii] 相比英国民间流传的说法，丘吉尔的这番话对艾德礼的此次出访做出了更大的肯定。3 天后，丘吉尔动身前往马拉喀什，开始为期将近 6 个星期的假期。前一年的夏天，他几乎一直待在查特维尔，孜孜不倦地完成了二战回忆录的第四卷，并且为第五卷打好了基础。就连第六卷的准备工作也完成了，他打定主意要说服出版方接受这一卷。在暑期的议会休会期里他还完成了大量的政治工作，在 8 月的第二个星期待在斯特拉斯堡，在当月 29 日的政党广播节目中发表了讲话，在 9 月中旬积极地参加了议会举行的一次为期两周的特别会议，就国防计划和钢铁国有化问题分别发表了讲话。在剩下的时间里，他一直待在查特维尔，全神贯注地撰写回忆录，取消了原定前往比亚里茨画画的休假。不过，无论是对于假期还是绘画，在圣诞节和新年期间他都做了充分的补偿，在摩洛哥度过了一个悠长的假期。

1951 年 1 月 23 日，丘吉尔途经巴黎回到英国，他怀着前所未有的迫切心情一再要求政府提前举行大选。政府对他的行为感到厌烦，但是他一心想要激起他们更强烈的反感。的确，他取得了很大的成功。复活节的时候贝文与世长辞，艾德礼也因为十二指肠溃疡不得不在医院里住了一个月，还有 3 位大臣马上都要递交辞呈。在丘吉尔的怂恿下，带有党派色彩的恶作剧成了下议院议员们普遍采用的策略。至今我仍然对那一年 2 月中旬发生的一件事情记忆犹新。14 日和 15 日，议会就政府的重整军备计划进行了一场大辩论。政府的计划包括刚刚宣布的一项决定，将这项计划的开支从 36 亿英镑增加到 47 亿英镑，实施计划的时间不变，仍旧是 3 年。

新的数字达到甚至超过了英国工业力量的承受极限，将会耗尽英国的工业资源。一年后，丘吉尔在重整军备问题上有了发言权，这时他终于指出了这个问题。但是当时这个问题并没有阻止他在辩论的第二天对"犹豫不决、迟迟未能"实施一套有效的防御政策的政府提起不信任案。他发表了一场长篇大论、打动人心的讲话，但是他花了相当长的时间同首相争执，他的讲话的影响力因此受到了削弱。丘吉尔与艾德礼争论的焦点是，后者在 5 年半的时间里没能成功地制造出一颗英国自己的原子弹一事，艾德礼表现得非常有涵养，一年后丘吉尔也承认了这一点。艾德礼以国家安全为由拒绝公布原本可以对丘吉尔的气焰起到遏制作用的相关细节。强烈支持北约组织和重整军备的新一任财政大臣休·盖茨克尔站起来做了答复。年轻的盖茨克尔还没有说几句，丘吉尔就用一套屡试不爽的幼稚表演彻底破坏了他的讲话（不少人认为他为了达到个人在当时的政治目的所采取的这种态度有些过分）。丘吉尔采用的方法很简单，只是尽量分散发言者和听众的注意力，让前者无法集中精神继续讲下去，让后者也无法专心听下去。他在座位上转来转去，一会儿看看地板，一会儿看看稿纸下面，在口袋里、座位之间的空隙、前面一排座位靠背的后面翻来翻去，动静大得迫使盖茨克尔暂停了讲话，问他究竟出了什么问题。丘吉尔缓缓地站起身，作答道："我只是想找到一片枣子。"[mccxiii] "枣子"是他给一种喉片取的有些古色古香的别名。所有议员几乎全都放下手里的事情，哈哈大笑。

这个玩笑不明智，也有失风度，是丘吉尔的狭隘在作祟。面对出身于中上层阶级的工党知识分子，丘吉尔有着本能的敌意，他认为这些人几乎全都毕业于温切斯特的学校，这种想法进一步强化了他对他们的敌意。除了盖茨克尔，克里普斯、克罗斯曼、道格拉斯·杰伊和肯尼思·杨格都受过高等教育，工党里极端"左倾"的丹尼斯·诺埃尔·普里特就更不用说了，因此不难理解丘吉尔能够总结出这样的结论。随后，丘吉尔又画蛇添足地对温切斯特公学毕业生调侃了一番，他总是在下议院里拿这些人开一些并不可笑的玩笑。"为在场的任何一位温切斯特公学老校友翻译一下"……"我不知道温切斯特给不给学生教法语。"[mccxiv] 至于丘吉尔的这种反应究竟是出于哈罗公学毕业生的嫉妒心，还是装腔作势的反知识分子心理使然，外界不得而知。

但是，显然从1951年的春天开始，丘吉尔开始表现出将政府赶下台的欲望，他的表现几乎到了肆无忌惮的地步。反对党发现只要对几乎每一项行政命令祈祷反对（议会的技术术语，不具有宗教意义），他们就能够让下议院的会议日复一日地持续到深夜，有时候直到早餐的时候都没有结束，偶尔甚至会一直持续到次日很晚的时候。对于反对党而言，这种策略的好处就在于，政府议员面对的形势远比反对党议员更严峻。在黎明时分举行的表决中，获胜对反对党来说无异于额外的收获；对政府而言，在表决中失败即使算不上是灾难，至少也是一场重挫。因此，仅比对手多出6个席位的工党议员们——包括众位大臣——都不得不坚持参加会议，没有人鼓励他们发言，他们的功能仅在于投票，否则在休会期里他们还得继续争论下去。反对党可以选择何时放松一下，何时发起毫不动摇的进攻。我记得1951年的那个夏天，是我在长达34年的下议院生涯中经历过的最难熬的一个夏天。议事厅里常常一片喧嚣，表决厅、走廊和议会大厦的公共房间都挤满了恼怒的、头脑也不太清醒的议员，既有工党的，也有反对党的，大家来来回回地忙个不停，就像应征入伍的新兵一样履行着自己的职责，但是对各自的指挥官都信心不足。

此时，丘吉尔的处境比之前令他开心一些。他可以随心所欲地突然出现在会议上，也可以随心所欲地退场，他还可以随时站起来发言，因为他最不需要履行的职责就是促进政府的工作，他的目标只是向他的追随者展示自己的活力。6月7日，他先是在另一个俱乐部吃了晚饭，然后去下议院参加了一场长达21个小时的会议，反对党对会议进行了积极的引导。哈罗德·麦克米伦在日记中对这天晚上和一个星期后的一天晚上的情形做了精彩的描述。对于前一个夜晚，他写道："丘吉尔表现突出，令全党十分开心……"对于6月14日，他写道："他利用这些日子展示了自己的精力和活力。每一场表决他都参加了，并做了一系列十分精彩的简短发言，充分表现了自己的幽默感和讽刺的能力。最后他还要来一顿丰盛的早餐（7点30分），包括鸡蛋、火腿、香肠和咖啡，之后再喝上一大杯苏打威士忌和抽一根大雪茄，这样的战绩令很多人都感到佩服。"[mccxv]

在这场消耗战中，丘吉尔只是象征性地参加了不多的几次会议，很难说这场战斗是迫使艾德礼决定在 10 月举行大选的主要因素，但是肯定为已经感到疲惫的政府增加了很大的压力。不过，最明显的受害者还是年迈的议长，党派之间大动干戈的下议院会议很少在黎明之前结束，已经把持这个位置 9 年的议长觉得自己再也承受不了主持这种会议的压力了。冷静沉着但是毫无魅力的内政大臣詹姆士·丘特·埃德接替莫里森，出任了下议院议长，在这场消耗战中他表现得很顽强，但是脸上始终不曾露出喜色。到初夏的时候，那些影响力更大或者至少可以说能够在日记中留下个人见解的人们就已经感觉到，秋天举行大选已经势在必行。5 月 29 日，艾德礼告诉道尔顿无论如何都要等到 2 月（1952），到那个时候国王应该就去澳大利亚旅行了。[mccxvi] 首相的这种想法完全符合宪法的规定，可以说非常恪守宪法。几乎成了政府里仅存的重量级人物的盖茨克尔还不到可以领养老金的年纪，就在 6 月26 日，他与道尔顿共进午餐，后者在文章中记述："我们都是'十月党人'。他说：'一切都变得越来越艰难了。'多数党优势微弱、再加上比万一伙人，这个议会已经应付不了局面了。"[mccxvii] 正如这段话所暗示的那样，工党内部各集团之间的嫌隙与保守党的攻击起到了一样重要的作用，在导致 1950 年的议会无法继续进行任何工作——例如完成任期——的事情上，这两个条件缺一不可。

在 1951 年夏天的休会期里，曾经对查特维尔的阴雨天抱怨连连的丘吉尔去了法国东南部的小镇阿讷西，与刚刚在别处结束了一次疗养假期的妻子会合了。在阿讷西，丘吉尔的不满情绪更严重了，因此他转移到了威尼斯，在利多岛上的埃克塞西奥酒店（怡东酒店）住了两个星期。接着他又与往常一样在回国的时候取道巴黎，在英国大使馆住了两个晚上。此次造访英国大使馆与他在 20 世纪 30 年代的经历唯一的区别就是，被邀请来与他共进晚餐的是地位最重要的法国人让·莫内，第二天晚上陪他吃饭的又是担任北大西洋公约组织欧洲盟军统帅的艾森豪威尔将军，而不是乔治将军。乔治将军的身上寄托着法国军队的希望，唯一与丘吉尔共进了午餐的正是这位将军。丘吉尔及时地回到了国内，收到了艾德礼于 9 月 20 日写给他的信，后者提前在信里简明扼要地告诉他，自己将宣布大选定在 10 月 25 日举行。

这将是丘吉尔的最后一次机会了，如果他还想重新体验担任要职的刺激的话。但是没有迹象显示丘吉尔因此在竞选活动中表现得十分狂热，毕竟这是他参加的第14 次大选，也是第 17 次为了争取议会席位参加的竞赛（其中 3 次为补选）。或许，在这一年里他远比前一年（1950）更强烈地感到托利党内部的隔阂一定会消失。事实上，这场大选的结果丝毫不难想象。舆论但凡出现一点摇摆，选举结果都不会如此容易被预测出。丘吉尔的表现显示出他对这种情况有所了解，在选举前的那个春天，他已经不辞辛苦地说服保守党和自由党结成盟友。他准确地判断出在1950年里自由党得到的很多选票在1951年都会无人问津，而决定选举结果的很有可能正是这部分选票。出于对个人利益的准确判断和老年人的怀旧心理，丘吉尔急于向维奥莱特·博纳姆·卡特示好。3月25日，他心满意足地给妻子写了一封信："我已经在科恩谷［西约克郡］与维奥莱特重修旧好了，不过保守党协会（秘密会议）的投票结果非常接近，33：26。"mccxviii

问题在于科恩谷选区当地的托利党人是否会撤回他们原定的候选人，让维奥莱特女士与在任的工党议员威廉·格伦维尔·豪尔进行一场一对一的竞争。豪尔是议会工党（工党在议会里的党团，由全体工党议员组成）主席，在1950年轻松当选，但是得票数略低于保守党和自由党候选人的合计票数。丘吉尔在信中笃定地补充道："我觉得只要她去了那里，针对社会党人发表一下精彩的讲话，就万无一失了。"mccxix 丘吉尔的预测合情合理，维奥莱特的口才再加上他的支持（包括竞选活动高峰期他与她一起在哈德斯菲尔德的一场会议上发表了讲话）使以前保守党和自由党得到的全部选票的95%流入了同一个阵营。但是选票的数量还是不够多。豪尔以超出2189票的优势保住了自己的席位。不过，在前往科恩谷的几天后，丘吉尔收到了一封鼓舞人心的感谢信。"山谷依然因为你的光临而熠熠生辉。"mccxx 维奥莱特在信中写道，她的措辞显示出她对文字的驾驭能力与她的口才一样出色。在其他选区，丘吉尔的参与让曾经属于自由党的一部分选票也转向了保守党，在这些选区，这部分选票起到了更有决定性的作用。与前一年的大选相比，1951年的大选具有一个显著的特征，自由党人的总得票数减少了190万（在一定程度上是由于候选人数量减少），保守党的票数增加了130万，工党的票数仅增加了70万。"被剥夺了选举权"的自由党人四分五裂，但是分裂出的各个部分力量并不均匀，影响选举结果的很大一部分关键因素就在于此。

10月2日，丘吉尔在利物浦开始了自己的竞选活动，此时距离投票日还有23天。两个星期后，他在纽卡斯尔的一家拳击馆里做了一场讲话。又过了一个星期，他在普利茅斯的一座足球场又发表了一场讲话。与这两座城市一样，他在利物浦发表讲话的场所也不是通常的大礼堂或者音乐厅，而是一座赛犬场。这种举动至少能够说明保守党人相信自己有能力为他们的领袖吸引到足够多的听众。丘吉尔还在格拉斯哥的圣安德鲁音乐厅发表过一场讲话，在自己的选区伍德福德，出于必要原因，他在规模小很多的大礼堂里发表了3次讲话。在第一场讲话中，他巧妙地驳斥了对他是一名战争贩子的指责。当时刚刚当选为伊朗首相的穆罕默德·摩萨台博士决定接管英伊石油公司（原先名为英国波斯石油公司，后来又更名为英国石油）在阿巴丹的炼油厂，强令炼油厂的雇员在一个星期内离境，莫里森与艾德礼都对摩萨台的决定做出了回应，但是丘吉尔主张英国应当做出更坚决的反应，在一定程度上，正是由于这件事情令他得到了战争贩子的名声。英国于 9 月 17 日公布了摩萨台的举措，波斯湾问题横亘在英国选举活动中，但是没有占据主要位置。比起坐落在波斯湾的炼油厂，所谓的丘吉尔在制造战争的罪名在竞选场里被提到的次数更多。在埃塞克斯郡的小镇劳顿，他对这种说法做出了驳斥：

> 《每日镜报》在那天杜撰了一种说法，[它]支持的社会党就用上了这种说法。"你希望谁的手指扣动扳机，艾德礼的，还是丘吉尔的？"他们问道。我确信我们不希望任何人的手指扣动任何扳机。我们尤其不希望的是一根乱摸一气的蠢笨的手指。
>
> 我不相信第三次世界大战是不可避免的。我甚至认为爆发战争的可能性现在要低于美国进行大规模重整军备之前。但是无论如何我现在必须告诉你们，扣动第三次世界大战扳机的绝对不会是英国人的手指。这根手指或许是俄国人的，或许是美国人的，也有可能是联合国组织的，但绝不可能是英国人的。我们肯定会被卷入苏维埃帝国和自由世界之间的争斗，但是发动以及何时发动这场可怕战争的决定权不在我们手里。我们在全世界的影响力已经不复从前了。实际上，我想见得到……[mccxxi]

在投票日当天这个问题又浮出了水面，《镜报》在头版刊登了一张丘吉尔的剪影，剪影还配上了一根粗壮的雪茄，以防读者需要更多的特征才能认出丘吉尔的形象，图片下方配发了一条对读者来说耳熟能详的标题，"谁的手指扣住了扳机？"丘吉尔提起了诉讼，最后《镜报》卑躬屈膝地向他道了歉，但是这已经是选举结束之后的事情了。

丘吉尔于 10 月 8 日发表的广播讲话比任何一次现场讲话都更重要。在这次广播讲话中他表现得很稳健，争取到了不少选票，这场讲话几乎与他在 1945 年的那场广播讲话截然相反。针对二战后英国大选的情况做过许多权威调查的戴维·巴特勒在次年发表了自己的第一份大选调查报告，他在报告中写道："丘吉尔先生的这场讲话克制、充满活力、清晰、技巧娴熟，这是保守党在此次大选最精彩的一次广播讲话，或许也是所有党派中最精彩的一次广播讲话。许多人都认为这场讲话是他个人自开战以来最上乘的一次表现。"[mccxxii]丘吉尔在阐述不具有党派性的要求时带有一定的倾向性，无视作为反对党的保守党在之前 6 个月里的表现体现出多么鲜明的党派性，不过他阐述得很巧妙：

> 在过去的两年里，由于党派斗争我们遭受了很大的损失，这种党派斗争原本只属于竞选时期。我们不能再这样下去了，两台党派机器在议会里对彼此穷追猛打，在全国各地相互碾压……即使全世界风平浪静、无声无息，即使我们靠自己的力量就能保证国家的安全，即使我们比以往任何时候都更加独立，对于这样的斗争我们也承受不了多久了……如果继续用激烈的党派或者阶级斗争消耗我们的力量，那我们就将对我们自己的生活造成危害。我们需要一个不会试图给其他所有人不断灌输执政党信条的政府，为我们提供几年可靠、稳定的领导。

接着，丘吉尔用自己在 40 年前以自由党人身份推行的社会改革做比喻，断言他的观点与"社会党人的观点"的本质区别就是，"梯子和队伍的区别。我们在建造梯子，让所有人尽力向上爬；他们则致力于组织排队，让每个人在自己的位置上干等着，直到轮到自己"。当被问及有人从梯子上摔下去的话会出现什么情况时，他答道："我们有一张很好的安全网，有全世界最优秀的社会'救护车'服务体系。"mccxxiii

这场广播讲话的要点大致如此。此外，讲话中不可避免地夹杂着大量对社会党人的无能的讥讽，在接下来的竞选活动中，丘吉尔不断地对社会党人进行嘲笑。从丘吉尔个人的角度而言，这一年的竞选活动不太理想。他曾专程前往两个选区发表了讲话，在科恩谷的讲话所产生的效果在前文中有所交代，另外一次是在普利茅斯的德文波特，在这个选区伦道夫一如既往地以决定性的微弱差距被打败了。即使在伍德福德，尽管丘吉尔获得了多数票，但是超过对手的票数只是比前一年多了 80 票，这个数字意味着全国范围内 1.3% 转变阵营的选票也令他略有获益。早在竞选活动开展之初，远在威尼斯的丘吉尔就得到了消息，盖洛普民意调查结果显示，保守党人强烈倾向于推选艾登而不是他担任领袖（自由党人也持有同样的观点），或许可以说，竞选活动逐渐证明这个令他反感的消息有着充分的依据。

尽管只是险胜，而且这场胜利依赖于英国离奇的选举制度，不过总体结果还是令人满意的。工党比保守党的票数多了 22.9 万张，实际上，13886559 票这个纪录在 1992 年之前是任何一个政党在任何一场选举中都不曾取得过的好成绩。在那个年代，英国的选举制度在一定程度上对保守党比较有利，在 1951 年的大选中，这种制度上的倾向性就产生了实际效果，选举结果与 1974 年的第一场选举刚好相反，在后一场选举中爱德华·希思所属的保守党获得的票数更多，但是出任首相的是来自工党的哈罗德·威尔逊。1951年和1974年的两届政府的区别在于，威尔逊只能组建一个少数党政府，[①] 而丘吉尔在1951年则以微弱优势组建了一个多数党政府，并且在领导政府的过程中运用了充分的技巧，为保守党接下来连续13年的执政奠定了基础。

在新一届议会中，丘吉尔领导的保守党占有321个席位，艾德礼的工党占有295个席位，自由党人仅有6个席位，包括议长在内的其他成分总共占有3个席位，这样的数字足够了。艾德礼于星期五的晚上递交了辞呈，丘吉尔随即走马上任，满怀热情地着手重新部署兵力、组建新的政府部门。他抓住了在选举事业上的最后一次重要机会，即使这一次只是勉强获胜。后来他还参加了两次大选，但是都没有引人注目的表现，对他而言，1951年的大选是最后一次有意义的选举。

---

① 在1974年的第一次大选中（2月），工党在议会中获得301个席位，保守党和自由党分别为297和14个席位，执政党占有的席位没有超过半数，距离多数党还差6个席位。

第四十三章　全体通过的政府

　　1951 年的丘吉尔政府在组建之初就显示出，这是一个战争年代光辉岁月的纪念堂。英国前首相本杰明·迪斯雷利创作的小说《希比尔》中有一段著名的讽刺，在这段话中，他描述了皮特如何找到新的贵族组成了上议院里的多数党，在结尾处他写道："他在伦巴底街的一条条小巷子里逮住他们，在康希尔区（金融区）的一个个会计室里将他们擒获。"[mccxxiv] 被丘吉尔招至麾下的成分更广泛，不过对于他寻找部下的方式来说，"擒获"这个词倒是十分贴切。他无法接受对方的拒绝，在听到召唤后几乎所有的人都赶回来了。

　　约翰·科尔维尔是在萨福克郡小镇纽马克特的赛马场里被找到的，他被告知他必须重新担任丘吉尔的首席私人秘书。科尔维尔的政治生涯是从外交部开始的，在基本上退出这个部门 10 年之后他又回到这个部门，工作了两年的时间（在 1947 至1949 年间担任伊丽莎白公主的私人秘书），对于在唐宁街 10 号点灯熬夜、周末加班的生活他已经没有兴趣了，他认为，这样一来自己在外交部的生涯实际上就画上了句号。事实的确如此，但是他的理由被推翻了，很快他便回到了岗位上。考虑到传统上对文职官员的人事安排原则，丘吉尔认为，科尔维尔应当与不久前艾德礼通过正常渠道任命的财政部秘书戴维·皮布拉多联合担任首席秘书。科尔维尔的回归不仅令丘吉尔在 3 年半的时间里有了一位伙伴（还包括没完没了的伯齐克牌局），而且还确保了他的第二次首相任期与前一次任期的大部分时间一样在外人的日记中留下了充分的记录。

　　在之前一段的时间里始终保持中立低调的伊斯梅将军曾参与了丘吉尔的《第二次世界大战回忆录》的写作工作、主持了由工党提名的不列颠节（1951 年的夏天）委员会的工作，他在半夜的时候被叫醒并被召至海德公园门，被迫接受了英联邦关系部大臣一职。伊斯梅无意出任大臣，对纯粹的政治工作也没有太大的兴趣。他的犹豫也同样遭到了无视，不过至少不到一年后他便逃离了这个岗位，出任了北约组织秘书长，这个职位更适合他的秉性。

哈罗德·亚历山大元帅有些幸运，也有些倒霉。在10月26至27日的时候他远在3000英里之外，自1946年起他一直在担任加拿大总督，突然被召回英国不可能不对加拿大人构成极大的冒犯。然而，丘吉尔一心想要让亚历山大出任国防大臣，他在战争期间最钟爱的将领绝对是这个职位的不二人选。因此，他亲自担任了国防大臣，直到亚历山大于1952年3月1日不情愿地回来接受了任命。亚历山大在政治领域的天分甚至低于伊斯梅，他悲哀地在这个岗位上坚持到了1954年10月，直到当年在地中海行动中与他配合作战的哈罗德·麦克米伦将他取而代之，后者有着很高的政治或者说戏剧天分。离开这个岗位令亚历山大如释重负。

还有其他一些"分封"过程比较平淡的"领主"。丘吉尔回归二战岁月的另一个表现就是，他认为组建一个职能比较模糊的中层梯队将有助于协调各部门的工作。莱瑟斯勋爵受到了召唤，他放弃了无数董事会的工作，以便管理运输、燃料和能源方面的工作；在政界一直比较活跃的伍尔顿勋爵将在粮食、农业和保守党组织方面负责同样的工作。莱瑟斯于1953年秋天进入政府，但是只有伍尔顿坚持到了最后，其间他常常会对丘吉尔长寿的职业生涯发表一番批评意见，不过轻轻松松地就从男爵被擢升为子爵、然后又成为伯爵熄灭了他的一些怒气。第三位"领主"是索尔兹伯里勋爵（已经成为第五代侯爵，在上一次与丘吉尔打交道的时候他还是克兰伯恩子爵），他负责对外事务，但是这项职务的责权范围不太明确。外交部肯定不在他的责任范围之内，外交大臣艾登从这届政府之初就是毫无争议的二号人物，在艾登自己看来，他在这个位置上已经坐得太久了（1951年是他第三次任职外交大臣）。

在所有任命中受到最大争议的一项最终流产了。丘吉尔认为应当由极其自命不凡的约翰·安德森爵士管理经济部门的工作。安德森根本不属于保守党，但是他显示出丰富的管理经验和睿智的头脑，在担任公职时他在同僚中的名号是"耶和华"。理查德·奥斯汀·巴特勒认为自己很幸运，在48岁的时候就当上了财政大臣（他的竞争对手是奥利弗·列堤顿，很多人都以为丘吉尔更倾向于后者），但是他也认为对自己的任命很糟糕。对于巴特勒来说幸运的是，安德森也有着同样的想法。安德森自命不凡，也同样极度克制，在被加封为韦弗利子爵的时候他更愿意继续担任皇家歌剧院和伦敦港务局的负责人，实际上在任何情况下他都愿意做出这样的选择。因此，政府核心成员中没有能制造出很多冲突的危险人物。

其他几项主要任命包括：哈罗德·麦克米伦出任住房及地方政府事务部大臣，托利党的一份专项宣言承诺每年将提供30万座住宅；受到轻视（丘吉尔的轻视）的

"唐纳德爵士"戴维·麦斯威尔·菲夫出任内政大臣；奥利弗·列堤顿出任殖民地事务部大臣，喜欢闹腾的他即使说在议会工作方面有些笨拙，至少他的为人十分友善；毕业于温切斯特公学的律师，乏味的加文·特恩布尔·西蒙兹出任大法官。由于没能帮助维奥莱特·博纳姆·卡特进入下议院，丘吉尔补偿性地安排她的弟弟、已经担任了上诉法院常任高级法官的西里尔·阿斯奎斯出任议长。阿斯奎斯以健康原因为主要理由拒绝了丘吉尔的好意。丘吉尔不顾克莱门汀的抗议，将自己的女婿邓肯·桑迪斯任命为供应大臣，专门负责钢铁制造国有化工作。在克莱门汀看来，丘吉尔过于明显地表现出了任人唯亲的姿态。

丘吉尔花了 4 天的时间组建起了这支带有强烈个人色彩的队伍，这几天是他在暮年阶段比较愉快的一段时光。在身为反对党的 6 年半里他极度怀念的一切现在都摆在了他的面前：无数的红色公文箱、按照他的吩咐给各位大臣打去电话的忙忙碌碌的私人秘书、与世界各地的政治家你来我往的问候信。丘吉尔大肆表演了一番。实际上，在他领导的第二届政府里始终存在着一种感觉，他一直在强求与他对话的一位位重要人物扮演好在后者看来与 20 世纪下半叶不太相称的角色，这些人包括他那位年迈的"王储"安东尼·艾登、美国总统杜鲁门以及后来的艾森豪威尔、下议院议员们、法兰西第四共和国列位形形色色的在位时间不长的总理，或许甚至还包括刚刚继位的伊丽莎白女王（在父亲去世后，她于 1952 年 2 月继位）。

回顾丘吉尔在第二届政府里的首相生涯，人们不可能意识不到他已经辉煌得不适合担任公职了。这种矛盾的说法对他的表现很贴切。他有着卓尔不群的个性，他的一举一动都有着鲜明的个性和明确的利害关系，这一点毋庸置疑。他在处理公务的过程中犯下的很多错误可以说都表现得很夸张，在二战的最后几个月里，艾德礼个人对这些错误给予了高度的关注。丘吉尔越来越不喜欢阅览文件，也不愿意亲自完成书面工作，他将应该处理这些工作的大量时间都花在了扑克牌上，几乎沉迷其中不能自拔。造成这种状况的一部分原因在于内阁会议总是成了毫无主题的漫谈会，他更倾向于将阁员们当作餐桌旁的听众（现在就餐者已经增加到了 16 人，而不是他在战争期间面对的 8 个人），而不是决策者。尤其是在执政的最后一年，由于在没有得到内阁批准的情况下一意孤行，他让自己陷入了四面楚歌的境地。

在丘吉尔的心中有一个问题日渐占据了主导地位，这就是如何防止世界免于因为人类用氢弹自相残杀而最终被毁灭的命运。除了这个问题，尽量延长在职时间对他来说变得比任何一项政策都更重要了。在他的政治年度中，最主要的大事件就是有几次他面向内阁或者美国人民、在保守党会议上或者在下议院里竭力显示自己有能力继续执掌大权。他始终保持着精心准备讲稿的习惯，也的确发表了几次兼具智慧和远见的讲话，但是最重要的并不是他说了些什么，而是他依然有能力站起来，依然中气十足，能够从头至尾完成讲话。

尽管如此，他的同僚还是经常希望他能退居二线。对于丘吉尔的拖延战术来说，幸好他的同僚们没有全都对他失去耐心。而他的"继承人"，从个人利益出发最有可能失去耐心的艾登，在他执政中期的很长一段时间里，至少身体与他一样羸弱。在 1951 年的秋天，谁都没有想过丘吉尔会稳坐首相位置长达将近 3 年半的时间，大概连丘吉尔本人都没有考虑过这种可能性。当时外界对这个时限的估计是 1 年，至多两年。在 1952、1953 和 1954 年里，丘吉尔采取了有史以来最杰出的拖延行动，他的行为不禁令人想起在二战期间他将开辟第二战场的事情一直拖延到了 1944 年，从而避免了英美联军遭受不必要的屠戮。丘吉尔每次威胁说有必要推迟自己的退休时间都会激起强烈的抗议，但是倘若他在 1941 年的夏天便公布推迟开辟第二战场的打算，那么斯大林肯定会表示更强烈的抗议。丘吉尔对艾登也采用了同样的战术手段，只是他对这些战术做了必要的修改。他在 1951 年宣布自己将在 1955 年继续出任首相，这种表态原本显然会让他的继承人感到无法容忍，大部分阁员也都应该产生同样的感觉。慢慢地，这个决定得到了认可，或者说至少成了不可避免的事实。

相比 1951 年里外界对丘吉尔的预计，到了这个时候令丘吉尔更加难以继续掌权的是他自己的身体状况，相比之下外部环境反而对他比较有利。1953 年 6 月底，丘吉尔重度脑卒中；在当年 4 月 12 日，艾登接受了一场常规的腹部手术，结果手术失败了。艾登的手术抵消了脑卒中带给丘吉尔的不利条件。艾登在 4 月 29 日又接受了一场风险比较高的矫正手术，术后一段时间他一直无法参加工作。到了 6 月 9 日他又在波士顿接受了第三次手术，这次手术比他在英国接受的两次手术成功，为他延长了 24 年的生命，但是他的身体始终没能痊愈。由于第一次手术的失误，他常常出现胆道阻塞的情况，并伴生发热症状，这种状况对他在担任首相期间的表现造成了损害。除此以外，第一场失败的手术还导致他直到 1953 年的秋天才暂时恢复了体力，能够继任首相。

在第二届任期内丘吉尔最核心的成绩就是 4 次跨大西洋的正式出访。对于 1952 年 1 月的国事访问，他的主要目的是同杜鲁门会晤，不过他还对美国国会发表了第三次讲话（第一次是 1941 年圣诞节的次日，第二次是在 1943 年 5 月），并抽空到访了渥太华。第二次访问是在整整一年后，他同已经当选但是尚未就任的艾森豪威尔在纽约做了一次长谈，并且在华盛顿的英国大使馆设宴款待了杜鲁门，随后他便前往牙买加度假去了。第三次访问是在 1953 年 12 月，此行的目的是参加迟迟没能召开的百慕大三边会议，由于他在前一年的夏天脑卒中发作，这场会议才被拖延到了这时。之所以存在第三方，是因为法国也加入了会议（英国首相丘吉尔、美国总统艾森豪威尔、法国总理约瑟夫·拉尼埃）。丘吉尔的第四次也是最后一次跨洋访问（在职期间的最后一次）是在 1954 年 6 月末至 7 月初，在这次出访期间他在白宫住了 3 天，并且再次绕道访问了渥太华。

4 次出访，8 次跨越大西洋，其中 4 次他选择了飞机，另外 4 次乘船出行，3 次乘坐的是"玛丽女王"号邮轮，另外一次是"伊丽莎白女王"号邮轮。丘纳德轮船公司巨型邮轮的辉煌岁月已经进入了尾声，公司原先的贵宾们纷纷开始选择飞机跨越大西洋了。邮轮的没落期刚好与丘吉尔大权衰落期保持了同步，2 艘"女王"号与丘吉尔性格中可以被称为"沃兰达烤肉餐厅"的一面很相称。*丘纳德邮轮上的豪华大餐如同透过沃兰达餐厅的窗户看得到的海景一样丰富。丘吉尔对大餐和海景同样喜爱，以至于他在查特维尔的餐厅就受到了"沃兰达"的不少启发，只不过山谷里的旷野取代了海洋。

丘吉尔这 4 次出访的价值在于，他深信英美两国毫不动摇地保持团结是维护和平和自由的唯一基础，但是与这个信念形成巨大反差的是，他痛苦地怀疑美国政府没有多少能力履行他浪漫地为其构想的神圣职责，尤其是艾森豪威尔与杜勒斯从杜鲁门与艾奇逊的手中接过这项任务之后。丘吉尔试图调和这两种有些水火不容的矛盾想法，这种渴望对他在第二届政府里面对大部分外交政策和提议的态度产生了至关重要的影响。

丘吉尔对艾森豪威尔所做的带有敌意但是谨小慎微的评价引人注目。在二战期间，他们两个人自始至终保持着良好的合作，对于艾森豪威尔于 1951 年 4 月被任命为北约组织最高指挥官一事，丘吉尔表示热烈欢迎。他欣赏作为一名具有政治能力的军事将领艾森豪威尔，但是对投身政界的将军他提出了大量的批评意见。即使在艾森豪威尔尚未进入政界的时候，在丘吉尔看来他也显得过于冷漠，他那著名的笑容几乎只是浮于表面而已。丘吉尔有时候会表现得冷酷无情，但是绝对不是一个冷漠的人。对于 1952 年的美国总统选举，丘吉尔更支持国际经验远比塔夫脱丰富的艾森豪威尔成为候选人，但是他肯定不支持这位将军所代表的共和党。就在大选后的第一个星期日，他对科尔维尔说："我只跟你说一说，不要外传。现在我的心里

---

* "女王"号邮轮上的沃兰达烤肉餐厅比较特殊，位于船体上部，视野开阔，收费稍微高一些，被认为比常规的头等舱餐厅更时髦雅致。

很烦。我觉得这样会大大增强战争的可能性。"mccxxv8 个月后，他又用更加明确的政治语言对科尔维尔表达了同样的想法，后者在 7 月 24 日（1953）的日记中写道："对艾森豪威尔非常失望，他认为此人不中用、愚蠢。对上一次总统大选中民主党没能回归深感遗憾。"mccxxvi 令丘吉尔感到苦恼的一部分原因就在于，美国的新任国务卿约翰·福斯特·杜勒斯，不过他所担忧的绝不仅仅这一个因素。1 月 7 日（1953），丘吉尔与艾森豪威尔和杜勒斯在伯纳德·巴鲁克的纽约寓所里共进了一次晚餐，后者曾是威尔逊和罗斯福担任总统期间的经济顾问。此次会面的目标在于促进英国同即将走马上任的新一届美国政府之间亲切、友好的交往。晚宴结束后，就在上床准备休息的时候，丘吉尔"针对共和党尤其是杜勒斯说了一些很难听的话，克里斯托弗［索姆斯］和我［科尔维尔］都觉得他的这些话不够公道而且危险。他说自己跟'长了好大一张四方脸'的杜勒斯再也没有什么瓜葛了，他对这个人又讨厌，又不信任"。mccxxvii 出于好意策划的晚宴太容易出问题了。

在这个阶段，即使丘吉尔与艾森豪威尔相处愉快，他们的交往中也会带有一种奇怪的竞争气氛。就在丘吉尔此次出访纽约期间，两位领导人还单独举行了一次会晤，科尔维尔在日记中写道："首相告诉我……他觉得这一次完全凌驾于艾克（艾森豪威尔的昵称）之上，面对他的高龄和经验，后者对他似乎毕恭毕敬。"mccxxviii 这样的评价看起来不自信得匪夷所思。诚然，丘吉尔的确有些留恋过去的辉煌，但是在这个阶段他已经凌驾于全世界之上了。* 他曾经常常向罗斯福发出求助的信号，不过他们两个人始终保持着谨慎而轻松的交往；作为晚辈的杜鲁门对他表现出的敬意令他感到欣喜，不过在 3 位美国总统中，他最尊敬的大概还是杜鲁门。

除了艾森豪威尔性格冷漠甚至思想浅薄的问题，导致丘吉尔与这位总统交恶的本质原因还在于，艾森豪威尔无法与丘吉尔一样想见氢弹带来的恐怖威胁。1953 年 12 月 6 日，在百慕大会议将近结束的时候这种分歧得到了最清楚的体现。当时科尔维尔被派去给美国总统送一封丘吉尔的信，他在日记中写道："他［艾森豪威尔］说了一些不值一提的事情。事实上，丘吉尔将核武器视作一种全新的恐怖武器，而他只将其视作军事武器取得的最新发展而已，他表示常规武器与核武器之间实际上不存在太大的区别，所有武器迟早都会变成常规武器。"mccxxix

---

* 尼古拉斯·索姆斯是索姆斯夫妇的长子，因此自幼生活在查特维尔庄园，他曾告诉过我一件十分吸引人的事情。在 6 岁左右的时候（大约在 1955 年），他突破了一贯把守在丘吉尔工作间门口的贴身男仆兼守卫的封锁，进了房间，对丘吉尔说："爷爷，你真的是全世界最伟大的人吗？"丘吉尔说："没错。好了，滚蛋吧！"

他们二人之间的分歧是一道巨大的鸿沟。丘吉尔相信相互使用氢弹其实就意味着人类的灭亡；远远不如丘吉尔有远见的艾森豪威尔则认为，这只是跨过莱茵河之类的军事行动的升级版本而已。丘吉尔同时还坚信除非美国进行威慑、华盛顿方面也做出愿意与苏联方面进行严肃对话的表示（丘吉尔试图开辟出这样的一条勇敢的、需要奉献精神的道路），否则西方世界就无法与苏联人进行理智的对话。此外，他也没有得到英国内阁的支持，艾登以及其他几位阁员（其中最突出的就是索尔兹伯里）都认为他过于强调各国首脑进行会谈的愿望，这种态度始终是丘吉尔的一个弱点，同时又过于轻视与美国继续保持密切交往的问题。具有讽刺意味的是，尽管对艾森豪威尔感到恼火，丘吉尔始终维护着英美两国的交往，而艾登在执政的 18 个月里却导致两个国家的疏远程度达到了自 1940 年之后的最高点，给麦克米伦留下了修复两国关系的重任。

在国内战线上，丘吉尔政府的第一年进展十分顺利。许多即将就任的政府大臣也十分夸张地强调，前一届政府在财政预算和对外贸易方面遗留下了怎样一个烂摊子。在他走马上任两个星期后伦敦市长举办的宴会上，丘吉尔告诉大家，自己接过的是"各种承诺、各种资源的短缺造成的一团乱麻，我还从未见过如此混乱的局面"。[*] [mccxxx] 将错误归咎于前任的好处就在于，可以为新一届政府尤其是财政大臣创造回旋的余地。在公共事业的开支问题上，他加大了对铺张浪费的同僚们的威胁，他还可以将令人不甚满意的利率和预算措施都统统归咎于上一届政府。

巴特勒从 1939 年就自然而然地开始采取行动了，在 12 月和次年 3 月他先后将中央银行利率从 2% 提高到 2.5% 和 4%。巴特勒在这一年的预算中将粮食补贴金额削减了 1.6 亿英镑，促使伍尔顿勋爵以辞职相威胁，因为这种做法与他在竞选广播讲话中所做的承诺有抵牾。伍尔顿讨厌巴特勒，而且认为自己在涉及粮食的所有问题上拥有唯一的发言权。丘吉尔在一封非常精彩的信中拒绝了伍尔顿辞职的请求："就因为那些将英国陷于经济和财政的致命危险中的人在辩论中恶意提出的一些论点，你就动了辞职的念头，求求你忘了这回事吧。" [mccxxxi]

---

[*]　哈里·克鲁克香克曾经用更为形象的语言表达过十分类似的观点。丘吉尔出人意料地任命克鲁克香克为下议院领袖及卫生大臣，在当年 11 月，下议院就国王致辞展开的辩论中克鲁克香克说道："我们本来还指望着能发现一些秘密，结果所有的秘密始终都摆在光天化日之下，就如同大吊灯一样挂在白厅的天花板上。"［《议会议事录（第五册）》，第 493 卷，第 936—944 列］。罕见的是，这个具有高度党派性的玩笑话竟然触动了整个下议院。对于克鲁克香克的性格来说，这种表现更为罕见。对于克鲁克香克因为自己受到过度提拔的事情而表达的谢意，那些想要将丘吉尔赶下台的人经常会对其加以利用。

一时间英国民众对"辩论中的一些论点"给予了更多的关注，在当年 5 月举行的地方政府选举中，保守党人的表现非常可悲。不过，无论神经坚强还是脆弱，政客们大多都对地方议员中损兵折将的情况有着很好的承受能力。此时英国的经济状况也开始对巴特勒针对经济问题实施的小手术做出了全面的反应，这位外科大夫的名望也相应地得到了提高。事实上，政府对英国经济状况的初步诊断有些危言耸听，财政部曾宣称："经济系统大出血和崩溃现象的严重程度超过了 1931 年预见到的情况。"[mccxxxii] 正是在这样的背景下，丘吉尔在政府成立后的第一次内阁会议上宣布，在重整军备期间，大臣们的薪俸将从 5000 英镑减少到 4000 英镑，他自己也被从 1 万英镑削减到了 7000 英镑。这种做法只是政客们做做姿态而已，大臣们都很富有，完全能够不动声色地接受这种举措。丘吉尔还接受了财政部的提议，在一年内将英国公民的海外旅游补贴从 100 英镑削减到 50 英镑，3 个月后又继续削减到 25 英镑。这项举措更露骨，但是产生了更大的实际价值。如果翻一翻自己为丘吉尔在马拉喀什的马蒙尼亚酒店或者蒙特卡洛的巴黎酒店支付的账单，亨利·卢斯必然会对削减旅游补贴的政策露出同情和怀疑的笑容。

英国在 1951 年秋天恶化的经济系统实际上具有几乎可以自我治愈的因素。在朝鲜战争爆发后，驱动美国大规模重整军备的力量已经导致世界商品价格出现了大幅度的膨胀，造成贸易比率*出现了对英国十分不利的变化，给英国造成了在那个年代看起来非常可观的对外贸易赤字，大约每年 7 亿英镑。这种状况对财政预算造成了直接影响，在一定程度上也加大了通货膨胀，而英国在 1950 至 1951 年里开展的并且得到了丘吉尔强烈支持的重整军备工作进一步加剧了这种影响。与此同时，在世界范围内极大繁荣的商品市场开始自行校正了。只要贸易比率方面出现重大改善，政府就会收获一笔巨大的意外之财。

结果，当年秋天，最令英国人担心的外汇储备大出血的状况到了次年春天就开始逆转，到了 1952 年的年底更是回落到仅比财政部当初预测的水平的一半稍微高一些。这种状况在政府里引起了一场同经济问题有些不相干的大规模辩论，这场辩论

---

* 贸易比率，也称为进出口比价指数或贸易条件指数，在经济学和国际贸易领域表示一个国家每出口一个单位商品可以获得单位进口商品的数量，也就是这个国家的出口商品相对于进口商品的相对价格。如果出口物品价格上升，进口物品价格下降（或上升速度较出口物品价格慢），则贸易比率增加，也就是说出口同样多的商品可以交换到更多的进口货物，贸易对本国有利；反之，出口货物的单位价格下降，进口货物价格上升（或下降速度较出口物品价格慢），则出口同样多的商品只能交换到更少的进口货物，贸易处于不利的地位。

几乎可以说是一个完全处于保密状态的英国政府内部出现的最后一场大规模辩论。对英镑的发展前景过于悲观的巴特勒接受了英格兰银行的计划，实现英镑汇率的自由浮动、限制逐渐增加的英镑结存，但同时允许正在流通的英镑实现自由兑换，将外汇储备承受压力转嫁到汇率上。这套方案被称为"机器人"计划（Robot）。巴特勒想要将这项计划当作自己将于3月初发布的预算方案中最引人注目的一项重要内容。令人感到奇怪的是，这份预算方案面临的处境几乎与丘吉尔在1925年发布预算报告时的经历截然相反。当年，在财政部官方意见的支持下，英格兰银行希望英镑回归金本位制并且保持一个比较高的固定汇率。一开始丘吉尔对这项方案表示抵制，但是最终他的意见还是被压倒了，后来他认为这个决定是他担任财政大臣期间犯下的最严重的错误。而1951年的这位财政大臣在仅仅得到财政部一半官员以及差不多也只占半数的内阁阁员的支持下，试图推进对银行进行改革。2月整整一个月里，政府内部开展了一场喧闹、漫长的战斗。丘吉尔一开始对巴特勒的想法表示支持，他对"解放英镑"的构想有着本能的好感，不过他几乎完全置身事外。2月6日，乔治六世与世长辞，伊丽莎白二世即位，新旧君主交接的事情令丘吉尔基本上无力分心，而且他也没有因为将近30年前担任了4年半财政大臣的经历，便自欺欺人地以为自己对神秘难解的货币问题有着特殊的发言权。然而，后来才插手此事的艾登对巴特勒的这项计划给予了致命的一击。发布预算报告的时候必须删除这项计划。很难说这个结果究竟是巴特勒的不幸，还是幸运。对于今天的社会而言，浮动汇率和英镑完全实现自由兑换都属于普通常识，但是对于在1952年管理英国经济的那些长期待在地下拉煤的"小马"看来，这些常识都散发着危险刺目的光芒。

这场旷日持久、剑拔弩张的争执对外始终处于保密状态，这充分体现了丘吉尔政府和白厅的保守当权派的执政能力，这一点无可争辩。*当时休·盖茨克尔在影子内阁里担任财政大臣，退出财政部仅仅6个月，他在议会里有两三位关系最密切的合作者，我就是其中的一位。我对围绕着"机器人计划"产生的争执一无所知，但是我相信盖茨克尔对此也知之甚少。今天，这样的争执在24小时内就能从唐宁街传到白厅，从泰晤士堤岸区传到老金融区针线大街上的一间间"会计室"，直至沃平区的一家家报社，然后再传回威斯敏斯特。

巴特勒执掌财政部前进方向的手与英国经济恢复的步伐一样稳健（即使有时候

他会遭到否决），这种状况也同样强化了丘吉尔的希望。在新一届议会成立后发表的首次议会讲话中，他表示希望为国家带来"几年平静安稳的管理"。在国内事务方面，丘吉尔的第二届政府基本上实现了这一点。这届政府缓和了理查德·克里普斯领导时期保守党与工党形成的相互怨恨的情绪，同时又没有造成艾德礼政府完成的大部分工作出现倒退的情况。前文已经说明了这届政府在私有化方面的作为多么有限，同样没有受到太大触及的还有国家医疗服务体系和其他主要社会保障措施。在宪法改革方面，没有迹象显示这届政府推翻了1949年通过的新《议会法》（老《议会法》是1911年通过的）中的规定，这部新法案将上议院对下议院通过的议案的拖延期由2年改为1年，从而使上议院丧失了否决下议院财政议案和其他议案的绝对权力。丘吉尔亲口承诺将在下议院里恢复12个大学席位，最终他还是更愿意违背这个诺言，早在很多年前就已经公开表示过食言是一种有益的做法，而不是如此公开地卷入歪曲原本简单明了的民主基础的丑闻中。

这些谨小慎微的举措都旨在增强市场的自由化程度、摆脱"社会主义者"的控制，丘吉尔政府巧妙地完成了这些工作。在其余方面推行的有限的改革只相当于驱散了一层薄雾而已。之前隐约存在的供应短缺问题似乎已经濒临危险的边缘，但是丘吉尔政府吹起的一股风让人们见到了阳光，并且发现短缺状况实际上并不危急。这种施政方法基本上与20世纪50年代初期全国上上下下的情绪保持着一致。反革命和回归内维尔·张伯伦时代的英国这两种主张都没有得到太多的支持，要求消除上一届政府存在的缺陷以及偶尔宣扬的阶级教条的呼声得到的支持稍微多一些。

这些就是第二届丘吉尔政府的作为，这些表现显示出他对当时的局势有着卓越政治家的理解：在整个国家几乎一分为二的情况下，暂时略占上风的一方不应当在两支主力军之间制造太多矛盾。丘吉尔尤其坚决反对保守党与工会发生正面冲突，当时的工会是一支领导层比较负责的大军。可以说，在时隔哈罗德·威尔逊一次次用"啤酒加三明治"的方式与劳工联合会议的领导人举行深夜谈判很久之后，丘吉尔对工人提出并得到工会支持的工资要求过于温和了。任命善于调解矛盾的沃尔特·蒙克顿为劳工大臣意味着政府可以做出一切让步，也将对一切争执做出仲裁，同时也将播撒下导致大幅度通货膨胀的种子。

面对这样的形势，由保守党或工党的其他人出任首相是否会做出更出色的表现？这一点值得怀疑。比较确定的是，第二届丘吉尔政府的不作为表现没能为战后英国的经济注入新的活力。但是在20世纪50年代，英国始终保证了充分就业，避免了一切经济灾难（当时的发达国家都是如此），朝着普及面相当广泛的小康生活迈进着，最后这项成果使得哈罗德·麦克米伦在20世纪50年代末获得了一份不同寻常的奖励——一党连续 3 次在大选中获得胜利。有观点认为，第二届丘吉尔政府在历史上第一次将包括冰箱、电视机、洗衣机、吸尘器和小轿车在内的许多基本日用消费品送进了千家万户，从而为保守党连续 3 次获选奠定了基础。不过，这种变化经过了一个比较长的过程，并非一蹴而就的成果。在 20 世纪 50 年代初期，英国依然是全世界第二富裕的大国，瑞典、瑞士、加拿大、澳大利亚和新西兰这些排在美国后面的国家都不如英国在国际上那么举足轻重。法国与德国都被远远甩在后面，不过很快这两个国家就赶了上来，比荷卢经济联盟也是如此，后来意大利也追了上来。在丘吉尔第二次任职首相的中期，根据某种可信度比较高的评判体系，莱斯特被列为全欧洲平均家庭收入最高的城市。（当时，由于针织品制造业的需求，莱斯特的劳动女性人口所占的比例也高得不同寻常，这是它出人意料地胜过其他英国城市的原因。）20 年后，无论是莱斯特，还是其他有能力与其相比肩的英国城市都没能进入这个排行榜的前 100 名。除了其他成果，第二届丘吉尔政府还在一定程度上将英国经济从工党的枷锁中解放了出来，从而使得国民产出获得了无限制的发展。

需要再次说明的是，经过一番比较之后，人们或许还是会勉强做出这届政府无过错的判断，或者说至少对它的功过是非难以下定论。如果说英国人民对政府在 1951 年之后取得的成绩感到失望的话，那么至少这样的失望与 1964 年之后、1970 年之后、1979 年之后一段时间里英国民众对政府的不满在程度上是一样的。造成民众失望的因素更有可能是，在以反对党的身份完成了对欧洲的使命之后，丘吉尔再一次执掌了大权，这个因素与民众对这届政府的政绩的不满并非毫无联系。欧洲煤钢共同体在没有英国参加的情况下继续发展着，英国的新政府根本无意扭转艾德礼政府在 1950 年做出的不插手此事的决定，而当时丘吉尔与保守党里其他一些重要人物都强烈批评过这项决定。到了 1951 年的秋天，争议的焦点转移到了提出建立欧洲防务共同体的"普利文计划"上。两度出任法兰西第四共和国总理的勒内·普利文提出的这项计划，旨在调和北约组织对德国加入该组织的迫切需要和法国对纳粹国防军死而复生的担心，在推进欧洲一体化这个总体目标的框架下，"普利文计划"实现了既定的目标。这项计划也需要美国的有力支持。这项计划还催生出一支由多国部队组成的欧洲部队。

工党政府在夏末的时候曾宣布，大不列颠联合王国将成为欧洲防务共同体的合作伙伴，但是不会完全加入该组织，后来英国又屡次采用过这种典型的立场，只是每一次都略有改动而已。丘吉尔非但没有改变这种立场，而且几乎在无意识的情况下对这种立场做出了认可，他在 12 月 6 日（1951）下议院就防务问题举行的辩论中表示："我们不建议将英国的军队也并入欧洲部队，但是我们已经与后者建立了联系。"mccxxxiii 在同艾登出访巴黎后，他更加明确地表达了这种观点。12 月 19 日，他告诉内阁："联合王国政府支持创建欧洲防务共同体，尽管联合王国不可能加入该共同体，但是准备与其保持尽可能紧密的伙伴关系……"mccxxxiv 3 天后的晚上，在一期政党广播节目的讲话中，他发表了一项极其令人迷惑的声明："我们将怀着真诚的友情为统一欧洲贡献力量并与其精诚合作。"mccxxxv 就这样，在执政不到两个月的时候，第二届丘吉尔政府塑造好了自己在欧洲舞台上扮演的角色，20 世纪里接下来的每一届英国政府几乎都在继续扮演这样的角色，只有爱德华·希思政府是一个例外。

丘吉尔的实际表现远比这份声明糟糕。尽管在 1950 年 8 月的斯特拉斯堡议会上提出了一项支持"一个统一的欧洲部队"原则的决议草案，这项提议也得到了通过，但是他越来越执着于这项计划显现出的弱点，将其称为"乱七八糟的一摊烂泥"。距离竞选活动还剩几天的时候，他从威尼斯返回英国，途中在英国驻巴黎大使馆与让·莫内与保罗·雷诺共进了晚餐，席间他谈到的主要内容就是这样的保留意见。1952 年 1 月 5 日，他在波托马克河上的总统游艇上受到了款待，这是他在第二次当选首相后在美国度过的第一个夜晚。面对由杜鲁门、艾奇逊、几年后出任纽约州州长的美国船王威廉·哈里曼、国防部长罗伯特·洛维特与财政部部长约翰·斯奈德组成的这样一个显赫的东道主代表团，他滔滔不绝地描绘了一通"一支欧洲部队"的作为——或者说根本无所作为。他的这番漫画式的描述经久流传了下来，按照艾奇逊在日后的记述："他（丘吉尔）给我们描绘了一幅景象：一名一头雾水的法国军事教官吃力地操练着由几名希腊人、几名意大利人、几名德国人、几名土耳其人和几名荷兰人组成的一个排，就连最简单的指令都让所有的人一头雾水。他希望看到的是各国强大的独立部队高唱着各自的国歌，朝着保卫自由的方向迈进。谁都没有兴趣唱着'前进，北约，继续前进'。"mccxxxvi 就连非常漠视欧洲一体化事业的艾登也不得不立即向作陪的美国代表指出，丘吉尔的描述存在着很大的夸张成分。在效能方面，一体化远远低于各自为政的可能性微乎其微，如果真的存在这种可能的话。

当天晚上，丘吉尔在这个问题上的表现没有给美国人留下太深的印象，他之所以说出这样的话，或许是因为考虑到自己在 1946 至 1950 年里为欧洲事业花费的心血令他对美国感到一丝内疚。最坚定的民族主义者有时候正是生活在最靠近边界的人口；同样地，外界以为会支持某种立场的人有时候会对另一种立场进行最热烈的辩护。本质上丘吉尔对艾德礼与贝文面对欧洲时采取的立场表示默许，他的态度不可避免地令不久前刚刚被他强烈召唤到欧洲旗帜下的人们感到自己被辜负了。他的政府，甚至是他的家人也产生了同样的情绪。在内阁里，麦斯威尔·菲夫与哈罗德·麦克米伦是欧洲一体化最坚定的支持者，在内阁外的政府成员中还有戴维·埃克尔斯与邓肯·桑迪斯。丘吉尔的女婿桑迪斯一直在专门负责组织英国攀登欧洲共同体这座大山的工作，在上级严格按照"老约克公爵"①的传统命令英国下山的时候，他自然会感到惊愕和沮丧。

麦克米伦是内阁里反对政府政策、支持英国加入欧洲共同体的核心力量；从表面上看菲夫是一位资深大臣，但是他对丘吉尔几乎毫无影响力，政治手腕也不太高明。可以说麦克米伦打响了一场战斗，但是这场战斗就如同法国军队在1940年大崩溃时期实施的不多的几次鼓舞人心的军事行动一样，英勇无畏，但是毫无胜利的希望。麦克米伦在1952年2月写了一份态度鲜明的备忘录；在3月他开始考虑递交辞呈，不过这个念头并没有化为现实。后来他曾为自己在这个阶段立场不够坚定的表现做过一番辩解，他的辩解有趣而坦率。当时他在内阁里人微言轻，他在未来将获得怎样的声望取决于他是否能兑现保守党会议贸然许下的诺言，即每年建造30万套住房。在这种情况下，他自然向众所周知的部门主义这种顽疾屈服了，在同一级别的其他大臣中普遍存在着这种问题。在写于1969年的一卷回忆录中，他写道："对我来说最迫近的斗争是与财政部的战斗，因此我就需要同10号［唐宁街］结成积极的盟友，至少也要争取到外交部开恩保持中立。"ᵐᶜᶜˣˣˣᵛⁱⁱ艾登客气友好地接受麦克米伦的各种文件和抗议，这令后者感到了极大的安慰，尽管艾登对这些文件和抗议毫无作为。

此外，尽管麦克米伦在1961年积极促进英国首次申请加入欧洲共同体的行动，但是本质上他并不十分热衷于欧洲统一化的事业。他预见到英国被排除在统一的欧洲大家庭之外将给英国带来的危险；如果英国不加入这个大家庭，他也不希望欧洲实现一体化。他希望欧洲防务共同体的计划遭到失败，对建立欧洲经济共同体的初期举措他也有着十分类似的想法。因此，身为外交大臣的他没有组织一支适当的代表团参加1955年在意大利墨西拿举行的会议，正是在这次会议上诞生了建立欧洲共同体或者叫欧洲共同市场（欧洲煤钢共同体、欧洲原子能共同体和欧洲经济共同体的总称）的构想。从某种角度而言，麦克米伦的立场与丘吉尔的截然相反。在政府里，丘吉尔希望欧洲能够在英国仁慈地置身事外的前提下实现一体化；麦克米伦则认为欧洲无法实现一体化，除非英国心满意足地（哪怕有些勉强也无所谓）参与其中。

然而，促使丘吉尔在第二届政府最初几年里任由自己在欧洲事业上花费的心血付诸东流的原因关乎更大的利益。按照通常的观点，导致这种局面的主要原因在于

---

① 约克公爵这个贵族头衔通常被授给英国国王的第二个儿子，除非该头衔由一个前任君主的儿子所拥有。

安东尼·艾登。年事已高的丘吉尔为了继续执掌大权，不得不和这位不言自明的继承人联合掌管他的王国。欧洲事务被划分到了艾登的领地，在这个阶段得到外交部官方支持的他无疑对欧洲统一化问题十分漠然。他参加了 1948 年的海牙会议，但是他始终没有加入欧洲运动组织，对发生在斯特拉斯堡的一系列事情也没有多少热情。1955 年 12 月，他对外交部的一份内部报告表示欢迎，这份报告断言"联合王国不能认真考虑加入欧洲共同体"。[mccxxxviii]1952 年 1 月，艾登用略显热情的腔调重申了外交部内部报告中这项直言不讳的声明，他告诉纽约听众（哥伦比亚大学）他们深深感到自己"无法做到这种事情"。[mccxxxix]

将责任归咎于艾登还有一个简单的理由，但是这个理由并不完全可信。1952年 10 月，安东尼·蒙塔古·布朗开始以私人秘书身份接近丘吉尔，在上司逝世前的 12 年里他一直忠于职守，他曾经在文章中提到，首相告诉他"为了这个问题他同安东尼·艾登发生了无数次争执，没有一次不会引出一个紧迫重要的问题。他对这种事情已经受够了"。[mccxl] 但是在之前的几年里，丘吉尔一直认为欧洲一体化问题具有至高的地位，他自己也为这份事业投入了大量的政治资本。尤其是考虑到他知道至少有少数一部分大臣支持他，他也知道他在意的一些人——例如邓肯·桑迪斯与维奥莱特·博纳姆·卡特这两个性格截然不同的人——都对他失望至极，按理说他应该会毫不迟疑地与艾登在这个问题上争执一番，至少是在内阁里。然而，他没有这么做。在这一年的秋天，英国是否加入欧洲一体化事业的问题没有得到严肃地讨论。同安东尼·蒙塔古·布朗不同，约翰·科尔维尔当时不在丘吉尔身边，在他看来，这个问题只是不属于首相优先考虑的事情。首相的主要目标是修复与美国的"特殊关系"，他认为在艾德礼与贝文执政时期这项工作被荒废了，他的想法在一定程度上是正确的。当政府在这项工作上取得了大幅度进展后，他优先考虑的问题又变成了通过首脑会晤防止世界被氢弹毁灭。在这个问题上，华盛顿方面又有着关键性的地位，尽管丘吉尔毫不犹豫地试图将自己的想法强加给艾森豪威尔。西欧各国都没有资格参加氢弹竞赛，在这个阶段就连法国也不例外。

在第二届政府刚刚成立的时候，丘吉尔再有一个月就将年满 77 岁了。他有着不屈不挠的顽强意志，这种品格对他说是一笔宝贵的财富，但是他的健康状况已经衰退了。在丘吉尔之前，英国只有帕尔姆斯顿与格莱斯顿两位首相在他这个年纪仍然在主持工作，他们甚至不曾受惠于 20 世纪的医疗条件，在生命的这个阶段他们的健康状况都不如丘吉尔。还有其他一些领导人也曾在近似的年纪承担着类似的重任，例如联邦德国的康拉德·阿登纳、法国的戴高乐、中国的邓小平。丘吉尔的身体已经不太灵活了，也有些失聪了，他还发作了几次脑卒中，虽然情况都不太严重，但是已经发出了危险的信号，这几次脑卒中导致他的身体灵活性和听力进一步衰退了。在很多方面，他展现出的能力都令形形色色的人感到折服，但是或多或少会让人们感觉到他的态度变得"起伏不定"了，他的兴趣和腔调每天都会发生巨大的转变。更重要的是，对他深为钦佩的既有在他的权力如日中天的时候就很了解他的人，也有在他的光芒已经彻底退却的夜色中才来到他身边的人。

在所有的人里与他相识时间最长的就是克莱门汀，或许只有维奥莱特·博纳姆·卡特除外。克莱门汀认为丈夫不应当二度出任首相，但是她的一个理由是，她不希望丈夫用毫无瑕疵的声望冒险，另一个理由是，她觉得自己有责任帮助丈夫尽可能地延长寿命。她的想法与外界在这个问题上的判断是不一样的。基于对国家大局的考虑，其他人坦率地断言丘吉尔不适合担任这个职位。约翰·科尔维尔曾认为丘吉尔在某些方面的表现有所改善："战时领导工作带给他的紧张得到了缓解，现在他没有以前那么容易动怒、那么不耐烦了；如果时机掌握得恰到好处的话，其他人也比以前更容易说服他了。他的魅力和可爱的性格丝毫没有减损……"mccxli 但是在丘吉尔就任 6 个月后，他又在日记中写道："与情绪消沉的首相单独待在一起［在查特维尔］。当然，目前政府正处于低谷期，但是他消沉的时候越来越多，他的注意力也没有那么集中了。不过消沉期中间依然夹杂着灿烂闪耀的日子，这样的日子依然妙不可言，可是他已经显露出衰老的迹象了。"mccxlii 时隔 6 个月后，他再度在日记中写道："他［温斯顿］越来越疲惫了，也显得越来越衰老了。他觉得构思一篇讲话稿都是一桩费力的事情，他的思想也枯竭了。"mccxliii

在 1951 和 1952 年交接之际，丘吉尔乘坐"玛丽女王"号邮轮外出了，在他出发和回国的时候，海军元帅蒙巴顿与二战期间为他担任过 4 年私人秘书的莱斯利·罗恩分别表达过大致一样的观点。由于船锚被缠住，邮轮的启程时间被延迟了，当时蒙巴顿就在码头附近的布罗德兰兹庄园，他被召至南安普敦，在船上与丘吉尔吃了一顿饭。他曾在文章中写道："我对这位元老的印象就是他的巅峰时期已经结束了。他失聪严重，只能不停地叫别人重复说过的话。但是他还能大段大段地背出诗来。"*mccxliv 与丘吉尔一行在纽约会合的罗恩认为丘吉尔已经失去了韧性，他在日记中写道："在任何事情上，他都不再强行坚持了，也没有了不停处理各种问题的能力。"在身体方面，他走起路来"老态龙钟"。mccxlv 不过，罗恩的这些评价都经过

---

* 外界认为就是蒙巴顿这一次说了一些"在政治上纯属无稽之谈的话——他也许是通过《新政治家周刊》了解领袖的"，因此他和丘吉尔或许没有达成多少共识。（约翰·科尔维尔，《权力边缘唐宁街日记，1939—1955》，p.637）。

了丘吉尔的私人医生莫兰勋爵出于个人目的加工，为了强调自己在维持丘吉尔寿命方面的成功，莫兰总是喜欢夸大丘吉尔的虚弱程度，不过这样的加工读起来倒是引人入胜。

但是，在 1951 至 1952 年间担任丘吉尔私人秘书的大卫·亨特深深地记住了丘吉尔径直走进内阁会议厅、在晚餐结束后继续工作、一丝不苟地准备讲话稿之类的表现。亨特是艾德礼政府遗留给新政府的工作人员，在二战期间尚未与丘吉尔结识。他曾在文章中写道："有一点是可以肯定的，这些工作全都是他亲自完成的，其他的首相不会总是如此。"mccxlvi 亨特还描述了丘吉尔的一个不同寻常的品质，即使到了晚期，丘吉尔依然很善于构思出独一无二的文章，他在构思的时候喜欢有一名听众守在他的身旁，他无所顾忌地琢磨着措辞，让一连串被称为"花园女郎"的唐宁街秘书等在那里，每过一刻钟他便打发走一位秘书，以便他能够立即看到自己的思想呈现在纸上的效果。他还会叫一位资深的秘书坐在旁边，这位秘书既是在陪伴他，同时也是在监督他不要偏离部门简报太远——实际上是不要偏离事实太远。

丘吉尔还在一定程度上恢复了战争期间养成的在晚餐后继续工作的习惯，不过工作强度难以与他当年和总参谋长们举行的午夜会议相提并论，那些会议常常会持续到凌晨 2 点半。在第二次出任首相期间，丘吉尔仍旧不会早早上床休息，不过基本上都能保证在凌晨 1 点就寝。亚历山大于 1952 年的春天开始插足于丘吉尔与总参谋长之间，但是即使在此之前，总参谋长们也已经远离了丘吉尔的世界。丘吉尔的生活习惯还出现了其他一些变化。基本上他更愿意在查特维尔度过周末，而不是首相乡间别墅（这种倾向并非一成不变），在这两个地方他都根本不可能躲开人群，不过他要求不要有太多的人来打扰他的清静。有时候，在星期五的上午（甚至是星期四的晚上）他就到了查特维尔，到了星期六的晚餐之前又及时地转移到了首相乡间别墅，这种习惯给全家人都造成了极大的不便，不过他对四处走动的渴望得到了满足。此外，他还对伯齐克牌越来越着迷了。在安东尼·蒙塔古·布朗刚开始担任丘吉尔的私人秘书时，约翰·科尔维尔首先告诉了布朗在丘吉尔生病期间他应该怎么做，接着便给他讲解了一番这种深奥的纸牌游戏的规则。

在第二届丘吉尔政府组建之初，乔治六世就病逝了，丘吉尔的心中自然充满了悲伤。经过最初很短一段时间的不和，国王与首相在二战期间一直保持着密切的关系，他们对彼此都产生了超乎寻常的敬意，两个人之间交往平等、无拘无束。丘吉尔通过广播以及在下议院里为乔治六世宣读的悼词属于他最上乘的悼词；他亲手在政府敬献的花环的卡片上写下的简短题词"以彰英勇"（维多利亚十字勋章上的铭文）充满了他对国王的诚挚感情。他成为新即位的伊丽莎白女王在位期间的第一任首相，他对老国王的感情并没有妨碍他对这一成绩产生强烈的满足感。他的心里对新的伊丽莎白时代的开启和新一任君主的为人都充满了浪漫的期待。或许是因为伊丽莎白即位时年龄有些大，而且已经有了丈夫，而丘吉尔也有更多的事情要做，因此他们君臣二人没有像当年第二代墨尔本子爵威廉·兰姆与年轻的维多利亚女王那样产生纠缠不清的关系。① 当然，君主的变更给丘吉尔提供了一个绝好的理由，彻底将外界对他退休的期待推迟到女王的加冕典礼之后，按照计划这场典礼将在 16 个月后举行。

对第二届丘吉尔政府来说，1952 年的下半年和 1953 年的前几个月是一段风平浪静甚至可以说阳光灿烂的日子。外界认为他的精力和注意力总体上比前一年有所改善。苏联领导人斯大林于 3 月 5 日（1953）逝世，这使得丘吉尔成为二战期间同盟国三巨头中唯一在世的一位，并且还促使他开始考虑与苏维埃俄国建立更加有建设性的新型外交关系的可能性。4 月初，由于 3 次手术（在英国两次，在美国一次）而无法履行职责的艾登基本上在政治场合中消失了，丘吉尔认为自己不可或缺的良好感觉和继续执掌大权的渴望更是不会减弱了。1952 年 2 月，索尔兹伯里、科尔维尔与无处不在的莫兰进行了一场会谈，他们打算将丘吉尔转移到上议院，同时友好地允许他继续留任首相。1953 年 4 月，丘吉尔非但没有减轻自己的负担，反而充满热情地给自己又增加了一项负担，接管了对外交部的监管工作。

可惜，好景不长。6 月 23 日，唐宁街为杰出的意大利总理阿尔契·德·加斯贝利举行了一场最高规格的晚宴，在意大利共和国成立之初加斯贝利就出任了总理，他还是欧洲共同体的四五位缔造者中的一位。根据科尔维尔所述，晚宴结束后，丘吉尔"主要针对罗马人征服不列颠的历史发表了简短的讲话，呈现出最健康、最辉煌的状态"。[mccxlvii] 发表完讲话没过多久，他就重度脑卒中，这次比之前几次发作都要严重得多。意大利人和其他方面的宾客都赶紧悄悄地离去了。第二天，丘吉尔还设法象征性地主持了一场内阁会议，可悲的是他的状态非常委顿。随后他便去了查特维尔，在那里待了整整一个月，之后用了更长的时间才康复了。在丘吉尔发病后的第一个周末，一贯喜欢小题大做的莫兰一度认为他就要撒手人寰了。丘吉尔没有死。要不是艾登至少同样失去了工作能力，而且远在 3000 英里之外的波士顿，那么这场脑卒中就将意味着丘吉尔的第二届首相任期暂时告一段落了，甚至应该会成为整个任期的终点。

---

① 有传言称维多利亚女王曾说过兰姆如同自己的父亲一样，但是一度也有传言称女王打算嫁给比自己年长 40 岁的子爵，不过后一则传言没有得到证实。

第四十四章 "燃油将要耗尽的……飞机……"

1953 年那场脑卒中发作后丘吉尔恢复得很缓慢，但是最终他奇迹般地几乎彻底康复了。他的病症和严重程度也几乎奇迹般地始终没有被外界得知。没有他这样的求生意志和强烈的执政愿望，任何人都不可能想要在这样一场脑卒中后继续担任首相。没有身边的人精心合谋对他的病情秘而不宣，他也无法继续坐在这个位置上，即使存在艾登缺席这样的有利条件也不行。保证丘吉尔继续活跃在政坛的还有一个必要条件，这就是财政大臣及丘吉尔的"代理人"理查德·奥斯汀·巴特勒没有太大的野心，连续数月他一直在代理履行首相的职责。

在缓慢康复的这段时间里，丘吉尔的私人社交就仿佛在 X 光的照射下一样清晰地显现出一幅完整的脉络图，他希望见到谁、不希望见到谁全都一览无余。直到 6 月 25 日，星期四，下午，即脑卒中发作 38 个小时后丘吉尔才撤回了查特维尔。病情的恶化经过了一段时间，因此之前他还在考虑当天上午再主持一场内阁会议，甚至还打算在当天下午对下议院的质询做出答复。回到查特维尔之后，在星期五和星期六（6 月 26 日和 27 日）这两天他的病情发展到了最严重的程度。到了星期日，密布的阴云中终于透出了一缕阳光，最糟糕的阶段已经结束了。星期四，在驱车前往查特维尔的路上，丘吉尔嘱咐科尔维尔不要向外界透露他的虚弱程度，这不仅是因为他在担忧自己的病情，而且也表明他希望维护政府的权威，或许也包括他自己的权威。在病情最恶化的时候，他的口齿变得有些含糊，但是他的思维始终清晰连贯。他的左侧面颊耷拉了下去，他也难以准确地将雪茄送进嘴里，用尽全身的力气才能站起来，走路也只能摇摇晃晃地走上几步。

科尔维尔在查特维尔待了两个星期，克莱门汀、莫兰、索姆斯夫妇（克里斯托弗与玛丽），以及分别负责打字和听写的两名秘书（尽管这一次后者的存在意义并不大）也都时断时续地陪伴在丘吉尔的身边，不久后还多了几名护士。出于国务需要而不是陪护的需要，丘吉尔还叫来过其他一些人，这些人就如同被召至王宫前厅等着同有可能即将驾崩的国王见上一面的主教和顾问一样。其中最突出的就是巴特勒与索尔兹伯里，他们于星期六赶到查特维尔，参与科尔维尔与伊丽莎白女王的首席秘书艾伦·拉塞尔斯合谋的一个计划。按照这个计划，一旦丘吉尔面临着不得不辞职的局面——很有可能到了星期一女王就会听到这样的建议——他们就必须组建一个过渡时期的临时政府。领导这个政府的不是首相，而是索尔兹伯里勋爵，在艾登康复到可以接管工作之前，政府工作都将由他来主持。没有证据表明，巴特勒对这种有可能不符合宪法并且与丘吉尔的利益相违背的安排表示过反对。星期六，巴特勒如同秘书一样简朴地乘火车赶到了肯特郡的塞文奥克斯，但是他没有见到丘吉尔。索尔兹伯里也没有见到丘吉尔。不过他们一起参与商议了丘吉尔的保健工作，并且弱化了被专门召至查特维尔的神经科医生罗素·布莱恩和莫兰原本打算发布的病情报告。有关"大脑循环障碍"的部分被删除了，最终的报告只向外界透露了首相需要全面休息，他原定于 7 月 9 日与艾森豪威尔在百慕大的会晤被延期。在星期一（6 月 29 日）的内阁会议上，他们又一起简略地汇报了丘吉尔的病情。

6 月 25 日，在科尔维尔的敦促下，3 位（或者应该说是两位半）* 报业大亨来到查特维尔，他们也没有见到丘吉尔，但是"在草坪上走来走去，受到紧急咨询"。他们想出了一套能够堵住媒体嘴巴的善意的谎言。卡姆罗斯、比弗布鲁克和布拉肯率领其他媒体所有人在这个问题上全面保持沉默，在报纸上对丘吉尔病情的严重程度几乎始终一言未发，直到一年后，丘吉尔本人才在下议院偶尔提起了"脑卒中"这个可怕的词。这次的造访是出于公务的需要，而不是像布拉肯在星期六上午（6 月 27 日）第一次回访查特维尔那样的私人社交，这一次他给丘吉尔带来了在伦敦找得到的最灵活舒适的轮椅。布拉肯有一种对人有帮助但是并不完全值得称道的品质，伊夫林·沃在《旧地重游》（又译作"故园风雨后"）中就为雷克斯·莫特拉姆（在一定程度上原型正是布拉肯）赋予了这种性格，每当需要用到什么东西或者什么服务的时候，他都本能地知道应该上哪儿去找。

这把轮椅送得非常合适，让丘吉尔能在家里四处活动了。早在 6 月 28 日星期日，他便坐着轮椅主持了在餐厅里举行的一场社交午宴，除了家庭成员和其他护理人员，参加宴会的第一位客人就是比弗布鲁克，这几乎是必然的。布拉肯在当天晚上前来查特维尔吃了晚餐。星期一，萨拉·丘吉尔从纽约赶回来，卡姆罗斯也来了，他们都与丘吉尔一道共进了午餐。莫兰称卡姆罗斯似乎一直跟丘吉尔"没有什

---

* 布兰登·布拉肯只是《金融时报》的主席，而非所有人。

么可说的",但是他们两个人一起在草坪上坐了很久。^{mccxlviii}6月30日,彻韦尔子爵("教授")和内阁秘书诺曼·布鲁克分别参加了午餐和晚餐时的聚会。在所有曾效力于丘吉尔的高级职员中,丘吉尔大概与布鲁克的交往最轻松。他曾就很多事情征求过布鲁克的意见,其中一次就是《第二次世界大战》的第六卷是否会冒犯美国人。当时他的措辞非常有意思(仍旧根据言谈不太可信的莫兰):"要是我快咽气了,我就能想说什么就说什么了……可如果我还活着,还是首相的话,我就绝不能说出会惹怒艾克的话。"^{mccxlix}令布鲁克难以忘怀的是,晚餐结束后,丘吉尔在画室里决意在不扶轮椅的情况下站起来。他使出很大的力气,脸上都淌下汗水,最终他真的站了起来。

7月2日,哈罗德·麦克米伦被招来参加了晚餐,他看到宴会的主人"一副病恹恹的模样,但是十分开心"。^{mccl}7月4日,丘吉尔已经能在没有人帮助的情况下走上几步了,科尔维尔在当天给克莱丽莎·艾登(她与外交大臣此时仍然待在美国)写了一封信,他想通过这封信透露出一个令人安慰的消息:他们已经打消了组建临时政府的想法。他没有提到丘吉尔不会早早退休,这个消息应该会更令艾登夫妇担忧。7月5日,丘吉尔回到查特维尔的第二个星期日,蒙哥马利元帅前来参加了午餐会,并且一直待到了晚餐时。第二天,外交部常务次官威廉·斯特朗为了公务前来查特维尔与丘吉尔会面。外界对斯特朗是否留下用餐不得而知,但是如果他一直待到了晚上,那么他应该会目睹丘吉尔展示自己不曾衰退的记忆力,几乎毫无瑕疵地背诵出了美国浪漫主义诗人亨利·沃兹沃斯·朗费罗的《西西里岛的国王罗伯特》开篇50行的一幕,丘吉尔还说自己最后一次读这首诗"还是大约50年前的事情"。^{mccli}艾登远在美国,丘吉尔仍旧在名义上主管外交部,不过外交大臣的工作实际上被划分给了索尔兹伯里与塞尔文－劳埃德。7月7日,索尔兹伯里夫妇在晚上前来聚餐,侯爵夫人是第一位在丘吉尔康复期间到访的政客夫人。绰号"鲍比提"的索尔兹伯里与丘吉尔没有特殊的交情,丘吉尔总是习惯称他为"老塞勒姆"(索尔兹伯里市最早的人类定居点),并且抱怨说担任内阁阁员的时候他要么在生病,要么笨手笨脚地把工作搞得一团糟。

理查德·奥斯汀·巴特勒很早就因为公务问题拜访了丘吉尔,但是直到7月19日他才受邀参加了在查特维尔的晚宴,在此期间他一直低调地管理着政府工作。在6月29日至8月中旬,他连续主持召开了16场会议,对于一个希望"低调、稳定执政"的政府来说这个频率非常高。在这段时间里,格外引人注目的是巴特勒几乎不曾展示过自己的政治力量。7月21日,在就外交事务进行的下议院辩论中,他以"代理首相"而不是财政大臣身份发表的重要讲话就非常低调,科尔维尔对他的这场讲话做过一番评价:"讲话内容枯燥平淡,讲话风格更加枯燥平淡。"^{mcclii} 这样的表现已经预示出,10 年后他将如何白白浪费在布莱克浦举行的保守党大会上产生的机会,那是他碰到的第二次有望成为首相的机会。巴特勒在 1953 年采取的策略与哈罗德·麦克米伦在面对这种情况时应该会采取的策略截然不同,在保守党后座议员(即 1922 委员会)于 1956 年 12 月召开的一场著名会议上他采用的也是同样的策略,当时艾登的位置显然已经摇摇欲坠了。不过,在 1953 年的时候麦克米伦根本没有能力同巴特勒一争高下,这时他在内阁中的地位还比较低,而且在 7 月为了一场胆囊手术还耽误了很多时间,让已经有不少人抱病的政府又多了一位病号。

在 1953 年,除了几乎同样无法主持工作的丘吉尔与艾登,首相的唯一人选就是巴特勒。林德曼教授一向缺少政治判断力,不过他没有理由希望丘吉尔退场、巴特勒得到擢升,他认为如果财政大臣要求得到首相的头衔和职责,谁也无法拒绝这个要求。巴特勒没有提出这样的要求。刚刚 50 出头的巴特勒有可能认为自己还有足够的时间,不必着急。此外,他天生就是当行政官员的料儿。尽管巴特勒曾经支持过绥靖政策,丘吉尔还是很喜欢他,只是有时候会对他略微调侃一番。丘吉尔认为巴特勒与自己完全是两类人,后者属于国家的仆人而不是统治者,尽管毕业于其他院校,但是他几乎完全有资格当温切斯特公学的荣誉校友。

在担任财政大臣的巅峰时刻,巴特勒没能坚定不移地实现突破,在 1957 年第一次将首相的位置错失给麦克米伦后,他又在 1963 年重蹈覆辙,输给了亚历克·道格拉斯–霍姆。处在同样的条件下,其他人应该会做出截然不同的表现,例如劳合·乔治、哈罗德·麦克米伦与撒切尔夫人。巴特勒是一个失败者,他的失败令丘吉尔(在很大程度上他的目标就是长期执掌大权)从中获益,不过丘吉尔并不承认自己曾本能地将巴特勒归入失败者行列。1957 年,丘吉尔对巴特勒"恩将仇报",坚决支持麦克米伦在艾登之后继任首相,不过他的决定或许是正确的。

7 月 24 日,星期五,脑卒中 4 周半之后,丘吉尔从查特维尔转移到了首相乡间别墅。据莫兰所述,查特维尔的工作人员都扬言要罢工,除非他们能休息一段时间,玛丽·索姆斯多少证实了这种说法。丘吉尔在首相乡间别墅一直待到了 8 月 12 日,在这段时间里他基本上还是在休养身体,而不是处理政府公务。他的读物更多的是小说,而不是内阁文件,不过阅读小说表明他已经有能力对标准字体印刷的文章保持高度的注意力并理解其中的含义了。他重新拿起了安东尼·特罗洛普的政治小说,颇有见地地认为《公爵家的孩子》是这位作家最杰出的一部作品。接着他还读了夏洛蒂·勃朗特的《简·爱》、艾米莉·勃朗特的《呼啸山庄》、本杰明·迪斯雷利的政治三部曲中的《科宁斯比》,以及英译本的《老实人》(伏尔泰)。9 月,他又接着拜读了法文原版的《高老头》（巴尔扎克），与此同时他也开始忙于《第二次世界大战回忆录（第六卷）》的校对工作了。随着身体的逐步恢复，他越发对自己在回忆录中体现出的使命感感到着迷和满意，在他看来自己的使命感超过了其他作家的小说中体现出的使命感，即使最杰出的作品也无法与他的回忆录相提并论。至于不可避免的公务问题，"红箱子"里的文件都得到了约翰·科尔维尔与克里斯托弗·索姆斯的妥善处理。科尔维尔有着长期担任私人秘书的经验，索姆斯则有着长达 33 年的下议院后座议员的经历，并且与岳父建立了亲密的关系。对于他们两个人是否真的模仿了首相签名的事情众说纷纭，不过他们在行使这份临时权力的时候都比较节制，这一点不容争议。在充分了解丘吉尔的心思的前提下，他们总是努力表现出他们清楚丘吉尔在身体健康的情况下会做出怎样的选择，而不是强行按照自己的观点做出决定。

7 月 27 日，星期一，刚刚在新英格兰接受了一场手术的艾登偕夫人在首相乡间别墅与丘吉尔共进了午餐。根据科尔维尔的描述，外交大臣看上去"瘦削、虚弱……但是精神状态很不错"。[mccliii]艾登在席间没有提到继任问题，因此提高了自己在丘吉尔心目中的形象。星期三，阿德莱·史蒂文森前来参加了午餐会，史蒂文森在落选时比大多数竞选失败的美国总统候选人都更好地保存了自己的声望，对他一向颇有好感的丘吉尔为他的落选感到遗憾。次日，内政大臣麦斯威尔·菲夫偕夫人参加了午餐会，菲夫的到访表明丘吉尔开始恢复工作意识了。

在接下来的一个星期里，首相乡间别墅充满了政治会晤和家庭聚会。艾登夫妇、索尔兹伯里夫妇、索姆斯夫妇都露了面。伦道夫、萨拉以及达夫·库珀夫妇也都在星期一银行假期① 这一天赶来了。星期天，丘吉尔还乘车前往了温莎堡，这是他自发病以来第一次受到伊丽莎白女王的接见。丘吉尔推崇君主制，对刚刚加冕的女王也有着近乎崇拜的感情。鉴于这两点，在受到接见时他不可能对女王也采用他面对艾登时一贯喜欢采取的那种态度，用沉默戏弄对方。他将实情告诉了女王，除非确定自己能在 10 月 10 日的保守党大会控制住局面，然后还要面对议会，否则对于自己还能否坚持下去的问题他没有把握。

---

① 银行家日是英国的法定假日，指银行停止营业的假期。对于英国这样的老牌资本主义国家来说，银行停业意味着所有商业活动也都会停止，其他行业的就业者也就可以不用上班了。在板球盛行的年代，有许多城际间的板球比赛不是在休息日举行的，这种状况引起银行里的板球迷们的极大不满。约翰·卢布克爵士是超级板球迷，他向国会递交了设立银行假期的申请，他的申请被通过了。按照规定，如果银行假期正好是周末，那就在另外一周（一般是接下来的一周）里选一天补上假期。

大约一个星期后，伊丽莎白女王向丘吉尔与克莱门汀发出了一个充满诱惑的邀请，与她一道前去唐克斯特观看 9 月 12 日的圣烈治锦标赛（3 岁马参加的赛马会），然后再乘坐皇家专列去巴尔莫勒堡暂住两个晚上。这个邀请引发了争执。丘吉尔决定接受邀请，克莱门汀坚决反对，她的理由是丈夫的身体无法承受在赛马会上公开亮相和长途火车旅行这样的活动量。丘吉尔还是赴约了，克莱门汀也尽职尽责地陪在他的身边。丘吉尔似乎情况良好，这样的一场外出旅行非常成功，不到一个星期后，医生们就准许他前往比弗布鲁克在卡普戴尔海角的别墅了，这一次陪同他的不是克莱门汀，而是索姆斯夫妇。

8 月里，丘吉尔一直在竭尽全力恢复对政府公务的控制权，哪怕是最低程度的控制。8 月 8 日，星期六，他在首相乡间别墅召开了发病后的第一场正式会议，巴特勒、索尔兹伯里、威廉·斯特朗被召至别墅，讨论苏联对西方世界关于四国外长会晤的提议做出的答复。负责会议记录的科尔维尔在日记中提到"老头子能为所欲为"。[mccliv] 当月 18 日，丘吉尔从查特维尔（12 日他又从首相乡间别墅搬回这里）赶到内阁，主持了一场在傍晚举行的内阁会议，这是自 6 月 24 日以来他主持的第一场内阁会议。当天上午，他先是去了唐宁街，在床上享用午餐的时候他让诺曼·布鲁克向他简单汇报了政府的工作状况。这场内阁会议听上去杂乱无章，会议持续了 1 小时 40 分钟，据说丘吉尔一直保持着罕见的沉默。在一个星期后举行的另一场内阁会议上，首相的表现活跃多了。

这时，丘吉尔已经远比两个月前看上去状态好多了，但是初秋的一段时间他依然对自己的状况不太满意，玛丽·索姆斯称在两次内阁会议间歇的那段日子里，他"会出现头晕现象，而且面色阴沉"。[mcclv] 身份独一无二的简·波特尔不仅是最后一位为丘吉尔所中意的听写秘书，而且还是巴特勒的外甥女，将近 9 月底的时候她从卡普戴尔海角给舅舅写了一封信："首相一直非常消沉。他不停地考虑着是否应该放弃的问题……他正在为马盖特会议［保守党］准备讲话稿，但是他不知道自己能不能健健康康地熬到发表讲话的那一天。他在卧室的窗前画了一幅蛋彩画。"[mcclvi]

丘吉尔为何如此急切地想要通过马盖特会议向自己以及全世界证明他还能坚持下去？他的家人、同僚和健康顾问几乎一致认为他不应当这么做。他马上就要年满 79 岁了，第二次坐在首相这个位置上的时间几乎比他在上任之初强烈暗示过的时间长了一倍。即使最低程度的掌管工作都令他感到无力承担。如果不是他有着独一无二的声望，再加上贴身的工作人员全心全意地为他遮掩，他根本不可能将这份重担继续扛下去。况且，他非常喜欢在灿烂的阳光下过着奢华放松的生活，时不时地画一会儿画、整理一下书稿，为了这些事情他已经积累了一笔独特的"财富"，这就是许多令他感到宾至如归的度假别墅和住处。

继续留任具有一些补偿作用。第一个也是最明显的因素就是权力带来的好处，而且丘吉尔喜欢拥有权力的感觉。他也热爱奢华生活，但是只有在经过艰苦的考验获得巨大成就的时候，这样的生活才能最大限度地令他感到心满意足。他不喜欢等着身体康复的日子，他对这段日子的评价非常有趣，"玩得太不开心了"，^{mcclvii} 他指的是无事一身轻的 7 月。或许可以说丘吉尔是一个奢侈逸乐的人，但是根本无法想象他会是一个贪图安逸的人。他不喜欢老年阶段，他知道回避这个现实的最佳方式就是延迟彻底失去权力的时间。

丘吉尔对继任者的问题也满腹怀疑。艾登还需要几个月的恢复才有能力继承他的位置；尽管在前文引述过的那封信中简·波特尔告诉舅舅"你很受器重"，但是丘吉尔出于本能认为巴特勒并不是首相的天然人选。同时他又难以想象还会有更令人满意但是比较年轻的继任者，在伟大的政治家中间并非只有他一个人有过如此短视的表现。比这些因素更重要的是，丘吉尔深信世界正面临着被核武器毁灭的危险，他越来越坚定地认为，自己最后一次为国效力或许就是让世界避免这样的命运，这是其他人都做不到的事情。

在脑卒中发作的 6 个星期之前，他在下议院发表了一场无与伦比的讲话。在1953 年和 1954 年这两年里，他在外交事务和国防工作方面的讲话，一直有些大幅度地在激怒反对党工党和打击内阁及保守党大部分成员士气这两种基调之间来回波动。5 月 11 日，恰逢他出任首相满一天的 13 周年纪念日，他在这一天发表的讲话就完全属于后一种情况，其中最核心的一段话是：

> 我必须说清楚一点事实。尽管世界事务突然充满了不确定性、十分混乱，我依然相信几个大国应当举行一场最高水平的会议，这件事情刻不容缓。这场会议不应当讨论沉重死板的问题，也不应当被引入迷宫和丛林般的科技细节问题，目前一大群已经集结成一支庞大队伍的专家和政府官员都在积极地争论着这些问题。^{mcclviii}

18 个月后，经过足够长时间的充分考虑之后，安东尼·艾登在文章中对丘吉尔的这场讲话发表了评价，从中或许可以看出这场讲话产生的不利效果：

> 肯定很久之后才会再次出现一场能对自己的阵营造成如此严重损害的讲话。正如德·加斯贝利曾公开对温斯顿说过的那样，这样的讲话令他在大选中

遭到失败，在孤注一掷争取提高多数票的努力中遭到了失败，我想他是在意大利以外的地方说的这番话。这样的讲话还激怒过德国的阿登纳。最糟糕的是，很有可能就是这样的讲话让我们没能在法国加入欧洲防务共同体。无论如何，整整一个夏天的时间就在无休止的争执中流逝了。发表这场讲话之前，他根本没有咨询过内阁的意见……[mcclix]

在这场讲话和脑卒中发作之间的 6 个星期里，面对外交部的反对，丘吉尔没有表现出丝毫反悔的迹象。英国民众对这场讲话非常支持，在 6 月初，丘吉尔从齐聚伦敦参加伊丽莎白女王加冕典礼的英联邦各成员国的总理们那里也得到了相当积极的反馈。到了 8 月中旬，丘吉尔开始不太自信地慢慢恢复体力时，传来苏联已经升级为热核国家，在这一阶段的竞赛中它仅比美国落后了 9 个月。在这两个超级大国的武器装备中，氢弹将会取代原子弹了。发生一场战争的概率被大幅度提高了，这场战争不仅能摧毁几座城市，而且将毁灭整个人类文明。这个问题给丘吉尔造成的恐惧和焦急也大大增强了。从最低层次而言，这件事情为丘吉尔继续留任提供了新的借口；从最高层次而言，则为他赋予了自 1940 至 1941 年以来最崇高的使命感。但是，他首先必须能够在 10 月 10 日的马盖特会议上站够 50 分钟，接着还得在 20 日面对下议院的质询，作为补充，他还得在 11 月 3 日就君主致辞展开的议会辩论中发表一次全面讲话。

丘吉尔出色地克服了这些障碍，几乎可以说大获全胜。他在保守党大会上的讲话不可避免地在很多问题上都比较克制，但是提出了一个非常次要的问题（英属圭亚那）。在这场讲话中，他分别对至少 11 位政府大臣称赞了一番，这样做可以为他自己筑起一道防护线，同时这些大臣也完全理应得到这样的褒奖，但是高标准的讲话中不应该出现这种内容。丘吉尔也适度地赞扬了政府的成就。"我们当然十分努力地保证了我们的执政忠诚、清醒、灵活、节俭，我们也竭尽全力地力求自己配得上被托付给我们的令人深感不安的职责。"[mcclx] 对于一场政党会议讲话而言，这样的论调没有太明显的党派性。丘吉尔 5 次提到艾德礼，每一次他对对方的敬意都要大于怨恨情绪，他嘲笑"社会党人"时心情也比较愉快。他仍旧坚持自己在 5 月 11日的讲话中发表的观点，呼吁与俄国人进行高峰会晤（他在上一次讲话中说过"在我的政治生涯中我已经保持沉默了那么久"），但是他也毫不掩饰地说："我们还无法说服我们那些值得信赖的盟友接受我所建议的会晤形式。"就连结束语的措辞都比较低调："我要针对我个人补充一点。如果我在这个年纪暂且继续承担这副重担的话，这并不是因为我热爱权力或者官职。这两样东西我拥有得已经足够多了。我之所以继续承担重担是因为，我认为通过已经发生的事情我或许能对我最关心的事情产生一些影响，这件事情就是创造稳妥、长久的和平局面。"mcclxi

按照丘吉尔自己的标准，这样的措辞显得软弱无力，但是这场讲话完全实现了预期目标，重申了他对保守党的控制力。在两天后第一次接受议会质询的时候，丘吉尔在听取增补问题的时候有些吃力，除此以外他在下议院里表现得很自在，回答问题的措辞也很贴切。后来莫兰问过他反复站起来又坐下了一刻钟后他是否感到疲惫，他说："噢，没有，一点儿也没有，不过的确让我几乎喘不上气了。"mcclxii 这个回答没有太大的意义。丘吉尔最大的胜利是在 11 月 3 日发表的下议院讲话。这场讲话的内容包罗万象，首相在新一年会期开始时都必须做这样一场讲话，但是丘吉尔这场讲话不同寻常的地方就在于，他在结尾时谈到了世界的前景以及核弹问题。他在讲话中也表达了一丝乐观的态度："毁灭性武器让每一个人都有能力杀死其他所有人，这样一来也就没有人想杀死任何人了。在一双双充满野心的眼睛前，曾经吊着令人毛骨悚然的奖品的战争，眼下我们无疑面临着一种从一开始就令参战双方都深受极大的恐惧折磨的战争，但是无论如何，我似乎都可以相当有把握地说相比以前的时代，现在战争爆发的可能性更低一些。"mcclxiii

这场讲话得到了下议院各派的接受，不幸的是，对于这一天，工党人都没有留下日记或者说集体保持了沉默。亨利·奇普斯·钱浓的反应格外热烈，他认为很快人们就会认识到这场讲话是丘吉尔"一生中最杰出的讲话之一"。接着他继续写道："无与伦比，非常狡猾，魅力十足，充满智慧，主旨丰富，他在鸦雀无声、满怀敬畏的下议院里尽情喷吐着麦考莱式的语言。这是一场令人叹为观止的奇观。这是一场绝佳的讲话，我们再也不会看到他或者其他任何人做出这样的表现了。"* mcclxiv 哈罗德·麦克米伦以比较慎重的方式肯定了钱浓的评价："［丘吉尔］在 11 月 3 日的表现真的非常了不起……他远比在马盖特时更自信。实际上他完全控制住了自己，也完全驾驭住了下议院。看上去太不可思议了，正是这个人在 6 月底被第二次脑卒中彻底打倒过。在夏天甚至是初秋的时候，我绝对不会相信还会出现这样一场讲话。"mcclxv

无论是在马盖特大会上还是在下议院里，在完成了这些工作之后，丘吉尔变得精疲力竭，但又兴高采烈。在下议院发表完讲话，他开心地去了吸烟室，给自己提

---

　　* 相比钱浓的评价，缺少了哈罗德·尼科尔森的评价对丘吉尔在二战后的讲话来说是极大的损失（尼科尔森在 1945 年失去了席位）。在政治问题上，尼科尔森比钱浓更理解丘吉尔，但是比起有时候令人发腻的钱浓，尼科尔森有着更审慎的判断力。

神的同时也接受其他人的祝贺和赞美。根据莫兰所述，在这场讲话之后，丘吉尔对他说："这是最后一道该死的障碍。查尔斯（即莫兰），现在我们能考虑莫斯科的事情了。"* mcclxvi 然而，要想在莫斯科实现富有成效的对话，丘吉尔就需要带上艾森豪威尔，这并不是说他们两个人一道乘机飞往莫斯科，而是说他必须确保美国总统对他试探性的出访至少做出勉强的默许。这就意味着他们要恢复从 7 月被耽搁到现在的百慕大对话。丘吉尔考虑过劝诱艾森豪威尔参加一场提前在亚速尔群岛（葡萄牙）举行的谈话，不过他对这个想法不太认真，美国方面对他提出的时间和地点也毫无兴趣。实际上，一些迹象表明，尽管艾森豪威尔希望丘吉尔能够恢复健康，但是他并不希望后者花太多的精力争取对政治事务的主导权。丘吉尔以个人身份发给白宫的信通常都不会受到太热烈的欢迎，这些信大多是他自己草拟的（相比白宫方面的回信）。非常令人感到不可思议的是，在信的抬头他总是写着"亲爱的朋友"。当时在任的美国驻伦敦大使温斯洛普·奥尔德里奇曾对哈罗德·麦克米伦说过："丘吉尔试图通过私人书信的方式恢复先前丘吉尔和罗斯福式的关系，这令艾森豪威尔感到尴尬。"麦克米伦继续写道："我说，'当然会这样，罗斯福与丘吉尔一样，既是艺术家又是政治家，艾森豪威尔什么也不是。但是，我也认为首相和总统之间的非正式通信应当留给一些特殊的情况。与任何事情一样，一旦变得寻常可见，这种方式也就失去特有的价值了'。" mcclxvii

尽管如此，三国元首为期 4 天的百慕大会议还是于 12 月 4 日召开了，会议进展比较顺利。在美国方面的提议下，法国也被纳入了会谈国家。美国人的提议得到了英国的欣然同意，不过英国也无法做出其他的选择。如果丘吉尔急于与苏联人对话，他就几乎无法反对执政生涯极其短暂的约瑟夫·拉尼埃（仅当了 6 个多月的法国总理）和在任时间比较长的乔治 – 奥古斯丁·皮杜尔（各国外长也受邀参加了此次会谈）也参加此次会谈。这次会议令丘吉尔如鱼得水，因为会议的工作语言是英语，他之前应该就很倾向于这样的安排。应该说，前往百慕大的旅程是丘吉尔在留任首相的道路上需要跨越的第 4 道障碍，尤其是考虑到他留任的目的正是参加此次首脑

---

* 在这个阶段以及后来的某些时候，莫兰都对丘吉尔的态度和思想状态提供了丰富的信息。与此紧密相关的一些证据都显示，无论外界是否认为莫兰透露丘吉尔的病史这种行为符合医学伦理，他所提供的信息基本上都是准确的。但是他记录的丘吉尔的语言风格很少会令人感到信服，这在一定程度上是由于他一心想要强调自己扮演着核心角色，因此他必须执着地将自己的教名"查尔斯"插进过多的句子里。对于身边的人，丘吉尔其实很少会称呼他们的名字。他总是无法记住他们的名字，我非常怀疑，在这个方面他对医生的态度会和他对待他的大臣、私人秘书和速记员的态度有所不同。

会晤，无论举办地在西方还是东方（当时这段旅程还需要 17 个小时的飞行时间，途中在爱尔兰的香农和加拿大纽芬兰省的甘德停留了两次）。尽管家人和同僚都表示了或多或少的惊恐和焦虑，但是大体上外界都承认丘吉尔可以一直坚持到 1954 年 5 月。当时伊丽莎白女王刚刚结束在澳大拉西亚①和太平洋地区联邦国家的漫长旅行，回到了国内。女王回国又将给丘吉尔的"成圣画卷"②中增添一幅新的画作，但是他独具眼光地发现，实际上这个事实对他推迟离职日期能够起到有利的作用。

丘吉尔明智地将自己因为百慕大会议而不在英国国内的时间延长到了 10 天，而不只是 4 天的会议时间，有了这么充裕的时间他没有遇到多少阻碍就跨过了女王回国带给他的障碍。会议期间，丘吉尔始终没有显示出对会议的充分尊重，对于出示的文件和进行的讨论他都没有做精心准备，在 10 年前，他对这种规格的会议肯定会全心全意地准备一番。根据莫兰的记述，在从甘德飞往百慕大途中丘吉尔无视一起共进午餐的同伴（艾登、林德曼以及莫兰本人），如饥似渴地读着英国畅销小说家 C. S. 弗瑞斯特的《决战法国》。如果下机的时候被人发现这本书仍旧在他的手里，那么这个书名肯定会给他们带来厄运。丘吉尔在 1953 年最后几个月里对小说的沉迷达到了空前的程度。在 7 月沉浸于特罗洛普和勃朗特姊妹的作品一段时间后，他又沉迷于托马斯·哈代的《王朝》（又译作《列王》）和沃尔特·司各特的《惊婚记》。他花了一点时间才迷上了《王朝》，不过后来他曾对迷惑不解的伍尔顿勋爵说过他将这部三卷诗剧"一口气读了 4 个小时"。他深深地着迷于《惊婚记》，在 10 月 27 日他不得不继续读了一章，而没有履行应尽的职责，为半个小时后举行的内阁讨论准备一篇报告。10 月 6 日，丘吉尔得知自己被授予诺贝尔文学奖，获得这项荣誉他凭借的是自己的写作才华，而不是阅读量。据说，后来他曾表示过失望，因为他获得的不是诺贝尔和平奖。由于举行颁奖仪式的时候他还在百慕大，因此他派克莱门汀前往斯德哥尔摩，代表他接受了这份荣誉。不过当时他听上去非常开心："诺贝尔奖的事情处理完了。12100 英镑，不用缴税。真不错！"[mcclxviii]

百慕大会议不是一场振奋人心的会议。艾森豪威尔几乎毫无想象力，他说服丘吉尔勉强接受了一个现实，一旦朝鲜人和中国人再度逼近各方刚刚划定的停火线，美国就会无所顾忌地对这两个国家使用原子弹。这个现实令艾登感到恐惧，丘吉尔也越发感到不安，不过一开始他认为自己不过是抛出了一个小钓饵，用来诱使美国

---

① 一般指澳大利亚、新西兰及附近南太平洋诸岛，有时也泛指大洋洲和太平洋岛屿，涵盖范围比较模糊。

② 指描绘耶稣受难经历的 14 张连环画作，又被称为"悲伤之路""十字架路"。

同意与苏联人进行严肃认真的核裁军对话。然而，都还没看到大鱼上钩的希望，艾森豪威尔就宣布自己坚信核武器正在逐渐被认为是常规军备中正常的组成部分。在一场全体代表参加的会议上，就在丘吉尔对未来发表了一番恐惧和希望参半的宏观展望之后，艾森豪威尔做出了令英国代表团感到震惊的反应。对于丘吉尔以前的类似讲话，罗斯福和斯大林至少都会听一听，以示尊重。已经习惯于这种客气和礼貌的科尔维尔在百慕大期间写道：

> 艾克随即就用最粗鲁的措辞发表了一份简短、极其粗暴的声明。他说，至于首相相信苏联政策出现了"新风貌"的问题，其实俄国就是一个站街女，无论她穿的是新裙子，还是打了补丁的旧裙子，她绝对都是底层妓女，美国打算将其从目前的"地盘"上驱逐到小巷子里去。我想国际会议上根本不曾出现过这样的语言。所有人都露出痛苦的神色。当然，法国代表将他的这番言论统统透露给了报纸。有些人甚至一字不差地透露了出去。
>
> 最后，总统还表现得十分自豪。当艾登询问何时举行下一次会晤时，他回答道："我不清楚。我倒是跟苏打威士忌有个约会。"然后便站起身，走出了房间。[mcclxix]

匪夷所思的是，对于这场迟钝到几乎有些野蛮的表演，丘吉尔似乎一点也不感到头疼。他更倾向于将责任归咎于杜勒斯。按照莫兰的说法，在会议最后一天的晚上丘吉尔说：

> 似乎所有的事情都交给杜勒斯了。看起来总统顶多只是一个腹语演员手里的木偶而已……这个家伙［杜勒斯］就像卫理公会的牧师一样在给我们说教，他那些该死的布道文千篇一律：与马林科夫［斯大林的继任者］的会谈只能带来灾祸……杜勒斯是一个大麻烦……10年前我还有能力对付他。即便如此，我还是没有被这个混蛋给打败。我只是为自己的衰老感到羞耻。[mcclxx]

莫兰的记述显得丘吉尔将责任过多地归咎于杜勒斯而不是艾森豪威尔。丘吉尔对这位国务卿几乎有着生理性的反感，而他对总统却依然在很大程度上保持着战争期间产生的强烈好感。此外，此时他依然相信——至少是希望——自己的影响力足以保证最终"一切都会好起来的"——"Alle sal reg kom！"丘吉尔非常喜欢引用这句在44年前记住的阿非利堪斯语（南非的荷兰语）谚语，不过据说大部分时候他都说错了。令人惊讶的是，丘吉尔至少猜对了一半。他与艾森豪威尔于1954年夏天在华盛顿的下一次会面，成为自艾森豪威尔从将军转变为总统以来他们两个人最友好的一次交往。

在百慕大会议和出访华盛顿之间的那段日子里，丘吉尔的抱负和精力都倾注在谋求与苏联人举行一场首脑会晤的事情上。只有推迟退休时间的事情才能转移他的一部分注意力。在他看来，这种唯我独尊的态度完全合情合理，因为只有他才拥有促成艾森豪威尔与马林科夫实现有限的和谐共处的点金石。他曾经公开宣布他优先考虑的问题是英美两国的合作关系，但是在私下以及半公开场合里，他都表示过，他对美国人因为拥有氢弹而表现出的自鸣得意，以及他们对高层会晤冥顽不化的抵制，都感到恼火。

在1954年新年期间举行的最初几场内阁会议上，丘吉尔一直忙于说服同僚相信应当促进与俄国在各个方面的贸易交往，除了明显的战争武器。美国人希望进一步扩大对俄国的禁运范围，差不多有可能被用来制造战争武器的一切原材料都将被包括在内，这个范围实际上涵盖了俄国人或许希望采购的所有商品。与此同时，法国人要求英国支持他们在印度支那（即中南半岛）的军事行动，丘吉尔对此也表示反对。法国在亚洲培植的帝国气数将尽，不过直到5月7日对法国军队造成沉重打击的奠边府战役才落下帷幕。丘吉尔的指导原则就是，他不希望做出任何有可能增强苏联领导层的敌意、对他们参加对话的意愿造成打击的举动。

3月1日（1954），美国人在比基尼环礁引爆了第二枚氢弹，这个消息丝毫没有减弱丘吉尔对促进苏联与西方对话的热情。在下议院，他辩解说这是美国人的权利，甚至对这枚氢弹显示出的恐怖力量表示欣然接受，他说美国所具有的威慑力量是保卫世界和平的最佳保障措施。但是，他在私下里表现得远没有如此乐观，他将氢弹称为"那个该死的发明"。尽管如此，在当年夏天他还是主持了内阁国防政策委员会的一场会议，在这场会议上，委员们做出了与他在百慕大会议期间对艾森豪威尔透露过的想法——制造英国的氢弹——相反的决议。

在这个阶段，丘吉尔的态度存在着几处自相矛盾的地方。他在谋求实现一个宏大的目标，用英国政党政治的话来说，他的核心目标基本上不存在党派色彩。但是，他还是主动参与了保守党和工党在议会里的几次不太重要但是比较激烈的争执。第一次争执的核心问题是一种新式步枪，这种步枪将取代英国军队在两次世界大战期间一直用来操练并参加战斗的传统的0.303口径步枪。应当采用美国人（以及丘吉尔）偏爱、北约组织也有可能将其当作标准化武器的比利时制步枪，还是英国设计的新型步枪？至今我依然对那一年2月1日举行的火药味十足的下议院辩论中的争斗场面记忆犹新，议员们的起哄声几乎让丘吉尔无法继续说下去，双方观点早就在争吵中不知所终了。一位首相究竟为什么会参与这样一场无足轻重的纷争？更不用说这位首相已经年满79岁了，而且他不仅是世界上最著名的人物，还是争取最后一座圣杯的首相。如果连这样的问题都解决不了，陆军部3位大臣还有什么存在的价值？

4月5日，丘吉尔在下议院又遭受了一场更加严重的失败，之前他于2月25日就外交事务发表了一场十分精彩的讲话。工党抱怨说丘吉尔对美国人怀抱氢弹得意扬扬的外交策略表现出的态度不够坚决（按照丘吉尔真正的想法和付出的努力来看，工党的抱怨颇有讽刺意味）。不难理解，丘吉尔对工党的指责感到恼怒，他告诉内阁秘书（根据莫兰所述），他"要扳倒艾德礼"。[mcclxxi] 为此他打算向外界透露一个内幕消息：工党政府曾批准废除他与罗斯福在1944年协商签署的《魁北克协议》（有关核武器发展），从而导致了英国缺乏对氢弹使用的控制权，而这正是眼下反对党——工党所抱怨的问题。

无论这个论据的意义何在，丘吉尔都找错了目标。即使他成功地驳倒了工党，在这个阶段，对他而言"扳倒"艾德礼也不会给他带来什么好处。况且他的表现非常拙劣，下议院议员们根本听不到他在说什么。工党议员不断将他打断，他自己的战友则愁眉苦脸地坐在他的身后，丝毫没有声援他。"看看你身后的那些面孔吧！"一位议员无情地打断了他。与此同时，丘吉尔却在笨手笨脚慢慢吞吞地翻着自己的笔记。这完全是一场噩梦，所有议员都唯恐自己会碰到的噩梦。几乎每位议员在议会生涯中都不得不经历一两次小小的噩梦，而丘吉尔的这场噩梦是一场放大了的噩梦，他面对的是整个下议院，而且还将面对次日毁灭性的报纸报道。最可怕的是，与丘吉尔相交已久但是对他只有虚情假意的罗伯特·布思比或许是因为仍旧对自己在1940年被免职的事情耿耿于怀，就在丘吉尔还在继续发言的时候，他从托利党在过道下方的议席[①]上站起身，慢条斯理地走到旁听席，然后摆出一副傲慢漠然的样子走出了议事厅。工党议席上爆发出嘲讽的笑声。保守党人的神情变得更加愁苦了。这一幕深深地烙印在了我的记忆中。

这场讲话同在仅仅5个月前居高临下、掌控大局的伟大政治家的表现形成了刺目的对比。难以置信的是，丘吉尔的情绪没有立即消沉下去，"晨报报道不会有什么问题。"他甚至还带着不应该出现的心满意足的情绪自我安慰道。[mcclxxii] 事实并非

---

① 观点与所属政党的政策较不太密切的下议员就座的席位，通常他们的投票状况都不太稳定。

如此。《泰晤士报》说丘吉尔的"见机行事的直觉力已经悲哀地离他远去了"。完全是因为他，这场辩论才"沦落成一场毫无产出、怒气十足、令人怜悯的政党之争"。《曼彻斯特卫报》在这个阶段总体上对丘吉尔的态度比《泰晤士报》友好，但是这份报纸还是直言不讳地指出"他犯了一个愚蠢的错误"。

　　最糟糕的是，在当天艾登以一场非凡的讲话结束了整场辩论，控制住了整个下议院，为丘吉尔做了辩护，巩固了自己提前继任的基础。艾登的表现对丘吉尔来说是一个不好的兆头，不禁令人想起丘吉尔在 14 年前有关挪威问题的辩论中所做的总结发言，当时他十分成功地为张伯伦进行了辩护，不到 48 个小时后他便继任为首相了。值得欣慰的是，丘吉尔或许并没有充分认识到自己在 1954 年 4 月里遭到了多么严重的失败。在读了次日晨报报道后，他也只是怅然若失、轻描淡写地说了一句"事情不如我预想的那么顺利"。[mcclxxiii] 他根本不相信议员们在投票厅里都在议论他的表现导致他必然会提前辞职，即使得知同僚们的确都在议论此事之后他也依然不承认这个事实。丘吉尔在内阁中的大部分同僚都太熟悉他了，他们都知道他是不会这么做的，但是他们肯定都希望他还是能选择提前辞职，并且把日期确定下来，不再反悔。就在下议院里出现如此不幸的一幕之前不久，即 3 月 31 日，丘吉尔还经历了令人沮丧的内阁会议。在同一天里内阁举行了两场会议，这主要是因为丘吉尔太虚弱了，无法集中精神考虑各种观点，因此显得举棋不定。艾登的首席秘书宣称艾登说过："会议根本开不下去了。他已经糊涂了，连一句囫囵话都说不出来。"* [mcclxxiv]

　　在不受丘吉尔的"朋友们"控制的报纸中，《每日镜报》几乎是唯一一份发行量比较大的报纸，这份报纸给丘吉尔施加了更大的压力，它在第二天的头版巧妙地刊登了大字标题"巨人迟暮"，又在最后一版的侧栏里引述了《纽约时报》对丘吉尔的漠然评价，后者称现在的丘吉尔"只是 1940 年那位伟人的影子而已"。《泰晤士报》也落井下石，将丘吉尔与艾登做了一番比较，称在刚刚发生的事件中他的发言比丘吉尔的发言更"准确、自信、清晰"。在 1938 至 1939 年间支持过丘吉尔的《每日镜报》已经不再是他的朋友了，在 1954 年冬季的几个月里，这份报纸数次要求他辞职。丘吉尔似乎对这些不太关心，他更在意的是记者及讽刺作家托马斯·马尔

---

　　* 私人秘书查尔斯·沙克布勒对日记写作十分痴迷，他的日记引人入胜，但是在这个阶段他强烈反对丘吉尔，正如后来在苏伊士危机时期他越来越强烈地反对艾登一样（不过导致他对艾登感到不满的原因比较多）。同莫兰的情况一样，读者也应当对沙克布勒的叙述谨慎一些，与他们两个人相比，科尔维尔更值得信赖。

科姆·马格里奇当时在政治漫画杂志《笨拙》上对他进行的激烈抨击。杂志还为马格里奇的文章配发了一幅漫画，画中将丘吉尔描绘成一副肌肉松弛、弱不禁风的形象。令人感到意外的是，丘吉尔似乎对医院和牙科诊所候诊室里的舆论非常敏感，他沮丧地说：《笨拙》可是无孔不入啊。"[mcclxxv]

在当年春天，外界始终猜不透丘吉尔究竟做何打算，或许就连他自己都不太清楚自己的想法。3月11日，丘吉尔与巴特勒吃了晚餐，其间他说过一句颇能引起共鸣的话："我觉得自己就像一架在傍晚即将结束飞行的飞机，汽油就要耗尽了，飞机还在寻找安全着陆点。"本章的标题就来自这句话。根据巴特勒所述，他接着又说："现在他对政治的兴趣就只剩下……同俄国人的高层对话了。若能实现的话，他将欣然退休，回到海德公园门，完成他的《英语民族史》。"[mcclxxvi] 就在与巴特勒共进晚餐的这一天，丘吉尔还与艾登单独交谈了一次，给艾登留下了他打算在5月离职的印象，"最晚也会在夏末的时候"。[mcclxxvii]3月19日，丘吉尔告诉莫兰自己将在6月底辞职。在11日和19日之间的几天里，科尔维尔发现丘吉尔的状态比之前数年里都好了很多。身体和精神上如此大的变化给辞职的想法带来了威胁，如果同时再出现一丝高峰对话的希望，两个因素结合在一起就几乎可以令他彻底打消辞职念头。4月8日，丘吉尔看到了与马林科夫举行会谈的新希望。22日，他觉察到自己还有机会在5月下旬与艾森豪威尔进行会谈，因此他提出自己于20至24日出访华盛顿。他的提议没有得到采纳，不过在6月初他接到了艾森豪威尔十分明确的邀请，对方请他于当月的下半月出访美国。

在这个夏天，艾森豪威尔的邀请彻底终结了所有人认为丘吉尔应当辞职的念头。伊丽莎白女王在5月中旬就结束了英联邦国家之旅，回到了国内，其实丘吉尔已经前往怀特岛西端同女王见过面了，并且与她一起乘坐皇家游艇在英格兰的东南角巡游了一圈，然后顺着泰晤士河北上，最终抵达首都的心脏。这段旅程在32年后促使女王对往昔做过一番罕见而浪漫的追忆，她在一档回顾历史的电视节目中说道："一到地方就能看到那条肮脏的商业运输水路，而他却说这条河是一条贯穿不列颠历史的银线。"[mcclxxviii] 不过，这场旅程丝毫没能令丘吉尔想到很快这条银线便将延伸向新一任首相艾登。又一幅"成圣画"翻过去了，但是华盛顿之行以及接下来可能出现的变数又给了丘吉尔继续执政的新理由。

对于提出相反意见的大臣，丘吉尔对其中一位断然拒绝，对另一位则语气严厉。6月7日，艾登写信恳求丘吉尔"至少在休会期之前两个星期的时候"交接权力，通常议会都会在7月末或8月初开始休会。[mcclxxix] 丘吉尔在11日做出了回复：

亲爱的安东尼：

　　我无法接受你在信中提出的建议……愈演愈烈的世界危机和紧张气氛越来越引起我的注意，如果在这样一个关键时刻我丢下了外界对我的信任，那我就没有尽到自己的职责，没有利用自己的影响力为你我都关心的事业付出努力……[mcclxxx]

　　丘吉尔平淡而明确地给出了否定的回答，这种反应不难想象。唯一令艾登感到安慰的是，丘吉尔在信的结尾暗示自己有可能（仅仅是可能而已）会在秋天移交权力："我一心想要给你制造最好的机会，让你能够为 1955 年年底的大选做好准备……"写下这封信的时候距离他提到的大选还有 18 个月的时间。[mcclxxxi] 哈罗德·麦克米伦也于 6 月 18 日写信敦促丘吉尔在暑期到来之前做出决定，他得到的答复同样坚决，但是没有那么乏味。丘吉尔在 6 月 20 日的回信中写道：

亲爱的哈罗德：

　　我于昨天早上收到了你的来信。

　　我觉得这封信只能是你亲手所书。

　　我对你的想法非常清楚了。

此致
温斯顿·S. 丘吉尔[mcclxxxii]

　　若不是麦克米伦后来的政治生涯强烈否定了丘吉尔这种训诫的话，那么外界或许就有理由认为他的信为"政坛禁则"做出了经典的示范。

　　在离开英国、最后一次对美国进行官方访问之前，丘吉尔还非常关注另外两个问题，这两个问题放在历史大背景下都无足轻重。第一个问题是议会成员的薪俸，当时议会成员的年俸依然只有 1000 英镑，就算将 20 世纪 50 年代的货币价格这个因素考虑在内，这笔收入也非常微薄，没有其他收入渠道的议员（很多都是工党人，保守党里也有一些）因此过着非常拮据的生活。他们或者维持着两处住所的开销，或者每星期有大量时间待在酒店里，因此几乎连吃饭的钱都没有了。一个跨党派的下议院特别委员会全体一致建议大幅度提高议员的薪俸水平，结果这项提议在政界引起了激烈的争议。保守党活动家们都很反感给下议院议员支付更多报酬的想法。这个最令地方上的保守党人尤其是女性党员感到振奋的话题被搁置了一段时间，毫无结果。5月27日，丘吉尔在阿尔伯特音乐厅最后一次在保守党妇女大会发表讲话，他将大部分时间用来谈论提高议员待遇这个不受欢迎的话题，可以说他的这个举动非常大胆。他天性慷慨、同情为金钱忧虑的人、从宪法的角度出发对作为政府机构的议会十分尊重，这个话题刚好唤起了他的这3个特质。"我确信让成员中有相当一部分过得非常窘迫的群体处理国家大事、履行国家责任是一件很糟糕的事情。"他在表达个人观点的时候所采取的辩护方式突出显示了这项任务的艰巨程度。他说："我不是在请求你们同意，我是在请你们耐心地考虑一下，我斗胆告诉你们的事实以及我毫不犹豫地向你们推荐的方式方法。"[mcclxxxiii] 会议结束后，丘吉尔给克莱门汀写了一封信，这时后者又去了艾克斯雷班疗养。丘吉尔在信中告诉妻子："他们对这场讲话十分友好、十分尊重，尽管他们并不喜欢这场讲话。"他还补充说："一位可怜的夫人（一位议员的妻子）为涨薪的提议做了辩护，结果她不仅被打断了发言，而且还被喝倒彩，在妇女会议上这种行为一般比较少见。"[mcclxxxiv]

第二个问题几乎同样无足轻重，但是这个问题不像提高下议院议员待遇问题那样造成了群情激奋的场面。这个问题就是丘吉尔的体重。在查特维尔有几台磅秤，其中一台就摆在克莱门汀的浴室里，她对这一台非常信任，这台磅秤显示丘吉尔有15英石（210磅，约合95.5公斤），对于5.7英尺（约合1.74米）的身高来说这个体重过大了。因此丘吉尔又在另一台磅秤上试了试，这一台的结果更糟糕，他的体重显示为15.5英石，他宣称这台磅秤"已经坏了"。克莱门汀曾试图说服丈夫接受严格的番茄节食计划，但是后者写信告诉她："我对番茄没有什么不满，但是我觉得其他的东西也应该吃一吃。"[mcclxxxv] 丘吉尔还试过其他磅秤，最后他终于找到一台显示他的体重只有14.5英石。这时，他的体重和饮食带来的风波终于平息了，在10年的余生里他也没有再受到过这个问题的困扰。

6月24日夜晚，丘吉尔在一行人——尤其是艾登和林德曼——的陪同下乘机前往华盛顿，其间途经加拿大的甘德。英美两国的内阁都不希望丘吉尔成行，除非有为人克制的艾登陪同出访，尽管在与俄国人就氢弹问题进行的对话中除了一个核心问题，这位外交大臣在当时面临的几乎所有问题都比丘吉尔更不满意于美国的态度。科尔维尔在日记中对此次出访的目的做了很好的概括：

> 首要目标是说服总统相信我们必须在原子能及氢能方面开展更有效的合作，说服他相信我们——美国人和英国人——必须去与俄国人进行对话，这样才能避免战争、减小冷战产生的影响、获得10年的"缓和期"。在这段时间里，我们可以将我们的财富和科学知识投入在比生产制造带来灾难的武器更有

益的事情上。现在，由于英美两国对东南亚地区的问题存在着分歧——在日内瓦会议[几个星期之前举行的会议，艾登担任了大会主席，会议的目标在于试图解决印度支那问题]上这个分歧已经得到了充分的显示——此次会晤在全世界（以及外交大臣）的眼中已经成了一场消除隔阂、重新培养起好感的会晤。会晤的主要议题将包括：印度支那[中南半岛]、欧洲防务共同体失败后的德国、埃及、原子能。[mcclxxxvi]

在丘吉尔看来，此次出访美国从一开始就进展顺利。他在机场受到了副总统尼克松与国务卿杜勒斯的迎接，随即便被送至白宫，在白宫首先住了3天。令人高兴的是，艾森豪威尔坚持外出度周末了，或许他认为周末（这几天刚好是星期五至星期一）在本质上适合满怀敬意地辞行，不太适合为接下来的谈判暖场。这场会晤没有给丘吉尔增添多少光彩，也没有取得实质性的成果。在星期五的第一次会面中，艾森豪威尔同意与俄国人对话，这令丘吉尔感到十分惊喜，他原以为要想实现这个目标就得经过长时间的谈话，而且他还得充分发挥自己的口才，即使如此他也绝不会任由对方挫伤他的斗志，因为这件事情太重要了。据说（根据科尔维尔所述），当天晚上"他为自己的成功得意扬扬，沉浸在兴奋和愉快的情绪中"。[mcclxxxvii] 就在这一天的下午，丘吉尔与艾森豪威尔又进行了一次成功的会谈，他们主要讨论的是埃及问题。艾森豪威尔大致同意进行首脑会谈，但是杜勒斯仍旧试图说服他收回承诺，尽管如此丘吉尔依然是一副兴高采烈的样子。在星期天的晚上，白宫举行了一场"非常愉快"的晚宴，艾森豪威尔与丘吉尔分别就德国人的问题发表了热情洋溢的讲话，不过前者称法国是"无可救药、百无一用的原生质集合体"，[mcclxxxviii] 这样的言论未必会得到丘吉尔的肯定，但是艾登也未必会提出异议。

英国驻美国大使罗杰·梅金斯说过自己"不记得还经历过更闹腾的夜晚"，[mcclxxxix] 根据艾森豪威尔入主期间装修风格死板沉重的白宫里举行的活动真正的"闹腾"程度，梅金斯的这番评论不禁令人怀疑他在成长过程中受到了多么精心的呵护，或者他只是为了引起外界的好奇（这种情况并不罕见）。喧嚣结束后，丘吉尔在"兴奋和喜悦"的情绪中上床休息了，"他为自己在这里受到的接待感到振奋"。[mccxc] 他感到自己又回到了世界事务的中心位置，完全就和他在1941至1942年交接之际对罗斯福进行的那场长时间访问时的情形一样。不仅如此，艾森豪威尔也为他亮起了"绿灯"，尽管后来闪起了很多次"黄灯"，他也依然没有失去热情。他十分倾向于在莫斯科举行会谈，或者至少安排在伯尔尼、斯德哥尔摩或者维也纳，后来他也的确提议在这3座城市中选择一处与俄国人会谈。

星期二下午（6 月 29 日），丘吉尔一行飞往渥太华。继美国之后丘吉尔又对加拿大进行了 34 个小时的访问，在前几次出访美国时他也采取了这样的做法，丝毫没有流露出嫉妒情绪的加拿大人似乎也欢迎这种安排。丘吉尔为法国裔的加拿大总理路易斯·圣劳伦特举行了一场小型宴会，后者于 1945 年接替了威廉·麦肯齐·金。除此以外，他还设宴款待了其他一些人。次日上午，丘吉尔参加了加拿大内阁的会议，还对渥太华的报纸发表了讲话。对于后一件事情，科尔维尔在日记中写道："他的表现不如在华盛顿那么出色，不过还是比较顺利。* "mccxci 接着他又记述了丘吉尔对加拿大人民发表的一场广播讲话，随后便乘坐一辆凯迪拉克敞篷轿车穿过欢呼的人群，前往渥太华乡村俱乐部，他们一行在那里受到了加拿大政府的款待，席间他发表了讲话。接着他便直接赶往机场，前往纽约，"有些疲惫但是万分得意的首相"于凌晨 1 点登上了"伊丽莎白女王"号邮轮。mccxcii

直到中午邮轮才启航，这天上午（7 月 1 日）丘吉尔在船上举行了一场招待会，出于对丘吉尔的尊重，从威尔逊和罗斯福的经济顾问伯纳德·巴鲁克到驻美国大使罗杰·梅金斯在内的达官显贵都参加了这场招待会。这是丘吉尔最后一次乘坐邮轮跨越大西洋。1959 年他再度前往华盛顿，不过这一次往返他都乘坐飞机，1961 年造访纽约的时候他乘坐的则是希腊船王亚里士多德·奥纳西斯的游艇。1954 年这一次跨越大西洋之旅是他最后一次乘坐丘纳德轮船公司或者其他大型轮船公司的邮轮。同样也是根据科尔维尔所述，丘吉尔早就应该结束这样的航行了，在他看来即使是丘吉尔最钟爱的沃兰达烤肉餐厅的饭菜都已经变成了美国风味，令人感到沮丧，这些大型邮轮上的服务标准也日渐下滑了。mccxciii

尽管如此，返回英国的旅程仍旧非常激动人心，这倒不是因为天公作美一路上天气晴好，而是因为几位主要乘客都表现得有些放肆。艾登最终还是违背了自己的心意和最初的打算，也选择了乘船回国，他希望在旅途中能够敦促丘吉尔确定退休的具体时间（得知艾登的意图后，丘吉尔曾考虑过改乘飞机回国）。就这样，船上出现了两个阵营，阵容比较大的一派显得比另一派对一切状况的进展更满意。已经跨过了华盛顿这道障碍的丘吉尔一心想要向莫斯科发出消息，提议进行访问的建

---

* 两天前在华盛顿记者俱乐部的午餐期间，丘吉尔对记者们与出的回答受到了热情的回应，令他变得非常友善。当科尔维尔来收拾丘吉尔的讲话笔记时，他热情地同科尔维尔握了握手，"令人有一种某位参议员或记者正在竭力向他表示祝贺的感觉"。这样的表现至少比他在 6 个月之前在百慕大会议上的表现要好一些，当时他将聪明过人、总是能连续惹恼好几位大臣的英国外交官弗兰克·罗伯茨误认为杜勒斯的助手，想当然地冲着他严厉训斥了他的上司犯下的错误。

议。他不想等着咨询内阁的意见，这一半是由于他急于将首脑会谈的事情继续推进下去，一半是由于他担心内阁有可能会给他设置障碍。对整个莫斯科计划深表怀疑的艾登打出了内阁集体负责制这张牌，尽管继续拖延下去完全不符合他的利益。除非丘吉尔在执政期内将自己有关俄国的提议化为现实，他就不太可能兑现在离开纽约的第二天他给艾登许下的临时性承诺，于9月20日移交权力。然而，艾登并不擅长做出这种合情合理的自私举动，有时候这也是他的一项优点。丘吉尔草拟的电报通过船上升降扶梯送给了艾登，以得到他的同意，但是他斩钉截铁地表示应当首先征求内阁的意见。丘吉尔提出了让步，如果他可以在电报里附加一句艾登基本上对电报内容表示同意之类的话（事实当然不是这样），那么他就先给巴特勒发去电报，由后者争取内阁的同意。艾登认为最好还是不要加上这句话，不过最终他还是勉强同意了。一场小小的闹剧上演了。直到星期六下午巴特勒才在乡下接到了丘吉尔的电报，他不知道在这个夏日的周末他将一直操心整个内阁对这封电报的反应。因此，他只做了一两处无关痛痒的修改，然后便将首脑会谈的提议发给了莫斯科。丘吉尔对巴特勒的表现很满意。

丘吉尔与艾登依然令这段旅程保持"活力"，科尔维尔称在星期天的晚餐餐桌上两个人"大动干戈"。[mccxciv] 他们争执的焦点是一个非常无关紧要的事情，艾登一觉睡到了第二天中午，醒来后他已经把促使两人发生争执的起因忘记了。星期一，他与丘吉尔又在比较友好的气氛下共进了午餐。第二天，"伊丽莎白女王"号风平浪静地从法国西北部的瑟堡驶往南安普敦。下午5点，船停在了南安普敦的码头。平静没有持续多久。内阁将于星期三（7月7日）以及接下来的两天上午各举行一场会议，在26日之前还将举行另外4场会议。在这些会议上，受到冒犯的索尔兹伯里纠集起来的一小撮持异议者逐渐扩大成了包括艾登、麦克米伦与巴特勒等人在内的多数派，唠叨个不停的哈里·克鲁克香克也对他们进行了声援。没有一位阁员给予丘吉尔明确清晰的支持。

· 丘吉尔也没有得到海外力量的支持，无论西方还是东方都是如此。对于在船上草拟的那封电报，他在没有征求艾森豪威尔的意见的情况下就发给了莫洛托夫（在马林科夫上台后再度被任命为外交部长），对此艾森豪威尔显然感到不悦。艾森豪威尔曾否认过自己的不满，他的措辞虽说很客气，但是几乎充分证实了他的不满。"我当然不感到恼火。基于十数年的亲密合作和珍贵友情的个人信任或许有时候容得下惊愕，但是绝对容不下怀疑。"[mccxcv] 对于丘吉尔从"伊丽莎白女王"号上发出的电报，俄国人做出了试探性的回复，但是他们的态度并不令丘吉尔感到振奋，他们改变了航向，发射了一枚对丘吉尔构想的首脑会谈造成致命伤害的"鱼雷"。从5

月 7 日开始，他们一直没有对英国的来信做出回复，最终他们选择在 7 月 25 日做出回复，回信的措辞让双边对话显得像是一件荒唐的事情似的。他们要求举行一场由 32 个国家参加的会议，在会上对苏联提出的欧洲安全计划进行讨论，这项计划应该包括北约组织从德国撤出。

在一个星期天的午后，丘吉尔在首相乡间别墅接到了这个消息，他的第一反应是用刻薄话将自己安慰了一番。"世界统一体的外长们，除了工作，你们没什么可失去的。"[mccxcvi] 很快他就失去了信心。内阁在星期二上午举行会议的时候，他已经别无选择，只能承认自己的希望破灭了。正如他的官方传记作家毫不掩饰地指出的那样："丘吉尔最后一项伟大的外交提议走到了尽头。"[mccxcvii]

毫无成果的现实令丘吉尔付出了惨重的代价。他削弱了艾森豪威尔政府对他的智慧所具有的信心，也失去了对自己的内阁的领导权。这种局面令人悲哀地想起格莱斯顿首相生涯的最后几个星期（当时他已经 84 岁了），当时在之前的 7 年里一直令格莱斯顿活跃在政坛的爱尔兰自治问题已经宣告破产，与此同时，他还发现在提高海军预算问题上自己属于内阁中势力极其微弱的少数派。格莱斯顿认为反对海军增加预算是一件大事，他对这件事情的重视程度几乎和丘吉尔对具有灾难性危险的氢弹的重视程度是一样的。格莱斯顿曾在 1894 年说过："在这个问题上，即使全世界只有我一个人如此认为，我也不会出现太大的动摇，只要我坚信这样大幅度增加海军开支将会给欧洲带来灾难……"[mccxcviii]20 年后，谁能说格莱斯顿绝对错了？

面对失败，格莱斯顿与丘吉尔做出了不同的反应。格莱斯顿去比亚里茨躲了一个月的清静，回到国内后他将同僚们戏弄了将近 3 个星期，然后便最后一次递交了辞呈，退隐到威尔士的哈瓦登，在那里度过了余生。丘吉尔回到了查特维尔，也在那里度过了一个月，但是在此期间他否决了自己临时做出的在 9 月辞职的决定，打算将这个时间最后再拖延半年。

第四十五章　庆祝会与最后的退场

　　1954 年 8 月，丘吉尔在查特维尔庄园度过的暑假有两个特点：第一，天气恶劣，几乎天天都在下雨；第二，他违背自己将于 9 月 20 日辞职的这个诺言的决心愈加坚定了。在这个月的前 3 个星期里，克莱门汀一直待在法国南部，*不过相比她没有陪在丈夫身边的举动，更不同寻常的还是查特维尔的雨水。在大部分时间里，科尔维尔与索姆斯夫妇都一直陪在丘吉尔的左右。丘吉尔会将巴特勒、麦克米伦、伍尔顿等几位大臣叫到查特维尔共进午餐，或者共进晚餐并且留宿在庄园里。令人惊讶的是，这群客人中还包括退休金及国民保险大臣奥斯伯特·皮克。丘吉尔给克莱门汀写了许多长篇"汇报"，皮克的存在至少促使他在其中一封亲手所书的信里写下了一段精彩的讽刺性文字：

　　　　皮克很讨厌老年人长命百岁（他自己也已经上了年纪），他对我就投以挑剔的目光。皮克说过他父亲的事情。他的父亲双目失明 20 年了，有 3 名护士照顾他，为了维持生命花了很多钱，最终在 91 岁那年才很不甘心地死去了。若是他早死几年的话，遗产税就会比现在低得多。我觉得非常内疚。为了"报答"他，我带他去了我的书房，让他见识了一下整整 4 大包"英民史"[《英语民族史》]的校样，仅凭我一人之力，这本书每年能让 5 万美元流入这座岛国。"我能留任不是因为你，但是你能留任是因为我。"他被吓了一跳。我想在接下来的一年里他将会扮演一个重要的角色……我想或许我会让他进入内阁，给他在内阁里找一个位置……[mccxcix]

---

　　* 她对里维埃拉的反感众所周知，但是有几次她主动独自一人前往那里，这表明导致她不愿陪伴丘吉尔的主要原因其实是包围在丘吉尔身边的朋友以及他对赌博的嗜好，而不是她对里维埃拉当地的气候或者风景的厌恶。

一些地位比皮克稳固的大臣都认为丘吉尔会逐一将目标瞄准他们，说服他们接受他留任的现实。丘吉尔没有将巴特勒与麦克米伦置于这样的处境中，无须吵吵闹闹地抗议他就说服他们接受了现实：他的留任是不可避免的。当然，在这个问题上更关键的人物是安东尼·艾登，他依然难以单枪匹马地打赢这场捍卫自己的战斗，能否占有有利地位取决于内阁里其他资深大臣是否会支持他。用丘吉尔栩栩如生但是很不友好的话来说，艾登那双"如饥似渴的眼睛"变得"更加充满哀求的意味、更加不耐烦了"。[mccc] 这样的目光没能平息首相的怒火，反而起到了火上浇油的效果。在任的最后 8 个月里，丘吉尔与艾登的关系发展得有些近似于两个超级大国之间的关系，他们都有消灭对方的能力，但是就在摧毁对方的同时他们也将付出代价——摧毁自己以及保守党的命运。一旦辞职，艾登必然就抛弃了自己已经翘首企盼了不止 12 年的位置。然而，他还是在 8 月 27 日隐隐地暗示了自己有可能会辞职，在 10 月 2 日麦克米伦又代表他做出了略微有些强硬的表示。丘吉尔并不重视这些暗示，但是他清楚自己必须遏制住艾登的不满情绪。倘若艾登大发雷霆（这位外交大臣的确是一个很容易暴怒的人），那么他的最后一段执政期就会在怨恨和耻辱中告终。经过多年的共事，丘吉尔与艾登总体上培养起了对彼此的欣赏和尊重，但是在这样的感情中间，还夹杂着首相与外交大臣这两个身份在利益和政策两方面存在的冲突。不过，他们都是通情达理的人，因此给艾登偶尔写一封亲切友善的信对丘吉尔来说并不是一件费力和虚伪的事情。在当年举行的布莱克浦保守党会议前夕，他就给艾登写了一封这样的信：

亲爱的艾登：

　　听到你受寒的消息，我真难过……卧床休息的选择非常正确。艰难的一周在等着我们……对于讲话我比以往都更担心了。若是你和克莱丽莎能在大会结束后乘火车回来的话，我们可以一起吃顿饭——在我的包厢里举行一场小范围的聚会，聚会之后再不慌不忙地聊一聊。

　　所有的人都在为你唱赞歌，但是最热情的莫过于你真挚的朋友，

温 [mccci]

科尔维尔在日记中提到，在任职首相的最后一段日子里丘吉尔"对艾登产生了冷酷的怨恨"，[mcccii] 一贯颇有判断力的他对丘吉尔与艾登之间的复杂关系过于简单化了。无疑，丘吉尔有时候会对艾登火冒三丈（后者对前者的怒气更猛烈），但是他们的关系绝不仅仅是对彼此的愤怒。8 月中旬，丘吉尔不辞辛苦地给艾登写了

一封长信，向后者解释说："面对当前的世界危机他无意放弃目前的职务。"他为了这封信打了 6 遍草稿，还征求过巴特勒与麦克米伦的意见。然而，除了老生常谈的理由以外，他在这封信里提出的唯一一个新论据势必也不会受到艾登的认可，或者说对后者没有说服力。他在信中写道："尾巴政府通常都不会取得成功。"他还说自己对阿奇博尔德·普里姆罗斯在格莱斯顿之后、贝尔福在索尔兹伯里之后走马上任时的情形依然记忆犹新，"他们的能力、经验和魅力"都没能挽救他们。mccciii 或许可以认为，丘吉尔精心挑选了"能力""经验"和"魅力"这 3 个词语就是为了促使艾登产生感同身受的感觉。道格拉斯－霍姆在麦克米伦之后、卡拉汉在威尔逊之后、梅杰在撒切尔之后出任首相的历史也可以被认为对"尾巴查利"原则起到了强化作用，① 但是艾登接班丘吉尔才是这种情况最突出的实例。

丘吉尔预计的灾难都是日后的事情，不过他的托词不仅可以被理解为他明确了交权的日期，而且还表明他对这件事情很反感。总体而言，丘吉尔总是在尽力给予艾登些许希望，即使他传达这种希望的措辞有时候不太得体。8 月 27 日（1954），他们进行了一次私人会面，根据艾登的记述，丘吉尔明确表示他"不到 60 岁就会得到一切"。mccciv 直到 1957 年 6 月艾登才年满 60 岁，因此这样的预告不算太鼓舞人心。丘吉尔在其他场合也多次含蓄地表示自己有可能为艾登让路，好让后者参加1955 年年末的大选——但是他也有可能继续留任，继续参加大选。

保守党大会结束了（保守党人对丘吉尔在此次会议上的讲话褒贬不一，但是没有人认为这场讲话是一场灾难），议会的新一年会期开始了。对于丘吉尔不愿退休的问题，议会里形成了几派不同的观点。最核心的意见显然在于丘吉尔本人，他越来越排斥阅读公务文件，对自己的大部分讲话的稿子甚至都不愿集中精神，以前他对讲话稿一直执着得几乎到了强迫性的程度。科尔维尔指出（在会议过后一两个月的时候）："在冬季的几个月里……我听了无数场'专题演讲'——'我没兴趣了；我对这一切厌倦了'——这对我来说都成了一种负担。"mcccv 但是在更多的时间里，丘吉尔还是非常愿意继续担任首相，而不是退休，一旦退休，他就等于承认自己充满活力的一生基本上宣告结束了，剩下的事情就只有继续完成《英语民族史》了。丘吉尔还曾对莫兰说过（12 月 16 日）："我想一旦退休，用不了多久我就会咽气。一旦无事可做，生活就没有意义了。"mcccvi

第二派观点来自与丘吉尔亲近的家人和几乎同样亲近的"政坛家人"。前者都

---

① "尾巴查利"是二战期间英国的一句俚语，指飞行中队里幸存的最后一架飞机。

希望他能立即辞职，维持住生命和声望，他们都唯恐继续留任将会危及这两个目标，与此同时，他们也希望他能获得最大的快乐，前一种愿望因此被削弱了。"政坛家人"的态度几乎同样犹豫不决，不过他们的犹豫与丘吉尔的家人略有不同，他们的心情在科尔维尔的总结中得到了充分的体现。在记述了丘吉尔有所退步的几次表现之后，科尔维尔写道：

> 不过，在有些日子里依然会出现昔日的那种光芒，充满了机智和幽默的光芒。言语之间源源不断地冒出精辟的见解。在某项决策的过程中、在某封信的字里行间、在某一句话的表述方式上，人们都能看得到天才的火花。但是，他还是那个与俄国人谈判、安抚美国人的人吗？外交大臣不这样认为，但我确信英国民众会说就是那个人。同过去这几年里任何一个与他亲密交往的人一样，我不知道答案究竟是什么。^{mcccvii}

第三派观点来自丘吉尔的同僚。在丘吉尔执政的最后七八个月里，他们几乎一致希望丘吉尔能尽快退场，以便他们在对他的尊严表示适当的尊重、对他在最后一段时期里的工作表示适当的感谢的前提下，尽快安排好移交权力的工作。但是没有几个人打算直截了当地向丘吉尔表明这种令他厌恶的观点。他们之所以不敢表达自己的看法也是因为，他们唯恐一旦行动失败，他们将会激起第四派和第五派人群的愤慨，前者指的是保守党里的积极分子，后者是党派性不那么强烈的英国民众，保守党还指望这个群体能在日益临近的大选中为他们投票。

丘吉尔本人对辞职一事的态度本来就不够坚决，面对这种情况，在外界几种相互冲突的观点的综合作用下，几乎所有的人都在这个问题上大做文章。当年10月，艾登被伊丽莎白女王封为嘉德骑士，这项荣誉肯定令艾登感到心满意足。除了得到女王的认可，眼看丘吉尔的80岁生日（1954年11月30日）也近在眼前了。90年里，第一次有人在英国首相的位置上度过这个具有转折意义的生日，格莱斯顿在第四次出任首相的时候已经80多岁了，但是在80岁生日的那一天他还是反对党里的一员。唯一一位在唐宁街10号里吹灭自己的80岁生日蜡烛的就只有帕尔姆斯顿，1864年他也在同一个地方度过了这个生日。

因此，这个生日至少可以说很引人注目，几乎所有的人都在努力让这个日子成为一个令人难忘的大日子。总体上这个目标实现了，只是期间出现了一两件不和谐的事情，而且丘吉尔本人对年满80岁这个事实也没有多少热情，尽管他一向喜欢参加庆祝活动。正如丘吉尔自己后来所说的那样，第一件令人不安的事情是"我在伍德福德把自己给耍了一把"，^{mcccviii} 这件事情（11 月 23 日）留下的阴影直到一个星期后的生日当天仍旧没有散尽。伍德福德选区的气氛比较温和，对丘吉尔毫无敌意，在被赠予了一幅克莱门汀的肖像画后，丘吉尔原本只需说几句表示谢意的客套话，然而他却决定就外交政策发表讲话。结果，就在这场讲话中他丢下了一枚炸弹。在为自己渴望与俄国人进行首脑会谈的想法进行辩解的过程中，当提及 1945 年的时候他突然说道："我给蒙哥马利勋爵发了一封电报，指示他在没收德军武器的时候要仔细一些，把它们都码放好，到了不得不和德国士兵并肩作战的时候，我们还可以随时再将这些武器发给他们——一旦苏联继续推进的话。"^{mcccix}

"究竟是什么事情促使他说出这种话？"第二天早上，以《泰晤士报》为首的报纸纷纷提出这样的问题。从几个方面而言，丘吉尔的讲话充分证明外界提出的这个问题合情合理。首先，从语言角度而言这句话本身就非常奇怪，毕竟丘吉尔一向对英语的结构和用词非常严谨。第二，在主张与俄国友好交往的发言中插入这么一句话毫无道理。第三，给蒙哥马利发过这封电报的事情似乎也完全出自他自己的想象。在 1954 年的时候，丘吉尔坚信当年自己不仅发出了这样一封电报，而且他已经在《第二次世界大战》的第六卷中公布了这封电报，但是这一点旋即就被证明是错误的。他花费了一段时间在自己和蒙哥马利的记录中翻找了一遍，结果都否定了他的说法。第四，这种说法充满了专门针对苏联的仇恨情绪，为原本就希望将他塑造成天生的战争贩子的人提供了弹药。《真理报》对这段讲话的理解也是如此，这份报纸的评价比家门口的批评意见更令丘吉尔感到苦恼。尽管如此，他还是一直渴望在最后关头自己对首脑会晤的希望能化为现实。这场争执一直没有消失，给丘吉尔的生日庆祝会投上了一层淡淡的阴影。11 月 26 日，丘吉尔最后一次以布里斯托大学校长身份为毕业生颁发学位证书，在典礼上他说自己"当时的处境有些窘迫"，因此在布里斯托大学受到的热烈欢迎令他更加感到开心和满足。[*]^{mcccx} 在生日过后的第二天，丘吉尔不得不在下议院对工党的伊曼纽尔·辛韦尔针对他在伍德福德的讲话进行的抨击做出回答。

第二件令人不愉快的事情是格雷厄姆·萨瑟兰的肖像画，这幅画是下议院给丘吉尔的生日贺礼中最主要的一件礼物，为了这幅画丘吉尔从 8 月就开始给画家当模特。萨瑟兰一开始给丘吉尔夫妇留下了非常好的印象，就在画家造访了首相乡间别墅后，克莱门汀于 9 月 1 日写信告诉玛丽·索姆斯："格雷厄姆先生真是——

---

* 丘吉尔身着在 1886 年为时任财政大臣的伦道夫勋爵制作的长袍，这为校方节约了一笔开支。

'哇'！[*]他真是太迷人了，你几乎无法相信那些野蛮、残酷的画面竟然出自他的画笔。爸爸已经给他当了3次模特，除了爸爸没有人看到画像最初的模样，他被他的画所具有的力量深深地迷住了。"^{mcccxi} 随着工作的继续，萨瑟兰对这幅画像愈发讳莫如深了。直到距离生日还有两个星期的时候，丘吉尔才被允许看了最终的定稿。结果，他不仅不喜欢这幅画像，甚至对其感到痛恨，他对莫兰说过："我觉得它充满了恶意。"^{mcccxii} 丘吉尔对这幅画像的反感已经失去了理智，他之所以会产生如此强烈的情绪是因为他认为画中的自己显得衰老而过气，他的脸显得残忍而粗野，前一种印象符合事实，后一种则是他的主观感受。在赠送画像的典礼上，丘吉尔对画像的印象依然没有改变，他只发表了寥寥几句感言，这段话以极度模棱两可而著名："这幅肖像画是现代艺术的绝佳范例。它当然兼具了力量和坦率。"^{mcccxiii} 没过多久画像就被丢在了阁楼里，大约一年后克莱门汀将其撕毁，付之一炬。萨瑟兰再也不曾受到邀请前往首相乡间别墅或者查特维尔做客，两个月后丘吉尔还拒绝了西班牙超现实主义画家萨尔瓦多·达利重新为他绘制一幅肖像画的建议。

尽管如此，赠送生日礼物的典礼还是非常辉煌。下议院议员们几乎悉数到场，贵族和其他政府官员也都出席了在威斯敏斯特议会大厅举行的这场仪式。下议院赠送的另一份生日贺礼是一本装帧精良的书，书的开篇引述了作家约翰·班扬的一段话，其后附带了下议院议员们的签名。签名的议员都为那幅没能得到丘吉尔认可的肖像画捐了款，在625名下议院议员中仅有26人拒绝捐款。一直保持着唯一一位在世前首相^{**}身份的艾德礼在典礼上发表了一场得体、大度的讲话。他甚至对丘吉尔当年在达达尼尔海峡军事行动中的表现大加称颂，当时丘吉尔以上尉身份率领一支步兵部队坚守在阴郁的海岸线上，艾德礼称这是"那场战争中唯一具有想象力的战略构想"。^{mcccxiv} 在他们两个人担任领袖的最后一年（丘吉尔为首相，艾德礼为反对党领袖，"最后一年"指的就是1954年夏天至1955年夏天），他们保持着非常融洽的关系。艾德礼夫妇受到邀请，参加了唐宁街的所有重大活动，无论是官方的，还是私人的，其中包括在1954年11月底举行的这场有200名与丘吉尔关系密切的

---

* 丘吉尔一家人习惯用"哇"表示强烈的兴趣，我认为这种表达方式最早来自萨拉·丘吉尔，这也是她使用最频繁的表达方式。丘吉尔本人很少采用这样的表达方式，不过他肯定熟悉这个词所具有的含义。

** 这种状况主要是由于在将近15年的时间里首相的大权一直在他与丘吉尔的手中来回易主。同一时间有多位首相在世的情况实际上更为有利，例如，以1955年为原点，30年前，即1925年，同时有6位首相及前首相在世；30年后，即1985年，也有6位同时在世，只不过所有人都不再是当年那些人了。

同僚参加的生日晚宴，而且还包括几个月后克莱门汀的 70 岁寿宴。就在这两次宴会之间，在白金汉宫为英联邦各国总理举行的一场晚宴上，艾德礼"在我的怀抱中"昏了过去——丘吉尔曾有些言过其实。[mcccxv] 艾德礼的表现令丘吉尔感到满意，他的这种反应有悖常情，但是也不难理解。艾德礼比丘吉尔年轻 8 岁，他突然昏厥令丘吉尔感到自己即使不如他那么年轻，至少也比他更健康。

在丘吉尔的 80 岁寿辰和圣诞节之间，内阁又举行了几次会议，丘吉尔只主持了其中的两场会议，另外 5 场都是由艾登主持的。丘吉尔依然在履行自己的职责，但他已经不太把工作放在心上了。12 月 23 日，丘吉尔去了首相乡间别墅。这一天距离他在 1944 年里迟迟赶去那座别墅度过圣诞节、并立即主动请缨于次日晚上动身前往雅典刚好整整 10 年。到了 1954 年，丘吉尔更重视的是自己对家人的责任和义务。除了其他人，他的 9 个孙儿也统统来到了别墅，这将是丘吉尔在这座住所里度过的最后一个圣诞节。他在查特维尔一直待到了 1 月初。

尽管后来不乏一些精彩的表现，但是在 1955 年的新年丘吉尔还是日渐接受了现实，承认自己的辞职已经是刻不容缓的事情了。12 月 22 日，即丘吉尔前往首相乡间别墅度过圣诞假期的前一天，艾登、索尔兹伯里、伍尔顿、巴特勒、克鲁克香克、麦克米伦与詹姆士·斯图尔特（苏格兰事务部大臣以及丘吉尔在二战期间的党派督导）这 7 位资历最高的内阁阁员组成的"陪审团"打算将丘吉尔"送上绞架"。麦克米伦在文章中提到过这是"非常令人痛苦的一幕"。[mcccxvi] 这场会议表面上是为了商议下一次大选的日期，但是与会的每一个人更关注的都是举行大选的前提条件。会议开始之后，众人先是东拉西扯了一阵，突然丘吉尔将与会的众人训斥了一顿（根据艾登所述），他说："显然我们是希望他下台。谁都没有反驳他……到最后，温威胁我们说他会将同僚们的话好好考虑一下，做出决定后他会告诉他们的。无论他的决定是什么，他都希望自己与他们目前的关系不会受到影响。谁都没有畏缩。"[mcccxvii]

根据莫兰所述，在此之前丘吉尔一直坚信麦克米伦是他最牢固的盟友。有一次他称后者是"比勒陀利亚近卫团上尉"。在这次内阁会议后，丘吉尔再也不可能继续保持这种看法了。事实上，麦克米伦在 1 月 9 日不辞辛苦地邀请莫兰共进午餐，鼓励他公开表示丘吉尔的确没有能力继续留任了。麦克米伦的背叛对丘吉尔在圣诞假期里进行的思考产生了很大的影响。就在麦克米伦与莫兰共进午餐的那天前后，他的心理状态似乎出现了翻天覆地的变化，他打算在复活节休会期开始之际离职，这一年的复活节在 4 月初。即使说这个决定还存在回旋的余地，至少丘吉尔的态度已经非常坚定了。在接下来大约一个星期的时间里，一小群关系密切的亲朋好友纷纷得知丘吉尔的这个决定，与其他高度保密的事情一样，这个消息也丝毫没有泄露出去。了解情况的人都只将消息转告给了一两位特别可靠的心腹或知己，布拉肯就在 1 月 17 日写信向比弗布鲁克透露了消息。这种情况与哈罗德·威尔逊在 1976 年 3 月 16 日辞职时的情形十分相似，在之前的两三个月里只略微传出过一些他将辞职的小道消息。

在哈罗德·威尔逊辞职的 21 年前，即 1955 年 2 月，丘吉尔在前两个星期里一直忙着参加为英联邦各国总理们举办的招待活动并对后者施加影响。在一场场英联邦领导人的会议上，丘吉尔显示出自己对目前以及未来局势的影响力依然不减当年。也正是在此次会议上，他鼓励贾瓦哈拉尔·尼赫鲁成为"亚洲之光"。[mcccxviii] 由于莫斯科的一场党内变革，马林科夫（部长会议主席）一人主政的局面被布尔加宁与赫鲁晓夫共同执政的两头政治取而代之。凡是意味着局势有所变化的苗头都能重新点燃丘吉尔对首脑会晤的热情，在月底，巴特勒告诉麦克米伦："温斯顿现在企图撑到他向安东尼承诺过的最后一刻。"[mcccxix] 丘吉尔或许的确受到了强烈的诱惑，但是在 2 月末发生的两件事情比他的口头承诺更明确地保证了他的离职。第一件事情就是他选定了 4 月 4 日举行一场盛大的告别宴会，届时伊丽莎白女王与菲利普亲王将前往唐宁街参加晚宴。第二件事情就是他着手准备将在 3 月 1 日介绍年度国防白皮书的辩论中发表的讲话，面对这场讲话，他的态度就仿佛是在发表个人首场下议院讲话的 54 年后向下议院表达自己最后的遗愿。事实的确如此，在任的最后一个月里他还发表过两场讲话并回答过一些质询，但是这些发言都无足轻重。结束首相生涯之后在下议院的 9 年里，他再也没有发表过讲话了。

对丘吉尔来说，这场讲话几乎相当于个人政治生涯的绝唱，他对这场讲话的重视程度清楚地显示出，他意识到这场讲话最终将具有怎样的性质。简·波特尔在文章中提到过丘吉尔花了整整 20 个小时准备讲话稿，"讲稿完全是他口述的"，对于这件事情，波特尔小姐应该是可信度最高的证人。[mcccxx] 对于丘吉尔花费的时间和心血，这场讲话达到了相应的效果了吗？丘吉尔在讲话中宣布了政府决定制造属于英国自己的氢弹，但是在很大程度上这种举动只是为了增加谈判筹码。在有些人看来这种说法有些矛盾，不过这种策略的侧重点的确更多的在于谈判，而不是筹码。对于东西方之间战略性的平衡态势，英国是否拥有属于自己的氢弹实际上无关紧要，英国拥有氢弹只能被理解为英国在应对美国时多了一根杠杆，在应对苏联时多了一件武器而已。丘吉尔在下议院的最后一场重要讲话引人注目，因为其中至少有几句话令人难忘，这几句话就如同荒无人烟的大地上划过的一道闪电一样照亮了前方恐怖的景象："为了挽救我们的生命和世界的未来，我们应当选择哪条路？对于老人来说，这个问题已经不太重要了，不管怎样他们很快就要离开这个世界了；但是看着充满活力和激情的年轻人我会感到很辛酸……我不禁自问，若是上帝对人类感到了厌倦，那么在前方等待着人类的将会是怎样的一幅景象。"令人吃惊的是，一个不信仰上帝的人（至少从传统的神学意义上而言）竟然会采用最具有《圣经启示录》色彩的措辞描绘未来的恐怖景象。丘吉尔接着又用比较乐观甚至几乎过于"积极向上"的腔调讲了 45 分钟，不过这场讲话的最后几句完全可以成为一篇绝佳的墓志铭：

> 当公平竞争、同胞之爱、对正义和自由的尊重，促使备受折磨的一代代人从我们不得不忍受的丑恶时代大步走向平静、胜利的未来，到那时黎明或许就要来临了。在这个过程中，绝不退缩，绝不失去热情，绝不失去希望。[mcccxxi]

丘吉尔即使在一生中有过畏缩的时候，这种时候也非常稀少，但是在这一年的 3 月他两度逃避了原定于 4 月初的辞职。3 月 11 日，艾森豪威尔宣布自己主动提出将于 5 月 8 日出访巴黎，这一天是对德战争结束的 10 周年纪念日。这个消息几乎无异于在制造祸端。法国于 1954 年 8 月底表示拒绝加入欧洲防务共同体，之前的方案主要是由艾登草拟的，艾森豪威尔此行是为了签署一套替换方案。罗杰·梅金斯在一封电报里对美国总统的方案做了基本介绍，有可能引起事端的正是这封电报中的两句话。在巴黎期间，艾森豪威尔提议"同科蒂总统［法兰西第四共和国的］、阿登纳和温斯顿·丘吉尔爵士一起郑重批准协议生效"，此外他或许还准备"制订计划，同苏联人进行一场会晤，以继续努力缓和紧张气氛、降低战争爆发的可能性"。[mcccxxii]

充满诱惑力的前景不可避免地扰乱了丘吉尔的思绪。5 月 8 日与艾森豪威尔在巴黎的一场会晤令他恢复了所有希望，他怎么可能还会在 4 月 5 日悄无声息地辞去首相一职？读完梅金斯的电报，当天早上，丘吉尔首先就以惋惜的口吻口述了一封给艾登的备忘录：

> 梅金斯的［电报］是重中之重……我们必须认为有关他［艾森豪威尔］亲自参加政府首脑会晤的提议将开创一种新的局面，这种新局面将会对我们的个人计划和时间表都产生影响。
>
> 它还令 5 月是否举行大选的问题变得复杂了，我估计你倾向于支持这场大选……［这种态度］或许会带来一定的风险，因为这似乎表明，我们竟然允许

自己在保守党利用社会党人分裂的机会仓促举行大选这样的权谋，以及一场让世界有机会避免终极毁灭命运的政府首脑会晤之间权衡不下。英国全国民众都不会支持这种态度的。[mcccxxiii]

艾登怀着受到极大冒犯的情绪给丘吉尔回了一封信："我知道，在公共生活中我还从未做过任何一件能够证明我会置保守党的利益于国家之上，或者置我个人的利益于国家或保守党之上的事情。"[mcccxxiv] 他要求内阁就丘吉尔辞职的事情提前召开一次会议。3 月 14 日，星期一，上午，内阁在首相与外交大臣剑拔弩张的气氛中召开了会议。艾登发言的主要内容就是宣称自己对于四国会谈（包括俄国）的态度与丘吉尔一样热切，但是在移交权力的问题上他绝不会屈服。在会上丘吉尔一度提到艾森豪威尔有可能将于 6 月到访伦敦，艾登冷冰冰地问道："首相，这就意味着您跟我谈定的事情告吹了？"随即他的口气由冷淡变成了任性："我已经当了 10 年的外交大臣了。难道我还不值得信任吗？"[mcccxxv] 丘吉尔的回答化解了艾登挑起个人冲突的企图，他说："在这个问题上自己不需要别人的指导，内阁也不会对此展开常规性的商议。"[mcccxxvi]

麦克米伦说过这场内阁会议的气氛"很古怪"，他在文章中提到知道丘吉尔承诺于 4 月 5 日辞职一事的大臣们都"很不开心"，不知道这项承诺的大臣们都一头雾水。[mcccxxvii] 当天下午，丘吉尔不得不对下议院的谴责表决做出答复。这场讲话算不上他最著名的讲话之一，但是政府还是轻松地躲过了遭受谴责的命运，这种结果在很大程度上是由于，在工党内部安奈林·比万及其追随者与其他工党议员发生的激烈争执导致的。接下来的一场内阁会议于 3 月 6 日星期三召开了，这时丘吉尔又接到了一封来自梅金斯的电报，后者在这封电报中明确地表明了美国方面的态度，艾森豪威尔和杜勒斯都不曾认真考虑过同俄国人进行对话的可能性。这封电报令丘吉尔彻底泄了气，麦克米伦在文章中提到首相在听到消息后"表示自己很失望"，不过他还提到这意味着"内阁危机结束了"。[mcccxxviii]

3 天后，玛丽·索姆斯在日记中写道："从这时起直到'那一天'"，父亲的"日子都会很难过了。他想得太多了……这是他的第一场死亡。"[mcccxxix] 令形势变得更加复杂的是，大约就在这个时候，丘吉尔即将辞职的消息开始渐渐地出现在报纸上。这件事情的保密工作做得太完善了，在此之前一直处在高度保密状态中。然而，即使消息被曝光也还是没能令丘吉尔再一次突然改变心意。3 月 27 日，布尔加宁含蓄地表示自己支持举行四国会谈。28 日晚上，设宴款待了即将发表财政预算报告的巴特勒之后，丘吉尔告诉科尔维尔："一场危机就要来临了——两次大罢工（报业和码头），一次重要的预算报告，大选的日期需要确定，布尔加宁的表态。在这种时刻，他不可能仅仅为了满足安东尼个人对权力的胃口而抽身离去。如有必要，他将在党内召开一场会议，让党做出决定。"mccccxxx

为了向丘吉尔表示敬意，艾登夫妇于次日晚上举办了一场告别宴会，丘吉尔夫妇双双出席了宴会，但是这依然无法淡化丘吉尔再度在辞职问题上出现反复所产生的影响。科尔维尔通过艾登的新任私人秘书安东尼·朗博德给艾登提了一条建议："必须将'友善'当作座右铭——面对敌方和决一死战的局面，首相会取得胜利，但是他对别人的示好从来没有抵抗力。"mccccxxxi 事实证明这个建议极其明智。参加晚宴之前，丘吉尔去拜见了伊丽莎白女王，询问她是否反对他推迟辞职的决定，女王"说她不反对"。mccccxxxii 女王的答复大概只表示，她认为根据宪法的规定，自己的职责范围不包括对丘吉尔与艾登之间的争端做出仲裁，但是丘吉尔认为女王的答复是对他的认可。尽管如此，科尔维尔的建议还是完全产生了效果。第二天，丘吉尔似乎打消了自己的最后一场白日梦。他叫艾登与巴特勒在6点30分前去与他会面。在外交大臣与财政大臣到来之前，他告诉科尔维尔："安东尼亲切友好的态度令我深受感动，改变了很多。"mccccxxxiii 随后他便告诉他们自己已经下定决心了，将在4月6日辞职。然后，作为"一个悲伤的老头子"，他请科尔维尔留下来与他共进晚餐，科尔维尔说自己得去参加一位朋友的21岁生日聚会。科尔维尔为丘吉尔效力长达15年，虽然期间中断过，但是他对这位上司一直尽忠职守，玩忽职守的情况很少出现。这一次，考虑到丘吉尔当时的状况，他的表现可以说有些不太负责。

在剩下的日子里，除了各种告别活动就没有太多值得一提的事情了。丘吉尔夫妇已经在前一个周末告别了首相乡间别墅，他们在唐宁街度过了最后几天，克莱门汀还为星期一筹备了一场王室晚宴（大约50人参加）。这段日子风平浪静，其间还留下了一张美好的照片，那是丘吉尔在唐宁街10号门前的台阶上向伊丽莎白女王话别时的情景。科尔维尔在日记中补充了一段评述，在丘吉尔向女王告别的事情上，他的描述完全可以消除《你好！》（八卦时尚杂志）或者"詹妮弗的日记"（时尚节目）式的浪漫解读给外界带来的误导：

> 威斯敏斯特公爵夫人一脚踩在了克莱丽莎［艾登夫人］的裙摆上……伦道夫喝醉了，执意叫克莱丽莎读一读他为《笨拙》杂志撰写的一篇贬低安东尼·艾登的文章；赫伯特·莫里森夫人［是莫里森的第二任妻子，坚定的托利党党员，而不是后来出任商务大臣的彼得·曼德尔森的祖母］非常得意，几乎没有人能说服她从女王的身旁离开……mccccxxxiv

更重要的是，科尔维尔还提到在众人离去后，丘吉尔一下子消沉了下去。"我跟温斯顿走到了他的卧室。他在床上坐了下来，身上依然挂着他的嘉德勋章、功绩勋章，也没有脱掉及膝短裤。他一言不发地沉默了几分钟，我也没有吭声，我想他应该在伤感地想着这将是他在唐宁街度过的最后一夜了。突然，他直勾勾地盯着我，情绪激烈地说：'我相信安东尼干不下去的。'"mcccxxxv

第二天中午，丘吉尔主持了最后一次内阁会议，这场会议非常正式。下午，他前往白金汉宫正式请辞，他像以往参加王室活动时那样身着双排扣礼服（而不是燕尾服），这套礼服是伦敦最新出现的款式。伊丽莎白女王有些装腔作势地提出授予丘吉尔公爵的爵位，这项提议有些不同寻常。自一个世纪前，从约翰·罗素勋爵开始伯爵爵位就一直是首相们得到的"常规"爵位（如果他们希望成为贵族的话）。伊丽莎白女王准确地判断出丘吉尔渴望得到更高的评价，但是她可能并不热衷于再次在王室之外分封一位公爵。自 1874 年格莱斯顿被擢升为威斯敏斯特公爵之后，非王室成员中就再也没有产生过新的公爵。因此，女王就丘吉尔是否会拒绝接受这个爵位的问题进行了谨慎的调查。在确信丘吉尔会拒绝接受公爵爵位的前提下，她提出了这项提议。女王如愿以偿，丘吉尔拒绝了她的美意，但是态度很勉强。这项提议对他充满了诱惑力，但是继续留在下议院的渴望抑制住了这份诱惑。或许他甚至考虑到伦道夫有可能继承草莓叶头冠（公爵的头冠以草莓叶为装饰，因此草莓叶象征着公爵的爵位）的问题，他婉言假称自己获得公爵爵位将会影响伦道夫的政治生涯，尽管后者在政坛上已经毫无前途可言。爵位问题也解决了，丘吉尔向唐宁街做了最后一次告别，在 4 月 6 日的下午被送回了查特维尔庄园。回到庄园，他很快便开始安排之前计划好的假期——在克莱门汀、林德曼与科尔维尔的陪同下前往西西里岛。按照以前的标准，这一次随行队伍的规模非常小。这次外出度假没有产生预期的效果，西西里就如同前一年的查特维尔一样几乎阴雨不断。在岛上待了两个星期后（而不是原定的 3 个星期），丘吉尔一行便打道回府了。

丘吉尔死死抓住职位的态度有损于他的声望或者未来的健康和幸福吗？无疑，在 1953 年退休的话他的处境会好一些。他领导的第二届政府在前两年里取得了相当优异的政绩，在说服英国的保守党人接受在战后的世界里时钟不可能再被拨回20 世纪 30 年代这一现实的过程中，起到了积极的作用。在此之后，这届政府就几乎没有任何成果了，事实证明首脑会晤最终也只是徒劳的幻想，换作其他人也同样无法促成此事。不过，导致丘吉尔在 1953 年做出错误决定的主要原因还在于，艾登突然患病，巴特勒又没能断然出手，当时没有一个人强迫他出局。这件事情给丘吉尔在国内和国际上的声望造成的损害都微不足道，对他的健康造成的影响也是如此，但是一直继续下去，直至用玛丽·索姆斯在 1955 年 3 月里说过的话说"突然陨落"，大概才能最大限度地维持住他的生命活力。^{mcccxxxvi} 对权力紧抓不放的态度给丘吉尔带来的惩罚或许就是，在他退休后，原先听命于他的那些大臣和继任者都很少征询他的意见，如果当初他比较轻易地就放手的话，他们或许会更乐意向他讨教。相比他长达 47 年的内阁生涯以及伟大杰出的首相生涯而言，这样的代价无足轻重。

第四十六章　夕阳缓缓西沉，沉得那么缓慢

在 80 岁的在任首相中，帕尔姆斯顿是最幸运的一位。1865 年 10 月 18 日，仍然在任的他与世长辞，这一天距离他的 81 岁生日仅剩下两天。他的身体并非毫无问题，不过对于他的年纪以及他在前一年夏天度过的一段时期来说，他的健康状况还算良好，在 7 月他还赢得了一次大选。帕尔姆斯顿喜欢攀越栅栏（逝世前不久他还进行过撑竿跳运动），以显示自己的身手不减当年。在 10 月的第一个星期里，他爬上了妻子在赫特福德郡的府邸布罗克特庄园里的一处栅栏。当月 12 日，在一次乘坐马车出行后他发起了烧，在患病的 4 天半里他一度恢复了体力，尽情享受了一顿丰盛的早餐，吃了羊排，还喝了波尔图葡萄酒。

格莱斯顿离职时的年纪比丘吉尔还要大 4 岁，但是逝世时的年纪却比他小一岁半，他过了 50 个月可悲的退休生活，一直处于半聋半盲状态。丘吉尔与格莱斯顿一样存在失聪的问题，但是始终没有失明。直到将近去世的时候他还有看书读报的能力，他也的确时不时地读一读书，基本上读的都是小说。在生命的最后阶段，格莱斯顿就如同丘吉尔在一生中那样沉醉于法国南部的生活，退休后他在一位富有的随从在戛纳的一座别墅里前前后后住了将近一年的时间。他还参加过一次由一位航运业巨头操办的航游旅行，尽管接待他的主人和此行的目的地——汉堡、基尔、哥本哈根——都不如丘吉尔乘坐希腊船王亚里士多德·奥纳西斯的游艇畅游大海的经历那么充满异域风情。在临终前的一年里，由于脸颊的癌变格莱斯顿一直承受着极大的疼痛，丘吉尔没有经历过这样的剧痛。但是，格莱斯顿一直保持着强烈虔诚的宗教信仰，丘吉尔却不具有这样的信仰，他只是略微有些相信至高无上的神的存在。在被剥夺了世俗的权力后，虔信教皇的格莱斯顿和有些信仰埃拉斯图斯主义（国家万能主义）①的丘吉尔都没有因为自己的信仰而找到多少生命的意义。

---

① 埃拉斯图斯主义（埃拉斯都主义），指国家与教会关系中的国家全能论，在教会事务上国家的权力高于教会。该学说得名于 16 世纪神学家托马斯·埃拉斯图斯。

退休后，丘吉尔又度过了 10 年的人生，对于一位直到暮年仍然执掌大权的人来说这段时间太漫长了。在 1959 年大选之前以及大选期间，他完成了最后一项出版任务、发表了一两场引人注目的讲话、对美国进行了一次半官方的访问，与往常很多时候一样，在这一次出访美国期间他又应邀住在了白宫里。相比在 1953 年脑卒中后继续执政的那段时期，在这 4 年半的时间里他的能力、身体状况和精神状态都没有多少变化，在接下来的两年半里他的状况也是如此。1962 年 6 月，已经 87 岁高龄的他在蒙特卡洛的巴黎酒店里摔倒了，造成了髋骨骨折。他被飞机送回了英国，住进了米德尔塞克斯医院，在那里被关了 3 个星期。到了第二个阶段，他开始尽情享受在生命尽头能找到的一切乐趣，以乘坐奥纳西斯的豪华游艇出海航游为主。1962 年的夏天过后，生命的终点基本上就只是一个时间问题了，这样的等待已经令他失去耐心。又过了两年半，他才终于走到了终点。

在退休后一开始以及不成功的西西里之行之后的一段时间，即 1955 年的春末和整个夏季，丘吉尔在英格兰期间基本上都住在查特维尔庄园，偶尔也会去海德公园门暂住几天。5 月的大部分时间里全国各地充斥着竞选活动，但是丘吉尔的生活并非如此。他有些失望地发现在经过了那么漫长的等待之后，艾登竟然也试图为自己树立起极其稳固强大的威望，而且竟然没有人希望他在其中发挥核心作用。没有迹象表明丘吉尔代表保守党发表过广播讲话。在开展竞选活动的 3 个星期里他只发表了 4 次讲话，其中两次是在他自己的选区，第三次是在贝德福德郡支持克里斯托弗·索姆斯的讲话，第四次是在东沃尔瑟姆斯托（位于外伦敦）。在这一次大选中，保守党的优势票数比前一次大选提高了 20 多票（23 票），艾登的地位因此得以加固。其中的一票就是伍德福德保守党青年团的一位前任主席在东沃尔瑟姆斯托争取到的，他在这个选区成功地改写了工党人以微弱优势领先的格局。

丘吉尔当时主要忙于对《英语民族史》进行最后的修改。尽管卡塞尔出版社对丘吉尔以美国南北战争为全书画上了一个突兀的句号而表示过不满，但是名义上这部作品已经在 1939 年二战爆发之前就完成了。当时丘吉尔完成得很仓促，再加上此时时代已经改变了，因此在丘吉尔的监督指导下，这部作品被大刀阔斧地改造了一番。《今日历史画报》的联合创办人艾伦·霍奇是改造工程的总负责人，此外丘吉尔还聘请了丹尼斯·凯利，鲜为人知的凯利最初造访查特维尔庄园还是为了收集供《第二次世界大战》写作用的资料。外围的许多学者也荣幸地接到了丘吉尔求助。提起那段往事，霍奇的妻子充分地描述了当时改造工作的进展节奏："约翰·H. 普拉姆和其他的历史学家交出了无数草稿，丘吉尔和艾伦对草稿进行了仔仔细细地审阅"。[mcccxxxvii] 面对这项工作，丘吉尔无须保持二战前撰写专著或报纸文章时的状态，例如工作强度，他甚至无须达到自己在 20 世纪 40 年代构架战争回忆录时的工作状态。但是这项工作为他在接下来的两年里，尤其是在法国南部期间，提供了进行适当脑力活动的机会。两年过后，四卷本《英语民族史》的最后一卷也准备付梓了。

无论如何，这部作品也不可能跻身于丘吉尔最优秀的著作中，但是这部作品的销售成绩非常出色，为出版社和作者都带来了巨大的收益。首印的第一卷在英国国内就售出了 13 万册，后续几次印刷（同一版）又售出了 9 万册。这一卷的标题是"不列颠的诞生"，内容截至 1485 年的历史。后续 3 卷为《新世界》《革命时代》和《伟大的民主国家》，第二卷和第三卷分别讲述了 1486 年至 1815 年的历史、都铎王朝和斯图亚特王朝统治的两个世纪，第四卷虽然以亚伯拉罕·林肯为起点，但是最晚只讲述到 1900 年的历史，丘吉尔曾说过自己没有兴趣为"充满灾难和毁灭的可怕的 20 世纪"树碑立传。mcccxxxviii 这 3 卷的起印数均为 15 万册，不过最初的重印次数都比第一卷少一些。

1955 年 6 月 7 日，新一届议会召开了第一次会议，不再担任任何职务的丘吉尔摇摇晃晃地挪到了新的座位上——过道下方前座议席角落里的座位。在这届议会 4 年半的执政期以及下一届议会的 5 年执政期里，他偶尔会参加一次投票表决，但是再也不曾发表过讲话。1958 年 7 月，就在伊拉克爆发革命、国王与首相遇害身亡后，他准备了一份详细的发言笔记，但是到了会上他还是觉得没有什么事情值得让自己打破沉默。不过，他在议会之外发表过大量成功的讲话。在卸任后第一年的 6 月，他在伦敦市政厅为他的一尊等身塑像举行的揭幕式上发表了讲话。这尊令人过目不忘的塑像出自奥斯卡·内蒙之手，这位来自南斯拉夫的犹太难民后来成了丘吉尔塑像专家，创作了数颗丘吉尔的"脑袋"。

在 1955 年圣诞之前的一个月里，丘吉尔发表了 5 次讲话，其中两次是在伍德福德发表的政治讲话，一次是在他连续第 16 次听到哈罗公学校歌时，另外两次是在伦敦市。在次年的 5 月，他去了德国的亚琛，接受了用以表彰对欧洲统一化做出突出贡献者的查理曼大帝奖，在欧洲大陆的这场盛会上他发表了一场非凡的讲话。他提醒西德人民，如果在同苏联人占领的东德实现统一的问题上用力过度的话，有可能会造成"你死我亡"的结局。这种观点同西德第一任总理阿登纳在私下里表达的看法基本上不谋而合，这位总理对促成德意志联邦共和国加入加洛林王朝时代划定的西欧版图的热情远远超过了对西德与东德实现统一的热情，东德不仅信奉新教，而且有可能一切决策都来自社会主义者。尽管如此，在德国举行的这样一场颁奖仪式上，丘吉尔的这套理论听上去还是显得有些刺耳。

除了零星的几场讲话，丘吉尔就只剩下《英语民族史》的收尾工作了，他也因此常常陷入百无聊赖，甚至孤独的情绪中。他在 6 月 2 日又经历了一次动脉痉挛，由于这次的发作他在一段时间里难以握住雪茄，这让他失去了一个极大的乐趣，不过在 1955 年的夏天他的身体状况总体上要胜于克莱门汀，尽管后者比他年轻 10 岁。在那个年代被称为"神经炎"的疾病给克莱门汀造成了很大的痛苦，8 月 4 日她飞往瑞士，希望在疗养胜地圣莫里茨的治疗能够对"为了恢复健康已经花费了大量精力"的她起到帮助作用。^{mcccxxxix} 丘吉尔几乎独自一人守在查特维尔庄园直到 9 月 15 日，然后他也前往法国南部。在此期间有许多人前往查特维尔探望他，其中包括帕梅拉·李顿与维奥莱特·博纳姆·卡特这样一些不禁令人缅怀往昔时光的老朋友。艾登夫妇也登门拜访了丘吉尔，并在庄园里待了整整一天（在给克莱门汀的一封信中丘吉尔称他们是"安东尼与克利奥帕特拉"①）。^{mcccxl} 但是，有 17 顿晚餐丘吉尔都只能同年仅 32 岁的安东尼·蒙塔古·布朗一起分享，这肯定给两个人都带来了一定的压力。

布朗是丘吉尔在唐宁街最后两年半里的私人秘书，由于新任外交大臣哈罗德·麦克米伦的决定，在外交部任职的他于 6 月中旬（1955）再次被临时借调给了丘吉尔。麦克米伦认为丘吉尔在外交领域中继续扮演一定角色的一两年里布朗将会有助于引导他应对各种微妙的局面。最终，布朗在丘吉尔身边工作了不止 9 年半的时间，直至丘吉尔逝世，他的身份也从单纯的外交事务顾问发展成了丘吉尔在生活的方方面面都不可或缺的"总管"。这样的工作安排毁掉了布朗的外交事业，但是极大地减轻了丘吉尔最后几年里的痛苦。布朗几乎如影随形地陪伴着丘吉尔，为他草拟讲话稿和信件，判断他想与谁见面或者不想见到谁，竭尽全力地维护修补着他四下散落的社交生活碎片。为他支付薪俸的是丘吉尔，而非外交部，不过他的名字依然被保留在外交部的花名册中。

在丘吉尔退休后的第一个阶段同时也是他对政治最敏感的一个阶段里发生的最严峻的事件，就是英法两国军队于 1956 年 11 月初入侵了苏伊士运河区以及这场军事行动引发的一系列后果。又一次轻度脑卒中后，丘吉尔在法国南部一直疗养到了 10 月 28 日，5 天后，在政府的请求下他发表了一份声明，表示支持艾登政府实施的军事行动。丘吉尔几乎别无选择，在 1951 至 1955 年里他与艾登在政策方面争执时间最久的一个问题就是他认为艾登在面对穆罕默德·纳吉布（埃及第一任总统）与贾迈勒·阿卜杜勒·纳赛尔（埃及第二任总统）领导的政权时采取的态度过于怀

---

① 古埃及托勒密王朝的最后一任女法老"埃及艳后"，以及被她利用的大将军。

柔。在这份声明中，他表示自己相信"我们的美国朋友将会逐渐意识到我们之所以单独采取行动是为了共同的利益，这种情况已经不是头一回了"。mcccxli

因此，丘吉尔对苏伊士行动没有产生一丝良心上的不安，也从来不曾做过如此的表示。令他感到极度震惊的是，这场军事行动几乎在刚一开始就被取消了，而且这场行动还导致英国与美国的友好关系破裂了。外界只能通过科尔维尔与莫兰针对后来的一系列谈话留下的记录，来了解丘吉尔的思想变化过程，但是莫兰留下的资料依然存在着前文中提到过的缺陷。11 月 29 日，科尔维尔问丘吉尔如果依然坐在首相位置上，他是否也会做出同艾登一样的表现，丘吉尔回答道："我应该绝对不敢这么做；即使我敢这么做，我也绝对不敢罢手。"mcccxlii 他还说在他看来这场军事行动"是所有可能的方案中在计划和执行两方面都最为拙劣的一次行动"。mcccxliii 11 月 26 日，莫兰宣称丘吉尔很震惊，因为文登以健康为由而躲到西印度群岛休养的行为，他说："我真想看到哈罗德·麦克米伦当上首相。"mcccxliv 12 月 6 日，他又告诉莫兰（这一消息来源记述的情绪一向比较可信，但是具体的措辞就不太可信了，这一次也不例外）："当然，谁都没法说自己在那个位置上会怎么做，但是有一点是确定的，在尚未咨询美国方面的意见时我是不会采取任何行动的。"mcccxlv 在英法两国的这场冒险行动告终后，丘吉尔在给艾森豪威尔的信中以及在两年后造访白宫期间，都一直在竭尽全力地修补着这件事情对英美关系造成的损害。

1957 年 1 月初，艾登下台了，在这段时间里丘吉尔一直待在英格兰。艾登的继任者人选在巴特勒与麦克米伦之间悬而未决，安东尼·蒙塔古·布朗担心在这个问题上政府也同样不会征询丘吉尔的意见。众所周知，其他一些资深的政治家都曾被召进白金汉宫提供建议，不过享受到这种待遇的政治家往往都不会如此老迈。因此布朗给伊丽莎白女王的首席秘书迈克尔·阿迪恩爵士打去了电话，后者至少在表面上有些像一位脾气暴躁的少校，一开始他断然拒绝了布朗的请求，但是后来又主动提出自己可以前往查特维尔庄园一趟，然后向女王代为转达丘吉尔的意见。布朗拒绝了阿迪恩的好意，他告诉对方这样行不通，丘吉尔必须当面接受女王的咨询。阿迪恩让步了，于是丘吉尔戴上大礼帽（他发现这顶礼帽已经很破旧了）、穿上双排扣礼服，前去面见那位备受瞩目的咨询对象。丘吉尔的举止非常得体，也许有人会认为到了生命的这个阶段以丘吉尔的声望已经无须如此表现了，但他还是以这样的方式对布朗代表雇主坚持不懈的行为表达了自己的敬意。

总体上，布朗承担的责任更主要地在于帮助丘吉尔避免各种工作，而不是强加给他各种工作。他的职责还包括陪同丘吉尔出行，这项工作的重要性与日俱增，一向习惯阳光和奢华享受的丘吉尔，对暂居在法国南部的生活以及在地中海上的航游

（偶尔也会前往加勒比海海域）的兴趣越来越浓厚了。查特维尔依然是丘吉尔在英国国内期间经常居住的大本营，不过随着时光的流逝海德公园门的住所或许越来越占据了上风。在查特维尔，丘吉尔亲自参与建造的房舍和水利工程早就完工了，他的最后一部著作也已经完成了，他也不再从事农业活动，两座偏远的农场都在1957年10月被卖掉了。除了凝望肯特郡的原野，他在这座庄园里就几乎无事可做了。他继续保持的一项英国式娱乐活动，就是观看自己的赛马参加比赛，这些马都是常败将军，不过并非毫无取胜的纪录。丘吉尔越来越喜欢海上风景，在海上至少总有一些时候阳光灿烂，但是他还是多次在信中表达过对普罗旺斯冬季天气的不满。在里维埃拉的日子里，他基本上都住在两幢别墅里，后来还下榻过一家酒店，他在海上航游的生活则完全仰仗于一个人和一艘非常小（排水量不到2000吨），但极其奢华舒适的游艇。

　　两处别墅中的一处是比弗布鲁克在卡普戴尔海角的拉卡彭奇纳庄园。1939年，比弗布鲁克从爱德华·莫利纽克斯上尉手里买下了这座庄园，它距离蒙特卡洛大约两英里、坐落于岩石海岬处。后者是英国著名的时尚设计师，曾参加过第一次世界大战并且获得了上尉军衔，他也希望外界以这个军衔称呼他。在二战将近结束的时候，比弗布鲁克又拿回了基本上还算完好的庄园，当时英国货币受到了最大限度的紧缩，他靠着加拿大的资金来源维持着庄园的奢华生活。有一段时间，丘吉尔与比弗布鲁克有些疏远，时过境迁之后，丘吉尔于1949年的夏天初次到访了拉卡彭奇纳庄园。在外界看来，或许这座庄园没有给丘吉尔留下最愉快的回忆，毕竟他最初一次脑卒中就是在这座庄园发作的。当时莫兰被派去照顾丘吉尔，他发布了几份具有误导性的病情报告，不过这样的误导符合形势的需要。在莫兰的照看下，丘吉尔过了整整一个星期足不出户的生活。

　　尽管有过这样令人沮丧的历史，拉卡彭奇纳庄园依然是丘吉尔在退休后前往法国南部时首先造访的地点。9月15日（1955），丘吉尔来到庄园，在这里一直待到11月15日，远远超出了他预期的时间。一开始陪伴他的是克莱门汀，她从瑞士赶到法国，此外还有索姆斯夫妇以及一直跟随他出行的不多的几位随从。后来他的女儿萨拉以及艾伦·霍奇和丹尼斯·凯利也都出现了。丘吉尔在这里完成了《英语民族史》相当重要的一部分工作，并且还在坚持画画。比弗布鲁克当时不在庄园里，但是他给庄园留下了他那位身手不凡的厨师和其他几名用人。丘吉尔夫妇后来又两度造访了拉卡彭奇纳庄园，每一次都住更长的时间，其中一次是在1958年9月，他们在那里庆祝了他们的金婚纪念日。在拉卡彭奇纳庄园，丘吉尔总是习惯比克莱门汀待的时间更长一些。在20世纪60年代初期，他将大本营从法国南部转移到了蒙特卡洛的巴黎酒店，但是他依然喜欢在下午前去庄园的花园看一看，画一会儿画（一生中的最后一批画作），或者只是在阳光里坐上一会儿。

比弗布鲁克本人很少出现在自己的别墅里，对于丘吉尔在里维埃拉度过的休闲生活的最初和最后阶段，这座别墅都是一个重要的大本营，中间一段时间它的地位则被另一座住所取而代之了。后一座住所就是拉堡萨庄园，它坐落在蒙特卡洛以东大约 10 英里的罗克布罗恩。这座庄园最初是丘吉尔的老朋友绰号"本德尔"的威斯敏斯特公爵为可可·香奈儿建造的，直到 1954 年才被埃默里·里夫斯购得。当时里夫斯已经回到了法国，在 20 世纪 30 年代末期他正式在法国向世界各地的报社推销丘吉尔的文章，到了 20 世纪 50 年代中期重返法国的时候他已经远比当年富有多了。凭借着手中的财富他不仅买下了拉堡萨庄园，而且还用最杰出的画作和最高档的家具装点其中。他的财富中有相当一部分就来自他对丘吉尔在二战后完成的作品进行的推广宣传，这项工作给他带来了巨大的收益，因此可以公平而且富有诗意地说，丘吉尔完全有权享受里夫斯的财富所创造的优雅奢华的生活，在 1956 年的年初至 1959 年的年底他充分利用了自己的这项权利。

10 月 26 日（1955），丘吉尔在拉卡彭奇纳庄园写信告诉克莱门汀："按照要求明天我得同里夫斯以及 R 夫人在圣普尔餐厅共进午餐……午餐后我还要去看一看马蒂斯教堂。"[mcccxlvi] 在美食和艺术的包围下——这种环境很合丘吉尔的胃口——丘吉尔与里夫斯夫妇恢复了交往（"R 夫人"在这个阶段尚未成为里夫斯夫人，而是温迪·罗素，后来她还是嫁给了里夫斯）。他们的交往升温迅速，在 1956 年 11 月 11 日再次前往法国南部的时候，丘吉尔直接去了拉堡萨，在这座别墅里逗留了一个月。在 3 年半的余生里，他还造访过拉堡萨 11 次，每次逗留的时间都不算短，11 次总共在那里住了 54 个星期。

丘吉尔是一位非常受欢迎的客人，温迪对他的态度至少不亚于埃默里·里夫斯。对于里夫斯夫妇而言，生活的核心意义就在于款待丘吉尔。丘吉尔有权随心所欲地带去任何人，女儿、秘书、贴身男仆、警察局的探长、林德曼，甚至是他的出版人德斯蒙德·弗劳尔。对于一起吃饭的其他客人，里夫斯夫妇都会征求他的意见。几年里，从温莎公爵及夫人、理查德·奥斯汀·巴特勒到保罗·雷诺等人都曾造访过拉堡萨，与他一起共进午餐或者晚餐。不过最令丘吉尔感到满意的还是安安静静、几乎只有家人陪坐的聚会，偶尔再乘船去一趟大饭店或者赌场。在拉堡萨度过最初的 3 个星期后，他以几乎痴迷的口吻对自己的生活方式做了一番描述：

我几乎成天到晚待在床上，起床只是为了吃午餐和晚餐。我的主人给我上了一堂有关马奈、莫奈、塞尚等人的艺术课，他们夫妇都对现代艺术十分精通并且会在画室里练习……他们还有一部外观妙不可言的留声机，机子不停地播放着莫扎特和其他各有所长的作曲家的作品，对于你喜欢的其他类型的音乐，他们拥有的唱片更是有 10 倍之多。实际上，我正在这两位非常讨人喜欢的老师这里接受一场艺术教育。[mcccxlvii]

就在这封信里，丘吉尔还遗憾地接受了克莱门汀无法前往拉堡萨的现实："我原本还指望着能说服你来这里休养身体，你会见到温迪，她非常迷人。不过我觉得你的计划也不错——同西尔维娅［亨利］一起去享受锡兰的阳光……" *[mccccxlviii] 由于在伦敦大学学院医院里患上了传染病，克莱门汀被强制住院 3 个星期。拉堡萨对克莱门汀来说没有太大的诱惑力，在对这座庄园的第二次造访即将结束的时候丘吉尔曾试图说服妻子前往庄园，当时克莱门汀乘坐的邮轮在从锡兰返回伦敦途中刚好停在了马赛，但是克莱门汀觉得下船之前还得将穿过的衣服一一装进行李箱，这项工作太令人头疼了，因此她径直返回了英国。克莱门汀只是在丘吉尔于 1956 年 6 月第三次造访拉堡萨的一开始在这座庄园里暂住了不到 4 天，随后她便先行离去了，留下丘吉尔（与萨拉）继续在庄园里待了 10 天。事实证明，温迪的魅力对克莱门汀来说要么就是过于强大，不然就是不符合她的审美。她客客气气地写了几封信，表达了自己的遗憾，同时也感谢对方"慷慨给予温斯顿的爱和照顾"。[mccccxlix] 但是丘吉尔夫人对里夫斯夫人的喜爱非常有限，她大概对后者并没有太强烈的成见，但是她就是不喜欢去拉堡萨做客。相比之下，比弗布鲁克的拉卡彭奇纳庄园渐渐地赢得了她的好感，成为她的一处避风港，尤其是当庄园主人不在家的时候。

由于克莱门汀的反感，或者也可以说是由于丘吉尔自己表现得过于热情和沉醉，1959 年他在拉堡萨的浪漫生活土崩瓦解了，与此同时他又培养起了对出海航游的热情。新的生活对拉堡萨的魅力构成了挑战，也造成了丘吉尔与里夫斯夫妇之间的嫌隙。在丘吉尔于 1955 年造访拉卡彭奇纳庄园期间，由于一次邂逅拉堡萨对他产生了强大的吸引力，在他第一次造访拉堡萨的时候，亚里士多德·奥纳西斯和游艇"克里斯蒂娜"号也对他产生了同样的作用。在丘吉尔留下的文献资料中，奥纳

---

* 克莱门汀同自己的表亲亨利夫人乘坐商业邮轮前往了印度洋地区。

西斯第一次亮相是在 1956 年 1 月 17 日，在这一天丘吉尔写信告诉克莱门汀："昨天吃晚饭的时候伦道夫把奥纳西斯（有大游艇的那个人）带来了。他给我留下的印象很不错……给我们讲了很多鲸鱼的事情。他还亲吻了我的手！" ^mccel 就在这一次做客拉堡萨期间，丘吉尔与里夫斯夫妇后来还在"克里斯蒂娜"号上共进过晚餐。此后，每逢丘吉尔造访罗克布罗恩，双方经常会你来我往地在午餐或晚餐时拜访对方，不过直到两年半后，丘吉尔首次全程参加航游的事情才被排上了日程。在此期间，丘吉尔渐渐发现奥纳西斯是一个有趣的人，在一次晚餐后他在信中提到后者"生龙活虎"。^mcceli 他还发现这位船王对他很热心。当时丘吉尔宣称自己想在里维埃拉找一处属于自己的住所，值得怀疑的是他对这个想法究竟有多么认真。考虑到其他人都在争相款待他，他自己又喜欢身边有随和的人相伴，因此在里维埃拉购置房产的想法似乎毫无道理。一开始，丘吉尔的确担心过拉堡萨的主人会认为他是一个负担，不过后来 11 次造访这座庄园表明他最初的这种疑虑很快就烟消云散了。尽管如此，他还是漫无目的地继续花了大约一年的时间寻找房子，其间他最有希望接受的就是与蒙特卡洛滨海度假酒店集团达成协议，这家上市公司计划将一处海角上的一座老别墅拆除，为丘吉尔量身定制一座新的别墅，海角正好位于公司名下的海滩酒店的上方。公司将以每年大约 1500 英镑的价格将新别墅租给丘吉尔。经营着巴黎酒店、赌场和海滩酒店的蒙特卡洛滨海度假酒店集团（蒙特卡洛赌场、蒙特卡洛歌剧院和巴黎酒店都为该集团所有）的控股股东正是亚里士多德·奥纳西斯。然而这个计划最终还是没能实现，丘吉尔明智地决定让自己永远保持客人的身份。

1958 年 9 月，丘吉尔首次乘坐"克里斯蒂娜"号游艇出海了，实际上自前一年的 1 月这场旅行就已经被详细讨论过多次了。在此之前，在同行客人的人选方面出了一些问题。奥纳西斯请丘吉尔为他指点迷津，后者说只要是他觉得合适的人就行。奥纳西斯没有意识到丘吉尔的回答就相当于亨利·福特告诉客户公司能生产出他们喜欢的任何一种型号的汽车，只要是黑色的就行。奥纳西斯向温莎公爵及夫人、里夫斯夫妇发出了邀请，丘吉尔否决了温莎公爵夫妇，自 1940 年之后他对那位"空心人"一直没有恢复好感，而且他还认为这对夫妇的出现将会让不少人"直跳脚"。^mcclii 克莱门汀对里夫斯夫妇投了否决票，如果他们参加旅行，她就退出。丘吉尔执意让妻子同行，于是安东尼·蒙塔古·布朗被派去向奥纳西斯传达了"圣谕"。温莎公爵夫妇从奥纳西斯那里得知了自己遭到排斥的消息，面对这种待遇他们似乎比里夫斯夫妇表现得更坦然。丘吉尔夫妇的行为自然而然地点燃了仇恨的火苗，不过这把火燃烧得很缓慢。在 1959 年里，丘吉尔还去了拉堡萨两次，并且亲口提出希望在 9 月里暂住一段时间。他的提议遭到了里夫斯的拒绝，这次拒绝令他们双方都感到了痛苦：

> 您提议于9月6日来堡萨兰［这个名称不禁令人伤感地想起在一切正常的时候，丘吉尔对这座房子的昵称］的电报令我们大吃了一惊。自去年冬天您拒绝了我们反复甚至是固执的邀请、去了巴黎酒店以来，我们就深信您已经决定不再回到我们这里来了。我们可以理解乘坐游艇遨游大海比我们的别墅对您的吸引力更大，但是看到您决定下榻一家酒店而不是来堡萨兰，我们只能认为，我们做的什么事情或者是我们的举止让您不愿再回到我们身边……
>
> 在1956年、1957年和1958年，我们都幻想着——或许这种想法有些愚蠢……我们已经成了朋友。温迪和我都一心一意地认为我们之间已经培养起了友谊，对于这个问题我们也都十分敏感，这份友谊是我们的生活中仅有的真正的快乐。
>
> 您无法想象，两年前当我们突然注意到各种阴谋诡计开始摧毁这份友情时，我们有多么震惊……我无法形容我们经受的羞辱和痛苦……在过去的两年里，精神上的抑郁给温迪造成了极大的也是危险的痛苦。有一种无视他人感受的做法能够将敏感之人逼到精神失常的边缘。我非常清楚这一切都并非您的本意，您也是一位受害者，或许比我们受到的伤害更严重……在漫长的一生中，我已经具备了在笑声中结束痛哭的能力，今天我完全能够做到笑对过往两年……可是温迪尚不具备驾驭强烈的情感压力的能力，而且她的伤口尚未愈合。她已经不是从前的她了，现在的她幻想破灭、怀疑一切。医生都极其严肃地提醒我一定要保证她过着安静的生活，避免丝毫的情绪压力……我们打算10月就去纽约。所以，很遗憾今年不能邀请您……[mcccliii]

里夫斯夫妇与丘吉尔的友谊一时间过于热烈，这种状态不可能维持太久。正是由于感到自己受到了对方的排斥，里夫斯才写出了如此愤懑哀怨的回信。他在信中不只是含蓄地指出了他们夫妇被排斥在航游队伍之外，以及丘吉尔对巴黎酒店的偏爱，* 他提到的"开始摧毁这份友情"的"阴谋诡计"很有可能指的是，克莱门汀偶尔对他们夫妇表达的不满，她认为他们太热衷于靠着丘吉尔为自己争取到在报纸上

---

* 里夫斯自己在1959年的8月底（这一年54岁）发作了一次严重的心脏病，经过好几个月的时间才康复。这件事情或许影响到丘吉尔在当年冬季决定住进酒店而不是拉堡萨（这次度假从1960年1月2日开始），不过克莱门汀希望与丈夫一起出行很可能对丘吉尔的决定产生了更大的影响。

露脸的机会。所谓的"阴谋诡计"有可能还包括在里维埃拉流传的一则传言，据说当时丘吉尔被魅力非凡、备受宠爱的温迪迷得晕头转向，对于这种说法的产生，美国胜家缝纫机公司的女继承人雷金纳德·法罗（黛西·法罗）起到了相当重要的作用。

外界或许以为里夫斯的这封信会对丘吉尔产生极大的负面影响，其实丘吉尔已经过了能够被不安的情绪严重困扰的年纪了，除非这样的情绪来自与他的交往时间远比温迪或者埃默里·里夫斯长久的"家人"，这或许可以说是丘吉尔的幸运。时隔一个月后，克莱门汀给里夫斯写了一封冷淡而客气的信，向对方表达了谢意和遗憾，并且邀请里夫斯夫妇与他们在蒙特卡洛共进午餐。丘吉尔平静地住进了巴黎酒店顶层的一套豪华套间，他没有同里夫斯夫妇彻底断绝交往。在那封充满怨言的信中，里夫斯最后也还是向丘吉尔表达了敬意，并且表示"期望再次见到您"。后来他们偶尔还会见上一面，在 1964 年 6 月，里夫斯还在伦敦探望过丘吉尔。然而，他们的友谊再也达不到"明媚坚定的清晨"那种热度了，至多也只能维持在深秋黄昏时那种潮湿冰冷的温度上。

里夫斯的想法没有错，丘吉尔对出海航游越来越偏爱了，再次借用劳合·乔治在将近 50 年前说过的话，丘吉尔又变成了一只"水生物"。他第一次乘坐奥纳西斯的"克里斯蒂娜"号游艇出海时，一开始出现了一些问题，不过后来航程就很顺利了。在 84 岁至 89 岁的 5 年里，他至少又经历过 7 次这样的旅行。其中的第一次他们从蒙特卡洛出发，前往马略卡岛和丹吉尔，然后顺着瓜达尔基维尔河一直抵达西班牙的塞维利亚，接着他们又返回直布罗陀海峡，从那里他们夫妇乘飞机回到了英国。通过了丘吉尔夫妇的审核、参加了这场旅行的客人的成分有些奇怪：洛尔·金恩斯（在 1931 至 1945 年担任巴斯选区的托利党下议院议员，在政界无所作为，但是在战争期间作为飞行员表现英勇）和他的墨西哥妻子；布朗及夫人；绰号"蒂托"的巴拿马人罗伯托·埃米利奥·阿里亚斯，他是奥纳西斯的国际事务律师，他的夫人是英国的芭蕾皇后玛歌·芳婷；希腊外科医生西奥多·加拉费里德斯，对于这趟旅程来说他的医术并不重要（尽管游艇上的设施包括一间手术室），更重要的因素是他的妻子是奥纳西斯的妹妹，后者也参加了此次旅行；当然客人还包括被昵称为"阿里"的奥纳西斯本人以及他的妻子蒂娜·利瓦诺斯（后来奥纳西斯夫人与第十一代马尔博罗公爵有过一段 10 年的婚姻，从而成了丘吉尔的亲戚，当时公爵的头衔还是布兰福德侯爵）。

丘吉尔夫妇似乎都对这样形形色色的旅伴感到满意。克莱门汀喜欢船上的生活，丘吉尔喜欢奥纳西斯，后者几乎天生就掌握了引起他注意的诀窍，而且还能将他的话翻译给随行的旅伴们。这个出生在土耳其的希腊人大部分时间都住在摩纳哥，但是持有的是阿根廷国籍，旅行快结束的时候他似乎不仅能猜到丘吉尔想说些什么，而且比其他人都更能顺畅地与失聪的丘吉尔沟通。1962 年 11 月，在另一个俱乐部的一次聚会上奥纳西斯也扮演了这样的角色，有人为他的表现留下了一段令人感到奇怪的描述。当时丘吉尔批准奥纳西斯加入了俱乐部，尽管这个决定令一部分会员感到愤怒。* 在第一次聚会时，奥纳西斯坐在丘吉尔与刚刚被解职的财政大臣及前外交大臣约翰·劳埃德（塞尔文－劳埃德男爵）的中间，"由于这位奇怪的'翻译'的存在，塞尔文－劳埃德［与丘吉尔］就中东问题聊了好一阵子"。^{mcccliv}

在 7 次航行中有两次他们横渡了大西洋。第一次（1960 年的春天）他们只到达了加勒比海海域，第二次（1961 年的春天）他们又继续前进到了美国的东海岸，在一场大风暴中将船停靠在了哈德逊河上。在后一次航程中，一直深受丘吉尔喜爱的阿德莱·史蒂文森不畏恶劣的天气，登船与丘吉尔一行共进了一次晚餐。陪同他前来的是玛丽埃塔·特里，她是罗纳德·特里的第二任妻子，在二战中接待丘吉尔住进迪奇里庄园的正是罗纳德·特里。当时刚刚就任的美国总统约翰·肯尼迪殷切地邀请丘吉尔前往华盛顿，并在白宫留宿。布朗在没有征求丘吉尔的意见的前提下，擅自拒绝了这个邀请，他知道这个邀请对丘吉尔充满诱惑力，但是在当时的情况下后者已经没有能力以得体的形象和姿态做客白宫了。另外 5 次航游有 4 次他们都游弋在地中海中部和东部海域，其间丘吉尔与铁托元帅和希腊王国首相康斯坦丁·卡拉曼利斯（后来又出任过希腊总理和总统，在上校政权垮台之前和之后他都参加过船上的聚会^①）都共进过午餐或者晚餐。

在同船出行的旅伴中，除了非常固定的奥纳西斯家族最主要的几位成员，偶尔还有莫兰勋爵及夫人、科尔维尔夫妇、黛安娜·桑迪斯、玛歌·芳婷（非常受欢迎）、玛丽亚·卡拉斯（远远不如芳婷受欢迎）。此外，在船上出现过的还有杰奎琳·肯尼迪的妹妹李·拉齐维尔，在丘吉尔出海航游的几年里她为奥纳西斯制造了一次短暂的机会，促成了后者未来的一段婚姻。在最后一次沿着达尔马提亚海岸一路南下的旅程中伦道夫也在船上，但是最终他还是一如既往地以一场激烈的争吵结

---

   * 实际上他们没有实实在在值得抱怨的理由，奥纳西斯只参加了两次活动就退出了俱乐部，而且还给俱乐部捐赠了大量的香槟酒。

   ① 上校政权（1967—1974）指的是希腊历史上右翼军政府统治时期。康斯坦丁·卡拉曼利斯在 1955 至 1963 年里曾 3 次出任希腊王国首相，20 世纪 70 年代在他的率领下希腊摆脱了军事独裁政权的统治，他于 1974 至 1980 年出任总理，在 1980 至 1995 年里又两度出任希腊总统。

束了与父亲的这趟亲密旅程。

丘吉尔与奥纳西斯的交往与他与里夫斯的有所不同，最终没有以泪水告终，他们两个人只是渐行渐远了，其原因主要在于丘吉尔自己。在 1963 年 6 月的最后一次出游之后，丘吉尔渐渐地失去了活力和斗志，在这个过程中他表现得很平静，但是不太开心。在"奥纳西斯时期"，他还设法参加了 1959 年 10 月的那场大选，更准确地说他的身份只是候选人。在选举活动中他只发表了 3 次讲话，两次是在伍德福德，一次又是在沃尔瑟姆斯托，这几次讲话都几乎毫无反响，讲话稿也是布朗代笔的。或许丘吉尔就不应该再出现在选举的舞台上。在这一年的春天他完成了对华盛顿的最后一次访问（往返均乘坐飞机），3 天里都受到了艾森豪威尔的亲自接待。伍德福德保守党协会对丘吉尔百依百顺，但是没有多少热情，当地选民更是如此。在这场选举中，保守党在下议院的领先席位从 54 个增加到 100 个，而丘吉尔自己的领先票数却减少了 1000 张。一些议员毫无兴趣让一位在下议院里从未发过言，而且过不了多久就只能坐轮椅来议会大厦的议员再次当选，这是很自然的事情，毕竟他们和其他一些议员都没有生在这位候选人如日中天的时代。

在竞选活动结束一个星期后，丘吉尔去了剑桥大学，在校园里栽下了一棵纪念树，参加了新成立的丘吉尔学院的奠基仪式，这项活动比参加选举更有建设性。原子物理学家约翰·科克罗夫特爵士（又译作约翰·考克饶夫）享有很高的学术声望，同样也有着丰富的行政管理经验（担任哈韦尔的原子能研究所主任一职长达 12 年），当时他刚刚被任命为丘吉尔学院的第一任院长。辞职后不久，丘吉尔前往西西里岛，正是在那个从其他方面而言都有些不幸的假期里，林德曼与科尔维尔在多次交谈中形成了创建丘吉尔学院的构想。按照他们的设想，这所学院将同美国的麻省理工学院遥相呼应。在募集资金的工作上，科尔维尔大获成功（捐款包括运输和普通工人联合会捐赠的 5 万英镑）。丘吉尔学院属于剑桥大学在二战后新成立的一批学院，相比在促进英国科技发展方面的贡献，为这座学院带来更多声望的或许还是院内收藏的数量巨大的丘吉尔相关档案资料。

丘吉尔缓缓地衰老了下去。1962 年 6 月，他从床上摔了下去，导致髋骨骨折，这起意外事故意义重大，标志着他的生命进入了一个新的阶段。事故发生的地点是丘吉尔熟悉的巴黎酒店顶楼的豪华套间，当时的情形非常糟糕。他躺在地板上无法挪动身体，过了 1 个小时一名护士才发现了他。在骨折后这个阶段始终有护士陪在他的左右。布朗称当天晚些时候丘吉尔固执地表示自己死也要死在英格兰。^{mccclv} 英国皇家空军的"彗星"喷气式飞机将丘吉尔送回了英国。在伦敦西北部的诺斯霍尔特空军基地，丘吉尔被直接送往米德尔塞克斯医院，在医院里住了几个星期。

外界普遍认为，经历过这件事情之后丘吉尔就不再是从前的那个丘吉尔了。从18 年前在突尼斯发作支气管炎开始，在日渐衰退的过程中丘吉尔经历过许多次类似的事故，事后他都会宣称自己平安无事，实际上每一次康复后他都会有一些改变。这一次他再也没有出现过明显的康复迹象了。他的生命继续维持了两年半的时间，但是在这两年半里，生命的暮光甚至比事发之前那个阶段更加黯淡了。丘吉尔回到了蒙特卡洛，又一次住进了巴黎酒店，最后一次参加了奥纳西斯的出海航游活动。美国授予他"荣誉公民"的称号（在自愿投身于美国革命的法国军人拉法耶特侯爵之后，美国首次授予这个称号），但是他无法亲自参加在美国举行的授奖仪式。直到 1964 年 7 月底，他才断断续续地在下议院露了几面，当年的 10 月他最后一次造访了查特维尔庄园，此后就再也没有离开过伦敦了。这一年的 11 月 30 日，丘吉尔毫不张扬地庆祝了自己的 90 岁生日。他还一直在参加另一个俱乐部的晚餐会，直到 12 月 10 日。

圣诞节与丘吉尔的生日一样悄无声息地过去了。1965 年 1 月 12 日，丘吉尔脑卒中发作，这是他一生中最后一次发作，也是最严重的一次。从这一天直至他逝世的 12 天里，从维奥莱特·博纳姆·卡特到哈罗德·威尔逊，牵挂他的人纷纷来到海德公园门探望他。在在世的人里，维奥莱特或许是和丘吉尔交往时间最长的朋友，而且正是在她已经辞世的父亲领导的政府里，丘吉尔第一次进入了内阁。威尔逊当时就任首相不久，他非常希望向自己这位杰出的前任表达敬意。1 月 24 日，星期日，清晨，丘吉尔告别了人世。无独有偶，这一天正是他父亲伦道夫勋爵逝世的70 周年纪念日，这样的巧合不禁令人感到有些可怕。

葬礼于 6 天后举行。在葬礼的 3 天前，灵柩被庄重地摆放在威斯敏斯特议会大厅里。这是自 1898 年格莱斯顿的葬礼之后，第一位王室以外的要人受到这种规格的待遇。格莱斯顿的葬礼是 1852 年惠灵顿公爵的葬礼之后的第一场国葬，丘吉尔的葬礼则是沿用英国王室传统葬礼仪式举行的最后一场葬礼。这场葬礼同惠灵顿公爵的葬礼一样，也是在圣保罗大教堂举行的。格莱斯顿的葬礼则是在威斯敏斯特修道院举行的，选择圣保罗大教堂举行葬礼为更多的民众提供了前来悼念丘吉尔的机会。在葬礼结束后，盛放着丘吉尔遗体的灵柩由船只顺着泰晤士河被运往滑铁卢车站，然后再由一辆专列经过一条专门划定的路线被送至布莱登教堂墓地，这种安排更是扩大了悼念者的队伍。墓地位于布伦海姆公园的边缘，丘吉尔的遗体就被安葬在了这里。

毫无疑问，格莱斯顿是 19 世纪里最伟大的英国首相，丘吉尔是 20 世纪里最伟大的英国首相，对两场不同的葬礼进行比较，更有意义的是对格莱斯顿和丘吉尔的人格加以比较。撰写这部传记之初我认为格莱斯顿比丘吉尔略显伟大，自然也彰显出更卓越的人性，随着写作的深入，我的想法改变了。丘吉尔有着各种各样的癖好、为人任性，偶尔还有些幼稚，当然他也颇有天赋、不屈不挠、坚持不懈，无论自己的选择是对还是错，也无论成功与否。

现在我要说丘吉尔是一个传奇，是入主唐宁街 10 号的所有人里最伟大的一个人。

注 释

《附录》指伦道夫·丘吉尔与马丁·吉尔伯特所著的《温斯顿·斯宾塞·丘吉尔》的《官方传记附录》。有关 1939 至 1941 年间的几卷附录现已更名为《丘吉尔战争文稿》（以下简称《战争文稿》），截至目前（2000）已出版其中的三卷。

第一章 出身"寒微"

i 戴维·坎纳丁，罗伯特·布莱克与威廉·罗杰·路易斯（合编），《丘吉尔》，p.11

ii《附录 I·第一部分》，pp.1—2

iii 温斯顿·斯宾塞·丘吉尔，《伦道夫·丘吉尔勋爵（第一卷）》，p.44

iv《附录 I·第一部分》，p.12

v 温斯顿·斯宾塞·丘吉尔，《我的早年生活》，p.19

vi《附录 I·第一部分》，pp.78—160 各章节

vii 同上，pp.210—219 各章节

viii 同上，p.221

ix 同上，p.207

x 同上，p.226

xi 通过已故的格林尼治的哈里斯男爵了解到的有关伦道夫·丘吉尔的情况

xii 罗伯特·菲茨罗伊·福斯特，《伦道夫·丘吉尔勋爵：政坛生涯》，p.222

xiii 同上，p.130，引自索尔兹伯里写给约翰·曼纳斯夫人的一封信

xiv 维多利亚女王的日记，1886 年 7 月 25 日，皇家档案馆，温莎城堡

xv 约翰·格里格，罗伯特·布莱克，威廉·罗杰·路易斯（合编），《丘吉尔》，pp.97—98

xvi 温斯顿·斯宾塞·丘吉尔，《我的早年生活》，pp.30—31

xvii 同上，p.36

xviii 同上，pp.39—40

xix 同上，p.76

第二章　帝国少尉与天赐良机的记者

xx 温斯顿·斯宾塞·丘吉尔，《我的早年生活》，p.118

xxi《附录 I·第二部分》，p.725

xxii 同上，pp.730，733

xxiii 同上，p.726

xxiv 同上，p.719

xxv 同上，p.734

xxvi 同上，p.751

xxvii《巴斯每日纪事报》，1897 年 7 月 27 日

xxviii《附录 I·第二部分》，pp.740—741

xxix 同上，p.743

xxx 同上，pp.751—752

xxxi 温斯顿·斯宾塞·丘吉尔，《思想与冒险》，p.32

xxxii《附录 I·第一部分》，p.599

xxxiii 同上，p.597

xxxiv 温斯顿·斯宾塞·丘吉尔，《我的早年生活》，p.136

xxxv 同上，p.137

xxxvi 同上，pp.137—138

xxxvii《附录 I·第二部分》，p.927

xxxviii 同上，p.930

xxxix 约翰·亨利·纽曼，《大学的理想的定义及说明》，pp.234—239

xl 温斯顿·斯宾塞·丘吉尔，《萨伏罗拉》，p.27

xli 同上，p.28

xlii 同上，p.43

xliii 亚瑟·詹姆士·贝尔福，《信仰的根基，神学研究导读注解》，p.19

xliv 温斯顿·斯宾塞·丘吉尔，《萨伏罗拉》，p.47

xlv 同上，p.42

xlvi《附录 I · 第二部分》，p.971

xlvii 同上，p.942

xlviii 同上，p.870

xlix 同上，p.868

l 同上，p.906

li 同上，p.948

lii 同上，p.952

liii 同上，p.949

liv 温斯顿 · 斯宾塞 · 丘吉尔，《我的早年生活》，p.182

lv《附录 I · 第二部分》，p.970

lvi 同上，p.979

lvii 第七代安格尔西侯爵，《英国骑兵部队史（第三卷）》，p.385

lviii《附录 I · 第二部分》，p.979

lix 第七代安格尔西侯爵，《英国骑兵部队史（第三卷）》，p.388

lx 温斯顿 · 斯宾塞 · 丘吉尔，《我的早年生活》，p.211

lxi《附录 I · 第二部分》，p.1015

lxii 同上，p.1012

lxiii 同上，p.1003

lxiv 同上，p.1017

lxv 同上，p.1019

lxvi 同上，p.1017

lxvii 同上，pp.1019—1020

lxviii 同上，p.1023

第三章　奥尔德姆与南非

lxix《附录 I · 第二部分》，p.1028

lxx 同上，p.1035

lxxi 同上，p.1029

lxxii 温斯顿 · 斯宾塞 · 丘吉尔，《我的早年生活》，p.237

lxxiii 同上，p.239

lxxiv 同上，p.240

lxxv 同上，pp.240—241

lxxvi《附录 I · 第二部分》，p.1052

lxxvii 温斯顿 · 斯宾塞 · 丘吉尔，《我的早年生活》，pp.257—258

lxxviii 同上，p.266

lxxix《附录 I · 第二部分》，p.1077

lxxx 同上，p.1085

lxxxi 同上，p.1075

lxxxii 同上，p.1086

lxxxiii 温斯顿 · 斯宾塞 · 丘吉尔，《我的早年生活》，p.319

lxxxiv《附录 I · 第二部分》，p.1091

lxxxv 同上，p.1090

lxxxvi 同上，pp.1104，1110，1115

lxxxvii 同上，pp.1101—1102

lxxxviii 西莉亚 · 桑德斯（丘吉尔），《丘吉尔：生死通缉》，pp.129—131

lxxxix 温斯顿 · 斯宾塞 · 丘吉尔，《我的早年生活》，p.319

xc《附录 I · 第二部分》，p.1147

xci 同上，p.1143

xcii 同上，p.1164

第四章　从托利党人到自由党人

xciii 温斯顿 · 斯宾塞 · 丘吉尔，《我的早年生活》，p.373

xciv 沃轮 · F. 金博尔（编），《丘吉尔与罗斯福通信全集》各章节

xcv 通过亚瑟 · 施莱辛格教授了解到的情况

xcvi《附录 I · 第二部分》，p.1224

xcvii 同上，p.1225

xcviii 同上，p.1228

xcix 同上，p.1225

c《议会议事录》（第四册），第 39 卷，第 407—415 列

ci 伦道夫 · 丘吉尔，《温斯顿 · 斯宾塞 · 丘吉尔》（第二卷），p.15

cii《议会议事录》（第四册），第 39 卷，第 1562—1579 列

ciii《附录 II · 第一部分》，pp.69—70

civ 温斯顿 · 斯宾塞 · 丘吉尔，《我的早年生活》，p.383

cv《议会议事录》（第五册），第 28 卷，第 1470 列

cvi 温斯顿 · 斯宾塞 · 丘吉尔，《我的早年生活》，p.385

cvii 伦道夫 · 丘吉尔，《温斯顿 · 斯宾塞 · 丘吉尔》（第二卷），p.51

cviii 同上，p.33

cix 温斯顿 · 斯宾塞 · 丘吉尔，《伦道夫 · 丘吉尔勋爵 I》，pp.283—284

cx 伦道夫 · 丘吉尔，《温斯顿 · 斯宾塞 · 丘吉尔》（第二卷），p.36

cxi 同上，p.31

cxii《附录 II · 第一部分》，p.113

cxiii 同上，pp.174—175

cxiv 同上，p.184

cxv 同上，pp.242—244

cxvi 伦道夫 · 丘吉尔，《温斯顿 · 斯宾塞 · 丘吉尔》（第二卷），pp.72—74

cxvii 同上，p.75

cxviii 同上，p.88

cxix 同上，pp.89—90

cxx《议会议事录》（第四册），第 132 卷，第 1028—1029 列

cxxi 同上，第 133 卷，第 958—1001 列

第五章　　出任大臣

cxxii《附录 II · 第一部分》，pp.164—165

cxxiii 同上，p.225

cxxiv 同上，p.371

cxxv 伦道夫 · 丘吉尔，《温斯顿 · 斯宾塞 · 丘吉尔》（第二卷），p.161

cxxvi 奇尔斯顿子爵手稿，肯特郡档案局，梅德斯通

cxxvii《附录 II · 第一部分》，p.341

cxxviii 同上，p.219

cxxix 同上，p.311

cxxx 同上，pp.392—393

cxxxi 同上，p.327

cxxxii《议会议事录》(第四册)，第 92 卷，第 1577—1579 列

cxxxiii 伦道夫·丘吉尔，《温斯顿·斯宾塞·丘吉尔》(第二卷)，p.99

cxxxiv《议会议事录》(第四册)，第 150 卷，第 119 列

cxxxv《附录 II·第一部分》，pp.399—400

cxxxvi 伦道夫·丘吉尔，《温斯顿·斯宾塞·丘吉尔》(第二卷)，p.100

cxxxvii 同上，pp.101—103

cxxxviii 同上，p.96

cxxxix《附录 II·第一部分》，p.441

cxl 伦道夫·丘吉尔，《温斯顿·斯宾塞·丘吉尔》(第二卷)，p.133

cxli 同上，p.132

cxlii 同上，pp.88—89

cxliii 温斯顿·斯宾塞·丘吉尔，《伦道夫·丘吉尔勋爵 II》，p.56

cxliv 伦道夫·丘吉尔，《温斯顿·斯宾塞·丘吉尔》(第二卷)，p.111

cxlv 同上，p.228

cxlvi 张伯伦，《亲历政治：书信纪事录，1906—1914》，p.459

cxlvii 伦道夫·丘吉尔，《温斯顿·斯宾塞·丘吉尔》(第二卷)，p.113

cxlviii 同上，p.122

cxlix《附录 II·第一部分》，p.501

cl 同上，p.417

第六章 事业上升的次官

cli《议会议事录》(第四册)，第 151 卷，第 554—571 列

clii《附录 II·第一部分》，p.505

cliii 同上

cliv 同上，p.500

clv 同上，p.517

clvi 同上，p.605

clvii 伦道夫·丘吉尔，《温斯顿·斯宾塞·丘吉尔》(第二卷)，p.207

clviii 爱德华·马什，《许多人》，p.152

clix《议会议事录》(第四册)，第 152 卷，第 487—499 列

clx 伦道夫·丘吉尔，《温斯顿·斯宾塞·丘吉尔》(第二卷)，p.184

clxi 同上，p.185

clxii 同上，pp. 185—186

clxiii《议会议事录》（第四册），第 162 卷，第 729—753 列

clxiv《附录 II · 第一部分》，p.571

clxv 同上

clxvi 同上，p.574

clxvii《附录 II · 第二部分》，p.755

clxviii 伦道夫 · 丘吉尔，《温斯顿 · 斯宾塞 · 丘吉尔》（第二卷），p.243

clxix 同上，p.241

第七章　两次竞选活动与一座祭坛

clxx《附录 II · 第二部分》，p.782

clxxi 伦道夫 · 丘吉尔，《温斯顿 · 斯宾塞 · 丘吉尔》（第二卷），p.253

clxxii《附录 II · 第二部分》，p.787

clxxiii《快递广告报 · 邓迪版》，1908 年 5 月 5 日

clxxiv《曼彻斯特卫报》，1908 年 5 月 5 日

clxxv 玛丽 · 索姆斯（编），《亲述自己：温斯顿 · 丘吉尔与克莱门汀 · 丘吉尔私人书信集》，p.3

clxxvi 同上

clxxvii《英国人名词典，1912—1921》，p.382

clxxviii 伦道夫 · 丘吉尔，《温斯顿 · 斯宾塞 · 丘吉尔》（第二卷），p.210

clxxix 维奥莱特 · 博纳姆 · 卡特，《我所了解的温斯顿 · 丘吉尔》，p.15

clxxx 同上，p.18

clxxxi 同上，pp.217—218

clxxxii 马克 · 博纳姆 · 卡特，马克 · 波特尔（合编），《幻灯片：维奥莱特 · 博纳姆 · 卡特日记及书信集，1904—1914》，p.162

clxxxiii 同上，pp.162—163

第八章　贸易部的魔法师学徒

clxxxiv 约翰 · 格里格，《劳合 · 乔治》（第二卷），p.100

clxxxv 约翰·威尔逊（第二代莫兰勋爵），《亨利·坎贝尔 – 班纳文爵士的一生》，p.463

clxxxvi 罗伯特·布思比，《一名反叛者的回忆》，p.52

clxxxvii《附录 II·第二部分》，p.755

clxxxviii 同上，p.863

clxxxix 诺曼·麦肯齐，珍妮·麦肯齐（合编），《贝亚特丽斯·韦布日记》（第二卷），pp.287—288

cxc 同上，pp.326—327

cxci 同上，第三卷，pp.100—101

cxcii 玛丽·索姆斯（编），《亲述自己：温斯顿·丘吉尔与克莱门汀·丘吉尔私人书信集》，p.21

cxciii 伦道夫·丘吉尔，《温斯顿·斯宾塞·丘吉尔》（第二卷），p.308

cxciv 同上，p.305

cxcv 同上，pp.295—316

cxcvi《附录 II·第二部分》，p.967

cxcvii 伦道夫·丘吉尔，《温斯顿·斯宾塞·丘吉尔》（第二卷），p.282

cxcviii《附录 II·第二部分》，p.814

cxcix 同上，p.813

cc 伦道夫·丘吉尔，《温斯顿·斯宾塞·丘吉尔》（第二卷），p.515

cci《附录 II·第二部分》，p.943

ccii 约翰·阿尔弗雷德·斯宾德，西里尔·阿斯奎斯，《牛津及阿斯奎斯伯爵赫伯特·亨利·阿斯奎斯的一生》（第一卷），p.254

cciii 同上，p.254

cciv《附录 II·第二部分》，p.889

ccv 同上，pp.898—900

ccvi 罗伊·詹金斯，《阿斯奎斯》，p.199

ccvii《附录 II·第二部分》，p.906

ccviii 约翰·格里格，《劳合·乔治》（第二卷），pp.206—207

ccix 戴维·坎纳丁（编），《鲜血、劳苦、眼泪和汗水：温斯顿·丘吉尔著名演说》，p.53

ccx《议会议事录》（第五册），第四卷，第 1190—1193 列

ccxi 同上，第 13 卷，第 546—558 列

ccxii 同上，（上议院），第四卷，第 1190—1193 列

ccxiii 威尔弗雷德·斯科恩·布朗特，《我的日记》，p.689

第九章　年轻的内政大臣

ccxiv《附录 II·第二部分》，p.914

ccxv 同上，pp.968—971

ccxvi 伦道夫·丘吉尔，《温斯顿·斯宾塞·丘吉尔》（第二卷），p.363

ccxvii 同上，p.365

ccxviii 同上，p.437

ccxix《附录 II·第二部分》，p.994

ccxx 同上，p.1003

ccxxi 同上，pp.1036—1037

ccxxii 伦道夫·丘吉尔，《温斯顿·斯宾塞·丘吉尔》（第二卷），p.434

ccxxiii 同上，pp.434—436

ccxxiv 同上，p.436

ccxxv 同上，p.437

ccxxvi 同上，p.438

ccxxvii 同上，p.439

ccxxviii《附录 II·第二部分》，p.1032

ccxxix《议会议事录》（第五册），第 26 卷，第 493—510 列

ccxxx《附录 II·第二部分》，p.988

ccxxxi 同上，p.973

ccxxxii 同上，p.1141

ccxxxiii《议会议事录》（第五册），第 556 卷，第 1141—1155 列

ccxxxiv 伦道夫·丘吉尔，《温斯顿·斯宾塞·丘吉尔》（第二卷），p.387

ccxxxv《议会议事录》（第五册），第 522 卷，第 1853—1856 列

ccxxxvi 伦道夫·丘吉尔，《温斯顿·斯宾塞·丘吉尔》（第二卷），pp.417—418

ccxxxvii 温斯顿·斯宾塞·丘吉尔，《欧洲合众国：演说集（1947 和 1948）》，p.296

ccxxxviii《附录 II·第三部分》，p.1466

ccxxxix 同上，p.1475

ccxl 伦道夫·丘吉尔，《温斯顿·斯宾塞·丘吉尔》（第二卷），p.343

ccxli 罗伊·詹金斯，《阿斯奎斯》，p.261

ccxlii 伦道夫·丘吉尔，《温斯顿·斯宾塞·丘吉尔》（第二卷），p.341

第十章　从监狱到战舰

ccxliii《附录 II·第二部分》，p.1030

ccxliv 同上，pp.1031—1033

ccxlv《议会议事录》（第五册），第 2 二卷，第 55 列

ccxlvi《附录 II·第二部分》，p.1172

ccxlvii 同上，p.1168

ccxlviii 同上，p.1172

ccxlix 同上，pp.1173—1174

ccl 罗伊·詹金斯，《阿斯奎斯》，p.69

ccli《附录 II·第二部分》，p.1274

cclii 同上

ccliii 同上，p.1280

ccliv《议会议事录》（第五册），第 29 卷，第 232—236 列

cclv 温斯顿·斯宾塞·丘吉尔，《世界危机》（第一卷），p.31

cclvi 约翰·格里格，《劳合·乔治》（第二卷），p.309

cclvii 玛丽·索姆斯（编），《亲述自己：温斯顿·丘吉尔与克莱门汀·丘吉尔私人书信集》，p.23

cclviii 温斯顿·斯宾塞·丘吉尔，《世界危机》（第一卷），p.48

cclix 同上，pp.60—64

cclx 哈尔丹子爵，《自传》，p.230

第十一章　"统率国王的海军"

cclxi 玛丽·索姆斯（编），《亲述自己：温斯顿·丘吉尔与克莱门汀·丘吉尔私人书信集》，p.48

cclxii 温斯顿·斯宾塞·丘吉尔，《世界危机》（第一卷），p.92

cclxiii 同上，p.70

cclxiv 玛丽·索姆斯（编），《亲述自己：温斯顿·丘吉尔与克莱门汀·丘吉尔

私人书信集》，p.30

 cclxv 法罗顿的爱德华·格雷子爵，《二十五年》（第一卷），p.238

 cclxvi 玛戈·阿斯奎斯，《自传》（第二卷），p.196

 cclxvii 温斯顿·斯宾塞·丘吉尔，《世界危机》（第一卷），p.62

 cclxviii 同上，p.84

 cclxix 同上，p.85

 cclxx 同上，p.79

 cclxxi 同上，p.78

第十二章　阿斯奎斯王国里的丘吉尔

cclxxii 里德尔勋爵，《日记（续）（1908—1914）》，p.46

cclxxiii 伦道夫·丘吉尔，《温斯顿·斯宾塞·丘吉尔》（第二卷），p.555

cclxxiv《泰晤士报》，1913 年 7 月 2 日

cclxxv 同上

cclxxvi 哈罗德·尼科尔森，《国王乔治五世的一生及其统治》（第五卷），p.210

cclxxvii 迈克尔·布洛克，埃莉诺·布洛克（合编），《赫伯特·亨利·阿斯奎斯：写给维妮夏·斯坦利的信》，p.24

 cclxxviii 罗伊·詹金斯，《阿斯奎斯》，p.239

 cclxxix 同上，p.253

 cclxxx《附录 II·第三部分》，p.1873

 cclxxxi 玛丽·索姆斯（编），《亲述自己：温斯顿·丘吉尔与克莱门汀·丘吉尔私人书信集》，p.43

 cclxxxii 迈克尔·布洛克，埃莉诺·布洛克（合编），《赫伯特·亨利·阿斯奎斯：写给维妮夏·斯坦利的信》，p.45

 cclxxxiii 同上，见各章节

 cclxxxiv 同上，p.287

 cclxxxv 同上，p.140

 cclxxxvi 罗伊·詹金斯，《阿斯奎斯》，p.339

 cclxxxvii 迈克尔·布洛克，埃莉诺·布洛克（合编），《赫伯特·亨利·阿斯奎斯：写给维妮夏·斯坦利的信》，p.423

 cclxxxviii 同上，p.508

cclxxxix 赫伯特·亨利·阿斯奎斯，《致友人的信》（第二卷），p.53

ccxc 同上，p.123

ccxci《附录 II·第三部分》，p.1859

ccxcii 罗伊·詹金斯，《阿斯奎斯》，p.270

ccxciii 同上，p.43

ccxciv 温斯顿·斯宾塞·丘吉尔，《世界危机》（第一卷），pp.142—143

ccxcv《附录 II·第三部分》，p.1389

ccxcvi《贝尔法斯特电讯报》，1913 年 1 月 27 日

ccxcvii 玛丽·索姆斯（编），《亲述自己：温斯顿·丘吉尔与克莱门汀·丘吉尔私人书信集》，p.59

ccxcviii 罗伯特·罗兹·詹姆士（编），《温斯顿·丘吉尔爵士演说全集，1897—1963》（第三卷），p.2233

ccxcix《附录 II·第三部分》，p.1390

ccc 伦道夫·丘吉尔，《温斯顿·斯宾塞·丘吉尔》（第二卷），p.563

ccci 温斯顿·斯宾塞·丘吉尔，《世界危机》（第一卷），p.181

cccii 牛津及阿斯奎斯伯爵，《国会五十年》（第二卷），p.148

ccciii 迈克尔·布洛克，埃莉诺·布洛克（合编），《赫伯特·亨利·阿斯奎斯：写给维妮夏·斯坦利的信》，p.43

ccciv《附录 II·第三部分》，pp.1996—1997

cccv 同上，p.1997

cccvi 迈克尔·布洛克，埃莉诺·布洛克（合编），《赫伯特·亨利·阿斯奎斯：写给维妮夏·斯坦利的信》，pp.150—151

第十三章　徒劳忙碌的海军大臣

cccvii "奥古斯都挽歌"，丘吉尔《世界危机》（第一卷）中引用，p.221

cccviii 见理查德·奥拉德有关丘吉尔和海上强国的文章，布莱克与路易斯（合编），《丘吉尔》

cccix 温斯顿·斯宾塞·丘吉尔，《世界危机》（第一卷），pp.239—241

cccx 亚瑟·雅各布·马德，《从无畏舰到斯卡帕湾：约翰·费舍尔时代的皇家海军》（第二卷），p.82

cccxi 温斯顿·斯宾塞·丘吉尔，《世界危机》（第一卷），p.397

cccxii《附录 III · 第一部分》，p.250

cccxiii 同上，p.206

cccxiv 温斯顿 · 斯宾塞 · 丘吉尔，《世界危机》（第一卷），p.338

cccxv 同上，pp.347—348

cccxvi 迈克尔 · 布洛克，埃莉诺 · 布洛克（合编），《赫伯特 · 亨利 · 阿斯奎斯：写给维妮夏 · 斯坦利的信》，pp.262—263

cccxvii 马丁 · 吉尔伯特，《温斯顿 · 斯宾塞 · 丘吉尔》（第三卷），pp.133—134

cccxviii 玛丽 · 索姆斯，《克莱门汀 · 丘吉尔》，pp.113—114

cccxix 温斯顿 · 斯宾塞 · 丘吉尔，《世界危机》（第一卷），p.358

cccxx《附录 III · 第一部分》，p.320

cccxxi 温斯顿 · 斯宾塞 · 丘吉尔，《世界危机》（第一卷），p.401

cccxxii 同上，pp.502—503

第十四章　在海军部的最后几个月

cccxxiii 迈克尔 · 布洛克，埃莉诺 · 布洛克（合编），《赫伯特 · 亨利 · 阿斯奎斯：写给维妮夏 · 斯坦利的信》，p.357

cccxxiv《附录 III · 第一部分》，p.344

cccxxv 同上

cccxxvi 同上，p.814

cccxxvii 简 · 莫里斯，《费舍尔的面孔》，p.214

cccxxviii 马克 · 波特尔（编），《可敬的战士：维奥莱特 · 博纳姆 · 卡特的日记及书信》（1914—1945），p.51

cccxxix 简 · 莫里斯，《费舍尔的面孔》，p.58

cccxxx《附录 III · 第二部分》，pp.906—907

cccxxxi《附录 III · 第一部分》，p.319

cccxxxii《附录 III · 第二部分》，pp.885—886

cccxxxiii 温斯顿 · 斯宾塞 · 丘吉尔，《世界危机》（第一卷），p.460

cccxxxiv 简 · 莫里斯，《费舍尔的面孔》，p.211

cccxxxv 迈克尔 · 布洛克，埃莉诺 · 布洛克（合编），《赫伯特 · 亨利 · 阿斯奎斯：写给维妮夏 · 斯坦利的信》，p.405

cccxxxvi 莫里斯 · 汉基，《最高指令（1914—1918）》，p.293

cccxxxvii 迈克尔 · 布洛克，埃莉诺 · 布洛克（合编），《赫伯特 · 亨利 · 阿斯奎斯：写给维妮夏 · 斯坦利的信》，p.390

cccxxxviii《附录 III · 第一部分》，p.313

cccxxxix 温斯顿 · 斯宾塞 · 丘吉尔，《世界危机》（第二卷），p.48

cccxl 同上，p.235

cccxli《附录 III · 第一部分》，p.764

cccxlii 同上，p.770

cccxliii 温斯顿 · 斯宾塞 · 丘吉尔，《世界危机》（第二卷），p.305

cccxliv 同上

cccxlv 同上，p.505

cccxlvi 同上，p.489

cccxlvii 迈克尔 · 布洛克，埃莉诺 · 布洛克（合编），《赫伯特 · 亨利 · 阿斯奎斯：写给维妮夏 · 斯坦利的信》，p.415

cccxlviii 同上，p.436

cccxlix 同上，p.450

cccl 同上，p.449

cccli 玛戈 · 阿斯奎斯的文稿

ccclii《附录 III · 第一部分》，p.504

cccliii 同上，p.495

cccliv 同上，p.645

ccclv 迈克尔 · 布洛克，埃莉诺 · 布洛克（合编），《赫伯特 · 亨利 · 阿斯奎斯：写给维妮夏 · 斯坦利的信》，p.546

ccclvi《附录 III · 第一部分》，pp.776—777

ccclvii 温斯顿 · 斯宾塞 · 丘吉尔，《世界危机》（第二卷），p.350

ccclviii 同上，p.351

ccclix 同上，p.357

ccclx 同上，p.358

ccclxi 同上，p.559

ccclxii《附录 III · 第二部分》，p.887

ccclxiii 简 · 莫里斯，《费舍尔的面孔》，p.216

ccclxiv 马克 · 波特尔（编），《可敬的战士：维奥莱特 · 博纳姆 · 卡特的日记及书信》（1914—1945），p.51

ccclxv《附录 III · 第二部分》，pp.893—894

ccclxvi 马克 · 波特尔（编），《可敬的战士：维奥莱特 · 博纳姆 · 卡特的日记及书信》（1914—1945），p.52

ccclxvii 温斯顿 · 斯宾塞 · 丘吉尔，《世界危机》（第二卷），p.364

ccclxviii 罗伊 · 詹金斯，《阿斯奎斯》，p.360

ccclxix 温斯顿 · 斯宾塞 · 丘吉尔，《世界危机》（第二卷），p.366

ccclxx《附录 III · 第二部分》，p.901

ccclxxi 同上，p.898

ccclxxii 同上，p.919

ccclxxiii 同上

ccclxxiv 同上，pp.919—920

ccclxxv 同上，p.921

ccclxxvi 同上，p.932

ccclxxvii 同上，p.925

ccclxxviii 同上，p.926

ccclxxix 同上，p.926 和 p.927

ccclxxx 同上，p.927

第十五章　四十岁前途断送？

ccclxxxi 马丁 · 吉尔伯特，《温斯顿 · 斯宾塞 · 丘吉尔》（第三卷），p.457

ccclxxxii 同上，p.473

ccclxxxiii 罗伯特 · 罗兹 · 詹姆士（编），《温斯顿 · 丘吉尔爵士演说全集》（第三卷），p.2348

ccclxxxiv《附录 III · 第二部分》，p.1042

ccclxxxv 温斯顿 · 斯宾塞 · 丘吉尔，《思想与冒险》，p.307

ccclxxxvi《附录 III · 第二部分》，p.1033

ccclxxxvii 同上，p.1099

ccclxxxviii 同上，p.1098

ccclxxxix 同上，p.1180

cccxc 同上，p.1193

cccxci 同上，p.1140

cccxcii 同上，p.1158

cccxciii 同上，p.1191

cccxciv 同上，p.1196

cccxcv 同上，p.1233

cccxcvi 同上，p.1244

cccxcvii 同上，pp.1249—1250

cccxcviii 同上，p.1272

cccxcix 同上

cd《议会议事录》（第五册），第 75 卷，第 1514—1515 列

cdi 同上，第 1570 列

cdii 维奥莱特·博纳姆·卡特，《我所了解的温斯顿·丘吉尔》，pp.429—430

第十六章　荒谬的上校和失算的重返政界

cdiii 玛丽·索姆斯（编），《亲述自己：温斯顿·丘吉尔与克莱门汀·丘吉尔私人书信集》，p.113

cdiv 同上，p.137

cdv 同上，p.118

cdvi 温斯顿·斯宾塞·丘吉尔，《思想与冒险》，p.101

cdvii 玛丽·索姆斯（编），《亲述自己：温斯顿·丘吉尔与克莱门汀·丘吉尔私人书信集》，p.115

cdviii 同上，pp.117—119

cdix 同上，p.164

cdx 同上，p.120

cdxi 同上，p.130

cdxii 同上，p.116

cdxiii 同上，p.127

cdxiv 同上，p.125

cdxv 同上，p.124

cdxvi 马丁·吉尔伯特，《温斯顿·斯宾塞·丘吉尔》（第三卷），p.412

cdxvii 玛丽·索姆斯（编），《亲述自己：温斯顿·丘吉尔与克莱门汀·丘吉尔私人书信集》，p.133

cdxviii 同上，p.137

cdxix 同上，p.150

cdxx 同上，p.168

cdxxi 同上，p.125

cdxxii 同上，p.139

cdxxiii 同上，p.129

cdxxiv 马丁·吉尔伯特，《温斯顿·斯宾塞·丘吉尔》（第三卷），p.625

cdxxv 玛丽·索姆斯（编），《亲述自己：温斯顿·丘吉尔与克莱门汀·丘吉尔私人书信集》，p.148

cdxxvi 安德鲁·杜瓦·吉布，《与温斯顿·丘吉尔在前线》

cdxxvii 马丁·吉尔伯特，《温斯顿·斯宾塞·丘吉尔》（第三卷），p.632

cdxxviii 玛丽·索姆斯（编），《亲述自己：温斯顿·丘吉尔与克莱门汀·丘吉尔私人书信集》，p.114

cdxxix 同上，p.178

cdxxx 同上，p.166

cdxxxi 同上，pp.197—198

cdxxxii 维奥莱特·博纳姆·卡特，《我所了解的温斯顿·丘吉尔》，p.449

cdxxxiii《议会议事录·第七册》，第 80 卷，第 1430 列

cdxxxiv 同上，第 1442—1443 列

cdxxxv 同上，第 1570—1573 列

cdxxxvi 同上，第 1575 列

cdxxxvii《附录 III·第二部分》，p.1444

cdxxxviii 维奥莱特·博纳姆·卡特，《我所了解的温斯顿·丘吉尔》，p.452

cdxxxix 同上，pp.454—455

cdxl《附录 III·第二部分》，p.1450

cdxli 玛丽·索姆斯（编），《亲述自己：温斯顿·丘吉尔与克莱门汀·丘吉尔私人书信集》，p.195

第十七章　劳合·乔治的救护车稍后就到

cdxlii《议会议事录》（第五册），第 82 卷，第 1589 列

cdxliii《附录 III·第二部分》，pp.1530—1531

cdxliv 同上，p.1530

cdxlv 同上，p.1531

cdxlvi 同上，p.1543

cdxlvii 同上，p.1542

cdxlviii 同上，p.1570

cdxlix 同上，p.1578

cdl 马丁·吉尔伯特，《温斯顿·斯宾塞·丘吉尔》（第三卷），p.793

cdli 比弗布鲁克勋爵，《政治家与战争》，p.489

cdlii 同上，pp.492—493

cdliii 戴维·劳合·乔治，《戴维·劳合·乔治战争回忆录》（第一卷），pp.635—636

cdliv 同上，p.636

cdlv 温斯顿·斯宾塞·丘吉尔，《世界危机》（第一卷），pp.253—254

cdlvi《附录 IV·第一部分》，p.64

cdlvii 温斯顿·斯宾塞·丘吉尔，《当代伟人》，p.293

cdlviii 阿兰·约翰·珀西瓦尔·泰勒（编），《劳合·乔治：弗朗西斯·史蒂文森的日记》，p.158

第十八章　充分利用军火部

cdlix 罗伯特·罗兹·詹姆士（编），《温斯顿·丘吉尔爵士演说全集》（第三卷），p.2565

cdlx 玛丽·索姆斯（编），《亲述自己：温斯顿·丘吉尔与克莱门汀·丘吉尔私人书信集》，p.207

cdlxi 马丁·吉尔伯特，《温斯顿·斯宾塞·丘吉尔》（第四卷），p.79

cdlxii 温斯顿·斯宾塞·丘吉尔，《世界危机》（第三卷）第二部，p.423

cdlxiii 马丁·吉尔伯特，《温斯顿·斯宾塞·丘吉尔》（第四卷），p.92

cdlxiv 同上，pp.93—94

cdlxv 玛丽·索姆斯（编），《亲述自己：温斯顿·丘吉尔与克莱门汀·丘吉尔私人书信集》，p.206

cdlxvi 同上，pp.208—209

cdlxvii 马丁·吉尔伯特，《温斯顿·斯宾塞·丘吉尔》（第四卷），p.159

cdlxviii 同上，pp.159—160

cdlxix《附录 IV · 第一部分》，p.408

cdlxx 同上，pp.408—410

cdlxxi 同上，p.410

cdlxxii 温斯顿 · 斯宾塞 · 丘吉尔，《世界危机》（第三卷）第二部，p.541

cdlxxiii《附录 IV · 第一部分》，p.437

cdlxxiv 马丁 · 吉尔伯特，《温斯顿 · 斯宾塞 · 丘吉尔》（第四卷），p.173

cdlxxv《附录 IV · 第一部分》，p.429

cdlxxvi 同上

cdlxxvii 同上，p.437

cdlxxviii 同上，pp.443—447

第十九章　坚定的反布尔什维克主义者与爱尔兰的和平缔造者

cdlxxix 温斯顿 · 斯宾塞 · 丘吉尔，《世界危机》（第五卷），p.263

cdlxxx 同上，p.24

cdlxxxi 马丁 · 吉尔伯特，《温斯顿 · 斯宾塞 · 丘吉尔》（第四卷），pp.365—366

cdlxxxii 玛丽 · 索姆斯（编），《亲述自己：温斯顿 · 丘吉尔与克莱门汀 · 丘吉尔私人书信集》，p.227

cdlxxxiii 同上，pp.234—235

cdlxxxiv 同上，p.227

cdlxxxv 同上，p.256

cdlxxxvi 同上，p.225

cdlxxxvii 同上，p.239

cdlxxxviii 玛丽 · 索姆斯，《克莱门汀 · 丘吉尔》，pp.218—219

cdlxxxix《附录 IV · 第二部分》，p.1420

cdxc 玛丽 · 索姆斯（编），《亲述自己：温斯顿 · 丘吉尔与克莱门汀 · 丘吉尔私人书信集》，p.232

cdxci 温斯顿 · 斯宾塞 · 丘吉尔，《世界危机》（第五卷），p.289—290

cdxcii《议会议事录》第五册（勋爵篇），第 48 卷，第 204 列

cdxciii 温斯顿 · 斯宾塞 · 丘吉尔，《世界危机》（第五卷），p.348

cdxciv 同上，p.349

cdxcv 玛丽·索姆斯（编），《亲述自己：温斯顿·丘吉尔与克莱门汀·丘吉尔私人书信集》，p.246

cdxcvi 同上，pp.247—248

cdxcvii 同上，p.249

cdxcviii《附录 IV·第三部分》，pp.1666—1667

cdxcix《附录 IV·第二部分》，p.1053

第二十章　没有党派、没有“一席之地”的政客

d《附录 IV·第三部分》，p.2126

di 同上，p.2100n

dii 同上，p.2094

diii 同上，pp.2095—2096

div 同上，p.2100

dv 马丁·吉尔伯特，《温斯顿·斯宾塞·丘吉尔》（第四卷），p.880

dvi 托尼·帕特森，《丘吉尔：终身席位》，pp.238—239

dvii 马丁·吉尔伯特，《温斯顿·斯宾塞·丘吉尔》（第四卷），p.875

dviii 麦克斯·埃格雷蒙特，《两面旗帜下：陆军少将爱德华·斯皮尔斯爵士的一生》，p.104

dix 托尼·帕特森，《丘吉尔：终身席位》，p.235

dx 马丁·吉尔伯特，《温斯顿·斯宾塞·丘吉尔》（第四卷），p.886

dxi 同上，p.887

dxii 温斯顿·斯宾塞·丘吉尔，《思想与冒险》，p.213

dxiii 马丁·吉尔伯特，《温斯顿·斯宾塞·丘吉尔》（第四卷），p.892

dxiv 玛丽·索姆斯（编），《亲述自己：温斯顿·丘吉尔与克莱门汀·丘吉尔私人书信集》，p.268

dxv 同上，p.273

dxvi 同上，p.281

dxvii《附录 IV·第一部分》，p.55

dxviii 玛丽·索姆斯（编），《亲述自己：温斯顿·丘吉尔与克莱门汀·丘吉尔私人书信集》，p.271

dxix 同上

dxx 马丁·吉尔伯特，《温斯顿·斯宾塞·丘吉尔》（第四卷），pp.15—16

dxxi 玛丽·索姆斯（编），《亲述自己：温斯顿·丘吉尔与克莱门汀·丘吉尔私人书信集》，p.269

dxxii《附录 V·第一部分》，p.82

dxxiii 弗雷德里克·威廉·白齐克－劳伦斯，《好运始终》，p.129

dxxiv《附录 V·第一部分》，pp.92—94

dxxv 同上，pp.97—98

dxxvi 玛丽·索姆斯（编），《亲述自己：温斯顿·丘吉尔与克莱门汀·丘吉尔私人书信集》，p.280

dxxvii《附录 V·第一部分》，p.120

dxxviii 温斯顿·斯宾塞·丘吉尔，《思想与冒险》，p.213

dxxix 伦道夫·丘吉尔，《德比勋爵》，p.82

dxxx 阿奇博尔德·萨尔维奇爵士，《利物浦的萨尔维奇》

dxxxi 玛丽·索姆斯（编），《亲述自己：温斯顿·丘吉尔与克莱门汀·丘吉尔私人书信集》，p.278

第二十一章　金本位制和大罢工

dxxxii 托马斯·琼斯，《白厅日记》（1916—1930）（第一卷），p.303

dxxxiii 马丁·吉尔伯特，《温斯顿·斯宾塞·丘吉尔》（第五卷），p.163

dxxxiv《附录 V·第一部分》，pp.268—269

dxxxv 同上，p.280

dxxxvi 同上，p.286

dxxxvii 同上，p.304

dxxxviii 同上，p.412

dxxxix 同上，p.316

dxl 同上，p.356

dxli 同上，pp.533—534

dxlii 同上，pp.530—531

dxliii 同上，pp.430—432（并非出自丘吉尔之口，但是在为奥斯汀·张伯伦准备的一份记录中外交部常务次官称这句话出自丘吉尔之口）

dxliv 马丁·吉尔伯特，《温斯顿·斯宾塞·丘吉尔》（第五卷），p.94

dxlv 同上，p.95

dxlvi 同上

dxlvii《附录 V · 第一部分》，p.411

dxlviii 同上，pp.437—438

dxlix 马丁 · 吉尔伯特，《温斯顿 · 斯宾塞 · 丘吉尔》（ 第五卷 ），p.103

dl《议会议事录》（ 第五册 ），第 183 卷，第 71 列

dli 马丁 · 吉尔伯特，《温斯顿 · 斯宾塞 · 丘吉尔》（ 第五卷 ），p.118

dlii《附录 V · 第一部分》，p.358

dliii 罗伯特 · 罗兹 · 詹姆士（ 编 ），《温斯顿 · 丘吉尔爵士演说全集》（ 第四卷 ），p.3818

dliv 马丁 · 吉尔伯特，《温斯顿 · 斯宾塞 · 丘吉尔》（ 第五卷 ），p.145

dlv《议会议事录》（ 第五册 ），第 183 卷，第 69 列

dlvi 马丁 · 吉尔伯特，《温斯顿 · 斯宾塞 · 丘吉尔》（ 第五卷 ），p.140

dlvii《附录 V · 第一部分》，p.708

dlviii 马丁 · 吉尔伯特，《温斯顿 · 斯宾塞 · 丘吉尔》（ 第五卷 ），p.161

dlix《议会议事录》（ 第五册 ），第 197 卷，第 2218 列

dlx 基思 · 米德尔，斯与约翰 · 巴恩斯，《鲍德温传》，p.432

dlxi 托马斯 · 琼斯，《白厅日记》（ 1916—1930 ）（ 第二卷 ），p.88

dlxii《附录 V · 第一部分》，pp.984—985

dlxiii《议会议事录》（ 第五册 ），第 205 卷，第 59 列

dlxiv《附录 V · 第一部分》，p.986

dlxv 马丁 · 吉尔伯特，《温斯顿 · 斯宾塞 · 丘吉尔》（ 第五卷 ），p.236

dlxvi 约翰 · 巴恩斯，戴维 · 尼科尔森（ 合编 ），《里奥 · 艾默里日记》（ 第一卷 ），pp.542—543

dlxvii 玛丽 · 索姆斯（ 编 ），《亲述自己：温斯顿 · 丘吉尔与克莱门汀 · 丘吉尔私人书信集》，pp.315—316

dlxviii《附录 V · 第一部分》，pp.1328—1329

第二十二章　孜孜不倦的作家

dlxix《附录 V · 第一部分》，p.1469

dlxx 玛丽 · 索姆斯（ 编 ），《亲述自己：温斯顿 · 丘吉尔与克莱门汀 · 丘吉尔私

人书信集》，p.332。（出版的版本里删除了略微提及奥斯汀·张伯伦的内容）

dlxxi 托马斯·琼斯，《白厅日记》（1916—1930）（第二卷），p.186

dlxxii《附录 V·第一部分》，p.1333

dlxxiii《附录 V·第二部分》，p.36

dlxxiv 约翰·巴恩斯，戴维·尼科尔森（合编），《里奥·艾默里日记》（第一卷），p.49

dlxxv 玛丽·索姆斯（编），《亲述自己：温斯顿·丘吉尔与克莱门汀·丘吉尔私人书信集》，p.337

dlxxvi 同上，p.341

dlxxvii 同上，p.345

dlxxviii 同上，p.349

dlxxix《附录 V·第二部分》，p.133

dlxxx 同上，p.140

dlxxxi 同上，p.141

dlxxxii 同上，p.331

第二十三章　　异类出局

dlxxxiii 罗伯特·罗兹·詹姆士，《丘吉尔：失败研究（1900—1939）》，p.181

dlxxxiv《附录 V·第二部分》，p.192

dlxxxv 同上，pp.193—194

dlxxxvi 罗伯特·罗兹·詹姆士，《丘吉尔：失败研究（1900—1939）》，p.299

dlxxxvii《附录 V·第二部分》，p.293

dlxxxviii 同上，p.254

dlxxxix 同上，p.257

dxc 同上，p.280

dxci 同上，p.280n

dxcii 同上，p.307

dxciii 同上，p.274

dxciv 玛丽·索姆斯（编），《亲述自己：温斯顿·丘吉尔与克莱门汀·丘吉尔私人书信集》，p.354

dxcv 同上，p.356

dxcvi《附录 V · 第二部分》，p.302

dxcvii 同上，p.307

dxcviii 同上，p.308

dxcix《议会议事录》（第五册），第 231 卷，第 1306 列

dc 同上，第 249 卷，第 1426 列

dci 哈罗德 · 尼科尔森（编），《哈罗德 · 尼科尔森日记与书信集（1930—1939 ）》，p.82

dcii《附录 V · 第二部分》，p.339

dciii 同上，p.265

dciv 同上，p.348

dcv 同上，p.382

dcvi 同上，p.383

dcvii 同上，p.396

dcviii 同上，p.393

dcix 同上，p.407

dcx 同上，p.394n

第二十四章　在野岁月的愚蠢

dcxi《附录 V · 第二部分》，p.412

dcxii 同上，p.374

dcxiii 同上，p.276

dcxiv 同上，p.518

dcxv 同上，p.601

dcxvi 温斯顿 · 斯宾塞 · 丘吉尔，《马尔博罗的一生及其时代》（第一卷），p.144

dcxvii 同上，p.258

dcxviii 同上，p.52

dcxix 同上，p.117

dcxx《附录 V · 第二部分》，p.665

dcxxi 同上，p.532

dcxxii 达夫 · 库珀，《人老多忘事》，p.171

dcxxiii《附录 V · 第二部分》，p.566

dcxxiv 同上，pp.595—596

dcxxv 同上，pp.602—603

dcxxvi "特权委员会证词备忘录"，1934 年 6 月

dcxxvii《附录 V · 第二部分》，p.809

dcxxviii《议会议事录》（第五册），第 290 卷，第 1736—1747 列

dcxxix 玛丽·索姆斯（编），《亲述自己：温斯顿·丘吉尔与克莱门汀·丘吉尔私人书信集》，p.399

dcxxx《附录 V · 第二部分》，p.1129

dcxxxi《议会议事录》（第五册），第 302 卷，第 1925—1934 列

第二十五章　早响的闹钟

dcxxxii 温斯顿·斯宾塞·丘吉尔，《第二次世界大战回忆录》（第一卷），p.157

dcxxxiii《议会议事录》（第五册），第 201 卷，第 666 列

dcxxxiv 温斯顿·斯宾塞·丘吉尔，《第二次世界大战回忆录》（第一卷），p.62

dcxxxv 哈罗德·尼科尔森（编），《哈罗德·尼科尔森日记与书信集（1930—1939）》，p.284

dcxxxvi 亨利·佩林，《温斯顿·丘吉尔》，p.384

dcxxxvii《议会议事录》（第五册），第 30 卷，第 1526 列

dcxxxviii 温斯顿·斯宾塞·丘吉尔，《第二次世界大战回忆录》（第一卷），p.65

dcxxxix 同上

dcxl 马丁·吉尔伯特，《温斯顿·斯宾塞·丘吉尔》（第五卷），p.456

dcxli《议会议事录》（第五册），第 287 卷，第 394—485 列

dcxlii 奥斯汀·张伯伦爵士，《亲历政治：书信纪事录》，p.451

dcxliii 同上

dcxliv 玛丽·索姆斯（编），《亲述自己：温斯顿·丘吉尔与克莱门汀·丘吉尔私人书信集》，p.402

dcxlv 奥斯汀·张伯伦爵士，《亲历政治：书信纪事录》，p.499

dcxlvi《议会议事录》（第五册），第 292 卷，第 2363—2377 列

dcxlvii 同上，第 295 卷，第 857—872 列

dcxlviii 阿兰·约翰·珀西瓦尔·泰勒（编），《劳合·乔治：弗朗西斯·史蒂文森的日记》，p.294

第二十六章　军备与盟约

dcxlix 马丁·吉尔伯特，《温斯顿·斯宾塞·丘吉尔》（第五卷），p.675

dcl《附录 V·第二部分》，p.1364

dcli 温斯顿·斯宾塞·丘吉尔，《军备与盟约》，p.253

dclii 阿兰·约翰·珀西瓦尔·泰勒，《英国史（1914—1945）》，p.377

dcliii《附录 V·第二部分》，p.1203

dcliv 温斯顿·斯宾塞·丘吉尔，《第二次世界大战回忆录》（第一卷），p.133

dclv 温斯顿·斯宾塞·丘吉尔，《军备与盟约》，p.251

dclvi《泰晤士报》，1935 年 9 月 12 日

dclvii 温斯顿·斯宾塞·丘吉尔，《第二次世界大战回忆录》（第一卷），p.135

dclviii《附录 V·第二部分》，p.1279

dclix 同上，p.1324

dclx 同上，pp.1348—1350

dclxi 同上，p.1353

dclxii 同上，p.3，p.18

dclxiii 同上，p.37

dclxiv 同上

dclxv 罗伯特·塞德里克·谢里夫，《没有女主角》

dclxvi 玛丽·索姆斯（编），《亲述自己：温斯顿·丘吉尔与克莱门汀·丘吉尔私人书信集》，p.414

dclxvii 罗伯特·罗兹·詹姆士（编），《温斯顿·丘吉尔爵士演说全集，第六卷》，p.5894

dclxviii 哈罗德·尼科尔森（编），《哈罗德·尼科尔森日记与书信集（1930—1939）》，p.252

dclxix 玛丽·索姆斯（编），《亲述自己：温斯顿·丘吉尔与克莱门汀·丘吉尔私人书信集》，p.417

dclxx《附录 V·第三部分》，p.392

dclxxi 同上，p.353

dclxxii 同上，p.108

dclxxiii 同上，pp.387—388

dclxxiv 同上，p.370

dclxxv 同上，p.363

dclxxvi 同上，p.362

dclxxvii《议会议事录》（第五册），第 317 卷，第 1098—1118 列

dclxxviii 同上，第 1144 列

dclxxix 诺曼·A·罗斯（编），《巴菲：布兰奇·达格代尔日记》，1936 年 11 月 18 日

dclxxx《附录 V·第三部分》，p.452

dclxxxi 沃尔特·西特林，《人与工作》，pp.356—357

dclxxxii《附录 V·第三部分》，pp.455—456

dclxxxiii 同上，p.457

dclxxxiv 哈罗德·尼科尔森（编），《哈罗德·尼科尔森日记与书信集（1930—1939）》，p.248

dclxxxv 约翰·巴恩斯，戴维·尼科尔森（合编），《里奥·艾默里日记》（第二卷），p.430

dclxxxvi《附录 V·第三部分》，p.465

dclxxxvii 同上，pp.466—472

dclxxxviii 同上，pp.480—481

dclxxxix（原书遗漏）

dcxc《议会议事录》（第五册），第 318 卷，第 2189—2191 列

dcxci《附录 V·第三部分》，p.521

第二十七章　从退位到慕尼黑

dcxcii《附录 V·第三部分》，p.822

dcxciii 同上，p.619

dcxciv 同上，p.709

dcxcv 同上，p.517

dcxcvi 玛丽·索姆斯（编），《亲述自己：温斯顿·丘吉尔与克莱门汀·丘吉尔私人书信集》，p.426

dcxcvii《附录 V·第三部分》，p.787

dcxcviii 同上，p.166

dcxcix 诺曼·A. 罗斯（编），《巴菲：布兰奇·达格代尔日记》，1937 年 2 月 27 日

dcc《附录 V · 第三部分》，p.188

dcci 温斯顿·斯宾塞·丘吉尔，《第二次世界大战回忆录》（第一卷），p.201

dccii《附录 V · 第三部分》，p.673

dcciii 同上，pp.767—768

dcciv 罗伯特·罗兹·詹姆士（编），《温斯顿·丘吉尔爵士演说全集，第六卷》，p.5894

dccv 哈罗德·尼科尔森（编），《哈罗德·尼科尔森日记与书信集（1930—1939）》，p.332

dccvi 温斯顿·斯宾塞·丘吉尔，《第二次世界大战回忆录》（第一卷），pp.211—212

dccvii《附录 V · 第三部分》，p.973

dccviii 玛丽·索姆斯（编），《亲述自己：温斯顿·丘吉尔与克莱门汀·丘吉尔私人书信集》，p.436

dccix 同上，p.433

dccx《附录 V · 第三部分》，pp.951—952

dccxi 同上，pp.963—964

dccxii《每日电讯报》，1938 年 7 月 26 日

dccxiii 玛丽·索姆斯（编），《亲述自己：温斯顿·丘吉尔与克莱门汀·丘吉尔私人书信集》，p.436

dccxiv《附录 V · 第三部分》，p.1104

dccxv 同上，pp.1124—1125

dccxvi 同上，p.1129

dccxvii 同上，p.1089

dccxviii 马丁·吉尔伯特，《温斯顿·斯宾塞·丘吉尔》（第五卷），p.978n

dccxix《附录 V · 第三部分》，p.1166

dccxx 马丁·吉尔伯特，《温斯顿·斯宾塞·丘吉尔》（第五卷），pp.986—987

dccxxi《附录 V · 第三部分》，p.1156

dccxxii 哈罗德·尼科尔森（编），《哈罗德·尼科尔森日记与书信集（1930—1939）》，p.367

dccxxiii 同上，pp.363—364

dccxxiv 同上，p.372

dccxxv 科林·库特，《社论：回忆录》，pp.173—174

dccxxvi《附录 V·第三部分》，p.1189n

dccxxvii《议会议事录》（第五册），第 339 卷，第 360—370 列

dccxxviii 马丁·吉尔伯特，《温斯顿·斯宾塞·丘吉尔》（第五卷），p.1002

第二十八章　最后一年的和平

dccxxix《附录 V·第三部分》，pp.1229—1230

dccxxx 同上，p.1210

dccxxxi 同上，p.1213

dccxxxii 同上，pp.1232—1233

dccxxxiii 马丁·吉尔伯特，《温斯顿·斯宾塞·丘吉尔》（第五卷），p.1015

dccxxxiv 哈罗德·尼科尔森（编），《哈罗德·尼科尔森日记与书信集（1930—1939）》，p.383

dccxxxv《附录 V·第三部分》，p.1239

dccxxxvi 同上，p.1270

dccxxxvii 同上，pp.1204—1205

dccxxxviii《议会议事录》（第五册），第 341 卷，第 1196 列

dccxxxix《附录 V·第三部分》，p.1302

dccxl 哈罗德·尼科尔森（编），《哈罗德·尼科尔森日记与书信集（1930—1939）》，p.382

dccxli《附录 V·第三部分》，p.1316

dccxlii 同上，p.1325

dccxliii 同上，p.1402

dccxliv 同上，p.1455

dccxlv 同上，p.1464

dccxlvi 哈罗德·麦克米伦，《时运（1945—1955）》，p.592

dccxlvii《附录 V·第三部分》，p.1439

dccxlviii 同上，p.1461

dccxlix 同上，p.1475

dccl《议会议事录》（第五册），第 339 卷，第 361 列

dccli 哈罗德·尼科尔森未出版的日记，1939 年 4 月 25 日，牛津大学贝利奥学院

dcclii《附录 V·第三部分》，p.1622

dccliii 同上，p.1622

dccliv 同上，p.1463

dcclv 同上，p.1406

dcclvi《议会议事录》（第五册），第 347 卷，第 1840—1849 列

dcclvii 约翰·科尔维尔，《权力边缘：唐宁街日记，1939—1955》，p.404

dcclviii《议会议事录》（第五册），第 347 卷，第 1840—1849 列

dcclix《附录 V·第三部分》，p.1456

dcclx 同上，p.1545

dcclxi 玛丽·索姆斯（编），《亲述自己：温斯顿·丘吉尔与克莱门汀·丘吉尔私人书信集》，p.451

dcclxii《附录 V·第三部分》，pp.1592—1593

dcclxiii 同上，p.1597

dcclxiv 同上，pp.1169 和 1232

dcclxv 同上，p.1591

第二十九章　与德国悄然开战，与张伯伦摇摆不定地和解

dcclxvi 哈罗德·尼科尔森（编），《哈罗德·尼科尔森日记与书信集（1930—1939）》，pp.421—422

dcclxvii 沃尔特·亨利·汤普森，《我是丘吉尔的影子》，p.20

dcclxviii《丘吉尔战争文稿》（第一卷），p.187

dcclxix 同上，p.153

dcclxx 同上，p.146

dcclxxi 同上，p.128

dcclxxii 温斯顿·斯宾塞·丘吉尔，《第二次世界大战回忆录》（第一卷），pp.388—389

dcclxxiii 哈罗德·尼科尔森（编），《哈罗德·尼科尔森日记与书信集（1930—1939）》，p.37

dcclxxiv 芭芭拉·卡特兰，《罗纳德·卡特兰》，p.232

dcclxxv《丘吉尔战争文稿》（第一卷），p.160

dcclxxvi 约翰·科尔维尔，《权力边缘：唐宁街日记，1939—1955》，p.29

dcclxxvii《丘吉尔战争文稿》（第一卷），p.195

dcclxxviii 同上，p.304

dcclxxix 同上，p.358

dcclxxx 约翰·科尔维尔，《权力边缘：唐宁街日记，1939—1955》，pp.50—51

dcclxxxi 罗伯特·罗兹·詹姆士（编），《奇普斯：亨利·钱浓爵士日记》，p.220

dcclxxxii《丘吉尔战争文稿》（第一卷），p.100

dcclxxxiii 温斯顿·斯宾塞·丘吉尔，《第二次世界大战回忆录》（第一卷），p.392

dcclxxxiv《丘吉尔战争文稿》（第一卷），p.312

dcclxxxv 温斯顿·斯宾塞·丘吉尔，《第二次世界大战回忆录》（第一卷），p.392

dcclxxxvi《丘吉尔战争文稿》（第一卷），pp.369—370

dcclxxxvii 同上，p.505

dcclxxxviii 沃尔特·亨利·汤普森，《我是丘吉尔的影子》，p.25

dcclxxxix《附录 V·第三部分》，p.571

dccxc 沃尔特·亨利·汤普森，《我是丘吉尔的影子》，p.25

dccxci 同上，pp.26—27

dccxcii《丘吉尔战争文稿》（第一卷），p.611

dccxciii 同上，pp.611—612

dccxciv 同上，p.244

dccxcv 马丁·吉尔伯特，《温斯顿·斯宾塞·丘吉尔》（第六卷），pp.67—68

dccxcvi《丘吉尔战争文稿》（第一卷），p.553

dccxcvii 同上，p.555

dccxcviii 同上，p.642

dccxcix 同上，p.652

dccc 同上，pp.667—675

dccci 同上，p.689

dcccii 同上，p.690

第三十章　从峡湾的惨败到唐宁街的胜利

dccciii 爱德华·路易斯·斯皮尔斯，《走向灾难的任务》（第一卷），p.97

dccciv 同上，p.99

dccccv 约翰·科尔维尔，《权力边缘：唐宁街日记，1939—1955》，p.95

dccccvi 爱德华·路易斯·斯皮尔斯，《走向灾难的任务》，p.100

dccccvii《丘吉尔战争文稿》（第一卷），pp.922—923

dccccviii 哈罗德·尼科尔森（编），《哈罗德·尼科尔森日记与书信集（1939—1945）》，p.70

dccccix 约翰·科尔维尔，《权力边缘：唐宁街日记，1939—1955》，p.101

dccccx 同上，p.102

dccccxi《议会议事录》（第五册），第360卷，第1073—1086列

dccccxii 同上，第1094—1130列

dccccxiii 约翰·巴恩斯，戴维·尼科尔森（合编），《里奥·艾默里日记》（第一卷），p.592

dccccxiv《议会议事录》（第五册），第360卷，第1250—1283列

dccccxv 同上，第1283列

dccccxvi 同上，第1320—1329列

dccccxvii 罗伯特·罗兹·詹姆士（编），《奇普斯：亨利·钱浓爵士日记》，p.246

dccccxviii 哈罗德·尼科尔森（编），《哈罗德·尼科尔森日记与书信集（1939—1945）》，p.79

dccccxix 本·平洛特（编），《休·道尔顿的政治生涯日记（1918—1940，1945—1960）》，p.342

dccccxx 温斯顿·斯宾塞·丘吉尔，《第二次世界大战回忆录》（第一卷），pp.523—524

dccccxxi 戴维·迪尔克斯（编），《亚历山大·贾德干爵士日记，1938—1945》，p.280

dccccxxii《丘吉尔战争文稿》（第一卷），pp.1260—1261

dccccxxiii 同上，pp.1261—1262

dccccxxiv 坦普尔伍德子爵（塞缪尔·霍尔），《艰难的九年》，p.432

dccccxxv《丘吉尔战争文稿》（第一卷），pp.1285—1286

第三十一章　五月里的二十一天

dccccxxvi《丘吉尔战争文稿》（第二卷），pp.14—15

dccccxxvii 哈罗德·尼科尔森（编），《哈罗德·尼科尔森日记与书信集（1939—

1945）》，p.85

dcccxxviii 罗伯特·罗兹·詹姆士（编），《奇普斯：亨利·钱浓爵士日记》，p.252

dcccxxix《丘吉尔战争文稿》（第二卷），p.22

dcccxxx 哈罗德·尼科尔森（编），《哈罗德·尼科尔森日记与书信集（1939—1945）》，p.85

dcccxxxi 罗伯特·罗兹·詹姆士（编），《奇普斯：亨利·钱浓爵士日记》，p.252

dcccxxxii 约翰·科尔维尔，《权力边缘：唐宁街日记，1939—1955》，p.129

dcccxxxiii 沃尔特·亨利·汤普森，《与温斯顿·丘吉尔在一起的六十分钟》，p.444

dcccxxxiv 温斯顿·斯宾塞·丘吉尔，《第二次世界大战回忆录》（第一卷），pp.526—527

dcccxxxv 约翰·科尔维尔，《权力边缘：唐宁街日记，1939—1955》，pp.133—134

dcccxxxvi 同上，p.138

dcccxxxvii 同上，p.133

dcccxxxviii 玛丽·索姆斯（编），《亲述自己：温斯顿·丘吉尔与克莱门汀·丘吉尔私人书信集》，p.454

dcccxxxix《丘吉尔战争文稿》（第二卷），p.35

dcccxl 同上

dcccxli 同上，p.110，p.116

dcccxlii 同上，pp.156—157

dcccxliii 伊斯梅勋爵，《伊斯梅勋爵将军回忆录》，p.133

dcccxliv《丘吉尔战争文稿》（第二卷），p.220

dcccxlv《议会议事录》（第五册），第361卷，第787—796列

dcccxlvi《丘吉尔战争文稿》（第二卷），p.226

dcccxlvii 同上，p.153

dcccxlviii《议会议事录》（第五册），第361卷，第796列

dcccxlix 约翰·卢卡奇，《伦敦五日，1940年5月》，pp.117—118

dcccl《丘吉尔战争文稿》（第二卷），p.158

dcccli 约翰·卢卡奇，《伦敦五日，1940年5月》，pp.115—116

dccclii 伊斯梅勋爵，《伊斯梅勋爵将军回忆录》，p.131

dcccliii 第二代伯肯黑德伯爵，《哈利法克斯：哈利法克斯勋爵的一生》，p.458

dcccliv 约翰·科尔维尔，《权力边缘：唐宁街日记，1939—1955》，pp.140—141

dcccclv《丘吉尔战争文稿》（第二卷），pp.166—167

dcccclvi 同上，pp.180—181

dcccclvii 温斯顿·斯宾塞·丘吉尔，《第二次世界大战回忆录》（第二卷），pp.87—88

dcccclviii 本·平洛特（编），《休·道尔顿的政治生涯日记（1918—1940，1945—1960）》，p.28

dcccclix 同上，p.28 等

dcccclx《丘吉尔战争文稿》（第二卷），p.185

dcccclxi 同上

dcccclxii 同上，p.187

dcccclxiii 同上

dcccclxiv 温斯顿·斯宾塞·丘吉尔，《第二次世界大战回忆录》（第二卷），p.157

第三十二章　妙不可言的1940年之夏

dcccclxv 罗伯特·罗兹·詹姆士（编），《奇普斯：亨利·钱浓爵士日记》，p.256

dcccclxvi《丘吉尔战争文稿》（第二卷），p.248

dcccclxvii 同上，p.248—249

dcccclxviii 同上，p.249

dcccclxix 罗伯特·埃米特·舍伍德（编），《哈利·劳埃德·霍普金斯的白宫文稿：亲身经历的历史》（第一卷），p.145

dcccclxx《丘吉尔战争文稿》（第二卷），p.294

dcccclxxi 同上，p.320

dcccclxxii 同上，p.255

dcccclxxiii 同上，p.333

dcccclxxiv 同上，p.338

dcccclxxv 爱德华·路易斯·斯皮尔斯，《走向灾难的任务》（第二卷），pp.137—138

dcccclxxvi 安东尼·艾登，《清算》，p.116

dcccclxxvii《丘吉尔战争文稿》（第二卷），p.305

dcccclxxviii 同上，p.305

dcccclxxix 温斯顿·斯宾塞·丘吉尔，《第二次世界大战回忆录》（第二卷），

p.158

dccclxxx《丘吉尔战争文稿》（第二卷），p.349

dccclxxxi 同上，p.348

dccclxxxii 同上，p.346

dccclxxxiii 同上，p.359

dccclxxxiv 戴维·迪尔克斯（编），《亚历山大·贾德干爵士日记（1938—1945）》，1940年6月18日

dccclxxxv《议会议事录》（第五册），第361卷，第51—61列

dccclxxxvi 温斯顿·斯宾塞·丘吉尔，《第二次世界大战回忆录》（第二卷），p.205

dccclxxxvii《丘吉尔战争文稿》（第二卷），p.458

dccclxxxviii 温斯顿·斯宾塞·丘吉尔，《第二次世界大战回忆录》（第二卷），p.212

dccclxxxix 同上，p.211

dcccxc 哈罗德·尼科尔森（编），《哈罗德·尼科尔森日记与书信集（1939—1945）》，p.100

dcccxci《丘吉尔战争文稿》（第二卷），pp.483—484

dcccxcii 约翰·科尔维尔，《权力边缘：唐宁街日记，1939—1955》，p.193

dcccxciii 哈罗德·尼科尔森（编），《哈罗德·尼科尔森日记与书信集（1939—1945）》，p.103

dcccxciv 罗伯特·罗兹·詹姆士（编），《奇普斯：亨利·钱浓爵士日记》，p.262

dcccxcv《议会议事录》（第五册），第363卷，第367—404列

dcccxcvi 同上，第1193—1194列

dcccxcvii 本·平洛特（编），《休·道尔顿的政治生涯日记（1918—1940，1945—1960）》，p.67

dcccxcviii《丘吉尔战争文稿》（第二卷），p.594

dcccxcix 同上，p.595

cm 同上，p.555

cmi 同上，p.579

cmii 同上，p.514

cmiii 同上

cmiv 同上，p.493

cmv 本·平洛特（编），《休·道尔顿的政治生涯日记（1918—1940，1945—1960）》，p.67

第三十三章　不列颠之战与闪电战的开始

cmvi 约翰·科尔维尔，《权力边缘：唐宁街日记，1939—1955》，p.280

cmvii 同上，p.297

cmviii 温斯顿·斯宾塞·丘吉尔，《第二次世界大战回忆录》（第二卷），pp.324—325

cmix 肯尼思·J. 瓦伦丁，《战争中的威尔斯登》，散见各处

cmx《丘吉尔战争文稿》（第二卷），p.1017

cmxi 安东尼·艾登，《清算》，p.175

cmxii《丘吉尔战争文稿》（第二卷），pp.1068—1069

cmxiii 约翰·科尔维尔，《权力边缘：唐宁街日记，1939—1955》，p.283

cmxiv 同上

cmxv《议会议事录》（第五册），第 365 卷，第 766—768 列

cmxvi《丘吉尔战争文稿》（第二卷），pp.1189—1197

cmxvii 同上，p.816

cmxviii 同上

cmxix 同上，p.883

cmxx 同上，pp.1066—1067

cmxxi《议会议事录》（第五册），第 364 卷，第 1159—1171 列

cmxxii 约翰·科尔维尔，《权力边缘：唐宁街日记，1939—1955》，p.227

cmxxiii 哈罗德·尼科尔森（编），《哈罗德·尼科尔森日记与书信集（1939—1945）》，p.109

第三十四章　不再孤军奋战

cmxxiv 温斯顿·斯宾塞·丘吉尔，《第二次世界大战回忆录》（第三卷），p.539

cmxxv 约翰·科尔维尔，《权力边缘：唐宁街日记，1939—1955》，p.331

cmxxvi《丘吉尔战争文稿》（第三卷），p.90

cmxxvii 莫兰勋爵，《温斯顿·丘吉尔：争取生存（1940—1965）》，p.6

cmxxviii 约翰·科尔维尔，《权力边缘：唐宁街日记，1939—1955》，p.332

cmxxix 罗伯特·埃米特·舍伍德（编），《哈利·劳埃德·霍普金斯的白宫文稿：亲身经历的历史》（第一卷），p.257

cmxxx 约翰·科尔维尔，《权力边缘：唐宁街日记，1939—1955》，p.417

cmxxxi 同上，p.375

cmxxxii 温斯顿·斯宾塞·丘吉尔，《第二次世界大战回忆录》（第三卷），pp.307—308

cmxxxiii 戴维·迪尔克斯（编），《亚历山大·贾德干爵士日记（1938—1945）》，1941 年 5 月 26 日

cmxxxiv《丘吉尔战争文稿》（第三卷），p.713

cmxxxv 亚历克斯·丹切夫，丹尼尔·托德曼（合编），《战争日记（1939—1945：陆军元帅阿兰布鲁克子爵）》，pp.160—161

cmxxxvi《丘吉尔战争文稿》（第三卷），p.447

cmxxxvii 温斯顿·斯宾塞·丘吉尔，《第二次世界大战回忆录》（第三卷），p.323

cmxxxviii 约翰·科尔维尔，《权力边缘：唐宁街日记，1939—1955》，p.404

cmxxxix《丘吉尔战争文稿》（第三卷），p.835—838

cmxl 哈罗德·尼科尔森（编），《哈罗德·尼科尔森日记与书信集（1939—1945）》，p.174

cmxli 约翰·科尔维尔，《权力边缘：唐宁街日记，1939—1955》，p.406

cmxlii 温斯顿·斯宾塞·丘吉尔，《第二次世界大战回忆录》（第三卷），p.352

cmxliii《丘吉尔战争文稿》（第三卷），p.841

cmxliv 马丁·吉尔伯特，《温斯顿·斯宾塞·丘吉尔》（第七卷），pp.52—53

cmxlv 罗伯特·埃米特·舍伍德（编），《哈利·劳埃德·霍普金斯的白宫文稿：亲身经历的历史》（第一卷），p.435

第三十五章　英美联姻

cmxlvi《丘吉尔战争文稿》（第三卷），p.1659

cmxlvii 罗伯特·埃米特·舍伍德（编），《哈利·劳埃德·霍普金斯的白宫文稿：亲身经历的历史》（第一卷），p.449

cmxlviii 玛丽·索姆斯（编），《亲述自己：温斯顿·丘吉尔与克莱门汀·丘吉尔私人书信集》，p.461，p.459

cmxlix 温斯顿·斯宾塞·丘吉尔，《第二次世界大战回忆录》（第三卷），p.587

cml 同上

cmli 同上，p.588

cmlii 罗伯特·埃米特·舍伍德（编），《哈利·劳埃德·霍普金斯的白宫文稿：亲身经历的历史》（第一卷），p.446

cmliii 莫兰勋爵，《温斯顿·丘吉尔：争取生存（1940—1965）》，pp.16—17

cmliv 马丁·吉尔伯特，《温斯顿·斯宾塞·丘吉尔》（第七卷），p.25

cmlv 约翰·威勒·威勒-贝内特，《国王乔治六世的一生及其统治》，p.535

cmlvi 马丁·吉尔伯特，《温斯顿·斯宾塞·丘吉尔》（第七卷），p.43

cmlvii 同上，p.47

cmlviii 温斯顿·斯宾塞·丘吉尔，《第二次世界大战回忆录》（第三卷），p.625

第三十六章　转折年

cmlix 哈罗德·尼科尔森（编），《哈罗德·尼科尔森日记与书信集（1939—1945）》，p.211

cmlx 亚历克斯·丹切夫，丹尼尔·托德曼（合编），《战争日记，1939—1945：陆军元帅阿兰布鲁克子爵》，p.231

cmlxi 罗伯特·罗兹·詹姆士（编），《奇普斯：亨利·钱浓爵士日记》，p.321

cmlxii《议会议事录》（第五册），第377卷，第592—619列，第1006—1017列

cmlxiii 温斯顿·斯宾塞·丘吉尔，《第二次世界大战回忆录》（第四卷），p.57，p.61

cmlxiv 哈罗德·尼科尔森（编），《哈罗德·尼科尔森日记与书信集（1939—1945）》，p.207

cmlxv 温斯顿·斯宾塞·丘吉尔，《第二次世界大战回忆录》（第四卷），p.62

cmlxvi 同上，p.54

cmlxvii 安东尼·艾登，《清算》，p.319

cmlxviii 哈罗德·尼科尔森（编），《哈罗德·尼科尔森日记与书信集（1939—1945）》，p.212

cmlxix 戴维·迪尔克斯（编），《亚历山大·贾德干爵士日记（1938—1945）》，p.438

cmlxx 马丁·吉尔伯特，《温斯顿·斯宾塞·丘吉尔》（第七卷），p.69

cmlxxi 温斯顿·斯宾塞·丘吉尔，《第二次世界大战回忆录》（第四卷），p.56

cmlxxii 同上，p.80

cmlxxiii 马丁·吉尔伯特，《温斯顿·斯宾塞·丘吉尔》（第七卷），p.261

cmlxxiv 罗伯特·埃米特·舍伍德（编），《哈利·劳埃德·霍普金斯的白宫文稿：亲身经历的历史》（第二卷），p.536

cmlxxv 温斯顿·斯宾塞·丘吉尔，《第二次世界大战回忆录》（第四卷），p.296

cmlxxvi 同上，p.305

cmlxxvii 同上，p.299

cmlxxviii 同上，p.302

cmlxxix 同上，p.338

cmlxxx 同上，pp.342—343

cmlxxxi 同上，p.343，p.344

cmlxxxii 伊斯梅勋爵，《伊斯梅勋爵将军回忆录》，p.257

cmlxxxiii 温斯顿·斯宾塞·丘吉尔，《第二次世界大战回忆录》（第四卷），p.353

cmlxxxiv 哈罗德·尼科尔森（编），《哈罗德·尼科尔森日记与书信集（1939—1945）》，p.231

cmlxxxv《议会议事录》（第五册），第 381 卷，第 205—214 列

cmlxxxvi 哈罗德·尼科尔森（编），《哈罗德·尼科尔森日记与书信集（1939—1945）》，p.231

cmlxxxvii《议会议事录》（第五册），第 381 卷，第 552—558 列

cmlxxxviii 温斯顿·斯宾塞·丘吉尔，《第二次世界大战回忆录》（第四卷），p.446

cmlxxxix 同上，p.449

cmxc 马丁·吉尔伯特，《温斯顿·斯宾塞·丘吉尔》（第七卷），p.187

cmxci 同上，p.185

cmxcii 同上，p.254

cmxciii 亚历克斯·丹切夫，丹尼尔·托德曼（合编），《战争日记，1939—1945：陆军元帅阿兰布鲁克子爵》，p.319

cmxciv 约翰·哈维（编），《奥利弗·哈维的战争日记》，1942 年 10 月 2 日

第三十七章　从卡萨布兰卡到德黑兰

cmxcv 莫兰勋爵,《温斯顿·丘吉尔:争取生存(1940—1965)》,p.82

cmxcvi 罗伯特·埃米特·舍伍德(编),《哈利·劳埃德·霍普金斯的白宫文稿:亲身经历的历史》(第二卷),p.762

cmxcvii 马丁·吉尔伯特,《温斯顿·斯宾塞·丘吉尔》(第七卷),pp.346—349

cmxcviii 罗伯特·埃米特·舍伍德(编),《哈利·劳埃德·霍普金斯的白宫文稿:亲身经历的历史》(第二卷),p.763

cmxcix 马丁·吉尔伯特,《温斯顿·斯宾塞·丘吉尔》(第七卷),p.437

m 罗伯特·埃米特·舍伍德(编),《哈利·劳埃德·霍普金斯的白宫文稿:亲身经历的历史》(第二卷),p.730

mi 同上,p.734

mii 马丁·吉尔伯特,《温斯顿·斯宾塞·丘吉尔》(第七卷),p.436

miii 罗伯特·埃米特·舍伍德(编),《哈利·劳埃德·霍普金斯的白宫文稿:亲身经历的历史》(第二卷),p.668

miv 温斯顿·斯宾塞·丘吉尔,《第二次世界大战回忆录》(第四卷),p.729

mv 沃伦·F.金博尔(编),《丘吉尔与罗斯福通信全集》(第二卷),p.231

mvi 哈罗德·尼科尔森(编),《哈罗德·尼科尔森日记与书信集(1939—1945)》,p.299

mvii 马丁·吉尔伯特,《温斯顿·斯宾塞·丘吉尔》(第七卷),p.445

mviii 温斯顿·斯宾塞·丘吉尔,《第二次世界大战回忆录》(第五卷),p.73

mix 罗伯特·埃米特·舍伍德(编),《哈利·劳埃德·霍普金斯的白宫文稿:亲身经历的历史》(第二卷),p.793

mx 亚历克斯·丹切夫,丹尼尔·托德曼(合编),《战争日记(1939—1945):陆军元帅阿兰布鲁克子爵》,p.442

mxi 马丁·吉尔伯特,《温斯顿·斯宾塞·丘吉尔》(第七卷),p.478

mxii 同上,p.447

mxiii《议会议事录》(第五册),第392卷,第69—105列

mxiv 哈罗德·尼科尔森(编),《哈罗德·尼科尔森日记与书信集(1939—1945)》,pp.320—321

mxv 马丁·吉尔伯特,《温斯顿·斯宾塞·丘吉尔》(第七卷),p.531

mxvi 沃伦·F.金博尔(编),《丘吉尔与罗斯福通信全集》(第二卷),p.541

mxvii 萨拉·丘吉尔,《舞步不停》,p.69

mxviii 温斯顿·斯宾塞·丘吉尔,《第二次世界大战回忆录》(第五卷),p.371

mxix 迈克尔·弗特与亨利·马修(合编),《格莱斯顿日记·IV》,p.510

mxx 马丁·吉尔伯特,《温斯顿·斯宾塞·丘吉尔》(第七卷),p.563

mxxi 伊斯梅勋爵,《伊斯梅勋爵将军回忆录》,p.357

mxxii 赞成票:反对票80/77,德黑兰第一次会议全体会议记录

mxxiii 马丁·吉尔伯特,《温斯顿·斯宾塞·丘吉尔》(第七卷),p.579

mxxiv 同上

mxxv 同上,p.580

mxxvi 温斯顿·斯宾塞·丘吉尔,《第二次世界大战回忆录》(第五卷),p.330

mxxvii 莫兰勋爵,《温斯顿·丘吉尔:争取生存(1940—1965)》,pp.136—141

mxxviii 马丁·吉尔伯特,《温斯顿·斯宾塞·丘吉尔》(第七卷),p.585

mxxix 同上,p.586

mxxx 同上,p.593

mxxxi 哈罗德·麦克米伦,《战争日记:地中海的政治与战争(1943年1月—1945年5月)》,p.321

mxxxii 亚历克斯·丹切夫,丹尼尔·托德曼(合编),《战争日记(1939—1945):陆军元帅阿兰布鲁克子爵》,p.492

mxxxiii 同上,p.493

mxxxiv 同上,p.496

mxxxv 马丁·吉尔伯特,《温斯顿·斯宾塞·丘吉尔》(第七卷),p.603

mxxxvi 安东尼·蒙塔古·布朗,《漫长的日落:温斯顿·丘吉尔最后一位私人秘书的回忆录》,p.142

mxxxvii 约翰·科尔维尔,《权力边缘:唐宁街日记,1939—1955》,p.455

mxxxviii 哈罗德·尼科尔森(编),《哈罗德·尼科尔森日记与书信集(1939—1945)》,pp.344—345

第三十八章　法国回归

mxxxix 温斯顿·斯宾塞·丘吉尔,《第二次世界大战回忆录》(第五卷),p.432

mxl 马丁·吉尔伯特,《温斯顿·斯宾塞·丘吉尔》(第七卷),p.706

mxli 同上,p.669

mxlii 约翰·科尔维尔，《权力边缘：唐宁街日记，1939—1955》，p.474

mxliii 亚历克斯·丹切夫，丹尼尔·托德曼（合编），《战争日记（1939—1945）：陆军元帅阿兰布鲁克子爵》，p.525

mxliv 约翰·科尔维尔，《权力边缘：唐宁街日记，1939—1955》，p.475

mxlv 哈罗德·尼科尔森（编），《哈罗德·尼科尔森日记与书信集（1939—1945）》，p.352

mxlvi 马丁·吉尔伯特，《温斯顿·斯宾塞·丘吉尔》（第七卷），p.697

mxlvii 同上，pp.709—710

mxlviii 约翰·科尔维尔，《权力边缘：唐宁街日记，1939—1955》，p.475

mxlix 同上，p.476

ml 马丁·吉尔伯特，《温斯顿·斯宾塞·丘吉尔》（第七卷），p.714

mli 哈罗德·尼科尔森（编），《哈罗德·尼科尔森日记与书信集（1939—1945）》，p.356

mlii 亚历克斯·丹切夫，丹尼尔·托德曼（合编），《战争日记（1939—1945）：陆军元帅阿兰布鲁克子爵》，p.535

mliii 马丁·吉尔伯特，《温斯顿·斯宾塞·丘吉尔》（第七卷），p.715

mliv 约翰·科尔维尔，《权力边缘：唐宁街日记，1939—1955》，p.480

mlv 温斯顿·斯宾塞·丘吉尔，《第二次世界大战回忆录》（第五卷），p.476

mlvi 同上，p.485

mlvii 同上，p.479

mlviii 同上，p.480

mlix 同上，p.483

mlx 亚历克斯·丹切夫，丹尼尔·托德曼（合编），《战争日记（1939—1945）：陆军元帅阿兰布鲁克子爵》，p.544

mlxi 约翰·科尔维尔，《权力边缘：唐宁街日记，1939—1955》，pp.485—486

mlxii 同上，p.487

mlxiii 马丁·吉尔伯特，《温斯顿·斯宾塞·丘吉尔》（第七卷），p.765

mlxiv 温斯顿·斯宾塞·丘吉尔，《第二次世界大战回忆录》（第五卷），p.467

mlxv 马丁·吉尔伯特，《温斯顿·斯宾塞·丘吉尔》（第七卷），p.759

mlxvi 皮尔兹·迪克森，《双学历：皮尔逊·迪克森爵士的一生，大学教师与外交官》，pp.89—90

mlxvii 马丁·吉尔伯特，《温斯顿·斯宾塞·丘吉尔》（第七卷），p.789

mlxviii 同上

mlxix 安东尼·艾登，《清算》，p.453

mlxx 马丁·吉尔伯特，《温斯顿·斯宾塞·丘吉尔》（第七卷），p.772

mlxxi 同上，p.773

mlxxii 约翰·科尔维尔，《权力边缘：唐宁街日记，1939—1955》，p.485

mlxxiii 萨拉·布拉福德，《国王乔治六世》（第六卷），p.359

mlxxiv 马丁·吉尔伯特，《温斯顿·斯宾塞·丘吉尔》（第七卷），pp.793—794

第三十九章　进入结束阶段

mlxxv 马丁·吉尔伯特，《温斯顿·斯宾塞·丘吉尔》（第七卷），p.835

mlxxvi 沃轮·F.金博尔，《丘吉尔与罗斯福通信全集》（第三卷），pp.227—229

mlxxvii 同上，p.229

mlxxviii 马丁·吉尔伯特，《温斯顿·斯宾塞·丘吉尔》（第七卷），p.822

mlxxix 同上，p.825

mlxxx 沃轮·F.金博尔，《丘吉尔与罗斯福通信全集》（第三卷），p.229

mlxxxi 同上，p.223

mlxxxii 亚历克斯·丹切夫，丹尼尔·托德曼（合编），《战争日记（1939—1945）：陆军元帅阿兰布鲁克子爵》，p.565

mlxxxiii 沃轮·F.金博尔，《丘吉尔与罗斯福通信全集》（第三卷），p.229

mlxxxiv 同上，p.270

mlxxxv 玛丽·索姆斯（编），《亲述自己：温斯顿·丘吉尔与克莱门汀·丘吉尔私人书信集》，p.461，p.501

mlxxxvi 皮尔兹·迪克森，《双学历：皮尔逊·迪克森爵士的一生，大学教师与外交官》，pp.99—100

mlxxxvii 同上，p.104

mlxxxviii 温斯顿·斯宾塞·丘吉尔，《第二次世界大战回忆录》（第六卷），p.107

mlxxxix 约翰·科尔维尔，《权力边缘：唐宁街日记，1939—1955》，p.510

mxc 同上，p.509

mxci 马丁·吉尔伯特，《温斯顿·斯宾塞·丘吉尔》（第七卷），p.961

mxcii 莫兰勋爵，《温斯顿·丘吉尔：争取生存（1940—1965）》，p.178

mxciii 马丁·吉尔伯特，《温斯顿·斯宾塞·丘吉尔》（第七卷），p.967

mxciv 莫兰勋爵，《温斯顿·丘吉尔：争取生存（1940—1965）》，pp.177—178

mxcv 马丁·吉尔伯特，《温斯顿·斯宾塞·丘吉尔》（第七卷），p.971

mxcvi 哈罗德·尼科尔森（编），《哈罗德·尼科尔森日记与书信集（1939—1945）》，p.402

mxcvii 科尔维尔未出版的日记，1944 年 12 月 8 日，剑桥大学丘吉尔学院

mxcviii 温斯顿·斯宾塞·丘吉尔，《第二次世界大战回忆录》（第六卷），p.197

mxcix 玛丽·索姆斯（编），《亲述自己：温斯顿·丘吉尔与克莱门汀·丘吉尔私人书信集》，p.506

mc 温斯顿·斯宾塞·丘吉尔，《第二次世界大战回忆录》（第六卷），p.208

mci 马丁·吉尔伯特，《温斯顿·斯宾塞·丘吉尔》（第七卷），p.991

mcii 同上，p.992

mciii 温斯顿·斯宾塞·丘吉尔，《第二次世界大战回忆录》（第六卷），p.198

mciv 同上

mcv 马丁·吉尔伯特，《温斯顿·斯宾塞·丘吉尔》（第七卷），p.992

mcvi 同上，p.1015

mcvii 同上，p.1009

mcviii 同上，p.1002

mcix 同上，p.1047

mcx 同上，pp.1041—1042

mcxi 同上，pp.1081—1082

mcxii 沃轮·F. 金博尔，《丘吉尔与罗斯福通信全集》（第三卷），p.443，p.448

mcxiii 迪恩·艾奇逊，《亲历创世纪：我在国务院的岁月》，pp.217—225

mcxiv 马丁·吉尔伯特，《温斯顿·斯宾塞·丘吉尔》（第七卷），p.1055

mcxv 约翰·科尔维尔，《权力边缘：唐宁街日记，1939—1955》，p.536

mcxvi 温斯顿·斯宾塞·丘吉尔，《第二次世界大战回忆录》（第六卷），p.252

mcxvii 同上，p.26

mcxviii 安东尼·艾登，《清算》，p.499

mcxix 玛丽·索姆斯，《克莱门汀·丘吉尔》，pp.363—364

mcxx 约翰·科尔维尔，《权力边缘：唐宁街日记，1939—1955》，p.538

mcxxi 马丁·吉尔伯特，《温斯顿·斯宾塞·丘吉尔》（第七卷），pp.1132—1133

mcxxii 温斯顿·斯宾塞·丘吉尔，《第二次世界大战回忆录》（第六卷），p.273

mcxxiii 约翰·科尔维尔，《权力边缘：唐宁街日记，1939—1955》，p.541

mcxxiv 马丁·吉尔伯特，《温斯顿·斯宾塞·丘吉尔》（第七卷），p.1123

第四十章 欧洲的胜利与英国的失败

mcxxv 约翰·科尔维尔，《权力边缘：唐宁街日记，1939—1955》，p.550

mcxxvi 沃伦·F.金博尔（编），《丘吉尔与罗斯福通信全集》（第三卷），p.502

mcxxvii 约翰·科尔维尔，《权力边缘：唐宁街日记，1939—1955》，p.550

mcxxviii 安东尼·艾登，《清算》，p.507

mcxxix 肯尼思·哈里斯，《艾德礼》（未删节本），pp.241—243

mcxxx 约翰·科尔维尔，《权力边缘：唐宁街日记，1939—1955》，p.554

mcxxxi 同上，pp.554—555

mcxxxii 马丁·吉尔伯特，《温斯顿·斯宾塞·丘吉尔》（第七卷），p.1156

mcxxxiii 同上，p.1257

mcxxxiv 约翰·科尔维尔，《权力边缘：唐宁街日记，1939—1955》，p.563

mcxxxv 马丁·吉尔伯特，《温斯顿·斯宾塞·丘吉尔》（第七卷），p.1191

mcxxxvi 同上，p.1208

mcxxxvii 同上，p.1180

mcxxxviii 戴维·迪尔克斯（编），《亚历山大·贾德干爵士日记，1938—1945》，p.707

mcxxxix 罗伯特·埃米特·舍伍德（编），《哈利·劳埃德·霍普金斯的白宫文稿：亲身经历的历史》（第二卷），p.839

mcxl 萨拉·丘吉尔给母亲的信，1945年2月7日

mcxli 马丁·吉尔伯特，《温斯顿·斯宾塞·丘吉尔》（第七卷），p.1215

mcxlii 温斯顿·斯宾塞·丘吉尔，《第二次世界大战回忆录》（第六卷），p.315

mcxliii 同上，p.343

mcxliv 马丁·吉尔伯特，《温斯顿·斯宾塞·丘吉尔》（第七卷），p.1190

mcxlv 萨拉·丘吉尔，《舞步不停》，pp.77—78

mcxlvi 玛丽·索姆斯，《克莱门汀·丘吉尔》，p.365

mcxlvii 温斯顿·斯宾塞·丘吉尔，《第二次世界大战回忆录》（第七卷），p.418

mcxlviii 马丁·吉尔伯特，《温斯顿·斯宾塞·丘吉尔》（第七卷），p.1294

mcxlix 约翰·科尔维尔，《权力边缘：唐宁街日记，1939—1955》，p.589

mcl 沃伦·F. 金博尔（编），《丘吉尔与罗斯福通信全集》（第三卷），p.630

mcli 玛丽·索姆斯（编），《亲述自己：温斯顿·丘吉尔与克莱门汀·丘吉尔私人书信集》，p.530

mclii 约翰·科尔维尔，《权力边缘：唐宁街日记，1939—1955》，p.593

mcliii 同上，pp.591—592

mcliv 温斯顿·斯宾塞·丘吉尔，《第二次世界大战回忆录》（第六卷），pp.512—513

mclv 戴维·迪尔克斯（编），《亚历山大·贾德干爵士日记，1938—1945》，pp.562—563

mclvi 温斯顿·斯宾塞·丘吉尔，《第二次世界大战回忆录》（第六卷），p.508

mclvii 马丁·吉尔伯特，《温斯顿·斯宾塞·丘吉尔》（第七卷），p.1082

mclviii 同上，p.1082

mclix 本·平洛特（编），《休·道尔顿的政治生涯日记，1918—1940，1945—1960》，p.865

mclx 玛丽·索姆斯，《克莱门汀·丘吉尔》，p.382

mclxi 戴维·坎纳丁（编），《鲜血、劳苦、眼泪和汗水：温斯顿·丘吉尔著名演说》，pp.270—277

mclxii 哈罗德·尼科尔森（编），《哈罗德·尼科尔森日记与书信集（1939—1945）》，p.472

mclxiii 玛丽·索姆斯，《克莱门汀·丘吉尔》，p.383

mclxiv 罗伊·詹金斯（编），《目标与政策：克莱门特·理查德·艾德礼演讲选集》，p.3

mclxv 肯尼思·哈里斯，《艾德礼》，p.252

mclxvi 温斯顿·斯宾塞·丘吉尔，《第二次世界大战回忆录》（第六卷），p.528

mclxvii 罗伯特·罗兹·詹姆士，《安东尼·艾登》，p.307

mclxviii 温斯顿·斯宾塞·丘吉尔，《第二次世界大战回忆录》（第六卷），p.583

mclxix 玛丽·索姆斯，《克莱门汀·丘吉尔》，p.386

mclxx 马丁·吉尔伯特，《温斯顿·斯宾塞·丘吉尔》（第八卷），p.109

mclxxi 亚历克斯·丹切夫，丹尼尔·托德曼（合编），《战争日记，1939—1945：陆军元帅阿兰布鲁克子爵》，p.712

mclxxii 同上，p.207

mclxxiii 同上，p.713

mclxxiv 同上，p.209；温斯顿·斯宾塞·丘吉尔，《第二次世界大战回忆录》（第三卷），p.539

第四十一章　"英国病人"

mclxxv 玛丽·索姆斯，《克莱门汀·丘吉尔》，p.390

mclxxvi 同上，p.391

mclxxvii 玛丽·索姆斯（编），《亲述自己：温斯顿·丘吉尔与克莱门汀·丘吉尔私人书信集》，p.535

mclxxviii 马丁·吉尔伯特，《温斯顿·斯宾塞·丘吉尔》（第八卷），p.176

mclxxix 戴维·坎纳丁（编），《鲜血、劳苦、眼泪和汗水：温斯顿·丘吉尔著名演说》，p.308

mclxxx 马丁·吉尔伯特，《温斯顿·斯宾塞·丘吉尔》（第七卷），pp.211—212

mclxxxi 同上，pp.209—210

mclxxxii 同上，pp.286—287

mclxxxiii 同上，p.542

mclxxxiv 温斯顿·S.丘吉尔，《欧洲合众国：演说集（1947和1948）》，伦道夫·S.丘吉尔（编），pp.310—311

mclxxxv 同上，p.313

mclxxxvi 同上，p.294

mclxxxvii《议会议事录》（第五册），第476卷，第2140—2159列

mclxxxviii 温斯顿·S.丘吉尔，《前途未卜：演说集（1949和1950）》，伦道夫·S.丘吉尔（编），p.152

mclxxxix 马丁·吉尔伯特，《温斯顿·斯宾塞·丘吉尔》（第八卷），p.188

mcxc 同上，p.534

mcxci 同上，p.405

mcxcii 同上，p.357

mcxciii 同上，p.412

mcxciv 同上，p.344

mcxcv 同上，p.443

mcxcvi《泰晤士报》，1951年8月3日

mcxcvii 马丁·吉尔伯特，《温斯顿·斯宾塞·丘吉尔》（第八卷），p.315

mcxcviii 同上，pp.328—329

mcxcix 玛丽·索姆斯（编），《亲述自己：温斯顿·丘吉尔与克莱门汀·丘吉尔私人书信集》，p.551

mcc《星期日电讯报》，1966 年 1 月 30 日

mcci 莫兰勋爵，《温斯顿·丘吉尔：争取生存（1940—1965）》，p.324

第四十二章　两次大选与一场重生

mccii 玛丽·索姆斯（编），《亲述自己：温斯顿·丘吉尔与克莱门汀·丘吉尔私人书信集》，pp.552—553

mcciii 温斯顿·S. 丘吉尔，《前途未卜：演说集（1949 和 1950）》，伦道夫·S. 丘吉尔（编），p.206

mcciv 同上，p.210

mccv 马丁·吉尔伯特，《温斯顿·斯宾塞·丘吉尔》（第八卷），p.512

mccvi《议会议事录》（第五册），第 472 卷，第 890 列

mccvii 马丁·吉尔伯特，《温斯顿·斯宾塞·丘吉尔》（第八卷），p.559

mccviii 同上，p.564

mccix 温斯顿·S. 丘吉尔，《力挽狂澜：演说集（1951 和 1952）》，伦道夫·S. 丘吉尔（编），p.29

mccx 马丁·吉尔伯特，《温斯顿·斯宾塞·丘吉尔》（第八卷），p.569

mccxi《议会议事录》（第五册），第 478 卷，第 971—987 列

mccxii 同上，第 482 卷，第 1362—1372 列

mccxiii 同上，第 484 卷，第 642 列

mccxiv 同上，第 640—641 列

mccxv 哈罗德·麦克米伦，《时运（1945—1955）》，p.322

mccxvi 本·平洛特（编），《休·道尔顿的政治生涯日记（1918—1940，1945—1960）》，p.543

mccxvii 同上，p.547

mccxviii 马丁·吉尔伯特，《温斯顿·斯宾塞·丘吉尔》（第八卷），p.601

mccxix 同上

mccxx 同上，p.647

mccxxi 温斯顿·S. 丘吉尔，《力挽狂澜：演说集（1951 和 1952）》，伦道夫·S.

丘吉尔（编），p.130

mccxxii 戴维·E. 巴特勒，《英国大选：1951》，pp.66—67

mccxxiii 温斯顿·S. 丘吉尔，《力挽狂澜：演说集（1951 和 1952）》，伦道夫·S. 丘吉尔（编），p.131

第四十三章 全体通过的政府

mccxxiv 本杰明·迪斯雷利，《希比尔，又名两个国家》，p.26

mccxxv 约翰·科尔维尔，《权力边缘：唐宁街日记，1939—1955》，p.654

mccxxvi 同上，p.672

mccxxvii 同上，p.662

mccxxviii 同上，p.661

mccxxix 同上，p.685

mccxxx 温斯顿·S. 丘吉尔，《力挽狂澜：演说集（1951 和 1952）》，伦道夫·S. 丘吉尔（编），p.189

mccxxxi 安东尼·霍华德，《理查德·奥斯汀·巴特勒的一生》，p.190

mccxxxii 理查德·奥斯汀·巴特勒，《可能之术》，p.157

mccxxxiii 温斯顿·S. 丘吉尔，《力挽狂澜：演说集（1951 和 1952）》，伦道夫·S. 丘吉尔（编），p.199

mccxxxiv 马丁·吉尔伯特，《温斯顿·斯宾塞·丘吉尔》（第八卷），p.669

mccxxxv 同上，p.670

mccxxxvi 迪恩·艾奇逊，《亲历创世纪：我在国务院的岁月》，pp.598—599

mccxxxvii 哈罗德·麦克米伦，《时运（1945—1955）》，p.465

mccxxxviii 戴维·达顿，《安东尼·艾登的一生与名望》，p.296

mccxxxix 罗伯特·罗兹·詹姆士，《安东尼·艾登》，p.351

mccxl 安东尼·蒙塔古·布朗，《漫长的日落：温斯顿·丘吉尔最后一位私人秘书的回忆录》，p.138

mccxli 约翰·科尔维尔，《权力边缘：唐宁街日记，1939—1955》，p.634

mccxlii 同上，p.647

mccxliii 同上，p.654

mccxliv 菲利普·齐格勒，《蒙巴顿：官方传记》，pp.502—503

mccxlv 莫兰勋爵，《温斯顿·丘吉尔：争取生存（1940—1965）》，p.354

mccxlvi 大卫·亨特爵士，《亲历：一位大使的回忆》（1975），p.63

mccxlvii 约翰·科尔维尔，《权力边缘：唐宁街日记，1939—1955》，p.668

第四十四章　"燃油将要耗尽的……飞机……"

mccxlviii 莫兰勋爵，《温斯顿·丘吉尔：争取生存（1940—1965）》，p.415

mccxlix 同上，p.417

mccl 哈罗德·麦克米伦，《时运（1945—1955）》，p.517

mccli 莫兰勋爵，《温斯顿·丘吉尔：争取生存（1940—1965）》，pp.425—426，736

mcclii 约翰·科尔维尔，《权力边缘：唐宁街日记，1939—1955》，p.671

mccliii 同上，p.672

mccliv 同上，p.674

mcclv 玛丽·索姆斯，《克莱门汀·丘吉尔》，p.436

mcclvi 理查德·奥斯汀·巴特勒，《可能之术》，p.171

mcclvii 莫兰勋爵，《温斯顿·丘吉尔：争取生存（1940—1965）》，p.441

mcclviii《议会议事录》（第五册），第 515 卷，第 883—898 列

mcclix 艾登日记，1954 年 11 月 27 日，摘自罗伯特·罗兹·詹姆士，《安东尼·艾登》，p.365

mcclx 温斯顿·S. 丘吉尔，《口头结盟：演说集（1953 和 1954）》，伦道夫·S. 丘吉尔（编），pp.57—67

mcclxi 同上，p.67

mcclxii 莫兰勋爵，《温斯顿·丘吉尔：争取生存（1940—1965）》，p.485

mcclxiii《议会议事录》（第五册），第 515 卷，第 883—898 列

mcclxiv 罗伯特·罗兹·詹姆士（编），《奇普斯：亨利·钱浓爵士日记》，p.479

mcclxv 哈罗德·麦克米伦，《时运（1945—1955）》，pp.526—527

mcclxvi 莫兰勋爵，《温斯顿·丘吉尔：争取生存（1940—1965）》，p.494

mcclxvii 哈罗德·麦克米伦，《时运（1945—1955）》，p.523

mcclxviii 玛丽·索姆斯（编），《亲述自己：温斯顿·丘吉尔与克莱门汀·丘吉尔私人书信集》，p.575

mcclxix 约翰·科尔维尔，《权力边缘：唐宁街日记，1939—1955》，p.683

mcclxx 莫兰勋爵，《温斯顿·丘吉尔：争取生存（1940—1965）》，p.508

mcclxxi 同上，p.532

mcclxxii 同上，p.536

mcclxxiii 同上，p.538

mcclxxiv 伊夫林·沙克布勒，《降临苏伊士：日记（1951—1956）》，p.157

mcclxxv 莫兰勋爵，《温斯顿·丘吉尔：争取生存（1940—1965）》，p.523

mcclxxvi 理查德·奥斯汀·巴特勒，《可能之术》，p.173

mcclxxvii 伊夫林·沙克布勒，《降临苏伊士：日记（1951—1956）》，p.145

mcclxxviii 马丁·吉尔伯特，《温斯顿·斯宾塞·丘吉尔》（第七卷），p.976

mcclxxix 同上，p.989

mcclxxx 同上

mcclxxxi 同上

mcclxxxii 同上，p.991

mcclxxxiii 温斯顿·S. 丘吉尔，《口头结盟：演说集（1953 和 1954）》，伦道夫·S. 丘吉尔（编），p.151

mcclxxxiv 玛丽·索姆斯（编），《亲述自己：温斯顿·丘吉尔与克莱门汀·丘吉尔私人书信集》，p.580

mcclxxxv 同上，p.582

mcclxxxvi 约翰·科尔维尔，《权力边缘：唐宁街日记，1939—1955》，p.691

mcclxxxvii 同上，p.692

mcclxxxviii 同上，p.693

mcclxxxix 同上

mccxc 同上

mccxci 同上，p.695

mccxcii 同上，p.696

mccxciii 同上

mccxciv 同上，p.699

mccxcv 马丁·吉尔伯特，《温斯顿·斯宾塞·丘吉尔》（第八卷），p.1027

mccxcvi 约翰·科尔维尔，《权力边缘：唐宁街日记，1939—1955》，p.702

mccxcvii 马丁·吉尔伯特，《温斯顿·斯宾塞·丘吉尔》（第七卷），p.1036

mccxcviii 罗伊·詹金斯，《格莱斯顿》，p.610

第四十五章　庆祝会与最后的退场

mccxcix 玛丽·索姆斯（编），《亲述自己：温斯顿·丘吉尔与克莱门汀·丘吉尔私人书信集》，p.596

mccc 约翰·科尔维尔，《权力边缘：唐宁街日记，1939—1955》，p.704

mccci 马丁·吉尔伯特，《温斯顿·斯宾塞·丘吉尔》（第八卷），p.1063

mcccii 约翰·科尔维尔，《权力边缘：唐宁街日记，1939—1955》，p.706

mccciii 马丁·吉尔伯特，《温斯顿·斯宾塞·丘吉尔》（第八卷），pp.1049—1051

mccciv 罗伯特·罗兹·詹姆士，《安东尼·艾登》，pp.385—386

mcccv 约翰·科尔维尔，《权力边缘：唐宁街日记，1939—1955》，p.705

mcccvi 莫兰勋爵，《温斯顿·丘吉尔：争取生存（1940—1965）》，p.623

mcccvii 约翰·科尔维尔，《权力边缘：唐宁街日记，1939—1955》，p.707

mcccviii 莫兰勋爵，《温斯顿·丘吉尔：争取生存（1940—1965）》，p.617

mcccix 马丁·吉尔伯特，《温斯顿·斯宾塞·丘吉尔》（第八卷），p.1070

mccccx 同上，p.1071

mccccxi 玛丽·索姆斯，《克莱门汀·丘吉尔》，p.445

mccccxii 莫兰勋爵，《温斯顿·丘吉尔：争取生存（1940—1965）》，p.620

mccccxiii 同上，pp.616—617

mccccxiv 马丁·吉尔伯特，《温斯顿·斯宾塞·丘吉尔》（第八卷），p.1074

mccccxv 莫兰勋爵，《温斯顿·丘吉尔：争取生存（1940—1965）》，p.630

mccccxvi 哈罗德·麦克米伦，《时运（1945—1955）》，p.550

mccccxvii 马丁·吉尔伯特，《温斯顿·斯宾塞·丘吉尔》（第八卷），p.1086

mccccxviii 同上，p.1094

mccccxix 同上，p.1097

mccccxx 同上

mccccxxi《议会议事录》（第五册），第537卷，第1893—1905列

mccccxxii 马丁·吉尔伯特，《温斯顿·斯宾塞·丘吉尔》（第八卷），p.1103

mccccxxiii 同上

mccccxxiv 同上，p.1104

mccccxxv 同上，p.1107

mccccxxvi 同上，pp.1106—1107

mcccxxxvii 同上，p.1107

mcccxxxviii 同上，p.1111

mcccxxix 玛丽·索姆斯，《克莱门汀·丘吉尔》，p.451

mcccxxx 约翰·科尔维尔，《权力边缘：唐宁街日记，1939—1955》，p.707

mcccxxxi 同上

mcccxxxii 马丁·吉尔伯特，《温斯顿·斯宾塞·丘吉尔》（第八卷），p.1115

mcccxxxiii 约翰·科尔维尔，《权力边缘：唐宁街日记，1939—1955》，p.708

mcccxxxiv 同上

mcccxxxv 同上

mcccxxxvi 莫兰勋爵，《温斯顿·丘吉尔：争取生存（1940—1965）》，p.640

第四十六章　夕阳缓缓西沉，沉得那么缓慢

mcccxxxvii 马丁·吉尔伯特，《温斯顿·斯宾塞·丘吉尔》（第八卷），p.1148

mcccxxxviii 莫兰勋爵，《温斯顿·丘吉尔：争取生存（1940—1965）》，p.699

mcccxxxix 玛丽·索姆斯（编），《亲述自己：温斯顿·丘吉尔与克莱门汀·丘吉尔私人书信集》，p.593

mcccxl 同上，p.595

mcccxli 马丁·吉尔伯特，《温斯顿·斯宾塞·丘吉尔》（第八卷），pp.1220—1221

mcccxlii 约翰·科尔维尔，《权力边缘：唐宁街日记，1939—1955》，p.721

mcccxliii 同上

mcccxliv 莫兰勋爵，《温斯顿·丘吉尔：争取生存（1940—1965）》，p.709

mcccxlv 同上，p.710

mcccxlvi 玛丽·索姆斯（编），《亲述自己：温斯顿·丘吉尔与克莱门汀·丘吉尔私人书信集》，p.598

mcccxlvii 同上，p.603

mcccxlviii 同上

mcccxlix 马丁·吉尔伯特，《温斯顿·斯宾塞·丘吉尔》（第八卷），p.1220，1315

mccccl 玛丽·索姆斯（编），《亲述自己：温斯顿·丘吉尔与克莱门汀·丘吉尔私人书信集》，p.601

mccccli 马丁·吉尔伯特，《温斯顿·斯宾塞·丘吉尔》（第八卷），p.1279

mcccclii 安东尼·蒙塔古·布朗，《漫长的日落：温斯顿·丘吉尔最后一位私人

秘书的回忆录》，p.242

mcccliii 马丁·吉尔伯特（编），《温斯顿·丘吉尔与埃默里·里夫斯通信集（1937—1964）》，pp.385—387

mcccliv 科林·库特，《另一个俱乐部》，p.110

mccclv 马丁·吉尔伯特，《温斯顿·斯宾塞·丘吉尔》（第八卷），p.1335

参考文献

1. 丘吉尔的著作

《马拉坎德远征史》（1898）

《河上战争》（二卷，1899）

《萨伏罗拉》（1900）

《伦道夫·丘吉尔勋爵》（二卷，1906）

《人民的权利》（1909）

《世界危机及其后果》（五卷，1923—1931）

《我的早年生活》（1930）

《东线》（1931）

《思想与冒险》（1932）

《马尔博罗的一生及其时代》（四卷，1933—1938）

《当代伟人》（1937）

《军备与盟约》（1938）

《绘画遣怀》（1948）

《第二次世界大战》（六卷，1948—1954）

《英语民族史》（又译作《英语国家史略》）（四卷，1956—1958）

2. 直接涉及丘吉尔的著作

传记

伦道夫·丘吉尔，马丁·吉尔伯特，《温斯顿·斯宾塞·丘吉尔》，丘吉尔著有二卷（1966—1967），吉尔伯特著有六卷（1971—1988）（官方传记）

杰弗瑞·贝斯特，《丘吉尔：伟人研究》（2001）

菲利普·格达拉，《丘吉尔先生画像》（1941）

马丁·吉尔伯特，《丘吉尔的一生》（1991）

亨利·佩林，《温斯顿·丘吉尔》（1974）

书信及演讲集

官方传记的《附录》及后续集结成册的《丘吉尔战争文稿》，共计16卷
（1967—2000）

戴维·坎纳丁（编），《鲜血、劳苦、眼泪和汗水：温斯顿·丘吉尔著名演说》
（1989）

温斯顿·S. 丘吉尔，《欧洲合众国：演说集，1947和1948》，伦道夫·S. 丘吉
尔（编）（1950）

温斯顿·S. 丘吉尔，《前途未卜：演说集，1949和1950》，伦道夫·S. 丘吉尔
（编）（1951）

温斯顿·S. 丘吉尔，《力挽狂澜：演说集，1951和1952》，伦道夫·S. 丘吉尔
（编）（1953）

温斯顿·S. 丘吉尔，《口头结盟：演说集，1953和1954》，伦道夫·S. 丘吉尔
（编）（1961）

罗伯特·罗兹·詹姆士（编），《温斯顿·丘吉尔爵士演说全集（1897—
1963）》，十卷（1974）

马丁·吉尔伯特（编），《温斯顿·丘吉尔与埃默里·里夫斯通信集，1937—
1964》（1997）

沃伦·F. 金博尔（编），《丘吉尔与罗斯福通信全集》，三卷（1984）

玛丽·索姆斯（编），《亲述自己：温斯顿·丘吉尔与克莱门汀·丘吉尔私人书
信集》（1998）

传记文章，以及从特定角度对丘吉尔所做的研究

保罗·阿狄森，《大后方的丘吉尔（1900—1955）》（1993）

罗伯特·布莱克与威廉·罗杰·路易斯（合编），《丘吉尔》（1993）

维奥莱特·博纳姆·卡特，《我所了解的温斯顿·丘吉尔》（1965）

安德鲁·杜瓦·吉布，《与温斯顿·丘吉尔在前线》（1924）

约翰·基根，《丘吉尔的将领们》（1991）

安东尼·蒙塔古·布朗，《漫长的日落：温斯顿·丘吉尔最后一位私人秘书的回忆录》（1995）

莫兰勋爵，《温斯顿·丘吉尔：争取生存（1940—1965）》（1966）

罗伯特·亚历山大·克拉克·帕克，《丘吉尔与绥靖政策》（2000）

托尼·帕特森，《丘吉尔：终身席位》（1930）

罗伯特·罗兹·詹姆士，《丘吉尔：失败研究（1900—1939）》（1970）

史蒂芬·洛斯基，《丘吉尔与将领们》（1977）

西莉亚·桑德斯，《丘吉尔：生死通缉》（1999）

玛丽·索姆斯，《温斯顿·丘吉尔：作为画家的一生》（1990）

阿兰·约翰·珀西瓦尔·泰勒，罗伯特·罗兹·詹姆士，约翰·H.普拉姆，贝兹尔·李德·哈特，安东尼·斯托尔，《丘吉尔：四张面孔一个人》（1969）

沃尔特·亨利·汤普森，《我是丘吉尔的影子》（1951）

沃尔特·亨利·汤普森，《与温斯顿·丘吉尔在一起的六十分钟》（1953）

3．综合文献

迪恩·艾奇逊，《亲历创世纪：我在国务院的岁月》（1969）

约翰·巴恩斯与戴维·尼科尔森（合编），《里奥·艾默里日记》，二卷（1980—1988）

第七代安格尔西侯爵，《英国骑兵部队史（1816—1919）》，八卷（1973—1997）

赫伯特·亨利·阿斯奎斯，《致友人的信》，二卷（1934）

玛戈·阿斯奎斯，《自传》，二卷（1920—1922）

亚瑟·詹姆士·贝尔福，《信仰的根基，神学研究导读注解》（1895）

比弗布鲁克勋爵，《政治家与战争，1914—1916》（1959）

第二代伯肯黑德伯爵，《哈利法克斯：哈利法克斯勋爵的一生》（1965）

马克·博纳姆·卡特，马克·波特尔（合编），《幻灯片：维奥莱特·博纳姆·卡特日记及书信集（1904—1914）》（1996）

罗伯特·布思比，《一名反叛者的回忆》（1978）

萨拉·布拉福德，《国王乔治六世》（1989）

迈克尔·布洛克，埃莉诺·布洛克（合编），《赫伯特·亨利·阿斯奎斯：写给维妮夏·斯坦利的信》（1982）

戴维·E.巴特勒，《英国大选：1951》（1952）

理查德·奥斯汀·巴特勒，《可能之术》（1971）

芭芭拉·卡特兰，《罗纳德·卡特兰》（1942）

切尔伍德的塞西尔子爵，《一场伟大的试验：自传》（1941）

奥斯汀·张伯伦爵士，《亲历政治：书信纪事录（1906—1914）》（1936）

伦道夫·S. 丘吉尔，《"兰开夏之王"德比伯爵：第十七代德比伯爵爱德华的公职生涯，1865—1948》（1959）

萨拉·丘吉尔，《舞步不停》（1981）

萨拉·丘吉尔，《沧海一粟》（1967）

沃尔特·西特林，《人与工作》（1964）

约翰·科尔维尔，《丘吉尔式政治家》（1981）

约翰·科尔维尔，《权力边缘：唐宁街日记（1939—1955）》（1985）

达夫·库珀，《人老多忘事》（1953）

科林·库特，《社论：回忆录》（1965）

科林·库特，《另一个俱乐部》（1971）

亚历克斯·丹切夫与丹尼尔·托德曼（合编），《战争日记（1939—1945）：陆军元帅阿兰布鲁克子爵》（2001）

戴维·迪尔克斯（编），《亚历山大·贾德干爵士日记（1938—1945）》（1971）

本杰明·迪斯雷利，《希比尔，又名两个国家》（1845）

皮尔兹·迪克森，《双学历：皮尔逊·迪克森爵士的一生，大学教师与外交官》（1968）

戴维·达顿，《安东尼·艾登的一生与名望》（1997）

安东尼·艾登，《清算》（1965）

麦克斯·埃格雷蒙特，《两面旗帜下：陆军少将爱德华·斯皮尔斯爵士的一生》（1997）

迈克尔·理查德·丹尼尔·弗特，亨利·科林·格雷·马修（合编），《格莱斯顿日记》，14卷（1968—1994）

罗伯特·菲茨罗伊·福斯特，《伦道夫·丘吉尔勋爵：政坛生涯》（1981）

法罗顿的爱德华·格雷子爵，《二十五年》，二卷（1925）

约翰·格里格，《劳合·乔治》，三卷（1973—1985）

哈尔丹子爵，《自传》（1929）

肯尼思·哈里斯，《艾德礼》（1982）

莫里斯·汉基，《最高指令，1914—1918》（1961）

约翰·哈维（编），《奥利弗·哈维的战争日记》（1978）

安东尼·霍华德，《理查德·奥斯汀·巴特勒的一生》（1987）

大卫·亨特爵士，《亲历：一位大使的回忆》（1975）

伊斯梅勋爵，《伊斯梅勋爵将军回忆录》（1960）

罗伊·詹金斯，《阿斯奎斯》（1964）

罗伊·詹金斯，《格莱斯顿》（1995）

罗伊·詹金斯（编），《目标与政策：克莱门特·理查德·艾德礼演讲选集》
（1947）

托马斯·琼斯，《白厅日记（1916—1930）》，基思·米德尔马斯（编），三卷
（1969—1971）

伊恩·克肖，《希特勒》，二卷（1998—2000）

《西奥多·罗斯福书信集》，八卷（1951—1956）

戴维·劳合·乔治，《戴维·劳合·乔治战争回忆录》，二卷（1938）

约翰·卢卡奇，《决斗：希特勒与丘吉尔之战，1940年5月10日—7月31日》
（1990）

约翰·卢卡奇，《伦敦五日，1940年5月》（1999）

罗纳德·布坎南·麦卡勒姆与艾莉森·雷德曼，《英国大选（1945）》（1947）

诺曼·麦肯齐与珍妮·麦肯齐（合编），《贝亚特丽斯·韦布日记》，四卷
（1982—1985）

哈罗德·麦克米伦，《时运，1945—1955》（1969）

哈罗德·麦克米伦，《战争日记：地中海的政治与战争（1943年1月—1945年5
月）》（1984）

哈罗德·麦克米伦，《变革之风（1914—1939）》（1966）

亚瑟·雅各布·马德，《从无畏舰到斯卡帕湾：约翰·费舍尔时代的皇家海军，
1904—1919》，五卷（1961—1966）

爱德华·马什，《许多人》（1939）

基思·米德尔马斯，约翰·巴恩斯，《鲍德温传》（1961）

简·莫里斯，《费舍尔的面孔》（1995）

约翰·亨利·纽曼，《大学的理想的定义及说明》（1873）

哈罗德·尼科尔森，《国王乔治五世的一生及其统治》（1952）

哈罗德·尼科尔森（编），《哈罗德·尼科尔森日记与书信集（1930—1939）》
（1966）

哈罗德·尼科尔森（编），《哈罗德·尼科尔森日记与书信集（1939—1945）》（1967）

牛津及阿斯奎斯伯爵，《国会五十年》，二卷（1926）

弗雷德里克·威廉·白齐克—劳伦斯，《好运始终》（1943）

本·平洛特（编），《休·道尔顿的政治生涯日记（1918—1940，1945—1960）》（1986）

本·平洛特（编），《休·道尔顿的二战日记（1940—1945）》（1987）

马克·波特尔（编），《可敬的战士：维奥莱特·博纳姆·卡特的日记及书信（1914—1945）》（1998）

马克·波特尔（编），《用于希望：维奥莱特·博纳姆·卡特的日记及书信（1946—1969）》（2000）

罗伯特·罗兹·詹姆士，《安东尼·艾登》（1986）

罗伯特·罗兹·詹姆士（编），《奇普斯：亨利·钱浓爵士日记》（1993）

里德尔勋爵，《日记（续）（1908—1914）》（1934）

诺曼·A.罗斯（编），《巴菲：布兰奇·达格代尔日记（1936—1947）》（1973）

阿奇博尔德·萨尔维奇爵士，《利物浦的萨尔维奇》（1934）

威尔弗雷德·斯科恩·布朗特，《我的日记》（1965）

罗伯特·塞尔夫（编），《奥斯汀·张伯伦日志信札集》（1996）

罗伯特·塞德里克·谢里夫，《没有女主角》（1968）

罗伯特·埃米特·舍伍德（编），《哈利·劳埃德·霍普金斯的白宫文稿：亲身经历的历史》，二卷（1948—1949）

伊夫林·沙克布勒，《降临苏伊士：日记（1951—1956）》（1986）

西科尔斯基历史研究所（编），《波兰与苏联关系文件（1939—1945）》，二卷（1961）

玛丽·索姆斯，《克莱门汀·丘吉尔》（1979）

爱德华·路易斯·斯皮尔斯，《走向灾难的任务》，二卷（1954）

约翰·阿尔弗雷德·斯宾德，西里尔·阿斯奎斯，《牛津及阿斯奎斯伯爵赫伯特·亨利·阿斯奎斯的一生》，二卷（1932）

格雷厄姆·斯图尔特，《埋葬恺撒：丘吉尔与张伯伦，以及捍卫托利党之战》（1999）

阿兰·约翰·珀西瓦尔·泰勒，《英国史（1914—1945）》（1965）

阿兰·约翰·珀西瓦尔·泰勒（编），《劳合·乔治：弗朗西斯·史蒂文森的日

记》（1971）

坦普尔伍德子爵（塞缪尔·霍尔），《艰难的九年》（1954）

罗纳德·特里，《月亮高升时》（1975）

肯尼思·J.瓦伦丁，《战争中的威尔斯登》（1995）

约翰·威勒·威勒—贝内特，《国王乔治六世的一生及其统治》（1958）

约翰·威尔逊（第二代莫兰勋爵），《亨利·坎贝尔—班纳文爵士的一生》（1973）

菲利普·齐格勒，《蒙巴顿：官方传记》（1985）